Das Lexikon ist für die vorliegende Taschenbuchausgabe auf den neuesten Stand gebracht worden. Es enthält nun rund 3600 Einträge zu Personen aus dem Kulturbetrieb der NS-Zeit und ist nach wie vor ein konkurrenzloses Nachschlagewerk. Es gehört in die Handbibliothek all derer, die sich mit Nationalsozialismus beschäftigen.

Von der Kritik wurde die Originalausgabe außerordentlich stark gelobt; hervorgehoben wurde, daß das Werk auch deshalb interessant ist, weil der Autor – so weit wie möglich – auch die Nachkriegskarrieren recherchiert hat.

Verzeichnet sind die wichtigsten resp. bekanntesten Personen aus Adel, Archiv- und Büchereiwesen, Geisteswissenschaften, Kunstgeschichte, bildender Kunst, Literatur, Musik (einschließlich Unterhaltungs-, Film- und auch Militärmusik), Rundfunk, Theater, Film etc.

Hunderte der seinerzeit genehmsten Schauspieler, Schriftsteller, Maler, Architekten, Komponisten, Dirigenten, Musiker etc. waren 1944 in einer »Gottbegnadeten-Liste« (sic!) des Reichsministeriums für Volksaufklärung und Propaganda unter Joseph Goebbels aufgeführt worden, was für die Genannten handfeste materielle Vorteile bedeutet hat. Viele Profiteure und Karrieristen huldigten Hitler als dem »ersten Künstler der deutschen Nation«; viele von ihnen sind selbst in Auschwitz zur Unterhaltung der SS aufgetreten.

Das Lexikon dokumentiert darüber hinaus Hunderte von Opfern der damaligen Kulturpolitik: Verfemte und Verfolgte, die ins Exil gehen mußten bzw. ermordet worden.

Am Ende des Bandes findet sich ein Begriffslexikon, das die Nutzung des Buches erleichtert.

Ernst Klee, geboren 1942, Journalist und Buchautor. Für seine Filme und Artikel erhielt er u.a. einen Adolf-Grimme-Preis (1982). 1983 veröffentlichte er das richtungweisende Buch »›Euthanasie‹ im NS-Staat«. Für sein Buch »Auschwitz, die NS-Medizin und ihre Opfer« erhielt er 1997 den Geschwister-Scholl-Preis. Die Stadt Frankfurt am Main zeichnete ihn 2001 mit der Goethe-Plakette aus und 2007 das Land Hessen mit der Wilhelm Leuschner-Medaille.

Buchveröffentlichungen u.a.: »Das Personenlexikon zum Dritten Reich. Wer war was vor und nach 1945« (2003); »Deutsche Medizin im Dritten Reich. Karrieren vor und nach 1945« (2001), »Auschwitz, die NS-Medizin und ihre Opfer« (1997), »Was sie taten, was sie wurden« (1986), »Dokumente zur ›Euthanasie‹« (1985), »›Euthanasie‹. Die Vernichtung ›lebensunwerten Lebens‹« (1983).

Unsere Adressen im Internet: www.fischerverlage.de
www.hochschule.fischerverlage.de

Ernst Klee

Das Kulturlexikon zum Dritten Reich

Wer war was
vor und nach 1945

Fischer Taschenbuch Verlag

Die Zeit des Nationalsozialismus
Eine Buchreihe
Herausgegeben von Walter H. Pehle

Überarbeitete Ausgabe
Veröffentlicht im Fischer Taschenbuch Verlag,
einem Unternehmen der S. Fischer Verlag GmbH,
Frankfurt am Main, September 2009

Lizenzausgabe mit freundlicher Genehmigung der
S. Fischer Verlag GmbH, Frankfurt am Main
© 2007 by S. Fischer Verlag GmbH, Frankfurt am Main
Alle Rechte vorbehalten
Satz: pagina GmbH, Tübingen
Druck und Bindung: CPI – Clausen & Bosse, Leck
Printed in Germany
ISBN 978-3-596-17153-8

Joseph Wulf überlebte Auschwitz,
aber nicht die Häme deutscher Kritiker

Vorwort

»Dieses Buch ist mehr als ein Ärgernis: Es ist ein geistiges Armutszeugnis, ein Skandal und eine Schande ... Eine Schande für den bis dato Rechtens renommierten Autor«. So Ulrich Weinzierl am 2. März 2007 in *Die Welt.* Er meint dieses Buch.

Ein Skandal und eine Schande ist wohl eher die Tatsache, daß seit 1945 Biographien systematisch gefälscht wurden und noch immer gefälscht werden. Daß gefälschte Lebensläufe in Lexika festgeschrieben sind. Daß »Anschmeißern« und »Nutznießern« (Zuckmayer) des Systems Verfolgung angedichtet wird: Auftrittsverbote, Berufsverbote, selbst KZ-Haft.

Noch im nachhinein verklärten die Profiteure des NS-Kulturbetriebs das Naziregime zur Förderin der Musen. Der Schriftsteller Hans Friedrich Blunck in seinen Nachkriegserinnerungen: »Der Staat schenkte und schenkte – Hitler der Oper, Göring und Goebbels dem Theater.« Der Schriftsteller und Jurist Erich Ebermayer, im Entnazifizierungsverfahren Verteidiger von Winifred Wagner und Emmy Göring: »Zum ersten – und leider auch bis jetzt zum letzten – Mal wurde der schaffende Künstler vom Staat verwöhnt und umworben.« Die Stars des NS-Kinos weinten ebenfalls den schönen Zeiten hinterher, Ilse Werner betitelte ihre Memoiren: *So wird's nie wieder sein.*

Die Schamlosigkeit war so allgemein, daß sie nicht als Skandal empfunden wurde. So konnte Martin Stephani, SS-Obersturmführer des SS-Führungshauptamts, Leiter eines Landesjugendorchesters werden. Erich Waschneck, Regisseur des Hetzfilms *Die Rothschilds* (ein Aufruf zu Haß und Mord), drehte 1952 den Film: *Hab' Sonne im Herzen.* Werner Stephan, Ministerialrat in Goebbels' Reichspropagandaministerium, avancierte zum Geschäftsführer der Friedrich-Naumann-Stiftung. Theophil Stengel, Herausgeber des *Lexikons der Juden in der Musik* (eine Art Fahndungsbuch zur »Ausmerzung« jüdischer Musiker), durfte als Musiklehrer Kinder unterrichten.

In nahezu allen Bereichen übernahmen NS-Akteure die NS-Geschichtsschreibung. Zwei Beispiele: Die Theaterwissenschaftlerin Elisabeth Frenzel vom Amt für Kunstpflege beim *Beauftragten des Führers für die Überwachung der gesamten geistigen und weltanschaulichen Schulung der NSDAP*, Autorin von

Judengestalten auf der deutschen Bühne, wurde Mitarbeiterin mehrerer Lexika. Ihr Ehemann, Herbert Alfred Frenzel, Kulturpolitischer Schriftleiter bei Goebbels' Hetzblatt *Der Angriff,* gab nach dem Krieg *Kürschners Biographisches Theater-Handbuch* heraus.

Nazi-Schranzen durften die NS-Vergangenheit darstellen, dem Juden Joseph Wulf wollte man die Erinnerung an NS-Greuel nicht zugestehen. Wulf hatte unter anderem in mehreren Bänden den NS-Kulturbetrieb mit Auszügen aus Texten der Kulturschaffenden dokumentiert. Doch was auch immer er dokumentierte, seine Arbeiten wurden nicht zitiert. Er wurde abgetan, er personalisiere, sehe als Betroffener die Dinge zu emotional. Joseph Wulf überlebte Auschwitz, aber nicht die Häme deutscher Kritiker. Wulf beging Selbstmord.

Zur Taschenbuchausgabe des Lexikons

Reichskultursenatoren waren der Komponist Hans Pfitzner, der Dirigent Wilhelm Furtwängler, der Schauspieler Gustaf Gründgens und auch der Reichsführer-SS Heinrich Himmler. Himmler und seine Mordgehilfen gehören zur (Un-)Kultur des Dritten Reiches. Dennoch habe ich diesen Personenkreis aus dem Kulturlexikon wieder herausgenommen, um Irritationen zu vermeiden.

Nicht herausgenommen habe ich jene Mitglieder des Hochadels (nicht des Adels!), die sich auf einer besonderen NS-Liste befinden: der *Aufstellung der Parteigenossen, die Angehörige fürstlicher Häuser sind.* In der High-Society des Dritten Reiches, so Eckart Conze in seinem Beitrag *Blaues Blut und braune Brut* (FAZ vom 28.3.2007) spielte der Hochadel eine wichtige Rolle. Angehörige fürstlicher Häuser verhalfen den Repräsentanten des NS-Unrechts zur Gesellschaftsfähigkeit.

Vermehrt aufgenommen habe ich mit Preisen oder Ernennungen bedachte Künstler. Niemand bekam z.B. die *Goethe-Medaille* für Kunst und Wissenschaft ohne politische Überprüfung. Neu aufgenommen habe ich repräsentative Dozenten und Professoren der *Hochschulen für Lehrerbildung* (HfL), Hochburgen der NS-Indoktrinierung. Ihnen oblag die Ausbildung der Lehrer, die später Menschen wie mich unterrichteten. 93 Prozent der HfL-Dozenten »trugen das NSDAP-Parteiabzeichen« (Alexander Hesse). Sie haben ihre Karriere nach 1945 fortsetzen können. Einer von ihnen ist der SA-Rottenführer Wolfgang Sucker, der 1965 Nachfolger Martin Niemöllers als Kirchenpräsident der Kirche von Hessen-Nassau wurde.

Aufgeführt sind in der Regel nur Personen bis zum Geburtsjahr 1924 (dies betrifft u.a. den Pimpfenführer Dietmar Schönherr, der im HJ-Film *Junge Adler* die jugendliche Hauptrolle spielte). Niemand wird einen Vorwurf erheben, daß Menschen in jungen Jahren in die NSDAP usw. eingetreten sind. Nun haben aber unter anderem die Germanisten Peter Wapnewski und Walter Jens behauptet, sie hätten von ihrer Mitgliedschaft nichts gewußt. Der Historiker Michael Buddrus hat für ein Gutachten des Instituts für Zeitgeschichte rund 11 000 NSDAP-Karteikarten, die einschlägigen Sach- und Personalakten sowie die Unterlagen der NSDAP-Führung untersucht. Diese Untersuchung wurde 2003 in Heft 23/24 von *Geschichte der Germanistik* veröffentlicht, Titel: »*War es möglich, ohne eigenes Zutun Mitglied der NSDAP zu werden?*«

Buddrus: »Jede Mitgliedschaft in der NSDAP nahm ihren Ausgang in einem eigenhändig unterschriebenen Antrag mit dazugehörigem Fragebogen. Jede Mitgliedschaft in der NSDAP war individuell; automatische/automatisierte kooperative Übernahmen von Angehörigen etwa bestimmter NS-Verbände, von Berufsgruppen oder von Angehörigen einzelner Geburtsjahrgänge hat es nicht gegeben. Diesbezügliche und immer wiederkehrende Erzählungen sind beständig perpetuierte Legenden.« Laut Buddrus war es nicht möglich, »ohne eigenes Zutun Mitglied der NSDAP zu werden«, und zwar bis 1945.

Die »Gottbegnadeten« und die weniger Begnadeten

Von Beginn an existierten schwarze und weiße Listen verfemter oder erwünschter Künstler. Im Oktober 1939, nach Kriegsbeginn, verordnete Hitler die Freistellung vom Kriegsdienst für ausgewählte Künstler. Goebbels am 15. 11. 1939 im Tagebuch: »Eine Liste von zu reklamierenden Künstlern aufgestellt. Die besten Kräfte müssen erhalten bleiben.« Am Ende stehen die aus dem Reichspropagandaministerium stammenden *Gottbegnadeten-Listen* der Goebbels und Hitler wichtigsten Künstler. Der Propagandaminister am 26. 8. 1944 im Tagebuch: »Wir stellen eine sogenannte ›Gottbegnadetenliste‹ auf, von etwa 300 bis 400 wirklich hervorragenden, über die Zeit hinaus wirkenden Künstlern, die von Front- und Arbeitsdienst freigestellt werden sollen. Diese Künstler rekrutieren sich aus allen Sparten unseres Kulturlebens.«

Aufgeführt sind in dieser Reihenfolge: Schriftsteller, bildende Künstler (Bildhauer, Maler, Gebrauchsgraphiker, Architekten), Musiker (Komponisten, Dirigenten, Pianisten, Geiger, Cellisten, Organisten, Quartette, Konzertsänger) und Schauspieler. Für diese wurde zusätzlich ein umfangreiches Verzeichnis erstellt, die *Liste der Schauspieler, die für die Filmproduktion benötigt werden.* Hier finden wir nicht nur die Stars des Gewerbes, sondern auch Darsteller, die für die Besetzung der Neben- und Minirollen gebraucht wurden.

Kunst war in den Augen von Goebbels eine Waffe, die die Überlegenheit der arischen Rasse demonstrieren sollte. Die »Gottbegnadeten« wie die weniger Begnadeten bedienten diese NS-Kulturpropaganda (einige wenige unter dem Zwang der Verhältnisse). Sie waren – ob sie wollten oder nicht – Werbeträger des Regimes. Auf den Programmzetteln selbst von Theaterklamotten und Revuen stand während des Krieges: »Die Veranstaltung wird durchgeführt von der

NS-Gemeinschaft ›Kraft durch Freude‹ im Auftrage des Oberkommandos der Wehrmacht und in Verbindung mit dem Sonderreferat Truppenbetreuung im Reichsministerium für Volksaufklärung und Propaganda.«

Nach dem Krieg lernten die »Soldaten der Kunst« (Staatsschauspieler Matthias Wieman) eine neue Rolle: sie gaben den Widerständler. Der Komponist Peter Kreuder (»ein prächtiger Mensch, dieser Hitler, soweit es die Operette betraf«) will Goebbels erfolgreich gedroht haben. Johannes Heesters' Erinnerungen kann man als Geschichte einer Verfolgung lesen: Sogar Hitlers Huldigung »Sie sind der beste Danilo« beschreibt er als Belästigung, Goebbels will er kess widersprochen haben. Gustaf Gründgens erhob im Entnazifizierungsverfahren die Staatsschauspielerin und Ministersgattin Emmy Göring in einem Auftritt vor der Spruchkammer sogar zur Mutter Courage der rassisch Verfolgten. Folgten wir Hitlers Mimen: Der deutsche Widerstand fand im Theater statt.

Der Schauspieler Wolfgang Liebeneiner (Goebbels: »strebsam und fanatisch«) startete in der NS-Zeit eine rasante Karriere. Er steigt auf zum Leiter der Reichsfilmakademie Babelsberg, Hitler ernennt ihn zum Staatsschauspieler und zum Professor, beehrt ihn mit einer satten Dotation (steuerfreien Schenkung). Liebeneiner drehte den Euthanasie-Film *Ich klage an* – in Absprache mit den Mördern der Berliner »Euthanasie«-Zentrale. Der Streifen war staatswichtig, denn er sollte den Widerstand der Bevölkerung gegen den Behindertenmord brechen. Liebeneiner behauptete dagegen 1965, sein Film sei »ein Dokument der Humanität in einer inhumanen Zeit« gewesen und habe zur Beendigung der Krankenmorde beigetragen (die Wahrheit: Nach Liebeneiners Film wurden weitaus mehr Kranke ermordet als vorher). Der Rollenwechsel vom künstlerischen Henkersknecht zum barmherzigen Samariter vollzog sich offenbar schamlos.

Auch Fritz Hippler, SS-Sturmbannführer, Reichsfilmintendant und als Gestalter des Films *Der ewige Jude* geführt, kam gesellschaftlich nicht zu Schaden. Er publizierte im Düsseldorfer »Verlag Mehr Wissen« sein Rechtfertigungsopus *Die Verstrickung*. Der Verantwortliche für den »wohl radikalsten Hetzfilm aller Zeiten« (so der Veit-Harlan-Biograph Noack) brüstet sich darin der Bekanntschaft zu prominenten FDP-Politikern. Über seine Nachkriegszeit behauptet er: »Als Werbeleiter bei verschiedenen Firmen und auch bei der FDP (Landesverband NRW), wo ich mit Wolfgang Döring, Erich Mende, Willy Weyer und vor allem Walter Scheel eng zusammenarbeite.« Zum Beweis plazierte er ein Foto, Bildlegende: »Bei Bundespräsident Scheel als dessen Gast in Hintertal (1975).«

Die Kulturschaffenden in den Vernichtungszentren

Skandal und Schande. Um die Dimension des Themas deutlich zu machen, sei daran erinnert, daß Hitlers Kulturschaffende auch dort auftraten, wo gemordet wurde. Zum Beispiel in Lublin, einem Zentrum des Judenmords. Am 20. März 1941 wird die Errichtung eines Juden-Ghettos bekanntgegeben, und genau eine Woche später eröffnet das Stadttheater mit Schillers *Kabale und Liebe* unter Intendant Aribert Grimmer. Das Theater bespielt regelmäßig sieben Standorte von Juden-Ghettolagern, das sind sieben Mordstätten.

In Lodz, ab 1940 Litzmannstadt genannt, vegetieren 160 000 Juden auf vier Quadratkilometern, zumeist in Gebäuden ohne Wasser- und Abwasserleitungen. Während die Juden im Ghetto krepieren, spielen die Städtischen Bühnen *Hamlet*, *Die verkaufte Braut* oder *Der Zigeunerbaron*. Intendant ist Hans Hesse, ein Cousin des Dichters Hermann Hesse. In Litzmannstadt tritt der Heldenbariton Rudolf Bockelmann auf, ein Stern der Bayreuther Festspiele (Ehefrau Maria ist im Vorstand des *Richard Wagner-Verbands Deutscher Frauen*). Ihm folgen der Frankfurter Generalmusikdirektor Franz Konwitschny und der Hamburger Generalmusikdirektor Eugen Jochum. Die *Litzmannstädter Zeitung* am 11. Mai 1943 zu Jochums Gastspiel: »Durch Veranstaltungen dieser Art werden neue Kräfte, die wir für die Eindeutschung dieser Stadt einsetzen müssen, lebendig.«

In Krakau residierte Generalgouverneur Hans Frank, der zu seinen Freunden Hans Pfitzner, Richard Strauss und Winifred Wagner zählte. Frank, genannt *Polenschlächter*, hatte 1942 öffentlich verkündet, »daß ohne Lösung der Judenfrage eine Befreiung der europäischen Kultur nicht möglich ist«. Der Generalgouverneur hielt sich aus Propagandagründen die ausschließlich mit polnischen Spitzenmusikern besetzte *Philharmonie des Generalgouvernements*. Rudolf Hindemith, der Bruder des von den Nazis verfemten Paul Hindemith, leitete das Orchester, bis er im Sommer 1944 von Hans Swarowsky abgelöst wurde.

Die deutschen Besatzer in Krakau wurden beglückt mit Gastspielen der Kulturschickeria des Reiches. Darunter die »Gottbegnadeten« Hans Pfitzner, Hans Knappertsbusch, Clemens Krauss, Wilhelm Kempff und Elly Ney. Heinrich George liest noch am 26. September 1944 als Gast der *Kulturvereinigung des Generalgouvernements* über *Deutsches Schicksal*. Am 2. Dezember 1944 tritt der Cellist Ludwig Hoelscher mit der *Philharmonie des Generalgouvernements* auf. In diesem Konzert gibt es noch eine Uraufführung: Swarowsky dirigiert Pfitzners Komposition *Krakauer Begrüßung*, Hans Frank gewidmet. Das letzte Konzert leitet Swarowsky am 9. Januar 1945 mit Schuberts *Die Unvollendete*. In einschlägigen Lexika etc. findet sich davon kein Wort.

In großen Konzentrationslagern gab es Truppenbetreuungsveranstaltungen für das KZ-Personal (in diesen Rahmen ordne ich den Ausflug des Münchner

Gärtnerplatztheaters nach Dachau ein, obgleich sich Johannes Heesters anders erinnert). Im KL (das offizielle Kürzel für Konzentrationslager) Auschwitz gab es etwa vierzehntägig Kulturabende für das Mordpersonal. Die Einladungen waren adressiert: »An alle Abteilungen der Kommandantur/den SS-T[oten-kopf]-Sturmbann und/die angeschlossenen Dienststellen/KL Auschwitz«. Die Vergnügungen fanden im *Kameradschaftsheim der Waffen-SS* statt. Dies war ein Gebäude im Bereich der SS-Wirtschaftsgebäude und -Werkstätten, direkt ge-genüber dem Stammlager, also innerhalb des KZ.

Der Besuch der Veranstaltungen war Dienst. Das Publikum saß hierarchisch gestaffelt: die ersten drei Reihen gehörten SS-Führern und Gattinnen, ab Reihe 16 saß die Truppe ohne Unterschied der Dienstgrade. In den Rundschreiben und Standortbefehlen finden wir als Auschwitz-Entertainer den Dirigenten Bantelmann, den Staatsschauspieler Hierl, die Schauspielerin Landrock, den Tenor Schmidtmann (der 1949 am Berliner Hebbel-Theater die Regie zu Brechts Schuloper *Der Jasager* führen wird) sowie die Wagner-Sängerin Inger Karén (zuvor bei den Bayreuther Festspielen in der Rolle der Erda im *Ring des Nibelungen*). Die Lagerkommandantur: »Am Montag, den 15. Februar 1943, 20 Uhr, findet im kleinen Saal des Kameradschaftsheimes der Waffen-SS ein Abend statt unter dem Motto ›Goethe – ernst und heiter‹.«

Stefan Baretzki, Blockführer im Lager Birkenau, im Frankfurter Auschwitz-Prozeß: »Damals wurden uns Hetzfilme gezeigt wie ›Jud Süß‹ und ›Ohm Krü-ger‹... Die Filme wurden der Mannschaft gezeigt – und wie haben die Häftlinge am nächsten Tag ausgesehen!«

Die Opfer

Unter den verfolgten Künstlern sind viele, die zunächst fliehen konnten, aber beim Einmarsch der Wehrmacht in ihren Exilländern verhaftet und danach ermordet wurden. Das Leid dieser Menschen können wir nicht einmal erahnen.

Die jüdische Schauspielerin Dora Gerson, Veit Harlans (*Jud Süß*) erste Ehe-frau, wurde nach vergeblicher Flucht 1943 in Auschwitz ermordet.

Der Wiener Kabarettist Jura Soyfer, 1938 nach Dachau verschleppt, textete dort das *Dachau-Lied* (»Bleib ein Mensch, Kamerad«). Er ging 1939 im KZ Buchenwald im Leichenkommando zugrunde.

Der Schauspieler Kurt Gerron sang 1928 in der Uraufführung der *Dreigro-schenoper* den *Kanonen-Song*. Gerron singt den *Kanonen-Song* zum letzten Mal im Herbst 1944 im Ghettolager Theresienstadt für den Lügenfilm *Der Führer schenkt den Juden eine Stadt*. Er wird nach Abschluß der Dreharbeiten nach Auschwitz deportiert und ermordet.

Franz Lehárs Librettist Fritz Löhner-Beda, Latrinenleerer im KZ Buchen-wald, textete das *Buchenwald-Lied* (»O Buchenwald, ich kann dich nicht vergessen, weil du mein Schicksal bist«). Er hoffte vergebens, der Lieblingskomponist des »Führers« werde ihn herausholen. Löhner-Beda wurde 1942 in Auschwitz-Buna erschlagen.

Gustav Mahlers Nichte Alma Rosé träumte von einer Solokarriere – sie wurde Leiterin des *Mädchenorchesters* in Auschwitz-Birkenau, das im Angesicht der Gaskammern Operettenmelodien und Walzer spielen mußte. Alma Rosé stirbt 1944. Artur Gold, Leiter des Häftlingsorchesters im Vernichtungslager Treblinka, mußte Operettenmelodien vor den Gaskammern spielen, um die Schreie der Opfer zu übertönen. Sein Tod ist nicht registriert.

Von vielen verfolgten Künstlern kennen wir keine biographischen Daten. Sie wurden regelrecht ausgelöscht.

Dieser Band enthält 3600 Namen, die so oder so deutsche Kultur im Dritten Reich repräsentieren. Von vielen wurden erstmals, und nicht ohne Mühe, Lebensdaten recherchiert. Gesichert vor dem Vertuschen oder Vergessenwerden. Alle, Täter, Vordenker, Mitläufer, wirklich Widerständige und Opfer, gehören zu unserem kulturellen Erbe. Ein lexikalisches Mahnmal.

Ernst Klee

A

Abb, Gustav. Ab 1937 Vorsitzender des *Vereins Deutscher Bibliothekare* (VDB). * 23.2. 1886 Berlin, Sohn eines Geheimrats. Dr. phil. Mai 1933 NSDAP. Ab 1935 Direktor der Universitätsbibliothek Berlin. Behauptete am 30.5. 1939 in der Eröffnungsrede der VDB-Jahresversammlung in Graz, es habe »in der ganzen Weltgeschichte keinen Umbruch, keine geistige Revolution gegeben, die die Macht des Buches und der Bibliotheken klarer erkannt und ausgiebiger in ihren Dienst gestellt hätte als der Nationalsozialismus«. Tagungstelegramm an Hitler: »Die deutschen Bibliothekare ... huldigen dem Schöpfer und Mehrer des Großdeutschen Reiches und geloben restlosen Einsatz für die großen Aufgaben, die dem Bibliothekswesen in Volk, Staat und Partei gestellt sind.« Nach dem Überfall auf Rußland zusätzlich *Kommissar für die Sicherung der Bibliotheken und Betreuung des Buchgutes im östlichen Operationsgebiet*, dem *Einsatzstab Reichsleiter Rosenberg* (Kunstraub) zugeordnet. † 28.4. 1945 Berlin. Lit.: Kühn-Ludewig; *Zentralblatt für Bibliothekswesen*.

Abendroth, Hermann. Auf der *Gottbegnadeten-Liste* (Führerliste) der wichtigsten Dirigenten des NS-Staates. * 19.1. 1883 Frankfurt am Main, Sohn eines Buchhändlers. 1918 Titel Professor, 1919 Generalmusikdirektor am Kölner Konservatorium. In Rosenbergs *Kampfbund für deutsche Kultur*. November 1933 Leiter der Fachschaft Musikerziehung in Goebbels' Reichsmusikkammer. 1934 Gewandhauskapellmeister in Leipzig, Meisterkonzerte für die NS-Gemeinschaft *Kraft durch Freude*. Mai 1937 NSDAP. Am 28.5. 1938 Dirigent des Festkonzerts der ersten *Reichsmusiktage* in Düsseldorf (mit der Schandschau *Entartete Musik*). Am 16.7. 1939 Dirigent der Eröffnungsfeier der Großen Deutschen Kunstausstellung in München (mit Rede Hitlers). 1943/44 Dirigent der Bayreuther Kriegsfestspiele.

1945 am Deutschen Nationaltheater Weimar, 1946 Chefdirigent des Mitteldeutschen Rundfunks Leipzig, 1953 des Rundfunk-Sinfonieorchesters Ost-Berlin. 1949 *Nationalpreis*, 1954 *Vaterländischer Verdienstorden*. † 29.5. 1956 Jena. Nachruf *Deutsches Bühnen-Jahrbuch*: »Besonders am Herzen lagen ihm das deutsche kulturelle Erbe«. Lit.: Barth; *Führerlexikon*; Prieberg.

Abendroth, Walter. Musikkritiker. * 29.5. 1896 Hannover. 1929 Redakteur der *Allgemeinen Musikzeitung*, 1934 (bis 1944) beim *Berliner Lokal-Anzeiger*. März 1934 in der Zeitschrift *Die Musik* (Organ der *Nationalsozialistischen Kulturgemeinde*) über »Neue Musik«: »Sie war ein Fäulnisbazillus, den volksfeindlicher Zersetzungswille mit Witz und Berechnung dem Kulturkörper eingeimpft hatte.« 1939 in *Deutsches Volkstum*: »Dem Juden selbst ist Intellektualität – deren geistige Bestimmung er nicht kennt, die er vielmehr als bloßes Mittel zum Zweck der Herrschaftsausübung auffaßt – ein wirksames Zersetzungswerkzeug, ein Sprengstoff zur Aufteilung der beherrschten Völker in machtlose ›Klassen‹.« 1948–1955 Feuilletonchef *Die Zeit*. 1966 Erinnerungen: *Ich warne Neugierige. Das Deutsche Bühnen-Jahrbuch* zum 65. Geburtstag: »Ein Aufrechter, Unbeirrbarer, der unter den wenigen war, die in den ›Jahren des Heils‹ ... Haltung bewahrten.« † 30.9. 1973 Hausham bei Miesbach. Lit.: Wulf, Musik.

Abraham, Paul. Operettenkomponist. * 2.11. 1892 Apatin in Ungarn. Professor für Musiktheorie an der Musikakademie Budapest. Ab 1930 in Berlin, Operette *Viktoria und ihr Husar*, 1931 Welterfolg mit *Die Blume von Hawaii*, als Film März 1933 in Leipzig uraufgeführt, jedoch bald aus den Kinos genommen. Aufführungsverbot seiner Werke aufgrund der NS-Rassengesetze. 1933 Wechsel nach Österreich, später Budapest, Paris, Kuba, ab 1939 USA. Barpianist in New York und Hollywood. Nach Depressionen und Nervenzusammenbruch in einem Sanatorium bei New York, ab 1956 in einem Sanatorium in Hamburg. † 6.5.1960 ebenda. Nachruf *Deutsches Bühnen-Jahrbuch*: »Vor 1933 hatten seine Operetten ... Serienerfolge.«

Adam, Franz. Dirigent des *Nationalsozialistischen Reichs-Sinfonieorchesters*. Reichskultursenator.
* 28.12.1885 München. 1930 NSDAP (Nr. 348967). Seit einem Auftritt vor Hitler am 10.7.1932 im Kursaal von Berchtesgaden Ehrentitel *Orchester des Führers*. Die Musiker des Reiseorchesters – jährlich zweihundert Gastspiele – trugen von Hitler entworfene braune Smokings. Kompositionen zum NSDAP-Reichsparteitag 1937. Am 23. Mai 1938 Dirigent des Ersten Werkkonzerts in den Schieß-Defries-Werken während der ersten *Reichsmusiktage* in Düsseldorf (mit der Schandschau *Entartete Musik*). September 1938 musikalische Leitung beim NSDAP-Reichsparteitag. NS-Ehrung: Präsidialrat der Reichsmusikkammer. 1938 Titel Generalmusikdirektor. † 21.9.1954 München. Lit.: Frank; Prieberg, Handbuch; Wulf, Musik.

Adam, Luitpold. Fachführer der Kriegsmaler und Pressezeichner des Oberkommandos der Wehrmacht (ab Juni 1941).
* 23.2.1888 München. Aus einer Schlachtenmalerfamilie (Adam). Kriegsmaler im I. Weltkrieg. 1932 NSDAP. Ab 1933 Porträts von Hitler und anderen NS-Größen. 1937 Frontkämpferbund der bildenden Künstler, Organisierung von Kriegskunstausstellungen. Adam, im Range eines Hauptmanns, leitete die dem OKW direkt unterstellte *Staffel der bildenden Künstler*, eine in Potsdam angesiedelte Propagandaabteilung zwecks Verherrlichung der Wehrmacht (45 Kriegsmaler). Im Frühjahr 1943 zeichnete er kriegsgefangene französische Kolonialsoldaten. Danach urteilte er, daß »durch die Bastardisierung das französische Volk dem Untergang verfiel ... Das schwarze Blut kann nicht mehr aus den französischen Adern herausgefiltert werden.« Die Bilder der Kriegsmaler-Staffel waren Eigentum der Wehrmacht.

† 20.8.1950 Frauenau. Lit.: Schmidt, Maler.

Adelmann, Hans Heinrich Graf.
* 14.6.1911 Düsseldorf. Auf Hohenstadt und Frauenhof. Laut *Aufstellung derjenigen Parteigenossen, die Angehörige fürstlicher Häuser sind*: 1.5.1933 NSDAP, Nr. 2917661, Gau Württemberg-Hohenzollern. Anmerkung: März 1939 nach Baden umgemeldet, dort aber nicht aufgeführt. Diplomlandwirt, Oberleutnant der Reserve. † Kriegstod März 1943 in Rußland.

Adler, Friedrich. Entwurfzeichner.
* 29.4.1878 Laupheim in Württemberg. 1927 Professor der Kunstgewerbeschule Hamburg. 1933 Entlassung wegen jüdischer Abstammung. † Deportiert am 11.7. 1942 nach Auschwitz. Lit.: Bruhns.

Adler, Guido. Musikhistoriker.
* 1.11.1855 Eibenschütz in Mähren. Schüler Anton Bruckners. 1898 (bis 1927) Lehrstuhl Musikgeschichte in Wien. 1894 (bis 1938) Herausgeber der 83bändigen Reihe *Denkmäler der Tonkunst Österreichs*. 1924: *Handbuch der Musikgeschichte*. 1940 im *Lexikon der Juden in der Musik* verleumdet, er habe seine führende Stellung »zur Verherrlichung seines Rassegenossen Gustav Mahler« benutzt, fälschlich als am 14.12.1933 verstorben gemeldet (und damit der Verfolgung entgangen). † 15.2. 1941 Wien.

Adler, Hermann. Schriftsteller.
* 2.10.1911 Deutsch-Diosek/Preßburg. Kindheit in Nürnberg. Lehrer für Schwererziehbare in Schlesien. 1941 interniert im Ghetto Wilna, Gedicht *Raben*: »Seht, wie überm Ghetto heute/Schwärme alter Raben fliegen,/Denn in unsern Todeszügen/Äugen sie schon neue Beute!« 1945 Befreiung aus dem KZ Belsen, Schriftsteller in der Schweiz. † 2001. Q.: Schlösser.

Adorno, Theodor Wiesengrund. Musikschriftsteller, Komponist und Soziologe.
* 11.9.1903 Frankfurt am Main, Sohn eines Weinhändlers. Schüler Alban Bergs und Arnold Schönbergs. Lieder, Streichquartette und Orchesterstücke im Stil der Schönbergschule (Moser). 1931 Habilita-

tion in Frankfurt. Im *Lexikon der Juden in der Musik* als »Halbjude« gebrandmarkt: »Musikschriftsteller, einer der betriebsamsten Wortführer der jüdischen Neutöner.« Herbst 1933 Lehrverbot. 1934 Wechsel nach Oxford. 1938 USA, dort an Horkheimers Institut für Sozialforschung. 1947 mit Horkheimer Autor der *Dialektik der Aufklärung*. Berater Thomas Manns bei der Arbeit zu *Doktor Faustus*. Mann am 29. 5. 1948 an den Verlag Mohr und Siebeck: »Adorno ist einer der feinsten, schärfsten und kritisch tiefsten Köpfe, die heute wirken.« 1949 apl. Professor in Frankfurt, Autor: *Philosophie der Neuen Musik*. 1956 Lehrstuhl, 1958 Leiter des Instituts für Sozialforschung. † 6. 8. 1969 Visp, Kanton Wallis.

Afritsch, Viktor. Auf der *Gottbegnadeten-Liste* der Schauspieler, die für die Filmproduktion benötigt werden.
* 23. 3. 1906 Graz. Städtische Bühnen ebenda. Nebenrollen in Filmen wie das Werkspionageopus *Alarmstufe V* oder der historische U-Boot-Film *Geheimakte WB 1* (beide 1941), 1944 Film *Schuß um Mitternacht*. Nach 1945: *Die Försterchristel* (1952), *Die Zwillinge vom Zittertal* (1957), *Das ist die Liebe der Matrosen* (1962). † 9. 3. 1967 Berchtesgaden.

Agthe, Curt. Berliner Maler.
* 28. 7. 1862 Berlin. Motive: Nymphen, Najaden, Badende. Zwischen 1937 und 1940 auf der Großen Deutschen Kunstausstellung im Münchner NS-Musentempel *Haus der Deutschen Kunst*. NS-Ehrung: 1942 *Goethe-Medaille* für Kunst und Wissenschaft. † Juli 1943.

Ahlersmeyer, Matthieu. Auf der *Gottbegnadeten-Liste* (Führerliste) der wichtigsten Künstler des NS-Staates.
* 29. 6. 1899 Köln. Heldenbariton. 1932 an der Berliner Staatsoper. 1934 (bis 1945) Staatsoper Dresden. 1935 Titel Kammersänger. 1938 zusätzlich an den Staatsopern Berlin und Wien, Titelrolle in der Berliner Uraufführung von Werner Egks Oper *Peer Gynt*. Zwecks Kulturpropaganda Auftritte im besetzten Norwegen. Das *Deutsche*

Bühnen-Jahrbuch zum 75. Geburtstag: »Der glänzendste deutsche Belcantosänger seiner Generation.« † 23. 7. 1979 Garmisch-Partenkirchen.

Ahlwardt, Hermann. »Vorkämpfer des Antisemitismus« (*Meyers Lexikon* 1936).
* 21. 12. 1846 Krien bei Anklam. † 16. 4. 1914 Leipzig. Volksschullehrer in Neuruppin und Berlin, 1881 Rektor. 1890 Autor: *Der Verzweiflungskampf der arischen Völker gegen das Judentum*. 1892 (bis 1902) MdR. Mitherausgeber der Zeitschrift *Deutsches Volksrecht*, Mitbegründer der *Antisemitischen Volkspartei*. Ahlwardt äußerte am 6. 3. 1895 in einer Reichstagsdebatte, »daß jeder Jude, der in diesem Augenblick noch nichts Schlimmes getan hat, doch in Zukunft unter gegebenen Verhältnissen das wahrscheinlich tun wird, weil seine Rasseneigentümlichkeiten ihn dazu treiben«. Ahlwardt im Reichstag: »Die Juden sind Cholerabazillen.« Lit.: Hilberg.

Albach-Retty, Rosa. Auf der *Gottbegnadeten-Liste* (Führerliste) der wichtigsten Künstler des NS-Staates.
* 26. 12. 1874 Hanau. Ab 1905 am Wiener Burgtheater. Mutter des Schauspielers Wolf Albach-Retty. Filme wie *Maria Ilona* (1939) oder *Die heimliche Gräfin* (1942). 1942 als Mozarts Mutter im Mozart-Film *Wen die Götter lieben* sowie als Rosa Lueger im NS-Tendenzfilm *Wien 1910* (der antisemitische Wiener Bürgermeister Karl Lueger als Hitler-Vorläufer). NS-Beurteilung 1945: »Immer mit den Nationalsozialisten sympathisierend, auch in der jetzigen Krisenzeit, obwohl kein Parteimitglied.« Das *Deutsche Bühnen-Jahrbuch* zum 80. Geburtstag: »Immer ein Liebling der Grazien und des Publikums.« 1978 Erinnerungen: *So kurz sind hundert Jahre*. † 26. 8. 1980 (!) Baden bei Wien. Lit.: Rathkolb.

Albach-Retty, Wolf. Auf der *Gottbegnadeten-Liste* der Schauspieler, die für die Filmproduktion benötigt werden.
* 28. 5. 1908 Wien. Rollentyp: Jugendlicher Liebhaber. Ab 1926 am Burgtheater. Mit 41 Filmen gut beschäftigt in Goeb-

bels' Frohsinnsindustrie. 1933 erstmals mit Magda Schneider im Film *G'schichten aus dem Wiener Wald*. 1939 Mutterkreuz-Opus *Mutterliebe* (Prädikat: *staatspolitisch besonders wertvoll*). Unterhaltungsstreifen wie *Tanz mit dem Kaiser* (1941) oder *Maske in Blau* (1943). Hauptrolle in der Verwechslungskomödie *Ein Mann wie Maximilian*, am 13.3. 1945 vorletzte Uraufführung im Dritten Reich. In erster Ehe (1936) mit Magda Schneider (1938 gemeinsame Tochter: Romy), in zweiter Ehe (1947) mit Trude Marlen verheiratet. NSDAP 1940. Nach 1945 Filme wie *Csardas der Herzen* (1950) oder *Hubertusjagd* (1959). † 21.2. 1967 Wien.

Albers, Hans. Auf der *Gottbegnadeten-Liste* der Schauspieler, die für die Filmproduktion benötigt werden.
* 22.9. 1891 Hamburg. Nach dem I. Weltkrieg zunächst Spaßmacher und Operettenbuffo. 1930 Hauptrolle im Film *Der blaue Engel*. In der NS-Zeit 20 Filme. 1933 als Führergestalt in *Flüchtlinge*, ein Propagandaschmarren über Wolgadeutsche, die »heim ins Reich« wollen, von Goebbels mit dem Staatspreis der Reichsregierung bedacht. 1935 Titelrolle im Freikorps-Machwerk *Henker, Frauen und Soldaten*. Lebte mit der »nichtarischen« Schauspielerin Hansi Burg zusammen (Emigration nach England, nach dem Krieg Rückkehr zu Albers, ihr Vater, der Schauspieler Eugen Burg, stirbt im Ghettolager Theresienstadt). Albers am 15.10. 1935 an Goebbels: »In Erfüllung meiner Pflicht gegen den nationalsozialistischen Staat und in dem Bekenntnis zu ihm habe ich meine persönliche Beziehungen zu Frau Hansi Burg gelöst.« Moeller: »Burg heiratete pro forma einen Ausländer, eine echte Trennung erfolgte erst 1939.« 1939 in *Wasser für Canitoga* (»Jeden Tag besoffen, ist das kein regelmäßiges Leben?«), 1941 im antibritischen Kolonialfilm *Carl Peters*, 1943 in Goebbels' Auftragsfilm *Münchhausen*. Das Sankt-Pauli-Opus *Große Freiheit Nr. 7* (mit den Songs *La Paloma* und *Auf der Reeperbahn nachts um halb eins*) wurde am

15.12. 1944 in Prag uraufgeführt, war im Reichsgebiet jedoch verboten. NS-Ehrung: 1939 *Staatsschauspieler*. Zuckmayer: »Er ist weder ein großer Schauspieler noch ein bedeutender Mensch, aber ein durchaus anständiger und famoser Kerl und hat mehr Charakter bewiesen als viele andere – denn für ihn gab es die Versuchung – mit einer ganz kleinen Schweinerei ›der‹ Naziheros des Films und der deutschen Bühne zu werden.« 1946 im Heimkehrerfilm *Und über uns der Himmel*, weiterhin: *Auf der Reeperbahn nachts um halb eins* (1954) sowie *Das Herz von St. Pauli* (1957). 1960 *Großes Bundesverdienstkreuz*. † 24.7. 1960 in einem Münchener Krankenhaus, Beisetzung in Hamburg. Nachruf *Deutsches Bühnen-Jahrbuch*: »Sein Eros hatte Potenz, und er konnte damit locken.«

Albiker, Karl. Auf der *Gottbegnadeten-Liste* (Führerliste) der wichtigsten bildenden Künstler des NS-Staates.
* 16.9. 1878 Ühlingen im Schwarzwald, Sohn eines Apothekers. Bildhauer. 1919 Professor der Staatlichen Akademie der bildenden Künste Dresden. Von Breker und Hitler geschätzt. Werke: Gruppe *Diskuswerfer* auf dem Berliner Reichssportfeld und Relief *Die Luftwaffe* am Bau des Luftgaukommandos Dresden. NS-Ehrung: 1943 *Goethe-Medaille* für Kunst und Wissenschaft. † 26.2. 1961 Ettlingen bei Karlsruhe.

Albrecht, Hans. Chorberater im Reichspropagandaministerium.
* 31.3. 1902 Magdeburg als Ingenieurssohn. Dr. phil. Musikwissenschaftler. 1933 Dozent der Folkwangschule Essen. April 1933 NSDAP, Blockwart. Führer der Landesleitung Gau Köln-Aachen der Reichsmusikkammer. 1939 am Institut für Deutsche Musikforschung in Berlin. NS-Ehrung: 1940, trotz Titelsperre, Titel Professor. 1955 apl. Professor in Kiel. Redakteur der Zeitschriften *Musikforschung* und *Acta musicologica*. Leiter der Edition *Das Erbe deutscher Musik*. Redaktionsmitglied der Enzyklopädie *Musik in Geschichte und Gegenwart*. Leiter des Deutschen Musikge-

schichtlichen Archivs in Kassel (1954–1959), Direktor des Johann-Sebastian-Bach-Instituts in Göttingen (1954–1961). † 20.1.1961 Kiel.

Alexander, Georg (Künstlername). Schauspieler und Operettenstar. * 3.4.1888 Hannover. Zwischen 1933 und 1944 in 60 vorwiegend klamottigen Lustspielen (Weniger). Spielte mit einer Sondergenehmigung von Goebbels, da mit einer »Volljüdin« verheiratet. Goebbels am 12.10.1937 im Tagebuch: »Alexander will sich von seiner jüdischen Frau scheiden lassen. Er fühlt sich überall so zurückgesetzt.« Goebbels am 9.12.1937: »Alexander bringt nun doch die Scheidung von seiner Jüdin nicht fertig.« Unter anderem im Unterwerfungs-Lehrstück *Der alte und der junge König* (1935), im antisemitischen Streifen *Leinen aus Irland* (1939) sowie im Revuefilm *Die Frau meiner Träume* (1944). † 30.10.1945 Berlin.

Allgeier, Sepp. Kameramann. Reichskultursenator. * 6.2.1895 Freiburg im Breisgau. Chefkameramann zu Riefenstahls *Das blaue Licht* (1932), ihrem Parteitagsfilm *Sieg des Glaubens* (1933) und dem 1935 »im Auftrag des Führers« gedrehten Monumentalwerk *Triumph des Willens*, das Hitler zu einem von Gott gesandten Erlöser verklärt (Goebbels-Höchstprädikat: *Nationaler Filmpreis*). Drehte die Luis-Trenker-Filme *Berge in Flammen* (1931), *Der Rebell* (1932) und *Der Berg ruft* (1937). 1935 Film *Friesennot*: Eine Friesengemeinde an der Wolga bringt zur Verteidigung der Reinheit der Rasse alle Rotgardisten um. 1936 Montagefilm *Ewiger Wald*, hergestellt im Auftrag der *Nationalsozialistischen Kulturgemeinde*. 1940 Kamera zu Hipplers Propagandafilm *Der Feldzug in Polen*, 1941 zum Propagandaopus des Oberkommandos des Heeres: *Sieg im Westen*. 1941 *Wetterleuchten um Barbara*, ein Heimatfilm zur »Befreiung« Österreichs durch die Nazis. Nach 1945 Chefkameramann beim SWF. 1966 *Filmband in Gold* für langjähriges und hervorragendes Wirken im

deutschen Film. † 11.3.1968 Freiburg. Lit.: Zimmermann/Hoffmann.

Alpar, Gitta (Künstlername). Operettenkönigin der Berliner Staatsoper. * 5.3.1903 Budapest. Tochter eines jüdischen Kantors, ungarischer Herkunft. 1931 Heirat mit dem Schauspieler Gustav Fröhlich (Scheidung 1935). 1933 Wechsel nach Wien, 1936 USA. Im *Lexikon der Juden in der Musik* gebrandmarkt. 1987 *Filmband in Gold* für langjähriges und hervorragendes Wirken im deutschen Film. † 17.2.1991 Palm Springs in Kalifornien.

Alsen, Herbert. Auf der *Gottbegnadeten-Liste* (Führerliste) der wichtigsten Künstler des NS-Staates. * 12.10.1906 Hildesheim. Bassist. 1931 Staatstheater Wiesbaden. 1935 Wiener Staatsoper, ab 1936 Gast der Salzburger Festspiele. 1947 Kammersänger. Begründer der Operettenfestspiele an seinem Wohnort Mörbisch im Burgenland. † 25.10.1978 Wien.

Alt, Michael. Musikerzieher, NSDAP-Kreiskulturwart. * 15.2.1905 Aachen. Dr. phil. 1931 Dozent am Konservatorium in Aachen. Mai 1933 NSDAP. 1936 Beitrag *Richard Wagner nationalsozialistisch gesehen* in der Zeitschrift *Die Musik*. 1939 Professor der Hochschule für Lehrerbildung (zur NS-Indoktrinierung) in Oldenburg. 1959 Professor der Pädagogischen Hochschule Detmold. 1968 Hauptwerk: *Didaktik der Musik*. † 20.12.1973 Dortmund. Lit.: Hesse.

Alten, Jürgen von. Regisseur. * 12.1.1903 Hannover. Laut Rabenalt vor der Machtergreifung in der NS-Betriebszellen-Organisation (die NSBO verstand sich als die »SA der Betriebe«) und im *Kampfbund für deutsche Kultur*). 1933 Direktor des Komödienhauses in Dresden. 1935/36 Direktor des Berliner Schiller-Theaters. Zwischen 1936 und 1943 Regie zu 16 Filmen, darunter 1936 *Stärker als Paragraphen* zur Förderung eines neuen »deutschen« Rechts (Hampicke/Loewy) sowie 1937 *Togger* (Moeller: »Voller NS-

Parolen, antisemitischen Anspielungen und SA-Paraden«). Mai 1937 Heirat mit Hilde Seipp. 1945 Direktor der Kammerspiele Hannover. Drehbuchautor: *Die Sterne lügen nicht* (1950) sowie *Die Herrin vom Söldnerhof* (1955). Ab 1960 in Berlin. † 28. 2. 1994 Lilienthal.

Altendorf, Werner. Schriftsteller und Komponist.
* 24. 11. 1906 Neuruppin. Jurastudium. 1930 NSDAP. 1931 HJ-Gebietsführer Schlesien in Breslau. 1933 MdR, Autor der Laienspiele *Trutz, Tod und Teufel* sowie *Hitlerjungs im Kampf.* 1933 Urheber des *Motor-SA-Schlesierlieds,* Textprobe: »Dann klingt es im Jubel tari tara,/das ist Hitlers schlesische Motor-SA.« 1936 HJ-Gebietsführer Mecklenburg. 1942 HJ-Obergebietsführer. † Suizid 3. 5. 1945 Bad Kleinen. Lit.: Ketelsen; Lilla; Prieberg.

Altmann, Richard. Komponist.
* 18. 6. 1888 Dramburg in Pommern. Organist jüdischer Gemeinden, Wohnort Berlin-Wilmersdorf. Seit 1903 erblindet. Im *Lexikon der Juden in der Musik* gebrandmarkt. † Deportiert am 14. 12. 1942 nach Auschwitz (nicht Riga!).

Alverdes, Paul. Schriftsteller.
* 6. 5. 1897 Straßburg als Offizierssohn. 1914 Kriegsfreiwilliger, schwere Kehlkopfverletzung. 1922 Dr. phil. Vom *Beauftragten des Führers für die Überwachung der gesamten geistigen und weltanschaulichen Schulung der NSDAP,* Amt Rosenberg, empfohlene Lektüre: *Reinhold oder die Verwandelten* (Novellen, 1931). *Meyers Lexikon* 1936: »Hat eine idealistisch-klassizistische Einstellung zum Krieg«. Von 1934 bis 1944 mit von Mechow Herausgeber der Zeitschrift *Das Innere Reich*, gemeinsames Credo: »Wir erkennen in der Führung des deutschen Volkes durch Adolf Hitler, durch den im Leibes- und Seelenkampf geläuterten Soldaten des alten und des neuen deutschen Reiches, die leidenschaftliche Liebe ... zu jenen uralten, immer neuen Reichtümern der Seele, die im heiligen Wechselspiel als letzter Gewinn allem Handeln und Trachten des

deutschen Volkes entsprossen sind, um zu Segen und Aufwärtssteigerung immer wieder auf die einzelnen zurückzukehren.« Mitglied der Tafelrunde Rudolf Georg Bindings. Nach 1945 vorwiegend Kinderbücher und Hörspiele. † 28. 2. 1979 München.

Amann, Max. *Reichsleiter für die Presse.*
* 24. 11. 1891 München. Im I. Weltkrieg Feldwebel und Vorgesetzter Hitlers. NSDAP-Nr. 3. 1921 Geschäftsführer der NSDAP, 1922 zusätzlich Direktor des *Zentralverlags der NSDAP, Franz Eher Nachf.* in München. Verleger von *Mein Kampf. Führerlexikon:* »Schöpfer des nationalsozialistischen Zentralverlags als Propaganda-Instrument der NSDAP.« 1923 Teilnehmer *Hitlerputsch.* 1933 Präsident der Reichspressekammer, MdR, Vorsitzender des *Vereins Deutscher Zeitungsverleger* und des *Deutschen Zeitungs-Verlags,* zuständig für die Gleichschaltung und Ausplünderung der Presse. Laut Hitler der größte Zeitungseigentümer der Welt (»Heute gehören dem Zentralverlag 70 bis 80 Prozent der deutschen Presse«). 1941 SS-Obergruppenführer. Goebbels am 28. 1. 1943 im Tagebuch: »Amann könnte ich jetzt gut gebrauchen, weil er eine ziemliche Brutalität aufweist ... Er hat übrigens auf meine Anforderung im Verlagswesen gründlicher aufgeräumt, als irgendwo anders aufgeräumt worden ist.« Als *Hauptschuldiger* entnazifiziert. † 30. 3. 1957 München.

Ambesser, Axel von, eigentlich Axel Eugen von Österreich. Auf der *Gottbegnadeten-Liste* der Schauspieler, die für die Filmproduktion benötigt werden.
* 22. 6. 1910 Hamburg. 1934 Münchner Kammerspiele, 1936 am Deutschen Theater in Berlin. In der NS-Zeit in 15 Filmen, zumeist als Charmeur. 1940 im antibritischen Spielfilm *Das Herz der Königin* (Maria Stuart), 1941 Heldenmutter-Saga *Annelie,* 1943 in der Liebeskomödie *Frauen sind keine Engel* und im Filmschwank *Kohlhiesels Töchter.* Nach 1945 Regisseur anspruchsloser, aber erfolgreicher Boulevardstücke (Weniger). Filmregie zu *Kom-*

plott auf Erlenhof (1950) und *Der brave Soldat Schwejk* (1960). Letzte Filmrolle: *Wir hau'n die Pauker in die Pfanne* (1970). 1985 *Filmband in Gold* für langjähriges und hervorragendes Wirken im deutschen Film, Erinnerungen: *Nimm einen Namen mit A.* † 6.9. 1988 München.

Ameln, Konrad. Hymnologe.
* 6.7. 1899 Neuss. 1932 Lehrer für ev. Kirchenmusik an der Universität Münster, zugleich an der Pädagogischen Akademie Dortmund. 1934 Komposition *Das Lied vom neuen Reich* auf einen Text von H. Claudius: »Dafür marschieren wir, ich und du,/und hunderttausende dazu./Dafür wollen wir sterben«. 1937 NSDAP, ab 1939 Waffen-SS (laut *SS-Leitheft* 2/1942 ist die Waffen-SS »die letzte Vollendung des nationalsozialistischen soldatischen Gedankens«). Nach 1945 Dozent der Landeskirchenmusikschulen in Hannover und im Rheinland. 1957 Gründer und Vorsitzender der Internationalen Arbeitsgemeinschaft für Hymnologie. † 1.9. 1994 Lüdenscheid. Lit.: Hesse.

Amersdorffer, Alexander von. Erster Ständiger Sekretär der Preußischen Akademie der Künste (ab 1910).
* 9.11. 1875 Nürnberg. Dr. phil. Titel Professor. Im preußischen Kultusministerium Referent für Kunstangelegenheiten. Verfügte Mai 1933 die Dienstenthebung Arnold Schönbergs von der Akademie. Verweigerte 1935 die Niederlegung eines Kranzes für den verstorbenen (»jüdischen«) Maler Liebermann. 1937 Rücktrittsforderung an Oskar Kokoschka. † 13.8. 1946 Leipzig. Lit.: Schmalhausen; Wulf, Musik.

Amersdorffer, Heinrich. Kriegsmaler.
* 10.12. 1905 Berlin, Sohn von Alexander. 1930 Kunsterzieher in Berlin. Vertreten auf den Großen Deutschen Kunstausstellungen im Münchner NS-Musentempel *Haus der Deutschen Kunst*, 1941 mit dem Ölgemälde *Kathedrale von Rouen*. Malte im Krieg nicht zerstörte französische Kathedralen inmitten völlig zertrümmerter Städte. Laut Petsch sollte dies »die groß-

herzige ›Schonung‹ von architektonischen Kulturdenkmälern durch die deutschen Truppen beweisen«. Amersdorffer Januar 1942 in der Zeitschrift *Die Kunst für Alle*: »Es ist mir vergönnt gewesen, mich im Auftrage der Wehrmacht dieser großen Aufgabe zuwenden zu dürfen.« Nach 1945 Lehrauftrag an der Hochschule der Bildenden Künste, Ehrenprofessor der Stadt Berlin. † 2.12. 1986 München.

Anacker, Heinrich, genannt *Dichter der Bewegung*. Reichskultursenator (1935).
* 29.1. 1901 Aarau in der Schweiz als Fabrikantensohn. *Meyers Lexikon* (1936): »Kam 1922 in Wien als Student zur nationalsozialistischen Bewegung; seine Lieder erwuchsen aus dem Kampf der Bewegung.« 1931: *Die Trommel. SA-Gedichte*. 1936 Poet vom Dienst der offiziellen *Olympia Zeitung* (Auflage: 500 000). Verbände *Kämpfen und Singen* (1937) und *Ein Volk, ein Reich, ein Führer* (1938, im Zentralverlag der NSDAP). Präsidialbeirat der *Kameradschaft der deutschen Künstler* (NS-Führerkorps). Weiheverse *Adolf Hitler spricht im Rundfunk*: »Wir folgen dir blind und in stürmischem Drang,/Nun braust von den Alpen zum Meer unser Sang./Wir lachen der Sorgen, wir lachen der Not:/Heil Hitler, dem Führer zu Freiheit und Brot.« NS-Ehrung: September 1936 zum Reichsparteitag *Preis der NSDAP für Kunst und Wissenschaft* (20 000 Mark). † 14.1. 1971 Wasserburg am Bodensee. Lit.: Sarkowicz; Scholdt.

Andergast, Maria (Künstlername). Schauspielerin, Rollentyp: treudeutsches Mädel (Weniger).
* 4.6. 1912 Brunnthal in Oberbayern. Durchbruch 1934 mit dem Trenker-Film *Der verlorene Sohn*. Goebbels am 17.12. 1935 im Tagebuch: »Abends viel Besuch. Auch der Führer da. Willy Fritsch, die Andergast und Jugo.« In der NS-Zeit in 36 Filmen, darunter *Skandal um die Fledermaus* (1936), *Hochzeitsreise zu dritt* (1939), *Spähtrupp Hallgarten* (1941, über die Besetzung Norwegens). Vom Reichspropagandaministerium für den Rund-

funk freigestellt. 1948 in *Der Hofrat Geiger* Sängerin der Erfolgsschnulze *Mariandl*. Weitere Filme: *Auf der Alm, da gib's ka Sünd* (1950) oder *Almenrausch und Edelweiß* (1957). † 14. 2. 1995 Wien.

Anders, Peter. Auf der *Gottbegnadeten-Liste* (Führerliste) der wichtigsten Künstler des NS-Staates.
* 1. 7. 1908 Essen. Lyrischer Tenor. Stationen: 1932 Heidelberg, 1933 Darmstadt, 1935 Köln, 1937 Hannover, 1938 Staatsoper München, 1940 Staatsoper Berlin. Goebbels am 18. 11. 1940 im Tagebuch: »Nachmittags Künstler von der Truppenbetreuung empfangen. Sie haben sich alle mit so großem Idealismus für die Sache eingesetzt. Ich danke ihnen sehr und sie erfreuen uns durch ein kleines, improvisiertes Konzert ... Bockelmann, Rudolph, Anders, Cebotari.« † 10. 9. 1954 Hamburg an den Folgen eines Autounfalls. Nachruf *Deutsches Bühnen-Jahrbuch*: »In den letzten Jahren weitete er seine Stimme zu heldischem Klang«.

Andersch, Alfred. Schriftsteller.
* 4. 2. 1914 München, Sohn eines Buchhändlers und Vizefeldwebels. Buchhändler. 1930 im Kommunistischen Jugendverband. März 1933 Verhaftung, bis Ende April im KZ Dachau. Verschiedene Tätigkeiten, unter anderem beim Kosmetikhersteller Mouson. 1940 erstmals Kriegsdienst. 1943 Scheidung von seiner jüdischen Ehefrau Angelika, erneut Kriegsdienst. Juni 1944 in Italien desertiert (1952 im Buch *Die Kirschen der Freiheit* verarbeitet). Ende 1945 Erich Kästners Assistent beim Feuilleton der *Neuen Zeitung* (US-Tageszeitung im Dienste der Umerziehung und Demokratisierung). 1946/47 Mitherausgeber der Wochenschrift *Der Ruf*. 1957 Roman *Sansibar oder der letzte Grund*. † 21. 2. 1980 Berzona im Tessin. Lit.: Sarkowicz.

Andersen, Lale (Künstlername). Sängerin und Schauspielerin.
* 23. 3. 1905 Lehe bei Bremerhaven. 1933 am Schauspielhaus Zürich. Unter anderem 1938 beim Berliner *Kabarett der Künstler*. Als Interpretin berühmt geworden durch das ab August 1941 vom deutschen Soldatensender Belgrad verbreitete Lied *Lili Marleen* (»Vor der Kaserne, vor dem großen Tor/stand eine Laterne und steht sie noch davor«). 1941 Front-Betreuung bei der Marine. April 1942 mit Goebbels' *Berliner Künstlerfahrt* (Truppenbetreuung) Auftritt in Warschau, Besichtigungsfahrt ins Ghetto. August 1942 als Sängerin im antirussischen Hetzfilm (Staatsauftragsfilm) *GPU*, Courtade: »Selten sind die Gegner der Nazis, einer wie der andere, vertierter ... dargestellt worden.« September 1942 wegen eines Briefes an den jüdischen Emigranten Hirschfeld Ausschluß aus der Reichsmusikkammer durch Goebbels (»Jedoch ist nicht vorgesehen, etwas gegen ihre Person oder ihre persönliche Freiheit zu tun«). Nach 1945 Chansons und Seemannslieder. 1956 im Film *Wie einst Lili Marleen*. 1972 Erinnerungen: *Der Himmel hat viele Farben*, 1981 unter dem Titel *Lili Marleen* von Rainer Werner Fassbinder verfilmt. † 29. 8. 1972 Wien.

Andres, Stefan. Schriftsteller.
* 26. 6. 1906 Breitwies, Sohn eines moselländischen Müllers. 1935 Entlassung beim Reichssender Köln, da mit einer »Halbjüdin« verheiratet. 1936 Novelle *El Greco malt den Großinquisitor*, laut Sarkowicz in der für ihn charakteristischen »Technik der künstlerisch verschlüsselten Regimekritik« (1944 als Feldpostausgabe erschienen!). Wohnsitz ab 1937 im italienischen Positano. Autor der *Frankfurter Zeitung* und im *Völkischen Beobachter*, Untertitel: *Kampfblatt der nationalsozialistischen Bewegung Großdeutschlands*. 21 Texte im NS-Kampfblatt *Krakauer Zeitung*, das »Blatt des Generalgouvernements«. † 29. 6. 1970 Rom.

Andri, Ferdinand. Auf der *Gottbegnadeten-Liste* (Führerliste) der wichtigsten Maler des NS-Staates.
* 1. 3. 1871 Waidhofen/Ybbs in Österreich, Sohn eines Vergolders. Ab 1920 Professor der Wiener Akademie. NS-Ehrung:

1941 *Goethe-Medaille* für Kunst und Wissenschaft, in der Begründung als früher Verfechter des NS-Gedankens gelobt. † 12.5.1956 Wien. Q.: Thomae.

Angermayer, Fred Antoine. Schriftsteller, Stellv. Vorsitzender des *Verbands Deutscher Bühnenschriftsteller und Bühnenkomponisten* (1934).

* 7.12.1889 Mauthausen, aus einer Gastwirtsfamilie. 1922 Sonette *Das Blut*. Zuckmayer: »Als die Flut sich ins Nationalistische wendete und er schon [mit Vornamen] Friedrich Anton hieß, kam er mit einem im Schönherr-Ganghofer-Stil geschriebenen ›Volks-Stück‹ ›Flieg, roter Adler von Tirol‹. Kommentar überflüssig.« 1936 Jubelautor in der offiziellen *Olympia Zeitung* (Auflage: 500 000). 1937 Uraufführung seines Dramas *Andreas und sein Hund* in Stuttgart. † 21.7.1951 Wien.

Anhalt, Edda (Editha) Charlotte Herzogin von.

* 20.8.1905 Düsseldorf. Zweite Ehefrau von Herzog Joachim Ernst. Laut *Aufstellung derjenigen Parteigenossen, die Angehörige fürstlicher Häuser sind*: 1.5.1937 NSDAP, Nr. 4 843880, Gau Magdeburg-Anhalt. Nach 1945 Wohnort Garmisch-Partenkirchen.

Anhalt, Joachim Ernst Herzog von.

* 11.1.1901 Dessau. Genealogisches Handbuch: »Herzog zu Anhalt, zu Sachsen, Engern und Westfalen, Graf zu Askanien usw.« Laut *Aufstellung derjenigen Parteigenossen, die Angehörige fürstlicher Häuser sind*: 1.11.1939 NSDAP, Nr. 7 267717, Gau Magdeburg-Anhalt. † 18.2.1947 in sowjetischer Internierung in Buchenwald.

Anhalt, Prinzessin Marie Auguste von.

* 10.6.1898 Schloß Ballenstedt. Laut *Aufstellung derjenigen Parteigenossen, die Angehörige fürstlicher Häuser sind*: 1.5.1934 NSDAP, Nr. 3 452693, Gau Berlin. Nach 1945: Steinberghof in Oberbayern.

Anheißer, Siegfried. Pionier der »Entjudung« von Opern-Libretti.

* 9.12.1881 Düsseldorf. Dr. phil. »Entjudete« die Texte der Mozart-Opern *Don Giovanni* und *Cosi fan tutte*. Walter Stang, Leiter der *NS-Kulturgemeinde*, 1935: »So fördert die Nationalsozialistische Kulturgemeinde die Neubearbeitungen Mozartscher Opern durch Siegfried Anheißer, der in vorbildlicher Weise auch den von jüdischen Librettisten geschriebenen Text erneuert und von semitischen Floskeln befreit hat.« † 16.6.1938 Berlin. Posthum 1938: *Für den deutschen Mozart*.

Antolitsch, Hans. Kapellmeister.

* 18.4.1905 Wien. März 1933 NSDAP. 1933/34 am Stadttheater Liegnitz, danach in Neisse. 1940–1944 Erster Kapellmeister am Staatstheater des Generalgouvernements (GG) in Krakau (Rechtsträger: Die Regierung des GG). Nach 1945 in Wien. † 21.4.1996 Wien.

Anton, Karl (Karel). Filmregisseur tschechischer Herkunft.

* 25.10.1898 Brünn. Ab 1935 in Deutschland. Zwischen 1936 und 1945 Regie zu 17 Filmen, darunter 1937 der Propagandastreifen *Weiße Sklaven* (gegen marxistische Volksmörder), 1940 Revuefilm *Der Stern von Rio*, 1941 Co-Regisseur beim Hetzfilm *Ohm Krüger*, für Goebbels »ein Film zum Rasendwerden«. Höchstprädikat: *Film der Nation* und *Staatspolitisch und künstlerisch besonders wertvoll, kulturell wertvoll, volkstümlich wertvoll, volksbildend, jugendwert*. Nach 1945 Filme wie *Der Weibertausch* (1952) oder der Edgar-Wallace-Krimi *Der Rächer* (1960). † 12.4.1979 Berlin.

Apitz, Bruno. Schriftsteller.

* 28.4.1900 Leipzig als zwölftes Kind einer Arbeiterfamilie. Buchhändler, auch Schauspieler. 1927 KPD, Journalist. 1933 Zuchthausstrafe, ab 1936 im KZ Buchenwald. Nach 1945 Dramaturg der DEFA, ab 1956 freier Autor. SED. Berühmt durch seinen Buchenwald-Roman *Nackt unter Wölfen*, 1963 in der DDR verfilmt (eine Heiligenlegende über edle kommunistische Häftlinge, die mit der KZ-Realität nichts zu tun hat). Deutsche Akademie der Künste. † 7.4.1979 Ost-Berlin.

Appen, Karl. Bühnenbildner.

* 12.5.1900 Düsseldorf. 1932 KPD, Mit-

glied der Assoziation Proletarisch Revolutionärer Künstler. 1935 Berufsverbot. Im kommunistischen Widerstand. 1941–1945 im Strafgefangenenlager Rollwald bei Nieder-Roden im hessischen Rodgau (dem Reichsjustizminister, nicht der SS unterstellt). Nach 1945 Ausstattungsleiter der Dresdner Theater. KPD/SED. 1953 Begegnung mit Brecht. 1954 Chefbühnenbildner des *Berliner Ensembles*. 1960 Professor. 1961 Deutsche Akademie der Künste (ab 1972: Akademie der Künste der DDR). Verheiratet mit Manja Behrens, der ehemaligen Geliebten Martin Bormanns. † 22. 8. 1981 Ost-Berlin.

Arendt, Ekkehard. Kabarettist am Berliner *Tingel-Tangel-Theater*.
* 10. 6. 1892 Wien. NSDAP-Mitglied. Mit Werner Finck und anderen Kabarettisten Gestapo-Verhaftung am 10. Mai 1935. Als einziger nach acht Tagen wieder frei. Minirollen in *Mein Leben für Maria Isabell* (1934), *Zu neuen Ufern* (1937), *Wien 1910* (1942). 1949 letzter Film: *Ruf aus dem Äther*. † 19. 5. 1954 Wien. Lit.: Schrader.

Arenhövel, Friedrich. Name Oktober 1933 unter dem Treuegelöbnis »88 deutsche Schriftsteller« für Adolf Hitler.
* 14. 2. 1886 Bergedorf. Am 23. 4. 1933 auf Vorschlag des *Kampfbunds für deutsche Kultur* Aufnahme in den gleichgeschalteten (und am 15. 1. 1935 liquidierten) deutschen PEN-Club. 1933 Intendant des Berliner Rundfunks. Laut Bronnen von Goebbels auf diesen Posten gehievt, »unwissend, faul und korrupt«. 1934 Entlassung. Autor der Romane *Der Habicht und das Mädchen* (1934) sowie *In Afrika wartet ein Mann* (1939). † 6. 4. 1954 Sellin.

Arent, Benno von. Reichsbühnenbildner, genannt *Reibübi*. Reichskultursenator.
* 19. 6. 1898 Görlitz, Sohn eines Oberleutnants. Lehrling in einer Gasmesser- und Armaturenfabrik, Kostümzeichner einer Ausstattungsfirma, Automobilverkäufer. In Rosenbergs *Kampfbund für deutsche Kultur*. 1931 SS, Gründer und Führer des *Bunds nationalsozialistischer Bühnen- und Filmkünstler*, ab 1933: *Kameradschaft der*

deutschen Künstler. Laut eigener Aussage ein Nationalsozialistisches Führerkorps des deutschen Kunstlebens (*Heil Hitler!* als Pflichtgruß). NSDAP 1932. Ab 1935 Gestalter von Partei- und Bühneninszenierungen, Entwürfe von Orden und Diplomatenuniformen (Speer: »Es sieht aus, wie in der Fledermaus!«). 1936 Beauftragter für die Überwachung der deutschen Bühnenbildkunst. Präsidialrat der Reichstheaterkammer. 1939 *Reichsbeauftragter für die Mode*. Jederzeit Zugang zu Hitler. Am 20. 4. 1937 (zu *Führers Geburtstag*) Titel Professor. Goebbels am 27. 4. 1941 im Tagebuch: »Er ist als Mensch sehr schwierig und hat viele Feinde.« Am 15. 8. 1941 im Troß des Reichsführers-SS, Himmlers Dienstkalender: »Vormittags Beiwohnen [!] bei einer Exekution von Partisanen und Juden in der Nähe von Minsk.« Von Hitler im Tischgespräch am 24. 2. 1942 zu den drei wichtigsten Bühnenbildnern erklärt. Januar 1944 Waffen-SS. SS-Oberführer. Bis 1953 in sowjetischer Internierung. † 14. 10. 1956 Bonn.

Arnheim, Valy. Auf der *Gottbegnadeten-Liste* der Schauspieler, die für die Filmproduktion benötigt werden.
* 8. 6. 1883 Rappel in Estland. Stummfilmstar. Beim Tonfilm Nebenrollen, darunter *Im Trommelfeuer der Westfront* (1935), Freikorpsdrama *Menschen ohne Vaterland* (1937), *Kautschuk* (1938) und der Hetzfilm *Jud Süß* (1940). 1948 letzter Film: *Berliner Ballade*. † 11. 11. 1950 Berlin.

Arno, Siegfried, eigentlich Aron. Komiker und Kabarettist.
* 25. 12. 1890 Hamburg. 1927 am Großen Schauspielhaus Berlin. 1932 *Kabarett der Komiker*. 1933 Flucht, unter anderem 1937 am (Emigranten-) *Kabarett der Prominenten* in Den Haag. 1939 Wechsel in die USA, Minutenauftritt in Charly Chaplins Film *Der große Diktator* (1940). 1966 *Filmband in Gold* für langjähriges und hervorragendes Wirken im deutschen Film. Das *Deutsche Bühnen-Jahrbuch* zum 65. Geburtstag: »Den Schlager vom ›Schönen

Sigismund‹ in der Operette ›Im Weißen Rößl‹ hatte der Komponist Ralph Benatzky eigens für ihn geschrieben. † 17. 8. 1975 Los Angeles.

Arnold, Karl. Karikaturist.
* 1. 4. 1883 Neustadt bei Coburg. Ab 1917 Teilhaber und Redakteur der Satire-Zeitschrift *Simplicissimus*. Buchillustrationen, zum Beispiel zu den Turngedichten von Ringelnatz. Beschlagnahmung von 14 seiner Werke als »entartete Kunst«. Dennoch NS-Ehrung: Am 16. 7. 1939, zur Eröffnung der Großen Deutschen Kunstausstellung im Münchner NS-Musentempel *Haus der Deutschen Kunst*, Titel Professor. † 29. 11. 1953 München.

Arp, Hans. Maler und Bildhauer.
* 16. 9. 1886 Straßburg. 1911 Wohnort München, Anlehnung an die expressionistische Künstlergruppe *Der blaue Reiter*. 1916 in Zürich Mitbegründer des Dadaismus (Hitler in *Mein Kampf*: »Krankhafte Auswüchse irrsinniger und verkommener Menschen«). 1920 Gedichtband *der vogel selbtritt*. 1922 in Paris, 1925 Anschluß an Surrealisten. 1940 Flucht nach Grasse. 1942 in der Schweiz. Nach 1945 in Frankreich. † 7. 6. 1966 Basel.

Arzdorf, Franz. Schauspieler.
* 5. 5. 1904 München. 1934 am Schauspielhaus Leipzig, 1937 am Deutschen Volkstheater in Wien. Zahlreiche Filme, darunter 1938 der Marika-Rökk-Streifen *Eine Nacht im Mai* und 1940 der Hetzfilm *Jud Süß*, Goebbels: »Ein antisemitischer Film, wie wir ihn uns nur wünschen können«. Nach 1945 Filme wie *Unschuld in 1000 Nöten* (1951) oder *Mikosch rückt ein* (1952). † 23. 4. 1974 Berlin.

Aslan, Raoul. Auf der *Gottbegnadeten-Liste* (Führerliste) der wichtigsten Künstler des NS-Staates.
* 16. 10. 1886 Saloniki, armenischer Herkunft. Heldendarsteller am Wiener Burgtheater, 1945–1948 Direktor, danach Ehrenmitglied. Im Kino selten: 1930 Tonfilm *Das Flötenkonzert von Sanssouci*, 1956 letzter Film *Wilhelm Tell*. † 18. 6. 1958 Seewalchen. Nachruf *Deutsches Bühnen-Jahr-*

buch: »Zweifellos gingen die Eitelkeit und das Herrschenwollen zeitlebens mit Aslans höchst profilierter, aristokratischer und scharf akzentuierender Darstellung nicht immer die glücklichste Verbindung ein.«

Auen, Carl. Schauspieler. Leiter der Fachschaft Film (1933–1942, mit Unterbrechungen).
* 16. 2. 1892 Byfang im Rheinland. 1931 NSDAP/SA (Schrader). Laut Rabenalt vor der Machtergreifung in der NS-Betriebszellen-Organisation (die NSBO verstand sich als die »SA der Betriebe«) und im *Kampfbund für deutsche Kultur*. Unter anderem 1933 im Staatsauftragsfilm *Hans Westmar* zur Verherrlichung des NS-Märtyrers Horst Wessel. Im Militärspionagefilm *Verräter*, September 1936 auf dem NSDAP-Reichsparteitag uraufgeführt (Giesen: »Ein eindeutiges Plädoyer für die Gestapo«). 1937 in *Togger* (Moeller: »Voller NS-Parolen, antisemitischen Anspielungen und SA-Paraden«). NS-Ehrung: Präsidialrat der Reichskultur- und der Reichsfilmkammer. Nach 1945 Vertreter einer Spirituosenfirma. † 23. 6. 1972 Berlin.

Auer, Ludwig. Auf der *Gottbegnadeten-Liste* der Schauspieler, die für die Filmproduktion benötigt werden.
* 24. 8. 1881. Mitbegründer und Spielleiter der Innsbrucker Exl-Bühne (Volksschauspiel, vom NS-Staat protegiert). 1940 im Blut-und-Boden-Drama *Die Geierwally*, 1941 im Anzengruber-Film *Der Meineidbauer*. NS-Ehrung: 1942 Ehrenring der Stadt Innsbruck. Juni 1952 Feier des 50jährigen Jubiläums der Exl-Bühne mit Karl Schönherrs *Der Judas von Tirol*. † 29. 4. 1954 Innsbruck.

Auerbach, Eugen. Komponist.
* 5. 8. 1898 Wuppertal-Elberfeld. Wohnort München, komponierte unter anderem den 130. Psalm für achtstimmigen Chor (»Aus der Tiefe, Herr, rufe ich zu dir«). Im *Lexikon der Juden in der Musik* gebrandmarkt. † 6. 1. 1944 Auschwitz.

Auersperg, Eduard Prinz von.
* 7. 4. 1893 Weitwörth. K. u. K. Leutnant.

Laut *Aufstellung derjenigen Parteigenossen, die Angehörige fürstlicher Häuser sind*: 1.4. 1940 NSDAP, Nr. 8 417015, Gau Sudetenland. † 3.4. 1948 Stainz in der Steiermark.

Aufricht, Ernst Josef. Theatermanager. * 31.8. 1898 Beuthen. Schauspieler. 1926/27 stellv. Direktor des Berliner Thalia-Theaters. 1928–1931 Pächter des Theaters am Schiffbauerdamm in Berlin. Inszenierte *Die Dreigroschenoper, Giftgas über Berlin* und *Pioniere in Ingolstadt*. 1931 Gründung der Aufricht-Produktion (Brechts *Aufstieg und Fall der Stadt Mahagonny*). 1932 künstlerischer Leiter des Admiralspalasts. 1933 Flucht via Schweiz nach Paris, 1939/40 interniert. 1941 USA. 1953 wieder Theaterleiter (Komödie) in Berlin. † 24.7. 1971 Cannes.

Aulinger, Elise. Bayerische Volksschauspielerin. * 11.12. 1881 München. Unter anderem 1933 in *SA-Mann Brand*, 1934 im Freikorps-Film *Um das Menschenrecht*, 1940 Staatsauftragsfilm *Wunschkonzert* zwecks Hebung der Truppenmoral und Leidensbereitschaft der Heimatfront. 1941 *Venus vor Gericht* über einen NSDAP-Bildhauer, den »jüdischen Kunsthandel« und »entartete Kunst«. 1942 *Kleine Residenz*, für Goebbels eine Musterleistung des Unterhaltungsfilms »für den Krieg«. Nach 1945 im Harlan-Film *Hanna Amon* (1951) und im Filmstreifen *Das sündige Dorf* (1954). † 12.2. 1965 München. Nachruf *Deutsches Bühnen-Jahrbuch*: »Eine Volksschauspielerin, die diese Bezeichnung zeitlebens als verpflichtenden Ehrentitel betrachtet hat.«

Axtmann, Otto Horst. Jugendschriftleiter beim NSDAP-Zentralorgan *Völkischer Beobachter* München. * 27.6. 1917 (!) München. 1937 NSDAP (Nr. 5 917445). 1938 Jugendbuch: *Kinder werden Pimpfe*. 1939: *Marsch des Glaubens. Ein Buch vom Hitlermarsch der HJ*. 1939 *Wehrmacht*. 1941: *Lied vom Spaten, Tagebuch eines Arbeitsmannes*. 1941: *Wir schreiten zum Sieg! Frontgedichte*. 1943 Leutnant. Nach 1945 als Horst Otto Axtmann Filmjournalist. Chefredakteur der Fachzeitschriften *Filmecho, Filmvorführer, Filmtechnikum*. Verlag Horst Axtmann GmbH in Wiesbaden. *Journalisten-Handbuch* 1960: Im Arbeits- und Hauptausschuß der freiwilligen Selbstkontrolle der deutschen Filmwirtschaft (FSK).

B

Baarova, Lida. Goebbels' Geliebte. * 16.11. 1914 Prag. Tschechische Filmschauspielerin. 1934 im Film *Barcarole* mit Gustav Fröhlich, ihrem ersten Liebhaber. Während der Dreharbeiten Besuch von Hitler und Goebbels, mehrmals zum Tee bei Hitler. Hauptrolle im Militärspionagefilm *Verräter*, am 9.9. 1936 auf dem NSDAP-Reichsparteitag uraufgeführt (Giesen: »Ein eindeutiges Plädoyer für die Gestapo«). September 1936 im Film *Die Stunde der Versuchung*. 1937 Film *Patrioten*, Goebbels: »Ganz klar und nationalsozialistisch«. Die 1936 begonnene Affäre mit Goebbels endete im Herbst 1938 auf Anordnung Hitlers mit der Abschiebung in die Tschechoslowakei. 1942 Wechsel nach Italien. Laut Goebbels' Pressereferent von Oven zerriß Goebbels am 18.4. 1945 ihr Foto: »Sehen Sie«, sagte er, »das ist eine vollendet schöne Frau.« 1953 in Federico Fellinis *Die Müßiggänger*. Ab 1957 Boulevardtheater in Österreich und BRD, Auftritt in *Götz von Berlichingen* bei den Festspielen in Jagsthausen. † 27.10. 2000 Salzburg.

Bab, Julius. Dramaturg und Schriftsteller. * 11.12. 1880 Berlin. 1921–1926 Autor der fünfbändigen *Chronik des deutschen Dramas*. Dozent an der Schauspielschule Max Reinhardts. Erkannte früh das Talent Brechts. 1933 in den Kulturbund deutscher Juden gezwungen. 1938 Flucht nach Frankreich, ab 1940 USA, bei der *New Yorker Staatszeitung*. † 12.2. 1955 New York.

Baberske, Robert. Kameramann. * 1.5. 1900 Berlin. Belanglose Unterhaltungsstreifen. Daneben 1940 der Hetzfilm

Die Rothschilds (laut Courtade ein Film »von einem bösartigen, aggressiven Antisemitismus … ein Aufruf zu Haß und Mord«) sowie 1941 der HJ-Film *Jungens* (Staatsauftragsfilm) mit Jugendlichen der Adolf-Hitlerschule Sonthofen. Nach 1945 bei der ostzonalen DEFA: *Unser täglich Brot* (1949), *Der Untertan* (1951). † 27.3. 1958 Berlin.

Bacher, Rudolf. Maler.
* 20.1. 1862 Wien. Mitglied der Wiener Akademie. Landschafts- und Porträtmaler. NS-Ehrung: 1942 *Goethe-Medaille* für Kunst und Wissenschaft, Begründung: Einer der hervorragendsten Künstler der Ostmark, laut NSDAP-Gauleitung hat er »immer im Sinne unserer Bewegung gehandelt«. † 16.4. 1945 Wien.

Bachmann, Alfred. Maler.
* 1.10. 1863 Dirschau bei Danzig, Sohn eines Geheimen Regierungsrats. NS-Ehrung: 1943 *Goethe-Medaille* für Kunst und Wissenschaft, Begründung des Wiener Reichsstatthalters: »Einer der hervorragendsten Maler des Meeres«, Hitler besitze einige seiner Bilder. † November 1956 Ambach in Oberbayern.

Bachrich, Ernst. Komponist und Dirigent.
* 30.5. 1892 Wien. Wohnort Wien. Dr. jur. Schüler Schönbergs. An der Wiener Volksoper. Im *Lexikon der Juden in der Musik* gebrandmarkt. † Deportiert am 15.5. 1942 ins Ghettolager Izbica.

Backhaus, Wilhelm. »Der Pianist der Totalität« (Zeitschrift *Die Musik* zum 50. Geburtstag). Reichskultursenator.
* 26.3. 1884 Leipzig. 1905 Rubinsteinpreis in Paris. 1933 Präsidialbeirat der *Kameradschaft der deutschen Künstler* (NS-Führerkorps). Aufruf zur Reichstagswahl am 29.3. 1936: »Niemand liebt die deutsche Kunst und insbesondere die deutsche Musik glühender als Adolf Hitler … Alle deutschen Musiker müssen und werden am 29. März Adolf Hitler ihre Stimme geben.« NS-Ehrung: Zu *Führers Geburtstag* April 1936 von Hitler Titel Professor. † 5.7. 1969 Villach. Q.: DBJ; Prieberg; de Vries.

Bacmeister, Ernst. Schriftsteller.
* 12.11. 1874 Bielefeld. Dr. phil. Ab 1907 in Wangen im Allgäu. Vom Amt Rosenberg empfohlenes Drama: *Barbara Stossin* (1922). 1939 Erinnerungen: *Wuchs und Werk*. Pseudoreligiöse Hitlerverklärung (»heldischer Mut herrlich das Schicksal bezwang«). Nach 1945 Natur- und Tierschilderungen. † 11.3. 1973 Singen am Hohentwiel. Q.: Scholdt.

Bade, Wilfrid (sic). Ministerialrat im Reichspropagandaministerium (1940).
* 4.2. 1906 Berlin. 1928 Journalist beim Verlagshaus Scherl (Hugenberg-Konzern). 1930 NSDAP (Nr. 310103). 1933 Autor von Pamphleten wie *SA erobert Berlin* oder *Joseph Goebbels*, 1939: *Auf den Straßen des Sieges – Mit dem Führer in Polen*. 1941 Abteilungsleiter Zeitschriftenpresse. 1944 in der Anthologie *Lyrik der Lebenden* des SA-Oberführers Gerhard Schumann: »Wenn wir einmal sterben,/ wollen im Feld wir sein,/grabt uns am Ackerrande/neuer Ernte zum Pfande/ nächtens ein.« † Angeblich am 24.12. 1945 in sowjetischer Internierung in Kaunas (Litauen). Lit.: Härtel.

Badenhausen, Rolf. Dramaturg.
* 26.2. 1907 Emden. 1935 Dramaturg der Münchner Kammerspiele. 1936 (bis 1945) Leiter des Museums der Preußischen Staatstheater und Dramaturg am Staatlichen Schauspielhaus Berlin unter Gründgens. 1937 *Betrachtungen zum Bauwillen des Dritten Reiches* in der *Zeitschrift für Deutschkunde*: »Es ist eine Selbstverständlichkeit, daß der Nationalsozialismus mit seiner unbedingten Forderung nach Totalität alles Schaffen und besonders das künstlerische Schaffen mit seinem Geiste erfüllt.« 1947 Stellv. Intendant der Städtischen Bühnen Düsseldorf (unter Gründgens). 1960 (bis 1972) Professor für Theaterwissenschaft der Universität Köln. 1967 Mitherausgeber des apologetischen Buches: *Gustaf Gründgens. Briefe, Aufsätze, Reden*. † 8.4. 1987 München.

Baer, Hans. Pianist.
* 4.11. 1893 Berlin. Wohnort ebenda.

Schüler Arthur Schnabels. Direktor des Hans-Baer-Konservatoriums Berlin. Im *Lexikon der Juden in der Musik* gebrandmarkt. † Auschwitz.

Baetke, Walter. Nordist.
* 28. 3. 1884 Sternberg (Neumark). 1933 Autor: *Arteigene germanische Religion und Christentum*. 1934 Lehrauftrag für germanische Religionsgeschichte an der Universität Greifswald, Autor: *Art und Glaube der Germanen*. 1935 (bis 1955) Lehrstuhl für Religionsgeschichte in Leipzig. 1937 Autor: *Wesenszüge nordischer Frömmigkeit*. 1959 *Vaterländischer Verdienstorden* der DDR, 1964 Titel *Hervorragender Wissenschaftler des Volkes*. † 15. 2. 1978 Leipzig. Lit.: König.

Bahn, Roma. Schauspielerin.
* 30. 10. 1896 Berlin. Am 31. 8. 1928 in der Berliner Uraufführung der *Dreigroschenoper* Rolle der Polly. 1938 im Film *Kautschuk* (Botschaft: Deutschland braucht Rohstoffe), Goebbels: »Großartig politisch und künstlerisch«. 1940 im Hetzfilm *Die Rothschilds* (laut Courtade »ein Aufruf zu Haß und Mord«). 1942 im Ufa-Film *Diesel* über die stets siegreiche deutsche Technik. Nach 1945 an Berliner Bühnen, Filme wie *Mädchen mit Beziehungen* (1950) oder *Postlagernd Turteltaube* (1952). Letzter Film 1958: *Auferstehung*. 1964 *Bundesverdienstkreuz I. Klasse*. Das *Deutsche Bühnen-Jahrbuch* zum 75. Geburtstag: »Wie alle großen Darsteller verfügt Roma Bahn über erstaunliche seelische Kräfte«. † 11. 1. 1975 Bonn.

Bahr-Mildenburg, Anna. Hofopernsängerin.
* 29. 11. 1872 Wien als Majorstochter. Sopranistin. Berühmte Wagner-Interpretin der Wiener Hofoper und der Bayreuther Festspiele. 1909 Heirat mit dem Schriftsteller Hermann Bahr (1863–1934). 1921 Professorin der Akademie der Tonkunst in München. Bat 1933 den »Verehrtesten Herrn Reichskanzler« um eine Unterredung: »Machtlos muß ich zusehen, wie man da und dort, fremd der Dichtung, ohne die Musik inne zu haben, sich an den

Dramen Richard Wagners vergeht.« NS-Ehrung: 1942 *Goethe-Medaille* für Kunst und Wissenschaft »durch den Führer« (DBJ). † 27. 1. 1947 Wien. Q.: Hamann.

Baky, Josef von. Regisseur ungarischer Herkunft.
* 23. 3. 1902 Zombor. Ab 1928 Assistent seines Landsmanns von Bolváry. Zwischen 1936 und 1945 Regie zu sieben Filmen: 1939 *Menschen im Varieté* sowie Ilse-Werner-Film *Ihr erstes Erlebnis*, 1941 Heldenmutter-Saga *Annelie*, 1943 Ufa-Jubiläumsfilm *Münchhausen*. 1946 Regie zum Heimkehrerfilm *Und über uns der Himmel*, 1957 Gerhart-Hauptmann-Verfilmung *Fuhrmann Henschel*, 1961 letztmals Regie: *Die seltsame Gräfin* (Edgar-Wallace-Krimi). † 30. 7. 1966 München.

Ball, Kurt Herwarth, Pseudonym *Joachim Dreetz*. Schriftleiter des NS-Organs *Hammer. Zeitschrift für nationales Leben*.
* 7. 9. 1903 Berlin. Mai 1933 NSDAP, im Namen des *Hauptamts für Presse und Propaganda der Deutschen Studentenschaft* Artikel *Deutsch* zur geplanten Bücherverbrennung: »Politik und Wirtschaft sind frei von dem Einfluß fremden, jüdischen Geistes … Und dann muß noch ein anderes sein, dieses, das die Deutsche Studentenschaft begonnen [sic]: Der Kampf gegen das Untermenschentum der Fremdblütigen.« Mitarbeiter in Himmlers Wochenblatt *Das Schwarze Korps*, bei der *Braunen Post*, beim Reichssender Leipzig in der Abteilung Weltanschauung. 1936 Autor: *Germanische Sturmflut*. Nach 1945 in Leipzig. 1973 Ehrennadel der Nationalen Front des demokratischen Deutschland (Literatur-Kürschner). † 24. 4. 1977 Leipzig. Lit.: Sauder.

Ballasko, Viktoria von. Schauspielerin.
* 24. 1. 1909 Wien. Rollentyp: entbehrungsvolle Frau (Weniger). 1936 Debüt im Luis-Trenker-Western *Der Kaiser von Kalifornien*, 1939 im Reichsautobahn-Film *Mann für Mann* und im teutonischen Geniefilm *Robert Koch*, 1940 Filmlustspiel *Herz geht vor Anker*. Hauptrolle im 1945 unvollendeten Opus *Das Leben geht weiter*.

Nach 1945 Filme wie *Die Schuld des Dr. Homma* (1951) oder *Liebeskrieg nach Noten* (1953). † 10. 5. 1976 Berlin.

Balser, Ewald. Auf der *Gottbegnadeten-Liste* (Führerliste) der wichtigsten Künstler des NS-Staates.
* 5. 10. 1898 Wuppertal. 1926 am Kleinen Haus in Düsseldorf in Brechts *Mann ist Mann* Hauptrolle des Galy Gay. Klassiker-Darsteller an der Berliner Volksbühne, am Deutschen Theater in Berlin und am Wiener Burgtheater. 1938 zum »Anschluß« Österreichs: »Wer, wie ich, das neue Deutschland kennt, weiß auch, Österreich geht nun einer besseren Zukunft entgegen.« 1938 in Goethes *Egmont* bei den ersten (von Goebbels finanzierten) Salzburger Festspielen nach der Besetzung Österreichs. Zwischen 1935 und 1945 in 13 Filmen. Unter anderem *Die unheimlichen Wünsche* sowie *Befreite Hände* (1939). Nach 1945 am Burgtheater Wien. Filme wie *Sauerbruch – Das war mein Leben* (1953) oder *Ruf der Wildgänse* (1961). 1974 *Filmband in Gold* für langjähriges und hervorragendes Wirken im deutschen Film. † 17. 4. 1978 Wien.

Balz, Bruno. Schlagertexter. Auf der Liste der von Goebbels zugelassenen Filmautoren (1944).
* 6. 10. 1902 Berlin. 1936, nach Denunzierung durch einen Strichjungen, vorübergehend verhaftet (Mitt. Wollny). Texter der Zarah-Leander-Lieder *Der Wind hat mir ein Lied erzählt* sowie *Kann denn Liebe Sünde sein?* Schlager *Das kann doch einen Seemann nicht erschüttern* im Rühmann-Film *Paradies der Junggesellen*. 1942 Durchhalte-Songs im Zarah-Leander-Film *Die große Liebe*: *Ich weiß, es wird einmal ein Wunder gescheh'n* sowie *Davon geht die Welt nicht unter*, Textprobe: »Geht dir einmal alles verkehrt,/scheint das Leben gar nichts mehr wert,/dann laß dir sagen: Das ist zu ertragen«. Nach 1945: *Leise rauscht es am Missouri* (1950), *Das machen nur die Beine der Dolores* (1951), *Wir wollen niemals auseinandergeh'n* (1960). † 14. 3. 1988 Bad Wiessee.

Balzer, Hugo. Dirigent, Musikreferent der *Nationalsozialistischen Kulturgemeinde*.
* 17. 4. 1894 Duisburg. Karrierebeginn beim Kurorchester Bad Neuenahr. 1929 Opernkapellmeister in Freiburg. 1934 Generalmusikdirektor in Düsseldorf. 1937 NSDAP, Großeinsatz bei den ersten *Reichsmusiktagen* in Düsseldorf (mit der Schandschau *Entartete Musik*): Am 22. Mai 1938 Dirigent der Eröffnungsfeier, am 24. Mai des Zweiten Sinfoniekonzerts, am 25. Mai der Graener-Oper *Don Juans letztes Abenteuer*, am 26. Mai des Pfitzner-Opus *Von deutscher Seele*, am 29. Mai des Abschlußkonzerts. NS-Ehrung: 1939 von Hitler Titel Professor. 1947 Leiter des Städtischen Orchesters in Detmold, 1950 in Düsseldorf. † 3. 4. 1985 Ratingen. Lit.: Prieberg, Handbuch; Wulf, Musik.

Bamberger, Rudolf. Filmregisseur.
* 21. 5. 1888 Mainz. Kulturfilme über Sakralbauten wie *Die Steinernen Wunder von Naumburg*. 1934 Arbeitsverbot wegen jüdischer Abstammung. 1938 Flucht nach Luxemburg. Juni 1944 ebenda Verhaftung. † Januar 1945 Auschwitz, kurz vor Befreiung des Lagers. Lit.: Zimmermann/Hoffmann.

Bamm, Peter, eigentlich Dr. med. Curt Emmerich. Schriftsteller.
* 20. 10. 1897 Hochneukirchen in Sachsen. Chirurg in Berlin. Autor der *Deutschen Allgemeinen Zeitung*. 1933 Mitbegründer der Zeitschrift *Deutsche Zukunft*. Schonauer: »Geistreich und unverbindlich als Feuilletonist«. Autor in Goebbels' Renommierblatt *Das Reich* (von Hitler im Tischgespräch 1942 gelobt: »Prachtvoll ist die Zeitung ›Das Reich‹«). Görtemaker: »Wer für das Reich arbeitete, stellte sich zwangsläufig in den Dienst der nationalsozialistischen Propaganda.« 1955 Roman *Die unsichtbare Flagge*. 1972 Erinnerungen: *Eines Menschen Zeit*. † 30. 3. 1975 Zürich.

Banco, Alma de. Malerin.
* 24. 12. 1862. Aus einer aschkenasischen Kaufmannsfamilie, Wohnort Hamburg. 1937 Beschlagnahmung von 13 ihrer Wer-

ke als »entartete Kunst«. 1938 Ausschluß aus der Reichskulturkammer (Berufsverbot). † Suizid 8.3. 1943 Hamburg, vor der Deportation ins Ghettolager Theresienstadt. Lit.: Bruhns.

Bandler, Rudolf. Opernsänger.
* 5.3. 1878 Rumburg in Böhmen. Sänger und Spielleiter der Oper am Deutschen Theater Prag. Auftritte an der Volksoper und der Hofoper Wien. Nach der Besetzung Österreichs im März 1938 Flucht nach Prag. Deportiert im Herbst 1941 ins Ghettolager Litzmannstadt/Lodz. Die *Lodzer Getto-Enzyklopädie*: »Im Getto betätigte er sich zuerst als Sänger in den Konzerten des Kulturhauses, wo er als Interpret von Schubertliedern und italienischen Opernarien das Publikum fesselte.« † Weiteres Schicksal unbekannt. Lit.: Kempa.

Bang, Paul, Pseudonym *Wilhelm Meister*. In der Leitung des radikal antisemitischen *Alldeutschen Verbandes* (1920–1934).
* 18.1. 1879 Meißen/Sachsen. Dr. jur. 1911 Oberfinanzrat der sächsischen Regierung. 1919 Neudruck seines Pamphlets *Judas Schuldbuch. Eine deutsche Abrechnung*. Dort heißt es: »Die Juden haben die Wahrheit und Reinheit nicht nur einmal gekreuzigt und haben immer wieder fremde Landsknechte gefunden, die ihnen dabei stumpfsinnig Henkersdienste leisteten.« 1920 beteiligt am *Kapp-Putsch*, sollte im geplanten Diktaturkabinett Finanzminister werden. Im Aufsichtsrat der *Deutschen Zeitung*, Organ der Deutschnationalen. Ab 1928 MdR für die *Deutschnationale Volkspartei*. Goebbels am 13.6. 1928: »Einen Kopf sehe ich: Dr. Bang.« Ab 1933 MdR als Gast der NSDAP, bis Juni 1933 Staatssekretär im Reichswirtschaftsministerium. Schlug bereits am 9.3. 1933 antijüdische Maßnahmen wie Annullierung von Namensänderungen vor (Hilberg). † 31.12. 1945 Hohenfichte bei Chemnitz. Lit.: Hering.

Bangert, Otto. Schriftsteller.
* 19.12. 1900 Genthin. 1934, zu Hitlers Geburtstag, in *Nationalsozialistische Fei-*erstunden – *Ein Hilfsbuch für Parteistellen*: »Er stieg empor aus Urwelttiefen/Und wurde ragend wie ein Berg./Und während wir ins Elend liefen/Und bebend nach dem Retter riefen,/Begann er groß sein heilig Werk.« Laut *Meyers Lexikon* (1936) trug er durch seine Werke »frühzeitig zur Verbreitung nationalsozialistischen Denkens bei«. Nach 1945 in Suderburg über Uelzen.

Bannes, Joachim. Philosoph.
* 24.1. 1906 Breslau. Dr. phil. Wohnort Heidelberg. 1933 Autor: *Hitlers Kampf und Platons Staat*. 1935: *Platon, die Philosophie des heroischen Vorbilds*. † Kriegstod 6.3. 1944 Montefortino in Italien.

Banniza von Bazan, Heinrich. Schriftsteller.
* 25.3. 1904 Riga. Dr. phil. Oberstudienrat in Kleinmachnow. 1932 Autor: *Fackeln der Front. Aufbruch und Bekenntnis zur bündischen Bewegung*. 1934: *Familie, Rasse, Volk. Grundlagen und Aufgaben der Volkssippenforschung* sowie Jungvolkspiel *Überfall im Räuberholz* (sic). 1935 Sprechchor *Kampfruf der deutschen Erhebung*. 1937: *Das deutsche Blut im deutschen Raum*. 1949 Studienrat in Tecklenburg in Westfalen. † 18.10. 1950 ebenda.

Bantelmann, Wilhelm. Dirigent.
* 12.6. 1906 Hannover. 1941 Kapellmeister am *Kraft-durch-Freude-Mellini-Theater* in Hannover, 1942 Stadttheater Mährisch-Ostrau. Rundschreiben der Lagerkommandantur Auschwitz vom 18.2. 1943 (betrifft *Truppenbetreuungsveranstaltung*) an das KZ-Personal: »Am Dienstag, den 23.2. 1943, 18 Uhr 30, findet im großen Saal des Kameradschaftsheimes der Waffen-SS Auschwitz ein Gastspiel des Stadttheaters Mährisch-Ostrau statt. Zur Aufführung gelangt die Ausstattungsoperette ›Prinzessin Grete‹ von Hermecke-Reinshagen … Musikalische Leitung: Kapellmeister Wilhelm Bantelmann.« 1948 Operettenkapellmeister am Städtischen Theater Karl-Marx-Stadt (Chemnitz), ab 1955 am Stadttheater Brandenburg.

Bantzer, Carl. Maler.
* 6. 8. 1857 Ziegenhain in Hessen, Sohn eines Kreistierarztes. Geheimer Hofrat. 1896 Professor der königlichen Kunstakademie in Dresden, 1918–1923 Direktor der Kunstakademie Kassel. *Meyers Lexikon* 1936: »Bilder aus dem hessischen Bauernleben«. NS-Ehrung: 1937 *Goethe-Medaille* für Kunst und Wissenschaft. Von Goebbels als Preisträger für Hitlers Anti-Nobelpreis *Deutscher Nationalpreis für Kunst und Wissenschaft* vorgeschlagen. † 19. 12. 1941 Marburg.

Bard, Maria. Staatsschauspielerin (1935).
* 7. 7. 1900 Schwerin als Pfarrerstochter. Rollentyp: Salondame. 1931 Staatstheater Berlin, Heirat mit Werner Krauß. April 1935 Gast bei Görings Hochzeit. Februar 1937 in Zarah Leanders Revuefilm *Premiere*. Goebbels am 19. 4. 1937 im Tagebuch: »Nachmittags haben wir Gäste zum Tee. Maria Bard, Baarova, Krüger, Jugo ... sehr nett und gemütlich.« Goebbels am 10. 6. 1937: »Bard klagt mir ihr Leid. Der Sohn von Werner Krauß hat eine Nichtarierin zur Frau.« 1938 Trennung von Krauß, 1940 Ehe mit dem Schauspieler Hannes Stelzer. 1941 Propagandastreifen *Über alles in der Welt* zur Vorbereitung der Schlacht um England. Letzte Rolle August 1942 im antirussischen Hetzfilm *GPU*. † Suizid 24. 1. 1944 Potsdam.

Barlach, Ernst. Bildhauer und Schriftsteller.
* 2. 1. 1870 Wedel in Holstein, Sohn eines Landarztes. 1919 Mitglied der Preußischen Akademie der Künste. 1924 Kleist-Preis, Förderpreis für junge Dichter. Goebbels am 29. 8. 1924 im Tagebuch über einen Besuch im Kölner Wallraf-Richartz-Museum: »Am meisten packt mich eine Plastik. Barlach: Berserker. Das ist der Sinn des Expressionismus. Die Knappheit zur grandiosen Darstellung gesteigert.« 1933/34 als Galionsfigur »fortschrittlicher« Nationalsozialisten gegen die Spießer um Rosenberg im Gespräch. Da der völkische Literaturpapst Adolf Bartels seit den zwanziger Jahren das Gerücht streute,

Barlach sei Jude, publizierte dessen späterer Prosa-Herausgeber Friedrich Droß Januar 1934 in den *Mecklenburgischen Monatsblättern* den Stammbaum des Bildhauers. Am 8. 8. 1934 Anordnung des Reichserziehungsministers Rust, Barlachs *Magdeburger Ehrenmal* aus dem Magdeburger Dom zu entfernen. Am 19. 8. 1934 Unterzeichner des *Aufrufs der Kulturschaffenden* zur Vereinigung des Reichskanzler- und Reichspräsidentenamts in der Person Hitlers: »Wir glauben an diesen Führer, der unsern heißen Wunsch nach Eintracht erfüllt hat.« Goebbels am 4. 4. 1936 im Tagebuch: »Ein tolles Buch von Barlach [*Zeichnungen*, Verlag R. Piper] verboten ... Dieses Gift darf nicht ins Volk hinein.« Verbotsbegründung: Der Inhalt sei geeignet, »die öffentliche Sicherheit und Ordnung zu gefährden«. *Meyers Lexikon* 1936: »Unter den Expressionisten der einzige, der in seinen Werken zur Gestalt vorstieß, jedoch ohne sich aus Passivität, Verneinung und Untergangsstimmung zu lösen; mußte daher zum zukunftsgläubigen Kunstwollen des Nationalsozialismus in Gegensatz geraten.« Juli 1937 in der Schandschau *Entartete Kunst* in München vorgeführt, Beschlagnahmung von 381 seiner Werke. † 24. 10. 1938 Rostock. Lit.: Tarnowski.

Barlog, Boleslaw. Regisseur.
* 28. 3. 1906 Breslau. Zunächst Regieassistent, 1939 Reichsautobahn-Film *Mann für Mann* sowie NS-Film *Der Stammbaum des Dr. Pistorius* (mit Aufmärschen der Hitlerjugend), Januar 1941 Propagandastreifen *Blutsbrüderschaft* (über zwei Kriegshelden des I. Weltkriegs, die 1939 erneut für Deutschland marschieren). Ab 1941 Regie zu sieben Filmen, darunter 1941 *Kleine Mädchen – große Sorgen* sowie 1944 *Junge Herzen*. Laut Barlog »lauter Filme, in denen kein ›Heil Hitler‹ vorkam« (dies war wegen der Absatzchancen im Ausland ohnedies unerwünscht!). Ab 1945 Leiter des Berliner Schloßpark-Theaters, 1951 zusätzlich des Schiller-Theaters. 1963 Titel Generalintendant. Ab 1972 freie Re-

gietätigkeit. *Bundesverdienstkreuz mit Stern*, Kunstpreis der Stadt Berlin, Max-Reinhardt-Ring. 1981 Erinnerungen: *Theater lebenslänglich* (das deutsche Theater als Widerstandsnest gegen die Nazis!). † 17. 3. 1999 Berlin.

Bartels, Adolf. Erster Literaturhistoriker »auf rassischer Grundlage« (*Meyers Lexikon* 1936).

* 15. 11. 1862 Wesselburen in Holstein, Sohn eines Schlossers. 1905 vom Großherzog von Weimar Titel Professor. 1920 Autor: *Rasse und Volkstum*. 1921: *Die Berechtigung des Antisemitismus*. 1924: *Der Nationalsozialismus, Deutschlands Rettung* sowie die neubearbeitete dreibändige *Geschichte der deutschen Literatur* (erstmals 1901/02). 1925 Ehrenmitglied der NSDAP-Ortsgruppe Weimar. Bartels 1927 über Hitlers *Mein Kampf*: »Nach dem gründlichen Lesen seines Buches bin ich nun überzeugt, daß er der Politiker ist, den wir Deutschen zurzeit gebrauchen [sic], der uns ›retten‹ kann.« Am 19. 12. 1928 Unterzeichner des Gründungsmanifests des *Kampfbunds für deutsche Kultur*. Goebbels am 28. 12. 1930 im Tagebuch: »Zu Hause habe ich gelesen: Bartels ›Literaturgeschichte‹. Hitler schickt sie mir mit einem lieben Brief zu Weihnachten.« Am 4. 7. 1932 Gründung des *Adolf Bartels-Bundes* in Leipzig, Aufnahmebedingung: »Ich erkläre ... daß ich weder von väterlicher noch mütterlicher Seite her jüdisches Blut in mir habe. Auch bin ich nicht mit einer Jüdin (einem Juden) verheiratet oder verheiratet gewesen.« Wollte Juden und »Pseudojuden« wie Thomas Mann oder Hermann Hesse aus der deutschen Literatur ausmerzen und stellte zahlreiche Kollegen fälschlich als Juden an den Pranger. Mitglied des ev. *Instituts zur Erforschung und Beseitigung des jüdischen Einflusses auf das deutsche kirchliche Leben* in Eisenach. Weiheverse *An Adolf Hitler* (1938) in Bühners Anthologie *Dem Führer*: »Du bist uns mehr als Führer:/Vollender ist das Wort./Wer deutschen Geistes Spürer,/lebt ewig mit dir fort.« NS-Eh-

rung: 1937 Ehrenbürger der Stadt Weimar, *Adlerschild des Deutschen Reiches* (höchste Auszeichnung für ganz außerordentliche Verdienste). 1942, zum 80. Geburtstag, Verleihung des großen goldenen Ehrenzeichens der HJ von Schirach und des Goldenen Ehrenzeichens der NSDAP ehrenhalber von Hitler. † 7. 3. 1945 Weimar. Lit.: Sarkowicz; Scholdt; Wulf, Literatur.

Bartels, Hermann. Der *persönliche Architekt Himmlers* (Georg).

* 14. 4. 1900 Minden. 1934 (bis 1945) Chef der Bauleitung der SS-Schule Wewelsburg, SS-Standartenführer (1942). Bauleitung von Goebbels' Haus in Lanke (ab 1939). Nach 1945 Architekt. † 13. 1. 1989 Essen.

Barthel, Ludwig Friedrich. Schriftsteller.

* 12. 6. 1898 Marktbreit am Main. 1931 Staatsarchivrat in München. Befreundet mit Rudolf G. Binding. 1933 Autor: *Dem innern Vaterlande*. Hitler-Verse *Der Erbe* in Bühners Anthologie *Dem Führer*: »Er aber, jener Namenlose,/jetzt, mit dem höchsten Auftrag, schritt er, kaum/verwundert, schien es, über sich hinaus/und nahm das Schicksal seines Volkes fest/auf seine Schulter,/wissend, daß ihn Gott,/daß ihn die Toten selber aus Millionen/berufen hätten, Wort und Werk des Volkes zu sein.« 1955 Herausgeber: *Das war Binding. Ein Buch der Erinnerung*. † 14. 2. 1962 München.

Barthel, Max. Schriftsteller.

* 17. 11. 1893 Loschwitz bei Dresden, Sohn eines Maurers. Gelegenheitsarbeiten, 1919 KPD, Arbeiterlyrik. Ab 1933 beim NS-Hetzblatt *Der Angriff*. 1934 Hitlergedicht: »Die Arbeit ist Ehre, die Arbeit ist Ruhm,/Es kam aus dem Volke ein Meldegänger,/Deutschlands Ruhm ist sein Arbeitertum!« *Meyers Lexikon* 1936: »Fand vom Kommunismus wieder zur Nation und zum Nationalsozialismus zurück.« Vertonung seines Opus *Unter der Fahne schreiten wir*, im Film *Der Marsch zum Führer. Bericht vom Sternmarsch der HJ zum Reichsparteitag »Großdeutschland«*

der NSDAP in Nürnberg 1938. Kriegsberichter. Mit weit über 50 Texten im NS-Kampfblatt *Krakauer Zeitung,* das »Blatt des Generalgouvernements«. 1950 Erinnerungen: *Kein Bedarf an Weltgeschichte.* † 17. 6. 1975 Waldbröl. Lit.: Scholdt.

Bartning, Ludwig. Auf der *Gottbegnadeten-Liste* (Führerliste) der wichtigsten Maler des NS-Staates.
* 30. 4. 1876 Hamburg. Professor an den Vereinigten Staatsschulen für Freie und Angewandte Kunst in Berlin. Spezialisiert auf Blumenmotive. Auf der Großen Deutschen Kunstausstellung 1939 im Münchner *Haus der Deutschen Kunst* mit dem Bild *Sommerblumen.* † 27. 12. 1956 Berlin.

Baruch, Marion. Malerin.
* 19. 3. 1919 Hamburg. Wohnort ebenda. † Deportiert am 8. 11. 1941 nach Minsk. Laut Bericht eines Mithäftlings wurde sie vom Ghetto-Kommandanten auf dem Friedhof erschossen. Lit.: Bruhns.

Baser, Friedrich. Musikschriftsteller.
* 24. 2. 1893 Metz, Sohn eines Unternehmers. November 1933 in der Zeitschrift *Die Musik* Beitrag *Richard Wagner als Künder der arischen Welt,* Textprobe: »Bereits in ›Lohengrin‹ witterte er den Weg zur Gralsburg, zum Heiligtum der arischen Rasse, das er aber erst im ›Parsifal‹ in voller Klarheit erreichen sollte.« 1941 NSDAP. Autor von Beiträgen wie *Hector Berlioz und die germanische Seele* oder *Händel als Standeskamerad.* † 4. 6. 1990 Baden-Baden.

Bassermann, Albert. Schauspieler.
* 7. 9. 1867 Mannheim. Seit 1911 Träger des *Iffland-Rings,* der höchsten Auszeichnung für einen lebenden Schauspieler. Ab 1915 am Lessing-Theater in Berlin. Zu Hitlers Geburtstag am 20. 4. 1933 Darsteller in der Uraufführung von Johsts Staatsschauspiel *Schlageter,* »Adolf Hitler in liebender Verehrung« gewidmet. Da seine Frau, die Schauspielerin Else Schiff, Jüdin war, Wechsel nach Österreich, in die Schweiz und nach Frankreich. Goebbels am 26. 8. 1938 im Tagebuch: »Bassermann möchte in Deutschland spielen. Er

schreibt einen Brief an Körner [Präsident der Reichstheaterkammer]. Aber er stellt dabei ziemliche Bedingungen.« 1939 in Hollywood, Rolle im Hitchcock-Film *Mord.* Ab 1946 Wohnsitz in der Schweiz. † 15. 5. 1952 im Flugzeug, kurz vor der Landung in Zürich.

Bassermann, Florence. Pianistin.
* 5. 7. 1863 London. Schülerin von Clara Schumann, Klavierpädagogin am Hochschen Konservatorium in Frankfurt am Main. † 6. 2. 1942 Suizid, vor der Deportation.

Bassermann-Schiff, Else. Schauspielerin.
* 14. 1. 1878 Leipzig. An Berliner Bühnen, unter anderem bei Max Reinhardt. 1908 Heirat mit Albert Bassermann. Nach dem Tod ihres Mannes Alterssitz in Baden-Baden. † 29. 5. 1961 ebenda. Die Flucht der Jüdin Bassermann-Schiff mit ihrem Mann umschreibt das *Deutsche Bühnen-Jahrbuch* im Nachruf: »1934 zog sich das Ehepaar in die Schweiz zurück und ging später nach den USA.«

Baudissin, Klaus Graf von. Kunsthistoriker und SS-Obersturmführer (1943).
* 4. 11. 1891 Metz. Dr. phil. Oberstleutnant a. D. 1930 kommissarisch Direktor der Staatsgalerie Stuttgart (Ankauf: Felixmüller, Heckel, Nolde, Schlemmer). Laut *Aufstellung derjenigen Parteigenossen, die Angehörige fürstlicher Häuser sind:* 1. 4. 1932 NSDAP, Nr. 1 055622. 1934 Direktor des Folkwangmuseums Essen. Rave: »Sein Rassenglaube war zweifellos stärker als seine Kunsteinsicht.« 1935 SS (Nr. 271961), als erster Museumsdirektor Verkauf eines »entarteten« Bildes: Kandinskys *Improvisation* von 1912. Am 18. 8. 1936 in der Essener *National-Zeitung* Artikel *Das Essener Folkwang-Museum stößt einen Fremdkörper ab:* »Das Museum Folkwang verfügt über einen reichlichen Bestand an Werken, die 1933 endgültig ins Magazin verwiesen worden sind, in dessen Halbdunkel sie ihr gespenstisches Dasein weiterführen und in ihren schrillen Dissonanzen die zerrüttete Welt anklagen.« Am 24. 9. 1936 in der *National-Zeitung.* »Die ›Spitzenlei-

stungen‹ der Verfallskunst müssen in den privaten Schlupfwinkeln aufgesucht werden … Giftstoffe kann man nur beschlagnahmen, unschädlich machen oder medizinisch verwenden.« 1937 Chef des Amts für Volksbildung im Reichserziehungsministerium, Mitglied der Beschlagnahmekommission Adolf Zieglers zur »Säuberung« der Museen. Am 5.7. 1937 beteiligt an der Beschlagnahmung »entarteter Kunst« (Kirchner, Kokoschka, Nolde) in der Hamburger Kunsthalle, Mitinitiator der Schandschau *Entartete Kunst* in München. November 1938 Suspendierung als Museumsdirektor. 1939 Waffen-SS. Schwager von Karl Wolff (Chef des Persönlichen Stabs des Reichsführers-SS). Bis Ende 1948 Internierung im Lager Neuengamme. Bezieher einer Pension. † 20.4. 1961 Itzehoe. Lit.: Wulf, Künste; Zuschlag.

Bauer, Emil. Komponist und Dirigent.
* 4.3. 1874 Wien. Wohnort Wien. Für Rundfunk tätig. † Deportiert am 23.10. 1941 ins Ghettolager Litzmannstadt/Lodz.

Bauer, Fritz. Komponist.
* 21.11. 1877 Kassel. Wohnort Kassel, NSDAP. 1933 SS- und SA-Marsch *Heil und Sieg* sowie Marsch *Die braune Armee*, Vertonung der Verse: »Durch der Besten Blut verbunden/mit dem Führer bis zum Tod,/ haben wir den Weg gefunden,/der heraus-führt aus der Not.« † 7.12. 1938 Kassel.

Bauer, Josef Martin. Auf der Liste der von Goebbels zugelassenen Filmautoren (1944).
* 11.3. 1901 Taufkirchen an der Vils. Vom *Beauftragten des Führers für die Überwachung der gesamten geistigen und weltanschaulichen Schulung der NSDAP*, Amt Rosenberg, empfohlene Lektüre: *Die Salzstraße* (1932). Unter anderem Propagandaschrift *Unterm Edelweiß in der Ukraine*. NS-Ehrung: 1944 Ehrenpreis des bäuerlich gebundenen Schrifttums der Gegenwart. 1955 Romanbestseller *So weit die Füße tragen*. † 16.3. 1970 Dorfen in Oberbayern.

Bauer, Karl. Porträtmaler.
* 7.7. 1868 Stuttgart als Fabrikantensohn. Auf den Großen Deutschen Kunstausstel-lungen im *Haus der Deutschen Kunst*. NS-Ehrung: 1938 *Goethe-Medaille* für Kunst und Wissenschaft, Begründung: »Schöpfer vieler ausgezeichneter Bildnisse des Führers«. † 6.5. 1942 München.

Bauer, Rudolf. Maler.
* 11.2. 1889 Lindenberg bei Bromberg. 1921 Mitbegründer der Gruppe *Krater* in Berlin, ab 1931 Ankauf seiner Bilder für das Guggenheim-Museum in New York. Juli 1937 in der Schandschau *Entartete Kunst* in München vorgeführt, Beschlag-nahmung von 15 seiner Werke. 1939 Emigration USA. † 18.11. 1953 Deal in New Jersey.

Baumann, Hans. HJ-Lyrikproduzent.
* 22.4. 1914 Amberg, Sohn eines Berufssoldaten. 1932 Entdeckung durch einen Jesuitenpater, als Baumann während einer Exerzitienwoche selbstkomponierte Lieder vortrug. Darunter das Opus *Es zittern die morschen Knochen*, 1935 zum offiziellen Lied der *Deutschen Arbeitsfront* ernannt, Refrain: »Wir werden weitermarschieren,/wenn alles in Scherben fällt,/ denn heute hört [später umgetextet in: gehört] uns Deutschland und morgen die ganze Welt.« Der Pater besorgte 1933 eine Veröffentlichung der Lieder im Kösel-Pustet-Verlag. NSDAP April 1933. Volksschullehrer und Jungvolkführer, Referent im Kulturamt der Reichsjugendführung. 1936 Komponist und Texter des Liedes *Hohe Nacht der klaren Sterne*, ein nicht-christlich umgedeutetes braunes Weihnachtslied. 1937 Opus *Horch auf Kamerad*, Textprobe: »Kamerad, und fall ich, so stehst du für zwei/und wirst meinen Leib auch noch decken./Dann will ich schlafen, bis Deutschland frei,/Dann sollt ihr mich wieder wecken.« Oktober 1941 auf Goebbels' *Weimarer Dichtertreffen* Vortrag *Von den Bewährungen des Dichters*. Kompanie-führer im Zweiten Weltkrieg. NS-Ehrung: 1941 Dietrich-Eckart-Preis (laut Satzung an Volksgenossen, deren Leistungen »der Idee wahrer nationalsozialistischer Volksgemeinschaft in beispielhafter Art zu dienen geeignet sind«) für Gesamtwerk. Nach

1945 einer der meistgelesenen Jugendbuchautoren. † 7.11.1988 Murnau.

Baumeister, Willi. Abstrakter Maler.

* 22.1.1889 Stuttgart. 1928 Dozent für Gebrauchsgraphik an der Kunstgewerbeschule Frankfurt am Main, dem Bauhaus nahestehend. 1933 Entlassung als »entarteter Künstler«. Juli 1937 in der Schandschau *Entartete Kunst* in München mit fünf Objekten vorgeführt, Beschlagnahmung von 51 seiner Werke. 1946 Kunstakademie Stuttgart, auch Bühnenbildner. † 31.8.1955 Stuttgart.

Baumgart, Wolfgang. Literaturwissenschaftler.

* 26.7.1910 Berlin als Lehrerssohn. 1936 Autor: *Der Wald in der deutschen Dichtung.* 1938 Rottenführer im NS-Kraftfahrerkorps. 1940 NSDAP. 1941 wissenschaftlicher Hilfsarbeiter am Deutschen Institut der Universität Breslau, Autor: *Die schlesische Dichtung als Ausdruck der Kulturkräfte des schlesischen Raumes.* 1944 Privatdozent. 1950 apl. Professor für Deutsche Philologie in Erlangen. 1958 ao. Professor für Theaterwissenschaften der Freien Universität Berlin. 1962–1975 Lehrstuhl. Lit.: König.

Baumgarten, Lothar. Bühnenbildner.

* 8.10.1912 Frankfurt am Main. Beginn an den Städtischen Bühnen ebenda. 1935–1945 Leiter der Dekorationswerkstatt am Schauspielhaus Breslau. Rundschreiben der Kommandantur Auschwitz vom 12.3. 1943 an das KZ-Personal (betrifft *Truppenbetreuungsveranstaltung*): »Am Montag, den 15. März 1943, 20 Uhr, findet das 2. Gastspiel des Schauspielhauses Breslau statt. Zur Aufführung gelangt das Lustspiel ›Die drei Eisbären‹ (Die drei Blindgänger) von Maximilian Vitus ... Organisation: Abt. VI zusammen mit Generalintendant Hans Schlenck, Breslau ... Bühnenbild: Nach Ideen Lothar Baumgartens hergestellt in den Werkstätten der Waffen-SS Auschwitz.« Ab 1946 Staatstheater Kassel und Gast am Fritz Rémond Theater im Frankfurter Zoo. 1976–1985 Leiter des Hauses. † 25.11.1985 Frankfurt am Main.

Baumgarten, Paul. Auf der *Gottbegnadeten-Liste* (Führerliste) der wichtigsten Architekten des NS-Staates. Großdeutschlands Theaterbaumeister.

* 25.6.1873 Schwedt a.d. Oder. 1909 Architekt der Villa Max Liebermanns, 1914 der Villa Minoux (1942 Ort der Wannseekonferenz). Hausarchitekt des Reichspropagandaministeriums. 1935 Umbau der Städtischen Oper Berlin, 1937 der Wohnung von Goebbels (Tagebuch, 24.8. 1937). Erneuerung des Admiralspalasts, des Schiller- und Metropoltheaters. Juni 1939 Ende des Umbaus von Schloß Bellevue im Berliner Tiergarten zum Gästehaus des Reiches. 1941 Renovierung des Reichsgautheaters Posen. NS-Ehrung: Reichskultursenator. 1943 *Goethe-Medaille* für Kunst und Wissenschaft. Sein 1935 als »Bollwerk der deutschen Kunst« erstelltes Gautheater Saarpfalz in Saarbrücken (»Führer-Auftrag«) war zu diesem Zeitpunkt bereits dem »Lufterror der Briten« (Juli 1942) zum Opfer gefallen. † 26.2. 1946 Berlin.

Baumgartner, Thomas. Bayerischer Bauernmaler.

* 15.7.1892 München. Wohnort Kreuth. Auf den Großen Deutschen Kunstausstellungen im Münchner NS-Musentempel *Haus der Deutschen Kunst* mit insgesamt 25 Objekten, darunter 1938: *Bauern beim Essen.* NS-Ehrung: Trotz Titelsperre am 1.7.1943 von Hitler zum Professor ernannt. Goebbels Pressereferent von Oven am 18.7.1943 im Tagebuch über den Empfang von sieben geehrten Malern bei Goebbels, darunter Baumgartner: »Sie griffen kräftig in die ministeriellen Zigarrenkisten, tranken die Cocktails als wären es Sechserschnäpse, redeten über Kunst und nickten verlegen und selig zugleich Zustimmung, wenn der Minister etwas sagte.« † 27.5.1962 Kreuth.

Baumhof, Josef. Musikreferent des *Westdeutschen Beobachters*.

* 22.4.1909 Köln. Studienrat einer Knabenoberschule in Köln-Deutz, auch Komponist. 1936 HJ-Lied *Kampfruf,* darin die

Verse: »Wir Jungen, wir hassen die Schande./Die Schande schlagen wir tot!/Und müssen auch Tausende sterben,/und müssen wir alle verderben –/wir folgen des Führers Gebot.« 1940 NSDAP. Nach 1945 Heimschule Klosterwald. † 23.9.1983 Konstanz. Lit.: Prieberg, Handbuch.

Baur, Karl. Reichskultursenator.
* 17.11.1898 München. 1919 *Freikorps Epp*, 1922 *Bund Oberland* (rechtsradikales Freikorps). 1923 erstmals NSDAP, Teilnehmer *Hitlerputsch*. 1926 Eintritt in den Verlag Georg D. W. Callwey in München, Heirat mit Elsbeth Callwey. 1930 Verlagsleiter, NSDAP (Nr. 286881), Zellenwart, Sektionspropagandaleiter, Ortsgruppenpropagandaleiter. 1933 NS-Vertreter beim *Börsenverein der Deutschen Buchhändler*. Präsidialrat der Reichsschrifttumskammer, Obmann im Reichsverband der Zeitungsverleger, Leiter der Fachschaft Verlag (sic) im *Bund Reichsdeutscher Buchhändler* (1935). SA-Obersturmbannführer z.b.V. 1941 Verlust seiner Funktionärsämter. 1949–1976 erneut Verlagsleiter. 1968 Erinnerungen: *Wenn ich so zurückdenke* … † 27.2.1984 München. Lit.: Barbian.

Baur, Wilhelm. Mächtigster Buchhandelsfunktionär der NS-Zeit. Reichskultursenator.
* 17.4.1905 München, Sohn der NS-Ikone *Schwester Pia* (siehe Klee, Personenlexikon). 1920 – mit 15 Jahren! – SA/NSDAP. Volontär im Eher Verlag. 1922 beim NSDAP-Zentralorgan *Völkischer Beobachter*. Nach Wiedergründung 1925 erneut NSDAP, Verlagsleiter des Verlags Franz Eher Nachf. 1934 Hauptamtsleiter (später Stabsleiter) beim *Reichsleiter für die Presse der NSDAP* Max Amann, Vorsteher des *Börsenvereins der Deutschen Buchhändler*. Zugleich Vorsteher des *Bundes Reichsdeutscher Buchhändler* (September 1936 Umbenennung in *Gruppe Buchhandel der Reichsschrifttumskammer*). 1935 Präsidialrat der Reichsschrifttumskammer. 1937 Vizepräsident der Reichsschrifttumskammer. 1938 SS (1945 Oberführer). 1941 Vorstand des Deutschen Verlags Berlin. † 3.5.1945 Berlin (WASt). Lit.: Barbian; Düsterberg.

Bayerlein, Fritz. Auf der *Gottbegnadeten-Liste* (Führerliste) der wichtigsten Maler des NS-Staates.
* 9.1.1872 Bamberg. Landschaften und Historiengemälde im Stil des Spätrokoko und der Romantik. Auf der Großen Deutschen Kunstausstellung 1940 in München mit dem Bild *Erntesegen*. † 19.6.1955 Bamberg.

Becce, Giuseppe. Deutsch-Italienischer Komponist.
* 3.2.1888 Longino. 1933 Musik zum Staatsauftragsfilm *Hans Westmar* (Verherrlichung des NS-Märtyrers Horst Wessel). 1935 Filmmusik zu *Hundert Tage* (Mussolini in der Gestalt Napoleons, eine Verhöhnung der Demokratie). Komponist der Trenker-Filme *Der verlorene Sohn* (1934), *Der Kaiser von Kalifornien* (1936) und *Der Berg ruft* (1937). Im Krieg weitere neun Filme, darunter das Riefenstahl-Opus *Tiefland*. Nach 1945 bevorzugter Komponist des deutschen Heimatfilms, so 1952 *Der Herrgottschnitzer von Ammergau*, 1957 *Der Jäger vom Fall*. 1961 *Bundesverdienstkreuz*. 1971 *Filmband in Gold*. † 5.10.1973 Berlin.

Becher, Johannes Robert. Schriftsteller.
* 22.5.1891 München. 1919 KPD. Graf Kessler am 4.9.1919 im Tagebuch über ein Treffen:»Revolutionär sei der deutsche Arbeiter nur, wenn er Hunger habe. Eine kommunistische Revolution in Deutschland wäre nur möglich … mit russischen Führern und russischen Rotgardisten.« Von Zuckmayer in seinen Erinnerungen als begabter, aber nicht sehr klarer Kopf bezeichnet, »den unser Freundeskreis dann ›Johannes Erbrecher‹ nannte, weil das Wort Kotzen in seinem poetischen Vokabular eine große Rolle spielte und er sogar den alten Mond gelben Schleim speien oder ›versoffene Himmel auf die Erde pissen‹ ließ.« Führergedicht *Genosse Thälmann – Unser Führer! Zum 1. Mai 1933*: »Genosse Thälmann, du bist unser Führer./Das heißt, daß du immer vor uns

stehst/Und wir dich nicht aus den Augen verlieren/Und, wo wir gehen, du mit uns gehst.« 1933 Flucht via Tschechoslowakei und Frankreich nach Moskau. 1949 Texter der DDR-Nationalhymne *Auferstanden aus Ruinen*. Am 24.3.1950 Gründungsmitglied der Ostberliner Deutschen Akademie der Künste (zunächst Sekretär, 1953–1956 Präsident). 1954 Kulturminister der DDR. † 11.10. 1958 Ost-Berlin.

Becher, Josef. NSDAP-Kreisleiter.
* 27.1.1905 Marienfeld/Sieg. Gebietskommissar in Gaisin, Generalbezirk Shitomir (Ukraine). Von ihm stammt der Ausspruch: »Wer bei mir Intelligenz verrät, wird erschossen.« † Kriegstod 30.9. 1943. Q.: Angrick; Zentralkartei ZSt.

Bechmann, Walter. Auf der *Gottbegnadeten-Liste* der Schauspieler, die für die Filmproduktion benötigt werden.
* 13.7. 1887 Blankenburg am Harz. Ausbildung an der Max-Reinhardt-Schule. Vor und nach 1945 an Berliner Bühnen. 1940 im Hetzfilm *Jud Süß* sowie im Staatsauftragsfilm *Wunschkonzert* zwecks Hebung der Truppenmoral und Leidensbereitschaft der Heimatfront. Nach 1945 in Filmen wie *Herzkönig* (1947) oder *Familie Benthin* (1950). † 3.5. 1967 Berlin.

Bechstein, Carl. Klavierfabrikant.
* 1.7. 1860 Berlin. † 4.7. 1931 Starnberg, Sohn des Firmengründers Carl Bechstein (1826–1900). 1923 Direktor der Bechstein-Pianoforte AG in Berlin, für die Produktion zuständig. Goebbels am 29.11. 1925 im Tagebuch: »Zu Familie Bechstein. Hitlers Salon. Ich werde aufgenommen wie ein alter Freund.« 1926 Bruch mit seinem Bruder Edwin, nun Alleinunternehmer. Verheiratet mit Marita Krasa. Carl Bechstein wird in der Literatur häufig als Ehemann der Hitlerverehrerin Helene Bechstein bezeichnet, ein Beispiel, wie von Buch zu Buch abgeschrieben wird.

Bechstein, Edwin. Kaufmännischer Leiter der Bechstein-Pianoforte AG in Berlin.
* 11.2. 1859 Berlin. Bruder von Carl. 1926, unter Auszahlung seines Firmenanteils, aus der Firma ausgeschieden. Verheiratet mit der Hitlerverehrerin Helene Bechstein, geborene Capito. Sechsmal besuchte er mit seiner Gattin Hitler in der Festungshaft in Landsberg. Die Bechstein-Wohnung in der Berliner Johannisstraße 6 war ein Treffpunkt Hitlers, hier fand am 29. Januar 1933, dem Tag vor der Machtergreifung, um 15 Uhr eine Besprechung mit dem Chef der Heeresleitung, Generaloberst Kurt Freiherr von Hammerstein-Equort, statt. † 15.9. 1934 Berchtesgaden. Beisetzung am 20.9. 1934 in Berlin in Anwesenheit Hitlers. Der *Berliner Lokalanzeiger* am 21.9. 1934: »Der Verstorbene gehörte zu den ersten Kämpfern um ein neues Deutschland und hat außerordentliche Verdienste um die Partei ... Der Führer ging an der Spitze mit der Tochter und dem Sohn des Verstorbenen. Es folgten Minister Dr. Frick, Reichsleiter Amann, Reichspressechef Dr. Dietrich, Staatssekretär Lammers, Oberführer Schaub und viele Vertreter der Partei.«

Bechstein, Helene, geb. Capito. Gönnerin Hitlers.
* 21.5. 1876. Ersatzmutter für die junge Winifred Wagner und Ehefrau von Edwin Bechstein. Der Alt-Nazi Dietrich Eckart führte Hitler Juni 1921 in die Bechstein-Villa auf dem Obersalzberg ein: »Das ist der Mann, der einmal Deutschland befreien wird.« Laut Henriette von Schirach ermöglichte sie ihm, »das kleine Haus Wachenfeld auf dem Obersalzberg zu kaufen«. Hamann zufolge gab sie Hitler Unterricht in Tischmanieren und Auftreten: »So gerüstet, wurde Hitler bald ein Star der eleganten Empfänge, die Helene Bechstein im Münchner Hotel ›Vier Jahreszeiten‹ gab.« Hitler zu Baldur von Schirach: »Sie wissen ja, bei Bechsteins bin ich wie ein Kind im Haus. Von Frau Helene Bechstein bekam ich meinen ersten Wolfshund geschenkt und dazu diese [Hunde-]Peitsche.« Gegengeschenk Hitlers: das Originalmanuskript von *Mein Kampf.* Nach dem Tod der Brüder besaß Helene Bechstein die Aktienmehrheit des Unternehmens. Am 20.12. 1934 von Hitler Golde-

nes Ehrenzeichen der NSDAP, Adresse 1944: Brambach im Vogtland, Kurhotel (BA, Parteikorrespondenz). † 1951.

Becker, Hellmuth. Senator für Kunst und Kulturangelegenheiten in Hamburg.
* 9.2.1902 Kleve. Diplom-Volkswirt. 1933 NSDAP-Fraktionsführer in Hamburg, Gauamtsleiter, Staatsrat, MdR. Aufsichtsratsvorsitzender der Hamburgischen Staatsoper, des Neuen Schauspielhauses und der Thalia-Kammerspiele. Am 11.11. 1938 Eröffnungsredner der in Hamburg gastierenden Schandschau *Entartete Kunst*. † 12.6.1962 Hamburg. Lit.: Bruhns; Lilla.

Beckmann, Max. Maler.
* 12.2.1884 Leipzig. 1925 bis 1933 Lehrer an der Städelschule in Frankfurt am Main. Seine Anti-Kriegsbilder galten als gemalte Wehrsabotage. In Fritschs Hetzwerk *Handbuch der Judenfrage* (1936) als expressionistischer »»Künstler« aus dem nichtjüdischen Lager« aufgeführt, der es verdiene, »als Mittäter an dieser Kulturschande mit den Juden zusammen genannt zu werden«. Juli 1937 in der Schandschau *Entartete Kunst* in München mit neun Bildern vorgeführt, im selben Monat Flucht nach Amsterdam. Beschlagnahmung von 509 (!) seiner Werke. Am 10.5.1940, dem Tag des deutschen Einmarsches in Holland, Verbrennung seiner Tagebuchaufzeichnungen. 1942 für untauglich zum Kriegsdienst erklärt. 1947 Wechsel in die USA, Professor an der Art School in St. Louis, 1949 in New York. Haftmann: »Sein Pinsel war ihm … ein Zeigestock, mit dem er auf die Welt wies und gern und häufig auf das Ungenügen der Welt, und auf die Schande und Gemeinheit unserer Herzen.« † 27.12.1950 New York.

Beckmann, Wilhelm. Berliner Historienmaler.
* 3.10.1852 Düsseldorf. Hitlers »persönlicher Ehrengast« auf den NSDAP-Reichsparteitagen 1936 und 1937. Werke wie *Richard Wagner in seinem Heim Wahnfried*. Hitler kaufte sein Opus *Vorbeimarsch der Leibstandarte in Nürnberg anläßlich des Parteitags*. NS-Ehrung: 1937 *Goethe-Medaille* für Kunst und Wissenschaft. † 17.3. 1942 Berlin.

Behn, Fritz. Auf der *Gottbegnadeten-Liste* (Führerliste) der wichtigsten bildenden Künstler des NS-Staates.
* 16.6.1878 Klein Grabow in Mecklenburg. Bildhauer, Mitglied der Münchner Sezession. 1934 Autor: *Bei Mussolini*, 1935: *Deutsches Wild im deutschen Wald*. 1939 Direktor der Wiener Akademie. Auf der Großen Deutschen Kunstausstellung 1939 im Münchner *Haus der Deutschen Kunst* mit den Objekten *Reh* sowie *Adler* (Bronze). 1945 Dienstenthebung. † 26.1. 1970 München.

Behn-Grund, Friedl. Kameramann.
* 26.8.1906 Bad Polzin. Vielbeschäftigt in Goebbels' Filmindustrie, unter anderem 1939 Kamera zu *Robert und Bertram* (Leiser: die Karikatur des jüdischen Untermenschen, eingebettet in eine Lustspielhandlung), 1941 Hetzfilm *Ohm Krüger* (für Goebbels »ein Film zum Rasendwerden«) und der NS-Euthanasiefilm *Ich klage an* (der von den Krankenmördern der Berliner T4-Zentrale teilfinanzierte Staatsauftragsfilm sollte den Widerstand der Bevölkerung gegen den Behindertenmord brechen). Goebbels am 22.6.1941 im Tagebuch: »Großartig gemacht und ganz nationalsozialistisch.« Nach 1945 zunächst Wechsel zum staatlich verordneten DEFA-Antifaschismus (Weniger), Filme wie *Die Mörder sind unter uns* oder *Der Rat der Götter* (1950). † 2.8.1989 Berlin.

Behr, Kurt (später Jan Kurt). Pianist und Dirigent.
* 1.4.1911 Jägerndorf, Sohn des Oberkantors der jüdischen Gemeinde. Dr. jur. 1934–1937 Assistent von George Szell am Deutschen Theater Prag. Oktober 1941 deportiert ins Ghettolager Lodz/Litzmannstadt, beteiligt am Musikleben im Ghetto. August 1944 weiterdeportiert nach Auschwitz, 1945 auf Todesmarsch. 1952–1977 Dirigent der Metropolitan Opera New York. † 21.11.1996 ebenda.

Behr, Kurt von. Ab 1940 im *Einsatzstab Reichsleiter Rosenberg* (ERR) zum Raub »herrenlosen Kulturguts von Juden«.
* 1.3.1890 Hannover. Oberführer des DRK. NSDAP. Leiter des ERR-Haupttreferats Organisation und Personal. Vom 17.7.1940 bis zum Abschluß der Arbeiten des Einsatzstabes am 20.2.1941 Leiter des *Sonderstabs Bildende Kunst* (Frankreich). Petropoulos: »Ein fanatischer Nationalsozialist, der für das Deutsche Rote Kreuz gearbeitet hatte und die Uniform auch noch trug, als er in Frankreich Kunstwerke stahl.« † 19.4.1945 mit Ehefrau Suizid im Kloster (ehemals Schloß) Banz in Franken, dem Ausweichquartier des ERR.

Behrendt, Hans. Filmregisseur.
* 28.9.1889 Berlin. Regie zu den Preußenfilmen *Potsdam, das Schicksal einer Residenz* (1926) sowie *Prinz Louis Ferdinand* (1927). 1933 Flucht nach Spanien. 1936 am Wiener Theater in der Josefstadt, während der Besetzung Österreichs auf Vortragsreise in Brüssel. Nach dem Überfall auf Belgien 1940 verhaftet und im französischen Lager Drancy interniert. † Deportiert am 14.8.1942 nach Auschwitz.

Behrens, Manja. Schauspielerin.
* 12.4.1914 Dresden. 1935 (bis 1954) am Staatstheater Dresden. Goebbels am 22.11.1936 im Tagebuch über ihren Film *Susanne im Bade*: »Die wird einmal groß.« Goebbels am 13.1.1937: »Eine wertvolle Neuerwerbung.« *Das Buch Hitler*: »Während des Zweiten Weltkrieges Geliebte Martin Bormanns, gelegentlich auf dem Berghof.« Speer: »So lud Bormann, brutal und rücksichtslos, wie es bei diesem gemüt- und sittenlosen Mann zu erwarten war, seine Geliebte, eine Filmschauspielerin, in sein Haus am Obersalzberg ein, wo sie für Tage inmitten seiner Familie lebte.« Nach 1945 in DEFA-Filmen der DDR. Gastrollen am Theater am Schiffbauerdamm (Brechts *Berliner Ensemble*). 1953 Volksbühne Berlin, 1967 Maxim-Gorki-Theater. Ab 1958 verheiratet mit dem von den Nazis verfolgten Bühnenbildner Karl von Appen. † 18.1.2003 Berlin.

Beielstein, Felix Wilhelm. Landesleiter der Reichsschrifttumskammer Gau Essen.
* 30.1.1886 Bochum. Unter anderem Gedichtband *Wir fördern die Kohle, wir schmieden den Stahl* (1934) und Roman *Öl für Deutschland* (1941). 1961 Literaturpreis der Stadt Essen, Autor: *Die Mutation des Intellekts*. † 29.11.1964 Essen.

Beilke, Irma. Auf der *Gottbegnadeten-Liste* (Führerliste) der wichtigsten Künstler des NS-Staates.
* 24.8.1904 Berlin. Sopranistin, Kammersängerin. 1930 am Opernhaus Leipzig, 1935 am Deutschen Opernhaus Berlin. Goebbels am 14.1.1937 im Tagebuch: »Abends mit Führer Deutsches Opernhaus ›Regimentstochter‹ mit Irma Beilke ... Solisten und Ballett noch beim Führer eingeladen. Bis in die tiefe Nacht palavert und gelacht.« Vom 18. bis 25.9.1941 mit der *Fledermaus* des Deutschen Opernhauses Berlin in der Großen Pariser Oper, eine Veranstaltung der NS-Gemeinschaft *Kraft durch Freude* im Auftrag des OKW (Programmheft), vom Reichspropagandaministerium mit 200 000 Mark finanziert. 1942 im Reklamefilm der Reichsbahnzentrale für den Deutschen Reiseverkehr: *Bach, Mozart, Beethoven – Deutsche schufen für die Welt*. Nach 1945 Städtische Oper Berlin, Gastspiele. 1958–1969 Professorin der Musikhochschule Berlin. † 20.12. ⟨1889⟩ Berlin. *1989 ?*

Beinhorn, Elly. Sportfliegerin.
* 30.5.1907 Hannover als Kaufmannstochter. Verheiratet mit dem Rennfahreridol Bernd Rosemeyer (am 28.1.1938 tödlich verunglückt). Langstreckenflüge über Afrika, Südamerika und Asien. 1934 *Elly-Beinhorn-Marsch* von Karl Kalbe. Weiß: »Von der NS-Propaganda als Prototyp der jungen deutschen Generation gerne angenommen und gefördert.« 1978 Erinnerungen: *Alleinflug. Mein Leben*. 1991 *Bundesverdienstkreuz*. † 28.11.2007 Ottobrunn.

Bekker, Paul. Musikwissenschaftler, Förderer der *Neuen Musik*.
* 11.9.1882 Berlin. Ab 1911 Musikkriti-

ker der *Frankfurter Zeitung*. 1925 Generalintendant des Staatstheaters in Kassel,
1927 in Wiesbaden. Im *Lexikon der Juden
in der Musik* gebrandmarkt, Kommentar:
»Förderer der zersetzenden Tendenzen der
Mahler, Schönberg, Schreker usw. Gegen
ihn richtete sich Hans Pfitzners Schrift
›Die Ästhetik der musikalischen Impotenz‹, in der es ebenso deutlich wie dras-
tisch heißt: ›Wer das nihilistische Geseires
seiner Frankfurter Zeitungslieblinge für
die legitime Nachfolge der Werke Beethovens und Wagners hält, kann geschissen
von gemalt nicht unterscheiden.«‹ 1933
Entlassung, Flucht via Frankreich 1934 in
die USA. Am 3. 3. 1936 Ausbürgerungsbe-
schluß   des   Reichsinnenministeriums:
»Durch die Auswahl und die kulturbol-
schewistische Aufmachung der Darbie-
tungen trat er bewußt in scharfen Gegensatz zu dem deutschen Kunstempfinden.«
† 7. 3. 1937 New York.

Belling, Curt. Reichshauptstellenleiter der
NSDAP in der Reichspropagandaleitung,
Amtsleitung Film.
* 13. 5. 1907 Berlin. 1937 Autor: *Der Film
im Dienste der Partei*. Beitrag *Filmstellen-
leiter – politische Soldaten Adolf Hitlers* im
Beiblatt zum *Filmkurier* vom 19. 4. 1939,
Textprobe: »Und wie der Führer die Verkörperung Deutschlands ist, so ist das politische Führerkorps der nationalsozialistischen Bewegung der Vollstrecker des
Volkswillens geworden.« Nach 1945
Hauptschriftleiter der *Leonberger Kreiszei-
tung*.

Below, Gerda von, Pseudonym von Gerda
Freifrau Treusch von Buttlar-Brandenfels.
Schriftstellerin.
* 9. 11. 1894 Saleske in Ostpommern. Ur-
enkelin Johann Gottfried Herders. 1937
Weiheverse *An den Führer*: »Gewaltiger
auf Erden,/laß du uns sein und werden,/
und stähle die Gebärden [!]/zu reiner Jün-
gerschaft,/die untertan und hörig,/in
frommer Zucht gelehrig,/gehorsam und
willfährig,/Erheber deiner Kraft!« 1942
Novellen *Heimat des Bluts*. Nach 1945
Wohnort Darmstadt, Berufsangabe: wis-

senschaftliche Graphologin. † 30. 3. 1975
Darmstadt.

Beltz, Hans. Auf der *Gottbegnadeten-Liste*
(Führerliste) der wichtigsten Pianisten des
NS-Staates.
* 23. 1. 1897 Bützow in Mecklenburg,
Sohn eines Organisten. Konzertpianist. Ab
1929 an der Akademie für Kirchen- und
Schulmusik in Berlin, 1934 Professor. NS-
Ehrung: 1940 Musikpreis der Reichs-
hauptstadt. 1952–1962 Professor an der
Musikhochschule   Berlin.   † 24. 9. 1977
Berlin.

Benatzky, Ralph. Operettenkomponist.
* 5. 6. 1884 Mährisch-Budwitz. Dr. phil.
1930 Welterfolg mit der Operette *Im weißen Rößl*. In der NS-Zeit mit einer Sonderbewilligung von Goebbels beschäftigt,
da mit einer »Volljüdin« verheiratet. 1935
Operettenfilm *Im weißen Rößl*. 1936 Filmmusik zu *Mädchenpensionat*, 1937 zum
Liebesfilm *Die ganz großen Torheiten* sowie
zum antibritischen Zarah-Leander-Film
Zu neuen Ufern. Laut Goebbels-Tagebuch
als »Jude« angegriffen. 1938 Emigration in
die USA. Seine Operette *Bezauberndes
Fräulein* wurde am 11. 5. 1943 vom Stadttheater Mährisch-Ostrau im Kameradschaftsheim der Waffen-SS im KZ Auschwitz aufgeführt. Ab 1948 in Zürich. Insgesamt etwa 2000 Lieder und mehr als 100
Bühnenwerke. † 17. 10. 1957 Zürich.

Benda, Hans von. Dirigent.
* 22. 11. 1888 Straßburg, Sohn eines Hof-
kapellmeisters. 1926 Leiter der *Berliner
Funkstunde*. In Rosenbergs *Kampfbund für
deutsche Kultur*. 1935 (bis 1939) künstlerische Leitung des Berliner Philharmonischen Orchesters. Reiste mit seinem *Kammerorchester Hans von Benda* im In- und
Ausland. Juni 1942 mit Auftritt im besetzten Krakau als »Träger des deutschen Kulturwillens im Osten« eingesetzt. NS-Ehrung: 1937 Titel Generalmusikdirektor
von Hitler. 1948 (bis 1952) Leiter der Symphonieorchesters im spanischen Valencia.
1954 Abteilungsleiter Musik beim SFB.
† 13. 8. 1972 Berlin.

Bender-Bürckner, Aenne. Schriftstellerin.
* 6.4.1891 Spangenberg, Bezirk Kassel.
1933 Autorin: *Wir grüßen Dich, Führer!
Gedichte der nationalsozialistischen Revolution*, Textprobe:»Wir grüßen Dich, Führer, aus tiefster Not,/Die jemals ein Volk empfunden./Wir haben durch Dich an Freiheit und Brot/Den Glauben wiedergefunden.« 1939 Wohnort Leipzig.

Bendix, Paul. Operetten- und Schlagerkomponist.
* 30.12.1870 Berlin. Wohnort ebenda. Komponist des Lieds *Trink, trink, Brüderlein trink*. Im *Lexikon der Juden in der Musik* als »Halbjude« gebrandmarkt. Deportiert am 28.5.1943 ins Ghettolager Theresienstadt. † 18.7.1944 ebenda.

Bendow, Wilhelm. Auf der *Gottbegnadeten-Liste* der Schauspieler, die für die Filmproduktion benötigt werden.
* 29.9.1884 Einbeck. Laut Heesters »der urkomische Sanfte mit den anzüglichen Pointen«. Bis 1934 Leiter des Kabaretts *Bendows Bunte Bühne*. Winzige Bühnen- und Filmrollen. 1943 als Mann im Mond im Ufa-Jubiläumsfilm *Münchhausen*. † 29.5.1950 Einbeck.

Benfer, Friedrich (Federico). Schauspieler.
* 28.8.1907 Neapel. Rollenfach: Romantischer Held. 1935 in *Mädchenjahre einer Königin*. 1936 Heirat mit dem Ufa-Star Jenny Jugo, Stagnation der eigenen Karriere. Mit Gattin häufig Gast bei Goebbels, im Tagebuch nur als Anhängsel erwähnt. Am 18.7.1936: »Nachmittags kommen Jugos zu Besuch.« Am 25.3.1940: »Nachmittags kommen Jugos.« 1940 Hauptrolle im antibritischen Spielfilm *Das Herz der Königin* über Maria Stuart (»Wer England zu Hilfe kommt, stirbt«). Nach 1945 mit Jugo auf einem Bauernhof in Oberbayern, 1993 Trennung und Wegzug nach Monaco. † 30.1.1996 ebenda.

Benjamin, Walter. Philosoph.
* 15.7.1892 Berlin. Kind jüdischer Eltern. 1919 Dissertation in Bern: *Der Begriff der Kunstkritik in der Romantik*. 1927 gescheiterte Habilitation, da zwei seiner Prüfer

erklärten, »sie verstünden kein Wort«, 1928 bei Rowohlt unter dem Titel *Ursprung des deutschen Trauerspiels* erschienen. Ebenfalls 1928 Aufzeichnungen *Einbahnstraße*, laut Bloch eine »Philosophie in Revueform«. 1929 Bekanntschaft mit Brecht, Hinwendung zum Marxismus. März 1933 Flucht nach Paris, Stipendium von Horkheimers Institut für Sozialforschung. 1936 Hauptwerk *Das Kunstwerk im Zeitalter seiner technischen Reproduzierbarkeit*. † Suizid am 27.9.1940 in einem Hotel im spanischen Port Bou, vor der Auslieferung an die Gestapo. Lit.: Scholem.

Benkhoff, Fita. Schauspielerin, genannt *Madönnchen*.
* 1.11.1901 Dortmund. Ab 1933 am Deutschen Theater in Berlin, auch Volksbühne. Laut Hippler von Goebbels öfters zur Abendgesellschaft eingeladen. Tagebucheintrag des Filmministers vom 29.11.1937 über einen Nachmittagstee bei Reichsleiter Philipp Bouhler:»Der Führer ist auch da. Birgel, Horney, Benkhoff.« Am 18.7.1938: »Mit den Schauspielern gesessen. George, Krauß, Hinz, Knuth, Benkhoff … Welch eine amüsante Gesellschaft.« In der NS-Zeit in 52 Filmen, darunter 1935 das Freikorps-Machwerk *Henker, Frauen und Soldaten*, 1938 der *Kraft-durch-Freude*-Film *Petermann ist dagegen* und 1944 die Ehekomödie *Ich brauche Dich*. Ab 1950 Kammerspiele München. Filme wie *Kein Engel ist so rein* (1950) oder *Ein Herz voll Musik* (1955). 1963 letzter Film: *Liebe will gelernt sein*. † 26.10.1967 München.

Benn, Gottfried. Name Oktober 1933 unter dem Treuegelöbnis »88 deutsche Schriftsteller« für Adolf Hitler.
* 2.5.1886 Mansfeld, Kreis Westprignitz, als Pfarrerssohn. 1912 Gedichtzyklus *Morgue und andere Gedichte*. Im I. Weltkrieg Sanitätsarzt. 1917 Hautarzt in Berlin. 1932 Aufnahme in die Sektion Dichtung der Preußischen Akademie der Künste. Februar (bis Juni) 1933 kommissarisch Leiter der Sektion Dichtung. März 1933 Auf-

forderung an alle Akademie-Mitglieder, eine Loyalitätserklärung pro NS-Regierung zu unterschreiben. Am 24.4. 1933 Rundfunkrede *Der neue Staat und die Intellektuellen* mit Ermahnung zur Unterordnung. Am 24.5. 1933 Rundfunkrede *Antwort an die literarischen Emigranten* mit der These, das deutsche Volk sei eine »letzte großartige Konzeption der weißen Rasse«. Am 23.9. 1933 in *Die Woche* Essay *Geist und Seele künftiger Geschlechter*, darin Bekenntnis zur Reinigung des Volkskörpers. Begründung: »Daß diese Reinigung des Volkskörpers nicht nur aus Gründen der Rasse-Ertüchtigung, sondern auch aus volkswirtschaftlichen Gründen erfolgen muß, wird einem klar, wenn man [von der NS-Propaganda] hört, daß in Deutschland die an sich viel zu geringe Kinderzahl heute nur von den Schwachsinnigen erreicht wird, und der meistens auch wieder schwachsinnige Nachwuchs kostet den Staat enorme Summen.« Sein ehemaliger Bewunderer Klaus Mann: »Halb pathologisch, halb nur gemein, entwürdigt sich ein großes Talent vor unseren Augen.« Vizepräsident der am 8.1. 1934 gegründeten *Union Nationaler Schriftsteller*. Angriffe des Schriftstellers von Münchhausen Herbst 1933 und Mai 1934, Benn sei reinblütiger Jude. 1935 Aufnahme Benns in das *Führerlexikon*, Oberstabsarzt der Wehrmacht, inzwischen in Distanz zum NS-Regime (»Die Armee ist die aristokratische Form der Emigrierung«). 1936 in Himmlers Wochenblatt *Das Schwarze Korps* Attacke gegen Benns *Ausgewählte Gedichte* (»widernatürliche Schweinereien«), Kampagne jedoch mit Hilfe Hanns Johsts durch Himmler beendet. *Meyers Lexikon* 1936: »Typ des intellektuell zerquälten Expressionisten, suchte in seinen Schriften … Anteil an der neuen Entwicklung zu nehmen, ohne daß jedoch seine Wandlung in einem dichterischen Werk innerlich Niederschlag gefunden hätte.« 1938 Ausschluß aus der Reichsschrifttumskammer (Berufsverbot). Benn am 5.10. 1946 an den Verleger Johannes

Weyl: »Ich habe eine makellos weiße Weste bis heute immer getragen ohne jede Konzession gegen alles, was nicht aus meiner inneren Produktivität kam.« 1955 Persilschein für Himmlers SS-Poeten Johst, wonach »die persönliche Lauterkeit von Herrn Johst gar nicht zu bezweifeln war und nicht zu bezweifeln ist«. † 7.7. 1956 Berlin. Lit.: Benn, Lyrik und Prosa, Briefe und Dokumente, Wiesbaden 1962. Apologetische Biographie: Joachim Dyck, Der Zeitzeuge, Gottfried Benn 1929–1949, Göttingen 2006.

Bentheim, Wilhelm Graf zu. * 9.6. 1883 Würzburg. Königlich preußischer Oberleutnant. Laut *Aufstellung derjenigen Parteigenossen, die Angehörige fürstlicher Häuser sind*: NSDAP-Nr. 266338, Gau Sachsen. † 31.5. 1960 Berlin-Lichterfelde.

Bentheim und Steinfurt, Prinz Eberwyn zu. * 10.4. 1882 Potsdam. Rittmeister a.D. 1906 nicht hausgesetzmäßige Ehe, Verzicht auf Erbgeburtsrecht für sich und seine Nachkommen. Laut *Aufstellung derjenigen Parteigenossen, die Angehörige fürstlicher Häuser sind*: NSDAP 1.5. 1932, Nr. 1102733, Gau Berlin. † 31.7. 1949 München.

Bentheim und Steinfurt, Karl Prinz zu. * 10.12. 1884 Bentheim. Laut *Aufstellung derjenigen Parteigenossen, die Angehörige fürstlicher Häuser sind*: 1.5. 1937 NSDAP, Nr. 5194927, Gau Magdeburg-Anhalt, Anmerkung: Mitgliedschaft ruht, da Offizier bei der Wehrmacht (Oberst der Luftwaffe). † 14.2. 1951 Münster/Westfalen.

Bentheim und Steinfurt, Luise Prinzessin zu. * 2.7. 1891 Fond du Lac, Wisconsin. Dritte Ehefrau von Prinz Eberwyn. Laut *Aufstellung derjenigen Parteigenossen, die Angehörige fürstlicher Häuser sind*: NSDAP 1.5. 1932, Nr. 1105324, Gau Berlin. Nach 1945 Wohnort Oppenheim am Rhein.

Bentheim-Tecklenburg, Adolf 5. Fürst zu. * 29.6. 1889 Rheda. Schloß- und Großgrundbesitzer. Rittmeister a.D. Im Führungsstab der Deutschen Adelsgenossenschaft. 1932 Adelsmarschall der Deutschen Adelsgenossenschaft. 1932 Aufruf *An den reinblütigen deutschen Adel* mit Forderung der »Blutsreinheit« als Kriterium der Adelsfähigkeit. Versprach Juni 1933 Hitler, nach einer großen »Säuberungsaktion« (Entjudung) werde er den »gereinigten deutschen Adel« dem NS-Staat uneingeschränkt »zur Verfügung stellen«. Die Arier-Klausel des deutschen Adelskapitels verlangte den Ariernachweis bis zum Jahre 1750. Laut *Aufstellung derjenigen Parteigenossen, die Angehörige fürstlicher Häuser sind*: 1.5.1937 NSDAP, Nr. 5135969, Gau Westfalen-Nord. † 4.1. 1967 Köln. Lit.: Malinowski.

Benze, Rudolf. Ministerialrat im preußischen Kultusministerium (1934) und SS-Sturmbannführer (1939).
* 23.10.1888 Ildehausen am Harz als Lehrerssohn. Gymnasiallehrer. *Führerlexikon*: »Von jeher völkisch gerichtet (Nordischer Ring, Werkbund für deutsche Volkstums- und Rassenforschung); 1931 Mitglied NSDAP; Gauobmann für höhere Schulen im NS-Lehrerbund Südhannover-Braunschweig.« 1933 Oberregierungsrat, Autor: *Rasse und Schule*. 1934 Autor: *Geschichte im Rassenkampf*. Im Führerrat der *Gesellschaft für Deutsche Bildung* (Deutscher Germanisten-Verband) unter Kuratel der Reichsschrifttumskammer. 1938 zusätzlich Leiter des *Deutschen Zentralinstituts für Erziehung und Unterricht* in Berlin. Beteiligt an der Herausgabe der Zeitschrift *Rasse, Monatsschrift der Nordischen Bewegung*. Ebenda (Heft 12, 1938) Beitrag *Die rumänische Judenfrage und Houston Stewart Chamberlain*: »Nach der nationalsozialistischen Selbstbefreiung Deutschlands beginnt allmählich ein Volk nach dem anderen sich mit der Judenfrage nicht nur gefühlsmäßig und gelegentlich zu befassen, sondern auch ihrer grundsätzlichen Lösung näherzutreten. Meist allerdings sind die gewohnheitsmäßigen Hemmungen groß, so daß man … der Frage der jüdischen Mischlinge ausweicht.« Nach

1945 Heimatforscher in Göttingen. Mitglied der Pestalozzigesellschaft, 1962 Gründungsmitglied und Vorstandsmitglied der Gauß-Gesellschaft. † 8.10. 1966 Göttingen. Nachruf der Gauß-Gesellschaft, unter Verschweigen der SS-Zugehörigkeit: »Jeder, der Rudolf Benzes durchgeistigte Züge und seine leuchtenden Augen kannte, fühlte sich irgendwie an die Gesichtszüge des großen Carl-Friedrich Gauß erinnert.«

Benzing, Joseph. Bibliothekar.
* 4.2.1904 Neuses in Hessen. 1929 Dr. phil. Dissertation: *Zur Geschichte von Ser als Hilfszeitwort bei den intransitiven Verben im Spanischen*. Ab 1933 Preußische Staatsbibliothek. 1939 Bibliotheksrat. Dezember 1941 beim *Kommissar für die Sicherung der Bibliotheken und Betreuung des Buchgutes im östlichen Operationsgebiet*, dem *Einsatzstab Reichsleiter Rosenberg* (Kunstraub) zugeordnet. 1946 Universitätsbibliothek Mainz. 1959 Oberbibliotheksrat. † 18.5.1981 Mainz.

Berchtold, Josef. Reichskultursenator (1935).
* 6.3.1897 Ingolstadt. Schreibwarenhändler, Journalist. 1920 NSDAP. 1923 Teilnehmer *Hitlerputsch*, Führer des *Stoßtrupp Hitler* (Hitlers 1922 gegründete Leibwache, Keimzelle der SS), Flucht nach Österreich. 1924 SA-Gaugeschäftsführer Kärnten. 1926/27 Reichsführer-SS (zu dieser Zeit der SA unterstellt). 1927 Schriftleiter beim NSDAP-Zentralorgan *Völkischer Beobachter* (VB). 1928 im Stab der Obersten SA-Führung in München, Hauptschriftleiter der Zeitung *SA-Mann* (Organ der obersten SA-Führung), 1933 Chef vom Dienst beim VB München. Ab 1936 MdR, im Kulturkreis der SA. 1942 SA-Obergruppenführer. 1943 Stellv. Hauptschriftleiter VB. † 23.8.1962 Herrsching am Ammersee.

Berens-Totenohl, Josefa, eigentlich Josefa Berens. Schriftstellerin.
* 30.3.1891 Grevenstein. Volksschullehrerin. 1934 Durchbruch mit dem Roman *Der Femhof* [sic], Botschaft: Dem freien

Bauerntum ist »der Hof mehr wert als Menschenleben und Familienglück«. Stilprobe: »Hei! Wie es in ihm loderte, wenn drunten unterm Fenster im Nachtdunkel die schwarze Hexe kauerte ... Wenn er ihr in das wilde Gelock griff, und dem wilden Herzschlag des Weibes den eigenen wilderen entgegenjagte, wenn er sein Blut in den rasenden Wirbel ihrer Feuer hineinstürzte und sich in ihrem Rausch verlor! Nächtelang, wochenlang!« 1936 Gedichte: *Das schlafende Brot* (!). 1938: *Die Frau als Schöpferin und Erhalterin des Volkstums.* 1941 Erzählung: *Einer Sippe Gesicht.* Nach 1945 weiterhin Blut-und-Boden-Thematik. † 6. 6. 1969 Meschede. Lit.: Sarkowicz; Schonauer.

Berg, Alban. Komponist.
* 9. 2. 1885 Wien. Schüler Schönbergs. 1925 Uraufführung seiner Oper *Wozzeck* in Berlin. Bergs Musik war als »Verfallskunst« verfemt. 1935 auf der Liste der *Musik-Bolschewisten* der *NS-Kulturgemeinde.* Seine Oper *Lulu* wurde erst nach seinem Tod (1937 in Zürich) aufgeführt. † 23./24. 12. 1935 Wien an Furunkulose.

Bergen, Ary. Maler.
* 7. 5. 1886 Hamburg. Wohnort ebenda. *Selbstbildnis* (1911) in der Hamburger Kunsthalle. Überdeckte 1933 die Bilder der jüdischen Kollegin Gretchen Wohlwill mit NS-Motiven: *Jungvolk marschiert* sowie *BDM auf Fahrt.* † 5. 5. 1950 Hamburg. Lit.: Bruhns.

Bergen, Claus. Auf der *Gottbegnadeten-Liste* (Führerliste) der wichtigsten Maler des NS-Staates.
* 18. 4. 1885 Stuttgart. Marinemaler, im I. Weltkrieg Kriegsmaler bei der Hochseeflotte. NSDAP 1922. Der Oberbefehlshaber der Kriegsmarine, Großadmiral Raeder, forderte 1939 für Bergen den Professorentitel, Ernennung auf die Nachkriegszeit vertagt. Auf den Großen Deutschen Kunstausstellungen im Münchner NS-Musentempel *Haus der Deutschen Kunst* mit insgesamt 13 Objekten, darunter 1939 *U 53 im Atlantik,* 1940 *Beschießung der Westerplatte* [polnische Festung vor Danzig] sowie *Gegen Engelland,* 1941 *Ran an den Feind.* † 4. 10. 1964 Lenggries.

Bergengruen, Werner. Schriftsteller.
* 16. 9. 1892 Riga als Arztsohn. 1914 Kriegsfreiwilliger. 1919 Baltische Landwehr. Vielgelesener Autor der Weimarer Republik, deutschnational, Bekenntnis zur militärischen Tradition. 1935 Roman *Der Großtyrann und das Gericht.* Das Buch, das den angeblichen Röhm-Putsch zur Vorlage hat, wurde vom NSDAP-Zentralorgan *Völkischer Beobachter* als großer Führerroman gerühmt. Bergengruen: »So verdroß es mich besonders, wenn die Gestalt des Großtyrannen als ein Hinweis auf Hitler gedeutet wurde.« Oktober 1936 beim Treffen der *Dichter des Krieges* in Berlin und Unterzeichner eines Gelöbnis-Telegramms an Hitler: »Die ... Dichter des Krieges entbieten ihrem Führer und Reichskanzler im Gedenken der Kameradschaft der Front und Dankbarkeit für die Wiedergewinnung deutscher Wehrhaftigkeit das Gelöbnis unwandelbarer Treue.« 1937 Dauersondergenehmigung der Reichsschrifttumskammer, obwohl mit einer »Dreivierteljüdin« verheiratet (Barbian). 1940 Verbot seines Romans *Am Himmel wie auf Erden.* Die NSDAP-Ortsgruppe München-Solln: »Wenn er auch, wenn dazu Anlaß besteht, an seinem Fenster die Hakenkreuzfahne zeigt, oder bei Sammlungen immer und gerne gibt, so gibt seine sonstige Haltung trotzdem Anlaß, ihn als politisch unzuverlässig anzusehen.« Mit weit über 50 Texten im NS-Kampfblatt *Krakauer Zeitung,* das »Blatt des Generalgouvernements«. Bergengruen 1945: »Niemand darf sagen, er habe von den Greueln nichts gewußt ... Was in den Konzentrationslagern geschah, das wußte jeder, wenn er nicht Gehör und Gesicht gewaltsam verschloß.« † 4. 9. 1964 Baden-Baden. Lit.: Bergengruen; Sarkowicz.

Berger, Erna. Auf der *Gottbegnadeten-Liste* (Führerliste) der wichtigsten Künstler des NS-Staates.
* 19. 10. 1900 Cossebaude bei Dresden. Koloratursopran, Kammersängerin, 1934

(bis 1946) Berliner Staatsoper. Goebbels am 30. 9. 1936 über Berger nach Besuch der Oper *La Traviata*: »Einzigartig.« Zwecks Kulturpropaganda Auftritt im besetzten Norwegen. 1942 im Mozart-Film *Wen die Götter lieben*. 1943 Opernfilm *Nacht ohne Abschied*. Nach 1945 ausschließlich Gastspiele. 1953 *Bundesverdienstkreuz*. 1954 Kunstpreis der Stadt Berlin. 1959 Professorin der Musikhochschule Hamburg, ab 1971 Folkwangschule Essen. Das *Deutsche Bühnen-Jahrbuch* zum 70. Geburtstag: »Ihre Koloratur war makellos, geschliffen wie ein funkelndes Geschmeide.« † 14. 6. 1990 Essen.

Berger, Ludwig. Filmregisseur der Ufa.
* 6. 1. 1892 Mainz. Dr. phil. 1933 letzter Film: *Walzerkrieg*, wegen jüdischer Abstammung Flucht in die Niederlande. 1939 in Großbritannien, Filmregie: *The Chief of Bagdad*. Nach Kriegsbeginn Rückkehr nach Holland. Überlebte mit gefälschten Papieren (sein Bruder, der Filmarchitekt Rudolf Bamberger, stirbt Januar 1945 in Auschwitz). 1947 Rückkehr BRD, Theater und Fernsehen. 1964 *Filmband in Gold* für langjähriges und hervorragendes Wirken im deutschen Film. 1959 *Großes Bundesverdienstkreuz*. † 18. 5. 1969 Bad Schlangenbad am Taunus.

Berger, Theodor. Komponist.
* 18. 5. 1905 Traismauer in Niederösterreich. 1932 Wohnsitz Berlin (ab 1940 Wien). Am 29. 5. 1938 Uraufführung seiner Werke *Capriccio* und *Fantasie* beim Abschlußkonzert der ersten *Reichsmusiktage* in Düsseldorf (mit der Schandschau *Entartete Musik*). NS-Ehrung: 1939 von Goebbels 5000 Mark als Kompositionsauftrag für ein Orchesterwerk, Förderbeihilfe von Baldur von Schirach. 1949 Musikpreis der Stadt Wien. 1951 Österreichischer Staatspreis. 1960 Großer Österreichischer Staatspreis. † 21. 8. 1992 Wien. Lit.: Prieberg, Handbuch.

Bergmann, Max. Maler.
* 2. 12. 1884 Fürstenberg/Oder. Wohnort Haimhausen bei München. Auf den Großen Deutschen Kunstausstellungen im Münchner *Haus der Deutschen Kunst* 1939 mit den Ölgemälden *Dampfende Scholle* sowie *Der Weckruf* (Gruppenbild mit Kühen), 1940 mit dem Bild *Die Scholle*. Ab 1951 in Wörth am Rhein. † 17. 10. 1955 Haimhausen.

Bergner, Elisabeth (Künstlername). Theaterdiva der Weimarer Republik.
* 22. 8. 1897 Drohobycz in Galizien. Kollege Meyerinck: »Ein Stern war vom Himmel gefallen und vergoldete die Theatererde.« Goebbels am 16. 4. 1929 nach Theaterbesuch: »Ein jüdisches liebes Kind!« 1932 mit ihrem Regisseur und späteren Ehemann Paul Czinner zu Dreharbeiten in Frankreich, 1933 Flucht nach London. *Meyers Lexikon* 1936: »Jüdische Schauspielerin … maniert gefühlsbetonte Darstellung Shakespearescher Rollen und übersensibler Frauengestalten moderner Stücke.« 1939 USA. 1978 Erinnerungen: *Bewundert viel und viel gescholten*. Das *Deutsche Bühnen-Jahrbuch* zum 75. Geburtstag, ohne NS-Verfolgung zu erwähnen: »Seelenschauspielerinnen wie sie sind heute nicht mehr denkbar.« † 12. 5. 1986 London.

Berkowitz, Gerhard. Dozent der Hannoverschen Opernschule.
* 12. 11. 1901 Königsberg. Konzertbegleiter. Im *Lexikon der Juden in der Musik* gebrandmarkt. Deportiert am 15. 12. 1941 mit Tochter Birgit Ruth und seiner Frau, der Sängerin Elsa Berkowitz. † Verschollen in Riga.

Berndorff, Hans Rudolf, Pseudonym *Rudolf van Werth*. Auf der Liste der von Goebbels zugelassenen Filmautoren (1944).
* 20. 9. 1895 Köln. SS-Mitglied. Schriftleiter der *Berliner Illustrierten Zeitung*. Autor von Werken wie *Tannenberg. Wie Hindenburg die Russen schlug* (1934) oder *Und Du mein Schatz fährst mit* (1935). Autor der Auslandsillustrierten *Signal*, ein Organ der Wehrmachtspropaganda, dessen Kriegswichtigkeit von Hitler besonders nachdrücklich betont wurde. Chefreporter, ab 1952 Textchef der Illustrierten *Revue*. Mit-

verfasser von Ferdinand Sauerbruchs *Das war mein Leben* und Hjalmar Schachts *76 Jahre meines Lebens.* † Dezember 1963 Hamburg. Lit.: Rutz.

Berndt, Alfred-Ingemar. Stellv. Pressechef der Reichsregierung.

* 22. 4. 1905 Bromberg. 1923 NSDAP, 1924 SA, 1932 *Kampfbund für deutsche Kultur.* Laut *Führerlexikon* schaltete er »im April 1933 den Reichsverband der deutschen Presse gleich«. 1933 Adjutant des Reichspressechefs Otto Dietrich. 1936 Leiter der Abteilung Presse im Reichspropagandaministerium, 1938 Leiter der Abt. Schrifttum, 1939 der Abt. Rundfunk, 1941 der Abt. Propaganda. Ab 1941 im Stab Rommels beim Afrika-Korps. 1943 SS-Brigadeführer. Ministerialrat. † Angeblich 28. 3. 1945 Vesprem/Ungarn (WASt).

Bernhard, Georg. Journalist.

* 20. 10. 1875 Berlin. 1928 Honorarprofessor der Berliner Handelshochschule, MdR. 1933 Flucht nach Frankreich. Opfer der Bücherverbrennung Mai 1933, Feuerspruch: »Gegen volksfremden Journalismus demokratisch-jüdischer Prägung, für verantwortungsbewußte Mitarbeit am Werk des nationalen Aufbaus!« *Meyers Lexikon* 1936: »Übte 1913–1930 als Chefredakteur der ›Vossischen [sic] Zeitung‹ einen starken, zersetzenden politischen Einfluß aus, wegen seiner deutschfeindlichen Hetze als Herausgeber des ›Pariser Tageblatt‹ 1933 ausgebürgert.« 1941 Exil in den USA. † 10. 2. 1944 New York.

Bernhardi, Friedrich von. General, Verfechter alldeutscher Politik.

* 22. 9. 1849 Petersburg. † 10. 7. 1930 Kunersdorf in Schlesien. Offizier im Deutsch-Französischen Krieg 1870/71. Abschied 1909, danach Schriftsteller. 1912 Autor des Buches *Deutschland und der nächste Krieg,* das die Unvermeidbarkeit eines nächsten Krieges für Deutschland postuliert. Im Kapitel *Recht zum Kriege* heißt es: »Mit dem Aufhören des unbeschränkten Wettbewerbs, der schließlich mit den Waffen seinen Ausgang sucht, würde sehr bald jeder wirkliche Fortschritt

unterbunden, und es würde sich eine sittliche und geistige Versumpfung ergeben, die eine Entartung zur Folge haben müßte … Unser Volk muß lernen, daß die Erhaltung des Friedens niemals der Zweck der Politik sein kann und sein darf.« Im I. Weltkrieg Kommandeur einer Armeegruppe. Lit.: Eckart.

Bernstein-Börner, Dora. Komponistin und Sängerin.

* 19. 2. 1880 Guttentag in Oberschlesien. Wohnort Berlin. Im *Lexikon der Juden in der Musik* gebrandmarkt. † Deportiert am 14. 8. 1942 ins Ghettolager Theresienstadt.

Bernt, Reinhold. Schauspieler.

* 19. 12. 1902 Berlin. Bruder des Schauspielers Gerhard Bienert. Im Revueprogramm von Rudolf Nelson. 1928 Mitbegründer der linken *Gruppe junger Schauspieler*, Sensationserfolg mit *Revolte im Erziehungshaus* am Berliner Thalia-Theater. Darsteller im »ersten wirklichen Nazi-Film« (Courtade) *Hitlerjunge Quex.* 1938 im Film *Kameraden auf See* über die deutsche Kriegsmarine im spanischen Bürgerkrieg. In den Hetzfilmen *Carl Peters* und *Jud Süß.* 1942 Volksdeutsche Bühne Berlin (*Kraft-durch-Freude*-Haus). Nach 1945 zunächst bei der DEFA, 1948 im Film *Rotation* Rolle des von der Gestapo gesuchten Antifaschisten Kurt Blank. † Suizid 26. 10. 1981 Berlin. Lit.: Liebe.

Bertram, Hans. Regisseur.

* 26. 2. 1906 Remscheid. Flieger. 1927–1933 Berater der chinesischen Luftwaffe. 1934 SA, Flugreferent. Verheiratet mit Gisela Uhlen. 1939 Drehbuch zum Jagdfliegerfilm *D III 88*, Filmtext: »Reibungslose Zusammenarbeit, bedingungslose Hingabe. Nur so kann unsere Waffe zu einem Instrument werden, auf das sich unser Führer … bedingungslos verlassen kann.« Leiter der (Film-) *Sondertruppe Bertram* im Polenfeldzug. April 1940 Premiere des in Görings Auftrag gedrehten Kinofilms *Feuertaufe* (Wochenschau-Aufnahmen) zur Rechtfertigung des Überfalls auf Polen, mit Görings Schlußwort: »Und was die Luftwaffe in Polen versprochen hat, wird diese Luftwaffe in England und Frankreich halten.« Regie und Drehbuch zum antipolnischen Film *Kampfgeschwader Lützow*, Uraufführung am 28.2.1941, anwesend Goebbels und Himmler. September 1942 Ausschluß Reichskulturkammer. Hauptrolle (sic) im 1945 unvollendeten Film *Das Leben geht weiter*. 1947 Gründer der Atlantis-Filmgesellschaft in Wiesbaden. 1954 Inhaber eines Flugunternehmens und eines Luftbildverlags. † 8.1. 1993 München. Lit.: Drewniak, Film; Zimmermann/Hoffmann.

Bertuch, Max. Operettenkomponist und -Librettist.
* 28.6.1890 Frankfurt am Main. Kapellmeister in Berlin (DBJ 1933). Libretto (anonym) zur Künneke-Operette *Herz über Bord* (Prieberg). 1933 zunächst Flucht nach Bled in Jugoslawien. Im *Lexikon der Juden in der Musik* gebrandmarkt. † Deportiert am 6.3.1943 von Drancy nach KZ Majdanek.

Besch, Otto. Komponist.
* 14.2.1885 Neuhausen bei Königsberg als Pfarrerssohn. Schüler Humperdincks. Am 22. Mai 1938, während der ersten *Reichsmusiktage* in Düsseldorf (mit der Schandschau *Entartete Musik*), Uraufführung seiner *Ostmark-Ouvertüre* (nach der Besetzung Österreichs, in NS-Deutsch Ostmark genannt). Nach 1945 Musikkritiker für *Die Welt* und *Deutsche Presseagentur*. † 2.5.1966 Kassel.

Besseler, Heinrich. Musikwissenschaftler.
* 2.4.1900 Dortmund, Sohn eines Chemikers. 1928 ao. Professor in Heidelberg. 1934 SA. Laut Prieberg betonte er 1935 bei den Musiktagen der HJ in Erfurt, »daß die Musikpflege der Universität vom Geist des neuen HJ-Liedes durchdrungen werden müsse«. Mitherausgeber der Zeitschrift *Archiv für Musikforschung*. 1937 NSDAP. Konflikte mit Gerigk von der Dienststelle Rosenberg, behauptete im Entnazifizierungsverfahren, von Rosenberg persönlich verfolgt worden zu sein. 1949 Lehrstuhl in Jena, 1956–1965 in Leipzig. Führender Musikwissenschaftler der DDR. 1960 Na-

tionalpreis. † 25.7.1969 Leipzig. Nachruf: »Das Zentralkomitee der Sozialistischen Einheitspartei Deutschlands wird ihm stets ein ehrendes Andenken bewahren.« Lit.: Potter; Prieberg.

Bessmertny, Alexander. Schriftsteller.
* 20.3.1888 St. Petersburg. Dr. phil. Arbeitete für die *Prager Presse* und *Die neue Weltbühne*. Thomas Mann setzte sich am 25.10.1938 in einem Brief an Staatssekretär Cordell Hull für seine Ausreise aus Prag ein. 1939 Verhaftung durch Gestapo. † Hinrichtung 22.8.1943 Berlin.

Best, Walter. Landesleiter der Reichsschrifttumskammer Gau Kurhessen.
* 20.5.1905 Liegnitz in Niederschlesien. Dr. phil. Schriftsteller. NSDAP-Nr. 2018596. SS-Nr. 107423 (1944 Sturmbannführer), SD. Januar 1937 Uraufführung seines Dramas *Der General* in Guben. Eine Spielzeit zuvor ebenda Uraufführung seines Schauspiels *Das Reich*. Autor: *Mit der Leibstandarte im Westen* in der Reihe *Soldaten – Kameraden!* des Zentralverlags der NSDAP. Nach 1945 Journalist in Marburg. Pseudonym: *Sebastian Waldthausen*. 1956 Autor: *Wohltäter der Menschheit*. † 3.10.1984 Marburg.

Beste, Konrad. Auf der Liste der von Goebbels zugelassenen Filmautoren (1944).
* 15.4.1890 Wendeburg. Dr. phil. Lustspielautor in Stadtoldendorf im Weserbergland. Autor von Werken wie *Bauer, Gott und Teufel* (Schauspiel, 1933) oder *Die drei Esel der Doktorin Löhnefink* (Roman, 1937). Vom Amt Rosenberg empfohlene Lektüre: *Das heidnische Dorf* (1933). 1956 Drehbuch: *Tierarzt Dr. Vlimmen*. † 24.12.1958 Stadtoldenburg.

Bestelmeyer, German. Architekt. Reichskultursenator (1935).
* 8.6.1874 Nürnberg, Sohn eines Generalstabsarztes. 1924 Präsident der Münchner Akademie der bildenden Künste. 1931 *Kampfbund der Deutschen Architekten und Ingenieure im Kampfbund für deutsche Kultur*. 1937 Verleihung der Ehrenmedaille der Münchner Akademie in goldener

Ausführung an Hitler, Verleihungsurkunde: »Dem Führer des deutschen Volkes, Adolf Hitler, der den nationalen Gedanken als Brennpunkt geistigen Lebens und Richtschnur der Künste in sein altes Recht einsetzte«. 1938 auf der 1. Deutschen Architektur-Ausstellung im Münchner NS-Musentempel *Haus der Deutschen Kunst* mit den Projekten Bau des Luftkreiskommandos V in der Münchner Prinzregentenstraße (jetzt Bayerisches Staatsministerium für Wirtschaft) und dem Kongreßbau des Deutschen Museums. † 30. 6. 1942 Bad Wiessee am Tegernsee, Staatsbegräbnis, anwesend Goebbels, Trauerrede: Giesler. Lit.: Kieling.

Bethge, Friedrich. Reichskultursenator und SS-Obersturmbannführer (1941).
* 24. 5. 1891 Berlin. Städtischer Beamter in Berlin. 1931 mit Ernst Jünger Herausgeber: *Das Antlitz des Weltkriegs. Fronterlebnisse deutscher Soldaten.* 1932 NSDAP, Blockwart, in Rosenbergs *Kampfbund für deutsche Kultur* Leiter der Abteilung Buch- und Bühnenautoren. Juni 1933 Hauptdramaturg der Städtischen Bühnen Frankfurt am Main, Gaukulturwart Hessen-Nassau. 1934 bekanntestes Drama: *Marsch der Veteranen*, dafür 1937 *Nationaler Buchpreis* (Staatspreis des Dritten Reiches). 1935 Landesleiter der Reichsschrifttumskammer Gau Hessen-Nassau. 1936 SS, trug im Theater SS-Uniform. 1940 Präsidialrat der Reichstheaterkammer. Verse *Totenweihe*, 1944 in der Anthologie *Lyrik der Lebenden* des SA-Oberführers Gerhard Schumann: »Oh, für dich, Heimaterde bluten, – brennen, –/oh, bittersüßes Los!/ Von deiner Erde worden, zu deiner Erde werden, –/oh bittersüßer Trost!« † 17. 9. 1963 Bad Homburg. Lit.: Schültke.

Bettac, Ulrich. Burgschauspieler, nach der Besetzung Österreichs Stellv. Landesleiter der Reichstheaterkammer.
* 2. 5. 1897 Stettin. Rollentyp: Jugendlicher Held, ab 1936 auch Regie. Rathkolb: »Illegaler« Nationalsozialist, SA-Brigade 6. Goebbels am 28. 8. 1938 im Tagebuch: »Im Burgtheater setze ich bis zur Wiederherstellung Müthels [bei Autounfall schwer verletzt] den Schauspieler Bettac ein.« August 1938 bis April 1939 Statthalter Müthels. 1939 Ratsherr der Stadt Wien. Zuckmayers (höchst seltenes Fehl-) Urteil: »Ewiger Jünglingstyp ... sicher kein Nazi.« Nach 1945 in *Des Teufels General* (1948) und *Der Hauptmann von Köpenick* (1950). † 20. 4. 1959 Wien. Nachruf Deutsches Bühnen-Jahrbuch: »Mit diesem großen Künstler ... verliert das Burgtheater einen seiner charmantesten Darsteller.«

Beumelburg, Walter. Intendant des Reichssenders Berlin (1934).
* 4. 10. 1894 Traben-Trabach, Sohn eines Pfarrers. SS-Nr. 77792. NSDAP-Nr. 2711088. 1932 Leiter der Nachrichten-Abteilung der Reichs-Rundfunk-Gesellschaft. April 1933 Intendant des Südwestdeutschen Rundfunks (Reichssender Frankfurt), laut *Führerlexikon* verantwortlich für die »Durchtränkung des Gesamtprogramms mit dem weltanschaulichen und kämpferischen Gut des Nationalsozialismus«. 1936 Funkleiter der Olympischen Spiele. 1938 SS-Hauptsturmführer. 1944 Major, beim Kommandostab des Militärbefehlshabers Frankreich. NS-Ehrung: Präsidialrat der Reichsrundfunkkammer (nach Kriegsbeginn aufgelöst, Aufgaben von der Reichsrundfunkgesellschaft übernommen) und der Reichskulturkammer. 1936 Großer Literaturpreis der Stadt Berlin. † 26. 8. 1944 Herztod im Reservelazarett 101 Potsdam (WASt).

Beumelburg, Werner. Name Oktober 1933 unter dem Treuegelöbnis »88 deutsche Schriftsteller« für Adolf Hitler.
* 19. 2. 1899 Traben-Trabach. Bruder von Walter Beumelburg. 1921 Redakteur der *Deutschen Soldatenzeitung* im Reichswehrministerium, danach politischer Redakteur der *Deutschen Allgemeinen Zeitung*, 1924 *Düsseldorfer Nachrichten*. Autor von Kriegsbüchern, Propagandist der Nazis, ohne NSDAP-Mitglied zu sein. Mai 1933 Berufung an die Deutsche Akademie der Dichtung der »gesäuberten« Preußischen Akademie der Künste, Generalsekretär.

Am 19.8.1934 Unterzeichner des *Aufrufs der Kulturschaffenden* zur Vereinigung des Reichskanzler- und Reichspräsidentenamts in der Person Hitlers: »Wir glauben an diesen Führer, der unsern heißen Wunsch nach Eintracht erfüllt hat.« *Meyers Lexikon* 1936: »Eine der stärksten dichterischen Begabungen des neuen Deutschlands.« 1942 Hauptmann der Luftwaffe, führte für Göring das Kriegstagebuch. NS-Ehrung: 1936 Literaturpreis der Stadt Berlin. 1952 Autor: *Jahre ohne Gnade, Geschichte des zweiten Weltkriegs.* 1953 im Impressum von Siegfried Zoglmanns Wochenblatt *Die Deutsche Zukunft.* 1958 Roman: *... und einer blieb am Leben.* † 9.3. 1963 Würzburg. Lit.: Sarkowicz.

Beyer, Paul. Schriftsteller.
* 15.5.1893 Berlin. 1933 »Nationalfestspiel« *Düsseldorfer Passion* über den NS-Märtyrer Schlageter, Drama *Horst Wessel* sowie Drehbuch zum Staatsauftragsfilm *Hans Westmar* (Horst Wessel). 1933 in *National-Dramaturgie*: »Wir marschieren. Bald müssen die dramatischen Dichter, die eine Straße gefunden haben, auf ihr die Urwesensgrundsätze im Tornister ins Ziel tragen.« Danach Operettenlibretti: 1935 *Ball der Nationen,* 1941 *Leichte Kavallerie,* 1942 *Das Staatskind.* † 25.5.1951 Berlin.

Bibrowicz, Wanda. Auf der *Gottbegnadeten-Liste* (Führerliste) der wichtigsten Gebrauchsgraphiker und Entwerfer des NS-Staates.
* 3.6.1878 Graetz, Provinz Posen. Textilkünstlerin und Malerin auf Schloß Pillnitz bei Dresden. Betreiberin einer Werkstätte für Bildwirkerei. Leiterin einer Webklasse an der Dresdner Kunstgewerbe-Akademie. † Sommer 1954 Schloß Pillnitz.

Bie, Oskar. Opernkritiker.
* 9.2.1864 Breslau. 1901 Professor für Kunstgeschichte an der TH Berlin. 1913 Standardwerk *Die Oper.* Kritiker des *Berliner Börsen-Courier* und der *Weltbühne.* Ab 1922 Mitherausgeber der *Neuen Rundschau.* † 21.4.1938 Berlin. Nach seinem Tod im *Lexikon der Juden in der Musik* gebrandmarkt.

Bieber, Oswald. Auf der *Gottbegnadeten-Liste* (Führerliste) der wichtigsten Architekten des NS-Staates. Reichskultursenator.
* 6.9.1876 Pockau. 1918 Titel Professor. Präsidialrat der Reichskammer der bildenden Künste. Vertrauensarchitekt des Generalbaurats der *Hauptstadt der Bewegung* (München). 1949 Mitglied der Bayerischen Akademie der Künste. † 31.8.1955 München.

Biebrach, Rudolf. Laut Fachblatt *Kinematograph* vom 4.4.1933 Beitritt zur *NSBO-Zelle deutschstämmiger Filmregisseure* (*NS-Betriebszellen-Organisation*).
* 24.11.1866 Leipzig. Regisseur und Schauspieler. Stummfilmpartner von Henny Porten, auch Regie zu Porten-Filmen. Ab 1927 ausschließlich Schauspieler, Nebenrollen in *Emil und die Detektive* (1931), *Flüchtlinge* (1933) und *Fridericus* (1936). † 5.9.1938 Berlin.

Bielen, Otto. Auf der Liste der von Goebbels zugelassenen Filmautoren (1944).
* 7.1.1900 Wien. Bühnendichter in Lienz in Osttirol. Autor von Komödien wie *Kleines Bezirksgericht* (1936) oder *Ich bin kein Casanova* (1938). Nach 1945 in Wien, Hörspiel: *Nie wieder vernünftig sein.*

Bienenfeld, Elsa. Musikschriftstellerin.
* 23.8.1877 Wien. Wohnort Wien. Dr. phil. Schülerin von Guido Adler und Arnold Schönberg. Mitarbeiterin am *Neuen Wiener Journal.* Im *Lexikon der Juden in der Musik* gebrandmarkt. † Deportiert am 20.5.1942 nach Maly Trostinez bei Minsk (Exekutionsstätte), ermordet sofort nach Ankunft.

Bienert, Gerhard. Auf der *Gottbegnadeten-Liste* der Schauspieler, die für die Filmproduktion benötigt werden.
* 8.1.1898 Berlin. Bruder des Schauspielers Reinhold Bernt. Im Revueprogramm von Rudolf Nelson. 1928 Mitbegründer der linken *Gruppe junger Schauspieler,* Sensationserfolg mit *Revolte im Erziehungshaus* am Berliner Thalia-Theater. Im U-Boot-Streifen *Morgenrot* (Kernsatz: »Zu leben verstehen wir Deutschen vielleicht

schlecht, aber sterben können wir fabelhaft«), am 2. 2. 1933 in Gegenwart Hitlers
uraufgeführt. 1935 im Freikorps-Machwerk *Henker, Frauen und Soldaten.* 1941
im Hetzfilm *Ohm Krüger,* für Goebbels
»ein Film zum Rasendwerden«. Nach 1945
in Brechts *Berliner Ensemble.* DEFA-Star,
beginnend mit dem Film *Affäre Blum*
(1948). 1953 im Film *Ernst Thälmann –
Sohn seiner Klasse.* 1978 Johannes-R.-
Becher-Medaille in Gold. † 23. 12. 1986
Berlin. Posthum 1989: *Ein Leben in tausend Rollen.*

Bildt, Paul. Auf der *Gottbegnadeten-Liste*
der Schauspieler, die für die Filmproduktion benötigt werden.
* 19. 5. 1885 Berlin. Am 20. 4. 1933, Hitlers Geburtstag, Auftritt in der Uraufführung von Johsts Staatsschauspiel *Schlageter* (Hitler gewidmet). Charakterdarsteller
am Staatlichen Schauspielhaus Berlin unter Gründgens. Beschäftigt trotz jüdischer
Ehefrau († 6. 3. 1945 an Krebs). Das Ehepaar Bildt hielt Kontakt zu dem Schriftsteller Jochen Klepper und dessen jüdischer Frau (Klepper-Tagebuch). Zwischen
1934 und 1945 Nebenrollen in 83 (!) Filmen. Unter anderem 1937 in Harlans Hitlerhuldigung *Der Herrscher.* Das Goebbels-Höchstprädikat *Film der Nation* und
staatspolitisch besonders wertvoll erhielten
weiterhin die von Bildt bespielten Filme
Ohm Krüger (1941), das Bismarck-Opus
Die Entlassung (1942) und Harlans Durchhalte-Schnulze *Kolberg* (1945). Nach 1945
zunächst bei der DEFA. 1954 Kammerspiele München. Zahlreiche Filme, so 1954
die Rolle Richard Wagners in Käutners
Ludwig II. Nachruf *Deutsches Bühnen-
Jahrbuch:* »Der geborene Ensemblespieler
– viel zu bescheiden und zurückhaltend,
um sich jemals an die Rampe zu drängen.«
† 13. 3. 1957 Berlin.

Billerbeck, Friedrich, Pseudonym *Biller-
beck-Gentz.* Chefdramaturg des Zentralverlags der NSDAP.
* 22. 7. 1903 Dühringshof bei Landsberg/
Warthe. Abteilungsleiter der *Nationalsozialistischen Kulturgemeinde.* 1933 Beitrag

*Die Ausschaltung des Liberalismus am
deutschen Theater* im Rosenberg-Organ
Deutsche Kultur-Wacht: »Unser Kampf um
das deutsche Nationaltheater ist nur ein
Teilausschnitt aus dem gewaltigen Ringen
einer ganzen Rasse um ein ihr artgemäßes
Staatswesen«. NS-Ehrung: 1938 Pommerscher Dramatikerpreis. Nach 1945 Bühnenschriftsteller in Berlin-Spandau. 1951
an den Städtischen Bühnen Magdeburg
Uraufführung seiner Komödie *Liebe ist
nicht immer blind.* Lit.: Wulf, Theater.

Billinger, Richard. Autor von Bauernspie-
len und Bauernlyrik.
* 20. 7. 1890 St. Marienkirchen bei Schär-
ding, nahe Braunau. Von Zuckmayer zur
Kategorie »Nazis, Anschmeißer, Nutznie-
ßer, Kreaturen« gerechnet. Zur Volksabstimmung zum »Anschluß« Österreichs
April 1938: »O Heimatland! Du Land am
Inn!/Deines Flusses Feuerwelle rinn/
durch aller Herz, entflamm' es neu/zum
Schwur: Dem Führer treu!« Ebenfalls 1938
Weiheverse *Adolf Hitler:* »Wes Geist vom
Feuer stammt,/Wird nie vergehn!/Des
Zeichen ewig flammt-:/*ein* Auferstehn!«
Drehbuchschreiber für Riefenstahls Film
Tiefland, für die Trenker-Filme *Der Berg
ruft* und *Der verlorene Sohn* sowie den Mozart-Film *Wen die Götter lieben.* 1944 Vor-
lage zum Harlan-Film *Die goldene Stadt*
(ein Slawe treibt eine blonde Deutsche in
den Tod). NS-Ehrung: 1941 Preis des Gaues Oberdonau. 1942 Literaturpreis der
Stadt München. 1943 Raimund-Preis der
Stadt Wien. 1954 Zuerkennung einer le-
benslänglichen monatlichen Ehrengabe
des oberösterreichischen Landtags. 1961
Mitglied der Bayerischen Akademie der
Schönen Künste. 1962 Grillparzer-Preis
der Österreichischen Akademie der Wissenschaften, Titel Professor. † 7. 6. 1965
Linz an den Folgen eines Herzanfalls.

Binder, Tony. Dachauer Maler.
* 25. 10. 1863 Wien. Auf der Großen
Deutschen Kunstausstellung 1939 zu
München mit dem Bild *Straße in Kairo.* NS-
Ehrung: 1938 Verleihung der *Goethe-
Medaille* für Kunst und Wissenschaft auf

Vorschlag von Rudolf Heß. Begründung: Verdienste um die deutsche Kunst im Ausland, Heß besitze Bilder von ihm. † Januar 1944.

Binding, Rudolf Georg. Schriftsteller. * 13. 8. 1867 Basel, Sohn des Strafrechtlers Karl Binding (1920 Autor *Die Freigabe der Vernichtung lebensunwerten Lebens*, ein Aufruf zur Tötung »unheilbar Blödsinniger«). Im I. Weltkrieg Rittmeister. Pferdezüchter. Ab 1910 als Schriftsteller im südhessischen Buchschlag. 1926: *Reitvorschrift für eine Geliebte*, 1932: *Moselfahrt aus Liebeskummer*, Aufnahme in die Sektion Dichtung der Preußischen Akademie der Künste. Mai 1933 in der *Kölnischen Zeitung* (auch als eigene Publikation erschienen): *Antwort an Romain Rolland*. Dort heißt es: »Wir leugnen nicht ›die eigenen Erklärungen, die Aufreizung zu Gewalt‹ (wie Sie es verstehen), die Verkündungen des Rassismus' (racisme), der andere Rassen, wie die Juden, verletzen muß; die Autodafés der Gedanken, die kindlichen Scheiterhaufen von Büchern ... wir leugnen nicht Auswanderungen und Verfemungen. Aber alles das, so furchtbar es aussehn und so entscheidend es den Einzelnen oder viele treffen mag, sind Randerscheinungen, die die eigentliche Souveränität, den Kern, die Wahrheit des Geschehens gar nicht mehr anrühren.« Juni 1933 im Vorstand der »neugeordneten« Deutschen Akademie der Dichtung der Preußischen Akademie der Künste. Oktober 1933 (ohne ihn vorher zu fragen) Name aufgeführt unter dem Treuegelöbnis »88 deutsche Schriftsteller« für Adolf Hitler. Binding reagierte, er habe zuviel für die neue Zeit getan, »als daß ich die Öffentlichkeit und ebenso den Herrn Reichskanzler durch ein feierliches Gefolgschafts-Gelöbnis überraschen dürfte.« Am 19. 8. 1934 Unterzeichner des *Aufrufs der Kulturschaffenden* zur Vereinigung des Reichskanzler- und Reichspräsidentenamts in der Person Hitlers: »Wir glauben an diesen Führer, der unsern heißen Wunsch nach Eintracht erfüllt hat.« Ab

1935 in Starnberg. Bergengruen: »Er war eitel und gehörte zu denen, die es nicht ertragen, abseits zu stehen. Darum stieß er zur Hakenkreuzfahne und schrieb zu Beginn des Dritten Reiches eine Cantate, aus der mir zwei Verse im Gedächtnis geblieben sind: ›Heller Ruf! Große Zeit!/Führer, ruf uns! Wir sind bereit.‹« † 4. 8. 1938 Starnberg an den Folgen einer Operation. Goebbels am 6. 8. 1938 im Tagebuch: »Der Dichter Binding +. Ein großer Verlust.« Lit.: Sarkowicz.

Bing, Rudolf. Operndirektor. * 9. 1. 1902 Wien. Aus einer jüdischen Industriellenfamilie. Buchhändlerlehre in Wien. 1929 Verwaltungsdirektor der Städtischen Oper Berlin-Charlottenberg. 1933 Entlassung. 1934 Mitbegründer und Generalmanager der britischen Glyndebourne Opera. 1946 britischer Staatsbürger (1971 in den Adelsstand erhoben). 1950–1972 Generaldirektor der Metropolitan Opera New York. † 2. 9. 1997 Yonkers, New York.

Birgel, Willy. Auf der *Gottbegnadeten-Liste* der Schauspieler, die für die Filmproduktion benötigt werden. * 19. 9. 1891 Köln, Sohn eines Kölner Domgoldschmieds. Kavallerist im I. Weltkrieg. Zwischen 1934 und 1945 in 34 Filmen. Unter anderem Hauptrolle im Militärspionagefilm *Verräter*, am 9. 9. 1936 auf dem NSDAP-Reichsparteitag uraufgeführt (Giesen: »Ein eindeutiges Plädoyer für die Gestapo«). Goebbels am 30. 3. 1937 im Tagebuch: »Abends größere Gesellschaft. Harlans, Birgels«. 1937 im antibritischen Zarah-Leander-Film *Zu neuen Ufern*, im Freikorpsdrama *Menschen ohne Vaterland* sowie im Kriegsfilm *Unternehmen Michael*, eine Glorifizierung sinnlosen Sterbens. Goebbels am 29. 11. 1937 über einen Nachmittagstee bei Philipp Bouhler: »Der Führer ist auch da. Birgel, Horney, Benkhoff.« Laut Moeller häufiger Gast bei Hitler-Empfängen. 1940 im antibritischen Spielfilm *Das Herz der Königin* über Maria Stuart (»Wer England zu Hilfe kommt, stirbt«) sowie im Film *Feinde*, Einführungstext (nach dem Überfall auf Polen): »Im Jahre 1939 entfachte das englische Garantieversprechen die polnische Mordfurie«. 1941 Titelrolle des Rittmeisters von Brenken im NS-Reiterfilm ... *reitet für Deutschland.* In Veit Harlans Nachkriegsfilmen *Sterne über Colombo, Die Gefangene des Maharadscha* (beide 1953) sowie *Liebe kann wie Gift sein* (1958). 1966 in Peter Schamonis *Schonzeit für Füchse, Filmband in Gold* für langjähriges und hervorragendes Wirken im deutschen Film. † 29.12. 1973 Dübendorf bei Zürich. Nachruf *Deutsches Bühnen-Jahrbuch*: »Idol der Massen.«

Birke, Ernst. Schlesien-Experte.
* 3.4. 1908 Görbersdorf in Schlesien. 1936 Autor: *Das gesamtdeutsche Geschichtsbild als Grundlage und Forderung völkischer Geschichtsbetrachtung.* 1938 Dozent in Breslau. SD Schlesien und Hauptschulungsreferent im *Bund Deutscher Osten* (*Meyers Lexikon* 1937: »Vertritt die Grundsätze der nationalsozialistischen Volkstumspolitik«) in Breslau. Herausgeber: *Schlesisches Jahrbuch für deutsche Kulturarbeit im gesamtschlesischen Raum.* 1944 ao. Professor. 1966 Lehrstuhl Pädagogische Hochschule Dortmund. In der Historischen Kommission für Schlesien, Historische Kommission des Sudetenlandes, Kulturwerk Schlesien. † 14.11. 1980 Marburg. Lit.: Haar.

Birke, Hubert. SA-Standartenführer (1942) und Mundartdichter.
* 21.1. 1892 Hermsdorf in Böhmen. Ab 1919 Hauptschriftleiter der Zeitschriften *Ostböhmens Deutscher Bote* sowie *Deutscher Bote. Kampfblatt der sudetendeutschen Heimat.* Schriftleiter der *Völkischen Rundschau. Sudetendeutsches Wochenblatt für alle Deutschen.* 1928 in der *Deutschen Nationalsozialistischen Arbeiterpartei*, 1938 in der Hauptleitung der *Sudetendeutschen Partei*, MdR. 1941 NSDAP-Oberbereichsleiter. † 13.4. 1950 Doschendorf, Kreis Bamberg. Lit.: Lilla.

Birkenfeld, Leopold. Konzertpianist.
* 29.7. 1896 Tarnopol. Ab 1924 Lehrer am Neuen Wiener Konservatorium. Im *Lexi-*

kon der Juden in der Musik gebrandmarkt. Deportiert am 19.10. 1941 ins Ghettolager Litzmannstadt/Lodz. Die Ghetto-Chronik verzeichnet mehrfach, daß er sein Publikum »bezaubert«, so am 6.12. 1941 mit Schuberts *Unvollendeter,* Beethovens *Mondscheinsonate* und Liszts *2. Rhapsodie.* † Vermutlich Mai 1942 im Vernichtungslager Chelmno (Die Chronik).

Birr, Horst. Schauspieler.
* 17.2. 1912 Leipzig. 1932 NSDAP. Vorwiegend Boulevardtheater. Im Film *Musik im Blut* (1934) sowie in den Propagandastreifen *Der Fuchs von Glenarvon* (1940) und *Kampfgeschwader Lützow* (Uraufführung am 28.2. 1941, anwesend Goebbels und Himmler). Im besetzten Norwegen als Flaksoldat. † Suizid 18.10. 1943 in Norwegen, nachdem bekannt geworden war, daß er verschwiegen hatte, »Halbjude« zu sein.

Bischoff, Eduard. Auf der *Gottbegnadeten-Liste* (Führerliste) der wichtigsten Maler des NS-Staates.
* 20.1. 1890 Königsberg. Wohnort ebenda. Titel Professor. Bildnisse, Landschaften, Tierbilder. Q.: Vollmer, kein Hinweis zur weiteren Tätigkeit.

Bischoff, Karl Heinrich, Pseudonym *Veit Bürkle.* Referent des Sonderreferats *Überwachung des schädlichen und unerwünschten Schrifttums* in der Reichsschrifttumskammer.
* 6.6. 1900 Laichingen in Württemberg. Verlagsbuchhändler. Mai 1933 NSDAP. 1934 NSDAP-Kreiskulturwart in Bremen. Leiter des Referats *Buchhändlerische Erziehungsfragen* der Reichsschrifttumskammer, Hinkel: »Seine Aufgabe ist es, die Mitglieder entsprechend der politischen und kulturellen Anforderungen des dritten Reiches auszurichten.« 1938 in Langenbuchers Opus *Die Welt des Buches*: »Der Nationalsozialismus war von seinem Beginn an eine Bewegung der Tat. Er rechnete mit den Tat-Sachen. Zu diesen Tatsachen gehört die Reinhaltung des Volkskörpers.« Oktober 1941 Übernahme des »arisierten« Zsolnay-Verlags (nun Karl

Heinrich Bischoff Verlag). Nach 1945 Verlagsbuchhändler in Laichingen. Schwäbischer Dichterpreis. Ehrenbürger der Stadt Laichingen. † 14.9.1978 ebenda. Q.: Barbian; Literatur-Kürschner; Wulf, Literatur.

Bischoff, Oskar. Schriftsteller.
* 15.5.1912 Klingenmünster/Pfalz. 1935 Saarsprechchor *Wir rufen Deutschland* sowie Sprechchor *Schaffendes Volk*. 1937 Versband *Aufbruch und Schreiten*. Verse *Liebeslied*, 1944 in der Anthologie *Lyrik der Lebenden* des SA-Oberführers Gerhard Schumann: »Schrie die Eule nicht?/Fledermäuse wehn./Schrie die Eule nicht?/ Du, wir wollen lachen/und uns trunken machen,/bis wir rot vergehn!–« Kommentar des Herausgebers: »Ein Volk, das auch in seiner harten Gegenwart über so vielfältige Kräfte der Seele und des Geistes … verfügt, ist von keiner Macht dieser Erde zu bezwingen, ist unsterblich!« Nach 1945 Redakteur in Neustadt an der Weinstraße. 1959 Mitverfasser: *Das große Pfalzbuch*. 1970 Herausgeber: *Das pfälzische Weihnachtsbuch*. † 22.2.1985 Neustadt.

Bissing, Friedrich Wilhelm Freiherr von. 1928 öffentlicher Förderer der *Nationalsozialistischen Gesellschaft für Deutsche Kultur*.
* 22.4.1873 Potsdam. Ägyptologe. Laut Degener zählte zu seinen Vorfahren die Wagnerfreundin Mathilde Wesendonck. 1906 Professor für altorientalische Kunstgeschichte in München, 1922–1926 in Utrecht. Wohnsitz Oberaudorf am Inn. † 12.1.1956 ebenda.

Bitterlich, Hans. Auf der *Gottbegnadeten-Liste* (Führerliste) der wichtigsten bildenden Künstler des NS-Staates.
* 28.4.1860 Wien. Bildhauer. 1904 Professor der Wiener Kunstakademie, 1930 Rektor. NS-Ehrung: 1943 Goethe-Medaille für Kunst und Wissenschaft, Begründung: Eintreten für das »Deutsche der Bildhauerkunst in den Donau- und Alpengauen«. † 5.8.1949 Wien.

Bittner, Albert. Dirigent.
* 27.9.1900 Nürnberg. 1932 Opernkapellmeister in Graz, ebenda 1932 Beitritt NSDAP (Nr. 1517656). Landesmusikdirektor in Oldenburg, danach Kapellmeister in Gera und Altenburg. 1936 Musikdirektor und Leiter der Oper in Essen, Städtischer Musikbeauftragter. Ende des Krieges an der Hamburger Staatsoper. 1946 Generalmusikdirektor in Braunschweig. 1955–1965 Erster Dirigent der Staatsoper Hamburg, danach Professor der Musikhochschule. † 7.8.1980 Hamburg. Lit.: Prieberg.

Bittner, Julius. Komponist.
* 9.4.1874 Wien, Sohn eines Hofrats. Zunächst als Richter tätig. 1918 im Kuratorium der Wiener Staatsakademie für Musik. 1930 größter Erfolg: *Walzer aus Wien*. Hofrat, Professor. Ab 1933 beide Beine amputiert. Zur Volksabstimmung zum »Anschluß« Österreichs April 1938: »Nun möchte ich kranker, müder Mann noch einmal gesund und jung sein und das große Deutsche Reich Adolf Hitlers miterleben dürfen.« † 9.1.1939 Wien.

Bizet, Georges. Französischer Komponist (aufgeführt als exemplarisches Beispiel, wie Komponisten und ihre Musik ausschließlich nach rassistischen Aspekten beurteilt werden).
* 25.10.1838 Paris. † 3.6.1875 Bougival bei Paris. 1875 berühmtestes Werk: die Oper *Carmen*. Anfangs einer der meistgespielten Komponisten des Dritten Reiches, bis 1934 die Dienststelle Rosenberg behauptete, Bizet sei »Halbjude«. Deshalb Schnüffelauftrag nach jüdischen Vorfahren an die Reichsstelle für Sippenforschung. 1942 Ergebnis des Amts für Musik (Rosenberg): »Bizets Ahnentafel liegt bis weit in das 17. Jahrhundert zurück vor; bei ihm besteht nirgends der Verdacht einer jüdischen Bluteinmischung.« Lit.: Prieberg, Musik.

Blaas, Erna. Schriftstellerin.
* 19.2.1895 Kirchdorf an der Krems. Wohnsitz Salzburg. 1930 Gedichte: *Das Leben und der Tod*. Laut Scholdt Austro-Autorin, die den gewaltsam herbeigeführten »Anschluß« Österreichs bejubelte.

1944: *Die Balladen der Rauhnacht.* 1957 Lyrikpreis der Georg-Trakl-Stiftung. 1965 Verleihung des Titels Professor. 1969 *Adalbert-Stifter-Preis.*

Blacher, Boris. Komponist.

* 19. 1. 1903 Niuzhuang in der Mandschurei, Sohn eines Bankkaufmanns. Laut Abstammungsbescheid »Vierteljude«, vom Amt Rosenberg attackiert, Mitglied der Reichsmusikkammer. 1937 Komposition *Divertimento* für Blasorchester, im Auftrag des Reichsluftfahrtministeriums (Prieberg). 1938 Kompositionslehrer am Dresdner Konservatorium. Am 24. Mai 1938 Aufführung seiner *Geigenmusik in drei Sätzen* im Zweiten Sinfoniekonzert der ersten *Reichsmusiktage* in Düsseldorf (mit der Schandschau *Entartete Musik*). 1948 Professor der Musikhochschule Berlin, 1953 (bis 1970) Direktor. 1968 Präsident der (Westberliner) Akademie der Künste. Das *Deutsche Bühnen-Jahrbuch* zum 70. Geburtstag: »Alles wirkt bei Blacher leichthändig.« † 30. 1. 1975 Berlin.

Blank, Herbert. Zensor für Hans Hinkel, zuständig für die *Überwachung der geistig und kulturell tätigen Juden.*

* 14. 12. 1899 Frankfurt am Main. Schriftsteller, Pseudonym *Weigand von Miltenberg.* Goebbels am 27. 12. 1928 im Tagebuch: »Blank ›Weichensteller Mensch‹. Ein ausgezeichnetes, gekonntes Buch. Obschon dieser Blank ein Patentekel ist.« 1931 Autor: *Adolf Hitler – Wilhelm III.* 1932: *Soldaten, preußisches Führertum von Waterloo bis Ypern.* Laut Goebbels' Tagebuch liiert mit dem »linken« NSDAP-Funktionär Otto Strasser (deshalb zeitweise im KZ). 1949 kommissarisch Intendant des NWDR. 1957 Autor: *Unter dem schwarzen Adler, preußische Berichte und Anekdoten.* † 7. 1. 1958 Hamburg. Lit.: Wulf, Literatur.

Blankenburg, Hermann Ludwig. Militärmusiker.

* 14. 11. 1876 Thamsbrück, Kreis Langensalza, Sohn eines Landwirts. Insgesamt über tausend Titel, zahlreiche Märsche.

Unter anderem 1934: *SA rückt an!* sowie *Germanentreue.* 1936 (der *Leibstandarte-SS Adolf Hitler* gewidmet): *Der Führer kommt!* Ehrenbürger von Wesel und Langensalza. † 15. 5. 1956 Wesel. Lit.: Prieberg, Handbuch.

Blaschke, Johann. Leiter des Kulturamts der Stadt Wien (1939–1945).

* 1. 4. 1896 Wien. Oberleutnant der Reserve a. D. 1926 Patentanwalt. 1931 NSDAP-Österreich (Nr. 614686) und SS (Nr. 292790). 1932 Abteilungsleiter der NSDAP-Landesleitung Österreich. 1938 Vizebürgermeister der Stadt Wien, MdR, Leiter der NS-Betreuungsstelle für *Alte Kämpfer* der NSDAP im Gau Wien. 1941 Präsident des Deutschen Verlags für Jugend und Volk in Wien. 1943 HJ-Hauptbannführer ehrenhalber, 1944 Bürgermeister, SS-Brigadeführer. NS-Ehrung: *Ehrenzeichen vom 9. November 1923.* 1948 Verlust der Staatsbürgerschaft und der akademischen Titel, 1958 aufgehoben. † 25. 10. 1971 Salzburg.

Blauensteiner, Leopold. Maler und Holzschneider.

* 16. 1. 1880 Wien. Mitglied der Wiener Sezession. Titel Professor. NSDAP. Nach der Besetzung Österreichs 1938 Generalbeauftragter im Landeskulturamt für bildende Kunst und Landesleiter der Reichskammer der bildenden Künste. † 19. 2. 1947 Wien. Q.: Rathkolb.

Blech, Leo. Dirigent und Komponist.

* 21. 4. 1871 Aachen. 1903 Oper *Alpenkönig und Menschenfeind.* 1926–1937 Generalmusikdirektor (GMD) der Berliner Staatsoper. Gottfried Reinhardt: »Der jüdische Superpreuße«. Juni 1933 Kündigung aller jüdischen Opernmitglieder mit Ausnahme von Blech. 1935 auf der Liste der *Musik-Bolschewisten* der *NS-Kulturgemeinde.* Wegen seiner Verdienste »auf musikalischem Gebiet« (Goebbels) kein Ausschluß aus der Reichskulturkammer (Schrader). 1937 Dirigent der Lettischen Nationaloper in Riga. Nach Einmarsch der Wehrmacht 1941 in Lettland Flucht nach Stockholm, Hofkapellmeister der Königlichen Oper. 1951 Rückkehr, GMD der Städtischen Oper Berlin, zum 80. Geburtstag Titel Professor. † 25.8. 1958 Berlin. Nachruf *Deutsches Bühnen-Jahrbuch*: »Unvergessen bleibt der stets heitere, gütige Mensch und der sprühend lebendige, geistvolle Dirigent.«

Bleeker, Bernhard. Bildhauer. Auf der *Gottbegnadeten-Liste* (Führerliste) der wichtigsten Bildenden Künstler des NS-Staates.
* 26.7. 1881 Münster. 1922 (bis 1945) Professor der Münchner Akademie. Auf der Großen Deutschen Kunstausstellung 1940 im Münchner NS-Musentempel *Haus der Deutschen Kunst* mit den Werken *Jüngling* (nackt, mit Speer), *Generalfeldmarschall von Reichenau, Dr. Dornier* sowie *Prof. Dr. h. c. Heinkel* (alle in Bronze). 1941 Bronzebüste *Staatsminister Gauleiter Adolf Wagner*. Zahlreiche Staatsaufträge, so ein *Liegender Krieger* für die Hindenburg-Gruft. Vollmer: »Als Maler Impressionist: Nackte Jünglinge mit Rossen.« † 11.3. 1968 München.

Bleibtreu, Hedwig. Hofschauspielerin.
* 23.12. 1868 Linz. Kind eines Schauspielerehepaars. 1920 in der Aufführung des *Jedermann* der ersten Salzburger Festspiele. Juni 1933 Titel Professor zum 40jährigen Bühnenjubiläum am Wiener Burgtheater. Zwischen 1935 und 1945 in 23 Filmen. 1940 Staatsauftragsfilm *Wunschkonzert* zwecks Hebung der Truppenmoral und Leidensbereitschaft der Heimatfront, 1942 Operettenfilm *Wiener Blut*, 1943 Liebeskomödie *Frauen sind keine Engel*. NS-Ehrung: 1938 *Staatsschauspielerin*, 1943 *Goethe-Medaille* für Kunst und Wissenschaft durch Hitler, Ehrenring der Stadt Wien von Baldur von Schirach (höchste Auszeichnung des Reichsstatthalters). 1949 in *Der dritte Mann* Auftritt als zeternde Hauswartsfrau. Verheiratet mit dem Burgtheaterdirektor Max Paulsen (Künstlername *Peter Petersen*). † 24.1. 1958 Pötzleinsdorf bei Wien. Nachruf *Deutsches Bühnen-Jahrbuch*: »Selten hat eine Schauspielerin ihr menschliches Maß

so erfüllen dürfen wie diese letzte aus einem Geschlecht, das nun zum Mythos geworden ist.«

Blessinger, Karl. Musikschriftsteller, auch Komponist.
* 21.9. 1888 Ulm, Sohn eines Bandagisten. Ab 1910 Tanzkapellmeister an diversen Orten. 1920 (bis 1945) Lehrer der Münchner Akademie der Tonkunst. 1932 NSDAP, Kreisschulungsredner. 1935 ao. Professor. 1936 Dozentenbundführer. 1939 Autor im Verlag Hahnefeld: *Mendelssohn, Meyerbeer, Mahler: drei Kapitel Judentum in der Musik als Schlüssel zur Musikgeschichte des 19. Jahrhunderts* (1944 Neuauflage unter dem Titel *Judentum und Musik*). Blessinger diffamiert Mahler als der »fanatische Typus des ostjüdischen Rabbiners«: »Der jüdische Zynismus ist bei ihm vielleicht nicht auf den ersten Blick zu erkennen ... Trotzdem ist es nicht schwer, vielerorts in Mahlers Musik fratzenhafte Züge zu erkennen.« Oktober 1942 o. Professor. † 13.3. 1962 Pullach bei München. Lit.: Potter; Prieberg, Handbuch; Wulf, Musik; Weissweiler.

Bley, Wulf. Reichsamtsleiter der NS-Gemeinschaft *Kraft durch Freude* (1936) und SA-Sturmführer.
* 14.12. 1890 Berlin. 1933 Chefdramaturg am Deutschen Theater in Berlin, Abteilungsleiter der Reichsrundfunkkammer, Autor: *SA marschiert.* 1934 Premiere seines stabgereimten Nibelungendramas *Die Gibichunge* in Frankfurt am Main. 1935 Autor: *Wehrpflicht des Geistes.* Im Krieg Leiter der Gruppe Auslandspropaganda der Luftwaffe, Major. 1955 Roman *Zu Dir kehrt heim mein Herz.* † 20.4. 1961 Darmstadt. Lit.: Barbian; Schültke; Wulf, Literatur.

Bloch, Ernst. Philosoph.
* 8.7. 1885 Ludwigshafen. Kind jüdischer Eltern. Publizierte wider die Kriegspolitik des Kaiserreichs, deshalb 1917 im Exil in der Schweiz. 1919 Feuilletonist in Berlin. 1933 Flucht, Stationen: Schweiz, Österreich, Paris, Prag, ab 1938 USA. Scholdt: »Was Feuchtwanger, Bloch, Heinrich

Mann und andere in den 30er Jahren an ungeheuerlichen Apologien des stalinistischen Terrors verfaßten, läßt sich zwar leicht erklären aus dem Wunsch, alles zu fördern, was Hitler schadet, aber zum Ruhme der Repräsentanten des Geistes trug diese augenverschließende Parteilichkeit gewiß nicht bei.« 1948 Lehrstuhl an der Karl-Marx-Universität Leipzig. 1954 (bis 1959) dreibändiges Hauptwerk: *Das Prinzip Hoffnung.* 1957 Zwangsemeritierung. 1961, während des Baus der Mauer, auf Vortragsreise im Westen. Gastprofessor in Tübingen. † 4.8. 1977 ebenda.

Bloem, Walter, Pseudonym *Kilian Koll.* Name Oktober 1933 unter dem Treuegelöbnis »88 deutsche Schriftsteller« für Adolf Hitler.

* 20.6. 1868 Wuppertal. Dr. phil. 1911 Autor der kriegsverherrlichenden Trilogie *Das eiserne Jahr.* Major im I. Weltkrieg. 1931 *Vorsitzender der Arbeitsgemeinschaft nationaler Schriftsteller.* 1937 Drehbuch zum antikommunistischen Film *Urlaub auf Ehrenwort.* Juni 1938 Teilnehmer des *Reichsfrontdichtertreffens* in Guben. 1941 in Bühners Anthologie *Dem Führer:* »Mein Führer! In der Symphonie deines Werkes töne ich mit;/so will ich kein Mißton sein./In der Kraft deines Schwertes bin auch ich enthalten./So will ich ein edles Stahlmolekül darin sein.« NS-Ehrung: 20.6. 1933 *Goethe-Medaille* für Kunst und Wissenschaft. † 19.8. 1951 Lübeck. Lit.: Barbian; Scholdt.

Blon, Franz von. Komponist und Dirigent.

* 16.7. 1861 Berlin. Unterhaltungsmusik und 30 Märsche (darunter: *Unter dem Siegesbanner*). 1936 Dirigent bei den Olympischen Spielen. Blon (in: Weinschenk): »Weniger bekannt dürfte es sein, daß ich drei Operetten, ›Sub Rosa‹, ›Amazone‹ und ›Durchlaucht in Hosen‹ komponiert habe.« NS-Ehrung: Zu *Führers Geburtstag* April 1936 von Hitler Titel Professor. † 21.10. 1945 Seilershof in Brandenburg.

Blüher, Hans. Männerbündischer Kulturphilosoph.

* 17.2. 1888 Freiburg in Schlesien als Apothekerssohn. Verklärte 1917 in seinem dreibändigen Hauptwerk *Die Rolle der Erotik in der männlichen Gesellschaft* den heroischen Männerbund als Grundlage des Staates. Zuckmayer: »Pathetiker der Homosexualität und Künder ihrer gesellschaftsbildenden Kräfte, gealterter Wandervogel und intellektueller Schweißfußapostel, müßte seiner ganzen Art, Anlage, Entwicklung nach ein prädestinierter Nazi sein.« *Meyers Lexikon* 1936 (trotz gedanklicher Nähe zur NS-Ideologie): »Wegen seiner Betonung der männlichen Gleichgeschlechtlichkeit abgelehnt.« † 4.2. 1955 Berlin.

Blümner, Rudolf. Auf der *Gottbegnadetenliste:* Liste der Schauspieler, die für die Filmproduktion benötigt werden.

* 1874. Dr. phil. 1940 Künstlertheater (vormals Komische Oper) Berlin. April 1941 im NS-Hetzfilm *Ohm Krüger*, Höchstprädikat: *Film der Nation* und *Staatspolitisch und künstlerisch besonders wertvoll, kulturell wertvoll, volkstümlich wertvoll, volksbildend, jugendwert.* † 2.9. 1945 Berlin.

Blume, Friedrich. Musikwissenschaftler.

* 5.1. 1893 Schlüchtern als Lehrerssohn. 1933 ao. Professor in Kiel. Am 27. Mai 1938 Festvortrag *Musik und Rasse* bei der *Musikwissenschaftlichen Tagung* der ersten *Reichsmusiktage* in Düsseldorf (mit der Schandschau *Entartete Musik*). 1938 Beförderung zum Ordinarius, da unersetzlich »für die Deutschtumspflege in der Nordmark« (Potter), *Beitrag Musik und Rasse – Grundfragen einer musikalischen Rassenforschung* im Rosenberg-Organ *Die Musik*: »Das Problem ›Rasse und Musik‹ ist geeignet, alle Fragen, die man möglicherweise an die Musik richten kann, mit einer neuen Bedeutung zu erfüllen« (sic). 1939 Autor im Verlag Kallmeyer: *Das Rassenproblem in der Musik.* 1947 Präsident der Gesellschaft für Musikwissenschaft. 1949–1968 Hg. der Enzyklopädie *Die Musik in Geschichte und Gegenwart.* † 22.11. 1975 Schlüchtern. Lit.: Potter; Wulf, Musik.

Blume, Hermann. Sonderbeauftragter für Musikwesen des Reichsarbeitsministers, SS-Hauptsturmführer (1941).
* 4.6. 1891 Biegen, Kreis Lebus. Leiter des Musikwesens beim *Stahlhelm* (Sammelbecken militanter Rechtsnationaler). *Führerlexikon*: »Bekämpfung fremdartiger und fremdrassiger Elemente in der Musik … mehr und mehr zur Volksmusik überwechselnd als wichtigste Waffe im Kampf gegen Zersetzung und Verseuchung des deutschen Musiklebens.« 1933 Komponist des »Volkslieds« *Kamerad Horst Wessel* (Blume: »Den Rhythmus des Liedes bestimmte der Geist Adolf Hitlers«). 1934 Urheber der *Adolf Hitler-Fanfare* für Salonorchester (!). 1936 NSDAP. 1937 SS, Komposition *Hymne der Arbeit* (»Schwinge den Hammer, schmiede den Stahl«). † 10.5. 1967 Großbottwar, Kreis Ludwigsburg. Lit.: Prieberg, Handbuch; Wulf, Musik.

Blumensaat, Georg. Reichsinspektor für Musik-, Fanfaren- und Spielmannszüge der HJ im Kulturamt der Reichsjugendführung (1938).
* 22.10. 1901 Herrnstadt in Niederschlesien. April 1933 SS. Mai 1933 NSDAP, HJ-Kampflied *Es dröhnen Trommeln durch das Land* auf Verse Baldur von Schirachs: »Und gibt man uns den Todesstoß,/wir machen dennoch Deutschland groß.« Ab 1934 im Stab der Reichsjugendführung. Produzent von HJ-Märschen, baute auf »Worten des Führers« auf. 1938 zusätzlich Lehrer an der Orchesterschule der Berliner Musikhochschule, Komponist des *Fahnenlieds* (»Unter der Fahne schreiten wir«). 1940 Leiter der Gaumusikschule Posen und Musikberater des Reichsstatthalters Greiser. 1943 Kriegsdienst. † 19.7. 1945 Lazarett Mölln.

Blumenthal, Friederike (Ferdinandine) von.
* 11.8. 1884 Blatná. Laut *Aufstellung derjenigen Parteigenossen, die Angehörige fürstlicher Häuser sind* (dort fälschlich: Friedrich!): NSDAP-Nr. 5876751, Gau Sachsen. Anmerkung: nach Berlin umgemeldet, dort aber nicht aufgeführt. † 7.4. 1951 Berlin.

Blumenthal-Weiß, Ilse. Sportlehrerin.
* 14.10. 1899 Berlin-Schöneberg. 1921–1925 Korrespondenz mit Rainer Maria Rilke. 1937 Flucht nach Holland. 1943 im Lager Westerbork, Deportation ins Ghettolager Theresienstadt. 1945 Gedicht *Gebet*: »Ich kann nicht hassen./Sie würgen mich. Sie werfen mit Steinen./Ich kann nicht hassen./Ich kann nur weinen/Bitterlich.« Ehemann im KZ Auschwitz, Sohn im KZ Mauthausen ermordet. Ab 1947 Wohnort New York. Q.: Schlösser.

Blunck, Hans Friedrich. Auf der *Gottbegnadeten-Liste* (Führerliste) der wichtigsten Schriftsteller des NS-Staates. 1933 Präsident der Reichsschrifttumskammer. Reichskultursenator.
* 3.9. 1888 Hamburg-Altona, Sohn eines Volksschullehrers. Dr. jur. Mai 1933 Berufung in die Deutsche Akademie der Dichtung der »gesäuberten« Preußischen Akademie der Künste. Von Reichsdramaturg Schlösser am 9.5. 1933 im *Völkischen Beobachter* als »bedeutendster Epiker der norddeutschen Tiefebene« gepriesen. Name Oktober 1933 unter dem Treuegelöbnis »88 deutsche Schriftsteller« für Adolf Hitler. Am 13.3. 1934 auf der Hauptversammlung des Börsenvereins: »Wir Dichter sind alle in dieser Zeit des Umbruchs als Soldaten berufen.« Zwischen 1933 und 1944 insgesamt 97 Buchpublikationen, allein 100 Aufsätze im *Völkischen Beobachter*. Texter der Weiheverse *Dem Führer* (in Bühners Anthologie *Dem Führer*): »Wir wissen, daß du, Führer, das Verlangen/und alle Hoffnung schmerzvoll auf dich nahmst/und, was die Größten unerfüllt verließen,/vollendet hast, du, Volk, aus dem du kamst.« Am 19.8. 1934 Unterzeichner des *Aufrufs der Kulturschaffenden* zur Vereinigung des Reichskanzler- und Reichspräsidentenamts in der Person Hitlers: »Wir glauben an diesen Führer, der unsern heißen Wunsch nach Eintracht erfüllt hat.« Am 16.10. 1935 in einem Vortrag in London: »Das echte dichterische

Schaffen ist im Dritten Reich so frei wie nie zuvor.« Goebbels nicht radikal genug, deshalb Oktober 1935 mit dem Titel *Altpräsident* abgefunden. 1937 NSDAP. Mit weit über 50 Texten im NS-Kampfblatt *Krakauer Zeitung*, das »Blatt des Generalgouvernements«. Am 8. 2. 1943 als Gast der *Abteilung Propaganda im Amt des Gouverneurs* Hans Frank Dichterlesung im besetzten Krakau (*Krakauer Zeitung*). Präsidialbeirat im NS-Führerkorps *Kameradschaft der deutschen Künstler*. NS-Ehrung: 1938 *Goethe-Medaille* für Kunst und Wissenschaft. Nach 1945 beim einschlägigen *Deutschen Kulturwerk Europäischen Geistes*. 1952 Erinnerungen (insgesamt 1088 Seiten!): *Unwegsame Zeiten*. Blunck schildert dort Hitlers Machtergreifung als Woche der Brüderlichkeit und die Schläger der SA erscheinen als mildtätige Caritas-Helfer. Kernsatz: »Der Staat schenkte und schenkte – Hitler der Oper, Göring und Goebbels dem Theater.« Bezeichnete sich selbst als »Antifaschist und den Sessel der Schrifttumskammer«. † 25. 4. 1961 Hamburg. Lit.: Sarkowicz; Wulf, Literatur.

Bochmann, Werner. Filmkomponist.
* 17. 5. 1900 Meerane in Sachsen. 1939 Weltkriegsschnulze (Weniger) *Gute Nacht, Mutter*. Im Krieg Musik zu 42 Filmen. Darunter 1940 der Staatsauftragsfilm *Wunschkonzert* zwecks Hebung der Truppenmoral und Leidensbereitschaft der Heimatfront. 1941 Rühmann-Film *Quax, der Bruchpilot*, darin der Erfolgssong *Heimat, deine Sterne*. 1942 Staatsauftragsfilm *Fronttheater*. 1943 Schlager *Mit Musik geht alles besser* in Rühmanns Unterhaltungsfilm *Sophienlund*. Nach 1945 Musik zu Filmen wie *Rosen blühen auf dem Heidegrab* (1952) oder *Der Fischer vom Heiligensee* (1955). 1967 *Filmband in Gold* für langjähriges und hervorragendes Wirken im deutschen Film. † 3. 6. 1993 Schliersee. Lit.: Drewniak, Film; Giesen.

Bock, Adolf. Marinemaler.
* 5. 8. 1890 Berlin. Kriegsbilder wie *Gen Engelland* (U-Boot-Opus) oder *Stuka trifft englisches Schlachtschiff* (beide 1940). Hit-

ler übernahm 1941 für Bock die Renovierungskosten einer 5-Zimmer-Wohnung eines vertriebenen Juden. Picker protokolliert Hitler am 30. 6. 1942 im Tischgespräch: »Man müsse sich nur einmal vorstellen, daß die schönen Marinebilder von Bock von der preußischen Akademie abgelehnt worden seien, obwohl sie zur Zeit fast allein auf weiter Flur eine naturereue Wiedergabe der Nordsee brächten.« † 1968 (Sterbedaten differieren). Q.: Thomae.

Bock-Stieber, Gernot. Laut Fachblatt *Kinematograph* vom 4. 4. 1933 Beitritt zur *NSBO-Zelle deutschstämmiger Filmregisseure* (*NS-Betriebszellen-Organisation*).
* 25. 8. 1892 Gleichenberg. Schauspieler und Regisseur. Drehbuch zum häufig eingesetzten Rassenhygiene-Film *Opfer der Vergangenheit* (1937), mit dem die Zuschauer auf die Zwangssterilisierung und später auf die Ermordung Behinderter eingestimmt wurden. Goebbels am 11. 2. 1937 im Tagebuch: »Führer findet ihn sehr gut. Muß in allen deutschen Kinos aufgeführt werden.« † 7. 12. 1943 Berlin.

Bockelmann, Rudolf. Auf der *Gottbegnadeten-Liste* (Führerliste) der wichtigsten Künstler des NS-Staates. Preußischer Kammersänger.
* 2. 4. 1892 Bodenteich in der Lüneburger Heide, Sohn eines Dorfschullehrers. Heldenbariton. Ab 1932 an der Berliner Staatsoper. Star der Bayreuther Festspiele (laut Wistrich »einer der jährlichen Höhepunkte des NS-Kalenders und der Höhepunkt der jeweiligen Opernsaison«). Goebbels am 13. 8. 1936 über eine Gesellschaft bei Hitler: »Schlusnus, Ludwig, Nettesheim, Bockelmann und Manowarda singen.« Bockelmann am 3. 10. 1936 an Rosenberg: »Für Ihre große Liebenswürdigkeit, mir Ihren ›Mythus‹ zu übersenden, danke ich Ihnen aufrichtig. Ihr einzigartiges Werk ... wird mir außerdem eine schöne persönliche Erinnerung sein an die eindrucksvollen Erlebnisse des Reichsparteitages der Ehre.« Goebbels am 28. 11. 1936 im Tagebuch: »Jahrestagung

Reichskulturkammer und *Kraft durch Freude*. Philharmonie überfüllt ... Bockelmann singt.« 1937 NSDAP, Obmann der Reichstheaterkammer an der Staatsoper, Gast des »Führers« auf dem NSDAP-Reichsparteitag. Präsidialbeirat der *Kameradschaft der deutschen Künstler* (NS-Führerkorps). April 1942 Auftritt mit der Berliner Philharmonie auf der *Führergeburtstagsfeier*. Am 23. 9. 1942 Liederabend zur Kulturwoche in der Ghettostadt Litzmannstadt/Lodz. Die *Litzmannstädter Zeitung* zum Bockelmann-Abend: »Unser Kulturwille ist stärker als die Hemmnisse des Krieges.« 1944 Lehrer an der Reichshochschule für Musik in Salzburg. Am 6. 11. 1944 als Gast der *Kulturvereinigung des Generalgouvernements* Auftritt im Staatstheater Krakau (*Krakauer Zeitung*). Am 8. 11. 1944 zum Tee bei Generalgouverneur Frank (genannt *Polenschlächter*) mit Mitarbeitern der Hauptabteilung Propaganda, Franks Diensttagebuch: »Anschließend trägt Kammersänger Bockelmann einige Lieder vor«. Ehefrau Maria im Vorstand des *Richard Wagner-Verbands Deutscher Frauen*. 1946 Gesanglehrer in Hamburg, 1955 Professor der Musikhochschule Dresden. † 9. 10. 1958 Dresden. Nachruf *Deutsches Bühnen-Jahrbuch*: »Schlusnus verwandt und ebenbürtig«. Lit.: Prieberg; Rathkolb.

Bodart, Eugen. Komponist.
* 8. 10. 1905 Kassel. Schüler Pfitzners und Rezniceks. 1930 Oper *Hirtenlegende*. 1932 NSDAP. 1933 Kapellmeister in Weimar. 1935 Erster Kapellmeister in Köln. 1938 Kompositionsauftrag von Goebbels: Festliche Musik für großes Orchester, zwölf Solotrompeten und Orgel. 1939 Generalmusikdirektor (GMD) in Altenburg, 1943 am National-Theater Mannheim. 1956 GMD am Pfalztheater Kaiserslautern. † 13. 10. 1981 Fürstenfeldbruck.

Bode, Rudolf. Reichsleiter der Fachschaft Gymnastik und Tanz im Reichsverband deutscher Turn-, Sport- und Gymnastiklehrer.
* 3. 2. 1881 Kiel. Dr. phil. 1911 Gründer der Bode-Schule für Körpererziehung in München, 1922 Bode-Bund für Rhythmische Erziehung. 1932 NSDAP. 1933 Fachgruppenleiter in Rosenbergs *Kampfbund für deutsche Kultur*. 1934 Autor: *Gymnastik und Tanz im nationalsozialistischen Staat*. Ab 1935 Leiter der Reichsschule des Reichsnährstands (Organisation der Landwirtschaft) Burg Neuhaus bei Braunschweig. 1939 im Beitrag *Angriff und Gestaltung*: »Die Weiterentwicklung des Nationalsozialismus ... wird in Richtung einer reicheren Ausgestaltung seiner Lebensanschauung erfolgen, d. h. er wird die Erkenntnis der Grenzlinie zwischen dem Göttlichen und dem Menschen in seinen theoretischen Formulierungen vorverlegen.« † 7. 10. 1971 München.

Bodenreuth, Friedrich, eigentlich Friedrich Jaksch. Böhmischer Schriftsteller.
* 4. 4. 1894 Budweis. Oktober 1938 auf Goebbels' *Großdeutschem Dichtertreffen* in Weimar Redebeitrag: »Leier und Schwert? – Nein! Leier oder Schwert? Schwert! Um durch das Schwert erst die Leier zu verdienen!« Autor des Romans *Alle Wasser Böhmens fließen nach Deutschland* (1937) und der Erzählung *Das Ende der eisernen Schar* (1940). † 1945 verschollen. Lit.: Ketelsen.

Böckel, Otto. Gründer der *Antisemitischen Partei* (1890).
* 2. 7. 1859 Frankfurt am Main. † 17. 9. 1923 Michendorf bei Berlin. Unter dem Pseudonym *Dr. Capistrano* antisemitische Pamphlete wie *Die europäische Judengefahr* (1886). Laut *Meyers Lexikon* (1936) von 1887 bis 1903 als erster Antisemit Mitglied des Reichstags: »Boeckels Antisemitismus ging vom rassischen Standpunkt aus und enthält seiner Zeit weit vorauseilende Forderungen.« Lit.: Puschner.

Boeckmann, Fritz von. SS-Obersturmführer (1942).
* 7. 12. 1884 Karlsruhe. Laut *Aufstellung derjenigen Parteigenossen, die Angehörige fürstlicher Häuser sind*: 1. 4. 1932 NSDAP, Nr. 1 029285, Gau Oberschlesien. SS-Nr. 66612.

Boehe, Ernst. Generalmusikdirektor.
* 27. 12. 1880 München, Sohn eines bayerischen Majors. 1913 Hofkapellmeister in
Oldenburg. Ab 1921 Dirigent des pfälzischen Landesorchesters in Ludwigshafen,
Titel Professor. Leiter des Konzertrings
der Rosenberg unterstehenden *Nationalsozialistischen Kulturgemeinde*. NSDAP
Mai 1933. † 10. 11. 1938 Ludwigshafen.
Böhm, Karl. Auf der *Gottbegnadeten-Liste*
(Führerliste) der wichtigsten Dirigenten
des NS-Staates.
* 28. 8. 1894 Graz. 1919 Dr. jur. 1920 Kapellmeister am Stadttheater Graz, 1921
Bayerische Staatsoper München. Während der Orchesterprobe am 9. 11. 1923
Augenzeuge des *Hitlerputsches*. Böhm gegenüber Weinschenk im Buch *Künstler
plaudern*: »Plötzlich hallten Schüsse über
den Platz, wir eilten zum Fenster ... Unter
ungeheurer Aufregung erlebten wir den
Abtransport der Verwundeten, sahen Blut,
das für die Idee vergossen wurde, die siegreich geworden ist.« 1927 Generalmusikdirektor in Darmstadt, 1931 in Hamburg,
1934 in Dresden. 1935 Titel Professor. Am
27. 3. 1936 im Aufruf zur Reichstagswahl
am 29. März: »Der Nationalsozialismus
hat dem Musiker ein Ziel und eine Aufgabe gestellt, für die es sich lohnt, das ganze Können und die Arbeitskraft einzuset-
zen: dem deutschen Volk und seinen
höchsten Kulturgütern zu dienen.« Am
7. 9. 1937 Dirigent der *Meistersinger* zum
Auftakt des NSDAP-Reichsparteitags.
Goebbels am 9. 9. 1937 im Tagebuch:
»Abends mit Führer gegessen ... Böhms
auch dabei.« Böhm zur Volksabstimmung
zum »Anschluß« Österreichs April 1938:
»Wer dieser Tat des Führers nicht mit einem hundertprozentigen J A zustimmt,
verdient nicht, den Ehrennamen Deutscher zu tragen!« Goebbels am 13. 6. 1938
im Tagebuch: »Festlicher Auftakt der
Reichstheaterfestwoche [in Wien]. ›Rosenkavalier‹ ... Böhm als Dirigent. Eine
wunderbare Aufführung.« Juli/August
1938 Auftritt bei den ersten (von Goebbels
finanzierten) Salzburger Festspielen nach

der Besetzung Österreichs. Frühjahr 1943
Direktor der Wiener Staatsoper (Oberster
Chef: Baldur von Schirach). 1954–1956
erneut Wiener Staatsoper. 1968 Erinnerungen: *Ich erinnere mich ganz genau.*
Ganz genau erinnern kann er sich vor allem an das ihm angetane Unrecht bei der
Entnazifizierung (zwei Jahre Berufsverbot): »Wie ich so dastand ... begannen
wirklich die Leidensstationen.« † 14. 8.
1981 Salzburg.
Böhme, Herbert. Schauspieler.
* 7. 9. 1897 Breslau. Darsteller im Militärspionagefilm *Verräter*, am 9. 9. 1936 auf
dem NSDAP-Reichsparteitag uraufgeführt
(Giesen: »Ein eindeutiges Plädoyer für die
Gestapo«). 1938 im Luftwaffen-Aufrüstungsfilm *Pour le Mérite*, für Hitler der
»bisher beste Film der Zeitgeschichte«.
1939 Propagandastreifen *Legion Condor*,
Abbruch wegen Hitler-Stalin-Pakt. 1941
Über alles in der Welt (Courtade: »Ein einziger wüster, barbarischer Siegesschrei«)
sowie NS-Reiterfilm ... *reitet für Deutschland*. Januar 1945 in Harlans Durchhalte-
Schnulze *Kolberg*. Nach 1945 Filme wie
Verführte Hände (1949) oder *Waldwinter*
(1956). In den 60er Jahren in der TV-Kri-
mireihe *Hafenpolizei* (Weniger). † 29. 6.
1984 Hamburg.
Böhme, Herbert. Leiter der Fachschaft Lyrik der Reichsschrifttumskammer, SA-
Obersturmführer (1935).
* 17. 10. 1907   Frankfurt/Oder.   1933
Schauspiel: *Volk bricht auf.* NSDAP Mai
1933. 1934 Gedichtsammlung: *Des Blutes
Gesänge*. 1935 Kantaten: *Gesänge unter der
Fahne. Meyers Lexikon* (1936): »Leidenschaftlicher Verkünder der Ideale des Dritten Reichs.« 1936 Weiheverse *Der Führer*:
»Er schreitet hart der Sonne zu/mit ange-
spannter Kraft./Seine Trommel, Deutschland, das bist du!/Volk, werde Leidenschaft!« Am 23. 2. 1937, anläßlich des To-
destages von Horst Wessel, Uraufführung
seiner Feierdichtung *Das Deutsche Gebet*
durch SA-Einheiten. Im SA-Kulturkreis,
Referent in der Obersten SA-Führung.
1938: *Ruf der SA. Ein Appell*. 1940 Lehr-

stuhl an der Reichsuniversität Posen. Mit weit über 50 Texten im NS-Kampfblatt *Krakauer Zeitung*, das »Blatt des General-gouvernements«. 1950 Gründer und Präsident (1956) des *Deutschen Kulturwerks Europäischen Geistes* (DKEG) in München samt deren Zeitschrift *Klüter Blätter*. Leiter des Türmer Verlags. Laut brit. Geheimdienst 1953 Kontakte zum sog. Gauleiter-Kreis um den Ex-Staatssekretär Werner Naumann (BA N 1080/272). Mitglied der 1960 gegründeten Gesinnungsgemeinschaft *Gesellschaft für freie Publizistik*. † 23.10. 1971 Lochham bei München. Lit.: Sarkowicz; Wulf, Literatur.

Böhmelt, Harald. Komponist und Kapellmeister.
* 23.10. 1900 Halle. 1932 NSDAP. 1933 Musik zum Marinefilm *Volldampf voraus*. 1938 Exotikfilme *Der Tiger von Eschnapur* und *Das indische Grabmal*. Im Krieg zwölf Filmmusiken, darunter 1941 der Staatsauftragsfilm *U-Boote westwärts*. Am 4.11. 1942 beim Treffen von Unterhaltungskomponisten in der *Kameradschaft der deutschen Künstler*, Hippler: angesichts der Kriegslage braucht Goebbels »optimistische Schlager«. Nach 1945 Filmmusik zu *Einmal am Rhein* (1952) oder *Wetterleuchten um Maria* (1957). † 15.10. 1982 Bad Tölz.

Bömer, Karl. Ministerialdirigent im Reichspropagandaministerium (1940).
* 7.9. 1900 Münster. Dr. rer. pol. et phil. Zeitungswissenschaftler. 1933 Dozent, Autor: *Die Freiheit der Presse im nationalsozialistischen Staat. Ein Wort an das Ausland*. 1934 Herausgeber: *Das Dritte Reich im Spiegel der Weltpresse. Historische Dokumente über den Kampf des Nationalsozialismus gegen die ausländische Lügenhetze*. 1937 Professor für ausländisches Pressewesen der Berliner Hochschule für Politik. Plauderte, alkoholisiert, Mai 1941 auf einem Empfang der bulgarischen Botschaft über den geplanten Krieg gegen Rußland (»Bald werde ich Gauleiter von der Krim«). † Kriegstod 22.8. 1942 Warschau.

Boese, Carl. Laut Fachblatt *Kinematograph* vom 4.4. 1933 Beitritt zur *NSBO-Zelle deutschstämmiger Filmregisseure* (*NS-Betriebszellen-Organisation*).
* 26.8. 1887 Berlin. 1920 Co-Regisseur des mit Rassismen durchsetzten Stummfilmklassikers *Der Golem, wie er in die Welt kam*. Zwischen 1933 und 1945 Regie zu 49 Filmen, darunter *Das Blumenmädchen vom Grand-Hotel* (1934) und der Marika-Rökk-Film *Hallo, Janine* (1939). Nach 1945 Filme wie *Wenn Männer schwindeln* (1950) oder *Der keusche Josef* (1953). † 6.7. 1958 Berlin.

Boese, Carl Heinz. Stellv. Reichssendeleiter (1933).
* 23.11. 1892 Berlin. 1925 beim NDR. 1930 NSDAP (Nr. 398162), 1931 NSDAP-Ortsgruppenleiter Wandsbek, Gaufunkwart Schleswig-Holstein. 1933 Abteilungsleiter am Deutschlandsender. Berichterstatter bei politischen Großveranstaltungen, so am 10.5. 1933 von der Berliner Bücherverbrennung. 1939 Leiter des Landessenders Danzig. Anfang 1941 Leiter der Deutschen Wochenschauzentrale. Goebbels am 3.7. 1941 im Tagebuch: »Boese ist für die künstlerische Arbeit doch zu dumm«. † 22.11. 1941 auf einer Dienstreise bei Konitz tödlich verunglückt. Nachruf Reichssendeleiter Hadamovsky: »Dem Führer war Boese ein allzeit treuer Diener.« Lit.: Klingler.

Böttcher, Karl, Pseudonym *Karl Hilbersdorf*. Name Oktober 1933 unter dem Treuegelöbnis »88 deutsche Schriftsteller« für Adolf Hitler.
* 30.1. 1881 Chemnitz. 1911 *Militärhumoresken*. 1916 Kriegserzählungen *Am Feind*. 1937 Militärschwank *Die Kammermaus*. Nach 1945 Wohnsitz Karl-Marx-Stadt (Chemnitz). † 1963.

Böttcher, Maximilian. Schriftsteller.
* 20.6. 1872 Schönwalde. 1909 Roman *Heim zur Scholle*. 1934 Roman *Das stärkere Blut* sowie Komödie *Krach im Hinterhaus*, 1935 verfilmt. 1937 NSDAP. 1940 Lustspiel *Krach im Vorderhaus*, 1941 verfilmt. † 16.5. 1950 Eisenach.

Böttcher, Walter. NSDAP-Gaufilmstellen-leiter, Gau München-Oberbayern (ab Februar 1937).
* 19. 11. 1894 Berlin. Ursprünglich Kontorist. Unteroffizier im I. Weltkrieg. April 1933 NSDAP, Nr. 1 596909. Regie und Drehbuch zum Montagefilm *Juden ohne Maske*, Ende 1937 stündlich aufgeführt im Rahmen der Ausstellung *Der ewige Jude* im Deutschen Museum in München, Verleih über die Gaufilmstellen der NSDAP (Hampicke/Loewy). Filmkommentar: »Der Jude ist die Verkörperung des Bösen ... Wohin sein Pesthauch trifft, wirkt er vernichtend. Wer mit den Juden kämpft, kämpft mit dem Teufel.« 1938 NSDAP-Gauamtsleiter. Außenstellenleiter der Reichsfilmkammer, Wohnsitz München. Die NSDAP-Reichsleitung am 8. 11. 1942 an NSDAP-Reichsschatzmeister: »Pg. Böttcher zählt zu den rührigsten Mitarbeitern des Hauptamtes Film, die, ob Sonn- oder Alltag, ihren Pflichten in unermüdlicher Tätigkeit nachkommen.« Q.: BDC; Hinkel.

Boetticher, Hermann. Schriftsteller.
* 13. 8. 1887 Eldingen in der Lüneburger Heide. Boetticher hatte nach dem I. Weltkrieg mit Dramen und Novellen »einen jäh aufflammenden Erfolg« (de Mendelssohn). 1920 Gast bei Thomas Mann. 1925 wegen Schizophrenie Einweisung in eine psychiatrische Anstalt. † 1941 im Rahmen der Krankenmorde in der Vergasungsanstalt Sonnenstein in Pirna.

Boetticher, Wolfgang. Musikwissenschaftler, Mitarbeit am NS-Hetzwerk *Lexikon der Juden in der Musik*.
* 19. 8. 1914 Bad Ems. 1934 NS-Studentenbund. 1937 NSDAP. Sachbearbeiter im Musikreferat der Reichsstudentenführung. Am 25. Mai 1938 Vortrag *Die Musikwissenschaft und die studentischen Probleme der Gegenwart* in der Musikalischen Abendveranstaltung des NS-Studentenbunds während der ersten *Reichsmusiktage* in Düsseldorf (mit der Schandschau *Entartete Musik*). 1939 Referent der *Hauptstelle Musik* in Rosenbergs Dienststelle *Beauftragter des Führers für die Überwachung der gesamten geistigen und weltanschaulichen Schulung der NSDAP*, zugleich (bis 1944) beim *Einsatzstab Reichsleiter Rosenberg* zum Raub »herrenlosen Kulturguts von Juden« (Einsatz in Frankreich, Belgien, Holland und im Osten). 1941 Promotion über Robert Schumann. 1942 NSDAP-Reichshauptstellenleiter, Autor im antisemitischen Verlag Hahnefeld: *Robert Schumann in seinen Schriften und Briefen* (Vorwurf von Musikwissenschaftlern nach 1945: Fälschung von Dokumenten, um Schumann als Antisemiten darzustellen). 1943 Habilitation, Robert Schumann-Preis. 1944 Privatdozent in Berlin. 1948 Dozent in Göttingen, 1955 apl. Professor, 1957 Direktor des Musikwissenschaftlichen Instituts der Universität. 1963 Gastdozent der Karls-Universität Prag. 1972 (bis 1974) Dekan der Philosophischen Fakultät Göttingen. † 7. 4. 2002 ebenda.

Bogen und Schönstedt, Walter von. Schriftleiter des *Deutschen Adelsblatts*.
* 24. 4. 1880 Küstrin. Oberstleutnant a. D. Hauptgeschäftsführer der Deutschen Adelsgenossenschaft. Forderte 1934 – analog zur Praxis der SS – Sippenwarte zur Überwachung der Fortpflanzung des deutschen Adels. 1939 Wehrmacht, 1942 Oberst z. V. Wohnort nach 1945: Gadderbaum-Bethel. † 27. 3. 1949 (WASt). Lit.: Malinowski.

Bohne, Werner. Kameramann.
* 25. 9. 1898 Mühlgast. 1935 Kamera zu Riefenstahls Propagandafilm *Triumph des Willens*, »hergestellt im Auftrag des Führers«, Goebbels-Höchstprädikat *Nationaler Filmpreis*. 1936 Montagefilm *Ewiger Wald*, produziert von Rosenbergs *Nationalsozialistischer Kulturgemeinde*. Auch Spielfilme wie Rühmanns *Mustergatte* (1937). 1939 Marine-Propagandakompanie Ost. † Kriegstod 9. 4. 1940 (erster Tag des Überfalls auf Norwegen) beim Untergang des Kreuzers *Blücher* im Oslo-Fjord.

Bohnen, Michael. Baßbariton, genannt *Der deutsche Schaljapin*.
* 2. 5. 1888 Köln. 1912 erstmals in Bayreuth. 1913 von Kaiser Wilhelm II. zum

(jüngsten) Kammersänger ernannt. 1922 bis 1933 Metropolitan Opera New York. 1933 Deutsches Opernhaus Berlin, häufig bei Bayreuther Festspielen (laut Wistrich »einer der jährlichen Höhepunkte des NS-Kalenders und der Höhepunkt der jeweiligen Opernsaison«). Goebbels am 1.2. 1937 im Tagebuch: »Abends große Gesellschaft mit Film: viele neue Gäste. Das ist ganz interessant: Ritter, Bohnen, Lil Dagover, Ullrich etc.« Laut Max Schmeling denunzierte er Frühjahr 1939 Freunde wegen einer Hitler-Äußerung bei der Gestapo. Weniger: »Als eifriger Denunziant gefürchtet.« Juli 1940 im Hetzfilm *Die Rothschilds* (Courtade: »Ein Aufruf zu Haß und Mord«). September 1940 im Staatsauftragsfilm (Spionagewarnung) fürs Kino-Vorprogramm: *Achtung! Feind hört mit!* Nach 1945 Intendant der Städtischen Oper Berlin. 1954 Autor: *Zwischen Kulissen und Kontinenten.* † 26.4. 1965 Berlin. Nachruf *Deutsches Bühnen-Jahrbuch*: »Er zählte zu den genialen Begabungen, die die Geschichte der Operndarstellung bestimmt haben.«

Bohnenkamp, Hans. Erziehungswissenschaftler.
* 17.4. 1893 Schildesche bei Bielefeld als Lehrerssohn. 1933 SA (1943 Obersturmführer). 1934 Professor der Hochschule für Lehrerbildung (zur NS-Indoktrinierung) in Cottbus. 1937 NSDAP. 1939 Wehrmacht, zuletzt Major. Mitglied der Deutschen Heeresmission in der Slowakischen Republik (Tiso-Regime). 1945 (bis 1958) Pädagogikprofessor, 1946–1954 Direktor der (1953 nach Osnabrück verlegten) Pädagogischen Hochschule Celle. 1958–1967 Sprecher des Beirats für Innere Führung der Bundeswehr. 1958–1968 Mitherausgeber der *Zeitschrift für Pädagogik. Großes Verdienstkreuz des Verdienstordens der BRD* (1958). † 1.2. 1977 Schanzendorf. Lit.: Hesse.

Bois, Curt. Schauspieler und Kabarettist.
* 5.4. 1901 Berlin. Kinderstar, als Siebenjähriger Rolle des Heinerle in Leo Falls Operette *Der fidele Bauer.* Ab 1923 an Berliner Bühnen, bei Reinhardt und Piscator, Auftritte in Revuen. 1933 Flucht, 1934 am Broadway in New York. In einer Nebenrolle als Taschendieb im Kultfilm *Casablanca* (1942). Nach 1945 zunächst in Ost-Berlin in Brechts *Herr Puntila und sein Knecht Matti,* dann bei Kortner in München. 1980 Rolle des greisen jüdischen Flüchtlings im Film *Das Boot ist voll,* Erinnerungen: *Zu wahr, um schön zu sein.* 1974 *Filmband in Gold* für langjähriges Wirken im deutschen Film. Das *Deutsche Bühnen-Jahrbuch* zum 70. Geburtstag: »Komödiant ersten Ranges.« † 25.12. 1991 Berlin.

Bolay, Karl-Heinz. NSDAP-Gaukulturhauptstellenleiter Gau Magdeburg-Anhalt.
* 23.11. 1914 Saarbrücken. 1941 Roman *Kathrin, ein kämpferisches Frauenschicksal,* Herausgeber: *Deutsche Weihnachten, ein Wegweiser für Gemeinschaft und Familie.* Nach 1945 Bibliothekschef in Malung in Schweden. 1979 Autor: *Gorleben ist überall … Kampfballaden von der Umweltverschmutzung.* 1983 Liebesgedichte *Hörst Du mein Warten.* † 1993.

Bolvary, Geza von. Regisseur.
* 26.12. 1897 Budapest. Königlich ungarischer Rittmeister, laut Heesters »ein besonders liebenswürdiger Ungar«. Zwischen 1933 und 1945 insgesamt 33 regimekonforme Filme. Unter anderem 1937 Zarah Leanders Revuefilm *Premiere* sowie Filmposse *Lumpazivagabundus.* Goebbels am 4.2. 1938 über den Film *Finale*: »Ein typischer Bolvary-Film. Auf die Nerven fallend österreichisch.« Januar 1939 Ungarnfilm *Zwischen Strom und Steppe,* Filmkritik: »Endlich ist einmal das Zigeunertum … in seiner tatsächlichen, oft maßlosen oder gar verbrecherischen Triebhaftigkeit gezeigt«. Nach 1945 Filme wie *Hochzeitsnacht im Paradies* (1950) oder *Hoch klingt der Radetzkymarsch* (1958). † 10.8. 1961 Rosenheim.

Bonatz, Paul. Vertrauensarchitekt des Generalinspekteurs für das deutsche Straßenwesen (Speer).
* 6.12. 1877 Sologne bei Metz. 1908 Pro-

fessor der TH Stuttgart, Bau des Empfangsgebäudes der Sektkellerei Henkell in Wiesbaden-Biebrich. 1913 bis 1927 Empfangsgebäude des Stuttgarter Hauptbahnhofs. Laut Speer Lehrer einer ganzen Architektengeneration. Autobahnbrücken für *Organisation Todt,* 1939 von Speer mit Entwürfen zum Hochbau des Oberkommandos der Marine und 1940 des Polizeipräsidiums beauftragt. Ab 1943 Bauvorhaben in Ankara. 1949 (bis 1953) Professor der TH Istanbul. 1950 Erinnerungen: *Leben und Bauen.* † 20. 12. 1956 Stuttgart. Lit.: Kieling; Vollmer.

Bongartz, Heinz. Dirigent.
* 31. 7. 1894 Krefeld. Schüler von Elly Ney. 1933 Staatskapellmeister am Preußischen Staatstheater Kassel. 1937 Generalmusikdirektor am Gautheater Westmark in Saarbrücken. 1941 NSDAP. 1945 Chefdirigent des Pfalzorchesters Ludwigshafen. 1946 Professor der Musikhochschule Leipzig, 1947 (bis 1964) Chefdirigent der Dresdner Philharmonie. DDR-Ehrungen: 1950 *Nationalpreis,* 1954 *Vaterländischer Verdienstorden* in Silber, 1969 in Gold. 1969 Korrespondierendes Mitglied der Deutschen Akademie der Künste (Braun). † 2. 5. 1978 Dresden.

Bonsels, Waldemar. Schriftsteller.
* 21. 2. 1881 Ahrensburg bei Hamburg. 1912 Weltruhm mit seinem Buch *Die Biene Maja und ihre Abenteuer.* Nach dem I. Weltkrieg Wohnsitz Ambach, Kreis Tölz. *Meyers Lexikon* 1937: »Die ungeheure Auflagenzahl seiner Bücher zeigt, daß er wohl das Unbehagen in der Zivilisation erkannte; da der Weg der Überwindung durch die Wirklichkeit des Kampfes geht, nicht durch romantische Flucht, hat er unserer Zeit nichts mehr zu sagen.« Im II. Weltkrieg Herausgeber der *Münchner Feldpost,* einer Heftreihe für die kämpfende Truppe. 1943 als Privatdruck antisemitischer Roman *Dositos,* Reichsinnenminister Frick gewidmet (Sarkowicz, Schriftsteller). 1947 Entlastungszeuge für Henriette von Schirach im Entnazifizierungsverfahren. † 31. 7. 1952 Ambach.

Borchardt, Rudolf. Schriftsteller.
* 9. 6. 1877 Königsberg. Aus einer Bankiersfamilie jüdischer Abstammung und reformierten Bekenntnisses. Monarchist. Im Chor der Kriegsbegeisterten zum I. Weltkrieg. Schrieb am 18. 5. 1932 in einem Artikel *Rupprecht von Bayern* von der NSDAP als der »hoffnungsvollsten deutschen Partei – und die Hoffnungen des Schreibers sind mit ihr«. April 1933 Besuch bei Mussolini. *Meyers Lexikon* 1937: »Steht am Schluß der Neuromantik.« Sarkowicz: »Der Dante rezitierende Duce verkörperte für ihn die Möglichkeit, Geist und Macht zu versöhnen.« Wohnsitz seit 1904 in Italien (Toskana), August 1944 Verhaftung, Flucht, Versteck in Tirol. † 10. 1. 1945 Trins an Schlaganfall.

Borchert, Wilhelm. Schauspieler.
* 13. 3. 1907 Berlin. 1934 am Stadttheater Köln, 1938 Volksbühne Berlin. Unter anderem 1941 im antibritischen Film *Mein Leben für Irland* sowie im Staatsauftragsfilm *U-Boote westwärts.* 1946 als Zeuge von Nazi-Greueln im DEFA-Film *Die Mörder sind unter uns.* 1959 Rolle des General Paulus im Stalingradfilm *Hunde, wollt ihr ewig leben?* 1963 in Berlin Titel *Staatsschauspieler* (DBJ). † 1. 6. 1990 Berlin.

Borgmann, Hans-Otto. Filmkomponist.
* 20. 1. 1901 Hannover. 1928 Kapellmeister am Berliner Ufa-Theater. 1933 HJ-Marschlied *Immer nur vorwärts,* Textanfang: »Wir woll'n treu zum Banner steh'n«. Musik zum »ersten wirklichen Nazi-Film« (Courtade) *Hitlerjunge Quex,* darin *Unsere Fahne flattert uns voran,* eines der meistgespielten Stücke der NS-Zeit. 1938 *Großdeutsche Hymne* nach einem Text Baldur von Schirachs, Leiter der Musikabteilung der Deutschen Filmakademie Berlin, Titel Professor. Im Krieg Musik zu 18 Filmen, darunter der Harlan-Film *Die Reise nach Tilsit* (1939) sowie der HJ-Propagandastreifen *Jakko* (1941). Am 4. 11. 1942 beim Treffen von Unterhaltungskomponisten in der *Kameradschaft der deutschen Künstler,* Hippler: angesichts der

Kriegslage braucht Goebbels »optimistische Schlager«. Mai 1944 Filmmusik zum HJ-Film *Junge Adler*. Seine Komposition *Ferner Osten* untermalte in den Kriegswochenschauen die Szenen auf den pazifischen Kriegsschauplätzen (*Film-Kurier* vom 3.7.1942). Am 15.8.1945 Leitung der *Dreigroschenoper* bei der ersten Theateraufführung des Berliner Hebbel-Theaters. 1946 Filmmusik zur Dokumentation über den Nürnberger Kriegsverbrecherprozeß: *Nürnberg und seine Lehren*. März 1949 Entlastungszeuge für Harlan in dessen Prozeß vor dem LG Hamburg. Filmmusik zu *Schuld allein ist der Wein* (1948), *Verführte Hände* (1949) sowie zum Harlan-Film *Hanna Amon* (1951). 1953 Vorsitz der Sektion Berlin des Deutschen Komponisten-Verbands, 1954 Stellv. Vorsitzender des Kulturkreises Berlin. 1960 Lehrauftrag Bühnenmusik an der Musikhochschule. † 26.7.1977 Berlin.

Bornemann, Friedrich Karl. 1940 Kulturreferent im Reichspropagandaamt Köln/Aachen (Reichsbehörde).
* 11.4.1913 Dessau. HJ-Gebietsjungvolkführer, HJ-Gebiet Mittelrhein. Laut brit. Geheimdienst (BAK N 1080/272/273) nach 1945 im inneren Kreis des Herrenclubs des Ex-Gauleiters Scheel, Vertrauter des Ex-Staatssekretärs Naumann.

Borries, Fritz von. Stellv. Leiter der Reichsmusikprüfstelle (Zensurstelle) im Reichspropagandaministerium (1941).
* 2.12.1892 Einbeck, Sohn eines Rittergutsbesitzers. Beginn als Theaterkapellmeister in Plauen und Gera, Lehrer an der Musikhochschule Berlin. 1930 NSDAP. 1936 (bis 1938) Fachschaftsleiter in der Reichsmusikkammer. 1938 Referent für Personalangelegenheiten in der Abteilung Musik des Goebbels-Ministeriums, 1942 Oberregierungsrat. 1944 im *Jahrbuch der deutschen Musik*: *Die Reichsmusikprüfstelle und ihr Wirken für die Musikkultur*. Borries ebenda über die Anordnung zum Schutze musikalischen Kulturgutes vom 29.3.1939: »In ihr ist festgelegt, daß diejenigen musikalischen Werke, die dem nationalsozialistischen Kulturwillen widersprechen, von der Reichsmusikkammer in einer Liste über unerwünschte und schädliche Musik geführt werden.« 1946–1950 Internierung im Lager Sachsenhausen. Danach freischaffender Komponist in West-Berlin. † 23.9.1983 Berlin.

Borries, Siegfried. Auf der *Gottbegnadeten-Liste* (Führerliste) der wichtigsten Geiger des NS-Staates.
* 10.3.1912 Münster. 1933 Erster Konzertmeister der Berliner Philharmoniker. 1941 Sonderkonzertmeister der Berliner Staatskapelle unter Karajan. Mit Speer Weihnachten 1943 zu Weihnachtsfeiern für Soldaten und OT-Arbeitern in Nordlappland. NS-Ehrung: 1939 *Nationalpreis* für Violine von Goebbels. 1948 Professor der Musikhochschule Berlin. † 12.8.1980 ebenda.

Borsche, Dieter, eigentlich Albert Eugen Rollomann. Schauspieler, Auftritt im KZ Auschwitz.
* 25.10.1909 Hannover. Zunächst Mitglied des Opernballetts Hannover. Bühnendarsteller in Weimar und Kiel. 1935 im Weiß-Ferdl-Film *Alles wegen dem Hund*. 1939 am Staatstheater Danzig und 1943/44 Spielleiter und Bühnenvorstand der Städtischen Bühnen Breslau. Borsche erzählte nach dem Krieg dem NS-Dokumentaristen Joseph Wulf, er habe im Winter 1943 mit der Breslauer Bühne »innerhalb des Vernichtungslagers Auschwitz vor den dortigen SS-Wachmannschaften gespielt«. Wulf memoriert das Gespräch: »Die Schauspieler wurden dort großzügig bewirtet, von Häftlingen bedient und sahen auch mit eigenen Augen die Häftlingskolonnen. Sie staunten darüber, daß diese im Winter nur die gestreiften Sträflingskittel trugen; aber das Wichtigste ist, daß Dieter Borsche zu berichten wußte, er habe von mehreren SS-Leuten gehört, verschiedene Theaterensembles spielten sehr oft innerhalb des Konzentrationslagers für sie.« 1946 Städtische Bühnen Kiel. In Filmen wie *Ich war ein häßliches Mädchen* (1955) oder Kriegsfilm

U 47 – Kapitänleutnant Prien (1958). Darsteller in Edgar-Wallace-Krimis. 1974 *Filmband in Gold* für langjähriges und hervorragendes Wirken im deutschen Film. † 5.8.1982 Nürnberg.

Borsody, Eduard von. Filmregisseur.
* 13.6.1898 Wien, Sohn eines Hofbeamten. Im I. Weltkrieg Offizier der österreichischen Armee. Kameramann, Cutter und Regieassistent. 1933 Schnitt U-Boot-Streifen *Morgenrot* (Kernsatz: »Zu leben verstehen wir Deutschen vielleicht schlecht, aber sterben können wir fabelhaft«), am 2.2.1933 in Gegenwart Hitlers uraufgeführt. Ebenso 1933 Propagandaschmarren *Flüchtlinge* über Wolgadeutsche, die »heim ins Reich« wollen. Regie zu sieben Filmen, darunter 1938 *Kautschuk* (Botschaft: Deutschland braucht Rohstoffe), Goebbels: »Großartig politisch und künstlerisch«. 1940 Regie und Buch zum Staatsauftragsfilm *Wunschkonzert* zwecks Hebung der Truppenmoral und Leidensbereitschaft der Heimatfront. Nach dem Krieg Filme wie *Rausch einer Nacht* (1950) oder *Liane, das Mädchen aus dem Urwald* (1956). Letzter Film 1963: *Sturm am Wilden Kaiser*. Professor der Akademie für Musik und darstellende Kunst in Wien. † 1.1.1970 Wien.

Borsody, Julius von. Filmarchitekt.
* 8.4.1892 Wien. Bruder von Eduard. Kulissen zur Döblin-Verfilmung *Berlin Alexanderplatz* (1931) und zum Franz-Schubert-Film *Leise flehen meine Lieder* (1933). Nach der Besetzung Österreichs Chefarchitekt der Wien-Film. November 1940 antipolnischer Hetzfilm *Feinde* (Polen als Mordgesindel). 1942 Ausstatter des Mozart-Films *Wen die Götter lieben*. Nach 1945 Wein-, Weib- und Gesang-Komödien (Weniger). Letzter Film 1958: *Skandal um Dodo*. † 18.1.1960 Wien.

Bose, Fritz. Leiter des Instituts für Lautforschung der Universität Berlin (1934–1945).
* 26.7.1906 Stettin. Dr. phil. Musikethnologe. NS-Studentenbund. 1936 (bis 1939) Zusammenarbeit mit SS-*Ahnener-*be, sollte für Himmler Bronzeluren herstellen. 1939 Habilitation: *Klangstile als Rassenmerkmale*. 1940 NSDAP. Nach 1945 Abteilungsleiter am Staatlichen Institut für Musikforschung in Berlin. Ab 1963 Herausgeber des *Jahrbuchs für musikalische Volks- und Völkerkunde*. 1966 Professor. † 16.8.1975 Berlin.

Bosse, Kurt. Herausgeber der (1834 von Robert Schumann gegründeten) *Zeitschrift für Musik* (ZfM).
* 4.2.1884 Vienenburg/Harz. Inhaber eines Musikbuchverlags in Regensburg. Mai 1933 NSDAP, im selben Monat Beitrag in der ZfM, wonach es ihn geschmerzt habe, »daß zahlreiche führende Posten in unserem führenden musikalischen Leben von Fremdstämmigen – Juden – besetzt waren. Wir empfinden es dankbar, daß die neue Regierung uns von diesem außerdeutschen Druck befreit und daß sie hier freie Bahn dem deutschen Führerwillen und der rein deutschen Kulturarbeit wieder schaffen will.« † 27.8.1943 Regensburg.

Bossi Fedrigotti von Ochsenfeld, Anton Graf. »Frontdichter« (Eigenbezeichnung), Legationsrat im Auswärtigen Amt (AA).
* 6.8.1901 Innsbruck. Mai 1933 SA/NSDAP (Landesleiter). Vom Amt Rosenberg empfohlene Lektüre: *Standschütze Bruggler* (1934, verfilmt 1936). 1936 Roman (»aus dem Volkstumskampf des Sudetendeutschtums«) *Das Vermächtnis der letzten Tage*. 1939 Autor: *Österreichs Blutweg*. Kulturreferent beim Landeshauptmann Tirol, Titel Oberregierungsrat. Am 24.7.1941 als Vertreter des AA beim Armeeoberkommando 2 im Raum Mogilew, Bericht über die Frauen Weißrutheniens: »Nie sah ich soviele von Gesundheit strotzende, vollbusige und breithüftige Frauen … man spürt ihre Fruchtbarkeit bei ihrem Anblick und man hat als zivilisierter Mitteleuropäer Sorgen, wenn man daran denkt, unter welchen Umständen dieses Volk lebt und sich wie [im Original: wir!] die Karnickel vermehrt.« Nach 1945 Oberregierungsrat a. D. Landwirt. 1956 Film *So war der deutsche Landser*. Von 1965 bis

1988 Autor im *Deutschen Soldatenjahr-buch.* † 9. 12. 1990 Pfaffenhofen an der Ilm. Lit.: Gerlach.

Boveri, Margret. Publizistin.

* 14. 8. 1900 Würzburg. Tochter eines deutschen Zoologen und einer US-Biologin. 1918 Führerin im *Deutsch-Nationalen Jugendbund.* 1932 Dr. phil. Ab 1934 beim *Berliner Tageblatt.* 1939 (bis zur Einstellung August 1943) Auslandskorrespondentin der *Frankfurter Zeitung.* Ab März 1944 Amerika-Expertin in Goebbels' Renommierblatt *Das Reich* (von Hitler im Tischgespräch gelobt: »Prachtvoll ist die Zeitung ›Das Reich‹«). Ihre Biographin Görtemaker: »Boveri produzierte eine Form der gehobenen ›Durchhalteartikel‹ – ganz im Sinne der von Goebbels vorgegebenen Tendenz.« NS-Ehrung: Am 20. 7. 1941 von Hitler *Kriegsverdienstmedaille.* 1946 *Badische Zeitung.* 1956–1960 vierbändiges Werk *Der Verrat im XX. Jahrhundert.* 1970 *Bundesverdienstkreuz I. Klasse.* † 6. 7. 1975 Berlin. Lit.: Görtemaker.

Braak, Edmund (Ivo). Niederdeutscher Schauspieler und Schriftsteller.

* 12. 9. 1906 Marne. 1926 Mitglied (1933–1936 Direktor) der Niederdeutschen Bühne Kiel. 1930 Dr. phil. 1933 NSDAP, Propagandaredner Gauleitung Weser-Ems, auch SS. 1935 Dozent der Hochschule für Lehrerbildung (zur NS-Indoktrinierung) in Kiel, 1938 HfL Oldenburg. Wiss. Leiter der Volksbildungsstätte Oldenburg der NS-Gemeinschaft *Kraft durch Freude.* Kriegsdienst, zuletzt Oberleutnant. 1945 Schauspieler. 1949 Professor der Pädagogischen Hochschule (PH) Flensburg, 1959 (bis 1973) der PH Kiel, 1961–1967 Rektor. Schulbuchautor. Ehrenbürger von Marne. † 10. 8. 1991 Kiel-Rammsee. Lit.: Hesse.

Brammer, Julius. Librettist.

* 9. 3. 1877 Sehraditz, Bezirk Holleschau. Zunächst Schauspieler in Wien. Mit Grünwald Libretto zu Kálmáns Operette *Gräfin Maritza* (1924). 1938, nach der Besetzung Österreichs, Flucht nach Frankreich. Im *Lexikon der Juden in der Musik* gebrandmarkt. Bekanntestes Lied: *Schöner Gigolo, armer Gigolo,* Text: »Wenn das Herz dir auch bricht, zeig ein lachendes Gesicht.« † 18. 4. 1943 Juan-les-Pins (Antibes).

Brandenburg, Hans. Schriftsteller.

* 18. 10. 1885 Wuppertal. Schwager René Schickeles. Spezialgebiet: Ausdruckstanz und kultisch-chorisches Spiel. 1919 Gründer des *Bundes für ein neues Theater.* 1926 Buch *Das neue Theater,* von der NSDAP als Wegbereiter der Thingspiele aufgenommen. Literarischer Beirat der *Hauptstadt der Bewegung* (München). Verse *Waldhütte,* 1944 in der Anthologie *Lyrik der Lebenden* des SA-Oberführers Gerhard Schumann: »O Grün, Gottes uraltes Augenlid,/faltiges, wimpre mit deinen Zweigen! Längst schlief ein mein Menschengeschick,/mein Blut dröhnt und zieht/ durch deine Gründe, grünes Schweigen.« 1955 Gedichte *Trost in Tränen.* 1967 Schwabinger Kunstpreis. † 8. 5. 1968 Bingen.

Brandl, Alois. Ab 1903 Präsident der deutschen Shakespeare-Gesellschaft.

* 21. 6. 1855 Innsbruck. Alldeutscher Anglist. 1895 (bis 1921) Lehrstuhl in Berlin. Geheimer Regierungsrat. 1936 Autor: *Zwischen Inn und Themse. Lebensbeobachtungen eines Anglisten.* Dort heißt es: »Vorbei ist die Zeit unserer Wehrlosigkeit, in der wir das zitternde Reh inmitten der bis an die Zähne bewaffneten Nachbarstaaten zu spielen hatten … Vor allem, wir haben einen Führer.« † 5. 2. 1940 Berlin. Lit.: Hausmann, Anglistik.

Brandt, Julius. Auf der *Gottbegnadeten-Liste* der Schauspieler, die für die Filmproduktion benötigt werden.

* 5. 3. 1873 Olmütz. Österreichischer Schauspieler in Berlin, ab 1937 in Wien. Klein- und Kleinstrollen in Filmen wie *Drei Mäderl um Schubert* (1937) oder *Der Meineidbauer* (1941). Letzter Film 1949: *Eroica.* † 26. 12. 1949 Wien.

Brandt, Martin. Schauspieler.

* 7. 5. 1903 Landsberg an der Warthe. Theaterstationen Koblenz, Breslau, Frankfurt/Oder, 1933 Berlin. Zwangsweise im

Jüdischen Kulturbund. 1941 als einer der letzten deutschen Juden Ausreise in die USA. In den Filmen *Urteil von Nürnberg* (1961), *Hitler* (1961, Rolle des Panzergenerals Guderian), *Das Mädchen Irma la Douce* (1963), *Die Akte Odessa* (1974, Rolle eines Nazi-Opfers). Ab 1965 an Berliner Bühnen. † 28. 10. 1989 Berlin.

Brandt, Rudolf. Name Oktober 1933 unter dem Treuegelöbnis »88 deutsche Schriftsteller« für Adolf Hitler.
* 1. 2. 1886 Berlin. Schriftleiter des *Berliner Lokal-Anzeigers*. 1928 Roman: *Wolgalied*, 1933: *Der Weg durch die Hölle*, Lektüre von Goebbels, Tagebucheintrag vom 24. 9. 1934: »So haben die Entente und Clemenceau uns mitgespielt.« † 5. 4. 1953 Butzbach.

Bratt, Harald, Pseudonym von Professor August Riekel. Chefdramaturg der Tobis Filmkunst (1940), Drehbuchautor.
* 23. 9. 1897 Wolfsanger bei Kassel. 1928 Lehrstuhl TH Braunschweig. 1939 Drehbuch zum Film *Leinen aus Irland* (Leiser: die Karikatur des jüdischen Untermenschen, eingebettet in eine Lustspielhandlung). April 1941 – mit Heuser – Drehbuch zum Hetzfilm *Ohm Krüger*, für Goebbels »ein Film zum Rasendwerden«. Höchstprädikat: *Film der Nation* und *Staatspolitisch und künstlerisch besonders wertvoll, kulturell wertvoll, volkstümlich wertvoll, volksbildend, jugendwert*. Vorlage zum Drehbuch des NS-Euthanasiefilms *Ich klage an*. Der von den Krankenmördern der Berliner T4-Zentrale teilfinanzierte Staatsauftragsfilm sollte den Widerstand der Bevölkerung gegen den Behindertenmord brechen. Goebbels am 22. 6. 1941 im Tagebuch: »Großartig gemacht und ganz nationalsozialistisch.« 1945/46 Direktor des Wiener Künstlertheaters. Drehbuchautor zu Filmen wie *Rausch einer Nacht* (1950) oder *Was das Herz befiehlt* (1951). † 1. 8. 1967 Tutzing.

Brauer, Peter Paul. Laut Fachblatt *Kinematograph* vom 4. 4. 1933 Beitritt zur *NSBO-Zelle deutschstämmiger Filmregisseure* (*NS-Betriebszellen-Organisation*).
* 16. 5. 1899 Wuppertal. Dr. phil. Filmproduzent und Regisseur. NSDAP. 1939/40 Produktionschef der Terra-Filmkunst. Zwischen 1938 und 1944 Regie zu elf Filmen, meist Komödien: *Das Verlegenheitskind* (1938), *Die Schwedische Nachtigall* (1941), *Die Jungfern vom Bischofsberg* (1943). Laut Weniger bewarb er sich 1940 »massiv darum, den von ihm mitinitiierten antisemitischen Hetzfilm Jud Süß drehen zu dürfen«, übernahm schließlich die Produktionsüberwachung. Geza von Czifra in seinem Buch *Kauf dir einen bunten Luftballon*: »›Ärger mit Goebbels?‹ fragte ich. ›Auch. Aber in erster Linie mit Veit Harlan. Er versuchte mit allen Mitteln, mir den Jud Süß wegzunehmen.‹« NS-Ehrung: Präsidialrat der Reichsfilmkammer. März 1949 Entlastungszeuge für Veit Harlan in dessen Prozeß vor dem LG Hamburg. Letzter Film 1954: *Mädchen mit Zukunft*. † 28. 4. 1959 Berlin.

Braumüller, Wolf. Im *Einsatzstab Reichsleiter Rosenberg* (ERR) zum Raub »herrenlosen Kulturguts von Juden«.
* 16. 4. 1906 München. Dr. phil. Sprecher der *Nationalsozialistischen Kulturgemeinde* (NSKG) und Mitarbeiter des NSKG-Organs *Bausteine zum deutschen Nationaltheater*. 1936 im *Handbuch der Judenfrage* von Theodor Fritsch Beitrag *Das Judentum im Theater*. Denunzierung »jüdischer«, »halbjüdischer« oder »jüdisch verheirateter« Bühnenautoren, Schauspieler, Kritiker, Intendanten. In Frankreich insbesondere »bei Plünderungen eingesetzt« (de Vries). Kriegsdienst bei Propaganda-Abteilung (WASt). Nach 1945 Spielleiter in München. Lit.: Brenner.

Braun, Alfred. Drehbuchautor Veit Harlans.
* 3. 5. 1888 Berlin. Zunächst Rundfunksprecher, Schauspieler. Goebbels am 21. 10. 1930 im Tagebuch: »Braun ist ein dicker Ästhet und Feinschmecker.« August 1933 kurzzeitig im KZ Oranienburg, Emigration in die Schweiz, vorübergehend in der Türkei, bei Kriegsbeginn freiwillige Rückkehr. 1940 Harlans Regie-Assistent

beim Hetzfilm *Jud Süß* (Goebbels: »Ein antisemitischer Film, wie wir ihn uns nur wünschen können«). 1942 Drehbuch zum antitschechischen Harlan-Farbfilm *Die goldene Stadt* (ein Slawe treibt eine blonde Deutsche in den Tod). 1944 Drehbuch zu Harlans Melodram *Opfergang*. 1945 mit Harlan Drehbuchautor zur Durchhalte-Schnulze *Kolberg*. 1954–1957 Intendant des SFB. Das *Deutsche Bühnen-Jahrbuch* zum 80. Geburtstag: »Ein Großfürst des gesendeten Worts«. † 3.1. 1978 Berlin.

Braun, Carl. Baßbariton.
* 2.6. 1885 Meisenheim (Nordpfälzer Bergland). Laut Hamann früher Hitler-Sympathisant, NSDAP 1932, in Rosenbergs *Kampfbund für deutsche Kultur*. 1927 (bis 1933) Solist der Richard-Wagner-Festspiele der Zoppoter Waldoper (Reichswichtige Festspielstätte bei Danzig). 1933 Trauerrede zum Tode Siegfried Wagners im Bayreuther Festspielhaus. An der Städtischen Oper Berlin. Ab 1937 Bühnenvermittler in Berlin. Nach 1945 Bühnenvermittler in Oberhausen, ab 1949 in Hamburg. † 19.4. 1960 ebenda.

Braun, Curt Johannes. Drehbuchautor.
* 11.9. 1903 Guttstadt in Ostpreußen. Dr. phil. 1937 Co-Autor zu Harlans Hitlerhuldigung *Der Herrscher* (Goebbels-Höchstprädikat *Nationaler Filmpreis*). 1941 Käutner-Film *Auf Wiedersehen, Franziska!* Courtade: »Er soll die zahllosen deutschen Frauen trösten, die der Krieg einsam gemacht hat«. 1942 Bismarck-Film *Die Entlassung* (Hitler in der Maske des berühmten Vorgängers). 1954: *Auf der Reeperbahn nachts um halb eins*, letzter Film 1959: *Peter Voß, der Held des Tages*. Weniger: »Simpelst gestrickte Unterhaltungsfilmmanuskripte.« † 5.5. 1961 München.

Braun, Harald. Drehbuchautor.
* 26.4. 1901 Berlin. Dr. phil. Drehbücher zu den Zarah-Leander-Filmen *Heimat* (1938), *Das Herz der Königin* (1940, Kernsatz: »Wer England zu Hilfe kommt, stirbt«), *Der Weg ins Freie* (1941, in den Nebenrollen ein verbrecherischer polnischer Graf und zwei jüdische »Volks-

schädlinge«). 1944 Regie zum Robert-Schumann-Film *Träumerei*. Produzent der Filme *Nachtwache* (1949), *Herz der Welt* (1951) und *Königliche Hoheit* (1953). Letzter Film 1960: *Die Botschafterin*. Mitbegründer der Neuen Deutschen Film GmbH in München-Gasteig. † 24.9. 1960 Xanten.

Braun, Helena. Auf der *Gottbegnadeten-Liste* (Führerliste) der wichtigsten Künstler des NS-Staates.
* 20.4. 1903 Düsseldorf. Dramatischer Sopran. Wagner-Sängerin und Interpretin von Richard-Strauss-Werken. 1933 Staatstheater Wiesbaden. 1940 Wiener Staatsoper, ab 1941 (auch nach 1945) Bayerische Staatsoper München. † 2.9. 1990 Sonthofen.

Braun, Hermann. Filmschauspieler.
* 18.11. 1918 New York, Sohn eines Kammersängers. Rollentyp: keuscher Liebhaber. 1937 Hauptrolle im Filmlustspiel *Verwandte sind auch Menschen*. Propagandastreifen: 1939 Jagdfliegerfilm *D III 88* über »die fiebernde Vaterlandsliebe der Waffe« (Tobis-Pressetext) sowie 1941 antipolnischer Film *Kampfgeschwader Lützow*. Im DBJ 1944 als Darsteller der *Berliner Soldatenbühne (Theater im Wehrkreis III)* geführt. † Kriegstod 18.1. 1945 bei Lodz.

Braun, Viktor. Auf der *Gottbegnadeten-Liste* der Schauspieler, die für die Filmproduktion benötigt werden.
* 21.7. 1899 Wien. Nach Stationen in Brüx (Sudeten), Innsbruck und Aussig (Sudeten) ab 1925 Burgschauspieler. † 6.12. 1971 Wien. Nachruf *Deutsches Bühnen-Jahrbuch*: »Hervorragender Charakter- und Chargendarsteller«.

Braunfels, Walter. Komponist und Dirigent.
* 19.12. 1882 Frankfurt am Main. Häufig gespielte Opern: *Prinzessin Brambilla* (1909) und *Die Vögel* (1920). Zunächst in München, Bekanntschaft mit Thomas Mann und Pfitzner. Ab 1925 Mitdirektor der Kölner Musikhochschule, Professor. 1933 Entlassung. Im *Lexikon der Juden in der Musik* als »Halbjude« gebrandmarkt.

1945–1950 Direktor in Köln. † 19.3. 1954 Köln.

Brausewetter, Hans. Auf der *Gottbegnadeten-Liste* der Schauspieler, die für die Filmproduktion benötigt werden.
* 27.5. 1899 Malaga in Spanien. Rollentyp: netter Kerl. Am Deutschen Theater in Berlin. Zwischen 1933 und 1945 in 54 Filmen. 1937 in Harlans *Mein Sohn, der Herr Minister*, für Goebbels »eine geistvolle Verhöhnung des Parlamentarismus«. 1939 mit Rühmann und Sieber Durchhalte-Song *Das kann doch einen Seemann nicht erschüttern* im Film *Paradies der Junggesellen* (»Und wenn die ganze Erde bebt/und die Welt sich aus den Angeln hebt:/Das kann doch einen Seemann nicht erschüttern«). 1940 im Staatsauftragsfilm *Wunschkonzert* (26,5 Millionen Besucher). 1943 im Ufa-Jubiläumsfilm *Münchhausen*. NS-Ehrung: Präsidialbeirat der *Kameradschaft der deutschen Künstler* (NS-Führerkorps), *Staatsschauspieler* (1939). † 29.4. 1945 Berlin durch Granatsplitter. Kollege Gustav Fröhlich: »Er hat sich oft eine tragische Rolle gewünscht. Aber so eine?«

Brecher, Gustav. Generalmusikdirektor.
* 5.2. 1879 Eichwald bei Teplitz. Titel Professor, 1924 Operndirektor in Leipzig. Verunglimpfung im *Lexikon der Juden in der Musik*: »Leitender Operndirektor in Leipzig, wo er zersetzende Tendenzen begünstigte, indem er u. a. Kreneks Jazzoper ›Jonny spielt auf‹ und Brecht-Weills ›Aufstieg und Fall der Stadt Mahagonny‹ zur Uraufführung annahm.« 1933 Flucht in die Niederlande. † Mai 1940, nach Einmarsch der Wehrmacht, Suizid mit seiner Frau Gertrude Deutsch auf See.

Brecht, Bertolt. Schriftsteller.
* 10.2. 1898 Augsburg. 1922 Bühnenerfolg mit *Trommeln der Nacht* an den Münchner Kammerspielen, Heirat mit der Sängerin Marianne Zoff (Scheidung 1926), auf Betreiben Herbert Iherings Kleist-Preis, Förderpreis für junge Dichter, Begründung: »Ein Poet, der scheinbar die Verwesung gestaltet und mit dieser Gestaltung Licht verbreitet.« 1923 in Leipzig

Uraufführung seiner »genialischen, szenischen Ballade« (Ihering) *Baal*, Kritiker Kerr am 11.12. 1923 im *Berliner Tageblatt*: »Brecht ist neben der Krafthuberei ein Poet.« 1924 Kind mit Helene Weigel (1929 Heirat). 1926 Parabel *Mann ist Mann*, Uraufführung am Landestheater Darmstadt. 1928 sein größter Bühnenerfolg: *Die Dreigroschenoper*, Uraufführung im Berliner Theater am Schiffbauerdamm. 1932 Co-Autor des Drehbuchs zum Film *Kuhle Wampe*, ein Klassiker des proletarischen Kinos. Galt als »Kulturbolschewist«. Ein Tag nach dem Reichstagsbrand am 27.2. 1933 (Vorwand für eine folgende Verhaftungswelle) Flucht nach Prag. Stationen des Exils: 1933 Schweiz und Dänemark, 1939 Schweden, 1940 Finnland, 1941 USA, Wohnung in Santa Monica nahe Hollywood. Mitherausgeber der Moskauer Exilzeitschrift *Das Wort*. Brecht (1937): »Immer fand ich den Namen falsch, den man uns gab: Emigranten./Das heißt doch Auswanderer. Aber wir/Wanderten doch nicht aus, nach freiem Entschluß/Wählend ein anderes Land. Wanderten wir doch auch nicht/Ein in ein Land, dort zu bleiben, womöglich für immer./Sondern wir flohen. Vertriebene sind wir, Verbannte.« Im Exil entstanden unter anderem *Mutter Courage und ihre Kinder* (1939), *Herr Puntila und sein Knecht Matti* (1940) sowie *Der gute Mensch von Sezuan* (1941). 1947 Übersiedlung in die Schweiz, keine Einreisegenehmigung für Österreich und Westdeutschland (Absprechung dt. Staatsbürgerschaft Juni 1935). Oktober 1948 Umzug nach Ost-Berlin. 1949 mit Helene Weigel Gründer des *Berliner Ensembles*. 1950 österreichischer Staatsbürger. Am 24.3. 1950 Gründungsmitglied der *Deutschen Akademie der Künste* (DDR). 1951 *Nationalpreis*, 1954 Stalin-Friedenspreis. † 14.8. 1956 Ost-Berlin. Nachruf *Deutsches Bühnen-Jahrbuch*: »Über das dichterische Schaffen hinaus ein bewährter Theater-Praktiker«.

Bredel, Willi. Journalist.
* 2.5. 1901 Hamburg. 1928 Redakteur des

KP-Organs *Hamburger Volkszeitung*. 1930 wegen Landes- und Hochverrats inhaftiert. 1933 in der UdSSR, nach Rückkehr im selben Jahr inhaftiert im KZ Fuhlsbüttel. 1934 Entlassung, Flucht in die UdSSR. 1936/37 mit Brecht und Feuchtwanger Herausgeber der Moskauer Exilzeitschrift *Das Wort*. Kriegskommissar im Spanischen Bürgerkrieg. 1943 Mitbegründer der *Nationalkomitees Freies Deutschland* in der UdSSR. Nach dem Krieg Vizepräsident (1952) und Präsident (1962–1964) der Ostberliner Akademie der Künste, ab 1954 im Zentralkomitee der SED. † 27.10. 1964 Ost-Berlin. Lit.: Barth; Scholdt.

Bredow, Gustav Adolf. Auf der *Gottbegnadeten-Liste* (Führerliste) der wichtigsten bildenden Künstler des NS-Staates. * 22.8. 1875 Krefeld. Wohnort Stuttgart. Spezialgebiet: Bauplastik. Auf den Großen Deutschen Kunstausstellungen im Münchner NS-Musentempel *Haus der Deutschen Kunst*, 1939 mit dem *Hochrelief für die Adolf-Hitler-Kampfbahn in Stuttgart-Cannstatt* (Gips).

Brehm, Bruno. Auf der *Gottbegnadeten-Liste* (Führerliste) der wichtigsten Schriftsteller des NS-Staates. * 23.7. 1892 Laibach als Offizierssohn. Hauptmann im I. Weltkrieg. 1922 Promotion über den Ursprung der germanischen Tierornamentik. Von Zuckmayer zur Kategorie »Nazis, Anschmeißer, Nutznießer, Kreaturen« gerechnet. Zur Volksabstimmung zum »Anschluß« Österreichs April 1938: »Jede Stimme ein Stein,/alle Steine der Wall,/Vom Walle umfriedet das Reich,/das der Führer geeint.« 1938 (bis 1942) Herausgeber der »Monatsschrift der Ostmark« *Der getreue Eckart*. 1941 beim Weimarer Dichtertreffen: »Jetzt, da die größte Gefahr für Europa gebannt ist, könnte Frieden sein, säßen nicht in London und New York verantwortungslos, bodenlos, volkslos die jüdischen Hetzer.« Ratsherr der Stadt Wien. 1941 Präsident der Wiener Kulturvereinigung. Mit weit über 50 Texten im NS-Kampfblatt *Krakauer Zeitung*, das »Blatt des Generalgouver-

nements«, ebenda Ankündigung einer Dichterlesung (»Morgenfeier«) am 14.1. 1945 im Institut für Deutsche Ostarbeit. NS-Ehrung: 1. Mai 1939 *Nationaler Buchpreis*, Staatspreis des Dritten Reiches. Bergengruen: »Nachdem er seinen Anschluß an das Dritte Reich vollzogen hatte, blieb von ihm nichts übrig als ein oberflächlicher, dickgefressener, vielschreibender und vielverdienender Reporter.« Ab 1953 in Altaussee (Steiermark). Mitglied der 1960 gegründeten Gesinnungsgemeinschaft *Gesellschaft für freie Publizistik*. 1963 Sudetendeutscher Kulturpreis. † 5.6. 1974 Altaussee.

Brehme, Hans. Komponist. * 10.3. 1904 Potsdam. Mai 1933 NSDAP, Musik zum »Stadionspiel der nationalen Revolution« *Aufbricht Deutschland* von Gustav Goes. Kompositionslehrer (1936) und Professor (1943) der Musikhochschule Stuttgart. 1941 Oper *Der Uhrmacher von Straßburg*. 1945 am Hochschulinstitut für Musik in Trossingen (errichtet mit Hilfe der Firma Matthias Hohner), 1950 erneut Musikhochschule Stuttgart. † 10.11. 1957 Stuttgart.

Breitenfeld, Richard. Bariton, Wagner-Sänger. * 13.10. 1869 Reichenberg/Böhmen. Ab 1902 am Opernhaus Frankfurt am Main, auch Bayreuther Festspiele. 1932 Bühnenabschied als Tonio im *Bajazzo*. Breitenfeld am 29.8. 1942 an die Lohnstelle der Stadt Frankfurt am Main: »Ich teile Ihnen mit, daß ich heute mit meiner Frau [Olga] nach 30jähriger Tätigkeit an der Frankfurter Oper mit dem Judentransport (nach Theresienstadt?) wegkomme.« † 16.12. 1942 Ghettolager Theresienstadt. Seine Frau starb zwei Monate zuvor. Lit.: C. Becker.

Breker, Arno. Auf der Sonderliste der zwölf wichtigsten bildenden Künstler der *Gottbegnadeten-Liste* (Führerliste). Reichskultursenator. * 19.7. 1900 Wuppertal. Staatsbildhauer des Dritten Reiches. Goebbels am 29.3. 1937 im Tagebuch: »Nachmittags kleine

Teegesellschaft. Zerletts, Anny Ondra, Bildhauer Thorak, Breker.« Ab 1938 an der Berliner Hochschule für Bildende Künste. Zahlreiche Staatsaufträge, so die Bronzeplastiken *Die Partei* (Nackter mit Fackel) und *Die Wehrmacht* (Nackter mit Schwert) im Ehrenhof der 1939 von Speer erbauten Neuen Reichskanzlei. Im engsten Freundeskreis von Speer, März 1939 Sizilienfahrt mit Gattinnen (Speer). Goebbels am 23.2.1940 im Tagebuch: »Der Führer lobt sehr die letzten Entwürfe von Breker, den er für den größten Bildhauer unserer Zeit hält.« Mai 1940 *Mussolini-Preis* auf der Biennale in Venedig für seine Plastik *Anmut* (stehende Nackte mit erhobenen Armen). Auf den Großen Kunstausstellungen im Münchner NS-Musentempel *Haus der Deutschen Kunst*, darunter 1943: *Reichsminister Professor Speer, Reichsminister Dr. Goebbels, Reichsminister Rust.* Als Vizepräsident der Reichskammer der bildenden Künste im Kuratorium der *Goebbels-Stiftung für Kulturschaffende.* NS-Ehrung: Am 20.4.1937 (zu *Führers Geburtstag*) Titel Professor. Von Speer mit horrenden Summen gefördert, Dotationen (steuerfreie Schenkungen) Hitlers in Höhe von 800 000 Mark, inklusive Landsitz Jäckelsbruch bei Wriezen. Hitler rühmte sich am 12.4.1942 im Tischgespräch, er habe »dafür gesorgt, daß Arno Brekers Jahreseinkommen von einer Million nicht um mehr als 15 Prozent durch Steuern geschmälert werde«. Nach 1945 Porträts von Hermann Abs, Konrad Adenauer, Ludwig Erhard und Ernst Jünger. † 13.2.1991 Düsseldorf.

Breker, Hans. Auf der *Gottbegnadeten-Liste* (Führerliste) der wichtigsten bildenden Künstler des NS-Staates. * 5.11.1906 Elberfeld. Bildhauer wie sein Bruder Arno. Auf der Großen Deutschen Kunstausstellung 1940 im Münchner NS-Musentempel *Haus der Deutschen Kunst* mit drei Objekten: *Friedrich der Große 19jährig, Friedrich Wilhelm I.* (jeweils Bronze), *Mutter mit Kindergruppe* (Gips). Weitere Plastiken: NSV-Mütterheim in Meisenheim am Glan, Ehrenmal für die Gefallenen der Stadt Elbing (*Die Kunst im Deutschen Reich,* Juli 1940). 1948 Lehrstuhl für Freie Plastik in Weimar. Ab 1954 freischaffend in Düsseldorf. † 15.11.1993 Düsseldorf.

Brem, Beppo. Auf der *Gottbegnadeten-Liste* der Schauspieler, die für die Filmproduktion benötigt werden. * 11.3.1906 München, Sohn eines Bierbrauers. Rollentyp: bayerisches »Urviech«. Krachlederne Possen (Weniger) und NS-Filme: 1934 antikommunistischer Freikorps-Film *Um das Menschenrecht* und Kriegsfilm *Stoßtrupp 1917* (laut *Völkischer Beobachter* über »unsterbliches Soldatentum«), Uraufführung in Anwesenheit Hitlers. 1937 *Unternehmen Michael,* eine Glorifizierung sinnlosen Sterbens (Kreimeier). November 1940, nach dem Überfall auf Polen, antipolnischer Hetzfilm *Feinde* (Polen als Mordgesindel). 1941 als Bombenwart in der Sturzkampfflieger-Hymne *Stukas* und als Gebirgsjäger in *Spähtrupp Hallgarten* (Besetzung Norwegens). Nach 1945 Filme wie *Des Teufels General* (1955) oder *Pudelnackt in Oberbayern* (1969). 1961–1981 Fernsehserie *Die seltsamen Methoden des Franz Josef Wanninger.* Bayerischer Verdienstorden (1970), *Verdienstkreuz I. Klasse der BRD* (1983). † 5.9.1990 München.

Brendel, Bruno. Schriftsteller. * 16.7.1914. Lehrer in Asch (West-Sudeten). 1939 zwei Gedichtbände: *Kette und Ring* sowie *Heim ins Reich.* 1939 Weiheverse *Gebet:* »Denn meine Augen haben heute/den Führer gesehen./Nun will ich leben, leben,/nichts als leben,/weil es sein Wille ist,/mein ganzes Herz/und meine ganze Kraft/und jede meiner Stunden ihm zu geben.«

Brennecke, Joachim. Auf der *Gottbegnadeten-Liste* der Schauspieler, die für die Filmproduktion benötigt werden. * 6.12.1919 Berlin. Ab 1938 am Staatstheater Berlin. 1940 in Gründgens' »frohem Film von frohen Menschen« *Zwei Welten* (über Erntehilfe als »Sieg der Jugend von heute über das Gestrige«) sowie im Staatsauftragsfilm *Wunschkonzert*. 1941 in den Propagandastreifen *Über alles in der Welt* zur Vorbereitung der Schlacht um England und im Staatsauftragsfilm *U-Boote westwärts*. Laut Hippler von Goebbels öfters zur Abendgesellschaft eingeladen. Nach 1945 zunächst Betreiber einer Sauna in Berlin-Zehlendorf, am Berliner Hebbel-Theater. Filme wie *Alle kann ich nicht heiraten* (1952) oder *Die Wirtin von der Lahn* (1955).

Brentano, Bernhard von. Schriftsteller.
* 15. 10. 1901 Offenbach. Während der Weimarer Republik radikaler Linker. 1933 Wohnort Zürich, 1934 Küsnacht. August 1940 (nach Hitlers Siegen im Osten wie im Westen) an die Reichsschrifttumskammer: »Neben der aufmerksamen Betrachtung der vom Führer eingeleiteten und vollbrachten Politik, und zwar sowohl der Inneren wie der Auswärtigen, haben mich gerade die Erfahrungen, die ich als Deutscher im Ausland, in der Schweiz und auf Reisen in Frankreich, machte, meine früheren innenpolitischen Ansichten völlig umgestoßen ... Ich bitte darum, wieder in meinem Vaterland arbeiten, schreiben und veröffentlichen zu dürfen.« Erst 1949 Übersiedlung nach Wiesbaden. 1955 Essays: *Die geistige Situation der Kunst in der Gesellschaft*. † 29. 12. 1964 Wiesbaden.

Bresgen, Cesar (sic). »Komponist der HJ« (Bücken).
* 16. 10. 1913 Florenz. NS-Lehrerbund, HJ. Gebrauchsmusik zu NS-Feierlichkeiten, so die Kantate (offizielles HJ-Lied) *Nur der Freiheit gehört unser Leben*. Am 25. Mai 1938 Aufführung seines Werks *Wir singen den Maien an* bei der Eröffnungsfeier des Musikschulungslagers der Reichsjugendführung während der ersten *Reichsmusiktage* in Düsseldorf (mit der Schandschau *Entartete Musik*). Am selben Tag Aufführung seiner *Serenade für fünf Holzbläser* in der Abendveranstaltung des NS-Studentenbunds. 1939 Leiter der *Mozartspielschar der HJ*, Professor der Kompositionsklasse am Mozarteum in Salz-

burg (1941 Reichsmusikhochschule). Am 10. 6. 1944 Aufführung der vom SS-Hauptamt in Auftrag gegebenen *Bläserfanfare* zur Eröffnung der Ausstellung *Deutsche Künstler und die SS* in Salzburg. 1954 Oper *Nino fliegt mit Nina*. † 7. 4. 1988 Salzburg.

Bressart, Felix, eigentlich Breslau. Schauspieler.
* 12. 3. 1892 Eydtkuhnen in Ostpreußen. Ab 1927 in komischen Rollen an Berliner Bühnen. 1930 im Film *Die drei von der Tankstelle* (mit Harvey und Rühmann). 1933, da Jude, Flucht in die Schweiz, danach in Wien, Budapest, Amsterdam, 1937 USA. 1939 im Ernst-Lubitsch-Film *Ninotschka*, 1944 KZ-Film *Das siebte Kreuz*. † 17. 3. 1949 Hollywood an Leukämie.

Bretschneider, Anneliese. Sprachforscherin.
* 24. 8. 1898 Glauchau in Sachsen. 1924 Mitarbeit am *Deutschen Sprachatlas* in Marburg. 1929 im *Kampfbund für deutsche Kultur*. 1931/32 Mitarbeit am *Atlas der deutschen Volkskunde* in Berlin. 1932 NSDAP. 1934 Autorin: *Deutsche Mundartenkunde*. Zusammenarbeit mit Rosenbergs Kulturpolitischem Archiv. Denunzierte in Dossiers Wissenschaftler, aber auch Schauspieler wie Trenker, Jannings oder Theo Lingen. Über Lingen: »Alle Gesichtszüge (Augen, Nasenpartie, Mund) waren eindeutig jüdisch.« 1939 Leiterin des *Brandenburg-Berlinischen Wörterbuchs*. 1945 zunächst verhaftet, weiterhin Leiterin des Wörterbuchs, Mitglied der Ostberliner Akademie der Wissenschaften, Professorin. 1981 mit Unterstützung der Deutschen Forschungsgemeinschaft Publikation ihres Hauptwerks *Die brandenburgische Sprachlandschaft*. † 20. 11. 1984. Nachruf der *Zeitschrift für Dialektologie und Linguistik*: »Jüngeren Forschern ein Vorbild an Fleiß und Hingabe«. Lit.: Walther.

Breuer, Siegfried. Auf der *Gottbegnadeten-Liste* der Schauspieler, die für die Filmproduktion benötigt werden.

* 24. 6. 1906 Wien, Sohn eines Opernsängers. Rollentyp: Schwerenöter, fünfmal
verheiratet, unter anderem mit Maria Andergast. Ab 1935 am Deutschen Theater in
Berlin. Im Krieg in 22 Filmen. 1939 Rolle
des Juden Kohn in *Leinen aus Irland* (Leiser: die Karikatur des jüdischen Untermenschen, eingebettet in eine Lustspielhandlung). 1941 als verbrecherischer polnischer Graf Oginski, der mit jüdischen
»Volksschädlingen« schachert, im Zarah-
Leander-Film *Der Weg ins Freie.* Ebenfalls
1941 Rolle des jüdischen Kunsthändlers
Hecht in *Venus vor Gericht* (über einen
NSDAP-Bildhauer, den »jüdischen Kunsthandel« und »entartete Kunst«). 1949 Nebenrolle im Filmklassiker *Der dritte Mann.*
1953 letzter Film: *Unter den Sternen von
Capri.* † 1. 2. 1954 Göttingen. Nachruf
Deutsches Bühnen-Jahrbuch: »Zählte zu
den am meisten beschäftigten Schauspielern im deutschen Film.«

Breuhaus, Fritz. Auf der *Gottbegnadeten-
Liste* (Führerliste) der wichtigsten Architekten des NS-Staates.
* 9. 2. 1883 Solingen. Titel Professor. Ab
1932 in Berlin, Wohnsiedlungen und In-
dustriebauten, Ausstattung von Übersee-
dampfern des Norddeutschen Lloyd.
1938/39 auf der 2. Deutschen Architektur-
Ausstellung im Münchner NS-Musentempel *Haus der Deutschen Kunst*: Entwurf
der Deutschen Botschaft in Washington.
1941 Autor: *Neue Bauten und Räume.*
† 2. 12. 1960 Köln.

Brill, Erich. Maler.
* 20. 9. 1895 Lübeck. Wohnort Hamburg.
1932 Porträts von Arnold Zweig und Albert Einstein. 1933 als Jude Flucht nach
Holland, 1936 Rückkehr nach Hamburg.
1938 wegen angeblicher Rassenschande zu
vier Jahren Zuchthaus verurteilt, Entlassung Dezember 1941, im selben Monat
Deportation ins Lager Jungfernhof bei Riga. † 26. 3. 1942 ebenda erschossen.

Brinkmann, Woldemar. Auf der *Gottbegnadeten-Liste* (Führerliste) der wichtigsten Architekten des NS-Staates. Reichskultursenator.

* 12. 3. 1890 (sic) Hamburg. Innenarchitekt. Schüler und Mitarbeiter von Troost.
1937 beteiligt am Bau des *Deutschen Hauses* auf der Pariser Weltausstellung.
1938/39 auf der Deutschen Architektur-
Ausstellung im *Haus der Deutschen Kunst*:
Ausstattung der *Kraft-durch-Freude*-
Schiffe *Robert Ley* und *Wilhelm Gustloff.*
NS-Ehrung: Zu *Führers Geburtstag* 1939
Titel Professor, Präsidialrat der Reichskammer der bildenden Künste. † 31. 12.
1959 Hamburg.

Britting, Georg. Schriftsteller.
* 17. 2. 1891 Regensburg als Beamtensohn, Wohnort München. 1932 Roman
*Lebenslauf eines dicken Mannes, der Ham-
let hieß.* 1935 Gedichte *Der irdische Tag.*
Oktober 1934 Teilnehmer des Treffens der
Dichter des Krieges in Berlin, Unterzeich-
nung eines Gelöbnis-Telegramms an Hitler: »Die ... Dichter des Krieges entbieten
ihrem Führer und Reichskanzler im Gedenken der Kameradschaft der Front und
Dankbarkeit ⌐für die Wiedergewinnung
deutscher Wehrhaftigkeit das Gelöbnis
unwandelbarer Treue.« Mit weit über 50
Texten im NS-Kampfblatt *Krakauer Zeitung,* das »Blatt des Generalgouvernements«. 1941 in Hitler-Anthologie: »Was
immer die Deutschen/sich träumend ersehnten,/Wofür sie litten und fochten und
fielen,/[...] In einem herrlichen Jahr/
Ward es gewaltig vollbracht.« 1959 *Großes
Verdienstkreuz des Bundesverdienstordens.*
† 27. 4. 1964 München.

Broch, Hermann. Schriftsteller.
* 1. 11. 1886 Wien als Kind jüdischer Eltern. 1935 antifaschistischer Roman *Die
Verzauberung.* 1938, nach der Besetzung
Österreichs, Flucht über Großbritannien
in die USA. 1945 zweites Hauptwerk *Der
Tod des Vergil.* 1947 NS-Studie *Massen-
wahntheorie.* † 30. 5. 1951 New Haven,
Connecticut.

Brockdorff-Rantzau, Alexander Graf.
1925–1934 Verbandsgeschäftsführer des
radikal antisemitischen und antidemokratischen *Alldeutschen Verbands* (AV).
* 17. 11. 1894 Ningpo. Der AV unterstütz-

te schon früh die NSDAP, am 3.2.1934 heißt es in einem von Brockdorff redigierten Lagebericht: »Die Forderung nach der Diktatur, nach Zertrümmerung des Parteiunwesens, nach Rassegesetzgebung und Ausmerzung der Unterwertigen – all das gehört seit langem zu unseren Grundforderungen.« Der AV, der in geschlossenen Zirkeln tagte und damit suspekt war, wurde März 1939 auf Anordnung Heydrichs als potentielle rechtskonservative Opposition zerschlagen. † Genealogisches Handbuch (das NS-Mitgliedschaften nahezu durchgängig beschweigt): Am 18.4.1939 in Berlin »als Widerstandskämpfer [sic] von der Gestapo erschossen.« Im *Lexikon des deutschen Widerstandes* nicht erwähnt. Lit.: Hering.

Brockmeier, Wolfram. Leiter der Fachschaft Lyrik der Reichsschrifttumskammer (1935).
* 31.3.1903 Cossebaude. Hilfslehrer. 1934 in der Reichsjugendführung, Autor des chorischen Spiels *Volk und Führer*. Auftragsarbeit *Bekenntnis zur Jugend*, 1935 auf dem NSDAP-Reichsparteitag aufgeführt. 1936 chorisches Spiel *Ewiges Deutschland*. 1939 NSDAP (Nr. 7265102). 1941 Gedichte *Du, Deutschland, wirst bleiben*. 1942 Referent im Reichspropagandaministerium, HJ-Hauptbannführer. 1944 beim Reichsarbeitsdienst. Weiheverse *Der Führer spricht im Funk*: »Sie saßen und lauschten beklommen,/Als längst schon die Stimme entschwebt,/Weckruf war hergekommen./Und sie standen, vom Glück benommen,/Und wußten, daß Deutschland lebt.« † 2./3.5.1945 Gellberg im Westhavelland (WASt).

Brod, Max. Schriftsteller.
* 27.5.1884 Prag. Dr. phil. Entdecker, Förderer und Biograph Franz Kafkas, den er 1902 kennenlernte. 1915 Roman *Tycho Brahes Weg zu Gott*. 1916 Entdecker des Komponisten Leos Janáček (*Jenufa*) für die nichttschechische Welt, Übersetzer seiner Operntexte. Ab 1929 Literatur- und Musikkritiker des *Prager Tagblatts*, Mitbegründer des jüdischen Nationalrats der CSR. Klaus Mann: »Die kleine, agile Gestalt Max Brods bleibt in meiner Erinnerung ein Wahrzeichen des literarischen Prag dieser Epoche.« März 1939 mit dem letzten möglichen Zug Flucht aus Prag, Dramaturg in Palästina. 1960 Erinnerungen: *Streitbares Leben*. Ebenda: »Ich selbst betrachte von da ab mein weiteres Leben als reines Geschenk ... Von Rechts wegen bin ich längst hingerichtet.« † 20.12.1968 Tel Aviv.

Brod, Otto. Schriftsteller.
* 6.7.1888 Prag. Bruder von Max Brod. 1934 Roman *Die Berauschten* im Verlag Allert de Lange, Amsterdam. Nach dem Einmarsch der Wehrmacht 1939 in Prag untergetaucht. 1942 mit Frau und Tochter ins Ghettolager Theresienstadt verschleppt. † 1944 mit dem letzten Transport nach Auschwitz deportiert. Max Brod: »Man hatte das Ehepaar von ihrem einzigen Kind Marianne getrennt. Wenige Wochen nach den Eltern ging Marianne in Bergen-Belsen zugrunde.«

Brodde, Otto. Hymnologe.
* 21.3.1910 Gilgenburg in Ostpreußen. 1935 Dozent für Hymnologie und Liturgik der Folkwangschule Essen. 1937 in *Völkische Musikerziehung* Beitrag *Das Volkslied politisch*: »Daß die Entfaltung der Eigenart ohne Hilfestellung fremder Mächte und Kräfte eine völkische Innenverpflichtung ist, wurde kaum begriffen ... erst die Sinnesänderung, der Umbruch 1933 konnten hier einen entscheidenden Wandel schaffen ... Von diesem Ansatz aus muß ein totaler Staat eine politische Kunst verlangen.« 1946 Dozent für Kirchenmusik in Hamburg. 1951 Mitherausgeber des Periodikums *Der Kirchenmusiker*. 1962 Kirchenmusikdirektor. 1963 Titel Professor. † 24.8.1982 Hamburg.

Bröger, Karl. Arbeiterdichter.
* 10.3.1886 Nürnberg. 1916 Kriegsgedichte *Kamerad, als wir marschiert ...* 1921 SPD, 1933 SPD-Stadtrat in Nürnberg, deshalb Ende Juni bis Anfang September 1933 im KZ Dachau. Danach Auftritte für die Auslandsorganisation der NSDAP im Aus-

land sowie Lesungen im Rahmen von NSDAP-Veranstaltungen. Juli 1940 Teilnehmer einer vom Propagandaministerium und dem OKW organisierten *Dichterfahrt* ins besetzte Belgien und Frankreich. Weiheverse *Bekenntnis*, 1944 in der Anthologie *Lyrik der Lebenden* des SA-Oberführers Gerhard Schumann: »Daß kein fremder Fuß betrete den heimischen Grund,/stirbt ein Bruder in Polen, liegt einer in Flandern wund./Alle hüten wir deiner Grenzen heiligen Saum./Unser blühendstes Leben für deinen dürrsten Baum, Deutschland!« † 4.5. 1944 Nürnberg. Lit.: Barbian.

Bronnen, Arnolt, eigentlich: Arnold Bronner. Name Oktober 1933 unter dem Treuegelöbnis »88 deutsche Schriftsteller« für Adolf Hitler.

* 19.8. 1895 Wien. Geprägt von der Verleugnung seines jüdischen Vaters. April 1922 im Schauspielhaus Frankfurt am Main Uraufführung seines Stücks *Vatermord*, ausgezeichnet mit dem Kleist-Preis, Förderpreis für junge Dichter. Befreundete sich zunächst mit Brecht, später mit Goebbels. Harry Graf Kessler am 16.6. 1926 im Tagebuch:»Ein pervertierter Spießer, flach, ohne Horizont, krankhaft eitel«. 1928 Dramaturg der *Funkstunde* des Senders Berlin, im Kreis um Ernst Jünger. 1929 Roman *O. S.* zum Thema Freikorps in Oberschlesien. Goebbels im NS-Hetzblatt *Der Angriff* (zit. n. Bronnen): »Bronnens O. S. ist so, als wäre das Buch von uns allen geschrieben.« 1930 Roman *Roßbach* über den Freikorpskämpfer Roßbach. Goebbels am 2.7. 1932: »Bronnen ist sehr liebenswürdig. Darf man ihm trauen?« 1933 Programmleiter der Reichsrundfunk GmbH. 1936 (bis 1940) beim Berliner Fernsehsender Paul Nipkow. Von Rosenberg bekämpft, von Goebbels zunächst gestützt. *Meyers Lexikon* (1937): »Aus Konjunkturinstinkt Anschluß an die nationale Bewegung«. 1937 erstmals Ausschluß aus der Reichsschrifttumskammer wegen fehlendem Ariernachweis, 1943 Publikationsverbot. Laut Zuckmayers Erinnerungen

»ging von ihm etwas Hämisches und Eitles aus, ein schweißiger, mißgünstiger Ehrgeiz, der, wenn er gekonnt hätte, gern über Leichen gegangen wäre«. 1945 (bis 1950) Kulturredakteur der KP-Zeitung *Neue Zeit* in Linz/Donau. 1954 Widerstands- und Rechtfertigungsopus: *arnolt bronnen gibt zu protokoll.* 1955 Wechsel in die DDR, Theaterkritiker der *Berliner Zeitung*. † 12.10. 1959 Ost-Berlin.

Brosig, Egon. Charakterkomiker.

* 25.10. 1889 Ohlau in Schlesien. Buffo am Admiralspalast und am Metropoltheater. 1940 im NS-Hetzfilm *Die Rothschilds*, laut Courtade ein Film »von einem bösartigen, aggressiven Antisemitismus ... ein Aufruf zu Haß und Mord«. Nach 1945 Erster Komiker in Berlin. † 22.5. 1961 ebenda. Nachruf *Deutsches Bühnen-Jahrbuch*: »Lange Zeit galt er als einer der bedeutendsten Tanzbuffos überhaupt.«

Brouwers, Hermann. *Landeskulturwalter* Gau Düsseldorf.

* 5.8. 1900. NSDAP-Gaupropagandaleiter in Düsseldorf, Landesstellenleiter des Reichspropagandaministeriums. Ab 1940 für Goebbels in Brüssel. Vom brit. Geheimdienst 1953 dem Netzwerk des Ex-Staatssekretärs Werner Naumann zugerechnet (BA N 1080/272). Q.: Hinkel.

Bruchmann, Karl Gustav. Archivar.

* 2.10. 1902 Breslau. Im Krieg Chef des Staatsarchivs Kattowitz, zugleich des NSDAP-Gauarchivs. Eckert: »Arbeit als Staatsarchivar in Kattowitz, wo er mit Gestapo und Sicherheitsdienst bei der Verwertung beschlagnahmten jüdischen Bibliotheksguts kooperierte.« 1946 im Internierungslager Regensburg. 1961 Zweiter Direktor des Bundesarchivs. † 20.3. 1967 Koblenz. Lit.: Eckert.

Bruckmann, Elsa, geb. Prinzessin Cantacuzène. Gönnerin Hitlers.

* 23.2. 1865. Seit 1898 Gattin des Verlegers Hugo Bruckmann. NSDAP-Ortsgruppe München-Siegestor: »Parteigenossin, Mitglied Nr. 92.« Sie besuchte Hitler insgesamt dreimal während der Haft in Landsberg: »Und das Herz pochte mir, daß ich heute dem würde Aug in Aug danken können, der mich und so viele geweckt hatte, in dem Dunkel uns wieder Licht gezeigt und den Weg, der zum Licht führen soll.« Laut Henriette von Schirach las sie Korrektur zu *Mein Kampf.* 1928 öffentliche Förderin der *Nationalsozialistischen Gesellschaft für Deutsche Kultur.* Gesellschaftlicher Mittelpunkt der Münchner Szene. Goebbels am 12.5.1930 im Tagebuch:»Frau Bruckmann scheint großen Einfluß auf den Chef zu haben.« † 1947 München. Lit.: Hamann.

Bruckmann, Hugo. Verleger. Reichskultursenator.
* 13.10.1863 München. Laut NSDAP-Ortsgruppe München-Siegestor »seit dem Bestehen der Bewegung Parteigenosse. Seine Mitgliedsnummer ist 91.« Mitinhaber der F. Bruckmann KAG. Am 19.12. 1928 Unterzeichner des Gründungsmanifests des *Kampfbunds für deutsche Kultur.* Im Vorstand des Deutschen Museums in München. Am 19.8.1934 Unterzeichner des *Aufrufs der Kulturschaffenden* zur Vereinigung des Reichskanzler- und Reichspräsidentenamts in der Person Hitlers: »Wir glauben an diesen Führer, der unsern heißen Wunsch nach Eintracht erfüllt hat.« Präsidialrat der Reichsschrifttumskammer. † 3.9.1941 München. Lit.: Wulf, Literatur.

Bruckner, Ferdinand, eigentlich Theodor Tagger. Dramatiker.
* 26.8.1891 Wien. 1922 Gründer und Leiter des Berliner Renaissance-Theaters. 1926 Sexualdrama *Krankheit der Jugend.* 1927 Direktor des Theaters am Kurfürstendamm. 1933 Autor: *Die Rassen* (ein Stück gegen den Rassenwahn), Uraufführung im selben Jahr in Zürich. 1933 Flucht nach Österreich, dann in Frankreich, 1936 USA. Ab 1953 Dramaturg am Berliner Schiller-Theater und am Schloßparktheater. † 5.12.1958 Berlin.

Brückner, Hans. Verleger im »Kampf gegen das Judentum in der Musik«.
* 6.10.1897 Nördlingen in Bayern. Operettentenor, Gründer und Inhaber des Brückner-Verlags in München (ab 1938 in Berlin). 1928 NSDAP. Ab 1933 Verleger des Wochenblatts *Das Deutsche Podium* (Untertitel 1941: *Fachblatt für Unterhaltungs-Musik und Musik-Gaststätten. Kampfblatt für deutsche Musik*). 1935 mit Christa Maria Rock Autor des Stigmatisierungswerks *Judentum und Musik. Mit dem ABC jüdischer und nichtarischer Musikbeflissener.* Das Opus gegen tatsächlich oder angebliche jüdische Musiker führte zu rund 240 Prozessen. Neuauflagen 1936 und 1938. Brückner/Rock über jüdische Musik: »Hört man tiefer hin, werden einem plötzlich die jüdisch-ghettomäßigen Rhythmen: das Zappelige, das mit allen Extremitäten sprechen, das ja in der Musik sich nie verbergen läßt, auffallen und man wird schließlich die ganz anders geartete melodische Linie, die wir ›negroide Linie in der Musik‹ bezeichnen, feststellen können.« † 6.4.1941 Berlin. Todesanzeige der Ehefrau Maria: »Mit seinem Namen ist unermüdlicher Kampf gegen das Judentum in der Musik für immer verbunden.« Lit.: Fetthauer.

Brües, Otto. Name Oktober 1933 unter dem Treuegelöbnis »88 deutsche Schriftsteller« für Adolf Hitler.
* 1.5.1897 Krefeld. Autor von Werken wie *Der Walfisch im Rhein* (1931) oder *Fahrt zu den Vätern* (1934). 1933 Kulturredakteur der *Kölnischen Zeitung.* 1937 NSDAP. 1939 (bis 1943) Wehrmacht. Herausgeber der Soldatenzeitungen *Wacht im Westen, Wacht im Osten* und *Wacht im Südosten.* NS-Ehrung: 1942 Rheinischer Literaturpreis. Nach 1945 Schriftsteller in Bayern, 1953–1964 Redakteur der Düsseldorfer Zeitung *Der Mittag.* † 18.4.1967 Krefeld.

Brühne, Lothar. Filmkomponist.
* 19.7.1900 Berlin. Im Krieg Musik zu 23 Filmen. Unter anderem 1937 zu *La Habanera* mit dem Zarah-Leander-Song *Der Wind hat mir ein Lied erzählt,* 1938 Liebesfilm *Der Blaufuchs* mit dem Leander-Song *Kann denn Liebe Sünde sein?* 1939 NS-Streifen *Der Stammbaum des Dr. Pistorius*

(mit Aufmärschen der Hitlerjugend). November 1940 Musik zum antipolnischen Hetzfilm *Feinde* (Polen als Mordgesindel). Nach 1945 Filme wie *Der Weibertausch* (1952) oder *Ball im Savoy* (1955). Befreundet mit Johannes Heesters. † 14. 12. 1958 München.

Brugmann, Walter. Architekt.
* 2. 4. 1887 Leipzig. 1925 Leiter des Hochbauamts in Nürnberg. 1933 NSDAP. 1934 Bauleiter des (unvollendeten) Reichsparteitagsgeländes. 1940 Generalbauleiter für Berlin. NS-Ehrung: 1937 Titel Professor. † 26. 5. 1944 »durch einen ungeklärten Flugzeugunfall« (Speer).

Brust, Alfred. Name Oktober 1933 unter dem Treuegelöbnis »88 deutsche Schriftsteller« für Adolf Hitler.
* 15. 6. 1891 Insterburg in Ostpreußen. 1926 Kleist-Preis (Förderpreis für junge Dichter) für den Roman *Die verlorene Erde*. 1931 letztes Werk: *Der Lächler von Dunnersholm*. † 18. 9. 1934 Königsberg.

Brust, Herbert. Komponist.
* 17. 4. 1900 Königsberg. Dirigent im Ostseebad Neukuhren, Samland. Bekenntnis (undatiert): »Ich glaube, daß der Weg frei sein wird zu einer reindeutschen Religion … Ich glaube an Adolf Hitler.« Produzent von Kantaten wie *Volk in der Ostmark* (1934) oder *Memelruf*, ein Kompositionsauftrag zur Reichstagung der *Nationalsozialistischen Kulturgemeinde* 1936 (anwesend Himmler und Rosenberg). Mai 1937 NSDAP. Nach 1945 Schulmusiker in Bremerhaven. † 26. 6. 1968 ebenda. Lit.: Prieberg, Handbuch.

Bruyn-Ouboter, Otto de.
* 23. 12. 1907 Hamburg. Laut *Aufstellung derjenigen Parteigenossen, die Angehörige fürstlicher Häuser sind*: 1. 3. 1931 NSDAP, Nr. 483014, Gau Oberschlesien.

Buber, Martin. Religionsphilosoph.
* 8. 2. 1878 Wien. Jugend in Lemberg. Ab 1903 in Prag. 1930 Honorarprofessor der Frankfurter Universität. 1933 Niederlegung seiner Professur. März 1935 Ausschluß aus der Reichsschrifttumskammer, Berufsverbot. *Meyers Lexikon* 1937:

»Macht aus der jüdischen Entwurzelung und Zerrissenheit eine Tugend, indem er die Juden deswegen zum Volke des synthetischen [sic] Dranges sowie der messianischen Zukunftshoffnung und ihrer Verwirklichung über die ganze Menschheit ausruft.« Vor der Pogromnacht (*Reichskristallnacht*) 1938 nach Palästina, Lehrstuhl für Sozialpsychologie an der Jerusalemer Universität. † 13. 6. 1965 Jerusalem.

Buch, Fritz Peter. Filmautor und Regisseur.
* 21. 12. 1894 Frankfurt/Oder. Dr. phil. Unter anderem 1938 Regie zum Gerichtsfilm *Der Fall Deruga*, Goebbels am 6. 8. 1938 im Tagebuch: »Wieder mal etwas Erfreuliches«. Oktober 1941 Regie und Drehbuch zum HJ-Propagandastreifen *Jakko*, Schirmherr Reichsjugendführer Axmann, Prädikat: *staatspolitisch wertvoll*. Dezember 1941 Regie zu *Menschen im Sturm*, NS-Tendenzfilm zum Überfall auf Jugoslawien im April 1941 (»Serben, das sind ja keine Menschen«). 1945–1947 Leiter des Kabaretts *Die Hinterbliebenen*. Leiter einer Literatur-Werkstatt in Salzburg. Autor von Komödien wie *Ein Tugendheld* (1947) oder *Nina und ihre Freier* (1960). † 14. 11. 1964 Wien. Lit.: Schültke.

Buchau, Wilhelm Prinz von.
* 21. 4. 1881. Laut *Aufstellung derjenigen Parteigenossen, die Angehörige fürstlicher Häuser sind*: 1. 4. 1938 NSDAP, Nr. 5 517921. Anmerkung: NSDAP-Landesgruppe Brasilien.

Buchheim, Lothar-Günther. Kriegszeichner.
* 6. 2. 1918 Weimar. Propagandakompanie. Kriegsberichter für Goebbels' Renommierblatt *Das Reich* (von Hitler im Tischgespräch am 22. 2. 1942 gelobt: »Prachtvoll ist die Zeitung ›Das Reich‹«). Görtemaker: »Wer für das Reich arbeitete, stellte sich zwangsläufig in den Dienst der nationalsozialistischen Propaganda.« Auf den Großen Deutschen Kunstausstellungen 1941–1943 im Münchner NS-Musentempel *Haus der Deutschen Kunst* mit 21 U-

Boot-Bildern wie *Blockadebrecher im Dock* (Federzeichnung) oder Porträts wie *Eichenlaubträger Kapitänleutnant Endraß* (Kreide, Pastell). 1943 Autor: *Jäger im Weltmeer.* Bücher nach 1945: *Die Künstlergemeinschaft Brücke* (1956), *Picasso* (1958), *Der blaue Reiter* (1959), *Max Beckmann* (1959), *Das Boot* (1973), *U-Boot Krieg* (1976). 1981 Film: *Das Boot.* † 22.2. 2007 in Starnberg.

Buchholz, Gerhard T. Auf der Liste der von Goebbels zugelassenen Filmautoren (1944).
* 1.1. 1898 Mochrau. In der Regel leichte Unterhaltungsfilme (Weniger). Juli 1940 Drehbuch zum NS-Hetzfilm *Die Rothschilds*, laut Courtade ein Film »von einem bösartigen, aggressiven Antisemitismus … ein Aufruf zu Haß und Mord«. 1952 Regie und Drehbuch: *Postlagernd Turteltaube.* Letztes Drehbuch 1963: *Durchbruch Lok 234.* † 30.11. 1970 Berlin.

Buchner, Ernst. Generaldirektor der bayerischen Staatsgemäldesammlungen in München (1933–1945).
* 20.3. 1892 München, Sohn eines Kunstmalers. Kunsthistoriker. 1928 Direktor des Wallraf-Richartz-Museums Köln. In Rosenbergs *Kampfbund für deutsche Kultur.* Mai 1933 NSDAP. Laut Petropoulos unterstützte er die Gestapo bei der Beschlagnahmung jüdischer Kunstgüter. 1940 Professor für Kunstgeschichte an der Universität München. Nach 1945 Honorarprofessor ebenda. † 3.6. 1962 München.

Buchner, Paula. Auf der *Gottbegnadeten-Liste* (Führerliste) der wichtigsten Künstler des NS-Staates.
* 15.2. 1900 Wien. Sopranistin. Wagner-Heroine (Jahn). 1933 Opernhaus Hannover, 1934 National-Theater Mannheim, 1936 Staatsoper Stuttgart. 1937 (bis 1952) Staatsoper Berlin. 1939 und 1942 Bayreuther Festspiele. NS-Ehrung: Zu *Führers* [50.] *Geburtstag* 1939 von Hitler Titel Kammersängerin. † 10.8. 1963 Berlin.

Buder, Ernst Erich. Komponist.
* 2.9. 1896 Cottbus. Mai 1933 NSDAP, SA-Motorstandarte. 1933 Musik zum Propa-

gandaschmarren *Flüchtlinge* über Wolgadeutsche, die »heim ins Reich« wollen (Staatspreis der Reichsregierung). 1938 antikommunistischer Film *Urlaub auf Ehrenwort.* Im Krieg Musik zu neun Filmen. Sein 1933 komponiertes Marschlied *Flieger empor* diente beim Polenfeldzug als Unterlage für Erfolgsmeldungen der Luftwaffe, dritte Strophe: »Wir werden nicht immer gewinnen./Dennoch! Uns schreckt keine Not!/Leben, vergeh'n und verrinnen;/Aber der Glaube tief innen/Ist stärker als Not und Tod!« Am 4.11. 1942 beim Treffen von Unterhaltungskomponisten in der *Kameradschaft der deutschen Künstler*, Hippler: angesichts der Kriegslage braucht Goebbels »optimistische Schlager«. † 21.1. 1962 Berlin.

Budzislawski, Hermann. Herausgeber der *Neuen Weltbühne* (ab 1934).
* 11.2. 1901 Berlin, Sohn eines jüdischen Fleischers. 1923 Dr. rer. pol. Ab 1924 Mitarbeiter der linken Wochenschrift *Die Weltbühne.* 1929 SPD. Flucht: 1933 Schweiz, 1934 Prag, 1938 Paris, 1940 USA. 1948 Rückkehr, Professor für Pressewesen der Karl-Marx-Universität Leipzig. SED, Abgeordneter der Volkskammer. 1967–1971 Herausgeber der *Weltbühne.* 1970 *Vaterländischer Verdienstorden.* † 28.4. 1978 Leipzig.

Bücherl, Karl. Einer jener unzähligen jungen Schauspieler, die nie Karriere machen konnten.
* 12.4. 1924 Würzburg. *Deutsches Bühnen-Jahrbuch* 1944: Stadttheater Braunau (Inn), gefallen in soldatischer Pflichterfüllung für Führer und Reich an der Ostfront, 19 Jahre alt. Funker einer Nachrichtenabteilung. † 26.7. 1943 nördlich Smolensk (WASt).

Bücken, Ernst. Musikwissenschaftler.
* 2.5. 1884 Aachen, Sohn eines Fabrikdirektors. Dr. phil. 1925 ao. Professor der Universität Köln. Vor 1933 Verbindung zum Zentrum. Mai 1933 NSDAP, auch NS-Dozentenbund. Am 6.7. 1934 im NS-Blatt *Westdeutscher Beobachter:* »Es ist an der Zeit, daß das geschichtliche Urgesetz

vom Kampf als dem Bildungsgesetz aller Dinge auch im Reiche der Kunst und hier für den Werdegang der Tonformen zur Geltung gebracht wird.« 1935/36 Vorlesung *Zersetzung und Wiederaufbau der Musik seit Wagner.* 1937 zusätzlich Dozent der Musikhochschule Köln. 1939 Autor: *Deutsche Wissenschaften. Arbeit und Aufgabe. Dem Führer und Reichskanzler zum 50. Geburtstag.* † 28. 7. 1949 Overath bei Köln. Lit.: Potter; Prieberg; de Vries.

Bühler, Hans Adolf. Maler.
* 4. 7. 1877 Steinen/Wiesental als Bauernsohn. Schüler von Hans Thoma. 1914 Professor der Akademie der bildenden Künste Karlsruhe. 1930 Vorsitzender der Ortsgruppe Karlsruhe des *Kampfbunds für deutsche Kultur.* 1932 (bis 1934) Direktor der Kunsthochschule ebenda. 1933 Veranstalter einer Schandschau »entarteter Kunst« unter dem Titel *Regierungskunst von 1918 bis 1933*, unter anderem mit Bildern von Corinth, Slevogt, Marées, Munch und Liebermann. Diffamierte 1937 im Aufsatz *Die bildende Kunst im Dritten Reich* den 1935 verstorbenen Impressionisten Max Liebermann: »Liebermann, der größte Feind des deutschen Wesens, hat es … bewußt verstanden, eine Vergiftung des deutschen Kunstlebens in solchem Maß durchzuführen, daß es ohne die nationalsozialistische Erneuerung mit Deutscher Eigenart und Deutschem Wesen schnell zu Ende gegangen wäre.« † 19. 10. 1951 Burg Sponeck am Kaiserstuhl. Lit.: Rave; Wulf, Künste; Zuschlag.

Bühner, Karl Hans. Kunstschriftleiter.
* 19. 9. 1904 Schwäbisch-Gmünd. 1939 Herausgeber (1942 vierte, erweiterte Auflage): *Dem Führer. Gedichte für Adolf Hitler.* Im Nachwort heißt es: »Die geschichtsbildende Erscheinung des Führers in der vielseitigen Auffassung deutscher Dichter sichtbar zu machen, die … Deutung Adolf Hitlers gleichsam als Spektrum einer einzigen Sonne erkennen zu lassen, ist der Sinn und die Aufgabe dieser Sammlung.« Er selbst reimte im Opus *Der Führer:* »Viele säumten, viele zagten,/dem Jahrhundert-

ruf zu folgen;/manche lang zu hassen wagten –:/bis sie ihn als ihren Überwinder/an dem Glutenherz erkannten/und sie Retter, Führer, Held ihn nannten.« 1951 Autor: *Schwäbisch Gmünd, Lebensbild einer Stadt.* † 4. 8. 1978 Mutlangen bei Schwäbisch-Gmünd.

Bülow, Ilsabe [sic] von.
* 27. 10. 1916. Laut *Aufstellung derjenigen Parteigenossen, die Angehörige fürstlicher Häuser sind*: NSDAP-Nr. 7 777343, Gau Sachsen. Anmerkung: nach Egsow/Pommern umgemeldet, dort aber nicht aufgeführt.

Bürkner, Robert. Schauspieler.
* 12. 7. 1887 Göttingen, Sohn eines Geheimrats. Rollentyp: Jugendlicher Held und Liebhaber. 1929 Intendant des Schauspiels Frankfurt/Oder, 1934 der Städtischen Bühnen Lübeck. 1942 im Film *Rembrandt*, Drewniak (Film): »Kleine Spitzen gegen die Juden, die an dem wirtschaftlichen Ruin Rembrandts schuldig waren.« 1942 Kriminalfilm *Dr. Crippen an Bord.* Ab 1943 Theater am Schiffbauerdamm Berlin. NS-Ehrung: Auf Vorschlag des Reichspropagandaministeriums Titel *Staatsschauspieler.* Nach 1945 Gastspiele. † 19. 8. 1962. Nachruf *Deutsches Bühnen-Jahrbuch:* »Echter Grandseigneur des Theaters«.

Büttner, Wolfgang. Bühnenschauspieler.
* 1. 6. 1912 Rostock. In der NS-Zeit Erster Jugendlicher Held an den Städtischen Bühnen Frankfurt am Main. 1939 Titelrolle in Möllers antisemitischem Hetzstück *Der Untergang von Karthago.* DBJ 1944: Im Frankfurter Arbeitsausschuß der Reichstheaterkammer, Fachschaft Bühne. 1948 (bis 1960) Bayerisches Staatsschauspiel München. 1950 Filmdebüt: *Kronjuwelen.* 1955 in *Der 20. Juli* (1944). In Fernsehproduktionen unter anderem als Bischof Graf Galen und Generaloberst Beck (20. Juli 1944). † 18. 11. 1990 Stockdorf.

Buhl, Herbert. Referent in der Reichsschrifttumskammer.
* 21. 3. 1905 Zossen. Autor von Werken wie: *Krone der Frauen. Roman der Königin*

Brunhild (1939) oder *Auf fremden Thron, Roman der Königin Kriemhild* (1941). † 6.9. 1948 Genthin.

Bulcke, Carl. Name Oktober 1933 unter dem Treuegelöbnis »88 deutsche Schriftsteller« für Adolf Hitler.
* 29.4. 1875 Königsberg. Jurist, zunächst Staatsanwalt. 1920 Leiter der Film-Oberprüfstelle im Reichsinnenministerium. Romane wie *Geliebte Betty* (1928) oder *Der Panther im Ligusterstrauch* (1931). † 23.2. 1936 Berlin.

Bullerian, Hans. Komponist und Kapellmeister.
* 28.1. 1885 Sondershausen als Dirigentensohn. Träger des Mendelssohn-Preises. Für die Reichsmusikkammer Gauobmann der Fachschaft Komponisten in den Gauen Groß-Berlin, Kurmark, Ostpreußen, Pommern und Schlesien. 1932 NSDAP. Fachspartenleiter in Rosenbergs *Kampfbund für deutsche Kultur*, Organisation Groß-Berlin. 1931 (bis 1945) Leiter des Radio-Symphonie-Orchesters Berlin. März 1933 Musik zum Propagandastreifen *Blutendes Deutschland*. Am 24. Mai 1938 Aufführung seiner *Passacaglia und Fuge* im Zweiten Sinfoniekonzert der ersten *Reichsmusiktage* in Düsseldorf (mit der Schandschau *Entartete Musik*). † 29.1. 1948 Zeuthen, Kreis Teltow.

Burbach, Greetje. Sopranistin.
* 21.5. 1913. Ab 1938 in Beuthen. Verheiratet mit dem Tenor Arturo Scalorbi. Rundschreiben des KZ Auschwitz vom 23.3. 1943:»Am Tag der Wehrmacht, 28. März 1943, findet zusammen mit Angehörigen der deutschen Einwohnerschaft von Auschwitz ein Gemeinschaftsessen mit anschließendem ›Großen bunten Nachmittag‹ statt … Als Gäste haben nur diejenigen Personen Zutritt, die von der Kommandantur eine schriftliche Einladung erhalten haben … Es wirken mit: Arturo Scalorbi, vom Oberschlesischen Landestheater Beuthen, Tenor. Greetja Burchbach [!], vom Oberschlesischen Landestheater Beuthen, Sopran.« 1945–1981 am Staatstheater Oldenburg, 1983

Ehrenmitglied. Das Deutsche Bühnen-Jahrbuch 1984:»Immer wieder wurde von der Kritik … ihre Einsatzbereitschaft und ihre komödiantische Art erwähnt.«

Burchartz, Max. Maler.
* 28.7. 1887 Wuppertal-Elberfeld. Beeinflußt von Kandinsky, Klee und Schwitters. 1926–1933 Lehrer an der Folkwangschule in Essen. Juli 1937 in der Schandschau *Entartete Kunst* in München vorgeführt, Beschlagnahmung von 23 seiner Werke. Nach 1945 Industrie-Designer. 1962 Autor: *Schule des Schauens*. † 31.1. 1961 Essen.

Burg, Eugen. Oberspielleiter und Schauspieler.
* 6.1. 1871 Berlin-Halensee. Ab 1910 Bühnen- und Filmschauspieler in Berlin. Autor von Schwänken wie *Sprühteufelchen* oder *Alles aus Gefälligkeit*. Mit Hans Albers 1930 im Film *Der Greifer*. Vater der Schauspielerin und Albers-Lebensgefährtin Hansi Burg. † November 1944 Ghettolager Theresienstadt.

Burgmüller, Herbert. Auf der Liste der von Goebbels zugelassenen Filmautoren (1944).
* 4.9. 1913 Mülheim/Ruhr. Bibliothekar der Mülheimer Stadtbücherei. Autor der Erzählungen *Gang in den Herbst* (1938) und *Die Verführung* (1941). 1954 Herausgeber des Almanachs *Deutsches Wort in dieser Zeit*. 1956 Autor: *Die Musen darben*. † 28.4. 1970 Nürnberg.

Burgstaller, Siegfried. Komponist und Musikschriftsteller.
* 24.9. 1883 Papenburg. 1932 NSDAP. Laut Prieberg »vernachlässigter Komponist« (*Hagens Sterbelied*). 1933 Reichsorganisationsleiter und Fachspartenleiter Ernste Musik sowie im Werkprüfungsausschuß (Zensur) des *Kampfbunds für deutsche Kultur* Berlin. † 28.1. 1951 Berlin.

Burkhardt, Max. Geschäftsführer der Abteilung Volksmusik in der Reichsmusikkammer.
* 28.9. 1871 Löbau in Sachsen. Dr. phil. Komponist. 1912 Oper *Moselgretchen*. 1930 NSDAP. 1932 Gründer und Leiter des

NS-Kampfbundchors Berlin. Musikfach-
berater und Leiter des Chors des NSDAP-
Gaukulturamts Berlin. † 12.11.1934 Berlin.

Burte, Hermann, eigentlich Hermann
Strübe. Auf der *Gottbegnadeten-Liste*
(Führerliste) der wichtigsten Schriftsteller
des NS-Staates.
* 15.2. 1879 Maulburg in Baden, Sohn eines Mundartdichters. 1912 Roman *Wiltfeber, der ewige Deutsche*, ein Kultbuch der
völkischen Jugendbewegung. 1913 für
Wiltfeber Kleist-Preis, Förderpreis für junge Dichter, Textprobe: »Du bist ein Mann
aus deutschem Blute, aber deutsch heißt
völkisch, und arisch heißt herrisch, und so
bist Du von der oberen Klasse, welche
herrscht oder stirbt.« Bereits 1931 Weiheverse *Der Führer* (Nachdruck in Bühners
Anthologie *Dem Führer*): »Und was verspricht er uns, der Retter?/– Er fordert Opfer, unbedingt,/aus einem Willen, der
durch Wetter/und Wahn [!] zum Reich der
Guten drängt.« 1936 NSDAP, Goebbels am
1.12. 1936 im Tagebuch: »Keine Leuchte.
Ein alemannischer Spießer.« *Meyers Lexikon* 1937: »Vorkämpfer einer bodenstän-
digen nationalen Gesinnungsdichtung«.
Oktober 1940 auf Goebbels' *Weimarer
Dichtertreffen* (Motto: *Die Dichtung im
Kampf des Reiches*), Vortrag *Die europäische Sendung der deutschen Dichtung* mit
der Hitlerhuldigung: »Adolf Hitler, der
Sohn des Volkes, emporgestiegen aus der
kraftvollen Tiefe, durch Leiden und Ent-
behrung gestählt«. Wohnsitz Lörrach,
Adolf-Hitler-Straße. Verse *Entscheidung*,
1944 in der Anthologie *Lyrik der Lebenden*
des SA-Oberführers Gerhard Schumann:
»Mord hält am Leben!/Schaue Natur an,/
Fraß oder Fresser,/Volk, mußt du sein.«
NS-Ehrung: Hebel-Preis der badischen
Staatsregierung (1936), *Goethe-Medaille*
für Kunst und Wissenschaft (1939), Schef-
felring (1944). Beim einschlägigen *Deutschen Kulturwerk Europäischen Geistes*.
† 21.3. 1960 Lörrach. Lit.: Barbian; Sarkowicz.

Busch, Adolf. Violinist und Komponist.
* 8.8. 1891 Siegen. 1918 Professor an der
Musikhochschule Berlin. 1919 Gründer
des Busch-Streichquartetts. 1927 Wohnort Basel, Lehrer von Yehudi Menuhin.
Nach Auftrittsverbot der Nazis für seinen
Klavierpartner und späteren Schwiegersohn Rudolf Serkin Emigration zunächst
nach England, 1939 USA. Auf der Liste der
Musik-Bolschewisten der *NS-Kulturgemeinde*. † 9.6. 1952 Guilford in Vermont.

Busch, Ernst. Sänger, genannt *Barrikaden-
Tauber*.
* 21.1. 1900 Kiel. 1927 Darsteller in Ernst
Tollers Revolutionärsdrama *Hoppla*. Befreundet mit Hanns Eisler. Am 31.8. 1928
in der Uraufführung der *Dreigroschenoper*
am Theater am Schiffbauerdamm, Rolle
des Konstabler Smith. 1932 im Klassiker
des proletarischen Films *Kuhle Wampe*
(1933 verboten) und im Gorki-Brecht-
Stück *Die Mutter*, Kritiker Polgar: »Jung-
Siegfried in der KPD.« 1933 Flucht nach
Holland und Belgien. 1935 Aufnahme des
Moorsoldatenlieds (KZ Börgermoor) in
sein Repertoire, 1936 UdSSR. 1937 Sän-
gerbesuch bei den Internationalen Brigaden in Spanien (kein Spanienkämpfer).
1943 Gestapo-Haft, 1944 im Zuchthaus
Brandenburg. 1946 KPD/SED, Interpret
proletarischer Kampflieder wie *Vorwärts
und nicht vergessen*. 1965 *Vaterländischer
Verdienstorden*, 1966 *Nationalpreis*. † 8.6.
1980 Berlin.

Busch, Fritz. Dirigent.
* 13.3. 1890 Siegen, Sohn eines Geigen-
bauers. 1922 Generalmusikdirektor der
Dresdner Staatsoper. Wagnerianer, 1924
ohne Honorar Gastspiel bei den ersten
Bayreuther Festspielen nach dem I. Weltkrieg; diese gerieten zum alldeutschen Ge-
sinnungstreffen (Bespuckung jüdischer
Besucher). Förderer von Hindemith und
Schreker. Befreundet mit Richard Strauss,
der ihm die Oper *Arabella* widmete, die
Busch bei der Uraufführung Juni 1933 dirigieren sollte. Von Rosenberg als »Musik-
Bolschewist« diffamiert, von Gauleiter
Mutschmann vor der Strauss-Uraufführ-

rung entlassen, Vorwurf: privater Verkehr mit Juden, Bevorzugung jüdischer und ausländischer Sänger. Mai 1933 Emigration, in Großbritannien und Argentinien (Theatro Colón in Buenos Aires). 1934 Mitbegründer der Opernfestspiele im britischen Glyndebourne. 1936 argentinischer Staatsbürger. Gastdirigent der New Yorker Metropolitan Opera. 1949 Erinnerungen: *Aus dem Leben eines Musikers.* † 14.9.1951 London.

Busch, Fritz Otto, Pseudonym: *Peter Cornelissen.* Schriftsteller. Schriftführer der 1934 gegründeten *Union Nationaler Schriftsteller.* * 30.12.1890 Köln. Korvettenkapitän der Reserve. Am 23.4.1933 auf Vorschlag des *Kampfbunds für deutsche Kultur* Aufnahme in den gleichgeschalteten (und am 15.1.1935 liquidierten) deutschen PEN-Club. Dauerproduzent von Büchern über die Kriegsmarine (1936 *Kriegsmarine im Dritten Reich* oder 1941 *Die Kriegsmarine an der Kanalküste*). Nach 1945 Autor von Büchern wie *Schiffsriesen durchpflügen die See* (1965) oder *Das Ende des Schlachtschiffes Tirpitz* (1966), auch Jugendbücher. † Juli 1971 Limpsfield in England.

Buschoff, Willy. Schauspieler. * 23.2.1888 Worms. Theaterstationen u.a. Meiningen, Lodz, Düsseldorf, Aachen. Lehrer für Stimmbildung und Sprechtechnik. † 8.11.1943 Deportation von Berlin nach Auschwitz. Q.: Weniger, Bühne.

Busse, Hermann Eris. Schriftsteller. * 9.3.1891 Freiburg im Breisgau, Sohn eines Schreiners. Volksschullehrer. 1929/30 Trilogie: *Bauernadel* (vom Amt Rosenberg empfohlene Lektüre). Juli 1937 Aufnahme in *Meyers Lexikon* (»Schwarzwälder, Heimatromane«). 1940 Teilnehmer einer vom Propagandaministerium und dem OKW organisierten *Dichterfahrt* ins besetzte Belgien und Frankreich. In Bühners Anthologie *Dem Führer* im Weihegedicht *Wunsch und Wille* Aufforderung, »daß nie wir dem Mann uns versagen,/der aus den dunkelsten Tagen,/treu wie Christoffer,

der Riese,/allein uns ins Lichte getragen.« † 15.8.1947 Freiburg.

Butting, Max. Komponist. * 6.10.1888 Berlin. Ab 1925 Aufführungen auf Veranstaltungen der Internationalen Gesellschaft für Neue Musik. 1933 Mitglied der Preußischen Akademie der Künste, Mitarbeit bei der Urheberrechtsgesellschaft STAGMA. 1935 auf der Liste der *Musik-Bolschewisten* der *NS-Kulturgemeinde.* 1940 NSDAP. 1948 Cheflektor der Musikabteilung des Ost-Berliner Rundfunks. Am 24.3.1950 per Staatsakt Gründungsmitglied der Ostberliner *Deutschen Akademie der Künste,* 1956 Vizepräsident. 1959 Oper *Plautus im Nonnenkloster,* 1970 Vokalwerk *Im Oktoberschritt* zum 100. Geburtstag Lenins. *Nationalpreis* und *Vaterländischer Verdienstorden.* † 13.7.1976 Berlin.

C

Campendonk, Heinrich. Maler. * 3.11.1889 Krefeld. 1912 in der expressionistischen Gruppe *Der blaue Reiter.* 1926 Professor der Düsseldorfer Kunstakademie. 1933 Entlassung, Emigration nach Holland. Professor an der Amsterdamer Reichsakademie. Juli 1937 in der Schandschau *Entartete Kunst* in München mit 13 Objekten vorgeführt, Beschlagnahmung von 87 seiner Werke. † 9.5.1957 Amsterdam.

Canetti, Elias. Schriftsteller. * 25.7.1905 Rustschuk in Bulgarien. 1929 Abschluß eines Chemie-Studiums, Dr. phil. 1933 befreundet mit der Mahler-Tochter Anna. Alma Mahler-Werfel im Tagebuch über den ihrer Meinung nach »mäßig begabten Dichter«: »Ein halbverkrüppelter, nihilistischer Jude«. Nach der Besetzung Österreichs 1938 Flucht nach London. 1960 Hauptwerk *Masse und Macht.* Nach 1945 zahlreiche Ehrungen, 1972 Georg-Büchner-Preis, 1981 Nobelpreis. † 14.8.1994 Zürich.

Capek, Joseph. Tschechischer Maler und Schriftsteller.

* 23. 3. 1887 Hronov. Vertreter des Kubismus (Hitler in *Mein Kampf:* »Krankhafte Auswüchse irrsinniger und verkommener Menschen«). Buchillustrator für seinen jüngeren Bruder Karel. 1939 im KZ Buchenwald, 1942 KZ Sachsenhausen. † April 1945 KZ Bergen-Belsen.

Capek, Karel. Tschechischer Schriftsteller.

* 9. 1. 1890 Malé Svatovice. Befreundet mit Thomas Mann, der seine Prosa sehr schätzte. † 25. 12. 1938 Prag an Grippe, laut Thomas Mann »an gebrochenem Herzen«.

Capra-Teuffenbach, Ingeborg. Schriftstellerin.

* 1. 10. 1914 Wolfsberg in Kärnten. 1938 Gedichte *Kärntner Heimat* sowie *Saat und Reife.* Weiheverse *Bekenntnis zum Führer.* »Der reine Glaube, den Du uns gegeben,/ durchpulst bestimmend unser junges Leben./Mein Führer, Du allein bist Weg und Ziel!« NS-Ehrung: 1942 Preis der Stadt Wien. 1954 Lyrik-Preis der Stadt Innsbruck. † 17. 9. 1992 Innsbruck. Lit.: Wulf, Literatur.

Carell, Paul, eigentlich Paul Karl Schmidt. Pressechef im Auswärtigen Amt (AA).

* 2. 11. 1911 Kelbra am Kyffhäuser. 1931 SA, NSDAP als Oberprimaner (Nr. 420853). Am 10. 5. 1933 Redner bei der Bücherverbrennung in Kiel. 1935/36 kommissarisch Gaustudentenführer Schleswig-Holstein. 1936 Promotion in Kiel (Dr. phil.): *Beiträge zur Lehre von Bedeutungsbildern in den indogermanischen Sprachen,* Assistent am Psychologischen Institut der Universität. 1938 SS (Nr. 308263), Legationsrat II. Klasse der Presse- und Nachrichtenabteilung im AA. Juni 1939 de facto, Oktober 1940 offiziell Pressechef des AA. 1940 SS-Obersturmbannführer, Gesandter I. Klasse. Am 27. 5. 1944, angesichts einer geplanten »Großaktion auf die Budapester Juden«, Vorschlag an Staatssekretär Keppler (Nürnb. Dok. NG 2424): »Die geplante Aktion wird in ihrem Ausmaß im Auslande große Beachtung finden und sicher Anlaß zu einer heftigen Reaktion bilden … Ich möchte deshalb anregen, ob man diesen Dingen nicht vorbeugen sollte dadurch, daß man äußere Anlässe und Begründungen für die Aktion schafft, z. B. Sprengstofffunde in jüdischen Vereinshäusern und Synagogen, Sabotageorganisationen, Umsturzpläne, Überfälle auf Polizisten, Devisenschiebungen großen Stils mit dem Ziele der Untergrabung des ungarischen Währungsgefüges. Der Schlußstein unter eine solche Aktion müßte ein besonders krasser Fall sein, an dem man dann die Großrazzia aufhängt.« 1945 Internierung. Zeuge der Anklage (!) im Minister-Prozeß. Bestsellerautor *Unternehmen Barbarossa* (1963). Mitarbeit beim Magazin *Der Spiegel,* als P. C. Holm Autor in *Die Zeit* und *Die Welt.* Einflußreicher Berater im Hause Springer. 1965 Ermittlungsverfahren LG Verden, Einstellung 1971. † 20. 6. 1997 Tegernsee. Lit.: Wigbert Benz, Paul Carell, Berlin 2005.

Carl, Robert. Chorleiter.

* 24. 3. 1902 Saarbrücken. Musikdirektor in Saarbrücken. 1935 NSDAP. 1938 Kantate *Das hohe Lied von deutscher Arbeit* mit der Schlußfuge (Text W. Stein): »Ein Volk und ein Führer,/ein ewiges Deutschland/ in Herrlichkeit Amen!« 1942 Organist von St. Marien in Godesberg. Nach 1945 Kreischorleiter im Saar-Sängerbund. † 9. 6. 1987 Mandelbachtal.

Carl, Rudolf. Auf der *Gottbegnadeten-Liste* der Schauspieler, die für die Filmproduktion benötigt werden.

* 19. 6. 1899 Lundenburg in Mähren. Wiener Komiker. Ab 1935 am Theater an der Wien und an der Wiener Volksoper. Zwischen 1934 und 1945 Nebenrollen in 63 Filmen, meist Komödien. 1940 im Hetzfilm *Die Rothschilds* (Courtade: »Ein Aufruf zu Haß und Mord«) sowie in *Spähtrupp Hallgarten* (über die Besetzung Norwegens). Nach 1945 Filme wie *Knall und Fall als Hochstapler* (1952) oder *Hilfe, meine Braut klaut* (1964). 1979 Erinnerungen: *Mein Leben war lebenswert.* † 15. 1. 1987 Graz.

Carossa, Hans. Auf der Sonderliste der sechs wichtigsten Schriftsteller der *Gottbegnadeten-Liste* (Führerliste). * 15.12.1878 Bad Tölz als Arztsohn. Arzt für Herz- und Lungenkrankheiten. Mai 1933 Ablehnung der Berufung in die Deutsche Akademie der Dichtung der »gesäuberten« Preußischen Akademie der Künste. Dennoch einer der meistgeförderten Autoren des NS-Regimes: Goebbels als Repräsentant einer »liberalen« deutschen Kulturpolitik nützlich. 1938 Gast des NSDAP-Reichsparteitags. 1941 Präsident der *Europäischen Schriftstellervereinigung*, ein von Goebbels inszeniertes braunes »Gegen-PEN« (Sarkowicz). 1944 in der Anthologie *Lyrik der Lebenden* des SA-Oberführers Gerhard Schumann mit 15 Gedichten vertreten. NS-Ehrung: 1938 Goethe-Preis der Stadt Frankfurt. 1947 Entlastungszeuge für Henriette von Schirach im Entnazifizierungsverfahren (Sigmund). 1951 Rechtfertigungsschrift *Ungleiche Welten*, ebenda unwahre Behauptung, Thomas Mann habe 1933 Reichsinnenminister Frick die Rückkehr ins Reich in Aussicht gestellt (Mann am 7.5.1951 an Carossa). † 12.9.1956 Rittsteig bei Passau. Lit.: Scholdt; Weiß.

Carste, Hans (Künstlername). Filmmusiker. * 5.9.1909 Frankenthal. Mai 1933 NSDAP. 1939 Musik zum Film *Die barmherzige Lüge*. Komponist des Stammlieds der Propagandakompanien der Wehrmacht: *Lebe wohl, du kleine Monika* mit den Textzeilen »der schönste Tod von allen/ist der Soldatentod!« 1942 Kriegsdienst, bis 1948 in russischer Kriegsgefangenschaft. 1949 beim Sender RIAS (*Rundfunk im amerikanischen Sektor*), Dirigent des RIAS-Orchesters und Abteilungsleiter Unterhaltungsmusik. 1958 (bis 1967) Aufsichtsratsvorsitzender der GEMA. 1961 Paul-Lincke-Ring der Paul-Lincke-Gesellschaft. 1966 Titel Professor. † 11.5.1971 Bad Wiessee. Nachruf *Deutsches Bühnen-Jahrbuch*: »Von ihm stammt auch die Erkennungsmelodie der ›Tagesschau‹«.

Carstens, Lina. Auf der *Gottbegnadeten-Liste* (Führerliste) der wichtigsten Künstler des NS-Staates. * 6.12.1892 Wiesbaden. Schauspielerin. Ab 1937 Volksbühne Berlin. Nebenrollen 1937 im antibritischen Zarah-Leander-Film *Zu neuen Ufern*, 1939 Reichsautobahn-Film *Mann für Mann*, 1940 Blut-und-Boden-Streifen *Der ewige Quell* sowie 1943 Operettenfilm *... und die Musik spielt dazu*. NS-Ehrung: 1939 *Staatsschauspielerin*. Nach 1945 Bayerische *Staatsschauspielerin*, Filme wie *Dr. Holl* (1950) oder *Geliebtes Fräulein Doktor* (1954). 1972 *Filmband in Gold* für langjähriges und hervorragendes Wirken im deutschen Film. 1976 *Bundesfilmpreis in Gold* für ihre erste Hauptrolle als Altersheimrebellin: *Lina Braake*. † 22.9.1978 München.

Caspar, Horst. Auf der *Gottbegnadeten-Liste* der Schauspieler, die für die Filmproduktion benötigt werden. * 10.1.1913 Radegast in Anhalt. Rollentyp: jugendlicher Held. 1938 Kammerspiele München, ab 1940 am *Schiller-Theater der Reichshauptstadt*. November 1940 erste Film- und zugleich Titelrolle in *Friedrich Schiller. Der Triumph eines Genies* (Leiser: Schiller als Vorläufer des Verfassers von *Mein Kampf*). Goebbels am 10.11.1940 im Tagebuch: »Eine Meisterleistung erster Klasse.« Januar 1945 in Harlans Durchhalte-Schnulze *Kolberg* als Gneisenau, Durchhalteparolen wie: »Das Volk steht auf, der Sturm bricht los!« Verheiratet mit der Schauspielerin Antje Weisgerber. »Vierteljude.« † 27.12.1952 Berlin. Meyerinck zufolge siechte er monatelang schwer krank dahin. Nachruf *Deutsches Bühnen-Jahrbuch*: »Seine feurige, zuchtvolle Sprache war echtes Erbteil großer Vergangenheit«.

Caspar, Karl. Maler. * 13.3.1879 Friedrichshafen. 1922 Professor an der Münchner Kunstakademie. Verheiratet mit der Malerin Maria von Caspar-Filser. Juli 1937 in der Schandschau *Entartete Kunst* in München mit vier Objekten vorgeführt, insgesamt 19 seiner

Werke beschlagnahmt. 1937 Rückzug nach Brannenburg/Inn. 1946 Leiter einer Malklasse an der Münchner Akademie. † 23.9. 1956 Brannenburg.

Caspar-Filser, Maria von. Malerin. * 7.8. 1878 Riedlingen. Studium in Paris, Bezug zu Cézanne und van Gogh. 1925 Professorin der Münchner Kunstakademie. Landschaften und Stilleben. Insgesamt neun ihrer Werke als »entartete Kunst« beschlagnahmt. † 12.2. 1968 Degerndorf.

Cassirer, Bruno. Verleger. * 12.12. 1872 Breslau. 1901 Gründer des Verlags Bruno Cassirer, 1902 der Zeitschrift *Kunst und Künstler*. Förderer der Maler des Impressionismus. 1938, aufgrund der NS-Rassengesetze, Flucht nach England. † 29.8. 1941 Oxford.

Cassirer, Ernst. Philosoph. * 28.7. 1874 Breslau. Neukantianer. 1919 Lehrstuhl in Hamburg, 1929/30 Rektor. 1933 Flucht, zunächst in Oxford, 1935 in Göteborg, 1941 USA, Gastprofessor. *Meyers Lexikon* 1937: »Das Unvermögen des jüdischen Geistes, der konkreten Wirklichkeit gerecht zu werden, zeigt sich in seinem Eintreten für Einsteins Relativitätstheorie«. † 12.4. 1945 New York.

Cassirer, Paul. Kunsthändler. * 21.2. 1871 Görlitz. † Suizid 7.1. 1926 Berlin. Wichtiger Förderer impressionistischer Maler wie Corinth oder Liebermann. 1908 alleiniger Kunsthändler der Plastiken Barlachs (der Vertrag ermöglichte Barlach erstmals ein monatliches Einkommen). Sein Suizid erfolgte anläßlich der bevorstehenden Scheidung von Tilla Durieux. Lit.: Tarnowski.

Castell-Castell, Carl 2. Fürst zu. * 8.5. 1897 Castell. Laut *Aufstellung derjenigen Parteigenossen, die Angehörige fürstlicher Häuser sind*: 1.5. 1933 NSDAP, Nr. 3 417319, Gau Mainfranken. Oberstleutnant und Regimentskommandeur. † 10.5. 1945 bei Caslau in Böhmen.

Castell-Castell, Georg Graf zu. * 12.11. 1904 Castell. Laut *Aufstellung derjenigen Parteigenossen, die Angehörige*

fürstlicher Häuser sind: NSDAP-Nr. 2 988003, Gau Sachsen. Anmerkung: nach Berlin umgemeldet, dort aber nicht aufgeführt. Oberstleutnant im Generalstab. † 6.9. 1956 Castell.

Castell-Rüdenhausen, Clementine Gräfin zu. * 30.1. 1912 München. Laut *Aufstellung derjenigen Parteigenossen, die Angehörige fürstlicher Häuser sind*: 1.5. 1933 NSDAP, Nr. 3 133896, Gau Mainfranken. Anmerkung: »Nach Angabe des Gauschatzmeisters Mainfranken seit Januar 1939 nach Berlin-Fronau abgemeldet; jedoch auf der Meldung des Gauschatzmeisters Berlin nicht aufgeführt.« 1939 Ehe mit dem Schriftsteller Wilhelm Utermann, 1954 Scheidung, 1967 erneut Heirat mit Utermann. Wohnort Roggersdorf bei Holzkirchen in Oberbayern.

Castell-Rüdenhausen, Freda Gräfin zu. * 18.7. 1882 Potsdam. Tochter eines Königlich preußischen Rittmeisters. Laut *Aufstellung derjenigen Parteigenossen, die Angehörige fürstlicher Häuser sind*: 1.5. 1933 NSDAP, Nr. 3 437961, Gau Mainfranken. † 4.8. 1980 Holzkirchen in Oberbayern.

Castell-Rüdenhausen, Hubertus Graf zu. * 12.2. 1909 München. Laut *Aufstellung derjenigen Parteigenossen, die Angehörige fürstlicher Häuser sind*: 1.8. 1932 NSDAP, Nr. 1 137513, Gau Mainfranken. Anmerkung: »Nach Angabe des Gauschatzmeisters Mainfranken seit 30.1.35 nach Hamburg abgemeldet; jedoch auf der Meldung des Gauschatzmeisters Hamburg nicht aufgeführt.« Beamter beim Landesrat von Süd-West-Afrika. Adresse nach 1945: Windhoek. † 2.9. 1995 Kitzingen.

Castelle, Friedrich. Leiter des Reichsvortragsamts in Rosenbergs *Kampfbund für deutsche Kultur*. * 30.4. 1879 Appelhülsen in Westfalen. Dr. phil. Schriftsteller. 1923 Herausgeber: *Hermann Löns, Sämtliche Werke*. Herausgeber der Zeitschrift *Der Türmer*. Führer der Gesellschaft für Volksbildung. 1939 Sendeleiter des Reichssenders Köln, 1943

Leiter des Senders Luxemburg. 1950 Erzählung *Heidideldum.* † 15.1.1954 Stein bei Steinfurt. Lit.: *Führerlexikon.*

Catholy, Eckehard. Schauspieler.
* 16.3.1914 Lissa bei Posen, Sohn eines Oberlehrers. 1933 SS. 1937 NSDAP. Ab 1937 Städtische Bühnen Hildesheim und jeweils im Juli/August Römerbergfestspiele Frankfurt am Main. 1943 Städtische Bühnen Hannover. 1961 ao. Professor für Deutsche Philologie der Freien Universität Berlin. 1964–1970 Lehrstuhl. Q.: DBJ; König.

Cauer, Hanna. Bildhauerin.
* 8.3.1907 Bad Kreuznach, Tochter des Ludwig Cauer. Goebbels am 15.12.1935 im Tagebuch: »Hanna Cauer ist eine sehr befähigte Bildhauerin. Ich gebe ihr einige Aufträge.« Am 17.12.1937: »Hanna Cauer hat herrliche Frauenplastiken geschaffen ... Ich gebe ihr eine ganze Reihe von Aufträgen. Auch der Führer, der später noch hinkommt, gibt ihr Aufträge und Vorschüsse.« Vertreten auf den Großen Deutschen Kunstausstellungen im Münchner NS-Musentempel *Haus der Deutschen Kunst,* unter anderem mit *Speersenkende Pallas* (1942). 1950 *Traubenmädchen* im Kurhaus Bad Kreuznach. 1958 Brunnen in Kirn.

Cauer, Ludwig. Auf der *Gottbegnadeten-Liste* (Führerliste) der wichtigsten bildenden Künstler des NS-Staates.
* 28.5.1867 Bad Kreuznach. Bildhauer: Denkmäler, Brunnen und Büsten. † 27.12.1947 Bad Kreuznach.

Cauer, Stanislaus. Bildhauer.
* 18.10.1867 Königsberg. Akte und Porträtbüsten. Vertreten auf den Großen Deutschen Kunstausstellungen im Münchner *Haus der Deutschen Kunst,* unter anderem mit *Sich schämendes Mädchen* (1941). Hitler kaufte 1938 sein Werk *Venus* für 600 RM. NS-Ehrung: 1942 *Goethe-Medaille* für Kunst und Wissenschaft. † Anfang März (sic) 1943 Königsberg.

Cebotari, Maria, eigentlich Cebotaru. Auf der *Gottbegnadeten-Liste* (Führerliste) der wichtigsten Künstler des NS-Staates.

* 10.2.1910 Kischinew in Rußland. Sopranistin. 1931 Dresdner Staatsoper, 1935 Berliner Staatsoper. 1938 bei den ersten (von Goebbels finanzierten) Salzburger Festspielen nach der Besetzung Österreichs. Zwischen 1935 und 1942 in 24 Filmen, darunter *Mädchen in Weiß* (1936) und *Premiere der Butterfly* (1939). 1939 Titelrolle (Szenen aus der *Tosca*) im antikommunistischen Opernstreifen *Starke Herzen* (Goebbels zu schlecht, Uraufführung 1953!). Der Propagandaminister am 18.11.1940 im Tagebuch: »Nachmittags Künstler von der Truppenbetreuung empfangen ... Ich danke ihnen sehr und sie erfreuen uns durch ein kleines, improvisiertes Konzert ... Bockelmann, Rudolph, Anders, Cebotari.« Titel Kammersängerin 1935. 1947 Staatsoper Wien. † 9.6.1949 Wien. Lit.: Drewniak, *Film.*

Celan, Paul, eigentlich Antschel. Dichter.
* 23.11.1920 Czernowitz. Kind deutscher Juden, später im KZ ermordet. 1942 in einem rumänischen Arbeitslager. 1945 Verlagslektor in Bukarest. 1947 Flucht nach Wien, ab 1948 in Paris. 1952 Gedichtband *Mohn und Gedächtnis,* darin das berühmte Gedicht *Todesfuge* (zum Judenmord): »Schwarze Milch der Frühe wir trinken dich nachts/wir trinken dich mittags der Tod ist ein Meister aus Deutschland/wir trinken dich abends und morgens wir trinken und trinken/der Tod ist ein Meister aus Deutschland sein Auge ist blau«. 1958 Literaturpreis der Hansestadt Bremen, Laudator der NS-Schriftsteller Erhart Kästner (NSDAP 1939). † Suizid 20.11.1970 Paris.

Ceram, C. W. Nachkriegspseudonym von Kurt Wilhelm Marek.
* 20.1.1915 Berlin. Feuilletonist und Essayist. 1941 Roman *Wir hielten Narvik* (am 9.4.1940 Besetzung der nordnorwegischen Hafenstadt). Kriegsberichter. Nach 1945 Redakteur der Zeitung *Die Welt,* Lektor des Rowohlt Verlags. 1949 Archäologie-Bestseller *Götter, Gräber und Gelehrte.* † 12.4.1972 Hamburg.

Cerny, Josef, eigentlich Lerny, Pseudonym: *Josef Stolzing*. Feuilletonchef des NSDAP-Zentralorgans *Völkischer Beobachter* (VB).
* 12. 2. 1869 Wien. Bekannt mit Winifred und Siegfried Wagner (Hamann). 1920 Abhandlung *Aus arischer Weltanschauung zu deutscher Wiedergeburt.* Am 12. 5. 1923 im VB über eine Brecht-Uraufführung am Münchner Residenztheater: »In seinem Stück ›Im Dickicht‹ zeigt sich seine Impotenz als Dichter in höchster Potenz.« Laut Hans Frank hatte er am Tag des *Hitlerputsches* 1923 bereits seinen Leitartikel fertig: *Der Sieg des Hakenkreuzes.* 1930 Theaterstück *Friedrich Friesen*, Goebbels am 24. 2. 1930 im Tagebuch: »Brav und sauber. Aber ohne wirkungsvollen Schluß.« NS-Ehrung: *Goethe-Medaille* für Kunst und Wissenschaft. † 23. 7. 1942 München.

Chagall, Marc. Maler.
* 7. 7. 1887 Liosno bei Witebsk, Sohn eines armen Angestellten im jüdischen Quartier. Chagall: »Meine Bilder sind … gemalte Zusammenordnungen von inneren Bildern, die mich besitzen.« Beeinflußte den deutschen Expressionismus. In Fritschs Hetzwerk *Handbuch der Judenfrage* (1936) als »führender Kunstjude« diffamiert. 1937 mit drei Gemälden und einem Aquarell in der Schandschau *Entartete Kunst* in München vorgeführt, insgesamt 59 Werke beschlagnahmt. Urteil Alfred Rosenberg in seinem Hauptwerk *Mythus*: »Idiotenkunst«. † 28. 3. 1985 Saint-Paul-de-Vence.

Chemin-Petit, Hans. Chorleiter und Komponist.
* 24. 7. 1902 Potsdam. 1927 Kammeroper *Der gefangene Vogel.* 1929 (bis 1969) an der Akademie für Kirchen- und Schulmusik in Berlin (ab 1945: Hochschule für Musik). NS-Betriebszellen-Organisation (die NSBO verstand sich als die »SA der Betriebe«), NS-Altherrenbund. Am 24. Mai 1938 Aufführung seiner Kantate *An die Liebe* auf dem Kammermusikabend der ersten *Reichsmusiktage* in Düsseldorf (mit der

Schandschau *Entartete Musik*). 1943 (bis 1981) Leitung des Philharmonischen Chors Berlin. NS-Ehrung: 1936 Titel Professor. Ab 1968 Leiter der Musiksektion der (Westberliner) Akademie der Künste. † 12. 4. 1981 Berlin.

Chopin, Frédéric. Pianist und Komponist.
* 22. 2. 1810 Zelazowa Wola bei Warschau. † 17. 10. 1849 Paris. Sohn eines Franzosen und einer Polin. Der Versuch, Chopin zwecks Kulturpropaganda einzudeutschen, ist exemplarisch dokumentiert in der Zeitschrift *Die Musik-Woche* vom 28. 10. 1939. Dort schreibt Hauptschriftleiter Dr. Ernst Krinienitz unter dem Titel *Kampf um Chopin*: »Der Feldzug im Osten ist aus – restlos aus. Nichts, rein gar nichts ist übriggeblieben von dem einst so stolzen, ach so stolzen Polen, wäre da nicht – und das geht uns Musiker an – ein Mann namens François Frédéric Chopin … der einzige polnische Musiker, der in den Tempel der Unsterblichkeit einging, repräsentiert er nun wirklich das Polentum?« Die Antwort: »Der Kampf um Chopin ist entschieden … fest steht die Tatsache, daß Chopin ohne die Einflüsse der deutschen Romantik und seiner Verehrung für Bach und ganz allgemein für die deutsche Kultur nie zu der Reife gelangt wäre, die ihn zum begehrenswerten Klavierkomponisten gemacht hat.« Lit.: Wulf, *Musik.*

Christophersen, Thies. Holocaust-Leugner.
* 27. 1. 1918 Kiel. Waffen-SS (laut *SS-Leitheft* 2/1942 ist die Waffen-SS »die letzte Vollendung des nationalsozialistischen soldatischen Gedankens«). Sonderführer für Pflanzenzucht in Auschwitz-Rajsko. 1973 Autor: *Die Auschwitz-Lüge.* Lebte 1981 in Belgien, 1986 in Dänemark, 1995/96 in der Schweiz (Ausweisung). † 13. 2. 1997 Molfsee (sic) bei Kiel. Q.: Geschichtsmythen.

Cilensek, Johannes. Komponist.
* 4. 12. 1913 Großdubrau bei Bautzen. 1935 Musikstudium in Leipzig. 1937 NSDAP. Ab 1939 kriegsdienstverpflichtet

als Schleifer und Dreher. 1945/46 KPD/SED. 1947 Professor für Tonsatz, 1966 (bis 1972) Rektor der Franz Liszt-Hochschule Weimar. Mitglied der Akademie der Künste der DDR. † 1998. Lit.: Barth.

Clarenbach, Max. Auf der *Gottbegnadeten-Liste* (Führerliste) der wichtigsten Maler des NS-Staates.

* 19. 5. 1880 Neuß. Vorwiegend Architektur- und Landschaftsbilder. Professor der Kunstakademie Düsseldorf. Auf den Großen Deutschen Kunstausstellungen im Münchner NS-Musentempel *Haus der Deutschen Kunst* zwischen 1937 und 1944 mit 18 Bildern vertreten, darunter 1942: *Mondnacht bei Ebbe* (Öl). Landesleiter in der Reichskammer der bildenden Künste. † 5. 6. 1952 Wittlaer bei Neuß.

Clary und Aldringen, Ludwine Gräfin von.

* 15. 8. 1894 Eltville als Grafentochter. Ab 1916 Ehefrau von Fürst Alfons. Genealogisches Handbuch: »Edle Herrin von und zu Eltz genannt Faust von Stromberg«. Laut *Aufstellung derjenigen Parteigenossen, die Angehörige fürstlicher Häuser sind*: 1. 11. 1940 NSDAP, Nr. 8 227 451, Gau Sudetenland. † 4. 4. 1984 Venedig.

Clary und Aldringen, Alfons 7. Fürst von.

* 12. 3. 1887 Dresden. Dr. jur. Genealogisches Handbuch: auf Teplitz, Graupen und Hohenleipa. Laut *Aufstellung derjenigen Parteigenossen, die Angehörige fürstlicher Häuser sind*: 1. 11. 1940 NSDAP, Nr. 8 106 186, Gau Sudetenland. Dr. jur. Ehrenritter des Malteser-Ritter-Ordens. † 6. 10. 1978 Venedig.

Claß, Heinrich. 1908 (bis zur Auflösung 1939) Vorsitzender des radikal antisemitischen *Alldeutschen Verbands*.

* 29. 2. 1886 Alzey. Rechtsanwalt. 1912 unter dem Pseudonym *Daniel Frymann*: *Wenn ich der Kaiser wär'*. Dort heißt es: »Das Bedürfnis lebt heute in den Besten unseres Volkes, einem starken, tüchtigen Führer zu folgen, alle, die unverführt geblieben sind von den Lehren undeutscher Demokratie, sehnen sich danach.« Am

11. 8. 1914: »Ich betrachte den Ausbruch des Krieges für das größte Glück, das uns widerfahren konnte.« 1917 Mitbegründer der *Vaterlandspartei*, mit dem Rassisten Houston Steward Chamberlain Herausgeber der Zeitschrift *Deutschlands Erneuerung* zur »Förderung unserer Rasse auf jedem Gebiet«. Ab 1918 Redakteur der *Deutschen Zeitung*, Organ der Deutschnationalen. Oktober 1918, nach dem verlorenen I. Weltkrieg, Forderung, daß auf das Judentum »all der nur zu berechtigte Unwille unseres guten und irregeleiteten Volkes abgelenkt werden muß«. Ebenfalls Oktober 1918 über Juden: »Schlagt sie tot, das Weltgericht fragt Euch nach den Gründen nicht.« Häufiger Gast im Haus Wahnfried in Bayreuth. 1933–1945 MdR als Gast der NSDAP. † 16. 4. 1953 Jena. Lit.: Hering; Lilla.

Claudius, Erich. Schauspieler und Regisseur.

* 18. 6. 1889 Freyburg/Unstrut. Urenkel des Dichters Matthias Claudius. Kulturreferent der deutschen Besatzungsmacht in Krakau. Gründer und Intendant des *Theaters der Stadt Krakau*. † 15. 5. 1941.

Claudius, Hermann. Name Oktober 1933 unter dem Treuegelöbnis »88 deutsche Schriftsteller« für Adolf Hitler.

* 24. 10. 1878 Langenfelde bei Altona, Sohn eines Bahnmeisters. Enkel des Dichters Matthias Claudius. Volksschullehrer. Mai 1933 Berufung in die Deutsche Akademie der Dichtung der »gesäuberten« Preußischen Akademie der Künste. Gast der *Lippoldsberger Dichtertage* Hans Grimms. Mit mehr als 50 Texten im NS-Kampfblatt *Krakauer Zeitung*, das »Blatt des Generalgouvernements«. Führer-Verse *Deutscher Spruch*, 1944 in der Anthologie *Lyrik der Lebenden* des SA-Oberführers Gerhard Schumann: »Herrgott, steh dem Führer bei,/daß sein Werk das deine sei!/Daß dein Werk das seine sei,/Herrgott, steh dem Führer bei.« Bergengruen: »Ein schwächliches, aufgeplustertes, selbstzufriedenes Halbtalentchen, ein Reimklempner von platter Moral.« NS-

Ehrung: 1937 Chemnitzer Dichterpreis, 1942 Hamburger Lessing-Preis. 1943 von Reichsstatthalter Hildebrandt Mecklenburger Schrifttumspreis. Nach 1945 weiterhin Gast bei Hans Grimms *Lippoldsberger Dichtertagen.* Zum 95. Geburtstag Gratulation von Bundeskanzler Willy Brandt: »Ihr umfangreiches Werk gehört zum besten literarischen Besitz unseres Volkes.« † 8.9. 1980 Grönwohld in Holstein.

Claudius, Marieluise. Bühnen- und Filmschauspielerin.
* 6.1. 1912 Meiningen. 1933 Städt. Theater Düsseldorf. In der NS-Zeit in 17 Filmen. 1935 als Prinzessin Wilhelmine im Unterwerfungs-Lehrstück *Der alte und der junge König.* Goebbels am 4.8. 1936 im Tagebuch: »Nachmittags großer Besuch: Kronprinz Umberto von Italien ... und viele Damen vom Film, Höhn, Claudius, die Höpfners u.a. Kaffee und eine herrliche Bootsfahrt.« Am 28.8. 1936: »Abends mit Jugo, Claudius und Hoppe in der Scala.« † 1.8. 1941 Berlin.

Clausen, Claus. Schauspieler.
* 15.8. 1899 Eisenach. Im »ersten wirklichen Nazi-Film« (Courtade) *Hitlerjunge Quex.* 1935 als *Leutnant Katte* in *Der alte und der junge König.* Erwin Leiser: »Wenn der Preußenkönig den Leutnant Katte enthaupten läßt ... handelt er wie Hitler als ›oberster Gerichtsherr‹ nach der angeblichen Meuterei Röhms.« 1941 antibritischer Film *Mein Leben für Irland,* 1942 Harlan-Opus *Der große König* über Friedrich den Großen, Januar 1945 in Harlans Durchhalte-Schnulze *Kolberg.* Nach 1945 fast ausschließlich Bühnendarsteller. † 25.11. 1989 Essen.

Clewing, Carl. Musikbeauftragter des *Reichsjägermeisters* Göring.
* 22.4. 1884 Schwerin. Im I. Weltkrieg Kampfflieger (daher bekannt mit Göring). Ab 1922 Heldentenor der Berliner Staatsoper, 1924/25 Bayreuther Festspiele. 1926 Titel Professor, Ende der Bühnenkarriere. Ab 1932 am Berliner Konservatorium, zugleich Produktionsleiter der Schallplattenfirma Telefunken. Mai 1933 NSDAP, auch

SA, SS, 1934 Ausschluß wegen »nichtarischer Versippung« und früherer Logenzugehörigkeit. Am 27. Mai 1938 Vortrag *Singen und Sprechen* auf der Tagung *Singen und Sprechen* während der ersten *Reichsmusiktage* in Düsseldorf (mit der Schandschau *Entartete Musik*). 1939 *Kantate zur Geburt von Edda Göring,* mit Husadel Herausgeber des *Liederbuches der Luftwaffe.* Hitler am 28.2. 1942 im Tischgespräch: »Der erste Parsifal, den ich dort [in Bayreuth] gehört habe, war noch der Clewing, eine fabelhafte Gestalt und Stimme.« † 16.5. 1954 am Wohnort Badenweiler. Nachruf *Deutsches Bühnen-Jahrbuch:* »Ein ernst zu nehmender Wissenschaftler auf dem Gebiete des Volksliedes und der Jagdmusik.«

Coblitz, Wilhelm. Direktor des Instituts für Deutsche Ostarbeit.
* 24.2. 1906 München. Dr. jur. Oberregierungsrat (1943). NSDAP. Das am 20.4. 1940 von Generalgouverneur Hans Frank eröffnete Institut war untergebracht in den Räumen der Jagiellonischen Bibliothek, laut Diensttagebuch Frank »eines der besten Bibliotheksgebäude in ganz Europa«. Die Einrichtung hatte zehn Sektionen (zum Beispiel Rassen- und Volkstumsforschung, Judenforschung) und 185 Mitarbeiter. Publikationsorgan: die Vierteljahresschrift *Die Burg.* Am 12.9. 1941 Eröffnung der Ausstellung *Germanenerbe im Weichselraum* zum »Nachweis der urgermanischen Besiedlung des Ostraumes« (Coblitz). 1944 Ausweichquartier in Kochel. Nach 1945 Wohnsitz im Kanton Tessin. Lit.: Kühn-Ludewig.

Collande, Gisela von. Schauspielerin.
* 5.2. 1915 Dresden. Schwester von Volker Collande. Ab 1934 am Deutschen Theater in Berlin. Zwischen 1936 und 1943 in neun Filmen. Im Militärspionagefilm *Verräter,* am 9.9. 1936 auf dem NSDAP-Reichsparteitag uraufgeführt. 1938 im Luftwaffen-Aufrüstungsfilm *Pour le Mérite* (Aussage: »Ich hasse die Demokratie wie die Pest«) und *Ziel in den Wolken* (Propaganda zur Aufrüstung der Luft-

waffe). Verheiratet mit dem Schauspieler Josef Dahmen. 1947 Thalia-Theater Hamburg, 1955 Städtische Bühnen Wuppertal. In Filmen wie *Rosen blühn auf dem Heidegrab* (1952) oder *Himmel, Amor und Zwirn* (1960). † 22. 10. 1960 bei Pforzheim durch Verkehrsunfall. Nachruf *Deutsches Bühnen-Jahrbuch*: »Geniale Darstellung«.

Collande, Volker von. Schauspieler und Regisseur.
* 21. 11. 1913 Dresden. Am Staatlichen Schauspielhaus Berlin. NSDAP. Unter anderem als Gestapomann im Militärspionagefilm *Verräter*, am 9. 9. 1936 auf dem NSDAP-Reichsparteitag uraufgeführt. 1937 Agitationsfilm *Togger* (Moeller: »Voller NS-Parolen, antisemitischen Anspielungen und SA-Paraden«), 1941 Napola-Propaganda *Kopf hoch, Johannes!* 1942 Regie, Drehbuch und Hauptrolle Fronturlauber-Opus *Zwei in einer großen Stadt* (Prädikat: *staatspolitisch wertvoll*). 1943 Regie zum Erotik-Streifen *Das Bad auf der Tenne*, Goebbels: »ordinärer Bauernfilm«. Nach 1945 *Insel ohne Moral* (1950) oder *Hochzeit auf Immenhof* (1956). 1965 Intendant des Stadttheaters Regensburg. DBE: »In der frühen Bundesrepublik Deutschland war der ehemalige Jungstar des nationalsozialistischen Kunstbetriebs schnell wieder tätig. Zuletzt leitete er das Theater der Stadt Wolfsburg und beriet die Volkswagen AG in Kulturfragen.« † 29. 10. 1990 Hannover.

Corinth, Lovis. Impressionistischer Maler.
* 21. 7. 1858 Tapiau. † 17. 7. 1925 Zandvoort auf einer Hollandreise. Ab 1912 durch Schlaganfall behindert. Im Juli 1937 in der Schandschau *Entartete Kunst* in München mit sieben Bildern vorgeführt, 295 (!) seiner Werke beschlagnahmt. *Meyers Lexikon* 1937: »Seine urwüchsige Begabung für das Bildhafte entbehrte der Zucht und des Gefühls für reines Kunstempfinden des Volkes. Daher glitt sein derber Realismus schließlich in sinnliche Triebhaftigkeit ab, besonders bei der Wiedergabe nackter weiblicher Körper.« Ur-

teil Rosenbergs in seinem Hauptwerk *Mythus*: »Schlächtermeister des Pinsels«.

Correll, Ernst Hugo. Vorstandsmitglied und Produktionschef der Ufa (ab 1928).
* 9. 6. 1882 Neubreisach im Elsaß. Jurist. Rittmeister a. D. Vorsitzender des Verbands der Filmindustriellen. Im Juli 1932 auf der Jahreshauptversammlung der Ufa Forderung, »deutsch fühlende dichterische Naturen« statt »reiner Drehbuchtechniker« zu beschäftigen. Verantwortlich für den »ersten wirklichen Nazi-Film« (Courtade) *Hitlerjunge Quex*, Untertitel: *Ein Film vom Opfergeist der deutschen Jugend*. Uraufführung September 1933 in Anwesenheit von Hitler und Baldur von Schirach, Dank von Goebbels, er habe sich »um die künstlerische Gestaltung nationalsozialistischen Ideenguts ein großes Verdienst erworben«. Mitglied der *Akademie für deutsches Recht*. Frühjahr 1939 Abschied auf Druck von Goebbels. † 3. 9. 1942 Garmisch-Partenkirchen.

Corrinth, Curt. Schriftleiter.
* 20. 2. 1894 Lennep im Rheinland. Autor von Romanen wie *Hellmann der Führer* (1934), *Die Horde der Getreuen* oder *Die Schicksalsmelodie* (beide 1938). 1939 Dramaturg der Ufa. 1955 Wechsel in die DDR. Film *Die Getreuen von Berneburg* (1957). † 27. 8. 1960 Berlin.

Cossmann, Alfred. Auf der *Gottbegnadeten-Liste* (Führerliste) der wichtigsten Maler des NS-Staates, hier Cohsmann geschrieben.
* 2. 10. 1870 Graz. Radierer und Kupferstecher. 1920 Professor an der Graphischen Lehr- und Versuchsanstalt Wien. Buchschmuck, Einbände und Illustrationen. NS-Ehrung: 1940 *Goethe-Medaille* für Kunst und Wissenschaft, überreicht von Schirach. † 31. 3. 1951 Wien.

Cossmann, Paul Nikolaus. »Leidenschaftlicher deutscher Nationalist« (Erika Mann).
* 6. 4. 1869 Baden-Baden, Sohn eines Cellisten, jüdischer Herkunft. 1904 Gründer der *Süddeutschen Monatshefte*. 1905 Übertritt zum Katholizismus. 1921 politischer

Direktor der *Münchner Neuesten Nachrichten*, Umgestaltung in ein extrem nationalistisches Blatt. 1933 erstmals verhaftet. † 19. 10. 1942 Ghettolager Theresienstadt.

Coubier, Heinz, Pseudonym von Heinz Kuhbier. 1944 (unter Pseudonym) auf der Liste der von Goebbels zugelassenen Filmautoren.
* 25. 5. 1905. Schriftsteller in Berlin. Autor von Werken wie *Die Schiffe brennen* (Schauspiel, 1937) oder *Die Nacht in San Raffaele* (Roman, 1940). Nach 1945 Schriftsteller in Ebenhausen bei München. 1953 Schauspiel: *Der Kommandant.* 1971 Komödie: *Gesang der Raben.*

Courths-Mahler, Hedwig. Autorin von Trivialromanen und *Förderndes Mitglied SS* (1938).
* 18. 2. 1867 Nebra/Unstrut. Tochter eines Saaleschiffers und einer Dienstmagd. Drei Jahre Volksschule. Mitglied der Reichsschrifttumskammer, *Meyers Lexikon* 1937: »150 seichte und schlechte Unterhaltungsromane aus einer verlogenen Gesellschaftswelt, die aber infolge ihrer primitiven Illusionistik Massenerfolge haben.« Ihre Tochter Frieda Birkner wurde 1941 nach dem Heimtückegesetz zu 28 Monaten Haft und Zwangsarbeit verurteilt, ihre Tochter Margarete Elzer 1941 aus der Reichsschrifttumskammer ausgeschlossen. † 26. 11. 1950 Tegernsee. Lit.: Sarkowicz.

Cremer, Hans Martin. Name Oktober 1933 unter dem Treuegelöbnis »88 deutsche Schriftsteller« für Adolf Hitler.
* 20. 7. 1890 Unna. Schriftleiter in Berlin. Laut *Deutsche Kulturwacht* 1932 Fachspartenleiter Textdichter in Rosenbergs *Kampfbund für deutsche Kultur* Groß-Berlin. 1937 Libretto zum Singspiel *Sieben brave Mägdelein.* Autor im NSDAP-Zentralorgan *Völkischer Beobachter.* Ebenda am 6. 12. 1938 – nach der Reichspogromnacht – in einer Filmbesprechung: » ... die Feigheit der [jüdischen] Rasse [wird] an einem besonders scheußlichen Exemplar vor Augen geführt.« 1941 Lustspiel *Alarm*

in der Hochzeitsnacht. 1950 Komödie *Madeleine.* † 3. 6. 1953 Berlin. Lit.: Hollstein.

Cremers, Paul Joseph. Schriftsteller.
* 8. 2. 1897 Aachen. Bühnenstücke wie *Marneschlacht* (1933), *Rheinlandtragödie* oder *Richelieu* (1934). 1939 Drehbuchvorlage zum teutonischen Geniefilm *Robert Koch, der Bekämpfer des Todes.* 1940 Vorlage zum Film *Friedrich Schiller. Der Triumph eines Genies* (laut Leiser Schiller als Vorläufer des Verfassers von *Mein Kampf*). † 14. 7. 1941 Bonn.

Creuzburg, Heinrich. Dirigent.
* 4. 3. 1907 Miltitz bei Leipzig. 1932 Korrepetitor am Stadttheater Halle, 1933 Kapellmeister der Städtischen Bühnen Essen, ab 1942 Erster Kapellmeister und stellv. musikalischer Oberleiter am Deutschen Theater Oslo, Rechtsträger: Der Reichskommissar für die besetzten norwegischen Gebiete. 1945 Professor an der Musikhochschule Weimar. 1951 Nordwestdeutsche Musikakademie in Detmold.

Crodel, Carl Fritz David. Maler.
* 16. 9. 1894 Marseille. Beeinflußt von Edvard Munch und Ernst Ludwig Kirchner. 1930 Dürer-Preis der Stadt Nürnberg. Beschlagnahmung von 48 seiner Werke als »entartete Kunst«. 1951 Professor der Hochschule der bildenden Künste in München. † 28. 2. 1973 ebenda.

Croy, Anton Prinz von.
* 6. 1. 1893 Brüssel. Laut *Aufstellung derjenigen Parteigenossen, die Angehörige fürstlicher Häuser sind*: 1. 5. 1933 NSDAP, Nr. 2 845352, Gau Weser-Ems. Ehrenritter des Malteser-Ritter-Ordens. † 29. 10. 1973 Gars am Kamp in Niederösterreich.

Croy, Max Prinz von.
* 12. 6. 1912 Slabetz. Laut *Aufstellung derjenigen Parteigenossen, die Angehörige fürstlicher Häuser sind*: 1. 12. 1938 NSDAP, Nr. 6 462903, Gau Sudetenland. Wohnort nach 1945: Augsburg. † 2. 9. 1992 ebenda.

Csillag, Terka. Schauspielerin.
* 9. 7. 1867 Kaposvar. 1919–1932 am Stadttheater Bochum (Iphigenie, Lady Macbeth). † 1942 Deportation ins Ghettolager Theresienstadt.

Csokor, Franz Theodor. Schriftsteller.
* 6.9. 1885 Wien. 1936 Hauptwerk *Dritter November 1918* über den Zerfall der österreichisch-ungarischen Monarchie. 1938 Emigration, Stationen: Polen, Rumänien, Jugoslawien, 1944 in Rom. 1947 Präsident des österreichischen PEN-Clubs, 1967 Vizepräsident des Internationalen PEN. Hielt Februar 1965 die Leichenrede bei der Beerdigung von Alma Mahler-Werfel (»die Muse des Musikers, die Windsbraut des Malers«). Laut Zuckmayer »der Würdegreis von Wien … schreibt ununterbrochen Stücke, die nicht gespielt, aber von subventionierten Verlagen gedruckt werden, sein Eichmann-Drama war schneller fertig als der Eichmann-Prozeß«. † 5.1. 1969 Wien. Lit.: Hilmes.

Czech-Jochberg, Erich. Schriftsteller.
* 30.1. 1890 Warnsdorf in Böhmen. Autor von Büchern wie *Unser Führer. Ein deutsches Jungen- und Mädchenbuch* oder *Das Jugendbuch von Horst Wessel* (1933). *Meyers Lexikon* (1937): »Seine geschichtlich-politischen Schriften werden wegen ihres starken Konjunkturcharakters von der NSDAP schärfstens abgelehnt.« Hans Habe, 1945/46 Chef der *Neuen Zeitung* (US-Tageszeitung im Dienste der Umerziehung und Demokratisierung): »Ich war in diesen Tagen mancher Unverschämtheit begegnet – die Unverschämtheit Erich Czechs, sich als ›Verfolgter des Regimes‹ den Amerikanern … zur Verfügung zu stellen.« † 4.6. 1966 München.

Czepa, Friedl, eigentlich Friederike Pfaffeneder. Schauspielerin.
* 3.9. 1898 Amstetten in Niederösterreich. Salondame am Wiener Theater in der Josefstadt. Zur Volksabstimmung zum »Anschluß« Österreichs April 1938: »Es ist geschafft! Wir danken aus übervollem Herzen unserem geliebten Führer!« Von Zuckmayer zur Kategorie »Nazis, Anschmeißer, Nutznießer, Kreaturen« gerechnet. Verheiratet mit Hans Schott-Schöbinger. Zuckmayer: »Hans Schöbinger und Friedl Czepa … excellierten bei

und nach dem ›Anschluß‹ in wiener Nazitum, Antisemitismus, Hetzerei und Denunziationen, und erhielten auch entsprechend Verwaltungs- und ›Führer‹Pöstchen.« 1940 (bis 1945) Direktorin des Wiener Stadttheaters (Privatbühne). 1942 Ehe mit dem Schauspieler Rolf Wanka. Nach 1945 Filme wie *Knall und Fall als Hochstapler* (1952), *Husarenmanöver* (1956), *Das Dorf ohne Moral* (1960). † 22.6. 1973 Wien.

Czibulka, Alfred Freiherr von. Schriftsteller.
* 28.6. 1888 Schloß Radborsch bei Prag. 1910 bei den Windischgrätzer Dragonern. 1933 Autor: *Große deutsche Soldaten.* 1937: *Deutsche Gaue.* 1942 Novellen *Das Lied der Standarte Caraffa.* Sein Roman *Der Münzturm* (1933) diente 1942 als Vorlage zum Film *Andreas Schlüter,* genannt der *Michelangelo Preußens,* Kernsatz: »Das Leben vergeht, das Werk ist unvergänglich«. 1953 Roman *Die Brautfahrt nach Ungarn.* † 22.10. 1969 München.

Cziffra, Géza von. Autor und Regisseur.
* 19.12. 1900 Arad, damals Ungarn, später Rumänien. Drehbücher zu Filmen wie *Frühlingsluft* (1938) oder *Frauen sind keine Engel* (1943). 1943 Buch und Regie zum Eisrevue-Film *Der weiße Traum.* Nach 1945 Kinoprodukte wie *Das singende Hotel* (1953). Weniger: »Seit der zweiten Hälfte der 50er Jahre gerieten seine Werke immer mehr zum Lustspielklamauk, mit Peter Alexander als dessen ›würdigsten‹ Vertreter.« 1969 letzter Film: *Josefine, das liebestolle Kätzchen.* 1985 *Filmband in Gold* für langjähriges und hervorragendes Wirken im deutschen Film. † 28.4. 1989 Dießen am Ammersee.

D

Dachauer, Wilhelm. Auf der *Gottbegnadeten-Liste* (Führerliste) der wichtigsten Maler des NS-Staates.
* 5.4. 1881 Ried im Innkreis (Oberösterreich). 1927 (bis 1945) Professor der

Wiener Akademie der bildenden Künste. Auf der Großen Deutschen Kunstausstellung 1942 im Münchner NS-Musentempel *Haus der Deutschen Kunst* mit den Bildern *Der Morgen, Der Frühling geht übers Land* sowie *Bergbauern* (jeweils Tempera). † 26. 2. 1951 Wien.

Dähnhardt, Heinrich. Vorsitzender des Reichsprüfungsamts für das Büchereiwesen (ab 1938). * 14. 7. 1897 Berlin. Dr. phil. 1920 Teilnehmer *Kapp-Putsch.* 1926 Leiter der Reichsgeschäftsstelle der dem *Deutschnationalen Handlungsgehilfen-Verband* (DHV) nahestehenden Fichte-Gesellschaft. Mitarbeit bei DHV-Zeitschrift *Deutsches Volkstum.* Mai 1933 NSDAP. 1935 Professor für Geschichtliche Bildung der Hochschule für Lehrerbildung (zur NS-Indoktrinierung) in Cottbus. 1937 Oberregierungsrat und Leiter der Abteilung Erwachsenenbildung und Volksbibliotheken im Reichserziehungsministerium. 1940 Ministerialrat. 1948 Redakteur des von Hanns Lilje herausgegebenen *Sonntagsblatts* in Hamburg. 1953 Leiter der Kulturredaktion *Die Welt.* Ab 1954 Direktor der Grenzakademie Sankelmark bei Flensburg. Ab 1962 im Fernsehrat des ZDF. 1965 Mitglied der Propsteisynode Flensburg. 1966 Stellv. Vorsitzender der Studienkommission für Fragen der Erwachsenenbildung in Schleswig-Holstein. 1968 *Großes Verdienstkreuz des Verdienstordens der BRD.* † 30. 10. 1968 Flensburg. Lit.: Barbian; Hesse.

Däubler, Theodor. Schriftsteller. * 17. 8. 1876 Triest. 1910 Hauptwerk die Versdichtung *Das Nordlicht.* 1928 Aufnahme in die Sektion Dichtung der Preußischen Akademie der Künste. Alma Mahler-Werfel 1929: »Aus solchem Fettwanst kann keine reine Seele tönen!« *Meyers Lexikon* (1937): »Sein Werk ist bezeichnend für die Zerrissenheit und Auflösung unserer Vorkriegszeit.« Mitglied und am 18. 3. 1933 Unterzeichner einer Loyalitätserklärung der Deutschen Akademie der Dichtung der Preußischen Akademie der Künste pro NS-Regierung. † 14. 6. 1934 St. Blasien an Tuberkulose.

Dagover, Lil (Künstlername). Schauspielerin. * 30. 9. 1887 Madiun auf Java. 1919 Hauptrolle im Stummfilmklassiker *Das Kabinett des Dr. Caligari.* Nach Speers Erinnerungen sah sich Hitler alle ihre Filme an. Laut Hippler von Goebbels öfters zur Abendgesellschaft eingeladen. Goebbels am 1. 2. 1937 im Tagebuch: »Abends große Gesellschaft mit Film: viele neue Gäste. Das ist ganz interessant: Ritter, Bohnen, Lil Dagover, Ullrich etc.« Zwischen 1933 und 1944 in 23 Filmen. Darunter 1936 der Preußen-Film *Fridericus,* 1940 der teutonische Geniefilm *Friedrich Schiller* sowie das *staatspolitisch besonders wertvolle* Opus *Bismarck,* am 6. 12. 1940 in Anwesenheit von Goebbels, Lammers und Gürtner uraufgeführt. Zur Truppenbetreuung eingesetzt. Diensttagebuch Generalgouverneur Hans Frank am 3. 4. 1942: »Empfang der Schauspielerin Lil Dagover u. a. Schauspieler.« Mai 1942 in *Kleine Residenz,* für Goebbels eine Musterleistung des Unterhaltungsfilms »für den Krieg«. August 1942 Tendenzfilm *Wien 1910:* der antisemitische Wiener Bürgermeister Karl Lueger als Hitler-Vorläufer. NS-Ehrung: 1937 *Staatsschauspielerin.* Als Grande Dame in *Königliche Hoheit* (1953), *Bekenntnisse des Hochstaplers Felix Krull* (1957), *Die seltsame Gräfin* (1961, Edgar-Wallace-Krimi). 1978 letzter Film: *Geschichten aus dem Wienerwald.* Filmband in Gold für langjähriges und hervorragendes Wirken im deutschen Film 1962, *Großes Verdienstkreuz des Verdienstordens der BRD* 1967. 1979 Erinnerungen: *Ich war die Dame.* † 23. 1. 1980 Grünwald bei München.

Dahlke, Paul. Auf der *Gottbegnadeten-Liste* der Schauspieler, die für die Filmproduktion benötigt werden. * 12. 4. 1904 Streitz in Pommern. Ab 1933 am Deutschen Theater in Berlin. Zwischen 1934 und 1944 in 46 Filmen, darunter 1936 der Militärspionagefilm *Verräter,* am 9. 9. 1936 auf dem NSDAP-Reichsparteitag uraufgeführt. 1937 *Patrioten* (Goebbels: »Ganz klar und nationalsozialistisch«) sowie Harlans *Mein Sohn, der Herr Minister* (laut Goebbels »eine geistvolle Verhöhnung des Parlamentarismus«). 1938 Luftwaffen-Aufrüstungsfilm *Pour le Mérite* (für Hitler der »bisher beste Film der Zeitgeschichte«). 1939 im teutonischen Geniefilm *Robert Koch*. Am 21.1. 1940 Gastspiel mit *Was ihr wollt* in Posen, Goebbels: »Clou des Abends ist Dahlke, der sich selbst übertrifft ... Danach ein kleiner, bescheidener Empfang für Partei und Künstler in unserem Schloß.« 1941 in *Venus vor Gericht* über einen NSDAP-Bildhauer, den »jüdischen Kunsthandel« und »entartete Kunst« sowie im NS-Reiterfilm *... reitet für Deutschland*. 1943 in Käutners *Romanze in Moll*. NS-Ehrung: 1937 als jüngster seines Faches Titel *Staatsschauspieler*. Nach 1945 Rolle des Generals Harras in Zuckmayers *Des Teufels General*. 1954 Kästner-Film *Das fliegende Klassenzimmer*, 1957 in der Thomas-Mann-Verfilmung *Die Bekenntnisse des Hochstaplers Felix Krull* sowie in Harlans »Schwulenfilm« *Anders als du und ich* (1957). Kulturpreis der Pommerschen Landsmannschaft 1966. *Filmband in Gold* für langjähriges und hervorragendes Wirken im deutschen Film 1974. † 23.11. 1984 Salzburg.

Dahmen, Josef. Schauspieler.
* 21.8.1903 Solingen-Ohligs. Ab 1932 Charakterdarsteller am Lessing-Theater und am Deutschen Theater in Berlin. Verheiratet mit der Schauspielerin Gisela von Collande. In der NS-Zeit 40 Filme, darunter 1933 *Flüchtlinge* (über Wolgadeutsche, die »heim ins Reich« wollen) und der Militärspionagefilm *Verräter*, am 9.9.1936 auf dem NSDAP-Reichsparteitag uraufgeführt. 1937 Kriegsfilm *Unternehmen Michael*, eine Glorifizierung sinnlosen Sterbens (Kreimeier). 1938 Luftwaffen-Aufrüstungsfilm *Pour le Mérite* (Aussage: »Ich hasse die Demokratie wie die Pest«). 1939 *Legion Condor*. März 1941 *Über alles in der Welt* zur Vorbereitung der Schlacht um

England, April 1941 im Hetzfilm *Ohm Krüger* (Höchstprädikat: *Film der Nation*). Juni 1941 in der Sturzkampfflieger-Hymne *Stukas*. Januar 1945 in Harlans Durchhalte-Schnulze *Kolberg*. Nach 1945 Deutsches Schauspielhaus Hamburg. Mehr als hundert Filme, unter anderem *Taxi-Kitty* (1950) und *Der Maulkorb* (1958). † 18.1. 1985 Hamburg.

Dahn, Felix. Rechtshistoriker. Erfinder des Mythos, daß der Germane seine Lebenserfüllung im Heldentod für das Volk finde.
* 9.2.1834 Hamburg. † 3.1.1912 Breslau, Sohn eines Schauspielerehepaares. 1857 Habilitation: *Studien zur Geschichte der Germanischen Gottesurteile*. 1872 Lehrstuhl in Königsberg, im Gelehrtenausschuß des Germanischen Museums Nürnberg. 1888 Ordinarius in Breslau, lehrte die Unterordnung des einzelnen unter das Volk. Publikationen: 1861 (bis 1909) zwanzigbändiges Hauptwerk: *Die Könige der Germanen*. 1876–1878 vierbändiger Gotenroman: *Ein Kampf um Rom*. 1890–1895 *Erinnerungen* in sechs Bänden. Hitler hielt ihn für den einzigen Professor, der »Schöpferisches« geleistet habe. Wie Dahns Goten durch Selbstvernichtung im Krater des Vesuv enden, endet Hitler durch Selbstvernichtung im Berliner Führerbunker. Lit.: Kurt Frech, in: Puschner.

Dalman, Josef, eigentlich Dallmeier. Drehbuchautor.
* 31.10.1882 Regensburg. *Blutordensträger* der NSDAP (Teilnehmer am Hitlerputsch 1923). 1933 Drehbuch zum Propagandastreifen *SA-Mann Brand*. Ansonsten Drehbücher zu Filmen wie *Die Mutter der Kompanie* (1931) oder *Das sündige Dorf* (1938). Peter Kreuder: »Was heißt, er war ein Nazi. Er war ein ganzer Reichsparteitag für sich alleine ... Sein Blut war bestimmt braun.« † 20.6.1944 München.

Dammann, Anna (Künstlername). Auf der *Gottbegnadeten-Liste* (Führerliste) der wichtigsten Künstler des NS-Staates.
* 19.9.1912 Hamburg. Schauspielerin am Deutschen Theater in Berlin. November

1939 in *Die Reise nach Tilsit*, ein Harlan-Film über einen jungen Fischer, der unter den unheilvollen Einfluß einer Polin gerät. Ebenfalls November 1939 im Liebesfilm *Johannisfeuer*. 1941 Titelrolle im antibritischen Film *Mein Leben für Irland*. Nach 1945 unter anderem am Münchner Residenztheater. † 30. 9. 1993 München.

Dammann, Egon. Komponist.
* 9. 6. 1908 Berlin. Wohnort ebenda. Im *Lexikon der Juden in der Musik* gebrandmarkt. † Deportiert am 14. 12. 1942 nach Auschwitz (nicht Riga!).

Dammann, Gerhard. Auf der *Gottbegnadeten-Liste* der Schauspieler, die für die Filmproduktion benötigt werden.
* 30. 3. 1883 Köln. Kugelrunder Groteskkomiker, ursprünglich Artist. Einer der meistbeschäftigten Chargenschauspieler. Unter anderem in den nach 1945 verbotenen Filmen *Pour le mérite, Über alles in der Welt, ... reitet für Deutschland, Fronttheater*. † 21. 2. 1946 Bad Ischl. Lit.: Weniger.

Dammer, Karl. Dirigent.
* 2. 1. 1894 Wuppertal. 1934 am Deutschen Opernhaus Berlin. 1939 NSDAP, Generalmusikdirektor in Köln. NS-Ehrung: 1937 von Hitler Titel Generalmusikdirektor. Nach 1945 Gastdirigent, 1973 Schweizer Staatsbürger. † 3. 2. 1977 Münsterlingen, Kanton Thurgau.

Danckert, Werner. Mitarbeiter der *Hauptstelle Musik* der Dienststelle Rosenberg.
* 22. 6. 1900 Erfurt. Professor der Musikhochschule Weimar. 1937 NSDAP, Autor: *Altnordische Volksmusik*. Mai 1938 im Rahmen der ersten *Reichsmusiktage* in Düsseldorf Vortrag *Volkstum, Stammesart, Rasse im Lichte der Volkstumsforschung*. 1939 Autor: *Die ältesten Spuren germanischer Volksmusik*. 1943 Wahrnehmung des Lehrstuhls in Graz, zugleich apl. Professor in Berlin. Keine Rückkehr an Universität. 1961 Autor: *Das Volkslied im Abendland*. † 5. 3. 1970 Krefeld. Nachruf *Deutsches Bühnen-Jahrbuch*: »Seine Arbeiten über ... das europäische Volkslied in seinen vielfältigen ethnologischen Verzwei-

gungen werden Bestand haben.« Lit.: Potter; Prieberg, Handbuch; de Vries; Wulf, Musik.

Danegger, Theodor. Schauspieler.
* 31. 8. 1891 Lienz in Tirol, Sohn des Schauspielers Josef Danegger, da dieser »Jude« war, Abstammungsangabe gegenüber der Reichsfilmkammer: unehelich (Schrader). 1934 Münchner Kammerspiele. 1939 Filmlustspiel *Drei Väter für Anna*. 1940 Film um Frauenliebe und Opferbereitschaft: *Ein Leben lang*. 1942 Hauptrolle in *Viel Lärm um Nixi*. Frühjahr 1943 Verhaftung (Vorwurf: Homosexualität) während der Dreharbeiten zu Cziffras Eisrevue *Der weiße Traum*. Entfernung aller mit ihm gedrehten Szenen. Nach 1945 zahlreiche Filme, darunter: *Alles Lüge* (1948), *Pulverschnee nach Übersee* (1956), *Der Sündenbock von Spatzenhausen* (1958). † 11. 10. 1959 Wien.

Dannemann, Karl. Auf der *Gottbegnadeten-Liste* der Schauspieler, die für die Filmproduktion benötigt werden.
* 22. 3. 1896 Bremen. Zunächst Kunstmaler. 1940 im Staatsauftragsfilm (Spionagewarnung) fürs Kino-Vorprogramm: *Achtung! Feind hört mit!* 1941 antibritischer Film *Mein Leben für Irland*, Napola-Opus *Kopf hoch, Johannes*, antibritischer Kolonialfilm *Carl Peters* und NS-Euthanasiefilm *Ich klage an*. Mai 1944 im HJ-Film *Junge Adler*. † April 1945 Suizid beim Einmarsch der Roten Armee in Berlin.

Dannhoff, Erika. Schauspielerin.
* 2. 12. 1909 Berlin. 1934 Jugendliche Liebhaberin an der Volksbühne Berlin (oberste Leitung: Goebbels) und am Deutschen Theater. 1936/37 häufiger Kontakt zu Goebbels. In seinem Tagebuch am 1. 8. 1936: »Kleine Bootsfahrt mit Prof. Hommel und Erika Dannhoff.« Am 20. 3. 1937: »Lange noch beim Führer palavert: Die Ullrich, Dannhoff ...« 1939 Liebhaberin am Bayerischen Staatstheater München. 1942 am Theater des Volkes in Dresden. In Filmen wie *Fiakerlied* (1936) oder *Waldrausch* (1939). Nach 1945 u. a. in *Das Beil von Wandsbek* (1950, DDR, 1951 verboten)

oder *Primel macht ihr Haus verrückt* (1979). Ab 1966 Dozentin der Berliner Reinhardt-Schule. † 18.6. 1996 Berlin.

Datzig, Elfriede. Nachwuchsschauspielerin.

* 26.7. 1922 Wien. Unter anderem 1938 in *Die unruhigen Mädchen,* 1943 in der Ganghofer-Verfilmung *Waldrausch* sowie im Hans-Moser-Film *Reisebekanntschaft.* März 1945 im bayerischen Schwank *Die falsche Braut,* einer der letzten Filme des Dritten Reiches. Verheiratet (1944) mit dem Schauspieler Albert Hehn. † 27.1. 1946 Horn in Niederösterreich.

Daube, Otto. Mitbegründer (1925) und Reichsbundführer (1938) des *Bayreuther Bundes der deutschen Jugend.*

* 12.6. 1900 Halle. 1934 NSDAP. Obermusiklehrer in Detmold. 1935 ebenda Leiter der Richard-Wagner-Festwochen und der Richard-Wagner-Schule. 1937 Landesleiter der Reichsmusikkammer Gau Westfalen-Nord. 1942 Referatsleiter *Richard Wagner und die deutsche Schule* im NS-Lehrerbund. Vertrauter Winifred Wagners. Der *Bayreuther Bund* verstand sich als Kampftruppe wider die »Entartung der Kunst«. 1948 Studienrat in Hattingen. † 9.3. 1992 Königsfeld im Schwarzwald.

Daudert, Charlott (sic). Schauspielerin.

* 27.12. 1913 Königsberg. Zwischen 1934 und 1945 als »blonde Versuchung« in 39 Filmen, darunter 1939 als Ilse-Werner-Film *Ihr erstes Erlebnis.* 1941 in *Venus vor Gericht* über einen NSDAP-Bildhauer, den »jüdischen Kunsthandel« und »entartete Kunst«. 1943 in *Besatzung Dora* über die Heldentaten der Luftwaffe (infolge des Kriegsverlaufs nicht im Kino). In Rabenalts Erinnerungen im Kapitel über »Zuträgerinnen« von Goebbels abgehandelt. Nach 1945 Filme wie *Die Nacht ohne Sünde* (1950) oder *Heidemelodie* (1956). † 19.1. 1961 am Wohnort Monte Carlo.

David, Hanns Walter. Dirigent, Komponist, Musikschriftsteller.

* 26.3. 1893 Mönchengladbach. Schüler Schrekers. 1924 Erster Kapellmeister am Drei-Städte-Theater Oberhausen-Ham-

born-Gladbeck. Im *Lexikon der Juden in der Musik* gebrandmarkt. 1933 Flucht nach Frankreich, 1935 auf Einladung des sowjetischen Komponistenverbands in der UdSSR. Leiter des *Deutschen Staatstheaters* in Engels (Wolgarepublik). 1938, angeblich wegen einer Zwölfton-Geburtstagshymne an Stalin, verhaftet. 1940 Auslieferung an Gestapo (zu dieser Zeit deutsch-russischer Nichtangriffspakt). † 1942 KZ Majdanek.

David, Johann Nepomuk. Auf der *Gottbegnadeten-Liste* (Führerliste) der wichtigsten Komponisten des NS-Staates.

* 30.11. 1895 Eferding in Österreich. Volksschullehrer und Organist in Wels. 1934 Lehrer am Konservatorium in Leipzig, 1942 Direktor. Am 7.11. 1942 in der Feierstunde zur Gründung der Deutsch-Japanischen Gesellschaft am Leipziger Völkerschlachtdenkmal Uraufführung seiner Motette für Chor und Bläser *Wer seinem Volke so die Treue hält* nach dem *Führer-Wort:* »Wer seinem Volk so die Treue hält, der soll selbst in Treue nie vergessen werden.« NS-Ehrung: NSDAP-Gaukulturpreis des Gaues Oberdonau. Nach 1945 an Mozarteum in Salzburg, 1948–1963 Musikhochschule Stuttgart. Zahlreiche Ehrungen, Ehrenpräsident des Deutschen Musikrats. † 22.12. 1977 Stuttgart.

Davringhausen, Heinrich. Maler.

* 21.10. 1894 Aachen. Autodidakt, zunächst Expressionist, dann Vertreter der Neuen Sachlichkeit. Juli 1937 in der Schandschau *Entartete Kunst* in München vorgeführt, Beschlagnahmung von 20 seiner Werke. Nach 1945 in Frankreich. † 13.12. 1970 Nizza.

Decarli, Bruno. Auf der *Gottbegnadeten-liste:* Liste der Schauspieler, die für die Filmproduktion benötigt werden.

* 15.3. 1877 Dresden. Sächsisches Staatstheater Dresden. Stummfilmstar. Drei Tonfilme: *Victoria* (1935), *Das Leben kann so schön sein* (1938), *Das Herz der Königin* (1940). † 31.3. 1950 Tiverton/England.

Deetjen, Werner. Präsident der Deutschen Shakespeare-Gesellschaft (1921 bis zum Tode).
* 3.4. 1877 Gut Koselitz in Westpreußen. Bibliothekar. 1916 Direktor der Großherzoglichen Bibliothek (ab 1918: Thüringische Landesbibliothek) in Weimar. In Rosenbergs *Kampfbund für deutsche Kultur*. † 21.5. 1939 Weimar. Lit.: Okrassa.

Defregger, Franz von. Maler.
* 30.4. 1835 Stronach im Pustertal. † 2.1. 1921 München. 1878–1910 Professor der Münchner Akademie. *Meyers Lexikon* 1937: »Malte Bilder aus Tirols Volksleben, oft mit humoristischem Einschlag«. Im geplanten *Führer-Museum* in Linz war für ihn ein eigener Saal vorgesehen (Tarnowski).

Degen, Dietz. Im *Einsatzstab Reichsleiter Rosenberg*.
* 11.1. 1910 Borsdorf bei Leipzig. 1933/34 HJ, dann NS-Kraftfahrkorps. 1937 NSDAP. 1939 Dr. phil. mit dem Thema *Zur Geschichte der Blockflöte in den germanischen Ländern*. 1939 Lehrer der Musikhochschule Leipzig. Prieberg: »Im besetzten Paris beim Sonderstab Musik im Einsatzstab Reichsleiter Rosenberg und mit Sicherstellung von Musikalien aus jüdischem Besitz befaßt.« Nach 1945 Lehrtätigkeit in Schweden unter dem Namen Johannes D. Degen. † 6.12. 1989 Härnösand. Q.: Lebenslauf Dissertation.

Degen, Helmut. Komponist.
* 14.1. 1911 Aglasterhausen bei Heidelberg. 1933 Leiter des Kölner *Kammerorchesters für neue Musik*. 1937 Lehrer für Tonsatz am Konservatorium in Duisburg. 1941 NSDAP. 1942 am Landeserziehungsheim Buchenau bei Bad Hersfeld. 1951 Komposition *Konferenz der Tiere* (nach Kästner). 1954 Professor am Hochschulinstitut für Musikerziehung in Trossingen (errichtet mit Hilfe der Firma Matthias Hohner). 1957 Autor: *Handbuch der Formenlehre*. † 2.10. 1995 Trossingen.

Dehmel, Willy. Schlagertexter.
* 26.2. 1909 Berlin. Pianist in Stummfilmkinos. Texte zu Schlagern und Filmmusiken, oft mit seinem Vetter Franz Grothe. 1941 mit Grothe Durchhalte-Song *Wir werden das Kind schon richtig schaukeln*, Schluß: »Gerade dann, wenn sonst kein Mensch mehr kann,/dann fangen wir erst an!« 1942 Abteilungsleiter der Reichsrundfunk GmbH Berlin. Am 4.11. 1942 beim Treffen von Unterhaltungskomponisten in der *Kameradschaft der deutschen Künstler*, Hippler: angesichts der Kriegslage braucht Goebbels »optimistische Schlager«. Ab 1950 im Aufsichtsrat der GEMA. Bekannteste Schlager: *Man kann sein Herz nur einmal verschenken* (1931), *In der Nacht ist der Mensch nicht gern alleine* (1944), *Ich zähl' mir's an den Knöpfen ab* (1952). Liedtexter zu Harlans Nachkriegsfilmen *Sterne über Colombo* und *Die Gefangene des Maharadscha*. † 15.6. 1971 Bad Wiessee. Lit.: Jahn; Koch.

Dehnert, Max. Komponist.
* 11.2. 1893 Freiberg in Sachsen. 1932 Oper *Meier Helmbrecht*. Mai 1933 NSDAP. Zunächst in Freiberg, ab 1936 in Leipzig. 1953 Professor der Musikhochschule Leipzig. † 22.9. 1972 ebenda.

Deike, Richard. Hobbykomponist.
* 14.7. 1883 Hannover. Mai 1933 NSDAP (1935 Ausschluß). Am 14.12. 1933 Brief an Goebbels, die grenzenlose Verehrung für den Führer habe ihn begeistert, die beifolgende Hymne zu dichten und in Noten zu setzen. Sein innigster Wunsch sei, daß diese Hymne als Volkshymne erstehe. Textprobe: »Du hast das Reich geeint,/Du trafst des Volkes Feind,/führst uns aus Nacht zum Licht. Heil Hitler, Dir!« † 4.5. 1939 Hannover.

Deinert, Ursula. Schauspielerin und Tänzerin.
* 17.10. 1910 Berlin. 1939 in *Robert und Bertram* (Leiser: die Karikatur des jüdischen Untermenschen, eingebettet in eine Lustspielhandlung). 1940 in den Hetzfilmen *Die Rothschilds* (Courtade: »Ein Aufruf zu Haß und Mord«) und *Jud Süß* (Goebbels: »Ein antisemitischer Film, wie wir ihn uns nur wünschen können)«. Goebbels am 28.8. 1940 im Tagebuch:

»Nachmittags Besuch einiger Künstler, die sich besonders um die Truppenbetreuung verdient gemacht haben ... Marika Rökk, Rahl, Seipp, Deinert ... Wir erzählen viel, machen Spaziergang durch den Wald, dort wird ... musiziert.« 1953 Ballettmeisterin Städtische Bühnen Bremerhaven. † 21. 12. 1988 Ost-Berlin.

Dejaco, Walter. Architekt. Bauleiter in Auschwitz.

* 19. 6. 1909 Muchlau bei Innsbruck. Architekt in Innsbruck. Juli 1933 SS, Nr. 295135, zuletzt Obersturmführer (1944), illegale Tätigkeit für NSDAP, deshalb 1934 wegen Geheimbündelei verurteilt. Von Sommer 1940 bis Herbst 1944 in Auschwitz. Anklage StA Wien (15 St 12.081/64), Vorwurf: Beteiligt am Massenmord durch Planung, Errichtung und Instandhaltung der Gaskammern und Krematorien. Nach 1945 Baumeister in Reutte in Tirol, Inhaber eines Kleinbetriebs mit etwa 15–20 Mitarbeitern. Der ehemalige Auschwitz-Häftling Rudolf Vrba behauptet 1964 in seinem Buch *Ich kann nicht vergeben,* der Innsbrucker Bischof habe 1963 Dejaco herzliche Anerkennung zuteil werden lassen »wegen des schönen neuen Pfarrhauses, das er für den Pfarrer von Reutte gebaut hatte«. Freispruch LG Wien am 10. 3. 1972.

Deltgen, René. Auf der *Gottbegnadeten-Liste* der Schauspieler, die für die Filmproduktion benötigt werden.

* 30. 4. 1909 Esch-sur-Alzette in Luxemburg. Im Ensemble der Volksbühne Berlin. Zwischen 1935 und 1945 in 34 Filmen. Unter anderem 1935 im antibritischen Monumentalfilm *Das Mädchen Johanna* (Jeanne d'Arc), September 1940 im Staatsauftragsfilm (Spionagewarnung) fürs Kino-Vorprogramm: *Achtung! Feind hört mit!* Laut Hippler von Goebbels öfters zur Abendgesellschaft eingeladen. 1941 im antibritischen Film *Mein Leben für Irland* sowie Titelrolle in *Spähtrupp Hallgarten* über die Besetzung Norwegens. 1942 Staatsauftragsfilm *Fronttheater.* NS-Ehrung: 1939 *Staatsschauspieler.* Nach 1945 Filme wie

Export in Blond (1950), im Harlan-Film *Sterne über Colombo* (1953) oder *Neues vom Hexer* (1965, Edgar-Wallace-Krimi). 1977 *Filmband in Gold* für langjähriges und hervorragendes Wirken im deutschen Film. † 29. 1. 1979 Köln.

Demandowsky, Ewald von. Reichsfilmdramaturg (1937), Produktionschef der Tobis Filmkunst (ab 1939).

* 21. 10. 1906 Berlin. Kulturpolitischer Schriftleiter des *Völkischen Beobachters,* Untertitel: *Kampfblatt der nationalsozialistischen Bewegung Großdeutschlands.* 1941 Produktionschef des Hetzfilms *Ohm Krüger,* des NS-Euthanasiefilms *Ich klage an* (der von den Krankenmördern der Berliner T4-Zentrale teilfinanzierte Staatsauftragsfilm sollte den Widerstand der Bevölkerung gegen den Behindertenmord brechen) und 1942 des Bismarck-Films *Die Entlassung.* Goebbels am 28. 2. 1944: »Er ist unter unseren Produktionschefs der eigentliche Nazi.« Die mit Demandowsky liierte Schauspielerin Hildegard Knef: »Er glaubte an die Herrenrasse ... Er hat keinen Vorgesetzten, Goebbels ausgenommen. Er verehrt ihn.« NS-Ehrung: 1940 auf Vorschlag von Goebbels Hitler-Dotation (steuerfreie Schenkung) von 30 000 Mark. † 1945 in Berlin verschollen. WASt: Eine amtliche Vermißt- oder Todesmeldung liegt nicht vor.

Denecke, Otto. Bibliotheksrat (1940).

* 26. 2. 1905 Hameln, Sohn eines Oberstudiendirektors. 1932 NSDAP. 1938 Preußische Staatsbibliothek Berlin. 1940 Kriegsdienst, Waffen-SS (laut *SS-Leitheft* 2/1942 ist die Waffen-SS »die letzte Vollendung des nationalsozialistischen soldatischen Gedankens«). Nach 1945 zunächst Ofensetzer. Ab 1949 Staats- und Universitätsbibliothek Göttingen. 1959–1968 Direktor der Murhardschen Bibliothek der Stadt Kassel, zugleich Leiter des Brüder-Grimm-Museums. † 12. 9. 1996 Hannoversch-Münden. Lit.: König.

Depenau, Willi. Bühnen- und Filmarchitekt.

* 3. 4. 1884 Düren. Ausstatter der antibritischen Filme *Der Fuchs von Glenarvon* (1940, Goebbels: »Sehr gut für unsere Propaganda zu gebrauchen«) und *Mein Leben für Irland* (1941) sowie des antisemitischen Hetzfilms *Die Rothschilds* (Courtade: »Ein Aufruf zu Haß und Mord«). Nach 1945 Ausstatter der DEFA (DDR). † 26. 9. 1952 Berlin.

Deppe, Hans. Schauspieler und Regisseur. * 12. 11. 1897 Berlin. Ab 1921 am Deutschen Theater in Berlin. 1928 Mitbegründer des Kabaretts *Die Katakombe*, mit der linken *Gruppe junger Schauspieler* Sensationserfolg am Berliner Thalia-Theater mit dem Stück *Revolte im Erziehungshaus* (über skandalöse Jugendfürsorgeerziehung). 1931 in der Uraufführung von Zuckmayers *Der Hauptmann von Köpenick.* 1933 Darsteller im »ersten wirklichen Nazi-Film« (Courtade) *Hitlerjunge Quex.* Zwischen 1934 und 1945 Regie zu 31 Filmen, darunter 1934 das Blut-und-Boden-Opus *Schimmelreiter* und 1940 das Filmlustspiel *Verwandte sind auch Menschen.* Nach 1945 erfolgreiche Heimatschnulzen wie *Schwarzwaldmädel* (1950) oder *Grün ist die Heide* (1951). Das *Deutsche Bühnen-Jahrbuch* zum 70. Geburtstag: »Sachverständiger des freundlichen Kitsches«. † 23. 9. 1969 Berlin.

Derichsweiler, Albert. Redner bei der Bücherverbrennung in Münster (1933). * 6. 7. 1909 Bad Niederbronn im Elsaß, Sohn eines Anwalts. 1929 NS-Schülerbund. 1930 NSDAP. 1931 Abitur, SA, NS-Studentenbund, Jurastudium. August 1934 (bis November 1936) Reichsstudentenbundführer. 1936 MdR, NSDAP-Reichsredner. 1939 Gauamtsleiter der *Deutschen Arbeitsfront* im Wartheland. 1943 Präsident der Gauarbeitskammer Warthegau. Zuletzt SA-Oberführer (1944). 1950 Handelsvertreter für Rasierklingen in Frankfurt am Main: »Rasier' Dich ohne Qual – rasier' Dich mit Punktal.« 1951 *Deutsche Partei*, 1952 Landesvorsitzender Hessen. 1953 im Gauleiter-Kreis des Ex-Staatssekretärs Naumann, Generalsekretär der FDP Hessen. 1955

MdL, 1956 Austritt FDP. 1957 für *Deutsche Partei* Kandidatur zum Bundestag. Mit Ludwig Bölkow Gründer der *Deutschen Gesellschaft für Sonnenenergie.* † 6. 1. 1997 München. Lit.: Grüttner; Lilla.

Dermota, Anton. Auf der *Gottbegnadeten-Liste* (Führerliste) der wichtigsten Künstler des NS-Staates. * 4. 6. 1910 Kropa in Slowenien. Tenor. Ab 1936 an der Wiener Staatsoper, auch Salzburger Festspiele. Laut Rathkolb argwöhnte die Umgebung des jugoslawischen Staatsbürgers, er sei Panslawist und NS-Gegner, obgleich er für *Kraft durch Freude* und Wehrmachtsveranstaltungen zur Verfügung stand. 1966 Professor und Leiter der Lied- und Oratorienklasse der Wiener Musikhochschule. 1978 Erinnerungen: *Tausendundein Abend. Mein Sängerleben.* † 22. 6. 1989 Wien.

Dernburg, Ernst. Auf der *Gottbegnadeten-Liste* der Schauspieler, die für die Filmproduktion benötigt werden. * 4. 4. 1887 Halle. Dr. phil. Neben Unterhaltungsfilmen 1937 im Propagandastreifen *Togger* (Moeller: »Voller NS-Parolen, antisemitischen Anspielungen und SA-Paraden«), 1938 im Luftwaffen-Aufrüstungsfilm *Pour le Mérite*, Aussage: »Ich hasse die Demokratie wie die Pest«. 1941 im Hetzfilm *Ohm Krüger*, für Goebbels »ein Film zum Rasendwerden«. Nach 1945 Richter am Bühnen-Oberschiedsgericht (Theater-Kürschner). 1952 letzter Film: *Mein Herz darfst du nicht fragen.* † 4. 7. 1960 Berlin.

Des Coudres, Hans Peter. Leiter der *Bibliothek der Schutzstaffel der NSDAP* auf Himmlers Kultstätte *Wewelsburg* (1935). * 27. 9. 1905 Berlin-Spandau. Dr. jur. 1930 NSDAP. 1935 SS, Sturmbannführer (1944). 1936 Autor: *Die Schutzstaffel als geistiger Stoßtrupp*, Textprobe: »Die Nähe von Gewehr und Buch, die Handhabung beider durch Gleichgeartete und Gleichgesinnte, gibt erst die notwendige Steigerung einer Auslese … um die Freiheit der Zukunft sicherzustellen.« 1939 Direktor der Landesbibliothek Kassel, Kriegsdienst.

1950 Bibliothek des Bundesgerichtshofs. 1952 Bibliothek des Max-Planck-Instituts für ausländisches und internationales Privatrecht, 1953 Leiter. † 8. 1. 1977. Lit.: Habermann.

Dessau, Paul. Komponist.
* 19. 12. 1894 Hamburg. Kapellmeister an verschiedenen Bühnen. Musik zu Arnold Fancks revolutionären Naturfilmen. Im *Lexikon der Juden in der Musik* gebrandmarkt. 1933 Aufführungsverbot, Flucht nach Paris, ab 1939 USA, zunächst auf einer Hühnerfarm. 1943 Begegnung mit Brecht in New York (Schauspielmusik zu Brechts *Der gute Mensch von Sezuan*). 1946 KP, 1948 Wechsel nach Ost-Berlin, SED. 1951 Oper *Das Verhör des Lucullus* mit Brecht als Librettist (auf Druck der SED von Brecht nach der Premiere linientreu umgearbeitet). Gefeierter Komponist der DDR. Bekannteste Kampflieder: *Die Thälmann-Kolonne* sowie *Aufbaulied der FDJ* (Freie Deutsche Jugend). 1953 erstmals *Nationalpreis*. 1954 Heirat mit der Regisseurin Ruth Berghaus. 1959 Vizepräsident der Deutschen Akademie der Künste, Musik zu Brechts *Mutter Courage und ihre Kinder*. Begrüßte August 1961 den DDR-Mauerbau als »dicker Trennungsstrich zwischen faschistischer Unnatur und sozialistischem Aufbau«. 1964 *Vaterländischer Verdienstorden*. † 28. 6. 1979 Königswusterhausen.

Dettmann, Ludwig. Auf der *Gottbegnadeten-Liste* (Führerliste) der wichtigsten Maler des NS-Staates.
* 25. 7. 1865 Flensburg. 1896 Professor der Berliner Kunstakademie, 1901 der Kunstakademie Königsberg. 1921 Senator der Berliner Kunstakademie. 1938 Autor: *Ostfront. Ein Denkmal des Deutschen Kampfes.* November 1939 in *Die Kunst im Deutschen Reich* (Rosenberg-Organ) als »Maler des Weltkrieges 1914–1918« hervorgehoben. NS-Ehrung: 1935 *Goethe-Medaille* für Kunst und Wissenschaft (Thomae). † 19. 11. 1944 Berlin.

Dettmar, Julius. Kunsterzieher.
* 6. 6. 1899 Düsseldorf, Sohn eines Oberpostsekretärs. 1932 Dr. phil. 1936 Gausachbearbeiter Kunsterziehung der Gauwaltung Düsseldorf des NS-Lehrerbunds. 1937 NSDAP. 1938 Dozent Kunsterziehung der Hochschule für Lehrerinnenbildung (NS-Indoktrinierung) in Koblenz. Gausachbearbeiter Kunsterziehung der Gauwaltung Moselland des NS-Dozentenbunds. 1954 Direktor, 1955 Professor des Pädagogischen Instituts Weilburg an der Lahn. 1963 Professor der Universität Gießen. † 25. 1. 1975 Weilburg. Lit.: Hesse.

Deubel, Werner. Schriftsteller.
* 8. 7. 1894 Rotenburg an der Fulda. 1934 Autor: *Der deutsche Weg zur Tragödie.* Verfasser der Dramen *Der Ritt ins Reich* (1936) und *Die letzte Festung* (1942), ein Stück über die Verteidigung Kolbergs im Jahre 1807. Uraufführung 1944 im Deutschen Theater in Berlin (parallel zu Harlans Durchhalte-Film *Kolberg*). † 12. 10. 1949 Heppenheim an der Bergstraße.

Deutsch, Ernst. Schauspieler.
* 16. 9. 1890 Prag. Befreundet mit Kafka, Werfel, Brod. Ab 1917 bei Max Reinhardt. Einer der Säulenheiligen des deutschsprachigen Theaters (Weniger). 1920 Darsteller im mit Rassismen durchsetzten Stummfilmklassiker *Der Golem, wie er in die Welt kam.* 1933 Flucht, nach mehreren Stationen Exil in den USA, in Hollywood Darsteller von NS-Offizieren. 1947 Rückkehr nach Wien, Burgtheater. Als *Baron Kurtz* im Filmklassiker *Der dritte Mann* (1949). Filme wie *Wenn abends die Heide träumt* (1952) oder *Sebastian Kneipp* (1958). 1964 *Filmband in Gold* für langjähriges und hervorragendes Wirken im deutschen Film. † 22. 3. 1969 Berlin.

Deutsch, Julius. Konzertmeister.
* 21. 6. 1877 Graz. Wohnort Wien. Im *Lexikon der Juden in der Musik* gebrandmarkt. † Deportiert am 15. 5. 1942 ins Ghettolager Izbica.

Deutsch-German, Alfred. Filmregisseur.
* 27. 9. 1870 Wien. 1924 Drehbuch und Regie zum Stummfilm *Franz Lehár, der Operettenkönig* und 1925 zu *Franz Schuberts letzte Liebe.* 1933 Tonfilm *Der Musi-*

kant von Eisenstadt über Joseph Haydn. Danach Funktionär der Filmwirtschaft. Nach der Besetzung Österreichs Flucht nach Frankreich. † Am 28.10. 1943 vom Lager Drancy nach Auschwitz deportiert.

Deutschbein, Max. Vizepräsident der Deutschen Shakespeare-Gesellschaft (1943).
* 7.5. 1876 Zwickau. Anglist. Ab 1919 Lehrstuhl in Marburg. Am 11.11. 1933 auf der Unterzeichnerliste *Bekenntnis der Professoren an den deutschen Universitäten und Hochschulen zu Adolf Hitler und dem nationalsozialistischen Staat*, NS-Lehrerbund. 1937 NSDAP. Bezeichnete Hamlet als die »sinnfälligste Verkörperung des heroisch-germanischen Menschen«. 1946 Emeritierung. † 15.4. 1949 Marburg. Lit.: Hausmann, Anglistik.

Dickmann, Ernst Günter. Schriftleiter der *Nationalsozialistischen Parteikorrespondenz.*
* 7.8. 1911 Freienwalde/Oder. 1933 Autor: *Aufstand der Nation* sowie *Horst Wessel, ein deutsches Schicksal*. 1940: *Tapferkeit wirkt Wunder*. Nach 1945 Journalist im oberbayrischen Freising, Verfasser der Romane *Ferntrauung* (1961) und *Versuchung am Nachmittag* (1966). 1971: *Mit dem Auto wandern: Schwarzwald, Neckar, Schwäbische Alb.*

Diebitsch, Wilhelm. Himmlers Kunstberater.
* 3.1. 1899 Hannover. SS-Nr. 57543. NSDAP-Nr. 561604. Titel Professor. Freskenmaler für SS-Kasernen und SS-Oberführer (1941). Leiter des Kulturreferats des Reichsführer-SS. 1937 verschenkte Himmler Diebitschs Monumentalgemälde *Die Vereidigung der Leibstandarte-SS* an Ribbentrop. 1939 auf der Großen Deutschen Kunstausstellung im *Haus der Deutschen Kunst* mit dem Bild *Mutter*. Kommandeur der 11. SS-Totenkopfstandarte. † 6.8. 1985 Kreuth.

Diebow, Hans. Schriftleiter beim NSDAP-Zentralorgan *Völkischer Beobachter.*
* 24.6. 1896 Oschersleben. Dr. phil. 1924 Autor: *Die Rassenfrage*. 1936 in der Zeit-

schrift *Neues Volk* Artikel *Ein Künstler kämpft fürs Dritte Reich* über den Nazi-Zeichner Hans Schweitzer: »Dieser Zeichner läßt den Rhythmus der braunen Kolonnen, in deren Front er schreitet, in seine Blätter übergehn.« 1937 Buchautor *Der Ewige Jude* anläßlich der am 8.11. 1937 im Historischen Museum in München eröffneten Schandschau *Der Ewige Jude*. † 1975.

Diehl, August. Landesleiter der Reichsschrifttumskammer Gau Mainfranken.
* 9.2. 1876 Pirmasens. Dr. phil. Wohnort Würzburg. 1929 Roman: *Der Schuß durch den Schleier*. Kulturbetrachter, Referent im Reichspropagandaministerium. 1938 tondramatische Ballade *Die Herzogin Gallane. Ein Kampf um Blut und Glauben*. † Literatur-Kürschner: nach 1942.

Diehl, Karl Ludwig. Auf der *Gottbegnadeten-Liste* der Schauspieler, die für die Filmproduktion benötigt werden.
* 14.8. 1896 Halle. Bühnendarsteller in München und Berlin. Zwischen 1933 und 1945 in 29 Filmen, darunter 1934 das Opus über Vaterlandsliebe und Opferbereitschaft *Ein Mann will nach Deutschland*. 1940 im antibritischen Film *Der Fuchs von Glenarvon* (Goebbels: »Sehr gut für unsere Propaganda zu gebrauchen«) und 1942 im Bismarck-Film *Die Entlassung* (Hitler in der Maske des berühmten Vorgängers). Gast im *Wunschkonzert für die Wehrmacht*, Goebbels' Radiosendung zwecks Hebung der Truppenmoral und Leidensbereitschaft der Heimatfront. NS-Ehrung: *Staatsschauspieler*. Nach 1945 Kammerspiele München, Deutsches Theater Göttingen. 1955 im Film *Des Teufels General*, 1956 letzter Kinostreifen: *Meine 16 Söhne*. 1957 *Bundesverdienstkreuz I. Klasse*. † 7.3. 1958 auf seinem Gut Berghof am Karwendelsteingebirge. Nachruf *Deutsches Bühnen-Jahrbuch*: »Er entsprach dem Frauenidol vom ritterlichen Mann.«

Diener, Hermann. Geiger.
* 25.1. 1897 Rostock. 1928 Leiter des Collegium musicum in Berlin. 1934 Professor der Akademie für Kirchen- und Schul-

musik in Berlin, der Musikarbeit der HJ verbunden (Prieberg). Unter anderem 1936 mit seinem Collegium Auftritt auf dem Kulturpolitischen Arbeitslager der Reichsjugendführung in Heidelberg (zwei Jahre später auch in Weimar). Vom Reichspropagandaministerium zur Wehrmachtsbetreuung eingesetzt. Nach 1945 Volksmusikschule Berlin. † 27.1.1955 Berlin an den Folgen eines Schlittschuhunfalls.

Diers, Marie. Name Oktober 1933 unter dem Treuegelöbnis »88 deutsche Schriftsteller« für Adolf Hitler.
* 10.6.1867 Lübz in Mecklenburg als Pastorentochter. Lehrerin. Eine der meistgelesenen Autorinnen ihrer Zeit. Romane wie *Der Lügendoktor* (1918) oder *Die Doktorin von Bullenberg* (1922). 1918 *Deutschnationale Volkspartei*, 1922 *Deutschvölkische Partei*, 1930 NSDAP. 1937 Schule in Berlin-Zehlendorf nach ihr benannt. Ihr Haus, 1924 erworben, lag nahe dem KZ Sachsenhausen. Nach 1945 enteignet, Verbot ihrer Bücher, dennoch am 31.12.1946 in einem Brief: »Was der Nationalsozialismus wollte und nicht konnte, hat der Leninsche Bolschewismus ... aufgerichtet und widerstandsfähig gemacht.« † 4.11.1949 am Wohnort Sachsenhausen. Lit.: Walther.

Dießl, Gustav (Künstlername). Auf der *Gottbegnadeten-Liste* der Schauspieler, die für die Filmproduktion benötigt werden.
* 30.12.1899 Wien. In der NS-Zeit in 27 Filmen, darunter 1938 *Der Tiger von Eschnapur* und *Das indische Grabmal*. 1939 Titelrolle im antikommunistischen Opernstreifen *Starke Herzen* (Goebbels zu schlecht, Uraufführung 1953!). 1940 Revuefilm *Der Stern von Rio*. Dezember 1941 Titelrolle in *Menschen im Sturm*, NS-Tendenzfilm zum Überfall auf Jugoslawien im April 1941 (»Serben, das sind ja keine Menschen«). Januar 1945 in Harlans Durchhalte-Schnulze *Kolberg*. Verheiratet mit Camilla Horn, danach mit Maria Cebotari. † 20.3.1948 Wien.

Dietrich, Marlene, eigentlich Maria Magdalena Dietrich (nicht: von Losch!). Kultfigur.
* 27.12.1901 Berlin. 1930 Weltruhm als Tingeltangelsängerin Lola-Lola im Film *Der blaue Engel*, Titellied: *Ich bin von Kopf bis Fuß auf Liebe eingestellt, denn das ist meine Welt, und sonst gar nichts*. Danach Vertrag mit der US-Produktionsfirma Paramount. Widerstand dem Liebeswerben der Nazis. 1939 US-Bürgerin. Im Krieg US-Truppenbetreuerin. Nach 1945 vorwiegend in Paris. 1980 *Filmband in Gold* für langjähriges und hervorragendes Wirken im deutschen Film. † 6.5.1992 Paris.

Dietrich, Otto. *Reichspressechef der NSDAP* (1931–1945).
* 31.8.1897 Essen. 1929 NSDAP, 1932 SS. April 1933 Vorsitzender des Reichsverbands der deutschen Presse, Autor des Buches *Mit Hitler an die Macht*. 1934 Vizepräsident der Reichspressekammer. Goebbels am 21.10.1936 im Tagebuch: »Er kann nichts. Und leistet nichts.« 1938 Pressechef der Reichsregierung und Staatssekretär in Goebbels' Propagandaministerium, zuständig für die Sprachregelungen, was die Presse zu melden hatte. 1941 SS-Obergruppenführer. Goebbels am 31.3.1945 im Tagebuch: »Ich bekomme von Reichsleiter Bormann die Nachricht, daß der Führer eine dreiminütige Unterredung mit Dr. Dietrich gehabt habe, bei der Dr. Dietrich selbst und Sündermann kurzfristig beurlaubt wurden.« Im Nürnberger *Minister-Prozeß* 1949 zu 7 Jahren Haft verurteilt, Entlassung 25.8.1950. Leiter der Düsseldorfer Stelle der Deutschen Kraftverkehrsgesellschaft. † 22.11.1952 Düsseldorf.

Diewerge, Wolfgang. Herbst 1941 Leiter der Rundfunkabteilung im Reichspropagandaministerium, Ministerialrat. SS-Standartenführer (1943).
* 12.1.1906 Stettin. 1923 Teilnehmer *Hitlerputsch* (*Blutordensträger*). Ab 1934 im Goebbels-Ministerium. 1940 Oberregierungsrat. Goebbels am 22.2.1942 im Tagebuch: »Mit Diewerge bespreche ich er-

neut die Umgestaltung des politischen und propagandistischen Dienstes des deutschen Rundfunks. Er verlangt etwas zuviel Vollmachten.« Nach 1945 Persönlicher Assistent des FDP-Landesvorsitzenden Friedrich Middelhauve in Nordrhein-Westfalen. Beim FDP-Blatt *Deutsche Zukunft* für Kulturpolitik zuständig. Schlüsselfigur beim Versuch, die FDP mit ehemaligen NS-Funktionären zu unterwandern. 1953 gekündigt, nachdem die Pläne bekannt geworden waren. Danach Rechtsanwalt und Geschäftsführer in Wiesbaden. † 4. 12. 1977 Essen.

Dinter, Artur. Völkischer Schriftsteller.
* 27. 6. 1876 Mülhausen im Elsaß. Promovierter Chemiker. 1906 Regisseur am Stadttheater Rostock, 1908 Schillertheater Berlin, 1909 Direktor des von ihm gegründeten Theaterverlags des Verbands deutscher Bühnenschriftsteller. 1918 Roman *Die Sünde wider das Blut*, Thema: der Jude als Rassenschänder. 1919 Mitgründer des *Deutschvölkischen Schutz- und Trutzbunds*. 1924 MdL Thüringen, bis 1927 NSDAP-Gauleiter Thüringen. Goebbels am 20. 8. 1924 im Tagebuch: »Etwas zu pompös und phrasenhaft.« Reichsvorstand der *Deutschen Volkskirche e.V.* Dörrberg bei Gräfenroda/Thüringen. 1928 Ausschluß NSDAP. 1934 Autor: *Die Deutsche Volkskirche als Dienerin des nationalsozialistischen Volksstaates*. † 21. 5. 1948 Offenburg.

Dippel, Paul Gerhard. Referent der Abteilung Zeitschriftenpresse im Reichspropagandaministerium.
* 5. 7. 1908 Fritzlar. Dr. phil. 1936 in *Kulturpolitik und das Gedicht*: »Das Gedicht ist heute nicht mehr ausschließlich Reflexion, Ich-Rausch oder seelische Stimmungsmalerei. Diese Grenzen hat es längst gesprengt. Es ist jetzt auch: Ruf, verdichtete Volksstimme, Nationalakkord.« Autor von Beiträgen wie *Nietzsche und Wagner* (1934) sowie *Künder und Kämpfer* (1939). Nach 1945 Herausgeber von E. T. A. Hoffmanns *Phantastischen Erzählungen* sowie Gedichten und Novellen Eduard Mörikes. † 20. 1. 1985 Celle.

Distler, Hugo. Komponist, Organist, Chorleiter.
* 24. 6. 1908 Nürnberg. 1931 Kantor in Lübeck. Mai 1933 NSDAP (Nr. 2 806768). August 1933 Unterzeichner eines Manifests in der Zeitschrift *Die Musik*: »Wir bekennen uns zur volkhaften Grundlage aller Kirchenmusik.« 1934 Komponist der *Drei Hymnen des deutschen Arbeiters*, Verlagswerbung: »Distlers Werk ist eine Ausdeutung des Programms ›Kraft durch Freude‹.« 1937 Dozent der Württembergischen Musikhochschule in Stuttgart. 1940 Professor, Leiter der Hochschulkantorei an der Berliner Musikhochschule, Direktor des Staats- und Domchors, Bearbeitung des Kriegslieds *Morgen marschieren wir in Feindesland* für Männerchor. † Suizid 1. 11. 1942 Berlin, vor Einziehung zum Kriegsdienst. Lit.: Jahn; Prieberg.

Ditmar, Marina von. Schauspielerin.
* 30. 10. 1914 St. Petersburg. In der NS-Zeit in 24 Filmen, Lustspiele wie *Die göttliche Jette* (1937) oder *Weltrekord im Seitensprung* (1940). Propagandastreifen: 1938 Luftwaffen-Aufrüstungsfilm *Pour le Mérite*, 1939 *Legion Condor*, März 1941 Hauptrolle in *Über alles in der Welt* (Courtade: »Ein einziger wüster, barbarischer Siegesschrei«). Juni 1941 in der Sturzkampfflieger-Hymne *Stukas*. 1942 im antirussischen Hetzfilm *GPU*. 1943 im Ufa-Jubiläumsfilm *Münchhausen*. Nach 1945 Kleine Komödie München. Filme wie *Kronjuwelen* (1950) oder *Mutter sein dagegen sehr* (1951).

Dix, Arthur. Hauptschriftleiter der *Übersee- und Kolonialzeitung* (1929).
* 30. 11. 1875 Haus Kölln (Westpreußen), Sohn eines Rittergutsbesitzers. Jurist. 1934 in der *Zeitschrift für Politik*: »Adolf Hitler ist nicht nur der Erneuerer echt friderizianischer Staatsführung, er ist auch der Erfüller des politischen Testaments des großen Universalgenies Goethe. Goethe läßt am Ende seines gewaltigen Lebenswerkes Faust als Propheten der Bauern- und Siedlungspolitik erscheinen. Mehr noch: Goe-

the läßt durch den Verlust des physischen Augenlichts Faust geistig um so heller sehend werden. Auch Adolf Hitler ist nach zeitweiligem Verlust der körperlichen Sehkraft mit um so stärkerer Sehschärfe begnadet worden.« † 25.3. 1935 Berlin. Lit.: Wulf, Literatur.

Dix, Otto. Maler.
* 2.12. 1891 Unterhaus (Gera), Sohn eines Gießereiformers. Zunächst Expressionist, geprägt vom Schrecken des I. Weltkriegs. 1926 Professor der Akademie der bildenden Künste in Dresden. Verhaßt wegen seiner Anti-Kriegsbilder. April 1933 Entlassung. Ab 1936 in Hemmenhofen am Bodensee. In Fritschs Hetzwerk *Handbuch der Judenfrage* (1936) als expressionistischer »›Künstler‹ aus dem nichtjüdischen Lager« aufgeführt, der es verdiene, »als Mittäter an dieser Kulturschande mit den Juden zusammen genannt zu werden«. Juli 1937 in der Schandschau *Entartete Kunst* in München mit 15 Werken vorgeführt, 260 (!) seiner Werke beschlagnahmt und zum Teil vernichtet. Ein Heinrich Th. Wüst am 1.7. 1937 im *Frankfurter Volksblatt*: »An der Spitze steht der Dresdener Otto Dix mit seiner hundsgemeinen Verspottung der Kriegsbeschädigten. Er ist der Repräsentant der höchsten Erbärmlichkeit – wobei bemerkt sei, daß die Selbstprostitution in diesen Kreisen Ehrensache ist, denn diese Entartungskünstler können es auch anders, sie zeigen aber künstliches, gewolltes Nichtskönnertum als Zeichen ihres volks- und seelenvergiftenden Handwerks.« † 25.7. 1969 Singen am Hohentwiel.

Doderer, Heimito von. Schriftsteller.
* 5.9. 1896 Hadersdorf bei Wien, Sohn eines Bauunternehmers. 1915 Kriegsdienst, 1916 (auf vier Jahre) in russischer Kriegsgefangenschaft. 1925 Dr. phil. 1930 Heirat mit Gusti Hasterlik, Tochter eines jüdischen Zahnarztes. 1933 NSDAP in Wien. 1936, nach NSDAP-Verbot in Österreich, Wechsel ins Reich. 1938 Scheidung, Roman: *Ein Mord, den jeder begeht.* Im Krieg Hauptmann der Luftwaffe. 1956 Roman:

Die Dämonen, in der NS-Zeit geschrieben, von antisemitischen Passagen gereinigt. † 23.12. 1966 Wien. Lit.: Sarkowicz.

Döblin, Alfred. Schriftsteller.
* 10.8. 1878 Stettin. Dr. med. 1910 Mitbegründer der expressionistischen Zeitschrift *Der Sturm*. 1911 Nervenarzt in Berlin. Thomas Mann, 1925: »Einer unsrer ersten Erzähler.« 1928 Aufnahme in die Sektion Dichtung der Preußischen Akademie der Künste. 1929 Großstadtroman *Berlin Alexanderplatz*, Untertitel: *Die Geschichte vom Franz Biberkopf* (1931 mit Heinrich George verfilmt). Direkt nach dem Reichstagsbrand am 27.2. 1933 (Vorwand für eine folgende Verhaftungswelle) Flucht nach Paris. *Meyers Lexikon* 1937: »Marxist, emigrierte und wandte sich dem jüdischen Nationalismus zu; sein Roman ›Berlin Alexanderplatz‹ 1929 war eins [!] der übelsten Produkte jüdischer Asphaltliteratur.« 1940, nach der Besetzung Frankreichs, Flucht in die USA. 1945 Rückkehr, Literaturzensor der französischen Besatzungsmacht. 1953 Übersiedlung nach Paris. † 26.6. 1957 Emmendingen.

Doelle, Franz. Filmkomponist.
* 9.11. 1883 Mönchengladbach. Ab 1914 Kapellmeister in Berlin: Apollotheater, Komische Oper und Metropoltheater. 1928 Slowfox *Wenn der weiße Flieder wieder blüht*. Im Krieg Musik zu zwölf Filmen, darunter die Musikrevue *Aus den Wolken kommt das Glück* (1935), der Hans-Albers-Film *Ein Mann auf Abwegen* (1940) sowie 1941 der Kolonialfilm über den Sklaventreiber *Carl Peters*. Am 4.11. 1942 beim Treffen von Unterhaltungskomponisten in der *Kameradschaft der deutschen Künstler*, Hippler: angesichts der Kriegslage braucht Goebbels »optimistische Schlager«. 1953 Filmmusik zu *Wenn der weiße Flieder wieder blüht*. † 13.3. 1965 Leverkusen.

Dönhoff, Christoph Graf. Kolonialreferent der Auslandsorganisation (AO) der NSDAP.
* 24.7. 1906 Schloß Friedrichstein in Ost-

preußen. Bruder der Publizistin Marion Gräfin Dönhoff (1909–2002). 1935 in Kenia Beitritt NSDAP (Nr. 2 595147). Ab 1940 AO in Berlin, 1942 Leiter des Rechtsamts der Landesgruppe Frankreich der AO in Paris, unter anderem für Erfassung und »Rückführung« Reichsdeutscher zuständig. Mitarbeiter der Gestapo. 1944 Waffen-SS. 1946–1965 mehr als hundert Artikel für *Die Zeit*. Nach Aufenthalten in Südafrika 1966–1973 Kammerdirektor der Fürstlich Hatzfeldt'schen Verwaltung. † 25. 9. 1992. Lit.: Cazas.

Dörfler, Anton. Schriftsteller.
* 2. 8. 1890 München. Volksschullehrer, ab 1941 freier Schriftsteller in Seeshaupt, Kreis Weilheim. Gedicht *Gruß der Stillen* in Bühners Anthologie *Dem Führer:* »Dein Auge weckt den Schritt zu neuen Zielen./ Im Fahnenrot grüßt leuchtend sie [sic] dein Blut./Verschworen als Gerufene aus Vielen/sind Schwert sie oder Banner deinem Mut.« NS-Ehrung: Volkspreis für deutsche Dichtung für das Buch *Der tausendjährige Krug* (1935). Nach 1945 Erzählungen wie *Dürer malt die Apostel* (1963) oder *Jugend nach der Sonnenuhr* (1970). † 12. 3. 1981 Seeshaupt.

Dörfler, Peter. Name Oktober 1933 unter dem Treuegelöbnis »88 deutsche Schriftsteller« für Adolf Hitler.
* 29. 4. 1878 Untergermaringen im Allgäu. Priester, Dr. theol. Verklärer des Bauerntums (Schonauer). Von 1915 (bis 1949) Direktor des Marien-Ludwig-Ferdinand-Kinderheims in München. Mai 1933 Berufung in die Deutsche Akademie der Dichtung der »gesäuberten« Preußischen Akademie der Künste. Zu Hitlers Geburtstag am 20. 4. 1933 geladener Gast der Uraufführung von Johsts Staatsschauspiel *Schlageter* im Staatlichen Schauspielhaus Berlin. † 10. 11. 1955 München.

Dörner, Claus. Leiter der Abteilung Feier und Freizeit im Kulturamt der Reichsjugendführung.
* 31. 12. 1913 Hamburg. HJ-Oberbannführer. Ab 1937 Herausgeber des Handbuchs für Kulturarbeit: *Freude – Zucht –*

Glaube. 1939 Autor: *Das deutsche Jahr*. 1970: *Rommel, der Mann der Deutschlands Ehre rettete*. Berufsangabe 1973: Verleger, Inhaber einer Presseagentur in Düsseldorf. Berufsangabe 1984: Literaturagent, Autorenberatung in Reinbek bei Hamburg. Lit.: Buddrus.

Doernhöffer, Friedrich. Öffentlicher Förderer der *Nationalsozialistischen Gesellschaft für Deutsche Kultur* (1928).
* 23. 1. 1865 Wien. Kunsthistoriker. Ab 1909 Generaldirektor der Staatsgemäldesammlungen in München. Geheimrat. Im Vorstand von Rosenbergs *Kampfbund für deutsche Kultur* (Brenner). † 12. 1. 1934 München.

Dörrie, Paul. Dirigent.
* 9. 6. 1904 Biedenkopf. NSDAP Mai 1933. Kurkapellmeister in Bad Nauheim und Sylt. 1937 Kurhessisches Landesorchester Kassel, Gaukulturpreis. Ab 1941 Dirigent des Sinfonieorchesters Warschau (polnische Musiker), Musikvorstand des Theaters der Stadt Krakau. 1942 in der *Warschauer Zeitung:* »Unseren Soldaten erhebende Feierstunden deutscher Musik zu bieten, das ist eine Aufgabe, die gerade hier in Warschau, in der fremdvölkigen Umgebung, eines hohen Einsatzes wert ist.« Nach 1945 Kapellmeister in Dresden, Sondershausen (1951) und Zweiter Dirigent des Ost-Berliner Städtischen Sinfonieorchesters (1957). † 5. 6. 1965 Ost-Berlin.

Dohm, Will. Auf der *Gottbegnadeten-Liste* der Schauspieler, die für die Filmproduktion benötigt werden.
* 8. 4. 1897 Köln. 1928 Münchner Kammerspiele, 1937 Staatstheater Berlin. Zwischen 1933 und 1945 in 47 Filmen, darunter 1936 die Ehe- und Provinzkomödie *Wenn wir alle Engel wären*. 1939 in den Filmen *Bel Ami, Opernball* sowie der »sehr nette Volksfilm« (Goebbels) *Sommer, Sonne, Erika*. 1940 Marika-Rökk-Film *Kora Terry*, 1941 antibritischer Film *Mein Leben für Irland*. März 1939 an Hitler: »Mein Führer! Wir melden hocherfreut als die glücklichen Eltern eines kräftigen Jungen,

dessen Leben – wie das Unsrige – Ihrem Werk gewidmet sein wird.« Aufgeführt bei Drewniak (Theater) im Abschnitt »Bekannte Künstler bedachte Hitler mit Geschenken«. Laut Hippler von Goebbels öfters zur Abendgesellschaft eingeladen. NS-Ehrung: 1942 *Staatsschauspieler*. 1944 nicht abgeschlossenes Heimtückeverfahren. † 28.11.1948 München.

Dohna-Schlobitten, Alexander 3. Fürst zu.
* 11.12.1899 Potsdam. Burggraf zu Dohna (Durchlaucht). Herr auf Schlobitten und Prökelwitz. Rittmeister. Gemeinsame Jagdpartie mit Göring und Spazierfahrten mit Himmler. † 29.10.1997. Lit.: Malinowski.

Dombrowski, Ernst von. Maler und Holzschneider.
* 12.9.1896 Emmersdorf in Niederösterreich. 1939 Professor der Münchner Akademie. Auf den Großen Deutschen Kunstausstellungen im Münchner NS-Musentempel *Haus der Deutschen Kunst* mit insgesamt 26 Objekten, darunter 1942 die Holzschnitte *Preußischer Husar aus der Zeit des Siebenjährigen Krieges* sowie *Österreichischer Dragoner aus der Zeit der Türkenkriege*. Ein Holzschnitt von ihm hing im Führer-Eßsaal im Führerhauptquartier *Wolfsschanze*, Hitler bewunderte im Tischgespräch (4.7.1942) seine »absolut deutsche Gesinnung«. Nach 1945 Wohnort Siegsdorf in Oberbayern. † 14.6.1985 ebenda.

Domgraf-Faßbaender, Willi. Auf der *Gottbegnadeten-Liste* (Führerliste) der wichtigsten Künstler des NS-Staates.
* 19.2.1897 Aachen. Sänger (Bariton) und Schauspieler. Ab 1930 an der Berliner Staatsoper, Mozart-Interpret. Mai 1933 NSDAP. 1934 Titelrolle im Musikfilm (über Carl Maria von Weber) *Aufforderung zum Tanz*. 1940 im Rühmann-Film *Lauter Liebe*. Goebbels am 12.11.1941 im Tagebuch: »Abends haben wir auch ein paar Gäste. Kammersänger Domgraf-Faßbaender singt uns wunderbare Lieder vor.« 1942 Auftritt mit der Berliner Phil-

harmonie bei *Führergeburtstagsfeier*. Goebbels am 28.7.1942 im Tagebuch: »Am Abend wird in der Wohnung eine schöne Musikstunde veranstaltet, Raucheisen spielt mit seinem Trio, Domgraf-Fassbaender und Tiana Lemnitz singen.« Zahlreiche Gastspiele in den besetzten Gebieten. Am 29.3.1944 Kammermusikabend im Rathaus Krakau (*Krakauer Zeitung*). 1946 Oberspielleiter am Stadttheater Nürnberg, 1954 Professor am Nürnberger Konservatorium. Das *Deutsche Bühnen-Jahrbuch* zum 70. Geburtstag: »Sein Temperament glich einem inneren Motor, der alle Schwierigkeiten glänzend überwand.« † 13.2.1978 München.

Domin, Friedrich. Auf der *Gottbegnadeten-Liste* der Schauspieler, die für die Filmproduktion benötigt werden.
* 15.5.1902 Beuthen in Oberschlesien, Sohn eines Gärtners. Ab 1934 Regisseur der Münchner Kammerspiele. 1942 im Film *Kleine Residenz*, für Goebbels eine Musterleistung der Unterhaltungsfilms »für den Krieg«. Hauptrolle im 1945 zugelassenen, aber nicht mehr aufgeführten Film *Regimentsmusik*. NS-Ehrung: 1939 *Staatsschauspieler*. Nach 1945: *Sauerbruch – Das war mein Leben* (1953) und *Der Hauptmann von Köpenick* (1956). 1960 letzter Film: *Das schwarze Schaf*. † 18.12.1961 München. Nachruf *Deutsches Bühnen-Jahrbuch*: »Arbeit, auf Liebe zum Geist gegründet.«

Dominik, Hans. Schriftsteller.
* 15.11.1872 Zwickau, Sohn eines Verlagsbuchhändlers. Elektroingenieur. Zukunftsromane zu Themen wie Luftfahrt. DBE: »Die Verbindung des populären Genres mit nationalsozialistischen und rassistischen Ideologien brachte den Werken Dominiks zur Zeit des Nationalsozialismus höchste Auflagen ein.« † 9.12.1945 Berlin.

Domnick, Hans. Geschäftsführer der Ufa-Dramaturgie.
* 31.5.1909 Greifswald. Zunächst Scheidungsrichter am Berliner Landgericht, danach in der Rechtsabteilung der Ufa. Be-

freundet mit Veit Harlan (Harlan). Hauptrolle in Harlans erstem Nachkriegsfilm *Die unsterbliche Geliebte.* Inhaber der Hans Domnick Filmproduktion. Produzent von Filmen wie *Dr. med. Hiob Prätorius* (1950) oder *Traumstraßen der Welt* (1959 und 1964). Lebensabend in Kalifornien. † 6.2. 1985 San Diego.

Dongen, Frits van. Niederländischer Schauspieler.

* 30.9.1903 Den Haag. Starruhm durch die Exotikfilme *Der Tiger von Eschnapur* und *Das indische Grabmal* (beide 1938). Letzter Film November 1939 im Kino: *Die Reise nach Tilsit*, ein Harlan-Film über einen jungen Fischer, der unter den unheilvollen Einfluß einer Polin gerät. Zuvor, Juni 1939, Einwanderung in die USA (Pseudonym *Philipp Dorn*). Nach dem Krieg Filme wie *Hinter Klostermauern* (1951), *Der träumende Mund* (1952), *Salto mortale* (1953). † 9.5.1975 Woodland Hills, Kalifornien.

Donisch, Max. Komponist.

* 17.7.1880 Graudenz. *Führerlexikon:* »Aus alter Offiziersfamilie … politisch seit 1919 im völkischen Lager; dann im Nordischen Ring; seit 1930 Mitglied der NSDAP.« Major a.D. Ab 1933 Leiter der Musikabteilung des Deutschlandsenders (*Meyers Lexikon* 1942: »Repräsentant des Reiches«), im Vorstand des *Allgemeinen Deutschen Musikvereins* (»Selbstauflösung« Juni 1936). Im Führerrat des Berufsstands der deutschen Komponisten. Am 27. Mai 1938 Eröffnungsrede zur Tagung *Singen und Sprechen* während der ersten *Reichsmusiktage* in Düsseldorf. NS-Ehrung: 1937 von Hitler Titel Professor. † 1.2.1941 Berlin.

Dorell, Alice, Pseudonym von Alice Droller. Kabarettistin.

* 27.7.1907 Mannheim. 1933 Flucht nach Holland. Gründung des *Dorell's Drie Dames-Cabaret* (DDD). Nach der Besetzung der Niederlande im Lager Westerbork. † Deportiert am 15.1942 nach Auschwitz. Q.: Weniger, Bühne.

Dorfner, Otto. Auf der *Gottbegnadeten-Liste* (Führerliste) der wichtigsten Gebrauchsgraphiker und Entwerfer des NS-Staates.

* 13.6.1885 Kirchheim-Teck. Bucheinbandkünstler. 1928 Vorsitzender des Bunds *Meister der Einbandkunst* (Vollmer). Ab 1932 Direktor der Staatsschule für Handwerk und angewandte Kunst in der Weimarer Handwerkerschule. † 3.8. 1955 Weimar.

Dorsay, Robert (Künstlername). Schauspieler, Varietésänger.

* 16.8.1904 Bremen. 1927 am Münchner Theater am Gärtnerplatz. Ab 1933 in Berlin: *Kabarett der Komiker*, Komische Oper und Admiralspalast. In den Filmen *Spiel auf der Tenne* (1937), *Liebesbriefe aus dem Engadin* und *Kautschuk* (beide 1938). 1939 in *Robert und Bertram* (Leiser: die Karikatur des jüdischen Untermenschen, eingebettet in eine Lustspielhandlung). Vom 19. bis 28.6.1941 mit dem Apollo-Theater Köln der NS-Gemeinschaft *Kraft durch Freude* im Auftrag des OKW Gastspiel in Paris (*Gross-Revue Frauen schauen Dich an*). Kriegsdienst. Nach einem abgefangenen Brief (»Wann ist endlich Schluß mit dieser Idiotie«) wegen Wehrmachtszersetzung am 8.10.1943 zum Tode verurteilt. † Hinrichtung 29.10.1943 Berlin-Plötzensee.

Dorsch, Käthe. Auf der *Gottbegnadeten-Liste* (Führerliste) der wichtigsten Künstler des NS-Staates.

* 29.12.1890 Neumarkt in der Oberpfalz. Tochter eines Nürnberger Lebküchners. Karrierebeginn 1909 als Soubrette am Stadttheater Mainz, 1913 in Berlin. Ab 1917 Verhältnis mit Göring, Schaeffers: »Görings Leutnantsliebe«. 1920 Sensationserfolg als Straßendirne im Stück *Die Flamme* am Berliner Lessing-Theater. Alfred Kerr: »Eine Volksgestalt. Von der Tiefe kommt sie. Kennt keine Furcht der Roheit.« Zuckmayer (Dorsch hatte 1927 in der Premiere seines Volksstücks *Schinderhannes* gespielt): »Von ihr ging all das aus und durch sie wurde alles erfüllt, was mir von einer Menschengestalt auf dem Theater vorgeschwebt hatte.« 1928 als Friederike in der Uraufführung von Lehárs Singspiel *Friederike*. Zwischen 1936 und 1945 in neun Filmen. 1939 Titelrolle im Mutterkreuz-Opus *Mutterliebe*, Goebbels am 27.12.1939 im Tagebuch: »Ganz großer Wurf von Ucicky mit Käthe Dorsch.« Ab 1940 am Wiener Burgtheater. 1941 Titelrolle im Film *Komödianten*. Moeller: »Dorsch schickte Ergebenheitstelegramme an Hitler und versuchte, durch Kontakte zu NS-Führern bessere Rollen zu erhalten, setzte sich aber auch für Juden und bedrängte und bedürftige Kollegen ein.« Aufgeführt bei Drewniak (Theater) im Abschnitt »Bekannte Künstler bedachte Hitler mit Geschenken«. NS-Ehrung: 1936 von Göring Titel *Staatsschauspielerin*. 1947 Persilschein für Hanns Johst im Entnazifizierungsverfahren, 1952 für Reichsfilmintendant Hans Hinkel (Schrader). Letzter Film 1951: *Regine*. † 25.12.1957 Wien. Nachruf *Deutsches Bühnen-Jahrbuch*: »Ein Stimmklang wie tönendes Rubinglas.«

Dostal, Nico. Unterhaltungskomponist.
* 27.11.1895 Kornneuburg bei Wien. Theaterkapellmeister in Österreich, ab 1924 in Berlin. 1933 Einrichtung des Charakterstücks *Die kleine Hitler-Garde kommt* für Orchester. Komponist der Wien-Film. 1937 Uraufführung seiner Operette *Extrablätter!!* am Stadttheater Bremen. Im Krieg Musik zu fünf Filmen, darunter 1939 der Zarah-Leander-Film *Das Lied der Wüste* und 1944 der Heesters-Film *Glück bei den Frauen*. Letzter Film 1955: *Heimatland*. Ab 1954 in Salzburg. † 27.10.1981 ebenda.

Dovifat, Emil. Zeitungswissenschaftler.
* 27.12.1890 Moresnet bei Eupen. 1928 Professor der Zeitungskunde in Berlin. *Meyers Lexikon* (1937): »Bis 1933 Zentrumsanhänger.« Goebbels am 23.7.1937 im Tagebuch: »Lektüre: Dofiat [sic] ›Rede und Redner‹. Eine interessante Darstellung. Ich komme gut dabei weg.« Dovifat in *Rede und Redner* über Hitler: »Kleinen

Zierat liebt er nicht, dafür aber quillt oft unvermittelt in seiner Rede der Zauber echter Menschlichkeit. Den Gegner erledigt er nicht mit schlankem Degen, wie das Dr. Goebbels tut, sondern mit dem breiten Zweihänder, dem Schwerte der gründlichen und einmaligen Exekution.« 1948–1961 Ordinarius für Publizistik der Freien Universität Berlin und der Deutschen Hochschule für Politik. † 8.10.1969 Berlin. Lit.: *Führerlexikon*; Wulf, Literatur.

Dreikluft, Valentin. Musiklehrer, Komponist.
* 6.12.1881 Lützelsachsen. 1932 NSDAP (Nr. 1405071). Amtswalter der NSDAP. 1933 Marsch *Deutschlands Erretter, Heil, Hitler Heil*. Dreiklufts Werbetext: »Der Marsch in seiner originellen Art, wuchtig und wirkungsvoll, soll die ganze Kraft der völkischen Bewegung charakterisieren. Beginnend mit Handgranaten und Schüssen, im Schlagzeug markiert.« † 26.11.1950 Lörrach. Q.: Prieberg, Handbuch.

Drescher, Arno. Auf der *Gottbegnadeten-Liste* (Führerliste) der wichtigsten Gebrauchsgraphiker und Entwerfer des NS-Staates.
* 17.3.1883 Auerbach im Vogtland. Ab 1940 Professor der Staatlichen Akademie für Graphische Künste und Buchgewerbe, 1942–1945 Direktor. Landschaften, Blumenstücke, Plakate und Gebrauchsgraphik (Vollmer). Wohnort Leipzig.

Dresler, Adolf. Hauptamtsleiter der Reichspressestelle der NSDAP. Reichskultursenator.
* 18.5.1898 Kiel. Dr. phil. 1921 NSDAP. 1930 Beitrag *Die Presse als Machtmittel Judas*. Lehrbeauftragter am Zeitungswissenschaftlichen Institut der Universität München und Hauptlektor Zeitungswesen in Rosenbergs *Reichsstelle zur Förderung des deutschen Schrifttums* (Kesten, 1934 in der Emigrantenzeitschrift *Die Sammlung*: »Organisation zur Abschlachtung allen Denkens«). 1937 Herausgeber des *Archivs der NS-Presse*. 1938 Autor: *Mussolini als Journalist* sowie *Deutsche Kunst – entartete Kunst*. NS-Ehrung: Präsidialrat der

Reichspressekammer. Das in der Literatur erwähnte Dresler-Buch *Geschichte des Völkischen Beobachters und des Zentralverlages der NSDAP* (1937) ist laut Piper nie erschienen. Wohnort nach 1945: München.

Dreßler-Andreß, Horst. Präsident der Reichsrundfunkkammer (bis 1937).
* 8.4.1899 Zeitz in Sachsen. Schauspieler und Regisseur. 1918 *Jungdeutscher Orden*. 1929 Gründer der kulturpolitischen Organisation der NSDAP. 1930 NSDAP, Leiter der Kulturabteilung Gau Großberlin (*Führerlexikon*). 1931 (bis 1937) Leiter der Rundfunkabteilung der NSDAP-Reichsleitung. Juni 1933 Leiter des deutschen Rundfunkwesens, Juli 1933 (bis 1938) Ministerialrat in Goebbels' Propagandaministerium. 1934 Autor in *Deutsche Kultur im Neuen Reich*: »Die Geschichte wird einmal die absolute Gemeinsamkeit von Nationalsozialismus und Rundfunk aufzuzeigen haben.« 1934 (bis 1938) zugleich Amtsleiter bei *Kraft durch Freude*. Goebbels am 9.9.1937 im Tagebuch: »Faul, fahrig, unzuverlässig.« Ab 1940 diverse Tätigkeiten im Generalgouvernement, so Leiter der Abteilung Propaganda im Distrikt Lublin. 1945–1948 Häftling in Buchenwald, danach am Theater in Eisenach. Beteiligt am Aufbau der *Nationaldemokratischen Partei* in der Sowjetisch besetzten Zone, Mitglied des Hauptvorstands. † 19.12.1979 Berlin. Lit.: Schrader.

Drewes, Heinz. Einer von zwei Vizepräsidenten der am 15.11.1933 eröffneten Reichsmusikkammer.
* 24.10.1903 Gelsenkirchen. Dr. phil. 1930 NSDAP, Kapellmeister am Landestheater Altenburg in Thüringen, Gründer der Ortsgruppe des *Kampfbunds für deutsche Kultur*. Autor des NSDAP-Zentralorgans *Völkischer Beobachter*. 1932 Generalmusikdirektor, 1933 Generalintendant. Ab 1937 Leiter der Abteilung Musik im Reichspropagandaministerium und nachgeordneter Dienststellen wie der Reichsmusikprüfstelle [Zensurstelle], der Reichsstelle für Musikbearbeitungen, Amt für Konzertwesen und Auslandsstelle für Mu-

sik. Der Präsident der Reichsmusikkammer Raabe 1937 zu Drewes:»Wenn Sie nicht aus dem Dreckpfuhl des Severus Ziegler kämen, würden Sie irgendwo in Cottbus als 3. Kapellmeister sitzen.« Zuständig für die Schandschau *Entartete Musik* im Mai 1938 während der ersten *Reichsmusiktage* in Düsseldorf. Goebbels am 3.4.1941 im Tagebuch:»Er ist ein Fanatiker, manchmal etwas unangenehm.« Gastdirigent des *Nationalsozialistischen Symphonieorchesters*, Ehrentitel: *Orchester des Führers*. Generalgouverneur Frank (genannt *Polenschlächter*) am 2.10.1943 im Diensttagebuch:»Erste Veranstaltung der Kulturvereinigung des Generalgouvernements mit Vortrag von Generalmusikdirektor Drewes über ›Ostauswirkungen der deutschen Musik‹.« Herbst 1944 Kriegsdienst. Nach 1945 in Nürnberg, Musikkritiker des *Abendblatts*. Laut brit. Geheimdienst (BA N 1080/272) 1952 Kontakt zu Siegfried Zoglmanns Wochenblatt *Die Deutsche Zukunft*. † 16.6.1980 Nürnberg. Lit.: Bücken; Okrassa; Prieberg.

Drewitz, Carl Albert. Oberregierungsrat im Reichspropagandaministerium.
* 7.3.1905. 1938 Goebbels' Presserefent, für Kulturpolitik der Parteipresse zuständig. 1940 Leiter des Referats Sprachendienste (Brather). Goebbels am 24.3.1940: »Drewitz überreicht mir 3 dicke Bände, Beispiel eines einzigen Tages unseres ausländischen Sprachendienstes im Rundfunk in 36 Sprachen. Eine großartige Leistung, gut gemacht, psychologisch richtig und wirksam.« Laut brit. Geheimdienst (BA N 1080/273) soll er 1952 bei Siegfried Zoglmanns Wochenblatt *Die Deutsche Zukunft* für Kulturpolitik zuständig gewesen sein (der Jahrgang fehlt in der Deutschen Bibliothek in Frankfurt am Main).

Drews, Berta. Schauspielerin.
* 19.11.1901 Berlin. 1930 Volksbühne Berlin. 1932 Heirat mit Heinrich George. 1933 am Staatstheater (1938 *Schiller-Theater der Reichshauptstadt*). Bühnendarstellerin, Kino von untergeordneter

Bedeutung. Im »ersten wirklichen Nazi-Film« (Courtade) *Hitlerjunge Quex*, Untertitel: *Ein Film vom Opfergeist der deutschen Jugend*, Uraufführung September 1933 in Anwesenheit von Hitler und Baldur von Schirach. Januar 1938 in *Urlaub auf Ehrenwort*. Am 23.7. 1938 Geburt des Sohnes Goetz George. März 1941 Propagandastreifen *Über alles in der Welt* zur Vorbereitung der Schlacht um England. Oktober 1941 Hetzfilm *Heimkehr* zur Rechtfertigung des Überfalls auf Polen: laut Moeller (Filmstars) übertrifft er in seiner »rassistischen Raserei« sogar *Jud Süß*. Am 18.2. 1943 mit Ehemann im Berliner Sportpalast, als Goebbels den »totalen Krieg« ausruft. 1951 am Schiller-Theater. Filme: *Wenn abends die Heide träumt* (1952), *Die Blechtrommel* (1979). 1981 *Filmband in Gold* für langjähriges und hervorragendes Wirken im deutschen Film. 1986 Erinnerungen: *Wohin des Wegs?* † 10.4. 1987 Berlin.

Dreyer, Max. Name Oktober 1933 unter dem Treuegelöbnis »88 deutsche Schriftsteller« für Adolf Hitler.
* 25.9. 1862 Rostock als Lehrerssohn. Gymnasiallehrer. Wohnort Göhren auf Rügen. Mundartlich gefärbte Unterhaltungsliteratur. 1933 Heimatroman *Der Heerbann ruft*. NS-Ehrung: *Goethe-Medaille* für Kunst und Wissenschaft (1942). † 27.11. 1946 Göhren.

Drissen, Fred. Konzert- und Oratoriensänger.
* 25.2. 1889 Duisburg. Bassist. Mai 1933 NSDAP. 1934 Lehrer der Akademie für Kirchen- und Schulmusik Berlin. 1936 Titel Professor. 1938 Dozentenführer. Laut Prieberg am 21.11. 1935 zum Tag der deutschen Hausmusik Mitwirkung in einem Hauskonzert bei Goebbels. Der Propagandaminister am 23.11. 1935 im Tagebuch: »Streichquartette und Gesang. Später kommt noch der Führer.« Zwecks Kulturpropaganda eingesetzt in besetzten Gebieten: Belgien, Warthegau, Generalgouvernement. Nach 1945 an der Musikakademie Detmold. † 14.12. 1968 Mainz.

Duday, Bruno. Filmproduzent.
* 14.3. 1880 Sieradz. Major im I. Weltkrieg. Ab 1930 Produktionsleiter der Ufa: Zarah-Leander-Filme *Der Blaufuchs, Zu neuen Ufern* (Curd Jürgens:»melodramatischer Schinken«) und *La Habanera*. NS-Tendenzfilme wie *Ein Mann will nach Deutschland, Menschen ohne Vaterland, Am seidenen Faden*. 1940 Kriegsdienst. Kommandant der Kriegsgefangenenlager Lübben und Friesack. Gegen Kriegsende wieder Ufa. In dritter Ehe verheiratet mit Maria von Tasnády. † 31.1. 1946 Berlin-Tegel in Haft.

Dudow, Slatan. Regisseur.
* 30.1. 1903 Caribrod in Bulgarien. Drehte 1932 den Klassiker des proletarischen Films *Kuhle Wampe* (1933 verboten). Exil in Frankreich und der Schweiz. Ab 1946 Filme für die DEFA (*Stärker als die Nacht*). † 12.7. 1963 Fürstenwalde. Lit.: Zimmermann/Hoffmann.

Dühring, Eugen. Philosoph, bezeichnete sich als den eigentlichen Begründer des Antisemitismus.
* 12.1. 1833 Berlin. † 21.9. 1921 Nowawes bei Potsdam. 1863 Habilitation an der Universität Berlin. 1886 in *Die Judenfrage als Frage der Rassenschädlichkeit*: »Sie bleiben eben in ihrer Gesamtheit ein einziger ewiger Jude, der im Hohnsprechen gegen alles Edlere vermöge seiner angestammten Natur beharrt. Darum gibt es gegen sie auch nur eine Politik, nämlich die der äußerlichen Einschränkung, Einpferchung und Abschließung.« 1877 Verlust der Lehrbefugnis wegen Angriffe auf das Universitätswesen und Streitereien mit Kollegen.

Dülberg, Franz. Name Oktober 1933 unter dem Treuegelöbnis »88 deutsche Schriftsteller« für Adolf Hitler.
* 2.5. 1873 Berlin. Dr. phil. Kunst-Korrespondent der *Münchener Neuesten Nachrichten*. Laut *Meyers Lexikon* (1937) neuromantischer Dramatiker (1915: *Karinta von Orrelanden*). † 21.5. 1934 Berlin.

Dülfer, Kurt. Preußischer Staatsarchivar.
* 10.6. 1908 Elberfeld. Dr. phil. 1935 am

Preußischen Geheimen Staatsarchiv Berlin. 1941 (bis Herbst 1944) in der *Deutschen Kulturgutkommission für das Baltikum* in Riga. Laut Heuss zeitweise Mitarbeiter des *Einsatzstabs Reichsleiter Rosenberg* (Kunstraub), im Reichskommissariat Ostland im Archivreferat, zugleich Archivreferent beim Generalkommissar Lettland. Ab 1946 Staatsarchiv Marburg, 1963 Staatsarchivdirektor, Leiter der Archivschule Marburg, Honorarprofessor in Gießen. 1972 Präsident des Johann-Gottfried-Herder-Forschungsrats in Marburg. † 3.9. 1973 Marburg. Lit.: Eckert; Leesch.

Dürckheim, Kuno Graf von.
* 29.1. 1875 Bundhorst. Landwirt. Königlich preußischer Major. Ehrenritter des Johanniterordens. 1932 NSDAP. September 1933 im Hauptvorstand der Deutschen Adelsgenossenschaft. Laut Malinowski 1935 Denkschrift *Nationalsozialismus und Adel* mit der Aufforderung »wie bei einer Tierzucht« die Ehefrauen zu prüfen. † 18.8. 1956 Heeren, Kreis Unna.

Duesterberg, Theodor. Ab 1924 Zweiter – gleichberechtigter – Bundesführer des *Stahlhelm* (Sammelbecken militanter Rechtsnationaler).
* 19.10. 1875 Darmstadt. Offizier im I. Weltkrieg. Goebbels am 28.2. 1930 im Tagebuch: »Politisierender Reserveoffizier und Haudegen«. Partiell Absprachen mit NSDAP. 1932 Kandidat der Deutschnationalen und des *Stahlhelm* bei Wahl zum Reichspräsidenten, von der NSDAP mit Hinweis auf jüdischen Großvater bekämpft. Anläßlich des angeblichen Röhm-Putsches kurz in Dachau interniert. Nach 1945 erfolglose Bemühungen um Reaktivierung des *Stahlhelm*. 1949 Erinnerungen: *Der Stahlhelm und Hitler*. † 4.11. 1950 Hameln.

Duffner. Hans. Parteipoet.
* 30.8. 1908 Dresden. Wohnort Neustadt an der Weinstraße. NSDAP-Nr. 351089, SS-Nr. 272563, Abteilungsleiter im Sicherheitsdienst (SD) des Reichsführers-SS. 1935: *Das Spiel von der SA* sowie *Ein Sturm marschiert, SA-Gedichte*. 1937 Gedicht-

band *Fahne im Alltag*. 1939 SS-Sturmbannführer. † Suizid 8.5. 1945 vor der Gefangennahme durch die Franzosen. Sterbefall beurkundet am 21.12. 1945 beim Standesamt der Gemeinde Präg, Kreis Lörrach (WASt).

Dumcke, Ernst. Schauspieler und Theaterleiter am Renaissance-Theater Berlin.
* 13.11. 1887 Mannheim. Zunächst als »Halbjude« mit einer Sondergenehmigung von Goebbels, ab 1939 volle Mitgliedschaft in der Reichstheaterkammer. Zwischen 1933 und 1940 in 34 Filmen. Hauptrollen im Freikorps-Machwerk *Henker, Frauen und Soldaten* (1935), in *Familienparade* (1936), *Adresse unbekannt* sowie *Die Nacht der Entscheidung* (beide 1938). † 21.6. 1940 Berlin.

Dunskus, Erich. Auf der *Gottbegnadeten-Liste* der Schauspieler, die für die Filmproduktion benötigt werden.
* 27.7. 1890 Pillkallen in Ostpreußen. Am Preußischen Staatstheater Berlin, ebenda Schriftwart der Reichstheaterkammer. Chargendarsteller. Am 20.4. 1933, Hitlers Geburtstag, Auftritt in der Uraufführung von Johsts Staatsschauspiel *Schlageter* (Hitler gewidmet). 1937 Freikorpsdrama *Menschen ohne Vaterland*, 1940 im Hetzfilm *Jud Süß*, in den HJ-Filmen *Jakko* (1941) und *Hände hoch!* (1942). Nach 1945 Filme wie *Wenn abends die Heide träumt* (1952), *Die Ratten* (Hauptmann-Verfilmung, 1955) oder *Sabine und die 100 Männer* (1960). *Bundesverdienstkreuz*. † 25.11. 1967 Hagen. Nachruf *Deutsches Bühnen-Jahrbuch*: »Nach Statur und Stimme eigentlich dazu geboren, über Sturzäcker zu gehen und im Gutshof dröhnend ›Johann, spann an‹ zu rufen.«

Durieux, Tilla, eigentlich Ottilie Godeffroy. Schauspielerin.
* 18.8. 1880 Wien. 1901 Beginn in Olmütz. 1903 Ehe mit dem Maler Eugen Spiro, Engagement bei Max Reinhardt. 1910 Ehe mit dem berühmten Kunsthändler Paul Cassirer (Suizid 1926). 1930 Ehe mit Generaldirektor Ludwig Katzenellenbogen. 1933 Flucht mit ihrem jüdischen Ehe-

partner (später von der Gestapo verhaftet und im Jüdischen Krankenhaus Berlin gestorben). Bis 1938 (Besetzung Österreichs, Einmarsch in Prag) Auslandsgastspiele. Während des Krieges in Belgrad, 1944 bei der kroatischen Untergrundbewegung. 1952 Rückkehr nach Deutschland. 1954 Erinnerungen: *Eine Tür steht offen*. 1967 Professorentitel. Das *Deutsche Bühnen-Jahrbuch* zum 65. Geburtstag: »Eine der ganz großen Künstlerinnen.« † 21.2.1971 Berlin.

Dusek, Karl. Leiter der Wiener Volksmusikvereinigung.
* 14.5.1907 Kirchtreuburg. 1938 NSDAP (Nr. 6335143). Komponierte den *Deutschen Versöhnungswalzer* (nicht aufgeführt). Dusek am 10.5.1934 an den Berliner Rundfunk: »Dazu gestatte ich mir ergebenst zu bemerken, daß der derselbe der Frau Minister Martha [Magda!] Goebbels gewidmet ist und auch der Gattin des Herrn Propagandaministers bereits überreicht wurde. Es würde für mich und für meine Landsleute überaus ehrend sein, wenn Ihr Orchester in Bälde den Walzer zur Uraufführung bringen würde.« † 7.12.1983 Wien. Q.: Prieberg, Handbuch.

Dustmann, Hans. *Reichsarchitekt der Hitlerjugend* (1935).
* 25.5.1902 Diebrock bei Herford. Ab 1929 bei Walter Gropius. Nach dessen Emigration freier Architekt in Berlin. 1938 auf der 1. Deutschen Architektur-Ausstellung im Münchner NS-Musentempel *Haus der Deutschen Kunst* mit den Entwürfen *Heimsymbol der Hitler-Jugend aus dem HJ-Heim Eberswalde*, *Heim der Hitlerjugend Berlin-Friedrichshain*, *Feierraum der Hitler-Jugend*. Beteiligt an Speers Planung für die Reichshauptstadt. 1943 Professor der TH Berlin-Charlottenburg. Nach 1945 Bebauung des Berliner Victoria-Areals Kurfürstendamm – Joachimsthaler Straße – Kantstraße: Bilka-Kaufhaus, Victoria-Haus und Café Kranzler in Berlin. † 26.4.1979 Düsseldorf. Lit.: Kieling.

Dwinger, Edwin Erich. Schriftsteller und Erbhofbauer. Reichskultursenator.
* 23.4.1898 Kiel. Wohnort Wiesengut Hedwigshof, Seeg im Allgäu. Vom *Beauftragten des Führers für die Überwachung der gesamten geistigen und weltanschaulichen Schulung der NSDAP*, Amt Rosenberg, empfohlene Lektüre: *Zwischen Weiß und Rot* (1930). 1935 SS-Obersturmführer. Im Auftrag Himmlers beim Rußlandfeldzug Kriegsberichter mit Sondervollmacht. Oktober 1942 auf Goebbels' *Weimarer Dichtertreffen* (Motto: *Dichter und Krieger*), Vortrag *Bolschewismus als Bedrohung der Weltkultur*. Dwinger über die russische Bevölkerung: »Diesen Menschen hatte man durch eine Propaganda, die in ihrer ungeahnten Totalität schlechthin alles umfaßte, unmerklich das ursprüngliche Gehirn operativ herausgeredet ... Das also wird aus einer Ideologie, wenn der primitive Russe und der Jude sich zu ihrer Verwirklichung anschickt.« Wollte nach 1945 im Widerstand gewesen sein. † 17.12.1981 Gmund am Tegernsee. Lit.: Sarkowicz.

Dworschak, Fritz. Numismatiker.
* 27.2.1890 Krems. Professor. Nach der Besetzung Österreichs Direktor des Kunsthistorischen Museums Wien. Laut Bormann-Brief vom 31.12.1944 an Himmler »Sachbearbeiter des Führers« für beschlagnahmte Kunstwerke, zuständig für Münzen und Medaillen. † 7.9.1974 Krems.

E

Eber, Elk. Maler.
* 18.4.1892 Neustadt/Weinstraße. *Freikorps*. 1923 NSDAP/SA, Teilnehmer *Hitlerputsch*, NSDAP-Nr. 1307. Im Kulturkreis der SA. Produzent von NS-Gebrauchsmalereien wie *Die letzte Handgranate* oder *So war SA* (beide von Hitler gekauft). Nach Überfall auf Polen als Kriegsmaler unterwegs. Auf der Großen Deutschen Kunstausstellung im Münchner NS-Musentempel *Haus der Deutschen Kunst* 1940 mit elf Bildern, darunter: *Gruppe von polnischen Gefangenen vor der Kommandantur in*

Warschau (Aquarell) sowie *Brennendes Warschau von der Wola aus gesehen* (Zeichnung). NS-Ehrung: Am 30.1.1938 (zum *Tag der Machtergreifung*) Titel Professor. † 12.8.1941 Garmisch-Partenkirchen.

Ebermayer, Erich. Auf der Liste der von Goebbels zugelassenen Filmautoren (1944).

* 14.9.1900 Bamberg, Sohn eines Oberreichsanwalts. Dr. jur. Cousin von Philipp Bouhler (Chef der Kanzlei des Führers der NSDAP). Tucholsky 1928 in der Wochenschrift *Die Weltbühne*: »Nur unbegabt und unjung.« Im engeren Zirkel um Gerhart Hauptmann. Befreundet, dann verfeindet mit Klaus Mann. Juni 1933 Dramaturg am Leipziger Schauspiel, im *Schwarzen Korps* wegen Homosexualität angegriffen, Frühjahr 1934 Verlust der Stelle. Drehbücher zu den Filmen *Traumulus* (*Nationaler Filmpreis*), *Madame Bovary*, *Stunde der Versuchung*, *Ein Volksfeind*, *Befreite Hände*. Thomas Mann am 20.2.1936 im Tagebuch: »Zu Tische E. Ebermayer, unbeträchtlicher Tropf, der im Grunde nichts als vergnügt ist über den Erfolg seines Traumulus-Films bei Goebbels und Hitler.« Kaufte 1939 Schloß Kaibitz bei Kemnath. Goebbels am 23.3.1942 im Tagebuch: »Bouhlers sind abends bei uns zu Gast, zusammen mit dem Schriftsteller Ebermayer, der mir eine Reihe von neuen Filmstoffen vorträgt.« Nach 1945 Anwalt, Persilschein für Emil Jannings, in Entnazifizierungsverfahren Verteidiger von Winifred Wagner und Emmy Göring. Gustaf Gründgens brillierte Juli 1948 als Hauptentlastungszeuge in Emmy Görings Entnazifizierungskomödie, nachdem er von Ebermayer im Frage- und Antwortspiel präpariert worden war: er habe sie »unzählige Male … tagsüber oder mitten in der Nacht« wegen Hilfe für jüdische Künstler angerufen und sie habe »in jedem Fall« geholfen (Ebermayer). Vorsitzender des Verbands deutscher Filmautoren. 1954 Drehbuch zum Verklärungsopus *Canaris*, 1955 *Die Mädels vom Immenhof*. Ebermayer lobt im posthum publizierten Sammelband *Eh' ich's vergesse* Goebbels als Mann von Geist, Klugheit und Idealismus, von hoher Bildung und unerhörter Intelligenz, als Revolutionär, wohl nur vergleichbar den großen Führern der Französischen Revolution. Ebermayer: »Zum ersten – und leider auch bis jetzt zum letzten – Mal wurde der schaffende Künstler vom Staat verwöhnt und umworben.« † 22.9.1970 Terracina in Italien.

Ebers, Clara. Auf der *Gottbegnadeten-Liste* (Führerliste) der wichtigsten Künstler des NS-Staates.

* 26.12.1902   Karlsruhe.   Koloratursopran. Opern- und Konzertsängerin. Ab 1928 Städtische Bühnen Frankfurt am Main. 1937 Sopransolo in der Uraufführung von Orffs *Carmina Burana* in Frankfurt. Bei Liederabenden häufig von Hans Pfitzner begleitet. 1946 Erste Sopranistin der Hamburger Staatsoper. Kammersängerin. 1964 Professorin der Musikhochschule. † 7.2.1997 Hamburg.

Ebert, Carl. Regisseur.

* 20.2.1887 Berlin. 1931 Generaldirektor der Städtischen Oper Berlin, 1933 Entlassung. Auf der Liste der *Musik-Bolschewisten* der *NS-Kulturgemeinde*. 1934 Mitbegründer der Opernfestspiele im britischen Glyndebourne. 1938, während der Besetzung Österreichs, Gastregisseur des Wiener Burgtheaters mit Shakespeares *Julius Cäsar*. Im Krieg in der Türkei. 1953 Intendant der Städtischen Oper Berlin. † 14.5.1980 Santa Monica in Kalifornien.

Ebert, Georg. Laut Rosenberg Gründer und erster Leiter des *Einsatzstabs Reichsleiter Rosenberg* (ERR) zum Raub »herrenlosen Kulturguts von Juden«.

* 4.6.1898 Chemnitz. Reichshauptstellenleiter. Titel Professor. Juni 1940 bis Januar 1941 Stabsführer des ERR in Frankreich. Nach 1945 Wohnort Konstanz. Lit.: Heuss.

Ebert, Hans. Theaterkapellmeister.

* 15.5.1889 Berlin. 1933 Entlassung als Hauskomponist des Senders Köln wegen jüdischer Ehefrau (keine Scheidung). Im Krieg Musik zu zehn Filmen, darunter

Waldwinter, Der Fall Deruga, Das Verlegenheitskind, Drei Väter um Anna sowie die Gerhart-Hauptmann-Verfilmung *Die Jungfern vom Bischofsberg*. Am 16.11.1940 Uraufführung seiner Oper *Hilde Bobbe* in Nürnberg und Darmstadt. NS-Ehrung: Von Goebbels Staatsauftrag zur Komposition der Oper *Florian Geyer*, honoriert mit 10 000 Mark, 1943 Robert-Schumann-Preis der Stadt Düsseldorf. † 30.8.1952 Berlin.

Ebinger, Blandine. Kabarettistin.
* 4.11.1899 Berlin. 1919 Heirat mit Friedrich Hollaender (Scheidung 1926). 1922 in der Münchner Uraufführung von Brechts *Trommeln in der Nacht*. 1926 in Brechts *Baal* in Berlin. 1928 am Deutschen Theater in Berlin. 1937 in Trenkers Matterhorn-Film *Der Berg ruft*, Emigration in die USA. Nach 1945 bei der DEFA. 1948: *Affaire Blum*, 1951: *Der Untertan*. 1955 im Harlan-Film *Verrat an Deutschland*. Zweite Karriere als Chansonsängerin. *Filmband in Gold* 1961 und 1983, *Verdienstkreuz I. Klasse des Verdienstordens der BRD*. † 25.12.1993 Berlin.

Eckardt, Felix von. Auf der Liste der von Goebbels zugelassenen Filmautoren (1944).
* 18.6.1903 Berlin. 1936 Co-Autor des Drehbuchs zum Propagandastreifen *Weiße Sklaven* (gegen marxistische Volksmörder), 1938 Rohstoff-Film *Mit versiegelter Order*. 1941 Napola-Werbung *Kopf hoch, Johannes!* 1942 Bismarck-Film *Die Entlassung* (Courtade: »Hitler in der Maske des berühmten Vorgängers ... wie dieser die Macht über das Recht stellend«), Goebbels-Höchstprädikat: *Film der Nation*. 1945 Chefredakteur beim *Weserkurier* in Bremen. 1952 Bundespressechef in Bonn. 1955 Botschafter bei der UNO in New York. 1956 erneut Bundespressechef. 1962 Bundesbevollmächtigter in Berlin. 1965 MdB. 1967 Erinnerungen: *Ein unordentliches Leben*. † 11.5.1979 Capri.

Eckart, Dietrich. Schriftsteller.
* 23.3.1868 Neumarkt in der Oberpfalz. † 26.12.1923 Berchtesgaden. Radikal na-

tionalistisch und antisemitisch. Förderer und Lehrer Hitlers, Freundschaft mit Rosenberg. 1921 erster Hauptschriftleiter des *Völkischen Beobachter*.

Eckhardt, Ferdinand. Oktober 1933 Name aufgeführt unter dem Treuegelöbnis »88 deutsche Schriftsteller« für Adolf Hitler.
* 28.4.1902. Kunstkritiker. Dr. phil. Fachreferent für Kunstkritik im Reichsverband Deutscher Schriftsteller.

Edek. Vierzehnjähriger Ziehharmonikaspieler im Vernichtungslager Treblinka.
* Nicht bekannt. Mitglied des Häftlingsorchesters, das in den ersten Wochen in Treblinka flotte Operettenmelodien vor den Gaskammern spielen mußte, um die Schreie der Opfer zu übertönen. Später wurden beim Abendappell Märsche sowie polnische und jiddische Volkslieder gespielt. Die Häftlingstruppe mußte ebenso bei größeren Veranstaltungen zur Belustigung des SS-Personals antreten. Im Treblinka-Urteil (LG Düsseldorf vom 3.9. 1965, 8 I Ks 2/64) heißt es: »Das waren makabre Szenen; denn während dieser Veranstaltungen loderten die Flammen der Leichenverbrennungsroste hoch über das Lager zum Himmel.« Der überlebende Häftling Glazar: »Mit seiner Ziehharmonika, die fast den ganzen Körper verdeckte, wirkte er – ihm war dies nicht bewußt – wie ein Teil von Treblinkas Inventar. Seine Eltern und Geschwister mußten gleich nach der Ankunft durch den ›Schlauch‹ [in die Gaskammer] gehen.« Lit.: Glazar.

Ederer, Carl. Auf der *Gottbegnadeten-Liste* (Führerliste) der wichtigsten Maler des NS-Staates.
* 23.4.1875 Wien. Ab 1911 Professor für dekorative Malerei an der Düsseldorfer Kunstakademie. Auf der Großen Deutschen Kunstausstellung 1939 im Münchner NS-Musentempel *Haus der Deutschen Kunst* mit dem Bild *Ländliche Szene*. 1940: *Am Brunnen*, 1942: *Schafe im Schnee*. † 2.4.1951 München.

Edschmid, Kasimir, eigentlich Eduard Schmid. Schriftsteller.

* 5. 10. 1890 Darmstadt als Lehrerssohn. *Meyers Lexikon* (1937): »War Wortführer des literarischen Expressionismus«. Zwischen 1919 und 1923 Herausgeber der programmatischen *Tribüne der Kunst und Zeit* (29 Bände). Laut Sarkowicz kennzeichnet ihn »heroisches Pathos«. In der NS-Zeit Rückzug nach Italien, Bücher wie *Italien. Hirten, Helden und Jahrtausende* (1941). Zuckmayer: »Kein Bekenner, kein Charakterheld, aber auch kein Kriecher und Schweinehund, und sicher nicht ohne Niveau.« 1947 Entlastungszeuge für Henriette von Schirach im Entnazifizierungsverfahren. Generalsekretär, Vizepräsident und Ehrenpräsident des PEN-Zentrums der BRD. Vize- und Ehrenpräsident des Deutschen Akademie für Sprache und Dichtung. † 31.8. 1966 Vulpera/Graubünden.

Edthofer, Anton. Auf der *Gottbegnadeten-Liste* der Schauspieler, die für die Filmproduktion benötigt werden.

* 18. 9. 1883 Wien, Sohn eines Cafetiers. Von 1929 bis zum Lebensende Darsteller am Wiener Theater in der Josefstadt. Spezialrolle: Aristokraten. Umschwärmter Frauenheld, Suizid seiner Ehefrau. 1938 zum »Anschluß« Österreichs: »Endlich erreicht, was so lange ersehnt.« 1949 *Max-Reinhardt-Ring* des Theaters in der Josefstadt. Liiert mit Helene Thimig. Das *Deutsche Bühnen-Jahrbuch* zum 75. Geburtstag: »Repräsentant Wiener Schauspielkunst«. † 21.2. 1971 Wien.

Edzard, Kurt. Auf der *Gottbegnadeten-Liste* (Führerliste) der wichtigsten bildenden Künstler des NS-Staates.

* 26. 5. 1890 Bremen. Bildhauer. 1925 Professor an der Kunstakademie Karlsruhe, *Meyers Lexikon* (1937): »Akte von lockerer Behandlung der Oberfläche.« 1938 Atelier in Berlin. 1945 TH Braunschweig, Lehrstuhl Modellieren und Aktzeichen innerhalb der Sparte Architektur. † 22.10. 1972 Braunschweig.

Eggebrecht, Axel. Auf der Liste der von Goebbels zugelassenen Filmautoren (1944).

* 10. 1. 1899 Leipzig als Arztsohn. Zunächst beteiligt am *Kapp-Putsch,* 1920–1925 KPD. Mitarbeiter der linken Wochenschrift *Die Weltbühne.* 1933 kurz im Schutzhaftlager Hainewalde (Landkreis Löbau/Zittau), auch Arbeitsverbot. 1936 Zusammenarbeit mit Veit Harlan beim Film *Maria, die Magd.* Drehbuchautor, darunter *Bel ami* sowie *Marguerite* (1939), der Willi-Forst-Film *Operette* (1940), *Komödianten* (1941), *Anuschka* und *Wiener Blut* (1942). Nach 1945 beteiligt am Aufbau des NDR, Mitbegründer des PEN-Zentrums. Stellv. Rundfunkintendant in Hannover. Freier Schriftsteller. † 14. 7. 1991 Hamburg. Lit.: Barbian; Harlan.

Eggers, Kurt. Glorifizierer des Soldatentods.

* 10. 11. 1905 Berlin. Laut *Führerlexikon* aus einer Pastoren- und Bauernfamilie. Als 14jähriger Teilnahme am *Kapp-Putsch,* 1921 *Freikorps Oberschlesien.* Kurzzeitig Pfarrer, 1931 Kirchenaustritt. Als früher Anhänger der NSDAP 1933 Sendeleiter des Reichssenders Leipzig. In Hörspielen Verklärung des »Opfertods« deutscher Soldaten als Voraussetzung für Deutschlands Erneuerung. 1933 Thingspiel *Job der Deutsche.* 1934 in *Deutsche Gedichte*: »Wo Herzen hassen und Fäuste beben:/Dort keimt, dort reift das neue Leben für Deutschland.« 1936 SS-Unterstumführer, Leiter der Abteilung Feiergestaltung im SS-Rasse- und Siedlungshauptamt. Freiwillig zum Kriegseinsatz. Verse *Verheißung,* erschienen 1944 in der Anthologie *Lyrik der Lebenden* des SA-Oberführers Gerhard Schumann: »Solange ein Volk/noch Krieger gebiert,/ist es gerecht./Solange ein Volk/ sich zum Kampfe bekennt,/wird es nicht schlecht.« Kommentar des Herausgebers: »Ein Volk, das auch in seiner harten Gegenwart über so vielfältige Kräfte der Seele und des Geistes ... verfügt, ist von keiner Macht dieser Erde zu bezwingen, ist unsterblich!« NS-Ehrung: 1943 Oberschlesischer Schrifttumspreis, 1944 (posthum:) Kantate-Preis der Stadt Leipzig. † 12.8. 1943 bei Isjum/Bjelograd als Panzerkom-

mandant der Division *Wiking*. Umbenennung einer SS-Propagandaeinheit zur *SS-Standarte Kurt Eggers*.

Eggerth, Martha. Operettendiva.
* 17. 4. 1912 Budapest. Zwischen 1933 und 1938 in 13 Musikfilmen, darunter 1933 das Franz-Schubert-Opus *Leise flehen deine Lieder*. Lernte bei den Dreharbeiten zu *Mein Herz ruft nach dir* (1934) den polnischen »nichtarischen« Sänger Kiepura kennen, Heirat 1936. Letzter Film Januar 1938: *Immer wenn ich glücklich bin*. Nach der Besetzung Österreichs 1938 Wechsel nach Paris, während des Weltkriegs in den USA. Nach 1945 am Raimundtheater Wien. 1952 Film *Land des Lächelns*, 1957: *Frühling in Berlin*. Ab 1962 Wohnsitz New York. 1979 *Filmband in Gold* für langjähriges und hervorragendes Wirken im deutschen Film.

Egk, Werner. Auf der *Gottbegnadeten-Liste* (Führerliste) der wichtigsten Komponisten des NS-Staates.
* 17. 5. 1901 Auchsesheim (Donauwörth). Laut *Meyers Lexikon* (1937) sind seine Werke »von Streben nach Größe und heroischer Haltung erfüllt«. 1933 Vertonung von Kurt Eggers' NS-Festspiel *Job, der Deutsche*. Mai 1935 Uraufführung seiner Oper *Die Zaubergeige*. Goldmedaille für seine *Olympische Festmusik* beim Musikwettbewerb der Reichsmusikkammer zur Olympiade 1936 (Text von Carl Diem, Textanfang: »Kampf der Kräfte, Kampf der Hände«). Kapellmeister der Berliner Staatsoper. Mai 1938 Aufführung seiner Kantate *Natur – Liebe – Tod* beim Abschlußkonzert der ersten *Reichsmusiktage* in Düsseldorf (mit der Schandschau *Entartete Musik*). November 1938 Uraufführung seiner Oper *Peer Gynt*. Goebbels, nachdem er mit Hitler Egks Oper gehört hatte, am 1. 2. 1939 im Tagebuch: »Ich bin ganz begeistert und der Führer auch. Eine Neuentdeckung für uns beide.« Mai 1941 Musik zum HJ-Film (Staatsauftragsfilm) *Jungens* mit dem *Marsch der deutschen Jugend*. Egk am 14. 2. 1943 im *Völkischen Beobachter*: »Nun, die Politik hat sich bemüht, den Nihilismus auszurotten, nicht nur in der Malerei, der Plastik, der Baukunst und der Literatur, sondern auch in der Musik, und man sieht daran, daß die Kunst und die Politik wohl etwas miteinander zu tun haben.« NS-Ehrung: 1939 von Goebbels 10 000 Mark als Kompositionsauftrag. 1941 Leiter der Fachschaft Komponisten der Reichsmusikkammer. Im Präsidium des *Verbands Deutscher Bühnenschriftsteller und Bühnenkomponisten* (DBJ 1944). Nach 1945 im Beirat der Verwertungsgesellschaft GEMA. † 10. 7. 1983 Inning am Ammersee.

Ehmann, Karl. Auf der *Gottbegnadeten-Liste* der Schauspieler, die für die Filmproduktion benötigt werden.
* 13. 8. 1882 Wien. Obmann der Reichstheaterkammer am Theater in der Josefstadt Wien. Chargendarsteller. Filme wie *Mein Liebster ist ein Jägersmann* (1933) oder *Das Herz muß schweigen* (1944). Nach dem Krieg in Produktionen wie *Kronprinz Rudolfs letzte Liebe* (1955) oder *Hochzeitsnacht im Paradies* (1962). † 1. 11. 1967 Wien. Nachruf *Deutsches Bühnen-Jahrbuch*: »Ehmann gehörte zu den Stars des österreichischen Stumm- und Tonfilms.«

Ehmann, Wilhelm. Hauptschriftleiter der Zeitschrift *Deutsche Musikkultur* (1938).
* 5. 12. 1904 Freistatt bei Hannover, Sohn eines Diakons aus Bethel. Volksschullehrer. 1934 Assistent in Freiburg, Gauchormeister Baden. 1935 musikalischer Leiter aller politischen Zeremonien der Universität. Potter: »Er war stolz darauf ... das universitäre Musikleben mit den Aktivitäten der Partei und staatlichen Organisationen (z. B. der SA, SS, der Hitlerjugend und des NS-Studentenbundes) zu verknüpfen.« 1937 NSDAP. 1938 Dozent, in der Orgelarbeitsgemeinschaft des Kulturamts der Reichsjugendführung. 1940 Lehrstuhlvertretung in Innsbruck, Vorsitz der Arbeitsgemeinschaft des Gaumusikschulwerks Vorarlberg. 1948 Landeskirchenmusikwart und Direktor der Westfälischen Landeskirchenmusikschule in

Herford. 1949 zusätzlich Lehrbeauftragter für Kirchenmusik der Universität Münster. † 16. 4. 1989 Freiburg. Lit.: Prieberg.

Ehmig, Georg. Auf der *Gottbegnadeten-Liste* (Führerliste) der wichtigsten Maler des NS-Staates.

* 27. 3. 1892 Hamburg-Altona. Auf den Großen Deutschen Kunstausstellungen im Münchner NS-Musentempel *Haus der Deutschen Kunst* ab 1939 vertreten (Ölgemälde wie *Reitender Bauer, Weinlese in Franken* usw.). Nach 1945 in Würzburg.

Ehmsen, Heinrich. Maler.

* 9. 8. 1886 Kiel, Sohn eines Korbflechters. Kontakt zur expressionistischen Künstlergruppe *Der blaue Reiter*. Ab 1929 in Berlin. 1932/33 in Ausstellungen in der UdSSR. Herbst 1933 einige Wochen in Gestapohaft. Beschlagnahmung von 112 seiner Werke. 1940 Kriegsdienst. Am 24. 3. 1950 per Staatsakt Gründungsmitglied der Ostberliner *Deutschen Akademie der Künste*. † 6. 5. 1964 Ost-Berlin. Lit.: Barth.

Ehre, Ida. Schauspielerin.

* 9. 7. 1900 Prerau. 1930 am Berliner Lessing-Theater. 1933 als Jüdin Berufsverbot. Verheiratet mit dem Gynäkologen und Maler Bernhard Heyde (bis 1932 NSDAP), Sprechstundenhilfe in seiner Praxis in Böblingen. August 1939 vergeblicher Versuch, nach Chile zu entkommen. Juli 1943 Internierung im Hamburger Zuchthaus Fuhlsbüttel, Entlassung nach Intervenierung ihres Mannes bei seinem Schulkameraden Himmler. Dezember 1945 Gründerin der Hamburger Kammerspiele. Uraufführung von Borcherts *Draußen vor der Tür*. Glanzrolle: Brechts *Mutter Courage*. 1985 Erinnerungen: *Gott hat einen größeren Kopf, mein Kind*. † 16. 2. 1989 Hamburg.

Ehrenberg, Carl. Komponist und Kapellmeister.

* 6. 4. 1878 Dresden, Sohn eines Historienmalers. 1925 Professor an der Staatlichen Musikhochschule in Köln. 1932 NSDAP. 1935 Professor an der Akademie der Tonkunst in München. In der Fachschaft Musikzieher im Fachverband Reichsmusikerschaft (*Führerlexikon*). † 26. 2. 1962 München.

Ehrke, Hans. Landesleiter der Reichsschrifttumskammer Schleswig-Holstein.

* 10. 4. 1898 Demmin in Pommern. Lehrer. Autor niederdeutscher Mundartdichtung. NS-Ehrung: 1937 Schleswig-Holsteinischer Literaturpreis. 1942 Mecklenburger Schrifttumspreis. Nach 1945 Rektor i. R. in Möltenort über Kiel. † 29. 10. 1975 Kiel.

Ehrler, Hans Heinrich. Schriftsteller.

* 7. 7. 1872 Bad Mergentheim, Sohn eines Wachsziehers. 1932 Gedichte: *Die Lichter schwinden im Licht*. Weiheverse *Zum 20. April 1939* (Hitlers Geburtstag) in Bühners Anthologie *Dem Führer*. Die komplette zweite Strophe: »Holend aus der Schatten Graus/rief er, was sich mied, heraus/um des Reiches helles Haus.« † 14. 6. 1951 Waldenbuch bei Stuttgart.

Ehrlich, Max. Komiker.

* 25. 11. 1892 Berlin. Einer der beliebtesten Unterhaltungskünstler Berlins, an Rudolf Nelsons berühmter *Berliner Revue*, im Admiralspalast und beim *Kabarett der Komiker*. 1933 Flucht nach Österreich, 1935 Rückkehr, beim Jüdischen Kulturbund Hamburg. 1939 am (Emigranten-) *Theater der Prominenten* in Amsterdam. Nach der deutschen Besetzung Verhaftung, Leiter des Lager-Kabaretts *Bühne Lager Westerbork*. † 30. 10. 1944 Auschwitz. Lit.: Liebe.

Eich, Günter. Hörspielautor.

* 1. 2. 1907 Lebus in Brandenburg, Sohn eines Gutspächters und Revisors. Am 1. 5. 1933 NSDAP-Mitgliedschaft beantragt, an Aufnahmestop gescheitert. 1933–1940 fast 60 Rundfunkbeiträge, zahlreiche Folgen einer der beliebtesten Radiosendungen des Dritten Reiches: *Deutscher Kalender. Monatsbilder vom Königswusterhäuser Landboten*. Im Krieg Funker der Luftabwehr. Sarkowicz: »Daß Eich, wie immer wieder zu lesen ist, vor 1945 verstummt gewesen sei, läßt sich nicht bestätigen ... Eich war kein Anhänger der nationalsozialistischen Ideologie, aber er war weitgehend in die Unterhaltungsindustrie des ›Dritten Reichs‹ eingebunden.« † 20. 12. 1972 Salzburg.

Eichberg, Richard. Routinier des deutschen Unterhaltungsfilms.

* 27. 10. 1887 Berlin. Schauspieler, Regisseur und Produzent. 1938 Regie zu den Exotikstreifen *Der Tiger von Eschnapur* sowie *Das indische Grabmal*. Ebenfalls 1938: *Kautschuk* (Botschaft: Deutschland braucht Rohstoffe), Goebbels: »Großartig politisch und künstlerisch.« Danach Wechsel in die USA. Nach Rückkehr 1949 einziger Film: *Die Reise nach Marrakesch*. † 8. 5. 1952 München.

Eichenauer, Richard. Musikschriftsteller und SS-Obersturmführer (1936).

* 24. 2. 1893 Iserlohn. Studienrat in Bochum. 1932 NSDAP/SS, im SS-Rasse- und Siedlungshauptamt. 1934 Autor: *Die Rasse als Lebensgesetz in Geschichte und Gesittung*. Oktober 1935 Leiter der Bauernhochschule der *Reichsbauernstadt* Goslar. 1937 im Buch *Musik und Rasse* (erste Auflage 1932, J. F. Lehmanns Verlag) über Felix Mendelssohn Bartholdy: »Aus ihm sprechen lauter vorderasiatische Rassenzüge: Gabe der Einfühlung in fremdes Seelenleben, der gefälligen Ausnutzung bestehender Formen, ein gewisser Mangel an jenem Schwergewicht, das für nordisches Empfinden zu einem ›großen‹ Menschen gehört.« 1939 Autor: *Über die Grundsätze rassenkundlicher Musikbetrachtung*. Nach 1945 Studienrat in Goslar. † 26. 6. 1956 Goslar.

Eichheim, Josef. Auf der *Gottbegnadeten-Liste* der Schauspieler, die für die Filmproduktion benötigt werden.

* 23. 2. 1888 München. Vertreter des bayerischen Humors. 1940 im Film *Das sündige Dorf*, 1941 in *Venus vor Gericht* (über einen NSDAP-Bildhauer, den »jüdischen Kunsthandel« und »entartete Kunst«), 1942 in *Kleine Residenz*. März 1945 im Bayern-Schwank *Die falsche Braut*, einer der letzten Filme des Dritten Reiches. † 13. 11. 1945 Kloster Gars am Inn.

Eichhorn, Bernhard. Komponist und Dirigent.

* 17. 4. 1904 Schortwitz, Kreis Köthen. 1934 bis 1944 Musikdirektor am Schauspiel des Sächsischen Staatstheaters Dresden. Im Krieg Musik zu sechs Filmen, darunter 1942 der Unterhaltungsfilm *Anuschka* und 1945 der nicht mehr aufgeführte Film *Unter den Brücken*. Hauskomponist von Helmut Käutner. † 6. 2. 1980 Miesbach.

Eichhorn, Kurt. Dirigent.

* 4. 8. 1908 München, Sohn eines Kunstmalers. 1932 Kapellmeister in Bielefeld. Laut Prieberg am 8. 8. 1934 Dirigent beim Niederdeutschen Musikfest der NS-Kulturgemeinde in Bad Oeynhausen. 1938 Kapellmeister am Stadttheater Teplitz-Schönau im Sudetenland, 1940 am Theater der Stadt Karlsbad, 1941 Leiter der Operette am *Theater des Volkes, Stadttheater zu Dresden* (DBJ 1944: bezuschußt vom Reichspropagandaministerium und der DAF). 1945/46 Philharmonie München. Ab 1946 Bayerische Staatsoper, 1949 Professor an der Akademie der Tonkunst. 1957 musikalischer Leiter des Gärtnerplatztheaters. 1967 (bis 1975) Leiter des Rundfunkorchesters des Bayerischen Rundfunks. † 29. 6. 1994 Murnau.

Eichhorst, Franz. Kriegsmaler.

* 7. 9. 1885 Berlin. Kriegsfreiwilliger im I. Weltkrieg. 1938 Kriegsbilder für das Berliner Rathaus Schöneberg. Auf den Großen Deutschen Kunstausstellungen im Münchner NS-Musentempel *Haus der Deutschen Kunst* mit insgesamt 56 Objekten, zahlreiche Kriegsbilder aus Polen und Rußland, darunter 1940 *Feuernde Geschütze bei der Beschießung von Warschau* (Aquarell), 1941 *Abtransport polnischer Gefangener* (Aquarell) und 1942 *Gefangene Bolschewisten in Mogilew* (Aquarell und Pastell). NS-Ehrung: Am 20. 4. 1938 (*Führers Geburtstag*) Titel Professor. † 30. 4. 1948 Innsbruck. Lit.: Petsch; Thomae.

Einbeck, Walter. Maler.

* 3. 2. 1890 Magdeburg. Auf den Großen Deutschen Kunstausstellungen im *Haus* *der Deutschen Kunst* mit Bildern von NS-Repräsentanten: 1939 (NSDAP-) *Reichsschatzmeister F. X. Schwarz* sowie *Reichsminister Rudolf Heß* (Öl), 1940 *Ministerpräsident Ludwig Siebert* sowie *Oberbürgermeister Reichsleiter Fiehler* (Öl). † 27. 7. 1968 München.

Einem, Gottfried von. Österreichischer Komponist.
* 24. 1. 1918 Bern. 1938/39 Assistent bei den Bayreuther Festspielen (laut Wistrich »einer der jährlichen Höhepunkte des NS-Kalenders«). 1938 (bis 1944) Volontär und Assistent der Staatsoper Berlin. 1941 Studium bei Boris Blacher. 1944 Berater der Staatsoper Dresden, Uraufführung seines Balletts *Prinzessin Turandot*. Zeitweise liiert mit Friedelind Wagner (Hamann). 1947 Uraufführung seiner Oper *Dantons Tod* in Salzburg. 1948 in der Direktion der Salzburger Festspiele. 1963 Professor an der Hochschule für Musik und darstellende Kunst in Wien. 1995 Erinnerungen: *Ich hab' unendlich viel erlebt.* † 12. 7. 1996 Oberdürnbach in Niederösterreich.

Einstein, Alfred. Herausgeber der *Zeitschrift für Musikwissenschaft* (1918–1933).
* 30. 12. 1880 München. Cousin Albert Einsteins. Dr. phil. Ab 1919 Herausgeber von *Riemanns Musiklexikon.* 1933 Flucht nach London, 1935 in Florenz, 1939 New York. Gastprofessor. Von Walter Abendroth 1935 diffamiert: »Einstein ist unter allen Musikwissenschaftlern ... der konsequenteste und fanatischste Bekämpfer alles Deutschen und der einseitigste, programmgetreueste Wegbereiter seiner Rasse gewesen.« † 13. 2. 1952 El Cerrito in Kalifornien. Lit.: Bücken; Wulf, Musik.

Eipperle, Trude. Auf der *Gottbegnadeten-Liste* (Führerliste) der wichtigsten Künstler des NS-Staates.
* 27. 1. 1908 Stuttgart. Sopranistin. Ab 1937 Staatsoper München. Strauss- und Wagner-Interpretin. NS-Ehrung: Zu *Führers* [50.] *Geburtstag* 1939 von Hitler Titel Kammersängerin. Nach 1945 in Köln und Stuttgart, Bayreuther Festspiele. Das *Deutsche Bühnen-Jahrbuch* zum 65. Geburtstag:

»Strahlende Reinheit und Anmut ihrer Erscheinung und Interpretation«. † 18. 10. 1997 Aalen-Unterkochen.

Eis, Maria. Auf der *Gottbegnadeten-Liste* (Führerliste) der wichtigsten Künstler des NS-Staates.
* 22. 2. 1896 Prag. Schauspielerin. Zunächst Gehilfin in einer Prager Anwaltskanzlei. Stationen: Kammerspiele Wien, Thalia-Theater Hamburg, Burgtheater Wien. Spielte mit einer Sonderbewilligung von Goebbels, da mit einem »Volljuden« verheiratet. 1941 Hauptrolle in der Filmkomödie *Tanz mit dem Kaiser.* † 18. 12. 1954 Wien. Lit.: Rathkolb.

Eisbrenner, Werner. Unterhaltungsmusiker der Ufa.
* 2. 12. 1908 Berlin. Musik zu Filmen wie *Der höhere Befehl* (1935) oder *Gewitterflug um Claudia* (1937). Im Krieg Musik zu 23 Filmen, darunter *Wie konntest Du, Veronika* (1940) und *Große Freiheit Nr. 7* (1944). Das antibritische Untergangsopus *Titanic* (1943) wurde von Goebbels angesichts der Kriegslage verboten. Nach 1945 Filme wie *Diese Nacht vergeß ich nie* (1949) oder *Buddenbrooks* (1959). 1958 Musik zu Harlans letztem Film *Ich werde Dich auf Händen tragen.* 1959 Dirigent beim SFB. 1974 *Filmband in Gold* für langjähriges und hervorragendes Wirken im deutschen Film. † 7. 11. 1981 Berlin.

Eisenmenger, Rudolf. Auf der *Gottbegnadeten-Liste* (Führerliste) der wichtigsten Maler des NS-Staates.
* 7. 8. 1902 Simeria in Rumänien. Tafel- und Wandmaler in Wien. 1933 NSDAP. Bereits auf der ersten Großen Deutschen Kunstausstellung (GDK) 1937 im Münchner NS-Musentempel *Haus der Deutschen Kunst* mit dem Opus *Sinkende Nacht*, hervorgehoben in der Besprechung des damaligen Kunstbetrachters Henri Nannen Oktober 1937 in der Zeitschrift *Die Kunst für Alle:* »Hier ist eine Harmonie der Fabel mit der Form erreicht.« 1939 Präsident der Gesellschaft der bildenden Künstler Wiens. 1941 Wandbild im Wiener Rathaus: *Heimkehr der Ostmark* (Österreich).

März 1941 Beitrag über ihn im Rosenberg-Organ *Die Kunst im Deutschen Reich*: »Der Künstler wird ein Pionier der Weltanschauung weil er an die Kraft seiner Sendung glaubt.« 1942 Arbeiten für das Reichspropagandaministerium, Ankauf seiner Bilder von Hitler. NS-Ehrung: Trotz Titelsperre am 1.7.1943 zur Eröffnung der GDK in München von Hitler Titel Professor. Goebbels' Pressereferent von Oven am 18.7.1943 im Tagebuch über den Empfang von sieben geehrten Malern bei Goebbels, darunter Eisenmenger: »Sie griffen kräftig in die ministeriellen Zigarrenkisten, tranken die Cocktails als wären es Sechserschnäpse, redeten über Kunst und nickten verlegen und selig zugleich Zustimmung, wenn der Minister etwas sagte.« 1951–1972 Professor der TH Wien. † 3.11.1994 Wien.

Eisler, Hanns. Komponist.
* 6.7.1898 Leipzig. Schüler Schönbergs. KPD 1926. Mitglied der Agitpropgruppe *Das rote Sprachrohr* (kommunistische Agitation und Propaganda), Kampflieder und Arbeiterchöre. 1930 Bekanntschaft mit Brecht. 1932 Musik zum Klassiker des proletarischen Films *Kuhle Wampe*. Im *Lexikon der Juden in der Musik* als »Halbjude« und »politischer Agitator« gebrandmarkt. 1933 Flucht: Wien, Paris, London, 1935 ebenda Neubearbeitung des *Moorsoldatenlieds* aus dem KZ Börgermoor, das in Eislers Fassung Weltruhm erlangte. 1938 USA, 1942 in Hollywood. Kontakt zu Thomas Mann. 1948 Ausweisung, zunächst in Wien. 1949 Ost-Berlin, 1950 Professor der Musikhochschule. Komponist der DDR-Nationalhymne *Auferstanden aus Ruinen*, Weniger: »Unverkennbare Anleihen bei Peter Kreuders Gassenhauer ›Goodbye Johnny‹ aus dem Hans-Albers-Film ›Wasser für Canitoga‹.« Am 24.3.1950 per Staatsakt Gründungsmitglied der Ostberliner *Deutschen Akademie der Künste. Nationalpreis I. Klasse.* † 6.9.1962 Berlin.

Elmayer-Vestenbrugg, Rudolf von. Schriftleiter.

* 3.4.1881 Pola. Dr. phil. 1936 Autor: *Georg Ritter von Schönerer, der Vater des politischen Antisemitismus.* 1937: *Der Judenspiegel.* 1941: *SA-Männer im feldgrauen Rock.* Nach 1945 Oberbaurat in Graz. 1952 Autor: *Die Tragik des schöpferischen Menschen.* † 23.12.1970 Graz.

Elmendorff, Karl. Auf der *Gottbegnadeten-Liste* (Führerliste) der wichtigsten Dirigenten des NS-Staates.

* 25.10.1891 Düsseldorf. 1925 Kapellmeister der Staatsoper München. Ab 1927 ständiger Gastdirigent in Bayreuth. 1932 am Nassauischen Landestheater Wiesbaden. Als Arturo Toscanini Juni 1933 wegen der Diskriminierung jüdischer Musiker seine Teilnahme an den Bayreuther Festspielen absagte, sprang Elmendorff ein. 1935 Generalmusikdirektor (GMD) am National-Theater Mannheim. Goebbels am 14.6.1937 im Tagebuch: »Reichstheaterfestwoche eröffnet mit ›Holländer‹ … Elmendorff dirigiert sehr gut.« 1937 NSDAP. 1938 Dirigent der Berliner Staatsoper. Am 1.3.1941 zwecks Kulturpropaganda Gastspiel mit Wagners *Walküre* im besetzten Paris. 1942 gemäß »dem Wunsche des Führers« GMD in Dresden. NS-Ehrung: Staatskapellmeister (1938). Nach 1945 an den Staatstheatern Kassel und Wiesbaden. † 21.10.1962 Hofheim am Taunus.

Elmpt, Gerty von (auch: von Elmpt-Jonen). Gesangs- und Tanzsoubrette. Auftritt im KZ Auschwitz.

* 4.10.1912 Duisburg. Tochter eines Kaufmanns. Sopranistin. 1937 Stadttheater Bremerhaven. 1940 Gast am Grenzlandtheater Zittau. 1942 am Opernhaus Kattowitz. Auftritte im Kameradschaftsheim der Waffen-SS im KZ Auschwitz. Laut Rundschreiben des KZ-Kommandanten Höß vom 27.3.1943 am 5. April 1943 mit der Städtischen Bühne Kattowitz im Schwank *Gitta hat einen Vogel*. Rundschreiben des Lagerkommandanten Höß vom 11.6.1943 an das KZ-Personal: »Am Donnerstag, den 17. Juni 1943, 20.15 Uhr, findet auf der Bühne des Kameradschafts-

heimes die nächste Truppenbetreuungsveranstaltung statt. Es gastiert das Opernhaus Kattowitz mit einem ›Großen bunten
Abend‹ Gesang – Tanz – Heitere Vorträge … Es wirken mit: Gerty von Elmpt …«
Am 7. 2. 1944 im Standortbefehl: »Montag, 21. Februar 1944, 20 Uhr: ›Musikalische Köstlichkeiten aus Oper und Operette‹; es spielt das Städt. Symphonieorchester Kattowitz … Solisten: Gerty von
Elmpt …« Standortbefehl des Kommandanten Höß vom 9. 6. 1944: »Ferner findet
im Laufe des Monats Juni noch ein Ab-
schiedsabend Gerty von Elmpt, Opernhaus Kattowitz, statt. Der genaue Termin
ist aus den Plakaten ersichtlich.« 1948
Deutsche-Volksbühnen-Theater in Dresden
(DBJ 1945–1948). Q.: Personalfragebogen
Reichstheaterkammer, Fachschaft Bühne.

Eloesser, Arthur. Literatur- und Theaterkritiker.
* 20. 3. 1870 Berlin, Sohn eines jüdischen
Kaufmanns. Dr. phil. 1913 Dramaturg am
Berliner Lessing-Theater. 1920 Theaterkritiker der linken Wochenschrift *Die
Weltbühne*. 1925 Autor des ersten Buches
über Thomas Mann. 1928 Kritiker der
Vossischen Zeitung. 1930 zweibändiges
Werk *Die deutsche Literatur vom Barock bis
zur Gegenwart*. Nach 1933 gezwungener-
maßen Kritiker der *Jüdischen Rundschau*.
† 14. 2. 1938 Berlin.

Elster, Else. Schauspielerin.
* 22. 2. 1910 Danzig. Tochter eines Hoteliers. In der NS-Zeit in 23 Filmen. Goebbels am 29. 7. 1935: »Spaziergang. [Luise]
Ullrich und Elster. Sehr nett.« Verhältnis
mit dem korrupten Polizeipräsidenten
von Berlin, SA-Obergruppenführer Wolf-
Heinrich Graf von Helldorf. Ebermayer:
»Graf Helldorfs … Geliebte war eine rei-
zend charmante Berliner Schauspielerin.«
Goebbels am 8. 3. 1937 im Tagebuch: »Der
Führer hilft sehr großzügig Else Elster, die
jetzt bald ihre schwere Stunde [Geburt]
hat.« Filme wie *Die Jugendsünde* (1936),
Skandal um den Hahn (1938) oder *Wenn
Männer verreisen* (1939). 1940 im Film-
lustspiel *Weltrekord im Seitensprung*, Dar-

stellerin der Maitresse des Süß im Hetzfilm *Jud Süß*. 1943 Volksbühne Berlin.
1949 Film *Nichts als Zufälle*. Heirat mit
einem Arzt. † 28. 3. 1998 Günzburg/Do-
nau. Lit.: Glenzdorf.

Elster, Hanns Martin. Schatzmeister der
am 8. 1. 1934 gegründeten *Union Nationaler Schriftsteller*.
* 11. 6. 1888 Köln, Sohn eines Oberleutnants a. D. Dr. phil. 1928 im Vorstand des
PEN. Schatzmeister des April 1933 gleichgeschalteten und Januar 1935 liquidierten
deutschen PEN-Clubs. Protestierte am
28. 10. 1933 beim *Reichsverband Deutscher
Schriftsteller*, daß sein Name unter dem
Treuegelöbnis »88 deutsche Schriftsteller«
für Adolf Hitler fehle, da dies den Eindruck erwecken könne, »daß diejenigen
Schriftsteller, die nicht in der Namensliste
genannt sind, nicht zu dem Treuegelöbnis
und zum Führer stehen«. Schriftleiter *Das
Dritte Reich* sowie *NS-Beamtenzeitung*. Im
Verwaltungsrat der Deutschen Schillerstiftung. 1939 Autor: *Gesicht und Haltung*.
Nach 1945 Verleger in Düsseldorf. Vizepräsident des Verbands Deutscher Schriftsteller. Im Vorstand der VG Wort. 1968
Präsident der Gesellschaft der Bibliophilen. † 17. 11. 1983 Düsseldorf.

Elwenspoek, Curt. Dramaturg und
Schauspieler.
* 8. 7. 1910 Köthen. Dramaturg an verschiedenen Theatern. 1930–1938 Literarischer Leiter des Reichssenders Stuttgart.
Danach beim Rundfunk im besetzten Oslo
und in Berlin. Nach 1945 Filme wie *Die
Brücke* (1959), *Jagdszenen in Niederbayern*
(1968), *Schüler-Report* (1971). † 13. 1.
1989 Bonn.

Emmel, Karl. Hobbykomponist.
* 13. 9. 1895 Darmstadt. 1929 Prokurist
der Deutschen Bank. Mai 1933 NSDAP
(Nr. 2 018887). 1933 Marschlied *Heil,
mein Führer!* 1934 Kantate *Heil, mein Führer!* 1941 Marsch *Unser die Welt*. † 1. 1.
1964 Bochum. Q.: Prieberg.

Emmerich, Werner. Dozent für Deutsche
Landeskunde.
* 26. 6. 1908 Mölkau bei Leipzig. SS-Nr.

423401 (1944 Obersturmführer). NSDAP-Nr. 2431922. 1936 Dozent der Hochschule für Lehrerbildung (zur NS-Indoktrinierung) in Bayreuth. 1942 SD-Angehöriger beim Stab der Einsatzgruppe D, Einsatz in Südrußland, Spezialist für kaukasische Volksstämme. Angrick: »Las im kleinen Kreis von Interessierten Rilke vor.« 1957 Studienprofessor, Lehrauftrag für Methodik des Geschichtsunterrichts am Institut für Lehrerbildung Bayreuth. 1967 Einstellung Ermittlungsverfahren StA München mangels Beweises. † 28.1. 1968 Bayreuth. Q.: Zentralkartei ZSt.

Emo, E. W. Eigentlich Emmerich Josef Wojtek. Regisseur.
* 11.7.1898 Unter-Seebarn in Niederösterreich. In der NS-Zeit Regie zu 24 Filmen, darunter der Rühmann-Film *Der Himmel auf Erden* (1935) und der Johann-Strauß-Film *Unsterblicher Walzer* (1939). 1942 Tendenzfilm *Wien 1910*: der antisemitische Wiener Bürgermeister Karl Lueger als Hitler-Vorläufer. März 1944 Produktionschef der Prag Film. Nach 1945 Filme wie *Der Theodor im Fußballtor* (1950) oder *Ober zahlen* (1957). † 1.12. 1975 Wien.

Emrich, Wilhelm. Referent der Abteilung Schrifttum im Reichspropagandaministerium (1942–1944).
* 29.11.1909 Nieder-Jeutz in Lothringen, Sohn eines Reichsbahnobersekretärs. NSDAP, Block- und Zellenleiter. 1943 Beitrag: *Der Einbruch des Judentums in das wissenschaftliche und fachliche Denken.* Nach 1945 zunächst Schuldienst. 1953 ao. Professor für Neuere deutsche Philologie in Köln, 1956 Lehrstuhl. 1959–1978 Lehrstuhl Freie Universität Berlin. 1993 *Goethe-Medaille* der Goethe-Gesellschaft Weimar. † 7.8.1998 Berlin. Lit.: König.

Enders, Ludwig. Auf der *Gottbegnadeten-Liste* (Führerliste) der wichtigsten Gebrauchsgraphiker und Entwerfer des NS-Staates.
* 14.3.1889 Offenbach. Buchkünstler, Gebrauchsgraphiker und Kostümzeichner. Titel Professor. Wohnort Fränkisch-Krumbach im Odenwald. Q. Vollmer, kein Hinweis zur weiteren Tätigkeit.

Engel, Carl. Prähistoriker im *Einsatzstab Reichsleiter Rosenberg* (ERR).
* 2.10.1895. März 1933 NSDAP. 1934 Professor in Königsberg. 1936 zusätzlich an der NS-Ordensburg Krössinsee, Autor: *Indogermanische Landnahme im vorgeschichtlichen Ostdeutschland.* 1937 am Herder-Institut in Riga (wissenschaftliches Instrument im Volkstumskampf). 1939 Universität Greifswald, 1942 Rektor, Gaudozentenführer Pommern. Mitherausgeber: *Mannus, Zeitschrift für Deutsche Vorgeschichte.* Ab 1941 Raubgrabungen für ERR im Reichskommissariat Ostland, Forschungszweck: es sollte bewiesen werden, daß das Baltikum zum germanischen Kulturkreis gehört. † 25.11.1947 in sowj. Lager. Lit.: Heuss.

Engel, Erich. Regisseur.
* 14.2.1891 Hamburg. 1922 am Staatstheater München, Bekanntschaft mit Brecht. Am 9.5.1923 am Münchner Residenztheater erstmals Regisseur eines Brecht-Stücks mit *Im Dickicht der Städte.* 1928 Regisseur der Uraufführung der *Dreigroschenoper* am Berliner Theater am Schiffbauerdamm. 1933 (bis 1944) Regisseur am Deutschen Theater in Berlin. Galt als »Vierteljude« (Schrader). Zwischen 1933 und 1945 Regie zu 21 Filmen, darunter die Kleinstadtposse *Der Maulkorb* (1938) und das Loblied auf die Familie *Altes Herz wird wieder jung* (1943). 1938 Regie zu Kleists *Amphitryon* bei den ersten Salzburger Festspielen nach der Besetzung Österreichs. 1945/46 Kammerspiele München. 1948 erneut Zusammenarbeit mit Brecht, Regisseur, ab 1956 Oberspielleiter des *Berliner Ensemble* (Ost-Berlin). Am 24.3.1950 per Staatsakt Gründungsmitglied der Ostberliner *Deutschen Akademie der Künste.* 1960 Titel Professor. † 10.5. 1966 Berlin. Lit.: Barth; Rühle.

Engel, Franz. Kabarettist.
* 16.9.1898 Wien. Unter anderem am Raimund-Theater. Nach der Besetzung Österreichs Flucht nach Holland, bei den

Revuen Rudolf Nelsons. 1944 Internierung im Lager Westerbork, danach im Ghettolager Theresienstadt. † Deportiert am 16.10.1944 nach Auschwitz. Q.: Weniger, Bühne.

Engel, Hans. Chorgauführer Ostpreußen (1936).

* 20.12.1894 Kairo, Sohn eines Tropenarztes. Musikwissenschaftler. Dr. phil. 1932 ao. Professor in Greifswald, 1935 in Königsberg. Potter: »Engel versuchte sich gleichfalls auf dem Gebiet der Rassenmethodologie … Er berief sich auf wissenschaftliche Untersuchungen, die Zusammenhänge zwischen bestimmten Körpertypen und Geisteskrankheiten herausgefunden haben wollten.« 1941 NSDAP. 1944 Lehrstuhl. Bezeichnete sich im Entnazifizierungsverfahren als »aktiver Gegner des Nationalsozialismus«. Ab 1946 Lehrstuhl in Marburg. † 15.5.1970 ebenda.

Engel, Otto. Auf der *Gottbegnadeten-Liste* (Führerliste) der wichtigsten Maler des NS-Staates.

* 27.12.1866 Erbach im Odenwald. 1908 Professor der Münchner Akademie. *Meyers Lexikon* (1937): »Malt Nordseelandschaften und junge Frauen in friesischer Volkstracht.« NS-Ehrung: 1941 *Goethe-Medaille* für Kunst und Wissenschaft, dazu der *Lübecker Generalanzeiger*: »Ein Maler der Nordmark.« † 20.1.1949 Glücksburg.

Engelbrechten, Julius-Karl von. SA-Standartenführer, im Arbeitskreis der SA für Kunst und Wissenschaft.

* 14.11.1900 Kulm. Schriftleiter und Kunstschriftleiter, SA-Gruppe Berlin-Brandenburg. 1933 Roman: *Die zerbrochene Welt*. 1937: *Wir wandern durch das nationalsozialistische Berlin. Ein Führer durch die Gedenkstätten des Kampfes um die Reichshauptstadt*. 1938: *Eine braune Armee entsteht. Die Geschichte der Berlin-Brandenburger SA*. Wohnort Überlingen am Bodensee. 1955 Autor im Selbstverlag: *Der große Bann. Zur Lösung des deutschen Problems* (Mitt. Wollny).

Engelhardt-Kyffhäuser, Otto. Auf der *Gottbegnadeten-Liste* (Führerliste) der wichtigsten Maler des NS-Staates.

* 5.1.1884 Artern am Kyffhäuser. Studienrat in Görlitz. November 1939 im Rosenberg-Organ *Die Kunst im Deutschen Reich* als »Maler des Weltkrieges 1914–1918« hervorgehoben. Januar 1940 in Berlin Ausstellung *Polenfeldzug*, dazu Goebbels' *Zeitschriften-Dienst*: »Die polnischen Köpfe aus den Gefangenenlagern und die Judentypen vermitteln einen überwältigenden Anschauungsunterricht von der rassischen Minderwertigkeit der Dargestellten. Der Gegensatz zu den prachtvollen deutschen Soldatengestalten ist eindringlich.« Auf den Großen Deutschen Kunstausstellungen im Münchner NS-Musentempel *Haus der Deutschen Kunst* mit insgesamt 20 Objekten, darunter 1943 *Einmarsch in Riga* sowie *Heim ins Reich* (Öl). Sonderaufträge auf Kriegsschauplätzen. † 7.6.1965 Göttingen. Q.: Thomae.

Engelmann, Andrews. Auf der *Gottbegnadeten-Liste* der Schauspieler, die für die Filmproduktion benötigt werden.

* 23.3.1901 St. Petersburg. Spezialrolle: Russen. Engelmann, laut Curd Jürgens: »Wo ein netter, gefährlich aussehender Mörder, Gangster oder Gauner gebraucht wird, zieh' ich meine Masche ab, werde jut bezahlt und bin jlücklich.« 1933 Propagandaschmarren *Flüchtlinge* (über Wolgadeutsche, die »heim ins Reich« wollen), 1939 *Legion Condor*. 1941 in *Über alles in der Welt* (zur Vorbereitung der Schlacht um England), im antibritischen Kolonialfilm *Carl Peters* und im antirussischen Jugendfilm *Kadetten*. Engelmann hatte die Idee, schrieb das Drehbuch und spielte im August 1942 uraufgeführten antirussischen Staatsauftragsfilm *GPU*, Courtade: »Selten sind die Gegner der Nazis, einer wie der andere, vertieret … dargestellt worden.« 1943 im Ufa-Jubiläumsfilm *Münchhausen*. Verheiratet mit Charlotte Susa, ab 1953 als Geschäftsmann in Basel. † 25.2.1992 Basel.

Engelmann, Heinz. Schauspieler.
* 14. 1. 1911 Berlin. 1938 im Luftwaffen-Aufrüstungsfilm *Pour le Mérite* (Aussage: »Ich hasse die Demokratie wie die Pest«). Mai 1941 erste Hauptrolle als Oberleutnant zur See im Staatsauftragsfilm *U-Boote westwärts* über Kampf und Heldentod deutscher Seeleute. Juli 1942 Fußballfilm *Das große Spiel*. Hauptmann der Luftwaffe. Nach 1945 Synchronsprecher, Filme wie *Seitensprünge im Schnee* (1950) oder *Wenn die Heide blüht* (1960). † 26. 9. 1996 Tutzing in Oberbayern.

Engels, Erich. Laut Fachblatt *Kinematograph* vom 4. 4. 1933 Beitritt zur *NSBO-Zelle deutschstämmiger Filmregisseure* (*NS-Betriebszellen-Organisation*).
* 23. 5. 1889 Remscheid. Ursprünglich Jurist. Lustspiel- und Krimiroutinier. Drehte mit Karl Valentin *Kirschen in Nachbars Garten* (1935) und *Donner, Blitz und Sonnenschein* (1936). 1940 Krimi *Dr. Crippen an Bord*, 1943 Betriebsspionagestreifen *Die goldene Spinne*. Nach 1945 unter anderem *Kirschen in Nachbars Garten* (1956) und *Dr. Crippen lebt* (1957). † 25. 4. 1971 München.

Engelsmann, Walter. Beethoven- und Wagner-Forscher.
* 12. 12. 1881 Fourniers in Frankreich. Dr. phil. Musikwissenschaftler in Dresden. Oktober 1933 Beitrag *Kunstwerk und Führertum* in der Zeitschrift *Die Musik*: »Wir setzen den Sturmmarsch fort, den Richard Wagner ... als ein echter Führer und Sieg-friedmensch siegreich zu Ende ging.« 1936 Autor: *Erlösung dem Erlöser. Richard Wagners Religiöse Weltgestalt*. 1944 Leiter des Instituts für Musikforschung der Musikhochschule Leipzig. Nach 1945 in Flensburg. † 17. 6. 1952 ebenda.

Engler, Herbert. Intendant des Berliner Fernsehsenders Paul Nipkow (1939 bis 1944).
* 29. 7. 1899 Frankfurt/Oder. Dr. phil. Januar 1933 Abteilungsleiter Hörspiel beim Reichssender Breslau. Mai 1933 NSDAP. In der Reichsrundfunkkammer zunächst Leiter der Abteilung Kultur, ab 1937 der Fachschaft Rundfunk. Kriegsbedingt beschränkte sich der Fernseheinsatz vorwiegend auf Sendungen für verwundete Soldaten in Lazaretten. † 2. 4. 1969 Düsseldorf. Q.: Klingler.

Englisch, Lucie. Schauspielerin.
* 8. 2. 1902 Baden bei Wien. Spielte in über 120 Filmen *Die Unschuld vom Lande* (Filmtitel 1933). Unter anderem in *Der ahnungslose Engel* (1936), *Der Klapperstorchverband* (1937) sowie *Rheinische Brautfahrt* (1939). Nach 1945 Heimatfilme wie *Schwarzwaldmädel* (1950) oder *Drei weiße Birken* (1961). Letzter Film 1962: *Zwei Bayern in Bonn*. † 12. 10. 1965 Erlangen.

Enking, Ottomar. Schriftsteller.
* 28. 9. 1867 Kiel als Lehrerssohn. *Meyers Lexikon* (1937): »Schildert mit Vorliebe niederdeutsches Kleinstadtleben.« 1912 Titel Professor. 1919 (bis 1936) Lehrer für deutsche Geschichte und Literatur an der Akademie für Kunstgewerbe in Dresden. Im Verwaltungsrat der Deutschen Schillerstiftung (unter Aufsicht der Reichsschrifttumskammer). NS-Ehrung: *Goethe-Medaille* für Kunst und Wissenschaft. † 13. 2. 1945 Dresden.

Enseling, Josef. Auf der *Gottbegnadeten-Liste* (Führerliste) der wichtigsten bildenden Künstler des NS-Staates.
* 28. 11. 1886 Coesfeld in Westfalen. Bildhauer. 1919 Lehrer an der Folkwangschule in Essen, ab 1940 an der Düsseldorfer Akademie. Zu seinem Werk gehören eine Büste Hindenburgs, ein Kriegerdenkmal in Essen und die Ehrenhalle für die 3000 im I. Weltkrieg gefallenen Krupp-Werkleute der Gußstahlfabrik in Essen. † 16. 7. 1957 Düsseldorf.

Epting, Karl, Pseudonym *Matthias Schwabe*. Leiter des *Deutschen Instituts* in Paris, Kulturreferent der Botschaft.
* 17. 5. 1905 Odumase, Goldküste (Ghana), Sohn eines Missionars. Dr. phil. Unter anderem 1934 Leiter der Zweigstelle Paris des Deutschen Akademischen Austauschdienstes. Am 29. 8. 1935 in Vortrag: »... die Lebensform des französischen Vol-

kes wird durch Sprunghaftigkeit, Gegensatz von Trieb und Geist, dumpfem Dahinbrüten und plötzlichem Aufflackern, Grausamkeit und Hingabe, Schmutz und Eleganz zu einem Gegenbeispiel dessen, was der französische Geist Zivilisation genannt hat.« 1939 unter Pseudonym: *Die französische Schule im Dienste der Völkerverhetzung.* NSDAP 1939. 1940 Leitung des Pariser Instituts, de facto die kulturpolitische Abteilung der Botschaft, ein Forum der Kollaboration (vom Reichspropagandaministerium subventioniert). 1943 Habilitation. 1949 Freispruch durch französisches Militärgericht. Oberstudiendirektor des heutigen Theodor-Heuss-Gymnasiums in Heilbronn. † 17.2. 1979 Murg-Hänner in Baden. Lit.: Hausmann; Ritterbusch.

Erb, Karl. Lyrischer Tenor.
* 13.7. 1877 Ravensburg. Ab 1913 an der Münchner Staatsoper. Glanzrolle: Parsifal. Erster Interpret von Pfitzners Palestrina. Infolge eines Beinleidens ab 1925 vorwiegend Konzert- und Oratoriensänger. Goebbels' einziger Tagebucheintrag zu Erb am 27.3. 1925: »Ich komme aus der Matthäus-Passion. Karl Erb sang den Evangelisten. So schön, daß man meinte, die Erde müsse versinken.« NS-Ehrung: 1938 Titel Professor. † 13.7. 1958 Ravensburg. Nachruf *Deutsches Bühnen-Jahrbuch*: »Wenn sein Name auf dem Programm stand, wurden die Theaterabende zu Festen.«

Erbach, Eberhard Erbgraf zu.
* 23.8. 1922 Eulbach (sic) im Odenwald. Laut *Aufstellung derjenigen Parteigenossen, die Angehörige fürstlicher Häuser sind*: 1.9. 1940 NSDAP, Nr. 7 834138, Gau Hessen-Nassau. Leutnant im Reiterregiment 23. † Kriegstod 23.11. 1943 Newel in Rußland.

Erbach-Erbach, Alexander Graf zu.
* 16.9. 1891 Erbach im Odenwald. Graf von Wartenberg-Roth, Herr zu Breuberg, Wildenstein, Steinbach, Curl und Ostermannshofen. Rittmeister a.D. Ehrenritter des Johanniterordens. Laut *Aufstellung*

derjenigen Parteigenossen, die Angehörige fürstlicher Häuser sind: 1.5. 1937 NSDAP, Nr. 5 937007, Gau Hessen-Nassau. † 21.1. 1952 Jagdschloß Eulbach im Odenwald.

Erbach-Fürstenau, Eugen Graf zu.
* 13.5. 1923 Fürstenau. Laut *Aufstellung derjenigen Parteigenossen, die Angehörige fürstlicher Häuser sind*: 1.9. 1940 NSDAP, Nr. 8 651490, Gau Hessen-Nassau. Assessor. Wohnort: Schloß Fürstenau in Michelstadt im Odenwald. † 26.12. 1987 ebenda.

Erbach-Schönberg, Alexander 2. Fürst und Graf zu.
* 12.9. 1872 Schönberg. Herr zu Breuberg und Wildenstein. Laut *Aufstellung derjenigen Parteigenossen, die Angehörige fürstlicher Häuser sind*: 1.5. 1937 NSDAP, Nr. 4 497486. Major a.D. † 18.10. 1944 Bensheim.

Erbach-Schönberg, Elisabeth Fürstin und Gräfin zu.
* 6.9. 1873 Arolsen. Tochter eines königlich preußischen Generals der Infanterie. Ehefrau von Fürst Alexander. Laut *Aufstellung derjenigen Parteigenossen, die Angehörige fürstlicher Häuser sind*: 1.5. 1937 NSDAP, Nr. 4 497487, Gau Hessen-Nassau. † 23.11. 1961 Bensheim.

Erbach-Schönberg, Georg-Ludwig 3. Fürst und Graf zu.
* 1.1. 1903 (Bad) König im Odenwald. SS-Nr. 294465, Untersturmführer (1941). Laut *Aufstellung derjenigen Parteigenossen, die Angehörige fürstlicher Häuser sind*: 1.5. 1933 NSDAP, Nr. 3 496777, Gau Hessen-Nassau. † 27.1. 1971 Bensheim.

Erbach-Schönberg, Marie Margarethe Erbprinzessin zu.
* 25.12. 1903 Zarskoje-Sselo. Tochter eines russischen Hofapothekers. 1925 Ehe mit Georg-Ludwig. Laut *Aufstellung derjenigen Parteigenossen, die Angehörige fürstlicher Häuser sind*: 1.5. 1937 NSDAP, Nr. 5 931846, Gau Hessen-Nassau. † 22.12. 1967 Darmstadt.

Erbach-Schönberg, Wilhelm Ernst Prinz zu.
* 4.1. 1904 (Bad) König im Odenwald.

Fürstlich stolberg-wernigerodescher Forstmeister. Laut *Aufstellung derjenigen Parteigenossen, die Angehörige fürstlicher Häuser sind*: 1.5. 1932 NSDAP, Nr. 1 170298, Gau Magdeburg-Anhalt. Oberleutnant der Reserve. † 1946 (oder 1947) Krasni-Lutsch in sowj. Gefangenschaft.

Erdlen, Hermann. Komponist.
* 16.7. 1893 Hamburg, Sohn eines Buchbinders. Bundesführer der Wandervogelbewegung. Kapellmeister, Dozent an der Hochschule für Lehrerbildung (zur NS-Indoktrinierung) in Hamburg. Komponist von Werken wie *Marinesturm sind wir genannt* (1933), *Was ist der Tod, wo unsere Fahne weht* sowie *Wir Hüter der heiligen Flamme* (beide als Tonaufnahme 1935 mit der Rundfunkschar und dem Orchester der HJ). 1937 NSDAP, Leiter der Sängergruppe der SS-Standarte 28. 1939 Kriegsdienst. 1963 *Goldenes Ehrenzeichen* des Deutschen Sängerbundes, 1964 *Bundesverdienstkreuz*. † 30.6. 1972 Hamburg.

Erdmann, Eduard. Auf der *Gottbegnadeten-Liste* (Führerliste) der wichtigsten Pianisten des NS-Staates.
* 5.3. 1896 Wenden in Livland. 1925–1935 Professor der Musikhochschule Köln. Gastspielreisen. NSDAP 1937. 1950 Professor der Musikhochschule Hamburg. † 21.6. 1958 Hamburg.

Erdmann, Otto. Filmarchitekt.
* 17.12. 1898 Berlin. Neben Unterhaltungsfilmen Ausstatter des Staatsauftragsfilms *Hans Westmar* (1933, eine Verherrlichung Horst Wessels) sowie der antibritischen Filme *Der Fuchs von Glenarvon* (1940, Goebbels: »Sehr gut für unsere Propaganda zu gebrauchen«) und *Mein Leben für Irland* (1941). Für die DEFA: *Ernst Thälmann – Sohn seiner Klasse* (1953) und *Ernst Thälmann – Führer seiner Klasse* (1955). 1956 Wechsel BRD, nun Filme wie *Lockvogel der Nacht* (1959) oder *Der Teufel spielt Balalaika* (1960). † 23.1. 1965 Berlin.

Erfmann, Hanna. Musikwissenschaftlerin im *Einsatzstab Reichsleiter Rosenberg* (ERR).

* 25.9. 1919 Bochum. Tochter eines Ingenieurs. Dr. phil. NSDAP 1937. Mitarbeit beim *Amt Musik* des *Beauftragten des Führers für die Überwachung der gesamten geistigen und weltanschaulichen Schulung und Erziehung der NSDAP* Alfred Rosenberg. Mitarbeit beim Sonderstab Musik des ERR im besetzten Paris. † 9.7. 1990 Münster.

Erfurth, Ulrich. Regisseur.
* 22.3. 1910 Wuppertal-Elberfeld. Ab 1936 Regiearbeiten bei Gründgens. 1940 Assistenz bei Gründgens' »frohem Film von frohen Menschen« *Zwei Welten* (über Erntehilfe als »Sieg der Jugend von heute über das Gestrige«). 1941 Assistent beim Film *Friedemann Bach*. 1942 Dialogregie zum HJ-Segelflieger-Streifen *Himmelhunde*. 1944 Regiedebüt mit *Erzieherin gesucht* (nicht im Kino). 1949 (bis 1964) Regisseur bei Gründgens am Deutschen Schauspielhaus Hamburg. Filme wie *Rittmeister Wronski* (1954) oder *Heimatmelodie* (1956). 1961 letzter Film: *Der Hochtourist*. † 19.9. 1986 Hamburg.

Erhardt, Heinz. Komiker.
* 20.2. 1909 Riga, Sohn eines Kapellmeisters. 1938 an Willi Schaeffers Berliner *Kabarett der Komiker*. Im Krieg Truppenbetreuung. Zwischen 1955 und 1971 in rund 40 Filmen. Kalauernder »Schelm« in Filmen wie *Ohne Krimi geht die Mimi nie ins Bett* (1962) oder *Das kann doch unsern Willi nicht erschüttern*. 1971 schwerer Schlaganfall mit Sprachausfall. † 5.6. 1979 Hamburg.

Erhardt, Hermann. Auf der *Gottbegnadetenliste*: Liste der Schauspieler, die für die Filmproduktion benötigt werden.
* 9.1. 1903 Landshut. Bauernschwänke und Lustspiele. Im Krieg am Wiener Theater in der Josefstadt. Nebenrollen in Filmen wie *Fiakerlied* (1936) oder *Wen die Götter lieben* (1942). Nach 1945: *Seitensprünge im Schnee* (1950), *Saison in Salzburg* (1952), 1956 letzter Film: *Wer der Heimat liebt*. † 30.11. 1958 Wien.

Erl, Hans. Bassist.
* 8.10. 1882 Wien. Ab 1918 am Opernhaus in Frankfurt am Main. 1920 in der

Uraufführung von Schrekers Oper *Der Schatzgräber*. 1933 als Jude entlassen. Nach der Reichspogromnacht November 1938 zwecks Deportation nach Buchenwald zum Sammelpunkt in der Frankfurter Festhalle verbracht. Ein Obergruppenführer: »Was sind Sie von Beruf?« »Ich bin Opernsänger.« »Dann singen Sie mal die Arie aus der Zauberflöte, und singen sich damit frei.« Erl sang in lautloser Stille vom Balkon der Festhalle *In diesen heil'gen Hallen kennt man die Rache nicht* und war frei. Letzter Hinweis ist eine Notiz der Gestapo vom 30. 9. 1942: »Der vorbezeichnete Jude ist am 11. 6. 1942 nach dem Osten abgewandert.« † Deportiert am 11. 6. 1942.

Erler, Erich. Auf der *Gottbegnadeten-Liste* (Führerliste) der wichtigsten Maler des NS-Staates.
* 16. 12. 1870 Frankenstein, Regierungsbezirk Breslau. 1899 mit seinem Bruder Fritz Gründer der Künstlervereinigung *Die Scholle. Meyers Lexikon* 1937: »Ist durch Alpenlandschaften hervorgetreten, aber auch durch Darstellungen aus dem Weltkrieg und monumentale Wandgemälde.« Auf der Großen Deutschen Kunstausstellung 1939 im Münchner NS-Musentempel *Haus der Deutschen Kunst* mit dem Bild *Eva* (Nackte mit allerlei Getier), 1943: *Blut und Boden* (Öl). † 19. 6. 1946 am Wohnort Icking in Oberbayern.

Erler, Fritz. Maler.
* 15. 12. 1868 Frankenstein. Mit seinem Bruder Erich 1899 Gründer der Künstlervereinigung *Die Scholle*. Dekorative Wandgemälde, zumeist mit Motiven aus der germanischen Mythologie. Im I. Weltkrieg Kriegsbilder. Auf der Großen Deutschen Kunstausstellung 1939 im Münchner *Haus der Deutschen Kunst* mit den Werken *Porträt des Führers, Porträt des Reichsminister Frick, Porträt des Staatsministers und Gauleiters Adolf Wagner, Professor Joseph Thorak.* † 11. 7. 1940 München.

Erler, Otto. »Dramatiker der deutschen Nation« (Nachruf der Dienststelle Rosenberg).
* 4. 8. 1872 Gera. Dr. phil. Gymnasialprofessor in Dresden. Schwager von Hans Severus Ziegler. 1903 Debüt mit der antisemitischen »Tragikkomödie« *Ehekünstler.* 1937 Autor: *Thors Gast,* Kommentar Goebbels am 31. 10. 1937: »Ein dramatisiertes Rosenbergprogramm. Ganz undichterisch und unkünstlerisch.« NS-Ehrung: 1942 *Goethe-Medaille* für Kunst und Wissenschaft. † 8. 10. 1943 nach der Uraufführung seines Dramas *Die Blutsfreunde* im Dresdner Schauspielhaus. Lit.: *Otto Erler und die Deutsche Bühne,* zum 70. Geburtstag (1942) herausgegeben von Otto zur Nedden.

Ernst, Max. Maler.
* 2. 4. 1891 Brühl im Erftkreis, Sohn eines Taubstummenlehrers. Zunächst Expressionist, dann Dadaist und nach seinem Wechsel 1921 nach Paris einer der führenden Köpfe des Surrealismus (Hitler in *Mein Kampf:* »Krankhafte Auswüchse irrsinniger und verkommener Menschen«). Mit zwei Bildern 1937 in der Schandschau *Entartete Kunst* in München vorgeführt. Nach Kriegsbeginn 1939 in Frankreich interniert. 1941 Flucht in die USA, in dritter Ehe mit der Kunstsammlerin Peggy Guggenheim verheiratet. 1949 US-Bürger. 1953 Rückkehr nach Frankreich, 1959 französischer Staatsbürger. † 1. 4. 1976 Paris.

Ernst, Paul. Am 7. 3. 1933 als erster Schriftsteller nach der Machtergreifung mit der *Goethe-Medaille* für Kunst und Wissenschaft geehrt.
* 7. 3. 1866 Elbingerode/Harz. Vom Amt Rosenberg empfohlene Lektüre: *Der Schatz im Morgenbrotstal* (1926). Ernsts These: »Die Deutschen sind das beste Volk der Welt, sie müssen die Welt beherrschen, im Geiste und in der Wahrheit.« Mai 1933 Berufung in die Deutsche Akademie der Dichtung der »gesäuberten« Preußischen Akademie der Künste. Ketelsen: »Begann als Sozialist und endete als Prophet eines völkischen Staates.« † 13. 5. 1933 St. Georgen bei Graz.

Ertl, Fritz. Architekt in Auschwitz, Leiter der Abteilung Hochbau (Sommer 1940 bis Januar 1943).
* 31. 8. 1908 Breitbrunn bei Linz. NSDAP-Nr. 6 418769. SS-Nr. 417971, zuletzt Untersturmführer (1944). Anklage StA Wien (15 St 12.081/64), Vorwurf: Beteiligt am Massenmord durch Planung, Errichtung und Instandhaltung der Gaskammern und Krematorien. Freispruch LG Wien am 10. 3. 1972. Baumeister in Linz.
Ertl, Hans. Chefkameramann bei Riefenstahls Olympiafilmen (1936).
* 21. 2. 1908 München. Bergsteiger. Schüler von Arnold Fanck. 1932 beim Grönland-Film *SOS Eisberg* liiert mit Leni Riefenstahl (Riefenstahl: »Bald waren wir unzertrennlich«). Im Krieg Propaganda-Filmer für *Sieg im Westen* (Film des Oberkommandos des Heeres), bei Rommel und an der Ostfront. Nach 1945 Aufbau einer Rinderfarm in Bolivien. Buchautor: *Meine wilden 30er Jahre, Als Kriegsberichter 1939–1945.* † 23. 10. 2000 auf seiner Farm in Bolivien. Lit.: Zimmermann/Hoffmann.
Ertl, Maximilian, Pseudonym *Maximilian Vitus.* Lustspielautor.
* 13. 4. 1897 Gauting. Autor von Lustspielen wie *Die drei Eisbären* (1933), *Der unüberlegte Schritt* (1939) oder *Mausi* (1943). Rundschreiben der Lagerkommandantur Auschwitz: »Am Montag, den 15. März 1943, 20 Uhr, findet das 2. Gastspiel des Schauspielhauses Breslau statt. Zur Aufführung gelangt das Lustspiel ›Die drei Eisbären‹ (Die drei Blindgänger) von Maximilian Vitus.« 1953: *Herz am Spieß,* 1960: *Sag die Wahrheit.* † 24. 1. 1968 Stockdorf bei München.
Erwin, Ralph, eigentlich Raimund Erwin Vogl. Komponist und Filmmusiker.
* 31. 10. 1896 Bielitz. 1928 berühmtester Schlager: *Ich küsse Ihre Hand, Madame.* Nach der NS-Machtergreifung als Jude Flucht nach Paris. 1943 zur Abschiebung in ein Vernichtungslager interniert im Sammellager Beaune-la-Rolande. † 15. 5. 1943 ebenda durch einen Granatsplitter bei einem alliierten Luftangriff. Q.: Weniger, Bühne.
Eschmann, Ernst Wilhelm. Autor des »völkischen Intelligenzblatts« *Die Tat,* 1933 (bis 1939) Herausgeber.
* 16. 8. 1904 Berlin. 1928 Dr. phil. 1933 Dozent der Goebbels unterstellten Deutschen Hochschule für Politik, 1936 Wahrnehmung eines Lehrstuhls der Auslandswissenschaftlichen Fakultät der Universität Berlin, Spezialgebiet: »Führerschichtenbildung der Nationen«. 1943 ao. Professor. Nach 1945 zunächst Schriftsteller in Locarno. 1962–1969 Lehrstuhl für Kulturphilosophie in Münster. † 22. 2. 1987 München.
Eschwege, Eugen. Komponist und Pianist.
* 9. 9. 1877 Bad Schwalbach. Wohnort Wiesbaden. Ab 1908 Mitdirektor der Musikakademie in Mainz. Im *Lexikon der Juden in der Musik* gebrandmarkt. † Deportiert 1942, verschollen im Osten.
Esser, Johann. Texter des KZ-Lieds *Die Moorsoldaten,* Arbeiterdichter.
* 10. 4. 1896 Wickrath. Aufgewachsen im Waisenhaus. Bergmann im rheinischen Revier. KPD. 1933 Verhaftung, Internierung im KZ Börgermoor. Texter *Die Moorsoldaten,* erste Strophe: »Wohin auch das Auge blicket,/Moor und Heide nur ringsum./Vogelsang uns nicht erquicket,/Eichen stehen kahl und krumm.« Refrain: »Wir sind die Moorsoldaten/und ziehen mit dem Spaten/ins Moor.« Nach Entlassung auch patriotische Gedichte in NS-Publikationen. Nach 1945 Wohnort Moers. † 2. 9. 1971 Moers. Lit.: Fackler.
Esser, Max. Auf der *Gottbegnadeten-Liste* (Führerliste) der wichtigsten bildenden Künstler des NS-Staates.
* 16. 5. 1885 Barth bei Rostock. Bildhauer. Zunächst Porzellanmanufaktur Meißen, dann Bronze-Tierplastiken wie *Perlhuhn* oder *Pfaufasan* (sic). Auf der Großen Deutschen Kunstausstellung (GDK) 1939 im Münchner NS-Musentempel *Haus der Deutschen Kunst* mit dem Objekt *Fruchtbarkeitsbrunnen* (Bronze), 1942 Plastik *Mutter* (Nackte mit Kind). † 23. 12. 1943

Berlin (da auch auf der GDK 1944 ausgestellt, wurde sein Tod offenbar nicht bemerkt). Q.: Thomae.

Esterle, Leopold. Auf der *Gottbegnadeten-
Liste* der Schauspieler, die für die Filmproduktion benötigt werden.
* 14.11.1898. Volksschauspieler an der
vom NS-Staat protegierten Innsbrucker
Exl-Bühne. 1940 im Blut-und-Boden-
Drama *Die Geierwally*. Goebbels' Renommierblatt *Das Reich* am 29.9.1940: »Der
scharf profilierte Theaterbösewicht.« 1941
in *Wetterleuchten um Barbara*, Heimatfilm
zur »Befreiung« Österreichs durch die Nazis. Nach 1945 Landestheater Salzburg.
† 19.12.1967 Wien.

Etlinger, Karl. Auf der *Gottbegnadenli-
ste*: Liste der Schauspieler, die für die Filmproduktion benötigt werden.
* 16.10.1879 Wien. Großer Komödiant
der Weimarer Zeit (Schrader). Unter anderem am Komödienhaus in Berlin. Mit
einer »Volljüdin« verheiratet, mit Sondergenehmigung von Goebbels ein vielbeschäftigter Kleindarsteller. Unter anderem
1941 in *Spähtrupp Hallgarten*, über die Besetzung Norwegens, Kernsatz: »Er ist gestorben, damit Deutschland leben kann.«
† 8.5.1946 Berlin.

Etté, Bernard, Künstlername von Bernhard Ette. Leiter eines Unterhaltungs- und
Schauorchesters.
* 13.9.1898 Kassel. Kapellmeister. 1927
Darsteller im Dokumentarfilm *Berlin. Die
Sinfonie der Großstadt*. Die NS-Zeitschrift
Das Deutsche Podium am 30.8.1940: »Unter der Leitung der NSV, Gau Berlin, veranstaltete das Orchester Bernhard Ette unter Mitwirkung von Ralph Maria Siegel in
Berlin ein Konzert, bei dem über 1000 Soldaten und Verwundete anwesend waren … Nach der schmissigen Wiedergabe
von ›Bella Napoli‹ schloß die Veranstaltung mit dem Marsch ›Bomben auf Engeland‹.« Standortbefehl Nr. 19/44 des KZ-
Kommandanten Höß, betrifft *Truppenbetreuungsveranstaltung* für das KZ-Personal
Auschwitz: »27.7.44: Gastspiel des Tanz-
und Schauorchesters Bernhard Etté mit

mehreren Solisten.« † 26.9.1973 Mühldorf am Inn.

Ettel, Erwin. SS-Brigadeführer (1941).
* 30.6.1895 Köln als Pfarrerssohn. Ab
1913 Kaiserliche Marine. 1925 Leiter der
Luftfrachtabteilung der Junkers Luftfracht
AG. 1930 bei Luftverkehrsgesellschaft
Scadra in Barranquilla in Kolumbien.
1932 NSDAP (Nr. 952856), 1933 Landes-
gruppenleiter der NSDAP-Auslandsorganisation (AO) Kolumbien. 1936 im Auswärtigen Amt, Legationssekretär in Rom,
AO-Landesgruppenleiter Italien. 1937 SS
(Nr. 289261). 1939 Gesandter im Iran, beendet August 1941 durch britische Besetzung. Im Auftrag Ribbentrops Betreuung
des Muftis von Jerusalem, Amin al-Husai-
ni, zwecks Förderung des arabischen Nationalismus. 1950–1956 unter dem Namen Ernst Krüger Redakteur der Wochenzeitung *Die Zeit*. Pension als Gesand-
schaftsrat I. Klasse. † 9.9.1971 Bad
Bevensen. Lit.: Frank Bajohr, Der Mann,
der bei der ZEIT Ernst Krüger war, *Die
Zeit*, Nr. 9/2006.

Ettighofer, Paul Coelestin. Schriftsteller.
* 14.4.1896 Colmar. Sarkowicz über sein
Opus *Das aufrechte Leben und heldenhafte
Sterben eines deutschen Manne*s (Straßburg
1942): »Der rassistische und antisemitische Roman … war dem berüchtigten
Gauleiter von Baden [Robert Wagner] gewidmet. Ettighofer verteidigt darin auch
die Pogrome gegen die jüdische Bevölkerung in Frankreich.« Oberleutnant und
Stellv. Kompaniechef einer Kriegsberichterkompanie. Nach 1945 kolportagehafte
Románe. † 15.10.1975 Zülpich/Euskir-
chen.

Eulenburg und Hertefeld, Friedrich-
Wend 2. Fürst zu.
* 19.9.1881 Starnberg. 1931 Wechsel von
der *Deutschnationalen Volkspartei* zur
NSDAP und Werbekampagne innerhalb
des Adels für NSDAP, Unterbringung eines SA-Sturmes auf seinem Schloß: »Der
Endkampf zwischen Rechts und Links,
zwischen Nationalismus und Bolschewismus, die endgültige Auseinandersetzung

hat begonnen.« † 1. 8. 1963 Weeze am Niederrhein. Lit.: Malinowski.

Euringer, Richard. Name Oktober 1933 unter dem Treuegelöbnis »88 deutsche Schriftsteller« für Adolf Hitler. Reichskultursenator.

* 4. 4. 1891 Augsburg als Arztsohn. Bayerischer Offizier. NSDAP seit den zwanziger Jahren (Sarkowicz). 1931 Mitbegründer des *Nationalverbands Deutscher Schriftsteller*, Autor im NSDAP-Zentralorgan *Völkischer Beobachter.* Gründonnerstag 1933 Bühnenspiel *Deutsche Passion*, uraufgeführt auf den Heidelberger Reichsfestspielen (Schirmherr: Goebbels), Inhalt: Auferstehung des unbekannten Soldaten (Hitler) von den Toten und anschließende Himmelfahrt. Am 19. 8. 1934 Unterzeichner des *Aufrufs der Kulturschaffenden* zur Vereinigung des Reichskanzler- und Reichspräsidentenamts in der Person Hitlers: »Wir glauben an diesen Führer, der unsern heißen Wunsch nach Eintracht erfüllt hat.« 1935 Beitrag *Gibt es nationalsozialistische Dichtung?* im HJ-Zentralorgan *Wille und Macht*, Textprobe: »Die Partei ist der Körper des nationalsozialistischen Geistes, und im nationalsozialistischen Körper wird wohl der nationalsozialistische Geist wohnen, der seine typische Dichtung austrägt.« Laut Bergengruen wollte er die Thingstätten zu Hinrichtungen von Staatsfeinden nutzen: »Feierlich und unter Begleitung von Musik und Sprechchören sollte ein Stab über dem Verurteilten gebrochen werden.« Im II. Weltkrieg Generalstabsoffizier. NS-Ehrung: Am 1. Mai 1934 *Nationaler Buchpreis* für *Deutsche Passion.* † 29. 8. 1953 Essen.

Evans, Karin. Bühnenschauspielerin. * 25. 9. 1909 Johannesburg in Südafrika. Deutsches Theater Berlin, meist in Komödien und Schwänken, selten im Film. Unter anderem 1934 in *Mein Leben für* [die Fahne der Reiterstandarte!] *Maria Isabell*, 1941 Hauptrolle im NS-Euthanasiefilm *Ich klage an* (der von den Krankenmördern der Berliner T4-Zentrale teilfinanzierte Staatsauftragsfilm sollte den Widerstand der Bevölkerung gegen den Behindertenmord brechen). Nach 1945 vorwiegend an Barlogs Schiller- und Schloßpark-Theater. Filme: 1948 *Affäre Blum* (DDR), 1953 *So ein Affentheater*, 1960 *Liebling der Götter.* Rückzug ins Privatleben.

Ewers, Hanns. Autor erotisch-sadistischer Werke (Barbian).

* 3. 11. 1871 Düsseldorf, Sohn eines Malers. 1909 Mitbegründer des *Schutzverbands deutscher Schriftsteller* (SDS). 1921 Autor: *Vampir*. 1932 NSDAP. In Hitlers Auftrag Autor des Buches *Horst Wessel*, laut NS-Hetzblatt *Der Angriff* »Das erste Epos des Nationalsozialismus«. Baldur von Schirach: »Die erste große künstlerische Formung des Ringens meiner SA-Kameraden.« 1933 Freikorps-Opus *Reiter in deutscher Nacht* (Schlußsatz: »Deutschland, Deutschland über alles,/Und im Unglück nun erst recht«), Drehbuch zum Staatsauftragsfilm *Hans Westmar* (Horst Wessel). Will Vesper 1933 in der Zeitschrift *Die Neue Literatur:* »Wahrhaftig, wir hätten … Horst Wessel gewünscht, daß es ihm erspart geblieben wäre, von Fingern angefaßt zu werden, die noch allzu deutlich nach ›Morphium‹, ›Alraunen‹, ›Vampiren‹, ›Toten Augen‹ und ähnlichen Dingen riechen.« Danach im Abseits. † 12. 6. 1943 Berlin.

Ewers, Martin. Musikzugführer des Berliner SS-Sturmbanns XII. * 1. 10. 1886 Hamburg. 1929 NSDAP (Nr. 271187). SA-Obersturmführer. 1933 Texter: *Deutschland, Deutschland, dir wolln wir uns weihn.* Mit seinem Sturmbann Tonaufnahme von Parduns NS-Kampflied *Volk ans Gewehr!* Vierte Strophe: »Jugend und Alter, Mann für Mann,/umklammern das Hakenkreuzbanner./Ob Bürger, ob Bauer, ob Arbeitsmann:/sie schwingen das Schwert und den Hammer/für Hitler, für Freiheit, für Arbeit und Brot;/Deutschland erwache! Juda den Tod!« 1934: *Mein Kamerad – SA-Defiliermarsch.* Ruhestand in München. † 2. 2.

1960 ebenda. Q.: Gillum; Prieberg, Handbuch.

Exl, Ferdinand. Gründer und Direktor der Innsbrucker Exl-Bühne (Volksschauspiel, vom NS-Staat protegiert).

* 27.8. 1875 Innsbruck, Sohn eines Postmeisters. Zur Volksabstimmung zum »Anschluß« Österreichs April 1938: »Nach jahrelanger, alles lähmender Mutlosigkeit hat uns nun die Vorsehung und das Schicksal herrlich beglückt: mitarbeiten zu können am Neubau unserer schönen, österreichischen Heimat im großen deutschen Reich.« † 27.10. 1942 Innsbruck. Nachruf *Deutsches Bühnen-Jahrbuch*: »Aus kleinsten Anfängen hat der Sohn einer Innsbrucker Wäscherin sein zuerst in einer Innsbrucker Scheune aufgeschlagenes Bauerntheater zu künstlerischer Höhe geführt, um ... die donauländische dramatische Volksdichtung, von Anzengruber an, bekannt zu machen.«

Eybner, Richard. Auf der *Gottbegnadeten-liste*: Liste der Schauspieler, die für die Filmproduktion benötigt werden.

* 17.3. 1896 St. Pölten. Komödiant. Nebenrollen in Filmen wie *Der liebe Augustin* (1940) oder *Der weiße Traum* (1943). Nach 1945 *Sissi* (1955), *Sissi, die junge Kaiserin* (1956) oder *Die Halbzarte* (1958). † 20.6. 1968.

Eyck, Tony van (Künstlername). Schauspielerin.

* 23.10. 1910 Koblenz. 1931 Staatstheater Berlin. 1933 im Film *Was wissen denn Männer*. 1935 Volksbühne Berlin. Goebbels am 11.10. 1935 im Tagebuch: »Eyck fand sich ein. Führer zu uns sehr nett.« 1939 Charakterdarstellerin am Wiener Burgtheater. Von Zuckmayer zur Kategorie »Nazis, Anschmeißer, Nutznießer, Kreaturen« gerechnet: »Mit brennenden Augen – von Verzückung bleichem Gesicht – finden wir sie auf einer der ersten Fotografien, in denen sich der frisch zur Macht gekommene Führer leutselig im Kreise deutscher Künstlerinnen zeigte.« Nach 1945 am Theater für Vorarlberg in Bregenz. † 16.4. 1988 Feldkirch.

Eysler, Edmund. Operettenkomponist.

* 12.3. 1874 Wien. Hauskomponist des Wiener Bürgertheaters. Unter anderem *Operette Bruder Straubinger* (1902) mit dem Schlager *Küssen ist keine Sünd*. An seinem Geburtstag am 12.3. 1938 Einmarsch der Wehrmacht in Wien. Seine Tochter: »Kein Besuch und keine Post ist mehr gekommen, auf der Gasse sind ihm die Leute ausgewichen.« Im *Lexikon der Juden in der Musik* gebrandmarkt. Aufführungsverbot seiner Werke. † 4.10. 1949 Wien. Lit.: Wulf, Musik.

Eysoldt, Gertrud. Bühnenschauspielerin.

* 30.11. 1870 Pirna. Ab 1897 an Berliner Bühnen, unter anderem am Deutschen Theater Max Reinhardts. Liiert mit Edmund Reinhardt, Max Reinhardts Bruder und Finanzchef. Größte Erfolge mit Stücken Frank Wedekinds. Die »unmütterlichste Gestalt der deutschen Bühne« (*Frankfurter Zeitung* vom 17.2. 1927). 1941 als Landedelfrau im NS-Reiterfilm ... *reitet für Deutschland*. Nach 1945 Leiterin des Kleinen Hauses in Berlin. † 6.1. 1955 Ohlstadt. Lit.: G. Reinhardt.

F

Faber-Castell, Roland Graf von. Chef der Faber-Castell Bleistiftfabrik AG in Stein bei Nürnberg.

* 21.4. 1905 Nürnberg. Verwandt mit Goebbels' Adjutanten Prinz Schaumburg (siehe Klee, Personenlexikon). Goebbels am 29.9. 1940 im Tagebuch: »Abends Besuch von Graf und Gräfin Faber-C. Palaver und nette Musik der Gräfin.« Goebbels am 19.11. 1940: »Bei Faber-Castells draußen in ihrem Jagdhaus vor Nürnberg zum Essen.« † 2.2. 1978 Ansbach.

Fabricius, Hans. Schriftsteller, Geschäftsführer der NSDAP-Reichstagsfraktion (1930–1945).

* 6.4. 1891 Berlin, Sohn eines Oberleutnants. Dr. jur. 1929 NSDAP. 1930 NSDAP-Propagandaabteilung Gau Groß-Berlin, MdR. Im *Kampfbund für deutsche Kultur*.

1932 Autor: *Schiller als Kampfgenosse Hitlers*, Textprobe: »Schiller als Nationalsozialist! Mit Stolz dürfen wir ihn als solchen grüßen. Mit Stolz und Dankbarkeit. Denn niemand weiß, ob und was wir ohne ihn wären.« 1933 Oberregierungsrat, Autor: *Reichsinnenminister Dr. Frick, der revolutionäre Staatsmann*. 1934 Ministerialrat im Reichsinnenministerium. 1936 Autor: *Geschichte der nationalsozialistischen Bewegung*. 1939 Ministerialdirigent. † Kriegstod 28. 4. 1945 Berlin. Lit.: *Führerlexikon*; Lilla; Wulf, Literatur.

Fahrenkamp, Emil. Auf der *Gottbegnadeten-Liste* (Führerliste) der wichtigsten Architekten des NS-Staates.
* 8. 11. 1885 Aachen. 1920 Professor und 1937 Direktor der Kunstakademie Düsseldorf. Am 19. 8. 1934 Unterzeichner des *Aufrufs der Kulturschaffenden* zur Vereinigung des Reichskanzler- und Reichspräsidentenamts in der Person Hitlers: »Wir glauben an diesen Führer, der unsern heißen Wunsch nach Eintracht erfüllt hat.« 1937 Ehrenmal *Blutzeugen der Bewegung* in Essen, 1938 Entwurf eines Adolf-Hitler-Platzes in Solingen, 1939 Hermann-Göring-Meisterschule in Kronenburg (Mitt. Kutzki). 1942 Umbau von Schloß Rheydt (im Goebbels-Tagebuch lobend erwähnt). *Beauftragter für die Planungen der Filmstadt Babelsberg*. † 24. 5. 1966 Breitscheid bei Ratingen.

Fahrenkrog, Ludwig. Gründer der *Germanischen Glaubensgemeinschaft* (GGG).
* 20. 10. 1867 Rendsburg. Lehrer. Die 1912 unter dem Namen *Germanisch-deutsche Religions-Gemeinschaft* gegründete GGG hatte den Herrmannstein bei Rattlar (Waldeck) zur Kultstätte geweiht. 1913 Professor der Kunstgewerbeschule in Wuppertal-Barmen. Veröffentlichungen: *Geschichte meines Glaubens* (1906), *Germanische Glaubensgemeinschaft* (1935), *Selbsterlösung* (1935). Autor der Dramen *Baldur* (1908), *Wölund* (1914) und *Nornegast* (1922). Zählte zur völkischen Garde Rosenbergs, September 1934 von Hitler auf dem NSDAP-Reichsparteitag ohne Na-

mensnennung zu jenen »Rückwärtsen« gerechnet, die sich »als Versteinerungen in die Museen« zurückziehen sollten (Brenner). † 27. 10. 1952 Biberach/Riß. Lit.: Grünzinger; Puschner.

Faktor, Emil. Journalist.
* 31. 8. 1876 Prag. Ab 1915 Chefredakteur des *Berliner Börsen-Couriers*. 1933 Flucht in die Tschechoslowakei, unter anderem beim *Prager Tagblatt*. 1941 deportiert ins Ghettolager Litzmannstadt/Lodz. † 1942 ebenda.

Falckenberg, Otto. Auf der Sonderliste der wichtigsten Theaterschauspieler der *Gottbegnadeten-Liste* (Führerliste).
* 5. 10. 1873 Koblenz, Sohn eines Hofmusikalienhändlers. 1917 Leiter der Münchener Kammerspiele, Strindberg-Spezialist. Förderer von Brecht, 1922 Uraufführung von *Trommeln in der Nacht*. 1933 kurzzeitig verhaftet. 1936 Aufführung von Möllers antisemitischem Hetzstück *Rothschild siegt bei Waterloo*. Laut Goebbels-Tagebuch vom 27. 4. 1944 hielt ihn Hitler »für den besten Schauspielerfinder [sic] in der ganzen deutschen Theaterwelt«. NS-Ehrung: 1939 Festwoche anläßlich seines 25jährigen Bühnenjubiläums mit Glückwünschen von Goebbels, Titel Staatsschauspieldirektor sowie *Goethe-Medaille* für Kunst und Wissenschaft. 1943 auf Vorschlag von Goebbels trotz Titelsperre Verleihung des Titels Professor. † 25. 12. 1947 Starnberg.

Falk, Walter. Theaterintendant.
* 7. 12. 1895 Mühlberg. Dr. phil. 1934 am Stadttheater Breslau. 1937 NSDAP. 1939 Intendant des Stadttheaters Elbing, Produzent einer Ersatzmusik zu Shakespeares *Ein Sommernachtstraum* (da Mendelssohns *Sommernachtstraum* nicht mehr aufgeführt werden durfte). Letzte Kriegsmonate Generalintendant des Mecklenburgischen Staatstheaters Schwerin. 1952 Intendant des Westfälischen Landestheaters in Castrop-Rauxel. † 12. 8. 1963 ebenda.

Falke, Otto Ritter von. Kunsthistoriker.
* 29. 4. 1862 Wien. 1920–1927 Direktor

der Berliner Museen. 1927 bis 1941 Herausgeber der Zeitschrift *Pantheon*. NS-Ehrung: 1942 *Goethe-Medaille* für Kunst und Wissenschaft. † 15.8.1942 Schwäbisch Hall.

Fall, Leo. Komponist.
* 2.2.1873 Olmütz. † 16.9.1925 Wien. Fall komponierte weltberühmte Operetten wie *Der fidele Bauer, Die Dollarprinzessin* (beide 1907), *Der liebe Augustin* (1911) sowie *Die Rose von Stambul* (1916). In der NS-Zeit Aufführungsverbot seiner Werke. Im *Lexikon der Juden in der Musik* gebrandmarkt. *Meyers Lexikon* 1937: »Schrieb gewandt, aber oberflächlich.«

Fall, Richard. Komponist.
* 3.4.1882 Gewitsch in Mähren. Bruder von Leo Fall. Chansons für Wiener Kleinkunstbühnen. Kapellmeister in Wien. Erfolgreichster Titel: *Was machst du mit dem Knie lieber Hans?* 1938, nach der Besetzung Österreichs, Flucht nach Frankreich und Hollywood. Im *Lexikon der Juden in der Musik* gebrandmarkt. 1943 Rückkehr nach Frankreich, November 1943 Verhaftung. † Deportiert am 20.11.1943 von Paris nach Auschwitz.

Fall, Siegfried. Komponist.
* 30.11.1877 Olmütz. Bruder von Leo und Richard Fall. Im *Lexikon der Juden in der Musik* gebrandmarkt. Deportiert am 23.1.1943 von Ungarisch Brod ins Ghettolager Theresienstadt. † 10.4.1943 ebenda.

Fallada, Hans, eigentlich Rudolf Ditzen. Schriftsteller.
* 21.7.1893 Greifswald, Sohn eines Landgerichtsrats. Bestseller-Autor, geprägt von physischen und psychischen Krisen, Drogenabhängigkeit und daraus folgenden Straftaten. 1931 Roman: *Bauern, Bonzen und Bomben*, 1932: *Kleiner Mann – was nun?* 1934: *Wer einmal aus dem Blechnapf frißt*. Nach einer Denunziation 1933 verhaftet und elf Tage in Haft, aufgrund dieser Erfahrung willig zu Konzessionen. Von Rosenberg abgelehnt. Goebbels am 14.1.1938 im Tagebuch: »Gelesen Fallada ›Wolf unter Wölfen‹, ein tolles, spannendes

Buch.« Zuckmayer: »Ein Typus des deutschen ›kleinen Manns‹, dessen Herz gesund geblieben ist, auch wenn er in der Seele verwirrt [ist].« † 5.2.1947 Ost-Berlin.

Fanck, Arnold. Pionier des Bergfilms.
* 6.3.1889 Frankenthal. 1913 Aufnahmen von einer Ersteigung des Monte Rosa. 1929 Stummfilmklassiker *Die weiße Hölle vom Piz Palü*. Ziehvater Leni Riefenstahls. Goebbels am 24.6.1933 im Tagebuch: »Ein lieber Kerl und echter Nazi.« 1937 Film *Die Tochter des Samurai* (Titel ab 1943: *Die Liebe der Mitsu*), ein Opus zur Propagierung der deutsch-japanischen Achse. Filmaufnahmen zu Hitlers Bauplänen und über die Nazi-Bildhauer Thorak und Breker. 1964 *Filmband in Gold* für langjähriges und hervorragendes Wirken im deutschen Film. 1973 Erinnerungen: *Er führte Regie mit Gletschern, Stürmen und Lawinen*. † 28.9.1974 Freiburg im Breisgau.

Farkas, Karl. Kabarettist.
* 28.10.1893 Wien. Bekannt durch seine Conférencen mit den Kollegen Fritz Grünbaum im Wiener Kabarett *Simpl*. Während Grünbaum beim Einmarsch der Wehrmacht 1938 sofort verhaftet wurde, gelang Farkas die Flucht nach Frankreich und 1941 die Ausreise in die USA. 1946 Rückkehr, Direktor des *Simpl*. Filmdrehbücher zu *Der Theodor im Fußballtor* (1950) oder *August der Halbstarke* (1956). Titel Professor. † 16.5.1971 Wien. Nachruf *Deutsches Bühnen-Jahrbuch*: »Österreichs größter Kabarettist«.

Fassler, Otto. Spielleiter.
* 5.1.1904 Graz. Buffo in klassischen Operetten, auch kleinere Filmrollen. Rundschreiben des KZ-Kommandanten Höß, Auschwitz, vom 7.5.1943 an das KZ-Personal (betrifft: *Truppenbetreuungsveranstaltung*): »Am Dienstag, den 11. Mai 1943, 19 Uhr, findet im großen Saal des Kameradschaftheimes der Waffen-SS ein Gastspiel des Stadttheaters Mährisch-Ostrau statt. Zur Aufführung gelangt ›Bezauberndes Fräulein‹, Operette in 4 Akten

von Ralph Benatzky ... Spielleitung Otto Fassler«. Nach 1945 Komiker und Charakterdarsteller in Wien. † 28. 3. 1990 Wien.

Fechter, Paul. Literaturhistoriker.
* 14. 9. 1880 Elbing in Westpreußen. Dr. phil. Nach dem I. Weltkrieg Feuilletonchef der *Deutschen Allgemeinen Zeitung*. Goebbels am 14. 3. 1931 im Tagebuch: »Dr. Fechter von der Daz. Ganz unser Mann.« Laut Zuckmayer ein »extrem nationaler Mann«. 1933–1940 Mitherausgeber der Zeitschrift *Deutsche Zukunft*. Fechter 1941 in *Geschichte der deutschen Literatur*: »Das Buch, das alle die verschiedenartigen Strebungen und Tendenzen der großen nationalsozialistischen Bewegungen in sich zusammenfaßt, das den Übergang zu der neueren Form des Sprechens zum Leser am schärfsten vollzieht und damit die Grundlagen der Literatur schafft, die zur Gesamtseele ... reden will, ist Adolf Hitlers Bekenntnisbuch ›Mein Kampf‹.« Nach 1945 Feuilletonist *Die Zeit*. 1950 Erinnerungen: *An der Wende der Zeit*. Nazi-Barden wie Will Vesper werden hier als honorige Poeten dargestellt und über seine Begegnung mit Goebbels heißt es: »Damals war er noch der durch sein körperliches Leiden im natürlichen Wettbewerb behinderte Mann, der die innere Kraft seines erotischen Wesensbesitzes als Ausgleich einsetzte«. † 9. 1. 1958 Berlin. Lit.: Schonauer; Wulf, Literatur.

Feddersen, Hans Peter. Maler.
* 29. 5. 1848 Wester Schnatebüll, Nordfriesland. Ab 1885 auf seinem Marschhof Kleiseerkoog bei Niebüll. 1910 Titel Professor. Thieme/Becker: »Ein typischer Vertreter der Bevölkerung Nordfrieslands.« NS-Ehrung: 1938 *Goethe-Medaille* für Kunst und Wissenschaft. † 13. 12. 1941 Kleiseerkoog.

Fehdmer, Helene. Schauspielerin.
* 16. 1. 1872 Königsberg. Tochter eines Malers. Staatstheater Berlin. Filme: 1933 *Die vom Niederrhein*, 1935 *Friesennot* (Eine Friesengemeinde an der Wolga bringt zur Verteidigung der Reinheit der Rasse alle Rotgardisten um), 1937 in Har-

lans Hitlerhuldigung *Der Herrscher*. Verheiratet mit Friedrich Kayßler. † 12. 8. 1939 Eibsee in Oberbayern.

Fehling, Jürgen. Auf der *Gottbegnadeten-Liste* (Führerliste) der wichtigsten Künstler des NS-Staates.
* 1. 2. 1885 Lübeck. Enkel des Dichters Emmanuel Geibel. 1922 (bis 1944) Spielleiter am Staatlichen Schauspielhaus Berlin. Förderer der Dramen Barlachs, Aufführung *Der arme Vetter* 1923 in Berlin. November 1935 in Anwesenheit von Göring und Goebbels Aufführung des Stücks *Thomas Paine* des Nazi-Barden Johst. Goebbels am 17. 11. 1935 im Tagebuch: »Ein Revolutionsdrama erster Klasse. Von Fehling hinreißend inszeniert.« Beurteilung Zuckmayer: »Gelegentlich intrigant, macchiavellisch«. 1947 Staatsschauspiel München, 1952 Schiller-Theater Berlin. † 14. 6. 1968 Hamburg. Nachruf *Deutsches Bühnen-Jahrbuch*: »Berufene hielten ihn für den größten Regisseur deutscher Sprache in diesem Jahrhundert.«

Feiler, Hertha. Schauspielerin.
* 3. 8. 1916 Wien. Spielte zunächst mit einer Sonderbewilligung von Goebbels, da »Vierteljüdin«. Laut Rabenalt dem »engeren Kreis« von Goebbels zugehörig. 1938 in Rühmanns Regiedebüt *Lauter Lügen*. 1939 Heirat mit Rühmann. Filme wie *Männer müssen so sein* (1939), *Kleider machen Leute* (1940). 1942 im Film *Rembrandt*, Drewniak (Film): »Kleine Spitzen gegen die Juden, die an dem wirtschaftlichen Ruin Rembrandts schuldig waren.« Filme nach 1945: *Wenn die Alpenrosen blühen* (1955), *Charleys Tante* (mit Rühmann, 1956). Letzter Film 1968: *Die Ente klingelt um halb acht*. † 2. 11. 1970 München. Nachruf *Deutsches Bühnen-Jahrbuch*: »Eine der anmutigsten deutschen Filmschauspielerinnen.«

Fein, Maria, verheiratete Becker. Schauspielerin.
* 7. 4. 1894 Wien. Charakterdarstellerin bei Max Reinhardt. 1938, nach der Besetzung Österreichs, Gastspiele in den Niederlanden und in Frankreich, ab 1942 in

Zürich, eigenes Tourneetheater. Tochter: Maria Becker (1920). † 15. 9. 1965 Zürich.

Feiner, Hermann. Direktor-Stellvertreter und Oberspielleiter (DBJ 1933).
* 7. 10. 1888 Stanislau. Im *Lexikon der Juden in der Musik* gebrandmarkt. Oberspielleiter der Haller-Revuen. 1936 Flucht in die Niederlande. Nach Einmarsch der Wehrmacht Internierung im Lager Westerbork. † 3. 10. 1944 Auschwitz. Q.: Weniger, Bühne.

Feininger, Lyonel. Amerikanischer Maler. * 17. 7. 1871 New York. Ab 1887 in Deutschland. Kubist (Hitler in *Mein Kampf:* »Krankhafte Auswüchse irrsinniger und verkommener Menschen«) und Konstruktivist. Ab 1919 Lehrer am Bauhaus in Weimar. In Fritschs Hetzwerk *Handbuch der Judenfrage* (1936) als »führender Kunstjude« gebrandmarkt. Juli 1937 in der Schandschau *Entartete Kunst* in München mit 11 Werken vorgeführt, danach Rückkehr in die USA. *Meyers Lexikon* 1937: »Bilder, die nur Architekturen unter Ausschluß des Menschen geben«. 378 (!) seiner Werke beschlagnahmt. Haftmann: »Komponiert in strenger Kontrapunktik, wirken diese Bilder wie bildnerische Entsprechungen zur musikalischen Kunst der Fuge ... Feininger spielte leidenschaftlich Bach und hat selbst zahlreiche Fugen komponiert.« † 13. 1. 1956 New York.

Feistel-Rohmeder, Bettina. Malerin. * 24. 8. 1873 Heidenheim in Bayern. Wohnort Dresden. 1920 Mitgründerin der *Deutschen Kunstgesellschaft.* 1927 Herausgeberin der *Deutschen Kunstkorrespondenz:* völkische Ideologie-Versorgung für einschlägige Gruppen. 1929 NSDAP. März 1931 zur Entfernung »entarteter Kunst« in Thüringen unter dem damaligen thüringer Nazi-Innenminister Frick: »Es wird ein großer Bildersturm durch Deutsches Land gehen müssen! In Weimar hat er begonnen. Heil Frick!« Forderte März 1933, alle Erzeugnisse mit weltbürgerlichen und bolschewistischen Vorzeichen zu verbrennen. 1938 Autorin: *Im Terror des Kunstbolsche-*

wismus. † 3. 2. 1953 Karlsruhe. Lit.: Petropoulos; Rave; Thomae; Zuschlag.

Feldbauer, Max. Auf der *Gottbegnadeten-Liste* (Führerliste) der wichtigsten Maler des NS-Staates.
* 14. 2. 1869 Neumarkt in der Oberpfalz. 1918 Professor der Kunstakademie Dresden. Pferdeportraits und derbe weibliche Akte. NS-Ehrung: 1944 *Goethe-Medaille* für Kunst und Wissenschaft. † 20. 11. 1948 München.

Felden, Herta. Bühnenschauspielerin. * 1897 Berlin. Ausbildung und Nebenrollen bei Max Reinhardt, 1933 am Theater am Schiffbauerdamm (DBJ 1933). † 1942 KZ Ravensbrück. Q.: Weniger, Bühne.

Feldhammer, Jacob. Bühnenschauspieler. * 16. 5. 1882 Czernowitz. Letzte Beschäftigung: 1929–1931 Theaterleiter Neues Wiener Schauspielhaus. 1939 als Jude Flucht nach Italien. 1944 Internierung im Lager Fossoli. † 23. 5. 1944 Auschwitz. Q.: Weniger, Bühne.

Felixmüller, Conrad. Maler.
* 21. 5. 1897 Dresden. Sozialkritische und expressive Werke. 1920–1924 KPD. Ab 1934 in Berlin. Mit sieben Objekten Juli 1937 in der Schandschau *Entartete Kunst* in München vorgeführt, 151 seiner Werke beschlagnahmt. 1949–1962 Lehrer an der Universität Halle-Wittenberg. 1967 Wechsel nach West-Berlin. † 24. 3. 1977 ebenda.

Fellerer, Karl Gustav. Musikwissenschaftler im *Einsatzstab Reichsleiter Rosenberg* (ERR).
* 7. 7. 1902 Freising. 1931 (bis 1937) Herausgeber der Zeitschrift *Musica sacra.* 1932 ao. Professor in Freiburg/Schweiz, 1934 Lehrstuhl. 1939 Professor in Köln. 1940 NSDAP und Mitarbeit beim ERR zum Raub »herrenlosen Kulturguts von Juden«. Mitarbeit bei der *Hauptstelle Musik* beim *Beauftragten des Führers für die Überwachung der gesamten geistigen und weltanschaulichen Schulung und Erziehung der NSDAP* (Rosenberg). Schwerpunkt nach 1945: katholische Kirchenmusik und Gregorianik. 1962 Präsident der Gesellschaft

für Musikforschung. † 7.1.1984 Köln.
Lit.: Potter; Prieberg; de Vries.
Felsenstein, Walter. Regisseur.
* 30.5.1901 Wien. Ab 1927 in Basel, Freiburg, Köln, Frankfurt am Main und Zürich. Mit einer »Volljüdin« verheiratet, zunächst mit einer Sondergenehmigung von Goebbels, ab 1939 volle Mitgliedschaft in der Reichstheaterkammer. 1939–1944 Oberspielleiter am *Schiller-Theater der Reichshauptstadt*. Gastregisseur im besetzten Straßburg. 1943 als Gast am Deutschen Theater Metz (DBJ). 1947 (bis 1975) Intendant der Komischen Oper in Ost-Berlin. Der bedeutendste Theaterregisseur der DDR. Wohnsitz in West-Berlin. 1956 Vizepräsident der Ostberliner Deutschen Akademie der Künste. 1959 Titel Professor. Mehrmals *Nationalpreis*. † 8.10.1975 Ost-Berlin. Posthum (1986): *Theater muß immer etwas Totales sein.*
Fénelon, Fania, eigentlich Fanny Goldstein. Autorin des Buches *Das Mädchenorchester in Auschwitz.*
* 2.9.1908 Paris. Pianistin und Sängerin. März 1943 in Drancy interniert, Januar 1944 nach Auschwitz deportiert. Im Lagerorchester Auschwitz-Birkenau (siehe Alma Rosé). Ihr Buch, 1976 in Paris, 1980 im Röderberg-Verlag Frankfurt am Main erschienen, war ein Welterfolg, wurde jedoch von den überlebenden Orchestermitgliedern als wüste Erfindung abgelehnt. Anita Lasker-Wallfisch: »Das Entsetzen über die groben Verleumdungen fast aller Mitglieder, aber besonders von Alma [Rosé], war maßlos ... Es war klar, daß Fania sich nicht nur auf einem Egotrip befand, sondern kurzum ihre eigene Rolle mit der Rolle Almas vertauscht hatte.«
Fernau, Joachim. Schriftsteller.
* 11.9.1909 Bromberg in Westpreußen. 1936 Kunstbetrachter der offiziellen *Olympia Zeitung* (Auflage: 500 000). Kriegsberichter (Propagandakompanie) für Goebbels' Renommierblatt *Das Reich* (von Hitler 1942 gelobt: »Prachtvoll ist die Zeitung ›Das Reich‹«). Waffen-SS. Beschwor noch 1944 in Durchhalteartikeln

den Glauben an eine Wunderwaffe Hitlers (DBE). 1952: *Deutschland, Deutschland über alles ... von Arminius bis Adenauer.* 1961: *Rosen für Apoll. Die Geschichte der Griechen.* 1971: *Cäsar läßt grüßen. Die Geschichte der Römer.* † 24.11.1988 München.
Fernau, Rudolf (Künstlername). Auf der *Gottbegnadeten-Liste* der Schauspieler, die für die Filmproduktion benötigt werden.
* 7.1.1901 München, Sohn eines Landwirts. Ab 1929 Staatstheater Stuttgart. NSDAP. Im Militärspionagefilm *Verräter*, am 9.9.1936 auf dem NSDAP-Reichsparteitag uraufgeführt (Giesen: »Ein eindeutiges Plädoyer für die Gestapo«). 1941 im antifranzösischen Streifen *Kameraden* und im Käutner-Film *Auf Wiedersehen, Franziska!* 1942 als Bösewicht im Krimi *Dr. Crippen an Bord.* 1947 Staatstheater München. 1949 Schloßpark- und Schiller-Theater Berlin. Darsteller in Mabuse- und Edgar-Wallace-Filmen. Letzter Film 1976: *Die Elixiere des Teufels.* 1979 *Filmband in Gold* für langjähriges und hervorragendes Wirken im deutschen Film. Erinnerungen: *Als Lied begann's* (1972). † 4.11.1985 München.
Fester, Richard. Ordinarius für Mittlere und neuere Geschichte in Halle (1908–1926).
* 20.9.1860 Frankfurt am Main. Halbbruder des Malers Anselm Feuerbach. Geheimer Regierungsrat. Vom *Beauftragten des Führers für die Überwachung der gesamten geistigen und weltanschaulichen Schulung der NSDAP*, Amt Rosenberg, empfohlene Lektüre: *Die Politik Kaiser Karls und der Wendepunkt des Weltkrieges* (1925). 1940 Autor: *Das Judentum als ›Ferment der nationalen Dekomposition‹.* † 5.1.1945 Garmisch-Partenkirchen.
Fetkötter, Heinrich. Reichskultursenator und SS-Obersturmführer (1942).
* 23.11.1902 Nordhausen/Harz. 1925 NSDAP (Nr. 25509). Schriftleiter der NS-Blätter *Rheinische Landeszeitung, Braune Post* und *Völkische Frauenzeitung.* Hauptschriftleiter des Völkischen Verlags in

Düsseldorf. Im Krieg Waffen-SS. 1941 Stab I. Bataillon Artillerie-Regiment SS-Totenkopf-Division (WASt). Wohnort nach 1945 in Frankfurt am Main.

Feuchtwanger, Lion. Einer jener zwölf Schriftsteller, die vom *Börsenverein der Deutschen Buchhändler* »als schädigend« gebrandmarkt wurden und nicht verbreitet werden durften.

* 7.7. 1884 München. Dr. phil. Theaterkritiker der *Schaubühne*, Dramaturg und Dramatiker. Sein Roman *Jud Süß* verschaffte ihm international Anerkennung. Harry Graf Kessler: »Die Figur des Juden selbst ist groß und tief gesehen.« Förderer Brechts. 1933 Opfer der Bücherverbrennung. *Meyers Lexikon* (1938): »Deutschfeindlicher Schriftsteller, Jude, 1933 emigriert und wegen seiner Hetze ausgebürgert, schrieb u. a. ›Jud Süß‹ 1924, eine Verherrlichung des Judentums.« Exil in Frankreich, 1937 Reise nach Moskau, mit Brecht Herausgeber der Moskauer Exilzeitung *Das Wort*. Scholdt: »Was Feuchtwanger, Bloch, Heinrich Mann und andere in den 30er Jahren an ungeheuerlichen Apologien des stalinistischen Terrors verfaßten, läßt sich zwar leicht erklären aus dem Wunsch, alles zu fördern, was Hitler schadet, aber zum Ruhme der Repräsentanten des Geistes trug diese augenverschließende Parteilichkeit gewiß nicht bei.« Ab 1940 in Hollywood, »wo hochkapitalistisch gehaust und kommunistisch parliert wurde« (G. Reinhardt). Familiärer Kontakt zu Thomas Mann. 1950 Redner bei der Beerdigung Heinrich Manns. † 21.12. 1958 Los Angeles.

Feuermann, Emanuel. Violoncellist.

* 22.11. 1902 Kolomea in Galizien. Debüt mit elf Jahren als Solist mit dem Wiener Symphonieorchester. 1929 Professor für Cello an der Berliner Musikhochschule. 1933 Entlassung. Emigration in die USA. 1935 auf der Liste der *Musik-Bolschewisten* der *NS-Kulturgemeinde*. Im *Lexikon der Juden in der Musik* gebrandmarkt. † 25.5. 1942 New York.

Feyerabend, Erich. Maler.

* 19.11. 1889 Rees am Niederrhein. Am 19.8. 1934 Unterzeichner des *Aufrufs der Kulturschaffenden* zur Vereinigung des Reichskanzler- und Reichspräsidentenamts in der Person Hitlers: »Wir glauben an diesen Führer, der unsern heißen Wunsch nach Eintracht erfüllt hat.« Auf den Großen Deutschen Kunstausstellungen im Münchner NS-Musentempel *Haus der Deutschen Kunst*, darunter 1939 mit der Zeichnung *21-Zentimeter-Mörser* und 1943 mit dem Holzschnitt *Krakau*. Am 21.5. 1943 Empfang bei Generalgouverneur Frank in Krakau. † 18.10. 1945 Stuttgart.

Fick, Roderick (sic). Auf der *Gottbegnadeten-Liste* (Führerliste) der wichtigsten Architekten des NS-Staates.

* 16.11. 1886 Würzburg, Sohn eines Augenarztes. 1914 im Reichsdienst, Einsatz in Kamerun. 1936 Professor der TH München, später Reichsbaurat in Linz. Plante für Hitler die *Führerstadt Linz* und das *Führermuseum Linz*, die größte Gemälde- und Kunstgalerie Europas (Raubkunst). Goebbels am 13.3. 1941 im Tagebuch: »Im Rathaus zeigt mir Prof. Fick die Umbaupläne von Linz.« † 13.7. 1955 München.

Fidus (der Treue), eigentlich Hugo Höppener. Maler und »Lebensreformer«.

* 8.10. 1868 Lübeck, Sohn eines Konditors. Zählte zur völkischen Garde Rosenbergs, NSDAP 1932. September 1934 von Hitler auf dem NSDAP-Reichsparteitag ohne Namensnennung zu jenen »Rückwärtsen« gerechnet, die sich »als Versteinerungen in die Museen« zurückziehen sollten. *Meyers Lexikon* 1938: »Trat für Nacktkultur und natürliche Lebensform ein und versuchte von einer theosophischen Weltanschauung aus eine durch das Zusammenwirken aller bildenden Künste entstehende ›Tempelkunst‹ zu begründen.« NS-Ehrungen auf Betreiben Hitlers (!): 1943 *Goethe-Medaille* für Wissenschaft und Kunst und trotz Titelsperre Titel Professor. Fidus, 1947: »Den Russen malte ich zu ihren Friedensfeiern Stalin und Lenin groß und der SED Rudolf Breitscheid [in Buchenwald gestorbener SPD-Politiker, der nach DDR-Lesart im KZ die Vorzüge der UdSSR erkannte]. Dafür bekam ich etwas Brot und Kartoffeln und die Nährkarte 3.« † 23.2. 1948 Woltersdorf bei Berlin (DDR). Lit.: Benz, Rolle; Puschner; Thomae.

Fiedler, Erich. Schauspieler und Operettensänger.
* 15.3. 1901 Berlin. Komische Oper Berlin. Komiker in Lustspielfilmen, häufig besetzt in Nebenrollen. »Volljüdische Ehefrau«, März 1939 von Goebbels als vollgültiges Mitglied in die Reichskulturkammer aufgenommen. Mai 1941 »Privileg«, daß der Ehefrau beim Besuch von Theatern, Hotels und dergleichen die »Rechte einer arischen Frau« zuerkannt wurden (Schrader). Filme wie *Ehe in Dosen* (1938), *Kora Terry* (1940), *Schlagerparade* (1953), *Tante Wanda aus Uganda* (1957). † 19.5. 1981 Berlin.

Fiedler, Max. Kapellmeister.
* 31.12. 1859 Zittau, Sohn eines Musikdirektors. 1916–1934 Städtischer Musikdirektor in Essen. Brahms-Interpret. NS-Ehrung: *Goethe-Medaille* für Kunst und Wissenschaft. † 1.12. 1939 Stockholm.

Fiedler, Regina. Pianistin.
* 30.10. 1900 Czernowitz. Wohnort Berlin. Im *Lexikon der Juden in der Musik* gebrandmarkt. Deportiert am 6.9. 1944 nach Auschwitz. † 31.3. 1945 KZ Flossenbürg.

Finck, Werner. Humorist.
* 2.5. 1902 Görlitz. Ab 1929 Leiter des Berliner Kabaretts *Die Katakombe*. Technik der Andeutungen und des Sich-Versprechens. 1933 in den Filmen *Der Choral von Leuthen*, *Der Läufer von Marathon*, *Das Tankmädel* sowie *Keine Angst vor Liebe*. 1934: *Die Freundin eines großen Mannes*, *Der Vetter aus Dingsda*, *Jungfrau gegen Mönch* sowie *Die Liebe siegt*. Februar 1935 Film *Frischer Wind aus Kanada*. Am 10.5. 1935 Verhaftung »wegen Verächtlichmachung des Winterhilfswerks«. Am 18.5. 1935 Befehl von Goebbels, Finck »für die

Dauer von sechs Wochen in ein Lager mit körperlicher Arbeit zu überführen«. Vom 5. Juni bis 1. Juli im KZ Esterwegen. Oktober 1935 im Film *April, April*. Am 26.10. 1936 Freispruch »mangels ausreichender Beweise« durch Sondergericht I in Berlin-Moabit. Filme 1937: *Sherlock Holmes*, *Die glücklichste Ehe der Welt*, *Die Landstreicher* sowie *Die unentschuldigte Stunde*. Am 31.12. 1937 Uraufführung seines Singspiels *Ein Mann kommt in die Stadt* am Schauspielhaus Hamburg. 1938 in den Filmen *Der Mann, der nicht nein sagen kann*, *Verklungene Melodie* sowie *Das Mädchen von gestern nacht*. Frühjahr 1939 Ausschluß Reichskulturkammer, Kriegsdienst. Nach eigenen Angaben auf Betreiben der Gestapo von März bis Dezember 1942 im Berliner Wehrmachtsuntersuchungsgefängnis Lehrter Straße. Dort will er (1942!) von der Gestapo zum Offiziersputsch vom 20. Juli 1944 (!!) vernommen worden sein, Finck:»Weil die Namen vieler mir gewogener Offiziere merkwürdig mit denen übereinstimmten, die die Gestapo im Verdacht der Verschwörung des 20. Juli hatte.« 1944 Truppenbetreuung in Italien, *Spielgruppe Finck (Komödie der Landser)*. Nach 1945 Entlastungszeuge für Werner Krauß im Entnazifizierungsverfahren, 1947 Persilschein für Fritz Hippler (Haßfilm *Der ewige Jude*). Das *Deutsche Bühnen-Jahrbuch* zum 50. Geburtstag: »Er wurde zum Mythos des Eulenspiegels mit Maulkorb.« 1972 Lebenserinnerungen: *Alter Narr, was nun?* † 31.7. 1978 München. Lit.: Werner Finck, Witz als Schicksal, Hamburg 1966.

Finckh, Ludwig. Name Oktober 1933 unter dem Treuegelöbnis »88 deutsche Schriftsteller« für Adolf Hitler.
* 21.3. 1876 Reutlingen. Studienfreund Hermann Hesses. Arzt in Gaienhofen über Radolfzell, Lyriker und Sippenkundler. 1906 Roman *Der Rosendoktor*, Hesse gewidmet. *Meyers Lexikon* 1938: »Sehr verdienstvoll sind seine vorbildlichen Bemühungen um die Wiederbelebung der Ahnen- und Sippenkunde: ›Ahnenbüchlein‹

1921, ›Heilige Ahnenschaft‹ 1926, ›Der Ahnenring‹ 1934.« Verse *Das hab ich nicht gewußt*, 1944 in der Anthologie *Lyrik der Lebenden* des SA-Oberführers Gerhard Schumann: »Steh ich in fremdem Schwarme,/o Deutschland, reich die Arme,/ nimm mich an deine Brust!/Daß ich die Wurzeln habe/in meines Vaters Grabe,/ das hab ich nicht gewußt.« NS-Ehrung: 1936 Schwäbischer Dichterpreis. *Goethe-Medaille* für Kunst und Wissenschaft. 1961 Erinnerungen: *Himmel und Erde.* † 8. 3. 1964 Gaienhofen. Lit.: Scholdt.

Findeisen, Kurt Arnold. Schriftsteller.
* 15. 10. 1883 Zwickau. Lehrer. Gedichte, Volkserzählungen und Volksromane. Vom *Beauftragten des Führers für die Überwachung der gesamten geistigen und weltanschaulichen Schulung der NSDAP*, Amt Rosenberg, empfohlenes Drama: *Ein deutsches Herz* (1933). Autor der *Mannschaft, Kameradschaft der Frontdichter* in der NSDAP. 1956 Literaturpreis der Stadt Dresden. † 18. 11. 1963 ebenda. Lit.: Walther.

Fink, Fritz. Landesleiter der Reichsschrifttumskammer Gau Thüringen.
* 13. 9. 1893 Römhild in Thüringen. Leiter der Gruppe Kunst und Literatur in der Arbeitsgemeinschaft für Weltanschauung und kulturelle Dienstgestaltung der SA-Gruppe Thüringen. 1934 Herausgeber: *Fritz Sauckels Kampfreden.* Gedichtbände wie *Wir sind die Pflicht* (1938). † Kriegstod 9. 5. 1945 Kurland.

Finke, Fidelio Friedrich. Komponist.
* 22. 10. 1891 Josefsthal in Nordböhmen, Sohn eines Musiklehrers. 1926 Professor, 1927 Rektor der Deutschen Akademie für Musik und darstellende Kunst in Prag. Sudetendeutsche Bekenntnis- und Kampflieder, so 1942 der Hymnus *O Herzland Böhmen* nach einem Text des Prager NSDAP-Kulturamtsleiters Herbert Hiebsch. 1946 Gründer und Rektor der Akademie für Musik und Theater in Dresden, SED. 1951 (bis 1959) Professor der Musikhochschule Leipzig. 1959 Chorwerk zum 10. Jahrestag der DDR. *Nationalpreis* (1956) und *Vater-*

ländischer Verdienstorden (1961). † 12. 6. 1968 Dresden. Lit.: Barth; Prieberg.

Finkenzeller, Heli. Schauspielerin.
* 17. 11. 1911 München. Zwischen 1935 und 1945 in 27 Filmen. Goebbels am 30. 3. 1937 im Tagebuch: »Abends größere Gesellschaft. Harlans, Birgels ... die Finkenzeller.« Laut Hippler von Goebbels öfters zur Abendgesellschaft eingeladen. Bekannt durch Filme wie *Königswalzer* (1935) oder *Der Mustergatte* (1937). Juli 1937 im Film *Mein Sohn, der Herr Minister*, für Goebbels »eine geistvolle Verhöhnung des Parlamentarismus«. 1941 Werkspionagefilm *Alarmstufe V.* Laut Rabenalt 1942 von Goebbels als Hauptdarstellerin im Staatsauftragsfilm *Fronttheater* aufgezwungen. 1955 im Film *Es geschah am 20. Juli* (1944) und 1957 in *Die wilde Auguste.* 1978 mit Heesters im Musical *Gigi.* In erster Ehe verheiratet mit Will Dohm. † 14. 1. 1991 München.

Fips, eigentlich Philipp Rupprecht. Hauszeichner in Streichers Hetzblatt *Der Stürmer.*
* 4. 9. 1900 Nürnberg. Von 1925 bis zur letzten Ausgabe am 1. 2. 1945 nahezu wöchentlich eine antisemitische Zeichnung auf der Titelseite. Illustrator des von Ernst Hiemer verfaßten antisemitischen »Jugendbuchs« *Der Giftpilz*, Untertitel: *Ein Stürmerbuch für Jung und Alt.* NSDAP 1929. Nach 1945 zu sechs Jahren Zwangsarbeit verurteilt. Kunstmaler und Dekorateur. Ab 1969 in München. † 4. 4. 1975 ebenda.

Fischer, Arnold. *Landeskulturwalter* Gau Essen.
* 3. 12. 1898 Duisburg. Kriegsdienst als Unteroffizier. Verkäufer und Vertreter. 1932 (bis 1945) Gaupropagandaleiter der Gauleitung Essen. 1933 Stadtverordneter in Duisburg, Leiter der Landesstelle des Reichspropagandaministeriums. Ab 1936 MdR, Mitglied des Volksgerichtshofs. Nach 1945 Handelsvertreter. † 4. 12. 1972 Duisburg. Q.: Lilla.

Fischer, Edwin. Schweizer Pianist.
* 6. 10. 1886 Basel. Ab 1931 an der Musik-

hochschule Berlin, bis 1942 ebenda eigenes Kammerorchester. Professor. 1935 Aufnahme ins *Führerlexikon*. 1938 Auftritt auf dem kulturpolitischen Arbeitslager der Reichsjugendführung in Weimar. Aufgeführt bei Drewniak (Theater) im Abschnitt »Bekannte Künstler bedachte Hitler mit Geschenken«. 1942 Rückkehr in die Schweiz. Nach 1945 Direktor des Luzerner Konservatoriums. 1946, zum 60. Geburtstag, provokativer Auftritt mit Furtwängler in Luzern (siehe Thomas Manns Tagebuch vom 13.11.1946). † 24.1.1960 Zürich.

Fischer, Eugen Kurt. Sendeleiter des Reichssenders Köln (1933).
* 6.1.1892 Stuttgart. Lehrer. Dr. phil. 1929 Literarischer Leiter des Mitteldeutschen Rundfunks. Autor: *Die Laienbühne als Gesinnungstheater*. Mitglied der *Union Nationaler Schriftsteller*. 1942 Künstlerischer Leiter der Auslandsredaktion des Reichsrundfunks, in *Dramaturgie des Rundfunks* über die Aufgabe des Funks: »Verkünder eines einheitlichen Willens«. 1957: *Dokumente zur Geschichte des deutschen Rundfunks und Fernsehens*. † Dezember 1964 Stuttgart.

Fischer, Fritz. Intendant der Bayerischen Staatsoperette am Gärtnerplatz in München.
* 16.7.1898 Backnang. Chef des Gärtnerplatztheaters von Gauleiter Wagners Gnaden. Sollte das Haus »auf Wunsch des Führers zur ersten Operettenbühne entwickeln«. Als Hasardeur mit luxuriösem Lebensstil geschildert, der nach Broadway-Vorbild Shows mit Nackttänzerinnen und verjazztem Arrangement aufbot. Holte Heesters 1938 als Danilo in Lehárs *Die Lustige Witwe* (Dirigent: Peter Kreuder). Kreuder: »Den Orchesterraum ließ ich vergrößern und packte etwa 70 Mann hinein. Bayreuth war ein Zwerg gegen das, was wir hier hinjubelten.« Fischer war am 21.5.1941 mit Heesters und dem Gärtnerplatztheater im KZ Dachau. Nach 1945 weiterhin im Operetten- und Showgewerbe. † 9.2.1985 München.

Fischer, Hans-Leo. Bühnenschauspieler.
* 11.2.1897 Szamoszvin. Am Ostpreußischen Landestheater Königsberg, 1928 bis 1933 Vereinigte Städtische Theater Kiel. Flucht in die Niederlande. † Hinrichtung 29.2.1944 Den Haag. Q.: Weniger, Bühne.

Fischer, Hugo. Reichskultursenator (1935).
* 17.1.1902 München. 1922 erstmals NSDAP, 1923 SA, Teilnehmer *Hitlerputsch*. 1925 Propagandaleiter München-Süd. 1927 Adjutant des damaligen Reichspropagandaleiters Himmler. 1930 Leiter des gesamten Versammlungswesens der NSDAP. 1933 Führer der Reichsfachschaft Deutscher Werbefachleute, Stellv. NSDAP-Reichspropagandaleiter. 1938 Stabsleiter der Reichspropagandaabteilung der NSDAP. 1939 im Jahrbuch der Reichsfilmkammer Beitrag *Der Film als Propagandawaffe*. 1940 im *Handbuch des Deutschen Rundfunks*: »Die Parole für die zukünftige Arbeit soll für die Propaganda und die politische Rundfunkarbeit lauten: Nichts für uns, alles für den Führer und somit für Deutschland.« 1941 SA-Oberführer. † 11.7.1979 Holzkirchen.

Fischer, Karl. Leiter der Musikabteilung der *Nationalsozialistischen Kulturgemeinde* Rosenbergs.
* 31.5.1900 Weißenburg, Sohn eines Musikdirektors. Ab 1926 Kapellmeister am Nationaltheater Weimar und der Staatsoper München. Ab 1935 Generalmusikdirektor in Mainz, Wiesbaden, Graz und Gera. NSDAP 1935 (Nr. 3690876). 1947 Kapellmeister der Staatsoper Berlin, 1950 Dirigent am Nationaltheater Mannheim. Das *Deutsche Bühnen-Jahrbuch* zum 60. Geburtstag: »Er gehört zu den wenigen, die gehalten haben, was sie versprachen.« † 25.3.1986 Mannheim.

Fischer, Oskar. Pianist.
* 5.11.1890 Graslitz, Kreis Eger. Schüler Schrekers. Kapellmeister in Wien. Im *Lexikon der Juden in der Musik* gebrandmarkt. † Deportiert am 3.12.1941 nach Riga.

Fischer, O(tto). W(ilhelm). Auf der *Gott-begnadeten-Liste* der Schauspieler, die für die Filmproduktion benötigt werden.
* 1.4. 1915 Klosterneuburg in Österreich. Schüler bei Max Reinhardt, ab 1938 am Deutschen Volkstheater Wien der *Deutschen Arbeitsfront*, Aufsichtsbehörde: Reichsdienststelle Feierabend der NS-Gemeinschaft *Kraft durch Freude*. In den Hans-Moser-Filmen *Anton der Letzte* (1939) und *Meine Tochter lebt in Wien* (1940). 1942 im Tendenzfilm *Wien 1910* über den Wiener Bürgermeister Karl Lueger, laut Rathkolb antisemitische Sequenzen »bis hin zur Ohrfeige für den ›Juden Adler‹ durch einen Studenten im Wiener Gemeinderat (verkörpert von O. W. Fischer)«. Hauptrollen im 1945 unvollendeten antikommunistischen Kriminalfilm *Shiva und die Galgenblume* sowie der unvollendeten Filmkomödie *Sag' endlich ja.* Ab den 50er Jahren der höchstbezahlte Star des deutschen Kinos, Charmeur vom Dienst. Unter anderem in *Ludwig II.* (1954), *Peter Voss, der Millionendieb* (1958), *Es muß nicht immer Kaviar sein* (1961). 1977 *Filmband in Gold* für langjähriges und hervorragendes Wirken im deutschen Film. Erinnerungen: *Meine Geheimnisse* (2000). † 1.2. 2004 Lugano.

Fischer, Paul. NSDAP-Gaukulturwart Gau Koblenz-Trier.
* 13.12. 1889 Metz. Dr. jur. 1910/11 Orgelschüler Albert Schweitzers. Ab 1926 in der Textilindustrie. Mai 1933 NSDAP. 1934 Gauführer des Deutschen Sängerbunds (DSB) Gau Rheinland-Süd. 1935 Landesleiter der Reichsmusikkammer Gau Koblenz-Trier. 1939 Produzent von Herrenwäsche in Bielefeld, Bundesmusikbeauftragter des DSB. Nach 1945 Vorsitzender des Deutschen Hilfsvereins für das Albert-Schweitzer-Spital in Lambarene. † 22.3. 1971 Bielefeld. Lit.: Prieberg, Handbuch.

Flake, Otto. Oktober 1933 Unterzeichner des Treuegelöbnisses »88 deutsche Schriftsteller« für Adolf Hitler (laut Flake auf Drängen des Fischer Verlags).
* 29.10. 1880 Metz. Autor historischer Themen. Graf Kessler am 11.11. 1922 im Tagebuch: »Ein etwas alter deutscher Jüngling.« In erster Ehe mit einer »Jüdin« und in vierter Ehe mit einer »Halbarierin« (Flake) verheiratet. *Meyers Lexikon* 1938: »›Anselm und Verena‹ 1935, Roman aus der Zeit Napoleons, zeigt in der Hauptgestalt eine merkwürdige Rassenvorstellung.« Wohnort Baden-Baden. 1946 Bildungsroman *Fortunat* (1600 Seiten). 1960 Erinnerungen: *Es wird Abend* (erweiterte Neuauflage 2005): »Seit meiner ersten Ehe war ich nicht mehr für die Vermischung der Rassen, und ich hatte so viel mit Juden verkehrt, daß ich nur zu gut wußte, wie sehr ihre Intellektuellen zum Kommunismus neigten.« † 10.11. 1963 Baden-Baden.

Flechtner, Otto. NS-Karikaturist.
* 2.8. 1881 Weißenfels. Wohnort München. Alter Parteigenosse, NSDAP-Ortsgruppenleiter, SA-Sturmführer. Zeichner für die NS-Blätter *SA-Mann* (Organ der obersten SA-Führung), *Völkischer Beobachter* und das NS-»Witzblatt« *Brennessel*. 1938 bis 1941 auf den Großen Deutschen Kunstausstellungen im Münchner NS-Musentempel *Haus der Deutschen Kunst*. 1944 vom Stabschef der SA zur Ernennung zum Professor vorgeschlagen, mit Hinweis auf Titelsperre abgelehnt. † 2.11. 1952 Utting am Ammersee. Q.: Thomae.

Fleischer, Oskar. Gründer der Internationalen Musikgesellschaft (1899).
* 2.11. 1856 Zörbig, Kreis Bitterfeld. 1895 (bis 1925) Lehrstuhl der Universität Berlin. Autor des Presseorgans *Die Sonne. Monatsschrift für nordische Weltanschauung und Lebensgestaltung*. Behauptete, die germanische Rasse habe die Tonalität erfunden. 1928 in *Die Sonne*: »Moll ist also eine nichtgermanische, weibliche Tonart, die unserm geraden, kraftvollen, aufrechten Wesen nicht entspricht.« † 8.2. 1933 Berlin. Lit.: Potter.

Fleischmann, Hugo. Musikschriftsteller.
* 16.2. 1886 Tulln bei Wien. Wohnort Wien. Dr. jur. et phil. Mitglied der Gesell-

schaft der Musikfreunde, der Reger-Gesellschaft und des Musikpädagogen-Verbands. Im *Lexikon der Juden in der Musik* gebrandmarkt. † Deportiert am 2.6. 1942 nach Maly Trostinez bei Minsk (Exekutionsstätte).

Fleißer, Marieluise. Schriftstellerin.
* 23. 11. 1901 Ingolstadt. Tochter eines Eisenwarenhändlers. Frühe Bekanntschaft mit Brecht. 1926 Schauspiel *Fegefeuer in Ingolstadt*, 1929 *Pioniere in Ingolstadt*, dazu der Kritiker Ihering: »Erste Gestalterin in der deutschen Dichtung.« Kritiker Kerr: »Begabtes Frauensbild.« Bereits 1931 Forderung an den Verlag Kiepenheuer, im Anhang ihres Buches *Mehlreisende Frieda Geier* keine Kritiken von Juden – darunter Walter Benjamin – abzudrucken. 1935 Heirat mit einem Tabakwarenhändler. † 1. 2. 1974 Ingolstadt. In den sechziger Jahren Wiederentdeckung durch Rainer Werner Fassbinder, Franz Xaver Kroetz und Martin Sperr. Lit.: Hiltrud Häntzschel: Marieluise Fleißer. Eine Biografie. Leipzig 2007.

Flemming, Willi. Gauschrifttumsbeauftragter für Mecklenburg.
* 22. 1. 1888 Berlin. Sohn eines Lederwarenfabrikanten. 1933 *Förderndes Mitglied SS*, NS-Lehrerbund. 1934 Lehrstuhl Neudeutsche Philologie und Theaterwissenschaft in Rostock. 1937 NSDAP. 1943 Universität Kiel. 1945 Entlassung. 1946–1956 Lehrstuhl in Mainz. † 17. 12. 1980 Mainz-Budenheim.

Flesch, Carl. Sologeiger und Musiklehrer.
* 9. 10. 1873 Wieselburg. 1897 Professor am Konservatorium in Bukarest. 1928 Musikhochschule in Berlin. Verunglimpfung im *Lexikon der Juden in der Musik*: »Er gehört zu jener Kategorie von Juden, die es darauf abgesehen hat, dem Deutschen der Minderwertigkeitskomplex einzuimpfen, um ihn damit ihren Absichten gefügiger zu machen.« 1933 letzter Auftritt in Deutschland unter Furtwängler. Stationen der Flucht: London, Niederlande, Ungarn, Schweiz. Ab 1943 am Konservatorium in Luzern. † 15. 11. 1944 Luzern.

Flex, Walter. Schriftsteller.
* 6. 7. 1887 Eisenach. † Kriegstod 16. 10. 1917 auf der estnischen Insel Ösel. 1910–1913 Hauslehrer der Familie Bismarck. *Meyers Lexikon* 1938: »Einer der stärksten Verkünder und schließlich auch Blutzeuge des Kriegserlebnisses; sein Werk ist bezeichnend für die Erlebnishaltung der Kriegsfreiwilligen, die sich die ideelle Kraft aus dem deutschen Idealismus holten … Das Opfer der Kriegsgeneration ist am reinsten ausgesprochen in Gedichten wie ›Wir sanken hin für Deutschlands Glanz‹.« Vom Amt Rosenberg empfohlene Lektüre: *Wanderer zwischen beiden Welten* (1917, Auflage 1960: 994 000). Lit.: Puschner.

Flickenschildt, Elisabeth. Auf der von Hitler genehmigten Liste der unersetzlichen Schauspieler des Reichspropagandaministeriums (1944).
* 16. 3. 1905 Hamburg. 1932 NSDAP. Ab 1936 am Deutschen Theater in Berlin, Goebbels am 1. 12. 1936 im Tagebuch: »Abends Deutsches Theater ›Katte‹ von Burte … Zu sentimental. Aber gut gespielt. Besonders die Dannhoff und eine neue Frau, die Flickenschildt.« 1938 in Goethes *Egmont* bei den ersten (von Goebbels finanzierten) Salzburger Festspielen nach der Besetzung Österreichs. 1941 am Staatlichen Schauspielhaus Berlin unter Gründgens. In der NS-Zeit in 33 Filmen, darunter der antibritische Film *Der Fuchs von Glenarvon* (1940, Goebbels: »Sehr gut für unsere Propaganda zu gebrauchen«) sowie der Hetzfilm *Ohm Krüger* (1941, für den Propagandaminister »ein Film zum Rasendwerden«). 1942 im Harlan-Film *Der große König* über Friedrich den Großen (»Am Sieg zweifeln, das ist Hochverrat!«). Goebbels dazu am 4. 3. 1942 im Tagebuch: »Der Film wird zum politischen Erziehungsmittel erster Klasse.« Nach 1945 bei Gründgens in Düsseldorf und Hamburg, Filme wie *Toxi* (1950), *Das Gasthaus an der Themse* (1961), *Käpt'n Rauhbein aus St. Pauli* (1971). 1965 Verleihung des Professorentitels von der Landesregierung Nordrhein-Westfalen. 1971

(belanglose) Erinnerungen: *Kind mit roten Haaren. Ein Leben wie ein Traum.* † 26. 10. 1977 Stade.

Flink, Hugo. Auf der *Gottbegnadetenliste*: Liste der Schauspieler, die für die Filmproduktion benötigt werden.
* 16. 8. 1879 Wien. Österreichischer Altersdarsteller in Filmen wie *Fridericus* (1936), *Der Weg ins Freie, Wetterleuchten um Barbara* (beide 1940), 1942 letzter Film: *Das Bad auf der Tenne* (Goebbels: »ordinärer Bauernfilm«). † 2. 5. 1947 Berlin.

Florath, Albert. Auf der *Gottbegnadeten-Liste* der Schauspieler, die für die Filmproduktion benötigt werden.
* 7. 12. 1888 Bielefeld. Staatstheater Berlin. In der NS-Zeit 96 (!) Filme, darunter 1940 der antibritische Film *Der Fuchs von Glenarvon* (Goebbels: »Sehr gut für unsere Propaganda zu gebrauchen«) und 1941 der Zarah-Leander-Film *Der Weg ins Freie* (in den Nebenrollen ein verbrecherischer polnischer Graf und zwei jüdische »Volksschädlinge«). In den Hetzfilmen *Die Rothschilds* und *Jud Süß* sowie im Staatsauftragsfilm *Wunschkonzert.* 1941 NS-Euthanasiefilm *Ich klage an.* Ebenfalls 1941 HJ-Opus *Jakko.* 1942 HJ-Segelflieger-Film *Himmelhunde,* Kernsatz: »Die jungen Flieger von heute sind die Jagdflieger von morgen.« Mai 1944 im HJ-Film *Junge Adler.* NS-Ehrung: 1939 *Staatsschauspieler.* Insgesamt in mehr als 200 Filmen, darunter *Wenn der weiße Flieder wieder blüht* (1951) und *Das Erbe vom Pruggerhof* (1956). † 9. 3. 1957 Gaildorf in Württemberg. Nachruf *Deutsches Bühnen-Jahrbuch*: »Die Spannung zwischen der mimischen Phantasie und den schauspielerischen Gaben formte Floraths Persönlichkeit.«

Förster, Friedrich Wilhelm. *Meyers Lexikon* (1938): »Landesverräterischer Pazifist, katholisierender Ethiker und Pädagoge.«
* 2. 6. 1869 Berlin. 1914 Lehrstuhl für Ethik und Sozialwissenschaften in München. 1920 Ende der Lehrtätigkeit, da er sich öffentlich gegen die Kriegspolitik des Reiches ausgesprochen hatte. 1922 in der

Schweiz, 1926 in Frankreich. Feuerspruch bei der öffentlichen Bücherverbrennung Mai 1933: »Gegen Gesinnungslumperei und politischen Verrat, für Hingabe an Volk und Staat.« 1940 USA. 1963 Rückkehr in die Schweiz. † 9. 1. 1966 Kilchberg bei Zürich.

Förster-Nietzsche, Elisabeth. Schwester von Friedrich Nietzsche.
* 10. 7. 1846 Röcken bei Lützen. 1885 Heirat mit Bernhard Förster, einem Führer der antisemitischen Bewegung in Berlin. 1886 Auswanderung nach Paraguay, Gründung der Kolonie Nueva-Germania. Nach Suizid des Ehemannes 1889 Rückkehr, Pflege des erkrankten Bruders. Ab 1897 in Weimar, Gründerin und Verwalterin des Nietzsche-Archivs. Harry Graf Kessler am 20. 7. 1922: »Die gute alte Dame spricht von den Rechtsradikalen nur als ›Wir‹!« Goebbels am 10. 6. 1930 im Tagebuch: »Frau Förster-Nietzsche. Und der ganze Thür. Adel. Viel Kalk, aber auch viel Sitte und Kultur.« *Meyers Lexikon* (1938): »Schon lange vor 1933 bekannte sie sich im Sinne der Lehren ihres Bruders [sic] zum Nationalsozialismus.« Bewunderin Mussolinis, der ihr zum 85. Geburtstag 20 000 Lire spendete. Reaktion: »Es wäre der glücklichste Tag meines Lebens, wenn es möglich wäre, daß unser innigstverehrter Duce das Nietzsche-Archiv beträte.« 1932 Besuch von Hitler. Graf Kessler über seinen Besuch am 31. 7. 1932: »Im Archiv ist alles vom Diener bis zum Major hinauf Nazi.« Verdacht, sie frisiere Nietzsche-Manuskripte im Sinne der NS-Ideologie, bereits zu Lebzeiten. † 8. 11. 1935 Weimar. Goebbels am 11. 11. 1935 im Tagebuch: »Ich kann nicht nach Weimar zur Trauerfeier für die verstorbene Frau Förster-Nietzsche fahren. Erkältet. Abends Scala.« Lit.: Studien Jena.

Försterling, Alice. Dichtende BDM-Führerin. * Biographische Daten unbekannt. 1933 Verfasserin der *Hitler-Gedichte,* darin das Opus *Braunau*: »In Braunau, da ist er geboren,/Da trat er ins Leben ein,/Er, der für die Heimat erkoren,/Der unser Befreier soll't sein./Drum zieht es voll Sehnsucht mich hin/Nach Braunau, nach Braunau am Inn.« Lit.: Scholdt.

Folkerts, Gerhard. Erziehungswissenschaftler.

* 9.6. 1901 Alte Piccardie, Kreis Bentheim, Sohn eines Volksschullehrers. Sportlehrer. 1934 Dozent der Hochschule für Lehrerbildung (NS-Indoktrinierung) in Weilburg/Lahn. SA-Führer. 1937 NSDAP und SS (1944 Hauptsturmführer). Reichssicherheitshauptamt, Referent I B 4 Leibeserziehung und Wehrausbildung. 1944 Einsatzgruppe H (Preßburg) zur Vernichtung der slowakischen Juden. Nach 1945 Regierungsrat in Ruhe in Leer/ Ostfriesland. † 22.7. 1967 im Urlaub auf der Insel Juist. Q.: Hesse.

Folkerts, Hero. Komponist und Dirigent.

* 12.10. 1898 Bremen. 1931 NSDAP. 1933 (bis 1946) Städtischer Musikdirektor in Gelsenkirchen, in Rosenbergs *Kampfbund für deutsche Kultur*. 1935 (bis 1940) zusätzlich Leiter der Sommer-Sinfoniekonzerte in Bad Salzuflen. Ab 1946 Musikdirektor in Velbert. † 18.1. 1959 ebenda.

Forescu, Maria, eigentlich Maria Füllenbaum. Schauspielerin.

* 15.1. 1875 Czernowitz. Nach Auftritten als Operettensängerin zahlreiche Nebenrollen in Filmen wie *Vererbte Triebe* (1929), *Susanne macht Ordnung* (1930), letzter Film: *Kampf um blond* (1932). † Sollte am 15.8. 1942 von Berlin nach Riga deportiert werden, von der Transportliste (wahrscheinlich, weil schwerkrank) gestrichen. Q.: Weniger, Bühne.

Forest, Karl, eigentlich Obertimpfler. Komiker.

* 12.11. 1874 Wien. 1933 Spielleiter am Deutschen Volkstheater Wien (DBJ 1933). Episodenrollen in *Leise flehen meine Lieder* (1933), *Unsterblicher Walzer* (1939), letzte Rolle 1940 in *Donauschiffer*. † 3.6. 1944 Wien, laut Weniger im Rahmen der NS-Euthanasie im Wiener Altersheim Lainz mit einer Luftinjektion ermordet (im DÖW Wien als Euthanasieopfer nicht bekannt).

Forst, Willi, eigentlich Froß. Star unzähliger Wiener Kitschfilme (Curd Jürgens).

* 7.4. 1903 Wien, Sohn eines Porzellanmalers. Operettentenor. 1933 Regiedebüt mit dem Franz-Schubert-Film *Leise flehen meine Lieder*. 1934 Regie zum Künstlerfilm *Maskerade*, 1935 zum Künstlermelodram *Mazurka*. Goebbels am 7.4. 1937 im Tagebuch: »Er ist ein kluger Kopf, leider etwas weich.« 1939 Produzent, Regisseur und Titelrolle in *Bel ami* (»Du hast Glück bei den Frau'n, bel ami«). Im künstlerischen Vorstand der Tobis. Regie und Titelrolle in den Musikfilmen *Operette* (1940) und *Wiener Blut* (1942). März 1949 Entlastungszeuge für Veit Harlan in dessen Prozeß vor dem LG Hamburg (Harlan). 1951 Regie zum Skandalfilm *Die Sünderin* (kurze Nacktszene) mit Hildegard Knef. 1957 letzter Film: *Wien, du Stadt meiner Träume*. Das *Deutsche Bühnen-Jahrbuch* zum 65. Geburtstag: »Leichte Hand für die Filmkomödie«. † 11.8. 1980 Wien.

Forster, Friedrich. Dramatiker.

* 11.8. 1895 Bremen als Pfarrerssohn. 1933 (bis 1938) Direktor des Bayerischen Staatsschauspiels und Intendant der Bayerischen Landesbühne in München. Die Emigrantenzeitschrift *Die Sammlung* (1934): »Der jetzige Münchner Schauspieldirektor hat mit dem ersten Hitler-Drama [vordergründig handelt es vom Schwedenkönig Gustav Wasa] als nationalsozialistische Konkurrenz erfolgreich zu schlagen versucht. Sein Schauspiel ›Einer für Alle – Alle gegen Einen‹ ist als ›Auflagestück‹ unfreiwillig-freiwillig von allen deutschen Bühnen übernommen worden.« Vom Amt Rosenberg wurde außerdem Forsters Schauspiel *Robinson soll nicht sterben* (1932) empfohlen. Goebbels am 11.1. 1936 im Tagebuch: »Abends Nollendorftheater. ›Weiber von Redditz‹ von Forster … Öde und Langeweile.« Im literarischen Beirat der Ufa. Freier Schriftsteller. † 1.3. 1958 Bremen. Nachruf *Deutsches Bühnen-Jahrbuch*: »Forster hatte einen Griff für wirksame Stoffe.«

Forster, Rudolf. Auf der *Gottbegnadeten-Liste* der Schauspieler, die für die Filmproduktion benötigt werden.

* 30.10. 1884 Gröbning/Steiermark. Ab 1920 am Staatstheater Berlin. Titelrolle im U-Boot-Streifen *Morgenrot* (Kernsatz: »Zu leben verstehen wir Deutschen vielleicht schlecht, aber sterben können wir fabelhaft«), am 2.2. 1933 in Gegenwart Hitlers uraufgeführt. 1937 in Hollywood und am Broadway, Ehe mit der Schauspielerin Eleonora von Mendelssohn (1900–1951). 1940, nach Rückversicherung bei Goebbels, Rückkehr ins Reich. Zuerst am Deutschen Theater in Berlin. 1942 Tendenzfilm *Wien 1910*: Titelrolle des antisemitischen Wiener Bürgermeisters Karl Lueger als Hitler-Vorläufer. Nach 1945 in Filmen wie *Im weißen Rößl* (1952) oder *Liane, das Mädchen aus dem Urwald* (1956). 1965 *Filmband in Gold* für langjähriges und hervorragendes Wirken im deutschen Film. 1967 Lebenserinnerungen (ohne NS-Zeit!): *Das Spiel mein Leben*. † 26.10. 1968 Bad Aussee in der Steiermark. Nachruf *Deutsches Bühnen-Jahrbuch*: »Eine ganze Generation lag dem ›großen Souverän‹ zu Füßen.« Lit.: Kreimeier.

Forster, Walter, eigentlich Kudernatsch. Auf der Liste der von Goebbels zugelassenen Filmautoren (1944).

* 22.1. 1900 Wien. Drehbücher zu Unterhaltungsfilmen und 1937 zum Propagandastreifen *Togger* (Moeller: »Voller NS-Parolen, antisemitischen Anspielungen und SA-Paraden«). Nach 1945 Texter zu *Knall und Fall als Hochstapler* (1952) oder *Eheinstitut Aurora* (1961). † 14.12. 1968 Tegernsee.

Fortner, Wolfgang. Komponist.

* 12.10. 1907 Leipzig. 1931 Dozent für Komposition und Musiktheorie am Kirchenmusikalischen Institut der Ev. Landeskirche in Heidelberg. 1935 Gründer des Heidelberger Kammerorchesters. Leiter des HJ-Bannorchesters Heidelberg. Der NS-Gaudozentenbundführer Berlin 1937: »Wiederholt hat er auch Beiträge zur nationalsozialistischen Feiergestaltung geschaffen (›Totenfeier‹, ›Kantate der Arbeit‹ ... Festmusiken für die HJ usw.), die auch im Deutschen Rundfunk zu Gehör kamen.« 1940 NSDAP (Nr. 7818245). Nach 1945 einer der führenden Köpfe der *Neuen Musik*. 1948 Franz-Schreker-Preis. 1953 Kompositionslehrer in Detmold, ab 1957 in Freiburg. 1967 im kulturpolitischen Beirat des Auswärtigen Amtes. 1972 Reinhold-Schneider-Kulturpreis der Stadt Freiburg. † 5.9. 1987 Heidelberg.

Franck, Hans. Name Oktober 1933 unter dem Treuegelöbnis »88 deutsche Schriftsteller« für Adolf Hitler.

* 30.7. 1879 Wittenburg in Mecklenburg, Sohn eines Dachdeckers. Volksschullehrer in Hamburg. 1922 Autor: *Das dritte Reich. Ein nationalsozialistisches Glaubensbekenntnis*. 1934: *Hitler. Ein Volks- und Jugendbuch*. 1938 Teilnehmer des *Reichsfrontdichtertreffens* der *Mannschaft*, Kameradschaft der Frontdichter in der NSDAP in Guben. Mit weit über 50 Texten im NS-Kampfblatt *Krakauer Zeitung*, das »Blatt des Generalgouvernements«. 1961 Erinnerungen: *Ein Dichterleben in 111 Anekdoten*. † 11.4. 1964 Frankenhorst in Mecklenburg.

Franck, Walter. Auf der *Gottbegnadeten-Liste* der Schauspieler, die für die Filmproduktion benötigt werden.

* 18.4. 1896 Hüttensteinach in Oberfranken. Aus einer bayerischen Offiziersfamilie. Am Staatlichen Schauspielhaus Berlin. Am 20.4. 1933, Hitlers Geburtstag, Auftritt in der Uraufführung von Johsts Staatsschauspiel *Schlageter* (Hitler gewidmet). In der NS-Zeit 19 Filme, darunter 1937 *Togger* (Moeller: »Voller NS-Parolen, antisemitischen Anspielungen und SA-Paraden«), Juli 1940 im Hetzfilm *Die Rothschilds* (Courtade: »Ein Aufruf zu Haß und Mord«), Dezember 1940 als Napoleon III. im *staatspolitisch besonders wertvollen* Film *Bismarck*. 1952 letzter Film: *Wenn abends die Heide blüht*. *Großes Bundesverdienstkreuz*. † 10.8. 1961 Berlin. Nachruf *Deutsches Bühnen-Jahrbuch*: »Ehrfürchtiger Diener am Wort.«

Francke, Peter, eigentlich Kurt Hohoff. Auf der Liste der von Goebbels zugelassenen Filmautoren (1944). * 4.2. 1897 Berlin. 1938 Drehbuch zu *Kameraden auf See* über die deutsche Kriegsmarine im spanischen Bürgerkrieg. 1939 Kolportagefilm mit NS-Tendenzen: *Der Gouverneur.* November 1940, nach dem Überfall auf Polen, Film *Feinde*, Einführungstext: »Im Jahre 1939 entfachte das englische Garantieversprechen die polnische Mordfurie«. Drehbücher zu den Harlan-Filmen *Sterne über Colombo* und *Die Gefangene des Maharadscha* (1953) † Januar 1978.

Franckenstein, Clemens Freiherr von. Dirigent und Komponist. * 14.7. 1875 Wiesentheid in Unterfranken. 1924–1934 Generalintendant der bayerischen Staatstheater (*Meyers Lexikon* 1938). Gut bekannt mit Thomas Mann. April 1933 Unterzeichner des Protests von Honoratioren der *Richard-Wagner-Stadt München* gegen Thomas Manns Opus *Leiden und Größe Richard Wagners*: »Wir lassen uns solche Herabsetzung unseres großen deutschen Musikgenies von keinem Menschen gefallen.« Aufführung seiner 1920 komponierten Märchenoper *Li Tai Pe* 1934/35 in Innsbruck und 1937 in Wiesbaden (wobei der »jüdische« Texter Rudolf Lothar verschwiegen wurde). † 22.8. 1942 am Alterssitz Hechendorf am Pilsensee in Oberbayern.

Frank, Bruno. Schriftsteller. * 13.6. 1887 Stuttgart. 1930 Schauspiel *Sturm im Wasserglas.* Ein Tag nach dem Reichstagsbrand am 27.2. 1933 (Vorwand für eine folgende Verhaftungswelle) Flucht mit Ehefrau Liesl und Schwiegermutter (die Operettendiva Fritzi Massary) zunächst in die Schweiz, 1937 USA, bei Metro-Goldwyn-Mayer. *Meyers Lexikon* 1938: »Jude … emigrierte nach der Machtübernahme und hetzte besonders in seinem Roman ›Der Reisepaß‹ gegen das Dritte Reich.« In München wie in Kalifornien Nachbar von Thomas Mann. † 20.6. 1945 Beverly Hills.

Frank, Ernst. Sudetendeutscher Schriftsteller. * 22.8. 1900 Karlsbad. 1936 Roman: *Kameraden, wir marschieren!* 1941: *Sudetenland – Deutsches Land, erzählte Geschichte des sudetendeutschen Befreiungskampfes.* 1941 Novellen: *Leidenschaftliches Egerland.* Schriftleiter der *Karlsbader Tageszeitung.* Nach 1945 Schriftsteller in Frankfurt am Main. 1958 Roman: *Heimat ohne Vaterland.* Biographien über Kolbenheyer sowie den Ex-Protektorats-Minister Karl Hermann Frank. † 20.9. 1982 Offenbach.

Frank, Hans. Maler und Holzschneider. * 13.5. 1884 Wien. Auf den Großen Deutschen Kunstausstellungen im Münchner NS-Musentempel *Haus der Deutschen Kunst* mit insgesamt 22 Objekten, typischer Titel: *Abend in den Ennstaler Bergen* (1943). † 19.12. 1948 Salzburg.

Frank, Josef Maria. Auf der Liste der von Goebbels zugelassenen Filmautoren (1944). * 3.6. 1895 Mayen/Eifel. Romane wie *Der Mann, der Greta Garbo liebte* (1933) oder *Es lebe das Leben* (1942). Drehbücher: *Die letzten Vier von Santa Cruz* (1936), *Menschen, Tiere, Sensationen* (1938) sowie NS-Reiterfilm ... *reitet für Deutschland* (1941). Nach 1945 in Kufstein/Tirol. † 9.4. 1975 ebenda.

Frank, Leonhard. Schriftsteller. * 4.9. 1882 Würzburg. Schlosser. Als Pazifist 1915 in der Schweiz, im Kreis um René Schickele. 1918 im Münchner Revolutionsrat. 1920 Roman *Das Ochsenfurter Männerquartett.* 1923 Vizepräsident des PEN-Clubs. 1928 Aufnahme in die Sektion Dichtung der Preußischen Akademie der Künste. Am 15.3. 1933 Unterzeichner einer Loyalitätserklärung der Deutschen Akademie der Dichtung der Preußischen Akademie der Künste pro NS-Regierung, dennoch Mai 1933 Ausschluß. Emigration: 1933 Zürich, 1937 Paris, 1940 USA. *Meyers Lexikon* 1938: »Begann mit einem Roman aus seiner Heimat ›Die Räuberbande‹ 1914, glitt in pazifistischen Defaitismus ab (›Der Mensch ist gut‹

1917) und endete in gänzlich marxist. Milieudenken und Elendstheorie (›Der Bürger‹ 1924), emigrierte, wurde ausgebürgert und hetzte u. a. mit ›Die Traumgefährten‹ 1936 gegen das Dritte Reich.« 1950 Rückkehr BRD. 1952 autobiographischer Roman *Links, wo das Herz ist*. † 18. 8. 1961 München.

Frantz, Ferdinand. Heldenbariton.
* 8. 2. 1906 Kassel. Wagner-Sänger (Hans Sachs). 1936 Hamburger Staatsoper. Bekannt durch sein Auftreten 1940 bei den Wagner-Festspielen in der Zoppoter Waldoper (Reichswichtige Festspielstätte bei Danzig). 1943 Staatsoper München. NS-Ehrung: Zu *Führers* [50.] *Geburtstag* 1939 von Hitler Titel Kammersänger. † 25. 5. 1959 München an Herzschlag.

Fraß, Wilhelm. Auf der *Gottbegnadeten-Liste* (Führerliste) der wichtigsten bildenden Künstler des NS-Staates.
* 29. 5. 1886 St. Pölten. 1938 Leiter der Hochschulklasse der Kunst- und Modeschule Wien, Sachberater Bildhauerei im NS-Kulturamt. Spezialgebiet: Bauplastiken und Heldendenkmale. Auf der Großen Deutschen Kunstausstellung im Münchner NS-Musentempel *Haus der Deutschen Kunst* 1939 mit dem Objekt *Arbeiter* (Gips). † 1. 11. 1968 Wien.

Frauenfeld, Alfred. Geschäftsführer der Reichstheaterkammer (ab Juni 1935).
* 18. 5. 1898 Wien. 1929 NSDAP, ab 1930 NSDAP-Gauleiter Wien. November 1933 bis Mai 1934 inhaftiert, Juni 1934 Flucht ins Reich. 1936 in *Breslauer Neueste Nachrichten*: »Der Nationalsozialismus hat das deutsche Theater dem Streit der Parteien entzogen, indem er diese Parteien beseitigte.« 1936 MdR. Ab 1940 Oberleutnant an der Westfront. 1943 Generalkommissar Taurien (Krim). 1947 in Wien in Abwesenheit zu 15 Jahren Haft verurteilt. Laut brit. Geheimdienst Mitglied der *Bruderschaft*, einem am 22. 7. 1949 in Hamburg gegründeten Geheimbund von Krypto-Nazis, Freund des ehemaligen SS-Obergruppenführers Gustav Adolf Scheel (BA N 1080/272). Leiter einer Baugesellschaft

in Hamburg. Autor: *Und trage keine Reu*. † 10. 5. 1977 Hamburg. Lit.: Lilla; Schrader.

Fredersdorf, Herbert B. Schnittmeister und Regisseur der Ufa.
* 2. 10. 1899 Magdeburg. 1937 kurzzeitig Ausschluß Reichskulturkammer, da seine Frau »Volljüdin« (Schrader). 1941 Regie und Drehbuch zum Staatsauftragsfilm *Spähtrupp Hallgarten* über die Besetzung Norwegens, Kernsatz: »Er ist gestorben, damit Deutschland leben kann.« 1944 Kriminalfilm *Der Täter ist unter uns*. Nach 1945 Filme wie *Die Sennerin von St. Kathrein* (1955) oder *Der Sündenbock von Spatzenhausen* (1958) † 21. 7. 1971 Alicante in Spanien.

Freese, Hans. Auf der *Gottbegnadeten-Liste* (Führerliste) der wichtigsten Architekten des NS-Staates.
* 2. 7. 1889 Oldenburg. Wohnort Dresden, ab 1941 Berlin. 1930 Bau des Kaiser-Wilhelm-Instituts in Heidelberg. 1938/39 auf der 2. Deutschen Architektur-Ausstellung im Münchner NS-Musentempel *Haus der Deutschen Kunst* mit dem Projekt Elstertalbrücke. Nach 1945 Bau des Auswärtigen Amtes in Bonn. † 13. 1. 1953 Berlin.

Frenssen, Gustav. Auf der *Gottbegnadeten-Liste* (Führerliste) der wichtigsten Schriftsteller des NS-Staates.
* 19. 10. 1863 Barlt im Dithmarschen, Sohn eines Tischlers. 1892 Pastor, 1901 Erfolgsroman *Jörn Uhl* (Auflage 1939: 463 000). 1902 freier Schriftsteller. *Meyers Lexikon* (1938): »Wandte sich schließlich vom Christentum ab und der [arischen] Deutschen Glaubensbewegung zu«. Einer der erfolgreichsten Autoren um die Jahrhundertwende, Bergengruen: »Eine Weile der Abgott des geistigen Mittelstandes.« Mai 1933 in die »gesäuberte« Deutsche Akademie der Dichtung der Preußischen Akademie der Künste berufen. Name Oktober 1933 unter dem Treuegelöbnis »88 deutsche Schriftsteller« für Adolf Hitler. Am 19. 8. 1934 Unterzeichner des *Aufrufs der Kulturschaffenden* zur Vereinigung des Reichskanzler- und Reichspräsidenten-

amts in der Person Hitlers: »Wir glauben an diesen Führer, der unsern heißen Wunsch nach Eintracht erfüllt hat.« 1936 Buch *Nordmark* mit Bekenntnis zum germanisch-heidnischen Gottheitsgefühl. 1940 Kampfschrift zur deutschen Aggressionspolitik und Judenverfolgung: *Recht oder Unrecht – Mein Land.* Rosenberg am 7.5.1940 im Tagebuch: »In den letzten Tagen gelesen: Frenssens ›Grübeleien‹ (2 Bände). Doch ein feiner, wenn auch umgrenzter Mensch.« NS-Ehrung: 1938 von Hitler *Goethe-Medaille* für Kunst und Wissenschaft. † 11.4.1945 Barlt. Lit.: Sarkowicz, Schriftsteller.

Frentz, Walter. Hitlers Kameramann und Fotograf.
* 21.8.1907 Heilbronn. Kameramann bei Riefenstahls Parteitagsfilm *Sieg des Glaubens* (1933), dem 1935 »im Auftrag des Führers« gedrehten Monumentalwerk *Triumph des Willens* und den Olympia-Filmen. Riefenstahl: »Einer meiner besten Kameraleute.« Filmte den Feldzug in Polen. Zimmermann/Hoffmann: »Offiziell im November 1939 zur PK [Propaganda-Kompanie] eingezogen und der Luftwaffe [Leutnant] zugeordnet, wurde er ab Sommer 1940 ausschließlich im Führerhauptquartier eingesetzt; viele Aufnahmen von Hitler für die Deutsche Wochenschau.« Im Krieg fast immer in der Nähe Hitlers (Obersalzberg, zuletzt Führerbunker), durfte Hitler und seine Umgebung ohne Auflagen fotografieren. Am 15.8.1941 als Bildberichter im Troß des Reichsführers-SS. Himmlers Dienstkalender: »Vormittags Beiwohnen [!] bei einer Exekution von Partisanen und Juden in der Nähe von Minsk.« Nach 1945 Kultur- und Naturfilme. Gitta Sereny über einen Besuch: »Obwohl er viel und charmant redete … hatte er nur die Behauptung zu bieten, er habe fast alles vergessen, was mit Hitlers Hauptquartier zu tun hatte.« † 6.7.2004 Überlingen am Bodensee. Lit.: FAZ Nr. 57/2005: *Des Teufels Fotograf*; Das Auge des Dritten Reiches. Hitlers Kameramann und Fotograf Walter Frentz, hg. von Hans Georg Hiller von Gaertringen, München/Berlin 2006.

Frenzel, Elisabeth. Wissenschaftliche Angestellte des Amts für Kunstpflege beim *Beauftragten des Führers für die Überwachung der gesamten geistigen und weltanschaulichen Schulung der NSDAP*, Amt Rosenberg (Fachgebiet: Theater, Literatur und Judenfrage).
* 28.1.1915 Naumburg. Tochter eines Gerichtsassessors. Nicht NSDAP. Theaterwissenschaftlerin. 1940 Dissertation bei Julius Petersen: *Die Gestalt des Juden auf der neueren deutschen Bühne*, 1942 gedruckt unter dem Titel: *Judengestalten auf der deutschen Bühne*, Textprobe: »Der Naturalismus entdeckt das Netz des Judentums, das seine Fäden durch alle Gebiete des öffentlichen Lebens zieht, und dem der arglose, offene, strebende Deutsche zum Opfer fällt.« 1943 Autorin einer Broschüre der *Schriftenreihe zur weltanschaulichen Schulungsarbeit der NSDAP* im Zentralverlag der NSDAP: *Der Jude im Theater.* Ein geplantes *Lexikon der Juden im Theater und im Film* wurde kriegsbedingt nicht mehr gedruckt. Ehefrau von Herbert Frenzel. Nach 1945 freie Publizistin in Castell bei Kitzingen am Main und in Berlin. Veröffentlichungen vor 1945 im *Völkischen Beobachter*, nach 1945 im *Börsenblatt des deutschen Buchhandels*. 1953 mit ihrem Mann Autorin des in zahlreichen Auflagen erschienenen Kompendiums *Daten deutscher Dichtung. Chronologischer Abriß der deutschen Literaturgeschichte.* Mitarbeit an mehreren Lexika, darunter *Der Große Brockhaus*. 1997 Verdienstkreuz am Band des Verdienstordens der BRD. Lit.: Florian Radvan in German Life and Letters, Nr. 1/2001; König.

Frenzel, Herbert Alfred. Kulturpolitischer Schriftleiter und Chef vom Dienst beim NS-Hetzblatt *Der Angriff*.
* 20.12.1908 Berlin. Germanist. 1938 Heirat mit Elisabeth Frenzel, Autor der Zeitschrift *Die Bühne* (»Die Kunst ist ein ausgesprochener Staatsauftrag«). 1943 Regierungsrat im Reichspropagandamini-

sterium. Danach Kriegsdienst. Nach 1945 Privatgelehrter. 1953 mit seiner Frau Autor des in zahlreichen Auflagen erschienenen Kompendiums *Daten deutscher Dichtung*. 1956 mit Hans Joachim Moser (!) Herausgeber von *Kürschners Biographisches Theater-Handbuch*. † 25. 5. 1995. Lit.: König; Wulf, Theater.

Frenzel, Walther. Museumsdirektor in der Ghettostadt Litzmannstadt/Lodz.
* 10. 1. 1892 Bautzen. In Rosenbergs *Kampfbund für deutsche Kultur*. 1936 Dozent der Hochschule für Lehrerbildung (zur NS-Indoktrinierung) in Frankfurt/Oder. 1940 Autor: *Deutsche Vorgeschichte als völkische Altgeschichte in der Volksschularbeit*. † Suizid 11. 3. 1941 Frankfurt/Oder. Lit.: Hesse.

Freud, Sigmund. Begründer der Psychoanalyse.
* 6. 5. 1856 Freiberg in Böhmen. In *Meyers Lexikon* (1938) verunglimpft: »Die von Freud und seinen Anhängern sogar als ›Wissenschaft‹ bezeichnete Psychoanalyse … übte entsprechend der Förderung durch das Judentum einen unheilvollen Einfluß auf das künstlerische, besonders das literarische Leben seiner Zeit aus.« Feuerspruch bei der öffentlichen Bücherverbrennung Mai 1933: »Gegen seelenzerfasernde Überschätzung des Trieblebens, für den Adel der menschlichen Seele!« Nach der Besetzung Österreichs Ausreise aus Wien am 4. 6. 1938. Meldung der *Münchner Medizinischen Wochenschrift*: »Die Hochburg der jüdischen Psychotherapie in Wien ist durch den Anschluß Österreichs gefallen.« † 23. 9. 1939 London.

Freudenthal, Herbert. Erziehungswissenschaftler.
* 9. 7. 1894 Hamburg. 1928 Dr. phil. Mai 1933 NSDAP, SA-Hauptsturmführer. 1933 Professor und Direktor der Hochschule für Lehrerbildung (zur NS-Indoktrinierung) in Halle. 1934 HfL Hirschberg im Riesengebirge, Eigenwerbung: »als die erste Hochschule Deutschlands vom Direktor bis zum Hausmeister« in die SA einge-

treten. 1935 Autor: »*Mein Kampf*« als politische Volkskunde der deutschen Gegenwart auf rassischer Grundlage. 1934–1942 Herausgeber des Organs des NS-Lehrerbunds *Die Volksschule*. Ab 1941 Direktor der als HJ-Formation organisierten Lehrerinnenbildungsanstalt Hirschberg. 1949 Studienrat in Hamburg, 1960 Lehrauftrag an der Universität. † 1. 12. 1975 Lüneburg. Lit.: Hesse.

Freundlich, Otto. Maler.
* 10. 7. 1878 Stolp. 1908 bis zum I. Weltkrieg in Paris, beeinflußt von Picasso und Braque. 1914 in Köln, ab 1924 wieder in Paris. Juli 1937 in der Schandschau *Entartete Kunst* in München vorgeführt, Beschlagnahmung von 14 seiner Werke. 1939/1940 in einem französischen Lager interniert, Flucht in die Pyrenäen, 1943 als Jude verhaftet. † 9. 3. 1943 KZ Majdanek.

Frey, Dagobert. Kunsthistoriker, im Beraterstab Görings.
* 23. 4. 1883 Wien, Sohn eines Oberinspektors. 1918 Vorsteher des Kunsthistorischen Instituts des Bundesdenkmalamts in Wien. 1931–1945 Lehrstuhl in Breslau. Am 14. 7. 1942 im Diensttagebuch des Generalgouverneurs Frank, Krakau: »Feierliche Eröffnung der Ausstellung ›Altdeutsche Kunst aus Krakau und Karpatenland‹ anschließend mit einführendem Vortrag von Prof. Dr. Frey (Breslau).« Nach 1945 erneut Bundesdenkmalamt. 1951–1953 Lehrstuhl Kunstgeschichte der TH Stuttgart. † 13. 5. 1962 Stuttgart.

Freybe, Jutta. Schauspielerin.
* 11. 9. 1917 Berlin. Laut Hippler von Goebbels öfters zur Abendgesellschaft eingeladen. Goebbels am 26. 1. 1938 im Tagebuch: »Jutta Freybe erzählt mir von ihrem harten Leben. Sie hat eine Karriere vor sich.« Unter anderem 1938 im Luftwaffen-Aufrüstungsfilm *Pour le Mérite*, für Hitler der »bisher beste Film der Zeitgeschichte«. 1939 im Kriminalfilm *Alarm auf Station III*. 1943 Betriebsspionage-Propagandastreifen *Die goldene Spinne*. Verheiratet mit Albert Matterstock. † 28. 2. 1971 Büsum.

Frick, Kurt. Auf der *Gottbegnadeten-Liste* (Führerliste) der wichtigsten Architekten des NS-Staates.
* 16.11.1884 Königsberg. *Führerlexikon:* »Die Sippe Frick stammt aus Friesland und ist im 17. Jahrhundert nach Ostpreußen als Bauern ausgesiedelt.« 1931 *Kampfbund der Deutschen Architekten und Ingenieure im Kampfbund für deutsche Kultur,* Bezirks- und Gebietsleiter. 1933 Professor der Baukunst in Königsberg, Leiter der Landesstelle Ostpreußen der Reichskammer der bildenden Künste. † 17.6.1963 Bad Reichenhall.

Fricke, Hanns-Otto. Rundfunkintendant.
* 16.11.1896 Braunschweig. 1930 NSDAP-Bezirks-Propagandaleiter in Berlin. Im *Kampfbund für deutsche Kultur.* 1933 Intendant des Deutschen Volkstheaters Berlin, 1934 des Reichssenders Frankfurt. 1935 Aufnahme ins *Führerlexikon.* Im Krieg Intendant des Reichssenders Breslau, zugleich der Sender des Generalgouvernements. 1945 Entlassung wegen vorzeitigen Verlassens von Breslau. † Soll am 21.3.1945 in Prag durch einen Schuß in den Kopf (Suizid?) verstorben sein (WASt).

Frickhoeffer, Otto. Dirigent.
* 29.3.1892 Bad Schwalbach am Taunus. *Führerlexikon:* »Nach Kriegsende Mitglied des Alldeutschen Verbandes und der Einwohnerwehr (Kapp-Putsch); später NSDAP; zuletzt Stabswalter des Kreises II Berlin (Kreis-Pressewart).« Fachspartenleiter des *Kampfbunds für deutsche Kultur* Berlin. 1933 Leiter der Musikabteilung des Reichssenders Berlin, Erster Dirigent des Berliner Rundfunkorchesters. † 9.4.1968 Bad Schwalbach.

Friedell, Egon, eigentlich Friedmann. Kulturphilosoph.
* 21.1.1878 Wien. Nach 1900 Hausautor und Darsteller an den Wiener Kleinkunstbühnen *Hölle* und *Fledermaus.* Schauspieler bei Max Reinhardt, Helene Thimig-Reinhardt: »Er setzte ihn viele Jahre hindurch vor allem in Komödien ein.« 1927–1931 Autor der *Kulturgeschichte der Neuzeit.* † 16.3.1938 Wien durch einen Sprung aus dem Fenster, als zwei SA-Leute das Haus betraten.

Friedl, Franz R(ené). Komponist und Dirigent.
* 30.5.1892 Oberkappel in Österreich. In Rosenbergs *Kampfbund für deutsche Kultur.* Filmmusik für die Ufa, zum Beispiel zu *Rivalen der Luft* (1934). 1935 Aufnahme ins *Führerlexikon.* 1936 Filmmusik zu *Annemarie* mit dem Lied *Es blühten die Blumen in deinem Garten.* 1940 Musik zum Haßfilm *Der ewige Jude* mit Aufnahmen aus dem Ghetto Lodz und einem Kommentar, der Juden Ratten gleichsetzt. Ab 1941 musikalischer Leiter der Kriegswochenschau (*Film-Kurier* vom 3.7.1942). Nach 1945 freie Tätigkeit in Berlin. † 5.2.1977 Berlin.

Friedmann, Heinrich. Komponist.
* 27.7.1866 Posen. Ab 1922 Inhaber des Berliner Musikverlags Heima. Im *Lexikon der Juden in der Musik* gebrandmarkt. Deportiert am 4.9.1942 ins Ghettolager Theresienstadt. † 4.10.1942 ebenda.

Friedrich, Gerhard. Dirigent.
* 13.4.1915 Habelschwerdt in Schlesien. Dr. phil. Musikwissenschaftler in Breslau. Leiter des Kirchenchors von St. Heinrich. 1937 NSDAP. 1942 Kapellmeister am Landestheater Südostpreußen in Allenstein. 1943/44 Kapellmeister an den Städtischen Bühnen der Ghettostadt Litzmannstadt/Lodz. Unter anderem geschlossene Vorstellungen für Wehrmacht, Polizei und Nazi-Organisationen. 1945 Musikdirektor der Deutschen Volksbühne Thüringen in Greiz. 1976 Direktor der Volksmusikschule (später Volkskunstschule) Jena. † 11.9.1988 Jena. Lit.: Prieberg.

Fritsch, Ernst. Maler.
* 23.8.1892 Berlin. Expressionist mit Großstadtmotiven. Ein Teil seiner Werke wurde bei der Gemäldeverbrennung (insgesamt 1004 Bildwerke, 3825 Aquarelle und Graphiken) am 20.3.1939 im Hof der Berliner Feuerwache vernichtet (Brenner). 1946 Lehrer an der Berliner Hochschule für bildende Künste. † 8.12.1962 Berlin.

Fritsch, Theodor. 1880 Gründer des Hammer-Verlags, »lange Zeit der Sammelpunkt der deutschen Antisemiten« (*Meyers Lexikon* 1938). * 28. 10. 1852 Wiesenau in Sachsen. Gründer der *Deutschen Erneuerungsgemeinde* zur Erneuerung der germanischen Rasse. Ab 1902 Herausgeber der antisemitischen Zeitschrift *Hammer*. Vorkämpfer der Gartenstadtidee, Gründer der Siedlungsgesellschaft *Heimland*. 1886 Urheber des *Handbuchs der Judenfrage*, bis 1907 insgesamt 27 Auflagen. † 8. 9. 1933 Leipzig. Das *Handbuch* wurde in der NS-Zeit bis 1944 fortgeführt. Vorwort zur 40. Auflage 1936: »Im Gedenken des ältesten Vorkämpfers der Deutschen Erhebung gegen den Weltfeind Alljuda.«

Fritsch, Theodor Frohmund Herbert. Leiter des antisemitischen Theodor Fritsch Verlags. * 11. 6. 1885 Leipzig, Sohn von Theodor Fritsch. 1927 NSDAP, 1928 SA, 1932/33 NSDAP-Ortsgruppenleiter. 1933 im Aktionsausschuß des *Börsenvereins der Deutschen Buchhändler*, ab 1934 im Vorstand. 1938 Verlegung des Verlags von Leipzig nach Berlin. Kriegswichtiger Betrieb mit Nähe zum Reichspropagandaministerium. NS-Ehrung: Präsidialrat der Reichsschrifttumskammer. † 31. 12. 1946 im Kriegsgefangenenlager Mühlberg. Lit.: Mitt. Börsenverein; *Führerlexikon*; Kühn-Ludewig.

Fritsch, Willy. Auf der *Gottbegnadeten-Liste* der Schauspieler, die für die Filmproduktion benötigt werden. * 27. 1. 1901 Kattowitz als Landwirtssohn. Ufa-Liebhaber vom Dienst, mit Lilian Harvey das Traumpaar des deutschen Kinos. Laut Hippler von Goebbels öfters zur Abendgesellschaft eingeladen. NSDAP. Goebbels am 17. 12. 1935: »Abends viel Besuch. Auch der Führer da. Willy Fritsch, die Andergast und Jugo.« In der NS-Zeit in 35 Filmen. Unter anderem 1937 in *Sieben Ohrfeigen* mit dem Schlager (Interpreten Fritsch/Harvey) *Ich tanze mit dir in den Himmel hinein*. 1941 im ersten großen Ufa-Farbfilm *Frauen sind doch bessere Diplomaten*. April 1944 Operettenfilm *Wiener Blut*. NS-Propaganda: 1937 als Freikorpsführer in *Menschen ohne Vaterland*, Gast im *Wunschkonzert für die Wehrmacht*, Goebbels' Radiosendung zwecks Hebung der Truppenmoral und Leidensbereitschaft der Heimatfront. Mai 1944 HJ-Film *Junge Adler*. Präsidialbeirat der *Kameradschaft der deutschen Künstler* (NS-Führerkorps). 1963 Erinnerungen: ... *das kommt nicht wieder*. 1964 letzter Film: *Das hab' ich von Papa gelernt*. 1965 *Filmband in Gold* für langjähriges und hervorragendes Wirken im deutschen Film. † 13. 7. 1973 Hamburg. Nachruf *Deutsches Bühnen-Jahrbuch*: »Filmidol einer ganzen Generation.«

Fritz, Bruno. Auf der *Gottbegnadeten-Liste*: Liste der Schauspieler, die für die Filmproduktion benötigt werden, Zusatz: »Funk«. * 4. 3. 1900 Berlin. Wehrmachtstheater *Berliner Soldatenbühne* (DBJ 1944). Darsteller in *Pension Schöller* und *Wenn abends die Heide träumt* (beide 1952) sowie *Der keusche Josef* (1953). Rolle des Kutschers Doolittle im Musical *My Fair Lady*. Das *Deutsche Bühnen-Jahrbuch* zum 65. Geburtstag: »Urberliner mit goldenem Herzen und flinkem Mundwerk«. † 12. 6. 1984 Berlin.

Fritz, Georg. Auf der *Gottbegnadeten-Liste* (Führerliste) der wichtigsten Maler des NS-Staates. * 26. 6. 1894 Dresden. Architekturmaler und Radierer. Bis 1943 in Berlin, danach Wohnsitz Mitterfels in Niederbayern. Q.: Vollmer, kein Hinweis zur weiteren Tätigkeit.

Fröhlich, Gustav. Auf der *Gottbegnadeten-Liste* der Schauspieler, die für die Filmproduktion benötigt werden. * 21. 3. 1902 Hannover. Rollentyp: Liebhaber. 1926 als Jüngling in Fritz Langs Stummfilm *Metropolis*. 1931 Ehe mit der Berliner Operettenkönigin Gitta Alpar, 1935 Scheidung von seiner jüdischen Frau, Scheidungsgrund: die tschechische

Schauspielerin Lida Baarova, seit 1934 Fröhlichs und später Goebbels' Geliebte. In der NS-Zeit 41 Filme. Unter anderem 1936 mit Baarova in *Die Stunde der Versuchung* (Goebbels:»Ein üblicher Schmarren«). Goebbels am 19.8.1936 im Tagebuch:»Fröhlich und Baarova, Meyendorff ... Wir fahren zum Schwielowsee. Geschwommen, gesonnt, geaalt.« Sommer 1941, nach Denunziation während der Dreharbeiten zum Harlan-Film *Der große König* einige Zeit Wehrmacht, kein Frontdienst. 1944 Werkspionagefilm *Der große Preis*. 1951 im Skandalfilm *Die Sünderin* mit Hildegard Knef (kurze Nacktszene). 1947 Persilschein für Fritz Hippler (Haßfilm *Der ewige Jude*). Vorwiegend Boulevardtheater. Ab 1956 Wohnsitz im Tessin. Das *Deutsche Bühnen-Jahrbuch* 1963 – wahrheitswidrig – zum 60. Geburtstag: »Eine ›Meinungsverschiedenheit‹ mit Goebbels hatte zur Folge, daß er 1941 Berufsverbot erhielt«. 1973 *Filmband in Gold* für langjähriges und hervorragendes Wirken im deutschen Film. 1983 Erinnerungen: *Waren das Zeiten – Mein »Film-Heldenleben«*, dort Bekenntnis:»Wir hatten alle den Machthabern gedient.« † 22.12.1987 Lugano.

Froelich, Carl. Präsident der Reichsfilmkammer (Juli 1939). Reichskultursenator. * 5.9.1875 Berlin. Regisseur der Henny-Porten-Filme. NSDAP 1933. Senior der Regisseure im Dritten Reich, 23 Filme. 1933 *Der Choral von Leuthen* (über den Preußenkönig Friedrich der Große). 1934 Propagandastreifen *Ich für Dich – Du für mich*, Reklame für den freiwilligen Frauen-Arbeitsdienst (im Vertrieb der NSDAP). 1936 NS-Erziehungsfilm *Traumulus* (Goebbels-Höchstprädikat: Nationaler Filmpreis) sowie Ehe- und Provinzkomödie *Wenn wir alle Engel wären*. Kommentar der *Licht-Bild-Bühne*:»Im neuen Deutschland kann man wieder lachen!« Goebbels am 21.10.1936 im Tagebuch: »Auch Führer ist begeistert.« März 1937 im Aufsichtsrat der gerade verstaatlichten Ufa, Vorsitzender des Kunstausschusses der Ufa mit Gewinnbeteiligung. Goebbels am 24.10.1940:»Das beste Pferd im Stall.« November 1940 antibritischer Spielfilm *Das Herz der Königin* über Maria Stuart, Kernsatz:»Wer England zu Hilfe kommt, stirbt.« Im Kuratorium der *Goebbels-Stiftung für Kulturschaffende* sowie Treuhänder der Goebbels-Stiftung *Künstlerdank*. Präsidialbeirat der *Kameradschaft der deutschen Künstler* (NS-Führerkorps). NS-Ehrung: 1939 Titel Professor von Hitler, 1940 auf Vorschlag von Goebbels Hitler-Dotation (steuerfreie Schenkung) von 60 000 Mark, *Goethe-Medaille* für Kunst und Wissenschaft. 1945–1949 Berufsverbot. † 12.2.1953 Berlin. Lit.: Zimmermann/Hoffmann.

Frommel, Gerhard. Auf der *Gottbegnadeten-Liste* (Führerliste) der wichtigsten Komponisten des NS-Staates. * 7.8.1906 Karlsruhe, Sohn eines Theologieprofessors. Studium bei Hans Pfitzner und Karl Böhm. NSDAP Mai 1933. Unter anderem 1933 Kompositionslehrer am Hochschen Konservatorium in Frankfurt am Main. 1934 Opus *Deutsche Kantate*, 1936 Komposition *Olympischer Kampfgesang*. Nach 1945 Hochschulinstitut für Musik in Trossingen (errichtet mit Hilfe der Firma Matthias Hohner) und an der Heidelberger Hochschule für Musik und Theater. † 22.6.1984 Heidelberg.

Frotscher, Gotthold. Herausgeber der Zeitschrift der Reichsjugendführung *Musik in Jugend und Volk*. * 6.12.1897 Ossa, Sohn eines ev. Oberkirchenrats. 1930 ao. Professor der TH Danzig. Mai 1933 NSDAP. 1936 ao. Professor der Universität Berlin. Leiter der Orgelarbeitsgemeinschaft im Kulturamt der Reichsjugendführung. NSDAP-Schulungsleiter. 1937 NSDAP-Amtsleiter. Zahlreiche Vorträge und Publikationen zu seinem Dauerthema *Musik und Rasse*. 1939 Beitrag *Aufgaben und Ausrichtung der musikalischen Rassenstilforschung* in: *Rasse und Musik*, Textprobe:»Auch der vorwiegend vorderasiatisch bestimmte Gustav Mahler hat bekanntlich Typen des deutschen Volksliedes in seinen Kompositionen zitiert, der orientalisch-vorderasiatische Felix Mendelssohn Bartholdy hat sich in den deutschen Choral eindenken können, und die internationalen Schlagerkomponisten der Nachkriegsjahre haben es vermocht, sich in die Erscheinungsformen eines ihnen fremden Volkstums einzuschleichen.« 1950 Lehrauftrag Pädagogische Hochschule Berlin, Rundfunktätigkeit. † 30. 9. 1967 Berlin. Lit.: Potter.

Frowein, Eberhard. Schriftsteller.
* 24. 5. 1881 Wuppertal. 1929 Roman *Das Mädel und der Diamant*. 1931 Regie zum Lehr- und Aufklärungsfilm *Heilende Hände*, 1932 Goethe-Gedächtnisfilm *Goethe lebt...!* 1941 Drehbuch zum NS-Euthanasiefilm *Ich klage an*: Der von den Krankenmördern der Berliner T4-Zentrale teilfinanzierte Staatsauftragsfilm sollte den Widerstand der Bevölkerung gegen den Behindertenmord brechen. Goebbels am 22. 6. 1941 im Tagebuch:»Großartig gemacht und ganz nationalsozialistisch.« Letztmals 1952 Regie zum Film *Der Sonnblick ruft*. † 15. 1. 1964 Altaussee in der Steiermark.

Frowein, Kurt. Reichsfilmdramaturg (1943).
* 18. 3. 1914 Wuppertal. Oberregierungsrat im Reichspropagandaministerium. 1939/1940 Kriegsberichter bei der Propaganda-Kompanie 689 in Polen und Frankreich. Laut Moeller zeichnete er sich an der Westfront durch Darstellungen schwarzer französischer Soldaten als blutrünstige »Bestien« aus (*Völkischer Beobachter* 7. 6. 1940). November 1941 Persönlicher Referent von Goebbels. Nach 1945 Inhaber eines Geschäfts für Textil- und Gummihandel (»rutschfeste Bademauern«) in Wuppertal. † 27. 1. 1964 ebenda.

Fuchs, Martha. Auf der *Gottbegnadeten-Liste* (Führerliste) der wichtigsten Künstler des NS-Staates.
* 1. 1. 1898 Stuttgart. Mezzosopran und Sopran, Glanzrolle: die Marschallin im *Rosenkavalier*. An den Staatstheatern Berlin und Dresden. 1933 als Kundry bei den Bayreuther Festspielen (laut Wistrich »einer der jährlichen Höhepunkte des NS-Kalenders und der Höhepunkt der jeweiligen Opernsaison«). Auftritte als Wagner-Sängerin bei Prestigeveranstaltungen. April 1941 mit den Berliner Philharmonikern zwecks Kulturpropaganda in Budapest, mit Auftritt im besetzten Krakau als »Träger des deutschen Kulturwillens im Osten« eingesetzt. 1954 Abschied als Kundry, Gesangspädagogin in Stuttgart. Das *Deutsche Bühnen-Jahrbuch* zum 70. Geburtstag:»Eine denkende Künstlerin, kein bloßer Stimmprotz«. † 22. 9. 1974 Stuttgart.

Fürbringer, Ernst Fritz. Auf der *Gottbegnadeten-Liste* der Schauspieler, die für die Filmproduktion benötigt werden.
* 27. 7. 1900 Braunschweig. Fähnrich der Marine, *Freikorps* im Baltikum. 1935 Bayerisches Staatsschauspiel München. 1941 im antibritischen Kolonialfilm *Carl Peters* sowie in *Venus vor Gericht* (über einen NSDAP-Bildhauer, der »jüdischen Kunsthandel« und »entartete Kunst«). 1942 in *Andreas Schlüter*, genannt der *Michelangelo Preußens*, Kernsatz: »Das Leben vergeht, das Werk ist unvergänglich.« 1943 im antibritischen Untergangsfilm *Titanic*, von Goebbels angesichts der Kriegslage verboten. 1944 im Bayernschwank *Ich bitte um Vollmacht*. Nach 1945 Filme wie *Der Kaplan von San Lorenzo* (1952) oder *Die Gruft mit dem Rätselschloß* (1964). In den Fernsehserien *Der Kommissar*, *Derrick* und *Schwarzwaldklinik*. † 30. 10. 1988 München.

Fürst, Manfred. Schauspieler.
* 15. 4. 1895 Danzig. Ab 1919 an Berliner Bühnen. Am 31. 8. 1928 in der Uraufführung der *Dreigroschenoper* im Berliner Theater am Schiffbauerdamm, Rolle des Hakenfingerjakob. 1933 Flucht nach Paris. 1939 in Großbritannien, 1940 USA, 1941 Theateragent in Hollywood. 1955 Rückkehr, Filmagentur in West-Berlin, ab 1964 in München, kleinere Rollen am Theater und in Fernsehproduktionen. Das *Deutsche Bühnen-Jahrbuch* zum 70. Geburtstag:

»Fast immer als würdiger Partner der Allergrößten seiner Profession.« † 20. 8. 1973 München.

Fürstenberg, Ilse (Künstlername). Schauspielerin.
* 12. 12. 1907 Berlin. Mitglied der linken Berliner *Gruppe junger Schauspieler*. 1929 in der Berliner Uraufführung des Dramas *Cyankali* (gegen § 218) des KP-Autors Friedrich Wolf. 1930 Nebenrolle in *Der blaue Engel*. 1935 NS-Film *Friesennot*: Eine Friesengemeinde an der Wolga bringt zur Verteidigung der Reinheit der Rasse alle Rotgardisten um. Filme wie *Skandal um den Hahn* (1938) oder *Salonwagen E 417* (1939). 1941 Darstellerin im NS-Euthanasiefilm *Ich klage an*. Nach 1945 im Kino mit *Sündige Grenze* (1951), Verklärungsopus *Canaris* (1954), *Die Feuerzangenbowle* (1970). † 16. 12. 1976 Basel.

Fürstenberg, Irma Fürstin zu.
* 19. 5. 1867 Wien. Tochter eines Geheimrats. 1889 Heirat mit Maximilian Egon II. Fürst zu Fürstenberg (1941 gestorben in Heiligenberg). Ehrenbürgerin von Heiligenberg. Laut *Aufstellung derjenigen Parteigenossen, die Angehörige fürstlicher Häuser sind*: 1. 5. 1937 NSDAP, Nr. 4 006133, Gau Baden. † 10. 10. 1948 Heiligenberg.

Fürstenberg, Karl Egon V. Erbprinz und Landgraf.
* 6. 5. 1891 Wien. Genealogisches Handbuch: Ehrenbürger von Weitra und Heiligenberg. Großkomtur ad hon. des bayerischen St. Georgsordens, Großkreuz des Malteser-Ritter-Ordens. Laut *Aufstellung derjenigen Parteigenossen, die Angehörige fürstlicher Häuser sind*: 1. 1. 1940 NSDAP, Nr. 8 543545, Gau Niederdonau. SS-Untersturmführer (1938). 1941 Haupt des Fürstlichen Gesamthauses Fürstenberg unter Verzicht auf den Besitz des schwäbischen Hauses seines Bruders Maximilian Egon. Major der Wehrmacht (1943). † 23. 9. 1973 München.

Fürstenberg, Max(imilian) Egon Prinz zu.
* 31. 3. 1896 Prag, Sohn von Maximilian Egon Fürst zu Fürstenberg. Studium Kunstgeschichte. Verwalter der böhmischen Güter des Hauses, ab 1941 Inhaber der Besitztümer des Gesamthauses in Schwaben. Genealogisches Handbuch: Ehrenbürger von Donaueschingen. Großkreuz des Malteser-Ritter-Ordens, Großkreuz des Päpstlichen St. Gregoriusordens, Ritter des badischen Hausordens der Treue. Komtur des bayerischen St. Georgsordens. Laut *Aufstellung derjenigen Parteigenossen, die Angehörige fürstlicher Häuser sind*: 1. 6. 1934 NSDAP, Nr. 3 454652, Gau Baden. Anmerkung: seit Juni 1934 zum Gau Sudetenland abgemeldet, dort aber nicht aufgeführt. † 6. 4. 1959 Donaueschingen.

Fürstenberg, Maximilian Egon Fürst zu. Chef des Gesamthauses Fürstenberg.
* 13. 10. 1863 Lana in Böhmen. Vater von Max Egon Prinz zu Fürstenberg. Freund und Jagdgast Wilhelm II. 1933 Überführung vom *Stahlhelm* (Sammelbecken militanter Rechtsnationaler) zur SA, auch NSDAP, November 1933 Audienz bei Hitler: »Es war herrlich, diesem einzig großen Mann gegenüberstehen zu dürfen.« 1938 SA-Standartenführer. Malinowski: »Auch bei den Feierlichkeiten zu seinem 70. Geburtstag hatte der Fürst 1933 durch SA/SS-Aufmärsche und das Absingen des Horst-Wessel-Liedes [NSDAP-Hymne: Die Fahne hoch! Die Reihen fest geschlossen!/ SA marschiert mit mutig-festem Schritt.] seinen berühmten Namen in den Dienst des neuen Regimes gestellt.« † 11. 8. 1941 Heiligenberg.

Fuetterer, Werner. Schauspieler.
* 10. 1. 1907 Barth in Pommern. Zwischen 1933 und 1945 in 20 Filmen. Unter anderem 1937 im Rühmann-Opus *Der Mustergatte*, 1938 *Ziel in den Wolken*, ein diskreter Propagandafilm zur Aufrüstung der Luftwaffe, 1940 Hans-Albers-Film *Ein Mann auf Abwegen*. 1941 im Hetzfilm *Heimkehr* zur Rechtfertigung des Überfalls auf Polen. 1955 in den Filmen *Des Teufels General* und *Die Wirtin an der Lahn*. Ab 1957 Betreiber einer Camping- und Bungalowanlage in Spanien. † 7. 2. 1991 Benidorm in Spanien.

Fugger von Babenhausen, Friedrich Carl 7. Fürst.

* 26.11.1914 Potsdam. Laut *Aufstellung derjenigen Parteigenossen, die Angehörige fürstlicher Häuser sind*: 1.5.1937 NSDAP, Nr. 5291639, Gau Schwaben. Hauptmann. † 22.12.1979 Wellenburg.

Fugger von Glött, Josef Karl Graf.

* 19.3.1874 St. Margarethen bei Linz. Major a.D. Laut *Aufstellung derjenigen Parteigenossen, die Angehörige fürstlicher Häuser sind*: 1.5.1932 NSDAP, Nr. 1078044, Gau Schwaben. † 25.4.1944 Holzhausen am Ammersee.

Fugger von Glött, Hanskarl Graf.

* 4.8.1916 Kappeln. Laut *Aufstellung derjenigen Parteigenossen, die Angehörige fürstlicher Häuser sind*: NSDAP 1.10.1934. Nr. 2258441, Gau Schwaben. Hauptmann und Batteriechef. † Kriegstod 6.4.1941 Strumitza in Jugoslawien.

Fuhr, Xaver. Maler.

* 23.9.1898 Neckarau (Mannheim). Autodidakt. Ab 1929 in Kopenhagen. Haftmann: »Mit der Härte eines Ingenieurs bezeichnete er Haus und Ding und Gerät als knappstes Sigel.« 1937 in der Schandschau *Entartete Kunst* in München vorgeführt, Beschlagnahmung von 23 seiner Werke. Ab 1943 in Nabburg in der Oberpfalz. 1946 Professor an der Münchner Akademie. † 16.12.1973 Regensburg.

Fulda, Ludwig. Schriftsteller.

* 15.7.1862 Frankfurt am Main. 1923 erster Präsident des deutschen PEN-Zentrums. 1926 Gründungsmitglied der Sektion Dichtung der Preußischen Akademie der Künste, Zweiter Vorsitzender. Am 15.3.1933 Unterzeichner einer Loyalitätserklärung der Deutschen Akademie der Dichtung der Preußischen Akademie der Künste pro NS-Regierung, dennoch Mai 1933 Ausschluß. Thomas Mann am 27.3.1933 über eine Begegnung in der Schweiz: »Seine kummervolle Gekränktheit als deutscher Jude. Er ist 71 und ohne Hoffnung.« † Suizid 30.3.1939 Berlin.

Furtwängler, Wilhelm. Auf der Sonderliste der drei wichtigsten Musiker der *Gottbegnadeten-Liste* (Führerliste). Reichskultursenator.

* 25.1.1886 Berlin. Alma Mahler-Werfel: »Ein Künstler bis in die Fingerspitzen.« 1933 Direktor der Berliner Staatsoper und Dirigent der Berliner Philharmoniker. Am 21.3.1933 (*Tag von Potsdam*) Dirigent der musikalischen Feierlichkeiten (*Meistersinger*) zur Eröffnung des Reichstags. Speer: »Die Eröffnung der [NSDAP-]Reichsparteitage durch eine Aufführung der ›Meistersinger‹ mit dem Ensemble der Berliner Staatsoper unter Furtwängler ließ ich mir nie entgehen.« Am 11.4.1933 in der *Deutschen Allgemeinen Zeitung* an Goebbels: »Wenn sich der Kampf gegen das Judentum in der Hauptsache gegen jene Künstler richtet, die – selber wurzellos und destruktiv – durch Kitsch, trockenes Virtuosentum und dergleichen zu wirken suchen, so ist das nur in Ordnung. Der Kampf gegen sie und den sie verkörpernden Geist, der übrigens auch germanische Vertreter besitzt, kann nicht nachdrücklich und konsequent genug geführt werden. Wenn dieser Kampf sich aber auch gegen wirkliche Künstler richtet, ist das nicht im Interesse des Kulturlebens.« Am 15.11.1933 (mit Strauss) Dirigent beim Festakt zur Eröffnung der Reichskulturkammer in Anwesenheit von Hitler, Goebbels und der Reichsregierung, Ernennung zum Vizepräsidenten der Reichsmusikkammer. Am 19.8.1934 Unterzeichner des *Aufrufs der Kulturschaffenden* zur Vereinigung des Reichskanzler- und Reichspräsidentenamts in der Person Hitlers: »Wir glauben an diesen Führer, der unsern heißen Wunsch nach Eintracht erfüllt hat.« Am 4.12.1934 wegen seines Protests gegen das Aufführungsverbot von Hindemiths Oper *Mathis der Maler* (von Goebbels erzwungener) Rücktritt als Vizepräsident der Reichsmusikkammer, als Leiter des Berliner Philharmonischen Orchesters und als Direktor der Berliner Staatsoper. Von der NS-Propaganda aber als Aushängeschild benötigt: 1936 Dirigent der Bayreuther Festspiele (laut Wistrich »einer der jährlichen Höhepunkte des NS-Kalenders und der Höhepunkt der jeweiligen Opernsaison«). Goebbels am 27.6.1936 im Tagebuch: »Er hat viel gelernt und ist ganz bei uns.« 1938 Dirigent der ersten (von Goebbels finanzierten) Salzburger Festspiele nach der Besetzung Österreichs. Goebbels am 22.11.1939: »Er hat uns wieder im Ausland große Dienste getan.« NS-Ehrung: Von Göring zum Preußischen Staatsrat ernannt. Thomas Mann am 7.9.1945 an Walter von Molo: »Ein Kapellmeister, der, von Hitler entsandt, in Zürich, Paris oder Budapest Beethoven dirigiert, macht sich einer obszönen Lüge schuldig.« Furtwängler September 1945 in einer Verteidigungsschrift: »Ich bin innerhalb des gesamten deutschen Musiklebens derjenige, der weitaus am aktivsten und konsequentesten gegen die N[azis] aufgetreten ist.« Eröffnete 1951 die ersten Nachkriegs-Festspiele in Bayreuth mit Beethovens Neunter Symphonie. † 30.11.1954 Ebersteinburg in Baden-Baden.

Fuß, Kurt. Tänzer und Operettenbuffo (Tenor).
* 11.1.1892 Leipzig. Ab 1925 in den Revuen von Rudolf Nelson und Hermann Haller. 1933 Betreiber einer eigenen *Eden-Revue*. Am 2.2.1935 vom LG Berlin zu vier Monaten Haft verurteilt, da er eine gefälschte Taufurkunde seiner Mutter als Abstammungsnachweis vorgelegt hatte. Nach Haftentlassung Flucht nach Wien. 1938 in Österreich verhaftet, KZ Dachau, Buchenwald und Neuengamme. Nach 1945 u.a. in den Filmen *Der Hauptmann von Köpenick* (1956) oder *Ich zähle täglich meine Sorgen* (1960). † 22.3.1976 Hamburg. Lit.: Schrader.

Fussenegger, Gertrud. Schriftstellerin.
* 8.5.1912 Pilsen. Tochter eines Hauptmanns. Mai 1933 NSDAP-Österreich. Januar 1934 Teilnahme an einer Studentendemonstration in Innsbruck, Verurteilung zu einer Geldstrafe wegen Absingens des Horst-Wessel-Lieds (»SA marschiert mit mutig-festem Schritt«) und Hitlergruß. Februar 1935 NS-Studentinnengruppe, November 1935 Wechsel ins Reich. 1938 NSDAP, anläßlich des »Anschlusses« Österreichs Hymnus auf Hitler: »Führer des Volkes, dem es gegeben war,/Tränen der Freude zu locken aus lange erblindetem Aug'.« Gleichwohl literarische Einwände des Amts für Schrifttumspflege (Rosenberg). 1961 Hauptpreis für Ostdeutsches Schrifttum. 1963 Adalbert-Stifter-Preis, 1969 Johann-Peter-Hebel-Preis. 1979 Erinnerungen: *Ein Spiegelbild mit Feuersäule*. 1993 Jean-Paul-Preis des Freistaates Bayern. † 19.3.2009.

G

Gabriel, Wilhelm. Komponist des Sauflieds *In München steht ein Hofbräuhaus*.
* 8.8.1897 Berlin. Musikalienhändler, Stimmungs- und Soldatenlieder. 1933 unter dem Pseudonym *Rolf Hildebrandt* Komponist und Texter: *Wenn die SS und die SA aufmarschiert*, Tonaufnahme mit dem SA-Chor Sturm 33 der Hans Maikowski-Standarte. Textprobe: »Wenn die SS und die SA/aufmarschiert mit Tschingderassassa,/fest ist der Schritt, fest ist ihr Tritt,/links, zwo, drei, vier, reißt er mit.« † 21.4.1964 Berlin. Lit.: Prieberg.

Gaden, Robert. Unterhaltungsmusiker.
* 23.8.1893 Bordeaux. Standortbefehl Nr. 2 vom 7.1.1944 der Kommandantur Auschwitz (betrifft *Truppenbetreuungsveranstaltung* für das KZ-Personal): »Montag, 10. Januar 1944, 20 Uhr, im großen Saal: ›Robert Gaden und sein Orchester‹.« † 1985 Berlin.

Gahlenbeck, Hans. Dirigent.
* 27.9.1896 Rostock. 1928 Musikalischer Oberleiter der Städtischen Bühnen Kiel, 1938 Staatstheater Schwerin. NSDAP 1937. NS-Ehrung: Zu *Führers* [50.] *Geburtstag* 1939 von Hitler Titel Staatskapellmeister. Nach 1945 in Rostock und Eisenach. † 10.12.1975 Eisenach.

Gaiser, Gerd. Schriftsteller.
* 15. 9. 1908 Oberriexingen in Württemberg als Pfarrerssohn. Dr. phil. 1933 NSDAP, NS-Lehrerbund. 1934 Kunstlehrer. Fliegeroffizier. 1941 Gedichtband *Reiter am Himmel*. Autor in der Zeitschrift *Das Innere Reich* und in Goebbels' Renommierblatt *Das Reich*. 1943 Gedichte: *Gesang von Osten*. 1953 Fliegerroman *Die sterbende Jagd*. † 9. 6. 1976 Reutlingen. Lit.: Sarkowicz.

Gall, Ernst. Herausgeber der *Zeitschrift für Kunstgeschichte*.
* 17. 2. 1888 Danzig, Sohn eines Justizrats. Leiter der Abteilung Schlösser und Gärten im Reichserziehungsministerium. NS-Ehrung: Präsidialrat der Reichskammer der bildenden Künste (1936). 1946 (bis 1953) Museumsdirektor der Bayerischen Schlösserverwaltung. 1947 Professor für Kunstgeschichte an der Universität München. † 5. 8. 1958 München. Lit.: Wulf, Künste.

Gall, Leonhard. Auf der Sonderliste der zwölf wichtigsten bildenden Künstler der *Gottbegnadeten-Liste* (Führerliste). Reichskultursenator.
* 24. 8. 1884 München. Ab 1908 im Kreis des Hitler-Architekten Troost, nach dessen Tod Fortführung des NS-Musentempels *Haus der Deutschen Kunst* in München, Juli 1937 von Hitler eingeweiht. Im Beirat des Rosenberg-Organs *Die Kunst im Deutschen Reich*, »nach dem Willen des Führers die würdige Repräsentantin des neuen deutschen Kulturwillens« (Reklame des *Zentralverlags der NSDAP*). 1938 in der 1. Deutschen Architektur-Ausstellung im *Haus der Deutschen Kunst* mit den Prestigeobjekten *Führerbau in München* (Eingangshalle, *Arbeitszimmer des Führers*) sowie *Reichskanzlei in Berlin* (Empfangssaal). Entwurf der *Führerbibliothek* in Linz. Professor. 1943 Vizepräsident der Reichskammer der bildenden Künste. Treuhänder der Goebbels-Stiftung *Künstlerdank*. NS-Ehrung: 1937 Ehrenmitglied der Preußischen Akademie der Künste. † 20. 1. 1952 München.

Gans, Paula. Malerin.
* 9. 5. 1883 Hronow/Prag. Wohnort Hamburg. † Suizid 7. 11. 1941 Hamburg, am Tag vor ihrer Deportation. Lit.: Bruhns.

Gansser, Hans. Komponist.
* 14. 6. 1884 Stuttgart. 1919 Komposition *Deutschland, erwache!* nach Texten des Alt-Nazis Dietrich Eckart. NSDAP erstmals 1923 (Nr. 10844), auch SA/SS. Goebbels am 21. 3. 1926 im Tagebuch: »Ich lerne den Komponisten Hans Gansser kennen, der mir Zuhause seine Lieder vorspielt.« 1933 Tonaufnahme seiner Lieder *Allmächtiger, Du hast uns den Führer gesandt* sowie *Dem Führer* (»Du kommst nicht aus Palästen«). † 2. 4. 1959 Stuttgart. Lit.: Gillum; Prieberg.

Ganz, Rudolf H. Schauspieler und Schriftsteller.
* 9. 4. 1901 Frankfurt am Main. Das *Deutsche Bühnen-Jahrbuch* 1966: »Seine bedeutendsten Rollen waren Richard III. und der Shylock.« 1938 ins KZ Buchenwald verschleppt. 1939 Flucht nach England und USA. Hier als Bote tätig. † 23. 1. 1965 New York.

Gasch, Walter. Maler. Leiter der NSDAP-Gaufachgruppe der Bildenden Künste in Sachsen.
* 10. 4. 1886 Leipzig. Kunstberichterstatter des Dresdner NS-Organs *Der Freiheitskampf*. Wütende Angriffe gegen die Staatliche Gemäldegalerie und ihren Direktor Hans Posse. 1933 (trotz früherer Logenzugehörigkeit) NS-Kunstkommissar, »Reinigung« der Museen Dresdens. Organisierte Oktober 1933 die Dresdner Ausstellung *Spiegelbilder des Verfalls*. Laut Thomae Produzent von »Rasse«-Bildern, »kitschig und schauerlich in ihrer abstoßenden Dummheit«. Lit.: Brenner; Zuschlag.

Gast, Peter. Ministerialrat (1941) im Reichspropagandaministerium.
* 9. 8. 1906 Leipzig. Dr. jur. 1931 NSDAP. 1933 Referent im Goebbels-Ministerium. 1936 stellv. Leiter der Abteilung Recht, danach stellv. Leiter der Abteilung Propaganda. Mit Schmidt-Leonhardt Autor des

Kommentars *Das Schriftleitergesetz*, zweite Auflage 1938: »Jeder Beruf ist für den Nationalsozialismus eine öffentliche Aufgabe«. Im Krieg Persönlicher Referent von Staatssekretär Gutterer. Juni 1943 bis April 1944 Leiter der Abteilung Film (Aufgabe: Lenkung, Überwachung und Ausrichtung des deutschen Filmschaffens). Ab 1950 Rechtsanwalt in Frankfurt am Main. Lit.: Drewniak, Film; Moeller.

Gauch, Hermann. NS-Rassenforscher und Schriftsteller.
* 6.5.1899 Einöllen, Kreis Kusel. 1922 NSDAP. Dr. med. 1929 (bis 1933) Marinestabsarzt. 1933 Autor: *Neue Grundlagen der Rassenforschung*, Textprobe: »Der nichtnordische Mensch nimmt also eine Zwischenstellung zwischen Nordischem Menschen [sic] und den Tieren, zunächst den Menschenaffen, ein. Er ist darum kein vollkommener Mensch, er ist überhaupt kein Mensch im eigentlichen Gegensatz zu dem Tiere, sondern eben nur ein Übergang dazu, eine Zwischenstufe. Da einer der kennzeichnendsten Vertreter dieser Übergangsstellung zwischen Nordischem Menschen und Menschenaffen, letzterem sogar näherstehend als ersterem, der Neandertaler ist, so könnten wir die nichtnordischen Menschen auch Neandertaler nennen; besser und treffender aber ist die von Stoddard (›Der Kulturumsturz, die Drohung des Untermenschen‹) geprägte Bezeichnung ›Untermensch‹.« 1934 Lehrauftrag Landwirtschaftliche Hochschule Berlin. Danach Reichsamts- und Stabsleiter für Brauchtum und Geschichte beim Reichshandwerker- und Reichsnährstand, Spezialgebiete: Volkskunde, Blutgruppenforschung, Sprachphysiologie. August 1939 bis März 1942 und ab November 1944 Oberfeldarzt der Luftwaffe. Mitarbeit in Himmlers SD. Nach 1945 Leiter des Kulturressorts (*Schulungsbriefe*) der *Deutschen Reichspartei*. † 7.11.1978 Kaiserslautern. Q.: Sigfrid [sic] Gauch, Vaterspuren, Frankfurt am Main 1982.

Gebsattel, Konstantin Freiherr von. General der Kavallerie.

* 13.2.1854. † 10.5.1932 Linz. 1913 Denkschrift zur Revision des allgemeinen Wahlrechts und zur »Lösung der Judenfrage«. Von 1914 (bis 1929) stellv. Verbandsvorsitzender des radikal antisemitischen *Alldeutschen Verbands*. Forderte Oktober 1918, nach dem verlorenen I. Weltkrieg, »die Juden als Blitzableiter für alles Unrecht zu benutzen«. Geheimer Vorsitzender des Oktober 1919 gegründeten *Deutschvölkischen Schutz- und Trutzbundes* (der größte, tätigste und einflußreichste antisemitische Verband Deutschlands), Eigenreklame: »Deutsche! Befreit Euch von der Judenherrschaft!« Gast im Haus Wahnfried in Bayreuth (Hamann). Lit.: Hering.

Gebühr, Otto. Auf der *Gottbegnadeten-Liste* der Schauspieler, die für die Filmproduktion benötigt werden.
* 29.5.1877 Kettwig. Ab 1912 am Deutschen Theater in Berlin. Dauerdarsteller des Preußenkönigs Friedrich der Große im Film: 1923 *Fridericus Rex*, 1926 *Die Mühle von Sanssouci*, 1927 *Der alte Fritz*, 1928 *Waterloo*, 1930 *Das Flötenkonzert von Sanssouci*, 1932 *Die Tänzerin von Sanssouci*, 1933 *Der Choral von Leuten*, 1936 *Fridericus*, 1942 *Der große König*. Goebbels am 4.3.1942 im Tagebuch: »Der Film wird zum politischen Erziehungsmittel erster Klasse.« In 18 Filmen, darunter als König von Sachsen in *Bismarck*, am 6.12.1940 in Anwesenheit von Goebbels, Lammers und Gürtner uraufgeführt. 1941 Napola-Streifen *Kopf hoch, Johannes!* NS-Ehrung: 1942 von Hitler Titel *Staatsschauspieler*. 1951 in Harlans Nachkriegsdebüt *Unsterbliche Geliebte*, 1953 in den Harlan-Filmen *Die blaue Stunde, Sterne über Colombo* sowie *Die Gefangene des Maharadscha*. † 13.3.1954 Wiesbaden, nach den letzten Aufnahmen zum Film *Rosen-Resli*.

Géczy, Barnabas von. Geigenvirtuose, genannt *Paganini der Fünf-Uhr-Tees*.
* 4.3.1897 Budapest. Leiter eines eigenen Tanzorchesters in Berlin. Am 25.9.1937 Auftritt im Münchner NS-Musentempel *Haus der Deutschen Kunst* beim Treffen

Hitlers mit Mussolini. Gast im *Wunschkonzert für die Wehrmacht*, Goebbels' Radiosendung zwecks Hebung der Truppenmoral und Leidensbereitschaft der Heimatfront. Laut Prieberg am 15. 11. 1938 in München Gastspiel zugunsten der *Leibstandarte-SS Adolf Hitler*. NS-Ehrung: von Hitler Titel Professor. † 2.7. 1971 München.

Geibel, Hermann. Auf der *Gottbegnadeten-Liste* (Führerliste) der wichtigsten bildenden Künstler des NS-Staates.
* 14. 5. 1889 Freiburg im Breisgau. 1934 ao. Professor der TH Darmstadt. Porträts und Tierdarstellungen. Auf der Großen Deutschen Kunstausstellung im Münchner NS-Musentempel *Haus der Deutschen Kunst* 1939 mit den Objekten *Kopf eines jungen Ostfriesen* (Marmor) sowie *Elchkuh* (Bronze). † 20. 8. 1972 Darmstadt.

Geiger, Konrad. Einer der ersten Bühnenkünstler, die sich öffentlich zu Hitler bekannten.
* 4. 8. 1888 Steppberg bei Neuburg/Donau. 1922 NSDAP, Gründer der *Gruppe Bühne und Film in der NSDAP*. 1923 Teilnehmer *Hitlerputsch* (*Blutordensträger*). Nach Bettelbriefen wegen seiner NS-Verdienste Geschäftsführer der Arbeitsvermittlungsstelle *Bühnennachweis* für Mitglieder der Reichstheaterkammer. 1937 abgeschoben auf den Posten des Leiters der Fachschaft Chor, Präsidialrat der Reichstheaterkammer. 1938 Leiter der Fachschaft Artistik der Reichstheaterkammer. † Zum 31. 12. 1945 für tot erklärt.

Geis, Jakob. Auf der Liste der von Goebbels zugelassenen Filmautoren (1944).
* 30. 11. 1890 München. Dramaturg am Landestheater Darmstadt, 1926 Uraufführung von *Mann ist Mann* seines Freundes Bert Brecht. Ab 1927 Aufführung von Brecht-Stücken in Kassel. 1932 Städtische Bühnen Frankfurt am Main. März 1933 NS-Betriebszellen-Organisation   (die NSBO verstand sich als die »SA der Betriebe«), Inszenierung Johsts Nazi-Stück *Schlageter*. Ab 1935 Chefdramaturg der Bavaria, Dialogbearbeitung des Freikorps-

Machwerks *Henker, Frauen und Soldaten*. 1939 Drehbuch zu *Aufruhr in Damaskus*, ein Film über den »heroischen Kampf gegen die Macht englischen Blutgeldes an der arabisch-syrischen Front 1918«. 1940 Blut-und-Boden-Drama *Die Geierwally* sowie antibritischer Spielfilm *Das Herz der Königin*. 1941 Zarah-Leander-Film *Der Weg ins Freie* (in den Nebenrollen ein verbrecherischer polnischer Graf und zwei jüdische »Volksschädlinge«). Nach 1945 Filmproduzent. † 22. 7. 1972 München.

Geisenheyner, Max. Kunstschriftleiter.
* 11. 1. 1884 Wilhelmshaven. Feuilletonredakteur der *Frankfurter Zeitung*. Laut Zuckmayer wurde er »ein wohlgelittener ›Kunstbetrachter‹ im Dritten Reich und befleißigte sich in den paar Artikeln, die ich gelegentlich sah, es den Nazis in Schwülstigkeit und Verwaschenheit des Stils nachzutun«. Am 5. 3. 1944 Vortrag im Ostinstitut in Krakau über die Wiedergeburt deutscher Klassik, These, »daß sich das Göttliche nur dem Kämpferischen erschließt« (*Krakauer Zeitung*). Nach 1945 Feuilletonchef der Mainzer *Allgemeinen Zeitung*. † 29. 12. 1961 Augsburg.

Geisler, Willy. Komponist und Musiklehrer.
* 2. 8. 1886 Wölfelsgrund in Schlesien, Sohn eines Holzbildhauers. 1932 NSDAP sowie Fachspartenleiter Unterhaltungsmusik und Operette im *Kampfbund für deutsche Kultur*. *Führerlexikon*: »Musik zu dem im Auftrage der Regierung hergestellten Tonfilm ›Blut und Boden‹.« Ebenda Lied *Die Jugend marschiert – Sieg heil* (anderer Titel: *Jungvolkmarsch*), Tonaufnahme 1934 mit dem Musikkorps der *Leibstandarte-SS Adolf Hitler*. Textprobe: »Merke dir das eine immer gut:/die Heimat ist dein, erhalte sie rein!/Deutscher Boden, deutsches Blut/soll stets dir heilig sein.« Nach 1945 Lehrer. † 7. 2. 1952 Berlin-Charlottenburg.

Geisow, Hans. NSDAP-Gaukulturwart (1930).
* 17. 8. 1879 Frankfurt am Main. Dr. phil. 1904 Chemiker der Firma Leopold Casella

& Co. 1919 (bis 1930) Vorsitzender des Deutschen Schwimmverbands. 1933 Intendant des Frankfurter Schauspielhauses, laut Schültke führte er es in ein finanzielles Desaster. 1933 Beitrag *Die Seele des Dritten Reiches* in *Bühne und Volk*: »Im Bühnenbetrieb gilt der Führergedanke … Der Intendant entscheidet.« Danach Schriftsteller in Miltenberg. † 15.1.1939 Frankfurt am Main.

Geißler, Ewald. Sprachwissenschaftler. * 18.1.1880 Dresden. 1932 ao. Professor in Erlangen. 1937 Autor: *Sprachpflege als Rassenpflicht*, 1938: *Wortkunst als Rassenausdruck*. 1939 im Rosenberg-Organ *Nationalsozialistische Monatshefte*: *Vom Deutsch jüdischer Dichter*. † Mit Ehefrau Suizid am 26.2.1946 in Erlangen.

Geißler, Georg. Gaureferent Pädagogik des NS-Lehrerbunds Halle-Merseburg. * 22.9.1902 Eberstadt bei Darmstadt, Sohn eines Weißbinders. 1929 Dr. phil. 1932 Rektor der Giebichensteinschule in Halle. Mai 1933 NSDAP, 1939 Kriegsdienst. Stellv. Direktor der als HJ-Formation organisierten Lehrerbildungsanstalten Geilenkirchen (1941) und Idstein/Taunus (1942). Ab 1950 Professor und 1958–1968 Direktor des Pädagogischen Instituts der Universität Hamburg. Im Beirat für Fragen der Inneren Führung der Bundeswehr (ab 1953), Herausgeber der *Pädagogischen Studien* (ab 1958) sowie der *Zeitschrift für Pädagogik* (ab 1962). † 1.4. 1980 Hamburg. Lit.: Hesse.

Geissler, Paul. Architektur- und Landschaftsmaler in München und Garmisch. * 25.6.1881 Erfurt. Auf den Großen Deutschen Kunstausstellungen im Münchner NS-Musentempel *Haus der Deutschen Kunst*, darunter 1939: *Rauhreif im Hochgebirge* (Öl). NS-Ehrung: Trotz Titelsperre am 1.7.1943 von Hitler Titel Professor. Goebbels' Pressereferent von Oven am 18.7.1943 im Tagebuch über den Empfang von sieben geehrten Malern bei Goebbels, darunter Geissler: »Sie griffen kräftig in die ministeriellen Zigarrenkisten, tranken die Cocktails als wären es

Sechserschnäpse, redeten über Kunst und nickten verlegen und selig zugleich Zustimmung, wenn der Minister etwas sagte.« † 30.5.1965 Garmisch.

Gengler, Ludwig Frank. Referent im Reichspropagandaministerium. * 17.4.1902 Bamberg. Dr. phil. Goebbels am 13.4.1926 im Tagebuch: »Gengler ist ein feuchter Schleimer.« Schriftleitung des *Handbuchs der Judenfrage* nach dem Tod von Theodor Fritsch. Februar 1945 (sic) in *Deutsche Presse*: »Die große judengegnerische Bewegung der Nachkriegszeit wäre … versickert, wenn nicht in der NSDAP Adolf Hitlers … die große weltanschaulich-politische Plattform geschaffen worden wäre.« † Verbleib unbekannt (WASt). Q.: Wulf, Presse.

Genschow, Fritz. Schauspieler. * 15.5.1905 Berlin. 1928 in der linken *Gruppe junger Schauspieler*, Sensationserfolg mit *Revolte im Erziehungshaus* (über skandalöse Jugendfürsorgeerziehung) am Berliner Thalia-Theater. Verheiratet mit der Schauspielerin Renée Stobrawa. Im U-Boot-Streifen *Morgenrot* (Kernsatz: »Zu leben verstehen wir Deutschen vielleicht schlecht, aber sterben können wir fabelhaft«, am 2.2.1933 in Gegenwart Hitlers uraufgeführt. Dezember 1933 Propagandaschmarren *Flüchtlinge* über Wolgadeutsche, die »heim ins Reich« wollen. 1935 im Freikorps-Machwerk *Henker, Frauen und Soldaten*. Von Zuckmayer zur Kategorie »Nazis, Anschmeißer, Nutznießer, Kreaturen« gerechnet. 1938 Urteil Amt Rosenberg, wonach »an der Ehrlichkeit seines Willens, sich an dem Aufbau des Theaters im nationalsozialistischen Sinne zu betätigen, nicht gezweifelt werden kann«. 1943 im antibritischen Untergangsfilm *Titanic*, von Goebbels angesichts der Kriegslage verboten. Nach 1945 mit seiner Frau Gründer des ersten Kindertheaters (Kinder- und Märchenbühne Genschow-Stobrawa-Theater). Beliebt als (Kinderfunk-) *Onkel Tobias vom RIAS* (*Rundfunk im amerikanischen Sektor*). † 21.6.1977 Berlin.

Gensichen, Kunibert. Schauspieler.

* 26.6.1907 Rittel in Westpreußen. 1932 Schauspiel Baden-Baden, 1934 Bayerisches Staatstheater, ab 1937 an Bühnen in Berlin und Potsdam. 1937 in Trenkers Matterhorn-Film *Der Berg ruft.* 1940 im NS-Hetzfilm *Die Rothschilds* (Courtade: »Ein Aufruf zu Haß und Mord«). 1941 in *Über alles in der Welt* zur Vorbereitung der Schlacht um England (Courtade: »Ein einziger wüster, barbarischer Siegesschrei«). 1947 Leiter einer eigenen Akademie der Schauspielkunst in Stuttgart. Freie Tätigkeit. † 26.9.1991.

Gentner-Fischer, Else. Sopranistin.

* 5.9.1883 Frankfurt am Main, Tochter eines Friseurs. Ab 1907 an der Frankfurter Oper. 1918 in der Uraufführung von Schrekers *Die Gezeichneten.* In erster Ehe mit dem Tenor Karl Gentner, in zweiter Ehe mit dem Bariton Benno Ziegler verheiratet. 1935 Bühnenabschied als Isolde, erzwungener Rückzug wegen ihres jüdischen Ehemannes, der 1939 nach England emigriert. † 26.4.1943 am Wohnort Prien am Chiemsee. Lit.: C. Becker.

Gentz, Günther. Ab Januar 1944 Geschäftsführer der Reichsschrifttumskammer (RSK).

* 9.6.1907 Stettin. Jurist. 1931 NSDAP, 1932 SS (1944 Oberstumführer). Ende 1934 Justitiar der RSK. 1937 stellv. RSK-Geschäftsführer. 1939–1942 Kriegsdienst. 1948 Persilschein für Himmlers SS-Barden Hanns Johst im Entnazifizierungsverfahren.

Genzmer, Harald. Auf der *Gottbegnadeten-Liste* (Führerliste) der wichtigsten Komponisten des NS-Staates.

* 9.2.1909 Blumenthal bei Bremen. Schüler Hindemiths. 1934–1937 an der Breslauer Oper, danach Lehrer am Klindworth-Scharwenka-Konservatorium Berlin. Am 26.4.1940 Uraufführung seiner vom Reichsluftfahrtministerium in Auftrag gegebenen *Musik für Luftwaffenorchester* in Berlin. Am 28.10.1940 Uraufführung seines *Konzerts für Trautonium* [von Goebbels gefördertes elektronisches

Instrument für die Thingspiele] *und Orchester.* 1942 Staatszuschuß von 2000 Mark vom Goebbels-Ministerium. Am 6.3.1943 Aufführung seiner *Konzertsuite* vom Stabsmusikkorps des SS-Führungshauptamts. 1946 Professor für Komposition der Musikhochschule Freiburg im Breisgau. 1956 Akademie der Tonkunst München. † 16.12.2007 München. Lit.: Moser; Prieberg.

Georg, Manfred, eigentlich Cohn, ab 1939: George. Schriftsteller.

* 22.10.1893 Berlin. Dr. jur. Mitglied des Berliner zionistischen Vereins. 1928 Feuilletonchef der Ullstein-Zeitung *Tempo.* 1932 Autor einer Biographie über Theodor Herzl. 1933 Flucht in die Tschechoslowakei, ab 1938 USA. 1939 Gründer und (bis zum Tode) Chefredakteur der deutschsprachigen Emigrantenzeitung *Aufbau.* † 31.12.1965 New York.

George, Heinrich, eigentlich Georg Heinrich Schulz. Auf der *Gottbegnadeten-Liste* (Führerliste) der wichtigsten Künstler des NS-Staates.

* 9.10.1893 Stettin. Darsteller im »ersten wirklichen Nazi-Film« (Courtade) *Hitlerjunge Quex*, Untertitel: *Ein Film vom Opfergeist der deutschen Jugend.* Uraufführung September 1933 in Anwesenheit von Hitler und Baldur von Schirach. 1935 Hauptrolle in Euringers *Deutsche Passion* am Berliner Theater des Volkes: Auferstehung des unbekannten Soldaten (Hitler) von den Toten und anschließende Himmelfahrt. 1937 Kriegsfilm *Unternehmen Michael*, eine Glorifizierung sinnlosen Sterbens. 1938 Intendant des am 16. November in Anwesenheit von Hitler wiedereröffneten *Schiller-Theaters der Reichshauptstadt.* September 1940 in Harlans Hetzfilm *Jud Süß*, Werner-Krauß-Biograph Goetz zu den Dreharbeiten: »Prager Juden wurden zusammengetrieben und mußten als Statisten auftreten«. November 1940 Film *Friedrich Schiller*, laut Leiser Schiller als Vorläufer des Verfassers von *Mein Kampf.* 1942 Rolle des österreichischen Antisemiten Ritter von Schönerer

im Tendenzfilm *Wien 1910* (der antisemitische Wiener Bürgermeister Karl Lueger als Hitler-Vorläufer). Am 18. 2. 1943 im Berliner Sportpalast, als Goebbels den »totalen Krieg« ausruft. Am 14. 7. 1944 mit dem Schiller-Theater Auftritt im besetzten Krakau und am 26. 9. 1944 als Gast der *Kulturvereinigung des Generalgouvernements* Lesung über *Deutsches Schicksal* im Staatstheater Krakau (*Krakauer Zeitung*). Juli 1944 Titelrolle und Produzent des Durchhaltefilms *Die Degenhardts.* 1945 Darsteller in Harlans Durchhalte-Schnulze *Kolberg.* NS-Ehrung: 1937 von Hitler Titel *Staatsschauspieler*, 1943 Titel Generalintendant. Moeller (Filmstars): »Auftritte beim ›Wunschkonzert‹, Besuche beim NSDAP-Parteitag in Nürnberg, Rundfunk-Deklamierungen, Lesungen nationaler Texte … In all diesen Kategorien lag Heinrich George vor vergleichbaren Schauspielern.« Zuckmayer: »Jählings von einem Tag auf den anderen wandelte er seine wildkommunistisch revolutionäre Gesinnung in ebenso raserischen Nationalsozialismus.« Harlan: »Mein Freund Heinrich George war fraglos dem Nationalsozialismus am ehesten zugewandt.« 1945 Verhaftung. † 25. 9. 1946 in sowj. Internierung im ehemaligen KZ Sachsenhausen, nach einer Blinddarmentzündung. Jürgen Fehling beteuert im Nachruf, er habe George geliebt wie keinen Schauspieler, doch der habe bis zum Schluß »blind vor den Nazigötzen Harfe gespielt«.
George, Stefan. Dichterfürst.
* 12. 7. 1868 Büdesheim bei Bingen. Im Chor der Kriegsbegeisterten zum I. Weltkrieg. Umstritten wegen seiner posenhaften Selbststilisierung, der Inszenierung seines Jüngerkreises als Kulturelite und der männerbündischen Erotik. Von der NS-Kulturpropaganda vergeblich umworben. George: »Die Ahnherrschaft der neuen nationalen Bewegung leugne ich durchaus nicht ab und schiebe auch meine geistige Mitwirkung nicht beiseite. Was ich dafür tun konnte, habe ich getan.« † 4. 12. 1933 Minusio bei Locarno. Klaus Manns Nach-

ruf 1934 in der Emigrantenzeitschrift *Die Sammlung:* »Hier ist alles schon da, ausgeführt mit einem Glanz und einer Reinheit, vor der die Größen von Goebbels Gnaden schweigend in die Knie brechen müßten: der Führergedanke in seiner radikalen Pointierung; der Kult des heroischen Jünglings; die Verherrlichung der Zucht, des heldischen Todes.« Lit.: Schmitz/ Schneider.
Gerasch, Alfred. Auf der *Gottbegnadetenliste:* Liste der Schauspieler, die für die Filmproduktion benötigt werden.
* 17. 8. 1877 Berlin. Nebenrollen in *Hundert Tage* (1934), *Fridericus* (1936) oder *Mutterlied* (1937). 1946 letzter Film: *Die Welt dreht sich verkehrt.* † 12. 8. 1954 Wien.
Gerber, Rudolf. Musikwissenschaftler.
* 15. 4. 1899 Flehingen in Baden. 1932 ao. Professor der Universität Gießen. 1935 Beitrag *Die Aufgaben der Musikwissenschaft im Dritten Reich.* 1937 NSDAP. Mitarbeiter der *Hauptstelle Musik* des *Beauftragten des Führers für die Überwachung der gesamten geistigen und weltanschaulichen Schulung und Erziehung der NSDAP* (Dienststelle Rosenberg). Autor der Rosenberg-Zeitschrift *Musik im Kriege*, laut Schriftleitung »zur Stärkung der inneren Front und zur Erringung des Endsieges«. 1943 Lehrstuhl in Göttingen. † 6. 5. 1957 Göttingen. Lit.: de Vries; Prieberg, Handbuch; Wulf, Musik.
Gerdes, Herbert. Schmalfilmer, Urheber rassenhygienischer Hetzfilme.
* 1. 4. 1884 Blexen in Oldenburg als Bauernsohn. Ursprünglich Kaufmann. 1933/34 Kreisfilmstellenleiter in Oldenburg. April 1933 NSDAP (Nr. 2 867332). 1935 im Rassenpolitischen Amt der NSDAP. Oktober 1941 Leiter der Abteilung Film in der Hauptabteilung Propaganda in Krakau. Gerdes am 28. 10. 1941 an die Reichsfilmkammer, Fachschaft Film: »Als Leiter der Abteilung Film im Rassenpolitischen Amt [der] Reichsleitung der NSDAP war ich bis zum 26. August 1939 mit der Herstellung der Auf-

klärungsfilme des RPA tätig. Ich brachte die Filme ›Die Sünden der Väter‹, ›Abseits vom Wege‹, ›Erbkrank‹, ›Alles Leben ist Kampf‹ und ›Was Du ererbst‹ heraus. Meine Tätigkeit wurde dadurch unterbrochen, daß ich als Offizier der Heeresfilmstelle einberufen und nach erfolgter U.k.-Stellung durch das Reichsministerium für Volksaufklärung und Propaganda nach dem Generalgouvernement abgeordnet wurde.« Adresse in Krakau: Palais Brühl.

Gerhardinger, Constantin. Maler.
* 31.7.1888 München. Wohnort Törwang bei Rosenheim. Auf den Großen Deutschen Kunstausstellungen im Münchner NS-Musentempel *Haus der Deutschen Kunst* 1939 mit den Bildern *Bauerndirn* und *Mädchenakt*, 1940 mit *Auf sonniger Höhe* (Nackte auf Waldlichtung), 1941 mit *NS-Gemeinderatssitzung*. NS-Ehrung: Am 30.1.1938 (zum *Tag der Machtergreifung*) Titel Professor, Juni 1943 Aberkennung durch den erzürnten Hitler, da Gerhardinger gesagt hatte, aus Angst vor Bombenschäden seine Werke nicht mehr ausstellen zu wollen. 1953 Ausstellung in den Städtischen Kunstsammlungen Rosenheim. † 11.3.1970 Törwang. Q.: Thomae.

Gerheuser, Ludwig. Musikreferent der *Nationalsozialistischen Kulturgemeinde* Gau München-Oberbayern.
* 6.2.1901 Ebersberg in Oberbayern. 1921 *Brigade Ehrhardt*, 1933 SA (1943 Hauptsturmführer), SA-Schulungsleiter. 1937 NSDAP. Prieberg:»In Himmlers persönlichem Auftrag unterrichtete er die SS-Lagermannschaft Dachau im Volksliedsingen.« 1944 Gauschulungsleiter, Leiter der NSDAP-Gauschule für Beamte in Traben-Trarbach (Mosel). † Amtlich zum 31.12.1945 für tot erklärt.

Gerigk, Herbert. Ab 1937 Leiter der *Hauptstelle Musik des Beauftragten des Führers für die Überwachung der gesamten geistigen und weltanschaulichen Schulung und Erziehung der NSDAP* (Dienststelle Rosenberg). Mitherausgeber des NS-Hetzwerks *Lexikon der Juden in der Musik*.

* 2.3.1905 Mannheim. Musikwissenschaftler. 1928 Promotion. 1932 NSDAP. 1933 SA, Leiter der Musikabteilung am Sender Königsberg. 1934 Direktor der Landeskulturkammer Danzig. 1935 SS (1944 Hauptsturmführer), Musikkritiker beim NSDAP-Zentralorgan *Völkischer Beobachter*. Leiter des Kulturpolitischen Archivs in Rosenbergs Amt für Kunstpflege, Herausgeber der Zeitschrift *Die Musik*. Potter:»1937 war er in musikwissenschaftlichen Kreisen als Intrigant bereits bestens bekannt.« Streute zum Beispiel das Gerücht, der Musikwissenschaftler Moser (ein Konkurrent aus dem Hause Goebbels) sei Jude. 1940 Leiter des Sonderstabs Musik beim *Einsatzstab Reichsleiter Rosenberg* zum Raub »herrenlosen Kulturguts von Juden«, Hauptarbeitsgruppe Frankreich. Das *Lexikon der Juden in der Musik* erschien erstmals 1940. Bibliographische Angabe: *Veröffentlichungen des Instituts der NSDAP zur Erforschung der Judenfrage Frankfurt a.M. Band 2*. Das Stigmatisierungswerk »zur Ausmerzung alles Fremdländischen« erreichte bis 1943 vier aktualisierte Auflagen. Gerigk im Vorwort: »Die Reinigung unseres Kultur- und damit auch unseres Musiklebens von allen jüdischen Elementen ist erfolgt.« Gerigk 1942:»Die Frage muß aufgeworfen werden, ob es im Zeichen der Liquidierung des Judentums in Europa angebracht ist, jüdische Mischlinge als Kulturschaffende in irgendeiner Form zuzulassen.« 1943 Hauptschriftleiter des Rosenberg-Organs *Musik im Kriege*, laut Schriftleitung »zur Stärkung der inneren Front und zur Erringung des Endsieges«. Nach 1945 Musikkritiker der Dortmunder *Ruhr-Nachrichten*. 1953 gescheiterter Versuch, mit Hilfe von CDU und FDP Kulturdezernent in Bochum zu werden. 1954 Autor des *Fachwörterbuchs der Musik* bei seinem Verleger Hahnefeld in Münchberg in Bayern. † 20.6.1996 Dortmund.

Gernot, Herbert. Auf der *Gottbegnadetenliste*: Liste der Schauspieler, die für die Filmproduktion benötigt werden.

* 1895 Berlin. An Berliner Bühnen. 1940 im NS-Hetzfilm *Die Rothschilds*, laut Courtade »ein Aufruf zu Haß und Mord«. 1942 Ufa-Film über die stets siegreiche deutsche Technik mit dem Titel *Diesel*. Nach 1945 Stadttheater Zürich. † 12.9. 1952 Zürich. Nachruf *Deutsches Bühnen-Jahrbuch*: »Zuletzt war er des öfteren im Bayerischen Rundfunk als Märchenerzähler zu hören.«

Gerron, Kurt, eigentlich Gerson. Schauspieler.

* 11.5. 1887 Berlin. Schwerverwundet im I. Weltkrieg, deshalb Drüsenfunktionsstörung, die ihn körperlich zum Koloß werden läßt. 1917 Abschluß Medizinstudium. 1920 erste Rollen im Stummfilm, Rollentyp lebenslang: Bösewichte. 1921 in Trude Hesterbergs Kabarett *Wilde Bühne*, 1924 beim *Kabarett der Komiker*. 1928 in der Uraufführung der *Dreigroschenoper* am Berliner Theater am Schiffbauerdamm, Rolle des Brown, korrupter Polizeichef von London, Interpret des *Kanonen-Songs* (»Soldaten wohnen auf den Kanonen«). 1929 während der Probe zu *Happy End* von Brecht beschimpft: »Sie fetter Arschkomiker, Sie Mißgeburt!« 1930 in den Filmerfolgen *Der blaue Engel*, *Die Drei von der Tankstelle*, *Dolly macht Karriere*, Engagements in Rudolf Nelsons Revue-Programmen. Regie zu den Filmen *Meine Frau, die Hochstaplerin* mit Käthe von Nagy und Heinz Rühmann (1931), *Es wird schon wieder besser* mit Dolly Haas und Rühmann, *Ein toller Einfall* mit Willy Fritsch, *Der weiße Dämon* mit Hans Albers (alle 1932) sowie *Heut kommt's drauf an*, ein Jazz-Film mit Hans Albers (Uraufführung März 1933). Am 1.4. 1933, dem Tag des *Judenboykotts*, während der Dreharbeiten zum Ufa-Film *Amor an der Leine* (späterer Titel: *Kind, ich freu mich auf dein Kommen*) von Produktionsleiter Erich von Neusser – weinend – aus dem Studio vertrieben. Fluchtstationen: Paris, Wien, 1935 in Holland, dort an Nelsons Revue-Theater. 1939 in Willy Rosens (Emigranten-) *Kabarett der Prominenten*. Septem-

ber 1943 mit seiner Frau Olly Internierung im Lager Westerbork, Auftritte im Lager-Kabarett *Bühne Lager Westerbork*. Am 25.2. 1944 Deportation der Eheleute ins Ghettolager Theresienstadt. Im Herbst 1944 im Ghetto Regie und Schnittbuch zum Lügenfilm *Theresienstadt* (laut Saul Friedländer gaben ihm Häftlinge den sarkastischen Titel *Der Führer schenkt den Juden eine Stadt*). Das Propagandawerk, das nicht mehr ins Kino kam, zeigt paradiesische Lebensumstände, mit Freizeitmöglichkeiten, Varieté und Theater (Gerron singt den *Kanonen-Song*). † Oktober 1944, nach Abschluß der Dreharbeiten, nach Auschwitz deportiert. Lit.: Liebe.

Gerson, Dora. Schauspielerin, Veit Harlans erste (jüdische) Ehefrau.

* 23.3. 1899 Berlin. 1921 (bis 1929) Volksbühne Berlin. 1922 Heirat, Scheidung 1924. 1933 Flucht in die Schweiz, danach in den Niederlanden, Heirat, zwei Kinder. Nach dem Einmarsch der Wehrmacht Versuch, in die Schweiz zu entkommen. In Frankreich verhaftet. † Februar 1943 mit ihrem Ehemann und den Kindern in Auschwitz.

Gerstel, Wilhelm. Auf der *Gottbegnadeten-Liste* (Führerliste) der wichtigsten bildenden Künstler des NS-Staates.

* 7.1. 1879 Bruchsal. Steinmetz. 1921 Professor der Staatsschule für angewandte Kunst in Berlin. Mitglied der Preußischen Akademie der Künste. Monumentalplastiken. Ab 1946 an der Akademie in Freiburg im Breisgau. † 23.1. 1963 ebenda. Q.: Thomae.

Gerstenberg, Kurt. Kunsthistoriker.

* 23.7. 1886 Chemnitz. 1932 Lehrstuhlvertretung in Kiel. März 1933 NSDAP. 1934 Lehrstuhlvertretung in Halle, 1937 in Würzburg, 1940 Lehrstuhl. 1945 Entlassung. 1949–1954 erneut Professor für Mittlere und Neuere Kunstgeschichte. † 2.11. 1968 Würzburg. Lit.: Eberle.

Gerstenmaier, Eugen. Konsistorialrat, im Krieg in der Kulturpolitischen Abteilung des Auswärtigen Amts (AA).

* 25.8. 1906 Kirchheim/Teck. Theologe.

Ab 1936 im Kirchlichen Außenamt der Deutschen Ev. Kirche unter dem braunen Bischof Theodor Heckel. 1936 Promotion, 1938 im Furche-Verlag unter dem Titel *Die Kirche und die Schöpfung* gedruckt. Dort heißt es: »Als Strukturstörung müssen wir aber nicht nur die blutmäßig-rassische Verwirrung [!] ansprechen, sondern auch jene geschichtlich-staatliche, die einem zusammengehörigen Gemeinschaftsgefüge, einer Volksindividualität die geschlossene Gemeinsamkeit der Entfaltung verwehrt.« Gerstenmaiers Anmerkung dazu: »Man denke z. B. an die Not der unter fremder Staatlichkeit um ihren Bestand – um ihr Schöpfungsgut – kämpfenden deutschen Volksgruppen.« Immer noch Gerstenmaier: »Wo immer um die Schöpfung Gottes, um ihren Bestand gekämpft wird, dort hat die Kirche die Waffen zu segnen und mitzukämpfen.« Verhaftung nach dem Attentat des 20. Juli 1944. 1945 Gründer des Hilfswerks der Ev. Kirche (auch für NS-Täter) in Stuttgart. CDU-MdB. Miteigentümer der Wochenzeitung *Christ und Welt*. Mitglied des Oktober 1951 gebildeten Untersuchungsausschusses des Bundestags zur NS-Vergangenheit des AA (Döscher). 1954–1969 Bundestagspräsident. † 13.3.1986 Remagen. Q.: Eberhard Bethke: Dietrich Bonhoeffer, München 1986.

Gerster, Ottmar (sic). Auf der *Gottbegnadeten-Liste* (Führerliste) der wichtigsten Komponisten des NS-Staates.
* 29.6.1897 Braunfels, Kreis Wetzlar. Bratschist. Ab 1927 Lehrer an der Folkwankschule Essen. 1940 Komponist und Texter des Lieds der Essener Straßenbau-Kompanien: »Deutschland, sollst neu uns erblühen,/Deutschland, dir gilt unser Mühen,/dir ja sei alle Zeit unser ganzes Sein geweiht.« Am 11.10.1941 Uraufführung seiner Oper *Die Hexe von Passau* in Düsseldorf. NS-Ehrung: 1941 Robert-Schumann-Musikpreis der Stadt Düsseldorf und Kompositionsauftrag der Reichsregierung, mit 50 000 Mark dotiert. 1947 Professor der Musikhochschule Weimar,

1948 Direktor. 1952 Musikhochschule Leipzig. Kompositionen: *Ballade vom Mann Karl Marx und der Veränderung der Welt* (1958), *Weimarer Sinfonie* zum 20. Jahrestag der DDR (1969). *Nationalpreis* und *Vaterländischer Verdienstorden*. † 1.9.1969 Leipzig. Lit.: Barth; Bücken; Prieberg.

Gerstner, Hermann. 1931 bis 1965 (!) Bibliothekar der Bayerischen Staatsbibliothek in München.
* 6.1.1903 Würzburg. Präsident der Max-Dauthendey-Gesellschaft. 1938 Gedichte: *Acker der Grenzmark*. 1939 mit Karl Schworm: *Deutsche Dichter unserer Zeit*. Dort heißt es über die Gedichte Baldur von Schirachs: »Sie sind die künstlerisch geformten Ehrenhallen, die in eine neue Epoche unseres Schrifttums geleiten.« Verse *Schicksal*, 1944 in der Anthologie *Lyrik der Lebenden* des SA-Oberführers Gerhard Schumann: »Schicksal, darum laß uns nicht schicksallosen/Wesen gleich das rinnende Jahr verbringen,/zeichne uns mit Runen, auch wenn sie schmerzen –/ denn wir sind Menschen!« † 17.8.1993 Grünwald bei München.

Gerwin, Franz. *Künstler im Kriegseinsatz* (dienstverpflichtet, aber freigestellt von Kriegsdienst und Arbeit in der Rüstungsindustrie).
* 9.6.1891 Lünen. Maler von Industrieanlagen und Wehrbauten. Auf den Großen Deutschen Kunstausstellungen im Münchner NS-Musentempel *Haus der Deutschen Kunst* mit insgesamt 26 Bildern, darunter 1940 *Reichswerke Hermann Göring* (Öl), 1943 *Zerstörte Kokerei bei Dnjepropetrowsk* (Aquarell). Hitler kaufte sein Bild *Kokerei* (1938). † 28.3.1960 Bochum.

Geschonneck, Erwin. Schauspieler.
* 27.12.1906 Berlin. Darsteller bei Piscator. Als KPD-Mitglied 1933 Flucht nach Polen, 1934 in der UdSSR, 1938 in Prag. März 1939 Verhaftung, danach KZ Sachsenhausen, Dachau (Lagertheater) und Neuengamme. Am Ende auf dem KZ-Häftlingsschiff *Cap Arcona*, überlebte einen Bombenangriff der Briten am 3. Mai 1945. Zunächst bei Ida Ehre an den Ham-

burger Kammerspielen. 1949 von Brecht ans *Berliner Ensemble* geholt. Einer der wichtigsten Schauspieler der DDR. Filme: *Der Biberpelz* (1949), *Nackt unter Wölfen* (1963), Fallada-Verfilmung *Jeder stirbt für sich allein* (1970). Unter anderem *Nationalpreis* und *Vaterländischer Verdienstorden*. 1965 Mitbegründer der Arbeitsgemeinschaft Neuengamme im *Komitee der Antifaschistischen Widerstandskämpfer der DDR*. † 12.3. 2008 Berlin.

Geßner, Albert. 1928 öffentlicher Förderer des *Kampfbunds für deutsche Kultur*. Architekt.
* 19.3. 1868 Aue im Erzgebirge. 1928 in Degeners *Wer ist's?* als Lieblingsbeschäftigung: »Rassenforschung.« Mitglied der Akademie des Bauwesens in Berlin. Am 12.5. 1933 an die Preußische Akademie der Künste (selbst Mitglied): »Seit Jahren bemüht sich die Ihnen bekannte Gruppe in der Abteilung für bildende Künste gegen den zersetzenden Geist des getarnten Judentums in der Akademie anzugehen, überall in Deutschland geschieht in dieser Beziehung das Richtige, nur ausgerechnet uns soll dies versagt sein.« DBE: »Wurde vor allem durch seine großen Berliner Mietshäuserblocks bekannt.« † 2.6. 1953 Berlin.

Geyger, Ernst Moritz. Maler.
* 9.11. 1861 Berlin. 1883 Dresdner Akademie. 1918–1928 Meisteratelier an der Preußischen Akademie der Künste. Danach Wohnsitz in Florenz. 1936 Ehrensold von Hitler, der einige seiner Bilder erwarb. 1938/39 auf der 2. Deutschen Architektur-Ausstellung im Münchner NS-Musentempel *Haus der Deutschen Kunst* mit dem Objekt *Bogenschütze am Königsufer in Dresden*. NS-Ehrung: 1941 *Goethe-Medaille* für Kunst und Wissenschaft, wenige Tage vor seinem Tode. † 31.12. 1941 Marignolle bei Florenz.

Giehse, Therese, eigentlich Gift. Schauspielerin.
* 6.3. 1898 München. Tochter eines jüdischen Textilkaufmanns. Ab 1926 an den Kammerspielen München. Befreundet mit Erika Mann. Januar 1933 die Attraktion in Erika Manns Münchner Kabarett *Pfeffermühle*. März 1933 Flucht in die Schweiz, Oktober 1933 Eröffnung des Kabaretts *Pfeffermühle* in Zürich. Eine Säule des Schauspielhauses Zürich, 1941 erstmals als Brechts *Mutter Courage*. Durch Heirat mit dem Schriftsteller Hampson-Simpson (1936) im Besitz eines britischen Passes. 1949 bei Brechts *Berliner Ensemble* in Ost-Berlin. 1952 Rückkehr an die Münchner Kammerspiele. Das *Deutsche Bühnen-Jahrbuch* zum 75. Geburtstag: »Menschengestalterin von blendendem, schier unerschöpflichem Reichtum.« † 3.3. 1975 München. Lit.: »Ich hab nichts zum Sagen«, Gespräche mit Monika Sperr, Reinbek 1976.

Gies, Ludwig. Bildhauer, Adlerspezialist.
* 3.9. 1887 München. 1917 (bis 1937) Leiter der Bildhauerklasse der Kunsthochschule Berlin. Sein 1920 für den Lübecker Dom geschnitztes Kruzifix war eines der Haßobjekte der Schandschau *Entartete Kunst* Juli 1937 in München. Beschlagnahmung von elf seiner Werke. Pachali: »Doch er hatte längst ein anderes Arbeitsfeld: Den Reichsadler. Dafür erhielt er ungezählte Aufträge, für die Reichsbank in Berlin, für Rathäuser, Fabriken und Kasernen. Auch für Hitlers Reichsautobahn hat er gearbeitet.« 1950 Professor der Werkschule in Köln. Adler für den Deutschen Bundestag in Bonn und danach in Berlin. † 27.1. 1966 Köln. Lit.: Gerke Pachali, Ludwig Gies (1887–1966). Ein Künstler in allen Zeiten und die Glasmalerei in der Kapelle des Marienkrankenhauses [in Brandenburg], in: Historischer Verein Brandenburg, 12. Jahresbericht 2003.

Gieseking, Walter. Auf der *Gottbegnadeten-Liste* (Führerliste) der wichtigsten Pianisten der NS-Staates.
* 5.11. 1895 Lyon. Mozart-Interpret. Wohnsitz Hannover und Wiesbaden. Am 24.5. 1938 Auftritt im Zweiten Sinfoniekonzert während der ersten *Reichsmusiktage* in Düsseldorf (mit der Schandschau

Entartete Musik). Unter anderem Auftritte im besetzten Paris und in Krakau. NS-Ehrung: 1937 von Hitler Titel Professor. 1947 Professor am Saarbrücker Konservatorium. † 26.10. 1956 London.

Giesler, Hermann. Auf der Sonderliste der zwölf wichtigsten bildenden Künstler der *Gottbegnadeten-Liste* (Führerliste). Reichskultursenator.

* 2.8. 1898 Siegen. Architekt. Bruder des Gauleiters Paul Giesler. 1930 NSDAP-Parteiredner. 1933 Bau der NS-Ordensburg Sonthofen. Planung der *Hohen Schule* am Chiemsee, der von Rosenberg projektierten und von der NSDAP finanzierten NS-Universität. Entwurf des Adolf-Hitler-Platzes in Weimar. 1938 *Generalbaumeister der Hauptstadt der Bewegung* (München). Von Hitler im Tischgespräch am 1.5. 1942 für den Umbau von Schloß Kleßheim bei Salzburg zum Gästehaus der Reichsregierung gelobt. Einsatzgruppenleiter der *Organisation Todt* (OT), 1944 OT-Leiter Bayern. Bis zuletzt Chefarchitekt von Linz. Laut Goebbels-Tagebuch legte er noch am 13. Februar 1945 Hitler seine Baupläne für Linz vor. NS-Ehrung: Titel Professor (1938), Präsidialrat der Reichskammer der bildenden Künste. Im KZ-Mühldorf-Hauptprozeß am 13.5. 1947 zu lebenslang Haft verurteilt, Entlassung 1952. Freier Architekt. † 20.1. 1987 Düsseldorf.

Gießen, Josef. Kunsterzieher.

* 6.2. 1900 Düsseldorf, Sohn eines Oberstudiendirektors. 1929 Dr. phil. Mai 1933 Professor für Kunsterziehung der Hochschule für Lehrerbildung (NS-Indoktrinierung) in Bonn. Am 11.11. 1933 auf Unterzeichnerliste *Bekenntnis der Professoren an den deutschen Universitäten und Hochschulen zu Adolf Hitler und dem nationalsozialistischen Staat.* 1936 HfL Trier, 1941 der als HJ-Formation organisierten Lehrerbildungsanstalt Trier, zuletzt Direktor. NS-Lehrerbund und NSDAP (1937). 1948 Dozent, 1957 Professor der Pädagogischen Hochschule Vechta. † 17.6. 1979 Lohne (Oldenburg). Lit.: Hesse.

Gigli, Benjamino. Italienischer Tenor.

* 20.3. 1890 Recanati als sechstes Kind eines armen Schumachers (Gigli). Zwischen 1935 und 1943 in elf deutschen Filmen. 1935 mit Magda Schneider im Liebesfilm *Vergiß mein nicht.* Im Zeichen der Hitler-Mussolini-Achse Auftritt in Berlin, Goebbels am 23.6. 1937 im Tagebuch: »Abends Deutsches Opernhaus Scala-Gastspiel. ›Aida‹. Führer auch da. Große Gesellschaft … Gigli, Cigna. Ganz groß.« Gast im *Wunschkonzert für die Wehrmacht*, Goebbels' Radiosendung zwecks Hebung der Truppenmoral und Leidensbereitschaft der Heimatfront. Goebbels am 18.4. 1941 im Tagebuch, nach Kriegseröffnung gegen Griechenland und Jugoslawien: »Gigli empfangen. Er will sich stärkstens für unsere Truppenbetreuung einsetzen. Wie glücklich er über unsere Waffenerfolge ist.« Ankündigung des Reichspropagandaamts Berlin: Am 1.8. 1942 Auftritt im Haus der Flieger für Verwundete der Waffen-SS. Juni 1943 im Film *Lache, Bajazzo.* † 30.11. 1957 Rom. Nachruf *Deutsches Bühnen-Jahrbuch*: »Organisch gewachsene Größe.«

Gilbert, Jean, eigentlich Max Winterfeld. Komponist.

* 11.2. 1879 Hamburg. Unterhaltungskapellmeister. 1910 Operette *Die keusche Susanne.* Erfolgsschlager: *Durch Berlin fließt immer noch die Spree* sowie *Puppchen, du bist mein Augenstern.* Im *Lexikon der Juden in der Musik* gebrandmarkt, *Meyers Lexikon* (1938): »Operettenkomponist seichtester Art«. 1933 Flucht über England, Frankreich und Spanien nach Argentinien (1939). Orchesterleiter der Radiostation El Mundo in Buenos Aires. Vater von Robert Gilbert. † 20.12. 1942 Buenos Aires.

Gilbert, Robert, eigentlich Winterfeld. Komponist und Texter.

* 29.9. 1899 Berlin. Texte zu über 60 Operetten (darunter Benatzkys *Im weißen Rößl*) sowie zu zahlreichen Filmen (*Die Drei von der Tankstelle*). Im *Lexikon der Juden in der Musik* gebrandmarkt. 1933 Flucht nach Österreich, 1938 nach Frankreich, 1940 in New York. 1953 Wohnsitz in der Schweiz. † 20. 3. 1978 Muralto bei Locarno.

Gilles, Werner. Maler.
* 29. 8. 1894 Rheydt. Schüler Feiningers am Weimarer Bauhaus. Haftmann: »Er ist immer im Zustand des lyrischen Dichters ... und fängt das Lyrische in abstrakten Farb-Formklängen ein.« Juli 1937 in der Schandschau *Entartete Kunst* in München vorgeführt, Beschlagnahmung von 17 seiner Werke. 1954 Großer Kulturpreis des Landes Nordrhein-Westfalen. † 22. 6. 1961 Essen.

Ginskey, Franz Karl. Schriftsteller.
* 8. 9. 1871 Pola (Istrien). Österreichischer Staatsrat. Autor von Werken wie *Der Kater Ypsilon* (1927) oder *Der selige Brunnen* (1940). Gedicht *Junge Liebe*, 1944 in der Anthologie *Lyrik der Lebenden* des SA-Oberführers Gerhard Schumann: »Schweigend wandeln wir im Kühlen,/ abends, wenn die Amsel klagt./Hier ein Fühlen, dort ein Fühlen,/es ist schon alles gesagt.« Kommentar des Herausgebers: »Ein Volk, das auch in seiner harten Gegenwart über so vielfältige Kräfte der Seele und des Geistes ... verfügt, ist von keiner Macht dieser Erde zu bezwingen, ist unsterblich!« 1947 Erinnerungen: *Der Heimatsucher.* † 11. 4. 1963 Wien.

Glaeser, Ernst. Einer jener zwölf Schriftsteller, die vom *Börsenverein der Deutschen Buchhändler* »als schädigend« gebrandmarkt wurden und nicht verbreitet werden durften.
* 29. 7. 1902 Butzbach. 1928 Erfolgsbuch *Jahrgang 1902.* 1930 Mitunterzeichner eines Aufrufs proletarisch-revolutionärer Schriftsteller zur Wahl der KPD. Feuerspruch bei der öffentlichen Bücherverbrennung Mai 1933: »Gegen Dekadenz und moralischen Verfall! Für Zucht und Sitte in Familie und Staat!« 1933 Exil in der Tschechoslowakei, 1934 in der Schweiz. Klaus Mann nennt ihn einen wendigen Autor, »der in den ersten Jahren der Emigration vorgab, zu uns zu gehören«. 1939 Rückkehr ins Reich. 1941 Redakteur der Luftwaffen-Frontzeitungen *Adler im Osten* und *Adler im Süden.* Autor im NS-Kampfblatt *Krakauer Zeitung,* das »Blatt des Generalgouvernements«. † 18. 2. 1963 Mainz.

Glaser, Waldemar. Schriftsteller, im Arbeitskreis der Obersten SA-Führung für Kunst und Wissenschaft.
* 20. 8. 1903 Striegau. Abteilungsleiter am Reichssender Breslau, 1934 Autor: *Stahlkreuz an der Ruhr, Leben und Sterben Albert Leo Schlageters.* 1938: *Ein Trupp SA* (vom *Beauftragten des Führers für die Überwachung der gesamten geistigen und weltanschaulichen Schulung der NSDAP,* Amt Rosenberg, empfohlene Lektüre). † 22. 3. 1953 Hof.

Glasmeier, Heinrich. Reichsrundfunkintendant, zugleich Generaldirektor der Reichsrundfunkgesellschaft (1937).
* 5. 3. 1892 Dorsten in Westfalen. Dr. phil. Kavallerie-Offizier im I. Weltkrieg. 1924 Archivdirektor der *Vereinigten Westfälischen Adelsarchive.* 1932 NSDAP, Gaugeschäftsführer Westfalen, Gaukulturwart. April 1933 Intendant des Reichssenders Köln, Herausgeber und Schriftleiter des *Westfälischen Adelsblatts.* Präsidialrat der Reichskulturkammer. Reichskultursenator, SS-Oberführer (1939). Goebbels am 13. 4. 1937 im Tagebuch: »Jedenfalls geht er rücksichtslos vor, das ist die Hauptsache.« November 1943 Bevollmächtigter des Reichspropagandaministers in Frankreich. † 31. 1. 1945.

Glauning, Otto. Bibliothekswissenschaftler.
* 5. 8. 1876 Nürnberg. 1921–1937 Direktor der Leipziger Universitätsbibliothek. Honorarprofessor. 1937 Weiheverse in *Die völkische Schulfeier:* »Hakenkreuz, du Kreuz der Wende,/leuchtest uns auf unsrer Bahn./Schwörend heben wir die Hände:/ Immer sei uns du voran!« † 15. 8. 1941 München.

Gleichen-Rußwurm, Heinrich Freiherr von. Name Oktober 1933 unter dem Treuegelöbnis »88 deutsche Schriftsteller« für Adolf Hitler.

* 14.7. 1882 Dessau, Sohn eines Oberforstrats, letzter Urenkel Schillers. 1917 Geschäftsführender Sekretär des *Bundes deutscher Gelehrter und Künstler*. Ab 1922 Inhaber des Ring-Verlags. 1924 Gründer des *Deutschen Herrenklubs*, Treffpunkt der »intellektuellen« Rechten (ab 1933: *Deutscher Klub*). Herausgeber der Zeitschriften *Das Gewissen* und *Der Ring*. † 29.7. 1959 Göttingen.

Gleichmann, Otto. Expressionistischer Maler.

* 20.8. 1887 Mainz. Unter anderem Gemälde *Die Makkabäer* sowie *Judas Maccabäus*. Juli 1937 in der Schandschau *Entartete Kunst* in München mit drei Objekten vorgeführt, Beschlagnahmung von 27 seiner Werke. 1952 Ausstellung in der Galerie Bernheim jeune, Paris. † 2.11. 1963 Hannover.

Glück, Ernst. Musikalischer Oberleiter der Städtischen Bühnen Litzmannstadt.

* 24.3. 1904 Walldorf/Werra. Kapellmeister. In Litzmannstadt/Lodz gab es geschlossene Vorstellungen für Wehrmacht, Polizei und Nazi-Organisationen (ab April 1940 vegetierten im Ghetto 160 000 Juden, August 1944 lebten noch 60 000, die deportiert und ermordet wurden). † 1945.

Glück, Richard. Komponist.

* 12.6. 1879 Wien. Dr. jur. Wirklicher Hofrat in Wien. Im *Lexikon der Juden in der Musik* gebrandmarkt. † Deportiert am 2.11. 1941 ins Ghettolager Litzmannstadt/ Lodz.

Glücksmann, Lisbeth. Violinvirtuosin.

* 8.2. 1892 Breslau. Im *Lexikon der Juden in der Musik* gebrandmarkt. Wohnsitz Bendorf bei Koblenz. Bendorf war Sitz der Israelitischen Heil- und Pflegeanstalt Sayn, in der die letzten noch lebenden psychisch kranken Juden konzentriert wurden. Etwa 250 Kranke und 100 Personen des jüdischen Personals werden am 14.6. 1942 in plombierten Güterwagen abtransportiert. Im Erlaß Adolf Eichmanns an die Gestapostellen heißt es: »Zur Abbeförderung der für die Evakuierung nach dem Osten noch in Betracht kommenden Juden wurde mit der Reichsbahn die Bereitstellung des Sonderzuges DA 22 ... nach Izbica [Ghettolager] bei Lublin vereinbart.« † Am 7.7. 1942 verfügte die Staatspolizeileitstelle Koblenz: »Es wird hiermit bestätigt, daß die in vorstehenden Liste aufgeführten Juden ... am 15. Juni 1942 ausgewandert sind und somit, soweit sie die deutsche Staatsbürgerschaft besessen haben, diese verloren haben.« Lit.: Schabow.

Gnaß, Friedrich. Schauspieler.

* 13.11. 1892 Bochum. 1928 in Weisenborns Antikriegsstück *U-Boot S 4*. 1931 in Langs Erfolgsfilm *M – Eine Stadt sucht einen Mörder*. NS-Propagandastreifen: U-Boot-Film *Morgenrot*, am 2.2. 1933 in Gegenwart Hitlers uraufgeführt (Kernsatz: »Zu leben verstehen wir Deutschen vielleicht schlecht, aber sterben können wir fabelhaft«). Dezember 1933 Propagandaschmarren *Flüchtlinge* über Wolgadeutsche, die »heim ins Reich« wollen. 1939 *Legion Condor*. Laut Weniger als Ex-Sozialist aus der Reichsfilmkammer ausgeschlossen und 1939 kaltgestellt. Nach 1945 in Brechts *Berliner Ensemble*. Filme: *Der Biberpelz* (1949), *Der Untertan* (1951), *Thomas Müntzer* (1955). † 8.5. 1958 Berlin.

Gobineau, Joseph Arthur Graf von, genannt *Apostel der germanischen Rasse*.

* 14.7. 1816 Ville d'Avray bei Paris. † 13.10. 1882 Turin. Französischer Diplomat, unter anderem Gesandter in Teheran. Vierbändiges Hauptwerk: *Versuch über die Ungleichheit der Menschenrassen*, in Deutschland 1898–1901 erschienen. In Frankreich ohne Lesergemeinde, in Deutschland von großem Einfluß, Freundschaft mit Richard Wagner. Ideale wie Freiheit, Gleichheit, Brüderlichkeit hält Gobineau für Zeichen der Degeneration. Weltgeschichte ist für ihn Rassengeschichte.

Gobsch, Hanns. Schriftsteller.

* 1.8. 1883 Chemnitz. Seit »1922/23 in Oberbayern tätiger Kämpfer für Hitler« (Schültke). Major z. V. Erfolgreicher Büh-

nenautor der NS-Zeit. Historische Dramen, 1933 *Das letzte Jahr*, 1934 *Unstern über Rußland*, 1935 *Der andere Feldherr* über die Schlacht bei Tannenberg. † 3.12. 1957 Murnau.

Godden, Rudi (Künstlername). Operettenbuffo am Berliner Metropol-Theater. * 18.4.1907 Berlin. Zwischen 1936 und 1940 in 13 Filmen. 1939 in *Robert und Bertram* (Leiser: die Karikatur des jüdischen Untermenschen, eingebettet in eine Lustspielhandlung) und im Wehrmachts-Propagandafilm *Das Gewehr über.* 1939 im Marika-Rökk-Film *Hallo, Janine* Interpret des Lieds *Musik! Musik! Musik!*: »Ich brauche keine Millionen,/Mir fehlt kein Pfennig zum Glück,/ich brauche weiter nichts als nur: Musik! Musik! Musik!« † 4.1. 1941 Berlin an Blutvergiftung. Nachruf Marika Rökk: »Er war ... so sauber im Wesen.«

Goebbels, Joseph. *Reichsminister für Volksaufklärung und Propaganda.* * 29.10.1897 Rheydt. 1920 Promotion zum Doktor der Literaturwissenschaft. 1924 Gründer der NSDAP-Ortsgruppe Mönchengladbach. 1926 NSDAP-Gauleiter Groß-Berlin. 1927 Gründung des Hetzblattes *Der Angriff.* Durch verkrüppelten Fuß behindert, Spottname *Schrumpfgermane* (Schacht). 1929 NSDAP-Reichspropagandaleiter. 1931 Heirat Magda Quandt, geschiedene Frau des Industriellen Quandt. Wegen seiner Affären mit Filmschauspielerinnen *Bock von Babelsberg* genannt. Ab 20.7.1944 Generalbevollmächtigter für den totalen Krieg. Am 1.9.1944 Schließung der Theater, Varietés usw. Reduzierung des Kulturlebens auf Kino und Funk. Luxuriöse Herrensitze auf der Wannseeinsel Schwanenwerder und am Bogensee in Lanke (Kreis Niederbarnim), inklusive eines 210 Hektar großen Waldgeländes. Bärbel Schrader: »Die in der Literatur oft überbewertete Rolle des Reichspropagandaministers als eines Mannes, der an allen Entscheidungen beteiligt war, verdeckt die Sicht auf den Apparat. Die dort agierenden Beamten ...

waren es, von denen das Schicksal der Künstler in großem Maße abhing.« † Suizid 1.5.1945 im Berliner Führerbunker, zuerst Vergiftung seiner sechs Kinder, dann seiner Frau Magda. Goebbels' Credo: »Die Nachrichtenpolitik im Krieg ist ein Kriegsmittel. Man benutzt es, um Krieg zu führen, nicht um Informationen zu geben.«

Goedecke, Heinz. Programmgestalter der *Wunschkonzerte für die Wehrmacht.* * 20.12.1902 Berlin. Mai 1933 NSDAP, in Rosenbergs *Kampfbund für deutsche Kultur.* Rundfunksprecher. Gruppenleiter der Reichsrundfunk-GmbH. Sprecher der Wehrmachtsberichte. 1940 Drehbuch zum und Auftritt im Staatsauftragsfilm *Wunschkonzert* (26,5 Millionen Besucher) zwecks Hebung der Truppenmoral und Leidensbereitschaft der Heimatfront. In der 50. Sendung am 1.12.1940 von Goebbels für seinen »Idealismus und Fanatismus« öffentlich gelobt. 1942 Leiter der Gruppe *Unterhaltungssendungen vornehmlich für die Front* beim Großdeutschen Rundfunk. † 28.8.1959 Braunschweig. Lit.: Koch.

Göring, Emmy, geb. Sonnemann, genannt *Hohe Frau.* Schauspielerin. * 24.3.1893 Hamburg (offizielles Geburtsdatum). Tochter eines Schokoladenfabrikanten. Rollentyp: Jugendliche Heldin. 1916 (kurzlebige) Ehe mit dem Schauspieler Karl Köstlin. Schauspielstationen: Aussig (Sudeten), Wien, Stuttgart, Wiesbaden, Deutsches Nationaltheater Weimar, 1933 Staatstheater Berlin. Am 20.4.1933, Hitlers Geburtstag, Darstellerin in der Uraufführung des Nazi-Stücks *Schlageter* (Hitler gewidmet). Januar 1934 Filmuraufführung des National- und Führerdramas *Wilhelm Tell.* Am 10.4.1935 Heirat mit Göring, kirchliche Trauung mit Reichsbischof Müller, Trauzeugen: Hitler und Kirchenminister Kerrl. Am 20.4.1935 – *Führers Geburtstag* – Bühnenabschied als *Minna von Barnhelm.* Mai 1937 Namenspatronin eines Altersheims für arische Schauspieler in Weimar: *Emmy-Göring-*

Stift, Eröffnungsfeier mit Gründgens, Hoppe, Tietjen. Juni 1938 Geburt der Tochter Edda, Taufpaten: Hitler und die »Großdeutsche Luftwaffe« (Emmy Göring). Weihnachten 1938 NSDAP. NS-Ehrung: Am 15.4.1934 von Göring Titel *Staatsschauspielerin*, Ehrenbürgerin von Weimar. Nach 1945 in Etzelwang (Oberpfalz) und München, Gast bei Winifred Wagner. 1967 Verharmlosungsopus *An der Seite meines Mannes*. Hatte Speer in seinem Tagebuch Göring 1946 noch als »Prasser und Parasit« tituliert, zeichnet sie ihren Gatten als Friedensengel und Tierschützer (*Reichsjägermeister*). Die von Göring 1933 errichteten Konzentrationslager dienten laut Emmy Göring der »Umschulung« von »kommunistischen Staatsfeinden« und die KZ-Haft Martin Niemöllers wird nachträglich mit dessen Annahme des *Leninordens* nach 1945 in Verbindung gebracht. Gerühmt wird Hitlers »Sinn für Humor«. † 8.6.1973 München.

Goering, Reinhard. Dramatiker.
* 23.6.1887 Schloß Bieberstein bei Fulda. Dr. med. Scholdt:»Sektiererisches Reformertum ließ ihn vielfältige Formen von Zeitmoden integrieren: Naturheilkunde, Vegetarismus, Siedlungs- und Georgeschwärmerei. Er war sonnengläubig und katholisch zugleich.« 1930: *Scapa Flow*, ein nationales Stück über die Selbstversenkung der deutschen Kriegsflotte, dafür halber Kleist-Preis. 1932 NSDAP, Juni 1933 Ausschluß. † 14.11.1936 Buch bei Jena.

Görner, Hans Georg. Komponist und Organist.
* 23.4.1908 Berlin. 1930 NSDAP. 1933 (bis 1943) Dirigent des Kammerchors des Deutschlandsenders, Fachleiter Kirchenmusik im *Kampfbund für deutsche Kultur*, Fachleiter der Glaubensbewegung *Deutsche Christen*. 1936 (bis 1945) Musikdirektor der Berliner Propstei. Am 6.4.1941 in *Die Musik-Woche* Beitrag *Georg Friedrich Händel und die Judaismen*: »Kann ein Volk, das die Führung einer Revolution im Kampf gegen das Weltjudentum in göttli-

chem und geschichtlichen Auftrag übernommen hat, sich eine Musikkultur leisten, in welcher es erlaubt ist, bedenkenlos … die Verherrlichung des jüdischen Rachegottes Jahwe zu besingen, während das Weltjudentum sich anschickt, die ganze Menschheit zum Zwecke der Vernichtung der arischen Rasse zu mobilisieren.« Nach 1945 Landeskirchenmusikdirektor in Schwerin. 1952 Dozent der Humboldt-Universität in Ost-Berlin. 1953 Musikhochschule Halle, 1969 Professor. † Februar 1984 Ost-Berlin. Lit.: Prieberg, Handbuch; Wulf, Musik.

Goes, Albrecht. Erzähler.
* 22.3.1908 Langenbeutingen in Württemberg. Pfarrer in Gebersheim bei Leonberg. Autor von Gedichten (1934: *Der Hirte*) und Essaybänden (1942: *Die guten Gefährten*). Texte im NS-Kampfblatt *Krakauer Zeitung*, das »Blatt des Generalgouvernements«. Nach 1945 Autor in der *Neuen Zeitung* (US-Tageszeitung im Dienste der Umerziehung und Demokratisierung). Bekannteste Erzählungen: *Unruhige Nacht* (1949) sowie *Das Brandopfer* (1954). Thomas Mann am 3.9.1949 an Goes über dessen Buch *Bemühungen*: »Oft streift sein Ton die Predigt, aber es ist eines sehr weltklugen, geisterfahrenen und im Leben umgetriebenen Predigers Stimme.« † 23.2.2000 Stuttgart.

Goes, Gustav. Oberheeresarchivrat.
* 20.4.1884 Bamberg. Hauptmann a.D. Autor von Werken wie *Aufbricht Deutschland*, *Spiel der nationalen Revolution* (1933) oder *Frontsoldaten, ein Freilichtspiel* (1935). 1938 Teilnehmer des *Reichsfrontdichtertreffens* in Guben (*Gubener Zeitung* vom 14.6.1938). † 29.5.1946 in sowjetischer Internierung in Rybinsk (WASt). Lit.: Walther.

Gössling, Werner. Kapellmeister.
* 17.1.1898 Brackwede bei Bielefeld. NSDAP 1932. Kapellmeister der Kölner Oper bis 1933, Leiter des Kölner Orchesterverbands der NS-Betriebszellen-Organisation (die NSBO verstand sich als die »SA der Betriebe«). Danach Städtischer

Musikdirektor in Bielefeld. 1950 Generalmusikdirektor in Halle, Professor der Musikhochschule. 1956/57 Aufbau des Staatlichen Symphonieorchesters der Volksrepublik China. † 8.9. 1992 Lilienthal. Lit.: Prieberg, Handbuch.

Goetz, Curt. Komödienschreiber. * 17.11. 1888 Mainz. 1923 Heirat mit der Schauspielerin Valerie von Martens. 1932 bekanntestes Werk: *Dr. med. Hiob Prätorius.* Alfred Rosenbergs Kulturideologen (1934): »Der große Erfolg seines letzten Werks ›Dr. med. Hiob Prätorius‹ kann nicht darüber hinwegtäuschen, daß in seinen sonstigen Stücken regelmäßig der Ehebruch als Ausgangspunkt von Handlung und Witz dient.« Ab 1933 Wohnsitz in der Schweiz, Schweizer Staatsbürger. Goebbels am 26.1. 1938 im Tagebuch: »Ich gebe seiner Frau eine Sondergenehmigung.« November 1938 erstmals Regie sowie Doppel-Hauptrolle in der Filmkomödie *Napoleon ist an allem schuld.* Goebbels-Eintrag am 30.5. 1939: »Curt Goetz, das ist immer nett«. Vor Kriegsbeginn Ausreise in die USA, Betreiber einer Hühnerfarm. 1946 Rückkehr in die Schweiz. † 12.9. 1960 Grabs bei St. Gallen. Nachruf *Deutsches Bühnen-Jahrbuch:* »Er stieg oft in die Rolle des Salon-Ethikers.« Lit.: Drewniak, Theater.

Goetz, Karl. Schriftsteller und SS-Sturmbannführer (1941). * 11.3. 1903 Neubolheim, Kreis Heidenheim. Mittelschullehrer. SS-Nr. 405807, NSDAP-Nr. 2 715833. Ratsherr in Stuttgart (*Stadt der Auslandsdeutschen*). 1941 Erzählung *Die große Heimkehr.* NS-Ehrung: 1935 Auslandsdeutscher Schrifttumspreis der Stadt Stuttgart. 1941 Wilhelm-Raabe-Preis und Volkspreis für deutsche Dichtung. Nach 1945 Mittelschuloberlehrer in Stuttgart. 1970 Autor: *Schwäbisch von A bis Z, eine heitere Sprachund Menschenkunde.* 1973 Donauschwäbischer Kulturpreis des Landes Baden-Württemberg. 1979 Ehrenbürger der Stadt Herbrechtingen-Bolheim. 1981 Titel Professor. Ehrenmitglied im Kreis der »Dichter« des *Deutschen Kulturwerks europäischen Geistes* sowie der Deutschen Akademie für Bildung und Kultur München. † 9.2. 1989 Stuttgart. Lit.: Wulf, Literatur.

Goetz, Wolfgang. Vorsitzender der *Gesellschaft für Theatergeschichte* (1936–1940). * 10.11. 1885 Leipzig, Sohn eines Fabrikanten. Ab 1920 Regierungsrat der Filmprüfstelle Berlin. 1925 Dauererfolg mit dem Stück *Gneisenau,* unter anderem mit Werner Krauß in der Rolle des preußischen Generals. Zahlreiche Bühnenwerke, unter anderem 1940 Schauspiel *Kampf ums Reich.* 1946 Herausgeber der *Berliner Hefte für geistiges Leben.* † 3.11. 1955 Berlin. Nachruf *Deutsches Bühnen-Jahrbuch:* »Als Leitbild über dem Schaffen von Goetz stand Goethe.«

Goetzke, Bernhard. Auf der *Gottbegnadeten-Liste* der Schauspieler, die für die Filmproduktion benötigt werden. * 5.6. 1884 Danzig. Glanzzeit in der Stummfilmära: 1922 *Dr. Mabuse, der Spieler,* 1924 Teutonen-Opus *Die Nibelungen.* Zwischen 1933 und 1944 in 26 Filmnebenrollen. In den Propagandastreifen *Das alte Recht* (1934, Werbung für Erbhofgesetz), *Robert Koch* (1939), *Der Fuchs von Glenarvon* (1940), *Jud Süß* (1940), *Bismarck* (1940), *Ich klage an* (der von den Krankenmördern der Berliner T4-Zentrale 1941 teilfinanzierte Staatsauftragsfilm sollte die Widerstand der Bevölkerung gegen den Behindertenmord brechen), *Der große König* über Friedrich den Großen sowie im Bismarck-Film *Die Entlassung* (beide 1942). Nach 1945 Bühnendarsteller in Berlin. † 7.10. 1964 Berlin. Nachruf *Deutsches Bühnen-Jahrbuch:* »Schauspieler von einprägsamem Profil.«

Gofferje, Karl. Musikerzieher. * 10.6. 1893 Niederbreisig am Rhein als Arztsohn. Zunächst Zahnarzt. 1935 Dozent, 1937 Professor der Hochschule für Lehrerbildung (zur NS-Indoktrinierung) in Frankfurt/Oder. Professor der als HJ-Formation organisierten Lehrerbildungsanstalten Frankfurt/Oder (1941) und Lauenburg in Pommern (1943). NSDAP Mai

1933, HJ-Führer (1934–1937), SS (1938), NS-Kulturgemeinde, Leiter des Arbeitskreises Jugend- und Volksmusikpflege der Reichsmusikkammer. 1947–1958 an den Musikkonservatorien in Sondershausen (Bezirk Erfurt) und Gadersleben (Bezirk Halle). Nach Ruhestand Wechsel in die BRD. † 23. 8. 1966 Bockenem am Harz. Lit.: Hesse.

Goguel, Rudi. Komponist des *Moorsoldatenlieds*.
* 21. 4. 1908 Straßburg. Zeitweise im *Jungdeutschen Orden*. 1930 KPD, angeworben vom Schauspieler Wolfgang Langhoff, beide 1933 Häftlinge im KZ Börgermoor. Die erste Strophe des Lagerlieds *Die Moorsoldaten*: »Wohin auch das Auge blicket,/ Moor und Heide nur ringsum./Vogelsang uns nicht erquicket,/Eichen stehen kahl und krumm.« Refrain: »Wir sind die Moorsoldaten/und ziehen mit dem Spaten/ins Moor.« Weitere Stationen Goguels: KZ Sachsenhausen und KZ Neuengamme. 1945 Mitbegründer der KPD Konstanz. 1950 Verlagsleiter des KPD-Zentralorgans *Freies Volk* in Düsseldorf. Ab 1953 DDR. 1960 Abteilungsleiter an der Humboldt-Universität für Geschichte der imperialistischen Ostforschung. 1965 Mitbegründer der Arbeitsgemeinschaft Neuengamme im *Komitee der Antifaschistischen Widerstandskämpfer der DDR*. Erinnerungen (1948): *Es war ein langer Weg.* † 6. 10. 1976 Ost-Berlin. Lit.: Fackler.

Gohdes, Otto. Herausgeber der Schulungsbriefe der NSDAP.
* 17. 12. 1896 Falkenburg in Pommern. Sohn eines Landarbeiters. Forstangestellter. *Führerlexikon*: »In Wehrverbänden Brigade Ehrhardt, Jungsturm, Schlageter-Bund, Stahlhelm, O. C. (Consul); August 1923 erstmals NSDAP; Ortsgruppenleiter, Kreisleiter und SS-Sturmbannführer; Gauorganisationsleiter Gau Pommern; jetzt Reichsschulungsleiter der NSDAP und DAF.« 1936 (bis 1945) Burgkommandant der NS-Ordensburg Die Falkenburg am Krössinsee. 1944 SA-Gruppenführer. † 5. 3. 1945 bei Labenz. Q.: Brenner; Lilla.

Gold, Artur. Leiter des mit etwa zehn Berufsmusikern besetzten Häftlingsorchesters im Vernichtungslager Treblinka.
* 17. 3. 1897 Warschau. Studium in England, 1922 Gründer einer Jazz-Band ebenda. Ab 1929 in Warschau, ab 1940 im Warschauer Ghetto. 1942 Deportation nach Treblinka. Golds Musiker waren während der Übungsstunden von jeder Arbeit befreit. Frackähnliche Einheitskleidung aus weißer und blauer Seide, hergestellt von den Arbeitssklaven der Lagerschneiderei. In den ersten Wochen mußte das Orchester Operettenmelodien vor den Gaskammern spielen, um die Schreie der Opfer zu übertönen. Später wurden beim Abendappell Märsche sowie polnische und jiddische Volkslieder gespielt. Die Häftlingstruppe mußte ebenso bei größeren Veranstaltungen zur Belustigung des SS-Personals antreten. Im Treblinka-Urteil (LG Düsseldorf vom 3. 9. 1965) heißt es: »Das waren makabre Szenen; denn während dieser Veranstaltungen loderten die Flammen der Leichenverbrennungsroste hoch über das Lager zum Himmel.« Komponist der mehrmals am Tag zu Appellen zu singenden *Treblinka-Hymne*, Textauszug (von einem Häftling zwangsweise getextet): »Für uns gilt heute nur Treblinka,/das unser Schicksal ist./Drum haben wir uns auf Treblinka/umgestellt in kurzer Frist./ Wir hören auf den Ton der Kommandanten/und folgen ihnen auf den Wink/und geh'n in Schritt und Tritt zusammen/für alles, was die Pflicht von uns verlangt.« † 1943. Lit.: Glazar.

Gold, Käthe. Bühnenschauspielerin.
* 11. 2. 1907 Wien. Zunächst am Wiener Burgtheater. 1932 neben Krauß und Gründgens Rolle des Gretchens in Goethes *Faust* am Staatlichen Schauspielhaus Berlin. April 1935 Gast bei Görings Hochzeit. Sechs Filme in der NS-Zeit, darunter 1935 die Musikrevue *Amphitryon* sowie 1939 *Die unheimlichen Wünsche*. NS-Ehrung: Dezember 1936 von Göring Titel *Staatsschauspielerin*. 1944 am Schauspielhaus Zürich. Ab 1947 am Burgtheater

Wien. 1988 *Filmband in Gold* für langjähriges und hervorragendes Wirken im deutschen Film. Das *Deutsche Bühnen-Jahrbuch* zum 65. Geburtstag: »In den dreißiger und vierziger Jahren ein Stern am Berliner Theaterhimmel«. † 11.10. 1997 Wien.

Golling, Alexander. Leiter des Bayerischen Staatsschauspiels in München (1938). * 2.8.1905 München. Laut Drewniak (Theater) bekannte er sich »frühzeitig zum Nationalsozialismus«. Schauspieler in Heidelberg (Reichsfestspiele, Schirmherr: Goebbels), Berlin und München. Zwischen 1935 und 1942 in 16 Filmen, darunter 1937 das Freikorpsdrama *Menschen ohne Vaterland* und 1941 der antifranzösische Film *Kameraden*. NS-Ehrung: *Staatsschauspieler* (1938). 1945 Spielverbot und US-Internierung. 1951 Hauptrolle in Harlans Nachkriegsdebüt *Unsterbliche Geliebte*. Gefragter Film- und Bühnendarsteller. † 26.2.1989 Tegernsee.

Golz-Goldlust, Marianne, geb. Belokostolsky. Operettensängerin unter dem Künstlernamen *Marianne Tolska*. * 31.1.1895 Wien. Ab 1918 Operettensängerin, 1922–1924 am Stadttheater Salzburg, hier Bekanntschaft mit dem Komponisten Nico Dostal. Am 30.7.1923 gemeinsamer Auftritt mit Richard Tauber in *Die Fledermaus*. 1929 Heirat (dritte Ehe) mit Hans Goldlust, der seinen jüdischen Namen in Golz geändert hatte, Geschäftsführer der Zeitschrift *Die Literarische Welt*. 1933 gemeinsame Flucht nach Prag (1939 Flucht des Ehemannes nach London). Arbeitete für die Presseagentur Mitropress, Hilfe bei Flucht von Juden ins Ausland. Am 19.11.1942 Verhaftung »wegen Begünstigung von Reichsfeinden«. Am 18.5. 1943 Todesurteil (8 KLs 90/43) durch das Sondergericht (zur Ausschaltung politischer Gegner) beim Deutschen Landgericht in Prag: »Aus der Tatsache, daß die Angeklagte Golz-Goldlust durch ihre verschiedenen Ehen mit Juden selbst geistig vollständig verjudet ist, freundschaftlichen Verkehr mit Juden, Halbjuden und

Judenfreunden pflegt, die Verbindung mit dem nach Wien entwichenen Angeklagten Goldschmidt aufrecht erhielt und den Angeklagten Kühnel an ihn verwies, kann geschlossen werden, daß die Angeklagte Golz-Goldlust ohne jeden äußeren oder inneren Zwang auch für die Zukunft anderen ihr bekannten Juden bei dem Versuch, sich staatlichen Maßnahmen [Judenmord] durch Emigration zu entziehen, behilflich gewesen wäre ... Ein Jude, der sich der Evakuierung entzieht, ist ein Reichsfeind.« † 8.10.1943 Hinrichtung (da sie in der Nacht zuvor versucht hatte, sich zu vergiften, bewußtlos unters Fallbeil gelegt). Q.: Golz.

Gondrell, Adolf (Künstlername). Auf der *Gottbegnadeten-Liste* der Schauspieler, die für die Filmproduktion benötigt werden. * 1.7.1902 München. Münchner Bühnendarsteller, Vertreter des bayerischen Humors. Nur wenige Filme, unter anderem 1941 in *Venus vor Gericht* (über einen NSDAP-Bildhauer, den »jüdischen Kunsthandel« und »entartete Kunst«) sowie im Werkspionagefilm *Alarmstufe V*. 1942 in *Kleine Residenz*, laut Goebbels eine Musterleistung des Unterhaltungsfilms »für den Krieg«. † 13.1.1954 München an Gasvergiftung. Nachruf *Deutsches Bühnen-Jahrbuch*: »Ein Leben voll reicher Erfüllung wurde grausam beendet, ohne erfüllt zu sein.«

Goote, Thor. Pseudonym des Schriftstellers Johannes M. Berg. * 27.5.1899 Forbach. SA. *Meyers Lexikon* 1938: »Schrieb aus leidenschaftlichen Erleben heraus die von starkem nationalen Gefühl und Glauben an Deutschland getragenen Kriegsromane ›Wir fahren den Tod‹ [sic] 1930 und ›Kamerad Berthold‹, der unvergleichliche Franke‹.« 1939 in *Festgabe für Adolf Hitler*: »Du wolltest – und wir glaubten./Du führtest – und wir folgten./Und so wurde Dein Sieg unser Sieg./Und rufst Du wieder – wir alle folgen Dir!« NS-Ehrung: 1934 Literaturpreis der Stadt Frankfurt am Main. † Kriegstod 3.7.1940 als Pilot einer Aufklärungsmaschine über der Nordsee. Lit.: Sarkowicz; Scholdt.

Gordon, Heinz. Schauspieler. * 17. 12. 1871 Tarnowitz. Schauspieler an Berliner Bühnen, auch in Stumm- und Tonfilmen (1932: *Wie sag' ich's meinem Mann*). 1933 am Komödienhaus Berlin, auch Drehbuchautor † 14. 6. 1944 Ghettolager Theresienstadt.

Goslich, Siegfried. Referent für Chormusik und Volksmusik der Reichsmusikkammer (1934–1945). * 7. 11. 1911 Stettin. Musikwissenschaftler. 1933 Autor: *Aufgaben und Ziele einer künftigen Rundfunkwissenschaft.* 1936 Dr. phil. 1937 Musikreferent des Deutschen Volksbildungswerks der NS-Gemeinschaft *Kraft durch Freude.* 1940 NSDAP. 1945 Musikalischer Oberleiter am Landessender Weimar. 1948 Leiter der Hauptabteilung Musik bei Radio Bremen. 1958 Generalmusikdirektor in Remscheid. 1961–1976 Leiter der Hauptabteilung Musik beim Bayerischen Rundfunk. † 6. 6. 1990 München. Lit.: Moser; Potter; Prieberg.

Gotho, Heinrich, eigentlich Heinrich Gottesmann. Österreichischer Schauspieler. * 3. 5. 1872 Dolina. Kleinrollen in Fritz Langs Mabuse-Filmen, in *Metropolis, Die Frau im Mond* und *M – Eine Stadt sucht einen Mörder.* 1938 Ausschluß Reichsfilmkammer. † Verbleib unbekannt. Q.: Weniger; Bühne.

Gotthard, Herbert. Obereinsatzführer beim *Einsatzstab Reichsleiter Rosenberg* zum Raub »herrenlosen Kulturguts von Juden« im Baltikum. * 21. 2. 1899 Mitau. Bibliothekar. Spezialisiert auf semitische Sprachwissenschaft. Lic. theol. Dr. phil. NSDAP 1936. 1937 Lehrauftrag Universität Berlin, NS-Dozentenbund. Ulrike Hartung in ihrem Buch *Verschleppt und verschollen* am Beispiel der Stadt Wilna: »Gotthard ... beschäftigte in der berühmten Strahun-Bibliothek jüdische Spezialisten zur Verzeichnung wertvoller Inkunabeln [Wiegendrucke aus der Frühzeit des Buchdrucks, vor 1500]. Nachdem die Ar-

beit abgeschlossen war, wurden sie vier Wochen lang in einen Kellerraum eingeschlossen und dann erschossen. Die aussichtslose Lage erkennend, und um dem Dienst für die Deutschen zu entgehen, suchte der amtierende Direktor und Enkel des Begründers der Strashun-Bibliothek den Freitod.« 1946–1964 Dozent in Kiel. Q.: Kühn-Ludewig.

Gottowt, John, eigentlich Isidor Gesang. Schauspieler und Regisseur. * 15. 6. 1881 Krakau. Nebenrollen in den Stummfilmklassikern *Der Student von Prag* und *Nosferatu,* letzter Film: *Unheimliche Geschichten* (1932). 1933 Spielleiter des Berliner *Theaters in der Stresemannstraße* (DBJ 1933). Als Jude Flucht nach Kopenhagen, dann in Polen untergetaucht. † Laut Weniger (Bühne) am 27. 8. 1942 in Wieliczka bei Krakau von Wehrmachtssoldaten erschossen.

Gottschalk, Hanns. Schriftsteller. * 21. 7. 1909 Lenschütz. Dr. phil. Gedichte (1937: *Schicht und Schacht*) und Romane (1940: *Der Fremde im Dorf*). Mit mehr als 50 Texten im NS-Kampfblatt *Krakauer Zeitung,* das »Blatt des Generalgouvernements«. NS-Ehrung: 1944 Schlesischer Literaturpreis. 1965 Dramatikerpreis des Bunds der Vertriebenen. † 28. 12. 2001 Linz.

Gottschalk, Joachim. Schauspieler. * 10. 4. 1904 Calau in der Lausitz, Arztsohn. Heldendarsteller. 1930 am Alten Theater Leipzig, Heirat mit der Kollegin Meta Wolff. 1934 Städtische Bühnen Frankfurt am Main. 1938 Volksbühne Berlin. In insgesamt sieben Filmen, darunter 1939 Titelrolle in *Aufruhr in Damaskus* (über den »heroischen Kampf gegen die Macht englischen Blutgeldes an der arabisch-syrischen Front 1918«). 1940 im Paula-Wessely-Film *Ein Leben lang* (Thema: Frauenliebe und Opferbereitschaft). Laut Hippler von Goebbels wegen seiner jüdischen Ehefrau diffamiert: »Pfui Deibel, wenn man sich vorstellt, daß dieser Mann tagsüber im deutschen Film dicke Gelder einschiebt und sich nachts mit seiner Judenkalle ins Bett legt.« † Suizid mit Ehefrau und dem achtjährigen Sohn Michael am 7.11.1941 in Berlin. Erklärung des Intendanten Klöpfer vor der Belegschaft: eine Verzweiflungstat infolge des schlechten Einflusses seiner jüdischen Frau. Lit.: Liebe.

Graarud, Gunnar. Tenor.
* 1.6. 1887 Holmestrand in Norwegen als Arztsohn. Ab 1928 Staatsoper Wien. Wagner-Sänger in Bayreuth, 1927/28 Rolle des Tristan, 1930/31 als Siegfried und Parsifal. 1937 Professor der Musikakademie Wien. Zur Volksabstimmung zum »Anschluß« Österreichs April 1938 über Hitler: »Seine reine und monumentale Menschlichkeit ergriff die Herzen eines ganzen, in der Erlösung aufjauchzenden Volkes und seine Taten schmetterten Widerstände nieder mit einer Stoßkraft, daß alle Heldengestalten der Weltgeschichte und der Mythen sich vor ihm verneigen müssen!« Ab 1945 Gesangpädagoge in Frederikstad. † 6.12. 1960 Stuttgart.

Grabenhorst, Georg. Landesleiter der Reichsschrifttumskammer Gau Hannover-Süd.
* 21.2. 1899 Neustadt am Rübenberge. Dr. phil. Provinzialverwaltungsrat. *Meyers Lexikon* (1939): »Kraftvolle, durch sprachliche Meisterschaft ausgezeichnete Bücher.« 1928 Kriegsroman *Fahnenjunker Volkenborn.* Nach 1945 Regierungsdirektor a.D. in Neustadt. 1965 Großes Verdienstkreuz des Niedersächsischen Verdienstordens. 1965 Herausgeber: *Leben was war ich dir gut! Agnes-Miegel-Gedenkbuch.* 1979 Lebensbericht: *Wege und Umwege.* † 9.6. 1997 Bad Bevensen.

Grabler, Josef. Hauptschriftleiter der Zeitschrift *Soldat der Luftwaffe.*
* 14.9. 1899 Saarunion im Elsaß. 1939 »Luftkriegsroman« *Der Turm.* 1941: *Mit Bomben und MGs* [Maschinengewehren] *über Polen.* † Kriegstod 21.5. 1941 Kreta.

Grabley, Ursula. Schauspielerin.
* 8.12. 1908 Woltersdorf bei Berlin. Am Deutschen Theater in Berlin. Verheiratet mit Viktor de Kowa. Zwischen 1933 und 1945 in 29 Filmen. Darunter 1939 das Rühmann-Opus *Hurra! Ich bin Papa!* – ein Beitrag zur NS-Bevölkerungspolitik (Förderung der Kinderfreudigkeit) und 1940 der braune Wilderer-Streifen *Zwielicht* (Reichsjägermeister Göring per Gemälde im Szenenbild). 1945 im nicht mehr aufgeführten Käutner-Film *Unter den Brücken.* Drewniak, Theater: »Im Krieg auch an der ›Bunten Frontbühne Nadolle‹.« Nach 1945 am Theater *Die Auslese* in Hamburg, 1955 Deutsches Theater Göttingen. Filme wie *Sanatorium total verrückt* (1954) oder *Die Nacht vor der Premiere* (1959). Das *Deutsche Bühnen-Jahrbuch* zum 60. Geburtstag: »Liebt das Boulevard-Theater.« † 6.4. 1977 Brilon an Schlaganfall, nach Tourneevorstellung *Die Katze auf dem heißen Blechdach* (Weniger).

Grabner, Hermann. Komponist.
* 12.5. 1886 Graz. 1909 Dr. jur. Schüler Max Regers. 1924 Lehrer für Theorie und Komposition am Landeskonservatorium Leipzig. 1930 Professor. Im *Kampfbund für deutsche Kultur.* 1934 NS-Lehrerbund, im Beirat der Reichsmusikkammer. 1938 Berliner Musikhochschule, Universitätsmusikdirektor. Im Hauptlektorat Musik des Amts Rosenberg. 1950 Städtisches Konservatorium Berlin. † 3.8. 1969 Bozen. Lit.: *Führerlexikon*; Prieberg.

Gradl, Hermann. Auf der Sonderliste der zwölf wichtigsten bildenden Künstler der *Gottbegnadeten-Liste* (Führerliste).
* 12.5. 1883 Marktheidenfeld bei Würzburg. Maler. 1907 Kunstgewerbeschule Nürnberg. Auf den Großen Deutschen Kunstausstellungen im Münchner NS-Musentempel *Haus der Deutschen Kunst* mit insgesamt 38 Objekten. Der damalige Kunstbetrachter Henri Nannen Oktober 1937 in der Zeitschrift *Die Kunst für Alle*: » ... in den Landschaften Hermann Gradls wird das Gesicht der deutschen Erde sichtbar«. 1938 Lehrer für Pflanzenzeichnen an der Staatsschule für angewandte Kunst in Nürnberg. Hitler kaufte 1938 zwei seiner Bilder für je 15 000 Mark (Thomae).

Goebbels am 19.11.1940 im Tagebuch: »Lange mit Prof. Gradl verhandelt, der die neuen Bilder für unsere Eingangshalle [Reichskanzlei] malt. Ein feiner Künstler.« † 15.2.1964 Nürnberg.

Graedener, Herbert. Schriftsteller.

* 29.4.1878 Wien. 1931 Drama über Franz von Sickingen: *Neues Reich* (vom Amt Rosenberg empfohlen). 1936 Autor: *Ein Volk geht zu Gott*. Meyers Lexikon 1938: »Verteidigte während der Schuschnigg-Zeit die großdeutsche kulturelle Sendung; erhielt 1938 vom Führer die *Goethe-Medaille*.« 1942 Autor: *Weltschau und Gottkündung*. † 24.2.1956 Altmünster in Oberösterreich.

Graefe, Albrecht von. Major der Reserve a.D.

* 1.1.1886 Berlin. Besitzer des Ritterguts Goldebee bei Kastlow in Mecklenburg. Antisemitischer Abgeordneter der *Deutschnationalen Volkspartei*. 1922 Austritt und Mitbegründer sowie (bis 1928) Vorsitzender der antisemitischen und antidemokratischen *Deutschvölkischen Freiheitspartei*. 1923 Teilnehmer *Hitlerputsch*, marschierte in der ersten Reihe. Goebbels am 19.8.1924 im Tagebuch: »Graefe der waschechte Völkische. Noch rechtser [!] als rechts.« † 18.4.1933 Goldebee. Lit.: Piper.

Graener, Paul. Vizepräsident der am 15.11.1933 eröffneten Reichsmusikkammer (RMK). Reichskultursenator.

* 11.1.1872 Berlin. Komponist, Titel Professor. 1914 bekannteste Oper: *Don Juans letztes Abenteuer*. 1930 Direktor des Sternschen Konservatoriums in Berlin. April 1933 NSDAP. Präsidialrat und Leiter der Fachschaft Komponisten der RMK (1935–1941). 1934 Ehrenvorsitz im *Arbeitskreis nationalsozialistischer Komponisten*, Vorsitzender des *Verbands Deutscher Bühnenschriftsteller und Bühnenkomponisten*, der RMK unterstellt. Februar 1936 Uraufführung seiner Oper *Der Prinz von Homburg* an der Berliner Staatsoper. Am 27.3.1936 im Aufruf zur Reichstagswahl am 29. März: »Wir haben ihm alles zu danken: Ehre, Glauben und Zuversicht ... wir mar-schieren mit Adolf Hitler!« Mai 1936 Huldigungstelegramm an Hitler: »Die erste Reichstagung der deutschen Komponisten auf Schloß Burg an der Wupper sendet Ihnen, mein Führer, als dem ersten Künstler der deutschen Nation, in steter Einsatzbereitschaft ergebenste Treue.« Am 22.5.1938 Eröffnungsrede zu den ersten *Reichsmusiktagen* in Düsseldorf (mit der Schandschau *Entartete Musik*). Goebbels am 4.1.1940 im Tagebuch: »Er ist kein Genie, aber ein guter Könner.« Präsidialbeirat der *Kameradschaft der deutschen Künstler* (NS-Führerkorps). NS-Ehrung: 1934 Staatlicher Beethoven-Preis des Preußischen Staatsministeriums, 1936 Hitler-Dotation (steuerfreie Schenkung) von 30 000 Mark, 1942 *Goethe-Medaille* für Kunst und Wissenschaft. † 13.11.1944 Salzburg.

Graeßel, Franz. »Entenmaler von Weltruf« (NSDAP-Kreisleitung Fürstenfeldbruck).

* 24.11.1861 Obersasbach in Baden. Bauern-, ab 1894 Tiermaler, vorwiegend Gänse und Enten (Bilder in der Neuen Pinakothek in München und Nationalgalerie Berlin). 1940 auf der Großen Deutschen Kunstausstellung im Münchner NS-Musentempel *Haus der Deutschen Kunst* mit Gemälde *Enten am Ufer*. 1942 beantragte die NSDAP-Kreisleitung erfolglos die Verleihung der *Goethe-Medaille* für Kunst und Wissenschaft, Begründung: Weltruf, NSDAP ab 1932, *Förderndes Mitglied SS*. † 4.3.1948 am Wohnort Emmering bei Fürstenfeldbruck.

Grävenitz, Fritz von. Auf der *Gottbegnadeten-Liste* (Führerliste) der wichtigsten bildenden Künstler des NS-Staates.

* 16.5.1892 Stuttgart. Hauptmann der Reserve. Bildhauer. 1937 Professor, 1939 Direktor der Stuttgarter Akademie der bildenden Künste. 1940 Autor: *Kunst und Soldatentum*. Vertreten auf den Großen Deutschen Kunstausstellungen im *Haus der Deutschen Kunst*, 1940 mit *Jüngling* (Bronze), 1943 mit *Jungfrau* (Zink). † 6.6.1959 Stuttgart.

Graf, Oskar. Auf der *Gottbegnadeten-Liste* (Führerliste) der wichtigsten Maler des NS-Staates.

* 26. 12. 1873 Freiburg im Breisgau. 1927 Honorarprofessor der TH München. Auf den Großen Deutschen Kunstausstellungen im *Haus der Deutschen Kunst* mit insgesamt 29 Objekten, darunter 1939 die Bilder *Felsenwelt in der Sächsischen Schweiz* sowie *Holledauer Brücke bei Ingolstadt.* NS-Ehrung: 1943 *Goethe-Medaille* für Kunst und Wissenschaft auf Wunsch Hitlers. † 22. 2. 1958 Bad Boll.

Graf, Oskar Maria. Schriftsteller.

* 22. 7. 1894 Berg am Starnberger See. Kontakte zur KPD. Im Februar 1933, während einer Vortragsreise in Österreich, Durchsuchung seiner Münchner Wohnung und Beschlagnahmung von Briefen und Manuskripten. Nach den Bücherverbrennungen Artikel *Verbrennt mich!* unter anderem am 12. 5. 1933 in der Wiener *Arbeiter-Zeitung* und am 15. 5. 1933 in der Saarbrücker *Volksstimme* abgedruckt. Dort heißt es: »Ich habe mein Heim, meine Arbeit und – was vielleicht am schlimmsten ist – die heimatliche Erde verlassen müssen, um dem Konzentrationslager zu entgehen. Die schönste Überraschung aber ist mir erst jetzt zuteil geworden: Laut ›Berliner Börsencourier‹ stehe ich auf der *weißen* Autorenliste des neuen Deutschland und alle meine Bücher, mit Ausnahme meines Hauptwerkes ›Wir sind Gefangene‹ werden *empfohlen!* Ich bin also dazu berufen, einer der Exponenten des ›neuen‹ deutschen Geistes zu sein! Vergebens frage ich mich, womit ich diese Schmach verdient habe.« 1933 in Wien, ab 1938 in New York. † 28. 6. 1967 ebenda.

Graf, Otto. Auf der *Gottbegnadeten-Liste* der Schauspieler, die für die Filmproduktion benötigt werden.

* 28. 11. 1896 Haina in Thüringen. Unter anderem im Militärspionagefilm *Verräter*, am 9. 9. 1936 auf dem NSDAP-Reichsparteitag uraufgeführt. 1937 im Kriegsfilm *Unternehmen Michael*, eine Glorifizierung sinnlosen Sterbens. Weitere Propagandastreifen: *Pour le Mérite* (Luftwaffen-Aufrüstungsfilm 1938), *Legion Condor* (Abbruch wegen Hitler-Stalin-Pakt), *Robert Koch* (1939), *Bismarck*, (1940), *Ohm Krüger* (Höchstprädikat: *Film der Nation*). NS-Euthanasiefilm *Ich klage an* (der 1941 von den Krankenmördern der Berliner T4-Zentrale teilfinanzierte Staatsauftragsfilm sollte den Widerstand der Bevölkerung gegen den Behindertenmord brechen). 1942 im Bismarck-Film *Die Entlassung* (Hitler in der Maske seines berühmten Vorgängers). Nach 1945 Schiller-Theater Berlin. 1957 in Harlans »Schwulenfilm« *Anders als du und ich.* † 22. 2. 1977 Berlin.

Graff, Siegmund. Referent der Theaterabteilung im Reichspropagandaministerium (1933).

* 7. 1. 1898 Roth bei Nürnberg. 1924 (bis 1933) Mitarbeiter Franz Seldtes im *Stahlhelm* (Sammelbecken militanter Rechtsnationaler), Redakteur des Organs *Stahlhelm.* 1934 Filmdrehbuch zum »Soldatenschwank« *Die vier Musketiere.* 1937 NSDAP. 1938 Regierungsrat im Propagandaministerium. Von Zuckmayer zur Kategorie »Nazis, Anschmeißer, Nutznießer, Kreaturen« gerechnet: »Graff … warf sich den Nazis in geradezu masochistischer Begeisterung zu, sobald sie an die Macht kamen.« NS-Ehrung: 1933 Dietrich-Eckart-Preis der Stadt Hamburg (laut Satzung an Volksgenossen, deren Leistungen »der Idee wahrer nationalsozialistischer Volksgemeinschaft in beispielhafter Art zu dienen geeignet sind«). 1939 Friedrich-Rückert-Preis (Mainfränkischer Kunstpreis). Graff wurde laut *Nürnberger Nachrichten* vom 30. 10. 1948 im Hauptspruchkammerverfahren nicht nur als »offener [!] Gegner des Nazismus, sondern darüber hinaus [als] ein wichtiger Verbindungsmann zwischen drei [!] bedeutenden Widerstandsgruppen« entnazifiziert. Er hat diese Version gegenüber anderslautenden Behauptungen verschiedentlich gerichtlich durchsetzen können. 1963 im Verlag Welsermühl das Opus *Von S. M.* [Seine

Majestät, der Kaiser] *zu N.S. Erinnerungen eines Bühnenautors (1900 bis 1945).* Dort ist Goebbels' Theaterabteilung als Widerstandsnest dargestellt und über den Minister heißt es, er habe »seiner ganzen Mentalität nach besser in die Weimarer Republik, als in das Dritte Reich gepaßt«. † 18.6. 1979 am Wohnort Erlangen.

Gregor, Joseph. Theaterwissenschaftler, Librettist von Richard Strauss.
* 26.10. 1888 Czernowitz. Dr. phil. Ab 1918 Österreichische Nationalbibliothek, Leiter der Theaterabteilung. Textbücher zu den Strauss-Opern *Der Friedenstag* und *Daphne* (1938) sowie *Die Liebe der Danae* (1944). Obgleich »Arier«, immer wieder als »Jude« bezeichnet. Der Geschäftsführer der Reichstheaterkammer Alfred Frauenfeld, August 1937: »Sein Aussehen ist absolut jüdisch mit stark negerischem Einschlag. Seine Arbeiten entsprechen dieser Abstammung.« 1939 Biographie: *Richard Strauss, der Meister der Oper.* 1953: *Clemens Krauß.* † 12.10. 1960 Wien.

Gregor, Nora. Kammerschauspielerin am Wiener Burgtheater (1937).
* 3.2. 1901 Görz. 1930 Heirat mit dem ultrarechten Heimwehr-Führer Fürst Ernst Rüdiger Starhemberg, Chef des gesamten Sicherheitswesens im austrofaschistischen Österreich. Filme wie *Was Frauen träumen* (1933). Nach Besetzung Österreichs 1938 Flucht nach Frankreich (mit Regisseur Jean Renoir Film *Die Spielregel),* 1939 in Chile. † Suizid 20.1. 1949 Vina del Mar (Chile).

Greindl, Josef. Auf der *Gottbegnadeten-Liste* (Führerliste) der wichtigsten Künstler des NS-Staates.
* 23.12. 1912 München. Kammersänger, Baßbariton. Laut Prieberg 1939 NSDAP (Nr. 7342013). 1942 Staatsoper Berlin. 1943/44 bei den *Kriegsfestspielen* in Bayreuth. Ab 1948 Städtische Oper Berlin und Wiener Staatsoper. 1951 Auftritt bei den ersten Bayreuther Festspielen nach dem Krieg. 1958 *Verdienstkreuz der BRD.* 1973 Professor der Musikhochschule Wien. Das *Deutsche Bühnen-Jahrbuch* zum 60. Ge-

burtstag: »Es gibt kaum ein Land, in dem ihm nicht ein großer Erfolg beschieden war.« † 16.4. 1993 Wien.

Grengg, Maria. Malerin und Schriftstellerin.
* 26.2. 1889 Stein in Niederösterreich. 1939 textete sie in *Heimkehr ins Reich. Große deutsche Dichtung aus Ostmark und Sudetenland* über den »Blutlebendigsten« (Hitler): »Der in uns wohnt, uns die Gesetze der Menschheit und Liebe,/als Flammenwein gießend in Strömen des Blutes./ Der die zitternde Seele in mächtiger Hand hält/und sie aufwärts trägt aus dem Dunkel des Ringens.« 1948 Roman *Das Hanswurstenhaus.* 1955 Betrachtung *Ein Herz brennt in der Dunkelheit.* Jugendbuchautorin. † 8.10. 1963 Wien. Lit.: Scholdt.

Gretsch, Hermann. Auf der *Gottbegnadeten-Liste* (Führerliste) der wichtigsten Gebrauchsgraphiker und Entwerfer des NS-Staates.
* 17.11. 1895 Augsburg. Innenarchitekt und Keramiker, Dr. Ing. † 29.5. 1950 Stuttgart.

Greven, Alfred. Produktionsleiter.
* 9.10. 1897 Elberfeld. Im I. Weltkrieg mit Göring in einer Fliegerstaffel, von Göring deshalb protegiert. 1933/34 Leiter der Fachgruppe Produktionsleiter der Reichsfilmkammer. 1937–1939 Produktionschef der Terra, März 1939 der Ufa, Mai 1939 abgelöst. Ab 1940 Chef der Continental-Films Société in Paris (Zusammenfassung der Produktions- und Vertriebsvorgänge im besetzten Westeuropa). Nach 1945 Gründer der Alfred-Greven-Film in Köln, produzierte unter anderem 1955 den Caterina-Valente-Film *Bonjour Kathrin* und 1959 den abendfüllenden Werbefilm für die NATO *Alarm im Mittelmeer.* † 9.2. 1973 Köln.

Griese, Friedrich. Auf der *Gottbegnadeten-Liste* (Führerliste) der wichtigsten Schriftsteller des NS-Staates.
* 2.10. 1890 Lehsten, Sohn eines mecklenburgischen Kleinbauern. Volksschullehrer. Laut *Meyers Lexikon* (1938) »der echteste Darsteller niederdeutschen Bauern-

tums«. Mai 1933 Berufung in die Deutsche Akademie der Dichtung der »gesäuberten« Preußischen Akademie der Künste. Name Oktober 1933 unter dem Treuegelöbnis »88 deutsche Schriftsteller« für Adolf Hitler. Vom Amt Rosenberg empfohlener Autor. 1935 Aufnahme ins *Führerlexikon*, auf Veranlassung des Reichsstatthalters Schenkung von Grund und Boden einer alten Wassermühle bei Parchim. Am 24.9. 1942 Dichterlesung während der Kulturwoche in der Ghettostadt Litzmannstadt/Lodz, die *Litzmannstädter Zeitung*: »Der tiefste Gestalter deutschen Bauerntums«. Autor *Unsere Arbeit ist Glaube* in der Schriftenreihe der NSDAP im Zentralverlag der NSDAP. Verlagsanzeige für sein Opus *Die Flucht* im *Völkischen Beobachter*: »Mit dramatischer Kraft geschrieben, kündet diese Erzählung von der Reinhaltung der Art«. NS-Ehrung: 1935 Lessing-Preis der Stadt Hamburg, 1939 Volkspreis für deutsche Dichtung, 1940 *Goethe-Medaille* für Kunst und Wissenschaft sowie Literaturpreis der Stadt Berlin. 1964 Mecklenburgischer Kulturpreis. † 1.6. 1975 Lübeck.

Grimm, Hans. Autor des Blut-und-Boden-Klassikers *Volk ohne Raum* (1926). * 22.3. 1875 Wiesbaden. Grimms Grundthese: Deutschland braucht Kolonien in Afrika. Laut Scholdt ein »Sympathisant der Hitler-Bewegung seit 1923«. Goebbels am 15.2. 1931 im Tagebuch: »Sehr gut und anhänglich zu Hitler ... steht bei unseren Fahnen.« 1933 Senator der Deutschen Akademie der Dichtung der »gesäuberten« Preußischen Akademie der Künste, Präsidialrat der Reichskulturkammer (1935 Entlassung, nach Konflikt mit Goebbels). 1934 (bis 1939) Gastgeber der *Lippoldsberger Dichtertage*, jeweils im Frühjahr in seinem Klosterhof in Lippoldsberg/Weser. 1935 Aufnahme ins *Führerlexikon*. 1936 in *Die Neue Literatur* Behauptung, »daß eben wir Nordleute mit unseren verschiedenen Völkern mit unserem zutiefst gleichgearteten Wesen zu Vormännern dieser Erde berufen sind«.

Bergengruen: »Lederzäh, humorlos, amusisch, doktrinär, aber gewissenhaft und sauber.« Nach 1945 Rechtfertigung Hitlers als »Reformator«. 1949 Wiederaufnahme der *Lippoldsberger Dichtertage*. 1953 Wahlaufruf für *Deutsche Reichspartei*. Autor der einschlägigen Zeitschrift *Nation Europa*. Sein Privatverlag, der Klosterhaus-Verlag, wurde von Sohn Wernt und Tochter Holle geführt. Sarkowicz (Schriftsteller): »Hans Grimm avancierte zur grauen Eminenz und zum intellektuellen Stichwortgeber für den neuen, bundesrepublikanischen Rechtsradikalismus.« † 27.9. 1959 Lippoldsberg.

Grimm, Paul. Prähistoriker im *Einsatzstab Reichsleiter Rosenberg* (ERR). * 18.8. 1907 Torgau. Mitglied der Mannus-Gesellschaft für arische Vorgeschichte und der Fachgruppe für deutsche Vorgeschichte des *Kampfbunds für deutsche Kultur*. Februar 1933 NSDAP, Blockleiter. 1935 Schriftleiter der Zeitschrift *Mitteldeutsche Volkheit – Hefte für Vorgeschichte, Rassenkunde und Volkskunde*. 1939 Dozent in Halle. Als Mitglied des Sonderstabs Vorgeschichte ERR zur »Sicherstellung« von Kulturgütern in der Ukraine (Studien Jena). 1955 Professor mit Lehrauftrag der Humboldt-Universität und Stellv. Direktor des Instituts für Vor- und Frühgeschichte der Akademie der Wissenschaften der DDR. † 19. 11. 1993 Berlin. Lit.: Eberle.

Grimme, Adolf. Preußischer Kultusminister (1930–1932). * 31.12. 1889 Goslar, Sohn eines Bahnbeamten. Studien- und Oberstudienrat. 1922 SPD. 1925 Oberschulrat in Magdeburg. 1928 Ministerialrat im Preußischen Kultusministerium. Juli 1932 Amtsenthebung durch Reichskanzler von Papen. Ab 1933 Gelegenheitsarbeiten für Verlage. Oktober 1942 Hausdurchsuchung, Verhaftung, Beschlagnahmung von illegalem Material. Februar 1943 Verurteilung zu drei Jahren Zuchthaus »wegen Nichtanzeige eines Vorhabens des Hochverrats«. Zuletzt im Zuchthaus Fuhlsbüttel. 1946 Kultusminister des Landes Hannover.

Aufbau der Barlach-, der Deutschen Shakespeare- und der Max-Planck-Gesellschaft. 1948–1956 Generaldirektor des Nordwestdeutschen Rundfunks. † 27. 8. 1963 Degerndorf.

Grimmer, Aribert. Theaterleiter in Lublin (Generalgouvernement). * 24. 9. 1900 Gröbig bei Köthen. Schauspieler. Filmnebenrollen: 1935 *Friesennot* (eine Friesengemeinde an der Wolga bringt zur Verteidigung der Reinheit der Rasse alle Rotgardisten um), 1937 Freikorpsdrama *Menschen ohne Vaterland*, 1938 Luftwaffen-Aufrüstungsfilm *Pour le Mérite*, 1939 Zarah-Leander-Film *Das Lied der Wüste* sowie *Robert und Bertram*, 1941 Hetzfilm *Ohm Krüger*. Das am 27. 3. 1941 eröffnete Stadttheater Lublin spielte in einem Zentrum des Judenmords: In Lublin befand sich die Dienststelle der *Aktion Reinhardt* (mit den Vernichtungslagern Belzec, Sobibor, Treblinka), am Stadtrand war das KZ und Vernichtungslager Lublin (Nachkriegsbezeichnung Majdanek), März/April 1942 wurden die Juden des Ghettos in der Altstadt ermordet. Das Stadttheater Lublin gastierte regelmäßig in den Orten Chelm, Deblin-Irena, Pulawy, Radzyn, Zamosc, Krasnik und Budzyn, allesamt Standorte von Juden-Ghettolagern, deren Insassen getötet wurden. Ende Juli 1944, nach der Ermordung der letzten Juden (Tarnwort: *Aktion Erntefest*), Flucht der deutschen Stellen vor der Roten Armee. Nach 1945 bei der ostzonalen DEFA, Filme wie *Freies Land* (1946) und das sozialistischen Belehrungsstück *Grube Morgenrot* (1948). † 11. 2. 1963.

Grock, eigentlich Charles Adrian Wettach. Weltberühmter Schweizer Musik-Clown. * 10. 1. 1880 Reconvilier bei Biel, Sohn eines Zirkusartisten. Abgebrochene Lehren als Weinhändler und Hotelier. Hauslehrer beim ungarischen Grafen Bethlen. 1910 Erfinder der Figur des *Grock*. Auftritte im Nazi-Deutschland. Goebbels am 4. 1. 1934 im Tagebuch: »Deutsches Theater Mist, aber Grock hat uns eine Stunde lang Tränen lachen lassen. Ein Clowngenie. Er

kommt in der Pause.« Am 4. 6. 1936: »Abends Scala, Grock, das große Kind, das zum Lachen und zum Weinen bringt.« Am 17. 4. 1939: »In die Scala. Ich sehe Grock und lache wieder mal Tränen. Er ist doch der größte lebende Clown.« Ab 1951 eigener Zirkus. 1956 Erinnerungen: *Nit mö-ö-ö-glich. Die Memoiren des Königs der Clowns*. † 14. 7. 1959 Imperia in Italien.

Groeber, Hermann. 1928 öffentlicher Förderer der *Nationalsozialistischen Gesellschaft für Deutsche Kultur*. * 17. 7. 1865 Wartenberg in Oberbayern als Arztsohn. Maler, ab 1907 Lehrer für Aktzeichnen an der Münchner Kunstakademie. 1914 Titel Professor. † 24. 6. 1935 München.

Grogger, Paula. Schriftstellerin. * 12. 7. 1892 Öblarn in der Steiermark. Vater illegales NSDAP-Mitglied. Lehrerin in ihrem Heimatdorf. In NS-Tarnorganisation *Bund der deutschen Schriftsteller Österreichs*. 1938 Dank an Hitler im *Bekenntnisbuch österreichischer Dichter*. Laut *Meyers Lexikon* (1938) schildert sie »in kraftvollem Stil das festgegründete Bauerntum ihrer Landschaft«. † 1. 1. 1984 Öblarn. Lit.: Sarkowicz.

Grohmann, Will. Kunsthistoriker. * 4. 12. 1887 Bautzen. Dr. phil. Vor 1933 Publikationen zu Kirchner und Kandinsky. 1934 Verbot eines Buches mit Zeichnungen von Paul Klee. Ab 1941 Rezensionen, vorwiegend über alte Kunst, in Goebbels' Renommierblatt *Das Reich* (von Hitler gelobt: »Prachtvoll ist die Zeitung ›Das Reich‹«). Görtemaker: »Wer für das Reich arbeitete, stellte sich zwangsläufig in den Dienst der nationalsozialistischen Propaganda.« Nach 1945 Ministerialdirektor für Volksbildung in Sachsen. 1947–1955 Professor der Berliner Hochschule für bildende Künste. Monographien zu Paul Klee (1954), Karl Schmidt-Rottluff (1956) und Wassily Kandinsky (1958). † 6. 5. 1968 Berlin. Q.: Thomae.

Gronostay, Walter. Komponist. * 29. 7. 1906 Berlin. Schüler Arnold Schönbergs. 1929 Abteilungsleiter der *Ber-*

liner Funkstunde. Ab 1932 vorwiegend Filmmusik. 1933 NSDAP. 1935 Musik zum Film *Friesennot,* im offiziellen Filmprogramm der NSDAP und bei HJ verwendet: Eine Friesengemeinde an der Wolga bringt zur Verteidigung der Reinheit der Rasse alle Rotgardisten um. Mit Windt Musik zu Riefenstahls Olympia-Filmen. † 10.10. 1937 Berlin.

Gropius, Walter. Architekt.
* 18.5. 1883 Berlin. August 1915 (kurzzeitige) Ehe mit der Witwe Gustav Mahlers, Alma Mahler (in ihren Erinnerungen gelobt, daß er »das Nobelste, Edelste in meinem Leben war«). 1919 Leiter des Bauhauses in Weimar (Göring: »Brutstätte des Kulturbolschewismus«). Ab 1928 in Berlin. 1934 Emigration nach England. 1937 Professor für Architektur der Harvard-University in Cambridge. *Meyers Lexikon* (1938): »Urheber einer neuen Baukunst, die in Form und Material bewußt volksfremd ist und ins Primitive abgleitet.« † 5.7. 1969 Boston.

Groß, Walter. Auf der *Gottbegnadeten-Liste* der Schauspieler, die für die Filmproduktion benötigt werden.
* 5.2. 1904 Eberswalde. Im Kabarett *Die Katakombe.* 10. Mai 1935 Verhaftung durch Gestapo, 5. Juni bis 1. Juli im Lager Esterwegen. Am 26.10. 1936 Freispruch »mangels ausreichender Beweise« durch Sondergericht I in Berlin-Moabit. 1937 im Film *Gleisdreieck,* 1938 *Kraft-durch-Freude*-Film *Petermann ist dagegen,* 1939 *Bel ami.* 1943 im Zarah-Leander-Film *Damals* sowie im Film *Großstadtmelodie.* Nach 1945 künstlerischer Leiter des Kabaretts *Die Insulaner* (Westpropaganda im Kalten Krieg) des *Rundfunks im amerikanischen Sektor* (RIAS). Filmklamotten wie *Mikosch rückt ein* (1952) oder *Übermut im Salzkammergut* (1963). 1988 *Filmband in Gold* für langjähriges und hervorragendes Wirken im deutschen Film. † 17.5. 1989 Berlin.

Großmann, Ferdinand. Dirigent.
* 4.7. 1887 Tulln in Niederösterreich. 1933 Professor der Wiener Musikhochschule. Regierungsrat, Chordirektor der Staatsoper. 1938 (bis 1945) Leiter der Wiener Sängerknaben. Laut Prieberg wurden diese der Hitlerjugend als HJ-Spielschar einverleibt und zu Propagandazwecken eingesetzt. Großmann zur Volksabstimmung zum »Anschluß« Österreichs April 1938: »Durch die Wiedervereinigung Österreichs mit dem großen Vaterlande wurde auch das österreichische Musikleben von seinem unerträglichen Druck befreit. Wir Musiker werden unserem Führer dafür immer Dank wissen.« 1956–1968 erneut Chorleiter der Sängerknaben. † 5.12. 1970 Wien.

Grossmann, Mendel. Fotograf und Zeichner.
* 27.6. 1913 Staszów. Wohnsitz nach dem I. Weltkrieg in Lodz. Im Ghettolager Litzmannstadt/Lodz offizieller Fotograf innerhalb der jüdischen Verwaltung. Dokumentierte in unzähligen illegalen Aufnahmen das Leben im Ghetto und die Verbrechen der Besatzer. Zuletzt in Königs-Wusterhausen (Nebenlager des KZ Sachsenhausen). † April 1945, während der Evakuierung des Lagers. Mehr als zehntausend Negative gelangten nach dem Krieg nach Israel, gingen jedoch im Unabhängigkeitskrieg verloren. Überdauert haben nur Aufnahmen, die er im Ghetto an Freunde verteilte. Lit.: Ben-Menahem; Kempa; Löw.

Großmann, Rudolf. Maler.
* 25.1. 1882 Freiburg im Breisgau. Autodidakt. 1928 Professor der Kunsthochschule Berlin. Goebbels am 15.11. 1930 im Tagebuch: »Professor Großmann kann mich zeichnen. Seine Frau sagt mir viel Liebenswürdiges.« Am 17.1. 1931: »Professor Großmann zeichnet mich. Aber er kommt mir meiner Visage nicht zu Rande.« Juli 1937 in der Schandschau *Entartete Kunst* in München mit drei Objekten vorgeführt, Beschlagnahmung von 206 (!) seiner Werke. † 5.12. 1941 Freiburg.

Grosz, George. Maler.
* 26.7. 1893 Berlin. Anfangs Karikaturist für Satire-Zeitschriften. 1918 Dadaist

(Hitler in *Mein Kampf:* »Krankhafte Auswüchse irrsinniger und verkommener
Menschen«) und KPD, Austritt 1923 nach
Moskaureise. Maler der Neuen Sachlich-
keit. Seine Anti-Kriegsbilder galten als
Wehrsabotage. Harry Graf Kessler am 7.7.
1922 im Tagebuch: »Eine mimosenhaft
empfindliche Natur, die aus Empfindsam-
keit unerhört brutal wird und die Gestal-
tungsgabe zu dieser Brutalität besitzt.«
Wegen seiner anklägerischen Bilder gegen
Kapitalismus, Kirche, Militär und Spie-
ßertum mehrfach vor Gericht und zu
Geldstrafen verurteilt. 1932 gastweise
Lehrtätigkeit in New York, Anfang 1933
Übersiedlung mit Familie. Juli 1937 in der
Schandschau *Entartete Kunst* in München
mit 20 Objekten vorgeführt, Beschlagnah-
mung von 285 (!) seiner Werke. 1938 US-
Bürger. Juni 1959 Rückkehr nach Berlin.
† 6.7. 1959 Berlin.
Grote, Hans Henning Freiherr von.
Schriftsteller.
* 7.9. 1896 Charlottenburg. Major. 1929
Kriegsroman *Die Höhle von Beauregard*
(vom *Beauftragten des Führers für die
Überwachung des gesamten geistigen und
weltanschaulichen Schulung der NSDAP,*
Amt Rosenberg, empfohlen). 1932: *Das
Schicksalsbuch des deutschen Volkes.* Autor
der *Mannschaft,* Kameradschaft der
Frontdichter. 1938: *Unvergleichliche deut-
sche Infanterie.* † 18.5. 1946 Braun-
schweig. Lit.: Walther.
Grote, Ludwig. Direktor der Anhaltini-
schen Gemälde-Galerie Dessau.
* 8.8. 1893 Halle. Initiator des Umzugs
des *Bauhauses* von Weimar nach Dessau
(Göring: »Brutstätte des Kulturbolschewismus«). 1933 wegen Förderung »entarteter Kunst« entlassen. 1949 in München
Organisator der Ausstellung *Der Blaue
Reiter* und 1950 *Maler am Bauhaus.* 1951
Leiter des Germanischen Nationalmuse-
ums in Nürnberg. † 3.3. 1974 Gauting bei
München.
Grothe, Franz. Unterhaltungskomponist.
* 17.9. 1908 Berlin, Sohn eines Kapellmeisters. Mai 1933 NSDAP (Nr. 2 580427).

In der NS-Zeit Musik zu 24 Filmen, darunter der Operettenstreifen *Die blonde
Carmen* (1935) und der Staatsauftragsfilm
Achtung! Feind hört mit! (1940). 1941 Vertonung des Durchhalte-Songs *Wir werden
das Kind schon richtig schaukeln,* Schluß:
»Gerade dann, wenn sonst kein Mensch
mehr kann,/dann fangen wir erst an!«
Herbst 1941 Leiter des *Deutschen Tanz-
und Unterhaltungsorchesters* (Reichsorchester für Unterhaltungsmusik) in Berlin, von Goebbels und Hinkel als Repräsentationsorchester gegründet. 1942 Leiter
der Gruppe *Gehobene Unterhaltungsmusik*
beim Großdeutschen Rundfunk. Am 4. 11.
1942 beim Treffen von Unterhaltungskomponisten in der *Kameradschaft der
deutschen Künstler,* Hippler: angesichts der
Kriegslage braucht Goebbels »optimistische Schlager«. 1942 Durchhalte-Song:
Wenn unser Berlin auch verdunkelt ist, Text
von Bruno Baltz: »Es kann der fehlende
Laternenschein/bevölkerungspolitisch äußerst wertvoll sein,/Wenn unser Berlin
auch verdunkelt ist,/der Berliner bleibt
doch helle«. August 1944 Filmmusik *Die
Frau meiner Träume.* Laut Marika Rökk
(neben Peter Kreuder) ihr »Leibkompo-
nist«. Nach 1945 Filmmusik zu *Ich denke
oft an Piroschka* (1955) oder *Wir Wunderkinder* (1958), Filmmusiken für Veit Harlan (so 1953 *Sterne über Colombo* und *Die
Gefangene des Maharadscha*). 1975 *Filmband in Gold* für langjähriges und hervorragendes Wirken im deutschen Film.
† 12.9. 1982 Köln. Lit.: Drewniak, Film;
Koch; Prieberg.
Grothe, Walter. Bibliotheksleiter der
NSDAP-Reichsleitung.
* 10.3. 1895 Oldenburg. 1925 Landesbibliothek Kassel. 1931 NSDAP. 1939 Leiter
der Zentralbibliothek der von Rosenberg
geplanten und von der NSDAP finanzierten Universität, genannt *Hohe Schule.*
1940 im *Einsatzstab Reichsleiter Rosenberg*
zum Raub »herrenlosen Kulturguts von
Juden«, Leiter des Sonderstabes Biblio-
theksforschung. 1941 Direktor der Bibliothek der Hohen Schule in Annenheim bei

Villach (Kärnten). 1945–1948 Leiter der Bücherrestitution (Übergabe geraubter Bücher an Herkunftsländer) in Kärnten. 1950 in Klagenfurt Buchautor: *Wiegendrucke in der Zeitenwende*, Vorwort: »Das Bücherschicksal hatte im zweiten Weltkriege rund 130 Inkunabeln [Wiegendrucke aus der Frühzeit des Buchdrucks, vor 1500]... nach Tanzenberg verschlagen [!]«. Lit.: Kühn-Ludewig.

Grube, Max. Name Oktober 1933 unter dem Treuegelöbnis »88 deutsche Schriftsteller« für Adolf Hitler.
* 25. 3. 1854 Dorpat. Geheimer Hofrat, Autor zahlreicher Bücher (1918: *Am Hofe der Kunst*). 1909 Leiter des Hoftheaters Meiningen, 1913–1918 Leiter des Deutschen Schauspielhauses Hamburg. Laut Goetz »ein ebenso heiterer und kluger Beobachter wie mäßiger Mime«. † 25. 12. 1934 Meiningen.

Gruber, Otto. Architekt.
* 16. 5. 1883 Offenburg. 1928 Lehrstuhl für Baukonstruktionslehre der TH Aachen. 1934 (bis 1937) Rektor. 1937 Rede am Tag von Langemarck: »Die Toten von Langemarck ... sind Kernholz aus dem Walde der Deutschen Nation, dessen Atem uns alle erfüllt, dessen Brausen im Sturme des deutschen Schicksals uns alle mitschwingen läßt, dessen Wurzelboden die deutsche Erde mit all ihrem geheimnisvollen Reichtum ist.« Gründer der geheimen Mittelstelle Heimatschutz zur Unterstützung niederländischer und belgischer Nationalsozialisten. 1937 NSDAP. 1939/40 erneut Rektor. 1948 Dekan, 1950 Ehrensenator, Emeritierung. † 24. 1. 1957 Aachen. Lit.: Grüttner; Kalkmann.

Grümmer, Paul. Auf der *Gottbegnadeten-Liste* (Führerliste) der wichtigsten Cellisten des NS-Staates.
* 26. 2. 1879 Gera. 1926 Musikhochschule Köln. 1933 auf Betreiben von Rosenbergs *Kampfbund für deutsche Kultur* Lehrer der Musikhochschule Berlin (Nachfolger des als Jude entlassenen Emanuel Feuermann). 1940 Lehrtätigkeit an der Wiener Musikakademie. Ab 1946 Wohnsitz in der

Schweiz. 1965 Erinnerungen: *Begegnungen*. † 31. 10. 1965 Zug.

Grünbaum, Fritz. Ein Meister des Wiener Kabaretts.
* 7. 4. 1880 Brünn, Sohn eines Kunsthändlers. Dr. jur. Auftritte im Berliner *Chat Noir*, in den Wiener Kabaretts *Hölle* und *Simpl*. Co-Librettist zu Falls Operette *Die Dollarprinzessin*, zu Kálmáns *Der Zigeunerprimas* und zur Robert-Stolz-Operette *Das Busserlschloß*. Texter des Lieds: *Du sollst der Kaiser meiner Seele sein* sowie *Ich hab' das Fräulein Helen baden seh'n*. Im *Lexikon der Juden in der Musik* gebrandmarkt. Verhaftung März 1938, nach der Besetzung Österreichs. Deportiert am 24. 5. 1938 ins KZ Dachau, September 1938 Latrinenleerer im KZ Buchenwald, Oktober 1940 erneut Dachau. † 14. 1. 1941 Dachau. Seine Witwe Lilly wurde nach Polen deportiert. Lit.: Liebe.

Gründgens, Gustaf. Auf der *Gottbegnadeten-Liste* (Führerliste) der wichtigsten Künstler des NS-Staates. Reichskultursenator.
* 22. 12. 1899 Düsseldorf. Schauspieler in Hamburg. In erster Ehe mit Erika Mann (1925–1928), in zweiter Ehe (1936–1946) mit Marianne Hoppe verheiratet, von Schwiegervater Thomas Mann *Ab-Gründgens* genannt. 1931 in Fritz Langs Erfolgsfilm *M – Eine Stadt sucht einen Mörder*. 1934 Intendant des Preußischen Staatstheaters Berlin unter Göring. In der NS-Zeit in 14 Filmen als Schauspieler, in vier Filmen als Regisseur. Unter anderem 1935 im antibritischen Monumentalfilm *Das Mädchen Johanna* (Jeanne d'Arc) sowie im Film *Hundert Tage*, nach einer Vorlage Benito Mussolinis (Mussolini in der Gestalt Napoleons, eine Verhöhnung der Demokratie). 1938 im Film *Tanz auf dem Vulkan* Interpret des Lieds *Die Nacht ist nicht allein zum Schlafen da*. Am 19. 10. 1939 im *Völkischen Beobachter*: »Wir alle stehen in der großen Front der Landesverteidigung. Der Abschnitt, den wir zu halten haben, ist die deutsche Kunst.« 1940 Regisseur des Films *Zwei Welten* (über Erntehilfe als

»Sieg der Jugend von heute über das Gestrige«). 1941 im antibritischen Hetzfilm *Ohm Krüger*, für Goebbels »ein Film zum Rasendwerden«, Höchstprädikat: *Film der Nation* und *Staatspolitisch und künstlerisch besonders wertvoll, kulturell wertvoll, volkstümlich wertvoll, volksbildend, jugendwert.* Kurator des *Emmy-Göring-Stifts* für alte arische Schauspieler in Weimar. NS-Ehrung: Von Göring 1934 zum *Staatsschauspieler* und 1936 zum Preußischen Staatsrat ernannt. Präsidialrat der Reichstheaterkammer. Laut Zuckmayer vollzog er einen »Umschwung vom radikalen ›Kulturbolschewisten‹ zum Götterliebling der Nazis«, er habe aber vielen Künstlern geholfen und viele, die bereits ausgeschaltet waren, wieder durchgesetzt. 1945 in sowjetischer Internierung. 1947 Generalintendant in Düsseldorf. Juli 1948 Hauptentlastungszeuge in Emmy Görings Entnazifizierungskomödie, nachdem er von deren Anwalt Ebermayer im Frage- und Antwortspiel präpariert worden war. In seinem Auftritt unter Eid versicherte er, er habe sie »unzählige Male … tagsüber oder mitten in der Nacht« wegen Hilfe für jüdische Künstler angerufen und sie habe »in jedem Fall« geholfen. März 1949 Entlastungszeuge für Veit Harlan in dessen Prozeß vor dem LG Hamburg. *Großes Verdienstkreuz mit Stern des Verdienstordens der BRD*, am 2.12.1953 von Theodor Heuss nach der 25. Wallenstein-Aufführung persönlich überreicht. 1955 am Deutschen Schauspielhaus in Hamburg. 1961 *Filmband in Gold*. Geplagt von Migräne, Depressionen und Schlaflosigkeit, langjährige Einnahme von Schlafmitteln und morphinhaltigen Drogen. † 7.10. 1963 Manila an einem Blutsturz, bedingt durch Drogen. Nachruf *Deutsches Bühnen-Jahrbuch*: »Ein totaler Schauspieler.« Lit.: Gründgens, Briefe.

Grünwald, Alfred. Librettist.
* 16.2.1886 Wien. Libretti zu Leo Falls *Die Rose von Stambul* (1916), zu Kálmáns *Gräfin Maritza* (1924) und *Die Zirkusprinzessin* (1926), mit Löhner-Beda zu Paul Abrahams *Viktoria und ihr Husar* (1930) sowie *Die Blume von Hawaii* (1931). Im *Lexikon der Juden in der Musik* gebrandmarkt. 1938 Flucht nach Frankreich, 1940 USA. † 25.2.1951 New York.

Grützner, Eduard. Lieblingsmaler Hitlers.
* 26.5.1846 Groß-Karlowitz in Oberschlesien. † 2.4.1925 München. *Meyers Lexikon* 1938: »Genrebilder aus dem Mönchs- und dem Jägerleben, in denen das Motiv des gemütlichen Zechers immer wiederkehrt.« Das Urteil Hitlers, laut Speer: »Glauben Sie mir, dieser Grützner wird einmal so viel wert sein wie ein Rembrandt.« Im geplanten *Führer-Museum* in Linz war für Grützners Lebenswerk ein eigener Saal vorgesehen.

Grund, Peter. Architekt.
* 15.11.1892 Pfungstadt. 1933 Leiter der Kunstakademie Düsseldorf. Laut Rave ist er »aus dem Hintergrund der Partei hervorgetreten und [hat] mit einer im Mai 1934 durch Rosenberg eröffneten ›Schau der deutschen Revolution‹ das Mittelmäßige zur Herrschaft« gebracht. 1947 Oberbaudirektor in Darmstadt. Erstellte 1951 den Kaufhof in Frankfurt am Main. † 26.1.1966 Darmstadt.

Grundig, Hans. Maler.
* 19.2.1901 Dresden. Beeinflußt von Otto Dix. 1926 KPD, Mitbegründer der Dresdner Assoziation Revolutionärer Bildender Künstler Deutschlands. 1933 Berufsverbot. Juli 1937 in der Schandschau *Entartete Kunst* in München vorgeführt, Beschlagnahmung von acht seiner Werke. 1940 KZ Sachsenhausen, 1944 Strafbataillon. 1946–1948 Professor und Rektor der Dresdner Hochschule für Bildende Künste. SED. † 11.9.1958 Dresden. Lit.: Barth.

Grunsky, Karl. Musikhistoriker.
* 5.3.1871 Schornbach bei Schorndorf als Pfarrerssohn. Dr. phil. *Deutschvölkischer Schutz- und Trutzbund*, Eigenreklame: »Deutsche! Befreit Euch von der Judenherrschaft!« Korrespondent des *Völkischen Beobachters*. 1920 Gründungsmitglied des Bayreuther Bundes. 1921: *Wagner und die Juden*. 1930 NSDAP. 1933: *Luthers Be-*

kenntnisse zur Judenfrage sowie *Kampf um deutsche Musik.* 1934/35 Herausgeber des Nationalsozialistischen Volkskalenders. † 2.8. 1943 Vaihingen.

Güden, Hilde (Hulda), geb. Geiringer. Sopranistin. * 15.9. 1917 Wien. 1938 Debüt in Benatzkys Operette *Herzen im Schnee* an der Wiener Volksbühne, Heirat mit dem türkischen Presseattaché Dr. phil. Güden, dadurch türkische Staatsbürgerschaft. 1939 am Opernhaus Zürich. 1941 Scheidung. Ende 1941 an der Münchner Staatsoper. Sommer 1943 (drei jüdische Großeltern) Ausschluß aus der Reichsmusikkammer, Vertragsauflösung. 1947 (bis 1973) Wiener Staatsoper. 1950 Kammersängerin. Ab 1951 auch Metropolitan Opera New York. † 17.9. 1988 München.

Gülstorff, Max. Auf der *Gottbegnadeten-Liste* der Schauspieler, die für die Filmproduktion benötigt werden. * 23.3. 1882 Tilsit. Komiker. 1931 in Zuckmayers Komödie *Der Hauptmann von Köpenick.* In der NS-Zeit Nebenrollen in 81 Filmen. Unter anderem in Harlans Hitlerhuldigung *Der Herrscher* (1937), im Revuefilm *Der Stern von Rio* (1940) und im Hetzfilm *Ohm Krüger* (1941). † 6.2. 1947 Berlin.

Günther, Arthur. Filmarchitekt. * 9.12. 1893 Potsdam. Kulissen zu Unterhaltungsfilmen sowie zum »ersten wirklichen Nazi-Film« (Courtade) *Hitlerjunge Quex*, Uraufführung September 1933 in Anwesenheit von Hitler. 1939 antisemitischer Film *Leinen aus Irland.* Nach 1945 bei der ostzonalen DEFA. † 9.2. 1972 Berlin.

Günther, Johannes. Fachspartenleiter Kirchenmusik in Rosenbergs *Kampfbund für deutsche Kultur* Berlin. * 30.12. 1901 Groß-Ottersleben bei Magdeburg. Komponist und Organist. NSDAP erstmals 1928. 1929 Gründer eines NS-Orchesters in Berlin. Goebbels am 16.3. 1930 im Tagebuch: »Abends Eckartfeier … Dann ein z.T. sehr schönes Streichquartett von unserem Pg. Günther.«

1933/34 Herausgeber der Zeitschrift *Die Musik*, Organ der Nationalsozialistischen Kulturgemeinde. Bis 1935 Leiter der Musikabteilung im Hauptkulturamt der Reichsjugendführung. † Kriegstod 27.4. 1945.

Günther, Johannes von. Name Oktober 1933 unter dem Treuegelöbnis »88 deutsche Schriftsteller« für Adolf Hitler. * 26.5. 1886 Mitau in Lettland. 1906 Gedichtband *Schatten und Helle*, Stefan George nachempfunden. 1908–1914 in St. Petersburg. 1939 erfolgreichstes Werk: *Rasputin.* 1969 Erinnerungen: *Ein Leben im Ostwind. Zwischen Petersburg und München.* † 28.5. 1973 Kochel in Oberbayern.

Günther, Siegfried. Musikwissenschaftler. * 10.7. 1891 Bernburg/Saale. Studienrat in Berlin. 1932 NSDAP (Nr. 1400581). Autor von Beiträgen wie *Musikerziehung als nationale Aufgabe* (1933), *Rassenkundliche Beiträge zur musikalischen Stilforschung* (1938) sowie *Rassenseelenforschung und Musikwissenschaft* (1939). Nach 1945 Pensionär in Heidenheim an der Brenz. † 19.7. 1992 ebenda.

Gugg, Hugo. Maler. * 21.8. 1878 Leipzig. Schüler Schultze-Naumburgs. 1921 Professor der Kunsthochschule Weimar, Leiter der Landschaftsklasse (bis 1933). 1944 Sonderausstellung mit 21 Objekten in der Großen Deutschen Kunstausstellung im Münchner NS-Musentempel *Haus der Deutschen Kunst.* Ein Jahr zuvor vertreten mit *Ordensburg Sonthofen* (Öltempera). NS-Ehrung: 1943 *Goethe-Medaille* für Kunst und Wissenschaft. Nach 1945 Goethe-Nationalmuseum Weimar. † 25.4. 1956 Weimar.

Gulbransson, Olaf. Auf der *Gottbegnadeten-Liste* (Führerliste) der wichtigsten Maler des NS-Staates. * 26.5. 1873 Christiania in Norwegen. Norwegisch-deutscher Karikaturist der Satire-Zeitschrift *Simplicissimus.* Ab 1929 Wohnort Tegernsee, Professor der Akademie der bildenden Künste München. April

1933 Unterzeichner des Protests von Honoratioren der *Richard-Wagner-Stadt München* gegen Thomas Manns Opus *Leiden und Größe Richard Wagners*: »Wir lassen uns solche Herabsetzung unseres großen deutschen Musikgenies von keinem Menschen gefallen.« Von der Emigrantenzeitschrift *Die Sammlung* 1935 beschuldigt, den Begründer des *Simplicissimus*, Th. Th. Heine, »am liebsten auf dem Altar des eben noch gemeinsam bekämpften Hakenkreuzes als Sündenbock schlachten« zu wollen. Auf den Großen Deutschen Kunstausstellungen im Münchner NS-Musentempel *Haus der Deutschen Kunst* mit insgesamt fünf Objekten, darunter 1943 die Federzeichnung *Der totale Krieg*. NS-Ehrung: 1943 *Goethe-Medaille* für Kunst und Wissenschaft, Begründung: »Seit Kriegsbeginn hat er seine Kunst ausschließlich in den Dienst des Großdeutschen Freiheitskampfes gestellt und sich mit seinen politischen Zeichnungen einen beim Feind gefürchteten Namen gemacht.« † 18. 9. 1958 Tegernsee.

Gumbel, Emil. *Meyers Lexikon* (1938): »Marxistischer Landesverräter und Pazifist, Jude«. * 18. 6. 1891 München. SPD. Publikationen über Fememorde und Rechtsradikalismus. 1922 Autor: *Vier Jahre politischer Mord*. 1930 Lehrstuhl für Mathematik in Heidelberg, 1932 relegiert. 1933 Flucht nach Frankreich, August 1933 öffentliche Ausbürgerung. Ab 1940 Gastprofessor in US-Universitäten. † 10. 9. 1966 New York.

Gurlitt, Wilibald (sic). Musikwissenschaftler. * 1. 3. 1889 Dresden. Kriegsveteran des I. Weltkriegs. 1920 ao. Professor in Freiburg, 1929 Ordinarius. August 1933 Unterzeichner eines Manifests in der Zeitschrift *Die Musik*: »Wir bekennen uns zur volkhaften Grundlage aller Kirchenmusik.« November 1933 Autor *Vom Deutschtum in der Musik*. Dort heißt es über Musikwissenschaftler: »Auch ihn, der sich gern hinter die liberalistische Rede verschanzt, daß Musik nichts mit Politik zu tun habe, trifft der Ruf des Führers zur Neubesinnung auf deutsches Wesen und zu zielbewußter, verantwortlicher Mitarbeit am Neubau unseres nationalen und sozialen Lebens.« Mit einer Jüdin verheiratet, selbst als »Vierteljude« eingestuft. 1937 Amtsenthebung. Nach 1945 wiederum Lehrstuhl in Freiburg. † 15. 12. 1963 Freiburg. Lit.: Potter.

Gutjahr, Herbert. Am 10. Mai 1933 Redner bei der Berliner Bücherverbrennung. * 25. 10. 1911 Rixdorf, Sohn eines Verwaltungsdirektors. 1931 NSDAP/SA. 1933 SS. Führer der Berliner Studentenschaft. Jurist. Unter anderem Regierungsrat im Reichserziehungsministerium. Ab 1939 Kriegsdienst. † 12. 3. 1944 Kalinowka (Ukraine) an den Folgen einer Kriegsverletzung.

Gutterer, Leopold. Mai 1941 (bis April 1944) Staatssekretär im Reichspropagandaministerium (RMVP). *Reichskultursenator* und SS-Brigadeführer. * 25. 4. 1902 Baden-Baden. 1925 NSDAP. 1935 Oberregierungsrat im RMVP. 1937 Ministerialdirektor und Abteilungsleiter. Goebbels am 24. 5. 1941 im Tagebuch: »Er wird mir sicherlich immer ein getreuer Gefolgsmann sein.« April 1944 abgeschoben, Goebbels am 18. 4. im Tagebuch: »Er soll Generaldirektor der Ufa mit einem Bombengehalt werden.« Generaldirektor der *Universum Film Aktiengesellschaft* (Ufa), danach SS-Panzerjäger. 1948 im Spruchkammerverfahren zu 8 Jahren Berufsverbot verurteilt. Theaterdirektor in Aachen.

Guttmann, Paul. Schauspieler und Spielleiter. * 23. 9. 1879 Baden bei Wien. Unter anderem am Wiener Johann-Strauß-Theater und Theater an der Wien. † 28. 12. 1941 Deportation nach Minsk. Q.: Weniger, Bühne.

Guttmann, Robert. Maler. * 20. 4. 1880 Prag. Studium an der Prager Malerakademie. Wanderschaft durch Europa, Unterhalt durch Porträts und Skizzen. Besuch zahlreicher Zionistenkongresse. 1941 deportiert von Prag ins Ghetto-lager Litzmannstadt/Lodz. Die *Getto-En-zyklopädie*: »Sein groteskes Aussehen – er trug ständig einen Sammetrock, eine Bas-kenmütze, eine grellgrüne La Vallier-Kra-vatte, eine auffallende Blume im Knopf-loch – machte ihn überall, wohin er kam, populär.« † 1942 im Ghettolager. Lit.: Getto-Enzyklopädie.

H

Haack, Käthe. Auf der von Hitler geneh-migten Liste der unersetzlichen Schau-spieler des Reichspropagandaministeri-ums (1944).
* 11. 8. 1897 Berlin. Verheiratet mit dem Schauspieler Heinrich Schroth. 1931 in der Berliner Uraufführung von Zuckmay-ers *Der Hauptmann von Köpenick*, Alfred Kerrs Haack-Hymne am 2. 6. 1931 im *Ber-liner Tageblatt*: »Gipfel unsrer Wonne.« Ab 1934 am Staatlichen Schauspielhaus Ber-lin. Laut Moeller befreundet mit dem NS-Kulturfunktionär Hans Hinkel (»liebes Hänschen«) und laut Hippler von Goeb-bels öfters zur Abendgesellschaft eingela-den. Goebbels am 25. 8. 1940 im Tage-buch: »Etwas Besuch von Harlans und Frau Haack.« In der NS-Zeit in 55 Filmen. Neben Unterhaltungsstreifen 1937 in Har-lans Hitlerhuldigung *Der Herrscher*, 1940 im *staatspolitisch besonders wertvollen* Film *Bismarck*, 1941 Heldenmutter-Saga *Anne-lie*, 1943 Ufa-Jubiläumsfilm *Münchhau-sen*. NS-Ehrung: *Staatsschauspielerin* (1939). Nach 1945 Filme wie *Rosen-Resli* (1954) oder *Schwarze Nylons – heiße Nächte* (1957). 1973 *Filmband in Gold* für langjähriges und hervorragendes Wirken im deutschen Film. 1971 Erinnerungen: *In Berlin und anderswo*. Das *Deutsche Büh-nen-Jahrbuch* 1963: »Sie konnte komisch sein, ohne derb zu werden.« † 5. 5. 1986 Berlin.
Haacker, Carl. Filmarchitekt.
* 26. 7. 1890 Berlin. Kommunist. Kulissen zu den Klassikern des proletarischen Films

Mutter Krauses Fahrt ins Glück (1929) und *Kuhle Wampe* (1932). In der NS-Zeit Filme wie *Casanova heiratet* (1939), *Brüderlein fein* (1941), letzter Film 1942: *Weiße Wä-sche*. 1945 mit der Gründung der DEFA betraut. † 15. 12. 1945 bei Berlin tödlich verunglückt.
Haagen, Margarete. Schauspielerin.
* 29. 11. 1889 Nürnberg. Am Münchener Volkstheater und am Berliner Schloßthea-ter. Spät zum Film gekommen. 1940 in *Das sündige Dorf*, 1941 im NS-Euthana-siefilm *Ich klage an* (der von den Kranken-mördern der Berliner T4-Zentrale teilfi-nanzierte Staatsauftragsfilm sollte den Wi-derstand der Bevölkerung gegen den Be-hindertenmord brechen). Nach 1945 in Filmen wie *Grün ist die Heide* (1951) oder *Der Himmel ist nie ausverkauft* (1955). † 19. 11. 1966 München. Nachruf *Deut-sches Bühnen-Jahrbuch*: »Berühmteste Ko-mische Alte.«
Haas, Dolly. Filmschauspielerin.
* 29. 4. 1910 Hamburg. Rollentyp: tem-peramentvolle Kindfrau. Rasante Karriere ab 1930. In kurzer Zeit mehr als zehn Fil-me, darunter *Dolly macht Karriere* (1930). 1933 Tumulte in der Premiere zu *Das häß-liche Mädchen* wegen ihres jüdischen Part-ners Max Hansen. 1935 Emigration nach England, 1936 USA, am Broadway. Einzige Filmrolle nach dem Krieg: 1952 im Hitch-cock-Krimi *Ich beichte*. 1975 *Filmband in Gold* für langjähriges und hervorragendes Wirken im deutschen Film. † 16. 9. 1994 New York.
Haas, Joseph. Obmann des Musikaus-schusses der Reichsmusikkammer (RMK).
* 19. 3. 1879 Maihingen bei Nördlingen. Komponist. Schüler Max Regers. 1911 am Stuttgarter Konservatorium, 1917 Profes-sor. 1921 Staatliche Akademie der Ton-kunst in München. Im Führerrat der Be-rufsstands der deutschen Komponisten in der RMK, im Vorstand des *Allgemeinen Deutschen Musikvereins* (»Selbstauflö-sung« Juni 1936). Am 2. 7. 1944 Urauffüh-rung (die letzte in der NS-Zeit) seiner Oper *Die Hochzeit Jobs* in Dresden. 1944

Gutachten des Rosenberg-Experten Gerigk zur geplanten Verleihung des Musikpreises der Stadt München: »Wenn man Haas vom rein Musikalischen beurteilt, muß man ihn einer solcher Ehrung würdig befinden; anders wird es, wenn man die eindeutig vorhandene Gebundenheit von Haas an die kath. Kirche berücksichtigt.« 1946 Präsident der Musikhochschule München. 1949 Präsident des Berufsverbands Deutscher Komponisten. Mitbegründer der Donaueschinger Kammermusik-Feste für Neue Musik. † 30. 3. 1960 München. Lit.: *Führerlexikon*; Okrassa.

Haas, Willy. Schriftsteller.

* 7. 6. 1891 Prag. Jugend in Prag, befreundet mit Kafka, Brod und Werfel (Klassenkamerad). 1925 Mitbegründer und Herausgeber der Wochenzeitschrift *Die Literarische Welt*, 1927 Eigentümer, 1933 Zwangsverkauf, Rückzug nach Prag. 1939 Flucht über Italien nach Indien. Nach 1945 Literatur- und Theaterkritiker der Zeitung *Die Welt*. 1949 Hymne zu Alma Mahler-Werfels 70. Geburtstag: »Und Du bist ›gebenedeiet unter den Frauen‹, die du zwei großen Männern ihr Leben verschönt und erhöht hast – ach, was sage ich: Zweien?« Bearbeiter ihrer von zahlreichen Antisemitismen gereinigten Lebenserinnerungen *Mein Leben*. † 4. 9. 1973 Hamburg.

Habe, Hans, eigentlich János Békessy. Wiener Journalist.

* 12. 2. 1911 Budapest. 1935 als Korrespondent (Völkerbundberichter) in Genf. 1937 Emigrationsroman *Drei über die Grenze*. 1940 USA, 1941 autobiographischer Bericht: *Ob tausend fallen*. US-Major, Leiter der Psychological Warfare Division, 1945/46 Chefredakteur der *Neuen Zeitung* (US-Tageszeitung im Dienste der Umerziehung und Demokratisierung). 1954 Erinnerungen: *Ich stelle mich*. Thomas Mann am 3. 9. 1954 an Habe: »Das Buch eines unterhaltenden Moralisten.« Heym über Habe: »Er war ein Künstler auf dem Gebiet der Selbstdarstellung.« Ab 1960 in der Schweiz. Seine Polemik (vor allen in der *Welt am Sonntag*) gegen links-

liberale Autoren wie Max Frisch oder Friedrich Dürenmatt führte zu zahlreichen Prozessen. † 29. 9. 1977 Locarno.

Haberstock, Karl. Kunstagent Hitlers (Brenner).

* 19. 6. 1878 Augsburg. Berliner Kunsthändler. Laut Petropoulos hatte er sich seit den 20er Jahren »in rechtsradikalen, antisemitischen Kreisen eine Klientel aufgebaut«. NSDAP 1933 (Nr. 1 772846). Nach der Besetzung Österreichs Hitlers Berater zur Verwendung des geraubten Kulturguts der Wiener Juden. Mai 1938 Mitglied der *Kommission zur Verwertung der beschlagnahmten Werke entarteter Kunst*. Berater bei Hitlers *Sonderauftrag Linz*, 1944 ausgeschaltet. Nach 1945 Zeuge der Anklage im Nürnberger Prozeß. Kunsthändler in München. Schenkte seine Gemäldesammlung dem Städtischen Kunstmuseum Augsburg, dafür als Wohltäter geehrt. † 1956. Lit.: Heuss; Petropoulos.

Habicht, Theo. Journalist.

* 4. 4. 1898 Wiesbaden. 1926 NSDAP, 1927 Bezirksleiter Wiesbaden, Gründer des NS-Wochenblatts *Nassauer Beobachter*, zugleich Hauptschriftleiter des *Frankfurter Beobachters* und des *Pfälzischen Beobachters*. Ab 1931 MdR. Landesleiter der NSDAP-Österreich, Sitz: München. 1934 Anführer des Putschversuchs gegen die österreichische Regierung mit Ermordung des Bundeskanzlers Dollfuß. 1937 Oberbürgermeister von Wittenberg, 1939 von Koblenz. 1939 Unterstaatssekretär im Auswärtigen Amt. September 1940 Hauptmann der Wehrmacht. † Kriegstod 31. 1. 1944 Majewo Tscherkizino in Polen.

Habsburg-Lothringen, Heinrich.

* 17. 8. 1908 München, Sohn von Heinrich Ferdinand. Laut *Aufstellung derjenigen Parteigenossen, die Angehörige fürstlicher Häuser sind*: 1. 1. 1940 NSDAP, Nr. 8 766361, Gau Salzburg. Dr. Ing. Forstmeister. † 13. 6. 1968 Mürzzuschlag.

Habsburg-Lothringen, Heinrich Ferdinand.

* 13. 2. 1878 Salzburg. Generalmajor in Ruhe. Ritter des Ordens vom Goldenen

Vließ. Laut *Aufstellung derjenigen Parteigenossen, die Angehörige fürstlicher Häuser sind*: 1.5. 1938 NSDAP, Nr. 6 346998, Gau Salzburg. † 21.5. 1969 Salzburg.

Hadamovsky, Eugen. Reichssendeleiter (1933). Reichskultursenator.
* 14.12. 1904 Berlin. Automechaniker. 1930 NSDAP, 1931 Gaufunkwart Berlin. 1932 Abteilungsleiter in der NSDAP-Reichspropagandaleitung. November 1933 Vizepräsident der Reichsrundfunkkammer (nach Kriegsbeginn aufgelöst, Aufgaben von der Reichsrundfunkgesellschaft übernommen). Präsidialbeirat der *Kameradschaft der deutschen Künstler* (NS-Führerkorps). 1934 Autor: *Der Rundfunk im Dienste der Volksführung*, Textprobe: »Erstmals in der Geschichte ist die Möglichkeit gegeben, Millionenvölker durch tägliche und stündliche Einwirkung zu formen.« Am 23.3. 1935 anläßlich einer Feierstunde zur Eröffnung des versuchsweisen Fernsehprogrammdienstes Telegramm an Hitler: »Unsere Mission hieß in diesen zwei Jahren: Ihr Wort mein Führer, allen Ohren in Deutschland zu predigen. Nun ist die Stunde gekommen, in der wir beginnen wollen, mit dem nationalsozialistischen Fernsehrundfunk Ihr Bild, mein Führer, tief und unverlöschlich in alle deutschen Herzen zu pflanzen.« 1942, nach Differenzen mit Goebbels, abgeschoben. 1943 Panzeroffizier der Wehrmacht. † Kriegstod 3.3. 1945 an der Ostfront. Goebbels am selben Tag im Tagebuch: »Herzschuß und war gleich tot.«

Hadank, Günther. Schauspieler.
* 20.10. 1892 Berlin. Am Preußischen Staatstheater Berlin, Rollen: Faust, Prinz von Homburg, Peer Gynt. 1944 Bühnenvorstand am Deutschen Theater in Berlin. NS-Tendenzfilme: *Ein Mann will nach Deutschland* (1934), *Ziel in den Wolken* (1938), *Friedrich Schiller*, *Bismarck* (1940) *Kameraden* (1941). 1951 im Harlan-Film *Hanna Amon*, 1956 letzter Film: *Herrscher ohne Krone*. † 23.8. 1973 Berlin.

Hadank, Oskar Hermann Werner. Auf der *Gottbegnadeten-Liste* (Führerliste) der

wichtigsten Gebrauchsgraphiker und Entwerfer des NS-Staates.
* 17.8. 1889 Berlin. Raumkünstler. Professor der Vereinigten Staatsschule für freie und angewandte Kunst in Berlin. Nach 1945 Berlin. Q.: Vollmer, kein Hinweis zur weiteren Tätigkeit.

Haegert, Wilhelm. Goebbels' »Schrifttumspolitiker« (Goebbels).
* 14.3. 1907 Neukölln, Sohn eines Oberpostsekretärs. Jurist. 1929 NSDAP, SA (1941 SA-Oberführer). 1932 Stabsleiter der NSDAP-Reichspropagandaleitung (RPL) in München. Im Reichspropagandaministerium: April 1933 Leiter der Propagandaabteilung, Februar 1938 Leiter der Volkskulturabteilung, September 1939 Leiter der Schrifttumsabteilung. 1942 zugleich Leiter des Amts Schrifttum im Hauptkulturamt der RPL. Für Freistellungen vom Kriegsdienst auf dem Kultursektor zuständig (Goebbels-Tagebücher). Goebbels am 8.1. 1943: »Bei Haegert habe ich die Gewißheit, daß er unerbittlich und ohne Schonung von Person und Sache vorgeht.« 1941 Vizepräsident Reichsschrifttumskammer. Nach 1945 Rechtsanwalt in Berlin. † 1994 (Ayaß). Q.: Barbian; *Führerlexikon*.

Haehling von Lanzenauer, Alois.
* 4.10. 1903 Freiburg im Breisgau. Dr. agr. Laut *Aufstellung derjenigen Parteigenossen, die Angehörige fürstlicher Häuser sind*: 1.5. 1933 NSDAP, Nr. 2 787702, Gau Oberschlesien. Regierungs- und Landwirtschaftsrat. Nach 1945 Wohnort Bonn.

Haensel, Carl. Name Oktober 1933 unter dem Treuegelöbnis »88 deutsche Schriftsteller« für Adolf Hitler.
* 12.11. 1889 Frankfurt am Main als Architektensohn. Dr. jur. Ab 1920 Rechtsanwalt in Berlin. 1928 Roman *Kampf ums Matterhorn* (Vorlage für Trenkers Film *Der Berg ruft*). 1929: *Die letzten Hunde Dschingis-Khans*. 1935/38: *Außenpolitisches ABC*. Verteidiger in den Nürnberger Prozessen. 1950 Justitiar des SWF Baden-Baden. Honorarprofessor der Universität Tübingen. † 25.4. 1968 Winterthur.

Haentzschel, Georg. Kapellmeister und Komponist.
* 23. 12. 1907 Berlin. Musik zu Filmlustspielen wie *Die göttliche Jette* (1937). Im Krieg Musik zu sechs Filmen, darunter 1939 der Revuefilm *Menschen im Varieté*, 1941 Heldenmutter-Saga *Annelie* sowie 1943 Ufa-Jubiläumsfilm *Münchhausen*. Herbst 1941 mit Grothe Leiter des *Deutschen Tanz- und Unterhaltungsorchesters* (Reichsorchester für Unterhaltungsmusik) in Berlin, von Goebbels und Hinkel als Repräsentationsorchester gegründet. Ab 1942 Leiter der Gruppe *Leichte Tanz- und Unterhaltungsmusik* beim Großdeutschen Rundfunk. Nach 1945 unter anderem Filmmusik zu *Bezauberndes Fräulein* (1953) und *Du mein stilles Tal* (1955). 1984 *Filmband in Gold* für langjähriges und hervorragendes Wirken im deutschen Film. † 13. 4. 1992 Köln. Lit.: Koch.

Härtle, Heinrich. Ab 1939 Leiter der Hauptstelle Philosophie beim *Beauftragten des Führers für die Überwachung der gesamten geistigen und weltanschaulichen Schulung und Erziehung der NSDAP* (Dienststelle Rosenberg).
* 24. 2. 1909 Sachrang bei Rosenheim, Sohn eines Molkereipächters. 1926 *Bund Oberland* (rechtsradikales Freikorps). 1927 NSDAP (Nr. 60393). 1928 SA (1942 Sturmbannführer). 1936 Hauptabteilungsleiter im Hauptschulungsamt der *Deutschen Arbeitsfront*. 1937 Autor: *Nietzsche und der Nationalsozialismus*. 1940 Propaganda-Kompanie, Dezember 1940 vom Kriegsdienst freigestellt (WASt). Internierung bis 1948. Laut Grüttner einer »der aktivsten rechtsradikalen Publizisten«. Herausgeber oder Hauptschriftleiter der einschlägigen Zeitschriften *Reichsruf, Deutsche Wochen-Zeitung, Klüter-Blätter*. Schillerpreis des Deutschen Kulturwerks. Huttenpreis der 1960 gegründeten Gesinnungsgemeinschaft *Gesellschaft für freie Publizistik*. Ehrenmitglied der Akademie für Kultur und Bildung. † 11. 1. 1986 München.

Haffenrichter, Hans. Bildhauer.
* 31. 8. 1897 Würzburg, Sohn eines Buchdruckers. 1931 Professor für Bildende Kunst an der Pädagogischen Akademie Elbing. September 1933 entlassen. Freie Tätigkeit. Im Rosenberg-Organ *Die Kunst im Deutschen Reich* Juli 1940 Abbildung seiner heroischen Bronzebüste *Generalfeldmarschall Hermann Göring*. † 22. 3. 1981 Prien am Chiemsee. Lit.: Hesse.

Haftmann, Werner. Kunsthistoriker.
* 28. 4. 1912 Glowno in Westpreußen. Autor der Zeitschrift *Kunst der Nation*, November 1933 erstmals und Februar 1935 letztmals erschienen. Das Blatt stammte aus dem Kreis des NS-Studentenbunds Berlin-Brandenburg, richtete sich gegen die »rückwärtsgewandten Mucker um Rosenberg« (Tarnowski) und erfreute sich des Wohlwollens von Goebbels. 1935–1940 am Institut für Kunstgeschichte in Florenz. 1951 (bis 1955) Dozent der Kunsthochschule Hamburg. 1954 Standardwerk: *Malerei im 20. Jahrhundert*, 1962 dritte erweiterte Auflage. Von 691 Seiten befassen sich knapp drei (!) mit dem deutschen »Totalitarismus« (das Wort Nationalsozialismus wird vermieden), Haftmann: »Der Angriff des Totalitarismus hinterläßt nur die negative Spur. Er berührt die Kunst nicht, da seine bildnerischen Äußerungen schon tot sind, bevor sie überhaupt begonnen haben. Die Kunst blieb auch in der Katakombe lebendig.« 1967 Direktor der Neuen Nationalgalerie Berlin. † 28. 7. 1999 Gmund am Tegernsee. Lit.: Petropoulos; Rave.

Hagedorn, Hermann. Gaufachschaftsleiter Lyrik der NSDAP-Gauleitung Essen.
* 20. 8. 1884 Essen. Rektor. Auch Gaufachberater für Mundart. 1936 Autor: *Friedrich Krupp. Der ewige Deutsche*. 1937: *Krupp der Kämpfer. Ein Heldenlied*. † 7. 3. 1951 Fretter im Sauerland.

Hagelstange, Rudolf. Schriftsteller.
* 14. 1. 1912 Nordhausen. Feuilletonredakteur der *Nordhäuser Zeitung*. Redakteur von Soldatenzeitungen, Propaganda-

kompanie der Wehrmacht. 1946 Sonette: *Venezianisches Credo*. Führende Rolle im Literaturbetrieb der BRD, erfolgreicher Romanautor, »von der Kritik wegen ihres verharmlosenden Umgangs mit … der Zeit des Nationalsozialismus jedoch verrissen« (DBE). 1977 autobiographisches Werk: *Tränen gelacht – Steckbrief eines Steinbocks*. † 5. 8. 1984 Hanau.

Hagemann, Oskar. Maler.
* 12. 10. 1888 Holoubkau bei Prag. Wohnort Karlsruhe. Auf der Großen Deutschen Kunstausstellung 1943 im Münchner NS-Musentempel *Haus der Deutschen Kunst* unter anderem mit den Objekten *Obergruppenführer und General der Waffen-SS Sepp Dietrich* (Öl) sowie *Frau Sepp Dietrich* (Öl). Beschickte 1953 die 3. Deutsche Kunstausstellung in Dresden mit drei Werken. † 18. 8. 1984 Karlsruhe.

Hagemeyer, Hans. Beauftragter Rosenbergs für Schrifttumsfragen.
* 30. 3. 1899 Hemelingen bei Bremen. Unter anderem 1932 Gauwirtschaftsberater der NSDAP in Nürnberg. 1934 Leiter der Abteilung Schrifttumspflege der *Nationalsozialistischen Kulturgemeinde*, 1939 Leiter des Amts Schrifttumspflege im Amt Rosenberg. 1941 MdR. 1976 Rentner in Bremen (BAL). Lit.: Lilla.

Hagen, Hans W. Referent der Schrifttumsstelle im Reichspropagandaministerium (1941).
* 9. 5. 1907 Markirch im Elsaß. Dr. phil. 1938 Autor: *Deutsche Dichtung in der Entscheidung der Gegenwart*. Laut Frei/Schmitz 1944 in der Schriftleitung von Goebbels' Renommierblatt *Das Reich* (von Hitler im Tischgespräch 1942 gelobt: »Prachtvoll ist die Zeitung ›Das Reich‹«). Görtemaker: »Wer für das Reich arbeitete, stellte sich zwangsläufig in den Dienst der nationalsozialistischen Propaganda.« Nach 1945 beim einschlägigen *Deutschen Kulturwerk Europäischen Geistes*. 1959: *Zwischen Eid und Pflicht. Tatsachenbericht vom 20. Juli 1944*. † 9. 4. 1969 München.

Hahn, Hermann. Bildhauer.
* 28. 11. 1868 Kloster Veilsdorf bei Hildburghausen. 1913 Professor der Kunstakademie München. 1936 Bronzebüsten Adolf Hitlers und Richard Wagners für die Ludwig-Siebert-Halle in Bayreuth. 1937 Verleihung der von ihm geschaffenen Ehrenmedaille der Akademie der bildenden Künste in goldener Ausführung an Hitler, Verleihungsurkunde: »Dem Führer des deutschen Volkes, Adolf Hitler, der den nationalen Gedanken als Brennpunkt geistigen Lebens und Richtschnur der Künste in sein altes Recht einsetzte«. Auf der Großen Deutschen Kunstausstellung im Münchner NS-Musentempel *Haus der Deutschen Kunst* 1939 mit den Objekten *Frauenkopf* (Eisen) sowie *Kriegerfrau* (Bronze). † 18. 8. 1942 Pullach/Isartal.

Hahnefeld, Bernhard. Inhaber des antisemitischen Bernhard Hahnefeld Verlags.
* 21. 8. 1898 Leipzig. Verleger des rassistischen Musikwissenschaftlers Karl Blessinger und des *Lexikons der Juden in der Musik*. Bibliographische Angabe: *Veröffentlichungen des Instituts der NSDAP zur Erforschung der Judenfrage* Frankfurt a. M. *Band 2*. Das Stigmatisierungswerk »zur Ausmerzung alles Fremdländischen« erreichte bis 1943 vier aktualisierte Auflagen, Vorwort: »Die Reinigung unseres Kultur- und damit auch unseres Musiklebens von allen jüdischen Elementen ist erfolgt.« Laut Bescheinigung der *Hauptstelle Musik* des Amts Rosenbergs vom 17. 6. 1940, gezeichnet Gerigk (Hahnefelds Autor!), wegen des »Musikjudenlexikons« unabkömmlich zum Kriegsdienst. Weiterhin heißt es: »Ebenfalls erscheint die Weiterführung der Buchreihe ›Klassiker der Tonkunst in ihren Schriften und Briefen‹ im Interesse der kulturpolitischen Schulungsarbeit der Partei auch in der Kriegszeit als unbedingt notwendig, da laut einer Verfügung des Führers die Arbeiten für die Hohe Schule der Partei, die von Reichsleiter Alfred Rosenberg geleitet werden, nicht zurückgestellt werden dürfen.« Wohnort Berlin. Ab 1944 in Münchberg in

Bayern. Nach 1945 ebenda weiterhin verlegerisch tätig. † 7.4.1989 Höchstadt/Aisch. Q.: Korrespondenz Hahnefelds mit Wehrmachtsstellen nebst Anlagen (WASt).

Haiger, Ernst. Auf der *Gottbegnadeten-Liste* (Führerliste) der wichtigsten Architekten des NS-Staates.
* 10.6.1874 Mülheim/Ruhr. NSDAP 1932. Im Auftrag Hitlers Architekt des Kasinos im Münchner »Führerbau« und der Bar (sic) im NS-Musentempel *Haus der Deutschen Kunst*. 1938/39 auf der 2. Deutschen Architektur-Ausstellung ebenda: Entwurf des Deutschen Hauses auf der Biennale in Venedig. Zum 70. Geburtstag 1944 Glückwunschschreiben von Goebbels. † 15.3.1952 Wiesbaden. Lit.: Thomae.

Halbe, Max. Auf der *Gottbegnadeten-Liste* (Führerliste) der wichtigsten Schriftsteller des NS-Staates.
* 4.10.1865 Güttland bei Danzig. Völkischer Autor. Werke wie *Das tausendjährige Reich* (1900). Mitglied und am 15.3.1933 Unterzeichner einer Loyalitätserklärung der Deutschen Akademie der Dichtung der Preußischen Akademie der Künste pro NS-Regierung. 1933 Lebenserinnerungen: *Scholle und Schicksal*. Name Oktober 1933 unter dem Treuegelöbnis »88 deutsche Schriftsteller« für Adolf Hitler. Goebbels am 22.2.1938: »Max Halbe bedankt sich in einem rührenden Brief für die 5000 Mark. Das war ein gutes Werk.« Goebbels am 27.6.1938 anläßlich einer Kulturkundgebung im Danziger Staatstheater: »Max Halbe ist auch da. Ein liebenswürdiger alter Herr!« Halbe am 8.10.1938 an Staatssekretär Hanke: »Glaube, durch meine kulturelle und nationalpolitische Lebensarbeit ... für die Belange des deutschen Ostens wesentlich gewirkt zu haben und auch als Sohn der Danziger Erde für den Herder-Preis ernstlich in Frage zu kommen.« Am 7.11.1940 im besetzten Krakau Festaufführung seines Dramas *Der Strom* »in Anwesenheit des Dichters und großer Empfang auf der Burg« (Diensttagebuch Generalgouverneur Frank). Das

Stück wurde als Gastspiel des Stadttheaters Mährisch-Ostrau am 23.11.1943 in Auschwitz vor KZ-Personal gespielt. † 30.11.1944 Burg bei Neuötting in Bayern.

Haller, Hermann. Theaterdirektor.
* 24.12.1871 Berlin. Begründer der Haller-Revuen. 1923–1932 Leiter des Theaters im Admiralspalast, diffamiert als *Revue-Jude*. 1936 Emigration nach London. † 5.6.1943 ebenda.

Hamann, Richard. Kunsthistoriker.
* 19.4.1908 Berlin-Charlottenburg, Sohn eines Universitätsprofessors. 1934 SA, Lehrer an der Städelschule in Frankfurt am Main, Vorträge für NS-Gemeinschaft *Kraft durch Freude*. 1938 NS-Kraftfahrkorps. 1940 Dozent in Halle, beurlaubt zum SS-*Ahnenerbe*. Ende 1940 bei der Militärverwaltung Frankreich, Abteilung »Kunstschutz«. 1942 Kriegsdienst. Nach 1945 Autor in der *Neuen Zeitung*, US-Tageszeitung im Dienste der Umerziehung und Demokratisierung. 1949 ao. Professor in Marburg, 1967 Lehrstuhl in Mainz. † 19.1.2000 Mainz. Lit.: Eberle.

Hamel, Fred. Musikkritiker.
* 19.2.1903 Paris. 1927 (bis 1945) bei der *Deutschen Allgemeinen Zeitung*, 1933 (bis 1940) Mitarbeiter der Zeitschrift *Deutsche Zukunft*. Dr. phil. 1933 Autor: *Verantwortlichkeit des Musikkritikers*. Dort heißt es: »Diese [NS-] Weltanschauung erstreckt ihre Folgerungen naturgemäß auf alle Gebiete des Geistigen, die Musik nicht ausgeschlossen.« Feuilletonist in Goebbels' Renommierblatt *Das Reich* (von Hitler im Tischgespräch 1942 gelobt: »Prachtvoll ist die Zeitung ›Das Reich‹«). Görtemaker: »Wer für das Reich arbeitete, stellte sich zwangsläufig in den Dienst der nationalsozialistischen Propaganda.« 1945/46 Landeskirchliche Musikschule Hannover. Ab 1947 Herausgeber der Zeitschrift *Musica*. 1948 Produktionsleiter der Deutschen Grammophon-Gesellschaft Hannover. † 9.12.1957 Hamburg.

Hammerschlag, Peter. Kabarettist.
* 27.6.1902 Wien. 1931 Hausdichter der

Wiener Kellerbühne *Der liebe Augustin*. 1936 am Kabarett *Literatur am Naschmarkt*. † Deportiert am 17.7. 1942, vermutlich nach Auschwitz.

Hampel, Paul. Auf der *Gottbegnadeten-Liste* (Führerliste) der wichtigsten Gebrauchsgraphiker und Entwerfer des NS-Staates.
* 8.4. 1974 Ohlau in Schlesien. Maler und Schriftkünstler. Professor an der Kunstgewerbeschule in Breslau. Q.: Vollmer, kein Hinweis zur weiteren Tätigkeit.

Hamsun, Knut. Norwegischer Schriftsteller, »einer der besten Freunde des neuen Deutschland« (*Deutsches Bühnen-Jahrbuch* 1940).
* 4.8. 1859 Lom/Oppland. 1920 Nobelpreis für sein Buch *Segen der Erde*. Ab 1934 in der Nationalsozialistischen Partei Norwegens, ebenso seine Ehefrau Marie und die Söhne Tore und Arild (später Kriegsberichter der Waffen-SS). 1936 Protest, daß dem im KZ internierten Ossietzky der Friedensnobelpreis verliehen wurde. Rosenberg in seinem Buch *Mythus*: »Von keinem lebenden Künstler ist der mystisch-naturhafte, willenhafte Zug großartiger gestaltet.« Goebbels am 15.4. 1936 im Tagebuch: »Ein Riese unter all dem schreibenden Gerinnsel.« Goebbels am 29.4. 1940, nach der Besetzung Norwegens: »Hamsun stellt sich in einem Aufruf an alle Norweger ganz auf unsere Seite. Empfiehlt Waffenniederlegung.« Am 1.5. 1940: »Ich zeige dem Führer den neuesten Aufruf Hamsuns, der wieder ganz großartig für uns Partei ergreift.« Am 19.5. 1943 Besuch bei Goebbels, am 26.6. 1943 bei Hitler auf dem Obersalzberg, Protest gegen die Behandlung der Norweger: »Wir glauben an Sie, aber Ihr Wille wird verfälscht!« Am 7.5. 1945, dem letzten Kriegstag in Norwegen, in der Zeitschrift *Aftenpost* Nachruf auf Hitler: »Er war eine reformatorische Gestalt von höchstem Rang, und es war sein Schicksal, in einer Zeit der beispiellosen Roheit wirken zu müssen, die ihn schließlich gefällt hat.« † 19.2. 1952 Norholm. Entlastende Literatur:

Thorkild Hansen, Der Hamsun Prozeß, Hamburg 1979.

Hanfstaengl, Eberhard. Kunsthistoriker.
* 10.2. 1886 Saargemünd als Offizierssohn. *Führerlexikon*: »Bayerisches Bauerngeschlecht aus der Gegend von Tölz.« 1925 Direktor der Städtischen Galerie im Münchner Lenbachhaus. 1934 Direktor der Berliner Nationalgalerie. Professor. Am 19.8. 1934 Unterzeichner des *Aufrufs der Kulturschaffenden* zur Vereinigung des Reichskanzler- und Reichspräsidentenamts in der Person Hitlers: »Wir glauben an diesen Führer, der unsern heißen Wunsch nach Eintracht erfüllt hat.« Juli 1937 kaltgestellt wegen mangelnder Kooperation bei der Säuberung von »entarteter Kunst« (Rave). Lektor des F. Bruckmann Verlags in München. 1945–1953 Generaldirektor der Bayerischen Staatsgemäldesammlungen. † 10.1. 1973 München.

Hanft, Karl. Auf der *Gottbegnadetenliste* der Schauspieler, die für die Filmproduktion benötigt werden.
* 24.8. 1904 Wien. Bayerisches Staatsschauspiel. 1934 Kriegsfilm *Stoßtrupp 1917* (laut *Völkischer Beobachter* über »unsterbliches Soldatentum«), Uraufführung in Anwesenheit Hitlers. Nach 1945 Synchron- und Rundfunksprecher. Titel Staatsschauspieler.

Hanke, Karl. Staatssekretär bei Goebbels, Reichskultursenator und Vizepräsident der Reichskulturkammer (1938). SS-Gruppenführer.
* 24.8. 1903 Lauban in Schlesien als Sohn eines Lokomotivführers. Gewerbelehrer. 1928 NSDAP, 1932 MdR. 1933 Adjutant und Persönlicher Referent von Goebbels. 1934 SS. Goebbels am 13.10. 1935 im Tagebuch: »Von der treuen Garde ... nur nicht übermäßig klug.« Während Goebbels' Affäre mit der Schauspielerin Baarova Affäre mit Goebbels' Frau Magda. 1940 Rommels Ordonnanzoffizier beim Einmarsch in Frankreich. Februar 1941 Gauleiter und Oberpräsident Niederschlesien in Breslau. Ein Freund Speers (Speer). Lei-

tete mit fanatischen Durchhalteparolen den Kampf um die »Festung Breslau«. Am 29.4.1945 in Hitlers Testament zum Nachfolger Himmlers als Reichsführer-SS ernannt. Flucht aus dem eingeschlossenen Breslau. † Juni 1945 bei Neudorf von tschechischen Partisanen bei der Flucht vom Gefangenentransport getötet (Grünzinger).

Hanke, Willi. Theaterintendant.
* 23.2.1902 Münster. Zahlreiche Stationen, 1934 Intendant in Münster, 1938 in Graz, ab 1939 in Nürnberg (*Theater der Stadt der Reichsparteitage*). NS-Ehrung: 1943 auf Vorschlag des Reichspropagandaministeriums zum Generalintendanten ernannt. Die letzten Jahre Intendant in Bremen. † 24.11.1954 ebenda. Nachruf *Deutsches Bühnen-Jahrbuch*: »Sichere, spannungstragende Spielführung.«

Hannemann, Karl. Auf der *Gottbegnadeten-Liste* der Schauspieler, die für die Filmproduktion benötigt werden.
* 4.3.1895 Freiberg in Sachsen. In der NS-Zeit in 63 Filmen. Unter anderem *Hitlerjunge Quex*, Untertitel: *Ein Film vom Opfergeist der deutschen Jugend.* Uraufführung September 1933 in Anwesenheit von Hitler und Baldur von Schirach. 1940 im Hetzfilm *Die Rothschilds*, laut Courtade »ein Aufruf zu Haß und Mord«. 1942 im antirussischen Staatsauftragsfilm *GPU*, Courtade: »Selten sind die Gegner der Nazis, einer wie der andere, vertierter … dargestellt worden.« Nach 1945 bei der ostzonalen DEFA. † 6.11.1953 Berlin. Nachruf *Deutsches Bühnen-Jahrbuch*: »Beliebter Schauspieler.«

Hansen, Conrad. Auf der *Gottbegnadeten-Liste* (Führerliste) der wichtigsten Pianisten des NS-Staates.
* 24.11.1906 Lippstadt. 1927 erster Auftritt bei den Berliner Philharmonikern unter Furtwängler. 1932 Leiter einer Meisterklasse am Sternschen Konservatorium in Berlin. 1941 als Cembalist im Musikfilm *Friedemann Bach*. Am 18.1.1943 Auftritt bei der *Philharmonie des Generalgouvernements* in Krakau. 1946 Mitbegründer

der Nordwestdeutschen Musikakademie in Detmold. 1960 Professor der Hamburger Musikhochschule. † 22.6.2002 Hamburg.

Hansen, Max (Künstlername). Komiker.
* 22.12.1897 Mannheim. Ausbildung am Varieté in Kopenhagen (1914) und in Oslo (1918). Ab 1924 Operettentenor in Wien und Berlin, Paraderolle: der Leopold in Benatzkys *Im weißen Rößl*, Ende 1924 Mitbegründer des Berliner *Kabaretts der Komiker*. Am 8.9.1933 bei der Premiere der Filmkomödie *Das häßliche Mädchen* als Jude persönlich angegriffen, Rückzug nach Wien. 1936 in der Premiere von Benatzkys Operette *Axel an der Himmelstür* (die weibliche Hauptrolle bekam auf seine Empfehlung Zarah Leander). Januar 1938, vor dem Einmarsch der Wehrmacht, Wechsel nach Dänemark, später nach Schweden. 1956 Direktor des *Tivoli* in Kopenhagen. † 12.11.1961 ebenda. Nachruf *Deutsches Bühnen-Jahrbuch*: »Er war immer heiter und lebensfroh.«

Hansen, Rolf. Regisseur.
* 12.12.1904 Ilmenau in Thüringen. Produzent regimekonformer Unterhaltung, darunter 1939 der »sehr nette Volksfilm« (Goebbels) *Sommer, Sonne, Erika.* 1941 Drehbuch und Regie zum Zarah-Leander-Film *Der Weg ins Freie* (in den Nebenrollen ein verbrecherischer polnischer Graf und zwei jüdische »Volksschädlinge«). 1942 Buch und Regie zum Leander-Film *Die große Liebe* (27 Millionen Besucher). Goebbels am 3.8.1942 im Tagebuch: »Wir haben nachmittags einige Leute aus dem Film zu Besuch: Rühmanns, Rolf Hansen, Jugos, Hippler.« Nach 1945 Filme wie *Dr. Holl* (1950) oder *Sauerbruch – Das war mein Leben* (1953). † 3.12.1990 München.

Hansen, Walter. Leiter des Theaterpolitischen Archivs beim Reichsverband *Deutsche Bühne*.
* 21.9.1903 Hamburg. Zeichenlehrer aus Hamburg. 1932 in Rosenbergs *Kampfbund für deutsche Kultur.* Mai 1933 NSDAP. Am 5.7.1937 beteiligt an der Beschlagnah-

mung »entarteter Kunst« (Kirchner, Kokoschka, Nolde) der Hamburger Kunsthalle für die Schandschau *Entartete Kunst* (München). Rave über ein Referat Hansens auf einer Museumsleitertagung November 1937: »Er schmähte nicht nur van Gogh wegen seiner Geisteskrankheit am Ende seines Lebens, sondern verstieg sich dazu, Grünewald als mit der Psychose der Erbsünde belastet zu erklären und Rembrandt als Schilderer des Ghetto zu bemäkeln.« Gefürchtet als Intrigant, 1938 vorübergehend Parteiausschluß. SS-Oberstrumbannführer von Leers: »Spitzel, Denunziant und Verleumder aus Beruf und Neigung.« Nach 1945 unter dem Namen *Haye W. Hansen* Kunsterzieher in Schleswig-Holstein. † 13. 2. 1988 Gehrden, Landkreis Hannover. Lit.: Bruhns; Wulf, Künste; Zuschlag.

Happ, Hans. Auf der *Gottbegnadeten-Liste* (Führerliste) der wichtigsten Maler des NS-Staates.
* 5. 11. 1889 Kempten im Allgäu. Ab 1933 in Frankfurt am Main. Vollmer: Bildnisse, Figürliches. Auf der Großen Deutschen Kunstausstellung 1939 im Haus der Deutschen Kunst zu München mit den Bildern *Ein Abendlied* und *Damenbildnis*. Kein Hinweis zur weiteren Tätigkeit.

Harbou, Thea. Auf der Liste der von Goebbels zugelassenen Filmautoren (1944).
* 27. 12. 1888 Tauperlitz bei Hof. Tochter eines Forstmeisters. Zunächst Schauspielerin (1908 Erste Liebhaberin am Hoftheater Weimar). Im I. Weltkrieg Durchhalteprosa *Die deutsche Frau im Weltkrieg* (1916), Romane und Novellen »mit ausgesprochen nationalistischer und rassistischer Ausrichtung« (Bruns). In erster Ehe (1914) mit Rudolf Klein-Rogge verheiratet, in zweiter Ehe (1920, Scheidung 1933) mit Fritz Lang. Drehbücher zu dessen Filmen *Metropolis* (1926), *M – Eine Stadt sucht einen Mörder* (1931), *Das Testament des Dr. Mabuse* (1932). Drehbücher in der NS-Zeit (Auswahl): 1935 *Der alte und der junge König*. Erwin Leiser: »Wenn der

Preußenkönig den Leutnant Katte enthaupten läßt … handelt er wie Hitler als ›oberster Gerichtsherr‹ nach der angeblichen Meuterei Röhms.« 1937 Harlans Hitlerhuldigung *Der Herrscher* (Goebbels-Höchstprädikat *Nationaler Filmpreis*). 1938 Exotikstreifen *Der Tiger von Eschnapur* und *Das indische Grabmal*. 1941 Heldenmutter-Saga *Annelie*. NSDAP 1941. Geehrt bei den IV. Berliner Filmfestspielen 1954, Treppensturz beim Verlassen des Filmtheaters. † 1. 7. 1954 Berlin an den Folgen des Sturzes. Lit.: Sigmund.

Harder, Agnes. Name Oktober 1933 unter dem Treuegelöbnis »88 deutsche Schriftsteller« für Adolf Hitler.
* 24. 3. 1864 Königsberg. Lehrerin. 1927 Erinnerungen: *Aus meinen Kindertagen in Ostpreußen*. 1933 Roman: *Neue Kinder alter Erde*. † 7. 2. 1939 Berlin.

Harder, Hermann. Schriftsteller.
* 16. 2. 1901 Spandau. Dr. phil. Studienrat in Berlin, Spezialgebiet: Germanenwissenschaft. 1933 Roman: *Kant und die Grasmücke*. 1936 Gedichte: *Erhebung des Herzens*. 1937: *Die Religion der Germanen*. Im *Gedicht an den Führer* (1936): »Wir lieben dich, Führer, weil wir Deutschland lieben./ Wir kämpfen für dich, weil du für Deutschland kämpftest./Wir sterben für dich, weil du Deutschland groß machst.« † Seit 10. 10. 1944 in Petrellen in Litauen vermißt. Vom AG Bochum zum 31. 12. 1945 für tot erklärt (WASt).

Hardt, Harry (Künstlername). Schauspieler.
* 4. 8. 1899 Pola in Istrien. Offizierssohn, Ausbildung als Offiziersanwärter. Laut Heesters »ein sehr eleganter Typ«. 1934 im Film über Vaterlandsliebe und Opferbereitschaft: *Ein Mann will nach Deutschland*. 1941 NS-Euthanasiefilm *Ich klage an* (der von den Krankenmördern der Berliner T4-Zentrale teilfinanzierte Staatsauftragsfilm sollte den Widerstand der Bevölkerung gegen den Behindertenmord brechen) und HJ-Propagandastreifen *Jakko*. 1942 im Tendenzfilm *Wien 1910*: der antisemitische Wiener Bürgermeister Karl

Lueger als Hitler-Vorläufer. 1943 Ufa-Jubiläumsfilm *Münchhausen*. Nach 1945 in Filmen wie *Kaiserwalzer* (1953), *Ewiger Walzer* (1954) oder *Königswalzer* (1955), Reklame für Alkoholmarke Asbach Uralt. † 14.11.1980 Wien.

Hardt, Karin. Schauspielerin. * 28.4.1910 Hamburg. Rollentyp: Backfisch. 1933 Heirat mit ihrem Entdecker, dem Regisseur Erich Waschneck. Goebbels am 11.6.1933 im Tagebuch: »Braves Mädel. Kann was. Man muß auf sie achten.« In der NS-Zeit in 39 Filmen, darunter *Ein gewisser Herr Gran* (1933, mit Hans Albers), *Menschen im Varieté* sowie der »sehr nette Volksfilm« (Goebbels) *Sommer, Sonne, Erika* (1939). 1941 antifranzösischer Film *Kameraden*. Nach 1945 Hebbel-Theater Berlin. Filme: *Madonna in Ketten* (1949) oder *Schöner Gigolo, armer Gigolo* (1979). 1985/86 Fernsehserie *Die Schwarzwaldklinik*. *Filmband in Gold* für langjähriges und hervorragendes Wirken im deutschen Film 1983. † 5.3.1992 Hamburg.

Harell, Marte (Künstlername). Schauspielerin. * 4.1.1907 Wien. Bühnenstationen Wien, München, Berlin. Ab 1939 in 15 Filmen. Filmdebüt mit *Opernball* (1939). Unter anderem 1943 in der Liebeskomödie *Frauen sind keine Engel* und im Filmschwank *Kohlhiesels Töchter*. Verheiratet mit dem Regisseur Karl Hartl. Nach 1945 Filme wie *Du bist die Rose vom Wörthersee* (1952) oder *Das Love-Hotel in Tirol* (1978). 1985 *Filmband in Gold* für langjähriges und hervorragendes Wirken im deutschen Film. † 12.3.1996 Wien.

Harlan, Veit. Laut Curd Jürgens »der Lieblingsregisseur der Eichmanns und Kaltenbrunner ... der unerbittlichste Treuhänder arischer Nazikunst«. * 22.9.1899 Berlin. Schauspieler und Filmregisseur. In erster Ehe (1922) mit der »jüdischen« Schauspielerin Dora Gerson verheiratet (1924 Scheidung, 1943 Ermordung in Auschwitz), in zweiter Ehe (1929) mit Hilde Körber, in dritter Ehe (1939)

mit Kristina Söderbaum. Am 20.4.1933, Hitlers Geburtstag, Darsteller eines Aktivisten in Hanns Johsts Staatsschauspiel *Schlageter* (Hitler gewidmet). Dezember 1933 im Propagandaschmarren *Flüchtlinge* über Wolgadeutsche, die »heim ins Reich« wollen (Staatspreis der Reichsregierung). Gast bei Goebbels und Hitler (eigene Erinnerungen). Regie in 20 Filmen, darunter 1937 *Der Herrscher*, laut Courtade »eine Huldigung des Führers«, von Hitler persönlich empfangen (Höchstprädikat *Nationaler Filmpreis*). Goebbels am 12.3.1937 im Tagebuch: »Modern und nationalsozialistisch. So wie ich mir die Filme wünsche ... Der Führer ist davon ganz ergriffen.« Ebenfalls 1937: *Mein Sohn, der Herr Minister*, für Goebbels »eine geistvolle Verhöhnung des Parlamentarismus«. Drehbuch und Regie zum Hetzfilm *Jud Süß*, Uraufführung am 25.9.1940 im Ufa-Palast am Berliner Zoo, von Goebbels mit 2 Millionen Mark finanziert. Werner-Krauß-Biograph Goetz zu den Dreharbeiten: »Prager Juden wurden zusammengetrieben und mußten als Statisten auftreten.« Goebbels am 18.8.1940 im Tagebuch: »Ein antisemitischer Film, wie wir ihn uns nur wünschen können.« Mit über 20 Millionen Kinobesuchern einer der auch kommerziell erfolgreichsten Filme. Prädikat: *staatspolitisch und künstlerisch besonders wertvoll, jugendwert*. Laut Hippler in der Zeitschrift *Der Film* (Nr. 48/1940) sah sich Harlan für *Jud Süß* »mehrfach« den Haßfilm *Der ewige Jude* an. 1942 *Der große König* über Friedrich den Großen (»Am Sieg zweifeln, das ist Hochverrat!«). Goebbels dazu am 4.3.1942 im Tagebuch: »Der Film wird zum politischen Erziehungsmittel erster Klasse.« Der im Film mitspielende Gustav Fröhlich über Harlan: »Er bezeichnete mich als Volksschädling, und seine süße kleine schwedische Gattin ... äußerte sich dahingehend, daß ich eigentlich an die Front gehöre.« 1942 Regie zum antitschechischen Farbfilm *Die goldene Stadt* (ein Slawe treibt eine blonde Deutsche in den

Tod). 1945 Durchhalte-Schnulze *Kolberg*, Uraufführung am 30.1.1945 im eingeschlossenen La Rochelle (Abwurf des Films per Fallschirm) und in Berlin. Der Inhalt, nicht der Historie entsprechend: 1807 verteidigen die Bürger Kolbergs bei Danzig die Stadt gegen die Franzosen, Kernsatz: »Lieber unter Trümmern begraben, als kapitulieren.« Prädikat: *Film der Nation, staatspolitisch und künstlerisch besonders wertvoll, kulturell wertvoll, volkstümlich wertvoll, anerkennenswert, volksbildend, jugendwert.* Goebbels am 1.12.1944 im Tagebuch:»Dieser Film ist für die Stimmung des deutschen Volkes von heute einer gewonnenen Schlacht gleichzusetzen.« NS-Ehrung: 1940 auf Vorschlag von Goebbels Hitler-Dotation (steuerfreie Schenkung) von 50 000 Mark. 1943 von Hitler, trotz Titelsperre, Titel Professor. 1949 Freispruch vom Vorwurf, Verbrechen gegen die Menschlichkeit begangen zu haben (der Vorsitzende Richter, Dr. Tyrolf, war während des Krieges am Sondergericht zur Ausschaltung politischer Gegner). Weiterhin Filmproduzent. † 13.4.1964 im Urlaub auf Capri. 1966 »Selbstbiographie«: *Im Schatten meiner Filme,* erschienen im Sigbert Mohn Verlag, Gütersloh. Lit.: Noack.

Harrach, Wichard (sic) Graf von.
* 6.3.1916 Klein-Krichen. Laut *Aufstellung derjenigen Parteigenossen, die Angehörige fürstlicher Häuser sind:* 1.11.1938 NSDAP, Nr. 7 032904, Gau Magdeburg-Anhalt. Diplomlandwirt, Landwirtschaftsattaché. Rechtsritter des Johanniterordens. Nach 1945 Wohnsitz in Bonn.

Harth, Philipp. Auf der *Gottbegnadeten-Liste* (Führerliste) der wichtigsten Künstler des NS-Staates.
* 9.7.1887 Mainz, Sohn eines Steinmetz. Bildhauer, vorwiegend Tierplastiken, unter anderem *Sitzender Adler* im Essener Folkwang-Museum. Mai 1933 im neuen Vorstand der Berliner Sezession. † 25.12.1968 Bayreuth.

Hartl, Karl. Produktionschef der Wien-Film (1938).

* 10.5.1899 Wien. Laut Hippler von Goebbels öfters zur Abendgesellschaft eingeladen. SD-Beurteilung:»Er ist nationalsozialistisch eingestellt.« Goebbels am 24.3.1940 im Tagebuch:»Neuer Film der Wienfilm ›der Postmeister‹ ... Hartl macht seine Sache sehr gut. Ich rufe ihn noch an und sage ihm das auch.« 1942 Mozart-Film *Wen die Götter lieben,* Prädikat: *staatspolitisch besonders wertvoll.* NS-Ehrung: 1940 Präsidialrat der Reichsfilmkammer, auf Vorschlag von Goebbels Hitler-Dotation (steuerfreie Schenkung) von 50 000 Mark. Verheiratet mit der Schauspielerin Marte Harell. Nach 1945 Filme wie *Liebeskrieg nach Noten* (1953) oder *Weg in die Vergangenheit* (1954). † 29.8.1978 Wien.

Hartlaub, Gustav Friedrich. Kunsthistoriker.
* 23.10.1886 St. Georgen in der Steiermark. Dr. phil. 1920 Direktor der Städtischen Kunsthalle Mannheim. 1933 als Förderer »entarteter Kunst« entlassen (Rave). Privatgelehrter. 1946 Honorarprofessor in Heidelberg. † 30.4.1963 ebenda.

Hartlieb, Wladimir Freiherr von. Schriftsteller.
* 19.2.1887 Görz als Offizierssohn. Dr. jur. Wohnort Wien. *Meyers Lexikon* 1938: »Bekämpfte die Nachkriegsdemokratie (in der selbstredigierten Zeitschrift ›Der Handschuh‹) und 1933–1938 das Regime Dollfuß-Schuschnigg; November 1936 Mitbegründer des [NS-]Bundes der Deutschen Schriftsteller Österreichs.« † 2.9.1951 Werfen bei Salzburg.

Hartmann, Georg. Opernregisseur und Theaterleiter.
* 19.2.1891 Nürnberg, Sohn eines Generalintendanten. 1933 Opernchef in Breslau, danach in Duisburg. 1943, zum 130. Geburtstag Richard Wagners, Inszenierung der *Walküre* an der Großen Oper im besetzten Paris. 1947 Generalintendant der Bayerischen Staatsoper München. † 9.1.1972 München. Nachruf *Deutsches Bühnen-Jahrbuch*:»Ehrlich noch in den

Fehlschlägen, unbekümmert um die Konvention.«

Hartmann, Karl Amadeus. Komponist.
* 2. 8. 1905 München. Wohnsitz München, ab 1943 Kempfenhausen am Starnberger See. Mitglied der Reichsmusikkammer (kein Aufführungsverbot). Laut Prieberg boykottierte er das NS-Regime, indem er seine Arbeiten vom deutschen Markt fernhielt (»zu wenig wichtig, um die Musikpolitiker gegen sich aufzubringen«). 1936 Bewerbung um Kompositionsauftrag zu Georg Büchners *Dantons Tod* an den Münchner Kammerspielen. Beurteilung der NSDAP-Ortsgruppe Dezember 1941: »Der Angefragte war vor Jahren noch nicht national eingestellt, ist es aber jetzt. Er grüßt stets mit dem deutschen Gruß.« 1941/42 Unterricht bei Anton Webern in Wien. 1942 Musik zu Shakespeares *Macbeth* am Münchner Residenztheater. Nach 1945 Leiter der Münchner Musica-Viva-Konzerte. 1948 Uraufführung seiner Kammeroper *Simplicius Simplicissimus*. † 5. 2. 1963 München.

Hartmann, Paul. Auf der *Gottbegnadeten-Liste* (Führerliste) der wichtigsten Künstler des NS-Staates. Ab April 1942 Präsident der Reichstheaterkammer.
* 8. 1. 1889 Fürth. 1926 Burgtheater Wien. 1935 am Staatlichen Schauspielhaus Berlin. In der NS-Zeit in 27 Filmen, darunter 1937 *Togger* (Moeller: »Voller NS-Parolen, antisemitischen Anspielungen und SA-Paraden«). März 1937 im Aufsichtsrat der gerade verstaatlichten Ufa. 1938 als Kampfgeschwaderführer im Luftwaffen-Aufrüstungsfilm *Pour le Mérite* (mit Hartmanns Kernsatz: »Ich hasse die Demokratie wie die Pest«), für Hitler der »bisher beste Film der Zeitgeschichte«. Titelrolle im Propagandafilm *Legion Condor*, September 1939 wegen Hitler-Stalin-Pakt abgebrochen. Titelrolle in dem am 6. 12. 1940 in Anwesenheit von Goebbels, Lammers und Gürtner uraufgeführten Film *Bismarck* (Courtade: Hitler in der Maske des berühmten Vorgängers). Laut Hippler von Goebbels öfters zur Abendgesellschaft eingeladen. 1941 als Oberstleutnant Steinhart im Hetzfilm *Über alles in der Welt* und als Professor Heyt Titelrolle im NS-Euthanasiefilm *Ich klage an*, Prädikat: *Künstlerisch besonders wertvoll, volksbildend* (der von den Krankenmördern der Berliner T4-Zentrale teilfinanzierte Staatsauftragsfilm sollte den Widerstand der Bevölkerung gegen den Behindertenmord brechen). Im Kuratorium der *Goebbels-Stiftung für Kulturschaffende*, Präsidialbeirat der *Kameradschaft der deutschen Künstler* (NS-Führerkorps). NS-Ehrung: 1934 von Göring Titel *Staatsschauspieler*. 1945 zunächst Auftrittsverbot, danach am Burgtheater. Filme: *Rittmeister Wronski* (1954), *Rosen für den Staatsanwalt* (1959), letzter Film: *Waldrausch* (1962). Das *Deutsche Bühnen-Jahrbuch* zum 70. Geburtstag: »Gehört zur mimischen Spitzenklasse.« 1964 *Filmband in Gold.* † 30. 6. 1977 München. Lit.: Drewniak, Theater; Giesen.

Hartmann, Robert. Amtsgerichtsrat am Sondergericht (zur Ausschaltung politischer Gegner) beim Deutschen Landgericht Prag. Über 20 Todesurteile.
* 1. 7. 1901. Verurteilte am 18. 5. 1943 als Vorsitzender Richter zehn Menschen zum Tode, weil sie sich der Deportation (»Evakuierung«) entzogen oder anderen dabei geholfen hatten. Unter den zum Tode verurteilten war die (arische) Operettensängerin Marianne Golz-Goldlust. Im Urteil (8 KLs 90/43) heißt es: »Aus der Tatsache, daß die Angeklagte Golz-Goldlust durch ihre verschiedenen Ehen mit Juden selbst geistig vollständig verjudet ist, freundschaftlichen Verkehr mit Juden, Halbjuden und Judenfreunden pflegt, die Verbindung mit dem nach Wien entwichenen Angeklagten Goldschmidt aufrecht erhielt und den Angeklagten Kühnel an ihn verwies, kann geschlossen werden, daß die Angeklagte Golz-Goldlust ohne jeden äußeren oder inneren Zwang auch für die Zukunft anderen ihr bekannten Juden bei dem Versuch, sich staatlichen Maßnahmen [de facto: Judenmord] durch Emigration zu entziehen, behilflich gewesen

wäre ... Ein Jude, der sich der Evakuierung entzieht, ist ein Reichsfeind.« Nach 1945 Oberamtsrichter in Königswinter. Leiter des Amtsgerichts. Lit.: Golz; Koppel.

Hartmann, Rudolf. Opernregisseur.
* 11.10.1900 Ingolstadt. Dr. phil. 1934 Regisseur der Berliner Staatsoper, 1937 der Staatsoper München (jeweils Zusammenarbeit mit Clemens Krauss). NS-Ehrung: trotz Titelsperre Juli 1942 von Hitler zum Professor ernannt. 1951 Inszenierung der *Meistersinger* der ersten Nachkriegsfestspiele in Bayreuth. 1952–1967 Intendant der Staatsoper München. 1960 *Großes Verdienstkreuz des Verdienstordens der BRD*. 1975 Erinnerungen: *Das geliebte Haus. Mein Leben mit der Oper.* † 26.8.1988 München.

Hartung, Gustav. Theaterintendant.
* 30.1.1887 Bartenstein in Ostpreußen. Generalintendant in Darmstadt (1922) und Köln (1924). 1926 (bis 1930) Gründer und Leiter der Heidelberger Festspiele. 1927 Direktor des Berliner Renaissance-Theaters. 1933 Regisseur am Zürcher Schauspielhaus. Dezember 1933 Inszenierung von Ferdinand Bruckners Stück *Die Rassen* (gegen den Rassenwahn), 1937 Oberspielleiter in Basel. 1945 Gründer der Heidelberger Kammerspiele. In Zuckmayers Erinnerungen als »Ekstatiker des revolutionären Theaters« bezeichnet. † 14.2.1946 Heidelberg.

Harvey, Lilian (Künstlername). Schauspielerin britischer Herkunft.
* 19.1.1906 London. 1933 bis 1935 in Hollywood. Mit Willy Fritsch das Traumpaar des deutschen Kinos. Im Film *Sieben Ohrfeigen* 1937 mit Fritsch Interpretin des Schlagers *Ich tanze mit dir in den Himmel hinein*. »Ich tanze mit dir in den Himmel hinein,/in den siebenten Himmel der Liebe./Die Erde versinkt, und wir zwei sind allein,/in dem siebenten Himmel der Liebe.« 1938 Musikkomödie *Capriccio*. Vor Kriegsbeginn Wechsel nach Paris, da ein Teil ihrer Gage vertragswidrig nicht in Devisen gezahlt wurde (Kreimeier). 1942 Ausbürgerung. 1965 *Filmband in Gold* für

langjähriges und hervorragendes Wirken im deutschen Film. Nach 1945 nur noch Tourneetheater. † 27.7.1968 Cap d'Antibes in Frankreich.

Hase, Annemarie, geb. Hirsch. Kabarettistin und Schauspielerin.
* 14.6.1900 Berlin. An den Berliner Kabaretts *Schall und Rauch*, *Wilde Bühne*, *Größenwahn* und *Katakombe*. 1936 Exil in England, als *Frau Warnicke* deutsche Kommentatorin im britischen Rundfunk. 1947 Rückkehr nach Berlin, am Deutschen Theater (Ost-Berlin), Mitarbeit bei Brecht. Nach Mauerbau nur noch in West-Berlin. † 22.2.1971 ebenda. Nachruf *Deutsches Bühnen-Jahrbuch*: »Sie war von Angesicht häßlich; man muß und darf es sagen, denn es war eine von Verstand und Gefühl lebende Häßlichkeit.«

Hase, Hellmuth von. Musikverleger.
* 30.1.1891 Leipzig. Dr. jur. Ab 1919 im Leipziger Musikverlag Breitkopf & Härtel. 1927 (bis 1933) Vorsteher des Vereins der Buchhändler zu Leipzig, 1929–1935 Erster Schatzmeister im Vorstand des Börsenvereins. 1929 (bis 1933) Vorsitzender des Deutschen Musikalien-Verleger-Vereins. Am 13.5.1933 im *Börsenblatt für den Deutschen Buchhandel* Name unter der Erklärung: »Der Vorstand des Börsenvereins der Deutschen Buchhändler ist sich mit der Reichsleitung des Kampfbunds für deutsche Kultur und der Zentralstelle für das deutsche Bibliothekswesen darin einig geworden, daß die zwölf Schriftsteller Lion Feuchtwanger – Ernst Glaeser – Arthur Hollitscher – Alfred Kerr – Egon Erwin Kisch – Emil Ludwig – Heinrich Mann – Ernst Ottwalt – Theodor Plievier – Erich Maria Remarque – Kurt Tucholsky alias Theobald Tiger, Peter Panter, Ignaz Wrobel, Kaspar Hauser – Arnold Zweig als für das deutsche Ansehen als schädigend zu erachten sind.« 1939–1941 Kriegsdienst, Major. 1943 im Auftrage der Musikabteilung des Reichspropagandaministeriums Herausgeber des Jahrbuchs der deutschen Musik (Potter; Prieberg). Juni 1945 Verlegung des Verlags nach Wiesba-

den. 1955–1960 im Verleger-Ausschuß des Börsenvereins des Deutschen Buchhandels. 1954–1967 Vorsitzender des Fachausschusses für Ernste Musik im Vorstand des Deutschen Musikverleger-Verbandes. † 18.10. 1979 Wiesbaden. Lit.: Sauder.

Hasenclever, Walter. Schriftsteller.
* 8.7. 1890 Vecleer. Kind eines Sanitätsrats. Freiwilliger im I. Weltkrieg, dort zum Pazifizisten geworden. November 1917 Kleist-Preis, Förderpreis für junge Dichter, für sein Drama *Der Sohn*. Harry Graf Kessler am 26.1. 1919 nach Besuch des Stückes: »Die deutschen Intellektuellen sind heute im Begriff, wieder einen politischen Glauben zu bekommen, möglicherweise einen Irrglauben.« *Meyers Lexikon* (1938): »Schrieb manieriert-verkrampfte Lustspiele und predigte in einer Gedichtsammlung 1919 den extremsten Kommunismus.« In Fritschs Hetzwerk *Handbuch der Judenfrage* (1936) als »Halbjude« abgestempelt. Seine Flucht führte ihn nach Jugoslawien, England, Italien und Südfrankreich. Mehrfach interniert. † Suizid 22.6. 1940 im Lager Les Milles bei Aix-en-Provence.

Hasse, Clemens. Auf der *Gottbegnadeten-Liste* der Schauspieler, die für die Filmproduktion benötigt werden.
* 13.4. 1908 Obersitzko bei Posen. Am Staatstheater Berlin. Unter anderem 1938 im Luftwaffen-Aufrüstungsfilm *Pour le Mérite*. 1939 in *Die Reise nach Tilsit*, ein Harlan-Film über einen jungen Fischer, der unter den unheilvollen Einfluß einer Polin gerät. 1941 Staatsauftragsfilm *U-Boote westwärts*. Nach 1945 Schiller- und Schloßparktheater Berlin. Filme wie *Der keusche Josef* (1953) oder *Der Hauptmann und sein Held* (1955). † 28.7. 1959 New York, auf der Reise zur Hochzeit seiner Tochter.

Hasse, Karl. Komponist, Pianist, Musikschriftsteller.
* 20.3. 1883 Dohna bei Dresden. 1919 Universitätsmusikdirektor und ao. Professor in Tübingen. 1934 Lob der *Zeitschrift für Musik*: »Unter den Kämpfern für deutsche Musik und deutsche Gesinnung in der Kunst gegen alle Verfremdung und Zersetzung steht seit Jahren in vorderster Front Karl Hasse.« 1935–1945 Direktor der Kölner Musikhochschule. NS-Lehrerbund, *Kampfbund für deutsche Kultur*, NSDAP 1937. † 31.7. 1960 Köln.

Hasse, Otto Eduard. Schauspieler und Regisseur.
* 11.7. 1903 Obersitzko an der Warthe. 1930 Kammerspiele München. Mai 1939 wegen § 175 zu zwei Monaten Haft verurteilt, danach am Deutschen Theater Prag, von Gestapo überwacht (Schrader), 1940 entlassen. Neben Unterhaltungsfilmen 1941 in der Sturzkampfflieger-Hymne *Stukas*. 1942 im Bismarck-Film *Die Entlassung* (Hitler in der Maske des berühmten Vorgängers). 1944 bei der Hauptfilmstelle der Reichsluftwaffe, im Werkspionagefilm *Der große Preis*. Nach 1945 Filme wie *Der letzte Walzer* (1953), das Verklärungsopus *Canaris* (1954) sowie *Der Arzt von Stalingrad* (1957). In Hitchcocks *Ich beichte* (1953) Rolle des Mörders Otto Keller, in *Arsène Lupin, der Millionendieb* (1956) Rolle des humorigen (!) Kaiser Wilhelm II. Das *Deutsche Bühnen-Jahrbuch* zum 70. Geburtstag: »Vitaler Mime mit dem ausdrucksvollen Gesicht.« † 12.9. 1978 Berlin.

Hatheyer, Heidemarie. Auf der von Hitler genehmigten Liste der unersetzlichen Schauspieler des Reichspropagandaministeriums (1944).
* 8.9. 1918 Villach. Am Theater der Stadt Wien, den Münchner Kammerspielen und am Berliner Staatstheater. In der NS-Zeit in zwölf Filmen. 1937 in Trenkers Matterhorn-Film *Der Berg ruft*. 1939 Ungarnfilm *Zwischen Strom und Steppe*. 1940 Titelrolle im Blut-und-Boden-Drama *Die Geierwally*, Goebbels' Renommierblatt *Das Reich* am 29.9. 1940: »Von einer ganz neuen Schönheit«. 1941 Titelrolle im NS-Euthanasiefilm *Ich klage an*, Prädikat: *Künstlerisch besonders wertvoll, volksbildend*. Der von den Krankenmördern der Berliner T4-Zentrale teilfinanzierte Staatsauftrags-

film sollte den Widerstand der Bevölkerung gegen den Behindertenmord (Euthanasie) brechen. Nach 1945 Filme wie *Dr. Holl* (1950), *Der Meineidbauer* (1956), *Ruf der Wildgänse* (1961). 1963 *Josef-Kainz-Medaille*. 1984 *Filmband in Gold* für langjähriges und hervorragendes Wirken im deutschen Film. † 11. 5. 1990 Zürich. Lit.: Drewniak, Theater.

Hatzfeld, Adolf von. Schriftsteller. * 3. 9. 1892 Olpe. 1913 Suizidversuch, dadurch erblindet. 1919 Dr. phil. 1923 autobiographischer Roman *Lemminge*. Ab 1928 in Bad Godesberg, meist Gedichtbände. Weiheverse *Soest*, 1944 in der Anthologie *Lyrik der Lebenden* des SA-Oberführers Gerhard Schumann: »In diese Erde, reich und voller Samen,/auf Deutschlands allerschönsten Aun,/hier säten sie sich aus in ihren Namen/mit gut gekannten und verwandten Fraun.« Kommentar des Herausgebers: »Ein Volk, das auch in seiner harten Gegenwart über so vielfältige Kräfte der Seele und des Geistes ... verfügt, ist von keiner Macht dieser Erde zu bezwingen, ist unsterblich!« † 25. 7. 1957 Bad Godesberg.

Haubenreißer, Karl. Schauspieler. * 11. 11. 1903 Leipzig. Am Preußischen Staatstheater Berlin, Obmann der Reichstheaterkammer ebenda (DBJ 1940). Filme: 1937 *Weiße Sklaven* gegen marxistische Volksmörder, 1938 Exotikstreifen *Der Tiger von Eschnapur* und *Das indische Grabmal*, 1941 *Ohm Krüger*, *Über alles in der Welt* und der NS-Euthanasiefilm *Ich klage an*. 1942 antirussischer Hetzfilm *GPU*. Kurator des *Emmy-Göring-Stifts* für alte arische Schauspieler in Weimar. † 26. 4. 1945 Berlin.

Haueisen, Albert. Maler. * 7. 7. 1872 Stuttgart, Sohn eines Oberingenieurs. Wohnort Jockgrim in der Pfalz. 1905 Titel Professor. 1919–1933 Lehrer der Kunstakademie Karlsruhe. Leiter der Reichskammer der bildenden Künste für die Saarpfalz. NS-Ehrung: 1939 Westmark-Preis. † 5. 2. 1954 Kandel in der Pfalz. Q.: Thomae.

Haupt, Günther. Zweiter Geschäftsführer der Reichsschrifttumskammer (1935). * 11. 9. 1904 Neuruppin. Dr. jur. 1930 Lektor im Langen-Müller Verlag, 1932 Hanseatische Verlagsanstalt. 1933 Geschäftsführer der Fichte-Gesellschaft (»zur Nationalerziehung«), *Förderndes Mitglied SS*. 1936 Dozent in Leipzig. 1938 ao. Professor in Jena, 1940 NSDAP, Lehrstuhl in Leipzig (Studien Jena). † 14. 7. 1946 Leipzig. Lit.: Barbian.

Haupt, Joachim. Leiter der *Nationalsozialistischen Gesellschaft für Deutsche Kultur*, Gau Pommern. * 7. 4. 1900 Frankfurt/Oder. 1922 erstmals NSDAP. 1926 Hochschulgruppenführer des NS-Studentenbunds in Kiel. 1933 SA-Sturmbannführer, Ministerialrat im Preußischen Kultusministerium, 1934 im Reichserziehungsministerium. 1935 Inspekteur der Nationalpolitischen Erziehungsanstalten (Napola) in Preußen, wegen Vorwurfs der Homosexualität im selben Jahr entlassen, 1938 Ausschluß NSDAP/SA. Landwirt und Schriftsteller. Wehrmacht. Nach 1945 Lehrtätigkeit an der Marinefachschule und der Bundeswehrfachschule Hannover. † 13. 5. 1989 Neustadt am Rübenberge in Niedersachsen. Lit.: Brenner; Grüttner.

Hauptmann, Gerhart. Auf der Sonderliste der sechs wichtigsten Schriftsteller der *Gottbegnadeten-Liste* (Führerliste). * 15. 11. 1862 Obersalzbrunn in Schlesien. 1892 Hauptwerk *Die Weber*. Befreundet mit dem Rassenhygieniker Ploetz, 1905 Mitbegründer der *Gesellschaft für Rassenhygiene* (zur Vervollkommnung der Rasse), Satzung: »Förderung der Theorie und Praxis der Rassenhygiene unter den weißen Völkern.« 1912 Nobelpreis. Vorsänger im Chor der Kriegsbegeisterten zum I. Weltkrieg. Nannte *Mein Kampf* »die in der Tat sehr bedeutsame Hitlerbibel« (Sarkowicz). Mitglied und am 16. 3. 1933 Unterzeichner einer Loyalitätserklärung der Deutschen Akademie der Dichtung der Preußischen Akademie der Künste pro Reichsregierung. Thomas Mann am 9. 5.

1933 im Tagebuch: »Er hat am ›Tag der Arbeit‹ auf seinem Hause das Hakenkreuz hissen lassen. Er mag sich goethisch vorkommen.« Sommer 1933 Aufnahmeantrag NSDAP. Sein Ex-Förderer Alfred Kerr, November 1933 in *Die Diktatur des Hausknechts*: »Hauptmann schmeichelt dem Raubgesindel ... Doch er duckt nicht nur: er wedelt. Etwas Unmenschliches vollzog sich vor seinen Augen. Seine nächsten Freunde waren Opfer. Er schwieg.« Von NS-Kulturfunktionären als *Gewerkschafts-Goethe* (Scholdt) verspottet. Die *Deutsche Kultur-Wacht*, Organ des *Kampfbunds für deutsche Kultur*, am 9.9. 1933: »Wer einst der Weimarer Republik gefeiertster Poet gewesen ist, dem steht es wohl an, die verstimmte Leier hinterm Ofen zu bergen und sich ... die Wohltat des Vergessenwerdens zu erwerben.« Goebbels' Pressereferent von Oven, nach einer Rundfunkrede seines Chefs, am 1.11. 1944 im Tagebuch: »Unter den vielen Äußerungen zu der Rede ist ein Telegramm besonders bemerkenswert, das Gerhart Hauptmann noch am Abend unmittelbar nach der Rede an den Minister geschickt hat, in dem er feststellt, daß diese Rede der Form, dem Inhalt und dem Vortrag nach ein demosthenisches Meisterwerk gewesen sei.« Sarkowicz (Schriftsteller): »Kein anderer bedeutender deutscher Autor hat sich so vorbehaltlos und über so lange Zeit in den Dienst der nationalsozialistischen Diktator gestellt.« Ebermayer, Januar 1945 (!) als Gast bei Hauptmann: »Es gab, dank Gauleiter Hanke ... schweren französischen Rotwein, Champagner und Cognac.« NS-Ehrung: November 1942 Ehrenring der Stadt Wien (höchste Auszeichnung Baldur von Schirachs). † 6.6. 1946 Agnetendorf im Riesengebirge.

Hauptmann, Hans. Schriftsteller.
* 23.11. 1865 Coburg. Hauptmann a.D. 1915 Kriegsgedichte *Heraus dein Wälsungschwert*. Schriftleiter von Rosenbergs Hetzblatt *Der Weltkampf*, Untertitel: *Monatsschrift für die Judenfrage aller Länder* im Deutschen Volksverlag. 1933 Erzählung *Erneuerung aus Blut und Boden*. Lektor des Rassenpolitischen Amts München. 1938 Erinnerungen: *Glaubensweg eines Siebzigjährigen*. † Um 1946 in Hannover (Literatur-Kürschner).

Hausegger, Siegmund von. Dirigent und Komponist.
* 16.8. 1872 Graz. Geheimrat. Ab 1920 Direktor der Akademie der Tonkunst in München. April 1933 Unterzeichner des Protests von Honoratioren der *Richard-Wagner-Stadt München* gegen Thomas Manns Opus *Leiden und Größe Richard Wagners*. Vorsitzender des *Allgemeinen Deutschen Musikvereins* (»Selbstauflösung« Juni 1936), laut Raabe dank des Antisemiten Hausegger schon lange »judenfrei«. November 1934 in München Dirigent des ersten Propagandakonzerts der SS, Oberabschnitt Süd. Am 6.6. 1937 Dirigent der NS-Weihefeier zur Aufnahme der Büste Anton Bruckners in die Walhalla durch Hitler. Zur Volksabstimmung zum »Anschluß« Österreichs April 1938: »Durch eine wahrhafte Siegfriedtat des Führers vor der Versklavung errettet und zur großen deutschen Volksgemeinschaft zurückgeführt, wird Österreich ... ein ununbezwingliches Bollwerk deutschen Wesens bilden.« NS-Ehrung: 1942 *Goethe-Medaille* für Kunst und Wissenschaft. † 10.10. 1948 München.

Hauser, Otto. Schriftsteller.
* 22.8. 1876 Gut Dianesch in Kroatien. Autor von *Die Juden und Halbjuden in der deutschen Literatur* und ähnlicher Werke. 1934 in *Rasse und Politik*: »Deutsche Jugend, werde mir wieder blond,/Laß aus blauen Augen, vom Stahl durchsonnt/Inneres Feuer, vom wahren Himmel leuchten!« † 26.5. 1944 Blindendorf bei Wiener Neustadt. Lit.: Okrassa; Wulf, Literatur.

Hausmann, Friedrich Wilhelm. Schriftsteller.
* 7.2. 1871 Essen. Autor Vaterländischer Gedichtbände wie *Treudeutsch allerwege* (1923) oder *Deutsche heraus!* (1924), 1939 Vaterländisches Oratorium: *Tannenberg*. † Literatur-Kürschner: Unkel am Rhein.

Hausmann, Manfred. Schriftsteller. * 10. 9. 1898 Kassel. Wohnort Worpswede. Hauptwerke vor Hitlers Machtergreifung: *Lampioon küßt Mädchen und junge Birken* (1928), *Salut gen Himmel* (1929) sowie *Abel mit der Mundharmonika* (1932). *Meyers Lexikon* (1938):»Romantisierendes Vagabundentum.« Nannte Hanns Johst seinen Protektor. 1936 Jubelartikel in fast jeder Ausgabe der täglich erscheinenden offiziellen *Olympia Zeitung* (Auflage: 500 000). Im Krieg gefragter Autor des Propagandaministeriums und des OKW (Frontzeitungen). Mit weit über 50 Texten im NS-Kampfblatt *Krakauer Zeitung*, das »Blatt des Generalgouvernements«. Autor in Goebbels' Renommierblatt *Das Reich*, ebenda am 6. 6. 1940 die Verse:»Es gibt Dich nicht, es gibt nur noch Dein Land./Du bist dem Schicksal durchaus unbekannt./Du bist nicht Du mehr [sic]. Er ist nicht mehr er.« In *Das Reich* am 29. 9. 1940:»Im Deutschland von 1940 gehört das Buch zum Schwert, das Schwert zum Buch, gehört der Dichter zum Soldaten und der Soldat zum Dichter.« Nach 1945 Autor der *Neuen Zeitung* (US-Tageszeitung im Dienste der Umerziehung und Demokratisierung). Repräsentant der *Inneren Emigration*. Attacken gegen Thomas Mann, der sich am 25. 6. 1947 gegenüber der *Neuen Zeitung* beschwerte:»Sehr geehrte Herren, durch deutsche Blätter verbreitet der Schriftsteller Manfred Hausmann die Nachricht, ich hätte im Jahre 1933 in einem Brief an den Innenminister Frick inständig um die Erlaubnis gebeten, ins nationalsozialistische Deutschland zurückzukehren … Der Widersinn der Nachrede liegt auf der Hand.« 1970 Konrad-Adenauer-Preis für Literatur von Kurt Ziesels Deutschland-Stiftung. † 6. 8. 1986 Bremen. Lit.: Strohmeyer.

Havemann, Gustav. Führer der Fachschaft Reichsmusikerschaft der Reichsmusikkammer (*Führerlexikon*). * 15. 3. 1882 Güstrow. Geiger. 1915 Konzertmeister in Dresden, 1917 Professor. 1920 Musikhochschule Berlin. 1932 NSDAP (Nr. 1 179504), im *Kampfbund für deutsche Kultur* (KfdK) Groß-Berlin, Gründer und (bis 1935) Leiter eines eigenen KfdK-Orchesters (Titel ab 1934: Landesorchester des Gaues Berlin). Am 2. 4. 1933 Brief an den Deutschen Konzertgeberbund: »Der Kampfbund für deutsche Kultur wird zu verhindern wissen, daß noch irgendwie jüdischer Einfluß im Musikleben Deutschlands verbleibt.« November 1933 Präsidialrat der Reichsmusikkammer. Am 19. 8. 1934 Unterzeichner des *Aufrufs der Kulturschaffenden* zur Vereinigung des Reichskanzler- und Reichspräsidentenamts in der Person Hitlers: »Wir glauben an diesen Führer, der unsern heißen Wunsch nach Eintracht erfüllt hat.« Goebbels am 5. 7. 1935 im Tagebuch:»Havemann abgesetzt wegen Stellungnahme für Hindemith.« Nun auf der Liste der *Musik-Bolschewisten* der *NS-Kulturgemeinde*. Ab 1942 zahlreiche Beiträge in Goebbels' Renommierblatt *Das Reich*. 1950 Musikfachschule Cottbus, 1951 Musikhochschule Ost-Berlin. † 2. 1. 1960 ebenda. Lit.: Bücken; Dahm; Prieberg, Handbuch; Thomae; Wulf, Musik.

Hayduk, Alfons. Landesleiter der Reichsschrifttumskammer Gau Oberschlesien. * 18. 11. 1900 Oppeln. 1926: *Blutende Heimat. Gedichte um Oberschlesien*. 1939 Roman: *Sturm über Schlesien*. 1941 Erzählungen: *Oberschlesisches Schicksal*. Mit mehr als 50 Texten im NS-Kampfblatt *Krakauer Zeitung*, das »Blatt des Generalgouvernements«. Verse *Einsamkeit der Welt*, 1944 in der Anthologie *Lyrik der Lebenden* des SA-Oberführers Gerhard Schumann: »Der Strom des Abends rauscht in dunklen Wellen/verschollen um die Einsamkeit der Welt;/es ist so still. Nur fernes Hundebellen./Das Heimweh ist dir müde zugesellt.« Kommentar des Herausgebers:»Ein Volk, das auch in seiner harten Gegenwart über so vielfältige Kräfte der Seele und des Geistes … verfügt, ist von keiner Macht dieser Erde zu bezwingen, ist unsterblich!« NS-Ehrung: Ehrenplakette der Stadt Oppeln.

Nach 1945 Wohnort Ansbach. 1965 Autor: *Das Hausbuch des schlesischen Humors.* † 15.7.1972 Erlangen.

Heartfield, John, eigentlich Helmut Herzfeld. Maler.
* 19.6.1891 Berlin-Schmargendorf. 1918 KPD, Anlehnung an Dadaisten (Hitler in *Mein Kampf*: »Krankhafte Auswüchse irrsinniger und verkommener Menschen«). Beeinflußt von George Grosz, entwickelte er die Form der Fotomontage. Bühnenbildner für Max Reinhardt und Erwin Piscator. 1922 Bühnenbild zu Tollers *Die Maschinenstürmer* am Großen Schauspielhaus. 1933 Flucht nach Prag, 1938 nach London. Ab 1950 freischaffend in der DDR, Bühnenbilder für Brechts *Berliner Ensemble.* Ehrungen: 1960 Titel Professor, 1965 *Vaterländischer Verdienstorden,* 1967 *Karl-Marx-Orden.* † 26.4.1968 Berlin.

Heckel, Erich. Maler und Graphiker.
* 31.7.1883 Döbeln. 1905 Mitbegründer der Expressionisten-Gruppe *Die Brücke.* Am 19.8.1934 Unterzeichner des *Aufrufs der Kulturschaffenden* zur Vereinigung des Reichskanzler- und Reichspräsidentenamts in der Person Hitlers: »Wir glauben an diesen Führer, der unsern heißen Wunsch nach Eintracht erfüllt hat.« In Fritschs Hetzwerk *Handbuch der Judenfrage* (1936) als einer jener expressionistischen »Künstler« aus dem nichtjüdischen Lager aufgeführt, der es verdiene, »als Mittäter an dieser Kulturschande mit den Juden zusammen genannt zu werden«. Mit 13 Werken Juli 1937 in der Schandschau *Entartete Kunst* in München vorgeführt, 729 (!) seiner Werke beschlagnahmt. *Meyers Lexikon* 1938: »Sehr früh dem Expressionismus zugewandt, hat er sich zwar von dessen letzten Folgerungen, der Formzertrümmerung und der Gestaltung häßlichen und entarteten Menschentums, im allgemeinen zurückgehalten, doch steht seine Kunst außer Zusammenhang mit den Grundkräften deutschen Lebens und Schaffens.« Ein Teil seiner Werke wurde bei der Gemäldeverbrennung (insgesamt 1004 Bildwerke, 3825 Aquarelle und Gra-

phiken) am 20.3.1939 im Hof der Berliner Feuerwache vernichtet. 1944 Übersiedlung nach Hemmenhofen am Bodensee. 1949–1955 an der Kunstakademie Karlsruhe. † 27.1.1970 Radolfzell.

Hecker, Max. Stellv. Direktor des Goethe- und Schiller-Archivs in Weimar (1928–1945).
* 6.4.1870 Köln, Sohn eines Stadtbaumeisters. Literaturhistoriker, 1917 Titel Professor. Herausgeber des Jahrbuchs der Goethe-Gesellschaft. 1934 Schriftführer der Goethe-Gesellschaft (unter Aufsicht der Reichsschrifttumskammer). Herausgeber: *Goethe, Faust, Ehrengabe aus Anlaß der Woche des Buches 1937 für Reichsminister Dr. Goebbels.* NS-Ehrung: 1937 *Goethe-Medaille* für Kunst und Wissenschaft durch Hitler. † 9.4.1948 Weimar. Q.: König; Kürschner 1941.

Heckroth, Hein. Bühnenbildner.
* 14.4.1901 Gießen. 1933 Städtische Bühnen Essen, Berufsverbot. Ab 1935 vorwiegend in Großbritannien, 1939 als Deutscher interniert, vorwiegend in Australien. 1948 Oscar für die Ausstattung des Films *The Red Shoes.* Ab 1956 Chefbühnenbildner der Städtischen Bühnen Frankfurt am Main. Ausstattung des Käutner-Films *Ludwig II.* (1954), des Kurt-Hoffmann-Films *Das Spukschloß im Spessart* (1960) und Staudtes *Dreigroschenoper* (1963). † 6.7.1970 Alkmaar in den Niederlanden, während einer Urlaubsreise.

Hedemann, Sophie Charlotte von.
* 2.2.1879. Laut *Aufstellung derjenigen Parteigenossen, die Angehörige fürstlicher Häuser sind:* 25.6.1930 NSDAP, Nr. 306888, Gau Weser-Ems. Tochter des verstorbenen Großherzogs Friedrich August von Oldenburg. 1906 Ehe mit Eitel Friedrich Prinz von Preußen, Scheidung 1926. 1927 Heirat mit dem ehemaligen Königlich preußischen Rittmeister Harald von Hedemann. † 29.3.1964 Westerstede, Oldenburg.

Hederich, Karlheinz. Leiter der Abteilung Schrifttum im Reichspropagandaministerium (1937/38).

* 29.10.1902 Wunsiedel als Lehrerssohn. Dipl. Ing. 1921 *Bund Oberland* (rechtsradikal, antisemitisch). 1922 erstmals NSDAP. 1923 Teilnehmer *Hitlerputsch.* 1934 Geschäftsführer der *Parteiamtlichen Prüfungskommission zum Schutze des nationalsozialistischen Schrifttums* (1936 Stellv. Vorsitzender). 1934 Autor: *Der Marsch zur Feldherrnhalle* (Hitlerputsch). 1937 Hauptamtsleiter der NSDAP-Reichsleitung. Am 15.7.1937 von Goebbels zum Vizepräsidenten der Reichsschrifttumskammer ernannt. *Meyers Lexikon* (1938): »Faßte die deutsche Schrifttumspolitik einheitlich zusammen.« 1938 Abschied nach internen Querelen. Noch 1944 Präsidialrat der Reichsschrifttumskammer (DBJ). Nach 1945 Diplomingenieur in Mönchengladbach. † 10.3.1976 ebenda. Lit.: Barbian; Düsterberg; Grüttner; Wulf, Literatur.

Hedler, Friedrich. Landesleiter der Reichsschrifttumskammer Gau Magdeburg.
* 9.4.1898 Sonne, Kreis Lennep. Chefdramaturg der Städtischen Bühnen Magdeburg. 1936 Singspiel: *Das Kakteengärtlein.* 1939 Lustspiel: *Im Schrebergarten der Liebe.* NS-Ehrung: 1944 Literaturpreis der Stadt Magdeburg. Nach 1945 Kreisredakteur in Gummersbach. 1950 Autor: *Das Magdeburger Jungfrauenspiel.*

Heerde, Wilhelm. Bildhauer und SA-Brigadeführer (1934).
* 21.9.1898 Neustadt in Oberschlesien. Bildhauer in Breslau. 1927 NSDAP (Nr. 56403). 1929 SA-Führer Breslau. Ab 1932 MdR. 1941 (bis 1943) Direktor der Staatlichen Kunstgewerbeschule Krakau. † 23.10.1991 Evessen. Lit.: Lilla.

Heesters, Johannes. Auf der *Gottbegnadeten-Liste* der Schauspieler, die für die Filmproduktion benötigt werden, Zusatz: Ausländer.
* 5.12.1903 Amersfoort in den Niederlanden. 1934 an der Wiener Volksoper Erfolg mit der Operette *Der Bettelstudent* (1936 als Ufa-Film mit Marika Rökk). 1938 am Münchner Gärtnerplatztheater

als Graf Danilo in Lehárs *Die lustige Witwe.* Die *Süddeutsche Zeitung* zum 100. Geburtstag: »Heesters wurde einer der fleißigsten Stars in den deutschen Ablenkungsfilmen der Kriegsjahre. Die Nazis haben es ihm gedankt. Seine holländischen Landsleute aber haben es ihm zutiefst verübelt.« In der NS-Zeit 20 Filme, darunter 1938 der Operettenfilm *Gasparone* mit dem Schlager: *Ich werde jede Nacht von Ihnen träumen.* Gast im *Wunschkonzert für die Wehrmacht*, Goebbels' Radiosendung zwecks Hebung der Truppenmoral und Leidensbereitschaft der Heimatfront. Mai 1941 mit dem Ensemble des Münchner Gärtnerplatztheaters im KZ Dachau. Heesters in seinen Erinnerungen: »Wir trafen ein, heuchelten Interesse, ein Soldat knipste uns mit seiner Privatbox, und wir fuhren wieder nach Hause.« Nach dem Besuch schenkte der Dachauer KZ-Kommandant dem Gärtnerplatz-Ensemble ein Fotoalbum, dessen »Widmungsblatt« (Volker Kühn danke ich eine Kopie) lautet: »Den lieben Künstlern,/die uns am 21.5.1941/durch einen frohen und heiteren/Nachmittag im K.L. Dachau erfreuten,/gewidmet. Dachau, 20.6.1941/Piorkowski/SS-Sturmbannführer.« Heesters, auf Dachau angesprochen, am 21.8.2006 in der ARD-Talkrunde »Beckmann«: »Ich habe nicht gesungen.« Heesters klagte am 2.12.1942 in einem Brief an Goebbels (BA R 55/20156a, Kopie Gedenkstätte Dachau), daß er infolge seiner vertraglichen Verpflichtungen am Metropoltheater jährlich nur einen Film spielen könne: »Es geht mir hierbei nicht um finanzielle Dinge, denn, wie Sie, verehrter Herr Reichsminister, wissen, verdiene ich am Theater mehr als im Film. Ich sehe aber, dass ich für den deutschen Film und den Filmexport sehr viel nutzbringender eingesetzt werden kann als am Theater.« Schlußsatz: »Ich wäre sehr froh, wenn Sie mich einmal zu einer persönlichen Rücksprache empfangen würden. Heil Hitler! Ihr sehr ergebener Johannes Heesters.« 1975 *Filmband in Gold* für langjähriges und hervorragendes Wirken im deutschen Film. 1978 Erinnerungen: *Es kommt auf die Sekunde an.* Heesters: »Unsere Arbeit war die verlogenste, die es in dieser Zeit gab. Wir spielten heile Welt in Frack und Abendkleid. Aber andererseits gab es noch immer ein riesiges Publikum, das ... von uns, den Protagonisten des Musiktheaters, nichts anderes als Gesang und Tanz und Heiterkeit erwartete.« Ebenda abgedruckt auch Hitlers Lob: »Die ›Lustige Witwe‹ ist meine Lieblingsoperette, und Sie sind für mich der beste Danilo.« Heesters über Karl Lustig-Prean von Preanfeld, den jüdischen Direktor der Volksoper Wien: »Ich griff den Herrn Direktor Lustig-Prean, den kleinen Mann mit dem Affengesicht [!], am Jackett, zog ihn aus seinem Stuhl hoch und legte ihn quer über seinen Schreibtisch, bis er zu schreien anfing.«

Hegemann, Werner. Publizist.
* 15. 6. 1881 Mannheim. Schriftleiter der Zeitschriften *Wasmuths Monatshefte für Baukunst* und *Der Städtebau.* Mai 1933 Opfer der öffentlichen Bücherverbrennung, Feuerspruch: »Gegen Verfälschung unserer Geschichte und Herabwürdigung ihrer großen Gestalten, für Ehrfurcht vor unserer Vergangenheit!« Danach Flucht in die USA. 1935 Professor für Stadtplanung der Columbia University New York. † 12. 4. 1936 New York.

Heger, Robert. Auf der *Gottbegnadeten-Liste* (Führerliste) der wichtigsten Dirigenten des NS-Staates.
* 19. 8. 1886 Straßburg, Sohn eines Cellisten. 1933 Dirigent der Berliner Staatsoper, Staatskapellmeister. März 1936 Uraufführung seiner Oper *Der verlorene Sohn.* 1937 NSDAP. Am 6. 12. 1940 mit Großem Orchester des Deutschlandsenders Musik zur Uraufführungsfeier des Propagandafilms *Bismarck* im Berliner Ufa-Palast, anwesend Goebbels, Lammers und Gürtner. Februar 1942 mit Auftritt im besetzten Krakau als »Träger des deutschen Kulturwillens im Osten« eingesetzt. Am 5. 4. 1942 Gastdirigent des neugegründe-

ten Stadttheaters Thorn, eröffnet als »Beweis für den Kulturwillen des wiedergewonnenen deutschen Ostens«. Nach 1945 Erster Staatskapellmeister der Bayerischen Staatsoper und Präsident der Staatlichen Musikhochschule München. 1954 Emeritierung. † 14. 1. 1978 München. Lit.: Drewniak, Theater; *Führerlexikon*; Prieberg, Handbuch.

Hehlmann, Wilhelm. Dozent am Erzieherseminar der Adolf-Hitler-Schulen der NS-Ordensburg Sonthofen.
* 23. 10. 1901 Magdeburg, Sohn eines Tischlers. Pädagoge. 1930 Habilitation in Halle. 1933 NSDAP, Motor-SA, NS-Lehrerbund, Vertrauensmann der NS-Dozentenschaft. 1934 Amtsleiter im NS-Dozentenbund. 1938 Mitarbeit bei der Parteiamtlichen Prüfungskommission zum Schutze des NS-Schrifttums. 1939 apl. Professor in Halle, Stellvertreter des Gaudozentenführers, 1940 Regierungsrat (Wehrmachtspsychologe) bei der Luftwaffe, später in der Verwaltung besetzter Länder. Nach 1945 Chefredakteur bei F. A. Brockhaus, Herausgeber der Brockhausenzyklopädie. † 23. 12. 1997 Weinheim. Lit.: Eberle.

Hehn, Albert. Schauspieler.
* 17. 12. 1908 Lauda in Baden. 1937 Volksbühne Berlin. Propagandastreifen: 1938 als Leutnant im Luftwaffen-Aufrüstungsfilm *Pour le Mérite* (für Hitler der »bisher beste Film der Zeitgeschichte«), 1939 als Jagdflieger in *Legion Condor,* 1941 HJ-Film *Jungens* (Staatsauftragsfilm), Sturzkampfflieger-Hymne *Stukas* sowie Heldenmutter-Saga *Annelie.* 1953: *Die Mühle im Schwarzwälder Tal,* 1955: Harlan-Film *Verrat an Deutschland,* 1957: *Zwei Bayern im Harem.* † 29. 7. 1983 Hamburg.

Heiberg, Kirsten. Norwegische Sängerin und Schauspielerin.
* 25. 4. 1912 Kragerö. Verheiratet mit ihrem Klavierbegleiter Franz Grothe (Scheidung nach 1945). Zwischen 1938 und 1945 in 13 Filmen, darunter 1940 die Titelrolle im Staatsauftragsfilm (Spionage-

warnung) fürs Kino-Vorprogramm: *Achtung! Feind hört mit!* 1943 in *Liebespremiere,* im antibritischen Untergangsfilm *Titanic* (von Goebbels angesichts der Kriegslage verboten) und im Betriebsspionage-Propagandastreifen *Die goldene Spinne.* Laut Lale Andersen April 1942 mit Goebbels' *Berliner Künstlerfahrt* (Truppenbetreuung) Auftritt in Warschau. Andersen: »Ihr Pech war es, daß Zarah Leander mit gleichtiefer Stimme, gleichem Akzent und gleicher Begabung zwei Jahre vor ihr nach Deutschland gekommen war.« 1954 letzter Film: *Bei dir war es immer so schön.* Rückkehr nach Norwegen. † 4. 3. 1976 Oslo.

Heidegger, Martin. Philosoph.
* 26. 9. 1889 Meßkirch in Baden. 1928 Ordinarius in Freiburg. Mai 1933 NSDAP, Heidegger im Aufnahmeantrag: »Ich bin deutscher Abstammung und frei von jüdischem oder farbigem Rasseneinschlag ... ich verspreche, dem Führer unbedingten Gehorsam zu leisten«. 27. 5. 1933 Rektor. Am 3. 11. 1933 Aufruf an die Deutschen Studenten: »Nicht Lehrsätze und ›Ideen‹ seien die Regeln Eures Seins. Der Führer selbst und allein ist die heutige und künftige deutsche Wirklichkeit und ihr Gesetz.« Rede auf der Veranstaltung *Bekenntnis der Professoren an den deutschen Universitäten und Hochschulen zu Adolf Hitler und dem nationalsozialistischen Staat* am 11. 11. 1933 in Leipzig: »Der ursprüngliche Mut, in der Auseinandersetzung mit dem Seienden an diesem entweder zu wachsen oder zu zerbrechen, ist der innerste Beweggrund des Fragens einer völkischen Wissenschaft.« Am 23. 4. 1934 Rücktritt als Rektor. Mai 1934 Gründungsmitglied des Ausschusses für Rechtsphilosophie der von Hans Frank gegründeten *Akademie für Deutsches Recht.* 1947–1950 Lehrverbot. Freundschaft mit dem Rassenideologen Eugen Fischer vor und nach 1945. Heidegger verglich in einem Brief vom 20. 1. 1948 an Herbert Marcuse die *Endlösung* mit der Vertreibung der Ostdeutschen (»daß statt ›Juden‹ ›Ostdeutsche‹ zu stehen hat«). † 26. 5. 1976 Freiburg.

Heidelberg, Richard. Chorleiter.
* 7. 4. 1896 Aachen. Wohnort Gelsenkirchen. Im *Lexikon der Juden in der Musik* gebrandmarkt. † Verschollen im Ghettolager Izbica.

Heiden, Konrad. Journalist.
* 7. 8. 1901 München. Ab 1923 Korrespondent der *Frankfurter Zeitung* in München. Berichtete vom Aufstieg der Nationalsozialisten. 1932 Autor: *Geschichte des Nationalsozialismus.* 1933 Flucht ins Saargebiet, 1935 nach Paris. 1940 USA. Sein wichtigstes Buch im Exil: *Adolf Hitler: Das Zeitalter der Verantwortungslosigkeit. Eine Biographie* (1936). Goebbels am 2. 3. 1936 im Tagebuch: »Welch ein Unrat, nichts wie Schmutz!« † 18. 7. 1966 New York.

Heidersbach, Käthe. Preußische Kammersängerin.
* 30. 10. 1897 Breslau. Wagner-Sängerin. Sopran. Ab 1927 Staatsoper Berlin. Am 5. 9. 1941 mit Auftritt im besetzten Krakau als »Träger des deutschen Kulturwillens im Osten« eingesetzt, Auftritt auch am Krakauer *Theater der SS und der Polizei* (sic), Mittagessen bei Generalgouverneur Frank, genannt *Polenschlächter.* Nach 1945 Konzertpianistin und Lehrerin in Stockholm. † 26. 2. 1979 Kyrkhult. Lit.: Drewniak, Theater; Diensttagebuch Frank.

Heiduschke, Herbert. Persönlicher Adjutant von Goebbels.
* 19. 9. 1912 Neustadt/Chemnitz. 1931 NSDAP. SA-Hauptsturmführer. 1940 Regierungsrat im Reichspropagandaministerium. Laut Goebbels-Tagebuch vom 10. 6. 1941 »mein treuster und zuverlässigster Mitarbeiter«. † Kriegstod als Leutnant am 23. 5. 1941 bei Chanea auf Kreta (WASt).

Heilborn, Ernst Friedrich. Literaturhistoriker.
* 10. 6. 1867 Berlin. Ab 1901 Theaterkritiker der *Frankfurter Zeitung.* 1911–1933 Herausgeber der Zeitschrift *Das literarische Echo.* 1936 Ausreise nach Palästina, 1937 Rückkehr. 1942 Verhaftung bei

Fluchtversuch in die Schweiz. † 16.5. 1942 Berlin, in Gestapohaft.

Heiligenstaedt, Fritz. Leiter der Reichsstelle für das Volksbüchereiwesen im Reichserziehungsministerium (ab 1937). * 3.9. 1887 Roßleben. Dr. phil. 1927 Oberstudiendirektor, Leiter der Leibnizschule sowie der Staatlichen Beratungsstelle für Volksbüchereiwesen in Hannover. 1937: *Um Gegenwart und Zukunft der deutschen Volksbüchereien*, Textprobe: »Unter der Verantwortung vor Staat und Volk gestellt, vollstreckt der deutsche Volksbibliothekar den Willen der Nation in seiner Arbeit mit dem deutschen Buch.« Nach 1945 Oberschulrat. 1958: *Heimschulen und Internate in der Bundesrepublik und in Berlin. Ein Verzeichnis.* † 1961. Lit.: Andrae.

Heim, Viktor. Konzertsänger. * 27.7. 1878 Wien. Musikpädagoge in Wien. Im *Lexikon der Juden in der Musik* gebrandmarkt. † Deportiert am 2.6. 1942 nach Maly Trostinez bei Minsk (Exekutionsstätte).

Heims, Else. Schauspielerin. * 3.10. 1878 Berlin. Ab 1899 im Ensemble von Max Reinhardt, seine erste Ehefrau. Nach Scheidung 1934 Emigration in die USA. † 20.2. 1958 Santa Monica in Kalifornien durch Autounfall. Nachruf *Deutsches Bühnen-Jahrbuch*: »Sie verkörperte ... in der Ära Ibsens, Strindbergs und Sigmund Freuds die luzide weibliche Schönheit ungebrochen und ohne Kalkül.«

Heine, Thomas Theodor. Zeichner. * 28.2. 1867 Leipzig. Karikaturist der Satire-Zeitschrift *Simplicissimus.* Mitglied der Preußischen Akademie der Künste. 1933 Flucht nach Prag, über Oslo nach Stockholm. 1944 Erinnerungen: *Ich warte auf Wunder.* 1947 schwedischer Staatsbürger. † 26.1. 1948 Stockholm.

Heinen, Alfred, eigentl. Levy. Varietékünstler. * 25.8. 1880 Mönchengladbach. Unter anderem am Berliner Wintergarten. 1933 Flucht nach Holland, in Westerbork inter-

niert. Deportiert am 6.7. 1943 nach Sobibor (Liebe).

Heinitz, Wilhelm. Leiter der Forschungs-Abteilung für Vergleichende Musikwissenschaft am Phonetischen Laboratorium Hamburg. * 9.12. 1883 Hamburg. 1930 Privatdozent der Universität Hamburg. 1932 Mitglied der Johannesloge. Am 11.11. 1933 auf Unterzeichnerliste *Bekenntnis der Professoren an den deutschen Universitäten und Hochschulen zu Adolf Hitler und dem nationalsozialistischen Staat.* 1935 Autor: *Was kann die vergleichende Musikwissenschaft zur Indogermanenfrage beitragen?* 1937 Aufnahmeantrag NSDAP. 1938 Autor: *Die Erforschung rassischer Merkmale aus der Volksmusik* [sic]. 1938: »Der Fremde (südische oder nichtnordische Mensch) trägt nur die geistige Maske eines ihm artfremden Willens. Er muß bei der endlichen Abrechnung vor ... dem Gesetz der Natur unterliegen.« 1939 apl. Professor. Ab 1945 Vorsitzender des Landesverbands der Tonkünstler und Musiklehrer Hamburgs. Anerkennung als Geschädigter (sic) des NS-Regimes. 1949 Entpflichtung. † 31.3. 1963 Hamburg. Q.: Krause.

Heinz, Wolfgang. Schauspieler. * 18.5. 1900 Pilsen. Aus einer jüdischen Familie. Ab 1919 in Berlin, Deutsches Theater und Staatliches Schauspielhaus. 1931 KPD, Januar 1933 in *Faust II* am Staatlichen Schauspielhaus. Danach Flucht in die Schweiz, ab 1934 in Zürich. 1946 am Volkstheater Wien, 1948 Leiter des Wiener Neuen Theaters in der Scala. Ab 1956 am Deutschen Theater in Ost-Berlin, 1963–1969 Intendant. 1966 Mitbegründer und Präsident des Verbands der Theaterschaffenden der DDR. 1968–1974 Präsident der Deutschen Akademie der Künste (ab 1972 Akademie der Künste der DDR). *Nationalpreis* (1968). † 30.10. 1984 Berlin. Lit.: Barth; Rühle.

Heise, Carl Georg. Kunsthistoriker. * 28.6. 1890 Hamburg. Direktor des Museums für Kunst- und Kulturgeschichte in Lübeck. Einsatz für Nolde, Munch, Barlach. Wegen Förderung »entarteter Kunst« entlassen (Rave). Danach Kunstkritiker der *Frankfurter Zeitung* und Verlagslektor. Nach 1945 Direktor der Hamburger Kunsthalle. † 11. 8. 1979 Hamburg.

Heiseler, Bernt von. Schriftsteller. * 14. 6. 1907 Vorderleiten bei Brannenburg in Oberbayern, Sohn des Schriftstellers Henry von Heiseler. Dramen *Der Gasthof in Preußen* (1932) und *Schill* (1937). Mai 1933 NSDAP. 1935 Gedichte: *Wanderndes Hoffen*. 1936 Biographie über Stefan George. *Meyers Lexikon* 1938: »Erfolgreicher Dramatiker.« 1966 Gedichte: *Evangelisches Marienlob*. 1971 Erinnerungen: *Haus Vorderleiten*. † 24. 8. 1969 Brannenburg.

Heiß, Hermann, Pseudonym *Georg Frauenfelder*. Theorielehrer der Heeresmusikschule Frankfurt am Main (1941). * 29. 12. 1897 Darmstadt, Sohn eines Zeichenlehrers. In den zwanziger Jahren auch Zwölftonstücke. Laut Prieberg im Liederbuch der Luftwaffe mit eigenen Kampfliedern vertreten, darunter das *Jagdfliegerlied* für Singstimme und Klavier. Eigener Text: »Uns geht der Atem lang nicht aus,/wir siegen oder stürzen./Die Freude an der wilden Jagd,/die kann man uns nicht kürzen!« Entnazifiziert als *Nicht betroffen*. 1946 Dozent der Internationalen Ferienkurse des Kranichsteiner Musikinstituts in Darmstadt. 1953 an der Akademie für Tonkunst ebenda. † 6. 12. 1966 Darmstadt.

Heitmann, Fritz. Auf der *Gottbegnadeten-Liste* (Führerliste) der zwei wichtigsten Organisten des NS-Staates. * 9. 5. 1891 Hamburg als Organistensohn. 1912 Domorganist in Schleswig, 1918 Kaiser-Wilhelm-Gedächtniskirche, 1923 Professor der Staatlichen Akademie für Kirchen- und Schulmusik. 1932 Organist am Berliner Dom, Fachspartenleiter Kirchenmusik in Rosenbergs *Kampfbund für deutsche Kultur*, Organisation Groß-Berlin. Nach 1945 Professor der Berliner Musikhochschule. † 7. 9. 1953 Berlin.

Helbig, Heinz. Österreichischer Regisseur. * 14. 5. 1902 Klosterneuburg. März 1939 Hans-Moser-Film *Liebe streng verboten*, ein Film zum deutsch-österreichischen Verständnis nach dem »Anschluß« (Besetzung) Österreichs. Oktober 1939 Film *Leinen aus Irland* (Leiser: die Karikatur des jüdischen Untermenschen eingebettet in eine Lustspielhandlung). Oktober 1940 *Der Herr im Haus* mit seiner Frau Maria Andergast. Lit.: Drewniak, Film.

Held, Hans Ludwig. Name Oktober 1933 unter dem Treuegelöbnis »88 deutsche Schriftsteller« für Adolf Hitler. * 1. 8. 1885 Neuburg/Donau. Gedichtbände wie *Brautmesse* (1913) oder *Kriegshymne* (1914). 1925 Direktor der Stadtbibliothek München, 1933 amtsenthoben. 1945 Beauftragter für Kultur in München, 1946 Honorarprofessor. Thomas Mann am 17. 9. 1947 an Alexander M. Frey wegen der Gelöbnisliste: »Daß auch H. L. Held und Loerke darauf stehen, macht mich doch sehr betroffen. Das übrige Völkchen ist ganz an seinem Platz.« † 3. 8. 1954 München.

Helke, Fritz. Leiter der Reichsjugendbücherei. * 1. 5. 1905 Biesenthal, Mark Brandenburg. HJ-Oberbannführer. Hauptreferent für Schrifttum im Kulturamt der Reichsjugendführung (*Meyers Lexikon* 1938). 1934 Kurzgeschichten: *Degen und Scholle*. 1937 Co-Autor: *Der junge Reichsbürger (Was jeder junge Deutsche über seine Pflichten für Partei und Staat wissen muß)*. NS-Ehrung: 1937 Ehrenring deutscher Frontdichtung, gestiftet von Reichskriegsopferführer Lindober (Walther). Nach 1945 Schriftsteller und Jugendbuchautor in Kriftel am Taunus. † 13. 9. 1967 ebenda.

Hell, Willy ter. Auf der *Gottbegnadeten-Liste* (Führerliste) der wichtigsten Maler des NS-Staates. * 2. 12. 1883 Norden in Ostfriesland. Landschaftsmaler. In Rosenbergs *Kampfbund für deutsche Kultur*, NSDAP (Thomae). Auf den Großen Deutschen Kunstausstellungen im Münchner NS-Musentempel *Haus der Deutschen Kunst* mit 24 Objekten, darunter 1943: *Sommerabend über der Heide im Wartheland* (Öl). Himmler und Ribbentrop kauften eine größere Anzahl seiner Werke. NS-Ehrung: Trotz Titelsperre am 1.7. 1943 von Hitler Titel Professor. Goebbels' Pressereferent von Oven am 18.7. 1943 über den Empfang von sieben geehrten Malern bei Goebbels, darunter Hell: »Sie griffen kräftig in die ministeriellen Zigarrenkisten, tranken die Cocktails als wären es Sechserschnäpse, redeten über Kunst und nickten verlegen und selig zugleich Zustimmung, wenn der Minister etwas sagte.« † 1.7. 1947 Hofgeismar.

Hellberg, Ruth (Künstlername). Schauspielerin.
* 2.11. 1906 Berlin. Am Staatstheater Berlin. 1933 erste Ehefrau Liebeneiners. Zwischen 1938 und 1942 in zwölf Filmen, darunter 1940 der Seekadetten-Film *Fahrt ins Leben* und die Filmkomödie *Alles Schwindel.* Als Kronprinzessin Viktoria im Film *Bismarck,* am 6.12. 1940 in Anwesenheit von Goebbels, Lammers und Gürtner uraufgeführt. Oktober 1941 im Hetzfilm *Heimkehr* zur Rechtfertigung des Überfalls auf Polen, laut Moeller (Filmstars) übertrifft er in seiner »rassistischen Raserei« sogar *Jud Süß.* 1942 am Theater der Jugend Berlin im Veranstaltungsring der HJ. Nach 1945 Gastspiele, Synchronsprecherin. † 26.4. 2001 Feldafing bei München.

Heller, Bert. Maler.
* 30.3. 1912 Aachen. Wohnort Laurensburg bei Aachen. 1940 NSDAP. 1953 Professor, 1956 (bis 1958) Rektor der Kunsthochschule in Berlin-Weißensee. SED. Porträts von Helene Weigel, Bert Brecht, Täve Schur (Radfahridol der DDR und Mitglied der Volkskammer) sowie Wilhelm Pieck (Präsident der DDR). † 29.4. 1970. Lit.: Barth.

Heller, Max. Opernsänger.
* 16.7. 1873 Wien. Lyrischer Bariton. Gesanglehrer am Sternschen Konservatorium in Berlin, letzter Wohnort Wien. Im *Lexikon der Juden in der Musik* gebrandmarkt. † Deportiert am 9.4. 1942 mit seiner Frau Paula ins Ghettolager Izbica.

Hellmer, Karl. Auf der *Gottbegnadeten-Liste* der Schauspieler, die für die Filmproduktion benötigt werden.
* 11.3. 1896 Wien. Komiker, Chargendarsteller. Ab 1935 Theater am Schiffbauerdamm Berlin. Insgesamt in mehr als 70 Filmen. 1937 Propagandastreifen *Togger,* 1942 im Tendenzfilm *Wien 1910,* Mai 1944 im HJ-Film *Junge Adler.* 1947 im DEFA-Opus *Ehe im Schatten* über den Schauspieler Gottschalk, von Goebbels wegen seiner jüdischen Ehefrau in den Suizid getrieben. Filme wie *Das kalte Herz* (1950) oder *Rheinsberg* (1967). † 18.5. 1974 Berlin. Nachruf *Deutsches Bühnen-Jahrbuch:* »Er war großartig in Wiener Hausmeisterrollen.«

Hellmund, Heinrich. Philosoph und Schriftsteller.
* 14.2. 1897 St. Johann/Saarbrücken. 1927 Hauptwerk: *Das Wesen der Welt.* 1933 Flucht, zunächst in die Schweiz. Thomas Mann am 4.11. 1933 an Carl J. Burckhardt: »Er ist also Jude? Ich habe das nicht gewußt … Er ist ein außerordentlicher Kopf, eine erstaunliche geistige Potenz, die zeitweise auch mich ganz und gar in ihren Bann gezogen hat.« † Hellmunds Leiche wurde im Juli 1937 in Salmaise bei Dijon aufgefunden.

Helm, Brigitte (Künstlername). Schauspielerin.
* 17.3. 1908 Berlin. Laut Gustav Fröhlich als Vamptyp Kassenknüller der Stummfilmzeit. 1926 in Fritz Langs Stummfilmklassiker *Metropolis.* 1934 im Hans-Albers-Film *Gold,* 1937 letzter Film: *Savoy-Hotel 217.* Karriereende infolge Heirat mit dem Millionär Hugo von Kunheim. 1968 *Filmband in Gold* für langjähriges und hervorragendes Wirken im deutschen Film. † 11.6. 1996 Ascona.

Henckel von Donnersmarck, Guidotto (Guido Otto) Graf.
* 23.5. 1888 Berlin. 14. Freier Standesherr von Beuthen, Fideikommißherr auf Tarnowitz-Neudeck und Klein-Zyglin.

Rechtsritter des Johanniterordens. Erbliches Mitglied des preußischen Herrenhauses. Sein Haus am Tegernsee war ein Treffpunkt der NS-Prominenz (Malinowski). † 23. 12. 1959 Rottach-Egern.

Henckel von Donnersmarck, Kraft Graf. * 12. 3. 1890 Berlin. Laut *Aufstellung derjenigen Parteigenossen, die Angehörige fürstlicher Häuser sind*: 1. 4. 1941 NSDAP, Nr. 8 704550, Gau Oberschlesien. 15. Freier Standesherr von Beuthen. Fideikommißherr auf Repten. Rechtsritter des Johanniterordens. Ehrensenator der Technischen Universität Berlin. † 1. 9. 1977 Rottach-Egern.

Henckels, Paul. Auf der *Gottbegnadeten-Liste* der Schauspieler, die für die Filmproduktion benötigt werden. * 9. 10. 1885 Hürth im Rheinland. Dank Goebbels Mitglied der Reichskulturkammer, obgleich »Halbjude« und mit der »Volljüdin« Thea Grodtcinsky verheiratet. Mai 1941 »Privileg«, daß der Ehefrau beim Besuch von Theatern, Hotels und dergleichen die »Rechte einer arischen Frau« zuerkannt wurden (Schrader). In der NS-Zeit in 97 (!) Filmen, darunter 1938 die Kleinstadtposse *Der Maulkorb*, 1940 der Geniefilm *Friedrich Schiller*, 1942 der Harlan-Film *Der große König* über Friedrich den Großen (»Am Sieg zweifeln, das ist Hochverrat!«). Goebbels dazu am 4. 3. 1942 im Tagebuch: »Der Film wird zum politischen Erziehungsmittel erster Klasse.« 1944 HJ-Film *Junge Adler*. Entlastungszeuge Harlans im Entnazifizierungsverfahren: »Bei allen nicht wegzuleugnenden Tendenzen des ›Jud Süß‹ hat Harlan es verstanden, daß die Hauptfigur des ›Jud Süß‹ viele menschliche Sympathien auf sich konzentrieren mußte [sic] ... Meines Erachtens hat Harlan aus dem nun einmal tendenziösen Stoff ein Kunstwerk zu schaffen versucht.« Filme wie *Der fröhliche Weinberg* (1952), *Die Mädels vom Immenhof* (1955), 1958 im Harlan-Film *Liebe kann wie Gift sein*. 1962 *Filmband in Gold* für langjähriges und hervorragendes Wirken im deutschen Film. 1966 Erinnerungen, unter Ausblendung der NS-Zeit: *Ich war kein Musterknabe. Eines Lebenskünstlers lachende Weisheit*. † 27. 5. 1967 Schloß Hugenpoet bei Kettwig. Nachruf *Deutsches Bühnen-Jahrbuch*: »Verschrobene Kleineleute-Figuren zu spielen, war seine ganze Leidenschaft.«

Hengstenberg, Rudolf. Kriegsmaler. * 16. 8. 1894 Untermais bei Meran. Wohnort Potsdam. 1931 NSDAP. Spezialist für Panzerbilder. 1940 Panzerbild *Durchbruch durch die Burgundische Pforte*, März 1941 in der Ausstellung *Maler an der Front* gezeigt. 1943 Leiter der Nordischen Kunsthochschule Bremen. Lob des *Völkischen Beobachters* am 17. 8. 1944: »Mit seinen Arbeiten hat der Künstler dem soldatischen Geist und den Taten dieses Krieges ein unvergängliches Denkmal gesetzt.« 1959 Ausstellung einiger seiner Panzerbilder in der Panzertruppenschule der Bundeswehr in Munsterlager. † 5. 1. 1974 Bremen. Lit.: Schmidt, Maler.

Henkels, Walter. Journalist. * 9. 2. 1906 Solingen. Kriegsberichter für Goebbels' Renommierblatt *Das Reich* (von Hitler im Tischgespräch am 22. 2. 1942 gelobt: »Prachtvoll ist die Zeitung ›Das Reich‹«). Görtemaker: »Wer für das Reich arbeitete, stellte sich zwangsläufig in den Dienst der nationalsozialistischen Propaganda.« Benz (Rolle): »Stramme Militärprosa.« Ab 1949 *Frankfurter Allgemeine Zeitung*, Korrespondent in Bonn. † 8. 6. 1987 Schmallenberg im Sauerland.

Henning, Otto. Schauspieler. * 27. 1. 1884 Frankfurt am Main. 1936 Intendant des Plaza-Theaters in Berlin. 1940 Schauspieler im Hetzfilm *Jud Süß*, Goebbels: »Ein antisemitischer Film, wie wir ihn uns nur wünschen können.« 1946 Intendant des Staatstheaters Wiesbaden. † 20. 2. 1950 ebenda.

Hennings, Fred, eigentlich von Pawlowski. Burgschauspieler. * 26. 1. 1895 Klagenfurt. Ab 1923 Heldendarsteller am Wiener Burgtheater. Juni 1933 NSDAP (zu dieser Zeit in Österreich verboten), illegale SA-Brigade 6. Zuckmayer: »Ein ziemlich mittelmäßiger Schauspieler und recht dummer Mensch.« Bei der Besetzung Österreichs 1938 spielt er in Shakespeares *Julius Cäsar* die Rolle des Verschwörers Cassius unter dem aus Deutschland emigrierten Gastregisseur Carl Ebert, Ebert: »Der führende Nazi unter den Solisten besuchte mich auf der Dekorationsprobe und versicherte mir, daß er schon den Betrieb fest in der Hand habe… und daß er für eine humane Behandlung der ›armen Juden etc.‹ am Burgtheater sich verbürge.« † 22.11.1981 Wien. Lit.: Rathkolb.

Henreid, Paul. Schauspieler.
* 10.1.1908 Triest. 1933 am Wiener Theater in der Josefstadt. 1934 zog die Ufa ein Beschäftigungsangebot zurück, da »jüdischer Mischling ersten Grades«, später: »Halbjude«. 1940 USA, einer der wenigen Emigranten mit Erfolgen am Broadway und in Hollywood. 1942 Rolle des Widerstandskämpfers Viktor Laszlo im Kinoklassiker *Casablanca*. 1947 als Robert Schumann neben Katharine Hepburn in *Clara Schumanns große Liebe*. † 29.3.1992 Santa Monica.

Henselmann, Hermann. Architekt.
* 3.2.1905 Roßla/Harz, Sohn eines Holzbildhauers. 1937 Entwürfe für Neusiedler-Bauernhöfe in Hohensalza im Wartheland. 1940 als »Halbjude« Ausschluß aus der Reichskammer der bildenden Künste, 1941 Sondergenehmigung für Arbeit im Warthegau. 1943 in einem Architektenbüro im besetzten Prag. Galt nach 1945 als Chefarchitekt der DDR, Stationen: 1945 Professor und Direktor der Staatlichen Hochschule für Bauwesen in Weimar, 1946 SED, 1951 Direktor des Instituts für Theorie und Geschichte der Baukunst in Berlin, 1954 Chefarchitekt von Ost-Berlin. Unter anderem Projekte Leninplatz Berlin (1968–1970), Karl-Marx-Universität Leipzig (1968–1975), Fernsehturm Berlin (1969). † 19.1.1995 Berlin. Lit.: Barth.

Hentrich, Helmut. Auf der *Gottbegnadeten-Liste* (Führerliste) der wichtigsten Architekten des NS-Staates.

* 17.6.1905 Krefeld, Sohn eines Oberbaurats. 1937/38 HJ-Heim Rheinhausen. 1938/39 auf der 2. Deutschen Architektur-Ausstellung im Münchner NS-Musentempel *Haus der Deutschen Kunst* mit Reichsautobahn-Projekt Rasthof Rhynern. Speer am 7.5.1955 im Tagebuch: »Das Bankhaus Trinkaus [in Düsseldorf], von Hentrich entworfen, der einst zu meinen Architekten gehörte; mit den vierkantigen, durch Glasflächen ausgefachten Doppelsäulen, erinnert der Bau an die für Berlin geplante OKW-Fassade.« Weitere Prestigeobjekte: BASF-Hochhaus in Ludwigshafen (1953–1957), Thyssen-Hochhaus in Düsseldorf (1957–1960), Unilever-Hochhaus in Hamburg (1961–1964), Standard Bank Center Johannesburg in Südafrika (1965–1970), Rank-Xerox-Verwaltungsgebäude Düsseldorf (1967–1970). † 8.2.2001 Düsseldorf.

Hentschel, Willibald. Initiator des Zucht- und Hegegartens *Mittgart* zur Produktion hochwertiger Menschen.
* 7.11.1858 Lodz. Viertes von elf Kindern eines Fabrikleiters. Chemiker, Dr. phil. 1904 Programmschrift *Mittgart, ein Weg zur Erneuerung der germanischen Rasse*. Hentschels Mittgart (eigentlich ein mythisches Land der Germanen, zwischen dem Reich der Götter und dem Reich der Toten) sollte auf einem Rittergut entstehen und tausend Frauen und hundert Männern Platz bieten. Die Mittgartehe hätte nach Hentschels Plan jeweils bis zum Beginn der Schwangerschaft gedauert. Mittgart sollte bei Ausbreitung über ganz Deutschland jährlich etwa 100 000 »Menschenkinder liefern«, die jungen Männer geeignet als Soldaten. Der *Mittgartbund* (Gruß: *Heil in Mittgart!*) wurde 1906 gegründet, die Zuchtkolonie aber nie realisiert, nicht zuletzt aus Mangel an Mitgliedern. NSDAP Ende 20er Jahre, Austritt 1934. † 2.2.1947 Leoni am Starnberger See. Lit.: P. E. Becker, Rassenhygiene.

Hentschke, Heinz. »Chef-Unterhalter der Nazis« (Schwarberg).
* 20.2.1895 Berlin. 1937 Co-Autor des

Librettos von Fred Raymonds Operette *Maske in Blau*. Direktor des Lessing-Theaters und Direktor der beiden bedeutendsten Operettenbühnen Großdeutschlands: Metropoltheater (1400 Plätze) und Admiralspalast (rund 2000 Plätze), beide in Berlin, 1938 vom Reichspropagandaministerium übernommen. Co-Autor des Kampflieds *Wir kommen wieder*, Tonaufnahme 1940 mit dem Chor der 1. Abteilung des Flak-Regiments Nr. 12, Lankwitz. Textprobe: » … die wir jeden Feind geschlagen,/wir marschieren heut/strahlend, jung und frei/an jenem Mann vorbei,/der mit uns Geschichte macht/und über Deutschland wacht«. † 3.7.1970 Berlin. Nachruf *Deutsches Bühnen-Jahrbuch*: »Großer und berühmter Operettenkönig.«

Herbst, Ignaz. Musiker.
* 27.2.1877 Würzburg. Theaterkapellmeister an kleineren Bühnen. Ab 1908 als Komponist (1920 Oper *Sündflut*) und Musikschriftsteller in Wien. Leiter eines Orchesters der Nationalsozialistischen Volkswohlfahrt, des *NSV-Haydn-Kammerorchesters*. † Verbleib unbekannt. Q.: Literatur-Kürschner 1943.

Hering, Ernst. Pädagoge und Schriftsteller, Pseudonym *Hein Gothe*.
* 20.3.1888 Magdeburg. Dr. phil. 1931 Autor: *Florian Geyer, Szenen und Bilder*. 1938 Herausgeber: *Nürnberg, die Stadt der Reichsparteitage*. 1941 Autor: *Der Deutschritterorden*. Nach 1945 Oberschulrat, Direktor des Pädagogischen Instituts Eberswalde bei Berlin. † 29.7.1957 Berlin-Weißensee (DDR). Lit.: Hesse.

Herking, Ursula (Künstlername). »Ulknudel« (Gustav Fröhlich).
* 28.1.1912 Dessau. In Werner Fincks Kabarett *Katakombe*. Filme wie *Eine Nacht im Mai* (1938) oder *Die Nacht in Venedig* (1942). Auch NS-Tendenzfilme: 1937 *Togger* (Moeller: »Voller NS-Parolen, antisemitischen Anspielungen und SA-Paraden«), 1940 antibritischer Spielfilm *Das Herz der Königin*, 1941 *Spähtrupp Hallgarten* über die Besetzung Norwegens. Nach 1945 Filme wie *Export in Blond* (1950) oder *Verrückt und zugenäht* (1962). Kabarettistin der Münchner Lach- und Schießgesellschaft sowie am Düsseldorfer Kom(m)ödchen. 1973 Erinnerungen: *Danke für die Blumen*. † 17.11.1974 München.

Herlth, Robert. Filmarchitekt.
* 2.5.1893 Wriezen. 1933 Film *Flüchtlinge*, ein Propagandaschmarren über Wolgadeutsche, die »heim ins Reich« wollen, von Goebbels mit dem Staatspreis der Reichsregierung bedacht. 1936 Bauten zu Riefenstahls Olympia-Filmen. 1937 Harlans Hitlerhuldigung *Der Herrscher* (Goebbels-Höchstprädikat *Nationaler Filmpreis*). März 1940 Ausschluß aus der Reichsfilmkammer wegen »volljüdischer« Ehefrau, April 1940 Sondergenehmigung zu weiteren Filmen: *Der Maulkorb, Maria Ilona, Andreas Schlüter* usw. Nach 1945 Filme wie *Das doppelte Lottchen* (1950), *Das Wirtshaus im Spessart* (1957) *Buddenbrooks* (1959). † 6.1.1962 München.

Hermann, Georg, eigentlich Georg Hermann Borchardt. Schriftsteller.
* 7.10.1871 Berlin. Zweibändiges Hauptwerk (ein Bestseller) *Jettchen Geberts Geschichte* (1906–1909). *Meyers Lexikon* (1938): »Schilderer des Berliner Judentums und Kleinbürgertums in jüdisch-marxistischem Licht.« 1933 Flucht in die Niederlande. † 19.11.1943 Auschwitz.

Hermecke, Hermann. Librettist.
* 29.5.1892. Texte zu den Operetten *Liebe in der Lerchengasse* (1936) und *Das Mädchen aus der Fremde* (1939), 1941 als Co-Autor genannt für die Operette *Prinzessin Grete*. Hierbei handelt es sich um das von Victor Reinshagen komponierte und den jüdischen Autoren Robinson und Henry getextete Werk *Grete im Glück*, das Hermecke »arisiert« und zwecks Ausschaltung der jüdischen Autoren umgetauft hatte (Prieberg). Rundschreiben der Lagerkommandantur vom 18.2.1943 (betrifft *Truppenbetreuungsveranstaltung*) an das KZ-Personal: »Am Dienstag, den 23.2.1943, 18 Uhr 30, findet im großen Saal des Ka-

meradschaftsheimes der Waffen-SS Auschwitz ein Gastspiel des Stadttheaters Mährisch-Ostrau statt. Zur Aufführung gelangt die Ausstattungsoperette ›Prinzessin Grete‹ von Hermecke-Reinshagen.« † 5. 10. 1961 Oberaudorf.

Hernried, Robert. Komponist und Musikwissenschaftler.

* 22. 9. 1883 Wien. Deutschnationaler Dozent der Berliner Akademie für Kirchen- und Schulmusik. 1933 vom Preußischen Kultusministerium zum Professor ernannt, Oktober 1934 entlassen. Wechsel nach Wien. 1939 Flucht in die USA. Im *Lexikon der Juden in der Musik* gebrandmarkt. Detroit Institute of Music Art an der Universität. † 3. 9. 1951 Detroit. Q.: Jahn; Schrader.

Herrmann, Bernhard. Leiter der Fachschaft Bühne der Reichstheaterkammer (ab 1937).

* 30. 5. 1876 Berlin. Oberspielleiter der Operette am Deutschen Theater in Wiesbaden. Ab 1908 als Schauspieler, ab 1927 als Oberspielleiter am Königlichen Hoftheater Wiesbaden. NS-Aktivist ohne Parteibuch. *Führerlexikon:* »Juni 1933 vom Herrn Ministerpräsidenten Göring in den Amtlichen Preußischen Theaterausschuß berufen.« † 15. 1. 1942 Berlin.

Herrmann, Hugo. Komponist.

* 19. 4. 1896 Ravensburg. 1929 Kapellmeister am Stadttheater Wiesbaden. 1933 Leiter der Orchesterschule Reutlingen. Laut Prieberg bekannte er sich 1933 mit Männerchören zum »Neuen Deutschland« und ließ ein Arrangement des Horst-Wessel-Lieds (NSDAP-Hymne: »Die Fahne hoch! Die Reihen fest geschlossen!/SA marschiert mit mutig-festem Schritt.«) für Akkordeon im Hohner-Verlag erscheinen. 1935 Direktor der Handharmonika-Fachschule Trossingen. 1939 NSDAP, Gauchorleiter Gau Schwaben des Deutschen Sängerbundes. 1945–1962 Direktor der Städtischen Musikschule Trossingen (errichtet mit Hilfe der Firma Matthias Hohner). † 7. 9. 1967 Stuttgart.

Herrmann, Josef. Auf der *Gottbegnadeten-Liste* (Führerliste) der wichtigsten Künstler des NS-Staates.

* 20. 4. 1903 Darmstadt. Wagner-Sänger. Heldenbariton der Staatsoper Dresden, ab 1940 zugleich an der Staatsoper Wien. Nach 1945 Städtische Oper und Staatsoper Berlin (DDR). † 19. 11. 1955 in Hildesheim auf dem Wege zu einer Erholungsreise. Nachruf *Deutsches Bühnen-Jahrbuch:* »Er war ... ein Menschendarsteller, der, besessen von der theatralischen Sendung, keine Scheinwahrheit auf der Bühne duldet.«

Herrmann, Max. Begründer der Theaterwissenschaft an der Universität Berlin.

* 14. 5. 1865 Berlin. 1919 ao. Professor. 1923 Eröffnung des Theaterwissenschaftlichen Instituts. 1930 Ordinarius, 1933 Entlassung. Am 10. 9. 1942 deportiert mit seiner Frau Helene ins Ghettolager Theresienstadt. † 17. 11. 1942 ebenda. Seine Ehefrau wurde am 16. 5. 1944 nach Auschwitz weiterdeportiert.

Herrmann, Paul. Auf der *Gottbegnadeten-Liste* (Führerliste) der wichtigsten Maler des NS-Staates.

* 5. 2. 1864 München. Auf den Großen Deutschen Kunstausstellungen im Münchner NS-Musentempel *Haus der Deutschen Kunst* mit insgesamt 14 Objekten, darunter 1941 Aquarell *Feier des 9. November an der Feldherrnhalle in München* (Hitlerputsch). NS-Ehrung: Trotz Titelsperre 1941 Titel Professor, 1944 auf Antrag Speers *Goethe-Medaille* für Kunst und Wissenschaft, Begründung: Einer der »bedeutendsten Aquarellmaler Deutschlands«. Arbeitete trotz seines hohen Alters »ausschließlich für Speer«. † 1944 Berlin. Q.: Thomae.

Herrmann, Wolfgang. Volksbibliothekar.

* 14. 3. 1904 Alsleben/Saale. Dr. phil. 1930 Volksbibliothek Stettin. 1932 NSDAP (Nr. 945266), 1933 Abteilungsleiter der *Zentralstelle für das deutsche Bibliothekswesen* in Berlin. Publizierte am 16. Mai 1933 im *Börsenblatt für den Deutschen Buchhandel* die erste amtliche *Schwarze Liste* verbote-

ner Bücher für Preußen, Einführungstext: »Die Aufgabe, die der öffentlichen Bücherei (Volksbücherei) im neuen Staat gestellt ist, entspricht der Losung Mussolinis: ›Buch und Büchse – das ist mein Befehl‹. Damit ist gesagt, daß das kulturpolitische Ziel der Volksbüchereien in der geistigen Wehrhaftmachung, der totalen Mobilmachung des deutschen Menschen mit Hilfe des echtbürigen [sic] Schrifttums liegt.« April 1934 Bibliotheksdirektor in Königsberg. April 1938 Einstellung eines Parteigerichtsverfahrens, obgleich er 1932 über Hitlers *Mein Kampf* publiziert hatte: »Keine geistig originellen und ›theoretisch‹ durchdachten Gedanken.« Kriegsdienst. † April 1945 bei Brünn. Lit.: »Das war ein Vorspiel nur …«, Ausstellung der Akademie der Künste zur Bücherverbrennung 1933, Berlin 1983; Barbian; Sauder.

Herrmann-Neiße, Max, eigentlich Max Herrmann. Schriftsteller.
* 23. 5. 1886 Neisse in Schlesien. Theaterkritiker ebenda. 1917 Wechsel nach Berlin. Arbeiten für *Berliner Börsen-Courier* und *Literarische Welt*. 1927 Gerhart-Hauptmann-Preis. Nach Reichstagsbrand 1933 Exil zunächst in Zürich, dann in London. Einziges Werk in der Emigration: 1936 Gedichtband *Um uns die Fremde*, mit Vorwort von Thomas Mann. 1940 Gedicht *Litanei der Bitternis*: »Bitter ist es, das Brot der Fremde zu essen,/bittrer noch das Gnadenbrot,/und dem Nächsten eine Last zu sein./Meine bessren Jahre kann ich nicht vergessen;/doch nun sind sie tot,/ und getrunken ist der letzte Wein.« † 8. 4. 1941 London. Q.: Schlösser.

Herterich, Franz. Schauspieler.
* 3. 10. 1877 München. Ab 1912 Burgtheater Wien, 1923–1930 Direktor. Titel Hofrat. Zuckmayer: »Mittelmäßiger Künstler.« 1938 zum »Anschluß« Österreichs: »Heute endlich dürfen wir nicht nur deutsch reden, sondern auch deutsch denken, fühlen und handeln. Das danken wir dem Führer!« 1948 Autor: *Das Burgtheater und seine Sendung.* † 28. 10. 1966 Wien.

Hertzberg, Gerzlaff von. Gründer der *Deutschen Zeitung* (1918), Organ der Deutschnationalen.
* 1. 12. 1880 Lottin. Geschäftsführender Vorsitzender des Oktober 1919 gegründeten *Deutschvölkischen Schutz- und Trutzbundes* (der größte, tätigste und einflußreichste antisemitische Verband Deutschlands), Eigenreklame: »Deutsche! Befreit Euch von der Judenherrschaft!« Laut Malinowski gehörte er Juni 1920 zur »Speerspitze der rassenantisemitischen Argumentation« auf dem 34. Adelstag der Deutschen Adelsgenossenschaft (DAG), der umgehend zur Einführung eines Arierparagraphen in der DAG führte. † 1. 3. 1945 Neustettin. Lit.: Hering.

Herwegen, Ildefons. Abt des Benediktinerklosters Maria Laach (ab 1913).
* 27. 11. 1874 Junkersdorf bei Köln, Sohn eines Hauptlehrers. Am 30. 7. 1933 begrüßte er in der *Kölnischen Volkszeitung* den NS-Staat: »Wer nicht folgt, ist ein Schädling für die Gemeinschaft … Sagen wir ein rückhaltloses Ja zu dem neuen soziologischen Gebilde des totalen Staates, das durchaus analog gedacht ist dem Aufbau der Kirche.« † 2. 9. 1946 Maria Laach. Lit.: Eglau.

Herz, Otto. Kapellmeister.
* 7. 3. 1910 Hilden. Wohnort Heiligenhaus. Im *Lexikon der Juden in der Musik* gebrandmarkt. † 15. 8. 1942 Auschwitz.

Herzer, Ludwig. Pseudonym von Ludwig Herzl. Librettist.
* 18. 3. 1872 Wien. Dr. med. Frauenarzt und Schriftsteller. Co-Autor der Libretti zu Lehárs Singspiel *Friederike* (Liebesbeziehung Goethes zu Friederike Brion, 1928) sowie den Operetten *Das Land des Lächelns* (1929) und *Schön ist die Welt* (1930). Im *Lexikon der Juden in der Musik* gebrandmarkt. † 17. 4. 1939 Wien, auf der Flucht vor den Nationalsozialisten (Denscher).

Herzfelde, Wieland, eigentlich Herzfeld. Publizist.
* 11. 4. 1896 Weggis/Schweiz. 1917 mit seinem Bruder John Heartfield Gründer

des Malik-Verlags zwecks Verbreitung dadaistischer und revolutionärer Werke. 1918 KPD. 1933 Verlagerung des Verlags nach Prag, Herausgeber der *Neuen deutschen Blätter*. Klaus Mann: »Streng kommunistisch eingestellt.« 1939 Flucht über London nach New York, Buchhändler. 1945 Gründer des Aurora-Verlags. 1949 Professor für Literatursoziologie der Karl-Marx-Universität Leipzig. 1959–1970 Präsident des PEN-Zentrums der DDR. *Vaterländischer Verdienstorden* (1966), *Nationalpreis* (1973), *Karl-Marx-Orden* (1981). † 23.11.1988 Berlin. Lit.: Barth; Braun.

Herzog, Alfred. Theaterreferent im Amt des Gouverneurs von Galizien.
* 9.6.1895 Elbing in Ostpreußen. Chefdramaturg und Regisseur an diversen Orten. Autor: 1926 *Revue der Verrückten*, 1927 Singspiel *Blond muß mein Mädel sein*, 1932 Schauspiel *III. B. Geheim*, 1934 bevölkerungspolitisches Schauspiel *Mensch ohne Hoffnung*. 1943/44 Oberregisseur der Landesbühne Gau Wartheland in Posen (Rechtsträger: Der Reichsstatthalter im Warthegau), danach am Staatstheater Karlsruhe. 1951 Drama *Menschen ohne Heimat*. 1960 Komödie *Rumpelkammer-Rhapsodie*. † 15.10.1973 Berlin.

Herzog, Friedrich Wilhelm. Name Oktober 1933 unter dem Treuegelöbnis »88 deutsche Schriftsteller« für Adolf Hitler.
* 30.3.1902 Oldenburg. 1931 NSDAP. Musikkritiker. Leiter der Musikabteilung der *Nationalsozialistischen Kulturgemeinde*. 1934 Autor: *Was ist deutsche Musik?* Dort heißt es: »Wir wollen eine Musik, die erfüllt ist von der Ausdrucksgewalt der nationalsozialistischen Idee.« 1934 Hauptschriftleiter, 1936 Herausgeber der Zeitschrift *Die Musik*, Organ der *NS-Kulturgemeinde*. Sein Nachfolger Gerigk: »Herzog hat *Die Musik* zu einem kompromißlos geführten Organ nationalsozialistischer Kulturpflege gemacht.« 1935 vorübergehend in Gestapohaft, Goebbels am 29.8.1935 im Tagebuch: »Ein Schweinestück aus der N.S. Kulturgemeinde, Herzog hat Magda schwer beleidigt. Verhaftung!« Nach 1945 Musiklehrer. † 3.11.1976 Oldenburg. Lit.: Prieberg, Handbuch; Wulf, Musik.

Herzog, Rudolf. Name Oktober 1933 unter dem Treuegelöbnis »88 deutsche Schriftsteller« für Adolf Hitler.
* 6.12.1869 Wuppertal. Wohnsitz Obere Burg zu Rheinbreitbach am Rhein. 1905 »entsetzlicher Unterhaltungsroman« (Bergengruen) *Die Wiskottens*. Autor der Kriegsgedichte *Ritter, Tod und Teufel* (1915) sowie des Romans *Wieland, der Schmied* (1924). Laut *Meyers Lexikon* (1938) ein viel gelesener Unterhaltungsschriftsteller, der zur Zeit der Weimarer Republik »auch vaterländische Romane schrieb«. Wahlaufruf für Hitler am 10./11. 1932 im *Völkischen Beobachter* (»Der Kandidat der deutschen Geisteswelt«). NS-Ehrung: *Goethe-Medaille* für Kunst und Wissenschaft (BA R 55/1336). † 3.2.1943 Rheinbreitbach. Lit.: Scholdt.

Heselhaus, Clemens. Germanist.
* 18.7.1912 Burlo in Westfalen als Lehrerssohn. 1933 erstmals SA. 1937 NSDAP. 1940 Habilitation in Halle. Ab 1941 Lektor für deutsche Sprache an den Universitäten in Pisa und Mailand, Schulungsleiter der Ortsgruppen Livorno und Mailand (NSDAP-Auslandsorganisation). 1944 Dozent in Halle. 1946 Dozent in Münster, 1952 apl. Professor. 1961 Autor: *Deutsche Lyrik der Moderne*, der Ex-Schulungsleiter zu Celans *Todesfuge*: »Das Schicksal der ermordeten Juden liegt wie eine unverstandene und unbegriffene Last darin, ständig umgewälzt und doch nicht weggeschoben. So wird die Weise vom Tod, der ein ›Meister aus Deutschland‹ ist, immer wieder hergeleiert [!].« 1961 (bis 1980) Ordinarius in Gießen, 1966/67 Rektor. † 2.1.2000 Pohlheim. Lit.: Eberle.

Heß, Emil. Auf der *Gottbegnadetenliste* der Schauspieler, die für die Filmproduktion benötigt werden.
* 1889. Schauspieler in Stuttgart und Berlin. Zwischen 1940 und 1945 in 22 Filmen. Unter anderem 1940 im Hetzfilm *Jud Süß*, Goebbels: »Ein antisemitischer Film, wie

wir ihn uns nur wünschen können.« 1941 Rolle des Bildhauers Thorwaldsen im Film *Die schwedische Nachtigall*. † März 1945.

Heß, Ilse, geb. Pröhl. Ehefrau von Rudolf Heß.

* 22. 6. 1900 Hannover als Arzttochter. Als Gymnasiastin Bekanntschaft mit Heß. 1921 erstmals NSDAP, erneut 1925 (Nr. 25071). 1927 Heirat. Nach Englandflug ihres Gatten Mai 1941 zur Unperson geworden. Von Hitler allerdings monatliche Rente von 1100 Mark. 1943 Wechsel nach Bad Oberndorf im Allgäu. Ab 1955 Betreiberin einer Pension in Gailenberg über Hindelang, vertraute Korrespondenz mit Winifred Wagner, dort auch zu Gast (Hamann). 1952 im einschlägigen Druffel-Verlag: *England – Nürnberg – Spandau. Ein Schicksal in Briefen* (Rudolf Heß am 31. 7. 1949: »Die Grüße von Frau Winifred Wagner sind mir eine ganz außerordentliche Freude gewesen«). † 7. 9. 1995 Lilienthal im Allgäu. Lit.: Buch Hitler; Sigmund.

Hesse, Hans. Intendant der Städtischen Bühnen Litzmannstadt/Lodz (1940–1944).

* 19. 11. 1893 Reval. 1935–1939 Direktor des Deutschen Theaters in Tallin/Reval in Estland. In Litzmannstadt geschlossene Vorstellungen für Wehrmacht, Polizei und Nazi-Organisationen. Laut *Litzmannstädter Zeitung* eröffnete er die Spielzeit 1942/43 mit dem Betriebsappell: »Alle stehen unter der Berufung, der deutschen Kultur im Osten den Weg zu ebnen.« Ab April 1940 vegetierten im Ghettolager 160 000 Juden, August 1944 lebten noch 60 000, die deportiert und ermordet wurden. † 30. 9. 1954 Erlangen. Nachruf *Deutsches Bühnen-Jahrbuch*: »Hesse ist ein Verwandter [Cousin] des Dichters Hermann Hesse.«

Hesse, Hermann. Dichter.

* 2. 7. 1877 Calw als Missionarssohn. Ab 1912 Wohnsitz in der Schweiz, 1924 Schweizer Staatsbürger. Laut Golo Mann »ein Fremdling in seiner Zeit«. Bekannteste Werke: *Der Steppenwolf* (1927) und *Narziß und Goldmund* (1930). Seit 1931 mit der jüdischen Kunsthistorikerin Ninon Dolbin verheiratet. 1933 Gedicht *Absage*: »Lieber von den Faschisten erschlagen werden/Als Selber Faschist sein!/Lieber von Kommunisten erschlagen werden/ Als selbst Kommunist sein!« Kritik an Hesse wurde 1937 von der Reichsschrifttumskammer untersagt. *Meyers Lexikon* 1938: »Gestaltet mit großem sprachlichen Können in seinen Gedichten romantisches Empfinden, das oft zu überzarter Weichheit neigt.« Mit fast 70 Gedichten und Prosastücken in der *Krakauer Zeitung*, das »Blatt des Generalgouvernements«, im Kontext von Schlagzeilen wie *Warschaus Juden ziehen um in ihren festgelegten Wohnbezirk* oder *Über eine Million Bolschewisten wurden in der Winterschlacht im Osten vernichtet* (Orlowski). Sein Werk *Das Glasperlenspiel* (Zürich 1943) erschien erst nach 1945 in Deutschland. 1946 Nobelpreis. † 9. 8. 1962 Montagnola im Tessin. Lit.: Sarkowicz.

Hesse, Kurt. Pressereferent des Heeres in der Propagandaabteilung des Oberkommandos der Wehrmacht (1940).

* 6. 12. 1894 Kiel als Architektensohn. Dr. phil. 1934 Dozent für Kriegsgeschichte der Universität Berlin. 1935 Autor: *Soldatendienst im neuen Reich*, 1939: *Achtzig Millionen kämpfen. Idee und Recht unseres Ringens*. 1940 apl. Professor, Oktober 1940 auf Goebbels' Weimarer Dichtertreffen Vortrag *Der Beitrag des deutschen Schrifttums zur soldatisch-kämpferischen Leistung unserer Zeit*. Am 14. 2. 1941 Uraufführung seines Stücks *Der Weg nach Lowicz* in Wuppertal und Guben (das Propagandawerk handelt vom »Leidensweg« der Volksdeutschen im Sommer 1939 in Polen). 1942 Oberst im OKW. 1951 Dozent, 1954 Vorsitzender der Akademie für Welthandel in Frankfurt am Main. 1963 Honorarprofessor in Marburg. † 19. 1. 1976 Bad Homburg. Lit.: Drewniak; Theater.

Hesse, Otto Ernst. Auf der Liste der von Goebbels zugelassenen Filmautoren (1944).

* 20. 1. 1891 Jeßnitz in Anhalt. 1938 Drehbuch zum Zarah-Leander-Film *Heimat* und Texter des Lieds *Die Nacht ist nicht allein zum Schlafen da* im Gründgens-Film *Tanz auf dem Vulkan*. Drehbücher zu den Filmen *Heimaterde* (1941), *Musik in Salzburg* (1942) und zum Blut-und-Boden-Melodram *Das Leben ruft* (1944). † 16.5. 1946 Berlin.

Hessen, Alexis Prinz und Landgraf von.
* 8.6. 1911 Herleshausen. Genealogisches Handbuch: Exspektant (Anwärter) des Deutschen Ordens. Laut *Aufstellung derjenigen Parteigenossen, die Angehörige fürstlicher Häuser sind*: 1.3. 1932 NSDAP, Nr. 1 184026, Gau Berlin. † 22.10. 1939 Berlin-Zehlendorf.

Hessen, Christoph Prinz von. SS-Oberführer.
* 14.5. 1901 Frankfurt am Main. Zwilling von Prinz Richard und Bruder der Zwillinge Philipp und Wolfgang. Tätigkeiten: Kfz-Betrieb und Versicherungsgesellschaft. Befreundet mit Göring. 1936 Ministerialrat, Ministerialdirektor und Leiter des Forschungsamts im Reichsluftfahrtministerium (Malinowski). Laut *Aufstellung derjenigen Parteigenossen, die Angehörige fürstlicher Häuser sind*: 1.11. 1931 NSDAP, Nr. 696176, Gau Berlin. Major der Luftwaffe. † Kriegstod 7.10. 1943 in den Apenninen (Italien).

Hessen, Friedrich Karl Landgraf von.
* 1.5. 1868 Panker in Holstein. Königlich preußischer General der Infanterie. 1925 Chef des Kurfürstlichen Hauses Hessen. Laut *Aufstellung derjenigen Parteigenossen, die Angehörige fürstlicher Häuser sind*: 1.5. 1938 NSDAP, Nr. 4 814689. † 28.5. 1940 Kassel.

Hessen, Margarete Landgräfin von.
* 22.4. 1872 Neues Palais bei Potsdam. Tochter von Friedrich III., Deutscher Kaiser und König von Preußen. 1893 Ehe mit Friedrich Karl Landgraf von Hessen. Laut *Aufstellung derjenigen Parteigenossen, die Angehörige fürstlicher Häuser sind*: 1.5. 1938 NSDAP, Nr. 4 814 690, Anmerkung: »Ortsgruppe Braunes Haus«. † 22.1. 1954 Schönberg bei Kronberg.

Hessen, Marianne Prinzessin von.
* 23.8. 1913 Kamenz in Schlesien. Tochter eines Königlich preußischen Generalmajors. 1933 Heirat mit Prinz und Landgraf Wilhelm von Hessen. Laut *Aufstellung derjenigen Parteigenossen, die Angehörige fürstlicher Häuser sind*: 1.5. 1937 NSDAP, Nr. 4 628851, Gau Kurhessen. † 1.3. 1983 Herleshausen.

Hessen, Philipp Prinz von. Oberpräsident der Provinz Hessen-Nassau.
* 6.11. 1896 Schloß Rumpenheim bei Hanau als Sohn des Landgrafen Friedrich Karl von Hessen. Zunächst Offizier, dann Architekt. 1930 NSDAP, 1931 SA. Preuß. Staatsrat und SA-Gruppenführer. Ab 1933 Oberpräsident, oberster Dienstherr der Bezirksverbände Hessen und Nassau, damit auch zuständig für Krankenmord. Nach Kapitulation Italiens 1943 in Ungnade gefallen, da mit Mafalda, der Tochter des italienischen Königs, verheiratet. Am 9.9. 1943 beide in KZ überführt (Mafalda stirbt nach einem alliierten Luftangriff auf Produktionsstätten des KZ Buchenwald am 24.9. 1944). Prinz Philipp von Hessen überlebte in Flossenbürg und Dachau. † 25.10. 1980 Rom.

Hessen, Richard Prinz von.
* 14.5. 1901 Frankfurt am Main. Zwillingsbruder von Prinz Christoph. Laut *Aufstellung derjenigen Parteigenossen, die Angehörige fürstlicher Häuser sind*: 1.8. 1932 NSDAP, Nr. 1 203662, Gau Hessen-Nassau. Führer des NS-Kraftfahrkorps (Stockhorst) in Frankfurt. 1945 Präsident der Deutschen Verkehrswacht. Wohnort nach 1945: Schönberg bei Kronberg. † 11.2. 1969 Frankfurt.

Hessen, Viktoria Cecilie Prinzessin von.
* 26.10. 1914 Herleshausen. Laut *Aufstellung derjenigen Parteigenossen, die Angehörige fürstlicher Häuser sind*: 1.5. 1933 NSDAP, Nr. 3 515493, Gau Berlin. Nach 1945 Wohnort Berlin-Nikolassee. † 25.11. 1998 Berlin.

Hessen, Wilhelm Prinz und Landgraf von. SS-Hauptsturmführer.
* 1.3. 1905 Rotenburg an der Fulda. Ex-

spektant (Anwärter) des Deutschen Ordens. Laut *Aufstellung derjenigen Parteigenossen, die Angehörige fürstlicher Häuser sind*: 1. 5. 1932 NSDAP, Nr. 1 187621, Gau Kurhessen. Am 30. 1. 1933 Hochzeit mit Prinzessin Marianne von Preußen, Musikgestaltung: jeweils eine Kapelle des *Stahlhelm* (Sammelbecken militanter Rechtsnationaler) und der SA. † Kriegstod 1. 5. 1942 Gor bei Bjeloi in Rußland als Hauptmann des Panzer-Genadier-Regiments 2. Lit.: Malinowski.

Hessen, Wolfgang Prinz von.
* 6. 11. 1896 Rumpenheim bei Offenbach. Zwillingsbruder von Philipp Prinz von Hessen, dem Oberpräsidenten der Provinz Hessen-Nassau. In erster Ehe verheiratet mit Maria Alexandra. Major a. D. Geschäftsführendes Vorstandsmitglied der Kurhessischen Hausstiftung. Wohnsitz Schloß Friedrichshof in Kronberg. Laut *Aufstellung derjenigen Parteigenossen, die Angehörige fürstlicher Häuser sind*: 1. 4. 1933 NSDAP, Nr. 1 794944. † 12. 7. 1989 Kronberg.

Hessen und bei Rhein, Cäcilie Erbgroßherzogin von.
* 22. 6. 1911 Schloß Tatoi bei Athen als Prinzentochter. Ehefrau von Erbgroßherzog Georg. Laut *Aufstellung derjenigen Parteigenossen, die Angehörige fürstlicher Häuser sind*: 1. 5. 1937 NSDAP, Nr. 3 766313. † 16. 11. 1937 Steene bei Ostende bei Flugzeugabsturz.

Hessen und bei Rhein, Georg Erbgroßherzog von.
* 8. 11. 1906 Darmstadt. Dr. phil. Laut *Aufstellung derjenigen Parteigenossen, die Angehörige fürstlicher Häuser sind*: 1. 5. 1937 NSDAP, Nr. 3 766312. † 16. 11. 1937 Steene bei Ostende bei Flugzeugabsturz.

Hessen und bei Rhein, Ludwig Prinz von.
* 20. 11. 1908 Darmstadt. Laut *Aufstellung derjenigen Parteigenossen, die Angehörige fürstlicher Häuser sind*: 1. 5. 1937 NSDAP, Nr. 5 900506, Gau Hessen-Nassau. Ab November 1937 Chef des Großherzoglichen Hauses. † 30. 5. 1968 Frankfurt am Main.

Hessen und bei Rhein, Marie Alexandra Prinzessin von.
* 1. 8. 1902 Schloß Salem als Tochter eines Markgrafen. Ehefrau von Wolfgang Prinz von Hessen. Laut *Aufstellung derjenigen Parteigenossen, die Angehörige fürstlicher Häuser sind*: 1. 1. 1940 NSDAP, Nr. 7 900128, Gau Hessen-Nassau. † 29. 1. 1944 Frankfurt am Main bei Luftangriff.

Hessenberg, Kurt. Auf der *Gottbegnadeten-Liste* (Führerliste) der wichtigsten Komponisten des NS-Staates.
* 17. 8. 1908 Frankfurt am Main. Urenkel von Heinrich Hoffmann, Autor des *Struwwelpeter*. Theorielehrer am Hochschen Konservatorium in Frankfurt (1942 Musikhochschule), Dozent. Laut Prieberg 1942 NSDAP. NS-Ehrung: 1940 von Goebbels *Nationalpreis für Musik*. 1949 *Struwwelpeterkantate*. 1953–1985 Professor für Komposition. Gründungs- und Vorstandsmitglied der Heinrich-Hoffmann-Gesellschaft. † 17. 6. 1994 Frankfurt.

Hesshaimer, Ludwig. Maler.
* 10. 3. 1872 Kronstadt in Siebenbürgen. Ab 1891 aktiver Offizier, ab 1901 Zeichenlehrer an Militärschulen (St. Pölten, Sarajevo, Preßburg). Im I. Weltkrieg Kriegsmaler. Zahlreiche Briefmarkenentwürfe. 1941 Antrag des *Bundes Europäischer Philatelisten-Vereine*, ihm zum 70. Geburtstag die *Goethe-Medaille* für Kunst und Wissenschaft zu verleihen, Begründung: »Frühzeitig fand er den Weg zu A. Hitler und hat sich als tapferer, unerschrockener Vorkämpfer für den Führer während der Verbotszeit in Österreich bewährt«. Ablehnung, da Briefmarken »leidlich«, Landschaften »untermittelmäßig« und Radierungen »peinlich süß« seien. Feierte seinen 80. Geburtstag in Brasilien mit einer Ausstellung in Rio de Janeiro. † 10. 1. 1956 ebenda. Q.: Thomae; Vollmer.

Hesterberg, Trude. Schauspielerin und Sängerin.
* 2. 5. 1897 Berlin als Kaufmannstochter. 1921 Inhaberin des Berliner Kabaretts *Wilde Bühne*. Ab 1924 in Operetten und Revuen. Als »Jüdin« Auftritte mit einer

Sondergenehmigung von Goebbels. Zwischen 1933 und 1943 in 20 Filmen, darunter *Mein Herz ruft nach Dir* (1933) und *Paul und Pauline* (1936). Oktober 1941 im HJ-Propagandastreifen *Jakko*. Nach 1945 Wohnsitz und Auftritte in München. Filme wie *Holiday am Wörthersee* (1956) oder *Nachts im grünen Kakadu* (1957). 1962 *Filmband in Gold* für langjähriges und hervorragendes Wirken im deutschen Film. † 31.8. 1967 München. Nachruf *Deutsches Bühnen-Jahrbuch*: »Daß sie eine Zeitlang dem Schriftsteller Heinrich Mann ihre Gunst geschenkt hatte, ist über das Persönliche hinaus ein beredtes Zeichen für die enge Verbindung, die damals zwischen Kabarett und Literatur bestand.«

Hetsch, Rolf. Oberregierungsrat (1944) im Reichspropagandaministerium.
* 30.6. 1903 Berlin. Dr. jur. et phil. Zeitweise SA. Kunsthistoriker. 1935 Staatliche Kunstsammlungen Kassel. 1937 im Sonderreferat *Entartete Kunst* der Reichskammer der bildenden Künste. April 1938 Kustos der Staatlichen Kunstsammlung Dresden. August 1938 Ministerialreferent, 1940 Regierungsrat im Reichspropagandaministerium. Managte Abwicklung und Verkauf der beschlagnahmten Kunstwerke. 1942 NSDAP. † Juni 1946 in sowjetischer Gefangenschaft. Lit.: Bruhns; Zuschlag.

Hetzelt, Friedrich. Abteilungsleiter beim *Generalbauinspekteur für die Reichshauptstadt* (Speer).
* 26.7. 1903 Liegnitz. Architekt. Oberregierungs- und Baurat im Preußischen Finanzministerium. 1942 Titel Professor. Umbau der Gestapo-Zentrale. Kieling: »Das von ihm für die Gestapo 1941/42 umgebaute, erweiterte und im Krieg schwer beschädigte Palais Prinz Albrecht wurde nach 1945 beseitigt.« Nach 1945 kommunale Bauverwaltung in Wuppertal. † 27.11. 1986 ebenda.

Heuberger, Edmund. Laut Fachblatt *Kinematograph* vom 4.4. 1933 Beitritt zur *NSBO-Zelle deutschstämmiger Filmregisseure* (*NS-Betriebszellen-Organisation*).

* 28.4. 1883 Aarau. Schweizer Staatsbürger. Zunächst Filmarchitekt, unter anderem Drehbuchautor für Harry Piels Sensationsfilme. 1938 Rückkehr in die Schweiz. † 9.4. 1962 Zürich.

Heuschele, Otto. Schriftsteller.
* 8.5. 1900 Schramberg im Schwarzwald. Wohnort Waiblingen. Verfasser von mehr als 120 Büchern. 1938 Roman: *Die Sturmgeborenen*. 1940 Bildnisskizzen: *Deutsche Soldatenfrauen*. Verse *Das Feuer des Himmels*, 1944 in der Anthologie *Lyrik der Lebenden* des SA-Oberführers Gerhard Schumann: »Wer aber nach Ruhe verlangt/und Heimkehr erwartet,/der schreitet abwärts,/denn aufwärts ist Kampf und Gefährdung.« 1970 Titel Professor vom Land Baden-Württemberg. 1985 Erinnerungen: *Begegnungen und Fügungen*. † 16.9. 1996 Waiblingen.

Heuser, Kurt. Auf der Liste der von Goebbels zugelassenen Filmautoren (1944).
* 23.12. 1903 Straßburg. Diplom-Kolonialwirt (1925). Bücher: *Elfenbein für Felicitas* (1928), *Buschkrieg* sowie *Abenteuer in Vineta* (1933). Verleger Gottfried Bermann Fischer: »Als ich mich Anfang 1933 mit meiner Frau und meinen drei kleinen Töchtern in unserer Wohnung in Grunewald nicht mehr sicher fühlte, nahm er die ganze Familie in seiner Blockhütte in Nikolassee auf ... Auf unserer Flucht aus Berlin im April 1933 begleitete er uns auf der Fahrt nach der Schweiz, um helfen zu können.« Brigitte Fischer: »Leider verstummte er bald, wie so viele seiner Generation, unter dem Druck des Barbarentums, unter dem es für ihn nur das Schweigen gab.« In der NS-Zeit 19 (!) Drehbücher, darunter 1937 der antibritische Film *Zu neuen Ufern* und der Luis-Trenker-Streifen *Condottieri*. 1940 Staatsauftragsfilm (Spionagewarnung) fürs Kino-Vorprogramm: *Achtung! Feind hört mit!* 1941 mit Bratt Drehbuch zum antibritischen Hetzfilm *Ohm Krüger*, für Goebbels »ein Film zum Rasendwerden«. Höchstprädikat: *Film der Nation* und *Staatspolitisch und künstlerisch besonders*

wertvoll, kulturell wertvoll, volkstümlich wertvoll, volksbildend, jugendwert. 1942 *Rembrandt,* Drewniak (Film): »Kleine Spitzen gegen die Juden, die an dem wirtschaftlichen Ruin Rembrandts schuldig waren.« 1943 *Paracelsus* (Leiser: »Man soll ... die Ähnlichkeit mit dem ›Führer‹ entdecken«). Nach 1945: *Oberarzt Dr. Solm* (1955) oder *Via Mala* (1961). † 20. 6. 1975 Ebersberg in Oberbayern.

Heuser, Loni. Schauspielerin und Sängerin.
* 22. 1. 1908 Düsseldorf. Auftritte unter anderem an der Berliner Scala und im *Kabarett der Komiker.* Kaum Filme: *Die Stunde der Versuchung* (1936) und *Abenteuer im Grandhotel* (1942). Verheiratet mit dem Komponisten Theo Mackeben. Nach 1945 Filme wie *Schlagerparade* (1953) oder *Wir hau'n den Hauswirt in die Pfanne* (1971). † 6. 3. 1999 Berlin.

Heuser, Werner. Maler.
* 11. 11. 1880 Gummersbach. 1926 Professor der Zeichenklasse der Kunstakademie Düsseldorf. Juli 1937 in der Schandschau *Entartete Kunst* in München vorgeführt, Beschlagnahmung von acht seiner Werke. Ab 1946 Direktor der Kunstakademie. † 11. 6. 1964 Düsseldorf.

Heuß, Alfred. Schweizer Musikschriftsteller.
* 27. 1. 1877 Chur, Sohn eines Apothekers. 1921–1929 Hauptredakteur der *Zeitschrift für Musik.* In Rosenbergs *Kampfbund für deutsche Kultur.* Vertreter Sachsens der April 1933 gegründeten, Rosenberg unterstehenden, Arbeitsgemeinschaft deutscher Musikkritiker (Prieberg). † 9. 7. 1934 Gaschwitz bei Leipzig. Lit.: Okrassa.

Heuss, Theodor. Politiker.
* 31. 1. 1884 Brackenheim bei Heilbronn, Sohn eines Regierungsbaumeisters. 1918 Mitbegründer der liberalen *Deutschen Demokratischen Partei.* Stimmte am 24. 3. 1933 im Reichstag für Hitlers Ermächtigungsgesetz. Verlust der Dozentur an der Berliner Musikhochschule. Später Autor in Goebbels' Renommierblatt *Das Reich* (von Hitler im Tischgespräch gelobt:

»Prachtvoll ist die Zeitung ›Das Reich‹«). Görtemaker: »Wer für das Reich arbeitete, stellte sich zwangsläufig in den Dienst der nationalsozialistischen Propaganda.« 1945/46 Kultusminister (FDP) in Württemberg. 1949–1959 Bundespräsident. † 12. 12. 1963 Stuttgart. Lit.: Frei/Schmitz; Hachmeister/Siering.

Heyck, Hans. Schriftsteller.
* 19. 9. 1891 Freiburg im Breisgau, Sohn eines Historikers. 1919/20 Parteisekretär der *Deutschnationalen Volkspartei.* 1929 Autor: *Deutschland ohne Deutsche.* Am 23. 4. 1933 auf Vorschlag des *Kampfbunds für deutsche Kultur* Aufnahme in den gleichgeschalteten (und am 15. 1. 1935 liquidierten) deutschen PEN-Club. Vom Amt Rosenberg empfohlene Lektüre: *Der Glückliche* (Untertitel: *Roman einer Diktatur,* 1931). 1935: *Friedrich Wilhelm I., Amtmann und Diener Gottes auf Erden.* Nach 1945 im Kreis des einschlägigen *Deutschen Kulturwerks europäischen Geistes* (Literatur-Kürschner). † 24. 6. 1972 Starnberg.

Heyden, Reinhold. »Komponist der HJ« (Bücken).
* 5. 4. 1904 Hamburg. Produzent von *Die Welt gehört den Führenden,* Refrainanfang »Das Alte schwankt, das Morsche fällt«, 1936 Tonaufnahme mit dem Sturmbann I/W Jüterbog. Am 25. Mai 1938 Leiter der Lehrgänge für Volks- und Jugendmusikleiter bei der Eröffnung des *Musikschulungslagers der Reichsjugendführung* während der ersten *Reichsmusiktage* in Düsseldorf. Gemeinsames Schlußlied: »Fort mit allen, die noch klagen, die mit uns den Weg nicht wagen, fort mit jedem schwachen Knecht, nur wer stürmt, hat Lebensrecht.« † 21. 6. 1946 Walksfelde bei Mölln.

Heym, Stefan, eigentlich Helmuth Flieg. Schriftsteller.
* 10. 4. 1913 Chemnitz, Sohn eines jüdischen Kaufmanns. Verweisung von Chemnitzer Gymnasium wegen eines Gedichts über die Entsendung von Reichswehroffizieren zur Kuomintang-Armee nach Chi-

na: »Wir exportieren!/Wir exportieren!/ Wir machen Export in Offizieren!« Mai 1933 Flucht in die Tschechoslowakai. 1935 USA. Promotion über Heinrich Heine. 1943 US-Army, Angehöriger der Psychological Warfare Division. Redakteur der *Neuen Zeitung* (US-Tageszeitung im Dienste der Umerziehung und Demokratisierung). 1947 Rückberufung USA. Ab 1952 in der DDR, Begründung: »Für den im Ausland geborenen amerikanischen Schriftsteller besteht die Wahl: entweder über die Geschehnisse in seinem Adoptiv-Vaterland und über die in Vorbereitung befindlichen und bereits begonnenen imperialistischen Kriege [Korea] zu schweigen, oder gegen diese Politik aufzutreten und dafür seine amerikanische Staatsangehörigkeit zu verlieren und längere Zeit auf Ellis Island oder in einem der bereits eingerichteten Konzentrationslager zu verbringen, um schließlich deportiert zu werden.« Als »kritischer Marxist« in den Folgejahren Konflikte mit dem DDR-Regime. 1989 MdB für PDS, Alterspräsident des Bundestags. † 16.12. 2001 in Israel. Seine Sichtweise hat er 1988 niedergelegt in seinen Erinnerungen, Titel: *Nachruf.*

Heymann, Werner Richard. Komponist.
* 14.2. 1896 Königsberg. Bühnenmusik zu Aufführungen Max Reinhardts, Vertonung von Gedichten Tucholskys. Pazifist, 1918 im revolutionären *Rat der geistigen Arbeiter*. Filmmusik zu *Die Drei von der Tankstelle* (1930) und *Der Kongreß tanzt* (1931). Im *Lexikon der Juden in der Musik* gebrandmarkt. 1933 Flucht nach Paris, später in Hollywood (1939 Filmmusik zu *Ninotschka*). 1951 Rückkehr, Wohnort München. † 30.5. 1961 ebenda.

Heynicke, Kurt. Schriftsteller.
* 20.9. 1891 Liegnitz in Schlesien. Dramaturg in Düsseldorf und Berlin. 1933 Thingspiel *Neurode*. 1934 chorisches Spiel *Der Weg ins Reich*. Zuckmayer: »Vergessenheit wuchs bereits wie eine Schimmelschicht über dem Namen Heynicke – da plötzlich tauchte er hakenkreuzgeschmückt aus der Versenkung und eta-

blierte sich im Dritten Reich als Hymniker des Bluts und der Rasse.« Drehbuchautor der Ufa. Nach 1945 Hörspiele, Romane, Mundartstücke. 1968 Reinhold-Schneider-Preis, 1970 Andreas-Gryphius-Preis, 1972 Eichendorff-Preis. † 18.3. 1985 Merzhausen bei Freiburg im Breisgau.

Heyser, Karl Peter. Reichsgau-Intendant.
* 6.3. 1903 Linz. Zahlreiche Schauspielstationen, 1931 Spielleiter in Gießen, 1933 in Baden-Baden. 1937 NSDAP. 1940 Intendant des Landestheaters Posen. Lektor an der Reichsuniversität Posen. 1943 Besetzungschef der Filmgesellschaft Terra. Nach 1945 freier Autor in Maria Schmolln in Oberösterreich. † 19.3. 1978 Salzburg. Lit.: Drewniak, Theater.

Hielscher, Kurt. Studienrat a. D. in Berlin.
* 7.1. 1881 Striegau in Schlesien. Reisebücher wie *Das unbekannte Spanien* oder *Burgen im Bozener Land.* Goebbels am 18.7. 1940 im Tagebuch: »Hielscher trägt mir seine neuen Buchpläne vor.« Standortbefehl Nr. 2/44 des KZ Auschwitz über eine *Truppenbetreuungsveranstaltung* für das KZ-Personal am 13.1. 1944: »Vortrag des bekannten Redners und Schriftstellers Kurt Hielscher über ›Das unbekannte Spanien‹ mit Lichtbildern«. Am 18.1. 1945 war in Auschwitz erneut eine Veranstaltung mit Hielscher geplant: *Deutsche Kultur in Siebenbürgen.* An diesem Tag begann jedoch die Evakuierung des Lagers. † August 1948.

Hielscher, Margot. Schauspielerin und Schlagersängerin.
* 29.9. 1919 Berlin. Ursprünglich Modezeichnerin. Laut Hippler von Goebbels öfters zur Abendgesellschaft eingeladen. Ab 1940 in zehn Filmen, darunter 1940 der antibritische Spielfilm *Das Herz der Königin*, 1941 Käutner-Film *Auf Wiedersehen, Franziska!* Courtade: »Er soll die zahllosen deutschen Frauen trösten, die der Krieg einsam gemacht hat.« 1943 Liebeskomödie *Frauen sind keine Engel* und Filmschwank *Kohlhiesels Töchter.* 1944 Hauptrollen in *Das Lied der Nachtigall, In flagranti, Der Täter ist unter uns.* Nach

1945 Filme wie *Hoch droben auf der Alm* (1956), *Der Zauberberg* (1981), *Doktor Faustus* (1982). 1985 *Filmband in Gold* für langjähriges und hervorragendes Wirken im deutschen Film.

Hiemer, Ernst. Hauptschriftleiter *Der Stürmer* (1938–1941).
* 5.7. 1900 Großweingarten bei Schwabach. Geschäftsführer der National-Verlags-GmbH in Augsburg. Vertrauensmann der Reichspressekammer beim *Landeskulturwalter* Gau Schwaben. Im Verlag Der Stürmer Autor des antisemitischen Hetzwerks *Der Giftpilz.* Untertitel: *Ein Stürmerbuch für Jung und Alt.* Mai 1942, mit Beginn des Massenmords in den Vernichtungslagern, Leitartikel, wonach »die Judenfrage einer endgültigen Lösung« zugeführt werde: »Das Judentum ist organisiertes Weltverbrechertum. Die jüdische Gefahr wird daher erst dann beseitigt sein, wenn das Judentum der ganzen Welt aufgehört hat zu bestehen.« Wohnort nach 1945 weiterhin in Nürnberg. † 29.7. 1974 Altötting.

Hierl, Paul. *Staatsschauspieler.*
* 19.11. 1892 Gmain. Am Badischen Staatstheater Karlsruhe. Spielte öfters in Stücken des einheimischen NS-Autors Burte. Standortbefehl des KZ-Kommandanten Höß, Auschwitz, über eine *Truppenbetreuungsveranstaltung* für das KZ-Personal: »Donnerstag, 1.6. 1944, 20.00 Uhr: (kleiner Saal) ›Besinnliches und Heiteres in Wort und Ton‹. Ausführende: Konzertpianistin Ilse v. Tschurtschenthaler (Reichssender München), *Staatsschauspieler* Paul Hierl (Staatstheater Karlsruhe), Edith Morten-Hierl (vorher Stadttheater Basel)«. Das *Deutsche Bühnen-Jahrbuch* zum 75. Geburtstag: »Darsteller großer Heldenrollen.« † März 1981 Gmain.

Hildebrand, Hilde. Schauspielerin.
* 10.9. 1897 Hannover. 1932 am Berliner Nelson-Theater (Revue und Kabarett). In der NS-Zeit in 55 Filmen, darunter der Willi-Forst-Film *Bel ami* (1939), die Filmkomödie *Frau nach Maß* (1940) und der

Hans-Albers-Film *Große Freiheit Nr. 7* (1944). Aufgeführt bei Drewniak (Theater) im Abschnitt »Bekannte Künstler bedachte Hitler mit Geschenken«. Nach 1945 vorwiegend Theater. 1964 *Filmband in Gold.* † 27.5. 1976 Berlin.

Hildenbrand, Fred. Schriftsteller.
* 27.4. 1892 Stuttgart. 1937 Drehbuch zum Kriegsfilm *Unternehmen Michael* (Kreimeier: Glorifizierung sinnlosen Sterbens und sadomasochistische Mystik), Kernsatz: »Nicht nach der Größe unseres Sieges wird man uns einmal messen, sondern nach der Tiefe unseres Opfers.« 1938 Luftwaffen-Aufrüstungsfilm *Pour le Mérite,* Aussage: »Ich hasse die Demokratie wie die Pest«. 1943 Karl-Ritter-Film *Besatzung Dora* über die Heldentaten der Luftwaffe, infolge des Kriegsverlaufs nicht ins Kino gekommen. Nach 1945 in Frankfurt am Main. † 4.3. 1963 Koblenz.

Hiller, Kurt. Schriftsteller.
* 17.8. 1885 Berlin. 1912 Herausgeber der ersten expressionistischen Anthologie *Der Kondor.* Ab 1926 Präsident der Gruppe revolutionärer Pazifisten. Mitarbeiter der linken Wochenschrift *Die Weltbühne.* 1933 im KZ Brandenburg (existierte nur 1933/34). 1934 Flucht nach Prag, Mitarbeit an der *Neuen Weltbühne.* 1938 Exil in London. Thomas Mann am 25.8. 1938 an F. Lion: »Hiller ist ja nicht gerade mein Fall, aber ein ganz schneidiger Prosaist.« 1955 Rückkehr, Wohnort Hamburg. 1956 Gründer des *Neusozialistischen Bundes.* 1969–1973 zweibändige Erinnerungen: *Leben gegen die Zeit.* † 1.10. 1972 Hamburg.

Hillers, Hans Wolfgang. Dramaturg der Ufa.
* 22.4. 1901 Mönchengladbach. Scheidung von »nichtarischer« Ehefrau. Drehbuch zum antibritischen Propagandastreifen *Anschlag auf Baku* (1942 im Kino). 1943 Drehbuch zum antibritischen Kolonial-Epos *Germanin,* Courtade: »Alle Engländer [sind] feige, hinterhältig ... die Deutschen heldenhaft«. † 12.4. 1952 Düsseldorf. Nachruf *Deutsches Bühnen-Jahr-*

buch: »Ein autobiographischer Roman ... blieb bedauerlicherweise unvollendet.«

Hilpert, Heinz. Regisseur. Reichskultursenator.

* 1.3. 1890 Berlin. Von Ihering am 26.4. 1928 im *Berliner Börsen-Courier* als »amusischer Unteroffizier der Regie« beurteilt. 1931 Regisseur der Uraufführung von Zuckmayers *Der Hauptmann von Köpenick*. 1933 Leiter der Berliner Volksbühne. Von 1934 bis Kriegsende Direktor des Deutschen Theaters Berlin. Laut Zuckmayer durfte er seine Freundin Nuschka aufgrund der NS-Rassengesetze nicht heiraten (Heirat nach 1945): »Er hatte sie ... in die Schweiz retten dürfen.« 1937, zu Goebbels' 40. Geburtstag, Lobhudelei in der Zeitschrift *Die Bühne*: »Er lehnt Subalternitäten in einer Weise ab, die dem Zagsten sogar Mut machen, sich so zu geben, wie er ist.« Damit nicht genug: »Er sorgt für uns mit einer Unermüdlichkeit, die fast wie ein Wunder erscheint«. 1938 zusätzlich Direktor des Wiener Theaters in der Josefstadt. Präsidialrat der Reichstheaterkammer. 1946 Uraufführung von Zuckmayers *Des Teufels General* in Zürich, 1947 Intendant der Städtischen Bühnen Frankfurt, deutsche Uraufführung des Zuckmayer-Stücks. 1948 Theaterleiter in Konstanz, 1950 in Göttingen. *Großes Verdienstkreuz des Bundesverdienstordens mit Stern*. 1967 Erinnerungen: *Liebe zum Theater*. † 25.11. 1967 Göttingen. Nachruf *Deutsches Bühnen-Jahrbuch*: »Der Regisseur Hilpert war stets darauf bedacht, unsichtbar zu bleiben.« Lit.: Wulf, Theater.

Hilz, Sepp. Auf der *Gottbegnadeten-Liste* (Führerliste) der wichtigsten Maler des NS-Staates.

* 22.10. 1906 Bad Aibling (auch Wohnort). Bauernmaler. Einer der Lieblingsmaler Hitlers. Hitler kaufte 1938 sein Bild *Nach Feierabend* für 10 000 Mark und bewilligte ihm 1939 für Grundstückskauf und Hausbau 100 000 Mark als Schenkung. Auf den Großen Deutschen Kunstausstellungen im Münchner NS-Musentempel *Haus der Deutschen Kunst* mit insgesamt 22 Objekten, darunter 1939 Bild eines nackten Bauernmädels, Titel: *Bäuerliche Venus*. Der damalige Kunstbetrachter Henri Nannen Juli 1939 in Heinrich Hoffmanns Monatsschrift *Kunst dem Volk*: » ... wir stehen nicht an, dieses Bild als eine künstlerische Verkörperung des nordischen Schönheitsideals anzusehen.« NS-Ehrung: Am 1.7. 1943 trotz Titelsperre von Hitler Titel Professor. Goebbels' Pressereferent von Oven am 18.7. 1943 über den Empfang von sieben geehrten Malern bei Goebbels, darunter Hilz: »Sie griffen kräftig in die ministeriellen Zigarrenkisten, tranken die Cocktails als wären es Sechserschnäpse, redeten über Kunst und nickten verlegen und selig zugleich Zustimmung, wenn der Minister etwas sagte.« † 30.9. 1976 Willing. Q.: Thomae.

Himboldt, Karin. Schauspielerin.

* 8.2. 1920 München. 1940 Darstellerin im Kriminalfilm *Falschmünzer*, 1941 im Rühmann-Film *Quax, der Bruchpilot*, 1944 in Rühmanns *Die Feuerzangenbowle*, März 1945 im Rühmann-Streifen *Quax auf Abwegen*, nicht mehr im Kino aufgeführt und danach von den Alliierten verboten. Nach 1945 Schauspielerin in Berlin. Filme: 1949 *Verführte Hände*, 1951 *Die Frauen des Herrn S.* Altersruhesitz in der Schweiz.

Himmighoffen, Thur (sic). Generalintendant.

* 26.3. 1891 Freiburg im Breisgau. Dr. phil. Im I. Weltkrieg Reserveoffizier. 1929 Intendant des Landestheaters Braunschweig. Ab 1933 Leiter des Badischen Staatstheaters in Karlsruhe, dem badischen Kultusministerium unterstellt. 1935 Aufnahme ins *Führerlexikon*. Landesleiter der Reichstheaterkammer, Gau Baden (BDJ 1944). † 5.11. 1944 durch Unfall.

Hindemith, Harry. Schauspieler.

* 16.6. 1906 Brüssel. Theaterstationen Würzburg, Allenstein, Wuppertal, Rostock (1944). Zeitweise Auftrittsverbot wegen KPD-Mitgliedschaft (1928), 1937 NSDAP. 1944 im HJ-Film *Junge Adler*, ein Staatsauftragsfilm über den Einsatz der

Hitlerjugend für die Rüstungswirtschaft. Von Courtade zu jenen Filmen gezählt, die »einen Großteil Schuld an der selbstmörderischen Begeisterung der Jugendlichen« haben, die nach 1943 eingezogen wurden. September 1944 Stammkompanie Nachrichten-Ersatzabteilung 2, Standort Pasewalk (WASt). 1945 am Deutschen Theater in Berlin, in der Eröffnungsinszenierung *Nathan der Weise*. Darsteller der DEFA, unter anderem 1971 im Karl-Liebknecht-Film *Trotz Alledem!* Aushängeschild der DDR-Kulturpolitik, diverse Funktionärspositionen. † 21. 1. 1973 Ost-Berlin.

Hindemith, Paul. Komponist.
* 16. 11. 1895 Hanau, Sohn eines Weißbinders und Musikliebhabers. Bratschist. 1915 Konzertmeister der Oper in Frankfurt am Main. 1926 Oper *Cardillac* in Dresden. Harry Graf Kessler am 11. 12. 1927 dazu im Tagebuch: »Die Musik hat Format und Struktur. Es ist neben Alban Bergs ›Wozzeck‹ die stärkste moderne deutsche Oper.« 1927 Professor für Komposition an der Musikhochschule Berlin. Ab 1933, trotz Fürsprache Furtwänglers, zunehmend verfemt. Galt als »Führer des extremen musikalischen Modernismus« (Bücken). Die NS-Zeitung *Rheinfront* (Neustadt) am 5. 11. 1934: »Hindemith ist durch seine früheren Werke eindeutig als einer der ›Bannerträger des Verfalls‹ abgestempelt, denen es nicht gestattet sein soll, den Weg der deutschen Kunst in Zukunft mitzubestimmen.« *Meyers Lexikon* (1938): »Er war die stärkste musikalische Begabung, die sich damals den Einflüssen des Musikbolschewismus hemmungslos hingegeben hat ... Die eigentlich atonalen, frühen Werke hat H. aus dem Handel gezogen.« 1938 Rückzug in die Schweiz, Mai 1938 Uraufführung der Oper *Mathis der Maler* in Zürich. 1940 Wechsel in die USA, 1941 Professor der Yale University in New Haven. 1949 zugleich Professur in Zürich. 1954 Wohnsitz am Genfer See. † 28. 12. 1963 Frankfurt am Main. Lit.: Hindemith, Briefe; Wulf, Musik.

Hindemith, Rudolf. Dirigent und Komponist.
* 9. 1. 1900 Hanau. Bruder von Paul Hindemith. Cellist. 1927 Lehrer der Ausbildungsklasse am Badischen Konservatorium in Karlsruhe. 1930 Komponist der *Konzertmusik für Orchester*: Ouvertüre, Foxtrott, Variationen über ein altes Lied sowie Variationen über ein amerikanisches Lied für Blechmusik, Kontrafagott und Schlagzeug. Ab 1939 mehrere Militärmärsche, der erste Marsch ist gewidmet Oberst (1943 Generalmajor) Hermann Lichtenberger, Kommandeur eines Flakregiments. April 1942 (bis 1944) Chefdirigent und Staatskapellmeister der *Philharmonie des Generalgouvernements* (besetzt mit polnischen Musikern), von Generalgouverneur Hans Frank als Propagandainstrument benutzt. Ab 1951 amtlicher Name: Paul Quest, Pseudonym: *Hans Lofer*. Wohnsitz bei München. 1953 unter dem Namen Hans Lofer Uraufführung seiner Oper *Des Kaisers neue Kleider* in Gelsenkirchen. † 7. 10. 1974 Neuperlach an Leukämie, Name auf Grabstein: Hans Lofer.

Hinkel, Hans. Reichsfilmintendant (April 1944). Reichskultursenator (1935).
* 22. 6. 1901 Worms. 1920 *Freikorps Oberland*. 1921 erstmals NSDAP (Nr. 287). 1923 Teilnehmer *Hitlerputsch*. Unter anderem 1930 Gauführer Berlin und Landesführer Preußen in Rosenbergs *Kampfbund für deutsche Kultur* (KfdK), MdR, Propagandaobmann der NSDAP-Fraktion, Schriftleiter der Berliner Ausgabe des *Völkischen Beobachters*. 1931 SS (1943 Gruppenführer), NSDAP-Gaupressewart Groß-Berlin, Geschäftsführer des NS-Hetzblatts *Der Angriff*, Herausgeber der Zeitschrift *Deutsche Kultur-Wacht*, Organ des KfdK. Januar 1933 Staatskommissar im Preußischen Wissenschaftsministerium mit besonderen Aufgaben wie Überwachung und »Entjudung«. April 1933 Präsident der *Nationalsozialistischen Gesellschaft für Deutsche Kultur* sowie im Vorstand des PEN-Clubs. Mai 1933

Reichsorganisationsleiter des KfdK, nun eine Kulturorganisation der NSDAP mit Sitz im Berliner Schloß. Juli 1933 Görings Beauftragter für die Preußischen Theater. Mai 1934 Zerwürfnis mit Rosenberg. Mai 1935 Geschäftsführer der Reichskulturkammer (Titel: *Reichskulturwalter*). Juli 1935 Sonderbeauftragter für die Überwachung der kulturell tätigen Nichtarier: *Sonderreferat Reichskulturwalter Hinkel*, laut Wulf (Literatur) »der Diktator aller ausgestoßenen jüdischen Künstler und Schriftsteller«. Goebbels am 19.9.1935 im Tagebuch: »Ein geborener Intrigant und Lügner.« Mai 1936 auf der Reichstagung der Reichsfachschaft Komponisten auf Schloß Burg an der Wupper: »Die Reichsfachschaft deutscher Komponisten ist gebildet, marschiert und lebt als Bataillon deutscher Musikschaffender ... Den deutschen Komponisten erwächst eine besondere Verpflichtung aus der Tatsache, daß es nicht nur ein großer Staatsmann ist, der sie und uns alle führt, sondern an der Spitze unseres Volkes zugleich der erste Künstler der deutschen Nation steht.« Ab 1939 Stellv. Präsident der *Kameradschaft der deutschen Künstler* (NS-Führerkorps). Oktober 1940 Ministerialdirigent, für Truppenbetreuung zuständig. April 1941 Generalsekretär der Reichskulturkammer. Juni 1941 Ministerialdirektor. September 1942 Heirat mit der Sängerin Anita Spada (eigentlich Anneliese Kambeck), Trauzeuge Goebbels, der sie Oktober 1939 in ein KZ hatte sperren lassen (Moeller). Dezember 1942 Chef des Unterhaltungsprogramms im Rundfunk. Juni 1944 Leiter der Abteilung Film im Reichspropagandaministerium, Vizepräsident der Reichskulturkammer. Courtade: »Auf Befehl von Hinkel wurde auch der Prozeß gegen die Verantwortlichen des 20. Juli 1944 und deren Erhängung [Todeskampf] auf Film festgehalten.« 1945 Internierung, 1947 Auslieferung an Polen (Raub polnischer Kulturgüter), 1951 Rückkehr BRD, 1952 Scheidung, Entnazifizierung als *Mitläufer*. † 8.2.1960 Göttingen.

Hinrichs, August. Landesleiter der Reichsschrifttumskammer Gau Weser-Ems.
* 18.4.1879 Oldenburg, Sohn eines Tischlers. Selbst Tischler. Autor plattdeutscher Schwänke wie 1930 *Swinskomödi* (sic), 1934 als *Krach um Jolanthe* von Froelich verfilmt und von Hitler besucht. Thingspiel *Die Stedinger* (1934) wurde vom Amt Rosenberg als NS-Freilichtspiel empfohlen. 1936 *Kraft-durch-Freude*-Stück *Petermann fährt nach Madaira*, 1938 als *Petermann ist dagegen* verfilmt. NSDAP 1937. NS-Ehrung: 1939 von Hitler *Goethe-Medaille* für Kunst und Wissenschaft, 1943 Gaukunstpreis Weser-Ems, 1944 Ehrenbürger Oldenburgs. 1954 *Verdienstkreuz des Verdienstordens* der BRD. † 20.6. 1956 Oldenburg. Lit.: Sarkowicz.

Hinrichsen, Henri. Musikverleger.
* 5.2.1868 Hamburg. Inhaber des Leipziger Musikverlags C. F. Peters (Mahler, Reger, Pfitzner, Schönberg, Richard Strauss). Im *Lexikon der Juden in der Musik* gebrandmarkt. Verdrängte aufgrund seiner bösen Bedeutung für die deutsche Musik seine eigene Bedrohung, zahlte an die *Adolf-Hitler-Spende der Deutschen Wirtschaft* als Beweis seiner nationalen Gesinnung. Nach der Reichspogromnacht November 1938 Verbot, die Geschäftsräume zu betreten, Einsetzung eines NS-Treuhänders, 1939 einige Wochen im KZ. »Verkauf« des Musikverlags für 1 Million Mark, aufgezehrt durch die *Reichsfluchtsteuer*. 1940 im Exil in Brüssel, 1941 Tod seiner Ehefrau. 1942 Verhaftung. † 17.9. 1942 Auschwitz. Lit.: Fetthauer.

Hinsenbrock, Heinz. Dirigent.
* 9.10.1908 Dortmund. 1938 Kapellmeister und Chordirektor der Staatlichen Landestheater Gotha-Sondershausen. Danach im Musikvorstand des Opernhauses Kattowitz. Rundschreiben des KZ-Kommandanten Höß, Auschwitz, vom 11.6. 1943 an das KZ-Personal: »Am Donnerstag, den 17. Juni 1943, 20.15 Uhr, findet auf der Bühne des Kameradschaftsheimes die nächste Truppenbetreuungsveranstal-

tung statt. Es gastiert das Opernhaus Kattowitz mit einem ›Großen bunten Abend‹ Gesang – Tanz – Heitere Vorträge … Heinz Hinsenbrock, am Seiler-Konzertflügel.« Rundschreiben des KZ-Kommandanten Höß, Auschwitz, vom 14.5.1943: »Am Freitag, den 21. Mai 1943, 21 Uhr, findet im kleinen Saal des Kameradschaftsheimes eine Veranstaltung unter dem Motto ›Stunde heiterer Musik‹ statt … Am Flügel: Kapellmeister Heinz Hinsenbrock.« Ende 1944 Kriegsdienst. 1949 musikalische Oberleitung des Neuen Theaters am Nollendorfplatz in Berlin.

Hinz, Werner. Auf der *Gottbegnadeten-Liste* (Führerliste) der wichtigsten Künstler des NS-Staates.

* 18.1.1903 Berlin. 1932 am Deutschen Schauspielhaus Hamburg. Zwischen 1935 und 1945 in 17 (häufig von Goebbels prämierten) Filmen. 1935 als Kronprinz Friedrich im Unterwerfungs-Lehrstück in *Der alte und der junge König,* Erwin Leiser: »Wenn der Preußenkönig den Leutnant Katte enthaupten läßt … handelt er wie Hitler als ›oberster Gerichtsherr‹ nach der angeblichen Meuterei Röhms.« 1937 Propagandastreifen *Weiße Sklaven* gegen marxistische Volksmörder. Laut Hippler von Goebbels öfters zur Abendgesellschaft eingeladen. Goebbels am 18.7.1938 im Tagebuch: »Mit den Schauspielern gesessen. George, Krauß, Hinz … Welch eine amüsante Gesellschaft.« 1939 Deutsche Volksbühne Berlin. 1940 antibritischer Film *Der Fuchs von Glenarvon* (Goebbels: »Sehr gut für unsere Propaganda zu gebrauchen«) sowie *Bismarck,* am 6.12.1940 in Anwesenheit von Goebbels, Lammers und Gürtner uraufgeführt. 1941 antibritischer Film *Mein Leben für Irland* sowie Hetzfilm *Ohm Krüger,* für Goebbels »ein Film zum Rasendwerden«. Höchstprädikat: *Film der Nation* und *Staatspolitisch und künstlerisch besonders wertvoll, kulturell wertvoll, volkstümlich wertvoll, volksbildend, jugendwert.* 1942 Bismarck-Film *Die Entlassung* (Hitler in der Maske des berühmten Vorgängers). 1955 wieder am Deutschen Schauspielhaus Hamburg. Filme: *Das Mädchen vom Moorhof* (1958), *Buddenbrooks* (1959), *Wenn süß das Mondlicht auf den Hügeln schläft* (1969). Das *Deutsche Bühnen-Jahrbuch* zum 70. Geburtstag: »In modernen Stücken schält Werner Hinz die psychologischen Zusammenhänge mit intellektueller Präzision heraus.« † 10.2.1985 Hamburg.

Hippler, Fritz. Reichsfilmintendant (1942/43) und SS-Sturmbannführer (1939).

* 17.8.1909 Niederschönhausen bei Berlin. 1927, als Schüler, NSDAP (Nr. 62133). NS-Studentenbundführer in Brandenburg. 1932 NSDAP-Gauredner. Laut Rave berief er Anfang Juli 1933 im Auditorium Maximum der Berliner Universität eine Kundgebung ein und legte ein Bekenntnis der Jugend zur deutschen Kunst vor, das Barlach, Rohlfs, Nolde, Heckel, Schmidt-Rottluff und Pechstein verteidigte. Ab Januar 1939 Leiter der Deutschen Wochenschauzentrale. August 1939 Leiter der Abteilung Film im Reichspropagandaministerium, Aufgabe: Lenkung, Überwachung und Ausrichtung des deutschen Filmschaffens. Laut Harlan »ging er in Uniform«. 1939/1940 verantwortlich für den Propagandastreifen *Der Feldzug in Polen* (anderer Titel: *Die Feuertaufe*). 1940 Aufnahmeleitung und Gestaltung des Films *Der ewige Jude.* Goebbels am 3.9.1940 im Tagebuch: »›Der ewige Jude‹. Jetzt ist dieser Dokumentarfilm ganz vorzüglich. Eine großartige Arbeit. Hippler hat hier seine Sache gut gemacht.« Filmuraufführung am 28.11.1940 im Berliner Ufa-Palast, Prädikat: *staatspolitisch und künstlerisch wertvoll.* Am 30.11.1940 Hipplers Artikel *Wie »Der ewige Jude« entstand* in der Zeitschrift *Der Film,* bezeichnet ebenda Juden als »Parasiten nationaler Entartung«. Laut Courtade war *Der ewige Jude* der niederträchtigste der antisemitischen Nazifilme, Noack beurteilt ihn als »der wohl radikalste Hetzfilm aller Zeiten, der ultimative Haßfilm«. Der »Dokumentarfilm über das Weltjudentum« (Untertitel) enthielt Aufnahmen aus dem Ghetto Lodz (ab April 1940 vegetierten dort 160 000 Juden) und einen Kommentar, der Juden Ratten gleichsetzt: »Sie stellen unter den Tieren das Element der heimtückischen, unterirdischen Zerstörung dar. Nicht anders als die Juden unter den Menschen.« Hippler, der 1940 auf Vorschlag von Goebbels eine Hitler-Dotation (steuerfreie Schenkung) von 60 000 Mark zugesprochen bekam, wurde Juni 1943 abgelöst, laut Goebbels wegen Pannen und Alkohol. 1944 Kriegsberichterkompanie (WASt). 1945–1948 Internierung (»Unsere Verpflegung ist sehr viel schlechter als in den KZ's der Vorkriegszeit«). Gustaf Gründgens Juni 1951 im Persilschein: »Sie haben Ihren Idealismus teuer genug bezahlt. Ich habe nie eine unfaire oder unanständige Handlung von Ihnen gehört.« In seinem Rechtfertigungsopus *Die Verstrickung* schreibt Hippler über die Nachkriegszeit: »Als Werbeleiter bei verschiedenen Firmen und auch bei der FDP (Landesverband NRW) ...« Ab 1961 in Berchtesgaden. Mit Ehefrau Betreiber eines Reisebüros. † 22.5. 2002 Berchtesgaden. Lit.: Moeller; Wulf, Theater.

Hirsch, Fritz. Oberspielleiter.
* 11.5. 1888 Mannheim. 1927 am Berliner Künstlertheater. 1929 Gründer der *Princesse Schouburg* (Fritz-Hirsch-Operette) in Den Haag. 1933 kurz Direktor und Oberspielleiter des Berliner Schillertheaters (DBJ 1933). Danach wieder Direktor des Fritz-Hirsch-Ensembles in Holland. Johannes Heesters gastierte März/April 1938 als Tassilo in der Operette *Gräfin Mariza* »bei dem Juden Fritz Hirsch« (das kurze Gastspiel wird von Heesters als Beispiel seiner Gesinnung herausgestellt). Verhaftung Hirschs nach dem Einmarsch der Wehrmacht in den Niederlanden. † 10.6. 1942 KZ Mauthausen.

Hirschfeld, Magnus. Sexualwissenschaftler.
* 14.5. 1868 Kolberg in Pommern. Nervenarzt in Berlin. 1908 Mitbegründer der *Zeitschrift für Sexualwissenschaft*. 1913

Gründer der Ärztlichen Gesellschaft für Sexualwissenschaft und 1918 des Instituts für Sexualwissenschaft. Warb für Toleranz gegenüber abweichendem Sexualverhalten und für die Gleichstellung Homosexueller. Von Anfang an scharfen Angriffen als Sexualforscher und als Jude ausgesetzt. Mai 1933 Zerstörung seines Instituts, so daß er von einer Vortragsreise nicht zurückkehrte. † 15. 5. 1935 Nizza. *Meyers Lexikon* 1938: »Berüchtigter ›Sexualforscher‹, Jude ... spielte während der Systemzeit eine verhängnisvolle Rolle durch Untergrabung der Moral im Geschlechtsleben.«

Hoddis, Jakob van, eigentlich Hans Davidsohn. Dichter.
* 16.5. 1887 Berlin. Sohn eines jüdischen Arztes, seine Mutter war die Cousine des Theaterkritikers Kerr. 1912 Beginn einer psychischen Krankheit. Verse wie: »Der Mond ist meine Tante,/Er schmoddert durch die Nacht./Die Sonne, meine Großmama,/Hat nie an mich gedacht.« Else Lasker-Schüler über eine Dichterlesung 1913: »Er spricht seine kurzen Verse trotzig und strotzend, sie sind so blank geprägt, man könnte sie ihm stehlen.« Ab 1933 in Bendorf bei Koblenz in der Israelitischen Heil- und Pflegeanstalt Sayn, in der 1942 die letzten noch lebenden psychisch kranken Juden konzentriert sind. † Am 30.4. 1942 mit Gestapo-Transport aus Sayn »in den Osten« deportiert. Lit.: Schabow.

Höcker, Paul Oskar. Name Oktober 1933 unter dem Treuegelöbnis »88 deutsche Schriftsteller« für Adolf Hitler.
* 7.12. 1865 Meiningen, Sohn eines Schauspielers. Zunächst Kapellmeister. 1905 bis 1935 Herausgeber von Velhagen und Klasings Monatsheften. Allein 1936 Autor dreier Romane: *Zietenhusaren, Die Rose Feuerzauber* sowie *Königin von Hamburg*. 1940: *Lebenserinnerungen eines 75-jährigen*. † 5.5. 1944 Rastatt.

Höfer, Werner. Journalist.
* 21.3. 1913 Kaisersesch, Kreis Cochem. März 1933 NSDAP. 1941 Pressereferent

der *Organisation Todt*, auch Pressereferent in Speers Rüstungsministerium. Nebenbei freier Autor. Mitarbeit in Goebbels' Renommierblatt *Das Reich* (von Hitler im Tischgespräch am 22.2.1942 gelobt: »Prachtvoll ist die Zeitung ›Das Reich‹«). Görtemaker:»Wer für das Reich arbeitete, stellte sich zwangsläufig in den Dienst der nationalsozialistischen Propaganda.« Am 20.9.1943 im Berliner *12-Uhr-Blatt* über die Hinrichtung des 27jährigen Pianisten Karlrobert Kreiten, der aufgrund der Denunziation einer Kollegin wegen Wehrkraftzersetzung zum Tode verurteilt worden war: »Wie unnachsichtig jedoch mit einem Künstler verfahren wird, der statt Glauben Zweifel, statt Zuversicht Verleumdung und statt Haltung Verzweiflung stiftet, ging aus einer Meldung der letzten Tage hervor, die von der strengen Bestrafung eines ehrvergessenen Künstlers berichtet. Es dürfte heute niemand Verständnis dafür haben, wenn einem Künstler, der fehlte, eher verziehen würde als dem letzten strauchelnden Volksgenossen.« 1946 Abteilungsleiter NWDR, später WDR Köln. 1961 in der Chefredaktion der *Neuen Illustrierten*. 1964 Direktor des III. WDR-Programms, 1972–1977 Fernsehdirektor I. und III. Programm, ermöglichte ein liberales und offenes Programm. Höfer moderierte von 1952 bis 1987 sonntäglich die Journalisten-Runde *Der internationale Frühschoppen*. † 26.11.1997 Köln.

Höffe, Wilhelm Luzian. Erziehungswissenschaftler.
* 7.1.1915 Ratibor, Sohn eines Volksschullehrers. 1933 SS (1940 Rottenführer), 1937 NSDAP. 1939 Dr. phil. 1940 Dozent für Sprecherziehung der Hochschule für Lehrerbildung (zur NS-Indoktrinierung) in Beuthen. Ab 1959 Professor der Pädagogischen Akademie Dortmund. Ab 1956 Bundeskulturreferent der Landsmannschaft der Oberschlesier. † 27.4.1992 Münster. Lit.: Hesse.

Höffer, Paul. Auf der *Gottbegnadeten-Liste* (Führerliste) der wichtigsten Komponisten des NS-Staates.

* 21.12.1895 Barmen. 1930 Lehrer, 1933 Professor der Musikhochschule Berlin. 1935 auf der Liste der *Musik-Bolschewisten* der *NS-Kulturgemeinde*. 1936 von Goebbels Goldmedaille für Chorwerk *Olympischer Schwur* beim Olympia-Wettbewerb der Reichsmusikkammer. 1939 von Goebbels 5000 Mark als Kompositionsauftrag für ein Orchesterwerk. Beurteilung Amt Rosenberg: »Atonaler Komponist.« 1944 Auftrag der Reichsstelle für Musikbearbeitungen (dem Reichspropagandaministerium nachgeordnet) für das Oratorium *Mysterium der Liebe*. 1948 Direktor der Musikhochschule. † 31.8.1949 Berlin. Lit.: Okrassa.

Höfken-Hempel, Anni. Bildhauerin.
* 18.5.1900 Hannover. Produzierte Büsten von Hindenburg, Goebbels, Göring, Rosenberg. 1938 eigene Ausstellung in Paris, präsentierte dort eine Hitler-Büste. Kein Hinweis zur weiteren Tätigkeit. Q.: Thomae; Vollmer.

Höfler, Polly Maria. Schriftstellerin.
* 30.4.1907 Metz. NS-nahe Autorin aus Elsaß-Lothringen (Scholdt). 1935 Roman *Der Weg in die Heimat*. 1937 Roman *Andre und Ursula*. † 17.2.1952 Frankfurt a.M.

Höflich, Lucie, eigentlich Lucie von Holwede.
* 20.2.1883 Hannover. Ab 1903 am Deutschen Theater in Berlin. 1931 Hauptrolle in der Berliner Uraufführung von Horvaths *Geschichten aus dem Wiener Wald*. 1933/34 Leiterin der Staatlichen Schauspielschule. Danach eigenes Studio für Schauspielnachwuchs. Zeitweise mit Emil Jannings verheiratet (zweite Ehefrau). In der NS-Zeit in 20 Filmen, darunter 1939 der teutonische Geniefilm *Robert Koch*, 1940 der antibritische Streifen *Der Fuchs von Glenarvon* (Goebbels: »Sehr gut für unsere Propaganda zu gebrauchen«), 1941 der Hetzfilm *Ohm Krüger* (Höchstprädikat: *Film der Nation*). Mit Auftritt im besetzten Krakau als »Träger des deutschen Kulturwillens im Osten« eingesetzt. NS-Ehrung: 1937 von Hitler Titel *Staatsschauspielerin*. Nach 1945 Staatstheater Schwe-

rin, 1947 Titel Professor. Ab 1950 in West-Berlin. Zwei Filme: *Himmel ohne Sterne* (1955), *Anastasia – Die letzte Zarentochter* (1956). † 9.10. 1956 Berlin. Nachruf *Deutsches Bühnen-Jahrbuch*: »Nachglanz einer hell bestirnten Epoche.« Lit.: Drewniak, *Theater.*

Höger, Fritz. Architekt, genannt *Der niederdeutsche Backsteinbaumeister.*
* 12.6. 1877 Beckenreihe in Holstein. *Meyers Lexikon* 1938: »Deutscher Formwille spricht aus seinen Schöpfungen.« 1934 Professor der Nordischen Kunsthochschule Bremen. NS-Ehrung: 1942 auf Antrag des Amts Rosenberg *Goethe-Medaille* für Kunst und Wissenschaft. † 21.6. 1949 Bad Segeberg.

Högg, Emil. Architekt.
* 5.7. 1867 Heilbronn als Professorensohn. 1911 (bis 1934) Professor der TH Dresden, 1926 zusätzlich thüringischer Kirchenbaurat. 1934: »So wie die Kunst nicht ohne den Menschen zu denken ist, so der Mensch nicht ohne sein Volkstum, das auf der Rasse beruht. Daher ist die Kunst als Gesamtbild der Ausdruck einer Volksseele. Ein verbastardiertes Volk wird nur eine verbastardierte Kunst hervorbringen. Man nennt sie dann international.« † 27.12. 1954 Dresden. Q.: Wulf, Künste.

Höhn, Carola. Schauspielerin.
* 30.1. 1910 Wesermünde. Zwischen 1934 und 1945 in 33 Filmen. Neben Unterhaltungsstreifen 1935 als Kronprinzessin im Unterwerfungs-Lehrstück *Der alte und der junge König.* Laut Moeller häufiger Gast bei Hitler-Empfängen, enger Kontakt zu Goebbels (Goebbels am 9.7. 1936 im Tagebuch: »Nachmittags viele Gäste: … Schaumburgs, Trenker, Carola Höhn. Bootsfahrt Schwielowsee«). 1937 im antibritischen Zarah-Leander-Film *Zu neuen Ufern.* 1938 in *Kameraden auf See* über die deutsche Kriegsmarine im spanischen Bürgerkrieg. 1939 im Rühmann-Film *Hurra! Ich bin Papa! –* ein Beitrag zur NS-Bevölkerungspolitik, nämlich zur Förderung der Kinderfreudigkeit. 1944 Werk-

spionagefilm *Der große Preis.* Nach 1945 Filme wie *Liebe im Finanzamt* (1952), *Heideschulmeister Uwe Karsten* (1954), *Schloß Königswald* (1988). 1990 *Deutscher Filmpreis* für Verdienste um den deutschen Film. † 8.11. 2005 München.

Höller, Franz. Leiter des Reichspropagandaamts Sudetenland (Reichsbehörde), Landeskulturwalter (Schrader).
* 10.12. 1909 Graslitz. 1933 Gedichte: *Aufbruch.* 1935 Herausgeber der Anthologien *Kameraden der Zeit* sowie *Treue um Deutschland.* Sudetendeutsche Partei, 1938 NSDAP, NSDAP-Kulturbeauftragter in Reichenberg (Sudeten). Verse *Musikantendorf im Erzgebirge,* 1944 in der Anthologie *Lyrik der Lebenden* des SA-Oberführers Gerhard Schumann: »Der Bombardon [Blasinstrument] zieht übern Hang,/ die Flöte trillert durch das Tal,/das Waldhorn widerhallt zumal:/Ein Menschenherz klingt lebenslang!« Kommentar des Herausgebers: »Ein Volk, das auch in seiner harten Gegenwart über so vielfältige Kräfte der Seele und des Geistes … verfügt, ist von keiner Macht dieser Erde zu bezwingen, ist unsterblich!« Nach 1945 Journalist in Frankfurt am Main. 1966 Autor: *Unser Dorf soll schöner werden.* † 17.12. 1972 Frankfurt am Main.

Höller, Karl. Auf der *Gottbegnadeten-Liste* (Führerliste) der wichtigsten Komponisten des NS-Staates.
* 25.7. 1907 Bamberg. 1933 Dozent der Akademie der Tonkunst in München. 1937 Staatliche Musikhochschule Frankfurt am Main. NS-Ehrung: Juli 1940 von Goebbels *Nationalpreis für Komposition.* 1942 ao. Professor, laut Prieberg NSDAP (Nr. 8827661). 1949 Professor, 1954 (bis 1972) Präsident der Staatlichen Musikhochschule in München. † 14.4. 1987 Hausham bei Miesbach.

Hoelscher, Ludwig. Auf der *Gottbegnadeten-Liste* (Führerliste) der wichtigsten Cellisten des NS-Staates.
* 23.8. 1907 Solingen. 1930 Mendelssohn-Preis. Ab 1931 im Elly-Ney-Trio. 1937 Professor der Musikhochschule Berlin,

NSDAP, auch Reichskolonialbund und Altherrenbund der Deutschen Studenten. Am 29.5.1938 Solist beim Abschlußkonzert der ersten *Reichsmusiktage* in Düsseldorf (mit der Schandschau *Entartete Musik*). 1938 Auftritt auf den Beethoventagen der HJ in Wildbad und beim kulturpolitischen Arbeitslager der Reichsjugendführung in Weimar. Ab 1938 am Mozarteum in Salzburg. Zwecks Kulturpropaganda Auftritte in Brüssel, Bukarest, Lemberg, Lublin und Warschau (Zeitschrift *Die Musik* Februar 1943). Am 2.12.1944 (!) Auftritt mit der *Philharmonie des Generalgouvernements* in Krakau (*Krakauer Zeitung*). Im Diensttagebuch von Generalgouverneur Hans Frank: »*Krakau Konzert* [sic] mit Prof. Hoelscher.« 1954–1972 Professor der Musikhochschule Stuttgart. † 8.5. 1996 Tutzing. Lit.: Drewniak, Theater; Prieberg, Handbuch.

Hömberg, Hans. Kunstbetrachter beim *Völkischen Beobachter*, Pseudonym *J. R. George*.
* 14.12.1903 Berlin-Charlottenburg. 1940 Komödie *Kirschen für Rom*, von Gründgens am Staatlichen Schauspielhaus Berlin uraufgeführt. Goebbels am 12.2. 1942 im Tagebuch: »Er ist ein intelligenter Junge, schlägt aber manchmal über das Ziel hinaus.« 1943 Schauspiel *In Cognak gibt es keine Tränen*. Nach 1945 Wohnsitz Götz-Häusl, Wörgl in Tirol. Gründgens am 5.12.1953 an Staatssekretär Manfred Klaiber, Bonn: »Herr Hömberg ist ein lebender deutscher Autor, dessen politische Vergangenheit untadelig ist ... Der Vollständigkeit wegen möchte ich jedoch erwähnen, daß er kurze Zeit einmal Filmkritiken geschrieben hat, die im ›Völkischen Beobachter‹ erschienen sind.« Werke wie *Hundert Weisen, auf Reisen zu speisen* (1965) oder *Mollige Schlürflust* (1970). Titel Professor. † 4.7.1982 Kufstein. Lit.: Drewniak, Theater.

Hönich, Heinrich. Sudetendeutscher Maler.
* 5.10.1873 Nieder-Hanischen. 1927 Professor an der Prager Akademie. Laut Goebbels erzog er seine Schüler trotz »schwerer Anfeindungen von tschechisch-jüdischer Seite ... unbeirrt im Sinne echter deutscher Kunstauffassung«. Die Reichskammer der bildenden Künste gutachtete, es gebe nur wenige Künstler, die »an genauer Kenntnis der Einzelheiten von Baum, Strauch und Gräsern sich mit Hönich gleichstellen können«. NS-Ehrungen: 1943 Kulturpreis des Reichsprotektors und *Goethe-Medaille* für Kunst und Wissenschaft. † 5.9.1957 Prien am Chiemsee.

Hönig, Eugen. Auf der *Gottbegnadeten-Liste* (Führerliste) der wichtigsten Architekten des NS-Staates. Reichskultursenator.
* 9.5.1873 Kaiserslautern, Sohn eines Möbelfabrikanten. Zahlreiche Geschäftsbauten in München (Geschäftshaus Alois Dallmayr). Professor. 1931 *Kampfbund der Deutschen Architekten und Ingenieure im Kampfbund für deutsche Kultur*. März 1933 Präsident des Bunds Deutscher Architekten, NSDAP. November 1933 von Goebbels zum Präsidenten der Reichskammer der bildenden Künste ernannt (bis Dezember 1936). Am 19.8.1934 Unterzeichner des *Aufrufs der Kulturschaffenden* zur Vereinigung des Reichskanzler- und Reichspräsidentenamts in der Person Hitlers: »Wir glauben an diesen Führer, der unsern heißen Wunsch nach Eintracht erfüllt hat.« 1934 in *Deutsche Kunst im Neuen Reich*: »Der jahrtausendalte Traum aller wahrhaft deutschen Männer nach einem einigen deutschen Reich mit einigem Wollen ist Wirklichkeit geworden. Die gewaltige Willenskraft und gläubige Zuversicht eines einzigen Mannes, den Gott unserem Volke in der Zeit seiner tiefsten Erniedrigung geschenkt hat, hat dieses Wunder vollbracht.« 1936 Präsidialrat der Reichskammer der bildenden Künste. † 24.6.1945. Lit.: *Führerlexikon*; Wulf, Künste.

Hörbiger, Attila. Auf der *Gottbegnadeten-Liste* der Schauspieler, die für die Filmproduktion benötigt werden.
* 21.4.1896 Budapest, Sohn von Hans

Hörbiger, Begründer der *Welteislehre* (Anhänger: Heinrich Himmler), Bruder von Paul Hörbiger. 1928 (bis 1950) am Wiener Theater in der Josefstadt. Ab 1933 auch am Deutschen Theater in Berlin, kurz vor Machtergreifung Titelrolle in Zuckmayers Volksstück *Schinderhannes*. 1934 im Aufnahmeantrag an die Reichsfachschaft Film Angabe, seit 1933 illegales NSDAP-Mitglied in Österreich zu sein. 1935 Heirat mit Paula Wessely (1938 Tochter Christiane). In der NS-Zeit 34 Filme. Darunter 1937 Zarah Leanders Revuefilm *Premiere*. 1938 zum »Anschluß« Österreichs: »Wir Künstler sind froh und stolz am neuen großdeutschen Werk mitarbeiten zu können und werden uns am 10.4.1938 [Volksabstimmung] einmütig zu unserem Führer bekennen!« 1941 NSDAP (Nr. 6 295909). 1941 in *Wetterleuchten um Barbara* (Heimatfilm zur »Befreiung« Österreichs durch die Nazis) sowie Hetzfilm *Heimkehr* zur Rechtfertigung des Überfalls auf Polen: laut Moeller (Filmstars) übertrifft er in seiner »rassistischen Raserei« sogar *Jud Süß*. Nach 1945 Filme wie *Der Engel mit der Posaune* (1948), *Der Major und die Stiere* (1955), *Karl May* (1974). Am Burgtheater Wien. 1954 *Bundesverdienstkreuz*. 1963 Titel Professor. † 27.4. 1987 Wien. Lit.: Rathkolb.

Hörbiger, Paul. Auf der *Gottbegnadeten-Liste* der Schauspieler, die für die Filmproduktion benötigt werden.
* 29.4.1894 Budapest. Bruder von Attila Hörbiger. Goebbels am 13.11.1935 über die Geburtstagsfeier seiner Frau Magda in Anwesenheit von Hitler: »Und alle bleiben bis 6 Uhr morgens. Hörbiger und die Ullrich singen zum Schifferklavier.« Zur Volksabstimmung zum »Anschluß« Österreichs April 1938: »Seit zwölf Jahren als Österreicher in Berlin lebend, ist für mich mit ›JA‹ zu stimmen eine klare und deutliche Angelegenheit.« In der NS-Zeit in 73 Filmen, darunter 1940 *Der liebe Augustin* und der Staatsauftragsfilm *Wunschkonzert* zwecks Hebung der Truppenmoral und Leidensbereitschaft der Heimatfront.

1942 Mozart-Film *Wen die Götter lieben* und Zarah-Leander-Film *Die große Liebe*, ebenfalls zur Stärkung der Heimatfront. NS-Ehrung: 1942 *Staatsschauspieler*. Am 22.1.1945 Verhaftung wegen des Verdachts, den österreichischen Widerstand unterstützt zu haben, Freilassung am 6.4. 1945. 1949 Nebenrolle als Hausmeister im Filmklassiker *Der dritte Mann*. In Filmen wie *Schwarzwaldmädel* (1950), *Schützenliesel* (1954), *Ruf der Wälder* (1965). 1969 *Filmband in Gold* für langjähriges und hervorragendes Wirken im deutschen Film. 1974 Erinnerungen: *Ich habe nur für euch gespielt*. † 5.3. 1981 Wien. – Ende 1944 landete Hörbiger, so seine Erinnerungen, bei einer kleinen Widerstandsgruppe um den Wiener Kaffeehausbesitzer Richard Patsch. Hörbiger: »Was kann ich für euch tun, braucht's ihr was?« Antwort: »Ja, wir brauchen dich für die Propaganda.« Patsch: »Und a Geld nehm ma natürlich auch immer.« Hörbiger: »Daraufhin stelle ich einen Scheck auf dreitausend Mark aus und bin Mitglied einer Widerstandsbewegung.« Nun »keilt« (Originalton Hörbiger) Hörbiger nach eigenen Angaben zwei weitere Komödianten als Widerstandskämpfer. Der eine ist Oskar Sima (»trotz Mitgliedschaft in der NSDAP«), der zweite Theo Lingen. Hörbigers Scheck wird von der Gestapo entdeckt. Deshalb sitzt er von Januar bis April 1945 in Polizeihaft. Hörbiger-Biograph Georg Markus anno 2005 im Wiener *Kurier*: »Nach 1945 zählte er zu den Galionsfiguren des österreichischen Widerstands.« Drei Komiker als Widerstandskämpfer: das gibt es nur in Österreich.

Hörle, Heinrich. Maler.
* 1.9.1895 Köln. 1919/20 Anlehnung an Max Ernst und *Dada* (Hitler in *Mein Kampf*: »Krankhafte Auswüchse irrsinniger und verkommener Menschen«). Mitbegründer der Kölner *Gruppe der Progressiven*. † 3.7.1936 Köln. Juli 1937 in der Schandschau *Entartete Kunst* in München vorgeführt, Beschlagnahmung von 21 seiner Werke (Rave).

Höser, Otto. Geiger und Komponist.
* 13.4.1877 Wiesbaden. Geiger im Städtischen Orchester Wiesbaden. Produzent vaterländischer Chöre, darunter 1933 das Bekenntnislied: *Deutschland, du darfst nicht untergehn.* 1937 Tonaufnahme mit dem Tenor Franz Völker und dem Chor der Staatsoper Berlin. † 5.7.1945 Wiesbaden.

Hösl, Albert. Dirigent und Komponist.
* 14.1.1899 München, Sohn eines Kammermusikers. 1923 erstmals NSDAP. Bratscher im Staatsopernorchester München. 1933 SA, Propagandawart und Schulungsredner. 1940 Leiter des Orchesters der Stadt Warschau, Musikdirektor der Staatlichen Musikschule. Am 16.6.1941 Uraufführung seiner Generalgouverneur Frank (genannt *Polenschlächter*) gewidmeten *Sonate für Violine und Klavier* mit der *Philharmonie des Generalgouvernements* in Krakau. 1949 Abmeldung nach New York. Lit.: Drewniak, Theater; Prieberg, Handbuch.

Höß, Konstantin. Führer der *Karpatendeutschen Partei* (1930).
* 25.4.1903 Prag. Studium Landwirtschaft. 1935 Generalsekretär der Sudetendeutschen Partei im Prager Parlament. 1938 NSDAP, Gauwart der NS-Gemeinschaft *Kraft durch Freude.* 1939 Kreisleiter Prag, Jitschin und Pardubitz, 1942 von Heydrich abgesetzt. 1942 NSDAP-Hauptstellenleiter in der Gauleitung. Nach 1945 im Vorstand des Witikobundes. 1968 Geschäftsführer des Verbands heimatvertriebener Verleger (eine Qualifikation für diese Funktion nicht ersichtlich). † 19.3.1970 Frankfurt am Main. Lit.: Lilla.

Hoesslin, Franz von. Dirigent und Komponist.
* 31.12.1885 München als Arztsohn. Schüler Max Regers. 1927/28 Dirigent der Bayreuther Festspiele. 1932 (bis zur Entlassung 1936) Generaldirektor der Oper Breslau. 1933 Berufsverbot für seine zweite Frau, die (jüdische) Altistin Erna Liebenthal. 1934 Neuinszenierung des Bühnenweihspiels *Parsifal* in Bayreuth. 1935 auf der Liste der *Musik-Bolschewisten* der *NS-Kulturgemeinde.* Nur noch Gastspiele. 1936 Unterredung mit Hitler, inoffiziell Umzug mit Ehefrau und Kindern nach Italien (Schrader). Aufgeführt bei Drewniak (Theater) im Abschnitt »Bekannte Künstler bedachte Hitler mit Geschenken«. 1938 auf Druck Winifred Wagners Dirigent des *Parsifal* in Bayreuth. Am 3.8.1939 an Hitler: »Mein Führer! Sie haben die große Güte gehabt mir die Erlaubnis zur Ausübung meines Berufs in meinem Vaterland zu geben – darüber hinaus ehren Sie mich durch den Besuch meiner Vorstellung, – durch Ihren persönlichen Verkehr mit mir – und nun gar noch durch die Widmung eines prachtvollen Lorbeerkranzes!« Dirigent in Bayreuth bis 1941, 1944 Wechsel in die Schweiz. † 25.9.1946 Marseille bei Flugzeugabsturz.

Hoetger, Bernhard. Bildhauer und Architekt.
* 4.5.1874 Hoerde bei Dortmund. Ab 1914 in Worpswede, »nordischer Expressionist«. Hauptwerk 1926/27: Paula Modersohn-Becker-Haus in der Bremer Böttcherstraße. Hitler am 9.9.1936 auf dem NSDAP-Reichsparteitag: »Der Nationalsozialismus lehnt diese Art von Böttcherstraßen-Kultur schärfstens ab.« Juli 1937 in der Schandschau *Entartete Kunst* in München vorgeführt, Beschlagnahme von 14 seiner Werke. Trotz aller Anbiederungsversuche weitgehend abgelehnt. Ab 1948 in der Schweiz. † 18.7.1949 Beatenberg. Lit.: Strohmeyer.

Hofer, Franz, eigentlich Wüstenhöfer.
Laut Fachblatt *Kinematograph* vom 4.4.1933 Beitritt zur *NSBO-Zelle deutschstämmiger Filmregisseure* (*NS-Betriebszellen-Organisation*).
* 31.8.1882 Saarbrücken. Im I. Weltkrieg patriotische Erbauungsstummfilme wie *Todesrauschen* oder *Deutsche Helden* (beide 1914). Letzter Film 1932: Co-Regisseur zu *Drei Kaiserjäger.* Obwohl seit 1932 NSDAP, keine Aufträge in der NS-Zeit (Weniger). † 5.5.1945 Berlin.

Hofer, Karl. Maler.

* 11.10. 1878 Karlsruhe. 1920 Professor der Hochschule der bildenden Künste in Berlin. 1933 Entlassung. In Fritschs Hetzwerk *Handbuch der Judenfrage* (1936) als expressionistischer »›Künstler‹ aus dem nichtjüdischen Lager« aufgeführt, der es verdiene, »als Mittäter an dieser Kulturschande mit den Juden zusammen genannt zu werden«. 1937 in der Schandschau *Entartete Kunst* in München mit 15 Objekten vorgeführt, Beschlagnahmung von 313 (!) seiner Werke. *Meyers Lexikon* 1938: »Verfiel eine Zeitlang dem Expressionismus und vermochte ihn nur z.T. zu überwinden.« Haftmann, unter Hinweis auf die zwei Weltkriege, die Hofer erlebte: »Er ist ein klassischer Idealist, dem die Wirklichkeit das Spiel zerstörte.« 1947 Präsident der (Westberliner) Akademie der Künste. † 3.4. 1955 Berlin.

Hoff, Richard von der. Leiter der Landesgruppe Nordsee des *Kampfbunds für deutsche Kultur*.

* 12.6. 1880 Sachsenberg in Sachsen. Dr. phil. Studienrat. 1919 Gründer einer Volkshochschule auf völkischer Grundlage in Bremen. 1930 Senator. 1931 NSDAP-Kulturwart. 1933 SA-Gruppenführer, Hauptschulungsleiter für Rassenfragen, Senator für Bildungswesen in Bremen. Herausgeber der Zeitschrift *Rasse, Monatsschrift der Nordischen Bewegung*. Begründer der Nordischen Kunsthochschule. 1939 SS-Oberführer. † 7.5. 1945 Bremen.

Hoffmann, Carl. Kameramann.

* 9.6. 1881 Neiße an der Wobert. Kamera zu berühmten Stummfilmen wie *Dr. Mabuse, der Spieler* (1922), *Die Nibelungen* (1924), *Faust* (1926). Tonfilme: 1931 *Der Kongreß tanzt*, U-Boot-Streifen *Morgenrot* (Kernsatz: »Zu leben verstehen wir Deutschen vielleicht schlecht, aber sterben können wir fabelhaft«), am 2.2. 1933 in Gegenwart Hitlers uraufgeführt. 1939 *Befreite Hände*, 1941 Werkspionagefilm *Alarmstufe V*. † 13.7. 1947 Minden.

Hoffmann, Heinrich. *Reichsbildberichterstatter der NSDAP*.

* 12.9. 1885 Fürth. 1919 Bekanntschaft mit Hitler, 1920 NSDAP. Hitlers Hoffotograf und ständiger Begleiter. In Hoffmanns Fotolabor lernte Hitler seine spätere Geliebte Eva Braun kennen. 1933 MdR. Schwiegervater Baldur von Schirachs. Exklusivrechte an allen Fotos Hitlers. Hitlers Kunstberater, sichtete alljährlich die Gemälde zur Großen Deutschen Kunstausstellung (GDK) im Münchner NS-Musentempel *Haus der Deutschen Kunst* (Speer, Erinnerungen). Ende August 1937 beteiligt an einer Beschlagnahmewelle in Hamburg (allein in der Hamburger Kunsthalle 770 Objekte). Zur Eröffnung der GDK am 16.7. 1938 von Hitler Titel Professor. Tagebucheintrag von Goebbels' Pressereferent von Oven am 18.3. 1945 (»Millionär von Hitlers Gnaden, Gewohnheitssäufer«) über einen Wutanfall von Goebbels: »Dieser bucklige Säufer mit seinem vom Alkohol zerfressenen blau-roten Gesicht hatte doch tatsächlich die Unverschämtheit, dem Führer in Anwesenheit meiner Frau den Vorschlag zu machen, ihn zum Kultusminister zu machen ... Ich sei gewiß ein guter Redner, meinte er, aber von Kunst verstünde er doch mehr. Man sollte es kaum glauben. Aber wahrscheinlich war er wie gewöhnlich besoffen.« † 16.12. 1957 München.

Hoffmann, Heinz. Spielleiter und Erster Kapellmeister der Oper und Operette der Städtischen Bühnen Litzmannstadt (ab 1941).

* 9.12. 1910 Klowa in Ostpreußen. In Litzmannstadt/Lodz gab es geschlossene Vorstellungen für Wehrmacht, Polizei und Nazi-Organisationen (ab April 1940 vegetierten im Ghettolager 160000 Juden, August 1944 lebten noch 60000, die deportiert und ermordet wurden). Nach 1945 als Hoffmann-Glewe in Bonn, Karlsruhe, München, Hagen und ab 1955 in Oberhausen. † 22.10. 1981 Oberhausen. Q.: DBJ 1971.

Hoffmann, Kurt. Regisseur.
* 12.11.1910 Freiburg, Sohn des bekannten Kameramanns Carl Hoffmann. August 1939 Regiedebüt mit Rühmann-Film (ein Loblied auf die Ehe!) *Paradies der Junggesellen.* November 1939 Rühmann-Film *Hurra! Ich bin Papa!* – ein Beitrag zur NS-Bevölkerungspolitik, nämlich zur Förderung der Kinderfreudigkeit. Dezember 1941 Rühmann-Film *Quax, der Bruchpilot* (1945 Aufführungsverbot der Alliierten). Regie zu den Filmlustspielen *Kohlhiesels Töchter, Ich vertraue Dir meine Frau an* sowie *Ich werde Dich auf Händen tragen* (alle 1943, Prädikat jeweils *volkstümlich wertvoll*). Einer der erfolgreichsten westdeutschen Nachkriegsregisseure: *Ich denke oft an Piroschka* (1955), *Das Wirtshaus im Spessart* (1958), *Wir Wunderkinder* (1958) sowie die Thomas-Mann-Verfilmung *Die Bekenntnisse des Hochstaplers Felix Krull.* 1979 *Filmband in Gold* für langjähriges und hervorragendes Wirken im deutschen Film. † 25.6.2001 München.

Hoffmann, Paul. Auf der *Gottbegnadeten-Liste* (Führerliste) der wichtigsten Künstler des NS-Staates.
* 25.3.1902 Düsseldorf, Sohn eines Schwankautors (DBJ). *Staatsschauspieler.* 1927 bis 1946 in Dresden. Zwischen 1936 und 1942 in 15 Filmen, darunter 1941 der Operetten-Film *Leichte Muse.* NS-Tendenzfilme: *Bismarck,* am 6.12.1940 in Anwesenheit von Goebbels, Lammers und Gürtner uraufgeführt, 1942 Bismarck-Film *Die Entlassung* (Hitler in der Maske des berühmten Vorgängers). Januar 1945 (!) Soloauftritt in Krakau: *Heitere deutsche Dichtung von Eulenspiegel bis Morgenstern* (*Krakauer Zeitung* am 6.1.1945). 1952 Direktor des Staatstheaters Stuttgart. 1968 Direktor des Burgtheaters in Wien. † 2.12.1990 Wien.

Hoffmeyer, Horst. Geschäftsführer des *Bundes Deutscher Osten* (*Meyers Lexikon* 1937: »Vertritt die Grundsätze der nationalsozialistischen Volkstumspolitik«).
* 29.5.1903 Posen. SS-Nr. 314948, Brigadeführer (1943). NSDAP-Nr. 5 480973. In Himmlers Volksdeutschen Mittelstelle Chef Amt VII (Sicherung deutschen Volkstums in den neuen Ostgebieten). 1941 Führer des Sonderkommandos R(ußland) zur rassischen Selektion von Volksdeutschen (Heinemann), SS-Repräsentant in Transnistrien (Rumänien), beteiligt am Judenmord. Generalmajor der Polizei. September 1944 Verhaftung durch die zu den Russen gewechselten Rumänen. † Suizid 11.9.1944 Craiova vor Übergabe an Sowjets. Q.: Angrick.

Hofmann, Franz. Initiator der Gemäldeverbrennung am 20.3.1939 im Hof der Berliner Feuerwache (1004 Bildwerke, 3825 Aquarelle und Graphiken).
* 2.8.1888 Bad Reichenhall, Sohn eines Hotelbesitzers. Kunsthistoriker. 1919 *Freikorps Epp.* 1923 erstmals NSDAP, Dr. phil. November 1923 Teilnehmer *Hitlerputsch.* 1931 Kunstreferent beim NSDAP-Zentralorgan *Völkischer Beobachter.* 1932 SA. 1934 Direktor der Städtischen Galerie (Lenbach-Galerie) München. August 1937 Freistellung »zur Durchführung des von dem Führer gegebenen Auftrages, den Museenbesitz von Produkten der Verfallskunst zu säubern«, Ende August 1937 beteiligt an einer Beschlagnahmewelle in Hamburg (allein in der Hamburger Kunsthalle 770 Objekte). 1938 Abteilungsleiter Bildende Kunst im Reichspropagandaministerium. Am 28.11.1938 Vorschlag an Goebbels, die eingelagerten »entarteten« Kunstwerke »in einer symbolischen propagandistischen Handlung auf dem Scheiterhaufen zu verbrennen«. Angebot, »eine entsprechende gepfefferte Leichenrede dazu zu halten«. 1940 Hauptmann der Luftwaffe, Luftwaffen-Baubataillon 306/III (WASt). † Verbleib unbekannt. Lit.: Brenner; Bruhns; Rave; Wulf, Künste.

Hofmann, Ludwig. Bassist.
* 14.1.1895 Frankfurt am Main. 1928 Staatsoper Berlin, 1935 (bis 1955) Staatsoper Wien. Ab 1928 Bayreuther Festspiele. Goebbels am 1.9.1937 im Tagebuch: »Der Führer ist hingerissen von der Bayreuther

›Götterdämmerung‹. Vor allem von Hofmanns Hagen.« NS-Ehrung: Zu *Führers* [50.] *Geburtstag* 1939 von Hitler Titel Kammersänger. † 28.12.1963 Frankfurt am Main.

Hofmann, Ludwig von. Auf der *Gottbegnadeten-Liste* (Führerliste) der wichtigsten Maler des NS-Staates.

* 17.8.1861 Darmstadt, Sohn eines hessischen Staatsministers. Geheimer Hofrat, Dr. phil h.c. 1916 Professor an der Kunstakademie Dresden, Lehrauftrag für Monumentalmalerei. Haftmann: »Dekoratividealistische Figurenmalerei.« Thomas Mann erwarb 1914 sein Bild *Die Quelle.* NS-Ehrung: 1941 *Goethe-Medaille* für Kunst und Wissenschaft auf »persönlichen Wunsch des Führers« (Thomae). † 23.8.1945 Pillnitz.

Hofmann, Oswald. Auf der *Gottbegnadeten-Liste* (Führerliste) der wichtigsten Bildenden Künstler des NS-Staates.

* 23.3.1890 Schmiedeberg (Sudeten). Bildhauer. Ab 1926 in München. Vollmer: Arbeiten in Holz, Stein und Bronze. Auf der Großen Deutschen Kunstausstellung 1939 im Münchner *Haus der Deutschen Kunst* die Bronzeplastik *Frauenstatue* (stämmige Nackte). Kein Hinweis zur weiteren Tätigkeit.

Hofmannsthal, Hugo von. Dichter.

* 1.1.1874 Wien. † 15.7.1929 Rodaun (Wien). 1920 Mitbegründer der Salzburger Festspiele, Autor von *Jedermann* und *Das Salzburger große Welttheater* (nach Calderón). Librettist zu den Strauss-Opern *Elektra, Der Rosenkavalier, Ariadne auf Naxos, Die Frau ohne Schatten, Arabella.* Angriffe auf Strauss, da sein Librettist »Halbjude« war.

Hohenemser, Richard. Musikschriftsteller.

* 10.8.1870 Frankfurt am Main. 1913 Hauptwerk: die Monographie *Luigi Cherubini.* Publikationen zu Clara und Robert Schumann, Brahms und Beethoven. Im *Lexikon der Juden in der Musik* gebrandmarkt. † Suizid 8.4.1942 Berlin, vor Deportation.

Hohenlohe, Alexandra Prinzessin zu.

* 22.4.1901. Laut *Aufstellung derjenigen Parteigenossen, die Angehörige fürstlicher Häuser sind*: 1.5.1933 NSDAP, Nr. 3587919. Anmerkung: »verstorben« (1942).

Hohenlohe, Hella Prinzessin zu.

* 25.2.1883 Verden an der Aller. Laut *Aufstellung derjenigen Parteigenossen, die Angehörige fürstlicher Häuser sind*: 1.5.1937 NSDAP, Nr. 5637217. † 7.1.1943 Radewitz bei Wartin.

Hohenlohe, Konstantin Prinz zu.

* 11.9.1893 Rothenhaus. Akademischer Maler und Museumsdirektor, Rittmeister a.D. Ritter des bayerischen St. Georgs Orden. Ehrenbürger von Weikersheim. Laut *Aufstellung derjenigen Parteigenossen, die Angehörige fürstlicher Häuser sind*: 1.12.1938 NSDAP, Nr. 6580933. † 2.6.1973 Bad Mergentheim.

Hohenlohe, Mariella Prinzessin zu, verheiratete Lahmann.

* 31.8.1900. Laut *Aufstellung derjenigen Parteigenossen, die Angehörige fürstlicher Häuser sind*: 1.9.1932 NSDAP, Nr. 1331054, Gau Berlin.

Hohenlohe, Rudolf Prinz zu.

* 1.12.1903 Rothenhaus. Laut *Aufstellung derjenigen Parteigenossen, die Angehörige fürstlicher Häuser sind*: 1.1.1936 NSDAP, Nr. 3508258, Gau Sudetenland. Nach 1945 Inhaber einer Versicherungs-, Immobilien- und Finanzagentur. † 13.9.1976 Tegernsee.

Hohenlohe-Bartenstein, Friedrich Prinz zu.

* 3.9.1910 Aeschach bei Lindau. Laut *Aufstellung derjenigen Parteigenossen, die Angehörige fürstlicher Häuser sind*: 1.5.1933 NSDAP, Nr. 1891333. Anmerkung: [NSDAP-] Landesgruppe Italien. Nach 1945 Industriekaufmann. † 16.5.1985 Bad Godesberg.

Hohenlohe-Bartenstein, Karl 8. Fürst zu. * 20.10.1905 Bartenstein. Laut *Aufstellung derjenigen Parteigenossen, die Angehörige fürstlicher Häuser sind*: 1.11.1932 NSDAP, Nr. 1359811. Hauptmann der Infanterie. † 7.5. 1950 Unterbalbach in Baden bei Autounfall.

Hohenlohe-Jagstberg, Albrecht 5. Fürst zu.
* 9.9. 1906 Bartenstein. Prinz zu Hohenlohe-Bartenstein. Ehrenkreisjägermeister. Laut *Aufstellung derjenigen Parteigenossen, die Angehörige fürstlicher Häuser sind*: 1.8. 1932 NSDAP, Nr. 1234146. † 23.1. 1996 Niederstetten in Württemberg.

Hohenlohe-Langenburg, Alexandra Fürstin zu.
* 1.9. 1878 Coburg. 1896 erste Ehefrau von Fürst Ernst. Laut *Aufstellung derjenigen Parteigenossen, die Angehörige fürstlicher Häuser sind*: 1.5. 1937 NSDAP, Nr. 4969451, Gau Württemberg-Hohenzollern. † 16.4. 1942 Schwäbisch-Hall.

Hohenlohe-Langenburg, Ernst 7. Fürst zu.
* 13.9. 1863 Langenburg. Ehemals Regent des Herzogtums Sachsen-Coburg und Gotha, Kaiserlicher Legationsrat. Königlich preußischer Oberstleutnant à la suite der Armee. Kommendator (sic) des Johanniterordens. Laut *Aufstellung derjenigen Parteigenossen, die Angehörige fürstlicher Häuser sind*: 1.4. 1936 NSDAP, Nr. 3726902, Gau Württemberg-Hohenzollern. † 11.12. 1950 Langenburg.

Hohenlohe-Langenburg, Gottfried 8. Fürst zu.
* 24.3. 1897 Langenburg. Kommendator (sic) des Johanniterordens. Laut *Aufstellung derjenigen Parteigenossen, die Angehörige fürstlicher Häuser sind*: 1.5. 1937 NSDAP, Nr. 4023070, Gau Württemberg-Hohenzollern. Oberstleutnant der Reserve a.D. † 11.5. 1960 Langenburg.

Hohenlohe-Langenburg, Irma zu.
* 4.7. 1902 Langenburg. Laut *Aufstellung derjenigen Parteigenossen, die Angehörige fürstlicher Häuser sind*: 1.5. 1937 NSDAP, Nr. 4453767, Gau Württemberg-Hohenzollern. † 8.3. 1986 Heilbronn.

Hohenlohe-Langenburg, Karl Erwin Prinz zu.
* 1.12. 1903 Rothenhaus. Laut *Aufstellung derjenigen Parteigenossen, die Angehörige fürstlicher Häuser sind*: 1.12. 1938 NSDAP, Nr. 6380922, Gau Sudetenland. Diplomingenieur, Forstdirektor. † 4.5. 1983 Ravensburg.

Hohenlohe-Langenburg, Konstantin Prinz zu.
* 11.9. 1893 Rothenhaus. Akademischer Maler und Museumsleiter. Laut *Aufstellung derjenigen Parteigenossen, die Angehörige fürstlicher Häuser sind*: 1.12. 1938 NSDAP, Nr. 6580933. † 2.6. 1973 Bad Mergentheim.

Hohenlohe-Langenburg, Margarita Erbprinzessin zu.
* 18.4. 1905. Laut *Aufstellung derjenigen Parteigenossen, die Angehörige fürstlicher Häuser sind*: 1.5. 1937 NSDAP, Nr. 4453768, Gau Württemberg-Hohenzollern.

Hohenlohe-Langenburg, Rudolf Prinz zu. SS-Untersturmführer (1943).
* 1.12. 1903 Rothenhaus bei Komotau. SS-Nr. 335267. NSDAP-Nr. 3508258 (Headquarters Command). † 13.9. 1976 Tegernsee.

Hohenlohe-Langenburg, Viktoria Prinzessin zu.
* 21.10. 1914 Wien. Tochter eines Generalmajors. 1934 Heirat mit Prinz Karl Erwin. Laut *Aufstellung derjenigen Parteigenossen, die Angehörige fürstlicher Häuser sind*: 1.12. 1938 NSDAP, Nr. 6510492, Gau Sudetenland. Nach 1945 Wohnort Hoßkirch bei Aulendorf in Württemberg.

Hohenlohe-Oehringen, August 7. Fürst zu.
* 28.4. 1890 Madrid. Genealogisches Handbuch: »4. Herzog von Ujest usw.« Laut *Aufstellung derjenigen Parteigenossen, die Angehörige fürstlicher Häuser sind*: 1.5. 1937 NSDAP, Nr. 5371558, Gau Berlin. † 2.8. 1962 Stuttgart.

Hohenlohe-Oehringen, Kraft Prinz zu.
* 16.3. 1892 Dresden. Laut *Aufstellung derjenigen Parteigenossen, die Angehörige fürstlicher Häuser sind*: 1.7. 1933 NSDAP, Nr. 1787117, Anmerkung: NSDAP-Auslandsorganisation, unbekannt verzogen. † 2.9. 1965 Rom.

Hohenlohe-Oehringen, Max Hugo Prinz zu.

* 25. 3. 1893   Berlin.   Genealogisches Handbuch: Herr auf Meffersdorf und Oberschwerta, Oberlausitz. Königlich preußischer Leutnant der Reserve. Laut *Aufstellung derjenigen Parteigenossen, die Angehörige fürstlicher Häuser sind*: 1. 5. 1933 NSDAP, Nr. 2 151756, Gau Niederschlesien. † 17. 10. 1951 Schrozberg in Württemberg.

Hohenlohe-Schillingsfürst, Alfred Prinz zu.

* 31. 3. 1889 Salzburg. K.u.K. Kammerherr. Legationssekretär. Laut *Aufstellung derjenigen Parteigenossen, die Angehörige fürstlicher Häuser sind*: 1. 5. 1938 NSDAP, Nr. 6 294978, Gau Wien. † 21. 10. 1948 Prestwick, Schottland, bei Flugzeugabsturz.

Hohenlohe-Waldenburg-Schillingsfürst, Karl-Friedrich 8. Fürst zu.

* 31. 7. 1908 Waldenburg. Laut *Aufstellung derjenigen Parteigenossen, die Angehörige fürstlicher Häuser sind*: 1. 5. 1933 NSDAP, Nr. 3 409977, Gau Württemberg-Hohenzollern.

Hohenzollern, Albrecht Prinz von.

* 28. 9. 1898 Potsdam. Major der Reserve a. D. Landwirt und Komponist (sic). Großkreuz des Malteser-Ritter-Ordens. Laut *Aufstellung derjenigen Parteigenossen, die Angehörige fürstlicher Häuser sind*: 1. 1. 1934 NSDAP, Nr. 3 289751, Gau Moselland. † 30. 7. 1977 Bühlerhöhe.

Hohenzollern, Ilse Margot Prinzessin von.

* 28. 6. 1901 Potsdam. Tochter eines Königlich preußischen Generalleutnants. 1919 Titel Prinzessin von Hohenzollern (Durchlaucht). 1921 Ehe mit Prinz Albrecht. Laut *Aufstellung derjenigen Parteigenossen, die Angehörige fürstlicher Häuser sind*: 1. 1. 1934 NSDAP, Nr. 3 289752, Gau Moselland. Anmerkung: »Ortsfrauenschaftsleiterin.« Nach 1945 Wohnsitz Burg Namedy, Andernach. † 2. 7. 1988 Andernach.

Hohenzollern-Emden, Franz Joseph Prinz von.

* 30. 8. 1891 Heiligendamm in Mecklenburg. Laut *Aufstellung derjenigen Parteigenossen, die Angehörige fürstlicher Häuser sind*: 1. 4. 1936 NSDAP, Nr. 3 756580. Korvettenkapitän der Reserve a. D. Hinzufügung des Beinamens Emden für die Besatzung des Kreuzers *Emden* gemäß Order Wilhelm II. † 3. 4. 1964 Tübingen.

Hohlbaum, Robert. Schriftsteller.

* 28. 8. 1886 Jägersdorf. Universitätsbibliothekar in Wien. 1937 Direktor der Stadtbibliothek Duisburg, »weil er als Vorkämpfer großdeutscher Ideale dem Druck der Regierung Schuschnigg weichen mußte« (*Meyers Lexikon* 1938). Zur Volksabstimmung zum »Anschluß« Österreichs April 1938: »Dadurch erst sind wir der Befreiungs-Tat des größten Mannes der Weltgeschichte würdig geworden.« Oktober 1938 auf Goebbels' *Weimarer Dichtertreffen* Bekenntnisvortrag als *Dichter der Ostmark* (Österreich). 1942 Leiter der Landesbibliothek Weimar. Weihevertse *Führer und Vaterland* in Bühners Anthologie *Dem Führer*: »Leuchtende Tat und einsamster Gedanke,/duftiges Märchen, Glut, in Kraft versteint,/Kind, Mann und Gott, es hat sich ohne Schranke/vor uns in eines Mannes Bild vereint.« † 4. 2. 1955 Graz.

Hohlwein, Ludwig. Auf der *Gottbegnadeten-Liste* (Führerliste) der wichtigsten Gebrauchsgraphiker und Entwurfzeichner des NS-Staates.

* 27. 7. 1874 Wiesbaden. Maler und Architekt in München, spezialisiert auf Plakatkunst. Oktober 1932 Plakat zum Reichsjugendtag der HJ in Potsdam, Baldur von Schirach: »Das Plakat zeigte einen strahlenden Hitler-Jungen im Braunhemd. Dahinter waren die HJ-Fahne und ein Adler zu sehen.« Auf der Großen Deutschen Kunstausstellung 1939 im Münchner NS-Musentempel *Haus der Deutschen Kunst* mit den Bildern *Auerhahn* und *In den Donauauen*, 1941: *Verluderter* [sic] *Gams* sowie *Hirsch an der*

Suhle (Aquarelle). † 15. 9. 1949 Berchtesgaden.

Hohner, Ernst. Vorstand und Betriebsleiter der Harmonikafabrik Matth. Hohner AG.
* 28. 6. 1886 Trossingen. Leiter der *Arbeitsgemeinschaft Reichsmusikkammer – Musikinstrumentengewerbe*. Meyers Lexikon 1938: »Größte Harmonikafabrik der Welt« in Trossingen im Schwarzwald. † 15. 10. 1965 Trossingen.

Hohoff, Curt. Schriftsteller.
* 18. 3. 1913 Emden. Dr. phil. 1941 Erzählungen: *Der Hopfentreter*. Einer der einflußreichsten Feuilletonisten der Nachkriegszeit. Laut Sarkowicz beeinflußte er nach 1945 das positive Bild über die Hitlerhuldigerinnen Agnes Miegel und Ina Seidel, hielt den Blut-und-Boden-Klassiker *Volk ohne Raum* des Hitler-Sympathisanten Hans Grimm für den »einzigen politischen Roman der Epoche«.

Hoinkis, Erich. »Frontdichter« (Eigenbezeichnung).
* 31. 1. 1887 Michelsdorf in Schlesien. 1932 Roman *Nacht über Flandern*. 1936 Gedichte *Froovölker und Monnsbilder* (sic). 1936 Roman *Er und seine Kompanie*. 1938 Teilnehmer des *Reichsfrontdichtertreffens* in Guben (*Gubener Zeitung* vom 14. 6. 1938). † 19. 4. 1955 Hermannsburg bei Celle.

Holfelder, Albert. Ministerialrat im Reichserziehungsministerium (REM).
* 21. 5. 1903 Wien als Musikersohn. Jurist. Ab 1920 *Freikorps Oberland* und *Bund Oberland* (rechtsradikales Freikorps). 1933 NSDAP. 1934 pro forma Professor der Erziehungswissenschaftlichen Hochschule für Lehrerbildung (HfL) Kiel, Sachbearbeiter HfL (zur NS-Indoktrinierung) im REM. 1935 SS. 1936 Ministerialrat, Mitherausgeber der Zeitschrift *Weltanschauung und Schule*, (bis 1938) Persönlicher Referent des Reichsministers Rust. 1938 Chef des Ministeramts im REM. 1944 SS-Standartenführer. 1945 Internierung. 1953 Cheflektor Pädagogik im Georg-Westermann-Verlag in Braunschweig.

† 3. 5. 1968 Mittelal im Schwarzwald. Lit.: Grüttner.

Holitscher, Arthur. Einer jener zwölf Schriftsteller, die vom *Börsenverein der Deutschen Buchhändler* »als schädigend« gebrandmarkt wurden und nicht verbreitet werden durften.
* 22. 8. 1869 Budapest, Sohn eines jüdischen Kaufmanns. 1908 Drama *Der Golem* (1914 als Stummfilm). Lektor im Verlag Cassirer. 1918 im Arbeiter- und Soldatenrat Berlin. 1919 Aufruf zur ersten Aktions-Wanderbühne für Berliner Arbeiter, dem *Proletarischen Theater*. 1933 Opfer der Bücherverbrennung, Flucht über Wien, Budapest nach Paris, Suizidversuch. 1939 in der Schweiz, fast blind, vereinsamt und verarmt. † 14. 10. 1941 Genf.

Holl, Gussy. Schauspielerin und Sängerin.
* 22. 2. 1888 Frankfurt am Main. Star des *Linden-Kabaretts*, am *Chat noir* und im Cabaret *Schall und Rauch* (im Keller des Großen Schauspielhauses) in Berlin. In erster Ehe (1918) mit dem Schauspieler Conrad Veidt verheiratet, in zweiter Ehe (1922) mit Emil Jannings. Laut Ebermayer über Goebbels: »Diese Augen! Diese Hände!« † 16. 7. 1966 Salzburg.

Hollaender, Friedrich. Komponist und Kabarettist.
* 18. 10. 1896 London, Sohn von Victor Hollaender. Texte und Musik zu Revuen, Bühnenstücken, Filmen. 1930 Gründer des Berliner *Tingel-Tangel Theaters*, Weltruhm mit dem Marlene-Dietrich-Song *Ich bin von Kopf bis Fuß auf Liebe eingestellt* im Film *Der blaue Engel*. Am 22. 2. 1933 Regiedebüt mit dem Film *Ich und die Kaiserin*, danach Flucht nach Frankreich, Großbritannien, 1935 USA. Filmmusiken für Hollywood. 1956 Rückkehr BRD. 1959 Filmmusik zu Kurt Hoffmanns *Das Spukschloß im Spessart*. 1965 Erinnerungen: *Von Kopf bis Fuß … – Mein Leben mit Text und Musik*. Ebenfalls 1965: *Filmband in Gold* für langjähriges und hervorragendes Wirken im deutschen Film. † 18. 1. 1976 München.

Hollaender, Victor. Kapellmeister und Operettenkomponist.
* 20. 4. 1866 Leobschütz in Oberschlesien. Kapellmeister am Berliner Metropoltheater. Einer der beliebtesten Berliner Unterhaltungskomponisten. 1933 Aufführungsverbot seiner Werke, da Jude, Flucht in die USA. † 24. 10. 1940 Hollywood.

Holst, Maria, eigentlich Czizek. Schauspielerin.
* 2. 4. 1917 Wien. Auftritte am Wiener Volks- und Burgtheater. 1940 im Willi-Forst-Film *Operette*. 1944 im Operettenfilm *Wiener Blut*, Ehe mit Graf Eugen Ledebur. Nach 1945: *Grün ist die Heide* (1951), *Rosen aus dem Süden* (1954), *Die Trapp-Familie* (1956). 1958 im Harlan-Film *Es war die erste Liebe*. † 8. 10. 1980 Salzburg. Drewniak (Film): »Sie starb arm und einsam.«

Holst, Niels von. Kunsthistoriker.
* 16. 1. 1907 Riga. Dr. phil. SA, *Kampfbund für Deutsche Kultur*. 1938 Leiter des Außenamts der Staatlichen Berliner Museen. Zusammenarbeit mit *SS-Ahnenerbe*. Leiter des Landesmuseums Riga. Mitarbeit *Einsatzstab Reichsleiter Rosenberg*, speziell im Baltikum und Osteuropa aktiv. 1970 Wohnsitz: Eisenberg (Pfalz). † 1981.

Holt, Hans (Künstlername). Auf der *Gottbegnadeten-Liste* der Schauspieler, die für die Filmproduktion benötigt werden.
* 22. 11. 1909 Wien. Schauspieler am Wiener Theater in der Josefstadt (bis 1952). In der NS-Zeit in 34 Filmen, darunter die Filmposse *Lumpazivagabundus* (1937), der Revuefilm *Menschen im Varieté* sowie das Mutterkreuz-Opus *Mutterliebe* (1939), Prädikat: *staatspolitisch besonders wertvoll*. 1942 als Mozart im Mozart-Film *Wen die Götter lieben*. 1951 Hauptrolle in Harlans Nachkriegsdebüt *Unsterbliche Geliebte*. 1958 Hauptrolle in Harlans letztem Film *Ich werde dich auf Händen tragen*. 1960: *Glocken der Heimat*, 1974: *Wetterleuchten über dem Zillertal*. 1987 *Filmband in Gold* für langjähriges und hervorragendes Wirken im deutschen Film. † 3. 8. 2001 Baden bei Wien.

Holthoff von Faßmann, Wilhelm. Preußischer Rittmeister a. D. und Theaterintendant.
* 3. 10. 1879 Berlin, Taufpate laut *Führerlexikon*: Seine Majestät Kaiser Wilhelm I. 1899–1910 aktiver Offizier. 1910–1920 Intendant der Hoftheater Coburg-Gotha. 1922 Generalintendant des Deutschen Opernhauses Berlin-Charlottenburg. 1933 Intendant des Preußischen Staatstheaters Kassel. Im Vorstand der Sterbekasse des Deutschen Bühnenvereins. † 5. 10. 1952 Bad Pyrmont.

Holthusen, Hans Egon. Schriftsteller.
* 15. 4. 1913 Rendsburg als Pfarrerssohn. Ab 1933 SS-Standarte *Julius Schreck*. 1937 NSDAP, Lektor für ausländische Studenten der Universität München. Kriegsdienst. April 1940 in der Monatsschrift *Eckart* über den Überfall auf Polen: »Der Sinn unseres Marsches war ein Jahrtausend alt. ›Nach Ostland wollen wir reiten‹, hatten die niederdeutschen Ordensritter und Siedler des ottonischen und stauffischen Mittelalters gesungen, und heute war es dasselbe Lied, das uns geleitete … In Stahl und Panzern schien der kategorische, der preußische Imperativ sich verkörpert zu haben, diese eherne Sachlichkeit, die zu den wesentlichen Tugenden unseres Volkes gehört.« Nach 1945 freier Schriftsteller. Ehrungen (Auswahl): 1953 Literaturpreis des Kulturkreises im Bundesverband der Deutschen Industrie. 1984 Kunstpreis des Landes Schleswig-Holstein sowie Bayerischer Maximiliansorden für Wissenschaft und Kunst. 1987 *Großes Verdienstkreuz des Verdienstordens der BRD*. 1993 Johann-Heinrich-Merck-Preis der Deutschen Akademie für Sprache und Dichtung in Darmstadt. † 21. 1. 1997 München. Lit.: König; Schonauer.

Holtz, Wilhelm Hinrich. Leiter des *Emmy-Göring-Stifts* für alte arische Schauspieler in Weimar.
* 10. 2. 1885 Bremen. Charakterkomiker am Deutschen Nationaltheater Weimar. Stellv. Landesleiter Gau Thüringen der Reichstheaterkammer (DBJ). NS-Ehrung:

Auf Vorschlag des Reichspropagandaministeriums Titel *Staatsschauspieler* (BA R 55/72). Bis zum 80. Lebensjahr auf der Weimarer Bühne, Kurator der Marie-Seebach-Stiftung. † 22. 3. 1971 Weimar. Nachruf *Deutsches Bühnen-Jahrbuch*: »Freund der alternden Künstler«.

Holzapfel, Carl Maria. Stellv. Leiter des Reichsamts *Feierabend* der NS-Gemeinschaft *Kraft durch Freude.*
* 21. 10. 1890 Unna. 1930 NSDAP. Leiter des NS-Volkskulturwerks. 1934 Autor: *Einer baut einen Dom – Freiheitsgedichte,* Textprobe: »Wir haben uns Hitler verschworen,/den uns der Himmel gesandt!/ Aus allen Fenstern und Toren/weht heute sein Hakenkreuzband!« 1936 Drehbuch zum Montagefilm *Ewiger Wald,* produziert von Rosenbergs *Nationalsozialistischer Kulturgemeinde.* † 31. 12. 1945 Berlin. Q.: Wulf, Literatur.

Homann, Günter. Pianist.
* 12. 4. 1895 Berlin. 1925 Professor am Konservatorium in Stuttgart. NSDAP 1932 (Nr. 1 224510). Ab 1933 Gaumusikreferent Württemberg der *Nationalsozialistischen Kulturgemeinde* sowie Gaumusikreferent des NS-Lehrerbunds. † 5. 10. 1952 Kreuzlingen/Schweiz. Q.: Prieberg.

Hommel, Conrad. Auf der *Gottbegnadeten-Liste* (Führerliste) der wichtigsten Maler des NS-Staates.
* 16. 2. 1883 Mainz. Häufiger Kontakt zu Goebbels. Goebbels am 11. 4. 1936 im Tagebuch: »Nachmittags viel Besuch: Hommel, die Dannhoff, Jannings und Klöpfers.« Am 1. 8. 1936: »Kleine Bootsfahrt mit Prof. Hommel und Erika Dannhof.« Hitler kaufte 1938 Hommels Goebbels-Porträt (Rötelzeichnung). 1939 Heirat mit Barbara von Kalckreuth, Leiter einer Malklasse der Berliner Akademie. Auf der Großen Deutschen Kunstausstellung 1939 im Münchner NS-Musentempel *Haus der Deutschen Kunst* mit dem Ölgemälde *Reichsjägermeister Hermann Göring* (Göring mit erlegtem Hirsch) sowie *Generalfeldmarschall Hermann Göring.* Bereits 1937 in der ersten Münchner Ausstellung

mit den Bildnissen *Generalfeldmarschall von Mackensen* sowie *Reichsminister Dr. Schacht,* Besprechung des damaligen Kunstbetrachters Henri Nannen Oktober 1937 in der Zeitschrift *Die Kunst für Alle*: »Eindringlich und malerisch gepflegt«. Porträtierte mehrmals Hitler (1942: *Der Führer auf dem Feldherrnhügel*) sowie Speer als Architekt und als Reichsminister. † 11. 11. 1971 Siehlbek. Q.: Thomae.

Hoopts, Fritz. Auf der *Gottbegnadeten-Liste* der Schauspieler, die für die Filmproduktion benötigt werden.
* 5. 6. 1875 Oldenburg. 1934 in *Das alte Recht,* Werbefilm für Erbhofgesetz. 1935 Film *Friesennot,* im offiziellen Filmprogramm der NSDAP und der HJ verwendet: Eine Friesengemeinde an der Wolga bringt zur Verteidigung der Reinheit der Rasse alle Rotgardisten um. 1939 in *Robert und Bertram* (Leiser: die Karikatur des jüdischen Untermenschen). 1941 Hetzfilm *Ohm Krüger.* Mai 1944 im HJ-Film *Junge Adler.* Januar 1945 in Harlans Durchhalte-Schnulze *Kolberg.* † 16. 5. 1945 Oldenburg.

Hoppe, Marianne. Auf der von Hitler genehmigten Liste der unersetzlichen Schauspieler des Reichspropagandaministeriums (1944).
* 26. 4. 1909 Rostock. In der NS-Zeit in 21 Filmen. 1934 Titelrolle im Kriegs- und Abenteuerfilm *Schwarzer Jäger Johanna* (sic). Goebbels am 1. 10. 1935 im Tagebuch: »Marianne Hoppe: sie muß Farbe bekennen. Ihr Jude, sagt sie, ist lange abgemeldet. Ich halte ihr auch die Unmöglichkeit eines solchen Zustandes vor. Sie sieht das ein.« 1935 am Staatlichen Schauspielhaus Berlin unter Gründgens. Juni 1936 Heirat mit Gustaf Gründgens (Scheidung 1946). Peter Kreuder: »Das Volk, besonders das Berliner Volk, grinste über diese Hochzeit ... Man trällerte den Vers: ›Hoppe, Hoppe, Gründgens – wo bleiben denn die Kindgens? Hoppe, Hoppe, Kindgens – das hat wohl seine Gründgens ...‹« Goebbels am 28. 8. 1936 im Tagebuch: »Abends mit Jugo, Claudius und Hoppe in

der Scala.« 1937 in Harlans Hitlerhuldigung *Der Herrscher* als Geliebte des Herrschers. Laut Harlan Hoppe-Büste von Goebbels' Lieblingsbildhauer Fritz Klimsch. 1941 Titelrolle im Käutner-Film *Auf Wiedersehen, Franziska!* Courtade: »Er soll die zahllosen deutschen Frauen trösten, die der Krieg einsam gemacht hat.« 1943 im Käutner-Melodram *Romanze in Moll.* NS-Ehrung: 1937 *Staatsschauspielerin.* Filme nach 1945: *Der Mann meines Lebens* (1954), *Die eiskalte Gräfin* (1961), *Der Schatz im Silbersee* (1962). 1987 *Filmband in Gold* für langjähriges und hervorragendes Wirken im deutschen Film. Trägerin des Bayerischen Maximilianordens für Wissenschaft und Kunst. † 23. 10. 2002 Siegsdorf in Bayern. Der bayerische Ministerpräsident Edmund Stoiber in einer Traueranzeige (*Süddeutsche Zeitung* vom 29. 10. 2002): »Marianne Hoppe war eine Königin von Film und Bühne: In jeder Rolle neu und immer einzigartig … Wir sind glücklich über jeden Film, den es mit ihr gibt.« Lit.: Drewniak, Theater; Giesen.

Horkheimer, Max. Sozialphilosoph.
* 14. 2. 1895 Stuttgart-Zuffenhausen. Aus einer jüdischen Fabrikantenfamilie. 1925 Habilitation in Frankfurt am Main: *Kants Kritik der Urteilskraft als Verbindungsglied zwischen theoretischer und praktischer Philosophie.* 1930 Direktor des Instituts für Sozialforschung, ein Forum zumeist großbürgerlicher Marxisten unter dem Begriff *Kritische Theorie.* 1932, angesichts der Erfolge der Nationalsozialisten, Errichtung einer Außenstelle in Genf und Transfer von Stiftungsgeldern dorthin, Herausgeber der *Zeitschrift für Sozialforschung.* 1933 in der Schweiz, ab 1934 USA, Weiterführung des Instituts. Familiärer Kontakt zu Thomas Mann. 1947 mit Adorno Hauptwerk: *Dialektik der Aufklärung.* 1949 Lehrstuhl in Frankfurt, 1951–1953 Rektor. Begründer der sog. Frankfurter Schule. † 7. 7. 1973 Nürnberg. Lit.: Hauschild.

Horn, Camilla. Schauspielerin.
* 25. 4. 1903 Frankfurt am Main. Zwischen 1933 und 1945 in 26 Filmen. Goeb-

bels am 24. 10. 1936 im Tagebuch: »Mit Frau Horn ihren Film ›Weiße Sklaven‹ [gegen marxistische Volksmörder] durchgesprochen … Ist ganz klug.« Filme wie *Die keusche Geliebte* (1940) oder *Friedemann Bach* (1941). Nach 1945 Tourneetheater. Filme: *Königin der Arena* (1952), *Wer weint denn schon im Freudenhaus* (1970), *Schloß Königswald* (1987). *Filmband in Gold* für langjähriges und hervorragendes Wirken im deutschen Film 1974. 1985 Erinnerungen: *Verliebt in die Liebe.* Das *Deutsche Bühnen-Jahrbuch* zum 70. Geburtstag: »Besonders durch ihre Filme in den dreißiger Jahren bekannt.« † 14. 8. 1996 Gilching in Oberbayern.

Horn, Walter. Kulturschriftleiter der *Nationalsozialistischen Landpost.*
* 6. 11. 1902 Breslau. Kunstbetrachter in Berlin-Zehlendorf. Januar 1937 in der *Deutschen Theater-Zeitung:* »Die deutsche Bühne ist als das Kampftheater junger leidenschaftlicher Kräfte mit das wesentlichste Ausdrucksmittel unserer nationalsozialistischen Kultur geworden.« Zahlreiche Beiträge für das Rosenberg-Organ *Die Kunst im Deutschen Reich,* »nach dem Willen des Führers die würdige Repräsentantin des neuen deutschen Kulturwillens« (Reklame des *Zentralverlags der NSDAP*). 1938 Herausgeber: *Hanns Johst, Meine Erde heißt Deutschland.* Nach 1945 Autor in Berlin, Spezialist für »Humorbücher« (Literatur-Kürschner), darunter 1961: *Die Berlinerin in Scherz, Satire und Anekdote.* Q.: Wulf, Theater.

Horney, Brigitte. »Darstellerin lebenserfüllter Mädchen- und Frauengestalten« (*Meyers Lexikon* 1938).
* 29. 3. 1911 Berlin. Zwischen 1933 und 1943 in 24 Filmen. 1934 Durchbruch mit dem Lied *So oder so ist das Leben, so oder so ist es gut* im Film *Liebe, Tod und Teufel.* Goebbels am 29. 11. 1937 im Tagebuch über einen Nachmittagstee bei Philipp Bouhler: »Der Führer ist auch da. Birgel, Horney, Benkhoff.« Neben Unterhaltungsfilmen Dezember 1938 *Ziel in den Wolken,* ein diskreter Propagandafilm zur

Aufrüstung der Luftwaffe. November 1940, nach dem Überfall auf Polen, Titelrolle im Film *Feinde*, Einführungstext: »Im Jahre 1939 entfachte das englische Garantieversprechen die polnische Mordfurie«. 1943 Hauptrolle im Ufa-Jubiläumsfilm *Münchhausen*. Goebbels am 29.6. 1944 im Tagebuch: »Ich sah wenige Schauspieler und Schauspielerinnen, die so klare Meinungen zum Krieg zur Schau tragen wie sie.« Goebbels' Pressereferent von Oven am 29.6. 1944 im Tagebuch: »Gestern war Brigitte Horney zum Abendessen eingeladen. Sie kam gerade aus der Schweiz, wo sie lange an einem Lungenleiden herumkuriert hat ... Der Minister verspricht, ihr die zur Ausheilung ihres Lungenleidens notwendigen Devisen zu besorgen.« Nach 1945 in Filmen wie *Gefangene der Liebe* (1954) oder *Neues vom Hexer* (1965, Edgar-Wallace-Krimi). 1972 *Filmband in Gold* für langjähriges und hervorragendes Wirken im deutschen Film. † 27.7. 1988 Hamburg. Lit.: Drewniak, Film; Moeller.

Horváth, Ödön von. Schriftsteller. * 9.12. 1901 Susak in Istrien, Sohn eines königlich-ungarischen Diplomaten. 1931 Durchbruch mit dem bitterbösen Opus *Geschichten aus dem Wiener Wald*, Kleist-Preis, Förderpreis für junge Dichter. NS-Gegner, dennoch 1934 Beitrittsantrag beim *Reichsverband Deutscher Schriftsteller*, Mitglied der *Union Nationaler Schriftsteller* (Scholdt). 1935 Wohnort Wien. Befreundet mit Zuckmayer und Csokor. Klaus Mann: »Plauderte für sein Leben gern über seltsame Unfälle«. † 1.6. 1938 in Paris während eines Gewitters von einer Ulme erschlagen.

Hotter, Hans. Auf der *Gottbegnadeten-Liste* (Führerliste) der wichtigsten Künstler des NS-Staates. * 19.1. 1909 Offenbach. Heldenbariton, Wagner-, speziell Wotansänger. Stationen: 1934 Staatsoper Hamburg, 1937 Staatsoper München, 1943 Salzburger Festspiele. Goebbels am 30.5. 1942 im Tagebuch: »Der kommende große Baritonist [sic] ist Hotter, der augenblicklich in München singt.« Filme: 1939 neben Käte Dorsch im Mutterkreuz-Opus *Mutterliebe*, Prädikat: *staatspolitisch besonders wertvoll*. 1942 Hauptrolle in *Brüderlein fein* (um den Volksdichter Ferdinand Raimund), 1944 Verwechslungskomödie *Seine beste Rolle*. 1947 Staatsoper Wien, Bayreuther Festspiele. 1964 in Wien zum Professor ernannt. † 6.12. 2003 München.

Houwald, Albrecht Freiherr von. Sippenforscher. * 10.6. 1866 Köslin. Oberjustizrat. 1928 Aufsatz *Eisernes Buch Deutschen Adels Deutscher Art* mit der Anregung, vor Verlobungsanzeigen »rassische Prüfungen« vorzunehmen, um »spätere Generationen vor versteckter jüdischer Blutszufuhr [zu] schützen«. 1931 NSDAP. Mitarbeiter des Rassenpolitischen Amts der NSDAP. † 17.1. 1958 Neuhaus bei Lübben. Lit.: Malinowski.

Hoyer, Hermann Otto. Oberstdorfer Bauernmaler. * 15.1. 1893 Bremen. Auf der Großen Deutschen Kunstausstellung 1937 im Münchner NS-Musentempel *Haus der Deutschen Kunst* mit dem Bild *Im Anfang war das Wort* (im Besitz Hitlers). Hoyer stellte 1943 zu seinem 50. Geburtstag sein Bild *Der SA-Mann* dem *Braunen Haus* zur Ausschmückung zur Verfügung. NS-Ehrung: Auf Antrag Bormanns (trotz Titelsperre) am 1.7. 1943 von Hitler zum Professor ernannt. Begründung: Alter Parteigenosse und »Künder der nationalsoz. Idee«. Goebbels' Pressereferent von Oven am 18.7. 1943 im Tagebuch über den Empfang von sieben geehrten Malern bei Goebbels, darunter Hoyer: »Sie griffen kräftig in die ministeriellen Zigarrenkisten, tranken die Cocktails als wären es Sechserschnäpse, redeten über Kunst und nickten verlegen und selig zugleich Zustimmung, wenn der Minister etwas sagte.« Q.: Thomae.

Hrich, Walter. Kameramann. * 18.4. 1907 Wien. 1930 Kameraassistent zum Film *Die Dreigroschenoper*. 1938 bei Ufa-Wochenschau. Juni 1939 »Dokumen-

tation« *Im Kampf gegen den Weltfeind*
(Kommunismus) über »Francos Helden-
Regimenter« und Hitlers *Legion Condor.*
August 1939 bis 1941 l. Marine-Propa-
ganda-Kompanie. Beim Überfall auf Polen filmte er die Beschießung und Übergabe der Westerplatte [polnische Festung
vor Danzig]. Kamera zu Hipplers Propagandastreifen *Der Feldzug in Polen* (1940).
1941–1947 in australischer Kriegsgefangenschaft. Filme wie *Die Frau des Botschafters* (1955), *Ferien auf Immenhof*
(1957), *Er ging an meiner Seite* (Kriegsfilm
1958). *Morgen wirst du um mich weinen*
(1959).

Huber, Ernst. Leiter der Abteilung Volkstum und Heimat der *Nationalsozialistischen Kulturgemeinde.*
* 18.1.1902   Oberbrändi/Freudenstadt.
Lehrer. 1925 NSDAP. 1932 NSDAP-Kreisleiter Reutlingen, Gauobmann des NS-
Lehrerbunds   Württemberg-Hohenzollern. Ab 1933 MdR. 1942 Kriegsdienst.
1956 und 1960 Landtagskandidat des *Gesamtdeutschen Blocks/BHE* in Baden-
Württemberg. 1961 Bundestagskandidat
der *Gesamtdeutschen Partei.* Lit.: Lilla.

Huber, Gusti. Schauspielerin.
* 27.7.1914 Wiener Neustadt. Am Wiener Burgtheater. Zwischen 1935 und 1945
in 20 Filmen, darunter 1936 *Ein Walzer um
den Stephansdom,* 1939 Titelrolle in *Marguerite* (Thema: begehrenswerte Frau und
ihre Verehrer). Nach 1945 Ehe in USA, ab
1952 am Broadway (Ilse Werner). † 12.7.
1993 Mount Kisco, New York.

Huber, Heinz. Theaterintendant.
* 4.9.1874. 1932 Intendant des Stadttheaters Nordhausen. Im Krieg Intendant in
Beuthen. Rundschreiben des KZ-Kommandanten Höß, Auschwitz, vom 2.6.
1943 (betrifft *Truppenbetreuungsveranstaltung* für das KZ-Personal): »Am Montag,
den 7. Juni 1943, 19.30 Uhr, findet auf der
Bühne des Kameradschaftsheims ein Gastspiel des Oberschlesischen Landestheaters
Beuthen statt. Zur Aufführung gelangt das
Lustspiel ›Heimliche Brautfahrt‹ von Leo
Lenz. Organisation: Abt. VI in Gemein-

schaft mit Intendant Heinz Huber.« 1949–
1951 Intendant des Pfalztheaters Kaiserslautern. † 1957 (DBJ).

Huber, Kurt. Musikwissenschaftler.
* 24.10.1893 Chur in der Schweiz. 1920
Privatdozent Philosophie der Universität
München. 1926 ao. Professor, auch Volksliedforschung. Oktober 1939 Beurteilung
des Dekans Walter Wüst (zugleich SS-
Ahnenerbe): »Es verdient Anerkennung,
daß Huber sich seit 1934 den Gliederungen der Partei im Rahmen seiner volks-
musikalischen Arbeit zur Verfügung gestellt hat.« 1940 NSDAP. Juni 1942 erste
Kontakte der Geschwister Scholl zu ihm,
Dezember 1942 Einweihung in die Wider-
standtätigkeit der *Weißen Rose.* Alleiniger
Verfasser des letzten Flugblatts, Hans
Scholl und Alexander Schmoll tilgten
ohne Rücksprache den Satz: »Es kann für
uns alle kein anderes Ziel geben als die
Vernichtung des russischen Bolschewismus in jeder Form. Stellt Euch weiterhin
geschlossen in die Reihen unserer herrlichen Wehrmacht.« Am 27.2.1943 Verhaftung. † 13.7.1943 Hinrichtung in Mün-
chen-Stadelheim. Potter: »Mit Kurt Huber
befreundet gewesen zu sein erwies sich als
potentielles Mittel, oppositionelle Nei-
gungen unter Beweis zu stellen, und wurde
von Hubers musikwissenschaftlichen Kollegen ebenso ausgebeutet wie von Carl
Orff. Huber symbolisierte zunehmend die
moralische Integrität der Musikwissenschaft, und einige … versuchten aus seinem Martyrium Kapital zu schlagen.« Q.:
Mitt. Jakob Knab.

Hubschmid, Paul. Auf der *Gottbegnade-
ten-Liste* der Schauspieler, die für die
Filmproduktion benötigt werden, Zusatz:
Ausländer.
* 20.7.1917 Aarau. Als Schweizer im NS-
Amüsierbetrieb: 1939 am Deutschen
Volkstheater Wien der *Deutschen Arbeits-
front,* 1940 Theater in der Josefstadt. Rol-
lentyp: schöner Mann. Filme wie *Maria
Ilona* (1939) oder *Das Gesetz der Liebe*
(1944). Nach 1945 Filme wie *Maske in
Blau* (1953) oder *Die Frau des Botschafters*

(1955). Ab 1961 am Berliner Theater des Westens Rolle des Professor Higgins im Musical *My Fair Lady*. 1980 *Filmband in Gold* für langjähriges und hervorragendes Wirken im deutschen Film. † 1.1. 2002 Berlin.

Huch, Ricarda. Schriftstellerin.
* 18.7. 1864 Braunschweig. Goebbels am 29.8. 1925 im Tagebuch: »Ich las Ricarda Huchs ›Das Leben des hl. Wonnebald Pück‹. Ein köstliches Buch. Man sollte kaum glauben, daß das eine Frau geschrieben habe.« Huch trat für eine Restauration der mittelalterlichen Reichsidee ein. 1931 Zweite Vorsitzende der Sektion Dichtung der Preußischen Akademie der Künste, März 1933 Austritt, Begründung gegenüber dem Präsidenten Max von Schillings: »Sie zweifeln nicht, davon überzeugt mich Ihr Brief, daß ich an dem nationalen Aufschwung von Herzen teilnehme; aber auf das Recht der freien Meinungsäußerung will ich nicht verzichten«. April 1933 an von Schillings: »Was die jetzige Regierung als nationale Gesinnung vorschreibt, ist nicht mein Deutschtum. Die Zentralisierung, den Zwang, die brutalen Methoden, die Diffamierung Andersdenkender, das prahlerische Selbstlob halte ich für undeutsch und unheilvoll.« Ihr Kriminalroman *Der Fall Deruga* wurde 1938 verfilmt, Goebbels am 6.7. 1938 im Tagebuch: »Ein spannender Gerichtsfilm«. 1939, zum 75. Geburtstag, Gratulation von Goebbels. Am 26.6. 1944 auf Vorschlag von Goebbels Hitler-Dotation (steuerfreie Schenkung) von 30 000 Mark. Beiträge im NS-Kampfblatt *Krakauer Zeitung*, das »Blatt des Generalgouvernements«. † 17.11. 1947 Schönberg am Taunus. Lit.: Drewniak, Theater; Sarkowicz.

Huch, Rudolf. Name Oktober 1933 unter dem Treuegelöbnis »88 deutsche Schriftsteller« für Adolf Hitler.
* 28.2. 1862 Porto Alegre in Brasilien. Bruder von Ricarda Huch. Justizrat in Bad Harzburg. Mai 1933 Berufung in die Deutsche Akademie der Dichtung der »gesäuberten« Preußischen Akademie der Kün-

ste. 1935 Aufnahme ins *Führerlexikon*. Romane wie *Hans der Träumer* (1903) oder *Altmännersommer* (1924). † 12.1. 1943 Bad Harzburg.

Huchel, Peter. Naturlyriker.
* 3.4. 1903 Berlin-Lichterfelde. Publikationen in *Die literarische Welt, Vossische Zeitung* und *Das Innere Reich*. Von 1935 bis zum Kriegsdienst 1941 neunzehn Hörspiele im Reichsrundfunk, darunter 1940 das antibritische Opus *Die Greuel von Denshawai*. Sarkowicz: »Am Fall Huchel zeigt sich das Dilemma eines noch jungen Autors, der trotz innerer Opposition zum NS-Regime gezwungen war, Kompromisse mit diesem einzugehen.« 1949 (bis zum Rücktritt 1962) Chefredakteur der DDR-Kulturzeitschrift *Sinn und Form*. 1951 Nationalpreis. Aufgrund seines nicht systemkonformen Kulturbegriffs nach dem Bau der Mauer (1961) schwersten Angriffen ausgesetzt. Ab 1963 isoliert und überwacht. Nach Protesten 1971 Ausreise, zunächst in Italien, dann in Staufen bei Freiburg im Breisgau. † 30.4. 1981 ebenda.

Hübner, Bruno. Auf der *Gottbegnadeten-Liste* der Schauspieler, die für die Filmproduktion benötigt werden.
* 26.8. 1899 Langenbruck in Bayern. Am Deutschen Theater in Berlin. Neben Unterhaltungsproduktionen NS-Propagandafilme: 1937 *Patrioten* (Goebbels: »Ganz klar und nationalsozialistisch«), 1940 antibritischer Film *Der Fuchs von Glenarvon*, Hetzfilm *Die Rothschilds* (laut Courtade »ein Aufruf zu Haß und Mord«) sowie der *staatspolitisch besonders wertvolle* Film *Bismarck*, 1941 im antibritischen Kolonialfilm *Carl Peters*, Darsteller des Turfjuden im NS-Reiterfilm ... *reitet für Deutschland*, 1942 in *Wien 1910*: der antisemitische Wiener Bürgermeister Karl Lueger als Hitler-Vorläufer. Nach 1945 Filme wie *Küssen ist keine Sünd'* (1950) oder *Mit Himbeergeist geht alles besser* (1960). 1981 *Filmband in Gold* für langjähriges und hervorragendes Wirken im deutschen Film. Bayerischer *Staatsschauspieler* (DBJ). † 22.12. 1983 München.

Hübner, Herbert. Auf der *Gottbegnadeten-Liste* der Schauspieler, die für die Filmproduktion benötigt werden.
* 6. 12. 1889 Breslau, Sohn eines Architekten. Insgesamt in fast 200 Filmen. NS-Propaganda: 1937 Harlans Hitlerhuldigung *Der Herrscher*, 1939 als jüdischer Bankier in *Robert und Bertram*, 1940 Hetzfilm *Die Rothschilds*, 1944 HJ-Film *Junge Adler*. Nach 1945 zunächst bei der ostzonalen DEFA (*Affaire Blum*, 1948). In den Harlan-Filmen *Sterne über Colombo* und *Die Gefangene des Maharadscha* (1953), *Verrat an Deutschland* (1955) sowie *Anders als du und ich* (1957). 1960 in Kurt Hoffmanns *Das Spukschloß im Spessart*. Nachruf *Deutsches Bühnen-Jahrbuch*: »Durchschnittscharaktere und Offiziersrollen, die ihm gut anstanden, weil er selber im 1. Weltkrieg Offizier gewesen war.« † 27. 1. 1972 München.

Hülle, Werner. Hauptstellenleiter in der NSDAP-Reichsleitung (Kürschner 1941).
* 7. 11. 1903 Reutlingen. 1932 in der Fachgruppe für deutsche Vorgeschichte im *Kampfbunds für deutsche Kultur* (Schöbel). Mai 1933 NSDAP. 1936 Autor: *Zur Herkunft der nordischen Rasse* sowie *Die deutsche Vorgeschichte, ihr Weg und ihre Aufgaben in der nationalsozialistischen Erziehung*. Als Mitglied des *Sonderstabs Vorgeschichte* im *Einsatzstab Rosenberg* in der Ukraine zur »Sicherstellung« von Kulturgütern (Studien Jena). † 3. 8. 1974 Stuttgart.

Hülsen, Hans von, eigentlich Johannes Bruno. Name Oktober 1933 unter dem Treuegelöbnis »88 deutsche Schriftsteller« für Adolf Hitler.
* 5. 4. 1890 Warlubien bei Danzig als Pfarrerssohn. Autor historischer Stoffe wie *Die Kaiserin und ihr Großadmiral* (1936, über Katharina II.). Präsident der Platen-Gesellschaft (ab 1925). Nach 1945 Rundfunkkorrespondent in Rom. † 14. 4. 1968 Rom.

Hüsch, Gerhard. Auf der *Gottbegnadeten-Liste* (Führerliste) der neun wichtigsten Konzertsänger des NS-Staates.

* 2. 2. 1901 Hannover. Bariton. 1930 Städtische Oper (ab 1934 Deutsches Opernhaus) Berlin. 1937 Berliner Staatsoper. 1938 Professor an der Akademie der Tonkunst in München. Auftritte bei NS-Veranstaltungen, Interpret von NS-Liedern wie *Das Hakenkreuz* oder *Deutschland erwache*. NS-Ehrung: Zu Führers Geburtstag 1937 von Hitler zum Kammersänger ernannt. † 21. 11. 1994 Viehhausen, Kreis Regensburg.

Huggenberger, Alfred. Schweizer Blut-und-Boden-Dichter.
* 26. 12. 1867 Bewangen, Kanton Zürich. 1907: *Hinterm Pflug. Verse eines Bauern*. Goebbels am 21. 1. 1938 über ein Treffen: »Mann, der an seiner Hand Scholle trägt.« 1942 Ehrensenator der Goebbels unterstellten *Deutschen Akademie* in München. Verse *Besuch im Kinderland*, 1944 in der Anthologie *Lyrik der Lebenden* des SA-Oberführers Gerhard Schumann: »Durchs Kornfeld geht der schmale Pfad,/die Ähren streifen mein Gewand./ ›War's gestern‹ fragt der Apfelbaum/und legt sein Gut in meine Hand.« Kommentar des Herausgebers: »Ein Volk, das auch in seiner harten Gegenwart über so vielfältige Kräfte der Seele und des Geistes ... verfügt, ist von keiner Macht dieser Erde zu bezwingen, ist unsterblich!« † 14. 2. 1960 St. Katharinental im Kanton Thurgau.

Huna, Ludwig. Schriftsteller.
* 18. 1. 1872 Wien. Romanautor. Zur Volksabstimmung zum »Anschluß« Österreichs April 1938: »Für mich ist er der Gralsritter, der seinem Volke von Gott gesandt wurde, um es aus der Schmach der Vergangenheit emporzuziehen und in eine glückstrahlende Zukunft zu führen!« † 28. 11. 1945 St. Gallen in der Steiermark.

Hunte, Otto. Filmarchitekt.
* 9. 1. 1881 Hamburg. Ausstatter aller wichtigen Filme Fritz Langs (*Dr. Mabuse*, *Die Nibelungen, Metropolis*). 1930 Bühnenbild zu den Erfolgsfilmen *Der blaue Engel* und *Die Drei von der Tankstelle*. NS-Filme: 1940 Hetzfilm *Jud Süß* (Goebbels: »Ein antisemitischer Film, wie wir ihn uns

nur wünschen können«), 1941 NS-Reiterfilm ... *reitet für Deutschland*, 1942 *Die Entlassung* (Courtade:»Hitler in der Maske des berühmten Vorgängers ... wie dieser die Macht über das Recht stellend«). 1946 Ausstatter des ostzonalen Anti-Nazi-Films *Die Mörder sind unter uns*. † 28.12.1960 Potsdam.

Hurdalek, Georg. Auf der Liste der von Goebbels zugelassenen Filmautoren (1944).
* 6.2.1906 Görlitz. 1938 Drehbuch zum Rühmann-Film *Fünf Millionen suchen einen Erben* und 1942 zum Staatsauftragsfilm *Fronttheater*. Nach 1945 unter Pseudonym Drehbücher zu Edgar-Wallace- und Jerry-Cotton-Krimis. 1959: *Rosen für den Staatsanwalt*. † 16.7.1980 München.

Hurrle, Curth. Intendant.
* 29.9.1907 Karlsruhe. Dirigent und Kapellmeister. Unter anderem 1933 Spielleiter des Münchner Schauspieler-Gastspiel-Ensembles. Laut Prieberg 1933/34 NSDAP. 1939 Intendant des Stadttheaters Teplitz-Schönau (Sudetenland), 1940 des Stadttheaters Neisse und schließlich des Februar 1944 als »Großdeutschlands jüngste Bühne« eröffneten Oberschlesischen Schauspiel-Theaters der Stadt Gleiwitz, einer Stadt mit vier Außenlagern des KZ Auschwitz. Laut Standortbefehl des KZ-Kommandanten Höß vom 9.6.1944 am 23. Juni 1944 *Truppenbetreuungsveranstaltung* des Gleiwitzer Schauspiel-Theaters für das KZ-Personal in Auschwitz: Kriminalstück *Der fremde Gast*. Nach 1945 Staatsintendant der Bayerischen Staatsoperette/Theater am Gärtnerplatz. † 13.2.1974 Karlsruhe.

Husadel, Hans Felix. Luftwaffenmusikinspizient (1935), Militärmusiker.
* 18.5.1897 Prenzlau in der Uckermark. Studium unter anderem bei Schreker. Obermusikmeister. 1935 Lehrer für Musik der Luftwaffe an der Musikhochschule Berlin, 1936 Titel Professor. Komponist von *Jagdgeschwader Richthofen* (1935) und *Fliegergeschwader Horst Wessel* (1939). 1939 Mitherausgeber: *Liederbuch der Luftwaffe*. Unter anderem 1941 Marsch *Zu neuen Siegen*. 1953 Inhaber eines Musikverlags in Ravensburg. † 25.7.1964 Aulendorf. Lit.: Koch.

Husemann, Marta, geb. Wolter. Schauspielerin.
* 20.8.1913 Berlin. 1929 Mitglied der Agitprop-Gruppe *Rotes Sprachrohr*. 1930 Begegnung mit ihrem späteren Mann Walter Husemann. 1931 KPD. 1932 im Klassiker des proletarischen Films *Kuhle Wampe*, Darstellerin am Komödienhaus am Schiffbauerdamm. November 1936 Verhaftung durch Gestapo, März bis Juni 1937 wegen Beherbergung des von der Gestapo gesuchten und dann verhafteten Husemann im KZ Moringen. 1938 Heirat mit Husemann. Kontakte zur Widerstandsgruppe *Rote Kapelle*. September 1942 Verhaftung, 1943 »wegen Vorbereitung eines hochverräterischen Unternehmens« zu vier Jahren Haft verurteilt. 1954 Mitbegründerin der *Gesellschaft zur Verbreitung wissenschaftlicher Kenntnisse*. † 30.6.1960 Berlin. Lit.: Erfasst?

Husemann, Walter. Journalist.
* 2.12.1909 Ellerbeck bei Kiel. Mechaniker. 1928 KPD, Reporter der *Roten Fahne*. 1932 Redakteur der *Mannheimer Arbeiterzeitung*. Ende 1936 im KZ Sachsenhausen, danach in Buchenwald. 1938 Entlassung, Heirat mit Marta Wolter, dadurch Kontakte zur Widerstandsgruppe *Rote Kapelle*. 1942 Verhaftung. † 13.5.1943 Hinrichtung in Berlin-Plötzensee mittels Fallbeil. Lit.: Erfasst?

Husen [Eindeutschung von Hussein], Mohamed. »Exot vom Dienst« (Weniger).
* 22.2.1904 Daressalam. Mit zehn Jahren Kindersoldat der deutschen Kolonialherren in Deutsch-Ostafrika (Tansania). 1933 Heirat mit der sudetendeutschen Maria Schwandner. Ab 1934 Beschäftigung als Sprachgehilfe für Kiswahili am Seminar für Orientalische Sprachen der Berliner Universität. Ab 1934 als Liftboy, Kameltreiber, Kellner usw. in mindestens 23 Filmen, darunter *Die Reiter von Deutsch-Afrika* (1934), *Zu neuen Ufern* (1937), *Ver-*

wehte Spuren (1938), *Über alles in der Welt* (1940). Größte Rolle 1941 als treuer Diener seines Herrn Carl Peters im gleichnamigen Film. 1942 letzter Film: *Der unendliche Weg*. Als Vorzeige-Askari Dauergast bei Veranstaltungen der Kolonialkrieger-Verbände. August 1941 wegen »Rassenschande« verhaftet, ohne Gerichtsverfahren September 1941 ins KZ Sachsenhausen überstellt (Häftlings-Nr. 39 604). † 24. 11. 1944 KZ Sachsenhausen. Q.: Marianne Bechaus-Gerst: Treu bis in den Tod. Von Deutsch-Ostafrika nach Sachsenhausen – Eine Lebensgeschichte. Berlin 2007.

Hussels, Jupp. Komiker.
* 30. 1. 1901 Düsseldorf. Zunächst Kabarettist. Oktober 1935 im Baarova-Film *Einer zuviel an Bord*. Goebbels am 13. 11. 1935 über die Geburtstagsfeier seiner Frau Magda in Anwesenheit Hitlers: »Wir machen Kabarett. Hussels, Lommel, von Thellmann, einige Tänzerinnen. Es wird sehr nett. Der Führer ist ganz aufgeräumt. Und alle bleiben bis 6 Uhr morgens.« Unter seinen 18 Filmen in der NS-Zeit das Volksstück *Skandal um den Hahn* (1938) und das Lustspiel *Weltrekord im Seitensprung* (1940). 1939/40 im Minisketch *Tran und Helle* als Helle, Primitivpropaganda zur Wochenschau (über ausländische Sender: »Ob in Worten oder Noten: Ausland hören ist verboten!«). Nach 1945 Filme wie *Die fidele Tankstelle* (1950) oder *Unternehmen Schlafsack* (1955). † 10. 4. 1986 Großenhain bei Bremen. Lit.: Hans-Jürgen Singer, »Tran und Helle«, in: *Publizistik*, 1986, S. 346 ff.

Hussong, Friedrich. Journalist.
* 15. 5. 1878 Webenheim im Saarland als Lehrerssohn. Ab 1919 beim Scherl Verlag. Leitartikler des *Berliner Lokal-Anzeigers*. Antidemokratisches Sprachrohr des Deutschnationalen Hugenberg. Laut Peter de Mendelssohn (Zeitungsstadt) einer »der rabiatesten Demagogen«, der »den später von Goebbels im ›Angriff‹ zur Hochblüte emporgezüchteten Stil vorwegnahm«. † 29. 3. 1943 Berlin.

Hymnen, Friedrich Wilhelm. Schriftleiter und HJ-Bannführer in der Reichsjugendführung (*Meyers Lexikon* 1938).
* 8. 6. 1913 Soest. März 1935 NSDAP. 1937 stellv. Hauptschriftleiter des HJ-Zentralorgans *Wille und Macht*, Aufführung seines Stücks *Der Vasall* während der ersten Reichstheatertage der HJ in Bochum. 1942 schwer verwundet, fast erblindet, Autor: *Briefe an eine Trauernde. Vom Sinn des Soldatentodes*, ebenda an eine Kriegerwitwe: »Die Toten sind unsere mächtigsten Verbündeten, unschlagbar, das Letzte von uns Lebenden fordernd. Eine solche Armee der Seelen muß jede Armee des Materials und der dumpfen seelenlosen Masse unweigerlich bezwingen, und an diesem Siege können Sie sich doppelt freuen.« Weiheverse *Wenn ich falle*, 1944 in der Anthologie *Lyrik der Lebenden* des SA-Oberführers Gerhard Schumann: »Wenn ich falle, liebe Frau,/mußt den Blick nach vorn du wenden,/Sieh in unsren toten Händen/Deutschland schöner sich vollenden«. NS-Ehrung: 1942 Hermann-Löns-Preis, 1943 Literaturpreis der Stadt Hamburg. Nach 1945 Redakteur. 1951–1961 Herausgeber des Kriegsblindenjahrbuchs. 1979 Adolf-Grimme-Preis. † 25. 3. 1995 Würzburg. Lit.: Buddrus; Ketelsen.

I

Igelhoff, Peter. Komponist.
* 22. 7. 1904 Wien. Über 1000 Chansons und Schlager. Musik zu rund 50 Filmen, darunter *Drunter und drüber* (1939), *Herz modern möbliert* (1940) oder *Wir machen Musik* (1942). Co-Autor des gleichnamigen Lieds: »Und wenn du auch mal Sorgen hast, vertreib sie mit Musik ... und wenn der ganze Schnee verbrennt,/die Asche bleibt uns doch!« In Goebbels' Großdeutschem Rundfunk als beliebter Unterhaltungskünstler eingesetzt. Mitwirkung beim *Wunschkonzert für die Wehrmacht*, Goebbels' Radiosendung zwecks Hebung der Truppenmoral und Leidensbereit-

schaft der Heimatfront. Nach 1945 im Vorstand des Deutschen Komponistenrats. Filme wie *Zwei Bayern im Harem* oder *Zwei Bayern im Urwald* (1967). 1969 Titel Professor. † 8.4. 1978 Bad Reichenhall. Lit.: Koch.

Ihde, Wilhelm. Geschäftsführer der Reichsschrifttumskammer (1937–1943). * 29.8. 1899 Lüttich. Bankbeamter. 1930 NSDAP (Nr. 350772), Hochschulgruppenführer des NS-Studentenbunds Köln, auch SA. 1931 Hauptschriftleiter der *Niedersächsischen Tageszeitung* in Hannover. 1933 SS (1941 Sturmbannführer). 1935 Hauptgeschäftsführer des Reichsverbands der deutschen Presse. Unterzeichnete am 18.3. 1938 das Berufsverbot für Gottfried Benn: »Auf Grund dieses Beschlusses verlieren Sie das Recht zu jeder weiteren Berufsausübung innerhalb des Zuständigkeitsbereichs der Reichsschrifttumskammer.« 1941 Kommentar zu einem Bittgesuch für den in Frankreich internierten Schriftsteller Alfred Mombert: »Für Juden tun wir grundsätzlich nichts. Die zweite Phase dieses Krieges (s. England + USA) ist ein Judenkrieg.« Nach 1945 in Göttingen. † 11.3. 1968 ebenda. Lit.: Barbian; Wulf, Literatur.

Ihering, Herbert. Theaterkritiker und Regisseur. * 29.2. 1888 Springe bei Hannover, Sohn eines Geheimen Justizrats. 1918–1933 Feuilletonredakteur des *Berliner Börsen-Couriers*, verhalf Brecht zum Durchbruch, hob Bronnen hervor, warb für Barlach. Widerpart von Kerr, 1933 dessen Nachfolger am *Berliner Tageblatt*. Laut Zuckmayer glaubte er im Frühjahr 1934 »noch an die ›Entwicklungsfähigkeit‹ der Bewegung und war sich allen Ernstes im Unklaren, ob es sich nicht zutiefst um dasselbe handle, was Leute wie er, Brecht, Piscator usw. eigentlich gewollt hatten, nur ›zunächst‹ mit einem militant-nationalistischen Vorzeichen«. 1935 Ausschluß aus der Reichspressekammer, Begründung, er habe 1922 (!) Brecht zum Kleist-Preis verholfen, 1936 Besetzungschef der Filmge-

sellschaft Tobis. 1942 Dramaturg am Wiener Burgtheater. 1945–1954 Chefdramaturg am Deutschen Theater in Ost-Berlin mit Wohnsitz West-Berlin. Sekretär der Sektion Darstellende Künste der Deutschen Akademie der Künste (der DDR). Das *Deutsche Bühnen-Jahrbuch* zum 70. Geburtstag: »Warum Ihering, der mangels eines 29. Februar seinen 70. Geburtstag am 28. begeht, nach 1945 in eine merkwürdige Zwischenstellung zwischen Ost und West geriet, ist nie ganz klargeworden.« 1971 *Filmband in Gold* für langjähriges und hervorragendes Wirken im deutschen Film. † 15.1. 1977 West-Berlin.

Ihlenfeld, Kurt. Schriftsteller. * 26.5. 1901 Colmar. Dr. phil. 1925 Pfarrer. 1933–1943 Leiter des Berliner Eckart-Verlags und Herausgeber der Monatsschrift (»für Dichtung – Volkstum – Glaube«) *Eckart*. Begründer des Eckart-Kreises junger konservativer Autoren. Nach 1945 freier Schriftsteller. 1952 Fontane-Preis der Stadt Berlin für seinen Roman *Wintergewitter* (1951) über den Untergang Schlesiens. Weitgehend bestimmt von Vertriebenen-Themen. † 25.8. 1972 Berlin.

Ihlert, Heinrich. Geschäftsführer (ab 1933) und Präsidialrat der am 15.11. 1933 eröffneten Reichsmusikkammer. * 27.10. 1893 Aue. Kinopianist der Stummfilmzeit. 1927 NSDAP (Nr. 68128), 1928 NSDAP-Kulturwart. 1932 Fachspartenleiter Urheberrecht im *Kampfbund für deutsche Kultur* Berlin. Am 19.8. 1934 Unterzeichner des *Aufrufs der Kulturschaffenden* zur Vereinigung des Reichskanzler- und Reichspräsidentenamts in der Person Hitlers: »Wir glauben an diesen Führer, der unsern heißen Wunsch nach Eintracht erfüllt hat.« 1939 SS-Standartenführer. Im Kuratorium der *Goebbels-Stiftung für Kulturschaffende* (DBJ). † Kriegstod 2.5. 1945 Berlin.

Illies, Artur. Maler. * 9.2. 1870 Hamburg. Ab 1908 Lehrer an der Kunstgewerbeschule Hamburg. In Rosenbergs *Kampfbund für deutsche Kultur*. 1933 reguläre Pensionierung. 1935 Entwürfe für die Ausstattung der Ruhmes- und Ehrenhallen im Holstentor: marschierende braune Kolonnen und Hitlerskulptur in dreifacher Lebensgröße. Ab 1941 auf den Großen Deutschen Kunstausstellungen im Münchner NS-Musentempel *Haus der Deutschen Kunst*, darunter 1941 *Heimkehr der Flotte der Legion Condor* (Öl). † 27.5. 1952 Lüneburg.

Iltz, Walter Bruno. Theaterintendant. * 17.11. 1886 Praust bei Danzig als Apothekerssohn. 1927 Generalintendant in Düsseldorf. Goebbels am 14.1. 1937 im Tagebuch: »Oberbürgermeister Wagenführ-Düsseldorf will den Intendanten Iltz abstechen. Ich lehne das ab.« September 1938, nach der Besetzung Österreichs, Generalintendant des Deutschen Volkstheaters der *Deutschen Arbeitsfront* in Wien, Aufsichtsbehörde: Reichsdienststelle Feierabend der NS-Gemeinschaft *Kraft durch Freude*. 1947 Intendant am Braunschweiger Stadttheater, 1952 Generalintendant der Städtischen Bühnen Düsseldorf. † 5.11. 1965 auf seinem Landsitz Iltzenhof in Rottach-Egern.

Imhoff, Fritz (Künstlername). Auf der *Gottbegnadeten-Liste* der Schauspieler, die für die Filmproduktion benötigt werden. * 6.1. 1891 Wien. Zunächst Wiener Operettentenor, schließlich Komiker. Zwischen 1935 und 1945 Chargenrollen in 42 Filmen, darunter die Filmposse *Lumpazivagabundus* (1937) und die Rolle des Juden Sigi Pollak in *Leinen aus Irland* (1939), laut Leiser die Karikatur des jüdischen Untermenschen, eingebettet in eine Lustspielhandlung. Nach 1945 Filme wie *Fiakermilli* (1952) oder *Liebe, Mädchen und Soldaten* (1958). † 24.2. 1961 Wien.

Impekoven, Toni. Schauspieler und Schriftsteller. * 21.6. 1881 Köln. Autor zahlreicher Bühnenstücke und Filmdrehbücher, vorwiegend Possen und Schwänke. Ab 1914 am Schauspielhaus Frankfurt am Main. Unter anderem 1935 Uraufführung des Lustspiels *Das kleine Hofkonzert* an den Kammerspielen München. 1940 in der Maske

Churchills Auftritt in George Bernhard Shaws *Der Kaiser von Amerika* in Frankfurt (die Inszenierung sollte die Verkommenheit des britischen Parlamentarismus zeigen). † 6.5. 1947 Sprendlingen bei Frankfurt. Lit.: Schültke.

Ingelheim, Haman Reichsgraf von, genannt *Echter von und zu Mespelbrunn*. * 11.4. 1908 Bamberg. Herr auf Mespelbrunn. Laut *Aufstellung derjenigen Parteigenossen, die Angehörige fürstlicher Häuser sind*: 1.1. 1940 NSDAP, Nr. 7 912 480, Gau Mainfranken. Forstwirt. † 2.2. 1972 Würzburg.

Ingram, Hermann Ritter von. * 3.11. 1903 Wien. Leiter der Hauptabteilung *Sonderaufgaben* sowie *Organisation der Sicherstellung* [Raub] *von Kunstgegenständen aus jüdischem Besitz* im Zentralamt des *Einsatzstabs Reichsleiter Rosenberg*. Einsatz mit Sonderstab in Griechenland (WASt). Nach 1945 Bankbeamter in Salzburg. † 22.4. 1995 ebenda. Lit.: de Vries.

Irmen-Tschet, Konstantin. Kameramann. * 24.6. 1902 Moskau. Kamera zum NS-Film *Hitlerjunge Quex* (1933), zum Marika-Rökk-Film *Kora Terry* (1940) und Ufa-Jubiläumsfilm *Münchhausen* (1943). Verheiratet mit Brigitte Horney. Nach 1945 Filme wie *Die fidele Tankstelle* (1950) oder *Wildwest im Emmental* (1958). † 27.5. 1977 München.

Isenburg, Franz Ferdinand Fürst von. * 17.7. 1901 Birstein bei Wächtersbach (Hessen). Laut *Aufstellung derjenigen Parteigenossen, die Angehörige fürstlicher Häuser sind*: »Aufnahme-Antrag läuft z. Zt. bei der Reichsleitung unter Sendungs-Nr. 1228.« Gau Hessen-Nassau. † 9.12. 1956 Birstein.

Isenburg, Ferdinand Karl Prinz von. * 20.2. 1906 Birstein. Laut *Aufstellung derjenigen Parteigenossen, die Angehörige fürstlicher Häuser sind*: 12.12. 1931 NSDAP, Nr. 810958. Bemerkung: »Laut Beschluß vom 23.3. 41 des Gaugerichts Hessen-Nassau, A.Z. I/106/39 ausgeschlossen.« Gau Hessen-Nassau. † 5.5. 1968 Regensburg.

Italiaander, Rolf. Schriftsteller.
* 20. 2. 1913 Leipzig. Spezialgebiet laut Literatur-Kürschner 1943: Luftfahrt. 1938 Biographie über Manfred Freiherr von Richthofen, 1940 über die Fliegerinnen Beinhorn und Reitsch. 1941 Autor: *Wegbereiter deutscher Luftgeltung.* † 3. 9. 1991 Hamburg.

Itzinger, Karl. Schriftsteller und SA-Obersturmbannführer.
* 26. 2. 1888 Ried im Innkreis. Wohnort Linz. 1925 Autor des Freilichtspiels *Das Frankenburger Würfelspiel.* 1934 Roman: *Das Blutgericht am Haushamerfeld.* Abteilungsleiter im Reichsnährstand (Organisation der Landwirtschaft). † 13. 4. 1948 Linz.

Ivogün, Maria (Künstlername). Koloratursängerin.
* 18. 11. 1891 Budapest. Sopranistin. 1913 Hofoper München, 1925 Städtische Oper Berlin. 1932 Bühnenabschied, bis 1934 Liedsängerin. Danach Gesanglehrerin. 1950–1958 Professorin an der Berliner Musikhochschule. 1921–1932 verheiratet mit dem Sänger Karl Erb, ab 1933 mit dem Klavierbegleiter Raucheisen. Das *Deutsche Bühnen-Jahrbuch* rühmt zum 75. Geburtstag »den unvergleichlichen Schmelz ihrer Stimme«. † 3. 10. 1987 Beatenberg/Schweiz.

J

Jacobsen, Rudolf. Herausgeber der *Germanischen Leithefte*, SS-Oberführer (1944).
* 1. 5. 1898 Hamburg. Landwirt. 1922 Mitglied des rechtsradikalen Geheimbunds *Consul* (Ermordung der Politiker Matthias Erzberger und Walther Rathenau). 1932 NSDAP und SS. Ab 1934 Rassereferent im SS-Rasse- und Siedlungshauptamt (RuSHA), danach RuSHA-Führer Nordost in Königsberg. Am 6. 1. 1935 Vorschläge zur Judengesetzgebung: »Das Ziel muß also sein, den Deutschen Blutstrom restlos vom Judenblut zu befreien.«

1943/44 Chef Amt D III (*Germanische Erziehung*) im SS-Hauptamt. Nach 1945 Wohnort Hannover. Lit.: Heinemann.

Jacoby, Georg. Regisseur, Revue-Spezialist.
* 23. 7. 1880 Mainz, Sohn des Lustspielautors Wilhelm Jacoby. Filme mit Marika Rökk, seiner Lebensgefährtin (1940 zweite Ehefrau, Trennung 10 Jahre später). NSDAP (Rökk: »Er hatte eine sehr hohe PG-Nummer«). Unter anderem Regie zu *Kora Terry* (1940), *Tanz mit dem Kaiser* (1941) und *Die Frau meiner Träume* (1944), erster großer Ufa-Farbfilm und einer der größten Revueerfolge der vierziger Jahre. Nach 1945 Filme wie *Die Czardasfürstin* (1951) oder *Maske in Blau* (1953). † 21. 2. 1964 München.

Jacoby, Hans. Filmarchitekt.
* 5. 12. 1898 Berlin. Unter anderem Kulissen für die Filme *Das Land des Lächelns* (1930), *Der Judas von Tirol* (1930), 1935 letzter Film: *Die ewige Maske.* 1938 Ausschluß Reichsfilmkammer (Berufsverbot). † Verbleib unbekannt. Q.: Weniger, Bühne.

Jaeger, Karl Hans. Operettenoberspielleiter, Auftritt im KZ Auschwitz.
* 2. 7. 1895 Böckingen, Kreis Heilbronn. Beginn als Komiker am Mannheimer National-Theater. Über Kiel, Königsberg, Düsseldorf 1937 nach Bremerhaven. Danach Berlin, Linz, Graz, Kattowitz. Rundschreiben des KZ-Kommandanten Höß, Auschwitz, vom 27. 3. 1943 (betrifft *Truppenbetreuungsveranstaltung* für das KZ-Personal): »Am Montag, den 5. April 1943, 20 Uhr, findet auf der Bühne des Kameradschaftsheimes ein Gastspiel der Städtischen Bühnen Kattowitz/Königshütte statt. Zur Aufführung gelangt der Schwank ›Gitta hat einen Vogel‹ von Karl Hans Jaeger unter Mitwirkung des Verfassers.« Rundschreiben Höß vom 11. 6. 1943: »Am Donnerstag, den 17. Juni 1943, 20.15 Uhr, findet auf der Bühne des Kameradschaftsheimes die nächste Truppenbetreuungsveranstaltung statt. Es gastiert das Opernhaus Kattowitz mit einem ›Gro-

ßen bunten Abend‹ Gesang – Tanz – Heitere Vorträge. Organisation u. Programmgestaltung: Abt. VI in Verbindung mit Oberspielleiter Karl Hans Jäger.« Höß-Rundschreiben vom 2.10.1943: »Am Montag, den 4. Oktober 1943, 20 Uhr, findet auf der Bühne des Kameradschaftsheims die nächste Truppenbetreuungsveranstaltung statt. Es gastieren die Städt. Bühnen Kattowitz/Königshütte mit dem Schwank: ›Gestörte Hochzeitsnacht‹ von Karl Hans Jaeger in Anwesenheit des Verfassers.« Ab 1955 als Charakterkomiker und Oberspielleiter in Bremerhaven. † 13.10.1958 ebenda. Nachruf *Deutsches Bühnen-Jahrbuch*: »Die Kollegen beklagen den Tod eines beachtlichen Künstlers.«

Jaeger, Malte. Auf der *Gottbegnadeten-Liste* der Schauspieler, die für die Filmproduktion benötigt werden. Zusatz: »Wegen des Mangels an jüngeren Schauspielern in der Filmproduktion.« * 4.7.1911 Hannover. Laut Hippler von Goebbels öfters zur Abendgesellschaft eingeladen. Goebbels am 7.1.1941 im Tagebuch: »Er hat eine Zukunft … bleibt noch zu Abend.« In den NS-Filmen *Unternehmen Michael* (1937), *Pour le Mérite* (1938), *D III 88* (1939), *Legion Condor* (1939), *Wunschkonzert* (1940) sowie HJ-Segelflieger-Propaganda *Himmelhunde* (1944). Karl Korn lobte ihn am 29.9.1940 in Goebbels' Renommierblatt *Das Reich* für seine Darstellung im Hetzfilm *Jud Süß*: »Brennt vor Judenhaß«. März 1949 Entlastungszeuge für Veit Harlan in dessen Prozeß vor dem LG Hamburg – 1958 Hauptrolle in Harlans letztem Film *Ich werde Dich auf Händen tragen*. Weitere Filme: 1954 *Rosen aus dem Süden*, 1955 *Es geschah am 20. Juli* (1944) und 1983 *Der Beginn aller Schrecken ist die Liebe.* † 10.1.1991 Husum.

Jahn, Bruno H. Name Oktober 1933 unter dem Treuegelöbnis »88 deutsche Schriftsteller« für Adolf Hitler. * 22.1.1893 Köln. Hauptschriftleiter. 1934 Autor: *Sinn und Sittlichkeit des Nationalsozialismus*, 1937: *Die Weisheit des Soldaten.* † Keine Todes- oder Vermißtmeldung (WASt), soll in einem sowj. Lager in Sambor/Galizien gestorben sein.

Jahn, Moritz. Schriftsteller. * 27.3.1884 Lilienthal, Landkreis Osterholz. Gedichte, Balladen und Erzählungen vorwiegend in niederdeutscher Mundart, Schonauer: »Ahnen- und Sippenfolklore«. Oktober 1941 auf Goebbels' *Weimarer Dichtertreffen* Vortrag *Zukunftsaufgaben der europäischen Literaturen.* NS-Ehrung: 1936 Literatur-Preis der Provinz Hannover. 1941 Mecklenburgischer Schrifttumspreis. Nach 1945 Rektor i. R. in Geismar-Göttingen. Unter anderem 1958 *Großes Bundesverdienstkreuz.* 1959 Fritz-Reuter-Preis. 1965 Autor: *Agnes Miegel zum Gedächtnis.* † 19.2.1979 Göttingen.

Jahn, Otto Heinz. Chefdramaturg. * 19.3.1906. 1933 Hörspiel *Ewiges Deutschland* für Deutschlandsender. 1940 Produktionschef der Ufa. Laut Hippler von Goebbels öfters zur Abendgesellschaft eingeladen. Goebbels am 6.5.1941 im Tagebuch: »Abends kleine Gesellschaft: Jahn, Demandowsky, Hippler und noch ein paar Leute vom Film.« 1943 Produktionschef der Berlin-Film. März 1949 Entlastungszeuge für Veit Harlan in dessen Prozeß vor dem LG Hamburg. 1949 Drehbuchautor zum Film *Mädchen hinter Gittern.* † September 1953 Hamburg.

Jahn, Rolf. Theaterdirektor. * 2.1.1898 Frankfurt am Main. Leiter des Deutschen Volkstheaters, in Personalunion des Raimundtheaters in Wien. Zur Volksabstimmung zum »Anschluß« Österreichs April 1938: »Worte sind zu arm, um wiederzugeben, was uns erfüllt. Unser Führer war uns durch Jahre des Kampfes eine Hoffnung, heute ist er uns Erfüllung. Leidenschaftlich bekennen wir uns zu ihm und seinem Werk!« Rathkolb: »Sie benützten ihn zwar noch für die ›Umorganisierung‹, aber weder Treueide auf Adolf Hitler, noch Referate über die ›Sendung‹ des Deutschen Volkstheaters konnten ihn retten.« 1946–1965 Besitzer des Erlachers Ziegelwerks. † 29.9.1968 Aspangberg.

Jahnn, Hans Henny, eigentlich Jahn. Schriftsteller.

* 17.12.1894 Stellingen-Langenfelde (Hamburg), Sohn eines Tischlers, selbst Orgelbauer. Aus Protest gegen die Zwänge des wilhelminischen Staates 1915–1918 in Norwegen. 1919 Gründung der *Glaubensgemeinde Ugrino*. 1920 Kleist-Preis, Förderpreis für junge Dichter, für sein als Buch erschienenes Drama *Pastor Ephraim Magnus*. 1922 in Leipzig Uraufführung seines Sexualdramas *Die Krönung Richards III*. Der Kritiker Ihering am 13.12.1926 im *Berliner Börsen-Courier*: »Jahnn ist ein großer Dichter gegen die Zeit (wie Barlach).« 1926 Sexualdrama *Medea*. 1929 Roman *Perrudja*. In der NS-Zeit auf der dänischen Ostseeinsel Bornholm, hier unvollendetes Hauptwerk *Fluß ohne Ufer*. Ab 1950 in Hamburg, Präsident der Freien Akademie der Künste. 1955 Drama *Thomas Chatterton*. † 29.11.1959 Hamburg.

Jakobs, Theodor. »Frontdichter« (Eigenbezeichnung).

* 19.8.1896 Rostock. 1934 Roman *Der Löwe von Brzeziny*. 1938 Erzählung *Der Trommelschlag*, Teilnehmer des *Reichsfrontdichtertreffens* in Guben (*Gubener Zeitung* vom 14.6.1938). NS-Ehrung: 1938 Ehrenring deutscher Frontdichtung, gestiftet von Reichskriegsopferführer Lindober. † 25.10.1947 Rostock. Lit.: Walther.

Jannings, Emil, eigentlich Janenz. Auf der *Gottbegnadeten-Liste* der Schauspieler, die für die Filmproduktion benötigt werden. Reichskultursenator.

* 23.7.1884 Rohrschach/Schweiz. 1919 Durchbruch mit dem Stummfilm *Madame Dubarry*. 1926 (bis 1929) in Hollywood, 1928 geehrt mit dem ersten Darsteller-Oscar der Filmgeschichte. Mit Beginn des Tonfilms Rückkehr nach Deutschland wegen mangelnder Sprachkenntnisse. 1930 Film *Der blaue Engel*. Drei Ehen (mit den Schauspielerinnen Hanna Ralph, Lucie Höflich und Gussy Holl). Charakterdarsteller am Staatlichen Schauspielhaus Berlin unter Gründgens. Nicht NSDAP. Laut Speer sah sich Hitler alle seine Filme an. Klaus Mann zufolge »von kalter Schlauheit und rücksichtslosem Egoismus«. 1935 Titelrolle im Unterwerfungs-Lehrstück *Der alte und der junge König*. Leiser: »Wenn der Preußenkönig den Leutnant Katte enthaupten läßt ... handelt er wie Hitler als ›oberster Gerichtsherr‹ nach der angeblichen Meuterei Röhms.« 1936 Titelrolle im NS-Erziehungsfilm *Traumulus* (Goebbels-Höchstprädikat *Nationaler Filmpreis*). 1937 Titelrolle in Harlans Hitlerhuldigung *Der Herrscher* (*Nationaler Filmpreis*), von Hitler persönlich empfangen, Auszeichnung: Ehrenring des deutschen Films. Aufsichtsratsvorsitzender der Tobis-Filmgesellschaft. 1939 Titelrolle im teutonischen Geniefilm *Robert Koch* (Thema: absoluter Glaube an die eigene Sendung). 1941 Ideengeber (Goebbels am 17.12.1940 im Tagebuch: »Er arbeitet wie besessen an seinem Burenfilm«), Gesamtleiter und Star des antibritischen Hetzfilms *Ohm Krüger*, Untertitel: »Ein Emil Jannings Film der Tobis«, mit der NS-Lüge, die KZs seien eine britische Erfindung. Courtade: »Frauen und Kinder der Buren werden in Konzentrationslager verschleppt. Der Lagerkommandant, ein feiger, hochnäsiger Schweinekerl, weigert sich, die Verpflegung im Lazarett zu verbessern, füttert aber seinen Hund mit Schinkenstückchen.« Jannings Dezember 1940 in der *Filmwelt*: »Ein Beispiel vor allem für uns Deutsche, die nun den Kampf gegen Englands Imperialismus zu Ende führen.« Laut Goebbels »ein Film zum Rasendwerden«. Höchstprädikat: *Film der Nation* und *Staatspolitisch und künstlerisch besonders wertvoll, kulturell wertvoll, volkstümlich wertvoll, volksbildend, jugendwert*. 1942 Rolle des Bismarck im Film *Die Entlassung* (Courtade: »Hitler in der Maske des berühmten Vorgängers ... wie dieser die Macht über das Recht stellend«). Aufgeführt bei Drewniak (Theater) im Abschnitt »Bekannte Künstler bedachte Hitler mit Geschenken«. NS-Ehrung: Juli

1936 von Göring Titel *Staatsschauspieler*, 1939 *Goethe-Medaille* für Kunst und Wissenschaft. 1940 auf Vorschlag von Goebbels Hitler-Dotation (steuerfreie Schenkung) von 60 000 Mark. Nach 1945 Auftrittsverbot. Zuckmayer: »Warum warf er sich an die Nazis? Er hatte immer unaufgefordert allen Leuten erzählt, daß seine Mutter jüdischer Abstammung sei.« Klaus Mann über Jannings' Darbietung bei einem Besuch 1945: »Ein Verfolgter war er gewesen! Ein Märtyrer ... Sein Gesicht, gar zu nah dem meinen, war von der Redlichkeit, wie man sie höchstens bei sehr alten Hunden findet.« 1947 Persilschein für Fritz Hippler (Haßfilm *Der ewige Jude*). † 2. 1. 1950 Strobl am Wolfgangsee.

Jansen, Franz. Maler und Graphiker.
* 4. 2. 1885 Köln. Landschaftsgemälde, beeinflußt von van Gogh, Graphik dem Expressionismus zuzuordnen. Juli 1937 in der Schandschau *Entartete Kunst* in München vorgeführt, Beschlagnahmung von 157 (!) seiner Werke. † 21. 5. 1958 Felderhoferbrücke im Bröltal.

Jansen, Werner. Schriftsteller.
* 5. 2. 1890 Wülfrath, Sohn eines Sparkassendirektors. Dr. med. Wohnort Berlin. 1916 Autor: *Das Buch Treue* (Nibelungen), 1918 *Das Buch Liebe* (Gudrun), 1920 *Das Buch Leidenschaft* (Dietrich von Bern). Goebbels am 28. 3. 1925 im Tagebuch: »Der noch unausgereifte Sucher eines neuen völkischen Erzählerstils.« 1927 »Rassenroman« *Die Kinder Israel*. NS-Ehrung: 1940 *Goethe-Medaille* für Kunst und Wissenschaft. † 28. 12. 1943 Velden am Wörthersee.

Janson, Viktor. Auf der *Gottbegnadeten-Liste* der Schauspieler, die für die Filmproduktion benötigt werden.
* 25. 9. 1884 Riga. Unter anderem 1931 Regie zum Film *Lügen auf Rügen*. Laut Fachblatt *Kinematograph* vom 4. 4. 1933 Beitritt zur *NSBO-Zelle deutschstämmiger Filmregisseure* (*NS-Betriebszellen-Organisation*). Als Schauspieler 1939 im Revuefilm *Menschen im Varieté*, 1941/42 in den Zarah-Leander-Filmen *Der Weg ins Freie*

(als »jüdischer Volksschädling«) sowie *Die große Liebe*, 1943 Führerfilm *Paracelsus*. Nach 1945 Schloßpark- und Schiller-Theater Berlin. 1952 Filmdarsteller in *Wenn abends die Heide träumt*, 1953: *Schlagerparade*. † 29. 6. 1960 Berlin.

Janssen, Ulfert. Bildhauer.
* 11. 12. 1878 Bilawe bei Glogau. Auf den Großen Deutschen Kunstausstellungen im Münchner NS-Musentempel *Haus der Deutschen Kunst* mit insgesamt 27 Porträts, darunter *Scharnhorst* (1941) sowie *Verwundeter Kompanieführer* (1943). † 16. 2. 1956 München.

Janssen, Walter. Auf der *Gottbegnadeten-Liste* der Schauspieler, die für die Filmproduktion benötigt werden.
* 7. 2. 1887 Krefeld. Schauspieler und Regisseur, 1941 Intendant der Kammerspiele Wien. Zwischen 1933 und 1945 in 51 Filmen, darunter 1935 im Unterwerfungs-Lehrstück *Der alte und der junge König*, 1941 im NS-Euthanasiefilm *Ich klage an* (der von den Krankenmördern der Berliner T4-Zentrale teilfinanzierte Staatsauftragsfilm sollte den Widerstand der Bevölkerung gegen den Behindertenmord brechen) sowie 1942 als Mozarts Vater in *Wen die Götter lieben*. Nach 1945 Filme wie *Die Sterne lügen nicht* (1950) oder *Hubertusjagd* (1959). 1968 *Filmband in Gold* für langjähriges und hervorragendes Wirken im deutschen Film. † 1. 1. 1976 München.

Jary, Michael, eigentlich Jarczyk. Unterhaltungskomponist.
* 24. 9. 1906 Laurahütte in Oberschlesien. 1928/29 Theaterkapellmeister in Neisse und in Beuthen, ab 1930 an der Staatlichen Musikhochschule in Berlin. Leiter des Tanz- und Unterhaltungsorchesters des Berliner Senders. 1939 Schlager *Das kann doch einen Seemann nicht erschüttern* im Rühmann-Film *Paradies der Junggesellen* (»Und wenn die ganze Erde bebt/und die Welt sich aus den Angeln hebt:/Das kann doch einen Seemann nicht erschüttern«). Komponierte die Musik zu sämtlichen Zarah-Leander-Filmen, so 1942 *Die große Liebe* zur Stärkung der Heimatfront. Darin

die Durchhalte-Songs *Davon geht die Welt nicht unter* sowie *Ich weiß, es wird einmal ein Wunder geschehn.* Am 4. 11. 1942 beim Treffen von Unterhaltungskomponisten in der *Kameradschaft der deutschen Künstler*, Hippler: angesichts der Kriegslage braucht Goebbels »optimistische Schlager«. Nach 1945 Gastspielreisen, Gründung des Musikverlags Michael-Jary-Produktion und der Michael-Jary-Filmproduktion. Nach 1945 unter anderem die Schlager *Das machen nur die Beine der Dolores* (1951) und *Wir wollen niemals auseinandergeh'n* (1960). 1981 *Filmband in Gold* für langjähriges und hervorragendes Wirken im deutschen Film. † 12. 7. 1988 München.

Jauß, Hans Robert. Romanist.
* 12. 12. 1921 Göppingen. Im II. Weltkrieg Waffen-SS (laut *SS-Leitheft* 2/1942 ist die Waffen-SS »die letzte Vollendung des nationalsozialistischen soldatischen Gedankens«). 1942 SS-Freiwilligen-Legion *Niederlande*, 1943 Obersturmführer in der 11. SS-Freilligen-Panzergrenadier-Division *Nordland*. 1944 Hauptsturmführer der Reserve, SS-Nr. 401359. Zuletzt in der 33. Waffen-Grenadier-Division der SS *Charlemangne* (vorwiegend franz. Freiwillige). 1952 Promotion in Heidelberg, 1957 Dozent. 1959 ao. Professor in Münster, 1961 in Gießen, 1966 in Konstanz, 1967 Gastprofessor in Zürich, 1973 Gastprofessor Columbia-University New York, 1975 Yale University New Haven, 1978 Sorbonne Paris. † 1. 3. 1997 Konstanz.

Jawlensky, Alexej von. Maler.
* 13. 3. 1864 Torschok in Rußland. Beeinflußt von Cézanne, van Gogh und Matisse. Ab 1921 Wohnort Wiesbaden. 1924 mit Kandinsky, Klee und Feininger Mitglied der Gruppe *Die blauen Vier*. Haftmann: »Er wollte das Bild als religiöses Seinszeichen. Da er ein durchaus östlicher Mensch war, kam er zur modernen Ikone.« Juli 1937 in der Schandschau *Entartete Kunst* in München mit vier Objekten vorgeführt, Beschlagnahmung von 72 seiner Werke. † 15. 3. 1941 Wiesbaden.

Jelusisch, Mirko. Schriftsteller.
* 12. 12. 1886 Semil in Nordböhmen, Sohn eines kroatischen Vaters und einer sudetendeutschen Mutter. 1923 Kulturredakteur der *Deutsch-österreichischen Tageszeitung*, Untertitel: *Hauptblatt der NSDAP-Hitlerbewegung*. Im *Kampfbund für deutsche Kultur*. 1931 unter Decknamen NSDAP (Rathkolb). 1936 Mitbegründer der NS-Tarnorganisation *Bund der deutschen Schriftsteller Österreichs*. Von Zuckmayer zur Kategorie »Nazis, Anschmeißer, Nutznießer, Kreaturen« gerechnet. März bis Juli 1938 Leiter des Burgtheaters. Zuckmayer: »Konnte sich aber wegen völliger Unfähigkeit selbst da und dort nicht halten.« Juli 1940 Vorlage zum Drehbuch des Hetzfilms *Die Rothschilds* (Courtade: »Ein Aufruf zu Haß und Mord«). Weiheverse *Führer, dein Name!* in Bühners Anthologie *Dem Führer*: »Wir tranken deinen Namen heimlich ein/bei eiligem, verstecktem Wortetauschen./Es war für uns wie herber, junger Wein,/der nur beflügelt ohne zu berauschen.« NS-Ehrung: 1943 Grillparzer-Preis der Stadt Wien. † 22. 6. 1969 Wien. Lit.: Sarkowicz.

Jenbach, Bela (Künstlername). Librettist.
* 1. 4. 1871 Miskolc in Ungarn. Co-Autor der Libretti zu Kálmáns Operette *Die Csárdásfürstin*, sowie der Lehár-Erfolge *Der Zarewitsch* und *Paganini*. Im *Lexikon der Juden in der Musik* gebrandmarkt. Lebte laut Schwarberg in einem Versteck in Wien. † 29. 1. 1943 Wien, verhungert.

Jenbach, Ida (Künstlername), eigentlich Jakobovits. Drehbuchautorin.
* 4. 6. 1868 Miskolc in Ungarn. Drehbücher zu Stummfilmen wie *Lieb' mich und die Welt ist mein* (1923) oder *Die Stadt ohne Juden* (1924). 1931 letztes Drehbuch zum Tonfilm *Opernredoute*. † 28. 11. 1941 deportiert ins Ghetto Minsk. Q.: Weniger, Bühne.

Jerger, Alfred. Österreichischer Kammersänger.
* 9. 6. 1889 Brünn. Baß-Bariton. Ab 1921 an der Wiener Staatsoper. 1938 zum »Anschluß« Österreichs: »Für die Künstler un-

serer endlich deutschen Ostmark bricht eine neue verheißungsvolle Zeit an. Das tiefe Kunstverständnis unseres Führers und seiner genialen Mitarbeiter ist Bürge dafür.« Mit Auftritt im besetzten Krakau als »Träger des deutschen Kulturwillens im Osten« eingesetzt. Am 1.5. 1945 Wiedereröffnung der Staatsoper mit Mozarts *Figaros Hochzeit*, Direktor der Staatsoper. † 18.11. 1976 Wien.

Jerger, Wilhelm. Komponist.
* 27.9. 1902 Wien. 1932 NSDAP (Nr. 1 207001), auch SS. Schüler Schrekers. Kontrabassist der Wiener Staatsoper. 1934–1945 im Vorstand der Wiener Philharmoniker. Am 27. Mai 1938 Aufführung seiner *Partita für Orchester* bei der Eröffnungsfeier der Tagung *Singen und Sprechen* während der ersten *Reichsmusiktage* in Düsseldorf (mit der Schandschau *Entartete Musik*). 1939 Vorstand der Wiener Philharmoniker. Am 14.8. 1942 Aufführung seiner Werke im besetzten Krakau (Diensttagebuch Frank). NS-Ehrung: Trotz Titelsperre 1942 Titel Professor. 1958–1973 Direktor des Bruckner-Konservatoriums Linz. † 24.4. 1978 Linz.

Jessel, Leon. Operettenkomponist.
* 22.1. 1871 Stettin. 1917 Sensationserfolg mit der Operette *Schwarzwaldmädel* an der Komischen Oper Berlin. Eines der erfolgreichsten Singspiele. Ende 1933 als Film im Kino und als Operette auf zahlreichen Bühnen. Ende 1934 Urteil der Dienststelle Rosenberg: »Nichtarische Abkunft nach anfänglich geschickter Tarnung.« Aufführungsverbot. Im *Lexikon der Juden in der Musik* gebrandmarkt. 1941 Verhaftung durch Gestapo, gefoltert, sterbend ins Jüdische Krankenhaus Berlin gebracht. † 4.1. 1942 Berlin.

Jeßner, Leopold. Intendant (1919) und Generalintendant (1928) der Staatlichen Schauspiele in Berlin.
* 3.3. 1878 Königsberg. Einer der herausragenden Theaterleiter der Weimarer Republik. Aufführung moderner Autoren wie Ibsen, Gorki, Hauptmann und Wedekind. Als Jude bereits 1929 von rechts verleumdet (Rühle), 1930 nur noch Vertrag als Regisseur. Braumüller in Fritschs Hetzwerk *Handbuch der Judenfrage*: »Auch hier dominierte jüdische Perversität.« 1933 Flucht nach England, 1935 Palästina, 1937 USA. † 13.12. 1945 Los Angeles.

Jochum, Eugen. Auf der *Gottbegnadeten-Liste* (Führerliste) der wichtigsten Dirigenten des NS-Staates.
* 1.11. 1902 Babenhausen im Allgäu als Lehrerssohn. 1930 Generalmusikdirektor (GMD) in Duisburg-Hamborn, 1932 GMD der *Funkstunde* Berlin, 1933 GMD der Städtischen Oper Berlin. Von Hitler sehr geschätzt (Speer, Tagebuch). 1934 GMD des Philharmonischen Staatsorchesters und der Oper in Hamburg. Am 17.8. 1934 zu Hitlers Hamburger Staatsbesuch Instrumentalaufführung (Tonaufnahme im Deutschen Rundfunkarchiv) von Parduns NS-Kampflied *Volk ans Gewehr!* Strophe vier: »Jugend und Alter, Mann für Mann,/umklammern das Hakenkreuzbanner./Ob Bürger, ob Bauer, ob Arbeitsmann:/sie schwingen das Schwert und den Hammer/für Hitler, für Freiheit, für Arbeit und Brot;/Deutschland erwache! Juda den Tod!« Juni 1935 Dirigent der Festveranstaltung zur zweiten Reichs-Theaterfestwoche als »Symbol des Kulturwillens der deutschen Nation und ihres Führers«. Juli 1938 Auftritt auf dem kulturpolitischen Arbeitslager der Reichsjugendführung in Weimar. Am 3.10. 1940 Gastspiel im besetzten Oslo in Anwesenheit von Reichskommissar Terboven und des norwegischen Nazi-Führers Quisling. Dezember 1940 Auftritt im Staatsauftragsfilm *Wunschkonzert*. 1943 Gastdirigent eines Sonderkonzerts in Litzmannstadt/Lodz (ab April 1940 vegetierten im Ghetto 160 000 Juden, die verhungerten oder ermordet wurden). Die *Litzmannstädter Zeitung* am 11.5. 1943 zu Jochums Gastspiel: »Durch Veranstaltungen dieser Art ... wachsen die Kräfte der Abwehr in einer teilweise noch fremden Umwelt, werden neue Kräfte, die wir für die Eindeutschung

dieser Stadt einsetzen müssen, lebendig.«
NS-Ehrung: 1936 von Hitler Titel Staatskapellmeister. 1948 Chefdirigent des Symphonieorchesters des Bayerischen Rundfunks. 1969 Chefdirigent der Bamberger
Symphoniker. Das *Deutsche Bühnen-Jahrbuch* zum 70. Geburtstag: Unangefochte-
ner Parsifal-Dirigent der Bayreuther Festspiele. † 26. 3. 1987 München.

Jochum, Georg Ludwig. Dirigent.
* 10. 12. 1909 Babenhausen. Bruder von
Eugen und Otto Jochum. 1934 Erster Kapellmeister am Opernhaus Frankfurt am
Main. 1937 NSDAP (1941 gestrichen),
Musikdirektor in Plauen. 1940 Generalmusikdirektor (GMD) in Linz. 1943 Chefdirigent des auf Hitlers Wunsch gegründeten Bruckner-Orchesters (Linzer
Reichs-Bruckner-Orchester des Großdeutschen Rundfunks), auf Hitlers Weisung 1943 in die Sonderklasse der deutschen Orchester eingestuft. Leiter der
Bruckner-Feste in St. Florian. Ab 1946
GMD in Duisburg. Gastdirigent der Bamberger Symphoniker. † 1. 11. 1970 Mül-
heim/Ruhr.

Jochum, Otto. Musikerzieher.
* 18. 3. 1898 Babenhausen. Volksschullehrer. Bruder der Dirigenten Eugen und
Georg Jochum. 1933 (bis 1951) Direktor
der Städtischen Singschule Augsburg. Titel Professor. Chorgauführer Gau Bayerische Ostmark, Gau Franken, Gau Mainfranken, Gau München-Oberbayern, Gau
Saarpfalz und Gau Schwaben. 1937
NSDAP. Laut Prieberg Komponist von
Werken wie *An das Vaterland* (1933) oder
Vaterländische Hymne (1934). Ab 1951
Wohnort Bad Reichenhall. † 24. 10. 1969
ebenda.

Jöde, Fritz. Musikerzieher.
* 2. 8. 1887 Hamburg. 1923–1936 Professor der Akademie für Kirchen- und Schulmusik Berlin. Herausgeber mehrerer Mu-
sikzeitschriften. 1937 am Reichssender
München, Leiter der HJ-Rundfunkspiel-
schar. 1939 Lehrer am Mozarteum in Salzburg (ab 1941 Reichsmusikhochschule).
1940 NSDAP, auch HJ. 1943/44 Staats-

musikschule Braunschweig. 1952–1963
Leiter des Internationalen Instituts für Ju-
gend- und Volksmusik in Trossingen.
† 19. 10. 1970 Hamburg. Lit.: Bücken;
Jahn; Prieberg.

Jöken-König, Käte. Schauspielerin.
* 24. 10. 1905 Naumburg. Ausbildung als
Sängerin. Bühnen- und Filmschauspielerin in Berlin. 1940 im Hetzfilm *Jud Süß*,
Goebbels: »Ein antisemitischer Film, wie
wir ihn uns nur wünschen können.« April
1941 im Hetzfilm *Ohm Krüger*, laut Goebbels »ein Film zum Rasendwerden«. Oktober 1941 im HJ-Propagandastreifen *Jakko*. Nach 1945 an Berliner Bühnen, zuletzt
am Theater des Westens (DBJ). † 27. 9.
1968 Berlin.

John, Georg (Künstlername), eigentlich
Jacobsohn. Schauspieler.
* 23. 7. 1879 Schmiegel. Spielte Gnome
und Greise in Fritz Langs Filmen, 1931 in
M – Eine Stadt sucht einen Mörder Rolle
des blinden Luftballonverkäufers. Letzter
Film 1933: *Sprung in den Abgrund*.
† 18. 11. 1941 Ghetto Lodz. Q.: Weniger,
Bühne.

John, Karl. Schauspieler.
* 24. 3. 1905 Köln. Engagements in Dessau, Kassel und Königsberg, ab 1938 am
Deutschen Theater in Berlin. NS-Filme:
1937 *Weiße Sklaven* (gegen marxistische
Volksmörder), 1939 *Legion Condor*, 1941
Mein Leben für Irland, *U-Boote westwärts*,
Über alles in der Welt sowie als Lands-
knechtsnatur (Karl Ritter) in der Sturzkampfflieger-Hymne *Stukas*. Laut Hippler
von Goebbels öfters zur Abendgesellschaft
eingeladen. 1943 wegen abträglicher Äußerungen gegen die Kriegsführung bei
Goebbels in Ungnade gefallen, Kriegs-
dienst. Nach 1945 Schauspielhaus und
Thalia-Theater in Hamburg, Chansonsän-
ger im Münchner Kabarett *Schaubude*.
Filmrollen: als NS-Saboteur in *Des Teufels
General* (1955), Stalingrad-Film *Hunde,
wollt ihr ewig leben?* (1959), in den Edgar-
Wallace-Krimis *Der Hexer* (1964) und
Neues vom Hexer (1965) † 22. 12. 1977
Gütersloh.

Johst, Hanns. Ab 1935 Präsident der Reichsschrifttumskammer. Auf der Sonderliste der sechs wichtigsten Schriftsteller der *Gottbegnadeten-Liste* (Führerliste), genannt *Der Barde der SS*. Reichskultursenator. * 8.7.1890 Seerhausen (sic) in Sachsen. 1917 expressionistisches Theaterstück *Der Einsame, eine Menschwerdung* (um den Dichter Christian Dietrich Grabbe). Ab 1918 Wohnort Oberallmannshausen am Starnberger See. Etwa 1923, im Haus des Verlegerehepaars Bruckmann, Zusammentreffen mit Hitler. 1928 im Förderkreis des *Kampfbunds für Deutsche Kultur*. 1932 NSDAP (Nr. 1 352376). Zuckmayer in seinen Erinnerungen:»Aus Talentmangel Nazi geworden.« März (bis Dezember) 1933 Erster Dramaturg am Staatlichen Schauspielhaus Berlin. Zu Hitlers Geburtstag am 20.4.1933 ebenda Uraufführung seines Dramas *Schlageter*, »Adolf Hitler in liebender Verehrung und unwandelbarer Treue« gewidmet. Das NS-Musterschauspiel, wie ein Staatsakt aufgeführt, gilt mit seinem Satz »Wenn ich Kultur höre, entsichere ich meinen Browning« als Bekenntnis zur Barbarei. Juni 1933 Vorsitz der »neugeordneten« Deutschen Akademie der Dichtung der Preußischen Akademie der Künste. Name Oktober 1933 unter dem Treuegelöbnis »88 deutsche Schriftsteller« für Adolf Hitler. Am 10.10. 1933 an Himmler: »Mein lieber Heinrich Himmler! In Amsterdam erscheint das derzeit unflätigste Emigrantenblatt, ›Die Sammlung‹ … Als Herausgeber zeichnet der hoffnungsvolle Sproß des Herrn Thomas Mann, Klaus Mann. Da dieser Halbjude schwerlich zu uns herüberwechseln können, würde ich in dieser Angelegenheit doch das Geiselverfahren vorschlagen. Könnte man nicht vielleicht Herrn Thomas Mann, München, für seinen Sohn einwenig [!] inhaftieren? Seine geistige Produktion würde ja durch eine Herbstfrische in Dachau nicht leiden … Mit Handkuß für Ihre Gattin und Handschlag

für Sie immer Ihr getreuer Hanns Johst.« Präsident der am 8.1.1934 gegründeten *Union Nationaler Schriftsteller*. Am 19.8. 1934 Unterzeichner des *Aufrufs der Kulturschaffenden* zur Vereinigung des Reichskanzler- und Reichspräsidentenamts in der Person Hitlers: »Wir glauben an diesen Führer, der unsern heißen Wunsch nach Eintracht erfüllt hat.« In seinen Weiheversen *Dem Führer* in Bühners Hitleranthologie: »Und Volk und Führer sind vermählt./Das Dritte Reich versteint, gestählt./Steht festgefügt im Morgenglanz,/Umbaut als köstlichste Monstranz/Dein glückliches Lächeln, mein Führer!« Im Kuratorium der *Goebbels-Stiftung für Kulturschaffende*. Präsidialbeirat der *Kameradschaft der deutschen Künstler* (NS-Führerkorps). NS-Ehrung: Januar 1934 Preußischer Staatsrat. Am 11.9.1935 auf der Kulturtagung des NSDAP-Reichsparteitags als erster Schriftsteller mit dem von Hitler gestifteten *Preis der NSDAP für Kunst und Wissenschaft* ausgezeichnet (20 000 Mark), am selben Tag von Himmler als SS-Oberführer in den Persönlichen Stab Reichsführer-SS aufgenommen, 1940 *Goethe-Medaille* für Kunst und Wissenschaft, 1941 Kantate-Dichterpreis der Stadt Leipzig, Januar 1942 SS-Gruppenführer. Ab 1952 unter dem Pseudonym *Odemar Oderich* Gedichte in *Die kluge Hausfrau. Zeitschrift des Edeka-Kaufmanns für seine Kunden*. 1955 Veröffentlichung seines (Ende 1943 abgeschlossenen, nun modifizierten) Buches: *Gesegnete Vergänglichkeit*. Auflage 1000 Exemplare, von der Kritik ignoriert. † 23.11.1978 Ruhpolding im Altersheim. Lit.: Düsterberg; Scholdt.

Jonen, Heinrich. Filmproduzent. * 15.6.1901 Köln. 1939 Produktionsleiter der Tobis. Produzent des Revuefilms *Stern von Rio* (1940), des Propagandastreifens *Bismarck* (am 6.12.1940 in Anwesenheit von Goebbels, Lammers und Gürtner uraufgeführt). 1941 NS-Euthanasiefilm *Ich klage an* (der von den Krankenmördern der Berliner T4-Zentrale teilfinanzierte Staatsauftragsfilm sollte den Widerstand der Bevölkerung gegen den Behindertenmord brechen). Nach 1945 Produktionsleitung der Filme *Stresemann* (1956) und *Stefanie* (1958), letzter Film: *Stefanie in Rio* (1960). † 1.12.1960 Neuhaus am Schliersee.

Jost, Wilhelm. Auf der *Gottbegnadeten-Liste* (Führerliste) der wichtigsten Architekten des NS-Staates.

* 28.2.1887 Zwickau. Ab 1926 Professor der TH Stuttgart. Vollmer: Wohnhäuser, Verwaltungsgebäude, Kirche in Fellbach bei Stuttgart.

Jünger, Ernst. Schriftsteller.

* 29.3.1895 Heidelberg, Sohn eines Apothekers. Als Infanterieleutnant im I. Weltkrieg, Orden *Pour le mérite*. 1920 Autor: *In Stahlgewittern*. Goebbels am 13.1.1926 im Tagebuch: »Ich lese: Ernst Jünger. ›In Stahlgewittern.‹ Das Evangelium des Krieges. Grausam-groß.« Autor in nationalistischen Zeitschriften. 1931 mit Friedrich Bethge Herausgeber: *Das Antlitz des Weltkriegs. Fronterlebnisse deutscher Soldaten.* Bezeichnete Juden als »Geschmeiß« (1927 in der Zeitschrift *Arminus*) und begrüßte den Nationalsozialismus: »Wir wünschen den Nationalsozialisten von Herzen den Sieg« (1929 in der Zeitschrift *Die Kommenden*). Nachdem der Boden bereitet war, Verweigerung, sich vom real existierenden Nationalsozialismus vereinnahmen zu lassen. November 1933 Ablehnung der Berufung an die Deutsche Akademie der Dichtung der »gesäuberten« Preußischen Akademie der Künste. *Meyers Lexikon* 1939: »Der hervorstechende geistige Zug all dieser Werke ist die unbedingte Bejahung des Krieges als einer obersten, sinnbestimmenden Macht des völkischen Lebens. Krieg gilt hier als wahres Symbol eines durchaus männlich aufgefaßten Daseins.« Die Emigrantenzeitschrift *Die Sammlung*, 1935: »In einem sado-masochistischen Paroxismus sondergleichen erhebt Jünger das Bild des Schlachtfeldes zum Weltbild überhaupt.« Vom Amt Rosenberg empfohlene Lektüre: *In Stahlgewittern* sowie *Das Wäldchen*. Im

Krieg Offizier der Wehrmacht, ab 1941 Besatzungsoffizier in Paris. Seine Erzählung *Auf den Marmorklippen* (1939) wurde vielfach als Widerstandstext gegen den NS-Terror gelesen. Nach Attentat vom 20. Juli 1944 aufgrund von Kontakten zu Angehörigen des Widerstands aus Wehrmacht entlassen. Thomas Mann am 14.12.1945 in einem Brief an seine amerikanische Förderin Agnes E. Meyer: »Er ist aber ein Wegbereiter und eiskalter Genüßling des Barbarismus und hat noch jetzt, unter der Besetzung, offen erklärt, es sei lächerlich, zu glauben, daß sein Buch [Marmorklippen] mit irgendwelcher Kritik am nationalsozialistischen Regime etwas zu tun habe. Das ist mir lieber, als das humanistische Schwanzwedeln und die gefälschten Leidens-Tagebücher gewisser Renegaten und Opportunisten.« Von 1945 bis 1949 Publikationsverbot. Sah sich selbst nur als »Seismograph«, der die »Verwerfungen« der Zeit registriert habe. Lit.: Sarkowicz.

Jünger, Friedrich Georg. Schriftsteller.

* 1.9.1898 Hannover. Jüngerer Bruder von Ernst Jünger. Jurist. Offizier im I. Weltkrieg. Essays in nationalistischen Zeitschriften. Herbst 1934 Uraufführung seines in der Antike angesiedelten Lustspiels *Der verkleidete Theseus* an den Städtischen Bühnen Frankfurt am Main, von der Kritik abgelehnt (»Firlefanz«, »Afterlyrik«) und nach der Premiere abgesetzt. Textprobe aus dem 1934 erschienenen Band *Gedichte*: »Der Tag, da die dankbare Jugend/An euren Gräbern erwacht, er kommt. Der Zeugende liebt sie./Und vom männlichen Samen grünet wieder die Erde.« 1936 Epos *Der Krieg*: »Mögen Tausende, mögen Millionen sterben, was bedeuten die Ströme dieses Blutes gegenüber diesem Staate, in dem alle Unruhe und Sehnsucht des deutschen Menschen mündet und eingeht.« Ab 1936 in Überlingen am Bodensee. † 20.7.1977 ebenda. Lit.: Sarkowicz; Schonauer; Schültke.

Jürgens, Curd. Schauspieler.

* 13.12.1915 München. Ab 1936 an Berliner Bühnen, 1941 auch Burgtheater und

Deutsches Volkstheater der *Deutschen Arbeitsfront* in Wien. Zwischen 1935 und 1945 als »der neue blonde Deutsche« (Jürgens über Jürgens) in 16 Filmen. Unter anderem 1937 Nebenrolle im antibritischen Zarah-Leander-Film *Zu neuen Ufern*. 1940 Filmlustspiel *Weltrekord im Seitensprung* sowie Willi-Forst-Film *Operette*. 1942 Rolle Kaisers Joseph II. im Mozart-Film *Wen die Götter lieben*. 1943 Liebeskomödie *Frauen sind keine Engel* sowie Filmschwank *Kohlhiesels Töchter*. Gustav Fröhlich: »Jedenfalls hatte ihm das Burgtheater die österreichische Staatsbürgerschaft eingebracht. Dadurch gehörte er im Handumdrehen zu einem von den Nazis eroberten Lande und genießt die entsprechenden Vorteile.« 1953 Publikumserfolg *Der letzte Walzer*, 1955 als General Harras in der Zuckmayer-Verfilmung *Des Teufels General*. 1956 mit Brigitte Bardot: *Und ewig lockt das Weib*. 1958 Franz-Werfel-Verfilmung *Jakubowsky und der Oberst* mit Ingrid Bergman und Orson Welles. 1976 Erinnerungen: *... und kein bißchen weise* (gegenüber anderen Memoiren durchaus kritisch über die Filmwelt der NS-Zeit). 1981 *Filmband in Gold* für langjähriges und hervorragendes Wirken im deutschen Film. † 18.6. 1982 Wien.

Jugo, Jenny. Filmstar.

* 14.6. 1905 Mürzzuschlag in der Steiermark. Laut Speer sah sich Hitler alle ihre Filme an. In der NS-Zeit 18 Filme. In jungen Jahren einjährige Ehe mit dem Stummfilm-Darsteller Emo Jugo, 1936 Heirat mit dem Schauspieler Friedrich Benfer. Häufig zu Gast im Hause Goebbels, auch bei Bootspartien. Goebbels am 17.12. 1935 im Tagebuch: »Abends viel Besuch. Auch der Führer da. Willy Fritsch, die Andergast und Jugo.« Am 11.1. 1937 mit Goebbels bei Hitler: »Essen alleine oben im kleinen Zimmer, und es ist urgemütlich. Der Führer so richtig aufgeräumt.« Laut Moeller (Filmstars) überschwengliche »Heil mein Führer«-Briefe, »bis Kriegsbeginn die engste Schauspielerbekannte von Goebbels und Hitler«. In

den Filmen *Gefährliches Spiel* (1937), *Unser Fräulein Doktor* (1940), *Viel Lärm um Nixi* (1942). 1950 letzter Film: Helmut Käutners *Königskinder*. Eigener Bauernhof in Schönrain in Oberbayern. 1993 Trennung von Benfer. Nach mißlungener Sauerstofftherapie die letzten 25 Jahre querschnittgelähmt im Rollstuhl. *Filmband in Gold* für langjähriges und hervorragendes Wirken im deutschen Film 1971. † 30.9. 2001 Schwaighofen in Oberbayern.

Juhre, Alfred. Hauptschriftleiter des *NS-Fliegerkorps*.

* 8.5. 1900 Kottbus. 1934 Gedichte: *Durch unser Blut wird Deutschland frei*. 1940 Gefreiter bei der Artillerie-Ersatz-Abteilung 39 in Küstrin. 1942 Herausgeber: *Wir fliegen in Wind und Wolken, Bildwerk aus der Arbeit des NS-Fliegerkorps*. † Soll am 15.2. 1952 im Zuchthaus Waldheim in Sachsen gestorben sein (WASt).

Jung, Friedrich. Musikreferent von Robert Ley (DAF).

* 17.7. 1897 Wien. Komponist und Dirigent. Schüler Schrekers. Repetitor der Bayreuther Festspiele, Lehrer an der Musikhochschule Berlin. NSDAP Mai 1933. Schreiben der NSDAP-Parteileitung vom 5.4. 1939 an die Musikhochschule Berlin-Charlottenburg: »Parteigenosse Friedrich Jung wurde vom Reichsorganisationsleiter der NSDAP, Pg. Dr. Ley, beauftragt, die gesamte Musik zum Appell der Politischen Leiter am Reichsparteitag 1939 in Nürnberg zu komponieren, instrumentieren, gauweise einzustudieren, am Reichsparteitag das Werk als Hauptdirigent selbst zu leiten und alle künstlerischen Vorbereitungen hierzu persönlich in die Hand zu nehmen.« 1942 Komponist der Ley gewidmeten *Sinfonie in B-Dur*, mit den Sätzen *1918 Deutschland – Heldengedenken – Totentanz – Deutschland 1933*. Nach 1945 Direktor der Musikschule und des Städt. Orchesters Dornbirn in Vorarlberg. † 17.3. 1975 Feldkirch.

Jung, Theodor. Fachberater Chorwesen und Volksmusik in der Reichsmusikkammer (1938).

* 29. 8. 1897 Düsseldorf. Unter anderem Musikerzieher und Schulrektor in Düsseldorf. 1932 NSDAP, NS-Lehrerbund. 1938 in der Zeitschrift *Die Volksmusik* über Volksmusikkapellen: »Sie sind Kultursoldaten des Führers, eingereiht in der nationalsozialistischen Kulturorganisation der Reichsmusikkammer.« Mai 1941 Amtsleiter Musik im Hauptamt Kultur der NSDAP-Reichspropagandaleitung in München. Oberleutnant der Wehrmacht. Nach 1945 Musiklehrer in Laasphe und Berleburg. † 18. 1. 1979 Bad Berleburg. Q.: Brather; DBJ; Prieberg.

Jungandreas, Wolfgang. Direktor der Abteilung Mundartforschung des Deutschen Instituts der Universität Breslau.

* 9. 12. 1894 Görlitz. Studienrat. 1933 SA (Oberscharführer), NS-Lehrerbund, Privatdozent in Breslau. 1935 Autor: *Die germanische Runenreihe und ihre Bedeutung*. 1937 NSDAP. 1940 apl. Professor, 1941/42 Lehrstuhlvertretung an der Reichsuniversität Posen. 1942 Extraordinarius. Herausgeber: *Schlesisches Wörterbuch*. 1946–1950 Leiter der Abteilung für Niedersächsische Mundartforschung am Deutschen Seminar der Universität Göttingen. † 17. 6. 1991 Trier. Q.: Kürschner 1941; König.

Jungbauer, Gustav. Herausgeber der *Sudetendeutschen Zeitschrift für Volkskunde*.

* 17. 7. 1886 Oberplan in Böhmen. 1937 Lehrstuhl an der Deutschen Universität Prag. 1939 Forschungsauftrag *Der Wald im Märchen* in Himmlers SS-*Ahnenerbe*-Prestigeprojekt *Wald und Baum in der arisch-germanischen Geistes- und Kulturgeschichte* (Rusinek). † 23. 10. 1942 Prag.

Junghanns, Julius Paul. Auf der *Gottbegnadeten-Liste* (Führerliste) der wichtigsten Maler des NS-Staates.

* 8. 6. 1876 Wien. Tiermaler. Lehrer an der Düsseldorfer Akademie. Laut Rosenbergs Periodikum *Die Kunst im Deutschen Reich* (November 1939), war es »der Führer selbst ... der bei der denkwürdigen Eröffnung des Hauses der Deutschen Kunst im Jahre 1937 Prof. Junghanns und seine Kunst an den Platz stellte, den er ihm so-

gleich zuerkannte«. Auf den Großen Deutschen Kunstausstellungen im Münchner NS-Musentempel *Haus der Deutschen Kunst* mit insgesamt 30 Objekten, darunter *Eifelziegen* (1939) sowie *Der lustige Schimmel* (1941). 1943 Vizepräsident der Reichskammer der bildenden Künste. NS-Ehrung: 1941 *Goethe-Medaille* für Kunst und Wissenschaft, Begründung: Der beste Tiermaler Deutschlands. † 3. 4. 1958 Düsseldorf. Q.: Thomae.

Jungnickel, Max. Name Oktober 1933 unter dem Treuegelöbnis »88 deutsche Schriftsteller« für Adolf Hitler.

* 27. 10. 1890 Saxdorf in Sachsen. Lehrer. Goebbels am 7. 1. 1930 im Tagebuch: »Etwas klein im Umfang. Aber ganz lieb und verträumt.« *Meyers Lexikon* (1939): »Liebenswürdiger Erzähler mit ausgesprochener Neigung zum Idyll.« 1932 Autor: *Volk und Vaterland*. 1933 Buch über Goebbels. 1938 Autor: *Mythos des Soldaten*. Am 13. 6. 1938 Auftritt in der Feierstunde des *Reichsfrontdichtertreffens* in Guben (Walther). † Kriegstod 13. 1. 1945 Velun in Polen.

Jungwirth, Josef. Maler.

* 19. 2. 1869 Wien. 1910 Professor an der Akademie der bildenden Künste Wien. Porträtierte Mitglieder des Wiener Hofes. NS-Ehrung: 1944 *Goethe-Medaille* für Wissenschaft und Kunst, Begründung: »Einer der besten ostmärkischen Maler«. Ab 1946 in Stockholm. † 27. 4. 1950 ebenda.

Junkermann, Hans. *Staatsschauspieler* (1939).

* 24. 2. 1872 Stuttgart, Sohn eines Königlich Württembergischen Hofschauspielers. Volksbühne Berlin. Führend in der *Kameradschaft der deutschen Künstler* (NS-Führerkorps). Zwischen 1933 bis 1943 in 52 Filmen, darunter 1937 *Die göttliche Jette*, 1939 *Salonwagen E 417* sowie 1940 *Bismarck*. 1943 im Ufa-Jubiläumsfilm *Münchhausen*. † 12. 6. 1943 Berlin. Nachruf *Deutsches Bühnen-Jahrbuch* 1944: »Früh trat Hans Junkermann zur nationalsozialistischen Bewegung.«

Juon, Paul. Komponist.
* 8. 3. 1872 Moskau. 1911 Professor der
Musikhochschule Berlin. Am 22. Mai 1938
Uraufführung seiner *Rhapsodischen Sinfonie* während der ersten *Reichsmusiktage*
in Düsseldorf (mit der Schandschau *Entartete Musik*). *Meyers Lexikon* 1939:
»Schwungvolle Kompositionen in
Brahmsscher Richtung, verbunden mit
russischen Elementen.« † 21. 8. 1940 Vevey in der Schweiz.

Justi, Ludwig. Direktor der Nationalgalerie in Berlin (ab 1909).
* 14. 3. 1876 Marburg. Kunsthistoriker.
Förderer zeitgenössischer Malerei. Juli
1933 abgeschoben auf den Posten des Kustos der Staatlichen Kunstbibliothek der
Nationalgalerie. 1947 von Alliierten zum
Generaldirektor der Staatlichen Museen
ernannt. Wiederaufbau der Nationalgalerie. 1956 *Nationalpreis der DDR.* † 19. 10.
1957 Potsdam.

Jutzi, Phil(lipp). Kameramann und Regisseur.
* 22. 7. 1896 Alt-Leiningen in der Pfalz.
Zunächst Landschafts- und Kinoreklame-
maler. Später führender Regisseur des
proletarisch-realistischen Films. 1929
Hauptwerk: *Mutter Krausens Fahrt ins
Glück.* 1931 Tonfilmdebüt mit der Döblin-
Verfilmung *Berlin Alexandersplatz* mit
Emil Jannings. 1933 NSDAP. Unter anderem bei der Reichspost-Fernseh-Gesell-
schaft. † 1. 5. 1946 Neustadt an der Weinstraße. Lit.: Zimmermann/Hoffmann.

K

Kabasta, Oswald. Auf der *Gottbegnadeten-
Liste* (Führerliste) der wichtigsten Dirigenten des NS-Staates.
* 29. 12. 1896 Mistelbach in Niederösterreich. Bruckner-Interpret. 1935 Chefdirigent der Wiener Symphoniker. Juni 1937
mit Raabe Dirigent des Festkonzerts anläßlich der Aufnahme von Bruckners Büste in die Walhalla durch Hitler (Vereinnahmung des Österreichers Bruckner für

das Deutsche Reich). 1938 Leiter der
Münchner Philharmoniker, NSDAP. Am
15. 7. 1939, zum *Tag der Deutschen Kunst,*
von Hitler Titel Professor. 1945 Entlassung. † Suizid 6. 2. 1946 Kufstein.

Kade, Franz. Erziehungswissenschaftler.
* 14. 9. 1893 Eldagsen, Provinz Hannover.
1923 Dr. phil. 1932 NSDAP, Gauredner
NSDAP Hessen-Nassau und NS-Lehrerbund. Mai 1933 bis April 1934 Direktor
der Hochschule für Lehrerbildung (zur NS-
Indoktrinierung) Danzig, Mai 1934 Abteilungsleiter Erziehung und Unterrichtung
des NS-Lehrerbunds Danzig. 1936 HfL
Bonn, Stellv. Führer der Dozentenschaft.
Laut Hesse »ein intellektueller Söldner des
Dritten Reiches«. 1953–1958 Didaktik-
Professor der Pädagogischen Akademie
Köln. Schulbuchautor. † 12. 3. 1987 Ha-
meln. Lit.: Hesse.

Kaergel, Hans Christoph. Landesleiter
Schlesien der Reichsschrifttumskammer.
* 6. 2. 1889 Striegau in Schlesien. *Führerlexikon:* »Aus altem, seit Jahrhunderten in
Schlesien ansässigem Müllergeschlecht.«
Dorfschullehrer der Oberlausitz. Landesführer des *Volksbunds für das Deutschtum
im Ausland* (Zweigstelle der Auslandsorganisation der NSDAP). 1933 Hitlerbio-
graphie: *Der Volkskanzler.* 1934 Drama
Hockewanzel über eine »wurzelechte Füh-
rerpersönlichkeit« gegen »fanatische
tschechische Elemente« (Werbetext). Weiheverse *Dem Führer* in Bühners Anthologie *Dem Führer:* »Denn fragt uns einer, wo
der Führer steht,/so zeigt ein jeder auf das
eigne Herz:/Hier steht er eingewurzelt in
das Blut,/hier muß er stehn und weiter
wandernd gehn/durch unser Blut Geschlecht nun zu Geschlecht!« † 9. 5. 1946
Breslau.

Kästner, Erhart. Bibliothekar und Schriftsteller.
* 13. 3. 1904 Augsburg. Dr. phil. 1930
Sächsische Landesbibliothek Dresden.
1936/37 Sekretär Gerhart Hauptmanns.
1939 NSDAP (Nr. 7 936245). 1942 Autor:
Griechenland. Ein Buch aus dem Kriege,
dort heißt es über deutsche Wehrmachts-

soldaten: »Da waren sie, die ›blonden Ar-
chaier‹ Homers, die Helden der Ilias. Wie
jene stammten sie aus dem Norden, wie
jene waren sie groß, hell, jung, ein Geschlecht, strahlend in der Pracht seiner
Glieder ... [die] von den Kämpfen auf
Kreta erzählten, die wohl viel heldenhaf-
ter, viel kühner und viel bitterer waren als
alle Kämpfe um Troja.« 1950–1968 Direktor der Herzog August Bibliothek in Wolfenbüttel. † 3.2.1974 Staufen. Lit.: Arn
Strohmeyer, Dichter im Waffenrock, Erhart Kästner in Griechenland und auf Kreta 1941 bis 1945, Mähringen 2006.

Kästner, Erich. Schriftsteller.
* 23.2.1899 Dresden, Sohn eines Sattlers
und einer Friseuse. Am bekanntesten seine
Kinderbücher: *Emil und die Detektive*
(1929), *Pünktchen und Anton* (1931), *Das
fliegende Klassenzimmer* (Ende 1933!). Als
Mitarbeiter der linken Wochenschrift *Die
Weltbühne* Opfer der Bücherverbrennung
Mai 1933, Feuerspruch: »Gegen Dekadenz
und moralischen Verfall! Für Zucht und
Sitte in Familie und Staat!« Vergebliche
Gesuche um Aufnahme in die Reichsschrifttumskammer. Schreibverbot für das
Inland, Bücher in der Schweiz: *Drei Männer im Schnee* (1934), *Emil und die drei
Zwillinge* (1935), *Doktor Erich Kästners lyrische Hausapotheke* sowie *Die verschwun-
dene Miniatur* (1936), *Georg und die Zwi-
schenfälle* sowie *Till Eulenspiegel* (1938).
1943 unter dem Pseudonym Berthold Bürger mit einer Sondergenehmigung von
Goebbels Drehbuch zum Ufa-Jubiläumsfilm *Münchhausen*. Drehbuch zum 1943
aufgeführten Film *Der kleine Grenzverkehr*
(nach 1945 Aufführungsverbot, 1949 von
der deutschen Freiwilligen Filmselbstkon-
trolle nicht aufgehoben). Bei der Machtergreifung der Nazis in Zürich, begründete
seine Nichtemigration damit, daß er als
Augenzeuge den Roman der Nazidiktatur
schreiben wolle, den er jedoch nie schrieb.
Oktober 1945 Feuilletonchef der *Neuen
Zeitung* (US-Tageszeitung im Dienste der
Umerziehung und Demokratisierung).
Ebenda am 14.1.1946 Polemik gegen

Thomas Mann, der nicht ins braun ver-
seuchte Deutschland zurück wollte, geschrieben an eine fiktive Kinderschar,:
»Thomas Mann ... geht soweit, die Labi-
lität, die Nervosität, die behutsame Ab-
wegigkeit für Tugenden und hohe Werte
zu halten ... Die Athleten und Heroen waren ihm immer ein wenig verdächtig, und
er ist selber keines von beiden ... Es war
Torheit, ihn zu rufen. Man hätte ihn viel
eher bitten müssen, nur ja und auf alle Fälle drübenzubleiben!« Entlastungszeuge für
Werner Krauß (*Jud Süß*) im Entnazifizierungsverfahren. 1951–1962 Präsident des
Deutschen PEN-Zentrums. 1969 *Filmband
in Gold* für langjähriges und hervorragendes Wirken im deutschen Film. † 29.7.
1974 München.

Käutner, Helmut. Schauspieler und Regisseur.
* 25.3.1908 Düsseldorf. 1931 Mitbegründer des Münchner Studentenkabaretts *Die
vier Nachrichter*, 1934 verboten. 1937 Uraufführung seines Lustspiels *Ein Auto geht
in See* an den Städtischen Bühnen Frankfurt am Main sowie Uraufführung seines
Singspiels *Juchten und Lavendel* am Schauspielhaus Leipzig. Filmregie: 1940 *Kleider
machen Leute* mit Rühmann und Hertha
Feiler. 1941 Regie und Drehbuch: *Auf
Wiedersehen, Franziska!* Courtade: »Er soll
die zahllosen deutschen Frauen trösten,
die der Krieg einsam gemacht hat.« 1942
Regie und Drehbuch zu den Unterhaltungsfilmen *Anuschka* sowie *Wir machen
Musik*, mit dem gleichnamigen Durchhalte-Song: »Und wenn du auch mal Sorgen
hast, vertreib sie mit Musik./Denn wer
zum Trost kein Liedchen kennt,/pfeift auf
dem letzten Loch,/und wenn der ganze
Schnee verbrennt,/die Asche bleibt uns
doch!« 1943 Filmregie zu *Romanze in
Moll*. Goebbels dazu am 10.1.1943 im Tagebuch: »eine außerordentlich wirkungs-
volle Avantgardistenarbeit«. Am 15.12.
1944 in Prag Uraufführung des Hans-
Albers-Films *Große Freiheit Nr. 7*, im
Reichsgebiet verboten. Regie zum 1945
zugelassenen, aber nicht mehr aufgeführ-

ten Film *Unter den Brücken*. Goebbels dazu am 24.12.1944: »Käutner ist der Avantgardist unter unseren deutschen Filmregisseuren.« 1954 *Bundesfilmpreis* für *Die letzte Brücke*. 1955 Zuckmayer-Verfilmung *Des Teufels General*. 1956: *Der Hauptmann von Köpenick*. 1970 letzter Film: *Die Feuerzangenbowle*. 1973 *Filmband in Gold*. 1974 letzter Auftritt als Schauspieler in Hans-Jürgen Syberbergs Film *Karl May* (Titelrolle). Das *Deutsche Bühnen-Jahrbuch* zum 65. Geburtstag: »Käutner sagt über sich selbst, daß er keinen eigenen Filmstil habe. Dazu ist er zu ideenreich und vielseitig.« † 20.4.1980 Castellina.

Kafka, Georg. Entfernter Verwandter Franz Kafkas.
* 15.2.1921 Teplitz-Schönau. Sommer 1942 deportiert nach Theresienstadt. 1943 im Ghettolager Gedicht *Totengebet*: »Sieh, Herr, die Toten kommen zu Dir./Die wir geliebt, sind allein/Und sehr weit./Nun müssen wir ihre Munde sein/Und beten zu Dir,/Du Ewigkeit.« Folgte am 15.5.1944 seiner Mutter nach Auschwitz. † Ende 1944 Schwarzheide, Nebenlager des KZ Sachsenhausen. Q.: Schlösser.

Kahle, Maria. Schriftstellerin.
* 3.8.1891 Wesel am Rhein. 1924–1926 Redakteurin der Kasseler Tageszeitung *Der Jungdeutsche*. Von Rosenbergs *Kampfbund für deutsche Kultur* empfohlene Autorin. Gedichtbände wie *Gekreuzigt Volk* (1924) oder *Die deutsche Frau und ihr Volk* (1934). NS-Ehrung: 1937 Westfälischer Literaturpreis. 1956 Gedichte: *Herz der Frau*. 1960 Agnes-Miegel-Plakette. † 15.8.1975 am Wohnort Olsberg in Westfalen.

Kahn, Edgar. Chefdramaturg der Tobis-Filmgesellschaft.
* 22.1.1903 Kehrenbach. 1933 Schauspiel *Langemarck*. 1937 Drehbuch zu seinem bekanntesten Film: *Mein Sohn, der Herr Minister*, für Goebbels »eine geistvolle Verhöhnung des Parlamentarismus«. 1942 Uraufführung seines »Schauspiels der Panzerwaffe« *Die ewige Kette* in Bremen. † 29.1.1955 Hamburg-Fuhlsbüttel.

Kahn, William. Regisseur, Drehbuchautor und Produzent der Stummfilmzeit.
* 25.5.1888 Berlin. 1927 letzte Filmproduzent: *Mädchen, hütet Euch!* † Deportiert am 14.11.1941 nach Minsk. Q.: Weniger, Bühne.

Kaiser, Georg. Expressionistischer Dramatiker.
* 25.11.1885 Magdeburg. Autor von Theaterstücken wie *Die Bürger von Calais* (1917) oder *Gas* (1918), Alfred Kerr dazu am 27.2.1919 in *Der Tag*: »Großmassiger Aufwand für ein gewisses Wenig an Gedanken.« Harry Graf Kessler am 31.1.1919 im Tagebuch: »Im ganzen, kein Dichter von Belang.« Am 22.3.1933 Unterzeichner einer Loyalitätserklärung der Sektion Dichtung der Preußischen Akademie der Künste pro NS-Regierung, am 5.5.1933 dennoch Ausschluß. Opfer der Bücherverbrennungen. 1938 Flucht via Niederlande in die Schweiz. † 4.6.1945 Ascona, vergessen und verarmt.

Kalckreuth, Barbara von. Bildhauerin.
* 18.4.1905 Hackpfüffel bei Sangerhausen. Goebbels am 29.3.1937 im Tagebuch: »Nachmittags kleine Teegesellschaft. Zerletts, Anny Ondra, Bildhauer Thorak, Breker und von Kalckreuth.« Am 17.5.1937: »Besuch: Helldorfs, Arents, Hommel, Dannhoff, Hanke, Frau von Kalckreuth. Bootsfahrt.« Am 7.12.1937: »Frau von Kalckreuth zeigt mir ihre Büste vom Führer.« 1939 Heirat mit dem Maler Conrad Hommel. Hommels waren fast bis zum Ende Dauergäste bei Goebbels. Auf den Großen Deutschen Kunstausstellungen im Münchner NS-Musentempel *Haus der Deutschen Kunst*, darunter 1943 mit dem Opus *Mutterglück*. Wohnort Siehlbek in Schleswig-Holstein.

Kallenbach, Hans. HJ-Propagandaleiter, Erziehungswissenschaftler.
* 24.12.1907 Offenbach. 1931 Dr. phil. 1933 Studienassessor, NS-Lehrerbund, Stellenleiter für weltanschauliche Schulung im HJ-Bann 287 Offenbach, später Propagandaleiter im HJ-Oberbann Oberhessen sowie Stellenleiter für Kultur und

Rundfunk im HJ-Bann 254 Wetterau. 1936 Dozent der Hochschule für Lehrerbildung (zur NS-Indoktrinierung) in Hirschberg im Riesengebirge. Stellenleiter Kultur und Rundfunk im HJ-Bann 154 Hirschberg. 1937 NSDAP. Mitarbeit Referat für mündliche Sprachpflege im Hauptreferat Volkstum des Kultur- und Rundfunkamts der Reichsjugendführung der NSDAP. 1939 SS-Bewerber, 8. SS-Standarte Hirschberg. 1941 Studienrat an der als HJ-Formation organisierten Lehrerinnenbildungsanstalt Hirschberg. 1950–1953 Mitherausgeber der Monatsschrift *Die neue Furche*. 1954–1972 Direktor und Studienleiter der Ev. Akademie in Arnoldshain im Taunus. 1964 in der Kirchenleitung der Ev. Kirche in Hessen-Nassau. 1974 im Präsidiumsausschuß des Ev. Kirchentags. † 5. 9. 1981 Frankfurt am Main. Lit.: Hesse.

Kallenberg, Siegfried. Komponist und Musikschriftsteller.
* 3. 11. 1867 Bad Schachen bei Lindau, Sohn eines Kaufmanns. Ab 1910 am Konservatorium in München. Kammermusik, drei Opern, rund 300 Lieder (Moser). NSDAP. Erbitterter Gegner von Schönberg und Strawinsky, dem er »seelenlos gestalteten Konstruktivismus« vorwarf. † 9. 2. 1944 München.

Kallmann, Hans Jürgen. Maler.
* 20. 5. 1908 Wollstein (Posen), Sohn eines Hautarztes. Porträts der Schauspielerinnen Tilla Durieux und Elisabeth Bergner. Juli 1937 in der Schandschau *Entartete Kunst* in München vorgeführt. Ein Teil seiner Werke wurde bei der Gemäldeverbrennung (insgesamt 1004 Bildwerke, 3825 Aquarelle und Graphiken) am 20. 3. 1939 im Hof der Berliner Feuerwache vernichtet (Brenner). 1949 für drei Jahre Lehrer an der Akademie in Caracas. Danach einer der bekanntesten Porträtmaler der BRD (Theodor Heuss, Konrad Adenauer). 1960 Erinnerungen: *Der verwundbare Stier*. † 6. 3. 1991 Pullach.

Kallmeyer, Georg. Musikverleger.
* 15. 9. 1875 Braunschweig. Die Zeitschrift *Musik in Jugend und Volk. Amtliche Musikzeitschrift der Reichsjugendführung*, 1937: »Als die ersehnte Zukunft Gegenwart wurde, als der völkische Aufbruch den Aufbau einer neuen Musikkultur ermöglichte, war es Georg Kallmeyer, der seinen Verlag der Musikarbeit der Hitlerjugend zur Verfügung stellte.« Verleger auch anderer NS-Organisationen, Bücher wie Milli (sic) Kösters *Ertüchtigung von Blut und Rasse durch Atem- und Stimmpflege* (1933) oder Wolfgang Stummes *Was der Führer der Einheit vom Singen wissen muß. Eine erste musikalische Hilfe für Jugendführer und Laiensingwarte* (1941). † 27. 5. 1945 Wolfenbüttel. Lit.: Fetthauer; Wulf, Musik.

Kálmán, Emmerich. Ungarischer Operettenkomponist.
* 24. 10. 1882 Siofok am Plattensee. Weltruhm mit seinen Operetten *Die Csárdásfürstin* (1915), *Gräfin Mariza* (1924) und *Die Zirkusprinzessin* (1925). Wohnort Wien. 1934 Aufführungen an einigen Bühnen im Reich, Filmpremiere *Die Csárdásfürstin*. Danach Aufführungsverbot aufgrund der NS-Rassengesetze. Nach der Besetzung Österreichs 1938 Flucht nach Paris, obgleich als Ungar noch nicht aktuell bedroht. 1940 USA. Nach 1945 in Paris. † 30. 10. 1953 Paris. Nachruf *Deutsches Bühnen-Jahrbuch*: »Ehrengrab auf dem Zentralfriedhof der Stadt Wien.«

Kalmar, Helene. Konzertsängerin.
* 15. 6. 1883 Eisenstadt. Sopranistin, Gesangpädagogin in Wien. Im *Lexikon der Juden in der Musik* gebrandmarkt. † Deportiert am 12. 5. 1942 ins Ghettolager Izbica.

Kalser, Erwin (Künstlername). Schauspieler.
* 22. 2. 1883 Berlin. Dr. phil. Ab 1923 Staatstheater Berlin. 1927 in der Piscator-Inszenierung von Ehm Welks *Gewitter über Gottland*. 1933 Schauspielhaus Zürich, 1939 in Hollywood. Thomas Mann am 19. 9. 1945 im Tagebuch: »Kalser, angenehmer, verständiger Mann.« Ab 1952 in Berlin, am Schiller- und Schloßparktheater. 1956 letzter Film: *Stresemann*.

† 26. 3. 1958 Berlin. Nachruf *Deutsches Bühnen-Jahrbuch*: »Er hat in den letzten Jahren eine große Zahl bestechender Sonderlinge bei uns verkörpert.«

Kalter, Sabine, eigentlich Aufrichtig. Altistin.

* 28. 3. 1889 Jaroslaw in Galizien. Ab 1915 Erste Altistin der Hamburger Oper. 1929 in der Uraufführung von Hindemiths *Neues vom Tage*. 1933 Flucht nach England, Covent Garden Opera. 1935 auf der Liste der *Musik-Bolschewisten* der *NS-Kulturgemeinde*. † 1. 9. 1957 London.

Kaminski, Heinrich. Komponist.

* 4. 7. 1886 Tiengen im Schwarzwald, Sohn eines altkatholischen Pfarrers und einer Opernsängerin. Ab 1919 in Ried bei Benediktbeuern. 1930–1933 Leiter einer Meisterklasse der Preußischen Akademie der Künste und zugleich Leiter der Sinfoniekonzerte in Bielefeld. 1935 Aufnahme ins *Führerlexikon*. Als »Vierteljude« klassifiziert, Mitglied der Reichsmusikkammer. Am 24. Mai 1937 Aufführung seines *Streichquintetts* auf dem Kammermusikabend der ersten *Reichsmusiktage* in Düsseldorf (mit der Schandschau *Entartete Musik*). *Meyers Lexikon* 1939: »Moderner Komponist eigener Stilrichtung.« † 21. 6. 1946 Ried.

Kampers, Fritz. Auf der *Gottbegnadeten-Liste* der Schauspieler, die für die Filmproduktion benötigt werden.

* 14. 7. 1891 München. Laut Heesters »der lustige, urige Bayer«. Zwischen 1933 und 1945 in 69 Filmen, darunter die NS-Filme *Weiße Sklaven* (1936), *Pour le Mérite* (1938), *Robert und Bertram* und *Legion Condor* (1939), *Über alles in der Welt* (1941) sowie der Bismarck-Film *Die Entlassung* (1942). Landesleiter Gau Berlin der Reichstheaterkammer (DBJ). NS-Ehrung: 1939 *Staatsschauspieler*. 1950 letzter Film: *Die Nacht ohne Sünde*. † 1. 9. 1950 Garmisch-Partenkirchen.

Kampf, Arthur von. Auf der Sonderliste der zwölf wichtigsten bildenden Künstler der *Gottbegnadeten-Liste* (Führerliste).

* 26. 9. 1864 Aachen. Maler. Monumen-talwerke wie 1888 die *Aufbahrung der Leiche Kaiser Wilhelms I.* 1915–1925 Direktor der Kunsthochschule Berlin. Mitglied der Preußischen Akademie der Künste, NSDAP. 1935 Aufnahme ins *Führerlexikon*. November 1939 im Rosenberg-Organ *Die Kunst im Deutschen Reich* als »Maler des Weltkrieges 1914–1918« hervorgehoben. Auf der Großen Deutschen Kunstausstellung 1939 im Münchner NS-Mustempel *Haus der Deutschen Kunst* die meisten Werke, darunter: *Der Kampf des Lichts gegen die Finsternis* (Leihgeber: Chef der Reichskanzlei) sowie *Der 30. Januar 1933* (Leihgeber: *Kameradschaft der deutschen Künstler*). Präsidialbeirat der *Kameradschaft der deutschen Künstler* (NS-Führerkorps). NS-Ehrung: 1939 *Adlerschild des Deutschen Reiches* (höchste Auszeichnung für ganz außerordentliche Verdienste), Inschrift: »Dem deutschen Maler«. † 18. 2. 1950 Castrop-Rauxel.

Kampmann, Karoly. Chef des Presse- und Propagandaamts des Reichsarbeitsführers (1943).

* 13. 2. 1902 Budapest. 1930 NSDAP. 1931 Propagandaleiter Gau Groß-Berlin. 1933 MdR, Vizepräsident des Deutschen Presseclubs. 1933/34 Hauptschriftleiter des NS-Hetzblatts *Der Angriff*. 1935 Aufnahme ins *Führerlexikon*. Goebbels am 19. 3. 1937 im Tagebuch: »Ein guter, treuer Junge, aber leider ein bißchen dumm.« 1943 Generalarbeitsführer. † 4. 5. 1945 Berlin.

Kandinsky, Wassily. Maler.

* 4. 12. 1866 Moskau. Mitbegründer der expressionistischen Künstlergruppe *Der blaue Reiter*. 1912 Programmschrift *Über das Geistige in der Kunst*. 1922 bis 1933 Lehrer am Bauhaus (Göring: »Brutstätte des Kulturbolschewismus«). *Meyers Lexikon* 1939: »Übte als ein Hauptvertreter der Entarteten Kunst einen verhängnisvollen Einfluß auf das deutsche Kunstschaffen aus.« Juli 1937 in der Schandschau *Entartete Kunst* in München mit sechs Objekten vorgeführt, Beschlagnahmung von 57 seiner Werke. † 13. 12. 1944 Neuilly-sur-Seine bei Paris.

Kandl, Eduard. Auf der *Gottbegnadeten-Liste* (Führerliste) der wichtigsten Künstler des NS-Staates in der Sparte Theater.
* 2.1.1876 Herrsching am Ammersee. Bassist. 1912–1944 Deutsches Opernhaus Berlin. Kammersänger. Glanzrolle: Kezal in der *Verkauften Braut.* † 17.1.1966 Herrsching.

Kandler, Georg. Hauptschriftleiter der *Deutschen Militär-Musiker-Zeitung.*
* 12.2.1902 St. Petersburg. Dr. rer. pol. Diplomvolkswirt. Herbst 1941 Kriegsdienst, Musikreferent im Marineoberkommando. 1942 Beitrag in seiner Militär-Musiker-Zeitung: *Der totale Staat im totalen Krieg zum totalen Sieg.* 1953 Lektor für russische Sprache der Universität Bonn. 1962 Autor: *Deutsche Armee-Märsche.* † 26.4.1973 Bonn. Nachruf in *Fachdienstliche Mitteilungen Militärmusikdienst*: »Keine Tagung verlief in der Bundeswehr, in der Dr. Kandler nicht anwesend war und mahnende und aufrüttelnde Worte zugleich an die Musikoffiziere richtete.« Lit.: Hinkel; Prieberg.

Kannenberg, Arthur. Hitlers Hausintendant.
* 23.2.1896 Berlin. Voluminöser Geschäftsführer eines Lokals, in dem Göring und Goebbels verkehrten. 1931 Leiter des Kasinos des *Braunen Hauses* in München. 1933 Hausintendant der Reichskanzlei. Teil der Bayreuther Wahnfried-Gesellschaft, ebenda Auftritte als Stimmungskanone mit Ziehharmonika und Berliner Liedern. † 26.1.1963 Düsseldorf. Winifred Wagner: »Mit ihm geht auch wieder ein Teilchen von uns dahin!« Lit.: Buch Hitler; Hamann.

Kanoldt, Alexander. Maler.
* 29.9.1881 Karlsruhe. 1925 an der Akademie in Breslau, 1932 an der Akademie in Berlin. Haftmann: »Ein zeichnerisch-harter, metallischer, das plastische Volumen exaltierender und sehr manieristischer Realismus.« In der NS-Zeit Beschlagnahmung von 20 seiner Werke als »entartete Kunst«. † 24.1.1939 Berlin.

Kantorowicz, Alfred. Literaturwissenschaftler.
* 12.8.1899 Berlin. Dr. jur. Redakteur und Theaterkritiker. 1931 KPD. 1933 als Kommunist und Jude Flucht nach Frankreich, Generalsekretär des *Schutzverbands Deutscher Schriftsteller im Exil.* 1936–1938 Offizier der Internationalen Brigaden im Spanischen Bürgerkrieg. 1939 in Frankreich interniert. 1941 Flucht in die USA. Chef der Auslandsnachrichten bei Columbia Broadcasting System (CBS). 1946 Rückkehr nach Berlin. 1950 SED, Literaturprofessor der Humboldt-Universität Berlin, Leiter des Heinrich-Mann-Archivs. 1956 Weigerung, eine Ungarn-Resolution des DDR-Schriftstellerverbands zu unterschreiben. 1957 Flucht in den Westen (München, Hamburg). Forschung zur Exilliteratur, Herausgeber der Werke Heinrich Manns. † 27.3.1979 Hamburg. Lit.: Barth.

Kantorowicz, Gertrud. Lyrikerin.
* 9.10.1876 Posen. Im Kreis um Stefan George, Gedichte unter dem Pseudonym *Gert Pauly* in den *Blättern für die Kunst.* Liiert mit dem Soziologen Georg Simmel, gemeinsame Tochter. Publizierte nach Simmels Tod 1923 *Fragmente und Aufsätze aus dem Nachlaß.* 1942 beim Versuch, in die Schweiz zu fliehen, verhaftet, deportiert ins Ghettolager Theresienstadt. Pflegerin im Siechenheim ebenda. † 19.4.1945. Posthum 1948: *Verse aus Theresienstadt.* Lit.: Schlösser.

Kapp, Julius. Musikschriftsteller.
* 1.10.1883 Steinbach bei Lahr. Dr. phil. Bücher über Berlioz, Liszt, Weber und Wagner. 1920 (bis 1945) Dramaturg der Staatsoper Berlin, Herausgeber der *Blätter der Staatsoper.* Mai 1933 NSDAP. 1937 Autor: *Die Geschichte der Berliner Oper*, mit Vorwort von Generalfeldmarschall Göring. 1948–1954 Dramaturg der Städtischen Oper Berlin. † 18.3.1962 Sonthofen. Lit.: Bücken; Prieberg, Handbuch.

Karajan, Herbert von. Auf der *Gottbegnadeten-Liste* (Führerliste) der wichtigsten Dirigenten des NS-Staates.

* 5.4.1908 Salzburg. 1927 Stadttheater Ulm. Am 8.4.1933 der NSDAP-Ortsgruppe V in Salzburg beigetreten und am 1.5.1933 der NSDAP-Ortsgruppe Ulm (1939, bei einer Überprüfung der österreichischen Beitritte Salzburger Mitgliedschaft für ungültig erklärt und der Ulmer Beitritt mit der Nr. 3 430914 versehen). 1935 Generalmusikdirektor in Aachen, zum NSDAP-Kreisparteitag Aufführung der *Feier der neuen Front* von Richard Trunk nach Texten von Baldur von Schirach. 1938 Berliner Staatsoper Unter den Linden, ab 1940 Leiter der Symphoniekonzerte der Staatskapelle ebenda. Henriette von Schirach (Frauen um Hitler): »Magda [Goebbels] versäumte kein Konzert des jungen Herbert von Karajan.« Am 1.12.1940 Auftritt im 50. *Wunschkonzert für die Wehrmacht*, Goebbels' Radiosendung zwecks Hebung der Truppenmoral und Leidensbereitschaft der Heimatfront. Goebbels am nächsten Tag im Tagebuch: »Aufmarsch der Prominenten: Leander, Serrano, Karajan und viele andere.« Unter anderem am 1. Mai 1941 Gastspiel der Staatsoper mit Wagners *Tristan und Isolde* im besetzten Paris. NS-Ehrung: Zu *Führers* [50.] *Geburtstag* 1939 von Hitler Titel Staatskapellmeister. 1951 mit Knappertsbusch Dirigent der ersten Bayreuther Festspiele nach dem Krieg. 1955 Chefdirigent der Berliner Philharmoniker. 1956 zusätzlich Chefdirigent der Wiener Staatsoper. Das *Deutsche Bühnen-Jahrbuch* zum 60. Geburtstag: »Hellster Fixstern am musikalischen Himmel.« † 16.7.1989 Anif bei Salzburg.

Karchow, Ernst. Auf der *Gottbegnadeten-Liste* der Schauspieler, die für die Filmproduktion benötigt werden.
* 23.9.1892 Berlin. Am Deutschen Theater in Berlin. Unter anderem im Militärspionagefilm *Verräter*, am 9.9.1936 auf dem NSDAP-Reichsparteitag uraufgeführt (Giesen: »Ein eindeutiges Plädoyer für die Gestapo«). 1939 im Zarah-Leander-Film *Das Lied der Wüste*. NS-Ehrung: 1937 von Hitler Titel *Staatsschauspieler*. Nach 1945

Leiter der Freien Volksbühne Berlin (DBJ). † 7.10. 1953 Berlin an einem Schlaganfall.

Kardorff, Konrad von. Maler.
* 13.1.1877 Rittergut Niederrabnitz, Kreis Oels. Schüler Max Liebermanns. Lehrer an der Staatlichen Kunstschule in Berlin. Unter anderem Porträt von Tilla Durieux. Am 11.2.1935 einer von nur drei »arischen« Künstlern bei der Beerdigung Liebermanns, Beistand seiner Witwe (Schmalhausen). † 11.1.1945 Berlin.

Karén, Inger. Altistin. Wagner-Sängerin.
* 4.8. 1902 Berlin. Tochter eines dänischen Komponisten und einer dänischen Sopranistin. 1928 Debüt am Landestheater Neustrelitz. Danach in Coburg, Darmstadt und Frankfurt am Main, verdrängte hier ihre jüdische Kollegin Magda Spiegel. Ab 1935 am Sächsischen Staatstheater Dresden. 1936–1938 bei den Bayreuther Festspielen (laut Wistrich »einer der jährlichen Höhepunkte des NS-Kalenders und der Höhepunkt der jeweiligen Opernsaison«). Rolle der Erda im *Ring des Nibelungen*. 1936/37 als Kundry im *Parsifal* der Richard-Wagner-Festspiele in der Zoppoter Waldoper (Reichswichtige Festspielstätte bei Danzig). Rundschreiben der Kommandantur Auschwitz (betrifft *Truppenbetreuungsveranstaltung* für das KZ-Personal) vom 9.2.1943: »Am Montag, den 15. Februar 1943, 20 Uhr, findet im kleinen Saal des Kameradschaftsheimes der Waffen-SS ein Abend statt unter dem Motto ›Goethe – ernst und heiter‹ gesungen und gesprochen von Inger Karen … Der Besuch dieser Veranstaltung soll freiwillig sein, jedoch haben die Einheiten eine bestimmte Anzahl Besucher zu diesem Abend abzustellen und zwar der Kommandanturstab 50, die anderen Kompanien je 25 Unterführer und Männer.« Nach 1945 weiterhin Staatsoper Dresden. † 9.10.1972 Dresden.

Karlstadt, Liesl, eigentlich Wellano. Komikerin.
* 12.12.1892 München. Bekannt als Partnerin von Karl Valentin. In der NS-Zeit in 13 Filmen, darunter *Fräulein Hoffmanns*

Erzählungen (1933), *Kirschen in Nachbars Garten* (1935), *Mädchenpensionat* (1936). 1941 im Werkspionagefilm *Alarmstufe V* (1941) sowie in *Venus vor Gericht* über einen NSDAP-Bildhauer, den »jüdischen Kunsthandel« und »entartete Kunst«. 1943 Gast des Münchener Volkstheaters. Filme nach dem Krieg: *In München steht ein Hofbräuhaus* (1951), *Das kann jedem passieren* (1952), *Wir Wunderkinder* (1958). † 27.7. 1960 während eines Urlaubs in Garmisch. Nachruf *Deutsches Bühnen-Jahrbuch*: »Die Begegnung mit Karl Valentin wurde ihr Schicksal.«

Karrasch, Alfred. Schriftleiter.

* 24.4. 1893 Königsberg. Wohnort Berlin. 1933 Autor: *Parteigenosse Schmiedecke* (vom *Beauftragten des Führers für die Überwachung der gesamten geistigen und weltanschaulichen Schulung der NSDAP*, Amt Rosenberg, empfohlene Lektüre). 1938 Sippensage *Die Under*. *Meyers Lexikon* 1939: »Lebensvolle Romane aus seiner ostpreußischen Heimat.« Nach 1945 in Mittenwald. 1954 Novelle *Kleine Nachtmusik in Mittenwald*. † 3.6. 1973 Ostseebad Kühlungsborn/DDR.

Kasack, Hermann. Schriftsteller.

* 24.7. 1896 Potsdam. März 1933 Sendeverbot beim Berliner Rundfunk. Am 3.7. 1933 im Tagebuch: »Unwichtig ist es, in der Gegenwart zu leben, wichtig nur, diese Gegenwart zu überleben«. 1935 Jugendbuch *Tull, der Meisterspringer*, 1941 Gedichte: *Das ewige Dasein*. 1941 Herausgeber: *Seume, Spaziergang nach Syrakus* sowie *Zehn Gedichte von Oskar Loerke*. Texte im NS-Kampfblatt *Krakauer Zeitung*, das »Blatt des Generalgouvernements«. 1953 Präsident der Deutschen Akademie für Sprache und Dichtung. † 10.1. 1966 Stuttgart. Q.: Literatur-Kürschner 1943; Sarkowicz.

Kaschnitz, Marie Luise. Schriftstellerin.

* 31.1. 1901 Karlsruhe. Tochter eines Generalmajors. 1925 Heirat mit dem Archäologen Guido Freiherr von Kaschnitz-Weinberg. 1930 Erzählungen *Spätes Urteil* und *Dämmerung* in der Anthologie *Vor-*

stoß. Prosa der Ungedruckten des Verlags Bruno Cassirer. 1933 erster Roman *Liebe beginnt* bei Cassirer. Verweigerte 1936 eine Solidaritätserklärung für ihren jüdischen Verleger. 1937 Roman *Elissa*. 1940 Verlust der Mitgliedschaft in der Reichsschrifttumskammer wegen geringfügiger literarischer Tätigkeit. Sarkowicz: »Wie ihre wiederholten Anfragen bei der Reichsschrifttumskammer betreffs einer Reaktivierung belegen, war sie durchaus entschlossen, sich innerhalb der Literatur des ›Dritten Reiches‹ zu profilieren – ohne sich jedoch ideologisch vereinnahmen zu lassen.« 1955 Georg-Büchner-Preis. † 10.10. 1974 Rom.

Kaspar, Hermann. Auf der *Gottbegnadeten-Liste* (Führerliste) der wichtigsten Maler des NS-Staates.

* 19.4. 1904 Regensburg. Gestaltete große Mosaikflächen in der von Speer 1939 erbauten Neuen Reichskanzlei, Intarsienarbeiten für den »Schreibtisch des Führers«. Auf der ersten Großen Deutschen Kunstausstellung 1937 im Münchner NS-Musentempel *Haus der Deutschen Kunst* mit einem geplanten Wandfries für das Deutsche Museum in München. Im engsten Freundeskreis von Speer, März 1939 Sizilienfahrt mit Gattinnen. Ab 1939 Lehrer an der Münchener Akademie. Kaspar in Rosenbergs Periodikum *Die Kunst im Deutschen Reich*, September 1939: »Wie der autoritäre Staat unabhängig sein muß von den Rücksichten auf belanglose Einzelinteressen und einem höheren Ideal dient, so muß auch die monumentale Malerei ... frei sein von ihren Zufälligkeiten.« NS-Ehrung: Am 30.1. 1938 (zum *Tag der Machtergreifung*) Titel Professor. † 2.8. 1986 Lindau. Lit.: Wulf, Künste.

Katt, Geraldine, eigentlich Kattnig. Schauspielerin.

* 4.2. 1921 Wien. Zwischen 1936 und 1943 in zehn Filmen. Unter anderem 1936 in den Filmkomödien *Das Mädchen Irene* (1936) und *Meine Tochter tut das nicht* (1940). 1938 zum »Anschluß« Österreichs: »Seit ich das große Glück hatte, den Führer zu sehen und zu hören, von diesem Tag an fühlte ich es, daß nur dieser geniale Mann ... uns die Freiheit bringen kann.«

Kattnigg, Rudolf (sic). Komponist.

* 9. 4. 1895 Treffen bei Villach in Kärnten, Sohn eines Medizinalrats. 1928 Musikdirektor in Innsbruck. 1939 Dirigent der Wiener Symphoniker und der Staatsoper. 1941 Musik zum Film *Der Meineidbauer*. Am 18. 12. 1942 Uraufführung des Märchenspiels *Hansi fliegt zum Negerkral* am Wiener Opernhaus. 1938 NSDAP, laut Prieberg zurückdatiert auf Mai 1933 (Nr. 1 620971). 1953 Uraufführung seiner Oper *Donna Miranda* in Graz. † 2. 9. 1955 Klagenfurt.

Kaus, Max. Maler.

* 11. 3. 1891 Berlin. Schüler Erich Heckels, den Expressionisten nahestehend. 1927 Albrecht-Dürer-Preis. Beschlagnahmung von 33 seiner Werke als »entartete Kunst«. 1945–1959 Professor der West-Berliner Hochschule für bildende Künste. † 5. 8. 1977 Berlin.

Kayser, Rudolf. Essayist.

* 28. 11. 1889 Parchim. Dr. phil. Schwiegersohn von Albert Einstein. Ab 1922 Redakteur der *Neuen Rundschau*, zugleich Dramaturg der Berliner Volksbühne. 1928 Hauptwerk *Stendhal oder Das Leben eines Egoisten*. 1933 dienstenthoben, Flucht nach Holland, ab 1935 USA. 1951 Professor für deutsche Literatur der Brandeis University in Waltham (Massachusetts). † 5. 2. 1964 New York.

Kayser, Wolfgang. Leiter des Deutschen Kulturinstituts in Lissabon, ein Instrument der Kulturpropaganda (1941).

* 24. 12. 1906 Berlin als Lehrerssohn. 1933 SA. Literaturwissenschaftler. 1933 Assistent der Universität Berlin. 1937 NSDAP. 1938 Privatdozent in Leipzig. 1941 apl. Professor im Reichsdienst. 1951 Lehrstuhl in Göttingen. Sein Erfolgswerk *Kleine deutsche Versschule* (1999 in 26. Auflage) wurde erstmals 1946 in Bern verlegt. † 23. 1. 1960 Göttingen. Lit.: König.

Kayser-Eichberg, Ulrich. Erziehungswissenschaftler.

* 11. 3. 1903 Berlin-Steglitz, Sohn eines Landschaftsmalers. 1930 Dr. phil. Mai 1933 NSDAP. 1934 Dozent, 1938 Professor der Hochschule für Lehrerbildung (zur NS-Indoktrinierung) in Danzig. Unter anderem 1940 Kriegsverwaltungsrat, 1941 Regierungsrat und Stabspsychologe in der Inspektion für Eignungsuntersuchungen beim OKH. Oktober 1941 SS-Hauptsturmführer beim SS-Rasse- und Siedlungshauptamt, 1944 Sturmbannführer. 1947 Organisation Gehlen, 1956 (bis 1968) Bundesnachrichtendienst. 1957 Oberregierungsrat. Ab 1960 Publizist für das *Handelsblatt*. † 19. 2. 1984 München. Lit.: Hesse.

Kayßler, Christian. *Staatsschauspieler* (1934 von Göring ernannt).

* 14. 7. 1898 Breslau, Sohn von Friedrich Kayßler. Am Deutschen Theater und am Staatlichen Schauspielhaus in Berlin. Zwischen 1937 und 1942 in elf Filmen, darunter 1939 der Jagdfliegerfilm *D III 88*, 1941 der antipolnische Rechtfertigungsfilm *Kampfgeschwader Lützow* sowie der NS-Euthanasiefilm *Ich klage an*. NS-Ehrung: *Goethe-Medaille* für Kunst und Wissenschaft (1944). † 10. 3. 1944 Blankenfelde bei Berlin.

Kayßler, Friedrich. Auf der Sonderliste der vier wichtigsten Theaterschauspieler der *Gottbegnadeten-Liste* (Führerliste). Reichskultursenator.

* 7. 4. 1874 Neurode in Schlesien als Arztsohn. 1918 Direktor der Berliner Volksbühne. Hanns Johst: »Ich liebe keinen ›Kerl‹ in Berlin wie ihn: blond und Charakter!« Ab 1933 am Staatlichen Schauspielhaus Berlin. 1933 zu Helene Thimig, zu dieser Zeit Lebensgefährtin des jüdischen Theaterleiters Max Reinhardt: »Haben Sie keine Angst, seien Sie ganz unbesorgt. Ich war heute nachmittag bei Hitler zum Kaffee geladen. Ein ganz demütiger Mensch.« Laut Hippler von Goebbels öfters zur Abendgesellschaft eingeladen. 1935 Aufnahme ins *Führerlexikon*. In der NS-Zeit in 23 Filmen, darunter 1935 *Friesennot*: Eine Friesengemeinde an der Wolga bringt zur Verteidigung der Reinheit der Rasse alle Rotgardisten um. Rolle Wilhelm I. im Film *Bismarck*, am 6. 12. 1940 in Anwesenheit von Goebbels, Lammers und Gürtner uraufgeführt. NS-Ehrung: *Staatsschauspieler*. 1939, zum 65. Geburtstag, Jubelartikel im *Völkischen Beobachter* (DBJ 1940). 1944 *Goethe-Medaille* für Kunst und Wissenschaft. † Kriegstod 30. 4. 1945 Klein-Machnow bei Berlin.

Keilberth, Joseph. Auf der *Gottbegnadeten-Liste* (Führerliste) der wichtigsten Dirigenten des NS-Staates.

* 19. 4. 1908 Karlsruhe, Sohn eines Kammermusikers. Laut Prieberg in Rosenbergs *Kampfbund für deutsche Kultur*, später *Nationalsozialistische Kulturgemeinde*. 1933 Kapellmeister am Badischen Staatstheater Karlsruhe, 1935 Generalmusikdirektor (GMD). 1940 mit dem Orchester des Deutschlandsenders sowie dem Orchester des Reichssenders Berlin Tonaufnahme *Unsere Marine* (Gillum). 1940, nach der Besetzung Prags, von Goebbels zum GMD des (Sudetendeutschen) Deutschen Philharmonischen Orchesters in Prag bestellt. Goebbels am 8. 11. 1940 im Tagebuch: »Morgens Sudetendeutsches Orchester angehört. Es ist doch unter Keilberth schon recht gut geworden.« 1945 (bis 1951) Musikalischer Oberleiter der Staatsoper Dresden. 1949 *Nationalpreis I. Klasse*. 1951 GMD in Hamburg, zugleich künstlerische Leitung der Bamberger Symphoniker (vormals Deutsches philharmonisches Orchester in Prag). Ab 1952 Dirigent der Bayreuther Festspiele. 1958 GMD der Bayerischen Staatsoper München. † 20. 7. 1968 München Herzinfarkt während der Aufführung von *Tristan und Isolde*. Nachruf *Deutsches Bühnen-Jahrbuch*: »Die Klarheit seines musikalischen Vortrags entsprach der seiner Gedanken.«

Kelle (sic), August. Erziehungswissenschaftler.

* 23. 12. 1904 Bad Oeynhausen, Sohn eines Hotelbesitzers. 1933 SA, SA-Schulungsleiter. 1934 Dr. phil., NS-Lehrerbund, Sachreferent Biologie. 1936 an der Adolf-Hitler-Schule in Neidenburg, wenig später Horst-Wessel-Schule in Alleinstein. 1937 NSDAP. 1938 Dozent Vererbungslehre und Biologie der Hochschule für Lehrerbildung (zur NS-Indoktrinierung) in Oldenburg. Ab 1953 Professor der Pädagogischen Hochschule Oldenburg, 1956–1960 Direktor. 1961–1963 beurlaubt, im Auftrag der UNESCO Teacher Training Adviser für palästinensische Flüchtlingslager, Dienstsitz Beirut. † 2. 9. 1983 Oldenburg. Lit.: Hesse.

Keller, Paul Anton. Schriftsteller.

* 11. 1. 1907   Radkersburg/Steiermark. 1939 Weiheverse *Führer* in Bühners Anthologie *Dem Führer*: »Gesegnet ein Volk, das ihn empfing,/den die Geschicke selten schaffen!/Er ist ein Mensch aus unserm Tag,/doch weil er lebt, lebt Deutschland.« Ab 1941 Herausgeber: *Der Kranz. Aus Steiermarks schöpferischer Kraft*. 1955 Peter Rosegger-Preis. Prof. h. c. † 22. 10. 1976 Hart bei Graz.

Keller, Wolfgang. Präsident der Deutschen Shakespeare-Gesellschaft (ab 1939).

* 14. 2. 1873 Freiburg, Sohn eines Altphilologen. 1900 *Alldeutscher Verband*. 1910 Lehrstuhl für Anglistik in Münster, Spezialgebiet: Runen (Kürschner 1942). Ab 1921 Herausgeber des Jahrbuchs der Shakespeare-Gesellschaft. 1932/33 Rektor. Bezeichnete 1934 im Vortrag *Carlyle und der Führergedanke* den britischen Schriftsteller Thomas Carlyle (1795–1881) als den ersten Nationalsozialisten, der in vielen Zügen Hitler gleiche. 1938 Emeritierung. 1942 NSDAP. † 16. 2. 1943 Köln. Lit.: Grüttner; Hausmann, Anglistik.

Kellermann, Bernhard. Schriftsteller.

* 4. 3. 1879 Fürth. Zeichenlehrer. 1913 Science-Fiction-Roman *Der Tunnel* (Verbindung zwischen Europa und USA), laut Speer (Tagebücher) einer der großen Leseeindrücke des jungen Hitler. 1920 Revolutionsroman *Der neunte November* (russische Oktoberrevolution). Am 22. 3. 1933 Unterzeichner einer Loyalitätserklärung der Sektion Dichtung der Preußischen Akademie der Künste pro NS-Regierung, am 5.5.1933 dennoch Ausschluß. *Meyers Lexikon* 1939: »Starke Neigung zum Sensationellen.« Dichterrepräsentant der frühen DDR. Vizepräsident des *Kulturbundes zur Demokratischen Erneuerung Deutschlands.* 1949 *Nationalpreis der DDR.* Am 24.3.1950 per Staatsakt Gründungsmitglied der Ostberliner *Deutschen Akademie der Künste.* † 17.10.1951 Klein-Glienicke bei Potsdam. Lit.: Walther.

Kelter, Will. Dekorationsmaler. Reichskultursenator.

* 22.8.1899 Gelsenkirchen. *Führerlexikon*: »Ende 1922 nach einer Rede des Führers in Nürnberg Nationalsozialist (Mitgliedsnummer 25498); von 1925 bis 1926 Sturmführer und Ortsgruppenführer der Ortsgruppe Duisburg … übernimmt 1931 die Leitung der Gaukulturabteilung und späterhin auch die Landesleitung des *Kampfbunds für deutsche Kultur*; ab 15. Dezember 1933 Leitung der Landesstelle Westfalen-Ruhr der Reichskammer der bildenden Künste.« Gauleiter der NS-Gemeinschaft *Kraft durch Freude*, 1935 von Rosenberg amtsenthoben, danach bei Goebbels in Gnaden: 1936 Präsidialrat der Reichskammer der bildenden Künste. † Verbleib unbekannt.

Kelting, Karl-Heinz. Komponist und Dichter.

* 9.1.1917 Tornesch in Schleswig-Holstein. Wohnort Schwerin, aus der HJ hervorgegangen. 1939 freiwillig zur Luftwaffe. Gefreiter, Flugzeugführer. Komponierte und textete 1940 die Fliegerkantate *Wir sind des Reiches leibhaftige Adler* mit den Textzeilen: »Wer feige zögert, wird am Weg verderben,/wir sind bereit im Leben und im Sterben.« † 23.8.1940 Merseburg durch Unfall im Fliegerhorst. Nachruf in der Zeitschrift *Die Musik* (ab 1937 ein Organ Rosenbergs, vor allem seines Aktivisten Gerigk): »Er erfüllte seine Sendung mit dem Opfertod für Führer und Volk.« Q.: Prieberg, Handbuch.

Kemp, Paul. Auf der *Gottbegnadeten-Liste* der Schauspieler, die für die Filmproduktion benötigt werden.

* 20.5.1899 Bad Godesberg. Komiker. 1931 in der Berliner Uraufführung von Zuckmayers *Der Hauptmann von Köpenick* sowie in Fritz Langs Erfolgsfilm *M – Eine Stadt sucht einen Mörder.* In der NS-Zeit in 46 Filmen, darunter 1935 die Musikrevue *Amphitryon* und 1938 die Musikkomödie *Capriccio.* 1940 Titelrolle im Film *Kleinstadtpoet.* Nach 1945 Tourneetheater. 1953 letzter Film: *Glück muß man haben.* † 13.8.1953 Bad Godesberg an Blinddarmentzündung. Nachruf *Deutsches Bühnen-Jahrbuch*: »›Vive la Clamotte‹ sagten manche und vergaßen dabei, daß hier einer war, der selbst noch im übelsten Klamaukfilm frei von Routine war.«

Kempen, Paul van. Niederländischer Dirigent.

* 16.5.1893 Zoeterwoude bei Leiden. 1933 Kapellmeister der *Deutschen Musikbühne.* 1934 (bis 1945) Leiter der Dresdner Philharmonie. Diensttagebuch Generalgouverneur Frank (genannt *Polenschlächter*), Krakau, am 30.9.1942: »Konzert der Dresdner Philharmonie unter Leitung des Generalmusikdirektors [GMD] Paul van Kempen.« Weitere NS-Musikeinsätze siehe Prieberg (Handbuch). 1953 GMD in Bremen. † 8.12.1955 Amsterdam. Nachruf *Deutsches Bühnen-Jahrbuch*: »Mit dem nazistischen Regime stand er auf Kriegsfuß.«

Kempf-Hartenkampf, Gottlieb Theodor Edler von. Auf der *Gottbegnadeten-Liste* (Führerliste) der wichtigsten Maler des NS-Staates.

* 23.6.1871 Wien, Sohn eines Mittelschulrektors. Auf der Großen Deutschen Kunstausstellung 1939 im Münchner NS-Musentempel *Haus der Deutschen Kunst* mit dem Bild *Frühling im alten Gemäuer.* 1941 NS-Ehrung: *Goethe-Medaille* für Kunst und Wissenschaft. Goebbels und Hitler erwarben Bilder von ihm (Thomae). † 17.3.1964 Achrain in Tirol.

Kempff, Wilhelm. Auf der *Gottbegnadeten-Liste* (Führerliste) der wichtigsten Pianisten des NS-Staates.

* 25.11.1895 Jüterbog, Sohn eines Königlichen Musikdirektors. 1918 erstmals Solist der Berliner Philharmoniker. 1924–
1929 Direktor der Württembergischen
Musikhochschule in Stuttgart, Professor
für Klavierspiel. April 1933 Uraufführung
seiner komischen Oper *Familie Gozzi* am
Stadttheater Stettin, Mussolini gewidmet.
Vertrauter Kontakt zu Albert Speer
(Speer). November 1937 Uraufführung
seiner Oper *Die Fasenacht von Rottweil* am
Opernhaus Hannover. Am 29.11.1943
Gastsolist der *Philharmonie des Generalgouvernements* im besetzten Krakau (*Krakauer Zeitung*). 1951 *Erinnerungen: Unter
dem Zimbelstern.* † 23.5.1991 Positano,
Provinz Salerno.

Kenter, Heinz Dietrich. Regisseur.
* 26.11.1896 Bremen. 1920 Karrierebeginn als Jugendlicher Held am Stadttheater Koblenz. 1930 Oberspielleiter der
Volksbühne Berlin, 1936 Kammerspiele
München. 1936 Autor *Über Regieführung
aus nationalsozialistischem Geist* in der
Zeitschrift *Die Bühne*: »Der Regisseur – als
Führer seiner Schauspieler – ist ein Staats-
führer im Kleinen.« 1953 Leiter des Schauspiels in Essen. 1958 Professor der Staatlichen Musikhochschule Stuttgart, Leiter
der Abteilung Darstellende Kunst. Das
Deutsche Bühnen-Jahrbuch rühmt zum 70.
Geburtstag »die seltene Übereinstimmung
von sinnlicher Energie und geistiger Haltung«. † 15.11.1984 Stuttgart.

Keppler, Ernst. Stellv. Leiter der Abteilung
Theater im Reichspropagandaministeri-
um.
* 10.8.1883 Stuttgart. Schauspieler,
Staatstheater Berlin. Ministerialrat, Vertreter des Reichsdramaturgen Schlösser.
† 25.1.1943 Berlin. Nachruf Schlössers:
»Erwies er nicht damit eine glückliche
Hand, daß er sie lange vor der Machtübernahme, damals noch durchaus ein Se-
hender unter Blinden im theatralischen
Bereich, dem Führer darbot, und seinem
künftigen Minister Dr. Goebbels … Berlin
mit erobern half?« Q.: DBJ 1944.

Kerber, Erwin. Theaterdirektor.
* 30.12.1891 Salzburg, Sohn eines Verlagsbuchhändlers. Ab 1933 Staatsoper
Wien, 1936 (bis 1940) Direktor. Zur
Volksabstimmung zum »Anschluß« Österreichs April 1938: »Deutsch sein, heißt:
eine Sache um ihrer selbst willen tun – unter diesem Leitmotiv schreitet in der Stunde der Heimkehr die Wiener Staatsoper
nach schweren Jahren frohgemut und voll
Zuversicht in die neue, große Zeit.« Oktober 1940 auf Einladung von Generalgouverneur Frank (genannt *Polenschlächter*)
mit Mozarts *Entführung aus dem Serail* in
Krakau. 1942 Intendant des Salzburger
Landestheaters. † 24.2.1943 Salzburg.

Kern, Erich, eigentlich Kernmayr. Gau-
presseamtsleiter Wien.
* 27.2.1906 Graz. 1938 Roman: *Marsch
in's Nichts*. SS-Untersturmführer der Waffen-SS (laut *SS-Leitheft* 2/1942 ist die Waffen-SS »die letzte Vollendung des nationalsozialistischen soldatischen Gedankens«). 1944 SS-Einsatz in Ungarn. 1964
Autor: *Verbrechen am deutschen Volk. Eine
Dokumentation alliierter Grausamkeiten.*
1971: *Der Meineid gegen Deutschland.* Mitglied der 1960 gegründeten Gesinnungsgemeinschaft *Gesellschaft für freie Publizistik.* † 1991.

Kern, Guido Joseph. Kunsthistoriker und
Maler.
* 17.2.1878 Aachen. 1913–1923 Kustos
der Berliner Nationalgalerie, danach freischaffend. Ende August 1937 beteiligt an
einer Beschlagnahmewelle in Hamburg
(allein in der Hamburger Kunsthalle 770
Objekte). † 15.1.1953 Füssen. Lit.:
Bruhns.

Kern, Walter. Musikschriftsteller.
* 10.3.1881 Wien. Dr. med. Wohnort
Wien. Im *Lexikon der Juden in der Musik*
gebrandmarkt. † Deportiert am 24.10.
1942 von Prag ins Ghettolager Theresienstadt.

Kernmayr, Hans Gustl. Auf der Liste der
von Goebbels zugelassenen Filmautoren
(1944).
* 10.2.1900 Graz als Metzgerssohn. Selbst

Metzger. 1934 Propagandastreifen im Vertrieb der NSDAP: *Ich für Dich – Du für mich* über den freiwilligen Frauen-Arbeitsdienst. Juli 1944 Idee zum Durchhaltefilm *Die Degenhardts*. Nach 1945 Wohnort Törwang in Oberbayern, Kochbücher und Jugendliteratur. 1953 im Impressum von Siegfried Zoglmanns Wochenzeitung *Die deutsche Zukunft*. † 9.10. 1977 Prien.

Kerr, Alfred, eigentlich Kempner. Einer jener zwölf Schriftsteller, die vom *Börsenverein der Deutschen Buchhändler* »als schädigend« gebrandmarkt wurden und nicht verbreitet werden durften.
* 25.12. 1876 Breslau, Sohn eines jüdischen Weinhändlers. Dr. phil. Im Chor der Kriegsbegeisterten zum I. Weltkrieg. Meistgehaßter und meistbewunderter Theaterkritiker seiner Zeit. Laut Zuckmayer »der gefährlichste Scharfschütze, dessen Daumen auf- oder abwärts über Tod und Leben des neuen Dramatikers entscheiden konnte«. Kerr zu Zuckmayers Theaterdebüt: »Dieser heillose Lyriker … wird niemals einen auf der Bühne sprechbaren Satz hervorbringen.« Nannte den jungen Brecht am 7.2. 1931 im *Berliner Tageblatt* ein »zusammenhangloses Kleintalent«. Max Brod: »In den Kritiken fällt er fast so viele Fehlurteile wie Karl Kraus. Das haben die beiden Todfeinde miteinander gemein.« Feuerspruch bei der öffentlichen Bücherverbrennung Mai 1933: »Gegen dünkelhafte Verhunzung der deutschen Sprache, für Pflege des kostbarsten Gutes unseres Volkes.« Bereits am 15.2. 1933 Flucht via Prag, Wien, Zürich nach Paris. Thomas Mann am 28.10. 1934 im Tagebuch: »Unveredelt vom Unglück.« 1935 in London, britischer Staatsbürger. *Meyers Lexikon* 1939: »Jude, Literaturpapst im Novemberdeutschland, Musterbeispiel eines zersetzenden Theaterkritikers um der Kritik willen, übte … einen verderblichen Einfluß auf die Literaturentwicklung aus.« Im Krieg für die BBC gegen Hitler-Deutschland tätig. † 12.10. 1948 Hamburg während seines ersten Nachkriegsbesuchs.

Kersten, Karl. Selbstbezeichnung: *Beauftragter des Reichsführers-SS für die Sicherstellung gefährdeter vorgeschichtlicher Museen in Südrußland i. V.*
* 8.8. 1909 Stade. 1937 NSDAP. Prähistoriker und SS-Sturmführer (1944). Kustos des Museums für vorgeschichtliche Altertümer in Kiel. 1942 im *SS-Sonderkommando Jankuhn* des SS-*Ahnenerbe*, das durch den Raub prähistorischer Funde in Rußland eine frühe Besiedlung durch Indogermanen belegen sollte. 1943 der *Leibstandarte-SS Adolf Hitler* überstellt. 1944 Dozent in Kiel. 1951 apl. Professor. Direktor des Landesmuseums für Vor- und Frühgeschichte. 1957 Ritter von Danebrog. † 1992. Lit.: Heuss.

Kerutt, Horst. HJ-Oberbannführer.
* 7.8. 1913 Johannisburg in Ostpreußen. 1931 HJ. 1932 Schriftleiter des NSDAP-Gauorgans *Preußische Zeitung*. 1934 (bis 1937) Leiter der Abteilung Presse und Propaganda der HJ-Gebietsführung Ostland in Königsberg. 1936 NSDAP (Nr. 3707207). Ab 1937 Hauptreferent in der Reichsjugendführung, Aufsicht über die Schriftleitungen von *Wille und Macht* (HJ-Zentralorgan), *Das Junge Deutschland* sowie *Junge Welt*. 1939 Erzählungen: *Adolf-Hitler-Marsch der Deutschen Jugend*. November 1939 Produktionsleiter der Ufa. Mai 1941 Drehbuch zum HJ-Film *Jungens* mit Jugendlichen der Adolf-Hitler-Schule Sonthofen. Februar 1942 Dramaturg der Tobis Filmkunst. Drewniak (Film): »Nach 1945 in der DDR.«

Kessel, Martin. Schriftsteller.
* 14.4. 1901 Plauen im Vogtland. 1923 Dr. phil. mit einer Arbeit über Thomas Mann. 1932 Roman *Herrn Brechers Fiasko*. 1940 Gedichte *Erwachen und Wiedersehen*. Texte im NS-Kampfblatt *Krakauer Zeitung*, das »Blatt des Generalgouvernements«. Unter anderem 1954 Georg-Büchner-Preis. 1971 letzter Gedichtband: *Alles lebt nur, wenn es leuchtet*. † 14.4. 1990 Berlin.

Kessler, Harry Graf. Diplomat und Kunstförderer, genannt *Der rote Baron*.

* 23.5.1868 Paris, Sohn eines geadelten Bankiers, seine Mutter entstammte dem irischen Landadel. 1903 Vizepräsident des *Deutschen Künstlerbundes.* Mitglied des PEN-Club und der links-liberalen *Deutschen Demokratischen Partei.* In Weimar mehrere Ausstellungen mit Monet, Renoir, Cézanne. *Meyers Lexikon* (1939): »1918 Gesandter in Warschau, schädigte durch seine Nachgiebigkeit gegenüber den Polen den deutschen Abwehrkampf.« Pazifist, Präsident der *Deutschen Friedensgesellschaft.* Sein Eintreten für Völkerverständigung, aber auch für moderne Literatur und Malerei machte ihn zum roten Tuch für das rechte Lager. Befreundet mit Walther Rathenau. In seinem berühmten Tagebuch schildert er am 19.1.1926 ein Gespräch mit Pauline Strauss, Gattin von Richard Strauss: »Pauline (geheimnisvoll flüsternd): Man sagt, der Graf Kessler sei ganz rot geworden. Ich: Ach, ich bin bloß ein biederer Demokrat. Pauline: Sie, ein Graf, Demokrat? Da beschmutzen Sie Ihr eigenes Nest.« Am 8.3.1933 Ausreise nach Paris. † 30.11.1937 Lyon.

Kesten, Hermann. Schriftsteller.
* 28.1.1900 Nürnberg. 1927 Cheflektor des Kiepenheuer Verlags Berlin. 1933 Exil in Frankreich, danach in den Niederlanden, Betreuung der Exilliteratur beim Verlag Allert de Lange in Amsterdam. Mai 1940 USA. Nach 1949 wechselweise in Rom oder New York, ab 1977 in Basel. Autor der *Neuen Zeitung* (US-Tageszeitung im Dienste der Umerziehung und Demokratisierung). 1953 Essayband *Meine Freunde die Poeten.* 1972–1976 Präsident des westdeutschen PEN-Zentrums. † 3.5.1996 Riehen bei Basel.

Kestenberg, Leo. Musikpädagoge.
* 27.11.1882 Rosenberg in Böhmen, Sohn eines jüdischen Kantors. 1918 Musikreferent im preußischen Kultusministerium. 1921 Professor der Musikhochschule Berlin. 1928 Ministerialrat. 1933 Entlassung, Flucht nach Prag, ab 1939 in Palästina, Leiter des Philharmonischen Orchesters. 1961: *Bewegte Zeiten. Musisch-*

musikantische Lebenserinnerungen. † 14.1. 1962 Tel Aviv. Lit.: Tarnowski.

Keudell, Otto von. Ministerialrat im Reichspropagandaministerium (1933–1936).
* 28.2.1887 Rom. März 1933 NSDAP. November 1933 Präsidialrat der Reichskammer der bildenden Künste, Vizepräsident. 1935 Leiter der Abteilung Musik und bildende Kunst im Reichspropagandaministerium (Brather; Dahm). 1936–1945 Regierungspräsident im westpreußischen Marienwerder (Schenk). SS-Brigadeführer (1944). † 12.5.1972 Garmisch-Partenkirchen.

Keun, Irmgard. Schriftstellerin.
* 6.2.1910 Berlin. 1931 Romanerfolg *Gilgi – eine von uns.* 1932 Roman: *Das kunstseidene Mädchen,* 1933 verboten. 1935 Wechsel ins belgische Ostende. 1937 Roman *Nach Mitternacht* im Amsterdamer Querido-Verlag. Ständige Begleiterin von Joseph Roth, verarbeitet als Roman *Kind aller Länder* (Amsterdam 1938). Überlebte illegal im Reich, begünstigt durch eine Falschmeldung September 1940 in Vespers *Die neue Literatur,* sie habe Suizid begangen. 1947 Ablehnung PEN-Mitgliedschaft, da zu viele Halb-Nazis dabei: »Die Leute haben alle so glücklich konstruierte Gedächtnisse.« † 5.5.1982 Köln. Lit.: Sarkowicz.

Keyserling, Hermann Graf. 1920 Gründer der *Schule der Weisheit* in Darmstadt.
* 20.7.1880 Könno in Livland. Beeinflußt vom Rassisten Houston Stewart Chamberlain. Kurt Tucholsky bezeichnete ihn 1928 als »lebensfernen Plauderer« und kritisierte sein Buch *Das Spektrum Europas* unter dem Titel: »Der Darmstädter Armleuchter«. Zuckmayer bescheinigt ihm »massive Eitelkeit und Selbstüberschätzung, die seine grotesk riesenhafte Münchhausen- und Hampelmanngestalt als Mittelpunkt der Welt und als den beispielhaften Typus menschlicher Vollkommenheit sieht«. Biederte sich nach 1933 in Briefen an Hitler an, fand aber wenig Gegenliebe. Goebbels am 3.3.1940 im Ta-

gebuch: »Ich erlaube nun doch das Buch von Keyserling. Es ist so abstrus geschrieben, daß es kaum Schaden stiften kann. Edelquatsche.« † 26.4.1946 Innsbruck.

Khevenhüller-Metsch, Anton Sigismund 7. Fürst von.
* 26.7.1873 Wien. Laut *Aufstellung derjenigen Parteigenossen, die Angehörige fürstlicher Häuser sind*: NSDAP-Nr. 766388, Gau Sachsen. † 8.11.1945 Salzburg.

Khevenhüller-Metsch, Ida Gräfin von.
* 6.4.1914 Wien. Tochter von Anton Sigismund. Laut *Aufstellung derjenigen Parteigenossen, die Angehörige fürstlicher Häuser sind*: NSDAP-Nr. 2459436, Gau Sachsen. † 7.9.1985 am Wohnsitz Schloß Fronsburg in Niederösterreich.

Khevenhüller-Metsch, Leopoldine Gräfin von.
* 23.2.1913 Wien. Tochter von Anton Sigismund. Laut *Aufstellung derjenigen Parteigenossen, die Angehörige fürstlicher Häuser sind*: NSDAP-Nr. 2459700, Gau Sachsen. Anmerkung: nach Breslau umgemeldet, dort aber nicht aufgeführt. Nach 1945 Wohnsitz Ladendorf in Niederösterreich.

Khevenhüller-Metsch, Marianne Gräfin von.
* 16.6.1911 Wien. Tochter von Anton Sigismund. NSDAP-Nr. 2459699. Nach 1945 Wohnort Riegersburg in Niederösterreich. † 1989.

Kiaulehn, Walter. Journalist und Schauspieler.
* 4.7.1900 Berlin. Nachkriegslegende: Ab 1933 Berufsverbot. Autor in Goebbels' Renommierblatt *Das Reich* und Schriftleiter (Pseudonym: *Lehnau*) der NS-Auslandsillustrierten *Signal*, ein Organ der Wehrmachtspropaganda, dessen Kriegswichtigkeit von Hitler nachdrücklich betont wurde. April 1943 rechtfertigte er in *Signal* »die größte Polizeirazzia der Kriminalgeschichte« und die Sprengung des alten Hafenviertels (1200 Häuser) von Marseille: »Das Gericht über das Verbrecherviertel im alten Hafen von Marseille hat seinen Anfang genommen.« 1946 Auftritt in Werner Fincks *Schule des Lachens* (Finck).

Im Redaktionsteam der *Neuen Zeitung*, US-Tageszeitung im Dienste der Umerziehung und Demokratisierung. Schauspieler in Filmen wie *Zwischen Gestern und Morgen* (1947) oder *Fanfaren der Liebe* (1951). Ab 1950 Theaterkritiker und Leitender Redakteur des *Münchner Merkur*. † 7.12.1968 München. Lit.: Rutz.

Kiefer, Ernst. Schriftsteller und Kunstmaler.
* 28.5.1898 Konstanz. Professor. 1930 Gedichte: *Dem unbekannten SA-Mann.* 1931 Herausgeber der Gedichtsammlung *Volkheit und Blut.* 1933 Roman: *Hanno Luthar, der Hitlerjunge.* 1937 Abhandlung: *Deutsches Weltreich.* † 6.12.1967 am Wohnort Radolfzell.

Kienzl, Wilhelm. Komponist.
* 17.1.1857 Waizenkirchen in Oberösterreich. Seine 1895 komponierte Volksoper *Der Evangelimann* (mit dem Lied *Selig sind, die Verfolgung leiden*) blieb 1933 zunächst auf dem Spielplan. 1934 Urteil der Dienststelle Rosenberg: »Kienzl ist Halbjude (jüdische Mutter)«. Dennoch kein Aufführungsverbot seitens des Reichspropagandaministeriums.   † 3.10.1941 Wien.

Kiepura, Jan. Polnischer Startenor.
* 10.5.1902 Sosnowitz. 1926 Wiener Staatsoper. Gefeiert als zweiter Caruso. Zahlreiche Gastspiele. In den Musikfilmen *Mein Herz ruft nach Dir* (1934) sowie *La Bohème* (1937). Seit 1936 verheiratet mit der Wiener Operettendiva Martha Eggerth. Im *Lexikon der Juden in der Musik* als »Halbjude« gebrandmarkt. Goebbels am 27.2.1936 im Tagebuch: »Ein charmanter Mensch.« 1938 Einladung in die USA, Metropolitan Opera New York. † 15.8.1966 New York.

Killer, Hermann. Mitarbeiter am NS-Hetzwerk *Lexikon der Juden in der Musik.*
* 2.8.1902 Münster. Dr. phil. Musikschriftsteller, Lortzing-Spezialist. Autor beim NSDAP-Zentralorgan *Völkischer Beobachter.* 1933/34 SA (Prieberg). 1937 NSDAP. Im Krieg Leiter der Hauptstelle *Kulturpolitisches Archiv* in Rosenbergs

Dienststelle *Beauftragter des Führers für die Überwachung der gesamten geistigen und weltanschaulichen Schulung der NSDAP*, laut Petropoulos Datenaustausch über Künstler mit der Gestapo. Killer über den Komponisten Giaccomo Meyerbeer: »Meyerbeer … vereinigt in sich eine große musikalische Begabung mit der ethischen Verantwortungslosigkeit, der Unbedenklichkeit und Wendigkeit seiner jüdischen Rasse.« † 3.3.1990 München. Lit.: de Vries; Weissweiler.

Killy, Leo. Ministerialrat in der Reichskanzlei (ab 1933).
* 18.1.1885 Bonn. Dr. jur. 1929 Regierungs- und Oberregierungsrat im Reichsfinanzministerium. NSDAP. Laut Hilberg war Killy, der »bei der Vernichtung der Juden bedeutende Funktionen ausübte«, selbst »Mischling 2. Grades« und seine Frau »Mischling 1. Grades«, 1936 per Ausnahmeregelung »arisiert«. Reichskabinettsrat, 1943 monatlich 600 Mark Dotation (steuerfreie Schenkung) von Hitler. *Führerlexikon*: »Besondere Interessen: Musik, insbesondere Kammermusik.« † Verbleib unbekannt.

Kimmel, Bruno. Dirigent.
* 9.11.1898 Oberwerrn. Leiter der Gaustabskapelle Franken. 1937 NSDAP, Komponist des Marsches *Führer, Volk und Vaterland*. 1943 Kapellmeister in der Ghettostadt Lodz/Litzmannstadt. Nach 1945 in Schweinfurt. † 17.5.1969 ebenda. Lit.: Prieberg, Handbuch.

Kimmich, Max W. Drehbuchautor und Regisseur.
* 4.6.1898 Ulm. Offizier im I. Weltkrieg. Februar 1938 Heirat mit Goebbels' jüngster Schwester Maria. 1935 Drehbuch zum Freikorps-Machwerk *Henker, Frauen und Soldaten*. 1940 Regie zum antibritischen Film *Der Fuchs von Glenarvon*, Goebbels: »Sehr gut für unsere Propaganda zu gebrauchen.« 1941 antibritischer Film *Mein Leben für Irland*. Mai 1943 antibritisches Kolonial-Epos *Germanin*, Courtade: »Alle Engländer [sind] feige, hinterhältig … die Deutschen heldenhaft«. Nach 1945

Schriftsteller, auch Fernsehen. † 16.1.1980 an seinem Wohnort Icking in Oberbayern.

Kindermann, Heinz. *Meyers Lexikon* (1939): »Vertreter einer auf volkhafter Grundlage aufbauenden Literaturforschung.«
* 8.10.1894 Wien. 1927 Lehrstuhl in Danzig. 1933 NSDAP. 1937 Lehrstuhl in Münster. Kindermann über die Besetzung Österreichs 1938: »Von Seyß-Inquart gerufen, flutete die Wehrmacht des Reiches ins Land, und Jauchzen und Blumen begleiteten den Weg.« 1941 in *Kampf um die deutsche Lebensform*: »Jede große volkhafte Dichtung dient bewußt oder unbewußt der Arterhaltung.« 1943 von Baldur von Schirach als Direktor des Zentralinstituts für Theaterwissenschaft nach Wien berufen, Lehrstuhl. 1954 ao. und ab 1969 o. Professor für Theaterwissenschaft in Wien. 1975 *Großes Verdienstkreuz des Verdienstordens der BRD*. † 3.10.1985 Wien. Lit.: Jäger; Wulf, Literatur. Lit.: Drewniak; Theater; König.

Kindler, Otto. Schauspieler und Schriftsteller.
* 20.8.1905 Coburg. 1935 Spielleiter am Stadttheater Freiberg in Sachsen. Ab 1939 Mitherausgeber der Broschürenreihe *Weltpirat England*, Autor der Broschüren *Raub der deutschen Kolonien* und *Satan in Palästina*. Leiter der Stadttheater Komotau (1942) und Marienbad. Nach 1945 Wohnort Feuchtwangen, Leiter der *Kreuzgangspiele*. Jugendbuchautor, Werke wie *Waltraut das Förstermädel, Waltraut und der Bergsommer, Waltraut auf der Pirsch* (1951–1953). † 23.4.1962 Feuchtwangen. Nachruf *Deutsches Bühnen-Jahrbuch*: »Gehört wohl zu den wenigen Provinzschauspielern und Schriftstellern, die mit dem Bundesverdienstkreuz am Bande ausgezeichnet wurden.«

Kinsky, Mathilde Fürstin.
* 24.5.1900 Kairo. Tochter eines Wirklichen Geheimrats. Laut *Aufstellung derjenigen Parteigenossen, die Angehörige fürstlicher Häuser sind*: 1.11.1938 NSDAP, Nr.

6 566899, Gau Sudetenland. † 11. 3. 1974 Buenos Aires.

Kinz, Franziska. *Staatsschauspielerin* (1938).

* 21. 2. 1897 Kufstein in Tirol. Bühnendarstellerin in Wien, Berlin und München. Goebbels am 3. 1. 1931 im Tagebuch: »Eine kluge, aber innerlich gebrochene Frau.« In der NS-Zeit in 13 Filmen: 1933 im »ersten wirklichen Nazi-Film« (Courtade) *Hitlerjunge Quex* und im Propagandaschmarren *Flüchtlinge* über Wolgadeutsche, die »heim ins Reich« wollen (Staatspreis der Reichsregierung). 1935 im Künstlermelodram *Mazurka*. Nach 1945 Filme wie *Die schöne Tölzerin* (1952) oder *Der Schleier fiel* (1960). Zeitweise Präsidentin der Tierschutzliga (Weniger). † 25. 4. 1980 Meran.

Kippenberg, Anton. Präsident der Goethe-Gesellschaft (1938–1950).

* 22. 5. 1874 Bremen. Professor. Ab 1906 Leitung des Insel-Verlags, vorwiegend Klassiker-Ausgaben. Hauptmann der Luftwaffe a. D. Laut Zuckmayer »immer ein wenig deutschtümelnde Tendenzen«, aber »Niveau zu hoch, um zu einer Blubo[Blut-und-Boden]-Rassenmythus-Propagandafiliale zu entarten«. Nahm 1933 seinen erfolgreichsten Autor, Stefan Zweig, aus dem Programm. Seine erfolgreichsten Schreiber in der NS-Zeit: Carossa und Waggerl. † 21. 9. 1950 Luzern.

Kirchbach, Günther Freiherr von. Schauspieler, einer von unzähligen jungen Schauspielern, die nie Karriere machen konnten.

* 24. 10. 1922 Berlin (WASt). Das *Deutsche Bühnen-Jahrbuch* 1944: »Stadttheater Lublin, gefallen in soldatischer Pflichterfüllung für Führer und Reich als Soldat und K.O.B. [Kriegsoberichter] in einem Infanterie-Regiment, im Alter von 20 Jahren.« † 17. 12. 1942 Südrußland.

Kirchhoff, Fritz. Regisseur.

* 10. 12. 1901 Hannover. Zwischen 1936 und 1945 Regie zu 14 Filmen, darunter 1940 das Blut-und-Boden-Opus *Der ewige Quell* und 1942 der antibritische Propagandastreifen *Anschlag auf Baku*. Februar 1945 Liebesfilm *Eines Tages*, einer der letzten Filme des Dritten Reiches. 1948 Gründer der Produktionsgemeinschaft Pontus-Film. † 25. 7. 1953 Hamburg an Herzembolie (DBJ).

Kirchner, Ernst Ludwig. Maler.

* 6. 5. 1880 Aschaffenburg. Kopf der Expressionisten-Gruppe *Die Brücke*. 1917 wegen Krankheit nach Davos. Ab 1923 Wohnsitz Frauenkirch bei Davos. 1931 Mitglied der Preußischen Akademie der Künste. Am 17. 5. 1933 an den Akademie-Präsidenten von Schillings: »Seit nun bald 30 Jahren kämpfe ich durch meine Arbeit für eine neue, starke und echte deutsche Kunst ... Ich bin weder Jude noch Sozialdemokrat noch sonst politisch tätig gewesen und habe auch sonst ein reines Gewissen.« Juli 1937 Akademie-Ausschluß, im selben Monat in der Schandschau *Entartete Kunst* in München mit 31 Objekten vorgeführt, Beschlagnahmung von 639 (!) seiner Werke, eines der Hauptopfer der NS-Kulturdiktatur. *Meyers Lexikon* (1939): »Seine Bilder zeigen alles Gegenständliche verzerrt, in flächiger Vereinfachung mit starken schwarzen Umrissen und grellbunten Farben.« † Suizid 15. 6. 1938 Frauenkirch bei Davos. Lit.: Rave; Wulf, Künste.

Kirchner, Joachim. Direktor der Freiherrlichen Carl von Rothschildschen Bibliothek in Frankfurt am Main (1928).

* 22. 8. 1890 Berlin. Februar 1933 NSDAP, auch SA. Auf dem Bibliothekarstag 1933 in Darmstadt Auftritt im Braunhemd, Vortrag: *Schrifttum und wissenschaftliche Bibliotheken im nationalsozialistischen Deutschland*. 1938 ao. Professor, 1939 apl. Professor. 1941 Direktor der Universitätsbibliothek München. Nach 1945 Pensionär in München. 1958 Beiträge zum *Sachwörterbuch zur Deutschen Geschichte*, 1959 zu *Neue Deutsche Biographien*. † 22. 11. 1978 Gauting. Lit.: Barbian; Happel.

Kirchstein, Harold Manfred. Komponist.

* 29. 12. 1906 New York. Ab 1934 Leiter

der *Goldenen Sieben*, Studioband der Firma Telefunken. Musik zum Militärspionagefilm *Verräter*, am 9.9.1936 auf dem NSDAP-Reichsparteitag uraufgeführt (Giesen: »Ein eindeutiges Plädoyer für die Gestapo«). 1937 Freikorpsdrama *Menschen ohne Vaterland* sowie Propagandastreifen *Togger* (Moeller: »Voller NS-Parolen, antisemitischen Anspielungen und SA-Paraden«). 1938 Wechsel in die USA, nun als Henry René Direktor bei RCA-Victor. † 25.4.1993 Houston in Texas. Lit.: Prieberg, Handbuch.

Kisch, Egon Erwin. Einer jener zwölf Schriftsteller, die vom *Börsenverein der Deutschen Buchhändler* »als schädigend« gebrandmarkt wurden und nicht verbreitet werden durften.
* 29.4.1885 Prag, Sohn eines jüdischen Tuchhändlers. Ab 1921 einer der führenden sozialistischen Journalisten in Berlin (*Berliner Börsen-Courier, Rote Fahne*). 1924 Sammelband *Der rasende Reporter*. Brod: »Immer sehr reklamehungrig«, Kesten: »Er ... wollte die Welt retten, vermittels Marxismus und der Arbeiterklasse.« Nach Reichstagsbrand am 27.2.1933 verhaftet, aufgrund der Intervention der tschechischen Regierung entlassen. 1937/38 im Spanischen Bürgerkrieg. 1939 Flucht von Frankreich nach Mexiko. 1946 Rückkehr nach Prag. † 31.3.1948 Prag.

Kittel, Bruno. Chorleiter.
* 26.5.1870 Forsthaus Entenbruch, Provinz Posen. 1902 Gründer und Leiter des Bruno Kittelschen Chores (Mai 1942: Deutscher Philharmonischer Chor). Mai 1933 NSDAP. Der Kittelsche Chor sang am 28. Mai 1938 Beethovens *Neunte* beim Festkonzert der ersten *Reichsmusiktage* in Düsseldorf. Im selben Jahr Auftritt bei der Eröffnungsfeier des NSDAP-Reichsparteitags. Goebbels am 22.5.1941 im Tagebuch: »Kittel übernimmt die deutsche Sängerschaft.« Am 20.4.1942 Auftritt mit Furtwängler und den Berliner Philharmonikern in der *Führergeburtstagsfeier* mit Beethovens *Neunter* in der Berliner Philharmonie, Goebbels am selben Tag im Tagebuch: »Niemals habe ich sie mit einer solchen Inbrunst zur Darbietung bringen hören wie hier.« Treuhänder der Goebbels-Stiftung *Künstlerdank* (DBJ). NS-Ehrung: 1935 *Goethe-Medaille* für Kunst und Wissenschaft. Zu *Führers Geburtstag* 1936 von Hitler Titel Professor. † 10.3.1948 Wasserberg im Rheinland.

Klähn, Friedrich Joachim. Kopf des Kulturkreises der SA.
* 8.12.1895 Kiel. 1923 erstmals NSDAP. Führer diverser SA-Verbände, 1934 Autor: *Ernstes und viel Heiteres aus dem SA-Leben*. Hauptlektor im Amt Rosenberg. 1935 in der Obersten SA-Führung Abteilungsleiter für weltanschauliche Angelegenheiten. Ab 1942 bei einem Armee-Nachrichten-Regiment (WASt). 1943 SA-Brigadeführer. Nach 1945 Wohnort Hamburg.

Klages, Ludwig. Gründer der *Deutschen graphologischen Gesellschaft* (1897).
* 10.12.1872 Hannover. *Meyers Lexikon* (1939): »Die Handschriftenkunde (Graphologie) wird von ihm zum erstenmal zu wissenschaftlicher Bedeutung erhoben.« 1913 Autor: *Ausdrucksbewegung und Gestaltungskraft*, 1917: *Handschrift und Charakter*, 1929–1933 dreibändiges Hauptwerk *Der Geist als Widersacher der Seele*. Zunächst im George-Kreis, 1904 Abspaltung und Haupt der Münchner Sektierergemeinschaft der *Kosmiker*. 1918 in einem Brief über Nietzsches »Sklavenmensch«: »Er entstand und entsteht immer und überall durch Rassenmischung und Blutsverschlechterung; und seine notwendige Ergänzung ist der Verbrecher. – Der Lebensforscher sieht im Sittlichkeitsphänomen nur eines: den geistigen Ausdruck schlechten Blutes.« Hitler wurde mit Klages' Werk von der Verlegersgattin Bruckmann bekannt gemacht. 1944 in *Rhythmen und Runen*: »Das germanische Wesen war als die vollendete Mischung aller Erdelemente angelegt.« † 29.7.1956 Kilchberg bei Zürich. Lit.: Zerstörung; Schmitz/ Schneider.

Klee, Paul. Schweizer Maler.
* 18.12.1879 Münchenbuchsee bei Bern

als Lehrerssohn. 1921 Lehrer am Bauhaus in Weimar, 1925 in Dessau (Göring: »Brutstätte des Kulturbolschewismus«). 1931 an der Düsseldorfer Akademie. 1933 Entlassung, Rückkehr nach Bern. Laut Emil Nolde »ein Falter schwebend im Sternenall«. Der NS-Kunstkritiker Robert Scholz 1933 in *Deutsche Kultur-Wacht*, Organ des *Kampfbunds für deutsche Kultur*: »Und daß man Paul Klee einmal als großen Künstler ansehen konnte, wird für künftige Generationen eines der deutlichsten Exempel des völligen geistigen Verfalls der individualistischen Kulturepoche sein.« Juli 1937 in der Schandschau *Entartete Kunst* in München mit neun Objekten vorgeführt, Beschlagnahmung von 102 seiner Werke. *Meyers Lexikon* 1939: »Ein besonders eigenwilliger Expressionist; in kindlich anmutendem Zeichenstil zartgetönte Kompositionen, nicht an Gegenständliches gebunden, sondern Ausdruck von Gedachtem und Gefühltem; wirklichen Zusammenhang mit dem Leben der Allgemeinheit hat diese Kunst nicht mehr.« † 9.6. 1940 Muralto bei Locarno.

Kleiber, Erich. Dirigent.
* 5.8. 1890 Wien, Sohn eines Philologen. 1923 (bis 1935) Generalmusikdirektor der Berliner Staatsoper. 1925 Uraufführung von Alban Bergs Oper *Wozzeck*. Juni 1935 Staatskapellmeister. Brückner/Rock 1935 im Stigmatisierungswerk *Judentum und Musik*: »Er schadet ... dem deutschen Kunstleben in nie wieder gut zu machender Weise, da er die Tonschöpfungen der deutschen Meister durch das Filter seines jüdischen Intellekts [Kleiber war »Arier«] leitet.« 1935 Rücktritt aus Protest gegen die NS-Kulturpolitik. Im Krieg vorwiegend am Teatro Colón in Buenos Aires. In *Meyers Lexikon* 1939 verschwiegen (lediglich Eintrag: »Vogelart«). † 27.1. 1957 Zürich. Nachruf *Deutsches Bühnen-Jahrbuch*: »Er fand immer die rechte Einstellung zu nationalen Werken.« Lit.: Prieberg.

Klein, César. Maler und Bühnenbildner.
* 14.9. 1876 Hamburg. Entwarf eine Rei-

he politischer Plakate, bekannt als Bühnenbildner. In Fritschs Hetzwerk *Handbuch der Judenfrage* (1936) als expressionistischer »›Künstler‹ aus dem nichtjüdischen Lager« aufgeführt, der es verdiene, »als Mittäter an dieser Kulturschande mit den Juden zusammen genannt zu werden«. Juli 1937 in der Schandschau *Entartete Kunst* in München vorgeführt, Beschlagnahmung von 13 seiner Werke. † 13.3. 1954 auf seinem Landsitz Pansdorf bei Kiel.

Klein, Erna. Konzertpianistin.
* 13.1. 1887 Berlin. Wohnort ebenda. Deportiert am 26.9. 1942 (nicht am 3.10. 1942!). † Verschollen in Raasiku bei Reval.

Klein, Franz Eugen. Musiker.
* 29.4. 1912 Wien. Hauskomponist der Wiener Kleinkunstbühne *Der liebe Augustin*. Dirigent am Theater in der Josefstadt und am Volkstheater. Am 9.10. 1942 Deportation ins Ghettolager Theresienstadt, eingesetzt zur Einstudierung von Musikstücken. † 2.3. 1943 ebenda.

Klein, Horst. Leiter der *Gesellschaft zur Förderung und Pflege Deutscher Kulturdenkmäler* (Wewelsburg, Sachsenhain bei Verden/Aller).
* 27.2. 1910 Wiedenbrück. April 1933 SS (Obersturmbannführer). Mai 1933 NSDAP. Chef Amt W VII (Sonderaufgaben) im SS-Wirtschafts-Verwaltungshauptamt (WVHA). Freispruch am 3.11. 1947 im Pohl-Prozeß (US-Military Tribunal No. IV gegen Angehörige des SS-WVHA) in Nürnberg. Wohnort Bad Salzuflen. Q.: Zentralkartei ZSt.

Klein, Richard, genannt *Plaketten-Klein*. Auf der *Gottbegnadeten-Liste* (Führerliste) der wichtigsten Maler des NS-Staates. Reichskultursenator.
* 7.1. 1890 München. 1935 Direktor der Staatsschule für angewandte Kunst in München. Entwurfzeichner von NS-Hoheitszeichen und -Plaketten, zum Beispiel zu NSDAP-Reichsparteitagen. Goebbels am 3.6. 1937 im Tagebuch: »Klein hat einen wunderbaren Orden für den großen Nationalpreis geschaffen. Auch der Führer

ist nun zufrieden damit.« 1937 Herausgeber, später Mitherausgeber des Rosenberg-Organs *Die Kunst im Dritten Reich.* Auf den Großen Deutschen NS-Kunstausstellungen im Münchner NS-Musentempel *Haus der Deutschen Kunst* mit insgesamt 63 Arbeiten, darunter 1939 das Ölgemälde *Die Ruhe* (Nackte, liegend), 1942 Ölgemälde *Die Nacht* (Nackte, liegend, dunkler Hintergrund). NS-Ehrung: 1936 Präsidialrat der Reichskammer der bildenden Künste. † 31.7.1967 Weßling in Oberbayern. Q.: Thomae.

Klein-Rogge, Rudolf. Auf der *Gottbegnadeten-Liste* der Schauspieler, die für die Filmproduktion benötigt werden.
* 24.11.1885 Köln, Sohn eines Kriegsgerichtsrats. In den Stummfilmklassikern *Dr. Mabuse, der Spieler* (1922, Titelrolle), *Die Nibelungen* (1923) und *Metropolis* (1926). In der NS-Zeit in 41 Filmen, darunter die NS-Streifen *Der alte und der junge König* (1935), *Der Herrscher* (1937), *Robert Koch* (1939), *Das Herz der Königin* (1940). 1943 Direktor des Gastspielunternehmens Rudolf Klein-Rogge. Treuhänder der Goebbels-Stiftung *Künstlerdank.* † 30.4.1955 Graz.

Kleinschmidt, Paul. Maler.
* 31.7.1883 Bublitz in Pommern. Expressive Farbgebung, Motive aus der Zirkus- und Theaterwelt. Juli 1937 in der Schandschau *Entartete Kunst* in München vorgeführt, Beschlagnahmung von 50 seiner Werke. 1936 Flucht in die Schweiz, Niederlande, Südfrankreich, Einreisebemühungen in die USA. 1943 Zwangsrepatriierung. † 2.8.1949 Bensheim.

Klemm, Walter. Österreichischer Graphiker und Maler.
* 18.6.1883 Karlsbad. 1907 Künstlerkolonie Dachau. 1913 Professor und Leiter der Graphischen Abteilung an der Hochschule für bildende Kunst in Weimar. Alljährlich auf der Großen Deutschen Kunstausstellung im Münchner NS-Musentempel *Haus der Deutschen Kunst*, darunter 1942 *Bach im Dachauer Moos* (Öl). † 11.8.1957 Weimar.

Klemperer, Otto. Dirigent.
* 15.5.1885 Breslau. 1927 Berliner Krolloper, 1931 Staatsoper Unter den Linden. Förderte zeitgenössische Komponisten wie Hindemith, Strawinsky und Schönberg. Goebbels am 13.2.1933 über Klemperer: »Die Juden verstehen Wagner nicht.« Das *Lexikon der Juden in der Musik*: »Seine Hauptaufgabe sah Klemperer in der bewußten Entstellung deutscher Meisterwerke.« 1933 Aufführungsverbot, Begründung: »Kulturbolschewist«, Flucht in die USA, Dirigent des Philharmonischen Orchesters Los Angeles. Nach 1945 Chefdirigent in London und New York. 1970 Übersiedlung nach Jerusalem. † 6.7.1973 Zürich. Der Nachruf des *Deutschen Bühnen-Jahrbuchs* umschreibt seine Verfolgung: »Im Jahre 1933 ging er nach Amerika.«

Klemperer, Victor. Romanist.
* 9.10.1881 Landsberg/Warthe, Sohn eines Rabbiners. 1915 Kriegsfreiwilliger, 1916 Zensor im Buchprüfungsamt des Militärgouverneurs Litauen. 1919 ao. Professor in München, 1920 Lehrstuhl TH Dresden. Am 30.3.1933 im Tagebuch: »Ich empfinde eigentlich mehr Scham als Angst, Scham um Deutschland. Ich habe mich wahrhaftig immer als Deutscher gefühlt.« Am 3.4.1933: »Eine Explosion wird kommen – aber *wir* werden sie vielleicht mit dem Leben bezahlen, wir Juden.« 1935 Amtsenthebung, Vertreibung aus seinem Haus, Bibliotheksverbot. Zwangsarbeit in Dresdner Firmen. 1947 Lehrstuhl in Greifswald, 1948 in Halle, 1951 (bis 1954) Humboldt-Universität Berlin. 1950 (bis 1958) in der Volkskammer der DDR. 1952 *Nationalpreis.* † 11.2.1960 Dresden. Posthum Veröffentlichung seiner *Tagebücher.*

Klepper, Jochen. Schriftsteller.
* 22.3.1903 Beuthen/Oder. 1931 Heirat mit der jüdischen Witwe Johanna Stein. 1933 deswegen Entlassung beim Berliner Rundfunk, Oderroman: *Der Kahn der fröhlichen Leute.* Entsetzt über Hitler und den Antisemitismus, dennoch am 22.3.

1934 im Tagebuch: »Wie viele Berührungspunkte müßte es mit dem Nationalsozialismus geben, und immer wieder wird man entweder durch Zwang oder Ausschließung zurückgestoßen ... Es gibt heute nichts, was man an die Stelle des NS setzen könnte. An dieser Erkenntnis kommt keiner vorbei. Als ich für die Reichsschrifttumskammer den Revers unterschrieb, mich hinter den neuen Staat zu stellen, war es keine Phrase.« 1937 Roman *Der Vater* über Friedrich Wilhelm I. von Preußen, der von Klepper idealisierte *Soldatenkönig*. Am 8.12.1942 Bittbesuch bei Innenminister Frick wegen Ausreisegenehmigung für Stieftochter Reni und Schutz seiner Frau. Am 9.12.1942 bei Adolf Eichmann. † 11.12.1942 Suizid mit Ehefrau und Stieftochter in Berlin.

Klimsch, Fritz. Auf der Sonderliste der zwölf wichtigsten bildenden Künstler der *Gottbegnadeten-Liste* (Führerliste). Reichskultursenator.
* 10.2.1870 Frankfurt am Main. Bildhauer, 1910 Titel Professor. 1921 Hochschule für angewandte Kunst in Berlin. Goebbels am 25.3.1939 im Tagebuch: »Er hat wundervolle Plastiken für den Aufgang unseres Ministeriums geschaffen.« Auf den Großen Deutschen Kunstausstellungen im Münchner NS-Musentempel *Haus der Deutschen Kunst* mit insgesamt 21 Objekten, darunter *4 Marmorfiguren für das Treppenhaus im Propagandaministerium* (1939). Büsten von Ludendorff, Frick und Hitler. Laut Goebbels-Eintrag vom 3.5.1941 »der reifste unter unseren Plastikern. Ein Genie. Wie er den Marmor behandelt.« NS-Ehrung: Präsidialrat der Reichskammer der bildenden Künste, Goebbels am 6.2.1940: »Klimsch bekommt auf meinen Vorschlag statt der Goethemedaille den Adlerschild.« 1960 *Großes Bundesverdienstkreuz*. † 30.3.1960 Freiburg im Breisgau.

Klinder, Charlotte. Schauspielerin.
* 8.8.1891 Erfurt. Zuletzt am Berliner Residenz-Theater und Trianon-Theater. Letzter Film 1938: *Eine Frau kommt in die Tropen*. † 25.11.1943 Berlin, Suizid mit ihrem Ehemann und Kollegen Paul Otto, nachdem ihre jüdische Identität entdeckt worden war. Q.: Weniger, Bühne.

Klindworth, Karl. Pianist.
* 25.9.1830 Hannover. † 27.7.1916 Solpe bei Oranienburg. Deutscher Staatsbürger. Schüler von Franz Liszt. Seit 1855 mit Richard Wagner befreundet, bearbeitete Klavierauszüge zu dessen Werken. Ab 1884 Wohnort Berlin, Gründer des Karl-Klindworth-Musikkonservatoriums. Alldeutsche Gesinnung, Antisemit. Nahm 1907, im Alter von 77 Jahren, das neunjährige Waisenkind Winifred Williams, die spätere Winifred Wagner, als Adoptivtochter auf. Todesanzeige mit Hakenkreuz. Lit.: Hamann.

Klingelhöfer, Paul. Ministerialrat im Amt Wissenschaft des Reichserziehungsministeriums (REM).
* 29.12.1887 Lüdenscheid, Sohn eines Handelsvertreters. Jurist. 1919 Mitglied der Johannisloge *Zum Märkischen Hammer* in Lüdenscheid. Ab 1925 in der Hochschulabteilung des Preußischen Kultusministeriums. 1929 Ministerialrat. 1933/34 Universitätskurator in Bonn. Obgleich seine Frau als »Mischling 2. Grades« galt, ab Januar 1935 im REM für Haushalts-, Rechnungs- und Verwaltungsangelegenheiten zuständig. 1944 Ruhestand nach längerer Krankheit. 1946 Universitätskurator in Frankfurt am Main. † 24.3.1951 Falkenstein am Taunus. Lit.: Grüttner.

Klingenberg, Heinz. Schauspieler.
* 6.4.1905 Bielefeld. 1933 Deutsches Theater Berlin, Darsteller im Film *SA-Mann Brand* (Verherrlichung eines unbekannten SA-Mannes). Ab 1935 Staatstheater Dresden. 1944 im Durchhaltefilm *Die Degenhardts*. Nach 1945 Deutsches Schauspielhaus Hamburg. 1955 im Film *Frauen um Richard Wagner*. † 12.9.1959 Krankenhaus in Schweinfurt (Autounfall nach Tourneeveranstaltung). Nachruf *Deutsches Bühnen-Jahrbuch*: »Hochgeschätzter Darsteller.«

Klinger, Paul, eigentlich Klinksik. Auf der *Gottbegnadeten-Liste* der Schauspieler, die für die Filmproduktion benötigt werden. * 14. 6. 1907 Essen. Am Deutschen Theater in Berlin. 1936 im Preußen-Streifen *Fridericus*. In Filmen wie *Narren im Schnee* (1938), der laut Goebbels »sehr nette Volksfilm« *Sommer, Sonne, Erika* (1939), *Herzensfreud – Herzensleid* (1940). 1941 in *Spähtrupp Hallgarten* über die Besetzung Norwegens. 1944 Blut-und-Boden-Melodram *Das Leben ruft* und im antitschechischen Harlan-Film *Die goldene Stadt* (ein Slawe treibt eine blonde Deutsche in den Tod). 1947 im DEFA-Film *Ehe im Schatten* über den Schauspieler Gottschalk, von Goebbels wegen seiner jüdischen Ehefrau in den Suizid getrieben. In den 50er Jahren große Popularität durch seine Filme *Die Mädels vom Immenhof, Hochzeit auf Immenhof, Ferien auf Immenhof*. 1958 im Harlan-Film *Liebe kann wie Gift sein*. † 14. 11. 1971 München.

Klingler, Werner. Filmregisseur. * 23. 10. 1903 Stuttgart. 1932 »Mädchen für alles« bei Luis Trenker. 1936 Regie zum »Befreiungsdrama« *Standschütze Bruggler*, 1941 Regisseur von *Wetterleuchten um Barbara*, Heimatfilm zur »Befreiung« Österreichs durch die Nazis. 1942 anstelle des verhafteten Selpin Fortführung des antibritischen Untergangsfilms *Titanic* (von Goebbels angesichts der Kriegslage verboten). Juli 1944 Durchhaltefilm *Die Degenhardts*. Nach 1945 Filme wie *Blitzmädel an die Front* (1958), 1967 Karriereende mit dem Schmuddelstreifen *Straßenbekanntschaften auf St. Pauli*. † 23. 6. 1972 Berlin.

Klinkert, Walter. Auf der *Gottbegnadeten-Liste* (Führerliste) der wichtigsten Maler des NS-Staates. * 12. 12. 1901 Berlin. 1939 Staatliche Kunstschule Berlin. Auf der Großen Deutschen Kunstausstellung 1939 im Münchner NS-Musentempel *Haus der Deutschen Kunst* mit den Bildern *Die Donau bei Melk* und *Mühlbach*. † 19. 1. 1959.

Klipstein, Ernst von. Auf der *Gottbegnadeten-Liste* der Schauspieler, die für die Filmproduktion benötigt werden. * 3. 2. 1908 Posen. Unter anderem 1939 in den Filmen *Aufruhr in Damaskus* (vom »heroischen Kampf gegen die Macht englischen Blutgeldes an der arabischsyrischen Front 1918«) und im Propagandaopus *Legion Condor*. 1941 Propagandastreifen *Blutsbrüderschaft*, Sturzkampfflieger-Hymne *Stukas* sowie Werkspionagefilm *Alarmstufe V*. Am 30. 3. 1945 letzte Uraufführung im Dritten Reich: Liebesfilm *Das alte Lied*. Nachkriegsfilme wie *Krach im Hinterhaus* (1949) oder *Reifende Jugend* (1955). Synchronsprecher. 1959 Staatstheater Kassel. † 22. 11. 1993.

Klitsch, Wilhelm. Schauspieler. * 25. 11. 1882 Wien, Sohn eines Hofmeerschaumdrechslers. 1932 Professor der Akademie für Musik und darstellende Kunst in Wien. Zur Volksabstimmung zum »Anschluß« Österreichs April 1938: »Wir Österreicher dürfen endlich unser Deutschtum vor aller Welt bekennen und unserem geliebten Führer, dem Retter und Befreier, dem Schirmherrn der deutschen Kunst, in tiefster Dankbarkeit zustimmen.« † 24. 2. 1941 Wien.

Klitzsch, Ludwig. Generaldirektor der Ufa. * 16. 9. 1881 Halle. 1919 Generaldirektor des Scherl-Konzerns (Hugenberg). 1927 zusätzlich Geschäftsführer, später Generaldirektor der Ufa, »der energische Statthalter Alfred Hugenbergs« (Kreimeier). Mitglied der *Akademie für Deutsches Recht* (*Führerlexikon*), der Reichsfilmkammer, der Reichskulturkammer und der Reichspressekammer. März 1943 zum 25jährigen Jubiläum der Ufa: »Die Ufa ist eine Gründung des Weltkriegs. Sie wurde von Generalquartiermeister Ludendorff im Auftrag der Obersten Heeresleitung ins Leben gerufen.« NS-Ehrung: Beim Festakt zum 25jährigen Jubiläum der Ufa von Goebbels *Goethe-Medaille* für Kunst und Wissenschaft. Herbst 1943 nur noch Aufsichtsratsvorsitzender. Im Vorstand der *Kameradschaft der deutschen Künstler* (NS-Führerkorps). † 7.1. 1954 Bad Wiessee.

Klöcking, Johannes. »Entjuder« von Händel-Oratorien.
* 30. 8. 1883 Groß Thurow. Mittelschullehrer in Lübeck. 1933 NS-Lehrerbund. 1937 NSDAP. 1941 »Entjudung« des Oratoriums *Judas Maccabäus* zum »Heldenlied niederdeutschen Freiheitskampfes« mit dem Titel *Wilhelmus von Nassauen.* 1943 Umwandlung des Oratoriums *Josua* in *Die große Wandlung*, späterer Titel im Hinblick auf Rußlandkrieg: *Die Ostlandfahrer.* 1944 Verwandlung des Oratoriums *Israel in Ägypten* in *Der Opfersieg von Walstatt*, Handlungsort: Schlesien und der deutsche Ostraum (sic). † 1. 6. 1951 Lübeck. Lit.: Fetthauer; Okrassa; Prieberg.

Klöden, Otto. Erziehungswissenschaftler.
* 16. 5. 1895 Görlitz, Sohn eines Webereidirektors. Volksschulrektor. Mai 1933 NSDAP, auch SA (Oberscharführer). 1935 Hochschule für Lehrerbildung (zur NS-Indoktrinierung) in Hirschberg im Riesengebirge, Eigenwerbung: »als die erste Hochschule Deutschlands vom Direktor bis zum Hausmeister« in die SA eingetreten. 1936 Professor. Kriegsdienst, zuletzt Oberstleutnant. 1940 Autor: *Die deutsche Schule im Gesamterziehungswerk des Führers.* 1951 Professor z. Wv. Lehrauftrag Didaktik Universität Tübingen. 1953 Schulrat, 1957–1961 Oberschulrat und Leiter des Bezirksschulamts Reutlingen. Unter anderem Vorsitzender der Landsmannschaft der Schlesier in Südwürttemberg-Hohenzollern (1948–1954), 1954 der Landesgruppe Baden-Württemberg, 1968–1972 Stellv. Bundesvorsitzender. 1980 *Verdienstkreuz I. Klasse des Verdienstordens der BRD.* † 5. 4. 1986 Reutlingen. Lit.: Hesse.

Klöpfer, Eugen. Auf der *Gottbegnadeten-Liste* (Führerliste) der wichtigsten Künstler des NS-Staates. Reichskultursenator.
* 10. 3. 1886 Talheim bei Heilbronn. Charakterdarsteller am Staatlichen Schauspielhaus Berlin. 1927 Titelrolle in der Uraufführung von Zuckmayers Volksstück *Schinderhannes.* Laut Zuckmayer hatte er »seines beginnenden Deliriums wegen den Spitznamen 'Generaltatterich'«. Vizepräsident der Reichstheaterkammer, Stellv. Präsident der *Kameradschaft der deutschen Künstler* (NS-Führerkorps), Vorsitzender der Dr. Joseph-Goebbels-Stiftung *Künstlerdank* (eine Art Altersbeihilfe für systemkonforme Künstler) sowie im Kuratorium der *Goebbels-Stiftung für Kulturschaffende.* 1936 Generalintendant der Volksbühne Berlin. Oktober 1936 beim Empfang zu Goebbels' Geburtstag: »Wir Schauspieler sind von tiefem Dank erfüllt, daß Sie neben Ihrer rastlosen Tätigkeit im Dienst des Vaterlandes noch die hohe Aufgabe erfüllen, den deutschen Bühnenschaffenden den Weg zu weisen, und diesen Weg zu schirmen und zu schützen.« März 1937 im Aufsichtsrat der gerade verstaatlichten Ufa, NSDAP. In der NS-Zeit 27 Filme, darunter 1933 der Propagandaschmarren *Flüchtlinge* über Wolgadeutsche, die »heim ins Reich« wollen. 1940 Hauptrolle im Hetzfilm *Jud Süß.* 1941 im antibritischen Film *Mein Leben für Irland* sowie im HJ-Streifen *Jakko.* 1944 im antitschechischen Harlan-Farbfilm *Die goldene Stadt.* Laut Curd Jürgens »bekannt dafür, eifersüchtig zu wachen, daß jeden Abend am Stammtisch, den er überall dort einrichtete, wo er residierte, ein vollständiges Ensemble in gehöriger Ehrfurcht seinen endlosen politischen Tiraden lauschte«. NS-Ehrung: 1934 von Göring Titel *Staatsschauspieler*, Präsidialrat der Reichsfilmkammer. Zunächst als *Hauptschuldiger*, dann als *Mitläufer* entnazifiziert. Mit eigenem Tournee-Theater unterwegs. † 3. 3. 1950 Wiesbaden.

Kloepfer, Hans. Steirischer Mundartdichter.
* 18. 8. 1867 Eibiswald in der Steiermark. Dr. med. et phil. Medizinalrat. Praktischer Arzt in Köflach. Zur Volksabstimmung zum »Anschluß« Österreichs April 1938: »Ein festlicher Brautlauf wars unter einem Sonnenstrahl der Weltgeschichte, wie er

wohl noch nie das kampf- und schicksal-durchfurchte [!] Angesicht der deutschen Erde überglänzt hat.« Zahlreiche Werke, 1938 in *Steirischer Bergbauerngruß*: »Schreibm tuat er sie Hitler,/und uns so guat gsinnt,/wia ma weit in der Welt/net an liabern wo findet.« † 27. 6. 1944 Köflach. Lit.: Scholdt.

Klose, Margarete. Altistin, Wagner-Sängerin.
* 6. 8. 1902 Berlin. Ab 1931 an der Berliner Staatsoper. Am 10. 8. 1936 an Hitler: »Gestatten Sie mir gütigst, Ihnen, mein Führer, meinen herzlichsten Dank zu sagen für die große Freude, die Sie mir durch die Übersendung Ihres Bildes bereiteten. Die Widmung auf dem Bild, mein Führer, bedeutet für mich die Krönung meines Schaffens bei den Bayreuther Festspielen.« Vom Reichspropagandaministerium für den Rundfunk freigestellt. 1964 Professorin am Salzburger Mozarteum. † 14. 12. 1968 Berlin. Nachruf *Deutsches Bühnen-Jahrbuch*: »Sie gehörte zu den besten Sängerinnen unseres Jahrhunderts.« Lit.: Prieberg.

Kloss, Erich. Laut Zeitschrift *Die Unterhaltungsmusik* (1939) »Inbegriff des kernechten deutschen Musikers«.
* 24. 2. 1898 Schleiz. 1925 Kapellmeister der Kurkapelle Berchtesgaden. 1932 NSDAP. 1935 Landesleiter der Reichsmusikkammer Gau München-Oberbayern. 1936 Musikalischer Leiter des *Nationalsozialistischen Reichs-Sinfonieorchesters*, Ehrentitel: *Orchester des Führers* (die Musiker des Orchesters des Führers trugen von Hitler entworfene braune Smokings). Am 24. Mai 1938 Dirigent des Zweiten Werkkonzerts in den Rheinmetall-Borsig-Werken und am 25. Mai des Dritten Werkkonzerts im Provinzial-Feuerversicherungs-Büroverwaltungsbetrieb während der ersten *Reichsmusiktage* in Düsseldorf (mit der Schandschau *Entartete Musik*). NS-Ehrung: 1939 Staatskapellmeister. 1949–1967 Chefdirigent des Fränkischen Landesorchesters (ab 1963 Nürnberger Symphoniker) in Nürnberg. † 31. 5. 1967 München.

Klotz, Clemens. Auf der *Gottbegnadeten-Liste* (Führerliste) der wichtigsten Architekten des NS-Staates.
* 31. 5. 1886 Köln. Planung der *Kraft-durch-Freude*-Anlage im Seebad Prora auf Rügen für 20 000 Menschen sowie der NS-Ordensburgen Vogelsang und Krössinsee. 1938/39 auf der 2. Deutschen Architektur-Ausstellung im Münchner NS-Musentempel *Haus der Deutschen Kunst*: Entwurf der Adolf-Hitler-Schule Waldbröl. Umbau des »Landguts« Rottland bei Waldbröl für Robert Ley (Petropoulos). † 18. 8. 1969 Köln.

Klucke, Walther Gottfried. Schriftsteller.
* 20. 7. 1899 Wattenscheid. 1934 Drama *Einsiedel* (laut Verlagswerbung ein »heroisches Drama von elementarer Gewalt« über einen Schwerkriegsverletzten, der durch Kopfschuß sein Gedächtnis verlor), in Berlin aufgeführt von der *Nationalsozialistischen Kulturgemeinde*. 1937 Lustspiel *Eine Frau, die denkt*. 1940 Roman *Begegnung in Polen*. 1949 Autor: *Die Stunde des Pontius Pilatus*. † 29. 9. 1951 Wattenscheid. Lit.: Brenner.

Klüger, Ruth K. Als Kind KZ-Häftling in Auschwitz.
* 30. 10. 1931 Wien. Deportiert nach Theresienstadt und Auschwitz. Ebenda 1944 Gedicht *Auschwitz*: »Fressen unsre Leichen Raben?/Müssen wir vernichtet sein?/ – Sag, wo werd ich einst begraben? –/ Herr, ich will nur Freiheit haben,/Und der Heimat Sonnenschein.« 1947 Auswanderung nach USA, Bibliothekarin in Richmond, Kalifornien. Q.: Schlösser.

Klütz, Alfred, Pseudonym *Fritz Blitz*. Journalist.
* 19. 2. 1911 Saatzig, Kreis Regenwalde. NSDAP-Kreisleiter, Parteiredner. Schriftleiter bei Goebbels' Hetzblatt *Der Angriff* und beim NSDAP-Zentralorgan *Völkischer Beobachter*. 1933 Leiter der Justizpressestelle Berlin. 1936 Mitarbeit am Drehbuch und Regie zum Film *Stärker als Paragraphen* – Reklame für ein neues »deutsches« Recht. 1940 »Aufklärungsschrift«: *Volksschädlinge am Pranger*. 1942 Angehöriger

der Propagandatruppen (WASt). Keine Vermißt- oder Todesmeldung.

Kluge, Kurt. Bildhauer, nach 1933 auch Schriftsteller.

* 29. 4. 1886 Leipzig, Sohn eines Oberlehrers. 1921 Professor für Erzguß der Kunsthochschule Berlin. Versetzte im Auftrag der NSDAP die historischen Denkmäler im Lustgarten, um Platz für Parteiaufmärsche zu schaffen. Am 4. 4. 1933 Uraufführung seines Schauspiels *Ewiges Volk* am Deutschen Theater in Berlin. † 26. 7. 1940 Fort Eben Emael bei Lüttich, während einer vom Reichspropagandaministerium und dem OKW organisierten *Dichterfahrt* ins besetzte Belgien und Frankreich (Barbian). Graff: »Er war einer der wenigen, die auf der Fahrt das Parteiabzeichen trugen.«

Klussmann, Ernst Gernot. Komponist.

* 25. 4. 1901 Hamburg. 1925 Solorepetitor bei den Bayreuther Festspielen und Lehrtätigkeit an der Rheinischen Musikhochschule Köln. April 1933 NSDAP. Komponierte 1934 das Kriegslied *Kriegerseele* sowie 1935 eine *Edda-Suite*. 1936 Professor der Musikhochschule in Köln, 1942 in Hamburg. 1950 Professor für Komposition der Staatlichen Musikhochschule Hamburg. † 21. 1. 1975 ebenda. Lit.: Okrassa.

Kluth, Karl. Maler.

* 12. 1. 1898 Halle. 1929 Studienaufenthalt bei Edvard Munch in Norwegen. Gründungsmitglied der Hamburger Sezession. Zwei seiner Bilder dienten als Vorwand, am 30. März 1933 die 12. Ausstellung der Sezession zu schließen, Begründung: »Zur Förderung des Kulturbolschewismus geeignet«. Beschlagnahmung von 16 seiner Werke als »entartete Kunst«. 1940–1949 Kriegsdienst und Gefangenschaft. 1952 Professor der Hochschule für bildende Künste Hamburg. † 15. 12. 1972 ebenda. Lit.: Bruhns.

Knapp, Arno. Ab 1940 Kapellmeister der Städtischen Bühnen Litzmannstadt.

* 8. 3. 1913 Lodz. Hindemith-Schüler. Pianist. In Lodz unter anderem geschlossene Vorstellungen für Wehrmacht, Polizei und Nazi-Organisationen. Die *Litzmannstäd-*

ter Zeitung Mai 1942 über sein Abschiedskonzert: »Es spricht für die Beliebtheit von Arno Knapp ... daß trotz des kurz anberaumten Termins das Konzert fast ausverkauft war.« Kriegsdienst. Dezember 1942 Uraufführung seines Klavierkonzerts in Litzmannstadt unter Franz Konwitschny (*Litzmannstädter Zeitung*). 1946 Musikerzieher in Lübeck. † 19. 5. 1957 ebenda.

Knappertsbusch, Hans. Auf der *Gottbegnadeten-Liste* (Führerliste) der wichtigsten Dirigenten des NS-Staates. Laut Hinkel (1943) »nach Furtwängler als der zugkräftigste Dirigent anzusehen«.

* 12. 3. 1888 Wuppertal. 1922 Generalmusikdirektor in München, 1924 Professor. April 1933 Autor des Protests von Honoratioren der *Richard-Wagner-Stadt München* gegen Thomas Manns Opus *Leiden und Größe Richard Wagners*: »Wir lassen uns solche Herabsetzung unseres großen deutschen Musikgenies von keinem Menschen gefallen«. Am 5. 12. 1933 Dirigent des Münchner Festkonzerts des Sturmbanns 1 der 1. SS-Standarte, Schirmherr Stabschef Röhm, mit Rede Himmlers, der dem Dirigenten ein Buch von Walter Darré schenkt. Knappertsbusch am 12. 12. 1933 an Himmler: »Sobald ich von meiner Dienstreise zurück sein werde, werde ich mich mit Gier auf diese interessante Lektüre werfen.« Februar 1936 Zwangspensionierung wegen Äußerungen November 1935 bei einem Gastspiel in Holland (der Attaché der Deutschen Gesandtschaft Den Haag hatte ihn denunziert, »kein Freund des neuen Deutschland« zu sein). Am 2. 3. 1936 Brief an Ministerialrat Schlösser: »Es ist mir ein grauenhafter Gedanke, aus meinem Vaterland zu sollen, wobei ich gerade in Wien doch wohl rettungslos wieder, wie im Anfang meiner Münchener Zeit – das wissen Sie ja doch selber! –, dem Judengesindel preisgegeben sein würde!« 1936 kommissarisch Leiter, 1938 Direktor der Wiener Staatsoper. Goebbels am 5. 4. 1941 zur Uraufführung des Hetzfilms *Ohm Krüger* im Berliner Ufapalast: »Alles da, was zum Bau

gehört. Eine herrliche Musik unter Knappertsbusch ›Les Préludes‹. Dann läuft der Film unter atemloser Spannung des Publikums.« Einsätze zwecks Kulturpropaganda, unter anderem: Juni 1938 mit den Wiener Philharmonikern Rahmenprogramm zur Reichstheaterfestwoche in Wien mit Goebbels-Rede, Februar 1940 Dirigent der Wiener Philharmoniker im besetzten Krakau (sechs Wochen nach Errichtung des Generalgouvernements!), am 12.9.1941 mit den Berliner Philharmonikern – am Tag der Eröffnung der Ausstellung *Germanenerbe im Weichselraum* – erneut in Krakau. Hans Habe über einen Beitrag des Dirigenten in der *Neuen Zeitung* nach 1945: »Meine Weste ist rein. Ich wünsche mit jenen Leuten konfrontiert zu werden, die mich antisemitischer Äußerungen zeihen.« 1951 mit Karajan Dirigent der ersten Bayreuther Festspiele nach dem Kriege. 1958 *Großes Bundesverdienstkreuz mit Stern.* † 25.10. 1965 München. Nachruf *Deutsches Bühnen-Jahrbuch*: »Nun trauert man um ihn … der Unwiederbringliches mit sich fortnahm.« Lit.: DBJ; Drewniak, Theater; Prieberg, Handbuch.

Knauf, Erich. Pressestellenleiter der Terra Filmkunst.
* 21.2. 1895 Meerane in Sachsen. Laut Harlan zuständig für die Pressekampagne zum Hetzfilm *Jud Süß*. 1941 Texter von *Heimat, deine Sterne* im Film *Quax, der Bruchpilot*. 1942 Texter des Lieds *Glocken der Heimat* im Kriegsfilm *Fronttheater* (1942). Februar 1944 von einem Hausbewohner wegen Lästereien über Goebbels und Hitler denunziert, Todesurteil Volksgerichtshof. NS-Reichsjustizminister Thierack wollte ihn begnadigen, Goebbels und Hitler dagegen (Goebbels-Tagebuch vom 18.4. 1944). † Hinrichtung 2.5. 1944 Zuchthaus Brandenburg.

Knecht, Richard. Auf der *Gottbegnadeten-Liste* (Führerliste) der wichtigsten bildenden Künstler des NS-Staates.
* 25.1. 1887 Tübingen. Bildhauer. 1929 Titel Professor. 1933 Ehrenmitglied der Akademie der bildenden Künste München. Auf der Großen Deutschen NS-Kunstausstellung 1939 München mit den Objekten *Friedrich der Große* und *H. v. Moltke* (beide in Gips). † 14.8. 1966 München.

Knef, Hildegard. Schauspielerin.
* 28.12. 1925 Ulm. Mini-Rollen in den Filmen *Träumerei* (1943), *Die Brüder Noltenius* sowie *Fahrt ins Glück* (1944). Vor Kriegsende liiert mit dem Nazi-Filmboß Demandowsky (Goldenes Parteiabzeichen, Reichsfilmdramaturg, Produktionschef der Tobis Filmkunst): »Ich habe ihm nichts entgegenzusetzen.« März 1945 im nicht mehr aufgeführten Käutner-Film *Unter den Brücken.* 1946 bei Barlog am Berliner Schloßpark-Theater, Hauptrolle als Ex-KZ-Insassin im ersten DEFA-Film *Die Mörder sind unter uns*, Uraufführung am 14.10. 1946 in Ost-Berlin. April 1947 Hauptrolle im ersten deutschen Film der amerikanischen Zone *Zwischen gestern und morgen.* 1950 Skandalfilm *Die Sünderin* (kurze Nacktszene). Stationen danach: Hollywood, England, Frankreich. 1958 zurück mit dem Film *Madeleine und der Legionär.* Karriere als Chansonsängerin, bekanntestes Lied: *Für mich soll's rote Rosen regnen.* 1970 Erinnerungen: *Der geschenkte Gaul.* 1977 *Filmband in Gold* für langjähriges und hervorragendes Wirken im deutschen Film. † 1.2. 2002 Berlin.

Kneip, Jakob. Schriftsteller.
* 24.4. 1881 Morshausen im Hunsrück als Bauernsohn. Gymnasiallehrer. *Meyers Lexikon* 1939: »Meisterhafter Schilderer seiner rheinischen Heimat.« Gedichtbände: 1933 *Ein deutsches Testament*, 1934 *Bauernbrot*, Textprobe: »Hinterm Pflug, im gleichen Schritt,/Hoch am Himmel schreitest du/Von Jahrhundert zu Jahrhundert./ Und der dunkle Zug der Ahnen/ Schreitet in der Furche mit:/Von Jahrhundert zu Jahrhundert.« Ab 1946 Präsident des Rheinischen Kulturinstituts. † 14.2. 1958 Mechernich. Lit.: Schonauer.

Knirr, Heinrich. Maler.
* 2.9. 1862 Pantschowa in Ungarn. 1898–

1910 Akademie der bildenden Künste München. Ab 1922 im oberbayerischen Gebirgsdorf Staudach. *Meyers Lexikon* (1938): »Blumenbilder, Landschaften, Bildnisse (besonders nach dem Leben geschaffene Bildnisse Adolf Hitlers).« Auf den Großen Deutschen Kunstausstellungen im Münchner NS-Musentempel *Haus der Deutschen Kunst* mit insgesamt 14 Objekten, bei der Eröffnungsausstellung 1937 mit einem *Führerbildnis*. Porträtierte auch Hitlers Fahrer Schreck sowie Hitlers Mutter (beide Bilder in Hitlers privatem Arbeitszimmer auf dem Obersalzberg). NS-Ehrung: 1942 *Goethe-Medaille* für Kunst und Wissenschaft. † 26.5.1944 Staudach.

Knittel, John, eigentlich Hermann Emanuel. Schweizer Schriftsteller.

* 24.3.1891 Dharwar in Indien, Sohn eines Baseler Missionars. Lebte in der Schweiz und Ägypten. Autor viel gelesener Trivialromane wie *Via Mala* (1934). Thomas Mann am 22.10.1935 im Tagebuch: »Zum Thee John Knittel, töricht.« Henriette von Schirach über einen Besuch in Goebbels' Haus am Bogensee: »Knittel las Magda aus Via Mala vor.« Goebbels am 5.4.1941 im Tagebuch: »John Knittel schreibt mir einen sehr herzlichen Brief. Ein Freund des Reiches!« Am 21.6.1941: »Er glaubt fest an unseren Sieg, verachtet die Engländer und lächelt über seine eigenen Landleute. Sein großer Traum ist Ägypten. Das müßten wir organisieren, meint er. Wir haben Besseres zu tun.« † 26.7.1970 Maienfeld im Kanton Graubünden.

Knittel, Kurt. Organisator der *Truppenbetreuungsveranstaltungen* in Auschwitz (Theater- und Musikgastspiele für KZ-Personal).

* 23.9.1910 Karlsruhe. Volksschullehrer. 1933 SS, Schulungsleiter beim SS-Sturm 9/32 in Schwetzingen. SS-Oberscharführer (1943). Ab Oktober 1941 im KZ Auschwitz Leiter der mit insgesamt vier SS-Männern besetzten Abteilung VI (*Truppenbetreuung*), ab Januar 1942 in der Kommandantur untergebracht. Zu seinen Aufgaben gehörte die weltanschauliche Schulung der SS-Angehörigen und Schulungsabende wie *Die Vergeltung*. Wegen seiner salbungsvollen Stimme *Truppen-Jesus* genannt. 1949 Mittelschullehrer. 1957 Referent für Volks-, Mittel- und Sonderschulen im Oberschulamt in Karlsruhe. 1959 Regierungsschulrat. Nebenamtlich im Schulfunkbeirat des Süddeutschen Rundfunks. Geschäftsführer der Volksbühne, Leiter der Jugendbühne und im Verwaltungsrat der Badener Hochschule für Musik, jeweils in Karlsruhe. 1962 Einstellung eines Ermittlungsverfahrens der StA Frankfurt am Main.

Knobel, Theodor. Kapellmeister und Komponist.

* 22.5.1906 Berlin. 1931 NSDAP, SA. Wohnort Berlin. Unter anderem 1935 SA-Marschlied *Du mein Hakenkreuz*, eigener Text: »Du, mein Hakenkreuz, zeigst uns das Ziel,/für das mancher Held auf der Walstatt fiel!/Du bringst dem deutschen Volk/deutsche Art wieder nah!/Heil, mein Hakenkreuz, Heil dir, SA!« 1939–1945 Chefdirigent des Plazatheaters, Kindertheater der NS-Gemeinschaft *Kraft durch Freude*. Nach 1945 Schallplattenproduzent. † 25.3.1982 Hamburg.

Knorr, Ernst Lothar von. Major, Erster Musikberater im Oberkommando des Heeres.

* 2.1.1896 Eitorf/Sieg als Apothekerssohn. Komponist. 1925 Gründer der städtischen Volksmusikschule Berlin-Süd. *Meyers Lexikon* 1938: »Lieder (z.T. in Partei- und Schulliederbüchern erschienen).« 1939 Professor der Staatlichen Musikhochschule Berlin. 1941 Stellv. Direktor der Staatlichen Musikhochschule und Leiter der Militärmusikschule in Frankfurt am Main. 1942 NSDAP. 1946 Direktor des Hochschulinstituts für Musikerziehung in Trossingen (errichtet mit Hilfe der Firma Matthias Hohner). 1952 Direktor der Akademie für Musik und Theater in Hannover. Ab 1955 militärmusikalischer Berater von Theodor Blank, dem ersten Bundesverteidigungsminister. 1961 *Großes Bun-*

desverdienstkreuz, Leiter der Musikhochschule in Heidelberg. † 10. 3. 1973 Heidelberg. Lit.: Jahn (Militärkarriere komplett unterschlagen); Okrassa; Prieberg, Handbuch.

Knoteck, Hansi (Johanna). Schauspielerin.
* 2. 3. 1914 Wien. In der NS-Zeit in 25 Filmen, darunter 1937 *Das Schweigen im Walde*, 1940 das Filmlustspiel *Das sündige Dorf* sowie 1941 *Venus vor Gericht* über einen NSDAP-Bildhauer, den »jüdischen Kunsthandel« und »entartete Kunst«. 1940 Heirat mit Viktor Staal. Nach 1945 Star des Heimatfilms. Filme wie *Heimatglocken* (1952) oder *Am Anfang war es Sünde* (1954). 1974 letzter Auftritt im Ganghoferklassiker *Der Jäger vom Fall*. Wohnsitz München.

Knott, Else. Schauspielerin.
* 7. 12. 1909 Frankfurt am Main. Städtische Bühnen Frankfurt. Im U-Boot-Streifen *Morgenrot*, am 2. 2. 1933 in Gegenwart Hitlers uraufgeführt. 1941 Film *Stukas*, eine martialische Sturzkampfflieger-Hymne. 1943 Volksbühne Berlin. 1955 Film *Familie Hesselbach im Urlaub*. Das *Deutsche Bühnen-Jahrbuch* zum 40. Bühnenjubiläum: »Ihr handwerkliches Können und ihre Ausdrucksfähigkeit sind schöpferisch durchaus original.« † 9. 8. 1975 Frankfurt.

Knudsen, Hans. Name Oktober 1933 unter dem Treuegelöbnis »88 deutsche Schriftsteller« für Adolf Hitler.
* 2. 12. 1886 Posen. Theaterwissenschaftler. 1926 Dozent der Schauspielschule des Deutschen Theaters Berlin. 1935 Gründer der Zeitschrift *Die Bühne*, 1936/37 Schriftleiter der *Deutschen-Theater-Zeitung*. Fachberater Theatergeschichte der Reichstheaterkammer. 1938 Lehrbeauftragter für Theaterwissenschaft der Universität Berlin. 1940 NSDAP. 1944 ao. Professor und Leiter des Theaterwissenschaftlichen Instituts der Universität. 1948–1956 Lehrstuhl Freie Universität. In der Jury des Dramatiker-Preises der Christlich-jüdischen Gesellschaft (Theater-Kürschner).

1958 *Verdienstkreuz Erster Klasse des Verdienstordens der BRD*. † 4. 2. 1971 Berlin. Lit.: DBJ; König; Wulf, Theater.

Knuth, Gustav. Auf der *Gottbegnadeten-Liste* der Schauspieler, die für die Filmproduktion benötigt werden.
* 7. 7. 1901 Braunschweig, Sohn eines Eisenbahnschaffners. Ab 1936 am Staatlichen Schauspielhaus Berlin unter Gründgens. Goebbels am 18. 7. 1938 im Tagebuch: »Mit den Schauspielern gesessen. George, Krauß, Hinz, Knuth, Benkhoff, Weichert etc. ... Welch eine amüsante Gesellschaft.« Zwischen 1935 und 1945 in 18 Filmen, darunter das Reichsautobahn-Opus *Mann für Mann* sowie der Zarah-Leander-Film *Das Lied der Wüste* (beide 1939). 1944 im Hans-Albers-Film *Große Freiheit Nr. 7*. Hauptrolle im 1945 zugelassenen, aber nicht mehr aufgeführten Film *Unter den Brücken*. 1946 Schauspielhaus Zürich. Filme wie *Auf der Reeperbahn nachts um halb eins* (1954), Gerhart-Hauptmann-Verfilmung *Die Ratten* (1955), *Frau Wirtin hat auch einen Grafen* (1968). 1974 Erinnerungen: *Mit einem Lächeln im Knopfloch*, Filmband in Gold für langjähriges und hervorragendes Wirken im deutschen Film. † 1. 2. 1987 Zollikon bei Zürich.

Kober, Julius. Mundartdichter.
* 17. 8. 1894 Suhl. Dr. phil. 1933: *Zehn Lieder für den Freiwilligen Arbeitsdienst*. 1935: *Deutscher Wald – deutsches Volk*. 1936: *Der Frontsoldat und seine Heimat*. 1941: *Liederbuch für den deutschen Wanderer*. 1956–1966 Herausgeber: *Thüringer Heimatkalender*. Wohnort Zapfendorf in Oberfranken. † 28. 7. 1970 Staffelstein.

Koch, Albert. Reichsreferent für Bildnerische Kunst in der Reichswaltung des NS-Lehrerbunds (1935).
* 13. 7. 1895 Regenwalde an der Rega (Pommern). Zeichenlehrer. Mai 1933 NSDAP. 1934 Dozent, 1940 Professor der Hochschule für Lehrerbildung (zur NS-Indoktrinierung) in Dortmund. Gausachbearbeiter Kunsterziehung des NS-Lehrerbunds Westfalen-Süd. 1955–1961 Pro-

fessor für Kunsterziehung der Pädagogischen Akademie Dortmund. † 1.2. 1978 Dortmund, Seebestattung. Lit.: Hesse.

Koch, Franz. Literaturwissenschaftler.
* 21.3. 1888 Attnang in Oberösterreich. 1935 Ordinarius für Literatur- und Geistesgeschichte in Berlin. 1936 im Beirat der *Forschungsabteilung Judenfrage* des *Reichsinstituts für Geschichte des neuen Deutschland*, *Meyers Lexikon* 1942:»Aufgabe des Reichsinstituts ist die Erneuerung der Historie ... mit den lebendigen Triebkräften des nationalsozialistischen Reiches.« Nebenamtlich Hauptlektor für Neuere Literatur- und Geistesgeschichte im Amt Schrifttumspflege der Dienststelle Rosenberg. 1937 NSDAP, Autor: *Goethe und die Juden* sowie *Geschichte deutscher Dichtung*. 1940: *Dichtung und Glaube* in der *Schriftenreihe der NSDAP* im Zentralverlag der NSDAP. Ab 1939 Herausgeber: *Handbuch des deutschen Schrifttums*. 1946–1952 Universität Tübingen. † 26.12. 1969 ebenda.

Koch, Franz. Kameramann.
* 1.9. 1898 München. 1933 Kamera zum NS-Film *SA-Mann Brand*. 1935 Freikorps-Machwerk *Henker, Frauen und Soldaten* sowie Riefenstahls Reichsparteitagsfilm *Triumph des Willens*, »hergestellt im Auftrag des Führers«, Goebbels-Höchstprädikat *Nationaler Filmpreis*. 1941 Hetzfilm *Carl Peters*. Nach dem Krieg Filme wie *Wildwest in Oberbayern* (1951), *Schloß Hubertus* (1954), *Der Schäfer vom Trutzberg* (1958). † 28.4. 1959 München.

Koch, Lotte. Schauspielerin.
* 9.3. 1913 Brüssel. Laut Hippler von Goebbels öfters zur Abendgesellschaft eingeladen. 1940 im Staatsauftragsfilm (Spionagewarnung) fürs Kino-Vorprogramm: *Achtung! Feind hört mit!* sowie antibritischer Spielfilm *Das Herz der Königin*. 1942 im Friesen-Film *Der Strom*, 1943 im antibritischen Kolonial-Epos *Germanin*. Am 30.3. 1945 letzte Uraufführung im Dritten Reich: Liebesfilm *Das alte Lied*. Verheiratet mit Ernst von Klipstein. Nach 1945 Filme wie *Export in Blond* (1950) oder *Käpt'n Bay-Bay* (1952).

Koch, Wolfgang. Kapellmeister.
* 5.10. 1904 Neuß. 1931 NSDAP (Kulturwart), *Kampfbund für deutsche Kultur*. 1932 Leiter des Kurorchesters Bad Neuenahr. 1936 Landesleiter der Reichsmusikkammer (RMK) Gau Hannover-Süd. Ab 1940 in Posen, Landesleiter der RMK Gau Wartheland. Nach 1945 Dirigent des Landesorchesters Bremen, 1956 Musikdirektor in Salzwedel, 1959 Kulturorchester Mühlhausen in Thüringen. † 24.6. 1987 Bad Sachsa.

Koch-Gotha, Friedrich. Auf der *Gottbegnadeten-Liste* (Führerliste) der wichtigsten Maler des NS-Staates.
* 5.1. 1877 Eberstädt bei Gotha. Wohnort Berlin. Bis zum Ende des I. Weltkriegs Zeichner der *Berliner Illustrierten Zeitung*, Paul Fechter:»Ihn kannte damals buchstäblich jeder.« Illustrator von Kinderbüchern. 1943 durch Ausbombung Vernichtung großer Teile seines Werks. † 16.5. 1956 Rostock.

Kochanowski, Erich. Abteilungsleiter Kultur im Reichspropagandaministerium.
* 4.7. 1904 Königsberg. NSDAP-Nr. 892453, SS-Nr. 291371. Berliner Landesleiter des *Kampfbunds für deutsche Kultur*. Am 23.4. 1933 auf Vorschlag des Kampfbunds Aufnahme in den gleichgeschalteten (und am 15.1. 1935 liquidierten) deutschen PEN-Club. Schatzmeister der am 8.1. 1934 gegründeten *Union Nationaler Schriftsteller*. 1938 SS-Untersturmführer im Stab SS-Hauptamt. † Vom AG Berlin-Charlottenburg zum 8.5. 1945 für tot erklärt (WASt).

Kock, Franz. Ministerialrat (1945) im Reichserziehungsministerium (REM).
* 24.12. 1901 Schönberg in Holstein. Jurist. 1933 NSDAP/SA. 1934 Landgerichtsrat in Kiel. 1940 Universitätskurator in Innsbruck. Ab 1941 Referent im Amt Wissenschaft des REM. 1952 (bis 1966) Amtschef im Kultusministerium Schleswig-Holstein. 1953 Ministerialdirektor, stellv. Vorsitzender des Deutschen Paritätischen Wohlfahrtsverbands Schleswig-Holstein. 1966 *Großes Bundesverdienstkreuz*, Vorsit-

zender des Schleswig-Holsteinischen Heimatbundes, im Vorstand der Gesellschaft für Schleswig-Holsteinische Geschichte. † 1.1.1975. Lit.: Grüttner.

Köck, Eduard. Auf der *Gottbegnadeten-Liste* der Schauspieler, die für die Filmproduktion benötigt werden. * 26.2.1882 Innsbruck. Mitbegründer der Innsbrucker Exl-Bühne (Volksschauspiel, vom NS-Staat protegiert). Filme: 1934 Trenker-Opus *Der verlorene Sohn*, 1940 Blut-und-Boden-Drama *Die Geierwally*, 1941 Hetzfilm *Heimkehr* zur Rechtfertigung des Überfalls auf Polen sowie *Wetterleuchten um Barbara*, Heimatfilm zur »Befreiung« Österreichs durch die Nazis. 1942 Tendenzfilm *Wien 1910*: der antisemitische Wiener Bürgermeister Karl Lueger als Hitler-Vorläufer. Nach 1945 als »dialektstarker Älpler« (Weniger) in Filmen wie *Wetterleuchten am Dachstein* (1952) oder *Die singenden Engel von Tirol* (1958). † 3.11.1961 Natters in Tirol. Nachruf *Deutsches Bühnen-Jahrbuch*: »Ein Vollblutschauspieler.«

Köhler, Hanns Erich. Karikaturist. * 17.4.1905 Tetschen-Bodenbach. Karikaturen in Goebbels' Renommierblatt *Das Reich* (von Hitler im Tischgespräch 1942 gelobt: »Prachtvoll ist die Zeitung ›Das Reich‹«). Görtemaker: »Wer für das Reich arbeitete, stellte sich zwangsläufig in den Dienst der nationalsozialistischen Propaganda.« Benz (Rolle): »Bösartige Bolschewiken, Roosevelt, Churchill, Stalin als Schurke.« 1943 Professor am Deutschen Hochschulinstitut für bildende Kunst in Prag. Nach 1949 Karikaturist der *Nürnberger Nachrichten*, der *Deutschen Zeitung* (ab 1949), des *Simplicissimus* (1954) und ab 1958 vorwiegend für die *Frankfurter Allgemeine Zeitung*. † 7.11.1983 Herrsching am Ammersee.

Köhler, Ruth, geb. Irrgang. Name Oktober 1933 unter dem Treuegelöbnis »88 deutsche Schriftsteller« für Adolf Hitler. * 12.2.1900 Berlin. 1936 Laienspiel *Der alte Backtrog* sowie *Die religiösen Grundlagen des Sippengedankens in der Isländer-saga*. 1938: *Sippenpflicht und Sittlichkeit*. 1941: *Die Sendung der Frau in der deutschen Geschichte*.

Köhn, Carl Martin. Dramaturg. * 30.10.1895 Anklam. Theaterkritiker beim NS-Hetzblatt *Der Angriff*. 1931 Schriftleiter des neugegründeten NS-»Witzblatts« *Die Brennessel*, Pseudonym *Lanzelot*. 1932 NSDAP. Am 23.4.1933 auf Vorschlag des *Kampfbunds für deutsche Kultur* Aufnahme in den gleichgeschalteten (und am 15.1.1935 liquidierten) deutschen PEN-Club. 1940 Drehbuch zum Hetzfilm *Die Rothschilds* (Courtade: »Ein Aufruf zu Haß und Mord«). *Führerlexikon*: »Kulturpolitischer Kampf gegen die Verjudung des Theaters.« Nach 1945 am Stadttheater Eisenach. Ab 1955 Städtische Bühnen Erfurt.

Koelle, Fritz. Bildhauer. * 10.3.1895 Augsburg, Sohn eines Schlossers. 1923 Mitglied der Münchner Neuen Sezession. Lebte zeitweise im Saargebiet und schuf monumentale Werke zum Thema Bergbau. Auf den Großen Deutschen Kunstausstellungen im Münchner NS-Musentempel *Haus der Deutschen Kunst* mit zahlreichen Objekten, so 1939 *Der Walzmeister* und *Bildnis Horst Wessel* (Bronze). 1948 Leiter der Abteilung Plastik der Kunsthochschule Dresden. 1950 Hochschule für angewandte Kunst in Berlin-Weißensee. Werke *Der Friedenskämpfer* (1951), *Karl-Marx-Büste* (1952). † 3.8.1953 auf der Bahnfahrt München-Berlin.

Kölsch, Kurt. Landesleiter der Reichsschrifttumskammer Gau Saarpfalz. * 10.6.1904 Kaiserslautern. Wohnort Neustadt an der Weinstraße. Gaukulturwart Saarpfalz. Kulturreferent im Reichspropagandaamt Westmark (Pfalz). Weihegedicht in Bühners Anthologie *Dem Führer* (4. Auflage 1942): »Alles verdanken wir Dir, den Baum und die Straße,/weiße, silberne Bänder, blitzend am Horizont,/ Brücke über den Strom, das Dach überm Haupte,/Gärten und blühende Beete dem letzten der Siedler/wenn er mit narbigen Händen abends die Scholle umgräbt.«

Nach 1945 Hauptlehrer in Haardt an der Weinstraße. 1958 Gedichte: *Im Windfang der Zeit.* † 29. 7. 1968 Neustadt/Weinstraße. Lit.: Scholdt.

Koeltzsch, Hans. Musikschriftsteller. * 17. 8. 1901 Gößnitz in Thüringen. Dr. phil. Ende 1933 Leiter der Opernschule der Hochschule für Musik und Theater in Mannheim. 1936 Beitrag *Das Judentum in der Musik* im *Handbuch der Judenfrage* von Theodor Fritsch, mit einer Aufzählung jüdischer oder »jüdisch versippter« Komponisten, Librettisten, Dirigenten, Sänger, Solisten, einschließlich Pianisten, Musikwissenschaftlern und -Kritikern, Musik-Agenturen und Musik-Verlagen. Der Beitrag endet: »Darum kann es im weiten Feld des neuen deutschen Musiklebens keine ›Politik der mittleren Linie‹ mehr geben, keine Duldung, Verständigung, keine Humanität; wir alle haben vielmehr, in der klaren Erkenntnis, daß nur das höchsten Wert hat, was lebenssteigernd für unsere Rasse wirkt, die Pflicht, das Judentum in der Musik restlos auszuschalten.« Nach 1945 freier Autor in Hamburg. † 4. 7. 1981 Bad Bevensen.

Koenig, Alma Johanna. Schriftstellerin. * 18. 8. 1887 Prag. Wohnort Wien. 1921 Heirat mit dem Geschäftsmann Bernhard von Ehrenfels (Scheidung 1936). 1923 Lyrikband *Die Lieder der Fausta.* 1924 Preis der Stadt Wien für ihren Roman *Der Geschichte* von *Half dem Weibe.* 1925–1930 in Algier. 1932 autobiographischer Roman *Leidenschaft in Algier.* † 27. 5. 1942 deportiert nach Minsk.

König, Eberhard. Schriftsteller. * 18. 1. 1871 Grünberg in Schlesien, Sohn eines Farbenfabrikanten. 1906: *Wieland der Schmied*, 1916: *Weihespiel vom Kriege*, 1923: *Wehe, mein Vaterland, dir! Meyers Lexikon* (1939): »Leidenschaftlicher Vorkämpfer des nationalen Gedankens.« NS-Ehrung: 1937 *Goethe-Medaille* für Kunst und Wissenschaft. † 26. 12. 1949 Berlin.

König, Leo Freiherr von. Maler. * 28. 2. 1871 Braunschweig. Beeinflußt vom Impressionismus. Von Hitler ausdrücklich abgelehnt (entfernte 1937 seine Bilder aus der Großen Deutschen Kunstausstellung im Münchner *Haus der Deutschen Kunst*). Porträts von Gerhart Hauptmann (1927), Ernst Barlach (1937) und Käthe Kollwitz (1941). In der üblichen Aufzählung seiner Werke fehlen die Porträts von Reichsminister Bernhard Rust (1934) sowie von Joseph Goebbels (1935). Malte die Goebbelstöchter Helga und Hilde. 1941 von Albert Bormann, Leiter der Privatkanzlei Hitlers, vergeblich für die *Goethe-Medaille* vorgeschlagen. Von Baldur von Schirach zum Ehrenmitglied der Wiener Akademie der Bildenden Künste ernannt. † 19. 4. 1944 Tutzing. Lit.: Petropoulos; Thomae.

Koeppen, Anne-Marie. Schriftleiterin der Zeitschrift *Die deutsche Landfrau.* * 18. 7. 1899 Bergswalde, Kreis Kulm. 1933 Autorin des NS-Spiels *Feuer über Deutschland* sowie Gedichtband *Wir trugen die Fahne* mit dem Weihegedicht *Die deutsche Frau an Adolf Hitler.* »Wenn unsre Kinder deinen Namen nennen,/Dann klingt es wie ein frohes Lerchenlied./Ein Jubel ist's, ein dankbares Bekennen,/Das durch die jungen, reinen Seelen zieht.« † 28. 9. 1940 Berlin.

Koeppen, Wolfgang. Schriftsteller. * 23. 6. 1906 Greifswald. 1931 beim Berliner *Börsen-Courier.* 1934 erster Roman: *Eine unglückliche Liebe.* Ende 1934 (von NS-Stellen unbemerkt!) im Exil in Holland. 1935 zweiter Roman: *Die Mauer schwankt.* 1938 Rückkehr nach Berlin, Beschäftigung als Drehbuchautor. Kein Kriegsdienst, nach eigenen Angaben ab 1943 in einem Versteck am Starnberger See. Nach 1945 die Romane *Tauben im Gras* (1951), *Das Treibhaus* (1953) und *Der Tod in Rom* (1954). 1962 Georg-Büchner-Preis. † 15. 3. 1996 München. Lit.: Sarkowicz.

Körber, Hilde. Schauspielerin, genannt *Reichsklagemauer.* * 3. 7. 1906 Wien. 1928 in Berlin entdeckt als Dienstmädchen in Ferdinand Bruckners Sexualdrama *Krankheit der Jugend.*

1929 in zweiter Ehe verheiratet mit Veit Harlan (bis 1938). Zwischen 1936 und 1945 in 27 Filmen, darunter 1937 Harlans Hitlerhuldigung *Der Herrscher* (Goebbels-Höchstprädikat *Nationaler Filmpreis*) sowie Harlans *Mein Sohn, der Herr Minister* (für Goebbels »eine geistvolle Verhöhnung des Parlamentarismus«). 1939 im teutonischen Geniefilm *Robert Koch*, 1940 antibritisches Opus *Der Fuchs von Glenarvon* (Goebbels: »Sehr gut für unsere Propaganda zu gebrauchen«). 1941 als Burenfrau im Hetzfilm *Ohm Krüger* (für Goebbels »ein Film zum Rasendwerden«) und im HJ-Propagandastreifen *Jakko*. 1942 Harlan-Film *Der große König* über Friedrich den Großen, Goebbels dazu am 4.3. 1942 im Tagebuch: »Der Film wird zum politischen Erziehungsmittel erster Klasse.« Aufgeführt bei Drewniak (Theater) im Abschnitt »Bekannte Künstler bedachte Hitler mit Geschenken«. 1946 (bis 1951) CDU-Stadtverordnete in Berlin. 1951 Leiterin der Max-Reinhardt-Theaterschule, 1965 als Abteilung für darstellende Kunst der Hochschule für Musik eingegliedert. Mitglied der Gesellschaft für christlich-jüdische Zusammenarbeit. 1965 Professorin. Filme: 1948 KZ-Flüchtlingsdrama *Morituri*, 1951 Harlan-Film *Hanna Amon*, 1952 *Rosen blühen auf dem Heidegrab*, 1957 Harlans »Schwulenfilm« *Anders als du und ich*, 1958 in Harlans letztem Film *Ich werde dich auf Händen tragen*. Bundesverdienstkreuz I. Klasse 1956. † 31.5. 1969 Wien. Nachruf *Deutsches Bühnen-Jahrbuch* über ihre Filmtätigkeit: »Sie lieferte diesem Medium einige erstklassige Charakterstudien im zweiten Glied der Handlung.«

Körner, Hermine. Auf der Sonderliste der vier wichtigsten Theaterschauspieler der *Gottbegnadeten-Liste* (Führerliste).
* 30.5. 1882 Berlin. Tochter eines Oberlehrers. 1919–1925 Direktorin am Schauspielhaus München. Ab 1934 am Staatlichen Schauspielhaus Berlin bei Gründgens. Laut Drewniak »bis zu den ersten Kriegserfahrungen voll Sympathie für den Nationalsozialismus«. Der Dichter Jochen Klepper, der mit seiner jüdischen Ehefrau im Dezember 1942 Suizid begehen wird, am 11.2. 1942 im Tagebuch: »Sie ist ja die unerschrockene und unermüdliche Fürsprecherin für ehemals namhafte jüdische Kollegen und die Schauspielermischehen.« Am 22.11. 1942 mit Auftritt am Staatstheater Krakau als »Trägerin des deutschen Kulturwillens im Osten« eingesetzt. NS-Ehrung: 1934 von Göring Titel *Staatsschauspielerin*. Nach 1945 Tourneetheater. † 14.12. 1960 Berlin. Nachruf *Deutsches Bühnen-Jahrbuch*: »Eine Königin des Theaters.«

Körner, Ludwig, eigentlich Vivegnis. Präsident der Reichstheaterkammer (April 1938). Reichskultursenator.
* 22.10. 1890 Großbaum bei Düsseldorf, Sohn eines Werkmeisters. Schauspieler, Beginn am Stadttheater Memel. 1928 Direktor des Theaters in der Saarlandstraße und des Deutschen Künstlertheaters in Berlin. *Förderndes Mitglied SS*. 1935 Präsident der Genossenschaft Deutscher Bühnenangehöriger, Sonderbeauftragter für Sozialfragen des Präsidenten der Reichskulturkammer, Stellv. Geschäftsführer der Reichstheaterkammer. Mai 1937 NSDAP (Nr. 5919698). Juni 1938 von der Reichstheaterwoche in Wien (mit Schlösser) Telegramm an Hitler: »Wir fühlen uns als Sprecher aller deutschen Bühnenschaffenden, wenn wir Ihnen, mein Führer, in dieser stolzen, unvergeßlichen Stunde die bedingungslose Einsatzbereitschaft für die von ihnen gesetzten künstlerischen Hochziele verbürgen.« Goebbels am 21.3. 1942 im Tagebuch: »Er hat in seinem Bereich den kleinen Diktator gespielt.« Am 21.4. 1942 Entlassung wegen finanzieller und personeller Mißgriffe, das *Deutsches Bühnen-Jahrbuch* 1957 dagegen: »freiwillig zurückgetreten«. 1951 Vorsitzender des Landesverbands der Genossenschaft Deutscher Bühnenangestellter Berlin. Präsident des deutschen Bühnenclubs Berlin. 1953 *Verdienstkreuz des Verdienstordens der BRD*. † 2.3. 1968 Berlin.

Körner, Max. Auf der *Gottbegnadeten-Liste* (Führerliste) der wichtigsten Gebrauchsgraphiker und Entwurfzeichner des NS-Staates.

* 18. 9. 1887 Reutlingen. 1921 Professor für Gebrauchsgraphik an der Akademie der bildenden Künste in Nürnberg. 1945–1948 ebenda kommissarisch Direktor. 1953 Kulturpreis der Stadt Nürnberg. † 21. 6. 1963 am Chiemsee (DBE).

Körner, Theodor. Dichter, vom NS-Staat als Leitfigur ausgestellt und nach Stalingrad für die Endsiegpropaganda benutzt.

* 23. 9. 1791 Dresden. † 26. 8. 1813 Kriegstod Rosenow bei Gadebusch in Mecklenburg, Sohn eines sächsischen Staatsrats. Nach studentischem Händel mit Waffengebrauch von der Universität Leipzig zu einem halben Jahr Haft verurteilt, Flucht nach Wien. 1812 antinapoleonisches Drama *Zriny*, Anstellung am Hoftheater. Frühjahr 1813 in einem von Adolf von Lützow und Friedrich Ludwig gegründeten Freikorps zum Kampf gegen die französische Besatzungsmacht. »Heldentod« bei einer sinnlosen Reiterattacke, kurz vor seinem 22. Geburtstag. 1814 Herausgabe seiner Gedichte *Leyer und Schwerdt* durch seinen Vater Christian Gottfried Körner, darunter das *Lied von der Rache* (in den wenigsten Ausgaben), das die »Lust« beschreibt, wenn das »Gehirn aus dem gespaltnen Kopfe/Am blutgen Schwerte klebt«, Text: »Wir türmen die Hügel ihrer Leichen/Zur Pyramide auf! Dann brennt sie an, – und streut es in die Lüfte,/Was nicht die Flamme fraß,/Damit kein Grab das deutsche Land vergifte/Mit überrhein'schem Aas!« Nach dem Krieg gegen Frankreich 1870/71 zur Idealfigur des heldischen Jünglings verklärt. Lit.: René Schilling, Körner Superstar, in: *Die Zeit*, Nr. 47/2000.

Koestler, Arthur, eigentlich Costler. Schriftsteller.

* 5. 9. 1905 Budapest. Studium der Ingenieurswissenschaften in Wien. 1926 als Zionist in Palästina. 1929 Korrespondent für Ullstein in Berlin und Paris. 1931 KPD.

1936 für *News Chronicle* im Spanischen Bürgerkrieg. 1937 als angeblicher Spion in Spanien zum Tode verurteilt, infolge britischer Intervention nach 102 Tagen Todeszelle freigelassen. 1938 in Paris, Austritt KPD. 1940 Roman *Sonnenfinsternis*, eine Abrechnung mit dem Kommunismus (in mehr als 30 Sprachen übersetzt), Flucht nach London. Korrespondent für britische und amerikanische Zeitungen. † Suizid 3. 3. 1983 London.

Kötscher, Edmund, Pseudonym *Mario Mariani*. Geiger und Komponist.

* 17. 4. 1909 Berlin. Dirigent am Deutschlandsender, eigenes Tanz- und Unterhaltungsorchester. 1939 Uraufführung seines *Tango Militaire* für Salonorchester. 1940 Kriegsdienst. Komponist: *Marsch der Sturmartillerie*, 1941 Tonaufnahme mit dem Reichsmusikzug des Reichsarbeitsdienstes. Textprobe:»Voran, es steht die Welt in Flammen,/voran, wir schlagen sie zusammen.« 1942 am deutschen Soldatensender Belgrad. Nach 1945 in Berlin. † 15. 1. 1990 Berlin.

Kohne, Gustav. Name Oktober 1933 unter dem Treuegelöbnis »88 deutsche Schriftsteller« für Adolf Hitler.

* 19. 12. 1871 Brelingen als Bauernsohn. Degener:»Verlebte als neuntes Kind seiner Eltern eine dürftige Jugend in einem einsamen Dorfe der Lüneburger Heide.« Mittelschulrektor. Autor von Werken wie *Jugendsehnen* (1924) oder *Mannesstreben* (1925). 1933 Roman: *Erbhof Dusenkopp*. 1956 Roman: *Der nicht umzubringende Bürgermeister Hans Christoph Tymian, ehemals Winkeladvokat in Hildesheim*. † 30. 9. 1961 Oegenbostel.

Kojetinsky, Maximilian. Dirigent und Pianist.

* 14. 4. 1906 Wien. 1929 Kapellmeister in Ulm, 1935 in Stralsund. NSDAP Februar 1933, aktiv in der Ortsgruppe (Rathkolb). 1938 Erster Kapellmeister am Opernhaus der Stadt Wien, 1942–1944 Städtischer Musikdirektor am Stadttheater Thorn. Feierliche Eröffnung am 28. 3. 1942 als »Beweis für den Kulturwillen des wiedergewonnenen deutschen Ostens«. Nach 1945 in Graz, ab 1951 Korrepetitor bei den Bayreuther Festspielen. 1956 Professor. † 17. 7. 1986 Bayreuth.

Kokoschka, Oskar. Maler.
* 1. 3. 1886 Pöchlarn an der Donau, Sohn eines Goldschmieds. Ab 1912 Liaison mit Alma Mahler. 1919–1924 Professor der Kunstakademie Dresden, danach in Wien. Urteil Alfred Rosenberg in seinem Hauptwerk *Mythus*: »Idiotenkunst.« Zuckmayer in seinen Erinnerungen: »Unser Gott.« Harry Graf Kessler am 5. 7. 1927 im Tagebuch: »Sein Talent besteht im Erfassen des Feinsten und Zartesten … Das umkleidet und markiert er aber mit einer durch nichts damit zusammenhängenden Kantigkeit und Brutalität.« 1934 aus Protest gegen die austrofaschistische Politik der Regierung Dollfuß Wechsel nach Prag. Juli 1937 in der Schandschau *Entartete Kunst* in München mit 16 Objekten vorgeführt, Beschlagnahmung von 417 seiner Werke, eines der Hauptopfer der NS-Kunstdiktatur. 1938 Ausschluß aus der Preußischen Akademie der Künste, Flucht nach London. *Meyers Lexikon* 1939: »In seinen Figurenbildern gibt er die Menschen maskenhaft, mit verzerrten Proportionen und oft im Bann einer schwer verständlichen Mystik.« 1947 britischer, 1975 österreichischer Staatsbürger. † 22. 2. 1980 Montreux in der Schweiz.

Kolb, Annette. Humanistin.
* 3. 2. 1870 München. Tochter einer französischen Pianistin und eines königlich bayerischen Gartenbauinspektors. 1913 Roman *Das Exemplar*, ausgezeichnet mit dem Fontane-Preis. Im I. Weltkrieg Kriegsgegnerin, Konflikte mit der politischen Polizei, bis 1919 Exil in der Schweiz. Warnerin vor den Nationalsozialisten. Engste Freundin von René Schickele, Jugendfreundin von Katia Mann. März 1933 Flucht, Stationen: Schweiz, Paris, ab 1940 (siebzigjährig) in New York. Ab 1961 Wohnort München. Goethe-Preis der Stadt Frankfurt 1955, Orden Pour le mérite 1966. † 3. 12. 1967 München.

Kolbe, Georg. Auf der Sonderliste der zwölf wichtigsten bildenden Künstler der *Gottbegnadeten-Liste* (Führerliste).
* 13. 4. 1877 Waldheim in Sachsen. Laut Speers Tagebuch Schöpfer des Düsseldorfer Heinrich-Heine-Denkmals, von der SA zerschlagen. Am 19. 8. 1934 Unterzeichner des *Aufrufs der Kulturschaffenden* zur Vereinigung des Reichskanzler- und Reichspräsidentenamts in der Person Hitlers: »Wir glauben an diesen Führer, der unsern heißen Wunsch nach Eintracht erfüllt hat.« 1935 Ehrenmal in Stralsund (Thomae: »Zwei nackte Krieger umfassen ein Schwert«). Monumentale Skulpturen für das Berliner Reichssportfeld. Auf den Großen Deutschen Kunstausstellungen im Münchner NS-Musentempel *Haus der Deutschen Kunst*, 1942 mit der Plastik *Lauschende* (Nackte, stehend), 1943 *Reicharbeitsführer* [sic] *Konstantin Hierl* (jeweils Zink). NS-Ehrung: 1936 Goethe-Preis der Stadt Frankfurt, 1942 *Goethe-Medaille* für Kunst und Wissenschaft. † 15. 11. 1947 Berlin. Lit.: Petsch; Thomae.

Kolbenheyer, Erwin Guido. Auf der Sonderliste der sechs wichtigsten Schriftsteller der *Gottbegnadeten-Liste* (Führerliste).
* 30. 12. 1878 Budapest, Sohn einer sudetendeutschen Mutter und eines karpatendeutschen Vaters. *Meyers Lexikon* (1939): »Er hat wie kein anderer Dichter die Fähigkeit, in die vorausgegangenen Stufen unseres Volksschicksals hinabzusteigen.« 1917–1926 Hauptwerk, Romantrilogie *Paracelsus*. 1928 im Förderkreis des *Kampfbunds für deutsche Kultur*. Mai 1933 Berufung in die Deutsche Akademie der Dichtung der »gesäuberten« Preußischen Akademie der Künste. Von seinem Kollegen Loerke am 9. 6. 1933 im Tagebuch als »das tückische aufgeblasene breiige Nicht« bezeichnet. Am 19. 8. 1934 Unterzeichner des *Aufrufs der Kulturschaffenden* zur Vereinigung des Reichskanzler- und Reichspräsidentenamts in der Person Hitlers: »Wir glauben an diesen Führer, der unsern heißen Wunsch nach Eintracht erfüllt hat.« Autor in Goebbels' Renommierblatt

Das Reich. 1940 NSDAP. Texte im NS-Kampfblatt *Krakauer Zeitung*, das »Blatt des Generalgouvernements«. »Speichelleckergedicht« (Bergengruen) *Der Führer* in Bühners Anthologie *Dem Führer:* »Er weiß, hoch über allem Ränkespiel/wird sich sein Volk als Führervolk erweisen:/ Das weite Volk, geeint durch Blut und Eisen!« NS-Ehrung: 1935 Goethe-Preis der Stadt Bremen, 1936 Literaturpreis der Stadt München, 1937 Goethe-Preis der Stadt Frankfurt, 1938 von Hitler *Adlerschild des Deutschen Reiches* (höchste Auszeichnung für ganz außerordentliche Verdienste), Widmung: »Dem deutschen Dichter«, 1941 Kant-Plakette der Stadt Königsberg, 1942 Paracelsus-Preis der Stadt Villach, 1944 Grillparzer-Preis der Stadt Wien. Bergengruen 1946: »In seiner großen Eitelkeit war er der Meinung, das geistige Leben Deutschlands kuminiere in seiner Person.« Mitglied der 1950 gegründeten Gesinnungsgemeinschaft *Gesellschaft für freie Publizistik* sowie in der einschlägigen *Gesellschaft für freie Publizistik.* 1958 Sudetendeutscher Kulturpreis des Bundesverbandes der Sudetendeutschen Landsmannschaften, Matinee im Wiener Burgtheater zum 80. Geburtstag mit Victor de Kowa. † 12.4. 1962 München. Lit.: Bergengruen; *Führerlexikon;* Sarkowicz.

Kolin, Nikolaus (Nikolai). Auf der *Gottbegnadeten-Liste:* Liste der Schauspieler, die für die Filmproduktion benötigt werden, Zusatz: Ausländer.
* 7.5. 1878 St. Petersburg. Rollen, laut Weniger: »Radebrechende Faktoten«. 1937 Film *Patrioten,* Goebbels: »Ganz klar und nationalsozialistisch in der Tendenz.« U.a. in *Feinde* (1940) und *Rembrandt* (1941). 1953 *Darsteller in Sauerbruch – Das war mein Leben.* 1955 letzter Film: *Der Frontgockel.*

Kollo, Walter, eigentlich Kollodzieyski. Komponist, Mitbegründer der Berliner Operette.
* 28.1. 1878 Neidenburg in Ostpreußen. Vater von Willi Kollo. Produzent von Singspielen, Possen, Operetten. 1913 bekanntestes Werk: *Wie einst im Mai* mit den Schlagern *Es war in Schöneberg im Monat Mai* sowie *Die Männer sind alle Verbrecher.* Die Dienststelle Rosenberg giftete 1934 erfolglos, er habe zwar »seinen arischen Nachweis formell erbringen können«, sein Vater sei aber »Inhaber eines jüdischen Geschäftes« gewesen. Neben Filmmusiken unter anderem 1934 Uraufführung des »deutschen Spiels« *Derfflinger* am Berliner Metropoltheater und 1935 des Lustspiels *Heirat nicht ausgeschlossen* an der Komischen Oper Berlin. † 30.9. 1940 Berlin.

Kollo, Willi, eigentlich Arthur Kollodzieyski. Komponist und Librettist.
* 28.4. 1904 Königsberg, Sohn des Komponisten Walter Kollo. In der Literatur mitunter als NS-Verfolgter dargestellt. Musik zu den Filmen *Liebe muß verstanden sein* (1933) sowie *Jungfrau gegen Mönch* (1934). 1935 Uraufführung seines Musikspiels *Schmincke* am Berliner Komödienhaus. April 1937 Uraufführung des Lustspiels *Meine Freundin Barbara* am Komödienhaus Dresden, Dezember 1937 mit Grete Weiser als Film. 1938 Uraufführung seines Lustspiels *Besuch am Abend* im Theater am Schiffbauerdamm. 1941 Filmmusik zu *Krach im Vorderhaus,* 1942 zum Fronturlauber-Film *Zwei in einer großen Stadt,* Prädikat: *staatspolitisch wertvoll.* † 4.2. 1988 Berlin.

Kollwitz, Käthe. Graphikerin.
* 8.7. 1867 Königsberg. 1919 als erste Frau Aufnahme in die Preußische Akademie der Künste, 1928 Leiterin des Meisterateliers für Graphik ebenda, Titel: Professor. Februar 1933 Akademie-Austritt. Unterzeichnerin des *Dringenden Appells* zu den Reichstagswahlen am 5. März 1933: »Die Vernichtung aller persönlichen und politischen Freiheit in Deutschland steht unmittelbar bevor, wenn es nicht in letzter Minute gelingt, unbeschadet von Prinzipiengegensätzen alle Kräfte zusammenzufassen, die in der Ablehnung des Faschismus einig sind.« Eine von nur drei »arischen« Künstlern bei der Beerdigung Max Liebermanns am 11.2. 1935 in Ber-

lin. Beschlagnahmung von 31 ihrer Werke. *Meyers Lexikon* (1939): »Ihre ausdrucksstarken Blätter sind nicht frei von klassenkämpferischer Haltung (früher z. T. für kommunistische Propagandazwecke verwendet).« † 22. 4. 1945 Moritzburg bei Dresden.

Kolmanns, Theodor. Stellv. Geschäftsführer des SS-*Ahnenerbe*.
* 28. 6. 1904. Dr. jur. SS-Hauptsturmführer. Regte 1941 das SS-*Sonderkommando Jankuhn* an, das in Rußland durch den Raub prähistorischer Funde eine frühe Besiedlung durch Indogermanen belegen sollte. † 23. 7. 1941 bei Autounfall. Lit.: Heuss.

Kolmar, Gertrud, eigentlich Chodziesner. Dichterin.
* 10. 12. 1894 Berlin. Tochter eines jüdischen Anwalts. 1917 erster Lyrikband: *Gedichte*. Nicht ausgewandert, um ihren Vater zu pflegen. Ab 1935 Publikationen nur noch innerhalb des jüdischen Kulturghettos erlaubt, das der NS-Staat anfangs duldete. Da Juden per Gesetz vom 20. 10. 1935 das Tragen von Pseudonymen verboten war, nun unter dem Namen Chodziesner. 1938 letzter Gedichtband: *Die Frau und die Tiere* im jüdischen Verlag Erwin Loewe, darin das Gedicht *Die Jüdin*: »Ich bin fremd./Weil sich die Menschen nicht zu mir wagen./Will ich mit Türmen gegürtet sein,/Die steile, steingraue Mützen tragen/In Wolken hinein.« September 1942 Deportation ihres 81jährigen Vaters ins Ghettolager Theresienstadt (dort gestorben Februar 1943). Zu ihrem letzten Geburtstag in Berlin: »Nun hatte ich doch die heimliche Hoffnung gehegt, daß einer kommen und den heutigen Tag mit mir feiern würde – wer wußte ich freilich nicht.« † Deportiert am 27. 2. 1943. Lit.: Gertrud Kolmar: Tag- und Tierträume. Gedichte, Auswahl und Nachwort von Friedhelm Kemp, München 1963.

Kommerell, Max. Sekretär Stefan Georges (1924–1928).
* 25. 2. 1902 Münsingen, Sohn eines Amtsarztes. 1930 Privatdozent in Frankfurt, Juni 1930 im Brief an seine Schwester über Hitlers *Mein Kampf*: »Borniert, bäurisch ungeschlachtet, aber in den Instinkten vielfach gesund und richtig. Die Leistung nötigt zum Respekt und in unserem breiigen Zeitalter ist so eine Faust immerhin eine Wohltat.« 1938 ao. Professor für Germanische Philologie. 1939 NSDAP. 1941 Lehrstuhl in Marburg. Oktober 1943 Verbot seines Dramas *Die Gefangenen*, Begründung der Reichskulturkammer: »Dem Verfasser darf in seiner Absicht, eine Anklage gegen den Bolschewismus zu erheben, nicht getraut werden. Sein Stück richtet sich … gegen jede Art von Macht.« † 25. 7. 1944 Marburg. Lit.: König; Sarkowicz.

Komorn, Maria, geb. Rebhan. Musikschriftstellerin.
* 13. 1. 1883 Wien. Musikreferentin der Wiener Zeitschrift *Der Abend*. Im *Lexikon der Juden in der Musik* gebrandmarkt. † Deportiert am 3. 12. 1941 nach Riga.

Konetzni, Anny, eigentlich Konerczny. Sopranistin.
* 12. 2. 1902 Ungarisch-Weißkirchen. 1931 Berliner Staatsoper. 1935 Wiener Staatsoper. Zur Volksabstimmung zum »Anschluß« Österreichs April 1938: »Für Großdeutschland, für den Führer, für die deutsche Kunst stimmt JA!« Goebbels am 13. 6. 1938 im Tagebuch: »Festlicher Auftakt der Reichstheaterfestwoche [in Wien]. ›Rosenkavalier‹. Mit Novotna, Konetzni … Eine wunderbare Aufführung.« 1954 Dozentin der Wiener Musikakademie. † 6. 9. 1968 Wien.

Konetzni, Hilde. Sopranistin.
* 21. 3. 1905 Wien. Schwester von Anny. Ab 1936 Wiener Staatsoper. Zur Volksabstimmung zum »Anschluß« Österreichs April 1938: »Ein Frühlingswunder war diese Revolution – ein Strom des Jubels und der Begeisterung riß uns alle mit.« NS-Ehrung: Zu *Führers* [50.] *Geburtstag* 1939 von Hitler Titel Kammersängerin. 1954 Dozentin der Wiener Musikakademie. † 20. 4. 1980 Wien.

Konopath, Hanno, eigentlich Konpacki. Ministerialrat.
* 24. 2. 1882 Berlin. Geheimrat. Führer und Mitbegründer des *Nordischen Rings*, These: Germanen als Elite der Weltkultur. 1926 Autor: *Ist Rasse Schicksal?* Dritter Ehemann von Marie Adelheid Prinzessin Reuß zur Lippe (Titel ab 1936). Ab 1928 mit Ehefrau Herausgeber der nationalen Zeitschrift für Freikörperkultur: *Die Sonne*. Befreundet mit Siegfried und Winifred Wagner. 1930 NSDAP, Leiter der Abteilung Rasse und Kultur in der NSDAP-Reichsleitung (bis 1932). Goebbels am 20. 12. 1930 im Tagebuch: »Gestern erregte Auseinandersetzung mit Konopath … Man darf seinem Rassefimmel nicht allzuviel Spielraum geben.« † 22. 9. 1962 Hamburg. Lit.: Barbian; Hamann.

Konstantin, Leopoldine. Schauspielerin. * 12. 3. 1886 Brünn. Tochter eines Wasserwerkdirektors. Goebbels am 18. 2. 1929 nach einem Besuch der »lustigen Weiber von Windsor« im Deutschen Theater: »Dann die Konstantin, die Wüst, fabelhaft! Ganz große Kunst.« 1935 im *staatspolitisch besonders wertvollen* Film *Der alte und der junge König*. 1936 Filme *Mädchenpensionat* sowie *Und du mein Schatz fährst mit*. Emigrierte 1938 über London in die USA. 1945 letzte Filmrolle in Hitchcocks Drama *Berüchtigt*. Das *Deutsche Bühnen-Jahrbuch* (1967): »1948 fand sie wieder nach Europa zurück.« Gastspiele. † 14. 12. 1965 Wien.

Konwitschny, Franz. Dirigent. * 14. 8. 1901 Fulnek, Sohn eines Musikdirektors. 1933 Kapellmeister, 1934 Generalmusikdirektor (GMD) in Freiburg. 1937 NSDAP (Nr. 5 508995. Am 16. 10. 1937 Dirigent der Schlußkundgebung der 2. Badischen Gaukulturwoche (Motto: *Rasse und Kultur*) mit Ansprache Rosenbergs. 1938 GMD in Frankfurt am Main (Magistratsakte: »Seit dem 1. 7. 1923 Mitglied der Bruderpartei der NSDAP in der C.S.R.«). Dezember 1942 Gastdirigent in der Ghettostadt Litzmannstadt/Lodz, laut *Litzmannstädter Zeitung* vom 17. 12. 1942 faszinierte der »von stärkster Vitalität getragene Musizierstil«. Nach 1945 Opernchef in Hannover und Hamburg. 1949 (bis 1962) Gewandhauskapellmeister in Leipzig und 1953 (bis 1955) GMD der Staatsoper Dresden. 1955 GMD der Deutschen Staatsoper Ost-Berlin. Ehrungen: 1951 Titel Professor. 1952 *Nationalpreis*. 1954 *Vaterländischer Verdienstorden*. † 28. 7. 1962 Belgrad, während einer Konzertreise. Nachruf *Deutsches Bühnen-Jahrbuch*: »Einer der namhaftesten Musiker des sowjetischen Besatzungsgebietes.« Lit.: Prieberg; Schültke.

Konzack, Gerhard. Spielleiter der Operette der Städtischen Bühnen Litzmannstadt. * 30. 10. 1908 Berlin. In Litzmannstadt/Lodz gab es geschlossene Vorstellungen für Wehrmacht, Polizei und Nazi-Organisationen (ab April 1940 vegetierten im Ghettolager 160 000 Juden, die deportiert und ermordet wurden). Nach 1945 bei der ostzonalen DEFA, ab 1960 Vaganten-Bühnen Berlin und Berliner Tourneetheater *Die Arche*, später am Forum-Theater (DBJ).

Kopp, Mila. Bühnenschauspielerin. * 20. 10. 1904 Wien. Verheiratet mit dem Schauspieler Friedrich Kayßler. 1925 am Staatstheater Stuttgart, 1938 am Schauspielhaus München, 1941 am *Schiller-Theater der Reichshauptstadt*. 1942 Darstellerin im Film *Andreas Schlüter*, genannt der *Michelangelo Preußens*, Kernsatz: »Das Leben vergeht, das Werk ist unvergänglich«. Nach 1945 wieder in Stuttgart. 1955 im Film *Mamitschka*. † 14. 1. 1973 Stuttgart. Nachruf *Deutsches Bühnen-Jahrbuch*: »Schauspielerin von Fleisch und Blut.«

Koppenhöfer, Maria. Schauspielerin. * 11. 12. 1901 Stuttgart. Tochter eines Hoteliers. Ab 1926 am Berliner Staatstheater. Kritiker Kerr am 6. 2. 1928 im *Berliner Tageblatt* über ihren Auftritt in Hauptmanns *Die Weber*: »Und die Koppenhöfer – ein Wucht [sic], ein Schrei.« Verheiratet mit dem »jüdischen« Regisseur Julius Halewicz (laut Noack nach 1933 im Exil). In der NS-Zeit 33 Filme, darunter 1933 der Propagandaschmarren *Flüchtlinge* über Wolgadeutsche, die »heim ins Reich« wollen, 1935 *Friesennot*. Eine Friesengemeinde an der Wolga bringt zur Verteidigung der Reinheit der Rasse alle Rotgardisten um, 1937 Harlans Hitlerhuldigung *Der Herrscher*. 1940 antibritischer Spielfilm *Das Herz der Königin* sowie *Bismarck*. 1941 in *Wetterleuchten um Barbara*, Heimatfilm zur »Befreiung« Österreichs durch die Nazis. In Riefenstahls 1945 unvollendetem Film *Tiefland*. NS-Ehrung: 1934 von Göring Titel *Staatsschauspielerin*. † 29.11. 1948 Heidelberg.

Kopsch, Julius. Kapellmeister und Komponist.
* 6.2. 1887 Berlin. Dr. jur. 1932 NSDAP, auch SA (Sturmführer), NS-Rechtswahrerbund. Kapellmeister der Komischen Oper Berlin, Dirigent des Deutschen Ärzte-Orchesters Berlin und des Deutschen Rechtswahrer-Orchesters, Gau Berlin. 1933 Tonaufnahme der Symphonischen Skizze *Vom heldischen Opfertod zum Erwachen der Nation* mit SA-Chor und Orchester unter seiner Leitung (Gillum). Widmete 1937 sein *Feierliches Vorspiel* dem damaligen Reichsminister und späteren Generalgouverneur Hans Frank, später mit Auftritt im besetzten Krakau als »Träger des deutschen Kulturwillens im Osten« eingesetzt. Präsidialrat der Reichsmusikkammer. Nach 1945 Gründer der Rechtsgemeinschaft nachschaffender Künstler (DBJ zum 75. Geburtstag, ohne Hinweis auf NS-Funktionen). 1951 Gründer und Vorsitzender der Internationalen Richard-Strauss-Gesellschaft. † 5.3. 1970 Berlin. Lit.: Drewniak, Theater; Prieberg, Handbuch.

Korff, Hermann August. Literaturhistoriker.
* 3.4. 1882 Bremen, Sohn eines Industriellen. 1925 (bis 1954) Ordinarius in Leipzig. 1934, zu Schillers 175. Geburtstag, in der *Illustrierten Zeitung*: »Schiller ist nicht nur der große Dichter sittlicher Weltanschauung und des Glaubens an die Welt-

macht des Sittlichen, sondern (das Entscheidende) auch der Selbstherrlichkeit sittlichen Menschentums. Und er ist in diesem Sinne die Vollendung des Christentums aus dem Geiste des Germanentums.« † 11.7. 1963 Leipzig. Q.: Wulf, Literatur.

Korn, Karl. Feuilletonist.
* 20.5. 1908 Wiesbaden. Dr. phil. 1934 Redakteur beim *Berliner Tageblatt*. 1938 Cheflektor der Kulturzeitschrift *Neue Rundschau*. 1940 Ressortchef Feuilleton in Goebbels' Renommierblatt *Das Reich* (von Hitler im Tischgespräch 1942 gelobt: »Prachtvoll ist die Zeitung ›Das Reich‹«). Am 29.9. 1940 ebenda über den Hetzfilm *Jud Süß:* »Mit dem gleichen Augenblick aber, wo die aus den orientalischen Bezirken des alten römischen Reiches stammenden Juden ans Licht drangen, brach der uralte Haß der sozial Deklassierten, die Rachelust einer Unterwelt, die das Sendungsbewußtsein des ›auserwählten‹ Volkes in talmudischen Nihilismus verkehrt hatte, auf und überflutete die brüchig gewordene Welt des alten Deutschen Reiches der Mitte. Damals beginnt der Jude sich im Gebäude des Reiches einzunisten. Er lebt seine Machtgier, die Jahrhunderte niedergehalten war, aus und nimmt Rache für mehr als ein Jahrtausend des Fluches.« Laut Benz (Rolle) bekam Korn im Oktober 1940 Schwierigkeiten: »Aber es handelte sich nicht um Entlassung, Berufsverbot und Frontbewährung, wie er in seinen Erinnerungen behauptet und wie es als offizielle Lesart bis heute in Nachschlagewerken zu finden ist.« Korn hatte in einem Artikel über die Große Deutsche Kunstausstellung einem Bild »verbrauchte malerische Technik« bescheinigt. Da Hitler das Bild dem Münchner Gauleiter zur Hochzeit schenken wollte, mußte Korn auf Tauchstation, bei Fortzahlung seines Gehalts. April 1941 »Kriegsdienst« in der Abteilung *Tornisterschriften* des Oberkommandos des Heeres. 1944 wieder Autor für *Das Reich*. 1949 (bis 1973) Mitherausgeber und Leiter des Feuilletons der *Frankfurter*

Allgemeinen Zeitung. 1959 Autor: *Sprache in der verwalteten Welt.* Der Rechts-Literat Kurt Ziesel durfte ihn, per Gerichtsbeschluß sanktioniert, einen »Handlanger des Antisemitismus« nennen (Wiedow). † 10.8. 1991 Bad Homburg.

Kornfeld, Paul. Expressionistischer Dichter.
* 11.12. 1889 Prag. Im Kreis von Kafka, Werfel und Brod (Brods Urteil: »gewollt exzentrisch«). 1917 Bühnenerfolg in Frankfurt am Main mit dem Schauspiel *Die Verführung.* Ab 1925 Dramaturg bei Max Reinhardt in Berlin und am Landestheater Darmstadt. 1926 größter Bühnenerfolg mit *Kilian oder die gelbe Rose,* einer Satire auf geiststreichelnde Salons. 1928 Kritiker in Berlin. 1930 Tragödie *Jud Süß.* 1932 Wechsel nach Prag. † 1942 Ghettolager Litzmannstadt/Lodz.

Korngold, Erich Wolfgang. Komponist.
* 29.5. 1897 Brünn. Dr. jur. 1920 Uraufführung seiner Oper *Die tote Stadt* an der Hamburger Staatsoper. 1931 Professor an der Akademie der schönen Künste in Wien. 1934 mit seinem Vater Exil in den USA, 1936 und 1938 Oscar für Filmmusik. Das *Lexikon der Juden in der Musik* (1940): »Nachdem er über rasch verflogene Sensationserfolge nicht hinausgekommen war, vergriff er sich an den Werken des Walzerkönigs Johann Strauß, indem er sie durch jazzmäßige Zutaten ›verbesserte‹.« *Meyers Lexikon* 1939: »Jude ... bearbeitete mehrere Revuen für den jüdischen Theaterleiter Max Reinhardt.« 1942 Dirigent an der New York Opera. † 29.11. 1957 Hollywood.

Korngold, Julius. Musikschriftsteller.
* 24.12. 1860 Brünn. Schüler Anton Bruckners. Ab 1902 berühmter Musikkritiker der Wiener *Neuen Freien Presse.* 1934 mit seinem Sohn Erich Wolfgang Emigration in die USA. Das *Lexikon der Juden in der Musik* (1940): »Benutzte seinen außerordentlichen Einfluß, um die öffentliche Aufmerksamkeit auf seinen Sohn zu lenken.« † 25.9. 1945 Hollywood.

Korte, Werner. Musikwissenschaftler.
* 29.5. 1906 Münster. 1932 Dozent in Münster. 1933 NS-Lehrerbund. Am 11.8. 1934 im Beitrag *Nationale Musik im neuen Deutschland* in der *Frankfurter Zeitung* über NS-Bekenntnislieder wie das *Horst-Wessel-Lied* (NSDAP-Hymne: »Die Fahne hoch! Die Reihen fest geschlossen!/ SA marschiert mit mutig-festem Schritt«): »Wort und Musik sind hier Mittler und in ihrer Einzelformulierung unwichtig, nur in ihrer Einheit, dem singend abgelegten Bekenntnis, liegt Sinn und einzige Bedeutung; in der geheimnisvollen Kraft der Überzeugung ist ungreifbar [sic] die Macht der Wirkung verankert, wie sie z.B. die Lieder der Reformation oder das Deutschlandlied haben und gehabt haben.« 1937 NSDAP (Nr. 5 830875), ao. Professor. 1946 Lehrstuhl in Münster. † 26.11. 1982 Münster. Lit.: Potter; Wulf, Musik.

Kortner, Fritz, eigentlich Nathan Kohn. Schauspieler.
* 12.5. 1892 Wien. 1919 am Staatstheater Berlin, Durchbruch mit Ernst Tollers Stück *Die Wandlung,* Kortner: »Was ich damals spielte, war ich selber; ein junger deutscher Jude und Rebell, in Konflikt mit der Umwelt um mich herum.« 1931 im Film *Der Mörder Dimitri Karamasoff.* Januar 1933 auf Auslandstournee, Exil in England, 1937 USA, Scriptwriter der Universal-Studios, US-Staatsbürger. 1947 Rückkehr BRD. Verheiratet mit der Schauspielerin Johanna Hofer (1896–1988). 1959 Erinnerungen: *Aller Tage Abend.* 1966 *Filmband in Gold* für langjähriges und hervorragendes Wirken im deutschen Film. Das *Deutsche Bühnen-Jahrbuch* 1963 über den rassisch Verfolgten: »Im Zweiten Weltkrieg nach Amerika verschlagen.« † 22.7. 1970 München. Lit.: Rühle.

Kortwich, Werner. Schriftsteller.
* 14.5. 1898 Berlin. 1932 Erzählung *Friesennot,* November 1935 Drehbuch zum Film *Friesennot,* im offiziellen Filmprogramm der NSDAP und bei der HJ verwendet: Eine Friesengemeinde an der

Wolga bringt zur Verteidigung der Reinheit der Rasse am Ende alle Rotgardisten um. 1938 Produktionsleiter der Tobis. 1942 Dramaturg der Prag-Film. Nach 1945 Drehbuchautor und Dramaturg. † 28.3. 1965 Berlin.

Kossinna, Gustav. Wegbereiter einer nationalistischen Frühgeschichte.

* 28.9. 1858 Tilsit. † 20.12. 1931 Berlin, Sohn eines Gymnasiallehrers. *Meyers Lexikon* (1939): »Begründer der modernen deutschen Vorgeschichte.« 1902 Extraordinariat für Deutsche Archäologie an der Universität Berlin. 1909 Gründer der *Gesellschaft für Deutsche Vorgeschichte* und deren Zeitschrift *Mannus*. In zahlreichen völkischen und antisemitischen Gruppierungen. 1928 öffentlicher Förderer der *Nationalsozialistischen Gesellschaft für Deutsche Kultur* (Brenner). Mitglied im *Nordischen Ring*. These: Germanen als Elite der Weltkultur. 1936 siebte Auflage seines 1912 publizierten Buches *Die deutsche Vorgeschichte, eine hervorragend nationale Wissenschaft*. Lit.: Leube; Studien Jena.

Kottenrodt, Wilhelm, Pseudonym *Kotz-de-Kottenrodt*. Völkischer Schriftsteller.

* 1.3. 1878 Gohlitz/Havelland. *Führerlexikon*: »Vorfahren seit 1500 als märkisches Bauern-, Fischer- und Handwerkergeschlecht nachweisbar.« Ursprünglich Lehrer. 1925 Mitbegründer des *Artamanen-Bundes, Landdienst deutscher Jugend* (Blut- und-Boden-Parolen), Ehrenmitglied im NS-Lehrerbund. 1935 Roman: *Glutende Zeit*. 1937 Kurzgeschichten: *Deutsche Führer und Meister*. 1941 *Das Gotteshaus aller Deutschen*. † 4.9. 1948 Ebnet bei Freiburg im Breisgau.

Kowa, Victor de, eigentlich Kowalczyk. Auf der *Gottbegnadeten-Liste* der Schauspieler, die für die Filmproduktion benötigt werden.

* 8.3. 1904 Hochkirch bei Görlitz. 1928 Debüt in Weisenborns Antikriegsstück *U-Boot S4* in Berlin. Ab 1935 am Staatlichen Schauspielhaus Berlin unter Gründgens. In der NS-Zeit in 36 Filmen, darunter 1934 *Mein Leben für* [die Fahne der Reiterstandarte!] *Maria Isabell,* 1936 *Skandal um die Fledermaus* und 1937 *Die göttliche Jette.* Goebbels am 6.8. 1937 im Tagebuch: »Nachmittags Schwanenwerder [Goebbels Seevilla]. Das Wetter ist schön. Besuch draußen … Arents, Ullrich, de Kowa, Harlan. Schöne Bootsfahrt.« Laut Moeller häufiger Gast bei Hitler-Empfängen, NSDAP. Gast im *Wunschkonzert für die Wehrmacht,* Goebbels' Radiosendung zwecks Hebung der Truppenmoral und Leidensbereitschaft der Heimatfront. 1941 Regie zum Napola-Propagandafilm *Kopf hoch, Johannes!* De Kowa: »Die Aufgabe, ein Abbild zu schaffen von dem Leben dieser jungen Generation, dieser zukünftigen Führerschaft Großdeutschlands – das ist eine Arbeit, für die man sich ehrlich und ohne Vorbehalte begeistern kann.« 1943 Intendant der Berliner Komödie. NS-Ehrung: 1939 *Staatsschauspieler.* 1955 Rolle eines SS-Gruppenführers in der Zuckmayer-Verfilmung *Des Teufels General.* Erstes Ehrenmitglied des Jüdischen Emigrantentheaters Deutsche Bühne Buenos Aires, im Ehrenrat der Deutschen Friedensgesellschaft (Literatur-Kürschner), 1963 Vorsitzender der Gewerkschaft Kunst und damit Vorstandsmitglied des DGB. 1972 *Großes Verdienstkreuz des Verdienstordens der BRD* aus der Hand von Bundeskanzler Willy Brandt (DBJ). † 8.4. 1973 Berlin. Nachruf *Deutsches Bühnen-Jahrbuch*: »Aber das Ungewöhnlichste an Victor de Kowa … war die Gradlinigkeit seines politischen Engagements: Aktiver Widerstand im Dritten Reich.«

Kracauer, Siegfried. Filmtheoretiker.

* 8.2. 1889 Frankfurt am Main. Kind einer jüdischen Familie. Promovierter Architekt. 1920–1933 Kulturredakteur der *Frankfurter Zeitung.* 1933 Entlassung, Flucht nach Frankreich, 1941 USA, 1942: *Propaganda and the Nazi War Film,* eine Analyse der Kriegspropaganda. Seine Mutter wurde von Frankfurt ins Ghettolager Theresienstadt und von dort vermutlich nach Auschwitz deportiert. 1947: *From Caligari to Hitler,* eine sozialpsychologische Geschichte des deutschen Films von 1918 bis 1933. 1960 Hauptwerk: *Theory of Film.* † 26. 11. 1966 New York.

Krämer, Karl Emerich (sic). Schriftsteller.
* 31. 1. 1918 Düsseldorf als Ingenieurssohn. HJ-Oberbannführer. Reimprodukt: »Zerbrecht die Welt, die alte Welt,/Was faulen will, vermodert./Laßt stürzen, was herunterfällt,/Und unsere Fahne lodert.« 1938 Gedichte: *Volk, deine Feuer.* 1940: *Aus dem Tagebuch meiner Batterie.* Nach 1945 zunächst Schreibverbot. 1950 Lektor beim Eugen Diederichs-Verlag, später Werbeleiter in Düsseldorf. Publizierte unter dem Pseudonym *Georg Forestier* als angeblich posthumes Werk eines Fremdenlegionärs die Gedichtbände *Ich schreibe mein Herz in den Staub der Straße* (1952) und *Stark wie der Tod ist die Nacht, ist die Liebe* (1954). 1984 Gedichte: *Hätte ich das Wort, das Wahrheit heißt.* † 28. 2. 1987 Düsseldorf. Lit.: Ketelsen.

Krahl, Hilde, eigentlich Kolacny. Schauspielerin kroatischer Herkunft.
* 10. 1. 1917 Brod an der Save. 1936 am Wiener Theater in der Josefstadt, 1938 zugleich am Deutschen Theater in Berlin. Laut Moeller häufiger Gast bei Hitler-Empfängen, laut Hippler von Goebbels öfters zur Abendgesellschaft eingeladen. Goebbels am 22. 9. 1940 im Tagebuch: »Abends kommen einige Leute vom Film zu Besuch. Jannings, Ritter, Ucicky, Froelich, Krahl, Rühmann.« Zwischen 1936 und 1945 in 19 Filmen, darunter *Lumpazivagabundus* (1937), *Anuschka* (1942), als Clara Schumann in *Träumerei* (1944). April 1944 Heirat mit Wolfgang Liebeneiner. Nach 1945 Filme wie *Wenn eine Frau liebt* (1950) oder *Ewiger Walzer* (1954). 1980 *Filmband in Gold* für langjähriges und hervorragendes Wirken im deutschen Film. † 28. 6. 1999 Wien.

Krása, Hans. Komponist.
* 30. 11. 1899 Prag. Schüler Zemlinskys. Am Neuen Deutschen Theater Prag. 1927 Kroll-Oper Berlin. Danach freie Tätigkeit in Prag. 1938 Kinderoper *Brundibár*, 1941 Uraufführung im Jüdischen Waisenhaus in Prag. Am 10. 8. 1942 nach Theresienstadt verschleppt. 55 Aufführungen der Kinderoper im Ghettolager. † Deportiert Oktober 1944 mit einem der letzten Transporte nach Auschwitz. Lit.: Fackler.

Krasselt, Rudolf. Auf der *Gottbegnadeten-Liste* (Führerliste) der wichtigsten Dirigenten des NS-Staates.
* 1. 1. 1879 Baden-Baden. 1924 (bis 1943) Operndirektor in Hannover. 1943 zwecks Kulturpropaganda (zum 130. Geburtstag Richard Wagners) Leitung der *Walküre* an der Großen Oper im besetzten Paris. Ruhestand in Bad Pyrmont. † 12. 4. 1954 Andernach.

Kraus, August. Vizepräsident der Reichskammer der bildenden Künste.
* 9. 7. 1868 Ruhrort am Rhein. Bildhauer. Ab 1926 Stellv. Präsident der Preußischen Akademie der Künste. November 1933 Präsidialrat der Reichskulturkammer. Vorsitzender der Abteilung Bildende Kunst der »gesäuberten« Preußischen Akademie der Künste. Am 3. 11. 1933 Unterzeichner einer Ergebenheitsadresse der Preußischen Akademie an Hitler: »Als Träger der Aufgaben der bildenden Künste und der schöpferischen Tonkunst sind wir uns der hohen Verantwortlichkeit … bewußt und besonders tief empfinden wir sie in Erwartung des Tages, an dem alle Deutschen einmütig sich ihrem Führer zur Seite stellen sollen.« † 10. 2. 1934 Berlin.

Kraus, Else. Auf der *Gottbegnadeten-Liste* (Führerliste) der wichtigsten Pianisten des NS-Staates.
* 14. 9. 1899 Darmstadt. Schülerin Schnabels. 1928 Lehrerin an der Berliner Akademie für Kirchen- und Schulmusik. 1933 Ablehnung des Antrags, Professorin zu werden. † 2. 8. 1978 Ascona.

Kraus, Karl. Begründer der Zeitschrift *Die Fackel* (1899).
* 28. 4. 1874 Gitschin in Böhmen. Neuntes Kind eines jüdischen Kaufmanns. Beginn als Schauspieler. 1911 Übertritt zum Katholizismus (1923 Austritt). 1919 Anti-Kriegs-Drama *Die letzten Tage der Menschheit.* Max Brod: »Kraus hatte einen Haupt-

fehler: Seine Waffe des rücksichtslosen Spottes richtete er wohl oft gegen Verfallerscheinungen, die Bekämpfung verdienten; aber oft auch gegen das Edle und Vorzügliche.« In der *Fackel* finden sich Sätze wie »Der Judaismus hat der schönen menschlichen Seele das Gift eingeimpft, das bis auf den heutigen Tag die Menschheit zersetzt« (1926). Nach Machtergreifung Hitlers verstummt: »Zu Hitler fällt mir nichts ein.« Klaus Mann, der ihn vor seinem Lebensende traf: »Es langte gerade noch für ein paar grimmige Witzworte – nicht gegen die Nazis, sondern gegen die Emigranten!« † 12.6.1936 Wien. Lit.: Brod.

Kraus, Richard. Dirigent. * 16.11.1902 Berlin, Sohn eines Wagner-Tenors. Mai 1933 NSDAP, Staatskapellmeister der Staatsoper Stuttgart. 1937 Generalmusikdirektor (GMD) in Halle. 1942 zwölf Aufführungen des *Fliegenden Holländers* bei den Bayreuther Kriegsfestspielen. 1948 GMD in Köln, 1953 an der Städtischen Oper Berlin. 1969 Titel Professor. † 11.4.1978 Kassel.

Krause, Wilhelm (Willi), Pseudonym *Peter Hagen*. Reichsfilmdramaturg (1934/35). * 11.5.1907 Berlin. Chef vom Dienst beim NS-Hetzblatt *Der Angriff*. Unter Pseudonym: *Die Straße zu Hitler* (1932) sowie *SA-Kamerad Tonne* (1933). Unter eigenem Namen: *Reichsminister Dr. Goebbels* (1933). 1935 Regie zum Film *Friesennot*, im offiziellen Filmprogramm der NSDAP und bei der HJ verwendet, Inhalt: Eine Friesengemeinde an der Wolga bringt zur Verteidigung der Reinheit der Rasse alle Rotgardisten um. 1937 Chef der Deutschen Filmherstellungs- und Verwertungsgesellschaft zur Produktion von NS-Filmen. 1938 unter Pseudonym Drehbuch zum Gründgens-Film *Tanz auf dem Vulkan*. 1940 Entlassung, Luftwaffen-Kriegsberichterkompanie (mot.) 6. † Verbleib unbekannt. Lit.: Kreimeier; Moeller.

Krauss, Clemens. Auf der *Gottbegnadeten-Liste* (Führerliste) der wichtigsten Dirigenten des NS-Staates. Reichskultursenator. * 31.3.1893 Wien, Sohn einer Sängerin der Wiener Volksoper. Karrierebeginn in Brünn und Riga. 1929 Direktor der Wiener Staatsoper. 1935, nach Furtwänglers Abgang, Direktor der Staatsoper Berlin. Verheiratet mit der Sängerin Viorica Ursuleac. 1936 Generalmusikdirektor der Staatsoper München. Juni 1939 Dirigent der Kundgebung der Reichstheaterkammer in der Wiener Staatsoper, in Anwesenheit von Goebbels. Mitarbeit Reichsstelle für Musikbearbeitungen, einer dem Reichspropagandaministerium nachgeordneten Stelle. Ab 1939 musikalischer Leiter der Salzburger Festspiele und des Mozarteums (1941 Reichsmusikhochschule). Am 2.2.1943 mit Gattin Liederabend im besetzten Krakau (die *Krakauer Zeitung* bringt ein Foto vom Empfang bei Generalgouverneur Frank), am 21.5.1943 und am 27.1.1944 Gastdirigent der *Philharmonie des Generalgouvernements*. Goebbels am 23.9.1943 im Tagebuch: »Der Führer hält Clemens Krauss für den besten Operndirektor.« NS-Ehrung: 1942 von Hitler Titel Generalintendant. Goebbels am 8.5.1944 im Tagebuch: »Er ist zwar ein unsympathischer Geselle, aber von Musik versteht er etwas.« 1945 zunächst Berufsverbot, danach Wiener Staatsoper, Wiener Philharmoniker, Bayreuther Festspiele. † 16.5.1954 Mexico City auf Gastspielreise. Nachruf *Deutsches Bühnen-Jahrbuch*: »Einer der Großen des Taktstockes ist nicht mehr.«

Krauß, Max. Baßbariton. Im Krieg Intendant des Theaters der Gauhauptstadt Reichenberg im Sudetengau. * 2.2.1887 Sodingen/Herne. 1932 Oberregisseur der Oper Lübeck. 1933–1935 Operndirektor am Preußischen Staatstheater Kassel. Das *Deutsche Bühnen-Jahrbuch* 1938: »Max Krauß, der als einer der ersten Künstler immer leidenschaftlicher Vorkämpfer der Bewegung war, nahm schon im Jahre 1920 den Kampf für die Idee unseres Führers auf. Eine zeitlang war er kulturpolitischer Mitarbeiter des ›Völkischen Beobachters‹ und der ›Nationalsozialistischen Monatshefte‹. Seine Kunst stellte er stets in den Dienst der Bewegung; so sang er in den Konzerten des Kampfbundes für Deutsche Kultur und im Münchener Bürgerbräukeller.« 1949–1952 Intendant in Coburg. † 12.10.1968 München.

Krauß, Otto. Generalintendant. Reichskultursenator.
* 5.4.1890 Heilbronn, Sohn eines Theaterintendanten (*Führerlexikon*). 1932 NSDAP. 1933 Intendant des Württembergischen Staatstheaters Stuttgart. Professor. 1937 Generalintendant in Düsseldorf. Am 25. Mai 1938 Inszenierung von Paul Graeners Oper *Don Juans letztes Abenteuer* während der ersten *Reichsmusiktage* in Düsseldorf (mit der Schandschau *Entartete Musik*). Landesleiter Gau Düsseldorf der Reichstheaterkammer. Präsidialbeirat der *Kameradschaft der deutschen Künstler* (NS-Führerkorps). NS-Ehrung: Präsidialrat der Reichstheaterkammer. 1949 Generalintendant des Stadttheaters Koblenz. † 16.11.1966 Heilbronn.

Krauß, Werner. Auf der *Gottbegnadeten-Liste* (Führerliste) der wichtigsten Künstler des NS-Staates. Reichskultursenator.
* 23.6.1884 Gestungshausen bei Coburg. 1919 im Stummfilmklassiker *Das Kabinett des Dr. Caligari*. 1920 bei den ersten Salzburger Festspielen Rolle des Tod und des Teufels in der Aufführung des *Jedermann*. Laut Gottfried Reinhardt hat er »bereits 1921 während der Proben zu Romain Rollands ›Wölfen‹ in Gegenwart des (jüdischen) Regisseurs Berthold Viertel auf der Bühne des Deutschen Theaters eine Hetzrede gegen die ›Judenwirtschaft‹ der Gebrüder Goldmann [gemeint sind Edmund und Max Reinhardt] gehalten«. 1931 am Berliner Staatstheater, Titelrolle in Zuckmayers Komödie *Der Hauptmann von Köpenick*. Ehe mit der Schauspielerin Maria Bard (Kollege Meyerinck: »Paula Krauß, Werners Frau, brachte sich um – der Bard wegen«). Laut seinem Biogra-

phen Goetz Gast bei dem Austrofaschisten Dollfuß, dem Faschisten Mussolini, bei Goebbels und einen ganzen Tag bei Hitler auf dem Obersalzberg, anwesend Göring, Heß und Lammers. Krauß, laut Zuckmayer, über seinen Besuch bei Hitler: »Ich kam hin, zynisch wie ein Pharisäer, und dachte mir: mir wirst du nichts vorspielen, mein Junge. Aber als ich ihn da im Kreis seiner nächsten sitzen sah und mit ihnen reden hörte (am Kaffeetisch Rudolf Heß und andere), – da wußte ich: Jesus unter den Jüngern.« Am 19.8.1934 Unterzeichner des *Aufrufs der Kulturschaffenden* zur Vereinigung des Reichskanzler- und Reichspräsidentenamts in der Person Hitlers: »Wir glauben an diesen Führer, der unsern heißen Wunsch nach Eintracht erfüllt hat.« 1935 Titelrolle im Film *Hundert Tage*, nach einer Vorlage Mussolinis (der Duce in der Gestalt Napoleons, eine Verhöhnung der Demokratie). 1939 im teutonischen Geniefilm (absoluter Glaube an die eigene Sendung) *Robert Koch*. 1940 Ehe mit Liselotte Graf. Hauptrolle in Mussolinis Theaterstück (sic) *Cavour* am Staatstheater Berlin, Premiere am 10.5.1940 in Anwesenheit von Goebbels und Göring. September 1940 im Hetzfilm *Jud Süß* Darsteller aller fünf Judenrollen, um die gemeinsame Wesenshaltung der Juden hervorzuheben. Krauß-Biograph Goetz: »Während der Proben zum *Jud Süß* hat er Schreckliches erlebt. Prager Juden wurden zusammengetrieben und mußten als Statisten auftreten.« Goebbels: »Ein antisemitischer Film, wie wir ihn uns nur wünschen können.« Laut Hippler in der Zeitschrift *Der Film* (Nr. 48/1940) betrieb Krauß »intensive Studien für die Gestaltung seiner Judenrollen« an Hipplers Haßfilm *Der ewige Jude*. Oktober 1942 im Bismarck-Film *Die Entlassung* (Courtade: »Hitler in der Maske des berühmten Vorgängers ... wie dieser die Macht über das Recht stellend«). Am 15.5.1943 am Wiener Burgtheater als jüdischer Wucherer Shylock in der Shakespeare-Inszenierung *Der Kaufmann von Venedig*. Aufgeführt bei Drewniak (Theater) im Abschnitt »Bekannte Künstler bedachte Hitler mit Geschenken«. Präsidialbeirat der *Kameradschaft der deutschen Künstler* (NS-Führerkorps). NS-Ehrung: 1934 von Göring Titel *Staatsschauspieler*, Staatsrat, 1938 *Goethe-Medaille* für Kunst und Wissenschaft. 1945 (bis 1948) Auftrittsverbot. 1947 Persilschein von Gustaf Gründgens: »Die Verfemung der Juden konnte für einen Mann wie Krauß nur ein Grund sein, sich ihnen zu nähern.« 1954 Ehrung mit *Iffland-Ring*, der höchsten Auszeichnung für einen lebenden Schauspieler sowie *Großes Bundesverdienstkreuz*, Rehabilitierungsopus des Kritikers Wolfgang Goetz: *Werner Krauß*. Mein antiquarisch erworbenes Exemplar enthält eine Widmung von Krauß: »Es ist gut gemeint und ist nicht alles wahr, aber auch nicht gelogen.« 1956 Goldenes Ehrenzeichen für Verdienste um die Republik Österreich. 1958 Lebenserinnerungen: *Das Schauspiel meines Lebens*. † 20.10.1959 Wien. Nachruf *Deutsches Bühnen-Jahrbuch*: »Ein Genius des deutschsprachigen Theaters.«

Kreis, Wilhelm. Auf der Sonderliste der zwölf wichtigsten bildenden Künstler der *Gottbegnadeten-Liste* (Führerliste). 1943 letzter Präsident der Reichskammer der bildenden Künste. Reichskultursenator.
* 17.3.1873 Eltville im Rheingau, Sohn eines Oberlandmessers. Architekt. 1920 Professor der Kunstakademie Düsseldorf, 1926 der Kunstakademie Dresden. 1927 Präsident des Bundes Deutscher Architekten. Mitglied *Deutsche Volkspartei*. 1930 Bau des Deutschen Hygiene-Museums in Dresden. Im engsten Freundeskreis von Speer (März 1939 Sizilienfahrt mit Gattinnen). 1940 Rektor der vereinigten Dresdner Kunstakademie und Kunstgewerbeschule. Goebbels am 18.3.1941 im Tagebuch: »Der Führer hat ihm einen Sonderauftrag für die Gestaltung von Krieger-Ehrenmälern gegeben. Der richtige Mann.« Plante mit eigenem Arbeitsstab einen Ring monumentaler Totenburgen an den Grenzen des künftigen Europa (Brenner). Von Himmler mit der Gestaltung eines Grabmals für Reinhard Heydrich beauftragt. Im Kuratorium der *Goebbels-Stiftung für Kulturschaffende* sowie Treuhänder der Goebbels-Stiftung *Künstlerdank*. Präsidialbeirat der *Kameradschaft der deutschen Künstler* (NS-Führerkorps). NS-Ehrung: 1938 *Goethe-Medaille* für Kunst und Wissenschaft. Auf Speers Antrag März 1943 *Adlerschild des Deutschen Reiches* (höchste Auszeichnung für ganz außerordentliche Verdienste), Inschrift: *Dem deutschen Baumeister*. Anweisung an die Presse, darauf hinzuweisen, »daß Deutschland eine seiner besten Baumeister-Persönlichkeiten zur Ausgestaltung der Krieger-Friedhöfe und Heldenehrenmale einsetzt, während der pietät- und kulturlose Bolschewismus seine Menschen ohne jede Erinnerung einscharrt«. † 13.8.1955 Honnef am Rhein. Q.: Thomae.

Kreisler, Fritz. Violinvirtuose.
* 2.2.1875 Wien. Gastspiele in Europa und Übersee. Thomas Mann am 19.9.1933 im Tagebuch: »Eine Virtuosennatur von Geblüt, die viel Süßigkeiten spendet, aber auch Ernst und Strenge nicht fremd ist.« Mit einer Amerikanerin verheiratet, ab 1915 vorwiegend in New York. 1940 US-Staatsbürger. Im *Lexikon der Juden in der Musik* als »Halbjude« gebrandmarkt. † 29.1.1962 New York.

Kreiten, Karlrobert. Pianist.
* 26.6.1916 Bonn, Sohn eines Musikpädagogen. Holländischer Staatsbürger, in Deutschland aufgewachsen, Wohnort Berlin. Nach Denunziation wegen privater regimekritischer Äußerungen Todesurteil am 3.9.1943, Begründung: Wehrkraftzersetzung. Vergebliche Fürsprache Furtwänglers. † 7.9.1943 Hinrichtung als »Volksschädling« in Berlin-Plötzensee.

Kremer, Hannes. Schriftsteller und SA-Obersturmführer.
* 30.12.1906 Straßburg. 1935 Autor: *Kulturkritik und Weltanschauung*. Dort heißt es: »Auch die Kunst kann und darf nur von der kulturellen Gesamtidee dieser

[NS-]Weltanschauung her bewertet werden.« 1938 Autor: *Gottes Rune*. 1941 Leiter der Kulturabteilung der Reichspropagandaleitung der NSDAP (Goebbels-Tagebuch). 1942/1943 in verschiedenen Propagandakompanien (WASt). NS-Ehrung: 1938 Literaturpreis der Stadt München (*Hauptstadt der Bewegung*). 1939 Kulturpreis der SA. Nach 1945 in Starnberg und Feldafing. † 28.1. 1976 ebenda. Lit.: Barbian; Wulf, Künste.

Krenek, Ernst. Komponist.
* 23.8. 1900 Wien. 1925 am Staatstheater Kassel, ab 1928 in Wien. Schwiegersohn von Alma Mahler-Werfel (1924–1926 mit Tochter Anna verheiratet). 1938 Aufführungsverbot, Begründung: »Kulturbolschewist«. Wie weit NS-Ideologie gehen kann, dokumentiert *Meyers Lexikon* 1939, das Krenek zum Schwiegersohn des bereits 1911 gestorbenen Gustav Mahlers macht: »Schwiegersohn des Juden Gustav Mahler (bis 1926), Schüler Schrekers, namentlich von dem jüdischen Kritiker Paul Bekker gefeiert. Opern u.a. ›Zwingburg‹ 1924 (marxistisch), ›Orpheus und Eurydike‹ 1926 (expressionistisch-atonal, ›Jonny spielt auf‹ 1927 (Jazzoper, Tiefstand des Opernschaffens der Zeit) … Das Zersetzende einzelner Werke zeigt sich hauptsächlich in der Übertreibung des Witzigen, des Grotesken und der Schlagerrhythmik. Lebt als Deutschenhetzer in der Schweiz.« Ab 1939 USA. 1981 Ehrenbürger der Stadt Wien. Das *Deutsche Bühnen-Jahrbuch* zum 65. Geburtstag: »Vielschichtig wie sein Schaffen war auch sein bisheriges Leben.« † 22.12. 1991 Palm Springs in Kalifornien.

Krenn, Fritz. Baß-Bariton.
* 11.12. 1887 Wien. 1927 Berliner Staatsoper. 1938 Staatsoper Wien. Goebbels am 13.6. 1938 im Tagebuch: »Festlicher Auftakt der Reichstheaterfestwoche [in Wien]. ›Rosenkavalier‹. Mit Novotna, Konetzni, Krenn … Eine wunderbare Aufführung.« Mai 1941 »Privileg«, daß der Ehefrau beim Besuch von Theatern, Hotels und dergleichen die »Rechte einer arischen Frau« zuerkannt wurden (Schrader). NS-Ehrung: Zu *Führers* [50.] *Geburtstag* 1939 von Hitler Titel Kammersänger. Laut Prieberg 1946 Entlastungszeuge für Karajan im Entnazifizierungsverfahren, behauptete dabei, er habe sich von seiner jüdischen Frau scheiden lassen müssen. † 17.7. 1964 Wien.

Kreppel, Friedrich. Erziehungswissenschaftler.
* 19.6. 1903 Nürnberg als Pfarrerssohn. 1927 Dr. phil. Mai 1933 NSDAP. Dezember 1933 Dozent und Direktor der Hochschule für Lehrerbildung (zur NS-Indoktrinierung) in Frankfurt am Main, April 1934 nach Weilburg an der Lahn verlegt. SA-Führer, NS-Dozentenbund. 1937 Hochschule für Lehrerinnenbildung in Koblenz, 1939 in Hannover. 1938 Autor: *Die Erziehung des politischen Menschen*. Kriegsdienst, Ordonnanzoffizier. 1946–1956 Geschäftsführer des Hilfswerks der Ev. Kirche in Hessen-Nassau, Sitz Frankfurt am Main. 1956–1965 Pädagogikprofessor und Direktor der Pädagogischen Akademie (ab 1960: Pädagogische Hochschule) Kaiserslautern. † 23.6. 1992 München. Lit.: Hesse.

Kretzschmann, Hermann. Generalarbeitsführer (1939).
* 15.10. 1886 Landsberg an der Warthe. Arbeiter. 1922/1925 NSDAP (Nr. 5848). 1934 (bis 1941) Leiter der Reichsschule des Arbeitsdienstes in Potsdam-Wildpark, zugleich Lektor der Reichsstelle zur Förderung des deutschen Schrifttums (Kesten, 1934 in der Emigrantenzeitschrift *Die Sammlung*: »Organisation zur Abschlachtung allen Denkens«). 1936 (bis 1945) MdR. Am 1.3. 1940 einer von etwa 120 Künstlern, Universitätsprofessoren, Staats- und Parteivertretern, die sich eine Probevorführung des Haßfilms *Der ewige Jude* – mit einem Kommentar, der Juden Ratten gleichsetzt – ansahen (Hornshøj-Møller). September 1941 Arbeitsgauführer Thüringen. † 31.12. 1964 Braunschweig. Lit.: Lilla.

Kretzschmar, Bernhard. Maler.
* 29.12.1889 Döbeln in Sachsen. 1932 Mitbegründer der Neuen Dresdner Sezession. Beschlagnahmung von 47 seiner Werke als »entartete Kunst«. 1946 Professor der Dresdner Kunsthochschule. 1969 Korrespondierendes Mitglied der Deutschen Akademie der Künste. † 16.12.1972 Dresden. Lit.: Barth; Braun.

Kretzschmar, Curt. Dirigent.
* 23.12.1894 Dresden. 1925 Kapellmeister am Opernhaus Frankfurt am Main. 1932 NSDAP. 1933 zusätzlich Leiter des Chors der NSDAP-Kreisleitung Großfrankfurt, SS-Rottenführer. 1935 Kapellmeister am Reichssender Leipzig, Leiter des Musikzugs einer Leipziger SS-Standarte. 1940 Reichsrundfunk Berlin, musikalischer Oberleiter am Theater des Volkes (Rechtsträger: Goebbels-Ministerium) in Berlin. Zeitweise zwecks Kulturpropaganda Dirigent am National-Theatret Oslo im besetzten Norwegen. Nach 1945 Gastdirigent, Wohnort Hamburg. † 3.12.1973 Hamburg.

Kreuder, Peter. Einer der meistbeschäftigten Komponisten der NS-Zeit.
* 18.8.1905 Aachen, Sohn eines Kammersängers. 1925 Kapellmeister am Deutschen Theater in Berlin. 1930 musikalischer Leiter der Max-Reinhardt-Bühnen. Produzierte insgesamt rund 200 Filmmusiken und über 1000 Schlager (*Sag' beim Abschied leise Servus*). 1932 NSDAP (Nr. 1 275600), 1934 gestrichen. 1936 von NSDAP-Gauleiter Adolf Wagner zum Staatsmusikdirektor der Bayerischen Staatsoperette in München ernannt (nach 1945: Theater am Gärtnerplatz). Musik zum Freikorps-Machwerk *Henker, Frauen und Soldaten* (1935), zum Riefenstahl-Kurzfilm (28 Minuten) *Tag der Freiheit – Unsere Wehrmacht* (1935) und zum Propagandastreifen *Weiße Sklaven* gegen marxistische Volksmörder (1937). Musik zu den Marika-Rökk-Filmen *Hallo, Janine* (1939) und *Kora Terry* (1940). Am 4.11. 1942 beim Treffen von Unterhaltungskomponisten in der *Kameradschaft der deutschen Künstler*, Hippler: angesichts der Kriegslage braucht Goebbels »optimistische Schlager«. Bei Kriegsende im Haus in Altaussee im Salzkammergut. 1946 in Brasilien, von Bayer Leverkusen für Reklamekonzerte mit Asprina-Werbung (Aspirin) bezahlt, danach in Argentinien (argentinische Staatsbürgerschaft). Laut Prieberg von Diktator Perón zum Staatlichen Musikdirektor ernannt. 1954 Rückkehr. 1955 Erinnerungen: *Schön war die Zeit*, 1971: *Nur Puppen haben keine Träume*, Kreuder auf Seite 336: »Wie gesagt, ein prächtiger Mensch, dieser Hitler, soweit es die Operette betraf.« † 28.6.1981 Salzburg.

Kreutzberg, Harald. Tänzer und Choreograph.
* 11.12.1902 Reichenberg. Erster Solotänzer der Berliner Staatsoper. Laut *Meyers Lexikon* (1939) ein »meisterhafter Vertreter des deutschen Kunsttanzes«. Befreundet mit Leni Riefenstahl, Berater bei ihrem Film *Tiefland* (Riefenstahl). März 1943 im Führerfilm *Paracelsus* (Prädikat: *staatspolitisch besonders wertvoll*). DBJ 1944: Gast am Deutschen Theater in den Niederlanden in Den Haag, Rechtsträger: Der Reichskommissar für die besetzten niederländischen Gebiete. Wistrich: »Ließ sich weitgehend vor den Wagen der offiziellen Kulturpropaganda spannen und gehörte – obwohl selbst völlig unpolitisch eingestellt – ... zu den anerkannten Repräsentanten der NS-Kunst.« Ab 1955 eigene Tanzschule in Bern. Das *Deutsche Bühnen-Jahrbuch* zum 60. Geburtstag: »Ausdruck war für ihn alles.« 1968 *Bundesverdienstkreuz I. Klasse*. † 23.4.1968 Gümlingen bei Bern.

Kreysler, Dorit. Schauspielerin.
* 5.12.1909 Mödling. Zwischen 1934 und 1945 in 17 Unterhaltungsfilmen. Unter anderem 1940 in der Filmkomödie *Frau nach Maß* sowie im Hans-Moser-Film *Meine Tochter lebt in Wien*. 1942 Operettenfilm *Wiener Blut*, Prädikat: *künstlerisch besonders wertvoll*. Nach 1945 Filme wie *Der keusche Lebemann* (1952) oder *Tante*

Jutta aus Kalkutta (1953). † 16.12.1999 Graz.

Kriegel, Willy. Auf der Sonderliste der zwölf wichtigsten bildenden Künstler der *Gottbegnadeten-Liste* (Führerliste).
* 23.2.1901 Dresden. NSDAP Mai 1933. Auf den Großen Deutschen Kunstausstellungen im Münchner NS-Musentempel *Haus der Deutschen Kunst* mit insgesamt 19 Objekten. Goebbels am 30.3.1941 im Tagebuch: »Kleine Besuchsstunde mit dem Dresdner Maler Kriegel, dem Dürer unserer Zeit in der Blumen- und Kleintiermalerei.« Hitler hielt ihn »für den gegenwärtig größten deutschen Landschaftsmaler« (Goebbels-Tagebuch vom 25.6.1943). NS-Ehrung: Trotz Titelsperre am 1.7.1943 von Hitler Titel Professor. Begründung: Einmalige Begabung für »Kleinmalerei«. Goebbels' Pressereferent von Oven am 18.7.1943 im Tagebuch über den Empfang von sieben geehrten Malern bei Goebbels, darunter Kriegel: »Sie griffen kräftig in die ministeriellen Zigarrenkisten, tranken die Cocktails als wären es Sechserschnäpse, redeten über Kunst und nickten verlegen und selig zugleich Zustimmung, wenn der Minister etwas sagte.« † 1966 Starnberg.

Krieger, Arnold. Schriftsteller.
* 1.12.1904 Dirschau/Weichsel. Goebbels am 16.1.1940 im Tagebuch: »Neuen Dichter entdeckt. Arnold Krieger. Namen merken!« Autor des Romans *Mann ohne Volk* (1934), 1941 unter dem Titel *Ohm Krüger* verfilmt, für Goebbels »ein Film zum Rasendwerden«. Höchstprädikat: *Film der Nation* und *Staatspolitisch und künstlerisch besonders wertvoll, kulturell wertvoll, volkstümlich wertvoll, volksbildend, jugendwert*. 1957 Gründer des Verlags Studio Schaffen und Forschen in Darmstadt. † 9.8.1965 Frankfurt am Main.

Kriegler, Hans. Präsident der Reichsrundfunkkammer (1937 bis zur Auflösung 1939).
* 3.5.1905 Breslau. Architekt. 1926 NSDAP. 1931 Gaufunkwart Schlesien, SA-Führer. 1933 Intendant des Reichssenders Breslau. 1937 Leiter der Abteilung III (Rundfunk) im Reichspropagandaministerium. Am 3.6.1937: »Wenn der Führer spricht, muß jeder Volksgenosse, ob daheim oder im Betrieb am Volkssender sein.« † Verbleib unbekannt (BAL).

Krien, Werner. Kameramann.
* 7.3.1912 Berlin. 1941 die NS-Filme *Über alles in der Welt* zur Vorbereitung der Schlacht um England (Courtade: »Ein einziger wüster, barbarischer Siegesschrei«) sowie ... *reitet für Deutschland*. 1943 Ufa-Jubiläumsfilm *Münchhausen* sowie 1944 Hans-Albers-Film *Große Freiheit Nr. 7*. 1948 KZ-Flüchtlingsdrama *Morituri*. 1951 bei Harlans Nachkriegsdebüt *Unsterbliche Geliebte*. 1956 *Die Trapp-Familie*. † 6.3.1975 Berlin.

Krips, Josef. Dirigent.
* 28.4.1902 Wien. Generalmusikdirektor in Karlsruhe. 1933 Emigration, Wiener Staatsorchester, Professor der Musikakademie. 1938 Flucht nach Belgrad, Rückkehr nach Besetzung durch deutsche Truppen, Zwangsarbeit in Lebensmittelfabrik. Im *Lexikon der Juden in der Musik* als »Halbjude« gebrandmarkt. 1945 Chefdirigent der Wiener Staatsoper, 1950 Leiter des London Symphony Orchestra. 1970 Chefdirigent der Wiener Symphoniker. † 12.10.1974 Genf.

Kröh, Heinrich Reinhard. Ältester tätiger Maler im Dritten Reich.
* 7.5.1841 Darmstadt. 1941 Antrag auf Verleihung der *Goethe-Medaille* für Kunst und Wissenschaft von NSDAP-Gauleiter Sprenger, Begründung: Er habe den »Weg zum Führer längst vor der Machtergreifung« gefunden. Jubiläumsausstellung zum 100. Geburtstag in Darmstadt. † Dezember 1941 ebenda. Q.: Thomae; Vollmer.

Kroll, Adolf. Neugermanischer Schriftsteller.
* 2.1.1880 Brodowin, Kreis Angermünde. 1911 Mitbegründer der *Wodangesellschaft*, 1912 aufgegangen in der *Germanischen Glaubensgemeinschaft* (GGG), die den

Herrmannstein bei Rattlar (Waldeck) zur Kultstätte weihte. 1928 Autor zweier Werke: *Das nordische Weihetumsjahr* sowie *Was ist deutscher Glaube?* Spezialgebiet, laut Literatur-Kürschner 1943: »Rassische Reformation«. † 5.10. 1969 Schönau im Schwarzwald. Lit.: Puschler.

Krolow, Karl. Schriftsteller.
* 11.3. 1915 Hannover als Beamtensohn. 1934 HJ. 1937 NSDAP (Sarkowicz). Texte im NS-Kampfblatt *Krakauer Zeitung*, das »Blatt des Generalgouvernements« (Orlowski). 1943/44 Lyrik und Prosastücke in Goebbels' Renommierblatt *Das Reich* (von Hitler im Tischgespräch 1942 gelobt: »Prachtvoll ist die Zeitung ›Das Reich‹«). Görtemaker: »Wer für das Reich arbeitete, stellte sich zwangsläufig in den Dienst der nationalsozialistischen Propaganda.« 1972 Präsident der Deutschen Akademie für Sprache und Dichtung. Unter anderem Georg-Büchner-Preis (1956), *Großer Verdienstorden* (1975). † 21.6. 1999 Darmstadt.

Kronacher, Alwin. Regisseur.
* 18.11. 1880 Bamberg. 1921 Leiter des Alten Theaters in Leipzig, 1930 Direktor des Schauspielhauses Frankfurt am Main. Förderte Autoren wie Brecht, Hasenclever, von Unruh und Werfel. Freilichtaufführungen auf dem Frankfurter Römerberg (*Götz, Urfaust*). 1933 Emigration in die Schweiz, 1934 Paris, 1939 USA. Gastprofessor der Universität von Berkeley. † 2.1. 1951 Oakland, Kalifornien (DBJ).

Krüger, Adolf (Alf), Pseudonym *Günther zum Stein.* Ministerialrat im Reichswirtschaftsministerium.
* 21.10. 1900 Neustrelitz in Mecklenburg. 1933 Novellen und Gedichte: *Zehn Jahre Kampf.* 1934 Abhandlung: *Vom heiligen Abendmahl menschlichen Wesens.* 1939 »Kampfgedichte« *Wir wurden im Kampf.* 1940: *Die Lösung der Judenfrage in der deutschen Wirtschaft*, laut Werbung des Limpert Verlags »der grundlegende Entjudungskommentar«. Im Krieg Oberstleutnant der Luftwaffe (WASt). Nach 1945 Wohnort Eutin.

Krüger, Bum. Schauspieler.
* 13.3. 1906 Berlin. 1926 National-Theater Mannheim. 1935 Städtische Bühnen Frankfurt am Main. 1940 als verkalkter Lloyd George Auftritt in George Bernard Shaws *Der Kaiser von Amerika* in Frankfurt (die Inszenierung sollte die Verkommenheit des britischen Parlamentarismus zeigen). 1943 am *Schiller-Theater der Reichshauptstadt.* Nach 1945 in Filmen wie *Tante Jutta aus Kalkutta* (1953), *Des Teufels General* (1954), *Meine 99 Bräute* (1958), *Wer weint denn schon im Freudenhaus* (1969). † 15.3. 1971 Berlin.

Krüger, Emmy. Sopranistin.
* 27.1. 1886 Bad Homburg. Staatsoper Wien. 1924–1930 Bayreuther Festspiele, Rolle der Isolde in *Tristan und Isolde.* Auftritte in Konzerten des *Kampfbunds für deutsche Kultur.* Krüger über einen Besuch bei der siechen Cosima Wagner: »Unhörbar, wie ich gekommen war, verließ ich den dämmrigen Raum, in dem einer der größten Frauengestalten aller Zeiten begegnen durfte.« 1931 Abschied von der Bühne. Ab 1937 Leitung der Opernklasse der Akademie der Tonkunst in München. † 13.3. 1976 Zürich. Lit.: Hamann.

Krüger, Felix. 1928 öffentlicher Förderer des *Kampfbunds für deutsche Kultur.*
* 10.8. 1874 Posen als Fabrikantensohn. Ab 1917 Lehrstuhl Psychologie und Philosophie in Leipzig. 1927 (bis 1934) Vorsitzender der *Deutschen Philosophischen Gesellschaft.* 1933 (bis 1936) Vorsitzender der *Deutschen Gesellschaft für Psychologie.* 1935 Rektor, wegen »judenfreundlicher« Äußerungen über Spinoza im Dezember abgesetzt. 1937 von Reichsstelle für Sippenforschung als »Mischling« eingestuft, 1938 vorzeitige Emeritierung. † 25.2. 1948 Basel. Lit.: Grüttner.

Krünes, Erik. Feuilletonchef der Berliner Tageszeitung *Der Tag.*
* 3.9. 1890 Aussig. Dr. jur. Sudetendeutscher Reiseschriftsteller. Von Zuckmayer zur Kategorie »Nazis, Anschmeißer, Nutznießer, Kreaturen« gerechnet: »Als Kritiker ohne geistigen Rang, hat er sich beson-

ders durch Anprangern und Denunzieren von ›Kulturbolschewisten‹ und ›Schädlingen‹ hervorgetan.« † Verbleib unbekannt.

Krupka, Wolfram. Landesleiter der Reichsschrifttumskammer Reichsgau Wartheland.

* 28. 8. 1903 Posen. Schriftsteller und Pfarrer. 1933 Gedichtband *Fanal,* darin das Reimprodukt *Adolf Hitler,* Textprobe: »Bist schlicht und treu, bist darum groß und echt./Bist Führer einem ringenden Geschlecht./Tust Gottes Werk – und weiter willst du nichts./Tust Gottes Werk im Anbruch neuen Lichts.« 1937: *Das brennende Herz. Ein deutsches Weihespiel.* 1938 »Rassentragödie« *Esther.* 1943 Wehrmacht, 1944 in Frankreich in Kriegsgefangenschaft (WASt). Nach 1945 Pfarrer in Herten in Westfalen. Lit.: Wulf, Literatur.

Krutina, Edwin. Direktor des Reichsverbands der Standesbeamten Deutschlands (ab 1922).

* 10. 6. 1888 Karlsruhe als Beamtensohn. 1925 Gründung des *Bunds für Volksaufartung und Erbkunde.* 1931 in der *Gesellschaft für Rassenhygiene* (zur Vervollkommnung der Rasse). Schriftwalter der *Zeitschrift für Standesamtswesen, Personenstandsrecht, Eherecht und Familiengeschichte.* Als Schriftsteller unter anderem 1934 das Drama *Maria und das Kind.* 1950 Mitbegründer des Verbands der Standesbeamten Deutschlands. † 7. 10. 1953 Badenweiler. Lit.: Labisch.

Kubin, Alfred. Zeichner und Schriftsteller.

* 10. 4. 1877 Leitmeritz in Böhmen. Ab 1906 auf seinem Herrensitz Zwickledt bei Schärding am Inn (Österreich). Beitritt zur Expressionisten-Gruppe *Der blaue Reiter.* Zuckmayer (Erinnerungen): »Ein Magier und Sterndeuter unter den Künstlern seiner Zeit.« *Meyers Lexikon* 1939: »Hat in seinem eigentümlichen Zeichenstil das Grausige, Gespenstische und Phantastische dargestellt.« Beschlagnahmung von 63 seiner Werke als »entartete Kunst«, aber kein Ausstellungsverbot. Der *Völkische Beobachter* zum 65. Geburtstag: »Ein durchaus deutscher Künstler.« Ver-

öffentlichte 1941/42 Zeichnungen im NS-Kampfblatt *Krakauer Zeitung,* das »Blatt des Generalgouvernements«. † 20. 8. 1959 Zwickledt.

Kuckhoff, Adam. Schriftsteller.

* 30. 8. 1887 Aachen, Sohn eines Nadelfabrikanten. Dr. phil. 1915 Drama *Der Deutsche von Bayencourt.* 1917 Lustspiel *Disziplin,* Dramaturg am Neuen Theater in Frankfurt am Main. 1930 Dramaturg am Berliner Staatstheater. Ab 1932 freiberuflich tätig, unter anderem Filmkritiken für *Essener Nationalzeitung.* Im Krieg in der Widerstandsgruppe *Rote Kapelle.* September 1942 Verhaftung in Prag. † 5. 8. 1943 Hinrichtung in Berlin-Plötzensee mittels Fallbeil. Lit.: Erfasst?

Kühn, Walter. Gründer und Schriftleiter der Monatsschrift *Die Musikerziehung.*

* 3. 12. 1883 Züllichau. Studienrat. 1928 am Institut für Kirchen- und Schulmusik in Königsberg, Vorsitzender des *Bundes deutscher Musikerzieher.* 1932 NSDAP. 1939 Autor: *Führung zur Musik,* Textprobe: »Das rassisch bedingte Drängen zum Metaphysischen flüchtete sich bei den Germanen in ein Ausdrucksgebiet hinein, das, fernab vom begrifflichen Erfassen und denkmäßigen Verarbeiten, dieser Eigenschaft unseres Volkes entgegen kam: Die Musik. So mußte Musik aus innerer rassischer Notwendigkeit die spezifische Kunst der Germanen werden!« Nach 1945 freie Tätigkeit in Ilten. † 26. 12. 1963 Ilten.

Külb, Karl Georg. Drehbuchautor.

* 28. 1. 1901 Mainz. 1937 Start als Co-Autor zum Harlan-Film *Mein Sohn, der Herr Minister* (für Goebbels »eine geistvolle Verhöhnung des Parlamentarismus«). 1938 Drehbuch zu Zarah Leanders Liebesfilm *Der Blaufuchs,* 1939 Buch und Regie zum NS-Tendenzfilm *Der Stammbaum des Dr. Pistorius* (Aufmärsche der Hitlerjugend). 1941 Ufa-Farbfilm *Frauen sind doch bessere Diplomaten.* Nach 1945 Lustspielklamotten wie *Tante Jutta aus Kalkutta* (1953, auch Regie). Im Ehrenrat des Verbands Deutscher Filmautoren. † 20. 7. 1980 München.

Kümmel, Otto. Generaldirektor der Staatlichen Museen Berlin.

* 22.8. 1874 Blankenese in Holstein. 1927 Professor für ostasiatische Kunst der Universität Berlin. 1928 Direktor der asiatischen Sammlungen an den Staatlichen Museen Berlin. *Führerlexikon:* NSDAP. 1935 in der Zeitschrift *Völkische Kunst* Beitrag *Die Museen im nationalsozialistischen Deutschland.* Mit einem Stab im besetzten Frankreich zur »Rückführung« von Kunstgütern. Goebbels am 22.10. 1940 im Tagebuch über eine Denkschrift Kümmels: »Großartig von Geheimrat Kümmel ausgearbeitet. Ich werde sie dem Führer vorlegen.« † 8.2. 1952 Mainz.

Künkler, Karl. Leiter der Hauptstelle Theater in Rosenbergs Dienststelle *Beauftragter des Führers für die Überwachung der gesamten geistigen und weltanschaulichen Schulung der NSDAP* (1937).

* 16.5. 1909 Frankfurt am Main. Theaterkritiker. 1934 Angestellter der *Nationalsozialistischen Kulturgemeinde.* 1940 NSDAP, Wehrmacht, 1941 Propaganda-Ersatz-Abteilung Potsdam. Leiter der Gruppe Theater in Rosenbergs Ostministerium. Nebenamtlich Hauptschriftleiter der *Deutschen Dramaturgie,* ebenda März 1943: »Je mehr wertvolles dramatisches Gut unserer Klassiker und zeitgenössischen Dramatiker auch von den Wehrmachtsbühnen vermittelt wird, um so stärker wird in jedem Soldaten das Bewußtsein der Verteidigung der europäischen Kultur wach werden.« † WASt: Keine Todes- oder Vermißtmeldung. Q.: Drewniak, Theater.

Künneke, Eduard. Komponist.

* 27.1. 1885 Emmerich am Rhein. 1921 Erfolgsoperette *Der Vetter aus Dingsda* mit dem Lied *Ich bin nur ein armer Wandergesell.* 1932 Operette *Glückliche Reise.* NSDAP Mai 1933 (Nr. 2 633895), wegen »nichtarischer« Ehefrau später storniert. Mitglied der Fachschaft der Deutschen Komponisten der Reichsmusikkammer. 1934 Vorsitzender des *Verbands Deutscher Bühnenschriftsteller und Bühnenkomponisten.* In der Literatur wird öfters behauptet, Künneke habe wegen seiner Ehefrau (bis 1935, manchmal ab 1935) einem Boykott seitens der Reichsmusikkammer unterlegen. Die Dienststelle Rosenberg attackierte ihn zwar (jüdische Versippung, jüdische Texter), Goebbels war jedoch der Propagandawert des Künstlers wichtiger als die Rassenfrage und verordnete, daß er »ungehindert seiner künstlerischen Betätigung nachgehen darf«. Künnecke komponierte 1933 die Musik zu den Filmen *Heimkehr ins Glück, Drei blaue Jungs – ein blondes Mädel, Abel mit der Mundharmonika, Der Page vom Dalmasse-Hotel* sowie *Des jungen Dessauers große Liebe.* Uraufführungen seiner Operetten: Dezember 1933 *Tanzende Flamme* in Berlin, April 1935 *Herz über Bord* in Düsseldorf, Silvester 1935 *Die große Sünderin* an der Berliner Staatsoper, 1938 *Hochzeit von Samarkand* am Berliner Theater des Volkes, 1941 *Die Wunderbare* am Stadttheater Fürth. Am 4.11. 1942 beim Treffen von Unterhaltungskomponisten in der *Kameradschaft der deutschen Künstler,* Hippler: angesichts der Kriegslage braucht Goebbels »optimistische Schlager«. Die *Litzmannstädter Zeitung* Februar 1943: »Am 10. und 11. wird der Komponist Eduard Künneke in Litzmannstadt weilen und persönlich die Aufführung eigener Werke leiten. Er dirigiert das für diesen Abend vom KdF [NS-Gemeinschaft *Kraft durch Freude*] verpflichtete Gauorchester Schlesien der NSDAP.« † 27.10. 1953 Berlin.

Künneke, Evelyn. Chansonsängerin.

* 15.12. 1921 Berlin. Tochter des Operettenkomponisten. Solotänzerin an der Berliner Staatsoper, Auftritte in Kabaretts und Revuen. 1941 im Käutner-Film *Auf Wiedersehen, Franziska!* (Courtade: »Er soll die zahllosen deutschen Frauen trösten, die der Krieg einsam gemacht hat«) mit einem der erfolgreichsten Schlager des II. Weltkriegs: *Sing', Nachtigall, sing'!* Obwohl nach NS-Begrifflichkeit »jüdisch versippt«, häufiger Einsatz bei Truppenbetreuung. Nach 1945 Kleinstkunstbühnen,

Filme wie *Das sündige Bett* (1973) oder *Das Kondom des Grauens* (1996). 1982 Erinnerungen: *Sing Evelyn sing. Revue eines Lebens*, 1991: *Mit Federboa und Kittelschürze.* † 28. 4. 2001 Berlin. Lit.: Koch.

Künsberg, Eberhard Freiherr von. SS-Sturmbannführer und Legationsrat im Auswärtigen Amt.
* 2. 9. 1909 Speyer. 1929 NSDAP. August 1941 Sonderführer der Waffen-SS im Majorsrang, Leiter des *Sonderkommandos Künsberg* der Waffen-SS zum Raub von Dokumenten und Kunstwerken. † Angeblich Kriegstod zwischen 11. und 14. 2. 1945 in Budapest (WASt).

Küssel, Robert. Komponist.
* 13. 5. 1895 Gleiwitz in Oberschlesien. 1932 NSDAP (Nr. 1 370618), in Rosenbergs *Kampfbund für deutsche Kultur.* 1933 Leiter des Ufa-Symphonieorchesters. 1937 Marsch *Soldaten – Kameraden* auf G.O. Stoffregens Verse: »Wenn kaum der Morgen dämmert,/stehn wir in Reih und Glied./Zu Stahl hat uns gehämmert/des Dritten Reiches Schmied.« 1938 Musik zum Film *Kameraden auf See* über die deutsche Kriegsmarine im spanischen Bürgerkrieg. 1939 Jagdfliegerfilm *D III 88* mit Küssels Marschlied *Flieger sind Sieger*, wiederum auf einen Stoffregen-Text: »Flieger sind Sieger/für Deutschlands Herrlichkeit«. 1947 Komposition für die Bauernorganisation der Sowjetisch besetzten Zone: *Der freie Bauer.* † 29. 9. 1970 Berlin. Lit.: Gillum; Prieberg, Handbuch.

Kuhlmann, Carl. Auf der *Gottbegnadeten-Liste* der Schauspieler, die für die Filmproduktion benötigt werden.
* 25. 4. 1899 Bremen. 1930 Stadttheater Altona. Ab 1937 Volksbühne Berlin. 1938 *Am seidenen Faden*, angeblich eine filmische Denunziation des »jüdischen Schieberkapitals« (Kreimeier). 1940 im Hetzfilm *Die Rothschilds* als Nathan Rothschild: Auftritt wie eine Karikatur aus Streichers *Stürmer.* Gerhard Starke am 18. 7. 1940 in der *Deutschen Allgemeinen Zeitung:* »So spielt er zum Individuum immer auch die ganze Rasse mit, das ganze semitische Hinterland der Person, mit tausend Finessen ihrer Ordinärheit.« 1942 im Tendenzfilm *Wien 1910*: der antisemitische Wiener Bürgermeister Karl Lueger als Hitler-Vorläufer. Nach 1945 vorwiegend Theater. Spielte 1953 am Schauspiel Zürich *Das Schloß* der jüdischen Autoren Kafka/Brod. † 18. 7. 1962 Berlin.

Kuhlo, Johannes, genannt *Hornist Gottes.* Reichsposaunenwart (1936).
* 8. 10. 1856 Gohfeld in Westfalen als Pfarrerssohn. Pastor. Ab 1892 in den Bodelschwinghschen Anstalten in Bethel bei Bielefeld. Vorsteher des Brüderhauses Nazareth (Diakone), 1922 Verabschiedung. In evangelischen Kreisen berühmt als *Posaunengeneral.* Mai 1933 NSDAP. Am 29. 8. 1933 Besuch bei Hitler auf dem Obersalzberg mit Huldigungsständchen. 1935 Komposition *Geburtstag des Führers Adolf Hitler* nach Psalm 21 (sic), Textprobe: »Hoch freuet sich der Führer,/Herr Gott, in Deiner Kraft;/er ist von Herzen fröhlich,/daß Du ihm Hilfe schaffst.« † 16. 5. 1941 Bethel. Lit.: Der Ring, Informationsblatt der Bodelschwinghschen Anstalten, Nr. 11/1981; Prieberg.

Kuhnert, Hanns H. Filmarchitekt.
* 4. 4. 1901 Berlin. In der NS-Zeit zumeist Unterhaltungsfilme. 1940 Kulisse zu einem der übelsten Hetzfilme: *Die Rothschilds*, Courtade: »Ein Aufruf zu Haß und Mord«. Nach 1945: *Schwarzwaldmädel* (1956), *Hoppla, jetzt kommt Eddie* (1958) oder *Scotland Yard jagt Dr. Mabuse.* † 29. 7. 1974 Berlin.

Kulenkampff, Georg. Auf der *Gottbegnadeten-Liste* (Führerliste) der wichtigsten Geiger des NS-Staates.
* 23. 1. 1898 Bremen. 1916 Erster Konzertmeister der Berliner Philharmoniker. 1923 Professor der Berliner Musikhochschule. Vielbeschäftigter Konzertgeiger. 1938 Auftritt auf dem kulturpolitischen Arbeitslager der Reichsjugendführung in Weimar (Prieberg). *Meyers Lexikon* 1939: »Einer der bedeutendsten Geigenkünstler der Gegenwart.« † 4. 10. 1948 Schaffhausen.

Kulisiewicz, Aleksander. Sänger und Kunstpfeifer.

* 7. 8. 1918 Krakau. 1940–1945 Häftling im KZ Sachsenhausen. Verfasser, Interpret und Sammler von KZ-Liedern (heute im Holocaust Memorial Museum in Washington). Nach 1945 Auftritte als Sänger in der DDR und BRD: »Es ist meine Pflicht, diese schrecklichen Lieder zu singen. Ich erfülle das Testament meiner verstorbenen Freunde.« † 12. 3. 1982 Krakau an den Spätfolgen der KZ-Haft. Lit.: Fackler.

Kummer, Rudolf. Oberbibliothekar und SS-Obersturmbannführer (1940).

* 28. 4. 1896 Nürnberg. Dr. phil. 1922 erstmals NSDAP, 1931 SS (Nr. 272466). *Blutordensträger* der NSDAP (Teilnehmer am Hitlerputsch 1923). SD. Oberbibliotheksrat an der Bayerischen Staatsbibliothek. 1933 Autor: *Die Rasse im Schrifttum. Ein Wegweiser durch das rassenkundliche Schrifttum.* 1935 Ministerialrat im Reichserziehungsministerium (Amt für Wissenschaft), Leiter des Generalreferats für das Bibliothekswesen, auch Leiter der Abteilung Büchereiwesen in Rosenbergs Hauptstelle Schrifttumspflege und Referent der *Parteiamtlichen Prüfungskommission zum Schutze des NS-Schrifttums.* 1939: *Rasputin – ein Werkzeug des Judentums* im Verlag *Der Stürmer.* † 6. 4. 1987 Nürnberg. Lit.: Barbian; Happel; Wulf, Literatur.

Kuntze, Paul. Schriftleiter beim *Völkischen Beobachter* (Wehrbeilage).

* 12. 11. 1883 Lauban in Schlesien. Im I. Weltkrieg Korvettenkapitän. 1934 Autor: *Kämpfer und Soldaten.* 1936: *Verlorenes Blut.* 1938: *Das Volksbuch unserer Kolonien.* Spezialgebiet (Literatur-Kürschner): »Weltanschauung«. † 15. 4. 1942 Chalonsur-Saon als Major z. V. der Luftwaffenkontrollkommission III an Herzversagen (WASt).

Kursell, Otto von. Auf der *Gottbegnadeten-Liste* (Führerliste) der wichtigsten Maler des NS-Staates.

* 28. 11. 1884 St. Petersburg. Studium in Riga. 1921 deutscher Staatsbürger. 1922 erstmals NSDAP, 1923 SA, Teilnehmer *Hit-*

lerputsch. Illustrator für *Völkischer Beobachter* und *Völkischer Kurier.* 1931 Leiter der Fachgruppe Bildende Kunst in Rosenbergs *Kampfbund für deutsche Kultur,* Schriftleiter des Kampfbund-Organs *Deutsche Kultur-Wacht.* 1932 Wiedereintritt NSDAP, Verleihung der Mitglieds-Nr. 93. 1933 Professor der Akademie für bildende Künste in Berlin, *Präsidialrat* der Reichskammer der bildenden Künste. In Heft 20 der *Deutschen Kultur-Wacht* Beitrag über *Nationalsozialistische Kulturpolitik*: »Nicht der einzelne ist wichtig, sondern das Volk; und das Volk nur, wenn es einem Ziele dient.« 1934 SS (Hauptsturmführer), Ministerialrat im Reichserziehungsministerium, Persönlicher Referent von Minister Rust. 1937 auf eigenen Antrag Entlassung aus SS. 1938 MdR. 1940 SA (zuletzt Oberführer). Am 1. 3. 1940 einer von etwa 120 Künstlern, Universitätsprofessoren, Staats- und Parteivertretern, die sich eine Probevorführung des Haßfilms *Der ewige Jude* – mit einem Kommentar, der Juden Ratten gleichsetzt – ansahen (Hornshøj-Møller). 1944 Direktor der Goebbels unterstellten *Deutschen Akademie* (zur Pflege des Deutschtums) in München. 1945–1950 in sowjetischer Haft, unter anderem Buchenwald. Danach in West-Berlin. 1965 Erwerb seiner alten Beamtenrechte. † 30. 8. 1967 München. Lit.: Lilla; Wulf, Künste.

Kurz, Isolde. Schriftstellerin, Beiname *Deutsche Mutter.*

* 21. 12. 1853 Stuttgart. Tochter eines schwäbischen Dichters. 1916 Lyrikband *Schwert aus der Scheide* (»Schwert, nun tu dein heiliges Amt! Schwert aus der Scheide!«). 1930 Unterzeichnerin eines Aufrufs des Vereins zur Abwehr des Antisemitismus. Erklärte sich später bereit, positive Bemerkungen über Juden (Heine, Freud) aus ihren Werken zu tilgen. Mai 1933 Berufung in die Deutsche Akademie der Dichtung der »gesäuberten« Preußischen Akademie der Künste. 1940 dritte Auflage ihrer Aphorismen *Im Zeichen des Steinbocks,* Textprobe: »Alle Ethik der Zukunft wird sich mit der physischen Veredlung der menschlichen Rasse zu beschäftigen haben.« NS-Ehrung: 1943 *Goethe-Medaille für Kunst und Wissenschaft.* † 5.4. 1944 Tübingen. Lit.: Sarkowicz.

Kutscher, Artur. Literaturhistoriker.
* 17.7. 1878 Hannover als Lehrerssohn. 1915 ao. Professor für Neuere deutsche Literaturgeschichte in München. Zu seinen Schülern zählten Brecht, Hanns Johst, Piscator, Toller. 1933 NS-Lehrerbund, 1938 NSV, NS-Reichskriegerbund. 1940 apl. Professor. 1942 NSDAP. 1945 zunächst Entlassung, 1951 Dienstende. 1958 *Großes Verdienstkreuz des Verdienstordens der BRD.* † 29.8. 1960 München. Lit.: König.

Kutschmann, Max. Maler, Obmann der Gruppe Bildende Kunst im *Kampfbund für deutsche Kultur.*
* 25.5. 1871 Neumünster in Holstein. *Führerlexikon:* »Im Kriege Mitglied der Vaterlandspartei ... hört im Winter 1922/23 Adolf Hitler im Nationalen Klub und tritt als höherer Beamter während der Verbotszeit 1927 in die NSDAP ein.« 1933 Direktor der Vereinigten Staatsschulen für freie und angewandte Kunst Berlin, Fachleiter in der Kulturabteilung des SS-Rassen- und Siedlungshauptamts. Am 1.3. 1940 einer von etwa 120 Künstlern, Universitätsprofessoren, Staats- und Parteivertretern, die sich eine Probevorführung des Haßfilms *Der ewige Jude* – mit einem Kommentar, der Juden Ratten gleichsetzt – ansahen. NS-Ehrung: 1941 *Goethe-Medaille* für Kunst und Wissenschaft. † April 1943 Berlin. Lit.: Wulf, Künste.

Kutzleb, Hjalmar. Erziehungswissenschaftler.
* 23.12. 1885 Gotha-Siebleben. 1929 Autor: *Steinbeil und Hünengrab.* 1933 Herausgeber: *Was der Spaten von der deutschen Vorzeit erzählt.* 1935 Professor für Didaktik und Geschichte der Hochschule für Lehrerbildung (zur NS-Indoktrinierung) in Weilburg. 1937: *Von Heerkönigen und Heerfahrten der Germanen.* Texte im NS-Kampfblatt *Krakauer Zeitung*, das »Blatt des Generalgouvernements«. Im NS-Dozentenbund. NS-Ehrung: 1937 Hans-Schemm-Preis des NS-Lehrerbundes. 1955 Jugendbuch: *Mittelalterliche Sagen.* † 19.4. 1959 Celle. Lit.: Hesse.

Kuycke, Arnold von. Hobbykomponist.
* 8.8. 1874 Flensburg. Hauptmann a.D. Wohnort Berlin. 1931 NSDAP. NS-Gebruchsmusik. 1933 Komponist und Texter des SA-Kampflieds für Gesang und Klavier *Vorwärts, Braunhemd, ran an den Feind*, Textprobe: »Hurtig, mutig, wuchtig SA,/ zag nicht, klag nicht, Hitler ist da,/opferst du dein Leben auch gleich für's dritte Reich.« † 2.1. 1954 Berlin. Lit.: Prieberg, Handbuch.

L

Laban, Rudolf von, eigentlich Laban von Váraljas. Choreograph.
* 15.12. 1879 Preßburg. 1923 Ballettdirektor der Staatsoper Hamburg. 1930 (bis 1934) Ballettdirektor am Preußischen Staatstheater, Tanzregie bei den Bayreuther Festspielen. Bereitete die Choreographie der Olympischen Spiele in Berlin vor. Goebbels am 23.8. 1935 im Tagebuch: »Laban macht seine Sache gut.« 1938 Emigration nach Großbritannien. † 1.7. 1958 Weybridge. Nachruf *Deutsches Bühnen-Jahrbuch:* »Solches Bewußtsein kosmisch-kultischen Ursprungs aller tänzerischen Äußerungen ist dieser Berufssparte weitgehend abhanden gekommen.«

Labatt, Kurt. Intendant.
* 31.7. 1892 Wien. 1941 Intendant des Deutschen Theaters in Mährisch-Ostrau, 1942 der Stadttheater ebenda. Vorstellungen für HJ und BDM. Rundschreiben des KZ-Kommandanten Höß, Auschwitz, vom 7.5. 1943 (betrifft *Truppenbetreuungsveranstaltung* für das KZ-Personal): »Am Dienstag, den 11. Mai 1943, 19 Uhr, findet im großen Saal des Kameradschaftheimes der Waffen-SS ein Gastspiel des Stadttheaters Mährisch-Ostrau statt. Zur Aufführung gelangt ›Bezauberndes

Fräulein‹, Operette in 4 Akten von Ralph Benatzky. Organisation: Abt. VI mit Intendant Kurt Labatt, Mährisch-Ostrau.« Schon vorher, am 23.2.1943, mit der Operette *Prinzessin Grete* Gastspiel im KZ Auschwitz. Nach 1945 in Innsbruck. Ab 1950 Leiter von Kursen für Rhetorik und Theaterwissenschaft der Universität Innsbruck (Theater-Kürschner).

La Baume, Wolfgang. Direktor des Landesamts für Vorgeschichte in Königsberg (1938).

* 8.2.1885 Wurzen in Sachsen. Prähistoriker. 1928 Honorarprofessor der Universität Königsberg. 1932 in der Fachgruppe für deutsche Vorgeschichte des *Kampfbunds für deutsche Kultur* (Schöbel). 1934 Autor: *Urgeschichte der Ostgermanen*. 1950 Leitung der Fachgruppe Vor- und Frühgeschichte im J. G. Herder-Forschungsrat in Marburg. † 18.3.1971 Ludwigshafen am Bodensee.

Lach, Robert. Musikwissenschaftler.

* 19.1.1874 Wien. Dr. phil. 1911 Wiener Hofbibliothek, 1912 ebenda Leiter der Musikabteilung. 1920 ao. und 1929 o. Professor der Universität Wien, ab 1924 zugleich an der Staatsakademie für Musik und darstellende Kunst. 1933 Mitglied der in Österreich verbotenen NSDAP. † 11.9.1958 Salzburg. Lit.: Potter.

Ladengast, Walter. Schauspieler.

* 4.7.1899 Wien. Rollentyp: Gebückte Faktoten (Weniger). In den Filmen *Liebe, Tod und Teufel* (1934), im Staatsauftragsfilm *Wunschkonzert* zwecks Hebung der Truppenmoral und Leidensbereitschaft der Heimatfront (1940) sowie *Rembrandt* (1942), Drewniak (Film):»Kleine Spitzen gegen die Juden, die an dem wirtschaftlichen Ruin Rembrandts schuldig waren.« Nach 1945: *Das doppelte Lottchen* (1950), *Zwei Bayern in St. Pauli* (1956), *Das Spukschloß im Spessart* (1960). Zuletzt in den Werner-Herzog-Filmen *Jeder für sich und Gott gegen alle* (1974) sowie *Nosferatu* (1978). † 3.7.1980 München.

Ladewig, Annemarie. Malerin und Gebrauchsgraphikerin.

* 5.6.1919 Neidenburg in Ostpreußen. Tochter eines Architekten. Wohnort Hamburg. Ihre getaufte jüdische Mutter »stirbt« 1944 in der Psychiatrie bei Bürger-Prinz. Im März 1945 aufgrund einer Denunziation von Gestapo verhaftet. † 23.4.1945 gehenkt im KZ Neuengamme, ohne Anklage und Prozeß. Lit.: Bruhns.

Lafferentz, Bodo. Leiter der gesamten Organisation der Kriegsfestspiele in Bayreuth.

* 27.7.1897 Kiel. SS-Nr. 347155, Obersturmführer (1939). NSDAP-Nr. 2 594441. Leiter der Abteilung Reisen, Wandern, Urlaub der NS-Gemeinschaft *Kraft durch Freude* (KdF) im Zentralbüro der *Deutschen Arbeitsfront* (DAF). Dezember 1943 Heirat mit der Siegfried-Wagner-Tochter Verena (Hochzeitsmusik:»Und du wirst mein Gebieter sein« aus der Strauss-Oper *Arabella*). Im Verwaltungsrat der Deutschen Veranstaltungsdienst GmbH Berlin der DAF. Juni 1944 Begründer des *Instituts für physikalische Forschung* (Steuerungssysteme für Raketen) in Bayreuth, ein Außenlager des KZ Flossenbürg. 1949 Entlassung aus Internierungslager, entnazifiziert als *minderbelastet*. Firmengründer. † 1974. Lit.: Hamann.

Laforgue, Leo de. Schriftsteller, Kameramann und Filmregisseur.

* 9.2.1902 Grummbach bei St. Wendel. Regieassistent und Bühnenbildner bei Max Reinhardt. Kamera bei Riefenstahls Olympia-Filmen. Vom Amt Rosenberg empfohlenes Drama: *Brand am Skagerrak* (1933). 1937 Schnitt des Montagefilms *Juden ohne Maske*, Verleih über die Gaufilmstellen der NSDAP. Filmkommentar:»Der Jude ist die Verkörperung des Bösen ... Wohin sein Pesthauch trifft, wirkt er vernichtend. Wer mit den Juden kämpft, kämpft mit dem Teufel.« Autor von Büchern wie *Himmelfahrtskommando* oder *Frontbuch vom Minenkrieg* (1941). 1942 Regieassistent beim Bismarck-Film *Die Entlassung* (Courtade:»Hitler in der Maske des berühmten Vorgängers ... wie dieser die Macht über das Recht stellend«).

1943 Dokumentarfilm *Symphonie einer Weltstadt* (von Goebbels verboten, 1950 Aufführung unter dem Titel *Berlin, wie es war*). Drehbuch zu Käutners Film *Unter den Brücken.* Nach 1945 Filmproduzent und Maler. † Mai 1980. Lit.: Zimmermann/Hoffmann.

Lagarde, Paul de, eigentlich Bötticher. Völkischer Vorläufer.
* 2.11.1827 Berlin. † 22.12.1891 Göttingen, Sohn eines Gymnasiallehrers. Orientalist, Professor in Göttingen. 1878–1881 *Deutsche Schriften*, zwei Bände, 1933 erneut aufgelegt unter dem Titel *Schriften für das Deutsche Volk*. 1887 im Essay *Juden und Indogermanen*: »Mit Trichinen und Bazillen wird nicht verhandelt, Trichinen und Bazillen ... werden so rasch und so gründlich wie möglich vernichtet.« Der Erzantisemit Theodor Fritsch nannte ihn den »Deutschesten der Deutschen«. Rosenberg im *Mythus*: »Ein Seher«. Lit.: Puschner.

La Jana (Künstlername). Revue- und Filmtänzerin.
* 24.2.1905 Mauer bei Wien. An der Wiener Volksoper und am Großen Schauspielhaus Berlin. 1925 Stummfilmdebüt mit *Wege zu Kraft und Schönheit*. Durch Exotikstreifen *Der Tiger von Eschnapur* und *Das indische Grabmal* (1938) von »fast kultartiger Popularität« (Weniger). 1939 Revuefilm *Menschen im Varieté*. Verheiratet mit dem Opernsänger Michael Bohnen. † 13.3.1940 Berlin an Lungenentzündung, zugezogen bei der Truppenbetreuung im Kriegswinter, wenige Tage vor der Uraufführung ihres neuesten Ufa-Films *Der Stern von Rio*.

Lajzerowicz, Izrael. Maler.
* 6.11.1902 Lodz. Studium der Malerei in Berlin. Ausstellungen in Lodz und Krakau. Ab 1940 im Ghettolager Litzmannstadt/Lodz, in der Wissenschaftlichen Abteilung des Judenältesten. Oskar Rosenfeld in der *Getto-Enzyklopädie*: »Einer der wenigen jüdischen Maler, die auch in polnischen Kreisen Beachtung gefunden haben ... Was den künstlerischen Stil anlangt, suchte Lajzerowicz den Naturalismus mit der mystischen Ausdeutung der wirklichen Welt zu verschmelzen.« † August 1944 Deportation nach Auschwitz (Die Chronik). Lit.: Kempa.

Lalsky, Gertrud de. Schauspielerin.
* 27.1.1878 Danzig. Ab 1923 an Berliner Bühnen. 1933 im Staatsauftragsfilm *Hans Westmar* Hauptrolle der Mutter Horst Wessels. 1935 als Majorin Traß in *Der höhere Befehl*. Zahlreiche Nebenrollen, so 1938 im Zarah-Leander-Film *Der Blaufuchs* und 1941 im Hetzfilm *Carl Peters*. Nach 1945 Rückzug ins Privatleben. † 16.9.1958 Berlin.

Lamm, Charlotte. Malerin.
* 1.4.1915 Breslau. Wohnort Hamburg. † Deportiert am 11.7.1942 mit ihrem Mann Richard Levi nach Auschwitz. Lit.: Bruhns.

Lampel, Peter Martin. Schriftsteller.
* 15.5.1894 Schönborn, Kreis Liegnitz, als Pfarrerssohn. Fliegeroffizier im I. Weltkrieg, Romane wie *Heereszeppeline im Angriff* (1918). *Freikorps* im Baltikum und in Schlesien. 1922 NSDAP/SA. Dezember 1928 mit der linken *Gruppe junger Schauspieler* Sensationserfolg am Berliner Thalia-Theater mit dem Stück *Revolte im Erziehungshaus* (über skandalöse Jugendfürsorgeerziehung). 1929 Verbot seines von Brecht inszenierten Stückes *Giftgas über Berlin* (Thema: heimliche Wiederaufrüstung). 1933 Schreibverbot, dennoch SA, Probleme wegen Homosexualität. 1936 Emigration in die USA. Ab 1949 in Hamburg. † 22.2.1965 ebenda. Nachruf *Deutsches Bühnen-Jahrbuch*: »Seine Gesinnungstüchtigkeit zeigt sich in seinen vielen Theaterstücken von Saft und Kraft.«

Lamprecht, Gerhard. Regisseur.
* 6.10.1897 Berlin. Größter Erfolg 1931 mit der Kästner-Verfilmung *Emil und die Detektive*. Vornehmlich Lustspiel- und Abenteuerfilme wie *Barcarole* (1935), *Madame Bovary* (1937, mit Pola Negri), *Mädchen im Vorzimmer* (1940, mit Magda Schneider). 1942 Ufa-Film *Diesel* über die stets siegreiche deutsche Technik. Nach

1945 Filme wie *Irgendwo in Berlin* (1946, Trümmerfilm), *Madonna in Ketten* (1949), *Oberwachtmeister Borck* (1955). Direktor der 1962 gegründeten Deutschen Kinemathek. 1967 *Filmband in Gold* für langjähriges und hervorragendes Wirken im deutschen Film. † 4. 5. 1975 Berlin.

Landa, Max, eigentlich Landau. Serienstar des frühen Stummfilms (Weniger).
* 24. 4. 1873 Minsk. 1928 letzter Film: *Anastasia, die falsche Zarentochter*. 1933 als Jude Flucht nach Jugoslawien. † 9. 11. 1933 Bled.

Landau, Paul. Schriftsteller.
* 17. 8. 1880 Namslau in Schlesien. Theaterkritiker der *Dresdner Nachrichten* und Kunstkritiker der *Berliner Börsenzeitung*. 1916 Sektionsleiter in der Pressestelle der Obersten Heeresleitung. 1923 Herausgeber der Kulturzeitschrift *Faust*. Am 7. 3. 1935 Ausschluß Reichsschrifttumskammer, Begründung (gez. Suchenwirth): »Bei der hohen Bedeutung geistiger und kulturschöpferischer Arbeit für Leben und Zukunftsentwicklung des deutschen Volkes sind zweifellos nur *die* Persönlichkeiten geeignet ... die dem deutschen Volke nicht nur als Staatsbürger, sondern auch durch die tiefe Verbundenheit der Art und des Blutes angehören.« Danach Flucht nach Palästina. † 14. 3. 1951 Tel Aviv. Lit.: Barbian.

Landauer, Walter. Förderer der Emigrantenliteratur.
* 31. 8. 1902 Berlin. 1928 bis Februar 1933 Leiter des Gustav Kiepenheuer Verlags. 1933 Flucht nach Holland, Leiter der Abteilung für deutschsprachige Exilliteratur im Verlag Allert de Lange in Amsterdam (bis Mai 1940). Thomas Mann versuchte vergeblich, ihn in die USA zu retten. † 20. 12. 1944 verhungert im KZ Bergen-Belsen.

Landrock, Maria. Schauspielerin.
* 5. 7. 1923 Berlin. Tochter eines Wäschereibesitzers. Jungstar der NS-Zeit. Hauptrollen in den Filmen *Ehe in Dosen*, *Die keusche Geliebte* (1940), *Aufruhr im Damenstift*, in Harlans Westernparodie *Pedro*

soll hängen (1941), *Altes Herz wird wieder jung* (1943). Ankündigung einer *Truppenbetreuungsveranstaltung* für das KZ-Personal des KZ-Kommandanten Höß im Standortbefehl vom 14. 7. 1944: »18. 7. 44: Gastspiel der Schauspielerin Maria Landrock, Berlin mit Ensemble.« Nach 1945 Synchronsprecherin, Rückzug ins Privatleben. † 12. 3. 1992 am Wohnort Garmisch.

Landshoff, Fritz. Gründer der deutschsprachigen Abteilung des Querido-Verlags und der Literaturzeitung *Die Sammlung* (1933).
* 29. 7. 1901 Berlin. Dr. phil. 1927 Mitinhaber und Geschäftsführer des Gustav Kiepenheuer Verlags. Förderer von Arnold Zweig, Ernst Toller, Anna Seghers. Nach Reichstagsbrand am 27. 2. 1933 als Jude Flucht nach Amsterdam. Eine der wichtigsten Adressen der Exilliteratur (Heinrich und Klaus Mann, Feuchtwanger). Beim Überfall auf Holland in London, 1941 USA. Nach 1945 Weiterführung der deutschsprachigen Abteilung des Querido-Verlags, 1951 Zusammenschluß mit S. Fischer Verlag. † 30. 3. 1988 Haarlem in Holland.

Lang, Fritz. Regisseur.
* 5. 12. 1890 Wien, Sohn eines Stadtbaumeisters. 1922 Heirat mit Thea von Harbou (Ehe bald zerbrochen, Scheidung 1933). Monumentale Stummfilme wie *Metropolis* (1926). 1923/1924 zweiteiliges Teutonen-Opus *Die Nibelungen*, Teil I: *Siegfried*, Teil II: *Kriemhilds Rache*. Hitler sah den bei der extremen Rechten gefeierten Film am 21. 12. 1924 im Kino, einen Tag nach seiner Entlassung aus der Haft in Landsberg. Langs erster Tonfilm *M – Eine Stadt sucht einen Mörder* (1931) geriet zum Triumph. Goebbels am 21. 5. 1931 im Tagebuch: »Lang wird einmal unser Regisseur.« Bei Goebbels' erstem Auftritt vor den Filmschaffenden am 28. 3. 1933 wurde der anwesende Lang für *Die Nibelungen* öffentlich herausgehoben, danach jedoch sein Film *Das Testament des Dr. Mabuse* verboten. Obgleich Langs Mutter Jüdin

war, von Freunden als »preußischer Junker« beschrieben. Das Fachblatt *Kinematograph* vom 4.4.1933 meldet Langs Beitritt zur *NSBO-Zelle deutschstämmiger Filmregisseure* (die NS-Betriebszellen-Organisation verstand sich als die »SA der Betriebe«). November 1933 letzmals im Reich. Ausreise nach Frankreich, 1934 USA. In Hollywood Western wie *Rache für Jesse James* (1940) und Anti-Nazi-Streifen wie *Auch Henker sterben* (1942) und *Das Ministerium der Angst* (1943). Nach seiner vorübergehenden Rückkehr 1958 Zweiteiler: *Der Tiger von Eschnapur/Das indische Grabmal.* Letzter Film 1960: *Die 1000 Augen des Dr. Mabuse.* 1963 *Bundesfilmpreis.* † 2.8.1976 Beverly Hills.

Lang, Hans. Unterhaltungskomponist. * 5.7.1908 Wien. Berühmtester Schlager: *Du bist die Rose vom Wörthersee.* 1937 Musik zur Filmposse *Lumpazivagabundus,* 1939 zum Rühmann-Film *Hurra! Ich bin Papa!* – ein Beitrag zur NS-Bevölkerungspolitik, nämlich zur Förderung der Kinderfreudigkeit. Nach 1945 Musik zu Filmen wie *Knall und Fall als Hochstapler* (1952) oder *Fiakermilli* (1954). † 28.1.1992 Wien.

Langbehn, Julius, genannt *Der Rembrandtdeutsche.* Völkischer Vorläufer. * 26.3.1851 Hadersleben. † 30.4.1907 Rosenheim. 1890 anonymer Autor des Kultbuchs *Rembrandt als Erzieher. Von einem Deutschen* (mehrere Fassungen). Das 1936 in 85.–90. Auflage erschienene Werk wollte Deutschland zu ewiger nordischer Größe führen, unter anderem durch Befreiung von Überfremdung (»Deutsche Lieder sind mehr wert als französische Liederlichkeit«). Prophezeiung: »In der so wichtigen Judenfrage wird ein etwa kommender ›heimlicher Kaiser‹ tätig eingreifen müssen.« 1900 Übertritt zum Katholizismus (laut *Meyers Lexikon* 1939 eine Verneinung seines Lebenswerks). Lit.: Ketelsen; Puschner; Schonauer.

Lange, Carl. Name Oktober 1933 unter dem Treuegelöbnis »88 deutsche Schriftsteller« für Adolf Hitler.

* 27.1.1885 Berlin. Major im Heeresarchiv Potsdam. 1912 Gedichte, Titel: *Verse.* 1919 (bis 1940) Herausgeber der *Ostdeutschen Monatshefte.* 1935 Autor: *Generalfeldmarschall von Mackensen.* 1938: *Unser Mackensen im Südosten.* 1940: *Die Befreiung Danzigs.* 1949 Gedichte: *Herz sei ruhig.* † 30.5.1959 Bremen-Neuland. Lit.: Scholdt.

Lange, Friedrich. Erziehungswissenschaftler. * 30.9.1897 Sorsum bei Weetzen (Provinz Hannover), Sohn eines Tischlers. 1926 Dr. rer. nat. Biologielehrer. Mai 1933 NSDAP, auch NS-Lehrerbund und SA. 1934 Dozent, 1935 Professor für Rassenkunde und Vererbungslehre der Hochschule für Lehrerbildung (zur NS-Indoktrinierung) in Cottbus. 1941 Leiter der als HJ-Formation organisierten Lehrerbildungsanstalt Cottbus. 1944 Stellv. Leiter des Zentralinstituts für Krebsforschung Posen (biologische Kriegsführung). Ab 1951 Kreisschulrat im Schulaufsichtskreis Norden in Ostfriesland. 1957–1965 Professor und Leiter der Pädagogischen Hochschule Göttingen. † Juni 1976 Göttingen. Lit.: Hesse.

Lange, Fritz-Clodwig. Opernreferent im Reichspropagandaministerium (ab 1938). * 16.7.1889 Florenz. Dr. phil. Spielleiter, Dramaturg, Schriftsteller. NSDAP Mai 1933. Nach 1945 beim Westberliner Veranstaltungsring. † 7.10.1954 Berlin-Grunewald. Lit.: DBJ (ohne Erwähnung NS-Funktion); Prieberg, Handbuch.

Lange, Horst. Schriftsteller. * 6.10.1904 Liegnitz, Sohn eines Feldwebels. 1933 Heirat mit der Schriftstellerin Oda Schaefer, Trauzeuge: Günter Eich. 1937 Roman *Schwarze Weide* über Mord und Sühne in einem oberschlesischen Dorf. 1940 Roman *Ulanenpatrouille,* im NSDAP-Zentralorgan *Völkischer Beobachter* begeistert besprochen. Texte im NS-Kampfblatt *Krakauer Zeitung,* das »Blatt des Generalgouvernements«. Bei Propagandakompanie der Wehrmacht. Nach 1945 Autor in der *Neuen Zeitung* (US-Tageszeitung im Dienste der Umerziehung und Demokratisierung). † 6.7.1971 München. Lit.: Sarkowicz.

Lange, Richard. Jurist, Spezialgebiet nach eigener Angabe: »Rasseschutz«.
* 29.4.1906 Wittstock an der Dosse. Staatsanwalt am Volksgerichtshof. Als Staatsanwalt in Berlin am Prozeß gegen Martin Niemöller beteiligt. 1940 ao. und 1943 o. Professor für Strafrecht der Universität Jena, Vorlesungen zu Wehr- und Kriegsstrafrecht. 1944 Vorlesung *Das Deutsche Strafrecht* zur Germanisierung verschleppter norwegischer Studenten im KZ Buchenwald. 1944 trotz Aufnahmesperre Befürwortung der NSDAP-Mitgliedschaft durch Bormann. Nach Kriegsende Verfasser des Thüringer Strafgesetzbuchs. 1946 Präsident des Thüringer Vorparlaments. 1949 Lehrstuhl Freie Universität Berlin. Ab 1951 in Köln. † 14.9.1995 Köln. Lit.: Studien Jena.

Langenbeck, Curt. Dramaturg.
* 20.6.1906 Wuppertal. 1938 Chefdramaturg am Bayerischen Staatsschauspiel München. 1939 Rede *Wiedergeburt des Dramas aus dem Geiste der Zeit*, darin heißt es: »Die, welche von der Vermeidbarkeit von Kriegen sprechen, sind halb, einseitig, alt, denn sie haben nicht den Mut zum Verhängnis« (sic). 1940 Drama *Das Schwert*, ebenda: »Ich glaube und bekenne, daß durch diesen Krieg/die Wiedergeburt des ganzen Volks vollendet wird.« Sein Drama *Der Hochverräter* (1940) wurde vom Amt Rosenberg (»erst längere Zeit nach der Machtübernahme Parteigenosse geworden«) abgelehnt. Freiwillig Kriegsberichter bei der Marine. Sein Drama *U-Boot-Soldaten*, verfaßt im Auftrag des Oberkommandos der Wehrmacht, kam infolge des Kriegsverlaufs nicht mehr zur Aufführung. † 5.8.1953 München. Lit.: Drewniak, Theater; Ketelsen; Wulf, Literatur.

Langenbucher, Erich. Regierungsrat (1942) im Reichspropagandaministerium.
* 18.3.1912 Wiesenbach/Crailsheim. Bruder von Hellmuth. 1932 Sekretär im Langen-Müller Verlag. 1933 SS/NSDAP, Redakteur des *Börsenblatts für den deutschen Buchhandel*. 1935 Pressereferent der Reichsschrifttumsstelle (Reichspropagandaministerium). Im Goebbels-Ministerium zuständig für Schrifttumsplanung und Zensur. 1938 Mitherausgeber: *Erzähl' Kamerad. Erlebtes aus deutschen Gauen, mit einem Vorwort des Reichsbauernführers R. W. Darré*. Ab 1939 Herausgeber des *Großdeutschen Leihbüchereiblattes*. SS-Obersturmführer (1942). Wohnsitz nach 1945 in Blaufelden/Crailsheim. † 10.3.1987. Lit.: Barbian.

Langenbucher, Hellmuth. Hauptschriftleiter des *Börsenblatts für den Deutschen Buchhandel*.
* 29.7.1905 Loffenau in Württemberg als Lehrerssohn. 1929 NSDAP. In Rosenbergs *Kampfbund für deutsche Kultur*. Leiter der Presseabteilung des Langen-Müller Verlags. Juni 1933 Mitbegründer und Leiter des Gesamtlektorats der *Reichsstelle zur Förderung des deutschen Schrifttums* (anfangs Goebbels, dann Rosenberg unterstellt, laut Kesten eine »Organisation zur Abschlachtung allen Denkens«). In der Geschäftsstelle des *Börsenvereins der Deutschen Buchhändler* in Leipzig. 1933/34 Stellv. Vorsitzender der Abteilung Schrifttumspflege der Dienststelle Rosenberg. 1934 Autor: *Nationalsozialistische Dichtung*, Textprobe: »Wir sprechen von nationalsozialistischer Dichtung und meinen es als einen Glauben an das, was kommen wird, weil es kommen muß.« 1942: *Volkhaftes Schrifttum, Lesestoffe für die höhere Schule*. 1946 Internierung. 1948 entnazifiziert als *Mitläufer*. 1951–1970 Europäischer Buchclub in Stuttgart. † 18.5.1980 Warmbronn bei Stuttgart. Lit.: Barbian; König; Wulf, Literatur.

Langenheim, Kurt. Direktor des Staatlichen Museums Breslau.
* 21.1.1903 Redingsdorf bei Eutin. 1932 in der Fachgruppe für deutsche Vorgeschichte des *Kampfbunds für deutsche Kultur*. 1936 Autor: *Die Bedeutung der Wikinger für Schlesiens Frühgeschichte*. 1942 Lehrstuhlvertretung an der Reichsuniver-

sität Posen. Nach 1945 Museumsdirektor z. Wv. Kreisarchivar in Ratzeburg. Lit.: Schöbel.

Langgässer, Elisabeth. Schriftstellerin.
* 23.2. 1899 Alzey. Tochter eines katholisch getauften jüdischen Baurats. Lehrerin. 1929 Geburt der Tochter Cordula (Vater: der jüdische Staatsrechtler Hermann Heller). Hörspiele für die *Berliner Funkstunde*. Bei Märzwahl 1933 Hitler gewählt, 1933 mit Ina Seidel Herausgeberin: *Herz Hafen. Frauengedichte der Gegenwart*. 1935 Autorin der *Tierkreisgedichte*, Heirat mit dem Redakteur Wilhelm Hoffmann (der wegen der Ehe mit einer »Halbjüdin« sofort seine Stelle verliert). 1936 Roman *Gang durch das Ried*, Mai 1936 Ausschluß Reichsschrifttumskammer (Berufsverbot). 1942 Zwangsarbeit in einer Munitionsfabrik. 1944 Deportation ihrer Tochter nach Theresienstadt und Auschwitz (überlebt). 1946 Hauptwerk: *Das unauslöschliche Siegel*. 1947 Kritik ihrer eigenen Haltung und an der angeblichen *Inneren Emigration* als »Tändeln mit Blumen und Blümchen über dem scheußlichen, weit geöffneten, aber eben mit diesen Blümchen überdeckten Abgrund der Massengräber«. † 25.7. 1950 Karlsruhe. Lit.: Sarkowicz.

Langhoff, Wolfgang. Schauspieler und Regisseur.
* 6.10. 1901 Berlin. Ab 1927 am Düsseldorfer Schauspielhaus. 1928 KPD. 1933 Internierung im KZ Börgermoor und im KZ Lichtenburg. Überarbeitete das Börgermoor-Lied *Die Moorsoldaten*, Refrain: »Wir sind die Moorsoldaten/und ziehen mit dem Spaten/ins Moor.« 1934 Entlassung, Flucht in die Schweiz, Darsteller in Friedrich Wolfs Drama *Professor Mamlock* (zur NS-Judenverfolgung) am Schauspielhaus Zürich (hier unter dem Titel *Dr. Mannheim*). Durch Vermittlung Erika Manns Treffen mit Thomas Mann (Tagebuch am 2.8. 1934: »Der junge Schauspieler und Kommunist, mit den ausgeschlagenen Zähnen«). 1935 Buch: *Die Moorsoldaten. 13 Monate Konzentrationslager*. Bis

1945 am Zürcher Schauspielhaus. 1946 Intendant des Ost-Berliner Deutschen Theaters (1963 abgelöst). 1961 Titel Professor. 1965 Vizepräsident der Deutschen Akademie der Künste (DDR). † 25.8. 1966 Berlin. Lit.: Fackler.

Lantzsch, Walter. Auf der *Gottbegnadeten-Liste* der Schauspieler, die für die Filmproduktion benötigt werden.
* 15.5. 1888 Teylor (USA). Ab 1915 Kammerspiele München, auch am Volkstheater. † 30.12. 1952 München. Nachruf *Deutsches Bühnen-Jahrbuch*: »Eine Fülle größerer und kleinerer ernster und komischer Rollen.«

Lanzinger, Hubert. Maler in Bozen.
* 9.10. 1880 Innsbruck. Zählte zur völkischen Garde Rosenbergs, September 1934 von Hitler auf dem NSDAP-Reichsparteitag ohne Namensnennung zu jenen »Rückwärtsen« gerechnet, die sich »als Versteinerungen in die Museen« zurückziehen sollten. 1937 auf der Großen Deutschen Kunstausstellung im Münchner NS-Musentempel *Haus der Deutschen Kunst* mit dem Bild *Der Fahnenträger*, das Hitler in Ritterrüstung als Ritter gegen Tod und Teufel zeigt. Das Werk (nach 1945 als NS-Kitsch verlacht) schmückte laut Petropoulos Speers Arbeitszimmer. Eine Kopie verzierte 1938 die Aula der Innsbrucker Universität. Lanzinger zog 1941 nach Innsbruck, porträtierte den Rektor, den Oberbürgermeister, schließlich den Gauleiter. Ehrenmitglied der Universität, 1944 Mozartpreis der Universität. 1945 Rückzug nach Südtirol. † 3.11. 1950 Bozen an Schlaganfall.

Lapper, Karl. *Landeskulturwalter* Gau Tirol-Vorarlberg (1939).
* 6.2. 1907 Schneeberg in Südtirol. Dr. jur. 1927 NSDAP-Österreich. 1930 NSDAP-Ortsgruppenleiter Kufstein. 1933 Flucht ins Reich. Diverse Funktionen in der HJ, zuletzt Hauptbannführer (1943). 1937 Leiter des Presse- und Propagandaamts der Reichsjugendführung. 1938 MdR. 1939 Gaupropagandaleiter Tirol-Vorarlberg. 1940 SS (Obersturmbannführer).

1941 Leiter des Amts Rednerwesen der NSDAP-Reichspropagandaleitung in München. 1944/45 Hauptamt Propaganda in Triest. † Verbleib unbekannt. Lit.: Lilla.

Lasker, Anita, verheiratete Wallfisch, genannt *Die Cellistin von Auschwitz.* * 17. 7. 1925 Breslau. Eltern 1942 deportiert, an unbekanntem Ort ermordet. Dezember 1943 in Auschwitz, Aufnahme ins sog. Mädchenorchester: »Das Orchester trat jeden Morgen bei dem Ausmarsch der Arbeitskolonnen und abends bei ihrer Rückkehr in das Lager in Tätigkeit ... Als 1944 tausende von ungarischen Juden in das Lager gebracht wurden und aufgereiht standen, um in die Gaskammern geführt zu werden, mußten wir auch diesen Unglücklichen etwas vorspielen.« Dezember 1944 Auflösung des Orchesters, Überstellung nach Bergen-Belsen. 1946 in England. Britische Staatsbürgerin. Gründungsmitglied des *English Chamber Orchestra.* 1996 Erinnerungen: *Ihr sollt die Wahrheit erben. Die Cellistin von Auschwitz.*

Lasker-Schüler, Else. Schriftstellerin und Malerin. * 11. 2. 1869 Wuppertal. Tochter eines Bankiers. 1919 Kleist-Preis, Förderpreis für junge Dichter, für ihr einziges Drama *Die Wupper.* Thomas Mann: »Eine wirkliche Dichterin.« Kritiker Kerr: »Sie hat ein stets verkündungsbereites Glüh-Herz.« 1933 Flucht in die Schweiz, ab 1939 in Jerusalem. 1943 Gedicht *Über glitzernden Kies*: »Ich habe keine Schwestern mehr und keine Brüder./Der Winter spielt mit dem Tode in den Nestern/Und Reif erstarrte alle Liebeslieder.« Beschlagnahmung von 15 ihrer Bilder als »entartet«. † 22. 1. 1945 Jerusalem.

Lau, Alfred. Reichskultursenator. Intendant des Reichssenders Königsberg (1938). * 1. 10. 1898 Friedrichshof in Ostpreußen. Dr. med. Mundartdichter, darunter das Opus *Auguste in der Großstadt, Dienstmädchenbriefe in ostpreußischer Mundart* (1925, 1956 neu aufgelegt). NSDAP, Hauptschriftleiter des NSDAP-Gauorgans *Preußische Zeitung.* Gauredner für Gauleiter Erich Koch. Präsidialrat der Reichsrundfunkkammer. 1958 Gedichte: *Ei kick dem.* † 15. 10. 1971 an seinem Wohnort Bad Grund/Harz. Lit.: Wulf, Presse.

Laubenthal, Hannsgeorg. Auf der *Gottbegnadeten-Liste* (Führerliste) der wichtigsten Künstler des NS-Staates. * 12. 6. 1911 Köln. Bühnenschauspieler. 1933 am Hessischen Landestheater Darmstadt, 1934 Deutsches Schauspielhaus Hamburg, 1936 am Deutschen Theater in Berlin. Juli 1940 im Hetzfilm *Die Rothschilds* (Courtade: »Ein Aufruf zu Haß und Mord«), Dezember 1940 im *staatspolitisch besonders wertvollen* Film *Bismarck.* Ab 1952 Städtische Bühnen Frankfurt am Main. † 13. 7. 1971 Bad Homburg. Nachruf *Deutsches Bühnen-Jahrbuch*: »Kein Zufall, daß sein Name auf den Besetzungslisten experimenteller Aufführungen fehlte.«

Laubinger, Otto. Präsident der Reichstheaterkammer (1933). * 21. 11. 1892 Eichenrod bei Laubach (Oberhessen) als Pfarrerssohn. 1920 (bis 1933) Schauspieler am Staatstheater Berlin. Goetz: »Ein Schauspieler nicht ersten Ranges, dann später der Beherrscher seiner Kollegen.« 1932 NSDAP, Leiter der Fachgruppe Theater und Film in Rosenbergs *Kampfbund für deutsche Kultur.* 1933 Ministerialrat und Leiter der Abteilung Theater im Reichspropagandaministerium. 1934 in *Deutsche Kultur im Neuen Reich*: »Zu den schönsten Erinnerungen meines Lebens wird der 15. 11. 33 gehören, der Tag, an dem in Gegenwart des Führers ... mein hochverehrter Minister Dr. Goebbels das Inkrafttreten des Reichskulturkammergesetzes ... in feierlichster Form verkündet hat.« Die Dienststelle Rosenberg bekämpfte ihn und damit Goebbels, er sei »als Jude bekannt« oder sehe zumindest so aus: »Wenn Deutschland nationalsozialistisches Ideengut bekommen soll, so kann man verlangen, daß die Führer der Kulturkammer nicht nur keine Juden sind, sondern auch nicht so aussehen.« † 27. 10. 1935 Bad Nauheim. Goebbels im Tagebuch: »Einer meiner Liebsten und Besten.«

Lauckner, Rolf. Schriftsteller.

* 15. 10. 1887 Königsberg. Stiefsohn des Dramatikers Hermann Sudermann (1857–1928). Helene Thimig, Lebensgefährtin des jüdischen Theaterleiters Max Reinhardt: »Ich denke an meinen Abschied von Lauckners. Die waren völlig sprachlos, als ich ihnen sagte, daß ich Reinhardt folgen und Deutschland verlassen würde. Das konnten sie gar nicht fassen – ausgerechnet jetzt, wo … eine neue deutsche Regierung sich anschickte, das Reich, das Theater, die Presse, die Kunst aus den Klauen des jüdischen Gangstertums zu reißen.« 1935 Drehbuch zum Unterwerfungs-Lehrstück *Der alte und der junge König* und zum Film *Bismarck*, am 6. 12. 1940 in Anwesenheit von Goebbels, Lammers und Gürtner uraufgeführt. Goebbels bereits am 27. 3. 1940 im Tagebuch: »Lauckners Bismarckfilm gelesen … Jedenfalls können wir daraus einen nationalen Monumentalfilm machen.« NS-Ehrung: Am 1. 9. 1942 von Hitler Kriegsverdienstkreuz II. Klasse, Begründung: »Wesentliche Mitarbeit am neuen, politisch ausgerichteten Film während des Krieges.« † 27. 4. 1954 Sanatorium Herzogshöhe in Bayreuth.

Lauer, Erich. »Ein Musiker des neuen Deutschlands« (Zeitschrift *Die Musik*, 1939).

* 2. 7. 1911 Leibenstadt in Baden als Pfarrerssohn. 1933 Treuelied der SA *Als alle die Fahne verließen* nach Worten des SA-Führers Victor Lutze: »Und mag auch die Welt uns umtoben/und lügen wie's immer geschah,/ob schimpfen sie oder uns loben:/ Fest steht des Führers SA!« Im Lebenslauf 1939: »Seit 1930 gehöre ich der Bewegung an und kam schließlich als Kulturschriftleiter zur NS-Presse. 1935 wurde ich als Musikreferent in die Reichspropagandaleitung nach München berufen, 1936 in die Oberste SA-Führung … Vielleicht darf noch erwähnt werden, daß ich Bearbeiter des ›Liederbuches der NSDAP‹ und des

neuen ›SA-Liederbuches‹ bin.« NS-Ehrung: 1940 *SA-Kulturpreis* für seine Reichsparteitagsfanfare und die Bearbeitung seines SA-Liederbuchs. 1951 Musiklektor des Bayerischen Rundfunks. † 11. 1. 1976 Herrsching. Lit.: Ketelsen; Prieberg.

Laux, Karl. Musikkritiker der *Dresdner Neuesten Nachrichten* und Lehrer am Dresdner Konservatorium.

* 26. 8. 1896 Ludwigshafen, Sohn eines Eisenbahninspektors. Dr. phil. 1937 Gaupressewart des Deutschen Sängerbunds (DSB) Gau Sachsen (Prieberg). Organisator der Musikveranstaltungen zur Gründung der Deutschen Robert-Schumann-Gesellschaft am 3. 6. 1943 in Zwickau unter ihrem Präsidenten Hanns Johst. Die Gründung war das Werk des NSDAP-Gauleiters Mutschmann, der in Zwickau – wie in Bayreuth für Wagner – für Schumann eine Kultstätte errichten wollte. Nach 1945 Ministerialrat der sächsischen Landesregierung. 1951 Professor und Direktor der Dresdner Akademie (später: Hochschule) für Musik und Theater. 1956 Präsident der Robert-Schumann-Gesellschaft, 1958 Mitglied der Volkskammer, im Musikrat der DDR. 1971 *Vaterländischer Verdienstorden*. † 27. 6. 1978 Dresden. Lit.: Barth; Drewniak, Film.

Leander, Zarah, geb. Hedberg. »Propagandadiva der Herrn Goebbels« (schwedische Zeitung *Goeteborgs Handels- och Sjöfartstidning* am 23. 10. 1944).

* 15. 3. 1907 Karlstad in Schweden. Revue- und Operettendarstellerin, zunächst in Stockholm, 1936 in Benatzkys Musiklustspiel *Axel an der Himmelstür* im Theater an der Wien. Als Ufa-Ersatz für Marlene Dietrich und Greta Garbo zur Femme fatale stilisiert. Laut Speer sah sich Hitler alle ihre Filme an. Elf Filme, darunter Februar 1937 der Revuefilm *Premiere*, August 1937 das antibritische *Opus Zu neuen Ufern* mit dem Erfolgssong *Yes Sir*. Curd Jürgens, in diesem Film als junger Schauspieler: »Zarah Leander ist der Star dieser Jahre. Die Nazis haben sie adoptiert, und die anderen akzeptieren sie, weil der Duft der nunmehr verschlossenen Welt sie begleitet.« Dezember 1937 in *La Habanera*, Gesangsnummer: *Der Wind hat mir ein Lied erzählt.* 1938 Liebesfilm *Der Blaufuchs* mit dem Schlager *Kann denn Liebe Sünde sein?* 1939 im Tschaikowski-Film *Es war eine rauschende Ballnacht* Interpretin von *Nur nicht aus Liebe weinen.* November 1940 antibritischer Spielfilm *Das Herz der Königin* über Maria Stuart, Kernsatz: »Wer England zu Hilfe kommt, stirbt.« Laut Hippler von Goebbels öfters zur Abendgesellschaft eingeladen. Am 1.12. 1940 Auftritt im 50. *Wunschkonzert für die Wehrmacht*, Goebbels' Radiosendung zwecks Hebung der Truppenmoral und Leidensbereitschaft der Heimatfront. Mai 1941 in *Der Weg ins Freie* (in den Nebenrollen ein verbrecherischer polnischer Graf und zwei jüdische »Volksschädlinge«). Juni 1942 *Die große Liebe* (27 Millionen Besucher) mit den Durchhalte-Songs *Ich weiß, es wird einmal ein Wunder geschehn* und *Davon geht die Welt nicht unter*, Text: »Geht dir einmal alles verkehrt,/ scheint das Leben gar nichts mehr wert,/ dann laß dir sagen: Das ist zu ertragen.« März 1943 Zerstörung ihrer Grunewald-Villa durch Bombentreffer, Rückkehr nach Schweden. Nach 1945 zunächst Auftrittsverbot. 1953 Film *Ave Maria*, 1954: *Bei dir war es immer so schön.* 1972 Erinnerungen: *Es war so wunderbar. Mein Leben.* † 23.6. 1981 Stockholm.

Lebrecht, Georg. Pferdemaler.
* 7.3. 1875 Schweidnitz in Schlesien. Auf den Großen Deutschen Kunstausstellungen im Münchner NS-Musentempel *Haus der Deutschen Kunst* mit insgesamt 21 Objekten, darunter 1937: *Kameraden* (verwundeter Soldat zu Pferd), 1938: *Ums Morgenrot* (berittene Soldaten), 1941: *Bomben über Engeland.* † 1945 Berlin.

Ledebur, Leopold Freiherr von. Auf der *Gottbegnadeten-Liste* der Schauspieler, die für die Filmproduktion benötigt werden.
* 18.5. 1876 Berlin. Charakterdarsteller am Staatlichen Schauspielhaus Berlin. Nebenrollen in den NS-Tendenzfilmen *Der alte und der junge König* (1935), *Robert Koch* (1939), *Bismarck* (1940), NS-Euthanasiefilm *Ich klage an* (1941). 1943 Ufa-Jubiläumsfilm *Münchhausen.* NSDAP. † 22.8. 1955 Gut Bockhorn bei Wankendorf.

Le Fort, Gertrud Freiin von. Katholische Schriftstellerin.
* 11.10. 1876 Minden.
Tochter eines preußischen Majors, aus streng protestantischem Haus. 1926 Konvertierung zum Katholizismus. Mit ihren Vorstellungen von einem christlichen Heiligen Deutschen Reich und einer Heiligen Katholischen Kirche für den Nationalsozialismus nicht zu vereinnahmen. Bekannteste Werke: 1928 *Das Schweißtuch der Veronika.* 1931 *Die Letzte am Schafott.* 1938 *Die Magdeburger Hochzeit.* † 1.11. 1971 Oberstdorf.

Legal, Ernst. Auf der *Gottbegnadeten-Liste* der Schauspieler, die für die Filmproduktion benötigt werden.
* 2.5. 1881 Schlieben in Sachsen als Apothekerssohn. 1924 Intendant des Landestheaters Darmstadt, Förderer von Brecht, spielte 1926 in der Uraufführung von Brechts *Mann ist Mann* die Hauptrolle des Galy Gay. 1930 Intendant des Staatlichen Schauspielhauses Berlin. 1934 im Kulturfilm mit Spielhandlung *Altgermanische Bauernkultur*, im Auftrag des Reichsbauernführers mit SA gedreht (erst 1939 die Zensur passiert). 1936 im NS-Erziehungsfilm *Traumulus.* 1938 Regisseur am *Schiller-Theater der Reichshauptstadt*, ebenda Obmann-Stellvertreter der Reichstheaterkammer. 1941 im NS-Euthanasiefilm *Ich klage an* sowie im HJ-Propagandastreifen *Jakko.* Juli 1944 Durchhaltefilm *Die Degenhardts.* Nach 1945 Intendant der Deutschen Staatsoper in Ost-Berlin. Am 24.3. 1950 per Staatsakt Gründungsmitglied und Sekretär (Darstellende Kunst) der Ostberliner *Deutschen Akademie der Künste.* † 29.6. 1955 Berlin. Nachruf *Deutsches Bühnen-Jahrbuch*: »Persönlichkeit von umfassender Geistigkeit.« Lit.: Barth; Braun.

Lehár, Franz. »Meister der deutschen Operette« (Text der *Goethe-Medaille* zum 70. Geburtstag).
* 30. 4. 1870 Komorn, Sohn eines Militärkapellmeisters. Ungarischer Staatsbürger, Wohnsitz in Österreich. Zunächst Militärkapellmeister. Komponierte Operetten wie *Der Zarewitsch* (1927) oder *Das Land des Lächelns* (1929). Wollte 1934 seine letzte Operette *Giuditta* Mussolini widmen (vom Faschistenführer abgelehnt). Sein erfolgreichstes Werk *Die lustige Witwe* (1905) war Hitlers Lieblingsmusikstück. Mit der Besetzung Österreichs fiel Lehár unter die deutschen Rassengesetze. Von Hitler als größter lebender Komponist hofiert, wurde Lehárs jüdische Ehefrau Sophie in Kauf genommen. Die Feierlichkeiten zum 70. Geburtstag oblagen dem Reichspropagandaministerium. Ministerialdirektor Gutterer am 11. 4. 1940 an seinen Chef Goebbels: »Die Magyaren führen einen erbitterten Kampf um den Nachweis, daß Lehár Magyar sei und als weltberühmter Komponist magyarische Musik produziere … Wir sind uns und unserem Volke schuldig, einen Komponisten wie Lehár, der sich zum Deutschtum bekennt, und dessen Operetten vom Führer außerordentlich geschätzt werden, nicht kampflos in die Hände minderwertiger Magyaren abgehen zu lassen.« April 1940 Ehrenring der Stadt Wien. Aufgeführt bei Drewniak im Abschnitt »Bekannte Künstler bedachte Hitler mit Geschenken«. Der Meister der deutschen Operette wurde sogar in Auschwitz zur Erbauung des KZ-Personals gespielt. Standortbefehl vom 22. 3. 1944: »Montag, 3. April 1944, 19.30 Uhr Gastspiel des Stadttheaters Mährisch-Ostrau ›Paganini‹ Operette von Franz Lehar.« Lehárs Librettist Löhner-Beda, der vergebens auf Hilfe des Komponisten gehofft hatte, war Monate zuvor in Auschwitz erschlagen worden. † 24. 10. 1948 Bad Ischl. Lit.: Schwarberg.

Lehmann, Fritz. Kapellmeister.
* 17. 5. 1904 Mannheim als Lehrerssohn. 1930 Leiter der Musikakademie Hannover. 1934 Leiter des Niedersächsischen Sinfonieorchesters sowie der Göttinger Händelfestspiele. 1937 NSDAP. 1938 Opernchef in Wuppertal. Im Krieg zwecks Kulturpropaganda Auftritte im besetzten Brüssel und in Paris. 1946 Generalmusikdirektor und Intendant am Stadttheater Göttingen. 1953 Professor, Leiter einer Meisterklasse der Musikhochschule München. † 30. 3. 1956 München, nach Aufführung von Bachs Matthäus-Passion (DBJ).

Lehmann, Julius Friedrich. Verleger.
* 28. 11. 1864 Zürich. 1890 Übernahme der *Münchner medizinischen Wochenschrift*, Gründung des J. F. Lehmanns Verlags. *Freikorps*, bekannt mit Epp und Hitler. Mitglied der *Gesellschaft für Rassenhygiene* (zur Vervollkommnung der Rasse). 1917 Gründung der Zeitschrift *Alldeutschlands Erneuerung*. 1920 erstmals NSDAP. 1921 Erwerb der Burg Hoheneck bei Ipsheim in Mittelfranken, Stützpunkt für *Bund Oberland* und SA. 1922 Übernahme des *Archivs für Rassen- und Gesellschaftsbiologie*. 1926 Verleger der Zeitschrift *Volk und Rasse*, 1928 der *Zeitschrift für Rassenphysiologie*. Im Vorstand von Rosenbergs *Kampfbund für Deutsche Kultur*. NS-Ehrung: Zum 70. Geburtstag 1934 Verleihung des *Adlerschildes des Deutschen Reiches* (höchste Auszeichnung für ganz außerordentliche Verdienste) von Hitler, Inschrift: »Dem verdienten Vorkämpfer für das deutsche Volkstum«. *Goldenes Parteiabzeichen*. † 24. 3. 1935 München an den Folgen einer Mittelohrentzündung. Einstufung des Verlags »als kriegswichtig«, Bevorzugung bei Papierzuteilung. Lit.: Labisch; Stöckel.

Lehmann, Lotte. Kammersängerin.
* 27. 2. 1888 Perleberg bei Berlin. Lyrisch-dramatische Sopranistin. 1914 von Richard Strauss an die Wiener Hofoper geholt, Interpretin seiner Werke in mehreren Uraufführungen. Gastspiele an den berühmtesten europäischen und amerikanischen Opernhäusern. 1935 auf der Liste der *Musik-Bolschewisten* der *NS-Kultur-*

gemeinde. Ab 1938 ständig an der Metropolitan Opera New York. Sang August 1945 bei der Trauerfeier für Franz Werfel. 1951 Bühnenabschied, Gesangpädagogin in Santa Barbara in Kalifornien. Das *Deutsche Bühnen-Jahrbuch* zum 80. Geburtstag: »Den Höhepunkt ihrer Karriere errang sie als Leonore in Beethovens ›Fidelio‹.« † 26. 8. 1976 Santa Barbara.

Lehmann, Otto. Produktionsleitung des Hetzfilms *Jud Süß.*
* 22. 1. 1889 Berlin. Zunächst Lehrer. 1938 bis Kriegsende Herstellungs- und Herstellungsgruppenleiter der Terra. Werner-Krauß-Biograph Goetz zu den Dreharbeiten von *Jud Süß*: »Prager Juden wurden zusammengetrieben und mußten als Statisten auftreten.« Goebbels am 18. 8. 1940 im Tagebuch: »Ein antisemitischer Film, wie wir ihn uns nur wünschen können.« 1946 bei der ostzonalen DEFA, ab 1947 bei westdeutschen Firmen. † 28. 4. 1968 München.

Lehmann, Walter. Pianist.
* 12. 11. 1888 Berlin. Wohnort ebenda. Im *Lexikon der Juden in der Musik* gebrandmarkt. † Deportiert am 2. 3. 1943 nach Auschwitz.

Lehmann, Wilhelm. Schriftsteller.
* 4. 5. 1882 Puerto Cabello in Venezuela. Zunächst expressionistischer Erzähler. 1923 Kleist-Preis, Förderpreis für junge Dichter. Mai 1933 NSDAP. Gedichtbände *Die Antwort des Schweigens* (1935) sowie *Der grüne Gott* (1942). Rückzug in eine naturmagische Welt. † 17. 11. 1968 Eckernförde. Lit.: Sarkowicz; Scholdt.

Lehmbruck, Wilhelm. Bildhauer.
* 4. 1. 1881 Meiderich bei Duisburg. † Suizid 25. 3. 1919 Berlin. Einer der bedeutendsten expressionistischen Bildhauer. *Meyers Lexikon* (1939): »Die Entmaterialisierung des Körperlichen suchte er äußerlich zu erreichen durch übermäßige Längung der Gliedmaßen seiner Figuren, wodurch ihm aber die Gestaltung gesunder, kraftvoller Menschlichkeit versagt war.« Juli 1937 in der Schandschau *Entartete Kunst* in München mit zwei Objekten

vorgeführt, Beschlagnahmung von 116 seiner Werke.

Lehnich, Oswald. Präsident der Reichsfilmkammer (1935).
* 20. 6. 1895 Rosenberg in Oberschlesien. 1927 Habilitation als Volkswirt in Tübingen. 1931 NSDAP, *Förderndes Mitglied SS.* 1932 ao. Professor. März 1933 Leiter des Wirtschaftministeriums Württemberg, zunächst im Range eines Staatsrats, später als Staatsminister. Im Bund Nationalsozialistischer Deutscher Juristen, Vorsitzender des Ausschusses Kartellrecht der *Akademie für Deutsches Recht (Führerlexikon)*. 1935 SS-Oberführer. Goebbels am 2. 10. 1937 im Tagebuch: »Als Filmkammerpräsident hat er sich nicht bewährt.« Juni 1939 Rücktritt. Ab August 1939 infolge eines Autounfalls nicht mehr berufstätig. Nach Internierung in Balingen Ruhestand, zuletzt in Bad Ditzenbach. † 23. 5. 1961 ebenda. Lit.: Kißener.

Leibelt, Hans. Auf der *Gottbegnadeten-Liste* der Schauspieler, die für die Filmproduktion benötigt werden. *Staatsschauspieler.*
* 11. 3. 1885 Volkmarsdorf bei Leipzig. Ab 1928 Charakterdarsteller am Staatlichen Schauspielhaus Berlin. In der NS-Zeit Nebenrollen in 80 Filmen. Unter anderem im U-Boot-Streifen *Morgenrot* (Kernsatz: »Zu leben verstehen wir Deutschen vielleicht schlecht, aber sterben können wir fabelhaft«), am 2. 2. 1933 in Gegenwart Hitlers uraufgeführt. Am 20. 4. 1933, Hitlers Geburtstag, Auftritt in der Uraufführung von Johsts Staatsschauspiel *Schlageter* (Hitler gewidmet). 1940 im Hetzfilm *Die Rothschilds* (laut Courtade »ein Aufruf zu Haß und Mord«). 1941 Kolonialfilm über den deutschen Sklaventreiber *Carl Peters.* Laut Hippler von Goebbels öfters zur Abendgesellschaft eingeladen. 1947 im DEFA-Film *Ehe im Schatten* über den Schauspieler Gottschalk, von Goebbels wegen seiner jüdischen Ehefrau in den Suizid getrieben. Filme wie *Das kann jedem passieren* (1952) oder *Königswalzer* (1955). 1962 *Filmband in Gold* für langjähriges und hervorragen-

des Wirken im deutschen Film. 1963 *Verdienstkreuz I. Klasse des Verdienstordens der BRD.* † 3.12. 1974 München.

Leichtenstern, Ernst. Produktionschef der *Universum Film Aktiengesellschaft, Ufa* (1939).
* 22.4. 1895 Erlangen. Ingenieur. 1930 NSDAP. 1934 Gauamtsleiter der NSDAP-Gauleitung München-Oberbayern. 1938 Ministerialrat und Leiter der Abteilung Film in Goebbels' Propagandaministerium. 1941 kommissarisch Oberbürgermeister von Görlitz, 1944 von Breslau. † Kriegstod am 2.4. 1945 in der Festung Breslau.

Leichtentritt, Hugo. Musikforscher.
* 1.1. 1874 Pleschen (Posen). Lehrer für Komposition und Musikästhetik am Berliner Klindworth-Scharwenka-Konservatorium. 1933 Flucht in die USA, 1934 Professor der Harvard University. 1935 auf der Liste der *Musik-Bolschewisten* der *NS-Kulturgemeinde.* Im *Lexikon der Juden in der Musik* gebrandmarkt. † 13.11. 1951 Cambridge in Massachusetts.

Leider, Frieda. Wagner-Sängerin.
* 18.4. 1888 Berlin. Dramatischer Sopran. 1923 bis zum Krieg an der Berliner Staatsoper. Rolle der Brünhilde im *Ring des Nibelungen.* Vorbehalte Winifred Wagners, wörtlich:»Synagoge bald voll!!!!!!!!« Galt irrtümlich als Jüdin, mit dem Konzertmeister der Berliner Staatsoper Rudolf Deman (»Jude«) verheiratet. 1935 auf der Liste der *Musik-Bolschewisten* der *NS-Kulturgemeinde.* Von Goebbels als Sängerin hochgelobt, typisch ein Tagebucheintrag vom 25.7. 1938:»Festspiele. ›Tristan‹ ... Wunderbar Leider, Prohaska und Monowarda.« 1938 letzter Auftritt in Bayreuth, Emigration ihres Mannes in die Schweiz. 1944 Abschied mit Liederabend in Berlin. 1948 Professorin der Musikhochschule Berlin. 1959: *Das war mein Teil. Erinnerungen einer Opernsängerin.* Das *Deutsche Bühnen-Jahrbuch* zum 85. Geburtstag: »Eine der berühmtesten Wagner-Heroinen unseres Jahrhunderts.« † 4.6. 1975 Berlin. Lit.: Hamann.

Leiningen, Emich 5. Fürst zu.
* 18.1. 1866 Osborn, Insel Wight. Königlich preußischer Oberstleutnant. Laut *Aufstellung derjenigen Parteigenossen, die Angehörige fürstlicher Häuser sind*: 1.5. 1933 NSDAP, Nr. 3 416656. † 18.7. 1939 Schlossau.

Leiningen, Hermann Prinz zu.
* 4.1. 1901 Amorbach. Laut *Aufstellung derjenigen Parteigenossen, die Angehörige fürstlicher Häuser sind*: 1.5. 1933 NSDAP, Nr. 3 416657, Gau Niederdonau. † 29.3. 1971 Würzburg.

Leiningen, Hesso Prinz zu.
* 23.7. 1903 Amorbach, Sohn von Prinz Hermann. Laut *Aufstellung derjenigen Parteigenossen, die Angehörige fürstlicher Häuser sind*: 1.5. 1937 NSDAP, Nr. 5 265063. † 19.6. 1967 Pförn bei Rottach-Egern.

Leiningen, Irene Prinzessin zu.
* 17.7. 1895 Laband in Oberschlesien. Laut *Aufstellung derjenigen Parteigenossen, die Angehörige fürstlicher Häuser sind*: 1.5. 1933 NSDAP, Nr. 3 159362, Gau Niederdonau. 1938 Heirat (zweite Ehe) mit Prinz Hermann. † 21.12. 1969 Amorbach.

Leiningen, Karl 6. Fürst zu.
* 13.2. 1898 Straßburg. Laut *Aufstellung derjenigen Parteigenossen, die Angehörige fürstlicher Häuser sind*: 1.5. 1937 NSDAP, Nr. 4 852615, Gau Mainfranken. Korvettenkapitän der Reserve. † 2.8. 1946 im Kriegsgefangenenlazarett Saransk, Mordwinien.

Leiningen-Nesselrode, Maria-Luise Prinzessin zu.
* 31.7. 1905 Honnef am Rhein. Tochter eines Königlich preußischen Landrats. Juli 1933 Heirat mit Prinz Hesso. Laut *Aufstellung derjenigen Parteigenossen, die Angehörige fürstlicher Häuser sind*: 1.5. 1937 NSDAP, Nr. 5 265065. Nach 1945 Wohnort Hessosruh, Pförn bei Rottach-Egern. † 7.1. 1993 Pförn.

Leip, Hans. Texter des Lieds *Lili Marleen* (1915), 1937 veröffentlicht im Gedichtband *Die kleine Hafenorgel.*
* 22.9. 1893 Hamburg. Drehbücher zu den Ufa-Filmen *Gasparone* (1937), *Nord-*

licht (1938) und *Der letzte Appell* (1940). Gedichte in Goebbels' Renommierblatt *Das Reich*. Mit weit über 50 Texten im NS-Kampfblatt *Krakauer Zeitung*, das »Blatt des Generalgouvernements«. NS-Ehrung: Am 1.9. 1942 von Hitler Kriegsverdienstkreuz II. Klasse, Begründung: »Seit Beginn des Krieges unermüdlich im besetzten Gebiet und im Frontbereich als Werber der großen Ostidee des Reiches tätig.« 1979 Erinnerungen: *Das Tanzrad oder die Lust und Mühe eines Daseins*. † 6.6. 1983 Fruthwilen, Kanton Thurgau. Lit.: Sarkowicz.

Leipold, Karl. Von Hitler bevorzugter Maler.
* 12.1. 1864 Duisburg. Auf den Großen Deutschen Kunstausstellungen im Münchner NS-Musentempel *Haus der Deutschen Kunst* mit insgesamt 28 Objekten (1939: *Segelschiff im Nebel*), 1942 Sonderausstellung mit 22 Werken. NS-Ehrung: Am 20.4. 1939 (zu *Führers Geburtstag*) Titel Professor. † 1.4. 1943 Würzburg.

Leisner, Emmy. Auf der *Gottbegnadeten-Liste* (Führerliste) der neun wichtigsten Konzertsänger des NS-Staates.
* 8.8. 1885 Flensburg. Kammersängerin, Altistin, Wagner-Sängerin. Leisner: »Ich habe nur der Hofoper, der jetzigen Staatsoper, in Berlin angehört.« Laut Lale Andersen April 1942 mit Goebbels' *Berliner Künstlerfahrt* (Truppenbetreuung) Auftritt in Warschau. Andersen: »Brave braune Legehenne, die in dem Augenblick, in dem sie auf die Bühne flatterte, durch das Timbre und den Adel ihrer Stimme zur Nachtigall wurde.« Ab 1945 in Kampen auf Sylt. † 11.1. 1958 Flensburg. Nachruf *Deutsches Bühnen-Jahrbuch*: »Geschätzte Gastsängerin in Bayreuth.«

Leistritz, Hans Karl. Organisator der Bücherverbrennungen.
* 10.5. 1909 Tannhausen in Schlesien. Dr. jur. Leiter des Hauptamts Presse und Propaganda der Deutschen Studentenschaft (reine NS-Führung). Rundschreiben vom 8.4. 1933 an die Einzelstudentenschaften: »Jeder deutsche Student säubert die Büchereien seiner Bekannten.« April 1933, zur geplanten Bücherverbrennung der Deutschen Studentenschaft, *12 Thesen wider den undeutschen Geist*, These 5: »Der Jude kann nur jüdisch denken. Schreibt er deutsch, dann lügt er. Der Deutsche, der deutsch schreibt, aber undeutsch denkt, ist ein *Verräter!*« 1941 Reichsschulungsredner, Leiter der *Hauptstelle Ortsgruppenschulung und Sondermaßnahmen* im NSDAP-Hauptschulungsamt in München, 1944 Leiter des Amts Lehrwesen ebenda. Nach 1945 Autor von Büchern wie *Der Geist der Epoche und die geistlosen Staaten* (1982).

Leitgeb, Waldemar. Schauspieler.
* 14.9. 1901 Konstantinopel. 1940 Nebenrolle im Hetzfilm *Die Rothschilds* (Courtade: »Ein Aufruf zu Haß und Mord«), 1942 im HJ-Segelflieger-Streifen *Himmelhunde*, 1943 Ufa-Jubiläumsfilm *Münchhausen*. Nach 1945 als Erster Held und Regisseur am Staatstheater Karlsruhe, *Staatsschauspieler*. † 21.7. 1974 Karlsruhe. Nachruf *Deutsches Bühnen-Jahrbuch*: »Die leichte Hand des Diplomatensohnes verhalf Lustspielen – etwa den ›Kaktusblüte‹ – zu Serienerfolgen.«

Lemnitz, Tiana. Auf der *Gottbegnadeten-Liste* (Führerliste) der wichtigsten Künstler des NS-Staates.
* 26.10. 1897 Metz als zehntes Kind eines Militärmusikers (DBJ). Lyrische Sopranistin. 1931 Dresdner Staatsoper. Mai 1933 NSDAP. Von Hitler geschätzte Sängerin (Picker). Ab 1937 an der Berliner Staatsoper. Glanzrollen: die Eva in Wagners *Meistersinger* sowie die Agathe in Lortzings *Freischütz*. Goebbels am 28.7. 1942 im Tagebuch: »Am Abend wird in der Wohnung eine schöne Musikstunde veranstaltet, Raucheisen spielt mit seinem Trio, Domgraf-Fassbaender und Tiana Lemnitz singen.« Mit Auftritt im besetzten Krakau als »Träger des deutschen Kulturwillens im Osten« eingesetzt. Ankündigung des Reichspropagandaamts Berlin: Am 1.8. 1942 Auftritt im Haus der Flieger für Ver-

wundete der Waffen-SS. 1943 im Film *Altes Herz wird wieder jung* sowie im Opernfilm *Nacht ohne Abschied*. NS-Ehrung: 1937 von Hitler zur Kammersängerin ernannt. 1953 Leiterin des Opernstudios der Berliner Staatsoper. † 5. 2. 1994 Berlin.

Lenk, Franz. Maler.
* 21. 6. 1898 Langenbernsdorf in Sachsen. 1933 (bis 1936) Präsidialrat der Reichskammer der bildenden Künste, Professor an den Vereinigten Staatsschulen für freie und angewandte Kunst in Berlin. Am 19. 8. 1934 Unterzeichner des *Aufrufs der Kulturschaffenden* zur Vereinigung des Reichskanzler- und Reichspräsidentenamts in der Person Hitlers: »Wir glauben an diesen Führer, der unsern heißen Wunsch nach Eintracht erfüllt hat.« *Meyers Lexikon* (1939): »Landschaften, in denen die Natur in ihrer Stille und Weite tief empfunden ist.« † 13. 12. 1968.

Lenya, Lotte (Künstlername). Schauspielerin und Sängerin.
* 18. 10. 1898 Wien. Ab 1920 als Schauspielerin in Berlin. Am 31. 8. 1928 als Seeräuber-Jenny in der Uraufführung der *Dreigroschenoper* im Theater am Schiffbauerdamm, ebenso 1930 im Film *Die Dreigroschenoper*. Verheiratet mit Kurt Weill. Exil in Frankreich, 1935 USA. Berühmte Weill- und Brecht-Interpretin. 1963 als russische Agentin im Bond-Film *Liebesgrüße aus Moskau*. 1960 Erinnerungen: *Das waren Zeiten*. † 27. 11. 1981 New York.

Lenz-Schwanzara, Leo, Pseudonym von Leo Lenz. Schriftsteller.
* 2. 1. 1878 Wien. Vorsitzender des *Verbands Deutscher Bühnenschriftsteller und Bühnenkomponisten* (Organ der Reichsschrifttumskammer). Autor von Lustspielen wie *Frauenkenner* (1922), *Ehe in Dosen* (1934), *Hochzeitsreise ohne Mann* (1938), *Der galante Gesandte* (1941). Sein Lustspiel *Heimliche Brautfahrt* wurde am 7. 6. 1943 vom Oberschlesischen Landestheater Beuthen als *Truppenbetreuungsabend* für das KZ-Personal in Auschwitz aufgeführt. † 29. 8. 1962 Berlin.

Léon, Viktor, eigentlich Hirschfeld. Librettist.
* 4. 1. 1858 Wien. Verfasser der Libretti zu *Wiener Blut* (1899) von Johann Strauß (Sohn), zu Lehárs *Die lustige Witwe* (1905), Leo Falls *Der fidele Bauer* (1908) sowie Lehárs *Die gelbe Jacke* (1926), 1929 von Löhner-Beda und Herzer überarbeitet und als *Land des Lächelns* neu aufgeführt. Im *Lexikon der Juden in der Musik* gebrandmarkt. † 3. 2. 1940 Wien.

Leonhardt, Carl. Dirigent.
* 11. 2. 1886 Coburg. 1920 Erster Kapellmeister am Nationaltheater Weimar, 1921 Titel Professor. 1922 Generalmusikdirektor am Württembergischen Staatstheater Stuttgart. 1937 (bis 1951) Lehrstuhl Musikwissenschaften der Universität Tübingen. 1940 als Präsident der Reichsmusikkammer vorgesehen. Goebbels am 18. 9. 1940 im Tagebuch: »Prof. Leonhardt, voraussichtlich Nachfolger Raabes, empfangen. Macht einen guten, aber leider etwas zu wissenschaftlichen Eindruck.« † 8. 5. 1969 Tübingen.

Leopoldi, Hermann, eigentlich Hersch Kohn. Wiener Unterhaltungskünstler.
* 15. 8. 1888 Wien. Im *Lexikon der Juden in der Musik* gebrandmarkt. 1938 im KZ Dachau, danach KZ Buchenwald. Komponist des *Buchenwald-Lieds*: »O Buchenwald, ich kann dich nicht vergessen, weil du mein Schicksal bist.« 1939 Ausreisevisum USA, dort Lokalbesitzer. 1947 Rückkehr nach Wien. † 28. 6. 1959 Wien.

Lerbs, Karl. Schriftsteller.
* 22. 4. 1893 Bremen. 1916 Kriegserzählung *Die tote Schwadron* (sic). In der NS-Zeit mit einer Sondergenehmigung der Reichsschrifttumskammer tätig. Drehbücher zu *Der höhere Befehl* (1935), *Die Kronzeugin* (1937), *Der Mann, der nicht nein sagen kann* (1938), *Seitensprünge* (1940). Mit weit über 50 Texten im NS-Kampfblatt *Krakauer Zeitung*, das »Blatt des Generalgouvernements«. † 27. 11. 1946 am Wohnort Untertiefenbach im Allgäu.

Lernet-Holenia, Alexander. Schriftsteller. * 21. 10. 1897 Wien. Im Freundeskreis von Zuckmayer, Csokor und Horváth beim Einmarsch der deutschen Truppen 1938 in Wien. Im Abschiedsbrief an den Emigranten Zuckmayer: »Beklage Dein Schicksal nicht, ich beneide Dich darum.« Nach Verwundung im Polenfeldzug 1940 Chefdramaturg der Heeresfilmstelle. Idee zum Zarah-Leander-Film *Die große Liebe* (1942). Mit mehr als 50 Texten im NS-Kampfblatt *Krakauer Zeitung*, das »Blatt des Generalgouvernements«. 1952 Wohnsitz in einem Trakt der Wiener Hofburg. 1961 Großer Österreichischer Staatspreis. 1969–1972 Präsident des österreichischen PEN-Clubs, den er aus Protest gegen die Verleihung des Nobelpreises an Heinrich Böll verließ. † 3. 7. 1976 Wien.

Lersch, Heinrich. Name Oktober 1933 unter dem Treuegelöbnis »88 deutsche Schriftsteller« für Adolf Hitler. * 12. 9. 1889 Mönchengladbach, Sohn eines Kesselschmieds. Tagelöhner, dann Arbeiterdichter. 1916 im Buch *Herz! aufglühe dein Blut*: »Stürme vor! stürme vor! du deutscher Infanterist./Hei, wie dein jauchzender Sturm die feindlichen Reihen zerfrißt.« Mai 1933 Berufung in die Deutsche Akademie der Dichtung der »gesäuberten« Preußischen Akademie der Künste. Am 19. 8. 1934 Unterzeichner des *Aufrufs der Kulturschaffenden* zur Vereinigung des Reichskanzler- und Reichspräsidentenamts in der Person Hitlers: »Wir glauben an diesen Führer, der unsern heißen Wunsch nach Eintracht erfüllt hat.« NS-Ehrung: 1935 Rheinischer Literaturpreis. † 19. 6. 1936 Remagen an Lungen- und Rippenfellentzündung. NSDAP-Ehrenbegräbnis. Lit.: Ketelsen.

Lessen, Kurt von, Pseudonym von Curt von Lützow. Schauspieler. * 6. 10. 1881. Am Deutschen Volkstheater Wien der *Deutschen Arbeitsfront*. Zur Volksabstimmung zum »Anschluß« Österreichs April 1938: »Jubelnd stürzt sich die schöne, ewig junge Braut Österreich in die liebenden schützenden Arme des germa-

nischen Jünglings.« 1949 Landestheater Salzburg. † 12. 2. 1960 Salzburg.

Lessing, Theodor. Kulturphilosoph. * 8. 2. 1872 Hannover. Dr. phil. 1919 Hauptwerk *Geschichte als Sinngebung des Sinnlosen*. 1920 Gründer der Freien Volkshochschule Hannover-Linden. 1922 Pädagogikprofessor der TH Hannover. Laut de Mendelssohn Autor aggressiver Streitschriften, Vertreter eines pragmatischen Sozialismus, Objekt einer Hetzkampagne nationalistischer Kreise. 1933 Exil in Marienbad. † 30. 8. 1933 ebenda, nach einem Attentat sudetendeutscher Nationalsozialisten.

Lettenmair, Josef Günther. Stellv. Hauptschriftleiter des NS-Gauverlags Oberdonau. * 1. 3. 1899 Linz. 1934 Seekriegsbuch *Rotweißrot zur See*. 1937: *Verwurzeltes Blut. Roman des deutschen Sensenhandwerks* (sic). NS-Ehrung: 1941 Literaturpreis der deutschen Kriegsmarine/Ostsee, 1944 der deutschen Kriegsmarine/Nordsee. 1951 Mitautor: *Stimmen am Strom, Dichtung der Gegenwart in Oberösterreich*. 1955 Silbermedaille pro arte et scientia der Stadt Wels. Pressereferent der Oberösterreichischen Kraftwerke AG. Prof. h. c. Fachmann für *Meyers Enzyklopädisches Lexikon* zum Thema Teppiche (Literatur-Kürschner). † 20. 5. 1984 Linz.

Lettow-Vorbeck, Paul von. Generalmajor a. D. * 20. 3. 1870 Saarlouis. *Führerlexikon*: »Pommerscher Uradel.« Berufsoffizier. 1900/1901 an der Niederwerfung des Boxer-Aufstands in China beteiligt. 1904–1907 Hauptmann in Deutsch-Südwestafrika (Vernichtung von Hereros und Hottentotten). 1914 Kommandeur der *Schutztruppe* für Deutsch-Ostafrika. 1919 Autor: *Heia Safari*. 1920 Teilnahme am *Kapp-Putsch*, Entlassung aus Reichswehr. 1928–1930 MdR für *Deutschnationale Volkspartei*. Mitglied des *Stahlhelm* (Sammelbecken militanter Rechtsnationaler). SA-Reserve. Vortragsredner. Goebbels am 21. 1. 1938 im Tagebuch: »Auch so ein Reakti-

onär!« 1957 Erinnerungen: *Mein Leben.*
† 9. 3. 1964 Hamburg.

Leux, Leo (Künstlernamen). Komponist.
* 7. 3. 1893 München. In der NS-Zeit Musik zu 20 Filmen, darunter 1937 der Harlan-Film *Mein Sohn, der Herr Minister* (Verhöhnung des Parlamentarismus), 1939 *Robert und Bertram* (Leiser: die Karikatur des jüdischen Untermenschen, eingebettet in eine Lustspielhandlung), 1941 *Venus vor Gericht* über einen NSDAP-Bildhauer, den »jüdischen Kunsthandel« und »entartete Kunst«, 1942 *Kleine Residenz*, für Goebbels eine Musterleistung des Unterhaltungsfilms »für den Krieg«. Nach 1945 Komponist des Lieds *Es gibt ja doch nur ein Berlin.* † 8. 9. 1951 Berlin.

Leutelt, Gustav. Sudetendeutscher Heimatdichter.
* 21. 9. 1860 Josefsthal bei Gablonz. Oberlehrer. Werke wie *Schilderungen aus dem Isergebirge* (1899), *Der Glaswald* (1925) oder *Der Brechschmied* (!1934). NS-Ehrung: 1940 *Goethe-Medaille* für Kunst und Wissenschaft. † 17. 2. 1947 Seebergen.

Levetzow, Magnus von. Chefberater des im Exil lebenden Kaisers Wilhelm II.
* 8. 1. 1871 Flensburg. 1920 als Konteradmiral Chef der Marinestation der Ostsee, wegen Teilnahme am *Kapp-Putsch* verabschiedet. Am 3. 4. 1932 im NSDAP-Zentralorgan *Völkischer Beobachter:* »Signal ›Ran an den Feind‹, folgt mir getrost und wählt Adolf Hitler.« Malinowski: »Nach … einer persönlichen Begegnung mit Hitler wurde Levetzow im Herbst 1930 zum überzeugten Nationalsozialisten. Im Juli 1932 ließ er sich in Absprache mit seinem kaiserlichen Dienstherren als NSDAP-Abgeordneter in den Reichstag wählen und trat in die NSDAP ein.« Februar 1933 (bis Juli 1935) Polizeipräsident von Berlin. 1935 Preußischer Staatsrat. 1936 bei Weser-Flugzeugbau GmbH, ab 1938 ebenda Generalbevollmächtigter. † 13. 3. 1939 Berlin.

Lewandowski, Edmund. Leiter der Fachschaft Verlags- und Redaktionsangestellte in der Reichspressekammer.

* 16. 10. 1893 Königsberg. *Führerlexikon:* Zehn Jahre im Hause Ullstein. 1932 beim *Völkischen Beobachter*, Untertitel: *Kampfblatt der nationalsozialistischen Bewegung Großdeutschlands.* Amtsleiter Presse der NSDAP. † Kriegstod 24. 4. 1945 Berlin, Dubrowplatz 3. Durch Bombentreffer verschüttet, Leiche erst am 25. 10. 1945 gefunden (WASt).

Leyen, Friedrich von der. Senator der Deutschen Akademie der Dichtung der Preußischen Akademie der Künste (1937).
* 19. 8. 1873 Bremen. 1926 Professor für ältere deutsche Philologie in Köln. 1935 Autor: *Deutsche Dichtung und deutsches Wesen* sowie *Das Reich deutscher Volksdichtung.* 1938: *Die Götter der Germanen.* 1947–1953 Lehrstuhl in München. 1957: *Die germanischen Namen der Runen.* 1960 Erinnerungen: *Leben und Freiheit der Hochschule.* 1963 Festschrift zum 90. Geburtstag: *Märchen, Mythos, Dichtung.* † 8. 6. 1966 Kirchseeon bei München.

Leyh, Georg. Bibliothekar. Herausgeber des *Zentralblatts für Bibliothekswesen* (1929–1944).
* 6. 6. 1877 Ansbach in Bayern. Dr. phil. Ab 1921 Direktor der Universitätsbibliothek Tübingen. 1928 Honorarprofessor. 1935–1937 Vorsitzender des *Vereins Deutscher Bibliothekare.* 1954 *Nationalpreis der DDR* (Happel). 1962: Großes Bundesverdienstkreuz. † 19. 6. 1968 Tübingen.

Lichius, Joseph. Bariton.
* 8. 6. 1905 Hagen. 1933 SA-Sturmmann. 1934 Kulturreferent einer Kölner SA-Standarte, Komposition *Zwiesprache zur Nacht jenseits der Menschen* nach Texten von Goebbels. 1937 NSDAP, Wohnsitz Berlin. 1938 in Königsberg Uraufführung seines Musikdramas *Der Sohn* über den Dänenkönig Valdemar, der mangels männlichen Nachwuchses in der Ehe ein Mädchen aus dem Volke schwängert. Laut Kritik »eine geschickte Wendung von der Ehebruch-Ebene auf die des völkischen Schicksals«. 1943 am Opernhaus Teplitz-Schönau (Sudetenland). Nach 1945 Spielleiter beim SDR. † 25. 6. 1956 Stuttgart.

Liebeneiner, Wolfgang. Schauspieler und Regisseur.

* 6.10. 1905 Liebau im Riesengebirge. Regisseur am Staatlichen Schauspielhaus Berlin unter Gründgens. Laut Hippler von Goebbels öfters zur Abendgesellschaft eingeladen. 1938 (bis 1945) Leiter der Reichsfilmakademie Babelsberg (auf dem Lehrplan: NS-Weltanschauung und Wirken des Weltjudentums). Goebbels am 11.6. 1938 im Tagebuch:»Er ist jung, modern, strebsam und fanatisch.« Zwischen 1933 und 1941 Darsteller in 20 Filmen. Ab 1937 Regie zu 13 Filmen, darunter Dezember 1938 *Ziel in den Wolken*, ein diskreter Propagandafilm zur Aufrüstung der Luftwaffe (Giesen). Film *Bismarck*, am 6.12. 1940 in Anwesenheit von Goebbels, Lammers und Gürtner uraufgeführt (laut Courtade fällt es einem schwer, dabei nicht an Hitler zu denken). Der von den Krankenmördern der Berliner T4-Zentrale in Gang gesetzte und teilfinanzierte NS-Euthanasiefilm *Ich klage an* (Uraufführung 29.8. 1941) sollte den Widerstand der Bevölkerung gegen den Behindertenmord brechen. Goebbels am 22.6. 1941 im Tagebuch:»Großartig gemacht und ganz nationalsozialistisch.« Prädikat: *künstlerisch besonders wertvoll, volksbildend*. Goebbels am 1.7. 1942 in Tagebuch:»Ich halte Liebeneiner heute für unseren Spitzenregisseur.« Oktober 1942 Bismarck-Film *Die Entlassung* (Courtade: »Hitler in der Maske des berühmten Vorgängers ... wie dieser die Macht über das Recht stellend«). April 1943 Produktionschef der Universum Film AG (Ufa). In erster Ehe (1933) mit der Schauspielerin Ruth Hellberg verheiratet, April 1944 Ehe mit der Schauspielerin Hilde Krahl. NS-Ehrung: Präsidialrat der Reichstheaterkammer, 1940 auf Vorschlag von Goebbels Hitler-Dotation (steuerfreie Schenkung) von 30 000 Mark, *Staatsschauspieler* (1942), am 3.3. 1943, beim Festakt zum 25jährigen Jubiläum der Ufa, von Goebbels Titel Professor. Nach 1945 Regisseur der Hamburger Kammerspiele, am Theater in der Josefstadt und am Burgtheater in Wien. In Hamburg Inszenierung von Wolfgang Borcherts Heimkehrerstück *Draußen vor der Tür*, 1949 als Film *Liebe 47* im Kino. Gehobene Unterhaltung (*Taiga*, 1958) und Massenware (*Die Trapp-Familie*, 1956). Das *Deutsche Bühnen-Jahrbuch* zum 50. Geburtstag:»Trotz der Verleihung des Professorentitels ... gelang es Liebeneiner, sich aus dem gefährlichen Räderwerk der Politik des Dritten Reiches herauszuhalten.« Liebeneiner behauptete 1965, sein Euthanasie-Film sei »ein Dokument der Humanität in einer inhumanen Zeit« gewesen und habe zur Beendigung der Krankenmorde beigetragen (der Massenmord an Behinderten dauerte bis 1945). † 28.11. 1987 Wien. Lit.: Drewniak, Theater; Kreimeier; Leiser; Moeller, Filmstars.

Liebenfels, Lanz von, eigentlich Adolf Josef Lanz. »Rassenverbesserer«, Antisemit.

* 19.7. 1874 Wien als Lehrerssohn (das von Lanz selbst angegebene Geburtsdatum 1.5. 1872 ist, wie andere Angaben zur Person, eine Fälschung). 1893–1899 im Zisterzienserstift Heiligenkreuz bei Wien. 1900 Gründer des *Ordens des neuen Tempels*, dem nur »arioheroische« blonde Männer angehören, die nur blonde Frauen heiraten dürfen. 1905 Gründer, 1908 Besitzer des Monatsmagazins *Ostara*. 1910 Autor: *Das Sinnes- und Geistesleben der Blonden und Dunklen*. 1911: *Die Komik der Frauenrechtlerei*. 1912: *Das Mannesrecht als Retter aus der Geschlechtsnot*. 1913: *Die Blonden als Musikschöpfer*. Lanz soll Hitlers Weltbild beeinflußt haben. † 22.4. 1954 Wien. Lit.: Puschner.

Liebermann, Ernst. Auf der *Gottbegnadeten-Liste* (Führerliste) der wichtigsten Maler des NS-Staates.

* 9.5. 1869 Langemüß in Thüringen. Zunächst Illustrator, dann Landschafts- und Städtemaler in München, auch Wandgemälde. Auf der Großen Deutschen Kunstausstellung 1939 im Münchner NS-Musentempel *Haus der Deutschen Kunst* mit dem Bild *Dorf an der Loisach*, 1942: *Najade an der Quelle* (Nackte, in die Ferne blikkend). † 11.2.1960 Beuerberg in Oberbayern.

Liebermann, Ferdinand. Bildhauer.
* 15.1.1883 Judenbach in Thüringen. Auf den Großen Deutschen Kunstausstellungen im Münchner NS-Musentempel *Haus der Deutschen Kunst* mit insgesamt 16 Objekten, darunter die Plastik *Wille* (Nackter kämpft mit Schlange), eine Rosenberg-Bronzebüste sowie ein Hitler-Porträt. † 28.11.1941 München.

Liebermann, Martha. Witwe von Max Liebermann.
* 8.10.1858. Nach dem Tod ihres Mannes gesellschaftlich isoliert und ihres Vermögens durch NS-Stellen beraubt. Am Morgen des 5.3.1943 erschien ein Kriminalbeamter, um die schwerkranke, 85jährige Frau zur Deportation nach Polen abzuholen. Er ließ ihr Zeit zum Packen und kam zwei Stunden später wieder. Sie nahm in der Zwischenzeit Veronal und starb Tage später im jüdischen Krankenhaus. † 10.3.1943 Berlin. Lit.: Schmalhausen.

Liebermann, Max. Repräsentant des deutschen Impressionismus.
* 20.7.1847 Berlin, Sohn eines Kattunfabrikanten. 1920 (bis 1932) Präsident, danach Ehrenpräsident der Preußischen Akademie der Künste. 1927 Bühnenbild zur Uraufführung von Zuckmayers Volksstück *Schinderhannes*. Im März 1933, da Jude, zum Rücktritt gezwungen, öffentlich gemieden und verfemt. Liebermann am 11.3.1933 in der jüdischen *Central-Vereins-Zeitung*: »Ich habe während meines langen Lebens mit allen meinen Kräften der deutschen Kunst zu dienen gesucht. Nach meiner Überzeugung hat Kunst weder mit Politik noch mit Abstammung etwas zu tun.« *Meyers Lexikon* (1939): »Er hat die artistische Seite des Impressionismus im Sinne der blutlosen l'art-pour-l'art-Theorie bis zu den letzten Folgerungen entwickelt.« † 8.2.1935 Berlin. Lit.: Schmalhausen.

Liebert, Eduard von. Gründer des *Reichsverbands zur Bekämpfung der Sozialdemokratie* (1904).

* 16.4.1850 Rendsburg. General. 1896 Gouverneur von Deutsch-Ostafrika. 1907–1914 »als Reichsparteiler [sic] im Reichstag« (*Meyers Lexikon* 1939). Im Vorstand des radikal antisemitischen Alldeutschen Verbands, der Kolonialgesellschaft und des Wehrvereins. 1925 Erinnerungen: *Aus einem bewegten Leben*. 1929 NSDAP. † 14.11.1934 Tscheidt bei Ratibor.

Liebmann, Robert. Der kommerziell erfolgreichste Drehbuchautor der Weimarer Zeit.
* 5.6.1890 Berlin. 1930 Co-Autor zum Filmwelterfolg *Der blaue Engel*. Mitarbeit bei nahezu allen Ufa-Spitzenfilmen, April 1933 als Jude entlassen, Flucht nach Paris. 1934 Drehbuch zu Fritz Langs Film *Liliom*. † Deportiert am 19.7.1942 von Drancy nach Auschwitz. Lit.: Weniger, Bühne.

Lieck, Walter. Auf der *Gottbegnadeten-Liste* der Schauspieler, die für die Filmproduktion benötigt werden.
* 13.6.1906 Berlin. Im Kabarett *Tingel-Tangel*. Gestapo-Verhaftung am 10. Mai 1935, vom 5. Juni bis 1. Juli im Lager Esterwegen. Am 26.10.1936 Freispruch »mangels ausreichender Beweise« durch Sondergericht I in Berlin-Moabit. Auftritts-, aber kein Filmverbot. Mit einer »Halbjüdin« verheiratet. Darsteller in 47 Filmen, darunter 1939 *Robert und Bertram*, 1940 Hetzfilm *Die Rothschilds* (Courtade: »ein Aufruf zu Haß und Mord«). 1941 Darsteller des Pferdehändlers im NS-Reiterfilm *... reitet für Deutschland*, 1942 antirussischer Hetzfilm *GPU*. 1943 im Ufa-Jubiläumsfilm *Münchhausen*. Ab 1943 auch Drehbuchautor, auf der Liste Goebbels genehmer Filmautoren. † 21.11.1944 Berlin an Leukämie (Schrader).

Liedtke, Harry. Auf der *Gottbegnadeten-Liste* der Schauspieler, die für die Filmproduktion benötigt werden.
* 12.10.1880 Königsberg. Sein Freund Baldur von Schirach: »Einst unwiderstehlicher Liebhaber der Stummfilmzeit.« 1920–1926 mit Käthe Dorsch verheiratet. Unter anderem 1937 in der Filmkomödie

Gefährliches Spiel, 1941 im Rühmann-Film *Quax, der Bruchpilot*, 1943 in Rühmanns Unterhaltungsfilm *Sophienlund*. Verheiratet mit der Schauspielerin Christa Tordy. Im Kuratorium der *Goebbels-Stiftung für Kulturschaffende*. † Mit Christa Tordy am 28.4.1945 am Wohnort Pieskow am Scharmützelsee von Rotarmisten getötet.

Liepmann, Heinz. Schriftsteller.
* 27.6.1905 Osnabrück. 1926 Dramaturg der Hamburger Kammerspiele, Kritiker der *Weltbühne*. Opfer der Bücherverbrennung. Nach mehreren Fluchtstationen ab 1937 als Journalist in New York. 1947 Korrespondent der *Time* in Hamburg, 1961 Kulturkorrespondent für *Die Welt* in Zürich. † 6.6.1966 Agarone, Kanton Tessin.

Liesegang, Helmut. Auf der *Gottbegnadeten-Liste* (Führerliste) der wichtigsten Maler des NS-Staates.
* 18.7.1858 Duisburg, Sohn eines Gymnasialdirektors. Landschaftsmaler. 1943 auf der Großen Deutschen NS-Kunstausstellung im Münchner NS-Musentempel *Haus der Deutschen Kunst* mit dem Bild *Niederrheinisches Altwasser* (Öl). NS-Ehrung: 1943 *Goethe-Medaille* für Kunst und Wissenschaft, Begründung: »Bahnbrecher für die niederrheinische Landschaftskunst«. † 31.7.1945 Leipzig. Q.: Thomae.

Lieser, Karl. Auf der *Gottbegnadeten-Liste* (Führerliste) der wichtigsten Architekten des NS-Staates.
* 2.12.1901 Wiesbaden als Architektensohn. 1933 NSDAP, SA, Vertrauter des Gauleiters Sprenger. 1934 ao. Professor für Städtebau der TH Darmstadt, Kanzler der TH, Leiter der Dozentenschaft. 1935 Dozentenbundführer, 1936 Gaudozentenbundführer Hessen-Nassau. 1936 Landesleiter Hessen-Nassau der Reichskammer der bildenden Künste. 1937 o. Professor, Rektor der TH Darmstadt. 1945 Entlassung. Architekt in Darmstadt. † 18.3.1990 ebenda. Lit.: Grüttner.

Lieven, Albert. Schauspieler.
* 23.6.1906 Hohenstein in Ostpreußen. 1933 am Staatstheater Berlin. Zwischen 1933 und 1936 in elf Filmen, darunter 1933 in Carl Froelichs Gesinnungsfilm *Reifende Jugend* und im Liebesfilm *Die vom Niederrhein*. Mit einer »Jüdin« verheiratet. 1936 Exil in Großbritannien, im Krieg Nachrichtensprecher der BBC. Ab 1951 wieder in deutschen Filmen, so *Die Rose von Stambul* (1953) und *Des Teufels General* (1955), 1970 letzter Film: *Die Feuerzangenbowle*. † 16.12.1971 Farnham in Großbritannien. Nachruf *Deutsches Bühnen-Jahrbuch*: »Eleganter Darsteller.«

Liewehr, Fred. Auf der *Gottbegnadeten-Liste* der Schauspieler, die für die Filmproduktion benötigt werden.
* 17.4.1909 Neutitschein in Mähren. Ab 1933 Burgtheater Wien, zugleich an der Staatsoper. 1939 im Johann-Strauß-Film *Unsterblicher Walzer*, 1943 Ehefilm *Späte Liebe*. Ab 1949 auch Volksoper Wien. Kammerschauspieler (1950). Nachkriegsfilme: *Maria Theresia* (1951) oder *Hilfe, meine Braut klaut* (1964). Professor am Reinhardt-Seminar. † 19.7.1993 Wien.

Lilien, Kurt, eigentlich Lilienthal. Komiker in Revuen und Operetten.
* 6.8.1882 Berlin. 1924 am Admiralspalast, 1932 Komische Oper Berlin. November 1932 Darsteller in der Uraufführung von Künnekes Operette *Glückliche Reise*. 1933 letzter Film: *Die Nacht im Forsthaus*, Flucht in die Niederlande. Auftritte in Rudolf Nelsons Emigrantenkabarett. Nach Einmarsch der Wehrmacht im Lager Westerbork. † 28.5.1943 Sobibor.

Lilienfein, Heinrich. Auf der *Gottbegnadeten-Liste* (Führerliste) der wichtigsten Schriftsteller des NS-Staates.
* 20.11.1879 Stuttgart. Name Oktober 1933 unter dem Treuegelöbnis »88 deutsche Schriftsteller« für Adolf Hitler. Seit 1920 Generalsekretär der Deutschen Schillerstiftung (ab 1934 unter Aufsicht der Reichsschrifttumskammer). Im Kuratorium der *Goebbels-Stiftung für Kulturschaffende* (DBJ). NS-Ehrung: 1939 Schwäbischer Dichterpreis, *Goethe-Medaille* für Kunst und Wissenschaft. † 20.12.1952 Weimar.

Limburg, Olga. Schauspielerin.
* 5. 4. 1881 Düsseldorf. Berliner Bühnen. Im Dritten Reich Nebenrollen in 58 Filmen, darunter 1938 *Ziel in den Wolken*, ein diskreter Propagandafilm zur Aufrüstung der Luftwaffe (Giesen), 1939 im Rühmann-Film *Hurra! Ich bin Papa!* 1942 Ufa-Film *Diesel*. Nach dem Krieg Filme wie *Der Pfarrer von Kirchfeld* oder *Ein Herz schlägt für Erika* (beide 1955). 1957 letzter Film: *Das Herz von St. Pauli*. † 7. 3. 1970 Berlin. Nachruf *Deutsches Bühnen-Jahrbuch*: »Die ›Salondame‹ des ersten Drittels unseres Jahrhunderts.«

Limpert, Wilhelm. Laut Verlagswerbung Verleger eines »grundlegenden Entjudungskommentars«.
* 20. 10. 1891 Würzburg. 1921 Gründer des Limpert Verlags, des ältesten deutschen Sportverlags. Verlegte in der NS-Zeit die Zeitschriften *Deutsche Kultur* sowie *Der Norden. Monatsschrift der Nordischen Gesellschaft*. Bücher wie *Deutsche kämpfen in Spanien, Herausgegeben von der Legion Condor* (1939), *Luftwaffe über dem Feind* (1941) oder *Deutsche Soldaten sehen die Sowjet-Union. Feldpostbriefe aus dem Osten*, herausgegeben von Wolfgang Diewerge (1941). 1940 Entjudungskommentar *Die Lösung der Judenfrage in der deutschen Wirtschaft* von Ministerialrat Alf Krüger. Nach 1945 Sportpublikationen. † 28. 1. 1959 Frankfurt am Main.

Lincke, Paul. »Marschall der deutschen Unterhaltungskunst« (Goebbels).
* 7. 11. 1866 Berlin als Beamtensohn. Kapellmeister. Operettenerfolge 1899 mit *Frau Luna* und 1902 mit *Lysistrata* (mit dem Evergreen *Glühwürmchen, Glühwürmchen, flimm're*). Inhaber des Apollo-Verlags, eigener Musikverlag. 1936 Ehrenbürger der Reichshauptstadt. Goebbels am 18. 8. 1937 im Tagebuch: »Ich veranlasse eine Ehrengabe von 10 000 Mark für Paul Lincke von Berlin. Mit einer ehrenden Adresse. Der hat's verdient um Berlin!« Am 25. Mai 1938 Dirigent seiner Operette *Frau Luna* während der ersten *Reichsmusiktage* in Düsseldorf (mit der Schand-

schau *Entartete Musik*). Präsidialbeirat der *Kameradschaft der deutschen Künstler* (NS-Führerkorps), laut Harlan Anfang 1939 ebenda Tischpartner Hitlers bei geselligem Beisammensein. 1940 Kriegslied *Deutschland muß siegen*. Oktober 1940 Uraufführung seiner einzigen in der NS-Zeit komponierten Operette *Ein Liebestraum* am Theater an der Reeperbahn in Hamburg. Auftritte im *Wunschkonzert für die Wehrmacht*, Goebbels' Radiosendung zwecks Hebung der Truppenmoral und Leidensbereitschaft der Heimatfront. Juni 1941 Uraufführung der Musikfilmgroteske *Frau Luna*. NS-Ehrung: *Goethe-Medaille* für Kunst und Wissenschaft (1941). Trotz Titelsperre 1942 von Hitler Titel Professor. † 3. 9. 1946 Clausthal-Zellerfeld.

Lind, Lissy, eigentlich Krüger. Schauspielerin.
* 3. 10. 1892 Dresden. 1920 Stummfilmdebüt mit *Die hohe Schule*, 1920 *Tänzerin Tod*, 1926: *Die Mühle von Sanssouci*. Verheiratet mit dem Regisseur Siegfried Philippi (ab 1933, da »Jude«, beschäftigungslos). † Berlin, etwa 1938 (Suizid?), von der Öffentlichkeit nicht wahrgenommen.

Linden, Walther. Schriftsteller.
* 26. 1. 1895 Wuppertal, Sohn eines Bahnhofsvorstehers. 1933 NSDAP/SA, in Rosenbergs *Kampfbund für deutsche Kultur*. 1934 Autor: *Heinrich von Kleist, der Dichter der völkischen Gemeinschaft*. 1934–1936 Mitherausgeber der *Zeitschrift für Deutschkunde*. 1937 in *Geschichte der deutschen Literatur*: »So ist das deutsche Volk der wahre Erbe des Germanentums geworden, seines nordischen Blutes, seines Artbewußtseins, seiner sittlichen und religiösen, kriegerischen und staatlichen Anlagen.« † 21. 7. 1943 bei Paris während einer Truppenbetreuungs-Reise. Lit.: Drewniak, Theater; König; Wulf, Literatur.

Lindenberg, Friedrich. Schriftsteller.
* 28. 8. 1916 Berlin. 1934 Erzählung: *Heil unserem Führer. Das Hitlerbuch eines Hitler-Jungen*. Ab 1940 bei der Luftwaffe. † Kriegstod 25. 4. 1945 Berlin-Lichterfelde (WASt).

Lingen, Theo (Künstlername). Auf der *Gottbegnadeten-Liste* der Schauspieler, die für die Filmproduktion benötigt werden. * 10. 6. 1903 Hannover. 1929 am Berliner Komödienhaus als Mackie Messer in der *Dreigroschenoper*. 1931 in Fritz Langs Erfolgsfilm *M – Eine Stadt sucht einen Mörder*. 1932 Heirat mit Brechts erster (»nichtarischen«) Ehefrau Marianne Zoff. Spielte deshalb mit einer Sonderbewilligung von Goebbels. Zwischen 1933 und 1945 in 96 (!) Filmen. Einer der meistbeschäftigten Schauspieler des NS-Kinos, zudem Regie zu 13 Filmen. Unter anderem 1934 im Trenker-Film *Der verlorene Sohn*, 1935 im Operettenfilm *Im weißen Rößl*, 1940 im Operettenfilm *Rosen in Tirol*. 1941 Regie und Hauptrolle in der Musikfilmgroteske *Frau Luna*. Nach 1945 Klamaukfilme wie *Der Theodor im Fußballtor* (1950) und Heimatschnulzen wie *Almenrausch und Edelweiß* (1957). 1975 letzter Film: *Lady Dracula*. Drewniak: »Eine der wichtigsten Säulen deutscher Heiterkeit.« Das *Deutsche Bühnen-Jahrbuch* zum 60. Geburtstag: »Ein Komiker, der seine Wirkung aus der konsequenten Stilisierung seines Typs ins Satirisch-Artifizielle bezieht.« † 10. 11. 1978 Wien.

Linke, Johannes. »Einer der größten Hymniker der Gegenwart« (*Meyers Lexikon* 1939). * 8. 1. 1900 Dresden. Volksschullehrer. 1938 Lyrikband *Das Reich*. Texte im NS-Kampfblatt *Krakauer Zeitung*, das »Blatt des Generalgouvernements«. Am 15. 2. 1944 Lesung als Gast der Kulturvereinigung des Generalgouvernements (*Krakauer Zeitung*). In Bühners Anthologie *Dem Führer* Weiheverse *Der Führer*: »Den eigenen Glauben/zwingt er den Widerwilligen auf,/bis er im Herzschlag/der Ungezählten als Marschlied braust/und aus den tausendspältigen Süchten/ein einiger Wille entbrennt./Nun spricht/Aus seinem Munde das Volk/Nun blüht/An seinem Herzen das Land/Nun reift/In seinen Händen das Reich.« † Seit Februar 1945 im Osten vermißt.

Linkmann, Ludwig. Auf der *Gottbegnadeten-Liste* der Schauspieler, die für die Filmproduktion benötigt werden. * 16. 6. 1902. Charakterkomiker. 1933 Hessisches Landestheater Darmstadt, 1938 Volksbühne Berlin. 1940 im Hetzfilm *Die Rothschilds* (Courtade: »Ein Aufruf zu Haß und Mord«). 1947 Schauspielhaus Düsseldorf, 1953 Deutsches Schauspielhaus Hamburg. 1955 im Film *Hanussen*. † 12. 6. 1963 Gießen.

Lion, Ferdinand. Schriftsteller. * 11. 6. 1883 Mülhausen im Elsaß. Lektor im Ullstein-Verlag, Mitarbeiter der *Neuen Rundschau*. 1926 Libretto für Hindemiths Oper *Cardillac*. 1933 Wechsel in die Schweiz, 1937/38 Redakteur der Zeitschrift *Maß und Wert*. Im Krieg in Frankreich. 1946 wieder in Zürich. † 21. 1. 1968 Kilchberg, Kanton Zürich.

Lippe, Chlodwig Prinz zur. * 27. 9. 1909 Detmold. Laut *Aufstellung derjenigen Parteigenossen, die Angehörige fürstlicher Häuser sind*: 1. 3. 1931 NSDAP, Nr. 479952. München. Akademischer Kunstmaler. 1940 Heirat mit der Kunstmalerin Veronika Holl. Wohnort nach 1945: Starnberg. † 13. 2. 2000 ebenda.

Lippe, Elisabeth Prinzessin zur. * 27. 10. 1900. Laut *Aufstellung derjenigen Parteigenossen, die Angehörige fürstlicher Häuser sind*: 1. 10. 1932 NSDAP, Nr. 1 334759, Gau Berlin.

Lippe, Ernst Erbprinz zur. SS-Sturmbannführer (1941). * 12. 6. 1902 Detmold. Laut *Aufstellung derjenigen Parteigenossen, die Angehörige fürstlicher Häuser sind*: 1. 5. 1928 NSDAP, Nr. 88835. Persönlicher Referent von Reichsleiter Darré. SS-Nr. 314184. † 24. 5. 1987 Detmold. Lit.: Malinowski.

Lippe, Ferdinand Prinz zur. * 16. 7. 1903 Dresden. Herr auf Baruth mit Buchwalde und Rackel, Mitherr auf Sornitz bei Meißen. Laut *Aufstellung derjenigen Parteigenossen, die Angehörige fürstlicher Häuser sind*: 1. 5. 1937 NSDAP, Nr. 4 533031. Leutnant der Reserve. † Kriegstod 26. 9. 1939 bei Lublin in Polen.

Lippe, Franziska Gräfin zur.
* 14. 12. 1902 Schönborn. Tochter eines Geheimrats. Laut *Aufstellung derjenigen Parteigenossen, die Angehörige fürstlicher Häuser sind*: 1. 5. 1938 NSDAP, Nr. 6 153171. † 12. 9. 1987 Zürich.

Lippe, Hedwig-Maria Prinzessin zur.
* 29. 12. 1903 Stefanswalde, Bezirk Bremberg. Tochter eines Königlich preußischen Oberförsters. Ehefrau von Karl Christian. Laut *Aufstellung derjenigen Parteigenossen, die Angehörige fürstlicher Häuser sind*: 1. 10. 1931 NSDAP, Nr. 674238, Gau Niederschlesien. † 29. 11. 1988 Hamburg.

Lippe, Johanna Prinzessin zur.
* 15. 6. 1894. Laut *Aufstellung derjenigen Parteigenossen, die Angehörige fürstlicher Häuser sind*: 1. 9. 1931 NSDAP, Nr. 621 441. Anmerkung: »ausgetreten« (1940).

Lippe, Karl Christian Prinz zur.
* 21. 10. 1889 Martinswaldau in Schlesien. Laut *Aufstellung derjenigen Parteigenossen, die Angehörige fürstlicher Häuser sind*: 1. 2. 1931 NSDAP, Nr. 461527, Gau Niederschlesien. Dr. phil. Preußischer Landrat a. D. † 18. 9. 1942 Jauer in Schlesien.

Lippe, Leopold Bernhard Prinz zur.
* 19. 5. 1904 Detmold. Laut *Aufstellung derjenigen Parteigenossen, die Angehörige fürstlicher Häuser sind*: 1. 2. 1932 NSDAP, Nr. 891529. Dr. jur. Chef des Hauses 1953–1958. † 5. 7. 1965 Detmold.

Lippe, Otto Graf zur.
* 4. 7. 1904 Stuttgart. Laut *Aufstellung derjenigen Parteigenossen, die Angehörige fürstlicher Häuser sind*: 1. 1. 1932 NSDAP, Nr. 868756, Gau Württemberg-Hohenzollern.

Lippe, Rolf zur.
* 4. 1. 1912 Chemnitz. Laut *Aufstellung derjenigen Parteigenossen, die Angehörige fürstlicher Häuser sind*: NSDAP-Nr. 4 320380, Gau Sachsen.

Lippe, Walter zur.
* 7. 4. 1878. Laut *Aufstellung derjenigen Parteigenossen, die Angehörige fürstlicher Häuser sind*: NSDAP-Nr. 3 723952, Gau Sachsen.

Lippe-Biesterfeld, Bernhard Prinz zur.
* 29. 6. 1911 Jena, Sohn eines Kavallerieoffiziers. Jurist. Direktionsassistent der IG Farben in Paris. Laut *Aufstellung derjenigen Parteigenossen, die Angehörige fürstlicher Häuser sind*: 1. 5. 1933, Nr. 2 583009. Anmerkung: »ausgetreten«. Am 7. 1. 1937 Hochzeit mit der niederländischen Kronprinzessin Juliane, später Königin der Niederlande. Durch Königlichen Beschluß vom selben Tage Titel Königliche Hoheit, Prinz der Niederlande (Genealogisches Handbuch). Im Krieg im Exil in London. † 1. 12. 2004 Utrecht.

Lippe-Biesterfeld, Ernst Aschwin Prinz zur (Durchlaucht).
* 13. 6. 1914 Jena. Laut *Aufstellung derjenigen Parteigenossen, die Angehörige fürstlicher Häuser sind*: 1. 5. 1937 NSDAP, Nr. 5 854038, Gau Berlin. Dr. phil. Museumskurator. † 14. 5. 1988 Den Haag.

Lippe-Biesterfeld, Franziska Prinzessin zur.
* 14. 12. 1902. Laut *Aufstellung derjenigen Parteigenossen, die Angehörige fürstlicher Häuser sind*: 1. 5. 1938 NSDAP, Nr. 6 153171, Gau Niederdonau.

Lippe-Weißenfeld, Christian Prinz zur.
* 12. 8. 1907 Döberkitz. Herr auf Teichnitz bei Bautzen, Lubachau bei Kleinwelka, Proschwitz bei Meißen und Gersdorf bei Roßwein. Laut *Aufstellung derjenigen Parteigenossen, die Angehörige fürstlicher Häuser sind*: 1. 5. 1937 NSDAP, Nr. 5 164799, Gau Sachsen. Diplomlandwirt. † 24. 10. 1996 Bischofsheim in der Rhön.

Lippe-Weißenfeld, Kurt Prinz zur.
* 5. 3. 1855 Jena. Genealogisches Handbuch: »Lipp. Verleihung des Prinzentitels mit ›Durchlaucht‹ Detmold 9. 11. 1918.« Laut *Aufstellung derjenigen Parteigenossen, die Angehörige fürstlicher Häuser sind*: 1. 9. 1930 NSDAP, Nr. 292948. † 9. 10. 1934 Schliersee.

Lippe-Weißenfeld, Kurt-Bernhard Prinz zur.
* 4. 7. 1901 Niesky-See in der Oberlausitz. Laut *Aufstellung derjenigen Parteigenossen, die Angehörige fürstlicher Häuser sind*:

1.10. 1939 NSDAP, Nr. 7 218152. Anmerkung: NSDAP-Auslandsorganisation, 1939 nach Berlin umgemeldet, dort aber nicht aufgeführt. Landwirt. † 6.4. 1961 Niesky.

Lippe-Weißenfeld, Sophie Prinzessin zur. * 9.4. 1857 Dresden. Tochter eines Königlich sächsischen Hauptmanns. 1885 erste Ehefrau von Prinz Kurt, Scheidung 1924. Laut *Aufstellung derjenigen Parteigenossen, die Angehörige fürstlicher Häuser sind*: 1.6. 1931 NSDAP, Nr. 565619, Gau Niederschlesien. † 18.2. 1945 Niesky.

Lippert, Albert. Schauspieler. * 17.12. 1901 Oldenburg. Ab 1927 am Staatlichen Schauspiel München. 1940 im Hetzfilm *Die Rothschilds* (Courtade:»Ein Aufruf zu Haß und Mord«). 1941 Werkspionagefilm *Alarmstufe V*. 1942 antirussischer Hetzfilm (Staatsauftragsfilm) *GPU*, Courtade:»Selten sind die Gegner der Nazis, einer wie der andere, vertierter ... dargestellt worden.« 1943 im antibritischen Kolonial-Epos *Germanin*. 1947 Intendant des Deutschen Schauspielhauses Hamburg, 1955–1962 der Bühnen der Hansestadt Bremen. Das *Deutsche Bühnen-Jahrbuch* zum 70. Geburtstag:»Als künstlerische Delikatesse betrachtet Albert Lippert seine Inszenierung von Mozarts ›Don Giovanni‹ für die Salzburger Marionettenbühne.« † 21.2. 1978 Penzberg in Oberbayern.

Lippert, Julius. Hauptschriftleiter des NS-Hetzblatts *Der Angriff* (ab Juli 1927). * 9.7. 1895 Basel. April 1927 NSDAP. März 1933 Staatskommissar für Berlin, September 1933 Preuß. Staatsrat, SA-Standartenführer, Mitglied der *Akademie für Deutsches Recht* (*Führerlexikon*). 1936 Oberbürgermeister der Reichshauptstadt Berlin. 1937 Senator Kaiser-Wilhelm-Gesellschaft. Goebbels am 20.4. 1937 im Tagebuch:»Lippert erweist wieder mal sein ganz kleines Format.« 1940 kurz Stadtkommandant im belgischen Arlon. 1941 Kommandant der Propagandaabteilung Südost in Belgrad, später Kreiskommandeur in Belgien. 1952 in Belgien zu 7 Jahren Zwangsarbeit verurteilt und in BRD abgeschoben. † 30.6. 1956 Bad Schwalbach. Lit.: Hansen.

Lippl, Alois Johannes. Regisseur. * 22.6. 1903 München. 1932 Oberspielleiter des Münchner Rundfunks. Regie zu mehreren Filmen, darunter *Ehestreik* (1935), *Die vier letzten von Santa Cruz* (1936), *Rheinische Brautfahrt* (1939), Werkspionagefilm *Alarmstufe V* (1941). 1946 Präsident des Bayerischen Jugendrings. 1948 (bis 1953) Intendant des Bayerischen Staatsschauspiels. 1949 (bis 1953) Vorsitzender des Bayerischen Rundfunkrats. † 8.10. 1967 Gräfelfing bei München.

Lipus, Rudolf. Maler. * 12.6. 1893 Leipzig. Wohnort ebenda. Malte durch die Wehrmacht zerstörte städtische Trümmerlandschaften mit unversehrten Kathedralen, Petsch:»Sie sollten die großherzige ›Schonung‹ von architektonischen Kulturdenkmälern durch die deutschen Truppen beweisen.« Auf den Großen Deutschen Kunstausstellungen im Münchner NS-Musentempel *Haus der Deutschen Kunst* 1941 mit den Ölgemälden *Kathedrale von Amiens* sowie *Panzer im Kampf*, 1942 mit insgesamt 14 Kriegsbildern, darunter Bleistiftzeichnung *Gefallener Russe*. Nach 1945 in der DDR, Textzeichner: *Unser Lesebuch. Schuljahr 6*. Verlag Volk und Wissen.

List, Emanuel, eigentlich Fleißig. Bassist. * 23.3. 1891 Wien. Wagner-Sänger. Ab 1924 an der Berliner Staatsoper. Gast der Salzburger (1931) und der Bayreuther Festspiele (1933). 1934 Flucht in die USA. Metropolitan Opera in New York. 1935 auf der Liste der *Musik-Bolschewisten* der *NS-Kulturgemeinde*. Im *Lexikon der Juden in der Musik* gebrandmarkt. † 21.6. 1967 Wien.

Lobisser, Switbert. Maler und Holzschneider. * 23.3. 1878 Tiffen in Kärnten. Ursprünglich Benediktinermönch. Auf den Großen Deutschen Kunstausstellungen im NS-Musentempel *Haus der Deutschen Kunst* zu München mit insgesamt 18 Objekten, darunter die Holzschnitte *Almweg* (1941) oder *Mutter Natur* (1942). † Herbst 1943 Klagenfurt. Lit.: Thomae; Vollmer.

Lochmüller, Benedikt. Landesleiter der Reichsschrifttumskammer Gau Bayreuth.
* 13. 5. 1894 Passau. Wohnort Bayreuth, Meistersingerstraße. 1925 Autor: *Herakles und Christus, Dichtungen und Gesänge*. Goebbels am 8. 9. 1926 über einen Besuch in Bayreuth: »In der Eule [berühmtes Gasthaus] lernte ich den ›großen‹ Dichter Benedikt Lochmüller persönlich kennen. Wer lacht da!« Mitglied des PEN. 1931 Hölderlin-Epos: *Brand im Tempel*. Zweibändige Biographie über Hans Schemm (NSDAP-Ortsgruppenleiter Bayreuth, Gründer und *Reichswalter* des NS-Lehrerbunds), Band I 1935, Band II 1940. 1951 Gedichte: *Fackel überm Abgrund*.

Lochner, Rudolf. Erziehungswissenschaftler.
* 3. 9. 1895 Prag. 1921 Dr. phil. 1934 Professor der Hochschule für Lehrerbildung (zur NS-Indoktrinierung) in Hirschberg im Riesengebirge, Eigenwerbung: »als die erste Hochschule Deutschlands vom Direktor bis zum Hausmeister« in die SA eingetreten. 1935 Sudetendeutsche Partei, 1937 NSDAP, auch SA. 1941 Professor der als HJ-Formation organisierten Lehrerinnenbildungsanstalt Hirschberg. 1942 zugleich Dozent der Reichsuniversität Posen. Pädagogikprofessor der Pädagogischen Hochschule in Celle (ab 1946) und in Lüneburg (1951–1965). † 23. 4. 1978 Lüneburg. Lit.: Hesse.

Loder, Dietrich. Schriftleiter.
* 31. 10. 1900 München. 1923 Teilnehmer Hitlerputsch, NSDAP, SA. 1927 beim NSDAP-Zentralorgan *Völkischer Beobachter*, 1929 beim NS-Hetzblatt *Der Angriff*. 1932 Schriftleiter des NS-»Witzblatts« *Die Brennessel*. 1933 Hauptschriftleiter des *Illustrierten Beobachters*. Juni 1933 Uraufführung seines »Revolutionslustspiels« *Konjunktur* am Münchner Residenztheater, Oktober 1933 an den Städtischen Bühnen Frankfurt am Main mit Sondervorstellungen für SA. Das Stück aus dem Mi-

lieu einer Privatbank spielt im Jahre 1933 und nennt auf der Bühne die Konzentrationslager Dachau und Osthofen als Straforte. Schültke: »Das Publikum lachte 1933 noch über Konzentrationslager.« Nach 1945 in Tegernsee.

Löbel, Bruni (Brunhilde). Schauspielerin.
* 20. 12. 1920 Chemnitz. Mai 1941 im HJ-Film *Jungens* (Staatsauftragsfilm). 1942 Staatsauftragsfilm *Fronttheater*. 1944 Werkspionagefilm *Der große Preis*. Nach 1945 Filme wie *Die Nacht ohne Sünde* (1950) oder *Der Pauker* (1958). 1962 Roman: *Kleine unbekannte Größe*. 1995 Erinnerungen: *Eine Portion vom Glück*. † 27. 9. 2006 Mühldorf am Inn.

Loebell, Helmuth von. Leiter der Abteilung Kulturpersonalien in der Reichskulturkammer und Referent im Reichspropagandaministerium.
* 5. 9. 1897 Berlin. SS-Nr. 35899. NSDAP-Nr. 925109. Am 11. 12. 1942 Auftrag an die Reichsschrifttumskammer zur Erfassung aller »Vierteljuden und der Deutschblütigen, deren Ehepartner Halbjuden bzw. Halbjüdinnen sind«. 1943 SS-Standartenführer. Schrader: »Ab 1941 der wichtigste Mann nach Hinkel bei der ›Endlösung der Judenfrage‹ innerhalb der Reichskulturkammer.« † 17. 5. 1945 Posen in sowjetischer Internierung.

Loebinger, Lotte. Schauspielerin.
* 10. 10. 1905 Kattowitz. 1931 Stummfilmdebüt in Fritz Langs Erfolgsfilm *M – Eine Stadt sucht einen Mörder*. Im selben Jahr mit Piscator in der UdSSR. Als KPD-Anhängerin während der NS-Zeit in Polen, Tschechoslowakei und UdSSR. Zeitweise verheiratet mit Herbert Wehner (Heirat 1927). Nach 1945 bei der DEFA, 1953 im Film *Ernst Thälmann – Sohn seiner Klasse*. † 9. 2. 1999 Berlin. Lit.: Barth.

Löck, Carsta. Schauspielerin.
* 28. 12. 1902 Deezbüll/Tondern. Zwischen 1933 und 1945 in 49 Filmen. NS-Propagandafilme: *Flüchtlinge* (über Wolgadeutsche, die »heim ins Reich« wollen), *Pour le Mérite* (Luftwaffen-Aufrüstungsfilm), *Legion Condor*, *Kampfgeschwader*

Lützow (Uraufführung am 28.2. 1941, anwesend Goebbels und Himmler), *Über alles in der Welt* (Courtade: »Ein einziger wüster, barbarischer Siegesschrei«), *U-Boote westwärts, Jakko* (HJ-Film) sowie im antirussischen Jugendfilm *Kadetten*. Nach 1945 Filme wie *Kätchen* [sic] *für alles* (1949), *Liebe im Finanzamt* (1952), *Wenn die Heide blüht* (1960). 1989 *Filmband in Gold* für langjähriges und hervorragendes Wirken im deutschen Film. † 19. 10. 1993 Berlin.

Loeff, Wolfgang. Schriftsteller.
* 2. 7. 1895 Berlin. Autor von Werken wie: *England ohne Maske, Tatsachen britischer Kolonialpolitik* (1939). 1934 Herausgeber: *Panzer, Minen und Torpedos* sowie: *Propeller über'm Feind. Kriegserlebnisse deutscher Luftkämpfer.* 1951 Roman: *Heimkehr ohne Heimat.* † 17. 10. 1954 Rendsburg.

Löhner, Helene, geb. Jellinek. Frau des Librettisten Löhner-Beda.
* 24. 7. 1902 Wien. Am 19. 4. 1925 Heirat in der Israelitischen Kultusgemeinde in Wien. Am 17. 11. 1927 Geburt der Tochter Liselotte, am 15. 5. 1929 von Eva. Löhner widmete ihr das Lied *Dein ist mein ganzes Herz* aus der Operette *Das Land des Lächelns*: »Dein ist mein ganzes Herz, wo du nicht bist, kann ich nicht sein, so wie die Blume welkt, wenn sie nicht küßt der Sonnenschein.« Am 31. 8. 1942 mit ihren Töchtern deportiert nach Minsk. † 5. 9. 1942 Ermordung (mit ihren Kindern) in Maly Trostinez bei Minsk (Exekutionsstätte). Lit.: Denscher; Schwarberg.

Löhner-Beda, Fritz, eigentlich Löwy. Librettist Franz Lehárs.
* 24. 6. 1883 Wildenschwert in Böhmen. Dr. jur. Satirische Gedichte zur Verleugnung jüdischer Identität: *Getaufte und Baldgetaufte* (1908) sowie *Israeliten und andere Antisemiten* (1909). Hausautor der Wiener Kleinkunstbühnen *Hölle, Fledermaus* und *Simplicissimus*. Texter von Erfolgsschlagern wie *Schön ist die Welt, Dein ist mein ganzes Herz, Was machst du mit dem Knie lieber Hans, Ich hab' mein Herz in Heidelberg verloren, Drunt' in der Lobau*.

1928 Texter zu Lehárs Singspiel *Friederike* (Liebesbeziehung Goethes zu Friederike Brion als Operette): »O Mädchen, mein Mädchen,/wie lieb' ich dich!/Wie leuchtet dein Auge,/wie liebst du mich!« Überarbeitete 1929 Lehárs erfolglose Operette *Die gelbe Jacke* (1926), die unter dem Titel *Land des Lächelns* Weltruhm erlangt. Mit Grünbaum Libretti zu Paul Abrahams *Viktoria und ihr Husar* (1930) sowie *Die Blume von Hawaii* (1931). 1934 Vizepräsident des Österreichischen Schriftstellerverbands. Am 13. 3. 1938 verhaftet, am 1. 4. 1938 mit »Prominententransport« ins KZ Dachau verschleppt. Herbst 1938 Latrinenleerer im KZ Buchenwald. Texter des *Buchenwald-Lieds*: »O Buchenwald, ich kann dich nicht vergessen, weil du mein Schicksal bist.« Noch in Buchenwald der Überzeugung, daß Lehár als »Lieblingskomponist des Führers« ihn herausholen werde. Am 17. 10. 1942 Deportation nach Auschwitz. Hilberg (nach Nürnb. Dok. NI-9109): »Eines Tages begaben sich zwei Buna-Häftlinge, Dr. Raymond van den Straaten und Dr. Fritz Löhner-Beda an ihre Arbeit, als eine aus I. G. Farben-Größen bestehende Besuchergruppe des Wegs kam. Einer der Direktoren wies auf Dr. Löhner-Beda und sagte zu seinem SS-Begleiter: ›Diese Judensau‹ könnte auch rascher arbeiten.‹ Darauf bemerkte ein anderer I. G.-Direktor: ›Wenn die nicht mehr arbeiten können, sollen sie in der Gaskammer verrecken.‹ Nachdem die Inspektion vorbei war, wurde Dr. Löhner-Beda aus dem Arbeitskommando geholt, geschlagen und mit Füßen getreten, daß er als Sterbender zu seinem Lagerfreund zurückkam und sein Leben in der I. G.-Fabrik Auschwitz beendete.« † 4. 12. 1942, Todesursache laut Sterbeurkunde: »Altersschwäche«. Lit.: Denscher; Schwarberg.

Löns, Hermann. Von der NS-Kulturpropaganda vereinnahmter Heimatdichter.
* 29. 8. 1866 Culm in Westpreußen. † 26. 9. 1914 vor Reims als Kriegsfreiwilliger. Vom *Beauftragten des Führers für die Überwachung der gesamten geistigen und*

weltanschaulichen Schulung der NSDAP, Amt Rosenberg, empfohlene Lektüre: *Der Wehrwolf*, ein 1910 verfaßter historischer Bauernroman mit rassistischen Tendenzen (Auflage 1994: 850 000). Bei Kriegsausbruch hoch in Ehren: Die Berichte der U-Bootwaffe endeten mit dem Löns-Lied vom Seemannsabschied, im Volksmund *Niegelungenlied* genannt: »Gib mir deine Hand,/deine weiße Hand./Denn wir fahren, denn wir fahren,/denn wir fahren gegen Engelland!« Lit.: Bergengruen; Puschner.

Lörcher, Carl Christoph. Präsident des Bundes deutscher Architekten.
* 2.7.1884 Stammheim. *Führerlexikon*: »Familie seit 1613 auf dem Hof in Stammheim.« 1931 NSDAP/SA. Professor. Dipl. Ing. 1933 Leiter der Reichsstelle für Raumplanung beim Reichserziehungsministerium. Professor für Bau und Siedlung der Vereinigten Staatsschulen Berlin. Am 19.8.1934 Unterzeichner des *Aufrufs der Kulturschaffenden* zur Vereinigung des Reichskanzler- und Reichspräsidentenamts in der Person Hitlers: »Wir glauben an diesen Führer, der unsern heißen Wunsch nach Eintracht erfüllt hat.« Arbeitete für den *Generalbauinspekteur für die Reichshauptstadt* (Speer). † 1966.

Loerke, Oskar. Name Oktober 1933 unter dem Treuegelöbnis »88 deutsche Schriftsteller« für Adolf Hitler, nach eigenem Bekunden, um seinen Verleger Samuel Fischer zu schützen.
* 13.3.1884 Jungen bei Schwetz. 1913 Kleist-Preis, Förderpreis für junge Dichter. 1917 (bis zum Tode) im Lektorat des S. Fischer Verlags. 1928 Dritter Ständiger Sekretär der Preußischen Akademie der Künste, März 1933 entlassen. Mitglied der »gesäuberten« Deutschen Akademie der Dichtung der Preußischen Akademie der Künste. Laut Frei/Schmitz Autor in Goebbels' Renommierblatt *Das Reich*. † 24.2.1941 Berlin. Sarkowicz: »Loerke stand den Nationalsozialisten von Beginn an mit Ekel und Angst gegenüber.« Thomas Mann am 17.9.1947 an Alexander M.

Frey wegen der Gelöbnisliste: »Daß auch H. L. Held und Loerke darauf stehen, macht mich doch sehr betroffen. Das übrige Völkchen ist ganz an seinem Platz.«

Loew von und zu Steinfurth, Eberhard Freiherr. SS-Obersturmbannführer (1943).
* 24.7.1909 Hadersleben in Nordschleswig. SS-Nr. 107478. NSDAP-Nr. 369131. Zentralkartei ZSt: Stellv. Leiter der Gruppe III B 5 (besetzte Gebiete) im Reichssicherheitshauptamt. Regierungsreferendar a. D. und Journalist. Nach 1945 Pressechef der Bundesverkehrswacht in Bonn. Wohnsitz ebenda.

Löwenstein zu Loewenstein, Hans von und zu. Vorstandsmitglied des Vereins für die bergbaulichen Interessen in Essen.
* 9.1.1874 Hannover. Bergassessor. Am 20.2.1933 beim Empfang Hitlers und Görings für die Spitzen der Industrie und des Bankgewerbes. *Deutschnationale Volkspartei*, 1933–1938 MdR als Gast der NSDAP. † 14.2.1959 Zürich.

Löwenstein-Wertheim-Freudenberg, Alban Prinz zu.
* 14.9.1892 Drehnow. Genealogisches Handbuch: Kath. Geistlicher in Salzburg. Laut *Aufstellung derjenigen Parteigenossen, die Angehörige fürstlicher Häuser sind*: 1.5.1933 NSDAP, Nr. 2 523598. Anmerkung: »ausgeschlossen« (1936). † 6.3.1964 Salzburg.

Löwenstein-Wertheim-Freudenberg, Alfred-Ernst 7. Fürst und Herr zu.
* 19.9.1924 Schloß Triefenstein. Genealogisches Handbuch: »Graf zu Limpurg, gefürsteter Graf zu Umpfenbach, Herr zu Breuberg und Mondfeld (Durchlaucht)«. Laut *Aufstellung derjenigen Parteigenossen, die Angehörige fürstlicher Häuser sind*: 27.9.1942 von HJ zu NSDAP überführt, NSDAP-Nr. 9 175410, Gau Baden. Diplomlandwirt. Wohnsitz Kreuzwertheim am Main.

Löwenstein-Wertheim-Freudenberg, Maximilian Prinz zu.
* 13.7.1871 Schloß Patzau in Böhmen. Spezialgebiet: Volks- und Waffenkunde.

Autor von Romanen (*Geh nicht am Glück vorbei*), Waid- und Wehrgedichten, Landsknechts- und Reiterliedern sowie einem Bilderbuch *Neger und Negerlein*. † 12. 4. 1952.

Löwenstein-Wertheim-Freudenberg, Wolfgang Prinz zu.

* 25. 11. 1890 Drehnow. Major a. D. Laut *Aufstellung derjenigen Parteigenossen, die Angehörige fürstlicher Häuser sind*: 1. 5. 1932 NSDAP, Nr. 1 151047, Gau Württemberg-Hohenzollern. Anmerkung: Gauleitung Auslandsorganisation der NSDAP. † 8./9. 7. 1945 Pulawy in Polen.

Lohkamp, Emil (Wilhelm). Schauspieler.

* 30. 12. 1902 Witten/Ruhr. Rollentyp: Charakterheld. 1925 Debüt mit *Hamlet* am Schauspiel Recklinghausen. 1933 Titelrolle im Staatsauftragsfilm *Hans Westmar* zwecks Verherrlichung des NS-Märtyrers Horst Wessel und aller toten SA-Männer, Filmende: selbst die Kommunisten heben die Hand zum Hitlergruß. 1936 Thalia-Theater Hamburg. Weitere Filme: 1943 *Träumerei*, 1944 *Solistin Anna Alt*. 1951 bis zur Pensionierung 1968 Städtische Bühnen Frankfurt am Main. † 4. 3. 1993 Hamburg.

Lohse, Bruno. Kunsthändler, Görings »Chefeinkäufer«.

* 17. 9. 1911 Bruchmühlen, Kreis Herford. 1936 Dr. phil. 1937 NSDAP. Februar 1941 im *Einsatzstab Reichsleiter Rosenberg* (ERR) zum Raub »herrenlosen Kulturguts von Juden«. April 1941 zusätzlich Beauftragter Kunstbeschaffer Görings, auch für *Sonderauftrag Linz*, Speer und Bormann tätig. Nach 1945 Kunsthändler in München. † 21. 3. 2007. Lit.: Heuss; Stephan Handel: Ein Safe voller Bilder. Hat der Kunsthändler Bruno Lohse, der für Göring als Bildbeschaffer tätig, in die eigene Tasche gewirtschaftet? in: *Süddeutsche Zeitung*, Nr. 124/2007.

Lohse-Wächtler, Elfriede. Malerin.

* 4. 12. 1899 Dresden. Tochter eines Buchhalters. Im Pfemfertkreis, einer 1919 gegründeten Gruppe der Dresdner Sezession um Dix, Kokoschka und Felixmüller. 1921 Heirat mit Kurt Lohse, Schüler der Dresdner Akademie, »der sie mit seiner Leichtlebigkeit bald finanziell ruinierte« (Bruhns). 1924 Umzug nach Hamburg. 1929 Nervenzusammenbruch, als ihr Ehemann zu einer anderen Frau zieht. Siebenwöchiger Aufenthalt in der psychiatrischen Klinik Friedrichsberg, Porträts von Patienten, die als *Friedrichsberger Köpfe* 1929 Aufmerksamkeit erregen. Unsteter Lebenswandel auf St. Pauli, zugleich hochkreative Phase, vertreten in elf Ausstellungen. 1931 Rückzug ins Elternhaus. Ab 1932 in der sächsischen Irrenanstalt Arnsdorf, anfangs freier Ausgang und künstlerische Betätigung. 1935 unter Vormundschaft, Zwangssterilisierung, Ehemann läßt sich wegen »unheilbarer Geisteskrankheit« scheiden. 1937 Beschlagnahmung von neun ihrer Werke als »entartete Kunst« (Rave), Vernichtung ihrer in Arnsdorf gemalten Bilder. Als ihre Mutter sie am 31. 7. 1940 zu einem Urlaub abholen will, erfährt sie durch eine Indiskretion, daß ihre Tochter in die Anstalt Sonnenstein in Pirna verlegt wurde. In der (Vergasungs-) Anstalt Sonnenstein nicht vorgelassen. † Am 31. 7. oder 1. 8. 1940 in der Gaskammer der Anstalt Sonnenstein ermordet. Tod aus Tarnungsgründen zum 12. 8. 1940 in der Anstalt Brandenburg/ Havel beurkundet, angebliche Todesursache: »Lungenentzündung und Herzschwäche«. Lit.: Boris Böhm in Vereinsnachrichten 4/1994 des Kuratoriums der Gedenkstätte Sonnenstein; Bruhns.

Lommel, Ludwig Manfred. »Prototyp des deutschen Volkshumoristen« (*Deutsches Bühnen-Jahrbuch* 1952).

* 10. 1. 1891 Jauer. Bei der Schlesischen Funkstunde Breslau. Goebbels am 13. 11. 1935 über die Geburtstagsfeier seiner Frau Magda in Anwesenheit von Hitler: »Wir machen Kabarett. Hussels, Lommel ... Es wird sehr nett. Der Führer ist ganz aufgeräumt. Und alle bleiben bis 6 Uhr morgens.« 1936 im Sängerfilm *Paul und Pauline*. 1937 Verwechslungskomödie *Hahn im Korb*. Gast im *Wunschkonzert für die*

Wehrmacht, Goebbels' Radiosendung zwecks Hebung der Truppenmoral und Leidensbereitschaft der Heimatfront. Nach 1945 Autor und Sprecher der Sketch-Serie *Runxendorf mit seiner Welle*. † 19.9. 1962 Bad Nauheim auf Gastspielreise.

Loos, Theodor. Auf der *Gottbegnadeten-Liste* der Schauspieler, die für die Filmproduktion benötigt werden. Reichskultursenator.

* 18.5. 1883 Zwingenberg. In Fritz Langs Stummfilmklassikern *Die Nibelungen* (1923) und *Metropolis* (1926). Am Deutschen Theater in Berlin. 1935 Aufnahme ins *Führerlexikon*. Goebbels am 28.8. 1940 im Tagebuch: »Nachmittags Besuch einiger Künstler, die sich besonders um die Truppenbetreuung verdient gemacht haben. Raucheisen, Schmitt-Walter und Loos … Wir erzählen viel, machen Spaziergang durch den Wald, dort wird … musiziert.« Zwischen 1933 und 1945 in 55 Filmen, darunter Propagandafilme wie *Verräter* (1936 auf dem NSDAP-Reichsparteitag uraufgeführt, Giesen: »Ein eindeutiges Plädoyer für die Gestapo«), *Weiße Sklaven* gegen marxistische Volksmörder sowie Harlans Hitlerhuldigung *Der Herrscher* (1937), *Kameraden auf See* (1938), *Robert Koch* (1939), *Jud Süß* (1940). Ab 1942 Leiter der Gruppe *Künstlerische Wortsendungen* beim Großdeutschen Rundfunk. Im Kuratorium der *Goebbels-Stiftung für Kulturschaffende* sowie Treuhänder der Goebbels-Stiftung *Künstlerdank*. Präsidialbeirat der *Kameradschaft der deutschen Künstler* (NS-Führerkorps) und der Reichsfilmkammer. NS-Ehrung: 1937 von Hitler Titel *Staatsschauspieler*. 1949 am Staatstheater in Stuttgart. Am 15.6. 1952 in Mannheim Gedenkredner bei der Trauerfeier für den verstorbenen Emigranten Albert Bassermann (Loos: »freiwilliges Exil«!). 1953 in den Harlan-Filmen *Sterne über Colombo* sowie *Die Gefangene des Maharadscha*. † 27.6. 1954 Stuttgart. Nachruf *Deutsches Bühnen-Jahrbuch*: »Ein in des Wortes tiefer Bedeutung adeliger Schauspieler, Kollege und Mensch von erlauchtem Rang.«

Looz-Corswarem, Walter Graf von. Maler.

* 10.7. 1874 Gut Weide in Holstein, Sohn eines Rittmeisters a. D. Im I. Weltkrieg als Maler dem Generalstab zugeteilt. Malte den *Einzug der deutschen Truppen in Paris* (1871), Porträts von Wilhelm I. und Friedrich dem Großen. Wohnsitz Alt Mönchwinkel bei Hangelsberg (Mark). 1941 beantragte er bei der Reichskammer der bildenden Künste für sich den Titel Professor. † 9.2. 1946 Schloß Schliestedt in Niedersachsen.

Lorenz, Alfred. Dirigent und Wagner-Verehrer.

* 11.7. 1868 Wien, Sohn eines Hofrats. 1904 Hofkapellmeister in Coburg-Gotha, 1917 Generalmusikdirektor. *Führerlexikon*: »Seit 1920 in München, als alter Pg. [Parteigenosse] regelmäßiger Besucher der Hitler-Versammlungen.« 1922 Dr. phil. 1926 Honorarprofessor der Universität München. Ab 1933 Vorlesungen über »Rasse und Musik«. April 1939 in der *Zeitschrift für Musik*: »Die eigentliche, geheime, starke Musik unserer Zeit lebt noch außerhalb der Tonkunst. Sie klingt im Marschschritt der Regimenter … im Willen zur Macht! Heil unserem Retter und Führer!« † 20.11. 1939 München.

Lorenz, Emil Franz. Landesleiter der Reichsschrifttumskammer Kärnten.

* 15.2. 1889 Steinfeld/Niederdonau. Dr. phil. Titel Professor. 1938 Essay: *Stefan George, der Seher des deutschen Schicksals*. 1959 Gedichte: *Der tönerne Mund*. † 10.2. 1962 Klagenfurt.

Lorenz, Max, eigentlich Sülzenfuß. Auf der *Gottbegnadeten-Liste* (Führerliste) der wichtigsten Künstler des NS-Staates.

* 17.5. 1901 Düsseldorf. Kammersänger. Weltberühmter Wagner-Tenor, unter anderem an der Berliner Staatsoper. Ab 1933 Heldentenor in Bayreuth. August 1934: »Unvergeßlich wird mir auch jener Abend sein im Hause Wahnfried, da ich im Kreise meiner Kollegen dem Führer gegenüber stand.« 1935 auf der Liste der *Musik-Bol-schewisten* der *NS-Kulturgemeinde*. Dank Goebbels Mitglied der Reichskulturkammer, obgleich mit einer »Volljüdin« verheiratet. Mai 1941 »Privileg«, daß der Ehefrau beim Besuch von Theatern, Hotels und dergleichen die »Rechte einer arischen Frau« zuerkannt wurden (Schrader). 1941 (bis 1962) Wiener Staatsoper. 1943 neben Jannings im Film *Altes Herz wird wieder jung*. Nach 1945 Lehrer am Salzburger Mozarteum. † 11. 1. 1975 Salzburg.

Lorenzen, Hans. Sportlehrer, nach 1945 Ehrenpräsident des Deutschen Behinderten-Sportverbands.
* 1. 6. 1896 Heide, Kreis Norderdithmarschen als Lehrerssohn. Gausachbearbeiter körperliche Erziehung des NS-Lehrerbunds Mecklenburg-Lübeck, SA, HJ-Führer. 1935 Dozent Leibeserziehung der Hochschule für Lehrerbildung (NS-Indoktrinierung) Cottbus. 1937 NSDAP. Im Krieg Hauptmann der Reserve. 1942 Amputation des linken Unterschenkels nach Minenexplosion. 1943 Direktor der als HJ-Formation organisierten Lehrerbildungsanstalt Burg in Dithmarschen. Nach 1945 Sportlehrer für Versehrtensport der Deutschen Sporthochschule Köln, Präsident des Internationalen Versehrten-Sportverbands, im Weltrat für Gesundheit und Leibeserziehung der UNESCO. † 12. 9. 1977 Flensburg. Lit.: Hesse.

Lorre, Peter, eigentlich Lásló Loewenstein. Schauspieler.
* 26. 6. 1904 Rószahegy in Ungarn. 1929 Durchbruch in Marieluise Fleißers Stück *Pioniere in Ingolstadt* im Berliner Theater am Schiffbauerdamm. 1931 in Brechts *Mann ist Mann* Darsteller des Galy Gay, Titelrolle des psychopathischen Kindermörders in Fritz Langs Erfolgsfilm *M – Eine Stadt sucht einen Mörder*. Am Berliner *Kabarett der Komiker*. 1933 Flucht via Paris nach London. Auftritte in Hitchcocks *Der Mann, der zuviel wußte* (1934) und *Der Geheimagent* (1935). Juli 1934 USA, einer der wenigen Emigranten, die in Hollywood eine bescheidene Karriere mach-

ten: Titelfigur in der Detektivserie *Mr. Moto*, Darsteller des Flüchtlings Ugarte im Kultfilm *Casablanca* (1942). † 23. 3. 1964 Los Angeles.

Loskarn, Franz. Auf der *Gottbegnadeten-Liste* der Schauspieler, die für die Filmproduktion benötigt werden.
* 3. 5. 1890 München. 1934 im antikommunistischen Freikorpsstreifen *Um das Menschenrecht*. Filme wie *Der Jäger vom Fall* (1936) oder *Das sündige Dorf* (1940). Nach 1945 *Die fidele Tankstelle* (1950) sowie *Bei der blonden Kathrein* (1959). Das *Deutsche Bühnen-Jahrbuch* zum 75. Geburtstag: »Beliebter Münchener Volksschauspieler.« † 23. 4. 1978 München.

Lossen, Lina. Bühnenschauspielerin.
* 7. 10. 1878 Dresden. Ab 1910 am Lessing-Theater Berlin. Kollege Meyerinck: »Die große Dame des deutschen Theaters.« Wenige Filme: 1940 *Friedemann Bach*, 1942 Darstellerin in Veit Harlans Theodor-Storm-Verfilmung *Immensee*. 1945 letzter Film (unvollendet): *Das Leben geht weiter*. † 30. 1. 1959 Berlin.

Lothar, Mark (Künstlername). Auf der *Gottbegnadeten-Liste* (Führerliste) der wichtigsten Komponisten des NS-Staates.
* 23. 5. 1902 Berlin, Sohn eines Geheimen Rechnungsrats. In Rosenbergs *Kampfbund für deutsche Kultur* (*Führerlexikon*). 1934 musikalischer Leiter am Staatsschauspiel Berlin, Hauskomponist. Aufträge von der Reichsstelle für Musikbearbeitungen, einer dem Reichspropagandaministerium nachgeordneten Stelle. 1941 Musik zum Film *Friedemann Bach*, über einen genialen, aber haltlosen Künstler. Am 8. 11. 1944 (!) zum Tee bei Generalgouverneur Frank (genannt *Polenschlächter*) mit Mitarbeitern der Hauptabteilung Propaganda und Künstlern. Franks Diensttagebuch: »Staatskapellmeister Lothar trägt Teile seiner neuen Oper ›Brabant‹ vor.« 1945–1955 am Bayerischen Staatsschauspiel München. † 6. 4. 1985 München.

Lucas, Curt. Auf der *Gottbegnadeten-Liste* der Schauspieler, die für die Filmproduktion benötigt werden.

* 20. 1. 1888 Golzow bei Lebus. Ab 1933 am Staatlichen Schauspielhaus Berlin. Darsteller im NS-Euthanasiefilm *Ich klage an*, uraufgeführt am 29. 8. 1941, Prädikat: *künstlerisch besonders wertvoll* sowie *volksbildend*. Nach 1945 an Berliner Bühnen. † 12. 9. 1960 Berlin.

Ludwig, Emil, eigentlich Cohn. Einer jener zwölf Schriftsteller, die vom *Börsenverein der Deutschen Buchhändler* »als schädigend« gebrandmarkt wurden und nicht verbreitet werden durften.
* 25. 1. 1881 Breslau. Autor von Biographien über Richard Wagner, Goethe und Wilhelm II. Harry Graf Kessler am 12. 4. 1922 im Tagebuch: »Der typische kleine Literat, von Neid und Impotenz verbogen.« Goebbels am 8. 7. 1929 im Tagebuch: »Dieser Cohn kann schreiben.« Opfer der öffentlichen Bücherverbrennung Mai 1933. 1933 Schweizer Staatsbürger, 1940 Übersiedlung USA, Sonderbeauftragter Präsident Roosevelts für Deutschland. 1942 Buchautor: *Stalin*, Textprobe: »Er ist der einzige Diktator, dem ich meine Kinder anvertrauen würde.« † 17. 9. 1948 Moscia (Schweiz). Lit.: Scholdt.

Ludwig, Leopold. Kapellmeister.
* 12. 1. 1908 in Witkowitz bei Mährisch-Ostrau. 1936 Generalmusikdirektor (GMD) in Oldenburg. Erster Kapellmeister der Staatsoper Wien (1939) und des Deutschen Opernhauses Berlin (1943). NS-Ehrung: 1942 von Hitler Titel Staatskapellmeister. Laut Prieberg wegen Fragebogenfälschung (Verschweigen der NSDAP-Mitgliedschaft 1937) von britischer Militärregierung zu einer Bewährungsstrafe verurteilt. 1951 (bis 1970) GMD der Staatsoper Hamburg. 1968 Titel Professor. Das *Deutsche Bühnen-Jahrbuch* zum 50. Geburtstag: »Mit seiner hinreißenden Gestaltung vieler zeitgenössischer Werke hat er Entscheidendes zum internationalen Ruhm des Hauses beigetragen.« † 25. 4. 1979 Lüneburg.

Ludwig, Walther. Auf der *Gottbegnadeten-Liste* (Führerliste) der wichtigsten Künstler des NS-Staates.

* 17. 3. 1904 Bad Oeynhausen. 1932 (bis 1944) Erster lyrischer Tenor am Deutschen Opernhaus Berlin. Goebbels am 13. 8. 1936 im Tagebuch über eine Gesellschaft beim Führer: »Schlusnus, Ludwig, Nettesheim, Bockelmann und Manowarda singen. Ein einziger Zauber von schönen Stimmen.« Am 28. Mai 1938 Sänger beim Festkonzert des Berliner Philharmonischen Orchesters (Beethovens *Neunte*) während der ersten *Reichsmusiktage* in Düsseldorf. Vom 18. bis 25. 9. 1941 mit der *Fledermaus* des Deutschen Opernhauses in der Großen Pariser Oper, eine Veranstaltung der NS-Gemeinschaft *Kraft durch Freude* im Auftrag des OKW (Programmheft), vom Reichspropagandaministerium mit 200 000 Mark finanziert. 1942 Auftritt mit der Berliner Philharmonie bei *Führergeburtstagsfeier*. NS-Ehrung: 1937 von Hitler zum Kammersänger ernannt. Ab 1952 Professor der Musikhochschule Berlin. 1969 medizinische Staatsprüfung. Zuletzt Sanatoriumsarzt im Schwarzwald. † 15. 5. 1981 Lahr. Lit.: Drewniak, Theater.

Lück, Fritz. Bühnenbildner und Filmarchitekt.
* 20. 12. 1880 Berlin. Bühnenbildner in Paderborn, Riga, Jena, Berlin. Im Krieg Dekorationen zu den NS-Filmen *Robert Koch* (1939), *Carl Peters* (1941), *Ich klage an* (1941, Euthanasie-Propaganda). Nach 1945 Filme wie *Das kann jedem passieren* (1952) oder Käutners *Ludwig II.* † 8. 4. 1967 Gerretsried.

Lüddecke, Theodor. Zeitungswissenschaftler.
* 17. 11. 1900 Gnadau, Bezirk Magdeburg. Dr. rer. pol. NSDAP-Nr. 233183. 1933 Schulungswart an SA-Führerschulen, Autor des Beitrags *Die Tageszeitung als Mittel der Staatsführung*, Textprobe: »Die Zeitung muß … zu einem Mittel der Paroleausgabe gestaltet werden.« 1934 Leiter des Instituts für Zeitungswesen der Universität Halle. 1936 Weiheverse *Der ewige Führer*: »Aus namenloser Tiefe steigt/Ein Mann und sammelt, was zerstreut./Es ist der Retter, der sich zeigt./Es ist die Erde,

die sich hier erneut.« 1939 Wehrmacht. 1944 Propagandaabteilung in Frankreich und Ukraine (WASt). † Verbleib unbekannt. Lit.: Eberle; Wulf, Literatur.

Lüders, Günther. Auf der *Gottbegnadeten-Liste* der Schauspieler, die für die Filmproduktion benötigt werden. * 5.3.1905 Lübeck. 1933 an den Kleinkunstbühnen *Tingel-Tangel* und *Katakombe*. Am 10. Mai Gestapo-Verhaftung, 5. Juni bis 1. Juli im Lager Esterwegen. Am 26.10.1936 Freispruch mangels ausreichender Beweise durch Sondergericht I in Berlin-Moabit. 1937 im Harlan-Film *Die Kreutzersonate*. In den Filmlustspielen *Hochzeitsreise zu dritt* (1939), *Casanova heiratet, Mein Mann darf es nicht wissen, Alles Schwindel, Herzensfreud – Herzensleid* sowie im Staatsauftragsfilm *Wunschkonzert* (alle 1940). Hauptrolle in der Filmgroteske *Frau Luna* (1941). 1947 bei Gründgens in Düsseldorf. 1956 Filmregie *Wenn wir alle Engel wären*. 1958–1963 Schauspieldirektor in Stuttgart. † 1.3. 1975 Düsseldorf.

Lüdtke, Franz. Vortragsredner der Reichsdienststelle Deutsches Volksbildungswerk. * 5.8.1882 Bromberg. Dr. phil. Studienrat in Berlin. Trotz früherer Logenzugehörigkeit ab 1932 NSDAP. 1933 Reichsführer des *Bundes Deutscher Osten* (*Meyers Lexikon* 1937:»Vertritt die Grundsätze der nationalsozialistischen Volkstumspolitik«). Gedichtbände *Land an der Grenze* (1938) sowie *Erbe im Blut* (1940). Weiheverse *Der Führer* in Bühners Anthologie *Dem Führer*:»Deutschland stürzte. – Einer stand,/ groß, klar, licht./Fackel war er. Glutender Brand./Schwert. Zorn. Gericht.« † 30.4. 1945 Oranienburg.

Lueger, Karl. Bürgermeister der Stadt Wien (1897–1910). * 24.10.1844 Wien. † 20.3.1910 Wien. Lueger benutzte Antisemitismus als Mittel der Politik, Schlagwort: »Der Jud ist schuld.« Hilmes:»Seine Politik hatte jedenfalls schlimme Folgen: Das Judentum wurde für zahllose Wiener zur Chiffre für alles, was ihnen mißfiel.« In Hitlers *Mein Kampf* als »wahrhaft genialer Bürgermeister« bezeichnet. Goebbels am 17.3. 1940 im Tagebuch:»Wienfilm plant einen Film über Luegerer [!]. Ich begrüße den Plan sehr.« 1942 unter dem Titel *Wien 1910* im Kino.

Lüthge, Bobby E. Drehbuchautor. * 12.9.1891 Gleiwitz. Drehbücher zu 190 Filmen, achtmal Bambi-Filmpreise. Filme in der NS-Zeit: Co-Autor des Drehbuchs zum »ersten wirklichen Nazi-Film« (Courtade) *Hitlerjunge Quex*, Untertitel: *Ein Film vom Opfergeist der deutschen Jugend*. Uraufführung September 1933 in Anwesenheit von Hitler und Baldur von Schirach. Drehbuch zu den Filmen *Katharina die Große, Fridericus Rex, Die Czardasfürstin, Die Carmen von St. Pauli, Casanova heiratet*. Nach 1945 Heimatfilmkitsch wie *Schwarzwaldmädel* (1950) oder *Grün ist die Heide* (1951). † 10.3.1964 Berlin.

Lützkendorf, Felix. Schriftsteller und SS-Obersturmführer (1943). * 2.2.1906 Leipzig, Sohn eines Drogisten. NSDAP-Nr. 2957721. SS-Nr. 405883. Ständiger Mitarbeiter Karl Ritters. 1933 antipolnisches Stück *Grenze*. 1936 Chefdramaturg der Berliner Volksbühne. Drehbücher zu NS-Filmen: *Legion Condor* (Abbruch wegen Hitler-Stalin-Pakt), *Wunschkonzert* (1940), *Stukas* (1940), *Über alles in der Welt* (1941), antirussischer Jugendfilm *Kadetten* (1941), antirussischer Hetzfilm (Staatsauftragsfilm) *GPU* (1942). Kriegsberichter der *Leibstandarte-SS Adolf Hitler*. Am 1.9.1942 von Hitler Kriegsverdienstkreuz II. Klasse, Begründung: »Wesentliche Mitarbeit am neuen, politisch ausgerichteten Film«. Nach 1945 in München, 1953 Drehbuch zu *Sauerbruch – Das war mein Leben*, 1957 zu Harlans »Schwulenfilm« *Anders als du und ich*. † 19.11.1990 München.

Luitpold, Josef, eigentlich Stern. Schriftsteller. * 16.4.1886 Wien. Dr. phil. 1914 Leiter der *Wiener Freien Volksbühne*. 1926 Rektor der Wiener Arbeiterhochschule. 1934, nach Verbot der Sozialdemokratischen Partei in Österreich, Flucht in die Tschechoslowakei, später nach Frankreich, ab 1940 USA. 1935 Emigrantengedicht *Einer von vielen*: »Mit allen ohne Lieb' und Land,/mit allen ohne Bruderhand,/mit Hetzer, Ketzer, Emigrant, verkannt, verbannt und ungenannt/im Dunkel –/bin ich verwandt.« 1954 Bildungsreferent des Österreichischen Gewerkschaftsbundes, Schriftsteller. Q.: Schlösser.

Lukschy, Wolfgang. Auf der *Gottbegnadeten-Liste* der Schauspieler, die für die Filmproduktion benötigt werden.
* 19.10.1905 Berlin. 1936 Landestheater Hannover. 1939 *Schiller-Theater der Reichshauptstadt*. 1941 Nebenrolle im Hetzfilm *Ohm Krüger*. 1942 erste Hauptrolle im Film *Zwischen Himmel und Erde*. 1944 *Die Frau meiner Träume* (erster großer Ufa-Farbfilm und einer der größten Revueerfolge der vierziger Jahre) sowie Durchhaltefilm *Die Degenhardts*. Filme nach 1945: *Emil und die Detektive* (1954), *Die Deutschmeister* (1955), *Die nackte Gräfin* (1970). Das *Deutsche Bühnen-Jahrbuch* zum 65. Geburtstag: »Zur Zeit scheint das moderne Boulevardstück Lukschys besondere Domäne zu sein.« † 10.7.1983 Berlin.

Luserke, Martin. Erziehungswissenschaftler.
* 3.5.1888 Berlin. 1924 Gründung der *Schule am Meer* auf der Nordseeinsel Juist. 1925 Programmschrift *Schule am Meer. Leitsätze. Die Gestalt einer Schule deutscher Art*. Darin heißt es: »Wir glauben an das deutsche Wesen als an eine geistig-seelische Rassigkeit« (sic). Zuckmayer: »Mischung aus einem kleinen, etwas verrückten Schultyrannen und einem künstlerischen Menschen von beträchtlicher Fantasie.« Nach Schließung der Schule 1934 freier Autor. Laut Reichsjugendführer Axmann Aufführungsabende für HJ und BdM. Im Krieg Truppenbetreuung. NS-Ehrung: 1935 Literaturpreis der Reichshauptstadt Berlin. † 1.6.1968 am Wohnort Meldorf in Holstein.

Lustig-Prean von Preanfeld, Karl, Pseudonym *Erwin Janischfeld*.
* 20.1.1892 Prachatitz im Böhmerwald. Theaterdirektor in Bozen, Graz, Augsburg, Bern und 1934 an der Volksoper Wien. Von Heesters in seinen Erinnerungen als eifersüchtiger Direktor und »kleiner Mann mit dem Affengesicht« beschrieben (andere Stelle: »ein Affengesicht«). 1937 als Jude Flucht nach Brasilien, in antifaschistischen Exilorganisationen (DBE). 1948 Rückkehr nach Österreich, Direktor der Musiklehranstalten der Stadt Wien. † 22.10.1965 Wien.

Luther, Martin. Deutscher Reformator.
* 10.11.1483 Eisleben. † 18.2.1546 ebenda. In der NS-Zeit wurde sein 1543 verfaßtes (in Luther-Ausgaben nach 1945 unterschlagenes) Opus *Schriften wider Juden und Türken* gerne erwähnt. Dort heißt es: »Ich will meinen treuen Rat geben. Erstlich, daß man ihre Synagoga oder Schule mit Feuer anstecke und, was nicht verbrennen will, mit Erde überhäufe und beschütte, daß kein Mensch einen Stein oder Schlacke davon sehe ewiglich. Und solches soll man tun, unserm Herrn und der Christenheit zu ehren, damit Gott sehe, daß wir Christen seien.« Dieses Werk Luthers wurde vom Christian Kaiser Verlag, dem Verlag der Bekennenden Kirche, 1936 erstmals und 1938 in zweiter Auflage aufgelegt. Buchkommentar: »Harte Maßnahmen gegen die Juden sind also gerechtfertigt und geboten, sofern hinter ihnen eine echte Barmherzigkeit steckt.« Verlagswerbung: »Die Judenfrage ist nicht nur eine völkische, sondern zugleich eine hervorragend theologische und kirchliche Frage. In diesem Sinne ist der Kampf gegen das Judentum im Abendlande erst von Luther entfesselt worden.« In der Nacht vom 9. auf den 10. November 1938, Luthers Geburtstag, brannten in Deutschland die Synagogen (*Reichskristallnacht*).

Lutze, Walter. Dirigent. Landesleiter der Reichsmusikkammer Gau Mecklenburg.
* 22.8.1901 Wittenberg. Ab 1920 Kapellmeister am Mecklenburger Staatstheater

in Schwerin. 1932 NSDAP und *NS-Be-triebszellen-Organisation* (die NSBO verstand sich als die »SA der Betriebe«). 1935 (bis 1944) am Deutschen Opernhaus Berlin, Lutze wurde engagiert, weil Intendant Rode ihn für einen Verwandten des SA-Stabschefs Lutze hielt. NS-Ehrung: Zu *Führers Geburtstag* April 1938 von Hitler Titel Staatskapellmeister. 1951 Generalmusikdirektor in Dessau, 1954 Gastdirigent in Berlin. † 23.11.1980 Berlin. Lit.: Prieberg, Handbuch.

Lux, Hanns Maria. Landesleiter der Reichsschrifttumskammer Gau Moselland.
* 17.5.1900 Trier. 1934 Weihespiel: *Das Herz der Saar.* 1938 Autor *Der schwere Gang* in der Reihe *Soldaten – Kameraden!* des Zentralverlags der NSDAP. 1960 Mitautor: *Große Frauen der Weltgeschichte.* † 11.9.1967 Koblenz.

M

Maack, Alfred. Auf der *Gottbegnadeten-Liste* der Schauspieler, die für die Filmproduktion benötigt werden.
* 5.4.1882 Hamburg. Plattdeutscher Schauspieler. 1902 bis 1934 am Hamburger Tivoli-Theater, danach Volksbühne Berlin. 1939 »Filmkomödie« *Robert und Bertram* (Leiser: die Karikatur des jüdischen Untermenschen, eingebettet in eine Lustspielhandlung). Mai 1944 im HJ-Film *Junge Adler.* Juli 1944 Durchhaltefilm *Die Degenhardts.* Nach 1945 bei der ostzonalen DEFA. 1948: *Vor uns liegt das Leben.* † 14.2.1961 Berlin.

Maasz, Gerhard. »Komponist der HJ« (Bücken).
* 9.2.1906 Hamburg, Sohn eines Geigers. 1929 Kapellmeister beim Rundfunk in Hamburg. NSDAP. NS-Betriebszellen-Organisation (die NSBO verstand sich als die »SA der Betriebe«). 1936 Musikreferent im Kulturamt der Reichsjugendführung. 1938 Landesorchester Gau Württemberg-Hohenzollern. Am 29. Mai 1938

Aufführung seiner *Festmusik in vier Sätzen* und Dirigent des NS-Reichssinfonieorchesters bei der *Festlichen Morgenmusik der Hitlerjugend* zum Abschluß der ersten *Reichsmusiktage* in Düsseldorf. Sommer 1940 Orchester-Rundreise im Generalgouvernement. HJ-Stammführer. 1951 Musiksachbearbeiter beim Nordwestdeutschen Rundfunk. † 28.4.1984 Ronco bei Ascona.

Machus, Karl. Filmarchitekt.
* 17.12.1884 Berlin. Filmbauten zu Harlans Filmen *Bismarck, Der große König, Die goldene Stadt, Immensee, Opfergang* sowie *Kolberg.* † 24.5.1944 Berlin.

Macke, Helmuth. Maler.
* 29.6.1891 Krefeld. Expressionist. 1910/11 Verbindung zur Künstlergruppe *Der blaue Reiter.* Ab 1933 in Hemmenhofen am Bodensee. Beschlagnahmung von 57 seiner Werke als »entartete Kunst«. † 8.9.1936 bei Hemmenhofen im Bodensee ertrunken.

Mackeben, Theo. Komponist.
* 5.1.1897 Stargard. Kapellmeister an der Berliner Volksbühne sowie am Theater am Schiffbauerdamm, ebenda am 31.8.1928 musikalische Leitung der Uraufführung der *Dreigroschenoper.* 1931 Evergreen: *Komm auf die Schaukel, Luise.* 1934 Filmmusik zu *Liebe, Tod und Teufel* mit dem Schlager *So oder so ist das Leben.* 1937 Film *Patrioten,* Goebbels: »Ganz klar und nationalsozialistisch«. 1938 Gründgens-Film *Tanz auf dem Vulkan* mit dem Erfolgslied *Die Nacht ist nicht allein zum Schlafen da.* November 1940 antibritischer Spielfilm *Das Herz der Königin.* Am 1.12.1940 Auftritt im 50. *Wunschkonzert für die Wehrmacht,* Goebbels' Radiosendung zwecks Hebung der Truppenmoral und Leidensbereitschaft der Heimatfront. 1941 Hetzfilm *Ohm Krüger,* für Goebbels »ein Film zum Rasendwerden«. Höchstprädikat: *Film der Nation* und *Staatspolitisch und künstlerisch besonders wertvoll, kulturell wertvoll, volkstümlich wertvoll, volksbildend, jugendwert.* Ebenfalls 1941 Zarah-Leander-Streifen *Der Weg ins Freie.* Am

4.11.1942 beim Treffen von Unterhaltungskomponisten in der *Kameradschaft der deutschen Künstler*, Hippler: angesichts der Kriegslage braucht Goebbels »optimistische Schlager«. 1943 antibritischer Kolonialfilm *Germanin*. 1947 Oberkapellmeister am Berliner Metropoltheater. 1952 letzte Filmmusik: *Der große Zapfenstreich*. † 10.1.1953 Berlin.

Mackensen, Fritz. Auf der *Gottbegnadeten-Liste* (Führerliste) der wichtigsten Maler des NS-Staates.

* 8.4.1866 Greene/Braunschweig. Mitbegründer der Künstlerkolonie Worpswede. Beeinflußt von Julius Langbehn, genannt *Der Rembrandtdeutsche*. 1910 Direktor der Großherzoglichen Hochschule für bildende Kunst in Weimar. Im *Stahlhelm* (Sammelbecken militanter Rechtsnationaler), in Rosenbergs *Kampfbund für deutsche Kultur*. April 1934 Leiter der *Akademie für Nordische Kunst* in Bremen (Beurlaubung nach Querelen bereits im November). 1937 NSDAP, auf der ersten Großen Deutschen Kunstausstellung im Münchner NS-Musentempel *Haus der Deutschen Kunst* mit dem Bild *Gottesdienst im Moor*. NS-Ehrung: 1941 *Goethe-Medaille* für Kunst und Wissenschaft. 1942 (76jährig!) als Major im besetzten Nordfrankreich für Propaganda-Ersatzabteilung See- und Strandbilder. † 12.5.1953 Bremen. Lit.: Strohmeyer.

Mähl, Albert. Schriftsteller.

* 5.6.1893 Kiel. Blut-und-Boden-Literatur, gefördert von Adolf Bartels. 1934 Autor: *Trumm slaa an* (Trommel schlag an), laut Dohnke zeigte er damit, »daß sich auch in plattdeutscher Sprache völkisches Gedankengut mittels Balladen propagieren ließ«. 1938: *Rassenseele im Spiegel der Sprache*. Nach 1945 niederdeutsche Hörspiele und Unterhaltungsromane (*Rögen un Swögen*, 1958). † 19.1.1970 Hamburg.

Mahlau, Alfred. Auf der *Gottbegnadeten-Liste* (Führerliste) der wichtigsten Gebrauchsgraphiker und Entwurfzeichner des NS-Staates.

* 21.6.1894 Berlin. Freier Künstler in Lübeck: Werbung, Buchumschläge, Intarsien. Nach 1945 an der Landeskunstschule Hamburg. † 22.1.1967 Hamburg.

Mahler, Gustav. Komponist.

* 7.7.1860 Kalischt in Böhmen. † 18.5.1911 Wien. Schüler Bruckners. Mahlers Werke durften im Dritten Reich nicht aufgeführt werden. *Meyers Lexikon* 1939: »Mahlers artfremde Ausdeutung deutscher Werke als Dirigent und sein eigenes Schaffen sind typisch für das vergebliche Bemühen jüdischer Menschen um arische Kunstformen und -ziele und für deren dadurch unvermeidliche Verfälschung.« Der Musikschriftsteller Karl Blessinger, wohlgefällig zitiert im *Lexikon der Juden in der Musik*: »Der jüdische Zynismus ist bei ihm vielleicht nicht auf den ersten Blick zu erkennen … Trotzdem ist es nicht schwer, vielerorts in Mahlers Musik fratzenhafte Züge zu erkennen.« Goebbels am 22.12.1940 im Tagebuch: »Der Führer … erklärt Erscheinungen wie Mahler oder Max Reinhardt, deren Fähigkeiten und Verdienste er nicht abstreitet.« Lit.: Weissweiler.

Mahler-Werfel, Alma. Mahlers Witwe.

* 31.8.1879 Wien. Tochter des Landschaftsmalers Emil Jakob. Selbststilisierung zur Kultfigur (»liebte nur Genies«). 1899 Flirt mit dem Maler Gustav Klimt. 1900 Poussage mit dem Komponisten von Zemlinski (»Wir küßten uns, daß die Zähne schmerzten«). 1902 Heirat mit Gustav Mahler. Ab 1912 Haßliebe mit dem Klimt-Schüler Oskar Kokoschka. 1915 Heirat mit Walter Gropius (mit dem sie gegen Ende ihrer Ehe mit Mahler bereits liiert war). Als Gropius aus dem Kriegsdienst kommt, liiert mit dem Dichter Franz Werfel. November 1917: »Werfel ist ein O-beiniger, fetter Jude mit wülstigen Lippen … Aber er gewinnt, je mehr er sich gibt.« 1929 Heirat. Am 4.6.1936 im Tagebuch, nachdem Bruno Walter eine kleine Mahler-Monographie geschrieben hatte, ohne sie zu erwähnen: »Noch immer hassen sie in mir die unverschmockte, schöne Christin. Denn die Juden verzeihen uns unsere lichtere Art nicht. Und wenn sie sich 10 mal blond färben, sie bleiben ein dunkles, wildes Ostvolk.« 1938 mit Werfel Flucht nach Frankreich, Oktober 1940 Flucht mit Werfel, Golo und Heinrich Mann über Spanien und Portugal in die USA. 1963 ihre von Antisemitismen gereinigten Erinnerungen: *Mein Leben*. Ihr zeitweiliger Schwiegersohn (1924–1926) Ernst Krenek: »Ihr Stil war der von Wagners Brünhilde, transportiert in die Atmosphäre der Fledermaus.« † 11.12.1964 New York. Lit.: Hilmes.

Mahncke, Gustav. Auf der *Gottbegnadeten-Liste* der Schauspieler, die für die Filmproduktion benötigt werden.
* 7.8.1886 Rostock. Spielleiter und Schauspieler an Berliner Bühnen. 1943 im Bühnenvorstand der Städtischen Bühnen Litzmannstadt/Lodz. Unter anderem geschlossene Vorstellungen für Wehrmacht, Polizei und Nazi-Organisationen (ab April 1940 vegetierten in Litzmannstadt/Lodz im Ghettolager 160 000 Juden, August 1944 lebten noch 60 000, die deportiert und ermordet wurden). † 28.1.1952 Berlin an den Folgen eines Schlaganfalls (DBJ).

Mahrenholz, Christhard. Leiter der Fachschaft evangelischer Kirchen- und Posaunenchöre in der Reichsmusikkammer.
* 11.8.1900 Adelebsen (sic) bei Göttingen als Pfarrerssohn. 1930 Landeskirchenrat, 1933 Oberkirchenrat in Hannover. August 1933 Unterzeichner eines Manifests (Zeitschrift *Die Musik*): »Wir bekennen uns zur volkhaften Grundlage aller Kirchenmusik.« Oktober 1933 Beirat des *Reichsamts für Kirchenmusik der Evangelischen Kirche* des NS-Reichsbischofs Ludwig Müller. 1946 Honorarprofessor für Kirchenmusik der Universität Göttingen. 1953 Geistlicher Dirigent. Vorsitzender der Neuen Bach-Gesellschaft und des Verbands evangelischer Kirchenchöre, Mitherausgeber des Kirchengesangbuchs der Evangelischen Kirche Deutschlands und Mitbegründer der *Zeitschrift für evangelisches Kirchenrecht*. † 15.3.1980 Hannover.

Maier, Reinhold. Vorsitzender der *Deutschen Demokratischen Partei* (ab 1924).
* 19.8.1889 Schorndorf in Württemberg, Sohn eines Bauunternehmers. Dr. jur. Rechtsanwalt. 1930 (bis 1933) Wirtschaftsminister in Württemberg. 1932/33 MdR. Stimmte am 24.3.1933 für Hitlers Ermächtigungsgesetz, obgleich die kommunistischen Abgeordneten ausgeschlossen und neun SPD-Abgeordnete in »Schutzhaft« waren (Winkler). 1946 (bis 1953) Ministerpräsident von Baden-Württemberg. 1957 MdB, Bundesvorsitzender der FDP, 1963 Ehrenvorsitzender. † 19.8.1971 Stuttgart.

Mainz, Friedrich A. Filmproduzent.
* 18.9.1895 Augsburg. 1936 Direktor der Tobis, schloß mit Riefenstahl Vertrag zu ihren Olympiafilmen. Goebbels am 27.4.1937 im Tagebuch: »Mainz muß weg. Er ist ein Banause und ein Prolet dazu. An seine Stelle muß ein Nazi.« 1950 Gründung der Produktionsgesellschaft Fama-Film. Edelschnulzen über *Dr. Holl* (1950), *Der träumende Mund* (1952), Verklärungsopus *Canaris* (1954). 1959 Coproduzent: *Wernher von Braun – Ich greife nach den Sternen*. In Riefenstahls *Memoiren* als Freund nach 1945 hervorgehoben. † 1970 in Bayern (Weniger).

Maisch, Herbert. Regisseur.
* 10.12.1890 Nürtingen. Berufsoffizier, im I. Weltkrieg Verlust des rechten Arms. Ab 1924 Intendant des Theaters der Stadt Koblenz, des Stadttheaters Erfurt und des Mannheimer National-Theaters. In der NS-Zeit Regie zu 15 Filmen, darunter der antikommunistische Opernstreifen *Starke Herzen* (1937 gedreht, Goebbels zu schlecht, Uraufführung 1953!). 1937 Freikorpsdrama *Menschen ohne Vaterland*, Oktober 1939 Jagdfliegerfilm *D III 88*, Filmtext: »Reibungslose Zusammenarbeit, bedingungslose Hingabe. Nur so kann unsere Waffe zu einem Instrument werden, auf das sich unser Führer … bedingungslos verlassen kann.« 1940 Geniefilm *Friedrich Schiller*, laut Leiser Schiller als Vorläufer des Verfassers von *Mein Kampf*. Goeb-

bels am 10. 11. 1940 im Tagebuch: »Schiller-Film geprüft. Von Maisch mit Caspar. Ein ganz großer Wurf.« April 1941 Co-Regisseur beim Hetzfilm *Ohm Krüger*, für Goebbels »ein Film zum Rasendwerden«. Höchstprädikat: *Film der Nation* und *Staatspolitisch und künstlerisch besonders wertvoll, kulturell wertvoll, volkstümlich wertvoll, volksbildend, jugendwert.* 1947 Generalintendant der Städtischen Bühnen Köln. 1960 Leiter der Schauspielschule an der Staatlichen Musikhochschule Frankfurt am Main. Das *Deutsche Bühnen-Jahrbuch* 1967: »Die braune Zeit überstand Herbert Maisch ... ohne irgendwelche Zugeständnisse.« † 10. 10. 1974 Köln.

Majewski, Hans-Martin. Komponist und Kapellmeister.
* 14. 1. 1911 Schlawe. 1935 Kapellmeister am Theater des Volkes in Berlin. Komponierte *Großdeutsche Grenadiere* sowie *Landser und Panzer*, Tonaufnahmen 1941, beide mit dem I. Musikkorps des Infanterie-Regiments *Großdeutschland* (Gillum). Filmmusik: 1939 *Flucht ins Dunkel*, uraufgeführt am 8. 8. 1939 in Beuthen. 1942 Staatsauftragsfilm *Fronttheater*, Musik: Bochmann, Majewski. Prädikat: *Staatspolitisch wertvoll.* Nach 1945 Musik zu Filmen wie *Liebe im Finanzamt* (1952), *Das fliegende Klassenzimmer* (1954) oder *Menschen im Hotel* (1959). 1960 *Bundesfilmpreis* für die Tonkulisse zu Bernhard Wickis Antikriegsfilm *Die Brücke*. Bühnenmusik zu Peter Weiss' *Die Verfolgung und Ermordung Jean Paul Marats* (1964). 1977 *Filmband in Gold* für langjähriges und hervorragendes Wirken im deutschen Film. † 1. 1. 1997 Bötersen in Niedersachsen.

Majewski, Helmut. Reichsinspektor für die Musikeinheiten der HJ in der Reichsjugendführung (1938).
* 20. 9. 1909 Wiresche/Posen. 1937 NSDAP. 1939 in der HJ-Zeitschrift *Musik in Jugend und Volk* Artikel *Ist Blasmusik Kunstmusik?* Textprobe: »Allen jenen ›Musikgebildeten‹, die in dieser Musik etwas Veräußerlichtes oder Primitives ... sehen,

sei ein Blick in den ›Mythus des 20. Jahrhunderts‹ Alfred Rosenbergs empfohlen, der mit dem Hinweis, daß der echte preußische Marsch mit zu den höchsten Kunstwerten unseres Volkes zähle, ein Beispiel der entscheidenden Wandlung andeutet, die sich heute in der Kunstanschauung vollzieht.« Zuletzt HJ-Bannführer. Nach 1945 Studienrat in Wilhelmshaven. † 22. 4. 1995 ebenda. Lit.: Prieberg, Handbuch; Wulf, Musik.

Maler, Wilhelm. Musiker.
* 21. 6. 1902 Heidelberg. Ab 1925 Rheinische Musikschule Köln. Laut Prieberg bei Kulturkundgebung des NS-Studentenbundes 1935 in Heidelberg Aufführung von drei Festmusiken für die HJ. 1936 Professor. 1937 NSDAP. 1938 in der Schandschau *Entartete Musik* in Düsseldorf vorgeführt. Gleichwohl Sing- und Spielmusiken für die NS-Musikpflege. 1946 Gründungsdirektor der Nordwestdeutschen Musikakademie Detmold. 1959–1969 Direktor der Staatlichen Musikhochschule in Hamburg. † 29. 4. 1976 ebenda.

Malige, Fred. Geiger und Kapellmeister.
* 11. 1. 1895 Oels in Schlesien. 1923 KPD, Leiter einer Blaskapelle des Roten Frontkämpferbunds. 1925 beim Leipziger Sinfonieorchester, 1933 Entlassung. 1940 am Opernhaus Kattowitz. Rundschreiben des KZ-Kommandanten Höß vom 14. 5. 1943, betrifft *Truppenbetreuungsveranstaltung* für das KZ-Personal: »An alle Abteilungen der Kommandantur, den SS-T[otenkopf]-Sturmbann sowie die angeschlossenen Dienststellen des Standortes KL Auschwitz. Am Freitag, den 21. Mai 1943, 21 Uhr findet im kleinen Saal des Kameradschaftsheimes eine Veranstaltung unter dem Motto ›Stunde heiterer Musik‹ statt. Es spielt das Städtische Streichquartett Kattowitz ... 2. Violine – Fred Malige.« 1945 Stadttheater Göttingen. 1946 (bis 1959) Rundfunksinfonieorchester Leipzig. Kompositionen: 1950 *Präludium und Fuge über FDGB* (DDR-Einheitsgewerkschaft), 1952 *Lenin-Kantate.* 1965 *Vaterländischer Verdienstorden.* † 21. 12. 1985 Leipzig.

Mancio, Julia, geb. Ziltzer. Konzertsängerin.

* 19.4.1865 Wien. Gründerin einer Opern- und Gesangschule in Wien. Im *Lexikon der Juden in der Musik* gebrandmarkt. † Deportiert am 10.7.1942 ins Ghettolager Theresienstadt.

Mandel, Herbert. Schauspieler.

* 23.3.1911 Breslau. Unter anderem am Oberschlesischen Grenzlandtheater Ratibor (DBJ 1940). Rundschreiben des KZ Auschwitz vom 23.3.1943: »Am Tag der Wehrmacht, 28. März 1943, findet zusammen mit Angehörigen der deutschen Einwohnerschaft von Auschwitz ein Gemeinschaftsessen mit anschließendem ›Großen bunten Nachmittag‹ statt … Als Gäste haben nur diejenigen Personen Zutritt, die von der Kommandantur eine schriftliche Einladung erhalten haben … Es wirken mit: Herbert Mandel, vom Stadttheater Ratibor, Chansons und heitere Vorträge.« 1962 letzte Station: Städtische Bühnen Freiburg, Sprecher beim SWF. † 7.1.1996. Nachruf *Deutsches Bühnen-Jahrbuch*: »Leitete während seiner Freiburger Zeit sechs Jahre lang die Festspiele Breisach.«

Mann, Erika. Älteste Tochter von Katia und Thomas Mann.

* 9.11.1905 München. Schauspielerin an den Reinhardt-Bühnen. 1926 (bis 1929) verheiratet mit Gustaf Gründgens. 1931 im Film *Mädchen in Uniform* (Jugenddrama im Mädchenpensionat). Am 1.1.1933 mit Bruder Klaus und Therese Giehse Gründung des Cabarets *Die Pfeffermühle*. Nach NS-Terminologie »Mischling ersten Grades«. Am 12.3.1933 Flucht in die Schweiz, Oktober 1933 Fortführung der *Pfeffermühle* in Zürich. Am 15.6.1935 zwecks Erlangung der britischen Staatsbürgerschaft pro-forma-Heirat mit dem Dichter Wystan H. Auden, der Erika Mann zuvor nie gesehen hatte. 1936 USA. US-Kriegskorrespondentin. 1945 Sonderberichterstatterin vom Nürnberger Kriegsverbrecherprozeß. Assistentin ihres Vaters. 1961–1965 Herausgeberin einer dreibändigen Ausgabe von Briefen ihres Vaters. Bis Lebensende britische Staatsbürgerschaft. † 27.8.1969 Zürich.

Mann, Golo (Gottfried). Historiker.

* 27.5.1909 München. Drittes Kind von Katia und Thomas Mann. 1932 Promotion bei Karl Jaspers in Heidelberg. 1933 mit der Mann-Familie im Exil. 1937 Mitredakteur der Zeitschrift *Mass und Wert*. Oktober 1940 mit Onkel Heinrich und dem Ehepaar Werfel Flucht aus Frankreich, via Lissabon in die USA. Lehrämter an den Colleges von Olivet/Michigan und Claremont/Kalifornien. 1958 Wohnsitz Kilchberg bei Zürich, Autor: *Deutsche Geschichte des 19. und 20. Jahrhunderts*. 1960 Professor für politische Geschichte der TH Stuttgart. Herausgeber der *Propyläen Weltgeschichte* und Mitherausgeber der *Neuen Rundschau*. 1986: *Erinnerungen und Gedanken. Eine Jugend in Deutschland*. † 7.4.1994 Leverkusen.

Mann, Heinrich. Einer jener zwölf Schriftsteller, die vom *Börsenverein der Deutschen Buchhändler* »als schädigend« gebrandmarkt wurden und nicht verbreitet werden durften.

* 27.3.1871 Lübeck. Bruder von Thomas Mann. Berühmt durch seine Romane *Professor Unrat oder das Ende eines Tyrannen* (1905, 1930 unter dem Titel *Der blaue Engel* verfilmt) sowie *Der Untertan* (1918, russische Ausgabe 1915!). Kriegsgegner im I. Weltkrieg. Harry Graf Kessler am 25.10.1928 im Tagebuch: »Er wirkt auf mich immer wie ein Stockfisch.« 1931 Vorsitzender der Sektion Dichtung der Preußischen Akademie der Künste. 1932/33 Mitunterzeichner von Aufrufen zur Aktionseinheit von KPD und SPD gegen die Nationalsozialisten. Am 15.2.1933 erzwungener Akademie-Rücktritt, am 21.2.1933 Flucht nach Frankreich. Feuerspruch bei der öffentlichen Bücherverbrennung Mai 1933: »Gegen Dekadenz und moralischen Verfall! Für Zucht und Sitte in Familie und Staat!« Patron der Emigrantenzeitschrift *Die Sammlung*, Mann in Heft 1: »Die neue sittliche [NS-]Erziehung umschliesst die Furcht und den Hass. Auch verbindet sich

die Gewaltanbetung mit der Lust am fremden Leid. Der Rassenstaat verlangt von
den Seinen, dass sie den Tod Anderer ruhig mit ansehen.« Präsident des deutschen
Exil-PEN. 1936 tschechische Staatsbürgerschaft und damit Besitzer eines gültigen
Passes. Oktober 1940 Flucht mit seiner
Frau Nelly, Golo Mann und dem Ehepaar
Werfel via Lissabon in die USA. Seine erste
(jüdische) Frau, die Prager Schauspielerin
Maria Kanová, Heirat 1914, Scheidung
1930, überlebte das Ghettolager Theresienstadt nur um zwei Jahre (Klaus Mann
nach einem Treffen 1945: »Eine Gerettete?
Nein, ein Gespenst. Sie trägt das Zeichen«). Seine zweite Frau Nelly Kröger,
Heirat 1939 in Nizza, beging aufgrund ihrer Alkoholkrankheit 1944 Suizid. Heinrich Mann, der Hitler haßte, bewunderte
lange Stalin, verteidigte dessen Terror-
prozesse und glaubte an die »völlige Verwirklichung aller menschlichen Ideale in
der Sowjet-Union« (Golo Mann). In
seinen Erinnerungen *Ein Zeitalter wird be-
sichtigt* heißt es 1946 zu Stalins Schau-
prozessen: »Die Gestalten aus den Moskauer Prozessen sind getötet oder einge-
kerkert. Entsündigt [!] – auf psychologi-
schem Wege wie bei Dostojewski...« Lebte
in den USA völlig isoliert, als er 1949 mit
dem *Nationalpreis I. Klasse* der DDR geehrt
wurde. 1950 Berufung zum Präsidenten
der Deutschen Akademie der Künste in
Ost-Berlin. † 12.3. 1950 Santa Monica in
Kalifornien an Hirnschlag, vor Übersiedlung in die DDR. Die Urne wurde am 25.3.
1961 nach Berlin überführt.
Mann, Katia (Katharina).
* 24.7. 1883 München. Tochter des jüdischen Mathematikprofessors und Wag-
ner-Verehrers Alfred Pringsheim und der
jüdischen Schriftstellerin und Feministin
Hedwig Dohm. Mathematik- und Physik-
studium. 1905 Heirat mit Thomas Mann.
1974 Publikation *Meine ungeschriebenen
Memoiren*. Katia Mann wäre ein Opfer der
NS-Rassengesetzgebung geworden, in der
Familie wurde die jüdische Herkunft ver-
drängt. † 25.4. 1980 Kilchberg bei Zürich.

Mann, Klaus. Schriftsteller.
* 18.11. 1906 München. Ältester Sohn
von Katia und Thomas Mann. Theaterkritiker, Autor und Schauspieler. *Meyers
Lexikon* 1939: »Jüdischer Mischling, Mutter geb. Pringsheim, Emigrant, der krank-
haft-perverse Novellen und Bühnenstücke
schrieb ... Er hetzt mit seiner Schwester
Erika in Kabaretts (›Die Pfeffermühle‹) gegen Deutschland.« Am 13.3. 1933 Flucht,
zunächst nach Paris und Amsterdam, Mitherausgeber der Emigrantenzeitschrift *Die
Sammlung* (Alfred Döblin, René Schickele,
Stefan Zweig und sein Vater verweigerten
die Mitarbeit). 1936 USA, US-Bürger, 1944
US-Soldat. 1945 als Korrespondent der
Soldatenzeitung *Stars and Stripes* in
Deutschland. Sein 1936 verfaßtes Werk
Mephisto. Roman einer Karriere über – den
seiner Meinung nach opportunistischen –
Gustaf Gründgens wurde nach 1945
mehrfach verboten. † Suizid 21.5. 1949
Cannes. Thomas Mann am 6.7. 1949 an
Hermann Hesse: »Ihm ist viel Unrecht ge-
schehen, noch im Tode.« Lit.: Scholdt.
Mann, Thomas. Repräsentant deutscher
Literatur.
* 6.6. 1875 Lübeck. 1901 Hauptwerk *Buddenbrooks. Verfall einer Familie*. 1905 Heirat mit Katia Pringsheim. Begeisterung bei
Beginn des I. Weltkriegs, 1918 Bekenntnisbuch *Betrachtungen eines Unpolitischen*,
laut Golo Mann »eine Verteidigung des
längst in seinen Grundfesten erschütterten
deutschen Obrigkeitsstaates«. 1922 Bekenntnis zur Weimarer Republik. 1926
Gründungsmitglied der Sektion Dichtung
der Preußischen Akademie der Künste.
1929 Literatur-Nobelpreis. Am 10.2. 1933
Vortrag *Leiden und Größe Richard Wagners* an der Münchner Universität, am
nächsten Tag Abreise zu Vorträgen in
Amsterdam, Brüssel, Paris und zur an-
schließenden Erholung im schweizeri-
schen Arosa. Am 16.4. 1933 in den
Münchner Neuesten Nachrichten Protest
von Honoratioren der *Richard-Wagner-
Stadt-München* gegen Manns Wagner-
Opus: »Wir lassen uns solche Herabset-

zung unseres großen deutschen Musikgenies von keinem Menschen gefallen, ganz sicher aber nicht von Herrn Thomas Mann, der sich selbst am besten dadurch kritisiert und offenbart hat, daß er die ›Gedanken eines Unpolitischen‹ nach seiner Bekehrung zum republikanischen System umgearbeitet und an den wichtigsten Stellen in ihr Gegenteil verkehrt hat.« Aufgrund von Warnungen keine Rückkehr ins Reich. Hanns Johst, Vorsitzender der »neugeordneten« Deutschen Akademie der Dichtung der Preußischen Akademie der Künste, am 10. 10. 1933 an Himmler: »In Amsterdam erscheint das derzeit unflätigste Emigrantenblatt, ›Die Sammlung‹ … Als Herausgeber zeichnet der hoffnungsvolle Sproß des Herrn Thomas Mann, Klaus Mann … Könnte man nicht vielleicht Herrn Thomas Mann, München, für seinen Sohn einwenig [!] inhaftieren? Seine geistige Produktion würde ja durch eine Herbstfrische in Dachau nicht leiden.« Nach Aufenthalten im Tessin und in Südfrankreich ab Herbst 1933 Wohnsitz in Küsnacht bei Zürich. Hielt sich bis 1936 mit Anti-NS-Erklärungen zurück, um den Absatz seiner Bücher im Reich nicht zu gefährden. 1936 tschechischer Paß. Herbst 1938 Wechsel in die USA. *Meyers Lexikon* (1939): »Bezeichnend für ihn ist das Wühlen in krankhaften Seelenbewegungen und ein preziöser Stil, der mit jedem Werk weitschweifiger und gekünstelter wurde … In der Emigration schrieb er mehrere Pamphlete gegen das Dritte Reich und trat in Reden gegen dieses auf, wurde aus der deutschen Volksgemeinschaft ausgeschlossen.« Ab Oktober 1940 politische Ansprachen über den Deutschen Dienst der BBC. Juni 1944 US-Staatsbürger. Nach dem Krieg von Vertretern der angeblichen *Inneren Emigration* heftig angefeindet. Mann am 7. 9. 1945 an Walter von Molo: »Es mag Aberglaube sein, aber in meinen Augen sind Bücher, die von 1933 bis 1945 in Deutschland überhaupt gedruckt werden konnten, weniger als wertlos und nicht gut, in die

Hand zu nehmen. Ein Geruch von Blut und Schande haftet ihnen an. Sie sollten alle eingestampft werden.« Ab 1952 Wohnsitz in der Schweiz. † 12. 8. 1955 Zürich.

Mannheim, Lucie. Schauspielerin. * 30. 4. 1899 Berlin. Ab 1922 große Erfolge als berlinernde Darstellerin am Berliner Staatstheater. 1933 als Jüdin Flucht nach London (bis 1949). 1935 Auftritt in Hitchcocks *Die 39 Stufen*. 1943 britischer Film *The True Story of Lilli Marlene*. Nach 1945 Gastspiele in der Bundesrepublik, auch Filme wie *Das ideale Brautpaar* (1953) oder *Arzt aus Leidenschaft* (1959). 1967 *Filmband in Gold* für langjähriges und hervorragendes Wirken im deutschen Film. † 18. 7. 1976 Braunlage.

Mannheimer, Georg. Mitherausgeber der Prager Wochenschrift *Die Wahrheit*. * 10. 5. 1887 Wien. 1929 Autor der Komödie *Der Mann, der durch den Traum lief*. 1937: *Lieder eines Juden*, darin *Das fremde Gesicht*: »Ich weiß: ihr liebt uns nicht./Wir haben zu viele Ströme durchschwommen./Aber, laßt uns zur Ruhe kommen,/ dann haben wir das gleiche Gesicht.« † 12. 4. 1942 KZ Dachau. Q.: Schlösser.

Manowarda, Josef von. Opern- und Konzertsänger. * 3. 7. 1900 Krakau, aus österreichischem Adel. Bassist der Wiener Staatsoper, genannt *der schwärzeste aller Bässe*. NSDAP erstmals 1932. Ab 1935 an der Berliner Staatsoper, einer der Stars der Bayreuther Festspiele. Goebbels am 13. 8. 1936 im Tagebuch über eine Gesellschaft beim Führer: »Schlusnus, Ludwig, Nettesheim, Bockelmann und Manowarda singen. Ein einziger Zauber von schönen Stimmen.« Manowarda am 23. 3. 1938, nach der Besetzung Österreichs, an Hitler: »Meinem durch Sie, mein Führer, so wundervoll gewretteten Vaterland, meiner Heimatstadt Wien und dem großen Deutschen Reiche möchte ich in Ihrem Sinne dienen.« Mit Auftritt im besetzten Krakau als »Träger des deutschen Kulturwillens im Osten« eingesetzt. † 23. 12. 1942 Berlin. Nachruf

Deutsches Bühnen-Jahrbuch: »Das Schicksal hat ihn mitten im großen Freiheitskampf unseres Volkes abberufen.« Goebbels am 20.1.1943 über einen Besuch der Witwe: »Eine fanatische Nationalsozialistin.« Lit.: Prieberg.

Maraun, Frank, Pseudonym von Erwin Goelz. Filmkritiker.

* 10.10.1903 Esslingen. Regieassistent bei Piscator, unter seinem Pseudonym Journalist für Berliner Zeitungen. 1942 Leiter des Ufa-Nachwuchsstudios. Goebbels am 16.8.1942 im Tagebuch: »Die Nachwuchsarbeit im Film ist jetzt bei Maraun in die richtigen Hände gekommen.« Nach 1945 unter seinem Namen Goelz Filmkritiker der *Stuttgarter Zeitung* und des SDR. 1962 führte das Bekanntwerden einer Rezension zum Haßfilm *Der ewige Jude* (mit einem Kommentar, der Juden Ratten gleichsetzt) zum Skandal und beendete seine Zeitungstätigkeit. Maraun 1940 (Nr. 8) in der Zeitschrift *Der Deutsche Film* unter dem Titel *Symphonie des Ekels*: »Es ist die Wirklichkeit der kulturellen Betätigung der Juden bei ihren Gastvölkern. Sie heißt Zersetzung, Unmoral, Perversion … Verherrlichung der Frechheit und Dummdreistigkeit, Haß dem Gesetz.« † 26.9.1981 Stuttgart. Lit.: Zimmermann/Hoffmann.

Marc, Franz. Maler.

* 8.2.1880 München. † Kriegstod 4.3.1916 vor Verdun. Mit Kandinsky Gründer der expressionistischen Gruppe *Der blaue Reiter*. Juli 1937 in der Schandschau *Entartete Kunst* in München mit sechs Bildern vorgeführt, darunter sein weltberühmtes Gemälde *Turm der Blauen Pferde*. 130 seiner Werke als »entartete Kunst« beschlagnahmt. *Meyers Lexikon* 1939: »Marc hat in der Hauptsache Tierbilder geschaffen, die Form und Farbe bei der Wiedergabe der äußeren Erscheinung widernatürlich verändern.«

March, Werner. Architekt.

* 17.1.1894 Charlottenburg. Mai 1933 NSDAP. Am 19.8.1934 Unterzeichner des *Aufrufs der Kulturschaffenden* zur Vereinigung des Reichskanzler- und Reichspräsidentenamts in der Person Hitlers: »Wir glauben an diesen Führer, der unsern heißen Wunsch nach Eintracht erfüllt hat.« Bauten: 1934 Görings pompöser Landsitz *Carinhall*, *Dietrich Eckart-Bühne* für Thingspiele auf dem Berliner Reichssportfeld (heute: Waldbühne) sowie Olympiastadion. Am 31.7.1936 beim Kunstwettbewerb zu den Olympischen Spielen in Berlin von Goebbels mit Goldmedaille geehrt. Nach 1945 zunächst freier Architekt in Minden. 1953–1960 Lehrstuhl Technische Universität Berlin. † 11.1.1976 Berlin.

Marcks, Gerhard. Bildhauer.

* 18.2.1889 Berlin. 1920 Leiter der Bauhaus-Töpferei in Dornburg/Saale. 1928 Direktor der Kunstgewerbeschule in Halle, 1933 entlassen. In Fritschs Hetzwerk *Handbuch der Judenfrage* (1936) als expressionistischer »›Künstler‹ aus dem nichtjüdischen Lager« aufgeführt, der es verdiene, »als Mittäter an dieser Kulturschande mit den Juden zusammen genannt zu werden«. Juli 1937 in der Schandschau *Entartete Kunst* in München mit fünf Objekten vorgeführt, Beschlagnahmung von 86 seiner Werke. 1950 Atelier in Köln. † 13.11.1981 Burgbrohl/Eifel.

Marcus, Edith. Malerin.

* 23.2.1888 Altona. Wohnort Hamburg. 1926 Einzelausstellung in der Galerie Commeter, auf zahlreichen Ausstellungen vertreten. 1938 Ausschluß aus der Reichskammer der bildenden Künste (Berufsverbot), 1939 zwangsweise in einem Judenhaus. † Deportiert am 6.12.1941 nach Riga. Lit.: Bruhns.

Marcuse, Herbert. Philosoph.

* 19.7.1898 Berlin, Sohn eines jüdischen Fabrikanten. 1922 Dissertation *Der deutsche Künstlerroman*. Mitarbeit an Horkheimers Institut für Sozialforschung in Frankfurt am Main, 1933 nach Genf, 1934 in die USA verlagert. 1940 US-Bürger. Ab 1942 Untersuchungen für US-Geheimdienst. Marcuse Januar 1945 in der Zeitschrift *Aufbau*: »Die Selbstgerechtigkeit im Lager der Anti-Faschisten ist riesengroß. Weil sie nicht Bluttaten begangen haben wie Hitler, bilden sich viele ein, ein gutes Gewissen zu haben.« 1954 Professor für Politikwissenschaft der Brandeis University Massachusetts, 1964 Professor für Sozialphilosophie der University of California. 1965 auch Honorarprofessor der Freien Universität Berlin. Seine Forderung nach einer »Kultur ohne Unterdrückung« diente der Studentenbewegung als Argumentationshilfe. † 29. 7. 1979 Starnberg, während einer Vortragsreise.

Marcuse, Ludwig. Theaterkritiker.
* 8. 2. 1894 Berlin. Aus einer jüdischen Kaufmannsfamilie. 1925 Feuilletonchef des *Frankfurter General-Anzeigers*, wegen seiner draufgängerischen Art *Der Alba der Kritik* genannt. Am 17. 3. 1928 zur Frankfurter Aufführung von *Katharina Knie*: »Zuckmayer fehlt die Dialektik zum Dialekt.« Ab 1930 in Berlin. Biographien über Ludwig Börne (1929) und Heinrich Heine (1931). Nach Reichstagsbrand am 27. 2. 1933 (Vorwand für eine folgende Verhaftungswelle) Flucht nach Frankreich. 1939 USA. 1946 Professor für Germanistik und Philosophie an der Universität in Los Angeles, 1962 Gastprofessor in Frankfurt am Main, endgültige Rückkehr. † 2. 8. 1971 München. Lit.: Kesten; Rühle.

Mardayn, Christl. Sängerin und Schauspielerin.
* 8. 12. 1896 Wien. Gefeierte Soubrette am Wiener Theater in der Josefstadt. Zwischen 1934 und 1945 in 21 Filmen, darunter *Im weißen Rößl* (1935), *Menschen im Varieté* und *Eine kleine Nachtmusik* (1939). Goebbels am 30. 4. 1940 im Tagebuch: »Frau Mardayn hat Filmsorgen. Ihr etwas geholfen.« Nach 1940 am Deutschen Volkstheater der *Deutschen Arbeitsfront* in Wien. Oktober 1944 im Filmlustspiel *Es fing so harmlos an*. Nach 1945 Filme wie *Der letzte Walzer* (1953) oder *Der Komödiant von Wien* (1955). 1962 Professorin an der Wiener Musikakademie. † 23. 7. 1971 Wien.

Marées, Hans von. Maler.
* 24. 12. 1837 Wuppertal-Elberfeld. † 5. 6. 1887 Rom, Sohn eines preußischen Kammerpräsidenten aus französisch-niederländischem Adel. Dem Kreis der *Deutsch-Römer* um Arnold Böcklin und Anselm Feuerbach zugehörig. Dunkeltonige Landschaften. In der NS-Zeit verfemt, *Meyers Lexikon* 1939: »Jüdischer Mischling ... immer wieder nackte Menschen, sich von dunklen Bäumen abhebend«. Urteil Alfred Rosenberg in seinem Hauptwerk *Mythus*: »Er war übrigens Halbjude.«

Marenbach, Leni. Schauspielerin.
* 20. 12. 1916 Essen. Am Wiener Theater in der Josefstadt und an den Münchner Kammerspielen. In der NS-Zeit 21 Filme. Laut Hippler von Goebbels öfters zur Abendgesellschaft eingeladen. 1936 Durchbruch mit Rühmanns *Wenn wir alle Engel wären*, Kommentar der *Licht-Bild-Bühne*: »Im neuen Deutschland kann man wieder lachen!« 1938: *Ziel in den Wolken*, ein diskreter Propagandafilm zur Aufrüstung der Luftwaffe (Giesen). 1941 Titelrolle im Filmlustspiel *Was will Brigitte?* Nach 1945 Tourneetheater. 1954 letzter Film: *Wer seine Frau lieb hat* (DDR). † 26. 1. 1984 Berlin.

Margraf, Horst-Tanu. Dirigent.
* 20. 4. 1903 Dresden als Pfarrerssohn. Mai 1933 NSDAP. Ab 1933 am Stadttheater Remscheid, Städtischer Musikdirektor. 1938 Gastdirigent der Berliner Staatskapelle. Im Krieg zeitweise Musikdirektor der Stadt Lemberg. 1943/44 Musikalischer Oberleiter und Stellvertreter des Intendanten in Remscheid. November 1944 Gastdirigent der *Philharmonie des Generalgouvernements* (*Krakauer Zeitung* vom 5. 11. 1944). 1950 (bis 1969) Generalmusikdirektor am Landestheater Halle und Leiter der Händelfestspiele, Professor. 1957 *Nationalpreis*. † 3. 4. 1978 Halle. Lit.: Drewniak, Theater; Prieberg, Handbuch.

Marian, Ferdinand, eigentlich Haschkowetz. Auf der *Gottbegnadeten-Liste* der Schauspieler, die für die Filmproduktion benötigt werden.

* 14. 8. 1902 Wien. Am Deutschen Theater in Berlin, Rollentyp: eleganter Schurke. Zwischen 1933 und 1945 in 21 Filmen. 1937 Zarah-Leander-Film *La Habanera*. April 1940 antibritischer Film *Der Fuchs von Glenarvon* (Goebbels: »Sehr gut für unsere Propaganda zu gebrauchen«), September 1940, nachdem er sich zunächst gegen die Rolle gesträubt hatte, Darsteller des *Jud Süß* im gleichnamigen Hetzfilm. Karl Korns Lob am 29. 9. 1940 in *Das Reich*: »Die Größe dieser schauspielerischen Leistung ist, daß die Figur des Süß die düsteren Züge der Dämonie trägt.« 1941 im Hetzfilm *Ohm Krüger* (für Goebbels »ein Film zum Rasendwerden«) und 1943 im Ufa-Jubiläumsfilm *Münchhausen*. NS-Ehrung: 1940 auf Vorschlag von Goebbels Hitler-Dotation (steuerfreie Schenkung) von 20 000 Mark. † 9. 8. 1946 Autounfall (Suizid?) in Durneck in Oberbayern.

Marischka, Ernst. Auf der Liste der von Goebbels zugelassenen Filmautoren (1944).
* 2. 1. 1893 Wien. Film- und Theaterautor. Bruder von Hubert. In der NS-Zeit Drehbücher zu Filmen wie *Opernball*, *Wiener Geschichten*, *Rosen in Tirol*, *Wienerblut*. Nach 1945 Regie zu Romy Schneiders Sissi-Filmen *Mädchenjahre einer Königin* (1954), *Sissi, die junge Kaiserin* (1956), *Sissi, Schicksalsjahre einer Kaiserin* (1957). † 29. 5. 1963 Chur.

Marischka, Hubert. Sänger, Schauspieler, Regisseur.
* 27. 8. 1882 Wien. Wiener Operettensänger (Lehár, Kálmán). 1923 Direktor des Theaters an der Wien. Darsteller in über 100 Stumm- und Tonfilmen. Im Krieg Regie zu 13 Filmen, darunter *Hochzeitsreise zu dritt*, *Das Glück wohnt nebenan* (1939), *Herzensfreud – Herzensleid* (1940). Nach 1945 Regie zu Filmen wie *Küssen ist keine Sünd* (1950) oder *Du bist die Rose vom Wörthersee* (1952). 1949 Leiter der Operettenklasse der Akademie für Musik und darstellende Kunst in Wien, Professor. † 4. 12. 1959 Wien.

Markus, Winnie. Schauspielerin.
* 16. 5. 1921 Prag. Ab 1939 am Wiener Theater in der Josefstadt. In der NS-Zeit in 20 Filmen, darunter 1939 das Mutterkreuz-Opus *Mutterliebe* (Prädikat: *staatspolitisch besonders wertvoll*), 1940 das Blut-und-Boden-Drama *Die Geierwally* und das Filmlustspiel *Herz geht vor Anker*. 1942 in *Kleine Residenz* (für Goebbels eine Musterleistung des Unterhaltungsfilms »für den Krieg«) sowie im Mozart-Film *Wen die Götter lieben* (Rolle der Konstanze). Nach 1945 Filme wie *Diese Nacht vergeß ich nie* (1949) oder *Was eine Frau im Frühling träumt* (1959). 1959 Heirat mit einem »Salzbaron«, Wohnsitz Schloß Fuschl im Salzkammergut. 1986 *Filmband in Gold* für langjähriges und hervorragendes Wirken im deutschen Film. † 8. 3. 2002 München.

Marlen, Trude (Künstlername). Schauspielerin.
* 7. 11. 1912 Graz. Zwischen 1933 und 1943 in 18 Filmen. Unter anderem 1939 im Rühmann-Film *Paradies der Junggesellen* (ein Loblied auf die Ehe!), 1940 im Willi-Forst-Film *Operette*, 1943 im Verwechslungslustspiel *Fahrt ins Abenteuer* sowie im Tänzerinnen-Film *Die beiden Schwestern*, Prädikat jeweils: *volkstümlich wertvoll*. 1941–1944 am Burgtheater. Verheiratet mit Wolf Albach-Retty. Nach 1945 vorwiegend Theater. † 9. 6. 2005 Wien.

Marr, Hans (Künstlername). Auf der *Gottbegnadeten-Liste* der Schauspieler, die für die Filmproduktion benötigt werden.
* 22. 7. 1878 Breslau. Schauspieler und Regisseur, vorwiegend am Theater. Januar 1934 Titelrolle im National- und Führerdrama *Wilhelm Tell. Das Freiheitsdrama eines Volkes*. Dezember 1934 Filmregie *Das unsterbliche Lied* (auf der Grundlage von *Stille Nacht, heilige Nacht*). Befreundet mit Gerhart Hauptmann. 1938 zum »Anschluß« Österreichs: »Beim Rütlischwur unserer ganzen durch Blutwunder geeinten Nation im Gigantenwald deutscher Schwurhände auch mit dem eigenen Arm zu Gott und seinem Gesandten, unserem

herrlichen, geliebten Führer hinaufwachsen zu dürfen, gibt es ein grösseres Glück für den deutschen Menschen?« † 30.3. 1949 Wien.

Marszalek, Franz. Dirigent und Komponist.

* 2.8. 1900 Breslau. 1933 Kapellmeister am Theater des Westens und am Berliner Operettentempel Admiralspalast. Filmmusik zu *Des jungen Dessauers große Liebe* (1933), *Der Vetter aus Dingsda* (1934), *Die Fahrt in die Jugend* (1935), *Wie der Hase läuft* (1937). 1938 Apollotheater Köln, 1939 Staatsoperette München. Ab 1942 Reichsrundfunk Berlin und Königsberg. 1944 Werkspionagefilm *Der große Preis*. 1949 Leiter der Operette beim Nordwestdeutschen Rundfunk Köln. † 28.10. 1975 Köln.

Martell, Karl. Schauspieler.

* 17.11. 1896 Tilsit. 1937 in den Zarah-Leander-Filmen *Premiere* und *La Habanera*. 1939 im Jagdfliegerfilm *D III 88* über »die fiebernde Vaterlandsliebe der Waffe« (Tobis-Pressetext). 1941 im Hetzfilm *Ohm Krüger* (für Goebbels »ein Film zum Rasendwerden«) und in *Spähtrupp Hallgarten* über die Besetzung Norwegens. Am 30.3. 1945 in der letzten Uraufführung im Dritten Reich: Liebesfilm *Das alte Lied*. Nach 1945 Filme wie *Herzen im Sturm* (1951), 1953 in den Harlan-Filmen *Sterne über Colombo* und *Die Gefangene des Maharadscha*, 1958 letzter Film: *Warum sind sie gegen uns?* † 28.12. 1966 Hamburg. Nachruf *Deutsches Bühnen-Jahrbuch*: »Früher berühmter Film- und Theaterschauspieler.«

Martienssen, Carl Adolf. Klavierpädagoge.

* 6.12. 1881 Güstrow. Ab 1914 Klavierlehrer am Leipziger Konservatorium. 1932 Professor. Laut Prieberg Mai 1933 NSDAP. 1934 auf Betreiben von Rosenbergs *Kampfbund für deutsche Kultur* Lehrer der Musikhochschule Berlin. 1946 Musikhochschule Rostock. † 1.3. 1955 Berlin.

Martin, Karl Heinz. Regisseur.

* 6.5. 1888 Freiburg, Sohn eines Uhrma-

chers. 1919 Regie der Berliner Uraufführung von Ernst Tollers Revolutionsstück *Die Wandlung*, Regisseur der ersten Aktions-Wanderbühne für Berliner Arbeiter, dem *Proletarischen Theater*. 1920 Spielleiter am Deutschen Theater. 1929 Direktor der Berliner Volksbühne. Zuckmayer: »Politisch gab er sich linksradikal, fast kommunistisch ... Mit den Nazis machte er sofort seinen Frieden, als es dort gut zu verdienen gab, verließ Wien, wo er die ersten Monate der Hitlerherrschaft ›abgewartet‹ hatte, ließ sich von seiner jüdischen Frau scheiden und trat seinen Dienst bei Bühne und Film im Dritten Reich an.« Ab 1933 Regie zu 13 Filmen. Am 15.8. 1945 als Intendant Eröffnung des Hebbel-Theaters mit Brechts *Dreigroschenoper*. † 13.1. 1948 Berlin.

Martin, Kurt. Kunsthistoriker.

* 31.1. 1899 Zürich. Dr. phil. 1934 (bis 1956) Direktor der Staatlichen Kunsthalle Karlsruhe (und des Badischen Kunstmuseums). 1940 zugleich Generaldirektor der Oberrheinischen Museen. *Generalbevollmächtigter für die Museen im Elsaß und staatlicher Bevollmächtigter für die Sicherstellung von Kunstbesitz aus volks- und reichsfeindlichen Vermögen im Elsaß* (Heuss). Nach 1945 Gründungsmitglied der *documenta* in Kassel. 1957 Generaldirektor der Bayerischen Staatsgemäldesammlungen. † 27.1. 1975 Bad Wiessee.

Martin, Paul. Regisseur.

* 8.2. 1899 Maiolana, Sohn eines Notars. 1932 Regisseur in Hollywood, 1935 Ufa. Lebensgefährte von Lilian Harvey. Regie zu 15 Filmen, darunter 1939 der Zarah-Leander-Film *Das Lied der Wüste*, 1943 Filmkomödie *Geliebter Schatz*. Nach 1945 Regie zu Komödien, Schlager- und Operettenfilmen (1952: *Wenn abends die Heide träumt*, 1954: *Große Starparade*). † 23.1. 1967 Berlin. Lit.: Kreimeier.

Martin-Amorbach, Oskar. Maler.

* 27.3. 1897 Amorbach. Schüler von Franz von Stuck. Wand- und Deckengemälde. Auf den Großen Deutschen Kunstausstellungen im Münchner NS-Musentempel *Haus der Deutschen Kunst*, darunter 1940: *Bauerngrazie* (nackte Blonde). Hitler kaufte 1938 sein Bild *Erntegang* für 12 000 Mark. NS-Ehrung: 1939 Titel Professor. † 11. 10. 1987 am Wohnort Roßholzen im Allgäu.

Martini, Fritz. Literaturwissenschaftler.
* 5. 9. 1909 Magdeburg als Fabrikantensohn. Dr. phil. Mai 1933 NSDAP, SA-Sturmmann, mit politischen Schulungsvorträgen in der NSDAP-Ortsgruppe beauftragt (Jäger). 1939 Dozent in Hamburg. 1941 Autor im fünfbändigen Werk zum Kriegseinsatz der Geisteswissenschaften: *Von deutscher Art in Sprache und Dichtung*. 1943 ao. Professor für Ästhetik und Literaturwissenschaft der TH Stuttgart. Nach 1945 weiterhin TH Stuttgart. 1964–1986 im Vorstand der Goethe-Gesellschaft Weimar. 1979 *Großes Verdienstkreuz des Verdienstordens der BRD*. † 5. 7. 1991 Stuttgart. Lit.: Krause; König.

Marx, Josef. Komponist.
* 11. 5. 1882 Graz als Arztsohn. 1914 Professor der Wiener Akademie für Musik, 1922–1925 Direktor. Am 24. Mai 1938 Aufführung seines Klavierkonzerts *Catelli romani* im Zweiten Sinfoniekonzert während der ersten *Reichsmusiktage* in Düsseldorf (mit der Schandschau *Entartete Musik*). 1949 Honorarprofessor der Akademie für Musik und darstellende Kunst in Wien. † 3. 9. 1964 Graz.

Masereel, Franz. Belgischer Maler und Graphiker.
* 30. 7. 1889 Blankenberghe. Bekannt durch expressionistische Holzschnittfolgen. *Meyers Lexikon* 1939: »Seine Linien- und Flächenführung ist hart und eckig; wirkte auch tendenziös in klassenkämpferischem Sinn, Pazifist.« In der NS-Zeit Beschlagnahmung von 31 seiner Werke als »entartete Kunst«. † 3. 1. 1972 Avignon.

Massary, Fritzi, eigentlich Massaryk. Sängerin und Schauspielerin.
* 21. 3. 1882 Wien. Ab 1904 in Berlin. Alma Mahler-Werfel: »Sie brachte ihren Geist in die dümmste Operette.« Verheiratet mit dem »jüdischen« Komiker Max

Pallenberg, mit ihm 1934 im Exil in der Schweiz, nach seinem Tod Juni 1934 Auftritte in Wien und Großbritannien, ab 1938 USA. Kontakt zu Thomas Mann. Das *Deutsche Bühnen-Jahrbuch* zum 80. Geburtstag: »Verließ das deutsche Sprachgebiet in den 30er Jahren.« † 30. 1. 1969 Los Angeles.

Mataré, Ewald. Maler und Bildhauer.
* 25. 2. 1887 Aachen. 1932 Professor für Holzbildhauerei an der Düsseldorfer Kunstakademie, 1933 Entlassung. Juli 1937 in der Schandschau *Entartete Kunst* in München mit drei Objekten vorgeführt, Beschlagnahmung von 46 seiner Werke. Nach 1945 an alter Lehrstätte. † 29. 3. 1965 Büderich bei Düsseldorf.

Matejko, Theo. Kriegszeichner.
* 18. 6. 1893 Wien. Plakatmaler (1924 für Fritz Langs Teutonenopus *Die Nibelungen*) und Werbegraphiker. Ab 1937 Zeichner der Zeitschrift *Die Wehrmacht*. Ebenda am 10. 2. 1943 Durchhaltegemälde *Stalingrad*, Text: »Im heroischen Kampf um jeden Fußbreit Boden standen in Stalingrad Schulter an Schulter General und Grenadier ... Der Kampf bis zur letzten Patrone, bis zum letzten Atemzug.« † 9. 9. 1946 Vorderthiersee. Lit.: Schmidt, Maler.

Matsch, Franz von. Maler und Bildhauer.
* 16. 9. 1861 Wien. Ausstatter des Wiener Burgtheaters, der Hermesvilla und des Archilleon der Kaiserin Elisabeth auf Korfu. NS-Ehrung: 1941 Hitlertelegramm zum 80. Geburtstag. 1942 auf Antrag von Baldur von Schirach (»einer der repräsentativsten Vertreter der Malerei des ausgehenden 19. Jahrhunderts«) *Goethe-Medaille* für Kunst und Wissenschaft. † 5. 10. 1942 Wien.

Matscher, Hans. Heimatschriftsteller.
* 3. 3. 1878 Schwaz in Tirol. Arzt in Wels. Autor der Bauernkomödie *Der Kuhhandel* (1936) sowie *Das Spiel auf der Tenne* (1936, 1937 verfilmt). 1939 in der Reihe *Soldaten – Kameraden!* des Zentralverlags der NSDAP: *Feldpostblüten*. 1947 Preis des Landes-Kulturamts Tirol. 1949 Drama: *Der erste Stein*. † 10. 8. 1967 Landeck.

Matterstock, Albert. Schauspieler.
* 13.9.1911 Leipzig. Jugendlicher Liebhaber am Alten Theater in Leipzig. 1936
Thalia-Theater Hamburg. Zwischen 1937
und 1945 in 22 Filmen, darunter 1938 *Ziel
in den Wolken*, ein diskreter Propagandafilm zur Aufrüstung der Luftwaffe, *Ein
ganzer Kerl* (1939), *Viel Lärm um Nixi*
(1942). Nach 1945 zunächst mit Wanderbühnen unterwegs, nächtigte später als
Obdachloser auf Parkbänken. 1956 letzter
Film: *Drei Birken auf der Heide.* † 29.6.
1960 in einem Hamburger Hotelzimmer.
Nachruf *Deutsches Bühnen-Jahrbuch*: »Als
ihm nach dem Kriege der Anschluß an den
Film nicht mehr so recht glücken wollte ... griff [er] immer häufiger zu
Rauschmitteln.«

Matthießen, Wilhelm. Schriftsteller.
* 8.8.1891 Gemünd im Rheinland. 1934
Schauspiel *Heilige Erde* über die »vom Gift
der Großstadt angekränkelte« studierte
Tochter eines niederdeutschen Bauern, in
Berlin aufgeführt von der *Nationalsoziali-
stischen Kulturgemeinde* (Brenner). 1939
in zweiter Auflage: *Israels Geheimplan der
Völkervernichtung*. Ebenfalls 1939: *Israels
Ritualmord an den Völkern*. Wohnsitz nach
1945: Schloß Steinach über Straubing. Au-
tor von Jugendbüchern. 1961 Märchen:
Der Garten Gloria. † 26.11.1966 Bogen in
Bayern.

Mauersberger, Rudolf. Ab 1930 (bis zu
seinem Tode) Kantor der Dresdner Kreuz-
kirche und Leiter des Kreuzchors.
* 29.1.1889 Mauersberg im Erzgebirge,
Sohn eines Kantors. Sein Dresdner Kreuz-
chor wurde nach der Machtergreifung der
Hitlerjugend als HJ-Spielschar einverleibt.
Mai 1933 NSDAP. NS-Ehrung: Zu *Führers
Geburtstag* April 1938 von Hitler Titel Professor. 1950 *Nationalpreis.* 1969 *Vaterländischer Verdienstorden.* † 22.2.1971 Dresden. Lit.: Prieberg.

Maurach, Johannes. Generalintendant.
* 31.5.1883 Schareyken/Ostpreußen.
Von 1922–1939 Intendant der Städtischen
Bühnen Nürnberg. 1942 Generalintendant Staatstheater Danzig (Danzig sollte

nach Hitlers Willen nach dem Krieg ein
neues Theater mit 2000 Plätzen bekommen). 1947 Leiter in Hildesheim. 1948 Ruhestand in Nürnberg. † 23.10.1951 München. Nachruf *Deutsches Bühnen-Jahrbuch*: »Ein Freund seiner Darsteller.«

Maurer, Friedrich. Auf der *Gottbegnadeten-Liste* der Schauspieler, die für die
Filmproduktion benötigt werden.
* 17.4.1901 Mannheim. Nach zahlreichen Stationen 1940 (bis 1951) am Deutschen Theater in Berlin. Im antibritischen
Film *Mein Leben für Irland* (1940), im Bismarck-Film *Die Entlassung* (1942) sowie
in *Das kleine Hofkonzert* (1944). Nach
1945 DDR-Filme wie *Das kalte Herz* (1950)
oder *Der Untertan* (1951), weiterhin *Der
Stern von Afrika* sowie *Herrenpartie*
(1963). 1958 *Bundesverdienstkreuz.* 1963
Bayerischer Staatsschauspieler. † 2.3.1980
München.

Maurischat, Fritz. Filmarchitekt.
* 27.4.1893 Berlin. Ausstatter der Trenker-Filme *Der Rebell* (1932) und *Der verlorene Sohn* (1934). Unter anderem 1940
antibritischer Hetzfilm *Ohm Krüger* (für
Goebbels »ein Film zum Rasendwerden«,
Höchstprädikat: *Film der Nation* und
*Staatspolitisch und künstlerisch besonders
wertvoll, kulturell wertvoll, volkstümlich
wertvoll, volksbildend, jugendwert*). 1941
NS-Euthanasiefilm *Ich klage an*. Goebbels
am 22.6.1941 im Tagebuch: »Großartig
gemacht und ganz nationalsozialistisch.«
Der von den Krankenmördern der Berliner T4-Zentrale teilfinanzierte Staatsauftragsfilm sollte den Widerstand der Bevölkerung gegen den Behindertenmord brechen. Nach 1945 *Verführte Hände* (1948),
Waldwinter (1956), 1960 letzter Film: *Die
Botschafterin.* 1970 *Filmband in Gold* für
Lebenswerk. † 11.12.1986 Wiesbaden.

Maußer, Otto. Runenkundler.
* 3.10.1880 Grafenau im Bayerischen
Wald. 1920 ao. Professor für Deutsche
Philologie in München. 1936 auf Empfeh-
lung von Walter Wüst Übernahme eines
Geheimauftrags des SS-*Ahnenerbe* zur
Herausgabe der *Ura-Linda-Chronik.* Kö-

nig: »Himmler wollte diese 1872 erschienene, dem Anschein nach in altfriesischer Sprache abgefaßte, aber alsbald als solche entlarvte Fälschung in ihrem Kern als echt erweisen lassen und alsdann zur Bibel der Germanen hochstilisieren lassen.« 1937 Lehrauftrag Runenkunde an der Universität München. 1938 aufgrund massiven Drucks von Himmler ao. Professor für Germanische Philologie und Indogermanistik der Universität Königsberg. † 1. 7. 1942 ebenda, ehe er die geplante Abteilung Friesenkunde im SS-*Ahnenerbe* übernehmen konnte.

May, Jo, eigentlich Joseph Mandel. Filmregisseur und Filmproduzent.
* 7. 11. 1880 Wien. 1914 Gründer der May-Film GmbH, später in der Ufa aufgegangen. Verheiratet mit dem Stummfilm-Star Mia May. April 1933 Uraufführung seiner Ufa-Filmkomödie *Ein Lied für Dich* mit dem Startenor Jan Kiepura. Danach als Jude Emigration nach London, ab 1934 in Hollywood. Mit Ehefrau zeitweise Betreiber eines deutschsprachigen »Ghettolokals« (G. Reinhardt). † 29. 4. 1954 Hollywood. Nachruf *Deutsches Bühnen-Jahrbuch*: »Einer der Großen aus dem Reiche des Films.«

May, Karl. Hitlers Lieblingsautor.
* 25. 2. 1842 Ernstthal als fünftes von vierzehn Kindern eines Webers. † 30. 3. 1912 Radebeul. Bis zum 5. Lebensjahr blind. Hilfslehrer. Mehrfach strafrechtlich verurteilt, 1865–1968 im Arbeitshaus Osterstein (Zwickau), 1870–1974 im Zuchthaus Waldheim. Behauptete, seine Abenteuer als *Old Shatterhand* oder *Kara Ben Nemsi* selbst erlebt zu haben. Speer in seinen Tagebüchern: »Er mußte Hitler als Beweis für alles Mögliche dienen; so insbesondere dafür, daß es nicht notwendig sei, die Wüste zu kennen, um die Truppen auf dem afrikanischen Schauplatz zu dirigieren … Gerade die Darstellung des Feldherrn Hitler sollte den Hinweis auf Karl May nicht unterlassen.«

Mayen, Maria. Schauspielerin.
* 11. 5. 1885 Wien (Geburtsdaten differieren). Ab 1913 am Wiener Burgtheater. Zur Volksabstimmung zum »Anschluß« Österreichs April 1938: »Mein Glücksempfinden, der deutschen Kunst nun endlich im großen, geeinten Reich dienen zu dürfen, ist grenzenlos und grenzenlos ist der Dank an den Führer!« 1953 Bühnenabschied. † 15. 7. 1978 Wien.

Mayer, Ludwig Karl. 1938–1943 Referent für Bühnenwerke der Reichsmusikprüfstelle (Zensurstelle) im Reichspropagandaministerium.
* 9. 5. 1896 München. Dirigent und Musikschriftsteller. Dr. phil. 1931 NSDAP. Musikreferent des *Völkischen Beobachters*. 1934 stellv. Chefdirigent beim Deutschlandsender. 1935 Abteilungsleiter am Reichssender Königsberg. 1938 in der Zeitschrift *Die Musik* Beitrag *Unterhaltungsmusik*: »Wo sich aber Elemente fremder, niederer Rassen, wo Niggerei und jüdische Frivolität sich in den Vordergrund drängen, da müssen wir eine entschieden trennende Schranke aufrichten.« 1943 Gastdirigent in Graz. † 12. 5. 1963 Linz.

Mayer-Bennthsow, Camilla. Hobby-Poetin. Biographische Daten unbekannt.
1933: *Hitler-Gedichte*. Textprobe: »Nun komme, was da wolle,/Wir folgen alle still,/Deutschland hat seinen Führer,/Der weiß schon, was er will.« Q.: Scholdt.

Mayerhofer, Elfie. Opern- und Operettensängerin.
* 15. 3. 1917 Maribor. Koloratursopran, Johann-Strauß-Interpretin. Goebbels am 6. 12. 1940 im Tagebuch: »Ich helfe Frau Mayerhofer beim Suchen nach einer guten Rolle.« Publikumsliebling mit Film *Meine Frau Theresa* (1942). Glanzrolle: die *Adele* in der *Fledermaus*. Nach 1945 Wiener Volks- und Staatsoper. † 28. 12. 1992 Maria Enzersdorf.

Mayring, Philipp Lothar. Auf der Liste der von Goebbels zugelassenen Filmautoren (1944).
* 16. 9. 1879 Würzburg. Unter anderem 1934 Drehbuch *Ein Mann will nach Deutschland*, 1939 *Aufruhr in Damaskus*, 1941 Propagandafilm *Blutsbrüderschaft*.

1942 HJ-Segelflieger-Streifen *Himmelhunde*. 1944 Drehbuch und Regie zur Kriegsurlauber-Schnulze *Ein schöner Tag.* † 6.7. 1948 Leipzig.

Mazzotti, Albert. Medailleur. * 25.1. 1882 Münster. Grabmal- und Plakettenkünstler. Mit seinen Plaketten nahezu auf jeder Großen Deutschen Kunstausstellung im Münchner NS-Musentempel *Haus der Deutschen Kunst* vertreten. † 15.2. 1951 Münster.

Mechow, Karl Benno von. Schriftsteller. * 24.7. 1897 Bonn als Offizierssohn. *Meyers Lexikon* (1939): »Erzähler von starkem Einfühlungsvermögen.« Laut Bronnen 1931 in Hans Grimms Debattier-Vereinigung *Nationales Schrifttum.* Mit Paul Alverdes Herausgeber der Zeitschrift *Das Innere Reich*, gemeinsames Credo: »Wir erkennen in der Führung des deutschen Volkes durch Adolf Hitler, durch den im Leibes- und Seelenkampf geläuterten Soldaten des alten und des neuen deutschen Reiches, die leidenschaftliche Liebe ... zu jenen uralten, immer neuen Reichtümern der Seele, die im heiligen Wechselspiel als letzter Gewinn allem Handeln und Trachten des deutschen Volkes entsprossen sind, um zu Segen und Aufwärtssteigerung immer wieder auf den Einzelnen zurückzukehren.« Vom Amt Rosenberg empfohlene Lektüre: *Das Abenteuer* (Reiterroman, 1930). † 11.9. 1960 Emmendingen.

Mecklenburg, Friedrich Franz Erbgroßherzog von (Genealogisches Handbuch: Königliche Hoheit). * 22.4. 1910 Schwerin. SS-Nr. 8366, Sturmbannführer (1941). Laut *Aufstellung derjenigen Parteigenossen, die Angehörige fürstlicher Häuser sind*: 1.5. 1931 NSDAP, Nr. 504973. Legationssekretär der deutschen Gesandtschaft Kopenhagen, Persönlicher Referent von Werner Best (Malinowski), Reichsbevollmächtigter Dänemark. Nach 1945 Industriekaufmann. † 31.7. 2001 Hamburg-Blankenese.

Medem, Walter Freiherr von. Mitglied der *Mannschaft*, Kameradschaft der Frontdichter in der NSDAP (*Meyers Lexikon*).

* 4.5. 1887 Liegnitz, Sohn eines Generals. Preußischer Hauptmann. Führer eines nach ihm benannten *Freikorps* im Baltikum. Redakteur der *Ostpreußischen Zeitung*. Im Bundesamt des *Stahlhelm* (Sammelbecken militanter Rechtsnationaler). Mai 1933 NSDAP. † 9.5. 1945 Prag beim Einmarsch der Roten Armee. Lit.: Malinowski; Walther.

Mediz, Karl. Auf der *Gottbegnadeten-Liste* (Führerliste) der wichtigsten Maler des NS-Staates.

* 4.6. 1868 Wien. Figuren- und Porträtmaler. Lernte 1888 in der Dachauer Künstlerkolonie seine spätere Frau, die Landschafts- und Porträtmalerin Emilie Mediz-Pelikan, kennen. Ab 1883 gemeinsame Arbeit in Dresden. Monumentale Landschafts- und Historienbilder. † 11.1. 1945 Dresden.

Megerle, Karl. Journalist. * 18.10. 1894 Neuenstein in Württemberg. Dr. phil. Mai 1933 NSDAP. Außenpolitischer Kommentator der *Berliner Börsenzeitung* (BBZ). 1938 MdR. Ab 1939 zugleich Ständiger Beauftragter des Reichsaußenministers für Fragen der Propaganda. Goebbels am 27.4. 1941 im Tagebuch: »Der Theologe [Karl] Barth hat eine Rede gegen uns in der Schweiz gehalten ... Ich lasse sie ganz scharf durch Megerle von der BBZ mit einer ganz unverhüllten Drohung attackieren.« Nach 1945 Journalist, Wohnort Neuenstein. 1971 Einstellung eines Ermittlungsverfahrens.

Mehring, Walter. Satiriker. * 29.4. 1896 Berlin. Gründete 1920 das *Politische Cabaret* in Berlin. Zuckmayer nennt ihn in seinen Erinnerungen einen »meiner liebsten Freunde aus den frühen Berliner Jahren, dessen für das politische Kabarett konzipierten Verse ... etwas Genialisches hatten«. 1929 Uraufführung seines Inflationsstücks *Der Kaufmann von Berlin* bei Piscator. 1933 Flucht: Wien, Paris (Grabredner bei der Beerdigung Ödön von Horváths), Marseille, 1941 USA. 1953 Rückkehr nach Berlin, 1958 Wohnort Ascona. † 3.10. 1981 Zürich.

Meichner, Fritz. Schriftsteller.
* 18. 12. 1895 Wilhelmshaven. 1938 Erzählungen: *Soldaten vor Gott. Ein Buch für die wehrfähige deutsche Jugend*. 1939 Erzählungen: *Das Opfer. Von der Bereitschaft deutscher Frauen*. 1952 Erzählungen: *In Gottes Hand*. † 7. 11. 1969 Berlin.

Meidner, Ludwig. Expressionistischer Maler und Schriftsteller.
* 18. 4. 1884 Bernstadt in Schlesien. Freie Tätigkeit. In Fritschs Hetzwerk *Handbuch der Judenfrage* (1936) als »führender Kunstjude« gebrandmarkt. Juli 1937 in der Schandschau *Entartete Kunst* in München vorgeführt, Beschlagnahmung von 84 seiner Werke. 1939 Flucht nach Großbritannien. 1952 Rückkehr. † 14. 5. 1966 Darmstadt.

Meier, John. Vorsitzender des *Verbands Deutscher Vereine für Volkskunde* (1911–1949).
* 14. 6. 1864 Bremen. Volkskundler. 1913 Honorarprofessor in Freiburg. 1914 Gründer des *Deutschen Volksliedarchivs* (ausschließlich Textsammlung). Von Gerigk (Amt Rosenberg) aus Konkurrenzgründen heftig befehdet. Potter: »Wäre nicht die enge Verbindung des Instituts mit Hitler gewesen, so hätte Gerigk möglicherweise Erfolg gehabt.« 1928 (bis 1951) Herausgeber: *Jahrbuch für Volksliedforschung*. † 3. 5. 1953 Freiburg.

Meier, Karl, Pseudonym *Meier-Gesees*. NSDAP-Gauhauptstellenleiter Bayreuth.
* 7. 9. 1888 Gesees. Studienprofessor. 1934 Autor: *Wiedergeburt der Volkskultur*. 1937: *Cosima Wagner zum Gedächtnis*. 1942 Herausgeber: *Neunerlei Geleck. Das frohe Buch unseres Gaues*. Ab 1942 Herausgeber des *Bayreuther Gaukalenders*. Ab 1950 Herausgeber der Monatsschrift *Frankenheimat*. † 2. 5. 1960 Bayreuth.

Meier-Graefe, Julius. Kunsthistoriker.
* 10. 6. 1867 Resicza (Banat). Einer der wichtigsten Publizisten im Kunstbereich, Förderer der Impressionisten. 1904 Autor der dreibändigen *Entwicklungsgeschichte der Modernen Kunst*. Laut *Meyers Lexikon* (1939) hat er »damit ganz wesentlich zur Überschätzung des [Nazis verhaßten] französischen Impressionismus in Deutschland beigetragen«. 1933 Wechsel nach Südfrankreich, engster Freund von René Schickele. † 5. 6. 1935 Vevey in der Schweiz.

Meier-Thur, Hugo, eigentlich Arthur Hugo Meier. Maler.
* 26. 10. 1881 Wuppertal-Elberfeld. Lehrer an der Hamburger Kunstgewerbeschule. Einzelausstellungen 1930 im Lübecker St. Annenmuseum, 1931 im Hamburger Museum für Kunst und Gewerbe, 1933 im Heimatmuseum Remscheid. 1938 NSDAP. 1941 Tod seiner Frau Lina bei Straßenbahnunfall, Kriegstod seines Sohnes Hans Hugo in Litauen, Juli 1943 bei Bombentreffer seiner Hochschule verschüttet und Verlust seiner Wohnung ebenfalls durch Bomben. August 1943 Verhaftung wegen defätistischer Äußerungen. Gestapo-Verhöre, Freispruch durch Volksgerichtshof, Oktober 1943 »Schutzhaft« im KZ Fuhlsbüttel. † 5. 12. 1943 ebenda nach Folter. Lit.: Bruhns.

Meinert, Rudolf (Künstlername). Filmregisseur.
* 28. 9. 1882 Wien. 1912 Stummfilmdebüt mit *Laßt die Toten ruhn'n*. 1931 Tonfilmdebüt mit *Das Lied der Nationen*. 1938 Flucht nach Frankreich. Interniert in den Lagern Gurs und Drancy. † Deportiert am 6. 3. 1943 ins KZ Majdanek. Lit.: Weniger, Bühne.

Meinhard, Rudolf (Künstlername). Charakterschauspieler.
* 20. 12. 1880 Prag. Nebenrollen in zahlreichen Filmen. 1917 erster Film: *Die sterbenden Perlen*. 1932 letzter Film: *Wenn die Liebe Mode macht*. † Deportiert am 13. 1. 1942 nach Riga.

Meinrad, Josef, eigentlich Moucka. Schauspieler.
* 21. 4. 1913 Wien. Das jüngste von zwölf Kindern eines Straßenbahnschaffners. Ab 1934 an Wiener Kleinkunstbühnen. 1940–1944 Deutsches Theater Metz (Lothringen), Abstecherorte: Nancy, Verdun, Toul, Luxemburg (DBJ). 1947–1978 Wiener

Burgtheater. 1959 *Iffland-Ring*, höchste Auszeichnung für einen lebenden Schauspieler. Im Film meist anspruchslose Rollen (darunter die Sissi-Folgen). Das *Deutsche Bühnen-Jahrbuch* zum 50. Geburtstag: »Verfiel bald dem unentrinnbaren Spielteufel, dem Theater.« † 18. 2. 1996 Großgmain bei Salzburg.

Meisel, Kurt. Auf der *Gottbegnadeten-Liste* der Schauspieler, die für die Filmproduktion benötigt werden, Zusatz: »Wegen des Mangels an jüngeren Schauspielern in der Filmproduktion«.
* 18. 8. 1912 Wien. 1935 Filmdebüt: *Der Ehestreik*. Filmlustspiele wie *Die göttliche Jette* (1937) oder *Die keusche Geliebte* (1941). Dezember 1941 in *Menschen im Sturm*, NS-Tendenzfilm zum Überfall auf Jugoslawien im April 1941 (»Serben, das sind ja keine Menschen«). In den Harlan-Filmen *Der große König* (1942, Goebbels am 4. 3. 1942 im Tagebuch: »Der Film wird zum politischen Erziehungsmittel erster Klasse«), *Die goldene Stadt* (1944) und *Kolberg* (1945). Nach 1945 Oberspielleiter am Bayerischen Staatsschauspiel München (1972–1983 Intendant) sowie am Wiener Burgtheater. Filme wie *Wozzeck* (DEFA 1947), *Der veruntreute Himmel* (1958), *Der Kongreß amüsiert sich* (1966). In erster Ehe verheiratet mit Käthe Gold, in zweiter Ehe mit Theo Lingens Tochter Ursula. † 4. 4. 1994 Wien.

Meisel, Will. Komponist.
* 17. 9. 1897 Berlin. Mai 1933 NSDAP. März 1935 Uraufführung seiner Operette *Die Frau im Spiegel* an der Komischen Oper Berlin, 1943 Operette *Königin einer Nacht*. Im Krieg Musik zu drei Filmen, darunter 1940 das Lustspiel *Weltrekord im Seitensprung*. Musik zu insgesamt 50 Filmen, letzte Filmmusik: *Die Wirtin an der Lahn* (1955). 1964 Paul-Lincke-Ring. † 29. 4. 1967 Müllheim in Baden. Nachruf *Deutsches Bühnen-Jahrbuch*: »Schöpfer vieler beliebter Melodien.«

Meissner, Hans. Generalintendant.
* 3. 7. 1896 Frankfurt am Main. 1924 Intendant des Künstlertheaters in Frankfurt am Main (Wanderbühne), 1930 des Stadttheaters Stettin, Juni 1933 (bis 1945) der Städtischen Bühnen Frankfurt. SPD 1928, NSDAP April 1933, in Rosenbergs *Kampfbund für deutsche Kultur*. Dezember 1933 im Verwaltungsrat der Reichstheaterkammer. Beteiligt an der Diskriminierung und Entlassung jüdischer Schauspieler, Theater als Propagandainstrument. NS-Ehrung: Zu *Führers* [50.] *Geburtstag* 1939 von Hitler Titel Generalintendant. Bis 1947 Internierung im Lager Moosburg, Übertritt zum Katholizismus. 1950 Generalintendant der Städtischen Bühnen Gelsenkirchen, 1953 der Städtischen Bühnen Augsburg. † 14. 7. 1958 ebenda an Herzinfarkt. Lit.: Schültke.

Meister, Albert. Führer des *Deutschen Sängerbunds* (ab 1934).
* 14. 1. 1895 Siedlingshausen, Kreis Brilon. Lehrer. 1923 NSDAP. 1930 NSDAP-Gaukommissar. 1931 MdL Preußen, Gründer des Ruhrverlags Meister & Co (Westfälische Landeszeitung *Rote Erde*). 1932 NSDAP-Gauinspektor. April 1933 Oberbürgermeister der Stadt Herne, November 1933 MdR. Gauchorführer im Gau Westfalen-Süd. April 1934 in der Zeitung des Deutschen Sängerbundes: »Verankern wir seelisch die Weltanschauung der NSDAP durch den Chorgesang in der Seele des Volkes, dann werden auch in schwersten Zeiten diese 60 Millionen nicht fahnenflüchtig werden«. † 20. 8. 1942 Herne. Lit.: *Führerlexikon*; Lilla; Prieberg.

Melchior, Lauritz (Künstlername). Dänischer Wagner-Sänger.
* 20. 3. 1890 Kopenhagen. Heldentenor. Seit den zwanziger Jahren häufiger und gefeierter Gast bei den Bayreuther Festspielen. Obgleich »Arier«, als Jude angefeindet. Laut Prieberg weigerte er sich, einen Abstammungsnachweis zu erbringen und wurde deshalb kaum engagiert. Das *Deutsche Bühnen-Jahrbuch* zum 75. Geburtstag: »Erster Heldentenor seiner Epoche.« † 18. 3. 1973 Santa Monica in Kalifornien.

Melichar, Alois. Komponist.

* 18.4.1896 Wien, Sohn eines Kapellmeisters. 1923 Kapellmeister im Südkaukasus. 1927 Dirigent der Deutschen Grammophongesellschaft. Im Krieg Musik zu 19 Filmen, darunter die NS-Streifen *Mein Leben für Irland, ... reitet für Deutschland, Kameraden* (alle 1941) sowie *Anschlag auf Baku* (1942). Nach 1945 Filmmusik zu *Das doppelte Lottchen* (1950) oder *Ewiger Walzer* (1954). † 9.4.1976 München.

Mell, Max. Auf der Liste der von Goebbels zugelassenen Filmautoren (1944).

* 10.11.1882 Maribor. Dr. phil. Autor mundartlicher Legendenspiele. Am 16.3.1933 Unterzeichner einer Loyalitätserklärung der Deutschen Akademie der Dichtung der Preußischen Akademie der Künste pro NS-Regierung. 1935 Drama: *Das Spiel von den deutschen Ahnen*. 1936 Präsident des *Bundes der deutschen Schriftsteller Österreichs* (NS-Tarnorganisation). 1938 Beitrag im *Bekenntnisbuch österreichischer Dichter* zum »Anschluß« (Besetzung) Österreichs:»Gewaltiger Mann, wie können wir dir danken?/Wenn wir von nun an eins sind ohne Wanken«. Mit mehr als 50 Texten im NS-Kampfblatt *Krakauer Zeitung*, das »Blatt des Generalgouvernements«. NS-Ehrung: 1941 Grillparzer-Preis der Stadt Wien. 1954 Österreichischer Staatspreis. † 12.12.1971 Wien.

Meller, Willy. Auf der *Gottbegnadeten-Liste* (Führerliste) der wichtigsten Bildenden Künstler des NS-Staates.

* 1887 Köln. Bildhauer in Köln, Titel Professor. 1938/39 mit den Objekten *Feuermal* und NS-Ordensburg Vogelsang auf der 2. Deutschen Architektur-Ausstellung im *Haus der Deutschen Kunst* zu München. Unter anderem *Siegesgöttin* für das Reichssportfeld in Berlin, »Ehrenmale« für Bochum, Neuß, Lüdenscheid. † 1974 Köln. Q.: Vollmer.

Melzer, Karl. Geschäftsführer der Reichsfilmkammer (ab 1934).

* 21.4.1897 Darmstadt. Jurist. 1931 SA, NSDAP-Nr. 707186. SS-Nr. 340789, Un-

tersturmführer (1939). Präsidialrat der Reichsfilmkammer, Leiter der Abteilung Politik und Kultur, ab Juli 1939 Vizepräsident. Im Kuratorium der *Goebbels-Stiftung für Kulturschaffende* (DBJ). Spitzeltätigkeit für Himmlers SD. April 1945 Flucht aus Berlin nach Vorholz in Bayern. Q.: Schrader.

Melzer, Moriz. Maler.

* 22.12.1877 Albendorf in Böhmen. 1910 Mitbegründer der Neuen Sezession in Berlin. In Fritschs Hetzwerk *Handbuch der Judenfrage* (1936) als expressionistischer »›Künstler‹ aus dem nichtjüdischen Lager« aufgeführt, der es verdiene, »als Mittäter an dieser Kulturschande mit den Juden zusammen genannt zu werden«. 1937 in der Schandschau *Entartete Kunst* in München vorgeführt, Beschlagnahmung von 17 seiner Werke. † 30.6.1966 Berlin.

Memmel, Theo. Ab 1943 Bundesführer des Deutschen Sängerbundes (DSB).

* 24.12.1891 Schweinfurt. 1919 *Freikorps Würzburg*. Studienrat in Würzburg und Weiden. 1930 NSDAP (Nr. 414175). Ab 1933 Oberbürgermeister von Würzburg, NSDAP-Kreisleiter. 1935 stellv. Bundesführer des DSB. † 10.9.1973 Würzburg. Q.: *Führerlexikon*.

Mendelsohn, Erich. Architekt von Weltruf.

* 21.3.1887 Allenstein. Kontakte zur expressionistischen Gruppe *Der blaue Reiter*. 1924 mit Mies van der Rohe und Gropius im Berliner *Ring*, einer Gruppe progressiver Architekten. Bauten: Einstein-Turm in Potsdam, Verlagshaus Mosse in Berlin, Kaufhäuser Schocken in Nürnberg und Stuttgart. 1933 Exil in Großbritannien, 1939 Palästina, 1941 USA. † 15.9.1953 San Francisco.

Mendelssohn Bartholdy, Felix. *Meyers Lexikon* (1939): »Komponist, Pianist und Dirigent, mit dem der unheilvolle Einfluß des Judentums auf die deutsche Musik begann.«

* 3.2.1809 Hamburg. † 4.11.1847 Leipzig. Mendelssohn Bartholdy war seit Richard Wagners Aufsatz *Das Judentum in* *der Musik* (1850) zur Verunglimpfung freigegeben. Der Musikforscher Richard Eichenauer, 1937 in seinem Opus *Musik und Rasse*: »Aus ihm sprechen lauter vorderasiatische Rassenzüge: Gabe der Einfühlung in fremdes Seelenleben, der gefälligen Ausnutzung bestehender Formen, ein gewisser Mangel an jenem Schwergewicht, das für nordisches Empfinden zu einem ›großen‹ Menschen gehört.« Mendelssohn Bartholdys Musik durfte in der NS-Zeit nicht aufgeführt werden.

Mengelberg, Willem. Niederländischer Dirigent.
* 28.3.1871 Utrecht. Ab 1895 Dirigent des Concertgebouw-Orchesters Amsterdam. *Meyers Lexikon* 1939: »Häufig Gastdirigent in Deutschland.« Goebbels am 20.1.1941 im Tagebuch: »Mittags Konzert der Philharmoniker unter Mengelberg. Er ist ein sehr präziser und manchmal auch genialer Dirigent.« Weissweiler: 1945 wegen seiner Zusammenarbeit mit der deutschen Besatzungsmacht als Dirigent des Concertgebouw-Orchesters entlassen. † 22.3.1951 Schuls im Engadin.

Mennerich, Adolf. Dirigent.
* 23.6.1902 Hamburg, Sohn eines Graveurs. 1929 (bis 1945) Dirigent der Münchner Philharmoniker. Mai 1933 NSDAP. 1935 im Motorsturm des NS-Kraftfahrkorps. März 1938 Dirigent des NSDAP-Gaumusikzugs zur Gedenkfeier des 70. Geburtstags des verstorbenen Alt-Nazis Dietrich Eckart. 1940 Städtischer Musikdirektor. Januar 1943 mit Auftritt im besetzten Krakau als »Träger des deutschen Kulturwillens im Osten« eingesetzt. 1953 Musikhochschule München. † 29.11.1966 München.

Menz, Gerhard. Professor der Buchhandelsbetriebslehre.
* 10.2.1885 Kreuzburg in Oberschlesien. 1925 ao. Professor der Handelshochschule Leipzig. Juni 1933 Ablösung als Chefredakteur des *Börsenblatts*. 1938 Autor: *Der Aufbau des Kulturstandes*. Dort heißt es über das Reichspropagandaministerium: »Sein Vorläufer in gewissem Sinne war die Reichspropagandaleitung der NSDAP. Diese hatte in der Kampfzeit für die Partei die Werbung für ihre Weltanschauung ... durchgeführt. Mit der Eroberung des Staates trat an die Stelle dieser Aufgabe die neue: in der seelischen Wesens- und in der politischen Willensbildung des Volkes die Führung zu übernehmen.« Nach 1945 o. Professor und Direktor des Seminars für betriebswirtschaftliche Grundlagenforschung und Kulturwirtschaft sowie des Instituts für Publizistik der Universität Leipzig. † 16.1.1954 Leipzig. Lit.: Wulf, Künste.

Menz, Herbert. Referent der Reichsschrifttumskammer.
* 4.5.1905 Marienwerder. 1932 NSDAP, 1933 Geschäftsführer des Gauverbands Schlesien und des Ortsverbands Breslau der *Nationalsozialistischen Kulturgemeinde*. 1934 SS (1941 Sturmbannführer), beteiligt an der Mordaktion zur »Niederschlagung« des angeblichen Röhm-Putsches, danach in Himmlers SD. April 1936 bis August 1938 Persönlicher SS-Adjutant von Hanns Johst, zugleich zuständig für die Überwachung des Buchmarkts. Kriegsdienst. 1944 Leiter der Abteilung Propaganda der Reichskulturkammer (DBJ). 1947 Persilschein für Johst im Entnazifizierungsverfahren. Lit.: Barbian; Düsterberg.

Menzel, Gerhard. Name Oktober 1933 unter dem Treuegelöbnis »88 deutsche Schriftsteller« für Adolf Hitler. Auf der Liste der von Goebbels zugelassenen Filmautoren (1944).
* 29.9.1894 Waldenburg in Schlesien. Kinobesitzer ebenda. Für sein Erstlingswerk, das Kriegsstück *Toboggan*, 1927 halber Kleist-Preis. Drehbücher: U-Boot-Streifen *Morgenrot* (auch Nebenrolle), Kernsatz: »Zu leben verstehen wir Deutschen vielleicht schlecht, aber sterben können wir fabelhaft«, am 2.2.1933 in Gegenwart Hitlers uraufgeführt. Dezember 1933 Propagandaschmarren *Flüchtlinge* über Wolgadeutsche, die »heim ins Reich« wollen. 1939 Mutterkreuz-Opus *Mutterliebe* und

der teutonische Geniefilm *Robert Koch*, 1941 Hetzfilm *Heimkehr* zur Rechtfertigung des Überfalls auf Polen. 1942 Tendenzfilm *Wien 1910*: der antisemitische Wiener Bürgermeister Karl Lueger als Hitler-Vorläufer. NS-Ehrung: 1934 von Goebbels mit dem erstmals vergebenen Staatspreis der Reichsregierung ausgezeichnet. Goebbels am 10.12.1940 im Tagebuch: »Der Filmdichter Gerhard Menzel bekommt von mir 50 000 Mark für seine großartigen Leistungen Extrahonorar.« Nach 1945 weiterhin Drehbuchautor, unter anderem für O. W. Fischer. 1950 Drehbuch zum Knef-Skandalfilm *Die Sünderin*, 1957 letzter Film: *Der Edelweißkönig*. † 4.5.1966 Comano im Tessin.

Menzel, Herybert, genannt *Homer der SA*. Oktober 1933 Treuegelöbnis »88 deutsche Schriftsteller« für Adolf Hitler. * 10.8.1906 Obernik/Posen, Sohn eines Postbeamten. Schon in der »Kampfzeit« NSDAP und SA. Reimprodukte wie *Im Marschschritt der SA* (1933): »Im Stadion Millionengewimmel./Und Fahnen stehn wie ein Wald./Sie blicken alle zum Himmel./Nun kommt der Führer bald.« Im Vorstand des Reichsverbands Deutscher Schriftsteller (Juni 1933 als Fachverband in der Reichsschrifttumskammer gegründet und Oktober 1935 ebenda aufgegangen). 1935 Kantate *In unsern Fahnen lodert Gott*. 1936 MdR, im Kulturkreis der SA. 1938 Kantate *Ewig lebt die SA*. 1943 SA-Sturmbannführer. Februar 1945 Einsatz bei Waffen-SS. NS-Ehrung: 1939 Kulturpreis der SA. † Kriegstod Februar 1945 Tirschtiegel/Posen. Lit.: Lilla; *Meyers Lexikon* 1939; Scholdt; Wulf, Literatur.

Menzel, Wilhelm. Erziehungswissenschaftler.
* 8.1.1898 Ober-Steinkirch in Niederschlesien. 1934 Dozent für Volkskunde der Hochschule für Lehrerbildung (zur NS-Indoktrinierung) in Hirschberg im Riesengebirge, Eigenwerbung: »als die erste Hochschule Deutschlands vom Direktor bis zum Hausmeister« in die SA eingetreten. 1938 Dr. phil. Ab 1940 an der als HJ-Formation organisierten Lehrerinnenbildungsanstalt Hirschberg. NSDAP 1937 (Stellv. Blockleiter), SA-Scharführer im Hochschulsturm, Stellv. Gauschulungswalter im NS-Lehrerbund Niederschlesien. 1954 (bis 1963) Professor für Deutsch der Pädagogischen Akademie (ab 1962: Hochschule) in Dortmund. Ab 1962 Bundeskulturreferent der Landsmannschaft Schlesien. 1970 *Verdienstkreuz I. Klasse des Verdienstordens der BRD*. † 21.1.1980 Dortmund. Lit.: Hesse.

Merck, Hanns, Pseudonym *Johannes Brem*. Chefdramaturg der Städtischen Bühnen Litzmannstadt/Lodz.
* 21.8.1885 Bremen. 1936 Roman *Das Schloß in Flandern* (verfilmt). Das Theater Litzmannstadt gab geschlossene Vorstellungen für Wehrmacht, Polizei und Nazi-Organisationen. Ab April 1940 vegetierten in Litzmannstadt/Lodz im Ghettolager 160 000 Juden, August 1944 lebten noch 60 000, die deportiert und ermordet wurden. Nach 1945 Direktor des Intimen Theaters Nürnberg, danach Theaterkritiker. † 16.8.1967 Nürnberg. Nachruf *Deutsches Bühnen-Jahrbuch*: »Er hatte den sicheren Blick des erfahrenen Theatermannes.«

Mercker, Erich. Maler.
* 20.10.1891 Zabern im Elsaß. Wohnort München. Auf den Großen Deutschen Kunstausstellungen im Münchner NS-Musentempel *Haus der Deutschen Kunst* mit insgesamt 29 Objekten, darunter 1939: *Die Stätte des 9. November* (*Hitlerputsch*), 1940: *Marmor für die Reichskanzlei*, 1941: *Granitbrüche Flossenbürg* (KZ Flossenbürg), 1942: *U-Boote noch und noch*, 1943: *Ein Rüstungswerk entsteht*. † 9.9.1973 München.

Meridies, Wilhelm. Landesleiter der Reichsschrifttumskammer Hessen-Nassau.
* 28.9.1898 Oppeln in Oberschlesien. Germanist. Dr. phil. 1924 Herausgeber: *Hermann Stehr, sein Werk und seine Welt*. Abteilungsleiter am Reichssender Frankfurt. Nach 1945 Chefredakteur in Wangen

im Allgäu. 1955 Stellv. Vorsitzender der Hermann-Stehr-Gesellschaft. 1964 im Kulturwerk Schlesien. 1975 Andreas Gryphius-Preis. † 10. 10. 1982 Wangen.

Mersmann, Hans. Musikwissenschaftler.
* 6. 10. 1891 Potsdam. 1924 (bis 1933) Schriftleiter der Zeitschrift *Melos*. 1927 ao. Professor der TH Berlin. 1930 Referent, dann Leiter der Musikabteilung der Deutschen Welle und des Deutschlandsenders. 1933 Entlassung wegen Eintretens für moderne Komponisten. Danach privater Musiklehrer. 1935 auf der Liste der *Musik-Bolschewisten* der *NS-Kulturgemeinde*. 1947 Direktor der Kölner Musikhochschule. 1953 Vorsitzender des Deutschen Musikrats. † 24. 6. 1971 Köln. Lit.: Fetthauer.

Mertens, Hanne. Schauspielerin.
* 13. 4. 1909 Hamburg. NSDAP Mai 1933. 1936 Volksbühne Berlin. Goebbels am 29. 2. 1936 im Tagebuch: »Frl. Mertens von der Volksbühne: will Rolle haben.« 1939 Münchner Kammerspiele. Filme: *Ich verweigere die Aussage* (1939), *Alarmstufe V* (1941). 1944 Thalia-Theater Hamburg. Verhaftung nach Denunziation. † Hinrichtung 21. 4. 1945 KZ Neuengamme. Q.: Weniger, Bühne.

Merz, Hermann. Generalintendant.
* 11. 11. 1875 Nürnberg. Mai 1933 NSDAP, NSDAP-Gaukulturwart Danzig. 1940/41 Generalintendant des Staatstheaters Danzig. Generalintendant der Zoppoter Waldoper (Reichswichtige Festspielstätte bei Danzig) bis zur Schließung im Sommer 1943. † 6. 12. 1944 Zoppot.

Meschendörfer, Adolf. Schriftsteller.
* 8. 5. 1877 Kronstadt in Siebenbürgen. Ab 1907 Schriftleiter der Zeitschrift *Die Karpaten*. 1926–1940 Rektor des Honterus-Gymnasiums in Kronstadt. *Meyers Lexikon* 1939: »Zielbewußter, unerschrockener Vorkämpfer des Deutschtums in Heimatromanen.« NS-Ehrung: *Goethe-Medaille* für Kunst und Wissenschaft. † 4. 7. 1963 Kronstadt.

Mester, Ludwig. Leibeserzieher.
* 17. 10. 1902 Flensburg. 1931 Dr. phil.

1934 Dozent für Leibeserziehung der Hochschule für Lehrerbildung (zur NS-Indoktrinierung) Weilburg an der Lahn. 1937 NSDAP, auch NS-Lehrerbund. 1938 Professor, SA-Sturmführer. 1939 Autor: *Konrad Henlein als volkspolitischer Erzieher*, Kriegsdienst als Reserveoffizier. Ab 1948 Professor am Hessischen Pädagogischen Institut Weilburg, 1963–1970 Universität Gießen. Vorsitzender des Arbeitskreises für Erziehungsfragen im Deutschen Sportbund, der 1975 den *Ludwig-Mester-Preis* stiftete. † 2. 1. 1975 Limburg an der Lahn. Q.: Hesse.

Mettin, Christian Hermann. Dramaturg am Wiener Burgtheater.
* 25. 11. 1910 Berlin. Dr. phil. 1933 im Theaterverlag Langen-Müller. 1937 Ufa-Dramaturg und Autor *Der politische Schiller*, Textprobe: »Staat und Drama sind dem Chaos abgerungene Schöpfungen großer Menschen, die mit ordnender Gewalt [!] der Vielheit der Menschen einen Raum zu Leben und Tun geben. Der Staatsgründer gibt durch seine Tat seinem Volke einen Wirkungskreis und setzt ihm einen der Eigenart seines Wesens entsprechenden gegliederten Raum vor die Ewigkeit.« 1939 Wehrmacht. 1943 Kammerspiele Heidelberg. Nach 1945 Oberspielleiter in Kaiserslautern, am Staatstheater Wiesbaden, Hamburger Kammerspiele. 1951 Intendant der Bühnen der Hansestadt Lübeck, später in Oberhausen und München. † 28. 9. 1980 München.

Metzger, Ludwig. Auf der Liste der von Goebbels zugelassenen Filmautoren (1944).
* 8. 4. 1898 Karlsruhe. Unter anderem 1942 Drehbuch zum Harlan-Film *Der große König* über Friedrich den Großen (»Am Sieg zweifeln, das ist Hochverrat!«). Goebbels am 4. 3. 1942 im Tagebuch: »Der Film wird zum politischen Erziehungsmittel erster Klasse.« Co-Autor des Drehbuchs zum Hetzfilm *Jud Süß*, Goebbels: »Ein antisemitischer Film, wie wir ihn uns nur wünschen können.« † 16. 3. 1948 Berlin.

Metzger-Lattermann, Ottilie. Wagner-Sängerin.
* 15. 7. 1878 Frankfurt am Main. Altistin. 1903 (bis 1915) Hamburger Opernhaus. Zahlreiche Gastspiele. Zwischen 1901 und 1912 unter anderem bei den Bayreuther Festspielen als Erda und Waltraute im *Ring des Nibelungen*. 1910 Solistin in der Münchner Uraufführung von Gustav Mahlers 8. Symphonie. Ab 1915 Dresdner Staatsoper. 1933 in den Jüdischen Kulturbund abgeschoben. 1939 endgültige Flucht nach Brüssel, Gesanglehrerin. Im *Lexikon der Juden in der Musik* gebrandmarkt. † 10. 10. 1942 deportiert von Mechelen nach Auschwitz.

Meyendorff, Irene Freiin von. Schauspielerin.
* 6. 6. 1916 Reval. Laut Moeller häufiger Gast bei Hitler-Empfängen, laut Hippler von Goebbels öfters zur Abendgesellschaft eingeladen. Goebbels über einen Nachmittagsbesuch am 19. 8. 1936: »Höpfners, Fröhlich und Baarova, Meyendorff … Wir fahren zum Schwielowsee. Geschwommen, gesonnt, geaalt.« Zwischen 1936 und 1945 in 19 Filmen, darunter der Militärspionagefilm *Verräter*, am 9. 9. 1936 auf dem NSDAP-Reichsparteitag uraufgeführt. 1939 in *Leinen aus Irland*, 1940 Gast im *Wunschkonzert für die Wehrmacht*, Goebbels' Radiosendung zwecks Hebung der Truppenmoral und Leidensbereitschaft der Heimatfront. Januar 1945 in Harlans Durchhalte-Schnulze *Kolberg*. 1953 im Film *Der Vetter aus Dingsda*, 1954: *Rittmeister Wronski*. 1988 *Filmband in Gold* für langjähriges und hervorragendes Wirken im deutschen Film. † 28. 9. 2001 King's Somborne in England.

Meyer, Alfred Richard. Name Oktober 1933 unter dem Treuegelöbnis »88 deutsche Schriftsteller« für Adolf Hitler.
* 4. 8. 1882 Schwerin, Sohn eines Geheimen Postrats. Lyriker (Pseudonym *Munkepunke*) und Verlagsbuchhändler. 1930 (bis 1945) Geschäftsführer der *Notgemeinschaft des deutschen Schrifttums*. 1935 Leiter der Fachschaft Lyrik in der Reichs-

schrifttumskammer (RSK). 1936 Referent der Gruppe Schriftsteller in der RSK. NSDAP 1937. † 22. 1. 1956 Lübeck. Lit.: Barbian.

Meyer, Johannes. Laut Fachblatt *Kinematograph* vom 4. 4. 1933 Beitritt zur *NSBO-Zelle deutschstämmiger Filmregisseure (NS-Betriebszellen-Organisation)*.
* 13. 8. 1888 Brieg in Schlesien. Hauptmann im I. Weltkrieg. Unter anderem 1935 Regie zum Freikorps-Machwerk *Henker, Frauen und Soldaten*. 1936 *Fridericus*, Filmvorspann: »Von den … Großmächten Europas eingekreist, hat das aufsteigende Preußen seit Jahrzehnten um seine Lebensrechte gerungen.« 1943 Liebeskomödie *Wildvogel*. 1950: *Dreizehn unter einem Hut*, letzter Film: *Furioso* (1950). † 25. 1. 1976 Marburg.

Meyer, Rolf. Auf der Liste der von Goebbels zugelassenen Filmautoren (1944).
* 12. 11. 1910 Suderode. Unter anderem 1937 Filmlustspiel *Die göttliche Jette*. 1943 Erotik-Streifen *Das Bad auf der Tenne*. 1950 Produzent des Skandalfilms *Die Sünderin* (kurze Nacktszene mit Hildegard Knef). 1955 letzter Film: *Das Bad auf der Tenne*. † 3. 2. 1963 Todtglüsingen.

Meyer-Christian, Wolf. Brandrede bei der Bücherverbrennung am 10. 5. 1933 in Hamburg.
* 16. 12. 1902 Hamburg, Sohn eines völkischen Oberlehrers. Gründer des NS-Studentenbunds Hamburg. Dr. jur. 1929 Rechtsreferendar in Wandsbek. Verehrer Ernst Jüngers. Mitarbeit an NS-Zeitungen. Im Krieg Oberleutnant (1944). Sommer 1944 Denkschrift *Die Behandlung der Judenfrage in der Presse* mit der Feststellung, daß die deutsche »Judenfrage erledigt worden ist sei«. Danach: »Damit stehen, wenn man die sechs Millionen europäischer Juden außer Betracht läßt, jetzt 10–12 Millionen Juden im politischen Einsatz gegen das Reich. Ihre verhältnismäßig starke Intelligenzschicht steht mit ihren Exponenten unmittelbar hinter den politischen Leitungen auf der Feindseite, und bildet trotz aller innerer Differenzierun-

gen das Bindeglied zwischen England, den USA und der Sowjetunion. Diese Andeutungen reichen jedenfalls aus, um die Kampffront des Weltjudentums gegen Deutschland, die heute tatsächlich keine Phrase mehr ist, zu umreißen. Die Front ist geblieben, aber sie hat sich verlagert. Aus einer innenpolitischen Frage ist eine außenpolitische geworden.« Nach 1945 Rechtsanwalt in Hamburg. Lit.: Krause; Poliakov, Denker.

Meyer-Hanno, Hans. Schauspieler. * 6. 3. 1906 Hannover. Spielte mit Sondergenehmigung, da mit der »jüdischen« Pianistin Irene Sager verheiratet. Ab 1934 in 40 Filmen, darunter der Militärspionagefilm *Verräter*, am 9. 9. 1936 auf dem NSDAP-Reichsparteitag uraufgeführt. 1937 in *Togger* (Moeller: »Voller NS-Parolen, antisemitischen Anspielungen und SA-Paraden«), 1940 Haßfilm *Jud Süß*, 1941 HJ-Streifen *Jakko*, 1942 antirussischer Hetzfilm (Staatsauftragsfilm) *GPU*. Nach Attentat vom 20. Juli 1944 verhaftet, verurteilt zu drei Jahren Haft wegen Nichtanzeige von Anti-NS-Propaganda. Im Zuchthaus Bautzen bei Schanzarbeiten eingesetzt. † 20. 4. 1945 bei Fluchtversuch erschossen.

Meyerinck, Hubert von, genannt *Hubsi* oder *Zack-Zack*. Auf der *Gottbegnadeten-Liste* der Schauspieler, die für die Filmproduktion benötigt werden. * 23. 8. 1896 Potsdam, Sohn eines Gutsbesitzers in der Provinz Posen. Ab 1920 am Deutschen Theater und am Lessing-Theater Berlin. Einer der meistbeschäftigten Schauspieler des NS-Kinos. 1935 im Freikorps-Machwerk *Henker, Frauen und Soldaten*. 1940 Hetzfilm *Die Rothschilds* (laut Courtade »ein Aufruf zu Haß und Mord«) sowie im antibritischen Spielfilm *Das Herz der Königin* über Maria Stuart. 1941 in *Venus vor Gericht* über einen NSDAP-Bildhauer, den »jüdischen Kunsthandel« und »entartete Kunst«. 1967 Erinnerungen: *Meine berühmten Freundinnen*. Curd Jürgens: »Meyerinck, der Schlagfertige, Spröde, Aristokrat, in jeder Rolle

messerscharf karikierend und gestaltend – dabei aber ein einsamer, unglücklicher Mensch, der mir einmal morgens in einer Zuhälterkneipe an der Joachimsthaler Straße gesteht: ›Ich liebe blonde, aristokratische Frauen, aber schlafen kann ich nur mit stinkenden, ordinären Matrosen.‹« 1968 *Filmband in Gold* für langjähriges und hervorragendes Wirken im deutschen Film. † 13. 5. 1971 Hamburg. Nachruf *Deutsches Bühnen-Jahrbuch*: »Immer faszinierte die joviale Herablassung.«

Meysel, Inge. Schauspielerin. * 30. 5. 1910 Berlin. 1930 Debüt in Zwickau, 1931 Schauspielhaus Leipzig, 1932 Renaissancetheater Berlin. 1933 Auftrittsverbot, da »Halbjüdin«. 1945 (bis 1955) am Hamburger Thalia-Theater. 1947 im Film *Liebe 47* (Borcherts Heimkehrerstück *Draußen vor der Tür*). Nebenrollen in *Des Teufels General* (1954) und *Rosen für den Staatsanwalt* (1959). Festgelegt auf patente, mitunter penetrante Besserwisserinnen, stilisiert zur *Mutter der Nation*. † 10. 7. 2004 Hamburg (Munzinger).

Michel, Wilhelm. Hölderlin-Spezialist. * 9. 8. 1877 Metz. Wohnort Darmstadt. Autor von Werken wie *Hölderlin und der deutsche Geist* (1924). Zuckmayer: »Aus einem vorzüglichen Literaturhistoriker, speziell Hölderlinforscher (und geradezu Hölderlinapostel) wurde (auf dem bekannten Umweg über Verbitterung, materielle und berufliche Erfolglosigkeit), ein unduldsamer, bösartiger Nazimitläufer.« † April 1942.

Miegel, Agnes. Auf der Sonderliste der sechs wichtigsten Schriftsteller der *Gottbegnadeten-Liste* (Führerliste). * 9. 3. 1879 Königsberg. Balladendichterin, genannt *Mutter Ostpreußens*. 1933 NS-Frauenschaft, im Vorstand der »neugeordneten« Deutschen Akademie der Dichtung der Preußischen Akademie der Künste. Name Oktober 1933 unter dem Treuegelöbnis »88 deutsche Schriftsteller« für Adolf Hitler. Am 19. 8. 1934 Unterzeichnerin des *Aufrufs der Kulturschaffenden* zur Vereinigung des Reichskanzler- und

Reichspräsidentenamts in der Person Hitlers: »Wir glauben an diesen Führer, der unsern heißen Wunsch nach Eintracht erfüllt hat.« 1940 NSDAP. Laut Reichsjugendführer Axmann Lesungen für Reichsjugendführung. Weiheverse *Dem Schirmer des Volkes* in Bühners Anthologie *Dem Führer*: »Laß in deine Hand,/Führer, uns vor aller Welt bekennen:/Du und wir,/nie mehr zu trennen/stehen ein für unser deutsches Land!« NS-Ehrung: Goethe-Preis der Stadt Frankfurt, Goldenes Ehrenzeichen der HJ. Nach 1945 von Vertriebenenverbänden verehrt, 1957 Ehrenplakette des Ostdeutschen Kulturrats, 1961 Westpreußischer Kulturpreis. Ehrensold durch die Städte Hameln und Duisburg. Laut Axmann bis zum Tode von ehemaligen BDM-Führerinnen betreut. † 26.10. 1964 Bad Salzuflen. Zum 100. Geburtstag Sonderbriefmarke der Bundespost. Lit.: Sarkowicz.

Mielke, Robert. 1928 öffentlicher Förderer der *Nationalsozialistischen Gesellschaft für Deutsche Kultur*. Volkskundler.
* 15.12. 1863 Berlin, Sohn eines Tischlers. Zunächst Landschaftsmaler. 1916 Lehrauftrag für Siedlungs- und Landeskunde an der TH Berlin. Titel Professor. Im Deutschnationalen Verein für Volkskunde. 1934 Autor: *Der deutsche Bauer und sein Dorf.* † 30.8. 1935 Freiburg.

Mierendorff, Hans. Auf der *Gottbegnadeten-Liste* der Schauspieler, die für die Filmproduktion benötigt werden.
* 30.6. 1882 Rostock. Einer der ersten Stars des deutschen Stummfilms. Nebenrollen in den antibritischen Filmen *Der Fuchs von Glenarvon* (1940) und *Carl Peters* (1941), im Staatsauftragsfilm *U-Boote westwärts*, dem Werbefilm für Nationalpolitische Erziehungsanstalten *Kopf hoch, Johannes!* und dem HJ-Film *Jakko* (alle 1941). Nach 1945 Betreiber einer Pension im Ostseebad Scharbeutz. † 26.12. 1955 Eutin.

Mies van der Rohe, Ludwig. Architekt.
* 27.3. 1886 Aachen. 1930 Bauhaus-Direktor in Dessau (Göring: »Brutstätte des

Kulturbolschewismus«), 1933 geschlossen. Am 19.8. 1934 Unterzeichner des *Aufrufs der Kulturschaffenden* zur Vereinigung des Reichskanzler- und Reichspräsidentenamts in der Person Hitlers: »Wir glauben an diesen Führer, der unsern heißen Wunsch nach Eintracht erfüllt hat«. 1938 Wechsel in die USA, Professor am Illinois Institute of Technology in Chicago. † 17.8. 1969 Chicago.

Mießner, Hanns. Leiter des HJ-Chors Berlin.
* 6.8. 1877 Brieg in Schlesien. Studienrat. Im Beirat des Deutschen Sängerbunds. Prieberg über eine Feier zu Hitlers Geburtstag am 20.4. 1939: »Fünfzehnhundert Sänger unter Leitung von Sängergauchorleiter Hanns Mießner huldigten dem Führer ... sie sangen Volkslieder und Neueres auf Texte von Anacker und aus dem ›Völkischen Beobachter‹.« Nach 1945 weiterhin Wohnsitz Berlin, nun Leiter des Beethoven-Chors. † 8.12. 1957 Berlin.

Milde-Meißner, Hansom. Filmkomponist.
* 1.4. 1899 Habelschwerdt in Schlesien. 1929 Debüt mit Hans-Albers-Film *Die Nacht gehört uns*. 1934 Propagandastreifen *Ich für Dich – Du für mich*, Reklame für den freiwilligen Frauen-Arbeitsdienst im Vertrieb der NSDAP. 1936 NS-Erziehungsdrama *Traumulus* (Goebbels-Höchstprädikat: *Nationaler Filmpreis*) sowie Ehe- und Provinzkomödie *Wenn wir alle Engel wären*. 1938 Lied *Im Schutz der Wehrmacht* im Film *Drei Unteroffiziere* (Gillum). 1939 Wehrmachts-Propandafilm *Das Gewehr über*. Nach 1945 eigene Produktionsfirma für Fernsehfilme. † 13.7. 1983 Baden-Baden.

Millenkovich, Max von, Pseudonym *Max Morold*. Musikschriftsteller.
* 2.3. 1866 Wien. Ministerialrat (Musikreferent) im Wiener Unterrichtsministerium. Aktivist des Wiener Akademischen Wagner-Vereins mit dem Ziel, »die deutsche Kunst aus Verfälschung und Verjudung zu befreien«. 1932 NSDAP. Autor der Werke *Cosima Wagner* (1937), *Richard*

Wagner in Wien (1938), *Dreigestirn (Wagner-Liszt-Bülow)*. Zur Volksabstimmung zum »Anschluß« Österreichs April 1938: »Die Wahrheit, die in unseren Seelen lebt, ist zur Wirklichkeit geworden!« 1941 Lebenserinnerungen: *Vom Abend zum Morgen*, Textprobe: »Ein Mann wie Adolf Hitler ... wurde uns immer mehr zur Verkörperung dessen, was wir selbst, zwischen Ahnung und Erkenntnis, ersehnten und erstrebten.« NS-Ehrung: 1941 *Goethe-Medaille* für Kunst und Wissenschaft. † 5. 2. 1945 Baden bei Wien. Lit.: Hamann.

Miller, Richard. Bildhauer.

* 3. 7. 1889 Augsburg. Auf den Großen Deutschen Kunstausstellungen im Münchner NS-Musentempel *Haus der Deutschen Kunst* mit elf Porträts, darunter 1944 *SS-Obergruppenführer Theodor Eicke* (der 1943 verstorbene, ehemalige Inspekteur der Konzentrationslager). Wohnort München, kein Hinweis zur weiteren Tätigkeit (Vollmer).

Millowitsch, Willy. Volksschauspieler.

* 19. 1. 1909 Köln. Mit sechs Jahren erstmals auf der Bühne. Die *Millowitsch-Heimatbühne* wurde am 16. 10. 1936 eröffnet. Das *Deutsche Bühnen-Jahrbuch* 1944: »Gastspiele Juni bis September 1943 in Frankreich. Oktober-November 1943: Gastspiel Schlesien. Dezember 1943: Wehrbetreuung Gau Köln-Aachen. Januar 1944 bis April 1944: Wehrbetreuung Frankreich. Das Theater in Köln zur Zeit an ›KdF.‹ [NS-Gemeinschaft *Kraft durch Freude*] vermietet.« Bühnenvorstand 1944: Willy Millowitsch. Nach 1945 Chef des Familienunternehmens mit Schwänken im Kölner Dialekt. Einer der erfolgreichsten Volksschauspieler der BRD. † 20. 9. 1999 Köln.

Minde-Pouet, Georg. Vorsitzender der Kleist-Gesellschaft.

* 5. 6. 1871 Berlin, Sohn eines Krawattenfabrikanten. Bibliothekar. 1911 Titel Professor. 1917 bis 1923 Direktor der Deutschen Bücherei in Leipzig. Ständiger Mitarbeiter der Preußischen Akademie der Wissenschaften. 1922 bis 1939 mit Julius Petersen Herausgeber der Schriften der Kleist-Gesellschaft (nach der Machtergreifung Rosenbergs *Nationalsozialistischer Kulturgemeinde* einverleibt). † 20. 1. 1950 Berlin.

Minetti, Bernhard. Auf der *Gottbegnadeten-Liste* der Schauspieler, die für die Filmproduktion benötigt werden.

* 26. 1. 1905 Kiel. Am Staatlichen Schauspielhaus Berlin. Zu Hitlers Geburtstag am 20. 4. 1933 Darsteller in der Uraufführung von Johsts Staatsschauspiel *Schlageter*, »Adolf Hitler in liebender Verehrung« gewidmet. 1935 in Mussolinis Theaterstück *Hundert Tage* (Verhöhnung der Demokratie). Zwischen 1934 und 1945 in 17 Filmen, darunter 1935 im Freikorps-Machwerk *Henker, Frauen und Soldaten*, 1938 *Am seidenen Faden* (eine filmische Denunziation des angeblichen »jüdischen Schieberkapitals«), 1939 teutonischer Geniefilm *Robert Koch* und 1940 der Hetzfilm *Die Rothschilds* (Courtade: »Ein Aufruf zu Haß und Mord«). Hauptrolle in Riefenstahls 1945 unvollendetem Film *Tiefland*. Nach 1945 erfolgreicher Bühnendarsteller. 1965 *Staatsschauspieler* in West-Berlin. Das *Deutsche Bühnen-Jahrbuch* zum 60. Geburtstag: »Selbst seine Schurken haben noch eine gewisse Größe.« 1978 *Großes Bundesverdienstkreuz*. 1986 Titel Professor. † 12. 10. 1998 Berlin.

Mira, Brigitte. Sängerin und Schauspielerin.

* 20. 4. 1910 Hamburg. Als Operettensängerin Gitta Mira 1932 am Stadttheater Reichenberg (Sudeten), 1934 in Graz, 1935 in Kiel. 1940 als Brigitte Mira-Stramm am »Kraft durch Freude«-Mellini-Theater in Hannover (DBJ). Ab 1941 in Berlin, *Kabarett der Komiker*. NS-Propaganda: Laut Weniger spielte sie im Kriegsjahr 1943 »eine dümmlich-naive, äußerst schwatzhafte ›Volksgenossin‹ in den Kurzfilmen der Reihe ›Liese und Miese‹, die Teil der Kriegswochenschau waren ... als Negativ-Beispiel einer deutschen Frau konzipiert, die auf die vermeintlichen Fehlinformationen des Feindsenders London oder wehrzersetzende Gerüchte hereinfällt«. Nach 1945 unter anderem beim Kabarett *Die Insulaner* (Westpropaganda im Kalten Krieg) des *Rundfunks im amerikanischen Sektor* (RIAS). 1973 in Fassbinders Film *Angst essen Seele auf* Hauptrolle der alternden Witwe Emmi, die den erheblich jüngeren Marokkaner Ali heiratet, dafür 1974 *Bundesfilmpreis*. † 8.3. 2005 Berlin.

Mirbt, Rudolf. Leiter der Hauptabteilung für deutsches Auslandsbüchereiwesen im *Volksbund für das Deutschtum im Ausland* (eine Zweigstelle der Auslandsorganisation der NSDAP).
* 24.2. 1896 Marburg, Sohn eines ev. Theologieprofessors. Buchhändler. 1927 Geschäftsführer des Schlesischen Evangelischen Volksbildungsausschusses in Breslau. 1932 (bis 1934) Leiter der Abteilung Literatur am Sender Breslau. 1934 Herausgeber: *Das deutsche Herz. Ein Volksbuch deutscher Gedichte*. 1935 Volksspiel: *Stimme des Volkes*. 1940 Mitherausgeber: *Arbeit und Kampf der volksdeutschen Jugend im ehemaligen Polen*. 1947 (bis 1961) Herausgeber der *Bärenreiter-Laienspiele*. 1953 Dozent der Pädagogischen Hochschule Kiel. Gilt als einer der wichtigsten Förderer des Laienspiels. † 4.12. 1974 Feldkirchen-Westerham in Oberbayern.

Mitgau, Johann Hermann. Erziehungswissenschaftler.
* 23.5. 1895 Braunschweig. 1934 Professor für Volkskunde und Leiter des Seminars für Volks- und Sippenkunde an der Hochschule für Lehrerbildung (zur NS-Indoktrinierung) in Cottbus. SA 1933, NS-Lehrer- und NS-Dozentenbund, NSDAP 1937, danach SS (SD), 1943 Untersturmführer beim Reichssicherheitshauptamt. Mitarbeiter des Rassenpolitischen Amtes der NSDAP. 1946 (bis 1963) Professor für Didaktik und Niedersächsische Landesgeschichte der Pädagogischen Hochschule Göttingen. Schriftleiter der Zeitschrift *Familie und Volk*, späterer Titel *Genealogie*. † 14.12. 1980 Göttingen. Lit.: Hesse.

Mitschke-Collande, Constantin von. Maler.
* 19.9. 1884 Collande in Schlesien. Nach dem I. Weltkrieg mit Dix und Kokoschka Gründer der Neuen Sezession in Dresden. Juli 1937 in der Schandschau *Entartete Kunst* in München vorgeführt, Beschlagnahmung von 13 seiner Werke (Rave). Vater von Volker und Gisela Collande. † 12.4. 1956 Nürnberg.

Moder, Joseph. Mundartdichter.
* 7.7. 1909 Graslitz. 1929 Gedichte in erzgebirgischer Mundart: *Greimts und Gseimts*. 1938 Jugendbuch: *Der Faust des Erzgebirges*. 1941 im Weihegedicht *Unser Dank*: »Die Menschheit bebend, sprach: Dein Wille sei. /Ein Volk, ein Reich, ein Führer. Wir sind frei!/Und wir empfangen dich: vor Schluchzen schreiend.« Nach 1945 in Kleinostheim bei Aschaffenburg. 1946 Jugendbuch: *Der böse Räuber Ohnegnad*. 1969 Krippenspiel: *Drei Könige im Spessart*. Adalbert-Stifter-Medaille der Sudetendeutschen Landsmannschaft. † 30.9. 1986 Würzburg.

Modersohn, Otto. Landschaftsmaler.
* 22.2. 1865 Soest als Architektensohn. 1889 Mitbegründer der Künstlerkolonie Worpswede. Beeinflußt von Julius Langbehn, genannt *Der Rembrandtdeutsche*. 1901 Heirat (zweite Ehe) mit seiner Schülerin Paula Modersohn-Becker. *Meyers Lexikon* 1939: »Moorlandschaften von oft weicher, schwermütiger und märchenhafter Stimmung.« Auf der ersten Großen Deutschen Kunstausstellung im Münchner NS-Musentempel *Haus der Deutschen Kunst* 1937 vertreten. NS-Ehrung: 1940 *Goethe-Medaille* für Kunst und Wissenschaft, Teilargument: »Überzeugter Nationalsozialist«. 1942 Titel Professor. † 10.3. 1943 Rotenburg/Wümme.

Modersohn-Becker, Paula. Malerin.
* 8.2. 1876 Dresden. † 21.2. 1907 Worpswede, nach Geburt ihrer Tochter Mathilde an einer Embolie. *Meyers Lexikon* 1939: »Nach ihrer Malweise dem Expressionismus zuzurechnen.« 70 ihrer Werke als »entartete Kunst« beschlagnahmt (Rave).

Möllendorf, Else von. Schauspielerin.
* 29.12.1912 München. 1938 in Harry
Piels Sensationsfilm *90 Minuten Aufenthalt.* 1940 im antibritischen Film *Der
Fuchs von Glenarvon*, Goebbels: »Sehr gut
für unsere Propaganda zu gebrauchen«.
1941 Hauptrolle in der Musikfilmgroteske
Frau Luna. Laut Hippler von Goebbels öfters zur Abendgesellschaft eingeladen.
Goebbels am 18.2.1941 im Tagebuch:
»Noch etwas parlavert. Herr Brennecke
und Frl. v. Möllendorf erzählen vom
Film.« 1948 letzter Filmauftritt: *Finale.*
† 28.7.1982 Lübeck.

Möller, Eberhard Wolfgang. Schriftsteller
und SS-Obersturmbannführer (1945).
Reichskultursenator.
* 6.1.1906 Berlin, Sohn eines Bildhauers.
1932 NSDAP. 1934 Gebietsführer im Stab
der Reichsjugendführung, Referent der
Theaterabteilung im Reichspropagandaministerium, Uraufführung seines antisemitischen Schauspiels *Rothschild siegt bei
Waterloo* in Aachen und Weimar. 1936
Auftragsarbeit für Goebbels: *Das Frankenburger Würfelspiel*, uraufgeführt zu den
Olympischen Spielen auf der Berliner
Dietrich-Eckart-Freilichtbühne. Sein *Süd-
ender Weihnachtsspiel. Ein Laienspiel zur
Weihnachtszeit für die SA* wurde »im Kreise
seiner Sturmkameraden erarbeitet« (Ver-
lagstext Theaterverlag Albert Langen/
Georg Müller, Berlin). 1938 Autor des
»Weihnachtsbuchs der deutschen Jugend«
Der Führer. Ebenfalls 1938 Uraufführung
seines antisemitischen Hetzstücks *Der Untergang Karthagos* im Rahmen der Reichstheatertage der HJ im Thalia-Theater
Hamburg. 1940 Co-Autor des Drehbuchs
zum Hetzfilm *Jud Süß.* Kriegsberichter.
Weihevers *Der Führer*, unter anderem
1944 in der Anthologie *Lyrik der Lebenden*
des SA-Oberführers Gerhard Schumann:
»Du großer Gärtner, der in seinem Gar-
ten/vollenden sieht, was er mit Fleiß begann./Die Straße braust vom Sturme der
Standarten,/doch in der Stille wächst die
Zeit heran.« Kommentar des Herausgebers: »Ein Volk, das auch in seiner harten

Gegenwart über so vielfältige Kräfte der
Seele und des Geistes ... verfügt, ist von
keiner Macht dieser Erde zu bezwingen, ist
unsterblich!« NS-Ehrung: 1. Mai 1935 *Na-
tionaler Buchpreis*, Staatspreis des Dritten
Reiches. 1954 Roman: *Die Geliebte des
Herrn Beaujou.* † 1.1.1972 Bietigheim in
Württemberg. Lit.: Sarkowicz.

Möller, Karl von. Kulturrat in der Landeskulturkammer der Deutschen Volksgrup-
pe in Rumänien.
* 11.10.1876 Wien. Oberst a.D. 1932 in
Temesvar Gründer der Zeitschrift *Der
Stürmer.* Autor: *Heißsporne, Im Schatten
der Exzellenz* sowie *Das Korsett der Mar-
quise* in der Reihe *Soldaten – Kameraden!*
des Zentralverlags der NSDAP. NS-Ehrung: *Goethe-Medaille* für Kunst und Wissenschaft (BA R 55/1336). † 21.2.1943
Hatzfeld (Banat).

Moeller van den Bruck, Arthur, eigentlich
Arthur Moeller. Schriftsteller.
* 23.4.1876 Solingen. † Suizid 30.5.1925
Berlin, Sohn eines Baurats. 1899–1902
zwölf Bände: *Moderne Literatur in Grup-
pen- und Einzeldarstellungen.* 1906 (bis
1915) Mitherausgeber der ersten deutschen Dostojewski-Ausgabe in 22 Bänden.
1919 Mitbegründer des »rechtsintellektu-
ellen« Juni-Klubs in Berlin. 1923 Buch *Das
dritte Reich*, das Otto Strasser als Schlagwort für die NSDAP übernimmt. August
1933 im Der Korn Verlag, Breslau, Moel-
ler-Edition *Der politische Mensch.* Dazu
das HJ-Zentralorgan *Wille und Macht*:
»Wir ehren den größten Toten unserer
Zeit, indem wir seine Ewigkeitswerte be-
sitzenden Werke in uns aufnehmen.« *Meyers Lexikon* 1939: »Zu einem echten, blut-
mäßigen Rassenbegriff (im Sinne des Nationalsozialismus) ist Moeller weder damals noch später vorgedrungen.« Lit.:
Puschner.

Mog, Aribert. Schauspieler.
* 3.8.1904 Berlin-Steglitz. Als 15jähriger
»Freikorpskämpfer« am oberschlesischen
Annaberg. Laut Rabenalt NS-Betriebszellen-Organisation (die NSBO verstand sich
als die »SA der Betriebe«) und *Kampfbund*

für deutsche Kultur vor der Machtergreifung. 1936 Hauptdarsteller im Montagefilm *Ewiger Wald*, produziert von Rosenbergs *Nationalsozialistischer Kulturgemeinde*. 1940 im antibritischen Film *Der Fuchs von Glenarvon* sowie im Staatsauftragsfilm *Wunschkonzert*. † Kriegstod 2.10. 1941 Nowo Trojanowo/Desna als Angehöriger des Infanterie-Regiments 9 (WASt).

Mohaupt, Richard. Komponist der Ufa.
* 14.9. 1904 Breslau. 1936 Uraufführung des Grimmelshausen-Balletts *Die Gaunerstreiche der Courasche* an der Deutschen Oper Berlin. 1938 Oper *Die Wirtin von Pinsk* an der Dresdner Staatsoper, Verbot nach der zweiten Aufführung durch Gauleiter Mutschmann. Weigerung, sich von seiner jüdischen Frau, der Sängerin Rosa Gottlieb, scheiden zu lassen. 1939 USA, Musiklehrer. Ab 1955 Wohnsitz in Österreich. † 3.7. 1957 Reichenau in Niederösterreich.

Moholy-Nagy, László, eigentlich Weisz. Maler.
* 20.7. 1895 Bácsborsód in Ungarn. Beeinflußt von Konstruktivismus und Dadaismus (Hitler: »Krankhafte Auswüchse irrsinniger und verkommener Menschen«). 1923–1928 Professor am Bauhaus in Weimar. Danach Bühnenausstatter für Piscator. 1934 Exil in Holland, danach in England, 1937 USA. In Chicago Gründung des *New Bauhaus*. Juli 1937 in der Schandschau *Entartete Kunst* in München vorgeführt, Beschlagnahmung von 12 seiner Werke. † 24.11. 1946 Chicago. Lit.: Zimmermann/Hoffmann.

Mohrbutter, Ulrich. Herstellungsgruppenleiter der Ufa.
* 4.1. 1889 Oldenburg. Unter anderem zuständig für den Mai 1941 uraufgeführten Staatsauftragsfilm *U-Boote westwärts* über Kampf und Heldentod deutscher Seeleute. Nach 1945 Lektor für Drehbücher bei der Deutschen Wirtschaftsförderung und Treuhand GmbH in Frankfurt am Main zur Vergabe von Filmfördergeldern. † 21.1. 1971 Birkenstein.

Moissi, Alexander. Schauspieler.
* 2.4. 1880 Triest, Sohn eines albanischen Vaters und einer italienischen Mutter. International gefeierter Bühnendarsteller (Hamlet, Romeo, Danton). 1920 (bis 1932) Rolle des *Jedermann* bei den Salzburger Festspielen. Helene Thimig-Reinhardt nennt ihn »einen der eitelsten und brutalsten Bühnenpartner, mit denen ich je zu tun hatte«. † 22.3. 1935 Wien.

Moll, Oskar. Maler.
* 21.7. 1875 Brieg. Schüler von Henri Matisse. 1918 Lehrer an der Akademie in Breslau, 1932 an der Akademie in Düsseldorf. 1933 als »entartet« entlassen. Juli 1937 in der Schandschau *Entartete Kunst* in München vorgeführt, Beschlagnahmung von 35 seiner Werke. † 19.8. 1947 Berlin.

Molo, Walter Reichsritter von. Name Oktober 1933 unter dem Treuegelöbnis »88 deutsche Schriftsteller« für Adolf Hitler.
* 14.6. 1880 Sternberg in Mähren. Dipl. Ing. Autor von Heldenepen. 1928 Vorsitzender der Sektion Dichtung der Preußischen Akademie der Künste. Mitglied und am 15.3. 1933 Unterzeichner einer Loyalitätserklärung der »gesäuberten« Deutschen Akademie der Dichtung der Preußischen Akademie der Künste pro NS-Regierung. 1936 Drehbuch zum Film *Fridericus* nach seinem gleichnamigen Roman (1918), Filmvorspann: »Von den … Großmächten Europas eingekreist, hat das aufsteigende Preußen seit Jahrzehnten um seine Lebensrechte gerungen.« Autor im NS-Kampfblatt *Krakauer Zeitung*, das »Blatt des Generalgouvernements«. Am 4.8. 1945 in der *Hessischen Post* Offener Brief an Thomas Mann: »Ihr Volk, das nunmehr seit einem Dritteljahrhundert hungert und leidet, hat im innersten Kern nichts gemein mit den Missetaten und Verbrechen«. Molos Brief und Manns Antwort (»Bücher, die von 1933 bis 1945 in Deutschland überhaupt gedruckt werden konnten [sind] weniger als wertlos«) führten zu einer Kontroverse über die *Innere Emigration*. Ehrenvorsitzender aller

deutschen Schriftstellerverbände (Sarkowicz). † 27.10. 1958 Murnau.

Molzahn, Johannes. Maler.
* 21.5. 1892 Duisburg. Ab 1914 in Weimar. Expressionist. 1919 Autor: *Das Manifest des absoluten Expressionismus.* 1928–1932 Professor der Akademie für Kunst und Kunstgewerbe in Breslau. 1933 Wechsel in die USA, Lehrtätigkeit am *Kleinen Bauhaus* in Chicago. Juli 1937 in der Schandschau *Entartete Kunst* in München mit sechs Objekten vorgeführt, Beschlagnahmung von 33 seiner Werke. 1959 Rückkehr. † 31.12. 1965 am Wohnort München.

Mombert, Alfred. Schriftsteller.
* 6.2. 1872 Karlsruhe. Frühexpressionistischer Hymniker (de Mendelssohn). Wohnsitz Heidelberg. 1928 Aufnahme in die Sektion Dichtung der Preußischen Akademie der Künste. Obwohl »Jude«, am 22.3. 1933 Unterzeichner einer Loyalitätserklärung der Sektion Dichtung pro NS-Regierung, Oktober 1935 Ausschluß. 1940 mit 6500 badischen Juden verhaftet und im Lager Gurs in den Pyrenäen interniert. Bereits todkrank von einem Schweizer Industriellen herausgekauft. † 8.4. 1942 Winterthur/Schweiz.

Mommsen, Theodor. Althistoriker.
* 30.11. 1817 Garding in Holstein. † 1.11. 1903 Berlin-Charlottenburg. 1852 Professor für Römisches Recht in Zürich, 1854 in Breslau, 1861 in Berlin. Ab 1854 Autor der mehrbändigen *Römischen Geschichte,* das erfolgreichste historiographische Werk in deutscher Sprache. Dort die Behauptung, daß das Judentum ein wirksames Ferment (Gärstoff) der nationalen Dekomposition (Zersetzung) darstelle, eine Formulierung, die Karriere machte und auch von Hitler verwendet wurde.

Mommsen, Wolfgang A. Staatsarchivrat.
* 11.11. 1907 Berlin. Enkel von Theodor Mommsen. Dr. phil. NSDAP Mai 1937. 1938 im Preußischen Geheimen Staatsarchiv. 1940 Deutsche Archivkommission Lettland-Estland. Eine Verfügung Gerhard Utikals (Leiter der *Zentralstelle zur Erfas-*

sung und Bergung [!] *von Kulturgütern* des *Einsatzstabs Reichsleiter Rosenberg* (ERR) in den besetzten Ostgebieten) vom 2.10. 1942 besagt: Im Rahmen des ERR wird ein Sonderstab Archive gebildet, Leiter des Sonderstabes Archive ist Dr. Zipfel. Einer seiner beiden Stellvertreter und Verbindungsmann zur Stabsführung ist Staatsarchivrat Dr. Mommsen für das rückwärtige Heeresgebiet Nord und (vorläufig auch) Mitte. Utikal: »Außerdem ist dem Sonderstab Archive die Aufgabe gestellt, nach Maßgabe des Führererlasses vom 1.3. 1942, die Archive der ehemaligen Sowjetunion unter dem Gesichtspunkt der Erforschung der weltanschaulichen Gegner des Nationalsozialismus auszuwerten.« 1946 auf Schloß Schillingsfürst im Hausarchiv des Fürsten Hohenlohe, von UdSSR als Kriegsverbrecher gesucht. 1947 Staatsarchivrat in Nürnberg, Bearbeitung der Akten der Nürnberger Kriegsverbrecherprozesse (!). 1948 in einem Brief an den Kollegen Rohr: »Ohne das Versailler Diktat ... hätte es kein 1933 gegeben, und das größte Verbrechen, das seit 1933 geschehen ist, ist vielleicht, daß diese Schuld der anderen so ganz unterdrückt wird.« 1952 Archivrat im Bundesarchiv Koblenz, 1967–1972 Präsident. † 26.2. 1986 Koblenz. Lit.: Eckert; Fahlbusch; Heuss.

Mondi, Bruno. Veit Harlans Kameramann (ab 1937).
* 30.9. 1903 Schwetz. Neben anderen NS-Filmen 1940 Kamera zum Hetzfilm *Jud Süß,* 1944 *Die goldene Stadt* (ein Slawe treibt eine blonde Deutsche in den Tod), Januar 1945 Durchhalte-Schnulze *Kolberg.* 1946 Chef-Kameramann der ostzonalen DEFA (*Wozzeck, Chemie und Liebe, Rotation, Der Biberpelz*), später die Sissi-Filme. 1964 letzter Film: *Wartezimmer zum Jenseits.* † 18.7. 1991 Berlin.

Moog, Heinz. Auf der *Gottbegnadeten-Liste* der Schauspieler, die für die Filmproduktion benötigt werden.
* 28.6. 1908 Frankfurt am Main. Zahlreiche Theaterstationen: 1933 in Plauen, 1935 Nationaltheater Weimar, 1939 Ber-

liner Volkstheater, 1943 Wiener Burgthea-
ter. 1942 Filmdebüt mit *Lache Bajazzo*.
1953 bekannteste Filmrolle in Luchino
Viscontis *Sehnsucht*. † 9.5. 1989 Wien.
Moraller, Franz. Geschäftsführer der
Reichskulturkammer (1934–1941).
* 14.7. 1903 Karlsruhe. Uhrmacher. 1923
erstmals NSDAP, Organisator der badischen SA. 1925 im *Schlageterbund* (Tarnorganisation der zu dieser Zeit verbotenen
SA). 1927 Schriftleiter der NS-Zeitung *Der
Führer* (bis 1933, erneut ab 1940). 1930 SA-
Standartenführer. 1931 Leiter des NSDAP-
Nachrichtendienstes Gau Baden. 1933
Pressechef der badischen Landesregie-
rung, Leiter der Landesstelle Berlin des
Reichspropagandaministeriums. 1934 Leiter des Amts *Kultur* der Reichspropagandaleitung der NSDAP. Ab 1935 Präsident
des *Reichbunds der Deutschen Freilicht-
und Volksschauspiele, Reichskulturwalter*.
Goebbels am 3.10. 1937 im Tagebuch:
»Moraller versagt vollkommen.« 1939
Kommissar des Rowohlt-Verlags. 1940
MdR. April 1941 Kriegsdienst. November
1942 Hauptschriftleiter der *Straßburger
Neueste Nachrichten*. 1943 SA-Gruppenführer. 1953 Entlassung aus Internierung.
† 18.1. 1986 Karlsruhe. Lit.: Barbian; *Führerlexikon*; Lilla.
Morena, Erna (Künstlername). Schauspielerin.
* 24.4. 1885 Wörth bei Aschaffenburg.
Zunächst Krankenschwester. Stummfilm-
star als sündige Verführerin. An der Seite
von Willi Forst im Chopin-Film *Ab-
schiedswalzer* (1934) und mit Luise Ullrich
im Film *Viktoria* (1935). 1940 in Harlans
Hetzfilm *Jud Süß*. 1951 letzter Film: als
Äbtissin in Harlans Nachkriegsdebüt *Unsterbliche Geliebte*. Inhaberin einer Künst-
lerpension in München. † 20.7. 1962
München.
Morgan, Paul, eigentlich Morgenstern.
Kabarettist.
* 1.10. 1886 Wien als Anwaltssohn. Ab
1918 am Wiener Kabarett *Simpl*, in Berlin
am Nelson-Theater, Kabarett *Die Rakete*
sowie Kleinkunstbühne *Größenwahn*.

Ende 1924 Mitbegründer des Berliner *Kabaretts der Komiker*. Allein im Jahre 1926
in 18 Filmen, darunter *Der Stolz der Kompanie*. Bekanntester Liedtext: »Wer wird
denn weinen, wenn man auseindergeht?«
1933 Flucht nach Wien. 1936 Librettist zu
Ralph Benatzkys Musiklustspiel *Axel an
der Himmelstür*. Nach der Besetzung
Österreichs am 22.3. 1938 verhaftet, Mai
1938 nach Dachau und September 1938
nach Buchenwald deportiert. † 10.12.
1938 KZ Buchenwald. Lit.: Liebe.
Morgenroth, Alfred. Stellv. Geschäftsführer und Präsidialrat der Reichsmusikkammer (RMK).
* 29.10. 1900 Berlin. 1922 Dr. phil. 1928
Dozent der Musikschule Mainz. 1934 Kulturreferent der RMK. 1937 Referent z.b.V.
des Präsidenten der RMK, Herausgeber
der *Amtlichen Mitteilungen* der RMK. 1938
Herausgeber: *Hört auf Pfitzner! Kernsätze
deutscher Kunstgesinnung aus seinen Reden
und Schriften*. Laut einem Brief vom
16.12. 1939 an den NS-Verleger Bernhard
Hahnefeld in der RMK zuständig für das
Stigmatisierungswerk *Lexikon der Juden in
der Musik*. 1942 Herausgeber: *Von deutscher Tonkunst: Festschrift zu Peter Raabes
70. Geburtstag*. 1950 Dozent der Musikschule Berlin. † 10.11. 1954 Berlin.
Moser, Hans, eigentlich Iwan Juliet. Auf
der *Gottbegnadeten-Liste* der Schauspieler,
die für die Filmproduktion benötigt werden.
* 6.8. 1880 Wien, Sohn eines Bildhauers.
Zunächst Wanderbühnen, Varietés, Provinzbühnen. 1911 erste Erfolge mit jüdischen Jargonpossen an der Wiener Kleinkunstbühne *Budapester Orpheumgesell-
schaft* (vorwiegend von jüdischen Künstlern aus Budapest bespielt). Karrierebeginn 1925 am Wiener Theater in
der Josefstadt, 1926 von Max Reinhardt
auch am Deutschen Theater in Berlin engagiert. 1931 ebenda Hauptrolle in der
Berliner Uraufführung von Horvaths *Geschichten aus dem Wiener Wald*. Spielte in
der NS-Zeit mit einer Sonderbewilligung
von Goebbels, da mit einer »Volljüdin«

verheiratet. Am 24.10.1938 an Hitler: »Ich bitte Sie deshalb inständigst, meiner Gattin die für Juden geltenden Sonderbestimmungen gnadenweise zu erlassen … Heil mein Führer!« Mai 1941 »Privileg«, daß der Ehefrau beim Besuch von Theatern, Hotels und dergleichen die »Rechte einer arischen Frau« zuerkannt wurden (Schrader). Als Faktotum vom Dienst dauerbeschäftigt in Goebbels' Frohsinnsindustrie: zwischen 1933 und 1945 in 62 Filmen. Darunter 1935 der Rühmann-Streifen *Der Himmel auf Erden* und 1939 der Harlan-Film *Mein Sohn, der Herr Minister* (für Goebbels »eine geistvolle Verhöhnung des Parlamentarismus«), Operettenfilme wie *Rosen in Tirol* oder *Wiener Blut*. Gast im *Wunschkonzert für die Wehrmacht*, Goebbels' Radiosendung zwecks Hebung der Truppenmoral und Leidensbereitschaft der Heimatfront. 1962 *Filmband in Gold* für langjähriges und hervorragendes Wirken im deutschen Film. † 19.6.1964 Wien. Lit.: Denscher; Rathkolb.

Moser, Hans-Joachim. Generalsekretär der Reichsstelle für Musikbearbeitungen, einer dem Reichspropagandaministerium nachgeordneten Stelle. * 25.5.1889 Berlin, Sohn eines Geigers. Musikwissenschaftler und Konzertsänger, Baßbariton. 1927 Direktor der Staatlichen Akademie für Kirchen- und Schulmusik sowie Honorarprofessor der Universität Berlin. Vertrat bereits 1914 die These, daß sich die Tonalität oder der *Dur-Gedanke* ausschließlich innerhalb der germanischen Rasse entwickelt habe. 1933/34 Entlassung aus seinen Ämtern. 1936 NSDAP (Nr. 3751261), Beurteilung Dienststelle Rosenberg: »Er ist zweifellos der größte Vielschreiber und einer der größten Dialektiker … Weltanschaulich steht er nicht auf unserem Boden, obwohl er auch hier aus Konjunkturgründen schon manche Wandlung durchgemacht hat.« Zwischen 1938 und 1940 Beiträge für das SS-*Ahnenerbe*-Organ *Germanien*. Mosers Mai 1940 gegründete Reichsstelle vergab Aufträge zur »Arisierung« von Händel-Oratorien. 1944 Mitarbeit an Rosenbergs Zeitschrift *Musik im Kriege*. 1950–1960 Direktor des Städtischen Konservatoriums Berlin. Autor des *Musiklexikons*, Auflagen 1931, 1935, 1943, 1955 (mit einem umfangreichen Artikel über sich selbst). 1956 mit Herbert A. Frenzel Herausgeber von *Kürschners Biographisches Theater-Handbuch*. 1957 Autor des mehr als tausendseitigen Werks *Die Musik der deutschen Stämme*. Hierin bezeichnet er die Juden als einen integrierten deutschen Stamm, der sich geographisch nicht bestimmen lasse. Die Zunft nahm dies zum Anlaß, ihn zum Sündenbock der Musikwissenschaft zu machen. † 14.8.1967 Berlin. Lit.: Potter; Prieberg; de Vries.

Mosheim, Grete. Schauspielerin. * 8.1.1905 Berlin als Arzttochter. Lange Jahre bei Max Reinhardt. 1933 Komödienhaus und Metropol-Theater Berlin. 1933 aufgrund der NS-Rassenhetze (»Halbjüdin«) Emigration: 1934 London, 1938 New York. 1952 Comeback an Berliner Bühnen. 1971 *Filmband in Gold* für langjähriges und hervorragendes Wirken im deutschen Film. † 29.12.1986 New York.

Mosley, Sir Oswald. Britischer Faschistenführer, Wagnerianer. * 16.11.1896 London. Offizier. Ab 1928 Abgeordneter der Labour Party im Unterhaus. 1931 Gründer der *British Union of Fascists*. Liiert mit Diana Mitford, Schwester der Hitlerverehrerin Unity Valkyrie Mitford. Mosleys Ziel laut *Meyers Lexikon* 1939: »Kampf gegen die Juden und die Vorherrschaft des Börsen- und Bankkapitals.« Winifred Wagner am 8.7.1950 an Hans Grimm: »Ich stehe zu ihm und seiner Familie in freundschaftlichen Beziehungen.« 1969, nach Aufhebung eines Einreiseverbots, wieder Gast der Bayreuther Festspiele. † 3.12.1980 Paris. Lit.: Hamann; Sigmund.

Mraczek, Joseph Gustav. Komponist und Dirigent. * 12.3.1878 Brünn. Am Brünner Konservatorium, 1916 Professor. 1917 Dirigent des Dresdner Philharmonischen Orchesters, Hochschullehrer am Konservatorium. 1935 Aufnahme ins *Führerlexikon*. Im Sudetendeutschen Heimatbund, Kreis Sachsen. Verheiratet mit einer »Volljüdin«, mit einer Sondergenehmigung von Goebbels tätig. † 24.12.1944 Dresden.

Muck, Carl. Dirigent.
* 22.10.1859 Darmstadt. 1908 Generalmusikdirektor der königlichen Oper Berlin. Dirigierte ab 1901 das Bühnenweihspiel *Parsifal* bei den Bayreuther Festspielen. Gehörte zu den »Treuesten der Treuen« im Hause *Wahnfried*. Laut Hans Mayer reaktionärer Berater des Wagner-Sohns Siegfried, gemeinsame Abscheu gegenüber der Musik von Richard Strauss. Goebbels am 10.8.1928 im Tagebuch: »Dann lerne ich Dr. Muck als einen deutschen Mann kennen, wie ich ihn unserer Künstlerschaft noch oft wünsche.« September 1930 Rücktritt als Bayreuther Parsifal-Dirigent, da er sich über die Begeisterung für seinen Kontrahenten Toscanini während der Festspiele geärgert hatte. NS-Ehrung: 1939 *Adlerschild des Deutschen Reiches* (höchste Auszeichnung für ganz außerordentliche Verdienste). † 3.3.1940 Stuttgart.

Mühlen-Schulte, Georg. Name Oktober 1933 unter dem Treuegelöbnis »88 deutsche Schriftsteller« für Adolf Hitler.
* 30.6.1882. Humorist. Chefredakteur der *Lustigen Blätter* in Berlin. Autor von Romanen wie *Der unmögliche Herr Pitt* (1938), *Hölle ahoi!* oder *Rittmeister Styx* (beide 1939).

Mühr, Alfred. Der einflußreichste der extrem rechten Kritiker in Berlin (Rühle).
* 16.1.1903 Berlin. Feuilletonchef der *Deutschen Zeitung*, Organ der Deutschnationalen. Am 19.4.1927 Artikel *Walter Franck spielt* [Gerhart Hauptmanns] *Florian Geyer*. Agitation, daß der (angeblich) jüdische Schauspieler Franck den »Opfermenschen« Geyer spiele, und Drohung gegenüber dem jüdischen Generalintendanten Jeßner: »Die Mobilmachung unserer Kreise hat begonnen ... Jeder einzelne hat

die Pflicht, sich bereit zu halten für die Bürgerwehr der deutschen Kultur.« 1934 von Gründgens in die Leitung des Staatstheaters berufen (künstlerischer Beirat, bzw. Stellvertreter des Generalintendanten). Nach 1945 Schriftsteller in Zusmarshausen bei Augsburg. 1952 Autor: *Die arme Herrlichkeit, Erinnerungen an Barlach, Kollwitz, Cassirer.* † 11.12.1981 Zusmarshausen.

Mühsam, Erich. Schriftsteller.
* 6.4.1878 Berlin. Ab 1911 Herausgeber des revolutionären Literaturblatts *Kain*. 1919 im Münchner *Revolutionären Arbeiterrat*. Nach Zusammenbruch der Münchner Räterepublik zu 15 Jahren Haft verurteilt, 1926 amnestiert. Herausgeber der Zeitschrift *Fanal*. 1929 in *Fanal* Polemik gegen die SPD: »Eine Frage übrigens an die Genossen von der Kommunistischen Partei. Ihr nennt die deutschen Sozialdemokraten neuerdings immer Sozialfaschisten: Wieso sozial?« Am 28.2.1933 von SA verhaftet. † 10.7.1934 KZ Oranienburg.

Müller, Erich. Leiter der Personalabteilung des Reichspropagandaministeriums (ab 1937).
* 30.8.1902 Münster. Dr. jur. NSDAP-Nr. 1240093. SS-Nr. 396219 (1939 Standartenführer). Vor Machtergreifung Staatsanwalt in Essen. 1934 Landrat in Wesel. 1936 Leiter der Stapostelle Berlin (ab 1937 Staatspolizeileitstelle). 1939 Ministerialdirigent. Ab Februar 1942 Führer des Sonderkommandos 12. Nach 1945 wahrscheinlich in Buenos Aires (ZSt). Lit.: Angrick.

Müller, Erich H(ermann), Pseudonym *Mueller von Asow*. Musikschriftsteller.
* 31.8.1892 Berlin. Dr. phil. Zunächst in Dresden, dann in Berlin. 1933 (bis 1935) Herausgeber der Monatsschrift *Deutsche Musik*. Herausgeber der Gesammelten Briefe und Schriften von Heinrich Schütz (1932), Johann Sebastian Bach (1940) und Christoph Willibald Gluck (1942). Weiterhin Herausgeber *An die unsterbliche Geliebte. Liebesbriefe berühmter Musiker* (1934) sowie *Briefe der Familie Mozart*

(Gesamtausgabe 1942). 1954 mit Hedwig Mueller Herausgeber: *Kürschners Deutscher Musiker-Kalender.* Laut Prieberg 1932 Autor *Das Judentum in der Musik* in Fritschs Hetzwerk *Handbuch der Judenfrage,* NSDAP Mai 1933, zeichnete seine Beiträge in der *Deutschen Musik* mit »Dr. Erich H. Müller (NSDAP.)-Dresden«. † 4.4. 1962 Berlin.

Müller, Georg-Wilhelm. Ministerialdirigent im Reichspropagandaministerium (1943).
* 29.12. 1909 Königshütte in Oberschlesien. NSDAP-Nr. 74380. SS-Nr. 3554 (1943 Oberführer). Persönlicher Referent von Goebbels. 1940 Autor *Das Reichsministerium für Volksaufklärung und Propaganda.* Ende 1940 Hauptabteilungsleiter für Volksaufklärung und Propaganda im besetzten Norwegen. 1941/42 Waffen-SS (WASt). 1944 beim Stab SS-Oberabschnitt Nord. *Goldenes Ehrenzeichen* der NSDAP. Wohnort nach 1945 in Dießen am Ammersee. † 30.4. 1989.

Müller, Gottfried. Auf der *Gottbegnadeten-Liste* (Führerliste) der wichtigsten Komponisten des NS-Staates.
* 8.6. 1914 Dresden als Pfarrerssohn. Kirchenmusiker. 1934 beim Deutschen Tonkünstlerfest in Wiesbaden Uraufführung seines »in die Hände des Führers« gelegten *Deutschen Heldenrequiems,* Vertonung des Textes: »Aber wir sind ängstlich und schwach,/bis wir auch sterben können, um zu siegen.« Goebbels am 2.12. 1936 im Tagebuch: »Eine große nationale Hoffnung.« Aufführung seines *Heldenrequiems* auf der 1.-Mai-Feier 1937 in Anwesenheit Hitlers, Goebbels am 2.5. 1937: »Fast der junge Schubert. Der Führer ist ganz gerührt.« 1942 Dozent für Tonsatz der Musikhochschule Leipzig. 1943 Sinfonisches Chorwerk *Führerworte.* NS-Ehrung: Ehrensold der Stadt Dresden, 1937 Kunstpreis der Stadt Dresden zur vierten Wiederkehr der Machtergreifung. 1945 Kantor in Glaubitz in Sachsen. 1952 Kirchenmusiker in Berlin-Hermsdorf. 1961 Lehrer am Konservatorium in Nürnberg. † 3.5. 1993 ebenda.

Müller, Hans-Udo. Kapellmeister.
* 17.2. 1905 Berlin. Dirigent der Volksoper Berlin (Rechtsträger: Goebbels-Ministerium). 1942 zugleich Gastdirigent am Opernhaus Riga. NSDAP März 1933. † Nachruf *Deutsches Bühnen-Jahrbuch:* »Mit einer Neueinstudierung der ›Tosca‹ begann Müller 1935 seine Tätigkeit an der Volksoper und eine ›Tosca‹-Vorstellung war es auch, nach der er am 21. August 1943 [Bombenangriff auf Berlin] für immer den Taktstock aus der Hand legte.«

Müller, Johannes. Kapellmeister.
* 23.7. 1893 Berlin. Schauspieler, Operettentenor, Komponist. 1940 Musik zum Hetzfilm *Die Rothschilds,* Courtade: »Ein Aufruf zu Haß und Mord«. Nach 1945 beim Berliner Rundfunk. Das *Deutsche Bühnen-Jahrbuch* zum 60. Geburtstag: »Müller gehörte 1915–1917 zu den populärsten Berliner Künstlern ... Auch am Theater am Nollendorfplatz erzielte J. Müller große Erfolge.« † 30.8. 1969 Berlin.

Müller, Karl, genannt *Soldatenmüller.* Maler.
* 19.1. 1865 Hamburg. Enkel des Gründers der Zigarren- und Zigarettenfabrik Waldorf-Astoria. Vorwiegend Bilder aus dem Soldatenleben. 1938 als »Jude« Ausschluß aus der Reichskammer der bildenden Künste (Berufsverbot). Deportiert am 15.7. 1942 ins Ghettolager Theresienstadt. † 29.10. 1942 ebenda, seine Frau wurde in Auschwitz ermordet. Lit.: Bruhns.

Müller, Maria. Auf der *Gottbegnadeten-Liste* (Führerliste) der wichtigsten Künstler des NS-Staates.
* 29.1. 1889 (sic) Theresienstadt. Lyrischer Sopran. An der Berliner Staatsoper. Star der Bayreuther Festspiele (laut Wistrich »einer der jährlichen Höhepunkte des NS-Kalenders und der Höhepunkt der jeweiligen Opernsaison«). Weinschenk in seinem Buch *Künstler plaudern,* 1938: »Wenn man Maria Müller nach dem schönsten Augenblick ihrer Laufbahn fragt, dann erwidert sie mit leuchtenden Augen: ›Das war der Moment, da ich nach

den Bayreuther Meistersingern neben dem Führer sitzen durfte und er in seiner gewinnenden, menschlichen Art mit mir plauderte. Und die tiefste Freude war es für mich, als er einmal in München einen Lieder- und Arienabend von mir besuchte.«« November 1941 mit Auftritt im besetzten Krakau als Trägerin »des deutschen Kulturwillens im Osten« eingesetzt. † 13.3.1958 Bayreuth. Nachruf *Deutsches Bühnen-Jahrbuch*: »Eine der größten und idealsten Künstlerpersönlichkeiten.«

Mueller, Otto. Maler.
* 16.10.1874 Liebau im Riesengebirge. † 24.9.1930 Obernigk bei Breslau. 1910 Anschluß an die Expressionisten-Gruppe *Die Brücke*. 1919 Professor der Kunstakademie Breslau. Juli 1937 in der Schandschau *Entartete Kunst* in München mit mehr als 20 Werken vorgeführt. Insgesamt wurden 357 (!) seiner Werke beschlagnahmt.

Müller, Renate. Schauspielerin.
* 26.4.1907 München. Am Preußischen Staatstheater Berlin. Populär durch den Schlager *Ich bin ja heut' so glücklich* aus dem Film *Die Privatsekretär*in (1931). In Filmen wie *Walzerkrieg* (1933) oder *Allotria* (1936). 1937 Propagandastreifen *Togger* (Moeller: »Voller NS-Parolen, antisemitischen Anspielungen und SA-Paraden«). Litt an einer unbekannten Krankheit. † 7.10.1937 Berlin, Todesursache von Gerüchten umgeben.

Müller, Richard. Auf der *Gottbegnadeten-Liste* (Führerliste) der wichtigsten Maler des NS-Staates.
* 28.7.1874 Tschirnitz in Böhmen. Lehrer an der Dresdner Kunstakademie, 1903 Professor. Wegen seiner Tierbilder *Mäuse-Müller* genannt. 1932 NSDAP, März 1933 Direktor, entließ den Akademielehrer Otto Dix. September 1933 Organisator der Schandschau *Spiegelbilder des Verfalls in der Kunst* im Lichthof des Dresdner Rathauses (Rave). 1935 Entlassung, Ausschluß NSDAP (galt als Denunziant). Auf den Großen Deutschen Kunstausstellungen im Münchner NS-Musentempel *Haus der Deutschen Kunst* mit insgesamt 19 Objekten, darunter 1939 das Bild *Adolf Hitlers Geburtshaus*. † 7.5.1954 Dresden. Q.: Thomae; Zuschlag.

Müller, Robert. Schauspieler.
* 29.3.1879 Wien. Bekämpfte in der Weimarer Zeit moderne Klassikerinszenierungen (der später von den Nazis vertriebenen Regisseure). Am 14.5.1933 an Hans Hinkel: »In dieser Zeit habe ich mich – wahrscheinlich als *einziger* deutscher Schauspieler – in einem offenen und ununterbrochenen Kampf gestellt.« Hoffte, »aus den Massen der Theaterleute« herausgegriffen und auf seinen Platz gestellt zu werden. Berufsverbot, da »Halbjude« und mit einer »Volljüdin« verheiratet. Stellte nach dem Tod der Ehefrau im Februar 1941 als Robert Israel [von den Nazis verordneter Zwangsname] Müller den Antrag auf Gleichstellung mit einem *Mischling ersten Grades*, per Führerentscheid Dezember 1941 stattgegeben. Danach als Büroaushilfe am Schiller-Theater. Auf Antrag Heinrich Georges ab Februar 1943 wegen des kriegsbedingten Mangels an Schauspielern für »kleine Rollen« zugelassen. Nach 1945: »Heldische u. komische Greise« (Theater-Kürschner). Das *Deutsche Bühnenjahrbuch* zum 80. Geburtstag: »Er ist der Patriarch der Berliner Schauspielerschaft.« † 1.2.1968 Berlin. Q.: Schrader.

Müller, Traugott. Bühnenbildner.
* 28.12.1895 Düren. Gründgens' Ausstatter bei Theater- und Operninszenierungen. Juni 1941 auch zum Film *Friedemann Bach*, über einen genialen, aber haltlosen Künstler. Goebbels am 5.12.1941 über eine Gründgens-Inszenierung der *Zauberflöte*: »Die Bühnenbilder [Müllers] sind von einer lehmigen Farblosigkeit.« † 29.2.1944 bei Bombenangriff in Berlin.

Müller, Walter. Militärmusiker.
* 18.12.1896 Nahrstedt, Kreis Stendal. Titel: Musikmeister (Leutnant). 1934 Signalhornmarsch *Vorwärts im neuen Geist*. 1937 Marsch *Für Freiheit der Waffen*. 1940 *Lied der motorisierten Infanterie*, Textpro-

be:»Wir sind die Infantristen,/des Führers Stolz im Feld./Mit unsern starken Dieseln/ da ward der Feind gestellt.« † 22.1.1969 an seinem Wohnort Schwenningen. Q.: Prieberg, Handbuch.

Müller, Werner. Orchestermusiker (Violoncello).
* 4.4.1912 Berlin. Wohnort ebenda. Im *Lexikon der Juden in der Musik* gebrandmarkt. Am 6.9.1944 nach Auschwitz deportiert. † 9.2.1945 KZ Dachau.

Müller-Blattau, Joseph. Musikwissenschaftler.
* 21.5.1895 Colmar. Dr. phil. Schüler von Pfitzner. 1928 ao. Professor in Königsberg. 1933 SA, NSDAP, auch NS-Dozentenbund. 1935 Lehrstuhl in Frankfurt, 1937 in Freiburg. 1938 Autor für SS-*Ahnenerbe* (mit Himmler-Vorwort): *Germanisches Erbe in deutscher Tonkunst.* Ebenfalls 1938: *Geschichte der deutschen Musik*, Textprobe:»Wie rechte Unterhaltungsmusik beschaffen sein soll, zeigt die Blasmusik. Ihr klarer, kräftiger Klang duldet keine unechte Gefühligkeit ... In diesem Sinne bedeutet die neu anwachsende Pflege der Blasmusik in der Wehrmacht und in den Formationen der Partei eine wirksame Förderung der Musikkultur unseres Volkes.« 1942 Leiter des Musikwissenschaftlichen Seminars der NS-*Kampfuniversität* Straßburg. 1946 Pädagogische Akademie Kusel (Pfalz). 1952 Lehrstuhl in Saarbrücken, Direktor des Staatlichen Konservatoriums. † 21.10.1976 Saarbrücken.

Müller-Goerne, Walter. Abteilungsleiter der Reichsfilmkammer.
* 10.11.1909 Greifswald. Dr. jur. Rechtsanwalt. SS-Nr. 242389 (1942 Untersturmführer). NSDAP-Nr. 5585759. 1944 Stellv. Reichsfilmintendant. 1947–1950 in Buchenwald interniert, danach Filmanwalt in München. Unter anderem für Riefenstahl als Anwalt und freundschaftlicher Berater tätig (Riefenstahl). Q.: Drewniak, Film; WASt.

Müller-Hanno, Otto. Spielleiter, Schauspieler und Dramaturg.
* 10.5.1883. Stationen: Bromberg, Ha-

nau, Gera, Dresden (Hoftheater), Chemnitz, Altona. Stellv. Intendant des Staatstheaters des Generalgouvernements im besetzten Krakau. Nach 1945 Stadttheater Straubing. † Mitte August 1950.

Müller-Hellwig, Alen. Auf der *Gottbegnadeten-Liste* (Führerliste) der wichtigsten Gebrauchsgraphiker und Entwerfer des NS-Staates.
* 7.10.1901 Lauenburg in Pommern. Bildteppiche und Stoffe aus handgesponnener Schafwolle, Wandbehänge. Wohnsitz Lübeck. 1954 Kunstpreis des Landes Schleswig-Holstein. Q.: Vollmer.

Müller-John, Hermann. Leiter des Musikkorps der *Leibstandarte-SS Adolf Hitler* (LAH).
* 4.8.1894 Helmstedt. Schüler von Paul Lincke (Prieberg). 1931 NSDAP (Nr. 452295). Leibstandarten-Obermusikmeister, SS-Sturmbannführer (1943). Komponist von *Unsere braunen Jungen* (1933), *Leibstandartenmarsch Adolf Hitler* (1934) oder *Zwischen Warschau und Kudno* (1940). Sein LAH-Musikkorps diente 1935 zur Nachsynchronisation von Riefenstahls *Triumph des Willens* (Giesen). NS-Ehrung: Präsidialrat der Reichsmusikkammer. † Suizid 14.5.1945 Itter bei Hopfgarten in Tirol (WASt).

Müller-Linow, Bruno. Kunsterzieher.
* 31.7.1909 Pasewalk. Mai 1933 NSDAP. 1936 Dozent für Zeichen- und Werkunterricht der Hochschule für Lehrerbildung (zur NS-Indoktrinierung) Lauenburg in Pommern. Verkauf seiner Werke unter anderem an Reichspropagandaministerium, Reichsluftfahrtministerium und Wehrmacht. 1942/43 Kriegsmaler einer Propaganda-Ersatzabteilung. In der *Ausstellung Junge Kunst im Dritten Reich* 1943 in Wien. 1955 Direktor der Schule für Kunst und Handwerk in Trier. Ab 1956 Professor der TH Darmstadt. 1973 Pommerscher Kulturpreis der Stiftung Pommern in Kiel. † 18.3.1997 Hochscheid im Hunsrück. Lit.: Hesse.

Müller-Marein, Josef. Journalist.
* 12.9.1907 Marienheide im Rheinland.

Ab 1934 beim *Berliner Lokal-Anzeiger*, Beiträge auch im *Völkischen Beobachter*. Im Krieg Luftwaffenoffizier, Kriegsberichterstatter, Benz (Rolle): »Stramme Militärprosa«. Ab 1946 *Die Zeit*, Feuilletonchef, 1957–1968 Chefredakteur. † 17.10.1981 Thimory/Loiret in Frankreich.

Müller-Partenkirchen, Fritz. Name Oktober 1933 unter dem Treuegelöbnis »88 deutsche Schriftsteller« für Adolf Hitler.
* 24.2.1875 München. Realschullehrer in Partenkirchen. Erfolgreichster Roman: *Kramer & Friemann. Eine Lehrzeit* (1920). † 4.2.1942 Hundham in Oberbayern.

Müller-Rüdersdorf, Wilhelm. Schriftsteller.
* 1.7.1886 Berlin. Bürgermeister a.D. 1933 Dichtungen und Gedanken: *Fackel im Osten* sowie *Hermann Görings deutscher Heldenweg*. 1938: *Deutsche Kolonialpioniere in Afrika*. Herausgeber: *Nach der Aufrichtung des Dritten Reiches. Ausgewählte Aufsätze und Reden von* [NSDAP-Gauleiter] *Wilhelm Kube* (1933). † Vermißt seit Juni 1945 (Literatur-Kürschner).

Müller-Scheld, Wilhelm. Präsident der Deutschen Filmakademie, von Hitler per Erlaß vom 18.3.1938 in Babelsberg zur Fortentwicklung »der Filmkunst im Geiste des Nationalsozialismus« gegründet. Reichskultursenator.
* 31.7.1895 Grebenroth bei Bad Schwalbach als Lehrerssohn. Lehrer. 1932 NSDAP-Gaupropagandaleiter Hessen-Nassau. 1933 Leiter der Landesstelle Hessen-Nassau des Reichspropagandaministeriums. 1935 Präsidialrat der Reichstheaterkammer. Goebbels am 16.9.1937 im Tagebuch: »Typischer Versager!« 1939 in *Blätter der Kameradschaft für deutsche Kultur*: »Jeder x-beliebige Stoff … ist dann nationalsozialistisch, wenn er geschaut und geordnet wurde von einer nationalsozialistischen Persönlichkeit.« 1940 Leiter der Abteilung Kultur innerhalb der Hauptabteilung Volksaufklärung und Propaganda beim Reichskommissar für die besetzten norwegischen Gebiete. Nach 1945 Berufsangabe: Präsident der Deutschen Film-

akademie a.D. Lit.: *Führerlexikon*; Schültke; Wulf, Theater.

Müller-Wischin, Anton. Auf der *Gottbegnadeten-Liste* (Führerliste) der wichtigsten Maler des NS-Staates.
* 30.8.1865 Weißenborn bei Ulm. Landschaftsmaler. Auf den Großen Deutschen Kunstausstellungen im Münchner NS-Musentempel *Haus der Deutschen Kunst* mit insgesamt 41 Objekten. Hitler kaufte zahlreiche seiner Bilder (Thomae). NS-Ehrung: 1942 *Goethe-Medaille* für Kunst und Wissenschaft. † August 1949 Marquartstein im Chiemgau.

Münch-Holland, Hans. Auf der *Gottbegnadeten-Liste* (Führerliste) der wichtigsten Cellisten des NS-Staates.
* 15.1.1899 Bern. 1924–1933 Konzertmeister am Gewandhaus und an der Leipziger Oper. 1933 Professor in Köln. 1946 Mitbegründer der Nordwestdeutschen Musikakademie Detmold. Professor und stellv. Direktor (bis 1964). † 7.12.1971 Lemgo.

Münchhausen, Börries Freiherr von. Auf der *Gottbegnadeten-Liste* (Führerliste) der wichtigsten Schriftsteller des NS-Staates.
* 20.3.1874 Hildesheim. Balladendichter. Dom- und Kammerherr auf Gut Windischleuba bei Altenburg. 1924 im *Deutschen Adelsblatt*: »Eine Ehe zwischen Arier und Juden ergibt immer einen Bastard.« Ab 1925 Schriftleiter der Beilage *Volk im Wort* der Zeitschrift *Volk und Rasse*. Mai 1933 Berufung in die Deutsche Akademie der Dichtung der »gesäuberten« Preußischen Akademie der Künste. Name Oktober 1933 unter dem Treuegelöbnis »88 deutsche Schriftsteller« für Adolf Hitler. Am 19.8.1934 Unterzeichner des *Aufrufs der Kulturschaffenden* zur Vereinigung des Reichskanzler- und Reichspräsidentenamts in der Person Hitlers: »Wir glauben an diesen Führer, der unsern heißen Wunsch nach Eintracht erfüllt hat.« Verse *Frage des Toten*, 1944 in der Anthologie *Lyrik der Lebenden* des SA-Oberführers Gerhard Schumann: »Er hört nicht auf meine Zärtlichkeit,/er sah an mir vorbei

ganz fremd und weit/und fragte drängend und doch ohne Ton:/ ›Wo steht die Front und wo ist mein Bataillon?‹« Präsident der *Gesellschaft der Bibliophilen zu Weimar.* Bergengruen über eine Begegnung: »Statt eines ritterlichen Dichters fand ich einen parvenühaft aufgeblasenen Schulmeister.« † 16.3. 1945 Suizid Windischleuba. Lit.: Sarkowicz.

Münnich, Richard. Musikerzieher. * 7.6. 1877 Berlin, Sohn eines Gesanglehrers. 1928 (bis 1934) Mitherausgeber der *Zeitschrift für Schulmusik.* 1929 Dozent an der Akademie für Kirchen- und Schulmusik in Berlin-Charlottenburg. 1934 Mitherausgeber der Vaterlands- und Marschlieder für die deutsche Jugend: *Frisch gesungen im neuen Deutschland.* 1935 Professor und Leiter der Schulmusikabteilung der Musikhochschule Weimar. 1949 Emeritierung. † 4.7. 1970 Weimar.

Münster, Albrecht Graf zu. * 4.7. 1911 Leipzig. Laut *Aufstellung derjenigen Parteigenossen, die Angehörige fürstlicher Häuser sind*: NSDAP-Nr. 179794, Gau Sachsen. Anmerkung: nach Berlin umgemeldet, dort aber nicht aufgeführt. Dr. med. Regierungsobermedizinalrat. † 27.6. 1960 Münster.

Münster, Hans Amandus. Zeitungswissenschaftler. * 12.2. 1901 Hamburg. Frühzeitig NSDAP (DBE). 1934 Lehrstuhl für Publizistik der Universität Leipzig. 1938 zweite Auflage: *Der Wille zu überzeugen – ein germanischer Wesenszug in der Volksführung des neuen Staates,* Textprobe: »Nur dann wird die uns Deutschen arteigene Volksführung erreicht, wenn der Führer jeden Augenblick weiß, daß sein Volk ... seine Politik billigt. Gerade darin liegt der eigentümliche Charakter deutsch-germanischer Gefolgschaft.« Nach 1945 Leiter des Arbeitskreises Publizistik der Deutschen Gesellschaft für Wissenschaft und Forschung in Bonn. Ab 1960 Herausgeber der Zeitschrift *Verlagspraxis.* † 17.1. 1963 Bad Mergentheim. Lit.: Wulf, Presse.

Münzenberg, Willi. Gründer eines linken Presse- und Filmimperiums. * 14.8. 1889 Erfurt. Arbeiter in einer Erfurter Schuhfabrik. 1910 in der Schweiz, Mitarbeiter Lenins. 1919 Ausweisung, in Berlin Eintritt in die KPD, Gründer der Kommunistischen Jugendinternationalen. 1921 Gründer der Internationalen Arbeiterhilfe. 1924 (bis 1933) MdR. 1932 Produzent des Klassikers des proletarischen Films *Kuhle Wampe.* Nach Reichstagsbrand am 27.2. 1933 (Vorwand für eine folgende Verhaftungswelle) Flucht nach Paris, Autor: *Braunbuch über den Reichstagsbrand und Hitlerterror.* 1939 wegen Kritik an Stalin Ausschluß KP. † Juni 1940 Auffindung seiner Leiche im Wald von Caugnet bei St. Marcellin in Südfrankreich.

Münzer, Adolf. Auf der *GottbegnadetenListe* (Führerliste) der wichtigsten Architekten (sic) des NS-Staates. * 5.12. 1870 Pleß in Oberschlesien als Juristensohn. Maler. 1899 Mitbegründer der Vereinigung *Die Scholle.* 1909–1932 an der Kunstakademie Düsseldorf. Wand- und Deckengemälde, unter anderem für das Park-Kasino in München und das Hoftheater in Stuttgart. Ab 1938 in Holzhausen am Ammersee. † 24.1. 1953 Landsberg/Lech.

Müthel, Lola, eigentlich Lütcke. Schauspielerin. * 9.3. 1919 Darmstadt. Tochter von Lothar Müthel. Ab 1936 am Staatstheater Berlin. 1939 Hauptrolle im Werkspionage-Opus *Der Polizeifunk meldet.* 1940 im Staatsauftragsfilm (Spionagewarnung) fürs Kino-Vorprogramm: *Achtung! Feind hört mit!* Prädikat: *staatspolitisch wertvoll.* 1942 im Harlan-Film *Der große König* über Friedrich den Großen Rolle der Pompadour, Goebbels-Höchstprädikat: *Film der Nation.* Nach 1945 zunächst am Deutschen Theater in Ost-Berlin. 1956 mit Heesters im Musical *Kiss me Kate.* Nur wenige Filme, darunter *Rosen im Herbst* (1955) oder *Heute kündigt mir mein Mann* (1962).

Müthel, Lothar, eigentlich Lütcke. Reichskultursenator.
* 18.2.1896 Berlin. Heldendarsteller, ab
1928 Staatstheater Berlin (ab 1934 Staatliches Schauspielhaus unter Gründgens).
Am 20.4.1933, Hitlers Geburtstag, Rolle
des Schlageter in der Uraufführung von
Hanns Johsts gleichnamigem Staatsschauspiel (Hitler gewidmet). Mai 1933 NSDAP.
Laut *Berliner Lokal-Anzeiger* vom 7.12.
1934 auf der Goebbels-Kundgebung aller
Kulturschaffenden im Berliner Sportpalast
Rezitator von »richtunggebenden Worten,
die der Führer in seinem Werke ›Mein
Kampf‹ über das Verhältnis von Kunst
und Volk findet«. Der *Berliner Lokal-Anzeiger* am 2.5.1936 über die Verleihung
des Nationalen Buchpreises an den SA-
Dichter Schumann im Deutschen Opernhaus: »Staatsschauspieler Lothar Müthel
sprach im einfachen Braunhemd vor den
Soldaten der Bewegung die Verse des
preisgekrönten Dichters.« Im Kuratorium
der Dr. Joseph-Goebbels-Stiftung *Künstlerdank*. Mai 1939 Direktor des Wiener
Burgtheaters. Zuckmayer: »Er erklärte mir
einmal, daß Hitler eigentlich gar kein
wirklicher Mensch sei, sondern daß die
deutsche Nation ihn sich erdichtet habe.
Er sei, ja wahrhaftig, ein fleischgewordenes
Gedicht.« Am 15.5.1943 am Burgtheater
berüchtigte Inszenierung *Der Kaufmann
von Venedig* mit Werner Krauß in der Rolle
des jüdischen Wucherers Shylock. Laut
Rathkolb war die antisemitische Verge-
waltigung des Originaltextes kaum mehr
zu überbieten. NS-Ehrung: Präsidialrat
der Reichstheaterkammer, 1934 von Göring Titel *Staatsschauspieler*. 1942 Titel
Generalintendant. Gründgens Mai 1947
im Persilschein: »Die Persönlichkeit Müthels ist nur aus ihrer absoluten Hingege-
benheit an die Kunst zu verstehen.« 1947
am Nationaltheater Weimar, 1951–1956
Schauspieldirektor in Frankfurt am Main.
† 5.9.1964 ebenda. Nachruf *Deutsches
Bühnen-Jahrbuch:* »Besonders den Klassikern galt seine Liebe.«

Mulka, Robert. SS-Hauptsturmführer,
1942/1943 Adjutant des KZ-Kommandanten Höß in Auschwitz.
* 12.4.1895 Hamburg. Unterzeichner
von Rundschreiben zu *Truppenbetreuungsveranstaltungen* für das KZ-Personal in Auschwitz. So am 9.2.1943: »Am
Montag, den 15. Februar 1943, 20 Uhr,
findet im kleinen Saal des Kameradschaftsheimes der Waffen-SS ein Abend
statt unter dem Motto ›Goethe – ernst und
heiter‹ … diese Veranstaltung bietet Gelegenheit, gerade die Volksdeutschen mit
den höheren Gütern deutscher Kultur vertraut zu machen.« Vom LG Frankfurt am
Main 1965 wegen gemeinschaftlicher Bei-
hilfe zu gemeinschaftlichem Mord in mindestens vier Fällen an jeweils mindestens
750 Menschen zu 14 Jahren Haft verurteilt. † 26.4.1969 Hamburg (Mitt. Renz).
Munch, Edvard. Norwegischer Maler.
* 12.12.1863 Loeiten. Expressionist, *Meyers Lexikon* (1939) beklagt, daß das
»Krankhafte oft zu sehr hervorgehoben
ist«. Insgesamt 89 seiner Werke als »entartete Kunst« beschlagnahmt. Goebbels-
Telegramm zum 70. Geburtstag: »Munchs
Werke, nordisch-germanischer Erde entsprossen, reden zu mir vom tiefen Ernst
des Lebens.« † 23.1.1944 Hof Ekely bei
Oslo. Lit.: Petropoulos.
Mund, Wilhelm Michael. Oberspielleiter
am Gießener Stadttheater.
* 6.10.1910 Köln. 1933 Feierliches Chor-
spiel: *Das Reich*. 1934: *Kolonnen marschiert!* Nach 1945 zahlreiche Märchen-
spiele. Im Verwaltungsrat des Deutschen
Bühnenvereins und im Verband der Freilichtbühnen   Nordwestdeutschlands.
† 12.1.1980 Remscheid.
Mungenast, Ernst Moritz. Schriftsteller.
* 29.11.1898 Metz als Architektensohn.
»Nazifizierter« (Scholdt) Autor aus Elsaß-
Lothringen. Ab 1925 Wohnort Stuttgart.
1939 erfolgreichster Roman: *Der Zauberer
Muzot*, »betont völkisch-germanophiles«
(Tarnowski) Opus über seine lothringi-
sche Heimat. † 3.9.1964 Stuttgart.

Muschler, Reinhold Conrad. Fachspartenleiter Textdichter des *Kampfbunds für deutsche Kultur* Berlin.
* 9.8. 1882 Berlin, Sohn eines bayerischen Kammersängers. Dr. phil. 1923 erfolgreichster Roman: *Bianca Maria*. 1933: *Das deutsche Führerbuch – Sieger aus eigener Kraft*. Ebenfalls 1933: *Ein deutscher Weg*. Dort heißt es über Hitlers *Mein Kampf*: »Schnell entschlossen kaufte ich ... dieses Bekenntnis eines Messias. Las und las. Las wieder, verstand, fand meine von Jugend an erlebten Selbstverständlichkeiten und war endlich befreit.« DBE: »Wegen seiner Mitgliedschaft in der NSDAP (1932–1937) und seines Engagements in Rosenbergs Kampfbund deutsche Kultur bemühte sich Muschler, der sich 1933 von seiner jüdischen Frau hatte scheiden lassen, nach Kriegsende vergeblich um seine Rehabilitierung.« † 10. 12. 1957 Berlin.

Music, Zoran. Maler.
* 12.2. 1909 Görz (damals Österreich-Ungarn). Ab 1940 in Venedig. 1943–1945 KZ Dachau. Poetische Landschaftsbilder, ab 70er Jahre Einbruch der verdrängten KZ-Erlebnisse in seine Gemälde. † 25.5. 2005 Venedig.

Musil, Robert Edler von. Schriftsteller.
* 6. 11. 1880 Klagenfurt, Sohn eines Ingenieurs. Examen als Maschinenbauingenieur. 1906 erfolgreichster Roman: *Die Verwirrungen des Zöglings Törleß*. Im Chor der Kriegsbegeisterten zum I. Weltkrieg. 1918/19 Chef des Bildungsamts im österreichischen Heeresministerium. 1930 erster Band seines Fragment gebliebenen Romans *Der Mann ohne Eigenschaften*, 1931 zweiter Band. 1933 Verbot seiner Bücher, Wohnsitz Wien, danach in Genf. Schwerkrank im Exil. † 15. 4. 1942 Genf an Gehirnschlag.

Mussolini, Benito. 1919 Gründer und Führer (»Duce«) der faschistischen Bewegung in Italien.
* 29. 7. 1883 Predappio. Volksschullehrer. 1921 Marsch auf Rom, Errichtung einer Diktatur. Am 30. 1. 1932, auf den Tag ein Jahr vor Hitlers Machtergreifung, Aufführung seines Stückes *Hundert Tage* am Weimarer Nationaltheater, anwesend Hitler, von Heilrufen begrüßt (Rühle). Das Stück (Bearbeiter: Giovacchino Forzano) zeigt Mussolini in der Gestalt Napoleons und verhöhnt die Demokratie, 1935 auch als Film. Am 10. 5. 1940 in Anwesenheit von Goebbels und Göring Uraufführung von Mussolinis Theaterstück *Cavour* am Staatstheater Berlin. Am 25. 7. 1943 gestürzt und verhaftet, von einem deutschen Kommando am 12. 9. 1943 befreit. Gründung der norditalienischen Marionettenrepublik von Salò. † 28. 4. 1945 Giulino di Mezzegra bei Azzano am Comer See, von Partisanen erschossen.

Musulin, Branca. Pianistin kroatischer Herkunft.
* 6. 8. 1920 Zagreb. Juli 1942 in Mainz Gast des *Nationalsozialistischen Symphonieorchesters*, Ehrentitel: *Orchester des Führers*. Februar 1943 mit Dirigent Schuricht Auftritt im besetzten Paris. Laut Wartisch Gast des Städtischen Sinfonieorchesters Kattowitz. Laut einer Ministervorlage für Goebbels vom 14. 10. 1944, eine der wenigen prominenten ausländischen Künstler, die »schon regelmäßig im Reich tätig waren und sich exponiert haben«. 1963 Professorin der Musikhochschule Frankfurt am Main. † 1. 1. 1975 Schmallenberg im Sauerland. Lit.: Jahn; Prieberg.

N

Nadel, Arno. Musikwissenschaftler.
* 3. 10. 1878 Wilna. Chordirigent der jüdischen Gemeinde in Berlin (Schlösser). Im *Lexikon der Juden in der Musik* gebrandmarkt. † Deportiert am 12. 3. 1943 nach Auschwitz.

Nadler, Josef. Literaturwissenschaftler.
* 23. 5. 1884 Neudörfl in Nordböhmen. 1912–1928 vierbändiges Hauptwerk *Literaturgeschichte der deutschen Stämme und Landschaften*. 1938 NSDAP, später: Blockhelfer, Blockwalter sowie Zellenwalter.

1941: »Glaube, Wille und Ordnung des nationalsozialistischen Werkes sind darauf gerichtet, aus dem Volkskörper alle fremdrassischen Lebenszellen auszustoßen.« Nach 1945 Privatgelehrter in Baden bei Wien, Mitglied der Wiener Akademie der Wissenschaften. † 14. 1. 1963 Wien. Q.: Jäger.

Nagel, Ludwig. Orchestermusiker.
* 22. 2. 1872 Libochwitz in Böhmen. Wohnort Düsseldorf, Dozent am Konservatorium. Im *Lexikon der Juden in der Musik* gebrandmarkt. † 15. 9. 1942 Ghettolager Theresienstadt.

Nagel, Otto. Maler.
* 27. 9. 1894 Berlin, Sohn eines Tischlers. 1918 KPD. 1926 *Bund Revolutionärer Künstler*. 1934 Malverbot. 1936/37 KZ Sachsenhausen. Beschlagnahmung von 27 seiner Werke als »entartete Kunst«. 1945 Mitbegründer des Kulturbunds der DDR. 1946 SED, MdL Brandenburg. 1948 Titel Professor, 1950 (bis 1954) Mitglied der Volkskammer. Am 24. 3. 1950 per Staatsakt Gründungsmitglied der Ostberliner *Deutschen Akademie der Künste* (1956–1962 Präsident, danach Vizepräsident). 1953 (bis 1959) Vorsitzender des Verbands Bildender Künstler Deutschlands. † 12. 7. 1967 Berlin. Lit.: Barth.

Nagy, Käthe von (Künstlername). Schauspielerin ungarischer Abstammung.
* 4. 4. 1904 Szatmar. In der NS-Zeit 14 Filme, darunter 1933 der Propagandaschmarren *Flüchtlinge* über Wolgadeutsche, die »heim ins Reich« wollen (Staatspreis der Reichsregierung). 1938 *Am seidenen Faden*, eine filmische Denunziation des angeblich »jüdischen Schieberkapitals« (Kreimeier). Galt als Nachwuchsstar. Mit Kriegsbeginn Rückzug ins Privatleben. 1952 letzter Film: *Försterchristl*. † 20. 12. 1973 Ojai Valley, Kalifornien.

Nannen, Henri. Journalist.
* 25. 12. 1913 Emden, Sohn eines Polizeibeamten. Munzigers Archiv zufolge wurde Nannen 1937 (!) wegen Widerstandes gegen die Staatsgewalt in ein Verfahren verwickelt (siehe unten): »Es kam zwar nicht

zur Anklage, doch wurde er von der Universität relegiert und mit einem journalistischen Arbeitsverbot belegt. Dank der Fürsprache des Münchener Kunstverlegers Hugo Bruckmann [NSDAP-Nr. 91] wurden Arbeitsverbot und die Relegation wieder aufgehoben.« Oktober 1937 in Bruckmanns Monatsschrift *Kunst für Alle* Bericht über die Eröffnung der ersten Großen Deutschen Kunstausstellung im Münchner NS-Musentempel *Haus der Deutschen Kunst*: »Wir brauchen hier nicht von den künstlerischen Verirrungen einer vergangenen Zeit zu sprechen – Einsichtigen waren sie immer ein Greuel.« Juli 1939 im Sonderheft *Große Deutsche Kunstausstellung* umfangreicher Beitrag in der von Hitlers Leibfotografen Heinrich Hoffmann herausgegebenen Monatsschrift *Kunst dem Volk*. Ebenda: »Die Erneuerung des deutschen Menschen aber ist das Werk des Führers, er hat ihm den neuen und doch ewig alten Glauben an sich selbst und an das Schicksal seines Volkes zurückgegeben, er allein hat sein Volk wieder zum Erleben und damit auch zur Darstellung seines eigenen Wesens geführt. Und wie der Führer aus unserer innersten Mitte gleichsam als Verdichtung unseres ganzen Volkes wunderhaft heraufgestiegen ist, so hat er unser Volk wieder fest gegründet auf den unerschütterlichen Grund der Herkunft und des Blutes, aus dem letzten Endes auch die Kunst ihre Nahrung empfängt. Er hat den Mythos geschaffen, und es ist das erste und einzige Mal, daß der Wille und die Schöpferkraft eines einzelnen Menschen hierzu imstande waren.« 1940 Wehrmacht, Kriegsberichter. November 1941 in Bruckmanns *Die Kunst für Alle* Beitrag *Maske und Gesicht der sowjetischen Kunst* (»Verherrlichung bolschewistischer Parteigrößen«). April 1943 in Bruckmanns Monatsschrift *Die Kunst* Beitrag *Junge Kunst im Deutschen Reich*, Nannen über die Malerei: » ... kaum irgendwo haben die kalte Intellektualismus einer sogenannten ›neuen Sachlichkeit‹, die manische Verkünderekstase des Expressionismus und ein verantwortungsloser Naturalismus derart an den Grundfesten aller guten Überlieferung gerüttelt.« 1944 Kampfpropaganda in Italien. 1948 Gründer und (bis 1980) Chefredakteur des Magazins *Der Stern.* Stiftete mit seiner Frau Eske 1983 seine Kunstsammlung der Stadt Emden. 1989 Ehrenbürger der Stadt Emden und *Bundesverdienstkreuz I. Klasse.* † 13.10.1996 Hannover. Lit.: Hermann Schreiber schildert in seiner Biographie *Henri Nannen – Drei Leben* (1999) die verschiedenen Versionen des Zustandekommens der Nannen-Texte und zitiert ein rechtskräftiges Urteil des OLG Hamburg vom 22.10.1964: »Insbesondere der Artikel zur Eröffnung der *Großen Deutschen Kunstausstellung 1939* steht in keinem zeitlichen Zusammenhang zu den angeblichen Verfolgungsmaßnahmen aus dem Jahre 1934 [!].«

Napiersky, Herbert. »Komponist der HJ« (Bücken).
* 26.11.1904 Rheydt. Oberstudienrat. 1937 NSDAP, NS-Lehrerbund, HJ-Musikreferent Ruhr-Niederrhein (Prieberg). 1934 Komponist und Texter des HJ-Marschlieds *Es dröhnet der Marsch der Kolonne.* 1939 Komponist und Texter: *Ihr Kameraden, ein Marsch beginnt,* Textprobe: »Dem Führer, dem wir verschworen sind,/geloben wir aufs neue:/Wir tragen unsre Fahnen/weit in das Land hinein,/und wo wir drüber schreiten,/soll deutsche Erde sein!« Nach 1945 Musiklehrer. † 15.8.1987 Düsseldorf.

Naso, Eckart von. Name Oktober 1933 unter dem Treuegelöbnis »88 deutsche Schriftsteller« für Adolf Hitler.
* 2.6.1888 Darmstadt, Sohn eines Generalleutnants. Dr. jur. Chefdramaturg am Staatlichen Schauspielhaus Berlin. Mai 1933 NSDAP. Goebbels am 23.5.1937 im Tagebuch: »Das ist ganz einzigartig. Lektüre v. Naso ›Seydlitz, ein Reiterroman‹.« Auf der Liste der von Goebbels zugelassenen Filmautoren (1944). 1953 Chefdramaturg der Städtischen Bühnen in Frankfurt am Main, 1954 in Stuttgart. Erinne-

rungen: *Ich liebe das Leben* (1953). Das *Deutsche Bühnen-Jahrbuch* zum 75. Geburtstag: »Als Dramaturg bedeutender Bühnen schrieb sich Eckart von Naso in die deutsche Theatergeschichte ein.« † 13.11.1976 Frankfurt am Main.

Nauen, Heinrich. Maler.
* 1.6.1880 Krefeld. Vertreter des *Rheinischen Expressionismus.* Stilleben und Landschaften, beeinflußt von van Gogh. 1921 Professor an der Düsseldorfer Kunstakademie. Juli 1937 in der Schandschau *Entartete Kunst* in München mit vier Objekten vorgeführt, amtsenthoben. Beschlagnahmung von 117 (!) seiner Werke. † 26.11.1940 Kalkar/Rhein.

Naumann, Werner. 1944 Staatssekretär im Reichspropagandaministerium, in Hitlers Testament zum Nachfolger von Goebbels ernannt.
* 16.6.1909 Guhrau in Schlesien. Dr. rer. nat. 1928 NSDAP, 1933 SS-Brigadeführer. 1937 Leiter der Reichspropagandaabteilung Breslau. Ab 1938 im Propagandaministerium. *Freundeskreis Reichsführer-SS.* Goebbels am 18.4.1944 im Tagebuch: »Er [Hitler] schätzt Dr. Naumann außerordentlich hoch.« Nach 1945 zunächst untergetaucht, 1950 Geschäftsführer der Exportfirma Cominbel des Propagandaoffiziers Herbert Lucht in Düsseldorf. Laut brit. Geheimdienst Verbindung zur *Bruderschaft,* einem am 22.7.1949 in Hamburg gegründeten Geheimbund von Krypto-Nazis und Führer des so genannten *Gauleiter-Kreises* (mit Kaufmann und Scheel) zur Unterwanderung der BRD, inoffizieller Berater der Ex-Generale Guderian und Hausser (BA N 1080/272). Am 15.1.1953 kurzzeitig Verhaftung durch den Britischen Hohen Kommissar. Herbst 1953 auf Listenplatz 1 der *Deutschen Reichspartei* (DRP) in Niedersachsen. Vom Industriellen Harald Quandt (Sohn Günther Quandts) als Direktor der Busch-Jaeger Lüdenscheider Metallwerke GmbH eingestellt. † 25.10.1982 Lüdenscheid.

Nay, Ernst Wilhelm. Abstrakter Maler.
* 11.6.1902 Berlin. Schüler von Karl Ho-

fer. Juli 1937 in der Schandschau *Entartete Kunst* in München vorgeführt, Beschlagnahmung von 10 seiner Werke (Rave). Im II. Weltkrieg als Kartenzeichner der Wehrmacht in Frankreich. Nach 1945 in Köln. 1955 Autor: *Vom Gestaltwert der Farbe.* † 8. 4. 1968 Köln.

Nedden, Otto zur. Chefdramaturg.
* 18. 4. 1902 Trier, Sohn eines Regierungspräsidenten. Assistent am Musikwissenschaftlichen Institut der Universität Tübingen, Landesleiter des *Kampfbunds für deutsche Kultur.* 1931 NSDAP. 1933 (bis 1944) Chefdramaturg am Deutschen Nationaltheater Weimar, 1936 zusätzlich Dozent in Jena. Goebbels am 5. 8. 1936 im Tagebuch: »Parteigenossen zur Nedden empfangen. Er soll unsere Musikabteilung übernehmen.« 1937 Vorlesung über »rassische Probleme der zeitgenössischen Musikpflege«. 1938 Direktor des Musikwissenschaftlichen Seminars und des Theaterwissenschaftlichen Instituts. 1944 zur Germanisierung verschleppter norwegischer Studenten im KZ Buchenwald. 1945 apl. Professor für Musik- und Theaterwissenschaft der Universität Jena. 1957 Lehrauftrag, 1961 apl. Professor für Theaterwissenschaft in Köln. Generalsekretär der Deutschen Shakespeare-Gesellschaft. Das *Deutsche Bühnen-Jahrbuch* zum 65. Geburtstag: »Besondere Verdienste um die Förderung des Dramatikernachwuchses.« 1993 (sic) Herausgeber von *Reclams Schauspielführer.* † 23. 10. 1994 Dortmund. Lit.: Studien Jena.

Negri, Pola (Künstlername). Stummfilm-Vamp.
* Möglicherweise 3. 1. 1897 Lipno in Polen (Angaben zu Geburtsdatum und Geburtsort differieren). 1919 im deutschen Stummfilmklassiker *Madame Dubarry.* Ab 1922 Erotik-Stummfilmstar in Hollywood (*Madame Bovary*), infolge ihres starken Akzents Ende ihrer US-Karriere bei Aufkommen des Tonfilms. Zwischen 1935 und 1938 in sechs deutschen Filmen, darunter das Künstlermelodram *Mazurka* (1935). Goebbels am 23. 4. 1937 im Tagebuch: »Die Frau hat in ihrem Leben viel geliebt.« Peter Kreuder: »Sie beherrschte viele Sprachen, aber jede gleich mangelhaft.« 1938 letzter Film: *Die Nacht der Entscheidung.* Nach Kriegsbeginn 1939 in Südfrankreich, 1941 USA. Grundstücksmaklerin in San Antonio in Texas. 1964 *Filmband in Gold.* † 1. 8. 1987 San Antonio.

Neher, Caspar. Bühnenbildner.
* 11. 4. 1897 Augsburg. Jugendfreund Brechts. Ausstatter zahlreicher Brecht-Inszenierungen, so am 31. 8. 1928 der Uraufführung der *Dreigroschenoper* am Berliner Theater am Schiffbauerdamm. 1934 (bis 1941) Städtische Bühnen Frankfurt am Main, 1934 (bis 1944) zugleich am Deutschen Theater in Berlin. *Meyers Lexikon* 1940: »Einfallsreiche Bühnenbilder.« 1944 Staatsoper Hamburg. 1946 in Zürich, ab 1947 in Wien sowie Salzburger Festspiele. 1958 an der Akademie der bildenden Künste Wien. † 30. 6. 1962 Wien. Nachruf *Deutsches Bühnen-Jahrbuch:* »Mehr als ein Bühnenbildner ... ein gestaltender Bühnendramaturg.«

Nelson, Rudolph, eigentlich Lewysohn. Pianist und Komponist, Meyerinck: »Ein großer Mann am Himmel des Cabarets«.
* 8. 4. 1878 Berlin. 1907 (bis 1914) Direktor des *Chat Noir* in Berlin. 1908 Operette *Miß Dudelsack.* 1910 Gründung des Metropol-Kabaretts. 1914 Leiter des Nelson-Theaters (Revuen). 1933 Flucht in die Schweiz, Leiter eines Kabaretts in Zürich, später eines Revue-Theaters in Amsterdam. Geschützt durch die Ehe mit der »arischen« Schauspielerin Käthe Erlholz. Fünf Wochen im Lager Westerbork. 1949 Leiter der Nelson-Revue-Gastspiele in Berlin. † 5. 2. 1960 Berlin.

Nesch, Rolf. Maler.
* 7. 1. 1893 Oberesslingen in Württemberg. Der Expressionisten-Gruppe *Die Brücke* nahestehend. Freischaffend in Berlin und Hamburg. Oktober 1933 Flucht nach Norwegen. In der NS-Zeit Beschlagnahmung von 83 seiner Werke als »entartete Kunst«. 1946 norwegischer Staatsbürger. † 27. 10. 1975 Oslo.

Nettesheim, Constanze. Kammersängerin (Sopran).

* 12.10.1900 Düsseldorf. Ab 1932 am Deutschen Opernhaus Berlin. 1938/39 auch Staatsoper Wien. Goebbels am 6.4.1936 im Tagebuch: »Abends Essen des Reichskultursenats … Schlusnus und Nettesheim singen.« Goebbels am 13.8.1936 über eine Gesellschaft beim Führer: »Schlusnus, Ludwig, Nettesheim, Bockelmann und Manowarda singen. Ein einziger Zauber von schönen Stimmen.« Nach 1945 nur noch gelegentlich Auftritte als Konzertsängerin. † 15.10.1965 Stuttgart.

Netto, Hadrian Maria. Auf der *Gottbegnadeten-Liste* der Schauspieler, die für die Filmproduktion benötigt werden.

* 6.6.1885 Leipzig. 1921 an Trude Hesterbergs Kabarett *Wilde Bühne*. Zwischen 1933 und 1945 in 29 Episodenrollen, darunter 1937 der Harlan-Film *Mein Sohn, der Herr Minister* (für Goebbels »eine geistvolle Verhöhnung des Parlamentarismus«), 1938 Propagandafilm *Pour le Mérite*, 1940 Gründgens-Film *Zwei Welten* sowie der Hetzfilm *Die Rothschilds.* † 12.11.1948 Berlin.

Neufert, Ernst. Auf der *Gottbegnadeten-Liste* (Führerliste) der wichtigsten Architekten des NS-Staates.

* 15.3.1900 Freyburg/Unstrut. Schüler von Gropius. 1925 Professor der Bauhochschule Weimar. 1930 Leiter der Bauabteilung der Ittenschule. 1943 Reichsbeauftragter zur Durchführung der Bau-Normung. 1946–1965 Lehrstuhl TH Darmstadt. † 23.2.1986 Bugnaux, Kanton Waadt.

Neugebauer, Alfred. Auf der *Gottbegnadeten-Liste* der Schauspieler, die für die Filmproduktion benötigt werden.

* 27.12.1888 Wien. 1920 Erster Liebhaber am Wiener Raimundtheater, ab 1926 am Theater in der Josefstadt. 1938 zum »Anschluß« Österreichs (DÖW): »Geeintes deutsches Volk – geeinte deutsche Kunst! Ein unvorstellbar beglückender Aspekt.« März 1943 in der Liebeskomödie *Frauen sind keine Engel* sowie im Filmschwank *Kohlhiesels Töchter*. 1947 Titel Professor, Lehrer an der Staatsakademie Wien. † 14.9.1957 Wien. Nachruf *Deutsches Bühnen-Jahrbuch*: »Ein Begriff für das Theaterpublikum.«

Neumann, Alfred. Schriftsteller.

* 15.10.1895 Lautenburg in Westpreußen. 1918 Dramaturg der Münchner Kammerspiele. 1921 Dr. phil. 1926 Kleist-Preis für Roman *Der Teufel*. Nach Machtergreifung 1933 Wohnort Fiesole in Italien. 1938 Wechsel nach Nizza. 1941 USA, Filmautor in Hollywood, befreundet mit Thomas Mann, dem er seinen Roman *Das Kaiserreich* widmete (1936). 1949 Wechsel in die Schweiz. † 3.10.1952 Lugano. Thomas Mann: »Ich hatte keinen getreueren [Freund].«

Neumann, Erich Peter. Journalist.

* 14.7.1912 Breslau. NSDAP. Ressortleiter Innenpolitik (Pseudonym Hubert Neun) von Goebbels' Renommierblatt *Das Reich*, von Hitler 1942 gelobt: »Prachtvoll ist die Zeitung ›Das Reich‹.« Ab 1941 Kriegsberichterstatter. Im März 1941 über die Juden im Warschauer Ghetto: »Es mag wohl kaum einen Ort des Kontinents geben, der einen so plastischen Querschnitt durch die Disziplinlosigkeit und Verkommenheit der semitischen Rasse vermittelt. Mit einem Blick kann man hier die ungeheure abstoßende Vielfalt aller jüdischen Typen des Ostens überschauen; eine Ansammlung der Asozialen.« 1946 mit Ehefrau Elisabeth Nölle-Neumann (ehemalige *Reich*-Mitarbeiterin) Gründung des *Instituts für Demoskopie* in Allensbach am Bodensee. 1961–1965 MdB (CDU). † 12.6.1973 Bad Godesberg an Herzinfarkt. Q.: Frei/Schmitz.

Neumann, Günter. Kabarettist und Komponist.

* 19.3.1913 Berlin. Ab 1929 an den Berliner Kleinkunstbühnen *Die Katakombe* und *Kabarett der Komiker*. 1939 Drehbücher zu den Filmen *Paradies der Junggesellen* und dem laut Goebbels »sehr netten Volksfilm« *Sommer, Sonne, Erika*, 1942 zu *Himmel, wir erben ein Schloß*. Im Krieg

Truppenbetreuer und Gründer eines Fronttheaters. Verheiratet mit Tatjana Sais. Dezember 1948 Gründer des Kabaretts *Günter Neumann und seine Insulaner* (Westpropaganda im Kalten Krieg) des *Rundfunks im amerikanischen Sektor* (RIAS). Filmdrehbuch unter anderem zu Kurt Hoffmanns *Das Wirtshaus im Spessart* (1957). † 17. 6. 1972 München (Weniger).

Neumann, Karl August. Sänger (Bariton). * 1897 Wuppertal. Sohn eines Indologen. 1928 Opernhaus Leipzig. 1930 Titelheld in der Uraufführung von Kreneks Oper *Das Leben des Orest.* Ab 1933 Staatsoper Berlin, als Beckmesser in Wagners *Meistersingern* bei den Bayreuther Festspielen im selben Jahr. 1936 zunächst Berufsverbot, da seine Frau Irma Growi »Volljüdin«. 1941 als Melot im *Tristan* an der Grand Opéra im besetzten Paris. Sommer 1944 Verhaftung wegen Vorbereitung zum Landesverrat, am 12. 10. 1944 vom Volksgerichtshof zu drei Jahren Haft verurteilt (Schrader). Nach dem Krieg führte er Klage, daß seine Stelle inzwischen mit Domgraf-Faßbaender (NSDAP 1933) und Eugen Fuchs (NSDAP 1931) besetzt war. † 18. 9. 1947 Berlin.

Neumeister, Wolf. Auf der Liste der von Goebbels zugelassenen Filmautoren (1944). * 10. 5. 1897 Dresden. 1939 Drehbuch zum Jagdfliegerfilm *D III 88* über »die fiebernde Vaterlandsliebe der Waffe« (Tobis-Pressetext). 1940 antibritischer Film *Der Fuchs von Glenarvon*, Goebbels: »Sehr gut für unsere Propaganda zu gebrauchen.« Mitarbeit am Drehbuch zum antipolnischen Film *Kampfgeschwader Lützow*, Uraufführung am 28. 2. 1941, anwesend Goebbels und Himmler. 1943 Betriebsspionage-Propagandastreifen *Die goldene Spinne*. Nach 1945 Zweiter Vorsitzender des Verbands deutscher Filmautoren. Filme wie *So ein Affentheater* (1953), 1964 letzter Film: *Der Satan mit den roten Haaren*. † 12. 8. 1984 München.

Neuß, Alwin. Laut Fachblatt *Kinematograph* vom 4. 4. 1933 Beitritt zur *NSBO-Zelle deutschstämmiger Filmregisseure* (*NS-Betriebszellen-Organisation*). * 17. 6. 1879 Köln. Stummfilmveteran, unter anderem 1927: *Am Rüdesheimer Schloß steht eine Linde.* 1933 bereits in Vergessenheit geraten. † 29. 10. 1935 Berlin.

Neusser. Erich von. Produktionsleiter. * 23. 10. 1902 Brünn. Laut Weniger früher Parteigänger der NSDAP. Verjagte am 1. 4. 1933, dem Tag des *Judenboykotts*, den jüdischen Regisseur Gerron während der Dreharbeiten (geschildert bei Liebe). 1935 Herstellungsgruppenleiter der Ufa. Goebbels am 20. 3. 1937 im Tagebuch: »Kein Kirchenlicht, aber ich werde ihm doch etwas helfen.« Nach der Besetzung Österreichs 1938 stellv. Produktionsleiter der Wien-Film. 1939 Produktionschef des Harlan-Films *Mein Sohn, der Herr Minister*, für Goebbels »eine geistvolle Verhöhnung des Parlamentarismus«. 1941 Hetzfilm *Heimkehr* zur Rechtfertigung des Überfalls auf Polen: laut Moeller (Filmstars) übertrifft er in seiner »rassistischen Raserei« sogar *Jud Süß.* 1944 Herstellungsgruppenleiter der Prag-Film. 1949 Beethoven-Film *Eroica*, 1953 *Kaiserwalzer*, 1955 letzter Film: *Symphonie in Gold.* † 28. 8. 1957 Wien.

Newels, Josef. Musikerzieher. * 16. 8. 1893 Bentheim. Hauptlehrer in Münster. 1933 Komponist und Texter: *Es klingt und singt in deutschen Gauen*, Textprobe: »Aus dunkler Nacht zu hellem Licht/hat Hitler uns geführt./Wer allzeit dient und kämpft und opfert,/hat seinen Geist verspürt.« 1937 NSDAP. † 30. 11. 1962 Münster. Q.: Prieberg, Handbuch.

Newlinski, Michael Ritter von. Schauspieler, Akrobat, Kabarettist. * 21. 6. 1891 Wien. Zwischen 1933 und 1945 Nebenrollen in 40 Filmen. 1941 im Film *Stukas*, eine martialische Sturzkampfflieger-Hymne. Im Krieg hauptsächlich Truppenbetreuung. Ab 22. 7. 42 Gastspiel seiner *Bunte Frontbühne von Ne-*

wlinski in Lublin, ab 5. 8. 1942 in Lemberg. Nach 1945 beim RIAS Berlin. 1951 letzter Film: *Der bunte Traum.* † 14. 8. 1964 Berlin.

Ney, Elly. Auf der *Gottbegnadeten-Liste* (Führerliste) der wichtigsten Pianisten des NS-Staates.
* 27. 9. 1882 Düsseldorf. Tochter eines Feldwebels. 1927 Ehrenbürgerin von Bonn. Mai 1937 NSDAP, auch DAF, NSV, NS-Frauenschaft, Ehrenmitglied im Bund Deutscher Mädel (BDM). 1938 Auftritt bei den ersten (von Goebbels finanzierten) Salzburger Festspielen nach der Besetzung Österreichs. Ebenfalls 1938 Auftritt auf dem kulturpolitischen Arbeitslager der Reichsjugendführung in Weimar, Rede: »Die Jugend vertraut ihren Führern bedingungslos, weil diese sich die idealistischen, von Adolf Hitler vorgeschriebenen Ziele zueigen gemacht haben«. Am 14. 12. 1940 an Propagandaministerium über eine Reise ins besetzte Holland: »Es ist mir nicht sehr angenehm, daß ich dort im Hotel Central wohnen muß. Jedoch hoffe ich, daß sich dort keine Juden mehr aufhalten, so wie es früher war.« Befreundet mit Josef Weinheber (Ney: »Ein Gottbegnadeter«), der sie in seinem Opus *An Elly Ney!* betextete: »Da du die Kunst, oh ihre ganze Glut/ zur Mutter hast (ich stamm' aus gleichem Schoße),/verlangt mich lang' schon, Schwester dich zu nennen.« Am 28. 4. 1941 Konzert im besetzten Krakau in Anwesenheit von Generalgouverneur Frank (genannt *Polenschlächter*). Der Musikschriftsteller Reichelt 1941: »Wo sie auch den Flügel meistert, sei es im überfüllten Konzertsaal der Großstädte ... oder vor Schülern der HJ, dem BDM oder in Betrieben der Fabrik: die geniale Künstlerin offenbart immer das Geheimnisse um das tiefste Wesen aller Musik und wird so zur Priesterin der deutschen Kunst.« NS-Ehrungen: Zu *Führers Geburtstag* 1937 von Hitler Titel Professor (»die große Interpretin und Hüterin des Erbes unseres Ludwig van Beethoven«). Ihr Danktelegramm: »Es wird weiterhin mein heißes Bestreben

sein, unserer Jugend die Einheit des gewaltigen Geschehens durch unseren Führer mit den erhabenen Schöpfungen unserer Meister nahezubringen.« 1942 telegrafischer Glückwunsch Hitlers zum 60. Geburtstag. 1943 Kriegsverdienstkreuz II. Klasse für Truppenbetreuung. 1952 Ehrenbürgerin von Tutzing (Wohnort). Gedichte an Ney schrieben außer Weinheber noch Hans Freiherr von Wolzogen, Heinrich Lersch, Agnes Miegel und Ina Seidel (»O selig, wem zu treuen Händen/Gott dieses Priesteramt verlieh«). 1957: *Erinnerungen und Betrachtungen. Mein Leben aus der Musik* (ohne Hinweis auf Nazi-Vergangenheit). † 31. 3. 1968 Tutzing. Nachruf *Deutsches Bühnen-Jahrbuch*: »Idealistische Interpretin deutscher Musik.«

Nick, Edmund. Komponist.
* 22. 9. 1891 Reichenberg in Böhmen. Dr. jur. 1921 Kapellmeister in Breslau, 1924 beim Schlesischen Rundfunk, 1933 Entlassung, da Ehefrau angeblich Jüdin (später Rehabilitierung, da nur »Halbjüdin«). 1934 Brief an Reichspropagandaministerium: »Ich entstamme einer reinarischen altpreußischen Soldatenfamilie ... Aufgewachsen im harten Sprachenkampfe Deutschböhmens, bin ich mit den nationalen Zielen der Regierung seit je eins.« 1936 Musikalischer Leiter am Berliner Theater des Volkes (Rechtsträger: Goebbels-Ministerium), Musik zum Heesters-Film *Das Hofkonzert* mit dem Schlager *Wunderschön ist es, verliebt zu sein.* Im Krieg Musik zu vier Filmen, darunter der Heesters-Streifen *Die lustigen Vagabunden.* 1947 Chefdirigent der Bayerischen Staatsoperette. 1949 Professor der Staatlichen Musikhochschule München. 1952 (bis 1957) Leiter der Musikabteilung des WDR. 1954 Gründer der *Capella Coloniensis.* 1961 Musikkritiker *Die Welt* und 1962 (bis 1973) *Süddeutsche Zeitung.* 1965 stellv. Präsident des Deutschen Komponistenverbandes. † 11. 4. 1974 Geretsried.

Niedecken-Gebhard, Hanns. 1940 von Goebbels mit der Leitung der *Deutschen*

Tanzbühne betraut, einer dem Propagandaministerium nachgeordneten Dienststelle.
* 4.9.1889 Oberingelheim am Rhein. 1927 Regisseur an der Staatsoper Berlin. 1931 Regieassistent der Metropolitan Opera New York. März 1933 Rückkehr. Experte für Massen- und Festspielinszenierungen, so 1936 zu den Olympischen Spielen in Berlin. Förderer der Thingspiele. 1941 Professor der Musikhochschule Leipzig. 1947 Professor der Theaterwissenschaft in Göttingen. † 7.3.1954 Michelbach im Odenwald.

Niekisch, Ernst. Schriftsteller, laut Bronnen »der beste Kopf der radikalen Rechten«.
* 23.5.1889 Trebnitz in Schlesien, Sohn eines Feilenhauers. Volksschullehrer in Augsburg. 1919 Vorsitzender des Revolutionären Zentralrats der Arbeiter, Bauern und Soldaten in München. 1926 (bis 1934) Herausgeber der Zeitschrift *Der Widerstand* (antiwestliche, prosowjetische Propaganda). Führer der Splittergruppe der *Nationalbolschewisten*. 1931 Studie *Hitler – ein deutsches Verhängnis*. Goebbels am 7.1.1931 im Tagebuch: »Niekisch der typische proletarische Bonze ... Nein, dieser Mann könnte uns nur belasten. Weg damit!« 1937 Verhaftung wegen Aufbaus von Widerstandszellen, 1939 vom Volksgerichtshof zu lebenslang Zuchthaus verurteilt. Inhaftiert in Brandenburg-Görden. 1948 Soziologieprofessor der Humboldt-Universität Ost-Berlin mit Wohnsitz in West-Berlin (Barth), SED. 1949 Mitglied der Volkskammer. Niederlegung aller Ämter nach der Niederschlagung des Arbeiteraufstands vom 17. Juni 1953. † 23.5. 1967 West-Berlin. Lit.: Wistrich.

Niekrawietz, Hans. Schriftsteller.
* 8.2.1896 Oppeln in Oberschlesien. Laut *Meyers Lexikon* (1940) schrieb er Gedichte »als Bekenntnis zu Landschaft und Volkstum seiner schlesischen Heimat«. 1935 Gedichte *Kantate O/S* (Oberschlesien). 1936 *Bauern- und Bergmannsgesänge*. 1942 Gedichte *Unter Schlesiens Himmel.* NS-Ehrung: 1937 Schlesischer Literaturpreis. Nach 1945 im Verband der heimatvertriebenen Kulturschaffenden. 1968 Oberschlesischer Kulturpreis, 1980 *Bundesverdienstkreuz.* † 27.4.1983 Wangen im Allgäu.

Niel, Herms, eigentlich Hermann Nielebock. Goebbels: »Gestalter unserer populärsten Massenkriegsgesänge.«
* 17.4.1888 Nielebock bei Potsdam. Militärmusiker. Mai 1933 NSDAP. Obermusikzugführer des Reichsmusikzugs des Reichsarbeitsdienstes (RAD), Komponist und Texter zahlreicher Soldaten- und Kriegslieder, darunter 1937: *Es ist so schön, Soldat zu sein!* 1940 Fliegermarsch *Und Hermann Göring heißt er.* Goebbels am 17.5.1940 im Tagebuch: »Ich suche ein neues Lied gegen Frankreich ... Anacker soll es dichten, Herms Niel es komponieren.« Das Frankreichlied trug den Titel *Kamerad, wir marschieren im Westen*, Text: »Wir kommen und schlagen in Scherben/ ihre alte, verrottete Welt.« Am 1.12.1940 Auftritt mit seinem RAD-Musikzug im 50. *Wunschkonzert für die Wehrmacht*, Goebbels' Radiosendung zwecks Hebung der Truppenmoral und Leidensbereitschaft der Heimatfront. März 1941 mit RAD-Musikzug im antibritischen Kolonialfilm *Carl Peters.* 1942 Komposition zum Ostfeldzug: *Im Osten pfeift der Wind*, Textanfang: »Als Soldaten Adolf Hitlers ...« NS-Ehrung: Trotz Titelsperre zu *Führers Geburtstag* 1941 von Hitler Titel Professor, Anlaß: sein *Balkanmarsch* zum Südost-Feldzug, beginnend am 6. April 1941 mit der Bombardierung Belgrads. † 16.7.1954 am Wohnort Lingen/Ems.

Nieland, Hans. Geschäftsführender Reichsfilmintendant (ab März 1943).
* 3.10.1900 Hagen. Dr. rer. pol. 1926 NSDAP, Nr. 33333 (!). 1930 (bis 1933) MdR. 1932/33 NSDAP-Gauleiter Gau Ausland. 1933 kurz Polizeipräsident Hamburg, SS (Nr. 61702), Hamburger Staatsrat. SS-Brigadeführer (1939). 1940 Oberbürgermeister der Stadt Dresden. † 29.8. 1976 Reinbek. Lit.: Lilla.

Nielsen, Asta. Dänische Stummfilmdiva. * 11.9.1881 Kopenhagen. Zuckmayer (Erinnerungen): »Die Magierin und Astarte der frühen Stummfilmzeit.« Ringelnatz: »Deine große Barfußmädchenseele,/ Asta, ewig lebt sie, webt und wird.« 1936 Rückkehr nach Dänemark. 1963 *Filmband in Gold*. † 25.5.1972 Kopenhagen an den Folgen eines Unfalls.

Nielsen, Hans. Schauspieler. * 30.11.1911 Hamburg. Ab 1937 in zahlreichen Filmen, darunter 1939 *Aufruhr in Damaskus*, ein Film vom »heroischen Kampf gegen die Macht englischen Blutgeldes an der arabisch-syrischen Front 1918«. 1941 Hauptrolle im NS-Euthanasiefilm *Ich klage an* (der von den Krankenmördern der Berliner T4-Zentrale teilfinanzierte Staatsauftragsfilm sollte den Widerstand der Bevölkerung gegen den Behindertenmord brechen). 1942 im Harlan-Film *Der große König* über Friedrich den Großen (»Am Sieg zweifeln, das ist Hochverrat!«). Nach 1945 in den Harlan-Filmen *Die blaue Stunde* (1953), *Anders als du und ich* (1957) und *Ich werde dich auf Händen tragen* (1958). † 13.10.1965 Berlin an Leukämie (DBJ).

Nierentz, Hans Jürgen. Der erste Intendant des deutschen Fernsehens. * 15.9.1909 Posen, Sohn eines Lehrers. 1930 NSDAP (Nr. 348118). 1932 Schriftleiter beim NS-Hetzblatt *Der Angriff*, Redakteur des Beiblatts *Der unbekannte SA-Mann*. 1934 Leiter der Abteilungen Kunst und Weltanschauung beim Reichssender Berlin. 1935 stellv. Reichsfilmdramaturg, 1936 Reichsfilmdramaturg. 1937 Intendant des Berliner Fernsehsenders Paul Nipkow, den anderen Reichssendern gleichgestellt. Goebbels am 13.4.1937 im Tagebuch: »Nierentz ist eine Niete.« Bronnen: »Die ›Maul auf und schrei!‹ Lyrik der ersten Jahre des Nationalsozialismus hatten ihm zahlreiche Gedichte entlockt.« Mitte 1939 ins Propagandaministerium abberufen. Ab 1940 bei Propagandakompanien. Liedtexter für die Wehrmacht: *Flieg, deutsche Fahne, flieg!* Gedicht *Der*

unbekannte Soldat, 1944 in der Anthologie *Lyrik der Lebenden* des SA-Oberführers Gerhard Schumann: »Nichts bleibt uns, als/gehorsam zu sein./Das Kommando hören,/den Befehl folgen,/die Pflicht tun,/ die Tat tun./Zu verbrennen im Krieg.« Laut Bronnen 1944 in Serbien umgekommen, laut Literatur-Kürschner »gefallen« (ohne Datum). Nach 1945 Theaterarbeiter im Volkstheater Millowitsch. 1947 Kölner Werbeagentur, 1948 bei Industriewerbung in Düsseldorf. 1951 selbständiger Werbeschriftsteller. † 16.1.1995 Düsseldorf. Lit.: Klingler.

Nies, Gustav. Kapellmeister. * 25.11.1895 Straßburg. Laut Prieberg 1931 NSDAP (Nr. 730130). Nach Stationen in Döbeln, Hannover, Dresden, Graz, Würzburg, 1942 an den Städtischen Bühnen Litzmannstadt (Lodz). Unter anderem geschlossene Vorstellungen für Wehrmacht, Polizei und NS-Organisationen (ab April 1940 vegetierten im Ghetto 160 000 Juden). Laut *Litzmannstädter Zeitung* 1942 Musik zur heiteren Revue *Bitte einsteigen! Litzmannstädter Bilderbogen*. Ab 1943 Operettenkapellmeister am Deutschen Opernhaus Prag. † Seit 1944 verschollen.

Niessen, Bruno von. Opernreferent der Reichstheaterkammer (1935). * 5.3.1902 Wiesbaden. Privatunterricht bei Elly Ney. 1926 Dramaturg der Städtischen Oper Hannover. 1933 in Berlin Regisseur der Städtischen Oper, der Staatsoper und der Volksoper. 1937 Intendant der Pfalzoper Kaiserslautern, ab Oktober 1938 am Gautheater Westmark in Saarbrücken. März 1942 im Auftrag des Reichspropagandaministeriums Inszenierung von Pfitzners *Palestrina* an der Großen Oper im besetzten Paris. Ab 1952 Staatstheater München. † 5.1.1981 Bonn.

Niessen, Carl. Hauptschriftleiter der Zeitschrift *Theater der Welt* (ab 1937). * 7.12.1890 Köln. 1929 Professor und Leiter des Instituts für Theaterwissenschaft der Universität Köln (in NS-Zeit korporatives Mitglied der Reichstheaterkammer). 1934 Autor: *Der Film, eine un-*

abhängige deutsche Erfindung. 1940 Autor: *Theater im Kriege.* 1949–1958 Herausgeber: *Handbuch der Theater-Wissenschaft.* † 6. 3. 1969 Lohmar bei Siegmar.

Niggeling, Willi. Konzertpianist und Komponist.

* 3. 2. 1900 Iserlohn. 1931 NSDAP (Nr. 575943). Laut einem Schreiben des Amts Rosenberg, Kulturpolitisches Archiv, vom 8. 7. 1942 will er 1932 in Horumersiel mit Hitler eine lange Unterredung über Musik geführt haben und nun Vorträge über *Judentum in der Musik* halten. 1950 Leiter der Musikabteilung im Ministerium für Volksbildung der DDR, Professor. 1952–1955 Direktor der Musikhochschule Weimar. 1959 an der Musikhochschule in Hannover, 1961 in Frankfurt am Main, 1964 stellv. Leiter. † 9. 4. 1973 Frankfurt.

Nikolaus, Paul, eigentlich Steiner. Kabarettist.

* 30. 3. 1894 Mannheim. Einer der profiliertesten Conférenciers der Weimarer Republik. Auftritte im *Kabarett der Komiker*, im *Tingel-Tangel* und *Varieté Scala*. Nach Hitlers Machtergreifung Flucht in die Schweiz. † Suizid 31. 3. 1933 Zürich.

Nipkow, Paul. Ehrenpräsident der neugegründeten Fernsehgemeinschaft der Reichsrundfunkkammer (1935).

* 22. 8. 1860 Lauenburg in Pommern. Ingenieur. Erfinder eines elektrischen Teleskops auf dem Wege zur Entwicklung des Fernsehens. † 24. 8. 1940 Berlin. Goebbels am 29. 8. 1940 im Tagebuch: »Für Nipkow ... setzt der Führer ein Staatsbegräbnis an.« Der *Deutsche Fernsehsender Paul Nipkow* in Berlin-Grunewald kam über das Experimentierstadium nicht hinaus.

Nissen, Hans Hermann. Auf der *Gottbegnadeten-Liste* (Führerliste) der wichtigsten Künstler des NS-Staates.

* 20. 5. 1893 Zippnow bei Danzig. Bariton, Wagner-Sänger. 1925 (bis 1967) an der Staatsoper München. 1938 Kammersänger. Diensttagebuch Generalgouverneur Frank, Krakau, am 24. 2. 1943: »Tee mit Liedervortrag von Kammersänger Nissen.« Drewniak (Theater): Auftritt

beim Krakauer *Theater der SS und der Polizei.* 1943 Bayreuther Kriegsfestspiele. Das *Deutsche Bühnen-Jahrbuch* zum 65. Geburtstag: »Einer der profiliertesten Wagner-Interpreten.« † 29. 3. 1980 München.

Noatzke, Gerhard. *Kommissar für die Entjudung der Kulturwirtschaft* (Verlage) des Reichspropagandaministeriums (Dezember 1938).

* 21. 8. 1905 Dissen als Lehrerssohn. Buch- und Kunsthändler. 1925 SA, Stabsführer der SA Pommern. 1927 NSDAP (Nr. 55107). 1931 NSDAP-Kreisleiter Lausitz-Mitte. 1936 Personalreferent und Referatsleiter Abstammungsnachweis der Reichsmusikkammer. 1937 SS (Standartenführer). »Arisierer« und »Treuhänder« jüdischer Verlage. 1940 Gebietskommissar Nordnorwegen. 1943 beim 3. Germanischen SS-Panzerkorps. † 10. 12. 1969 Homburg/Saar. Lit.: Fetthauer; Prieberg.

Nobbe, Ernst. Generalmusikdirektor (GMD).

* 23. 12. 1894 Wuppertal. Dr. phil. 1927 Erster Kapellmeister am Deutschen Nationaltheater Weimar. 1932 GMD am Staatstheater Schwerin, 1933 erneut Nationaltheater Weimar. 1935 Aufnahme ins *Führerlexikon.* 1937 Generalintendant am Landestheater Altenburg, Berater Hans Zieglers zur Schandschau *Entartete Musik.* † 7. 11. 1938 Altenburg an Herzschlag.

Nobbe, Uwe Lars. Herausgeber der auslandsdeutschen Buchreihe *Ringendes Deutschtum.*

* 25. 2. 1895 Lüneburg. Schriftsteller. 1932 Roman: *Rufer des Reiches.* 1937 Roman: *Kriegsfreiwillige.* † Vermißt seit März 1945.

Noell, Werner. SS-Obersturmbannführer (1941).

* 28. 9. 1906 Koschmin. Mai 1933 NSDAP. April 1943 SS (Nr. 463095). Mai 1943 Chef Amt C V (Zentrale Bauinspektion) im SS-Wirtschafts-Verwaltungshauptamt, zugleich Chef Amt Bauten beim *Reichskommissar für die Festigung Deutschen Volkstums* (Himmler). Sonderkommando 1005 zur *Enterdung* der Massengräber nach der Judenvernichtung (Zentralkartei ZSt).

Nach 1945 Baudirektor, Leiter des Städtischen Hochbauamts Kassel. † 7. 4. 1987 Kassel.

Nölle, Fritz. Schriftsteller.

* 19. 5. 1899 Lüdenscheid. Lehrer in Dortmund. Autor von Romanen wie *Das Haus der Väter* (1934) oder *Sikkingens Ring* (1942). 1936 im SS-Blatt *Das Schwarze Korps* Weihegedicht *Der Führer.* »Und stille wurden rings im weiten Rund,/und über ihnen war's als neigte sich/die Gottheit selbst und sprach:/Nun seid ein Volk!« 1950 Roman: *Liebe auf dem Lande.* † 1980 Lüdenscheid.

Noldan, Svend. Trickfilmer.

* 25. 4. 1893 Bad Nauheim. Schulfreund Piscators, Kontakte zu Dada-Künstlern. 1922 eigene Produktionsfirma für Industrie- und Werbefilme (BASF, Kali-Syndikat). Arbeiten für die *Nationalsozialistische Kulturgemeinde*. 1934 DAF-Film *Schönheit der Arbeit*. Trickaufnahmen für Leni Riefenstahls Filme und die Wehrmachts-Propagandastreifen *Feldzug in Polen* (1939) und *Sieg im Westen* (1941). 1940 Trickaufnahmen für den Haßfilm *Der ewige Jude*, mit Aufnahmen aus dem Ghetto Lodz und einem Kommentar, der Juden Ratten gleichsetzt: »Sie stellen unter den Tieren das Element der heimtückischen, unterirdischen Zerstörung dar. Nicht anders als die Juden unter den Menschen.« Nach 1945 zunächst Berufsverbot. BASF-Film *Kleine Laus – ganz groß* (1952). † 1. 5. 1978 Darmstadt. Lit.: Zimmermann/ Hoffmann.

Nolde, Emil, eigentlich Emil Hansen. Maler.

* 7. 8. 1867 Nolde bei Tondern. 1920 bei der Gründung der NSDAP Nordschleswig Parteimitglied geworden (Rave). Goebbels am 29. 8. 1924 im Tagebuch über einen Besuch im Kölner Wallraf-Richartz-Museum: »Eine spanische Tänzerin von Nolde. Wunderbare Farben. Ein köstliches, sattes Rot.« Wistrich: »Als Hitler an die Macht kam, begrüßte Nolde diese Erhebung gegen die Macht der Juden, die in sämtlichen Künsten die Herrschaft an sich

gerissen hätten, und erwartete, nun als deutschester aller Künstler gefeiert zu werden.« Speer in seinen Erinnerungen: »Von Eberhard Hanfstaengel, dem Direktor der Berliner Nationalgalerie, lieh ich zur Ausschmückung der Goebbelsschen Wohnung einige Aquarelle von Nolde aus. Goebbels und seine Frau akzeptierten sie mit Begeisterung – bis Hitler zur Besichtigung kam, sie auf das schärfste mißbilligte.« Am 19. 8. 1934 Unterzeichner des *Aufrufs der Kulturschaffenden* zur Vereinigung des Reichskanzler- und Reichspräsidentenamts in der Person Hitlers: »Wir glauben an diesen Führer, der unsern heißen Wunsch nach Eintracht erfüllt hat.« In Fritschs Hetzwerk *Handbuch der Judenfrage* (1936) als expressionistischer »›Künstler‹ aus dem nichtjüdischen Lager« aufgeführt, der es verdiene, »als Mittäter an dieser Kulturschande mit den Juden zusammen genannt zu werden.« Juli 1937 in der Schandschau *Entartete Kunst* in München mit 36 Objekten vorgeführt, mit 1052 beschlagnahmten Werken ein Hauptopfer der NS-Kulturdiktatur. Ein Teil seiner Werke wurde bei der Gemäldeverbrennung (insgesamt 1004 Bildwerke, 3825 Aquarelle und Graphiken) am 20. 3. 1939 im Hof der Berliner Feuerwache vernichtet (Brenner). *Meyers Lexikon* 1940: »Seine Entartung zeigt sich am stärksten in seinen religiösen Bildern.« 1941 Ausschluß Reichskammer der bildenden Künste, Arbeitsverbot. † 15. 4. 1956 Seebüll.

Noller, Alfred. Generalintendant.

* 14. 3. 1898 Pforzheim. 1931 Intendant in Essen, Aktennotiz Gauleiter Terboven: »Schon vor der Machtübernahme hat er sich eindeutig zum Nationalsozialismus bekannt.« 1940 Generalintendant der Oper Hamburg, im Oktober zwecks Kulturpropaganda mit der Hamburger Oper und Philharmonie in Oslo (Norwegen war im April von deutschen Truppen überfallen worden). 1949 Oberspielleiter in Hannover, 1950 Generalintendant in Kiel. † 10. 3. 1967 Pforzheim.

Nonn, Konrad. Fachgruppenleiter Architekten und Ingenieure in Rosenbergs *Kampfbund für deutsche Kultur.*
* 28. 11. 1877 Landsberg/Warthe. Dr. Ing. SS-Nr. 383749. NSDAP-Nr. 411018. 1933 Buchautor: *Kampf gegen den Baubolschewismus* [Bauhaus] *auf ästhetisch-technischem und wirtschaftlichen Gebiet.* 1935 Lehrauftrag TH Berlin. Ministerialrat im Preußischen Finanzministerium. SS-Sturmbannführer (1941). † Verbleib unbekannt.

Nonveiller, Heinz. Schriftsteller.
* 9. 2. 1885 Graz. 1938 Gedichte *Letzte Götter*, Dank an Hitler im *Bekenntnisbuch österreichischer Dichter* zum »Anschluß« (Besetzung) Österreichs: »Wir konnten wieder, endlich wieder lieben –/*ihn* lieben, ach wie einen Gottgesandten/und doch schon längst erwarteten Bekannten.« 1952 Gedichte *Und die Erde hört zu blühen nimmer auf.* † 29. 3. 1955 Graz. Lit.: Scholdt.

Nossack, Hans Erich. Schriftsteller.
* 30. 1. 1901 Hamburg, Sohn eines Importkaufmanns. 1922 erstmals KPD, 1930 erneut. 1942 und 1944 einige wenige Gedichte in der *Neuen Rundschau.* Wichtiger Autor der Nachkriegsliteratur. † 2. 11. 1977 Hamburg. Lit.: Sarkowicz.

Nostitz-Wallwitz, Helene von, geb. von Beneckendorff und Hindenburg. Name Oktober 1933 unter dem Treuegelöbnis »88 deutsche Schriftsteller« für Adolf Hitler.
* 18. 11. 1878 Berlin. Mäzenatin, Gründerin mehrerer literarischer Salons. Kontakte zu zahlreichen Intellektuellen und zum Hochadel. 1924 Erinnerungen: *Aus dem alten Europa. Meyers Lexikon* 1940: »Reizvolle Erinnerungsbücher.« † 17. 7. 1944 Bassenheim bei Koblenz.

Nowak, Bruno, Pseudonym *Gottfried Rothacker.* Schriftsteller.
* 25. 6. 1901 Troppau. Dr. phil. 1934 Bauerndrama *Die Stedinger.* 1936 unter Pseudonym Roman *Das Dorf an der Grenze.* Weihegedicht *Volk und Führer* in Bühners Anthologie *Dem Führer:* »Du bist das

Meer, das uns, den Sand der Zeit,/umspült mit seiner Flut der Ewigkeit.« † 22. 3. 1940 Berlin.

Nürnberger, Siegfried. Schauspieler.
* 6. 2. 1901 Frankfurt am Main. Stationen: Deutsches Theater Berlin und Schauspielhaus Königsberg. 1943 Stellv. Intendant der Städtischen Bühnen Litzmannstadt/Lodz. Unter anderem geschlossene Vorstellungen für Wehrmacht, Polizei und Nazi-Organisationen (August 1944 vegetierten im Ghetto noch 60 000 von einst 160 000 Juden, die deportiert und ermordet wurden). Ab 1955 (bis zur Pensionierung) Intendant des Städtischen Theaters Mainz.

Nufer, Wolfgang. Dramaturg und SS-Obersturmführer.
* 31. 10. 1902 Rohrbach in Oberbayern. Schauspieler am Staatstheater Dresden. 1932 Mitbegründer und Hauptschriftleiter der Zeitschrift *Völkische Kultur.* Mai 1933 NSDAP, Kulturreferent der SS in Dresden, stellv. Landesleiter Sachsen des *Kampfbunds für deutsche Kultur.* 1933 in der Zeitschrift *Die Deutsche Bühne*: »Unser Theater wird wieder deutsch-völkisch sein im Sinne der nationalen Überlieferung und des deutschen Schicksals, nordisch-germanisch im Sinne der Rasse.« 1936 Theaterintendant in Freiburg. Auf Goebbels' Vorschlag 1942 Intendant des *Deutschen Theaters in den Niederlanden* in Den Haag, Rechtsträger: Der Reichskommissar für die besetzten niederländischen Gebiete. Gastspiele für deutsche Soldaten am Atlantikwall. September 1944 Flucht in die Schweiz. Nach 1945 Theaterintendant in Trier, von 1953 bis 1963 in Regensburg. † 3. 1. 1973 Haar bei München.

Nussbaum, Felix. Maler.
* 11. 12. 1904 Osnabrück. 1932 Stipendiat der Preußischen Akademie der Künste in der Villa Massimo in Rom. 1933 Entzug des Stipendiums wegen jüdischer Herkunft. Ab 1935 im belgischen Seebad Ostende, 1937 Wechsel nach Brüssel. Herbst 1942 in Brüssel untergetaucht. Malte die Verzweiflung verfolgter Juden, 1943

Selbstbildnis mit Judenpaß. Juni 1944 mit seiner Frau, der Malerin Felka Platek, verhaftet, Juli 1944 mit dem letzten Deportationszug von Mechelen nach Auschwitz verschleppt. † 9.8.1944 Auschwitz. Eigenes Museum, das Felix-Nussbaum-Haus des Kulturgeschichtlichen Museums in Osnabrück.

O

Oberborbeck, Felix. Landesleiter der Reichsmusikkammer im Gau Thüringen. * 1.3.1900 Essen, Sohn eines Musikdirektors. Dr. phil. 1925 Musikdirektor in Remscheid, 1930 Professor. Mai 1933 NSDAP. 1934 Direktor der Musikhochschule Weimar, Musikreferent im Thüringischen Volksbildungsministerium. Laut *Führerlexikon* im Deutschen Orgelrat. Chorgauführer in den Gauen Halle-Merseburg, Süd-Hannover-Braunschweig, Magdeburg-Anhalt, Thüringen. 1938 Direktor der Hochschule für Musikerziehung in Graz. 1941 Kriegsdienst. 1949 Professor der Pädagogischen Hochschule Vechta. Herausgeber der *Zeitschrift für Spielmusik.* † 13.8.1975 Vechta.

Oberkofler, Josef Georg. Schriftsteller. * 17.4.1889 St. Johann/Ahrntal in Südtirol. Bauernsohn. Dr. jur. Populäre historische Bauernromane wie *Sebastian und Leidlieb* (1926) oder *Der Baumwald* (1939). NS-Ehrung: 1939 Volkspreis für deutsche Dichtung. DBE:»Im Werk Oberkoflers erreicht die österreichische Blut-und-Boden-Literatur ihren Höhepunkt.« † 12.11.1962 Innsbruck.

Ode, Eric. Schauspieler. * 6.11.1910 Berlin, Sohn von Fritz Odemar. In Werner Fincks Kabarett *Die Katakombe* und in Schaeffers *Kabarett der Komiker.* Nebenrollen in zahlreichen Filmen, darunter: *Was Frauen träumen* (1933), *Charlys Tante* (1934), *Mädchenjahre einer Königin* (1936), *Ein hoffnungsloser Fall* (März 1939). Im Krieg Wehrmachtstourneen im besetzten Norwegen und in Frankreich. Februar 1945 im Filmlustspiel *Meine Herren Söhne,* einer der letzten Filme des Dritten Reiches. 1948 Oberspielleiter des RIAS, Regisseur von Filmen wie *Schlagerparade* (1953) oder *Heldentum nach Ladenschluß* (1955). 1968–1976 als Kommissar Keller in der ZDF-Fernsehserie *Der Kommissar.* Das *Deutsche Bühnen-Jahrbuch* zum 60. Geburtstag:»Ein Meister der unauffälligen Pointe.« † 19.7.1983 Weißbach am Tegernsee.

Odemar, Fritz. Auf der *Gottbegnadeten-Liste* der Schauspieler, die für die Filmproduktion benötigt werden. * 31.1.1890 Hannover. Vater von Eric Ode. 1931 in Fritz Langs Erfolgsfilm *M – Eine Stadt sucht einen Mörder.* In der NS-Zeit in 92 Filmen, darunter 1935 das preußische Unterwerfungs-Lehrstück *Der alte und der junge König,* 1937 NS-Propagandastreifen *Togger,* 1941 antibritische Kolonialfilm über den deutschen Sklaventreiber *Carl Peters* sowie der Käutner-Film *Auf Wiedersehen, Franziska!* 1942 *Kleine Residenz.* Liiert mit Margot Hielscher. Nach 1945 mit Hielscher GI-Truppenbetreuung. An der Kleinen Komödie in München. † 6.5.1955 ebenda. Lit.: Drewniak, Film.

Oehler, Richard. Archivar des Nietzsche-Archivs. * 27.2.1878 Heckholzhausen bei Weilburg/Lahn. Dr. phil. Major. NSDAP, Kulturwart, in Rosenbergs *Kampfbund für deutsche Kultur, Förderndes Mitglied SS.* Vetter von Friedrich Nietzsche, laut Graf Kesslers Tagebuch vom 18.3.1926 ein »vierschrötiger, aber kultivierter Mann«. 1927–1945 Direktor der Städtischen und Universitätsbibliotheken Frankfurt am Main. Ab 1934 Herausgeber einer Nietzsche-Gesamtausgabe. † 13.11.1948 Wiesbaden.

Oehlmann, Werner. Musikkritiker. * 15.2.1901 Schöppenstedt bei Braunschweig. Ab 1940 Autor in Goebbels' Renommierblatt *Das Reich.* Am 2.11.1941 Artikel *Verwandelter Osten* über eine Reise ins Generalgouvernement: »Der Sieg des Deutschtums ist ein Sieg des Geistes, eines wehrhaften, herrischen Geistes, der über Feuer und Eisen gebietet … Die Juden, überall in eigenen Wohnvierteln konzentriert, sind praktisch als politisch völkisches Element schon ausgeschaltet.« Ab 1950 Musikkritiker *Der Tagesspiegel*, Berlin. † 24.7. 1985 Bitburg. Q.: Prieberg.

Oertzen, Jaspar von. Auf der *Gottbegnadetenliste* der Schauspieler, die für die Filmproduktion benötigt werden.
* 2.1.1912 Schwerin. Unter anderem 1938 im Film *Kameraden auf See* über die deutsche Kriegsmarine im spanischen Bürgerkrieg und im *staatspolitisch besonders wertvollen* Opus *Bismarck*, am 6.12. 1940 in Anwesenheit von Goebbels uraufgeführt. 1942 im Harlan-Film *Der große König* und Januar 1945 in Harlans Durchhalte-Schnulze *Kolberg*. Nach 1945 Münchner Kammerspiele. 1956 Regieversuch mit der Lustspielklamotte *Sommerliebe am Bodensee*. 1980 Gründungsmitglied der Öko-Partei *Die Grünen*. 2004 Autor: *Wodurch sind wir in die ökologische Bedrohung gekommen?*

Offenbach, Josef (Künstlername). Auf der *Gottbegnadeten-Liste* der Schauspieler, die für die Filmproduktion benötigt werden.
* 28.12. 1904 Offenbach. Sattlerlehre. 1931 Mannheimer National-Theater. 1941 Bayerisches Staatsschauspiel München. 1943 im Liebesfilm *Reise in die Vergangenheit*, 1944 in der Ehekomödie *Ich brauche Dich*, in den Kriminalfilmen *Der Täter ist unter uns* sowie *Orientexpreß*. Nach 1945 Deutsches Schauspielhaus Hamburg und Städtische Bühnen Frankfurt am Main. Filme: *Des Teufels General* (1955), *Der Hauptmann von Köpenick* (1956), *Jungfrau aus zweiter Hand* (1966). † 15.10. 1971 Darmstadt. Nachruf *Deutsches Bühnen-Jahrbuch*: »Verhaltene, stets ganz menschliche Komik.«

Ohlischlaeger, Geno (Eugen). Kunstschriftleiter.
* 4.11. 1898 Viersen. Dr. jur. Juni 1941 Texter des *Stuka-Lieds* im Sturzkampffflie-

ger-Film *Stukas*: »Wir stürzen vom Himmel und schlagen zu./Wir fürchten die Hölle nicht und geben nicht Ruh'./Bis endlich der Feind am Boden liegt,/Bis England, bis England, bis England besiegt.« 1954 Gerichtsberichterstatter für SFB und RIAS. Mitglied der Deutschen Schiller-Stiftung. † 28.6. 1974 Berlin. Lit.: Courtade.

Olden, Balder. Schriftsteller, eigentlich Johann August Oppenheim.
* 26.3. 1882 Zwickau, Sohn eines Schriftstellers. Bei Ausbruch des I. Weltkriegs in Ostafrika, Einsatz in der deutschen »Schutztruppe« unter Lettow-Vorbeck. 1916–1920 in britischer Internierung. 1927 Roman *Ich bin Ich* über den Sklaventreiber Carl Peters. 1933 Flucht nach Prag, Autor: *Anbruch der Finsternis. Roman eines Nazi*. Sekretär des deutschen Exil-PEN. 1935 in Frankreich, 1941 in Argentinien, 1943 in Uruguay. † Suizid 24.10. 1949 Montevideo.

Olden, Hans, eigentlich Josef Brandl. Auf der *Gottbegnadeten-Liste* der Schauspieler, die für die Filmproduktion benötigt werden.
* 30.6. 1892 Wien. Ab 1928 am Wiener Volkstheater. In Filmen wie *Brillanten* (1937), *Das Glück wohnt nebenan* (1939) oder *Leinen aus Irland* (1939, Leiser: die Karikatur des jüdischen Untermenschen, eingebettet in eine Lustspielhandlung). Bühnenvorstand am Wiener Renaissance-Theater und Darsteller der Wiener Kammerspiele. Nach 1945 Filme wie *Küssen ist keine Sünd*, *Das doppelte Lottchen* (1950), *Drei Männer im Schnee* (1955). † 19.1. 1975 Traismauer in Niederösterreich.

Olden, Rudolf. Jurist und Schriftsteller.
* 14.1. 1885 Stettin. Dr. jur. Bruder von Balder Olden. Nach I. Weltkrieg Pazifist. 1924 Redakteur beim *Berliner Tageblatt*. Einer der Verteidiger Ossietzkys in dessen Hochverratsprozeß (1929 Publikation über geheime Aufrüstung der Luftwaffe), deshalb von rechts angegriffen. 1933 Flucht nach Prag, 1934 in England. 1935 Autor: *Hitler, der Eroberer. Die Entlarvung*

einer Legende. Ab 1936 Gastvorlesungen an der Universität Oxford. 1940 Einreisevisum USA. † 17.9. 1940 im Atlantik, sein Schiff wurde von deutschen U-Booten versenkt.

Oldenbourg, Friedrich. Verlagsbuchhändler.

* 18.7. 1888 München. Dr. phil. Ab 1921 Geschäftsführer der Firma R. Oldenbourg. 1930 (bis Mai 1934) Erster Vorsteher des *Börsenvereins der Deutschen Buchhändler*. Selbstgleichschaltung und »Entjudung«. Nicht NSDAP. Am 13.5. 1933 im *Börsenblatt* Mitunterzeichner der Erklärung: »Der Vorstand des Börsenvereins der Deutschen Buchhändler ist sich mit der Reichsleitung des *Kampfbunds für deutsche Kultur* und der Zentralstelle für das deutsche Bibliothekswesen darin einig geworden, daß die zwölf Schriftsteller Lion Feuchtwanger – Ernst Glaeser – Arthur Hollitscher – Alfred Kerr – Egon Erwin Kisch – Emil Ludwig – Heinrich Mann – Ernst Ottwalt – Theodor Plievier – Erich Maria Remarque – Kurt Tucholsky alias Theobald Tiger, Peter Panter, Ignaz Wrobel, Kaspar Hauser – Arnold Zweig für das deutsche Ansehen als schädigend zu erachten sind.« NS-Ehrung: Präsidialrat der Reichskulturkammer. 1935 Aufnahme ins *Führerlexikon*. † 31.5. 1941 München.

Oldenburg, Nikolaus Erbgroßherzog von. * 10.8. 1897 Oldenburg. Laut *Aufstellung derjenigen Parteigenossen, die Angehörige fürstlicher Häuser sind*: 1.5. 1937 NSDAP, Nr. 4 085803, Gau Schleswig-Holstein. Anmerkung: zur Zeit Hauptmann. Ehrenbürger von Rastede. † 3.4. 1970 Rastede.

Oldenburg, Sophie Charlotte Herzogin von. * 2.2. 1879 Oldenburg. In erster Ehe (1906–1926) verheiratet mit dem Kaisersohn Eitelfritz. Laut *Aufstellung derjenigen Parteigenossen, die Angehörige fürstlicher Häuser sind*: 25.6. 1930, Nr. 306888. † 29.3. 1964 Westerstede, Oldenburg.

Olias, Lothar. »Unterhaltungskomponist.« * 23.12. 1913 Königsberg als Architekten-

sohn. 1932 NSDAP (Nr. 1 478935). Komposition *SA-Totenmarsch*, 1933 Tonaufnahme mit der Kapelle des SS-Sturmbann XII, Textprobe: »Von fern zieht heran das Totenheer./Starr sind die Augen, geballt ist die Hand,/sie starben den Tod für's Vaterland.« Im Krieg Leiter des Fronttheaters *Die Knobelbecher*. Nach 1945 Musik zu Filmen wie *Das kann jedem passieren* (1952) oder *Ja, so ist das mit der Liebe* (1955). Ab 1957 Hauskomponist von Freddy Quinn. Schlagererfolge mit Titeln wie *Junge, komm bald wieder* oder *So ein Tag, so wunderschön wie heute*. † 21.10. 1990 Ascona.

O'Montis, Paul (Künstlername). Parodist und Entertainer. * 3.4. 1894 Budapest. An Berliner Kleinkunstbühnen. Schlager wie *Die Susi bläst das Saxophon*. Bekennender Homosexueller. Nach der Machtergreifung in Wien, Lodz und Prag, dort März 1939 Verhaftung. † 17.7. 1940 KZ Sachsenhausen. Q.: Weniger, Bühne.

Ondra, Anni, eigentlich Ondrakova. Tschechische Schauspielerin. * 15.5. 1902 Tarnow in Galizien. Galt als eine der schönsten Frauen des deutschen Kinos. 1933 Heirat mit Max Schmeling (1934 mit ihm im Film *Knock out*). Zwischen 1933 und 1943 in 19 Operetten- und Liebesfilmen, darunter *Flitterwochen* (1936) und *Ein Mädel vom Ballett* (1937). Laut Schmeling »mehr als einmal« Gast bei Hitler. Eva Braun am 26.3. 1935 im Tagebuch: »3 Stunden habe ich vor dem [Hotel] Carlton gewartet und mußte zusehen, wie er der Ondra Blumen kaufte und sie zum Abendessen eingeladen hat.« Goebbels am 19.5. 1936 im Tagebuch: »Frau Ondra bleibt bei uns zur Nacht.« Am 29.3. 1937: »Nachmittags kleine Teegesellschaft. Zerletts, Anny Ondra, Bildhauer Thorak, Breker und von Kalckreuth.« Letzter Film 1951: *Schön muß man sein*. 1970 *Filmband in Gold* für langjähriges und hervorragendes Wirken im deutschen Film. † 28.2. 1987 Hollenstedt bei Hamburg. Lit.: Sigmund.

Opel, Wilhelm von. Industrieller.
* 15.5.1871 Rüsselsheim. Geheimer Kommerzienrat. Mitglied der *Akademie für Deutsches Recht* (*Führerlexikon*). Am 24.3.1936 im Aufruf zur Reichstagswahl am 29. März: »Der Führer einte uns, der Führer erfüllte unsere Hoffnung, der Führer kämpft für unsere Ehre und Freiheit. Ihm unsere Arbeit, ihm unser Herz, ihm unsere Stimme!« Am 7.8.1937 feierte die Adam Opel AG ihr 75jähriges Bestehen mit ganzseitigen Zeitungsanzeigen: »Unser Dank gilt der nationalsozialistischen Regierung, deren starker Schutz und großzügige Förderung es uns ermöglichte, den Gedanken der Motorisierung in weiten Kreisen unseres Volkes Tat werden zu lassen.« † 2.5.1948 Wiesbaden.

Opfer, Fanny. Konzertsängerin.
* 24.9.1870 Berlin. Wohnort ebenda. Im *Lexikon der Juden in der Musik* gebrandmarkt. Deportiert am 17.8.1942 ins Ghettolager Theresienstadt. † 28.3.1944 ebenda.

Ophüls, Max, eigentlich Oppenheimer. Regisseur.
* 6.5.1902 Saarbrücken. Ursprünglich Bühnendarsteller (1925/1926 am Wiener Burgtheater). Am 6.3.1933 Uraufführung seines Rheinland-Films *Lachende Erben* mit Lizzi Waldmüller und Heinz Rühmann, bald verboten. Am 10.3.1933 Uraufführung der Schnitzler-Verfilmung *Liebelei* mit Magda Schneider und Gustaf Gründgens, ebenfalls bald verboten. Flucht nach Frankreich, 1941 bis 1948 USA. 1949 wieder in Paris, 1950 Uraufführung der Schnitzler-Verfilmung *Der Reigen*, 1955 letzter Film: *Lola Montez*. † 26.3.1957 Hamburg. Weniger: »Der Poet und Stilist unter Europas Filmemachern.«

Oppenberg, Ferdinand. Hauptabteilungsleiter für weltanschauliche Schulung im Stab der Reichsjugendführung.
* 24.10.1908 Duisburg. Justizangestellter. Mai 1933 NSDAP. 1935 chorisches Spiel: *Hämmer schwingen – Fahnen flattern*. Texter der Verse: »Wir sind aus gleichem Stamme,/aus eines Volkes Blut./Entfacht zur freien Flamme/der Herzen heiße Glut.« Nach 1945 Verlagsleiter in Duisburg. Herausgeber des Almanachs *Wald, Wild und Wir* sowie des Almanachs *Uns ruft der Wald*. † 1989. Lit.: Buddrus; Schonauer.

Oppermann, Theodor. Stellv. Präsident des Deutschen Automobilclubs (1933).
* 18.11.1889 Minden. 1916 Chefredakteur der *Landeszeitung* in Rudolstadt, von der Fürstlich Schwarzburgischen Regierung Titel Professor. 1931 NSDAP, SA. 1932 Autor: *Deutschland den Deutschen*, MdR. 1933 SA-Brigadeführer, Stellv. Führer des NS-Kraftfahrkorps (NSKK), Herausgeber des NSKK-Organs *Deutsche Kraftfahrt*. 1940 NSKK-Obergruppenführer. † Suizid 6.5.1945 Neunkirchen bei Ziegenhain. Lit.: Lilla.

Orel, Alfred. Musikwissenschaftler.
* 3.7.1889 Wien als Arztsohn. 1918 (bis 1940) Leiter der Musikabteilung der Wiener Stadtbibliothek. 1929 Professor. Zur Volksabstimmung zum »Anschluß« Österreichs April 1938: »Auch für die Musik unserer Heimat ist die große Zeit der Heimkehr ins Vaterland gekommen.« Nach der Besetzung Österreichs kommissarisch Leiter der Wiener Akademie für Musik und darstellende Kunst. 1940 Gründung des Instituts für Wiener Musikforschung. Mai 1938 in der Rosenberg-Zeitschrift *Die Musik*: »Die Fesseln wurden immer enger, immer unerträglicher, während eine Horde jüdischer Parasiten sich im alten Ruhm Wiens als Kulturstadt sonnte und daran war, den fruchtbaren Boden unserer Heimat in einen schmutzigen Pfuhl zu verwandeln, in dem sie sich behaglich grunzend wälzen konnten.« † 11.4.1967 Wien. Lit.: Wulf, Musik.

Orff, Carl. Auf der *Gottbegnadeten-Liste* (Führerliste) der wichtigsten Komponisten des NS-Staates.
* 10.7.1895 München. Kapellmeister in Mannheim (1915) und Darmstadt (1917), ab 1919 in München. Ab 1932 im Schott-Verlag Publikation seines umfangreichen *Orff-Schulwerks*, einer elementaren Mu-

siklehre, die weltweit Verbreitung fand. 1936 Auftragsarbeit *Olympischer Reigen,* aufgeführt zum Eröffnungsfestspiel der Olympischen Spiele in Berlin. 1937 in Frankfurt am Main Uraufführung seines Hauptwerks *Carmina Burana,* nach Texten einer Liederhandschrift des Klosters Benediktbeuern aus dem 13. Jahrhundert. 1939 im Auftrag der Stadt Frankfurt Komponist einer Ersatzmusik zu Shakespeares *Ein Sommernachtstraum,* da Felix Mendelssohns Musik nicht mehr aufgeführt werden durfte. Laut Prieberg vom Amt des Gauleiters und Reichsstatthalters Baldur von Schirach ab 1941 finanziell unterstützt. 1950 Professor der Akademie der Tonkunst München. 1953–1959 verheiratet mit der Schriftstellerin Luise Rinser. 1961 Leiter des Orff-Instituts am Salzburger Mozarteum. † 29.3.1982 München.

Orth, Arthur. Musikverleger und Komponist.

* 14.10.1885 Hermsdorf in Schlesien. Inhaber des Berliner Fidelio-Verlags. Komposition *Das Lied der Arbeit,* am 3.8.1933 »Herrn Dr. Joseph Goebbels in herzlicher Verehrung zugeeignet«, 1934 Tonaufnahme seiner mit dem Musikkorps der *Leibstandarte-SS Adolf Hitler,* Textprobe: »Kameraden, schließt die Reihen!/Ein mächtig Arbeitsheer./Dem Führer wir uns weihen«. † 5.12.1953 Berlin. Q.: Gillum; Prieberg.

Orthmann, Erich. Generalmusikdirektor.

* 17.8.1894 Ohligs im Rheinland als Arztsohn. Goebbels am 23.12.1930 im Tagebuch: »Orthmann. Ein klarer Kopf. Merken!« 1931 NSDAP (Nr. 474397). 1933 Generalintendant und Staatskapellmeister in Danzig. Ab 1935 Intendant, ab Mai 1944 Generalintendant der Volksoper Berlin (Rechtsträger: Goebbels-Ministerium), Aufnahme ins *Führerlexikon.* Zwecks Kulturpropaganda Gastdirigent am Opernhaus Riga im besetzten Lettland. † Suizid Mai 1945. Lit.: Drewniak, Theater.

Ortner, Eugen. Schriftsteller.

* 26.11.1890 Glaishammer bei Nürnberg. Unter anderem 1933 Volksstück *Jud Süß,*

1934 Bühnenwerk *Moor,* laut *Meyers Lexikon* 1940 ein »Volksstück vom Arbeitsdienst«. 1938 Kneipp-Roman *Ein Mann kuriert Europa.* † 19.3.1947 Traunstein.

Ortner, Hermann Heinz. Schriftsteller.

* 14.11.1895 Bad Kreuzen in Oberösterreich. Einer der meistgespielten österreichischen Dramatiker. 1933 NSDAP/SA Österreich. 1936 Mitbegründer und stellv. Vorsitzender der NS-Tarnorganisation *Bund der deutschen Schriftsteller Österreichs.* Januar 1941 Uraufführung seines Stücks *Veit Stoß,* eine Auftragsarbeit des Nürnberger Bürgermeisters zur Rechtfertigung des Raubs des Veit-Stoß-Altarschreins aus der Krakauer Marienkirche und der Überführung nach Nürnberg. 1943 Ausschluß NSDAP/SA, da er die jüdische Herkunft seiner ersten und zweiten Ehefrau verschwiegen hatte. Später erneut NSDAP. Von Zuckmayer zur Kategorie »Nazis, Anschmeißer, Nutznießer, Kreaturen« gerechnet: »Nach dem Zusammenbruch der Nazis wird er wieder sein Herz für Österreich und seine Devotion zum Katholizismus entdecken, die er beide in schmählichster Weise verkauft und verraten hat.« Nach 1945 Selbstdarstellung als Mitglied des Widerstands, Vizebürgermeister von Bad Kreuzen. † 18.8.1956 Salzburg während einer Aufführung von *Don Giovanni.*

Ossietzky, Carl von. Publizist.

* 3.10.1889 Hamburg. Pazifist, ab 1927 Schriftleiter der linken Zeitschrift *Die Weltbühne.* 1931 im *Weltbühne-Prozeß* wegen Landesverrats zu 19 Monaten Haft verurteilt, weil er in einem Artikel die geheime Aufrüstung der Reichswehr aufgedeckt hatte. Nach Reichstagsbrand Februar 1933 verhaftet, ins KZ Esterwegen verschleppt, Verbrennung seiner Bücher, Verbot der *Weltbühne.* Carl J. Burckhardt besuchte Ossietzky Oktober 1935 im Auftrag des Internationalen Roten Kreuzes. In seinen Erinnerungen *Meine Danziger Mission* heißt es: »Ein zitterndes, totenbleiches Etwas ... ein Auge verschwollen, die Zähne anscheinend eingeschlagen, er schleppte ein gebrochenes, schlecht ausgeheiltes Bein.« Goebbels am 25.11.1936 im Tagebuch: »Ossietzky hat den Friedensnobelpreis [für das Jahr 1935] erhalten. Eine freche Provokation.« † 4.5.1938 Gefängniskrankenhaus Berlin an den Folgen von Haft und Mißhandlung.

Ostermayr, Peter. Filmproduzent.
* 18.7.1882 Mühldorf. 1910 Gründer der Münchner Kunstfilm AG, später auch Emelka genannt, 1940 in der Ufa aufgegangen. Filme: *Der Klosterjäger* (1935), *Das Schweigen im Walde* (1937), *Der Edelweißkönig* (1938). *Beates Flitterwoche* (1939), Goebbels am 31.12.1939 im Tagebuch: »›Beates Flitterwoche‹, ein dummer Kitsch von Ostermayr.« Nach 1945: *Der Klosterjäger* (1953), *Das Schweigen im Walde* (1955), *Der Edelweißkönig* (1957). † 7.5.1967 München.

Osthoff, Helmuth. Musikwissenschaftler.
* 13.8.1896 Bielefeld, Sohn eines Bankdirektors. Dr. phil. 1932 Privatdozent in Berlin. 1937 NSDAP, auch NS-Dozentenbund. 1938 ao. Professor und Direktor des Musikwissenschaftlichen Instituts in Frankfurt am Main. Mitarbeit *Hauptstelle Musik* beim *Beauftragten des Führers für die Überwachung der gesamten geistigen und weltanschaulichen Schulung und Erziehung der NSDAP* Alfred Rosenberg. 1950–1964 Ordinarius in Frankfurt. † 9.2.1983 Würzburg. Lit.: de Vries.

Otto, Hans. Der erste im Dritten Reich ermordete Schauspieler.
* 10.8.1900 Dresden, Sohn eines sächsischen Staatsbeamten. Klassenkamerad von Erich Kästner. Rollentyp: Jugendlicher Held. 1924 KPD. 1930 am Staatstheater Berlin. Am 21.1.1933 in der Premiere von *Faust II* neben Werner Krauß und Gustaf Gründgens, Februar Kündigung, letzte Vorstellung am 23. Mai. Am 13.11.1933 Verhaftung durch SA. Nach Folter aus dem dritten Stock der Voßkaserne auf die Straße geworfen (Vortäuschung Selbstmord). † 24.11.1933 in einem Berliner Krankenhaus.

Otto, Hans-Georg. Oberbereichsleiter im Amt Rosenberg (1944).
* 24.3.1903 Bielefeld. 1929 NSDAP (Nr. 110402). Ab 1938 im Amt Rosenberg, 1939 Leiter der Hauptstelle Bücherei- und Katalogwesen, später im Hauptamt Wissenschaft sowie im Hauptamt Schulung und Erziehung. 1940 Herausgeber der Reihe *Schrifttumsbeiträge zur weltanschaulichen Schulungsarbeit*. Nach 1945 unter anderem Geschäftsführer in Kiel. † 22.3.1997 Friedrichstadt in Schleswig-Holstein.

Otto, Karl. Opernsänger.
* 25.6.1904 Frankfurt-Höchst. Bassist. Engagements in Pforzheim, Freiburg, Hannover, 1943 Staatsoper Hamburg. Am 22.8.1934 an Goebbels: »In aufrichtiger Verehrung ... erlaube ich mir, Sie sehr geehrter Herr Minister zu bitten, anliegende Komposition entgegen zu nehmen und zu gestatten, diesen Marsch im Geiste der Kämpfer für das dritte Reich zu betiteln: ›Heil Dr. Göbbels [sic] Heil!‹ Unserem Dr. Joseph Göbbels in Verehrung gewidmet.« 1937 NSDAP. 1963 in Hamburg zum Kammersänger ernannt. † 3.1.1990 Hamburg.

Otto, Paul, eigentlich Paul Otto Schlesinger. Schauspieler, Leiter der Fachschaft Bühne der Reichstheaterkammer (Oktober 1942).
* 8.2.1878 Berlin. 1937 von Hitler Titel *Staatsschauspieler*, im Propagandastreifen *Togger* (Moeller: »Voller NS-Parolen, antisemitischen Anspielungen und SA-Paraden«), 1938 im Luftwaffen-Aufrüstungsfilm *Pour le Mérite* (für Hitler der »bisher beste Film der Zeitgeschichte«), 1939 in *Robert Koch* und 1940 in *Der Fuchs von Glenarvon*. † Suizid 25.11.1943 Berlin, nachdem seine jüdische Identität und die seiner jüdischen Ehefrau, der Schauspielerin Charlotte Klinder, entdeckt worden war. Lit.: Liebe.

Ottwalt, Ernst. Einer jener zwölf Schriftsteller, die vom *Börsenverein der Deutschen Buchhändler* »als schädigend« gebrandmarkt wurden und nicht verbreitet werden durften.

* 13.11.1901 Zippnow in Westpreußen als Pfarrerssohn. Beteiligt am *Kapp-Putsch*, danach KPD (!). 1929 Buch über den Bruch mit seiner bürgerlichen Vergangenheit: *Ruhe und Ordnung. Roman aus der nationalgesinnten Jugend.* 1931 Justizroman: *Denn sie wissen, was sie tun.* 1933 Flucht über Dänemark, Tschechoslowakei in die Sowjetunion. 1936 Verhaftung in Moskau, Deportation nach Sibirien. † 24.8.1943 Archangelsk.

Oven, Wilfred (sic) von. Persönlicher Pressereferent von Goebbels (Juni 1943). * 4.5.1912 La Paz in Bolivien. Kriegskorrespondent für Hugenbergs Scherl-Verlag, Berichte von der *Legion Condor* in Spanien. Im II. Weltkrieg Leutnant, Propagandakompanie 689. 1950 im Dürer Verlag, Buenos Aires, Autor des zweibändigen Werks *Mit Goebbels bis zum Ende*, Textprobe Seite 50: »Ich habe von jeder der Unterhaltungen mit dem Minister Gewinn gehabt.« Vorwort: »Ich möchte keineswegs den Eindruck erwecken, als sei ich einer der ›Widerstandskämpfer‹ oder der ›Offiziere gegen Hitler‹ gewesen, die nach der Kapitulation wie die Pilze nach dem Regen aus der Erde schossen.« 1951 Südamerika-Korrespondent des *Spiegel* unter richtigem Namen. Nach Herbert Graberts Tod 1978 Chefredakteur des rechten Ideologieorgans (Verfassungsschutzbericht 1990) *Deutschland in Geschichte und Gegenwart. Zeitschrift für Kultur, Geschichte und Politik.* Lit.: Hachmeister/Siering.

P

Paar, Karl Franz, nach 1945: Carl Egmont. Kunstschriftleiter. * 14.8.1914 Wien. 1937 Balladen *Scholle und Schwert.* 1940: *Das kämpferische Schwert, Gedichte eines Frontsoldaten.* 1942: *Schwert von Livland, ein Ostlandroman.* Regierungsinspektor, zugeteilt der Abteilung Kulturpolitik beim Reichskommissar für das Ostland in Riga. Nach 1945 Verleger in Baden bei Wien. 1969 Gedichte *Löwentritt und Pfauenschrei.* † 18.9.1983 Baden bei Wien.

Pabst, Erich. Intendant der Städtischen Bühnen Münster (1936–1944). * 23.11.1890 Wuppertal. 1931 Intendant des Stadttheaters Augsburg. 1935 Aufnahme ins *Führerlexikon.* In Rosenbergs *Kampfbund für deutsche Kultur*, im NS-Kraftfahrkorps, im *Reichsbund deutscher Freilichtbühnen*, Sonderbeauftragter der Reichsregierung für den *Bühnennachweis* (Arbeitsvermittlungsstelle für Mitglieder der Reichstheaterkammer). Ab 1950 Theater-GmbH. Osnabrück. † 8.9.1955 ebenda. Nachruf *Deutsches Bühnen-Jahrbuch*: »Das Theater, dem er den Stempel seines Geistes aufdrückte, war ... stets ein Institut, das aus Geist und Herz zu den ewigen und unerschöpflichen Kraftquellen reiner Menschlichkeit vorzustoßen bemüht war.«

Pabst, Georg Wilhelm. Regisseur. * 27.8.1885 Raudnitz in Böhmen, Sohn eines Eisenbahnbeamten. 1925 Stummfilm *Die freudlose Gasse.* 1929 Co-Regisseur beim Stummfilmklassiker *Die weiße Hölle vom Piz Palü.* 1930 Film *Die Dreigroschenoper* sowie *Westfront 1918*, ein Objekt von NS-Attacken (laut Zuckmayer konnte man den Streifen »sowohl pazifistisch als national-elegisch auffassen«). Bei der Machtergreifung 1933 in Frankreich, Oktober 1933 in Hollywood. Mai 1936 Rückkehr nach Frankreich. Ab 1940 bei der Bavaria in München, »obgleich rein jüdischer Abstammung« (Drewniak, Film). September 1941 Regie zu *Komödianten*, Prädikat: *staatspolitisch besonders wertvoll.* März 1943 Geniefilm *Paracelsus* (Leiser: »Man soll ... die Ähnlichkeit mit dem ›Führer‹ entdecken«). 1955 NS-Aufklärungsfilme: *Es geschah am 20. Juli* (1944) sowie *Der letzte Akt* (Hitlers letzte Tage). 1963 *Filmband in Gold.* † 29.5.1967 Wien.

Packebusch, Herbert. Geschäftsführer der Reichsrundfunkkammer (1935). * 4.2.1902 Berlin. 1919 *Freikorps Lüttwitz.* 1922 Mitbegründer des ersten NS-

Kampfverbands in Berlin. NSDAP 1927 (Nr. 105785). 1931 an der Niederschlagung des Stennes-Putschs (SA gegen Goebbels) beteiligt. 1933 SS-Verbindungsführer zur Geheimen Staatspolizei. 1938 Ablösung in der Reichsrundfunkkammer. Unter anderem 1942 Stabskompanie beim Höheren SS- und Polizeiführer (HSSPF) Ost, 1944 beim HSSPF Adriatisches Küstenland. † Vermißt seit 1944, jedoch keine amtliche Vermißt- oder Todesmeldung (WASt).

Padua, Paul Matthias. Auf der *Gottbegnadeten-Liste* (Führerliste) der wichtigsten Maler des NS-Staates.
* 15. 11. 1903 Salzburg. Hofmaler der NS-Zeit. Sein Bild *Der Führer spricht* (1937) zeigt eine in Andacht versunkene Bauernfamilie unter einem Volksempfänger (Radio). Auf den Großen Deutschen Kunstausstellungen im Münchner NS-Musentempel *Haus der Deutschen Kunst* mit insgesamt 23 Werken, im offiziellen Ausstellungstext 1941 als »Künder des Volksmythos« vorgestellt. Porträtierte Emil Jannings, Franz Lehár, Gerhart Hauptmann und Otto Hahn. Nach 1945 Aufträge unter anderem von Strauß, Flick und Karajan. † 22. 8. 1981 Tegernsee.

Pagels, Hermann Joachim. Bildhauer.
* 11. 9. 1876 Lübeck. Fischjungen-Brunnen (sic) in Bremerhaven und Hühnerdieb-Brunnen in Aachen. Hitler kaufte 1938 sein Opus *Schwimmerin* für 8000 Mark. Auf den Großen Deutschen Kunstausstellungen im Münchner NS-Musentempel *Haus der Deutschen Kunst*, darunter 1940: *Der Stellvertreter des Führers Heß*, *Reichsminister Dr. Goebbels*, *Benito Mussolini* (jeweils Bronze), 1942 *Der Führer* (Marmor). † 1. 7. 1959 Berlin.

Pallenberg, Max. Schauspieler.
* 18. 12. 1877 Wien. 1908 Operettenkomiker am Theater der Stadt Wien, 1914 am Deutschen Theater in Berlin. Lieblingskomiker Max Reinhardts. Helene Thimig-Reinhardt: »Er ging immer als Sieger von der Bühne, war immer wachsam und darauf bedacht, seine Konkurrenten auszuschalten, an die Wand zu spielen ... Da kannte er keine Gnade.« Verheiratet mit dem Operettenstar Fritzi Massary. 1934 im Exil in der Schweiz. † 26. 6. 1934 Karlsbad bei Flugzeugabsturz. Thomas Mann am 30. 6. 1834 im Brief: »Pallenberg, über den ganz Deutschland in dick ausverkauften Häusern Tränen gelacht hat, wird nun bei seinem schrecklichen Tode ein ›widerlicher Possenreißer‹ genannt.«

Pallmann, Gerhard. Kriegsliedspezialist.
* 27. 6. 1906 Leipzig. Dr. phil. 1932 NSDAP, auch SA. 1935 Organisator des Wehrmachtssingens auf dem NSDAP-Reichsparteitag. 1939 Herausgeber der Soldatenlieder *Die Wehrmacht singt*, der Fliegerlieder *Flieger sind Sieger* sowie der Kriegslieder *Der Führer hat gerufen*. 1940 *Lied für unsere Flotte*, Textprobe: »Der Führer, der die Flotte schuf,/der steht mit Gott im Bunde,/denn das ist Deutschlands Weltberuf:/Es duckt die Teufelshunde.« 1941 Kriegslieder *Volk in Waffen*. 1942 Dissertation *Das Soldatenlied in der Volksführung*. Nach 1945 Herausgeber zweier Werke von Karl Valentin. † 10. 10. 1957 München. Lit.: Prieberg, Handbuch.

Palmer, Lilli (Künstlername). Schauspielerin.
* 24. 5. 1914 Posen. Tochter eines Chirurgen. 1932 Soubrette am Landestheater Darmstadt. 1933 wegen jüdischer Herkunft Flucht nach Paris. In der Operette *Viktoria und ihr Husar* im *Moulin Rouge*. 1934 in London. 1936 Minirolle eines Zimmermädchens in Hitchcocks *Der Geheimagent*. 1943 Heirat mit dem britischen Schauspieler Rex Harrison, mit ihm 1945 nach Hollywood. 1954, nach Scheidung, Rückkehr BRD, in Kurt Hoffmanns Musikfilm *Feuerwerk* mit dem Ohrwurm *O mein Papa*. Filme *Teufel in Seide* (1955) sowie *Frau Warrens Gewerbe* (1959). 1957 Ehe mit dem Kollegen Carlos Thompson. 1974 Erinnerungen: *Dicke Lilli – gutes Kind*. 1978 *Filmband in Gold* für langjähriges und hervorragendes Wirken im deutschen Film. † 27. 1. 1986 Los Angeles.

Paltzo, Joachim. *Landeskulturwalter* Gau Ostpreußen (1933–1944).
* 11. 1. 1912 Rastenburg. HJ, NS-Schülerbund. 1930 NSDAP. *Führerlexikon*: »Seit 1928 in der NSDAP tätig; Amtswalter und Redner; 1931 Berufung zum Gaupropagandaleiter des Gaues Ostpreußen.« 1940 MdR. 1942 Leiter der Hauptabteilung Volksaufklärung und Propaganda beim Reichskommissar für die Ukraine. † Kriegstod 19. 1. 1944. Lit.: Lilla.

Palucca, Gret. Ausdruckstänzerin.
* 8. 1. 1902 München. Schülerin von Mary Wigman. 1925 eigene Tanzschule in Dresden. »Halbjüdin«, Auftritt zur Olympiade 1936. *Meyers Lexikon* 1940: »Tänzerin von ausgeprägter Musikalität und feinem Stilgefühl.« Von Hitler im Tischgespräch am 25. 3. 1942 abgelehnt, da es sich bei ihr »überhaupt nicht mehr um Tanz in einem wirklichen ästhetischen Sinne, sondern um Rumhopserei, um verrenkte Sprünge gehandelt habe«. Im *Lexikon der Juden in der Musik* nicht gebrandmarkt. Juli 1945 Wiedereröffnung ihrer Schule, 1949 verstaatlicht. Am 24. 3. 1950 per Staatsakt Gründungsmitglied der Ostberliner *Deutschen Akademie der Künste*. 1962 Titel Professor. 1965–1972 Vizepräsidentin der Deutschen Akademie der Künste. 1972 *Vaterländischer Verdienstorden*, 1981 *Nationalpreis I. Klasse.* † 22. 3. 1993 Dresden. Lit.: Barth; Holtz.

Pamberger, Ferdinand. Grazer Maler.
* 13. 11. 1873 Köflach in der Steiermark. Kriegsmaler im I. Weltkrieg. Hitler kaufte 1938 sein Bild *Alt-Graz im Schnee*. NS-Ehrung: 1943, auf Betreiben von Gauleiter Uiberreither, Verleihung der *Goethe-Medaille für Kunst und Wissenschaft*, Begründung: Bester steirischer Landschaftsmaler. † 1. 2. 1956 Graz.

Pander, Oskar von. Musikredakteur der *Münchner Neuesten Nachrichten* (1927–1945).
* 31. 3. 1883 Ogersdorf in Livland. Dr. rer. pol. Theaterkapellmeister. 1922/23 Direktor des Frankfurter Orchestervereins. 1924 Musikredakteur der *Deutschen Allgemei-* nen Zeitung. Dezember 1934 in der Zeitschrift *Die Musik* über ein SS-Konzert: »Und daß der politische Soldat gleichzeitig auch Träger und Förderer der schönen Künste und Wissenschaften sein will, das hat die Münchener SS mit ihrem prachtvoll gelungenen ersten Abend in der Tonhalle gezeigt.« 1949 Komposition *Goethekantaten.* † 2. 2. 1968 München. Q.: Wulf, Musik.

Pankok, Otto. Bildhauer, Graphiker, Maler.
* 6. 6. 1893 Mülheim/Ruhr als Arztsohn. Expressionist. Juli 1937 in der Schandschau *Entartete Kunst* in München vorgeführt, Beschlagnahmung von 51 seiner Werke. 1947 bis 1958 Professor der Kunstakademie Düsseldorf, Holzschnittfolgen *Jüdisches Schicksal* sowie *Zigeuner.* † 20. 10. 1966 Wesel.

Panzer, Friedrich. Im Führerrat der *Gesellschaft für Deutsche Bildung* (Deutscher Germanisten-Verband).
* 4. 9. 1870 Asch. 1912 beteiligt an der Gründung des Deutschen Germanistenverbandes. 1920 (bis 1935) Lehrstuhl in Heidelberg. Mitherausgeber der *Zeitschrift für Deutschkunde* (*Meyers Lexikon* 1940). Am 19. 8. 1934 Unterzeichner (Farías) des Aufrufs *Deutsche Wissenschaftler hinter Adolf Hitler* im *Völkischen Beobachter* (zur Vereinigung des Reichskanzler- und Reichspräsidentenamts in der Person Hitlers). 1938 Autor: *Der deutsche Wortschatz als Spiegel deutschen Wesens und Schicksals.* † 18. 3. 1956 Heidelberg.

Papesch, Josef Friedrich. Heimatdichter.
* 29. 7. 1893 Maribor. Dr. phil. 1921 Heimatspiel *Der steirische Hammerherr.* 1922 Grenzerspiel *Die Radkersburger.* 1933: *Fesseln um Österreich.* 1942: *Leyer und Schwert, Körners Leben.* Regierungsdirektor, Abteilungsleiter beim Reichsstatthalter Steiermark. Nach 1945 Hauptschriftleiter in Graz. 1952: *Europa lächelt noch immer, Histörchen.* † 8. 12. 1968 Graz.

Pappenheim-Rothenstein, Gottfried von.
* 16. 9. 1858 Reichenhall. Königlich preußischer Major. Ehrenritter des Johanniter-

ordens. Genealogisches Handbuch: Entsagte infolge nicht hausgesetzmäßiger Ehe aller standesherrlichen Rechte. Laut *Aufstellung derjenigen Parteigenossen, die Angehörige fürstlicher Häuser sind*: NSDAP-Nummer 1 136048 (1932), Gau Sachsen. † 24. 2. 1943 Dresden.

Papst, Eugen. Dirigent.

* 24. 12. 1886 Oberammergau. Lehrerssohn. 1922 Generalmusikdirektor (GMD) der Philharmonie in Hamburg, 1934 in Münster. 1936 (bis 1944) GMD der Stadt Köln, Leiter der Gürzenich-Konzerte. Am 23. Mai 1938 Aufführung seiner Komposition *Deutscher Wahlspruch* im Konzert der Vereinigten Düsseldorfer Männerchöre während der ersten *Reichsmusiktage* in Düsseldorf (mit der Schandschau *Entartete Musik*). Am 25. Mai ebenda Leiter des Konzerts des Kölner Männergesangvereins mit Aufführung seines Opus *Dem Unendlichen*. NS-Ehrung: Zu *Führers Geburtstag* 1937 von Hitler Titel Professor. Nach 1945 Lehrauftrag an der Nordwestdeutschen Musikakademie in Detmold. † 2. 1. 1956 Oberammergau.

Paquet, Alfons. Schriftsteller.

* 26. 1. 1881 Wiesbaden. Vorwiegend Reisebeschreibungen. 1919 Autor: *Der Geist der russischen Revolution*. 1932 Aufnahme in die Sektion Dichtung der Preußischen Akademie der Künste, Mai 1933 Ausschluß. *Meyers Lexikon* 1940: »Paquets Weltauffassung (protestantisch-antikatholisch) am klarsten in ›Der Kaisergedanke‹ 1915.« † 8. 2. 1944 Frankfurt am Main bei Luftangriff.

Parbel, Kurt. Leiter der Abteilung Film im Reichspropagandaministerium (1944).

* 13. 2. 1913 Berlin. 1939 Kriegsmarine, 1940 beim »Unternehmen Narvik« (am 9. 4. 1940 Besetzung der nordnorwegischen Hafenstadt). 1941 Reichspropagandaleitung Hannover, Buchautor: *Gruppe Dietl verteidigt Narvik*. Goebbels am 26. 4. 1941 zu Parbels Antrittsbesuch: »Macht einen fabelhaften Eindruck.« Aufgabe im Goebbels-Ministerium: Lenkung, Überwachung und Ausrichtung des deutschen Filmschaffens. Nach 1945 Wohnort Hagen.

Pardun, Arno. Hobbykomponist.

* 13. 7. 1903 Bromberg. NSDAP 1926, auch SA. 1931 Komponist und Texter des SA-Kampflieds *Volk ans Gewehr*, Widmung: »Meinem verehrten Gauleiter Parteigenossen Dr. Goebbels in dankbarer Erinnerung herzlich zugeeignet«. Am 10. 5. 1933 aufgeführt bei der Berliner Bücherverbrennung. Vierte Strophe: »Jugend und Alter, Mann für Mann,/umklammern das Hakenkreuzbanner./Ob Bürger, ob Bauer, ob Arbeitsmann:/sie schwingen das Schwert und den Hammer/für Hitler, für Freiheit, für Arbeit und Brot;/Deutschland erwache! Juda den Tod!« † 1. 2. 1943 Berlin an Kriegsverletzung. Lit.: Prieberg.

Parnitzke, Erich. Kunsterzieher.

* 20. 12. 1893 Berlin. 1933 Professor der Hochschule für Lehrerbildung (zur NS-Indoktrinierung) in Kiel. Am 11. 11. 1933 auf Unterzeichnerliste *Bekenntnis der Professoren an den deutschen Universitäten und Hochschulen zu Adolf Hitler und dem nationalsozialistischen Staat*. SA-Scharführer, Kreissachbearbeiter Kunsterziehung des NS-Lehrerbunds. 1935 Schriftleiter des Lehrerbund-Organs *Kunst und Jugend*. 1937 NSDAP. Hauptmann der Reserve, Truppenbetreuung, 1951 Ruhestand. Danach Schriftleiter der Periodika *Kunst und Jugend, Kunst und Werkerziehung, Bildnerische Erziehung* und *Zeitschrift für Kunstpädagogik*. Im Bundesvorstand des Bundes Deutscher Kunsterzieher. † 28. 9. 1974 Kiel. Lit.: Hesse.

Pasch, Reginald. Auf der *Gottbegnadeten-Liste* der Schauspieler, die für die Filmproduktion benötigt werden.

* 10. 10. 1883 Wolgast in Pommern. Ab 1921 am Broadway in New York, 1930 Nebenrollen in Hollywood-Filmen. In den NS-Propagandastreifen *Carl Peters* und *Der große König*. Nach 1945 winzige Nebenrollen. 1963 letzter Film: *Es war mir ein Vergnügen*. † 2. 8. 1965 Wien. Nachruf *Deutsches Bühnen-Jahrbuch*: »Er war eng mit Luis Trenker befreundet und hat in fast allen seinen Filmen mitgewirkt.« **Pastenaci**, Kurt. Völkischer Publizist. * 28. 9. 1894 Gilge in Ostpreußen. 1933 Autor: *Das viertausendjährige Reich der Deutschen*. 1939: *Die großen germanischen Führer der Frühzeit*. 1942: *Die Kriegskunst der Germanen*. 1955: *Schicksalsraum Europa*. † 8. 2. 1961 Berlin. Laut Leube Reprints seiner Werke im rechten Milieu. **Patzak**, Julius. Auf der *Gottbegnadeten-Liste* (Führerliste) der wichtigsten Künstler des NS-Staates. * 9. 4. 1898 Wien. Lyrischer Tenor. 1928 (bis 1944) Staatsoper München. Am 1. 2. 1937 an Hitler: »Mein Führer! Es ist mir ein Bedürfnis, Ihnen, mein Führer, für die Übersendung der wundervollen Blumen herzlichst zu danken. Auch muß ich nochmals dafür Dank sagen, daß Sie, mein Führer, mich bei einer solchen Gelegenheit [Feier zum Jahrestag der Machtergreifung am 30. Januar] zur Mitwirkung herangezogen haben.« Alljährlich Auftritte bei den von Goebbels finanzierten Salzburger Festspielen. Am 24. 6. 1944 in der Aufführung von *Ariadne auf Naxos* in Krakau, Diensttagebuch des Generalgouverneurs Frank (genannt *Polenschlächter*): »Besuch der Oper ... anschließend Empfang für die Künstler.« NS-Ehrung: Am 15. 2. 1939 (*Tag der Deutschen Kunst*) von Hitler zum Kammersänger ernannt. 1946 (bis 1959) Staatsoper Wien, 1948 Professor der Musikakademie. 1961–1966 am Mozarteum in Salzburg. † 26. 1. 1974 am Alterssitz Rottach-Egern. Lit.: Drewniak, Theater; Rathkolb. **Paudler**, Maria. Schauspielerin. * 20. 6. 1903 Tetschen-Bodenbach in Böhmen. 1927 Debüt als *Gretchen* in Goethes *Faust* am Stadttheater Aussig (Sudeten). Danach Landestheater Prag und Berliner Stadttheater. Von Zuckmayer zur Kategorie »Nazis, Anschmeißer, Nutznießer, Kreaturen« gerechnet: »Entzückte Anbeterin des schönen Adolf.« 1957 im Film *Ferien auf Immenhof*, 1965 letzter Film: *Zwei wie wir ... und die Eltern wissen von*

nichts. Das *Deutsche Bühnen-Jahrbuch* zum 60. Geburtstag: »Ihr gesunder Sinn für das Vorwärtskommen hat sie nach oben getragen.« 1982 *Filmband in Gold* für langjähriges und hervorragendes Wirken im deutschen Film. † 17. 8. 1990 München.

Paul, Bruno. Auf der *Gottbegnadeten-Liste* (Führerliste) der wichtigsten Architekten des NS-Staates. * 19. 1. 1874 Seifhennersdorf in der Lausitz. Möbeldesigner. *Meyers Lexikon* 1940: »Einer der stärksten Vorkämpfer des modernen Kunstgewerbes.« † 17. 8. 1968 Berlin.

Paul, Heinz. Laut Fachblatt *Kinematograph* vom 4. 4. 1933 Beitritt zur *NSBO-Zelle deutschstämmiger Filmregisseure* (*NS-Betriebszellen-Organisation*). * 13. 8. 1893 München. Regie zu elf Filmen, laut Weniger »häufig national-chauvinistische Stoffe«. 1934 Regie zum Soldatenschwank *Die vier Musketiere* sowie Regie und Drehbuch zum National- und Führerdrama *Wilhelm Tell*. 1938 Regie zu *Kameraden auf See* über die deutsche Kriegsmarine im spanischen Bürgerkrieg. 1956: *Wo der Wildbach rauscht*, 1958: *Hula Hopp, Conny*. † 14. 3. 1983 Rothschwaige.

Paulsen, Harald. Auf der *Gottbegnadeten-Liste* der Schauspieler, die für die Filmproduktion benötigt werden. * 26. 8. 1895 Elmshorn. 1928 in der Berliner Uraufführung der *Dreigroschenoper* Rolle des Mackie Messer. Von Zuckmayer zur Kategorie »Nazis, Anschmeißer, Nutznießer, Kreaturen« gerechnet: »Vor der ›Machtergreifung‹ begeisterter Anhänger von Brecht (in dessen Dreigroschenoper er seinen größten Erfolg hatte) und allen linksintellektuellen Theaters ... Wurde begeisterter Nationalsozialist, brach mit allen früheren Freunden und Meistern, drängte sich danach am 1. Mai 1933 bereits, die Hakenkreuzfahne für die Schauspielerfachschaft tragen zu dürfen (Er durfte).« In der NS-Zeit in 60 Filmen, darunter 1936 der NS-Erziehungsfilm *Traumulus* und die Ehe- und Provinzkomödie

Wenn wir alle Engel wären, 1937 in Harlans Hitlerhuldigung *Der Herrscher.* Ab 1938 Leiter des Berliner Theaters am Nollendorfplatz. Laut Harlan Anfang 1939 Tischpartner Hitlers bei geselligem Beisammensein in der *Kameradschaft der deutschen Künstler* (NS-Führerkorps). Im Film *Bismarck,* am 6.12.1940 in Anwesenheit von Goebbels, Lammers und Gürtner uraufgeführt. 1941 im Hetzfilm *Ohm Krüger* (für Goebbels »ein Film zum Rasendwerden«) sowie im NS-Euthanasiefilm *Ich klage an* (der von den Krankenmördern der Berliner T4-Zentrale teilfinanzierte Staatsauftragsfilm sollte den Widerstand der Bevölkerung gegen den Behindertenmord brechen). NS-Ehrung: *Staatsschauspieler* (1937). Nach 1945 Filme wie *Der treue Husar* oder *Die schöne Müllerin* (1954). † 4.8.1954 Hamburg. Nachruf *Deutsches Bühnen-Jahrbuch:* »Er zählte zu den ersten Stützen des deutschen Films.«

Paulsen, Rudolf. Schriftsteller.
* 18.3.1883 Berlin. 1931 NSDAP, SA. Gedichtbände *Auf trunkenen Daseinswogen* (1933) sowie *Das festliche Wort* (1935). 1936 Erinnerungen: *Mein Leben.* 1940 Aufnahme in *Meyers Lexikon.* Weiheverse *Gelöbnis* in Bühners Anthologie *Dem Führer:* »Ein Mann ward uns gesandt./Der lud die Last auf seine Schulter/und hob die ganze deutsche Welt/aus Sumpf und Sinken auf: zur Sonne!« 1960 Gedichte: *Werte bewahrt im Wort.* † 30.3.1966 Berlin.

Pauly, Edgar. Auf der *Gottbegnadeten-Liste* der Schauspieler, die für die Filmproduktion benötigt werden.
* 9.1.1880 Berlin. Unter anderem im teutonischen Geniefilm *Robert Koch* (1939). 1944 am *Märchentheater der NS-Gemeinschaft »Kraft durch Freude«,* Darsteller in Harlans Farbfilm *Opfergang.* † 3.11.1951 Berlin, nach einer Premiere in der Garderobe.

Paumgartner, Werner. Dirigent und Komponist.
* 14.11.1887 Wien, Sohn eines Komponisten und einer Kammersängerin. Dr. jur. 1917 Leiter des Mozarteums in Salzburg. Mitbegründer der Salzburger Festspiele (DBJ), Dirigent und Musik zur Aufführung des ersten *Jedermann* 1920. 1925 Professor. Schwiegersohn Peter Roseggers, sein Sohn Peter Hanns seit 1931 SA-Mitglied. Nach der Besetzung Österreichs 1938 Amtsenthebung. 1945–1959 erneut Leiter am Mozarteum. 1960–1971 Präsident der Salzburger Festspiele. † 27.6.1971 Salzburg.

Paust, Otto. »Frontdichter« (Eigenbezeichnung) und SA-Standartenführer (1938).
* 27.5.1897 Einsiedel in Sachsen. *Freikorps,* 1920 Teilnahme *Kapp-Putsch.* Meyers Lexikon (1940): »1930–1935 Schriftleiter beim [NS-Hetzblatt] ›Angriff‹ … steht seit 1937 der ›Mannschaft‹ (Kameradschaft der Frontdichter in der NSDAP) vor.« Hauptwerk: die 1938 mit dem Kulturpreis der SA ausgezeichnete Trilogie: ›Volk im Feuer‹ 1935 – ›Nation in Not‹ 1936 – ›Land im Licht‹ 1937.« Verse *Lehen aus Gottes Hand,* 1944 in der Anthologie *Lyrik der Lebenden* des SA-Oberführers Gerhard Schumann: »Arm bleibt ein Leben, ohne Schwung und Schwinge,/das nie dem Feinde sich im Kampf gestellt./Und welk wird alle Schönheit dieser Welt,/wenn sich das Herz vermählt nicht Knauf und Klinge.« 1939 beim Heer (WASt), 1941 Luftwaffe, Oberleutnant einer Luftwaffen-Kriegsberichterkompanie. NS-Ehrung: 1937 Ehrenring deutscher Frontdichtung, gestiftet von Reichskriegsopferführer Lindober. 1938 Kulturpreis der Stadt Danzig. Nach 1945 Lokalredakteur in Waiblingen. † 20.11.1975 ebenda. Lit.: Walther.

Pax, Emil. Erziehungswissenschaftler.
* 25.4.1894 Reichenbach im Vogtland. April 1933 NSDAP. 1934 im Mitarbeiterstab der Zeitschrift *Neue Wege,* Organ des NS-Lehrerbunds. 1936 Professor für Unterrichtslehre der Hochschule für Lehrerinnenbildung (NS-Indoktrinierung) in Schneidemühl. Führer des NS-Dozentenbunds. 1937 Hilfsreferent im Reichsministerium für Wissenschaft, Erziehung und Volksbildung. 1941 ebenda Ministerialrat,

Referatsleiter für das mittlere Schulwesen in Danzig-Westpreußen, Wartheland und Generalgouvernement. 1950 Schulrat, 1952 (bis 1959) Regierungsdirektor und Leiter der Schulabteilung des Verwaltungsbezirks Osnabrück. Herausgeber der Schriftenreihe *Erziehung und Unterricht in den mittleren Schulen*. 1964 *Verdienstkreuz I. Klasse des Verdienstordens der BRD*. † 1.1.1982 Eutin-Wilhelmshöhe. Lit.: Hesse.

Payr, Bernhard. Literatur-Funktionär.
* 3.10.1903 Graz. Dr. phil. 1932 NSDAP (Nr. 1 253244). 1934 Archivleiter von Rosenbergs *Reichsstelle zur Förderung des deutschen Schrifttums* (Kesten, 1934 in der Emigrantenzeitschrift *Die Sammlung*: »Organisation zur Abschlachtung allen Denkens«). 1936 Chef des Zentrallektorats ebenda, Mitautor: *Deutsche Saat in fremder Erde*. 1943 Leiter des Amts Schrifttumspflege. Soll Januar 1945 Volkssturmgruppenführer in Berlin-Frohnau gewesen sein. † Vom AG Berlin-Wedding zum 31.12.1945 für tot erklärt (WASt). Lit.: Barbian.

Pechstein, Max. Maler.
* 31.12.1881 Zwickau. In der Expressionisten-Gruppe *Die Brücke*, *Meyers Lexikon* (1940): »Grelle Kontraste«. 1923 Preußische Akademie der Künste, Ernennung zum Professor. Urteil Rosenbergs in seinem Hauptwerk *Mythus*: »Idiotenkunst«. 1933 Amtsenthebung, 1937 Ausschluß aus der Akademie. In Fritschs Hetzwerk *Handbuch der Judenfrage* (1936) als expressionistischer »›Künstler‹ aus dem nichtjüdischen Lager« aufgeführt, der es verdiene, »als Mittäter an dieser Kulturschande mit den Juden zusammen genannt zu werden«. Juli 1937 in der Schandschau *Entartete Kunst* in München mit 16 Objekten vorgeführt, Beschlagnahmung von 326 (!) seiner Werke. Nach 1945 Professor der Berliner Akademie. † 29.6.1955 Berlin.

Peiner, Werner. Auf der Sonderliste der zwölf wichtigsten bildenden Künstler der *Gottbegnadeten-Liste* (Führerliste).

* 20.7.1897 Düsseldorf. 1931 Leiter einer Landakademie in Kronenburg/Eifel. 1933 Professor für monumentale Malerei der Kunstakademie Düsseldorf. Von Hitler sehr geschätzt (Speer, Tagebuch). 1937 Direktor der *Hermann Göring-Meisterschule für Malerei* in Kronenburg zur Ausbildung von »Offizieren der Kunst«. Göring über seine erste Begegnung: »Im gleichen Augenblick fühlte ich, daß ... Ihre Malerei so sehr in die Gedankenwelt des Nationalsozialismus und des Dritten Reiches hineinpaßt, wie kaum eine andere zuvor.« Vom damaligen Kunstbetrachter Henri Nannen Oktober 1937 in der Zeitschrift *Die Kunst für Alle* zu den »gestaltenden Kräften in der deutschen Landschaftsmalerei« gerechnet. Auf den Großen Deutschen Kunstausstellungen im Münchner NS-Musentempel *Haus der Deutschen Kunst* mit 33 Objekten. Staatsaufträge wie der Wandteppich *Schicksalsschlachten der deutschen Geschichte* für Speers Neue Reichskanzlei. Nach 1945 Wandteppiche für Gerling-Konzern und den äthiopischen Kaiser Haile Selassie. † 19.9.1984 Leichlingen im Rheinland. Lit.: Petsch; Wulf, Künste.

Pembaur, Josef. Pianist.
* 20.4.1875 Innsbruck. 1912 (bis 1948) Professor der Akademie für Tonkunst in München. 1935 Aufnahme ins *Führerlexikon*. Gast des *Nationalsozialistischen Symphonieorchesters*, Ehrentitel: *Orchester des Führers*. Vom Goebbels-Ministerium für den Rundfunk freigestellt. † 13.10.1950 München.

Penzoldt, Ernst, Pseudonym *Fritz Fliege*. Schriftsteller.
* 14.6.1892 Erlangen. Laut *Meyers Lexikon* (1940) Autor »besinnlicher und humorvoller Romane«, bekanntestes Werk der Schelmenroman *Die Powenzbande* (1930). Mitglied der zweiwöchig stattfindenden Tafelrunde Rudolf Georg Bindings. Texte im NS-Kampfblatt *Krakauer Zeitung*, das »Blatt des Generalgouvernements«. Nach 1945 Autor in der *Neuen Zeitung* (US-Tageszeitung im Dienste der

Umerziehung und Demokratisierung). 1954 Berater des Staatstheaters München. † 27.1.1955 München.

Pepping, Ernst. Auf der *Gottbegnadeten-Liste* (Führerliste) der wichtigsten Komponisten des NS-Staates.

* 12.9.1901 Duisburg. 1934 Lehrer der Kirchenmusikschule Berlin-Spandau. Laut *Meyers Lexikon* (1940) »ein Hauptvertreter der neuen ev. Kirchenmusik«. 1953 Professor der Berliner Musikhochschule. † 1.2.1981 Berlin.

Perak, Rudolf. Filmkomponist.

* 29.3.1891 Wien. 1933 SS, 1934 *Kameradschaft der deutschen Künstler* (NS-Führerkorps), 1936 NS-Kraftfahrkorps, Reichskolonialbund. Filmmusiken zu *Abenteuer im Südexpreß* (1934), *Stjenka Rasin, Hilde Petersen postlagernd, Stärker als Paragraphen* (1936), *Unser Kamerun, Signal in der Nacht* (1937), *12 Minuten nach 12* (1939) sowie *Großstadtmelodie* (1943). 1945–1950 Kapellmeister am Landestheater Salzburg. † 3.12.1972 München.

Perkonig, Joseph Friedrich. Heimatdichter.

* 3.8.1890 Ferlach in Kärnten, Sohn eines Büchsenmachers. Lehrer. Professor der Lehrerbildungsanstalt Klagenfurt. Werke wie *Heimat in Not* (1921) oder *Dorf am Acker* (1925). In NS-Tarnorganisation *Bund der deutschen Schriftsteller Österreichs*. Zur Volksabstimmung zum »Anschluß« Österreichs April 1938: »Gebet, Gesang, Gedanke:/Ewig Deutschland!« Landesobmann der Gruppe Schriftsteller der Reichsschrifttumskammer. 1948 Erinnerungen: *Im Morgenlicht*. † 8.2.1959 Klagenfurt.

Perlick, Alfons. Erziehungswissenschaftler.

* 13.6.1895 Ossen in Niederschlesien. 1935 Professor der Hochschule für Lehrerbildung (zur NS-Indoktrinierung) in Beuthen. Schulzellenleiter des NS-Lehrerbunds, NS-Dozentenbund, NSDAP 1937. 1941 Leiter des Arbeitsausschusses *Trachtenpflege und Beseitigung polnischer Kleiderreste* [sic] im *Oberschlesischen Heimatbund*. 1942 Leiter des Landesamts für Volkskunde in Beuthen. 1946 Dozent, 1954–1960 Professor für Heimat- und Weltkunde sowie Prorektor der Pädagogischen Akademie Dortmund. In der Historischen Kommission für Schlesien, des Ostdeutschen Kulturrats und des Kulturwerks Schlesien. 1968 *Verdienstkreuz I. Klasse des Verdienstordens der BRD*. † 24.9.1978 Einödhof Hochwurz bei Wegscheid im Bayerischen Wald. Lit.: Hesse.

Pestalozza, Albert Graf von. Kulturfilmproduzent.

* 22.12.1902 Nürnberg. Zunächst Schriftleiter des Goebbels unterstellten Deutschen Nachrichtenbüros. 1936 Produzent und Drehbuch des Montagefilms *Ewiger Wald*, gedreht im Auftrag von Rosenbergs *Nationalsozialistischer Kulturgemeinde*. 1944 Produzent des Films *Rundfunk im Kriege*. Nach 1945 Wohnsitz Hofsgrund bei Freiburg.

Peter, Erich. Kapellmeister.

* 26.1.1901 Berlin. Ab 1929 Oberleiter am Oberschlesischen Landestheater Beuthen. April 1933 NSDAP. 1939/40 Kriegsdienst. 1943/44 zusätzlich Landesleiter der Reichsmusikkammer Gau Oberschlesien in Kattowitz. 1951 Professor an der Berliner Musikhochschule. † 29.12.1987 Berlin.

Peterka, Rudolf. Tonkünstler (Degener).

* 17.4.1894 Brünn. 1920 Leiter des Studentenorchesters der TH Brünn. 1933 Übersiedlung nach Berlin. Musik zu Kurt Kluges Schauspiel *Ewiges Volk*, am 4.4.1933 am Deutschen Theater uraufgeführt. 1933 Dirigent eines SS-Sinfonieorchesters, mit dem er Herbst 1933 vor Mussolini auftreten wollte (Prieberg). † 18.9.1933 Berlin.

Peters, Carl. Deutscher Kolonialherr.

* 27.9.1856 Neuhaus/Elbe als Pfarrerssohn. † 10.9.1918 Woltorf-Peine. 1884 Gründer der Gesellschaft für deutsche Kolonisation. 1889 Feldzug durch Ostafrika. 1891 Mitbegründer, Hauptredner und Ehrenmitglied des *Allgemeinen Deutschen*

Verbandes (1894 *Alldeutscher Verband*), 1891 (bis 1895) Reichskommissar im Kilimandscharogebiet. 1892 Aufsatz *Gefechtsweise und Expeditionsführung:* »Er [der Neger] ist der geborene Sklave, dem sein Despot so nötig ist wie dem Opiumraucher seine Pfeife.« 1897 Verurteilung wegen Amtsmißbrauch (1937 Aufhebung des Urteils durch Hitler). 1901 im Aufsatz *Die afrikanische Arbeiterfrage:* »Der Neger ist von Gott zur Roharbeit geschaffen.«

Peters, Karl Heinz. Schauspieler.
* 28.8.1905 Rüggeberg. Nebenrollen in den NS-Tendenzfilmen *Bismarck* und *Mein Leben für Irland.* November 1940, nach dem Überfall auf Polen, im Film *Feinde*, Einführungstext: »Im Jahre 1939 entfachte das englische Garantieversprechen die polnische Mordfurie.« Auch in *Münchhausen* (1943) und *Große Freiheit Nr. 7* (1944). Nach 1945 Filme wie *Der letzte Walzer* (1953) oder *Zwei Bayern in Bonn* (1962). † 5.9.1990 München.

Petersen, Jürgen. Journalist.
* 2.4.1909 Wiesbaden. Dr. phil. 1937 *Berliner Tageblatt*, 1938 an Wochenenden: Erstellung der Pressefassungen von Goebbels-Reden. 1939 *Deutsche Allgemeine Zeitung.* 1940 Ressortchef Kultur und ab 1943 Kriegsberichter für Goebbels' Renommierblatt *Das Reich* (von Hitler im Tischgespräch 1942 gelobt: »Prachtvoll ist die Zeitung ›Das Reich‹«). Nach Stalingrad: »Der Krieg, so furchtbar er den einzelnen treffen mag, kann gesteigertes Dasein bedeuten.« Nach 1945 Abteilungsleiter Kulturelles Wort beim NDR. 1955 Hauptabteilungsleiter Kulturelles Wort HR, 1961–1974 Direktor des Kulturprogramms des Deutschlandfunks. † 10.1.1991 Köln. Lit.: Frei/Schmitz.

Petersen, Julius. 1927 (bis 1937) Präsident der Goethe-Gesellschaft.
* 5.11.1878 Straßburg. 1920 Lehrstuhl der Universität Berlin, Direktor des theaterwissenschaftlichen Instituts. 1934 Mitherausgeber der Zeitschrift *Euphorion*, ebenda 1934 Aufsatz *Die Sehnsucht nach dem Dritten Reich in deutscher Sage und Dichtung* mit dem Bekenntnis: »Der Glaube an die gottgewollte Sendung eines Heilsbringers und Führers zum Guten wird religiöse Gewißheit.« † 22.8.1941 Murnau. Lit.: Jäger; *Meyers Lexikon* 1940.

Petersen, Peter, eigentlich Max Paulsen. Schauspieler.
* 18.11.1876 Hamburg. Am Wiener Burgtheater. Zwischen 1934 und 1944 in acht Filmen. 1934 in Willi Forsts Künstlerfilm *Maskerade*, 1937 im Harlan-Film *Die Kreutzersonate*, 1941 im Hetzfilm *Heimkehr* zur Rechtfertigung des Überfalls auf Polen. 1943 Titelrolle im antibritischen Kolonial-Epos *Germanin*, Courtade: »Alle Engländer [sind] feige, hinterhältig ... die Deutschen heldenhaft«. Nach 1945 Direktor des Burgtheaters, verheiratet mit Hedwig Bleibtreu. † 11.3.1956 Wien.

Petersen, Walter. Auf der *Gottbegnadeten-Liste* (Führerliste) der wichtigsten Maler des NS-Staates.
* 6.4.1862 Burg/Wupper. Malte Ludendorff, Hindenburg und Hitler (der ihm zwei Hindenburg-Porträts abkaufte). Auf der Großen Deutschen Kunstausstellung 1939 im Münchner NS-Musentempel *Haus der Deutschen Kunst* mit dem Bild *Generalfeldmarschall von Hindenburg*. NS-Ehrung: 1938 Titel Professor, 1942 *Goethe-Medaille* für Kunst und Wissenschaft. Thomae: »Wiederholt Gast des Führers.« † 1950 Düsseldorf.

Petersen, Wilhelm. Maler.
* 10.8.1900 Elmshorn. Wohnort Elmshorn. Goebbels am 11.2.1937 im Tagebuch: »Ein sehr starkes Talent.« Laut *Meyers Lexikon* (1940) »bekannt als wirklichkeitsgetreuer Darsteller altgermanischen Lebens und nordischer Menschengestalten (z.B. ›Junge Friesin‹, Ölbild 1935).« Ab 1934 Lehrer an der *Akademie für Nordische Kunst* in Bremen. NS-Ehrung: Am 30.1.1938 (zum *Tag der Machtergreifung*) Titel Professor. Laut Petropoulos gelegentlich Anfragen Himmlers in Kunstfragen. † 24.5.1987 Elmshorn.

Petersson, Harald G. Deutsch-schwedischer Drehbuchautor.
* 16. 10. 1904 Weimar. 1934 Novelle *Herz ist Trumpf* (verfilmt). Pressechef der Tobis. 1941 Drehbuch zum Propagandafilm *Blutsbrüderschaft* sowie zu *Wetterleuchten um Barbara*, Heimatfilm zur »Befreiung« Österreichs durch die Nazis. Filme aus dem Gesellschafts-, Spionage- und Militärmilieu. In zweiter Ehe mit Sybille Schmitz verheiratet. In den 60er Jahren Drehbücher zu Edgar-Wallace-Krimis und Karl-May-Filmen. † 8. 7. 1977 Berlin.

Petrasovics, Gabriele, Pseudonym *Gabriele Maria Arthur*. Wiener Studienrätin für Deutsch an Mittelschulen.
* 2. 2. 1889 Brünn. 1938 im *Bekenntnisbuch österreichischer Dichter* (zum »Anschluß« Österreichs) Dank für Rettung vor asiatischer Gefahr: »Als der Führer das unerschütterliche/Auge auf euch geheftet,/ Gewichen seid ihr den Blicken der Helden, schrittweis taumelnd,/In Dämmer verlöschend, ins Nichtsein, in schale Vergessenheit.« 1943 Geschichten: *Die geopferten Hände*. † 22. 6. 1973 Wien. Q.: Scholdt.

Petrovich, Iwan. Schauspieler.
* 1. 1. 1896 Novi Sad in Serbien. Zwischen 1933 und 1942 in 34 Filmen. November 1940, nach dem Überfall auf Polen, Darsteller im Hetzfilm *Feinde*, Einführungstext: »Im Jahre 1939 entfachte das englische Garantieversprechen die polnische Mordfurie«. Nach 1945 Filme wie *Czardas der Herzen* (1950) oder *Witwer mit 5 Töchtern* (1957). † 12. 10. 1962 München.

Petrow, Karl-Friedrich. Komponist und Pianist.
* 10. 2. 1899 Bützow in Mecklenburg. »Alter Kämpfer« der NSDAP in Berlin. Texter und Komponist von Werken wie *Kleines blondes Hitlermädel du* (1933). Ebenfalls 1933 das Marschlied *Mein Deutschland wird nicht untergehn*, Textprobe: »Mein Deutschland wird nicht untergehn,/solang noch fließt der Rhein,/wird unter Hitler neu erstehn,/er soll der Führer sein.« † 4. 10. 1981 Malente-Gremsmühlen.

Peukert, Leo. Schauspieler.
* 26. 8. 1885 München. In der NS-Zeit in 70 Filmen, darunter März 1941 im Napola-Streifen *Kopf hoch, Johannes!* und Mai 1941 im Zarah-Leander-Film *Der Weg ins Freie*. 1943 im Käutner-Melodram *Romanze in Moll*. † 6. 1. 1944 Tiengen am Oberrhein.

Pewas, Peter (Künstlername). Regisseur.
* 22. 3. 1904 Berlin. Sohn eines Schuhmachers. Graphiker bei den Roten Naturfreunden und der Roten Hilfe in Berlin (DBE). 1938 Regiestudium an der Deutschen Filmakademie in Babelsberg, Assistent Liebeneiners. 1941 Spielleiter/Regieassistenz NS-Euthanasiefilm *Ich klage an* (der von den Krankenmördern der Berliner T4-Zentrale teilfinanzierte Staatsauftragsfilm sollte den Widerstand der Bevölkerung gegen den Behindertenmord brechen). Goebbels am 22. 6. 1941 im Tagebuch: »Großartig gemacht und ganz nationalsozialistisch.« Prädikat: *künstlerisch besonders wertvoll, volksbildend*. 1943/44 Regie zum Film *Der verzauberte Tag*. Filmproduzent in München und freie Tätigkeit in Hamburg. 1984 *Filmband in Gold* für langjähriges und hervorragendes Wirken im deutschen Film. † 13. 9. 1984 Hamburg.

Peyn, Bruno. Landesleiter der Reichsschrifttumskammer Gau Hamburg.
* 8. 6. 1887 Cuxhaven. Dr. phil. Autor von Werken wie *Landser op Urlaub* (Schauspiel 1941) oder *Onkel-Ehe* (Lustspiel 1955). Oberstudiendirektor. Stavenhagen-Preis des Niederdeutschen Bühnenbundes, Richard-Ohnesorg-Preis der Stadt Wandsbek. Ruhestand in Kampen auf Sylt. † 31. 5. 1970 Hamburg.

Pfannenstiel, Ekkehart. Musikerzieher.
* 10. 2. 1896 Berlin, Sohn eines Musik- und Theaterkritikers. Mai 1933 NSDAP, auch SA. 1935 Professor für Musikerziehung der Hochschule für Lehrerbildung (zur NS-Indoktrinierung) in Frankfurt/ Oder. 1937 HfL Saarbrücken. 1941 Abordnung an die Adolf-Hitler-Schulen der NSDAP und die Erzieherakademie der

Adolf-Hitler-Schulen in Sonthofen (Oberbayern). Ab 1945 Organist der ev. Kirchengemeinde Sonthofen. 1951 Studienrat in Oldenburg. 1959 Mitbegründer des Archivs der Jugendmusikbewegung in Hamburg. † 12.2. 1986 Westerstede (Ammerland). Lit.: Hesse.

Pfannschmidt, Ernst. Auf der *Gottbegnadeten-Liste* (Führerliste) der wichtigsten Maler des NS-Staates.
* 11.3. 1868 Berlin. 1915 Berliner Akademie der Künste, Titel Professor. 1934 Leiter einer Meisterklasse. Das Reichspropagandaministerium zum 75. Geburtstag: »Ausgezeichnete Bildnisse des Führers.« † 28.9. 1949 Bebersdorf in Thüringen.

Pfaudler, Franz. Auf der *Gottbegnadeten-Liste* der Schauspieler, die für die Filmproduktion benötigt werden.
* 29.6. 1893 Wien. 1931 Schauspielhaus Königsberg, 1933 Entlassung wegen »jüdischer« Ehefrau (die Schauspielerin Mela Wigandt). 1934 Scheidung (Schrader). Ab 1935 Deutsches Theater Berlin, 1939 zugleich am Wiener Theater in der Josefstadt. Oktober 1941 im Hetzfilm *Heimkehr* zur Rechtfertigung des Überfalls auf Polen. Nach 1945 weiterhin Theater in der Josefstadt. † 5.5. 1956 Wien.

Pfitzner, Hans. Auf der Sonderliste der drei wichtigsten Musiker der *Gottbegnadeten-Liste* (Führerliste). Reichskultursenator.
* 5.5. 1869 Moskau. Komponist. 1917 Hauptwerk *Palestrina*. 1923 Treffen mit Hitler. Pfitzner 1926: »Daß und wieweit an der international-bolschewistischen Umsturzarbeit die Alljuden beteiligt sind ... zu leugnen ist diese Tatsache nicht.« April 1933 Unterzeichner des Protests von Honoratioren der *Richard-Wagner-Stadt München* gegen Thomas Manns Opus *Leiden und Größe Richard Wagners* (»Wir lassen uns solche Herabsetzung unseres großen deutschen Musikgenies von keinem Menschen gefallen«). Am 19.8. 1934 Unterzeichner des *Aufrufs der Kulturschaffenden* zur Vereinigung des Reichskanzler- und Reichspräsidentenamts in der Person Hitlers: »Wir glauben an diesen Führer, der unsern heißen Wunsch nach Eintracht erfüllt hat.« Am 26. Mai 1938, während der ersten *Reichsmusiktage* in Düsseldorf (mit der Schandschau *Entartete Musik*), Aufführung seines Werks *Von deutscher Seele*. Goebbels am 9.6. 1943 im Tagebuch: »Der Führer hat entschieden, daß zu Pfitzners 70. Geburtstag in gewissem Umfange Ehrungen vorgesehen werden dürfen. Sonst ist der Führer ja sehr stark gegen Pfitzner eingestellt. Er hält ihn für einen Halbjuden, was er nach den Aktenunterlagen in der Tat nicht ist.« Herbst 1943 Gast beim befreundeten Generalgouverneur Hans Frank (genannt *Polenschlächter*) in Krakau. Komposition *Krakauer Begrüßung*, Hans Frank gewidmet, Uraufführung am 2.12. 1944 in Krakau. NS-Ehrungen: 1934 *Goethe-Medaille* für Kunst und Wissenschaft, Goethe-Preis der Stadt Frankfurt, Herbst 1942 Verleihung des Warteländischen Kulturpreises durch seinen Förderer Gauleiter Greiser (»dem Kämpfer für deutsche Art und Gesinnung«), Mai 1944 Hitler-Dotation (steuerfreie Schenkung) von 50 000 Mark, von Gauleiter Schirach Beethovenpreis und Ehrenring der Stadt Wien. 1947 Erinnerungen: *Eindrücke und Bilder meines Lebens*. Das Bändchen, etwa 1940 begonnen, blendet das Dritte Reich komplett aus. † 22.5. 1949 Salzburg. Alma Mahler-Werfel: »Ich habe nie einen Menschen gesehen, der so absolut nichts sah als sich selbst.«

Pflüger, Gerhard. Dirigent.
* 9.4. 1907 Dresden. 1932 Kapellmeister in Gotha-Sondershausen, 1938 in Altenburg. 1940 NSDAP (Nr. 8 376609), Musikalischer Oberleiter in Meiningen. Nach 1945 Vorsitzender der Gewerkschaft Kunst der DDR, 1957 am Nationaltheater Weimar, 1962 Professor. 1968 zusätzlich Leiter des Streichensembles der Landwirtschaftlichen Kooperative Berlstedt. † 1.12. 1991 Weimar. Lit.: Prieberg.

Pflugmacher, Max Alexander. NSDAP-Gaubeauftragter für Musik, Landesleiter

der Reichsmusikkammer Gau Tirol-Vorarlberg.
* 24. 2. 1903 Innsbruck. NSDAP 1932 (Schrader). Kapellmeister in Offenbach und Berlin. 1937 Filmmusik zum Kolonialfilmbericht *Unser Kamerun*, Prädikat: *staatspolitisch wertvoll, volksbildend, Lehrfilm*. 1938 Leiter des Sinfonieorchester des Tiroler Landestheaters in Innsbruck, NSDAP (Nr. 6228711), 1940 Intendant. Nach 1945 Kapellmeister in Hamburg und Göttingen. † 2. 11. 1974 Innsbruck.

Pfuhle, Fritz. Auf der *Gottbegnadeten-Liste* (Führerliste) der wichtigsten Maler des NS-Staates.
* 5. 3. 1878 Berlin. Maler und Lithograph. Ab 1910 in Danzig. Professor der TH. Unbestrittene Leitfigur der Danziger Malereiszene.

Philipp, Franz. Direktor des Badischen Konservatoriums in Karlsruhe (1924–1942).
* 24. 8. 1890 Freiburg im Breisgau, Sohn eines Buchhändlers. Mai 1933 NSDAP. Komponist von NS-Feiermusiken und NS-Kampfliedern, so 1936 das Opus *Wenn die Fahnen und Standarten* nach dem Text: »Was die tausend Jahre harrten,/zwang der Führer in die Zeit./Mit den Fahnen und Standarten/zieht es brausend in die Ewigkeit.« 1960 *Bundesverdienstkreuz*. † 2. 6. 1972 Freiburg.

Philippi, Peter. Auf der *Gottbegnadeten-Liste* (Führerliste) der wichtigsten Maler des NS-Staates.
* 30. 3. 1866 Trier. Wohnsitz Rothenburg ob der Tauber. Auf den Großen Deutschen Kunstausstellungen im Münchner NS-Musentempel *Haus der Deutschen Kunst* mit insgesamt 48 Objekten, 1943 Sonderschau mit 36 Werken, darunter: *Fränkischer Bauer* sowie *Im Hausflur*. NS-Ehrung: 1941 *Goethe-Medaille* für Kunst und Wissenschaft. † Rothenburg (Sterbedaten differieren).

Piel, Harry. Auf der *Gottbegnadeten-Liste* der Schauspieler, die für die Filmproduktion benötigt werden.
* 12. 7. 1892 Düsseldorf, Sohn eines Gastwirts. Sensationsdarsteller, genannt *Tarzan vom Rhein*. In der NS-Zeit in 11 Filmen, Regie zu 12 Aktionsfilmen, darunter 1936 *Der Dschungel ruft* sowie 1938 *Menschen, Tiere, Sensationen*. NSDAP 1933, *Förderndes Mitglied SS*. Piel am 26. 3. 1940 im NSDAP-Zentralorgan *Völkischer Beobachter* auf die Meldung einer Budapester Zeitung, er sei als Oberstleutnant in den französischen Generalstab eingetreten: »Man möge sich darauf verlassen, daß ich wie jeder anständige Deutsche lieber bei meinem Führer die bescheidenste Rolle spiele als die selbst eines Generals in der französischen Armee.« 1950 letzter Film: *Der Tiger Akbar*. † 27. 3. 1963 München an Gehirnschlag. Lit.: Wulf, Theater.

Pietzner-Clausen, Paul. Komponist.
* 13. 5. 1892 Berlin. 1932 NSDAP (Nr. 1014997), Komponist des Hitler gewidmeten Marschlieds *Hakenkreuzschwur*. Textanfang: »Völkische Brüder, hakenkreuzgeschmückt, laßt uns zerschmettern, die uns bedrückt.« 1934 Tonaufnahme mit dem Musikkorps der *Leibstandarte-SS Adolf Hitler*. *Das Lied der deutschen Arbeitsfront*, Robert Ley gewidmet. Komponist: *Triumphmarsch der erwachten Nation*, anderer Titel: *Triumphmarsch der NSDAP*, Textanfang: »Leuchtend steigt jetzt herauf unser Tag«, Aufnahmedatum unbekannt. Nach 1945 in Hünfelden bei Limburg. † 25. 9. 1976 ebenda. Q.: Gillum; Prieberg.

Pinder, Wilhelm. Kunsthistoriker.
* 25. 6. 1878 Kassel. 1927 Ordinarius in München. Am 11. 11. 1933 Rede auf der Veranstaltung *Bekenntnis der Professoren an den deutschen Universitäten und Hochschulen zu Adolf Hitler und dem nationalsozialistischen Staat* in Leipzig: »Das ist Politik aus Sittlichkeit, das ist Politik aus dem Herzen, aus einem geradezu religiösen Untergrund her.« Am 19. 8. 1934 Unterzeichner des *Aufrufs der Kulturschaffenden* zwecks Vereinigung des Reichskanzler- und Reichspräsidentenamts in der Person Hitlers: »Wir glauben an diesen Führer, der unsern heißen Wunsch nach Eintracht erfüllt hat.« 1936 Ordinarius in Berlin.

Fachspartenleiter *Kriegseinsatz der Geistes-wissenschaften.* Laut Bergengruen bezeichnete er Hitler »als den größten deutschen Sprachschöpfer seit Luther«. † 13.5.1947 Berlin.

Pinegger, Rolf. Auf der *Gottbegnadeten-Liste* der Schauspieler, die für die Filmproduktion benötigt werden.
* 25.3.1873 Landsberg am Lech. Bayerischer Charakterdarsteller am Münchener Volkstheater. Filme wie *Waldrausch* (1939) oder *Die Geierwally* (1940). 1950 in *Der Geigenmacher von Mittenwald,* 1955 letzter Film: *Das Schweigen im Walde.* † 18.10.1957 München.

Pinelli, Aldo von. Filmautor.
* 11.9.1912 Cervaro in Italien. Oktober 1942 Drehbuch zum Film *Wir machen Musik,* Co-Autor des gleichnamigen Lieds: »Und wenn du auch mal Sorgen hast, vertreib sie mit Musik ... und wenn der ganze Schnee verbrennt,/die Asche bleibt uns doch!« Am 4.11.1942 beim Treffen von Unterhaltungskomponisten in der *Kameradschaft der deutschen Künstler,* Hippler: angesichts der Kriegslage braucht Goebbels »optimistische Schlager«. 1943 Film *Der weiße Traum* mit dem Durchhaltesong »Kauf dir einen bunten Luftballon/und mit etwas Phantasie/fliegst du in das Land der Illusion/und bist glücklich wie noch nie«. 1951 Schlagererfolg *Ich hab' noch einen Koffer in Berlin.* † 18.12.1967 München.

Pinnau, Cäsar F. *Beauftragter Architekt des Generalbauinspekteurs* [Speer] *für die Reichshauptstadt* (ab 6.2.1941).
* 9.8.1906 Hamburg. 1937 maßgeblicher Anteil an der Innenausstattung der Reichskanzlei. Nach 1945 Villen für deutsche Wirtschaftsprominente, Innenausstattung von Schiffen für Aristoteles Onassis und Stavros Niarchos. † 29.11.1988 Hamburg. Lit.: Kieling.

Pinthus, Kurt. Theaterkritiker.
* 29.4.1886 Erfurt. Dr. phil. Zunächst Dramaturg bei Max Reinhardt, dann Chefkritiker des Berliner *8-Uhr-Abendblatts.* 1933 Schreibverbot, ins jüdische Li-

teraturghetto gedrängt. 1937 Flucht nach New York. 1947–1960 Theaterwissenschaftler der Columbia University. Mitarbeiter der Emigrantenzeitschrift *Aufbau.* 1967 Rückkehr, Wohnsitz Marbach am Neckar. † 11.7.1975 ebenda.

Piscator, Erwin. Regisseur.
* 17.12.1895 Ulm bei Wetzlar. Im I. Weltkrieg zum radikalen Pazifisten geworden. Oktober 1919 Eröffnung des *Proletarischen Theaters. Bühne der revolutionären Arbeiter Groß-Berlins,* April 1921 vom Polizeipräsidenten geschlossen. September 1927 Eröffnung der Piscator-Bühne am Nollendorfplatz. 1929 Kampfschrift *Das politische Theater.* Goebbels am 21.10.1930 im Tagebuch: »Persönlich ein angenehmer und sauberer Bursche.« 1931 (bis 1936) in der UdSSR, danach Exil in Paris, 1939 USA. 1951, wegen der Kommunistenjagd in der McCarthy-Ära, Wechsel in die BRD. 1962 Intendant der Freien Volksbühne in West-Berlin. 1963 Uraufführung *Der Stellvertreter* von Rolf Hochhuth, 1964 *In der Sache J. Robert Oppenheimer* von Heinar Kipphardt, 1965 *Die Ermittlung* von Peter Weiss. † 30.3.1966 Starnberg.

Pistauer, Hartmut. Leiter der Schandschau *Entartete Kunst* in München (1937) und in nachfolgenden Städten.
* 3.4.1913 Graz. Jurist. Ab 1935 in München. Führung von Besuchergruppen in der Propagandaausstellung *Der Bolschewismus – Große antibolschewistische Schau* und der Hetzveranstaltung *Der ewige Jude.* NSDAP-Gauleitung München-Oberbayern am 17.12.1937: »Pg. Pistauer ist Österreicher und gehört der SA an ... mußte deshalb aus Österreich fliehen.« Im Krieg in Salzburg zuständig für Mineralölbewirtschaftung. Nach 1945 bei den Firmen Esso in Wien und Agip in München, zuletzt persönlicher Sekretär im Hauptsekretariat bei Daimler-Benz in Stuttgart. † 15.1.1993 München. Lit.: Zuschlag.

Pistor, Hermann. Leiter der Fachschaft Mundartdichtung in der Reichsschrifttumskammer (RSK).
* 30.10.1891 Neuwied. Landesleiter Gau

Düsseldorf der RSK. Ab 1933 Herausgeber: *Bergische Heimat. Kunst- und Heimatschrift für das Bergische Land.* 1939 Mitherausgeber: *So spricht das Herz sich aus. Deutsche Mundartdichtungen.* Nach 1945 Stadtoberinspektor in Wuppertal. † 15.7. 1971 ebenda.

Pitthan, Wilhelm Otto, genannt *Maler deutscher Staatsmänner.*
* 17.9. 1896 Wöllstein im Rheinland. Wohnort Berlin. Goebbels am 12.10. 1937 im Tagebuch: »Der Maler Pitthan macht ein ausgezeichnetes Bild von mir.« Auf der Großen Deutschen Kunstausstellung 1940 im Münchner NS-Musentempel *Haus der Deutschen Kunst* mit den Objekten *Reichsleiter Martin Bormann, Reichsorganisationsleiter Dr. Ley, Frau Bormann* (Öl). Hitler kaufte 1938 sein Bild *Dr. Goebbels* für 5000 Mark. Nach 1945 in Berlin (Vollmer).

Platen, Günther von.
* 2.2. 1893 Fährhof. Laut *Aufstellung derjenigen Parteigenossen, die Angehörige fürstlicher Häuser sind*: NSDAP-Nr. 2437730, Gau Sachsen. Bankdirektor. Major der Reserve. Vorsitzender des Familienverbands. Nach 1945 Wohnort München.

Platen, Horst. Dirigent und Theaterleiter.
* 14.4. 1884 Magdeburg. Mai 1933 NSDAP, Dirigent des Niederdeutschen Kampfbundorchesters Kiel. Unter anderem 1938–1942 Intendant des Stadttheaters Fürth. 1943/44 Intendant der Städtischen Bühnen Thorn, 1942 im Rahmen des *Kulturwerkes Deutsches Ordensland* gegründet als »Beweis für den Kulturwillen des wiedergewonnenen deutschen Ostens«. Nach 1945 in München. † 14.10. 1964 Feldafing am Starnberger See. Lit.: Drewniak, Theater.

Platen, Karl. Auf der *Gottbegnadeten-Liste* der Schauspieler, die für die Filmproduktion benötigt werden.
* 6.3. 1877 Halle. Zwischen 1933 und 1945 in 69 Filmen, darunter *Hanneles Himmelfahrt* (1934), *Menschen, Tiere, Sensationen* (1938), *Robert Koch* (1939) und

Bismarck (1940). Ab 1947 im Marie-Seebach-Stift Weimar. † 4.7. 1952 Weimar.

Platte, Rudolf. Auf der *Gottbegnadeten-Liste* der Schauspieler, die für die Filmproduktion benötigt werden.
* 12.2. 1904 Hörde-Dortmund. 1928 Mitbegründer des Kabaretts *Die Katakombe.* In der NS-Zeit als Faktotum vom Dienst in 71 Filmen. Nebenrolle im U-Boot-Streifen *Morgenrot*, am 2.2. 1933 in Gegenwart Hitlers uraufgeführt. In *Hitlerjunge Quex*, Uraufführung September 1933 in Anwesenheit von Hitler und Baldur von Schirach. 1941 *Spähtrupp Hallgarten* über die Besetzung Norwegens. 1946/47 Intendant des Theaters am Schiffbauerdamm. Filme: *Kätchen für alles* (1949), *Wenn die Heide blüht* (1960), *Freddy, Tiere, Sensationen* (1964). 1978 *Filmband in Gold* für langjähriges und hervorragendes Wirken im deutschen Film. † 18.12. 1984 Berlin.

Plauen, E. O., eigentlich Erich Ohser. Zeichner.
* 18.3. 1903 Untergettengrün, Landkreis Oelsnitz. Aufgewachsen in Plauen. Ursprünglich Schlosser. Karikaturist für den *Vorwärts* (SPD), Illustrator von Erich Kästner. Später politische Karikaturen in Goebbels' Renommierblatt *Das Reich* (von Hitler im Tischgespräch 1942 gelobt: »Prachtvoll ist die Zeitung ›Das Reich‹«). Benz (Rolle): »Bösartige Bolschewiken, Roosevelt, Churchill, Stalin als Schurke.« Februar 1944 von einem Hausbewohner wegen abträglicher Äußerungen über Goebbels und Hitler angezeigt. † 6.4. 1944 Suizid im Zuchthaus Brandenburg.

Pledath, Werner. Auf der *Gottbegnadeten-Liste* der Schauspieler, die für die Filmproduktion benötigt werden.
* 26.4. 1898 Berlin. Mitglied der linken Berliner *Gruppe junger Schauspieler*, 1928 Sensationserfolg mit *Revolte im Erziehungshaus.* Unter anderem 1937 im Propagandastreifen *Weiße Sklaven* (gegen marxistische Volksmörder), in den Hetzfilmen *Die Rothschilds* (Courtade: »Ein Aufruf zu Haß und Mord«), *Ohm Krüger* (für Goebbels »ein Film zum Rasendwer-

den«) sowie im NS-Euthanasiefilm *Ich klage an* (der von den Krankenmördern der Berliner T4-Zentrale teilfinanzierte Staatsauftragsfilm sollte den Widerstand der Bevölkerung gegen den Behindertenmord brechen). Nach 1945 am Deutschen Theater in Ost-Berlin. 1953 Film *Ernst Thälmann – Sohn seiner Klasse*. 1955: *Ernst Thälmann – Führer seiner Klasse*. In den letzten Jahren unter anderem am Hebbel-Theater. † 5. 12. 1965 Berlin.

Plessner, Clementine. Sängerin und Charakterschauspielerin.
* 7. 12. 1855 Wien. Zunächst Sängerin. Im Film vorwiegend Mütter, Großmütter und als »komische Alte«. September 1933 Wechsel von Berlin nach Wien. Deportiert am 24. 9. 1943 ins Ghettolager Theresienstadt – mit 86 Jahren. † 27. 2. 1943 Theresienstadt. Q.: Weniger; Bühne.

Plettenberg, Bernhard Graf von. Bildhauer, laut Hitler »ein gottbegnadeter Künstler«.
* 23. 4. 1903 Hovestadt, Kreis Soest. 1933 Plastik *Kugelstoßer*, 1938 von Hitler für die NS-Ordensburg Vogelsang erworben. Auf den Großen Deutschen Kunstausstellungen im Münchner NS-Musentempel *Haus der Deutschen Kunst* mit den Bronzeplastiken *Schwimmerin* (1939) und *Warmblut* (1940). Laut Speers Erinnerungen schwärmte Hitler April 1943 bei einem Besuch in Linz über Plettenbergs Reiterstatuen *Kriemhild* und *Siegfried* auf der Nibelungenbrücke: »Deutsche Kunst! Sehen Sie sich die Details des Pferdekopfes an! Plettenberg ist wirklich ein gottbegnadeter Künstler!« † 18. 11. 1987 Neuss.

Pleyer, Wilhelm. Schriftsteller.
* 8. 3. 1901 Eisenhammer in Böhmen, Sohn eines Hammerschmieds. Dr. phil. 1926 Gaugeschäftsführer der *Deutschen Nationalpartei*. Ab 1934 Schriftleiter der *Sudetendeutschen Monatshefte*. Sarkowicz: »Seine Bücher ... lieferten eine willkommene literarische Schützenhilfe für die ins Auge gefaßte Annexion des Sudetenlandes.« Laut *Meyers Lexikon* 1942 »von leidenschaftlichem Nationalgefühl durchdrungene Gedichte«. Weiheverse *Der Freiheitstag*, 1944 in der Anthologie *Lyrik der Lebenden* des SA-Oberführers Gerhard Schumann: »Der Jubel eint die Bahnen,/ der Jubel wird Gebet;/tief senken sich Fahnen,/wo der Führer steht.« NS-Ehrung: 1939 Literaturpreis der Reichshauptstadt, 1941 Volksdeutscher Schrifttumspreis der Stadt Stuttgart (*Stadt der Auslandsdeutschen*), 1942 von Hitler Kriegsverdienstkreuz II. Klasse, Begründung: »Trug sowohl als Schriftsteller wie als Vortragender wesentlich zum Aufbau des Ostraumes und zur Stärkung der Heimatfront bei«. 1956 Förderpreis der Sudetendeutschen Landsmannschaft. 1964 Kommentare für *National-Zeitung*. Mitglied im einschlägigen *Deutschen Kulturwerk Europäischen Geistes* sowie der Gesinnungsgemeinschaft *Gesellschaft für freie Publizistik*. † 14. 12. 1974 Pöcking.

Plievier, Theodor. Einer jener zwölf Schriftsteller, die vom *Börsenverein der Deutschen Buchhändler* »als schädigend« gebrandmarkt und nicht verbreitet werden durften.
* 12. 2. 1892 Berlin. 1918 Teilnahme am Aufstand der Matrosen in Wilhelmshaven, Gründung des *Verlags der Zwölf*, Vertrieb anarchistischer Werke. 1920 Journalist in Berlin. 1929: *Des Kaisers Kuli. Roman der deutschen Kriegsflotte*. 1933 Flucht in die Tschechoslowakei, 1934 in der UdSSR. Im Dienste der Sowjet-Propaganda. Laut Klaus Mann Vertreter des leninistisch-stalinistischen Dogmas in seiner »starrsten Form«. 1945 Rückkehr mit der Roten Armee, zunächst in Weimar, 1947 in Hamburg. † 12. 3. 1955 Avegno, Kanton Tessin, dem letzten Wohnort.

Plischke, Albin. Truppenbücherei KZ Auschwitz.
* 28. 2. 1902 Freiwaldau/CSR, Sohn eines Kutschers. Verwaltungsangestellter. Juli 1942 Waffen-SS. Laut eigener Aussage August 1942 bis Januar 1945 in der Abteilung *Truppenbetreuung* der Kommandantur Auschwitz, zuständig für Bücherausgabe an KZ-Personal: »Auf Grund meiner

schlechten Augen kam ich nach der Ausbildung … zur Truppenbücherei.« Ab 1953 Stadtinspektor.

Plontke, Paul. Auf der *Gottbegnadeten-Liste* (Führerliste) der wichtigsten Maler des NS-Staates.

* 18. 6. 1884 Breslau. Ab 1921 Lehrer an den Vereinigten Staatsschulen für freie und angewandte Kunst in Berlin. Auf der Großen Deutschen Kunstausstellung 1939 im Münchner NS-Musentempel *Haus der Deutschen Kunst* mit dem Bild *Schlesisches Bauernmädchen*. NSDAP. Nach 1945 in Erlangen, vorwiegend religiöse Bilder (DBE). † 29. 3. 1966 Erlangen.

Plottnitz-Stockhammer, Ottomar Prinz von.

* 1. 12. 1909 München. Laut *Aufstellung derjenigen Parteigenossen, die Angehörige fürstlicher Häuser sind*: 1. 10. 1933 NSDAP, Nr. 3 391630. Anmerkung: NSDAP-Auslandsorganisation, zum Gau Brandenburg umgemeldet, dort aber nicht aufgeführt. Bankkaufmann in Frankfurt am Main.

Podewils, Clemens Graf. Schriftsteller.

* 20. 8. 1905 Bamberg. Dr. jur. Oberleutnant. Wohnsitz Schloß Schweissing, Kreis Mies, Sudetengau. 1939 Kriegsberichter. 1941 Roman: *Söhne der Heimat*. Autor in Goebbels' Renommierblatt *Das Reich* (von Hitler 1942 gelobt: »Prachtvoll ist die Zeitung ›Das Reich‹«). Görtemaker: »Wer für das Reich arbeitete, stellte sich zwangsläufig in den Dienst der nationalsozialistischen Propaganda.« 1949–1975 Generalsekretär der Bayerischen Akademie der Schönen Künste. † 5. 8. 1978 München.

Pölzer, Julius. Auf der *Gottbegnadeten-Liste* (Führerliste) der wichtigsten Künstler des NS-Staates.

* 9. 4. 1901 Admont in der Steiermark. Dr. med. dent. Heldentenor. Erste Erfolge am Opernhaus Breslau. Ab 1930 Bayerische Staatsoper München, gefeierter Wagner-Interpret. Zu *Führers Geburtstag* April 1937 von Hitler Titel Kammersänger. 1947 Rückzug von der Bühne. † 16. 2. 1972 München.

Poensgen, Georg. Kunsthistoriker, beteiligt an der »Sicherstellung« des weltberühmten Bernsteinzimmers.

* 7. 12. 1898 Düsseldorf. Dr. phil. Bücher über Berliner und Potsdamer Schlösser. Referent für militärischen »Kunstschutz« der Militärverwaltung im Osten. Herbst 1941 Beschlagnahmung des Bernsteinzimmer in Carskoe Selo, das der Preußische König Friedrich Wilhelm I. Zar Peter geschenkt hatte. Am 14. 10. 1941 mit fünf Eisenbahnwaggons Richtung Königsberg abgeschickt, seither verschollen. Ab 1948 Direktor des Kurpfälzischen Museums Heidelberg. † 11. 1. 1974 ebenda. Lit.: Heuss.

Pohl, Johannes. Rosenbergs Talmud-Experte.

* 6. 2. 1904 Köln, Sohn eines Fuhrunternehmers. 1927 Priesterweihe. 1932 Sprachstudien in Jerusalem. 1934 Heirat. 1935 Referent für Hebraica der Preußischen Staatsbibliothek Berlin. Antisemitische Beiträge in *Mitteilungen über die Judenfrage*, herausgegeben vom *Institut zum Studium der Judenfrage* (Leitung Goebbels), auch in Streichers Hetzblatt *Der Stürmer*. 1940 NSDAP. 1941 Bibliothekar im *Institut zur Erforschung der Judenfrage* in Frankfurt am Main, der ersten Abteilung der von Rosenberg geplanten und von der NSDAP finanzierten Universität, genannt *Hohe Schule*. Für *Einsatzstab Reichsleiter Rosenberg* beteiligt an der Ausplünderung jüdischer Bibliotheken in besetzten Gebieten. Pohl im September 1942: »Und wer irgendwie und irgendwo als Nichtjude sich trotz Aufklärung und Belehrung nicht zu diesem antijüdischen Denken bekennen kann, der zeigt, daß er selbst auf dem Wege ist, Jude zu werden und daher auch wie ein Jude zu bewerten und zu behandeln ist.« Herbst 1943 bei Rosenbergs antisemitischen Pressedienst *Welt-Dienst*. Pohl 1956: »Ich bin seit Jahren führendes Mitglied der Duden-Redaktion in Wiesbaden.« † 30. 1. 1960 Wiesbaden. Lit.: Kühn-Ludewig.

Pohl, Klaus. Auf der *Gottbegnadeten-Liste* der Schauspieler, die für die Filmproduktion benötigt werden.
* 1.11.1883 Wien. Nebenrollen in Propagandafilmen wie *Die Rothschilds* (1940), *Himmelhunde* (1941), *Andreas Schlüter* (1941), aber auch *Unter den Brücken* (1944). Danach *Im weißen Rößl* (1952), *Das sündige Dorf* (1954). Letzter Film 1955: *Der Major und die Stiere.*
Pol, Heinz. Pseudonyme *Jakob Links, Hermann Britt.* Journalist.
* 6.1.1901 Berlin. Ab 1923 bei der *Vossischen Zeitung,* der *Weltbühne* und der *Literarischen Welt.* 1933 Verhaftung, danach Flucht nach Prag. 1934/35 Chefredakteur der Satire-Zeitung *Der Simplicius.* 1936 in Paris. 1940 mit dem letzten französischen Schiff nach New York. Nach 1945 Korrespondent deutscher Tageszeitungen. † 13.10.1972 New Milford.
Polgar, Alfred. Theaterkritiker.
* 17.10.1873 Wien. Kesten: »Ein deutscher Stilist aus dem alten Österreich.« Theaterkritiker der linken Wochenschrift *Die Weltbühne.* Goebbels am 29.10.1930 im Tagebuch: »Hörspiel von Polgar: ›Defraudanten‹ [Betrüger] … Das Stück selbst ist zersetzender Judendreck.« 1933 Flucht von Berlin nach Wien, 1938 nach Paris. Mit Joseph Roth Gründer der *Liga für das geistige Österreich.* 1940 USA, Drehbuchautor in Hollywood. 1949 in der Schweiz. † 24.4.1955 Zürich.
Pollak, Franz. Trompeter der Bayerischen Staatsoper.
* 6.7.1870 Höchstädt an der Donau. Mai 1933 NSDAP. Dirigent eines Musikzugs der SA-Leibstandarte. Opus 30, der SA-Marsch *Die Führer rufen,* Textprobe: »Uns als Leitspruch gilt:/Hakenkreuz im Schild/ gegen deutsche Not,/wenn es sein muß in den Tod!« 1934 Inhaber eines Musikverlags. † 23.4.1938 München, Q.: Prieberg.
Pommer, Erich. Produktionsleiter der Ufa.
* 20.7.1889 Hildesheim. 1915 Mitbegründer der Decla-Film AG, 1921 in der Ufa aufgegangen. Ebenda Herstellungslei-

ter. 1933 Entlassung wegen jüdischer Herkunft, Flucht nach Paris. Produzent in Frankreich, Großbritannien und USA (Kriegsjahre). 1944 US-Bürger. 1946–1949 oberster Filmoffizier der US-Militärregierung in Deutschland. 1951 Gründung der Intercontinental Film GmbH in München. 1956 Rückkehr USA. † 8.5.1966 Los Angeles. Lit.: Kreimeier.
Pongratz, Alfred. Auf der *Gottbegnadetenliste* der Schauspieler, die für die Filmproduktion benötigt werden.
* 29.9.1900 München. Charakterkomiker. 1934–1950 am Volkstheater München. Nach 1945 Filme wie *Die schöne Tölzerin* (1952) oder *Der Klosterjäger* (1953). † Oktober 1977 München.
Ponten, Josef. Name Oktober 1933 unter dem Treuegelöbnis »88 deutsche Schriftsteller« für Adolf Hitler.
* 3.6.1883 Raeren, Kreis Eupen. »Epiker der Auslandsdeutschen« (Reichsdramaturg Schlösser am 9.5.1933 im *Völkischen Beobachter*). Arbeit am sechsbändigen, unvollendeten Opus *Volk auf dem Wege,* gewidmet den Wolgadeutschen. Mitglied und am 15.3.1933 Unterzeichner einer Loyalitätserklärung der Deutschen Akademie der Dichtung der Preußischen Akademie der Künste pro NS-Regierung. Bergengruen: »Ein eitles, gespreiztes Männchen … dem Nationalsozialismus gegenüber zu jeder Konzession bereit.« NS-Ehrung: 1936 Rheinischer Literaturpreis, 1938 Münchener Dichterpreis. † 3.4.1940 München. Lit.: Sauder; Scholdt.
Ponto, Erich. Auf der *Gottbegnadeten-Liste* (Führerliste) der wichtigsten Künstler des NS-Staates.
* 14.12.1884 Lübeck. Zunächst Apotheker. 1928 in der Uraufführung der *Dreigroschenoper* im Theater am Schiffbauerdamm in der Rolle des Bettlerchefs Peachum als Entdeckung gefeiert. In der NS-Zeit in 41 Filmen, darunter 1935 im antibritischen Monumentalfilm *Das Mädchen Johanna* (Jeanne d'Arc). Juli 1940 Titelrolle des Rothschild im Hetzfilm *Die Rothschilds* (Courtade: »Ein Aufruf zu Haß und

Mord«). September 1940 im Staatsauftragsfilm (Spionagewarnung) fürs Kino-Vorprogramm: *Achtung! Feind hört mit!* November 1940 im antibritischen Spielfilm *Das Herz der Königin*. 1941 im NS-Euthanasiefilm *Ich klage an* (der von den Krankenmördern der Berliner T4-Zentrale teilfinanzierte Staatsauftragsfilm sollte den Widerstand der Bevölkerung gegen den Behindertenmord brechen). Mit Auftritt im besetzten Krakau als »Träger des deutschen Kulturwillens im Osten« eingesetzt. NS-Ehrung: Staatsschauspieler. 1945/46 Generalintendant in Dresden. 1948 Württembergisches Staatstheater Stuttgart. Rolle des Dr. Winkel im Filmklassiker *Der dritte Mann* (1949). Filme wie *Sauerbruch – Das war mein Leben* (1953) oder *Das fliegende Klassenzimmer* (1954). 1956 *Filmband in Silber, Großes Verdienstkreuz des Verdienstordens der BRD*. † 4. 2. 1957 Stuttgart. Pontos Sohn Jürgen, Chef der Dresdner Bank, wurde 1977 bei einem RAF-Attentat ermordet.

Popp, Willy. Spielleiter der Operette der Städtischen Bühnen Kattowitz.
* 20. 5. 1914 Mährisch-Ostrau. Operettenbuffo. Rundschreiben des KZ-Kommandanten Höß, Auschwitz, vom 11. 6. 1943 an das KZ-Personal: »Am Donnerstag, den 17. Juni 1943, 20.15 Uhr, findet auf der Bühne des Kameradschaftsheimes die nächste Truppenbetreuungsveranstaltung statt. Es gastiert das Opernhaus Kattowitz mit einem ›Großen bunten Abend‹ Gesang – Tanz – Heitere Vorträge … Es wirken mit: … Willi Popp, Operettenbuffo.« Standortbefehl vom 7. 2. 1944: »Montag, 21. Februar 1944, 20.00 Uhr: ›Musikalische Köstlichkeiten aus Oper und Operette‹; es spielt das Städt. Symphonieorchester Kattowitz … Solisten: … Willi Popp.« Nach 1945 Operettenregisseur in Graz. † 2. 1. 1983 Wien.

Porten, Henny. Stummfilmlegende.
* 7. 1. 1890 Magdeburg, Tochter eines Opernsängers. Von Hitler zu Stummfilmzeiten bewundert, Rollentyp: verfolgte Unschuld. Verweigerte Scheidung von ihrem »halbjüdischen« Ehemann, dem Arzt und Leiter der Produktionsfirma Henny-Porten-Film, Wilhelm von Kaufmann. Nach eigener Darstellung von Goebbels »mit einer wahren Wollust« verfolgt. Kollege von Meyerinck: »Die Porten spielte schlecht und recht. Sie hat den Anschluß nicht mehr gefunden.« 1934 Hauptrolle im Film *Mutter und Kind*, 1935 in *Krach im Hinterhaus*. Weitere Hauptrollen in den Filmen *Der Optimist* (1938), *War es der im 3. Stock?* (1939), *Komödianten* (1941), *Symphonie eines Lebens, Wenn der junge Wein blüht, Familie Buchholz* und *Neigungsehe* (1943). Laut Goebbels-Tagebuch vom 25. 1. 1944 setzte ihr Hitler »eine monatliche Pension von tausend Mark« aus. 1947 Persilschein für Fritz Hippler (Haßfilm *Der ewige Jude*). Nur noch drei Filme in der DDR, darunter 1954 der DEFA-Film *Carola Lamberti*. † 15. 10. 1960 Berlin. Lit.: Moeller.

Poser, Hans. Komponist.
* 8. 10. 1917 Tannenbergsthal im Vogtland. Schüler von Hindemith. 1939 Kriegsdienst, Luftwaffe. Laut Prieberg komponierte er 1940 das *Lied der Kampfflieger*, Textprobe: »Und wenn zum Kampf der Führer ruft,/die Welt entbrannt im Hader,/dann starten donnernd in die Luft/Geschwader auf Geschwader.« 1940 kanadische Kriegsgefangenschaft. 1947 Musikhochschule Hamburg, 1962 Titel Professor. † 1. 10. 1970 Hamburg.

Posner, Ernst. Preußischer Staatsarchivar.
* 9. 8. 1892 Berlin. Dr. phil. Ab 1920 am Geheimen Staatsarchiv Berlin. 1922 Staatsarchivrat. 1935 als »Jude« entlassen. KZ Sachsenhausen. 1939 Auswanderung über Schweden in die USA. 1940 Professor der American University in Washington. Nach 1945 Absage, Direktor des neuen Bundesarchivs zu werden. Eckert: »Posner hat Antisemitismus und Vertreibung nie überwunden. Er wurde zu einem jener Emigranten, die ständig zurückkehrten, ohne je zu bleiben.« Ab 1972 in der Schweiz. † 18. 4. 1980 Wiesbaden.

Posse, Hans. Kunsthistoriker.
* 6.2. 1879 Dresden, Sohn eines Geheimrats. Ab 1910 Direktor der Staatlichen Gemäldegalerie Dresden, befreundet mit Oskar Kokoschka. NSDAP-Mitgliedschaft beantragt, wegen Einsatzes für moderne Malerei abgelehnt (Ehefrau NSDAP seit 1930). 1935 Aufnahme ins *Führerlexikon*. Juni 1938 von Reichsstatthalter Mutschmann entlassen, von Hitler wieder eingesetzt. Am 21.6. 1939 von Hitler mit der Errichtung des *Führermuseum Linz* (*Sonderauftrag Linz*) beauftragt: Planung der größten Gemälde- und Kunstgalerie Europas (mit geraubten Werken). Ehrenbürger der Stadt Linz. † 7. (sic) 12. 1942 Dresden. Goebbels am 8.12. im Tagebuch: »Der Führer wünscht, daß ihm ein Staatsbegräbnis gerichtet wird.« Lit.: Heuss.

Prack, Rudolf. Auf der *Gottbegnadeten-Liste* der Schauspieler, die für die Filmproduktion benötigt werden.
* 2.8. 1905 Wien, Sohn eines Postbeamten. Neben Unterhaltungsfilmen 1939 im Mutterkreuz-Opus *Mutterliebe* (Prädikat: *staatspolitisch besonders wertvoll*), 1941 in *Spähtrupp Hallgarten* (über die Besetzung Norwegens), 1944 im Harlan-Farbfilm *Die goldene Stadt* (ein Slawe treibt eine blonde Deutsche in den Tod). Nach 1945 vorwiegend Heimatschnulzen: *Schwarzwaldmädel* (1950), *Grün ist die Heide* (1951), *Mariandl* (1961), *Der Jäger vom Fall* (1974). † 2.12. 1981 Wien.

Praetorius, Ernst. Dirigent.
* 20.9. 1880 Berlin. 1924 Generalmusikdirektor am Weimarer Nationaltheater. In Rosenbergs *Kampfbund für deutsche Kultur* (KdfK). Wegen »nichtarischer« zweiter Ehefrau und Aufführung moderner Komponisten (Busoni, Krenek) in NS-Kreisen in Mißkredit. 1933 Entlassung. Tätigkeit als Chauffeur, Angebot an Hans Hinkel, ein KdfK-Orchester zu leiten. 1935 Scheidung, Dozent in Ankara. 1936 Zuzug der geschiedenen Ehefrau. † 7.8. 1946 Ankara. Lit.: Okrassa.

Praschma, Elisabeth Gräfin.
* 16.1. 1895 Gläsen. Laut *Aufstellung der-* jenigen *Parteigenossen, die Angehörige fürstlicher Häuser sind*: 1.5. 1933 NSDAP, Nr. 2 127639, Gau Oberschlesien. Genealogisches Handbuch: Mährischer Uradel. Nach 1945 Bundesreferentin der Landsmannschaft der Oberschlesier. † 7.12. 1963 Bad Godesberg.

Preetorius, Emil. Von Hitler (im Tischgespräch am 24.2. 1942) zu den drei wichtigsten Bühnenbildnern erklärt.
* 21.6. 1883 Mainz. 1927 Professor der Akademie für angewandte Kunst in München. Gehörte zum engeren Freundeskreis von Thomas Mann, illustrierte dessen Bücher *Herr und Hund* und die *Bekenntnisse des Hochstaplers Felix Krull*. Ab 1932 Ausstattungschef der Bayreuther Festspiele. *Meyers Lexikon* 1940: »Szenenbilder besonders für Richard Wagners Musikdramen für alle großen Bühnen.« Ende 1942 Gestapoverhaftung (Beschuldigung: »Judenfreund«), auf Weisung Hitlers ohne Folgen. Preetorius verdächtigte als Denunzianten Wieland Wagner, der ihn als Wagner-Bühnenbildner habe ablösen wollen. NS-Ehrung: 1943 *Goethe-Medaille* für Kunst und Wissenschaft. Thomas Mann am 7.9. 1945 an Walter von Molo: »Daß eine ehrbarere Beschäftigung denkbar war, als für Hitler-Bayreuth Wagner-Dekorationen zu entwerfen – sonderbar, es scheint dafür an jedem Gefühl zu fehlen.« † 27.1. 1973 München. Nachruf *Deutsches Bühnen-Jahrbuch*: »Führender Szeniker des Musiktheaters.« Lit.: Hamann.

Preiss, Ludwig. Kapellmeister.
* 16.1. 1898 Nürnberg. NSDAP 1932. Unter anderem 1936 Dirigent des Chors der NS-Gemeinschaft *Kraft durch Freude* Gau Berlin. Musik zu Propagandastreifen wie *Volk baut in die Zukunft* oder *Heime der Hitlerjugend* (beide 1938). 1941 mit Werner Egk Musik zum HJ-Film *Jungens* mit Jugendlichen der Adolf-Hitler-Schule Sonthofen. † Kriegstod September 1943.

Preiss, Wolfgang. Schauspieler.
* 27.2. 1910 Nürnberg. 1933–1937 am Schauspielhaus Königsberg, danach in

Bonn und Bremen. 1941 Volksbühne Berlin. 1942 im Zarah-Leander-Film *Die große Liebe* zur Stärkung der Heimatfront. 1943 in *Besatzung Dora* über Heldentaten der Luftwaffe (infolge des Kriegsverlaufs nicht im Kino). 1954 im Verklärungsopus *Canaris*, 1955 Rolle des Hitler-Attentäters Stauffenberg im Film *Der 20. Juli* (1944), 1959 Stalingrad-Film *Hunde, wollt ihr ewig leben?* 1987 *Filmband in Gold* für langjähriges und hervorragendes Wirken im deutschen Film. † 27. 11. 2002 Buehl in Baden.

Preminger, Otto. Schauspieler und Regisseur.
* 5. 12. 1906 Wischnitz (Rumänien). Dr. jur. Schauspieler und Assistent bei Max Reinhardt. 1933 Leiter des Wiener Theaters in der Josefstadt. 1935 Emigration in die USA. 1943 US-Bürger. Ab 1953 Filmproduzent. Erfolgreiche Filme wie *Bonjour Tristesse* (1958) oder *Porgy and Bess* (1969). † 23. 4. 1986 New York.

Presber, Rudolf. Name Oktober 1933 unter dem Treuegelöbnis »88 deutsche Schriftsteller« für Adolf Hitler.
* 4. 7. 1868 Frankfurt am Main. Dr. phil. Lustspielautor, 1907: *Die törichten Jungfrauen.* 1933 Roman: *Casanova in Altenbühl.* Enger Kontakt zum Kaisersohn Prinz August Wilhelm Prinz zu Preußen (Machtan). 1935 Ehrensenator der Reichsschrifttumskammer (Schrader). † 1. 10. 1935 Potsdam.

Preußen, Alexander Ferdinand Prinz von.
* 26. 12. 1912 Berlin, Sohn des Prinzen August Wilhelm von Preußen (SA-Obergruppenführer). Laut *Aufstellung derjenigen Parteigenossen, die Angehörige fürstlicher Häuser sind*: 1. 5. 1931 NSDAP, Nr. 534782. Anmerkung: »Am 15. 9. 34 zur damaligen Reichswehr abgemeldet.« Major. In nicht hausgesetzmäßiger Ehe 1938 Heirat mit der Majorstochter Irmgard Weygand. Nach 1945 in Wiesbaden-Sonnenberg. † 12. 6. 1985 Wiesbaden. Lit.: Machtan.

Preußen, August Wilhelm Prinz von, genannt *Auwi*. NS-Aushängeschild.

* 29. 1. 1887 Potsdam. Vierter Sohn Kaiser Wilhelm II. 1930 NSDAP, NSDAP-Nr. 24 ehrenhalber. 1931 SA. 1933 Preuß. Staatsrat und MdR. Senator der Kaiser-Wilhelm-Gesellschaft. 1943 SA-Obergruppenführer. † 25. 3. 1949 Stuttgart.

Preußen, Carl-Franz-Joseph Prinz von.
* 15. 12. 1916 Potsdam. Laut *Aufstellung derjenigen Parteigenossen, die Angehörige fürstlicher Häuser sind*: 1. 4. 1935 NSDAP, Nr. 2 407422, Gau Mark Brandenburg. Anmerkung: »Am 15. 10. 36 zur damaligen Reichswehr abgemeldet.« Hauptmann. † 23. 1. 1975 Arica, Chile.

Preußen, Cecilie Kronzprinzessin von.
* 20. 9. 1886 Schwerin. Geborene Prinzessin von Mecklenburg-Schwerin. Ab 1905 verheiratet mit Kronprinz Wilhelm von Preußen. Ab 1924 Schirmherrin des extrem reaktionären Frauenbunds *Königin Luise* (zuletzt fast 200 000 Mitglieder), Schwesterorganisation des *Stahlhelm*, Sammelbecken militanter Rechtsnationaler. † 6. 5. 1954 Bad Kissingen. Lit.: Machtan.

Preußen, Eitel-Friedrich Prinz von.
* 7. 7. 1883 Potsdam als zweiter Sohn Kaiser Wilhelm II. 1911 Statthalter von Pommern. Im I. Weltkrieg Generalmajor. Ab 1927 im *Stahlhelm* (Machtan), Sammelbecken militanter Rechtsnationaler. Goebbels am 26. 12. 1930 im Tagebuch: »Prinz Eitel Friedrich kennen gelernt. Ein dicker, gemütlicher Herr.« † 8. 12. 1942 Potsdam. Lit.: Ilsemann.

Preußen, Oskar Prinz von.
* 27. 7. 1888 Potsdam als fünfter Sohn Kaiser Wilhelm II. 1927 Hochmeister des Johanniter-Ordens, Mitglied im *Stahlhelm* (Machtan), Sammelbecken militanter Rechtsnationaler. Februar 1932 im Vorstand der *Deutschnationalen Volkspartei* (Overesch I). Generalmajor. † 27. 1. 1958 München. Lit.: Ilsemann.

Preußen, Oskar Prinz von.
* 12. 7. 1915 Potsdam. Ältester Sohn des Prinzen Oskar von Preußen, Enkel Kaiser Wilhelm II. Jurastudent, Oberleutnant des Infanterieregiments 51 (Genealogisches

Handbuch). † 5. 9. 1939 Kriegstod in Polen.

Preußen, Wilhelm Kronprinz von.
* 6. 5. 1882 Potsdam. Ältester Sohn Kaiser Wilhelm II. 1916 als General der Infanterie Führer der Heeresgruppe *Deutscher Kronprinz*. 1918 Exil in den Niederlanden, am 1. 12. 1918 Thronverzicht. Sein Vater am 21. 2. 1920: »Statt meine Memoiren, die ich ihm zur Verfügung gestellt habe, zu lesen, saust er den ganzen Tag auf dem Motorrad und im Auto herum.« 1923 Rückkehr ins Reich, Wohnort Oels in Schlesien, Autor: *Meine Erinnerungen an Deutschlands Heldenkampf*. Mai 1928 Besuch bei Mussolini, im Brief an den Vater Loblied auf den Faschismus: »Sozialismus, Kommunismus, Demokratie und Freimaurerei sind ausgerottet, und zwar mit Stumpf und Stil; eine geniale Brutalität hat dies zuwege gebracht.« Harry Graf Kessler am 10. 10. 1930 über einen Theaterbesuch bei Max Reinhardt: »Der Kronprinz ist ganz grau, fast weiß geworden ... trotzdem hat der Kronprinz seine Leutnantsallüren behalten ... In ihm hat die erbliche Geschmacklosigkeit der Hohenzollernfamilie einen fast monumentalen Ausdruck gefunden.« Am 14. 4. 1932 Protest bei Reichsinnenminister Wilhelm Groener gegen das am Vortag erlassene Verbot von SA und SS: »Es ist mir auch unverständlich, wie gerade Sie als Reichswehrminister das wunderbare Menschenmaterial, das in der SA und SS vereinigt ist und dort eine wertvolle Erziehung genießt, zerschlagen helfen.« 1933 Motor-SA und NS-Kraftfahrkorps. † 20. 7. 1951 Hechingen. Lit.: Deuerlein; Ilsemann.

Preußner, Eberhard. Schriftleiter *Die Musikpflege. Zeitschrift des Reichsverbands der gemischten Chöre Deutschlands*.
* 22. 5. 1899 Stolp in Pommern. Dr. phil. 1931 (bis 1934) Leiter der Musikabteilung im Zentralinstitut für Erziehung und Unterricht in Berlin. 1933 (bis 1939) Angestellter und Hilfsreferent Chorwesen in Goebbels' Reichsmusikkammer. 1935 auf der Liste der *Musik-Bolschewisten* der NS-Kulturgemeinde Rosenbergs. 1939 stellv. Direktor des vom Reichserziehungsministerium finanzierten Mozarteum in Salzburg, ab 1941 Reichsmusikhochschule. 1949 Professor, 1959 Direktor des Mozarteum. † 15. 8. 1964 München. Lit.: Potter.

Prien, Günther. U-Boot-Kommandant mit Kultstatus.
* 16. 1. 1908 Osterfeld in Thüringen. Berühmt durch die Versenkung des britischen Schlachtschiffes *Royal Oak* im Hafen von Scapa Flow im Oktober 1939 (883 Tote). Empfang bei Hitler, von Goebbels zum Seehelden aufgebaut. Goebbels am 1. 11. 1940 im Tagebuch: »Ein richtiger Volksheld.« † 7. 3. 1943 im Nordatlantik von britischen Wasserbomben versenkt, sein Tod wurde zunächst verschwiegen.

Prihoda, Vasa. Tschechischer Violinvirtuose, auf zahlreichen Tourneen gefeiert als *zweiter Paganini*.
* 22. 8. 1900 Wodnan bei Pisek. Laut Anita Lasker-Wallfisch »ein naturbegabter Teufelsgeiger«. 1930 Heirat mit Alma Rosé in Wien, Trauzeuge Franz Werfel. 1935 Scheidung in Prag. Ab 1939 Lehrer am (vom Reichserziehungsministerium finanzierten) Mozarteum in Salzburg (1941 Reichsmusikhochschule). Laut Newmann 1940 mit einer »vom Reichskulturamt« organisierten Tour tschechischer Künstler durch Deutschland und Holland. Vom 26. bis 31. Mai 1942 Gastspiel in den Städten Radom und Lublin. 1944 an der Münchner Musikakademie. Ab 1951 Lehrer der Akademie für Musik und darstellende Kunst in Wien. † 26. 7. 1990 Wien.

Pringsheim, Alfred. Mathematiker und Wagnerianer.
* 2. 9. 1850 Ohlau in Schlesien. 1901–1922 Ordinarius in München. Geheimer Hofrat. Deutschnational, Jude, Schwiegervater von Thomas Mann. Erika Mann: »Kannte Wagner persönlich und hat sich seinetwegen duelliert; gehörte zu den ersten, die Bayreuth finanzieren halfen.« Sein Haus in der Münchner Arcisstraße wurde 1933 für neue »Führerbauten« abgerissen. Dank Winifred Wagner November 1939 Ausrei-

se nach Zürich. † 25.6. 1941 Zürich. Hamann: »Als Pringsheim ... starb, verbrannte seine Witwe [Hedwig] die Briefe Richard Wagners, die der größte Schatz ihres Mannes gewesen waren.«

Prinzhorn, Fritz. Bibliothekar.
* 15.10. 1893 Berlin, Sohn eines Lehrers. 1918 Promotion (Dr. phil.) in Jena: *Die Haut und die Rückbildung der Haare beim Nackthunde*. 1927 Direktor der Bibliothek der TH Danzig. Mai 1933 NSDAP. 1934 Autor: *Die Aufgaben der Bibliotheken im nationalsozialistischen Deutschland*, ebenda Treueschwur auf Hitler, »dem Kämpfer und glühenden Idealisten für ein einiges deutsches Volk«. 1937 ao. Professor. 1939 Direktor der Universitätsbibliothek Leipzig, Honorarprofessor. Herausgeber der Bibliographien *Deutsche Reichsgaue im Osten*, *Generalgouvernement*; *Reichsgau Sudetenland*, *Protektorat Böhmen-Mähren*. 1951 Leiter der Bibliothek des Auswärtigen Amtes. † 21.8. 1967 Bonn. Lit.: Barbian; Happel.

Prinzhorn, Hans. Psychiater, 1922 Autor: *Bildnerei der Geisteskranken*.
* 8.6. 1886 Hemer. Assistent an der Universitätsnervenklinik Heidelberg (Sammlung von Bildern der Patienten, genannt *Prinzhorn-Sammlung*) und der Anstalt Burghölzli in Zürich. Zuckmayer meint, daß er sich »vielleicht als erster bedeutender Gelehrter in Deutschland, lang vor der ›Machtergreifung‹, öffentlich zum Nationalsozialismus bekannte«. 1924 im Aufsatz *Geltungsbedürfnis und Geltungspflicht* Würdigung der Führerqualitäten Mussolinis. Zwischen 1930 und 1932 Artikelserie *Über den Nationalsozialismus* mit positiver Wertung. Treffen mit Hitler im Hause des NS-Verlegers Bruckmann. † 16.6. 1933 Frankfurt am Main.

Pröckl, Ernst. Auf der *Gottbegnadeten-Liste* der Schauspieler, die für die Filmproduktion benötigt werden.
* 21.6. 1888 Wien. Ab 1918 an Berliner Bühnen. 1933 am Volkstheater Wien, ab 1938 Spielstätte der *Deutschen Arbeitsfront*. Ab 1947 Burgschauspieler. † 27.11.

1957 Wien. Nachruf *Deutsches Bühnen-Jahrbuch*: »Er war früher an Berliner Bühnen sehr erfolgreich.«

Profes, Anton. Komponist.
* 26.3. 1896 Leitmeritz. Komponierte Erfolgsschlager wie *Was macht der Maier am Himalaya?* (1926) oder *Am Sonntag will mein Süßer mit mir segeln gehen* (1929). Im Krieg Musik zu 18 Filmen, darunter 1939 *Leinen aus Irland* (Leiser: die Karikatur des jüdischen Untermenschen, eingebettet in eine Lustspielhandlung), 1940 Blut-und-Boden-Film *Der ewige Quell* und 1941 *Spähtrupp Hallgarten* über die Besetzung Norwegens. 1943 *Der weiße Traum* mit dem Schlager *Kauf dir einen bunten Luftballon*. Nach 1945 in Salzburg. In den 50er Jahren Musik zu den Sissi-Filmen. 1976 Titel Professor. † 22.8. 1976 Salzburg.

Prohaska, Jaro. Auf der *Gottbegnadeten-Liste* (Führerliste) der wichtigsten Künstler des NS-Staates.
* 24.1. 1891 Wien. Heldenbariton, Wagner-Interpret. 1931 (bis 1953) Berliner Staatsoper Unter den Linden. 1933 (bis 1944) Bayreuther Festspiele (laut Wistrich »einer der jährlichen Höhepunkte des NS-Kalenders und der Höhepunkt der jeweiligen Opernsaison«), auch Salzburger Festspiele. Goebbels am 14.6. 1937 im Tagebuch: »Reichstheaterwoche eröffnet mit ›Holländer‹. Eine ganz wunderbare Aufführung ... Und die Stimmen: Marta Fuchs, Prohaska.« Prohaska: »Das größte künstlerische Erlebnis bedeutet mir immer Bayreuth!« April 1941 mit den Berliner Philharmonikern und Stücken Richard Wagners zwecks Kulturpropaganda in Budapest. 1949–1959 Professor der Musikhochschule Berlin. 1961 *Bundesverdienstkreuz I. Klasse*. † 28.9. 1965 München.

Prokop, Josef. Leiter der Meisterschule des deutschen Handwerks in Klagenfurt (1942–1945).
* 24.4. 1898 Reichenberg. 1924 Kunstmaler. 1929 Lehrer. 1938 SS (Nr. 307772), NSDAP-Gauamtsleiter Kärnten. 1939–1941 Kriegsdienst. 1941 MdR, SS-Haupt-

sturmführer. 1942 NSDAP-Oberbereichsleiter. † 13.12.1945 Novi Vrbas-Backa in
jugoslawischer Haft. Lit.: Lilla.

Puchelt, Gerhard. Auf der *Gottbegnadeten-Liste* (Führerliste) der wichtigsten Pianisten des NS-Staates.
* 18.2.1913 Stettin. Soloauftritt am 5.11.
1943 auf dem Beethoven-Abend der Stadt
Zwickau »zum Gedenken der Gefallenen
der Bewegung« (Prieberg). 1949 Professor
der Musikhochschule Berlin. † August
1987 Berlin.

Puchinger, Erwin. Auf der *Gottbegnadeten-Liste* (Führerliste) der wichtigsten Maler des NS-Staates.
* 31.7.1875 Wien. Graphiker. 1936 Leiter
der Abteilung für manuelle Graphik der
Graphischen Lehr- und Versuchsanstalt
Wien. Auf der Großen Deutschen Kunstausstellung 1939 im Münchner NS-Musentempel *Haus der Deutschen Kunst* mit
dem Bild *Osttiroler Standschützen-Kom-
mandanten*. † 17.6.1944 Wien.

Pückler-Burghauß, Carl Friedrich Graf
von. SS-Gruppenführer (1944), Autor von
Jagd- und Reisebüchern.
* 7.10.1886 Breslau. SS-Nr. 365136.
NSDAP-Nr. 788697. Generalmajor der
Waffen-SS (laut *SS-Leitheft* 2/1942 ist die
Waffen-SS »die letzte Vollendung des nationalsozialistischen soldatischen Gedankens«). 1942 Höherer SS- und Polizeiführer Rußland-Mitte (Mogilew) i.V. 1944
Befehlshaber der Waffen-SS im Protektorat Böhmen und Mähren. 1936 Autor: *Jagen – Reisen – Lustig sein*. 1938: *Wild –
Wald und Welt*. † Suizid 9.5.1945 Simiec
in Böhmen.

Pünkösdy, Auguste. Schauspielerin.
* 28.8.1890 Wien. Ab 1921 am Wiener
Burgtheater. Zur Volksabstimmung zum
»Anschluß« Österreichs April 1938: »Wo
gibt es Worte, das unerhörte Erlebnis zu
schildern, das uns alle in diesen Tagen
überwältigt hat! Ich kann nicht rufen,
schreien. Stumm, lautlos fast, sag ichs wie
in all den langen Jahren voll Bewunderung
vor mich hin: Adolf Hitler!« Kammerschauspielerin. Nach 1945 im Film *Das

doppelte Lottchen* (1950). Theater-Kürschner: Klassische Heroine. † 1.10.1967
Wien.

Püttjer, Gustav. Auf der *Gottbegnadeten-
Liste* der Schauspieler, die für die Filmproduktion benötigt werden.
* 15.5.1886 Altona. Zunächst Raubtier-
dompteur beim Zirkus Hagenbeck. Nebenrollen in Propagandafilmen (Freikorps-Machwerk *Henker, Frauen und Soldaten*, *Aufruhr in Damaskus*, *Der Fuchs von
Glenarvon*, *Spätrupp Hallgarten*, *U-Boote
westwärts*, *Fronttheater*). Nach 1945 bei
der DEFA und in Brechts *Berliner Ensemble*. † 11.8.1959 Berlin.

Puls, Willi Walter. Beauftragter für das
Volksdeutsche Schulwesen in Himmlers
Volksdeutscher Mittelstelle (1944).
* 9.1.1908 Hamburg als Lehrerssohn.
1932 Dr. rer. nat. Mai 1933 NSDAP, 1934
HJ-Führer. 1937 Dozent Erdkunde der
Hochschule für Lehrerbildung (zur NS-
Indoktrinierung) in Elbing. 1938 Autor:
*Der koloniale Gedanke im Unterricht der
Volksschule*. 1939 Polenfeldzug, Besat-
zungssoldat in Warschau bis Frühjahr
1940. Danach Leiter der Schulabteilung
beim Volksbund für das Deutschtum im
Ausland (VDA) in Berlin. 1943 SS-Untersturmführer, 1944 Obersturmführer,
Letzter Bundesführer des 1943 liquidierten Bundes Deutscher Osten (BDO) und
Leiter des Hauptamts Deutscher Osten im
Außenpolitischen Amt der NSDAP. Nach
1945 Studienrat, Oberstudienrat und Studiendirektor in Hamburg. Schulbuchautor. Ab 1961 Mitherausgeber der *Geogra-
phischen Rundschau*. Ab 1966 Vorsitzender, dann Ehrenvorsitzender des Verbands Deutscher Schulgeographen. Mitglied der deutsch-polnischen Schulbuch-
kommission (!). † 5.12.1980 Hamburg.
Lit.: Hesse.

Purrmann, Hans. Maler.
* 10.4.1880 Speyer. 1906 in Paris, Schüler
und Freund des Malers Henri Matisse. Ab
1916 abwechselnd in Berlin und Langen-
argen am Bodensee. Einer von nur drei
»arischen« Künstlern bei der Beerdigung

Max Liebermanns am 11.2.1935 in Berlin. 1935 Leiter der Villa Romana in Florenz. Landschaften und Stilleben, besonders Blumenstücke. Mit zwei Bildern Juli 1937 in der Schandschau *Entartete Kunst* in München vorgeführt, 36 seiner Werke beschlagnahmt. 1943, nach Mussolinis Sturz, in Montagnola in der Schweiz. † 17.4.1966 Basel.

Q

Quadflieg, Will. Schauspieler.
* 15.9.1914 Oberhausen, Sohn eines Betriebsdirektors der Gute-Hoffnungs-Hütte. 1937 Berliner Volksbühne, ab 1940 Jungstar an Heinrich Georges *Schiller-Theater der Reichshauptstadt.* In der NS-Zeit in zehn Filmen, darunter 1938 die Kleinstadtposse *Der Maulkorb,* 1940 Marika-Rökk-Film *Kora Terry* sowie das antibritische Opus *Das Herz der Königin* über Maria Stuart (Kernsatz: »Wer England zu Hilfe kommt, stirbt«). 1941 antibritischer Film *Mein Leben für Irland.* 1942 Hauptrolle im Hetzfilm (Staatsauftragsfilm) *GPU,* Courtade: »Selten sind die Gegner der Nazis, einer wie der andere, vertierter ... dargestellt worden«. Ab 1947 am Deutschen Schauspielhaus Hamburg. Glanzrolle auf der Bühne wie im Film (1960): der Faust neben Gründgens als Mephisto. 1976 Erinnerungen: *Wir spielen immer,* dort heißt es: »Ich hatte in zwei Propagandafilmen idealistische Jünglinge gespielt.« Quadflieg verschönt oder beschweigt in seinen »Erinnerungen« die Rolle berühmter Kollegen im NS-Staat. † 27.11.2003 Heilshorn.

Querido, Emanuel. Förderer exilierter deutscher Autoren.
* 6.8.1871 Amsterdam. 1915 Gründer des Querido-Verlags in Amsterdam. Gliederte 1933 eine Abteilung für deutsche Exil-Literatur an (Döblin, Albert Einstein, Feuchtwanger, Erika, Heinrich und Klaus Mann, Erich Maria Remarque, Joseph Roth). Sephardischer Jude. Querido und

seine Frau konnten nach der deutschen Besetzung zunächst untertauchen, wurden aber 1943 verhaftet. † 23.7.1943 Sobibor.

Quest, Hans. Schauspieler.
* 20.8.1915 Herford. Volksbühne Berlin. Nebenrollen in den Filmen *Das unsterbliche Herz, Friedrich Schiller, Der dunkle Punkt, Mein Leben für Irland, ... reitet für Deutschland, Sophienlund.* 1947 berühmt durch die Rolle des Kriegsheimkehrers Beckmann in Borcherts Stück *Draußen vor der Tür.* Regie zu den Rühmann-Filmen *Wenn der Vater mit dem Sohne* (1955) und *Charleys Tante* (1955). Filme wie *Das Mädchen ohne Pyjama* (1957) oder *Mädchen aus zweiter Hand* (1974). † 29.3.1997 München.

R

Raabe, Peter. Präsident der Reichsmusikkammer (Juli 1935).
* 27.11.1872 Frankfurt/Oder, Sohn eines Bühnenbildners. 1907 Hofkapellmeister in Weimar, 1910 zugleich Kustos des Liszt-Museums (Liszt-Nachlaß). 1920 (bis 1934) Generalmusikdirektor in Aachen (November 1918 bis November 1929 unter belgischer Besatzung). 1931 zweibändiges Werk *Franz Liszt.* 1935 (bis 1937) Dirigent bei den Kulturtagungen innerhalb der NSDAP-Reichsparteitage (zwischen den Reden Rosenbergs und Hitlers). Raabe 1935 in *Die Musik im Dritten Reich:* »Ich weiß nicht, ob es Ihnen schon einmal aufgefallen ist, daß kaum eine zweite Vereinigung arbeitender Menschen ... von je her so im Sinne nationalsozialistischer Gemeinschaft gewirkt hat wie die Orchester. Hier ist in vollster Reinheit das Führerprinzip durchgeführt.« Am 6.6.1937 enthüllte Raabe die mit einer Hakenkreuzfahne umhüllte Bruckner-Büste anläßlich der propagandistischen Aufnahme Bruckners in die Walhalla bei Regensburg (Vereinnahmung des Österreichers Bruckner für das Deutsche Reich). Der Präsident der Reichsmusikkammer erteilte mehr als

3000 Musikern Berufsverbot. Raabe am 15. 4. 1937 an Carl Stenzel (»Ehefrau Volljüdin«): »Gemäß § 10 der Durchführungsverordnung zum Reichskulturkammergesetz vom 1. November 1933 (RGBl. 1 – S. 797) lehne ich Ihren, mir zur endgültigen Entscheidung vorgelegten Aufnahmeantrag ab, da Sie die nach der Reichskulturkammergesetzgebung erforderliche Eignung im Sinne der nationalsozialistischen Staatsführung nicht besitzen. Durch diese Entscheidung verlieren Sie mit sofortiger Wirkung das Recht der weiteren Berufsausübung« (Brenner). In Weinschenks Buch *Künstler plaudern* (1938) behauptet Raabe: »Es war bekannt, daß ich häufig in Reden scharfe Kritik am Musikleben der Gegenwart geübt hatte, und so prophezeite man: der Raabe landet noch im Konzentrationslager ... was mir widerfuhr war weit schlimmer als jene Prophezeiungen es wahrhaben wollten: man belastete mich mit der Verantwortung für das gesamte deutsche Musikleben.« Mai 1937 NSDAP. Im Kuratorium der *Goebbels-Stiftung für Kulturschaffende* sowie Treuhänder der Goebbels-Stiftung *Künstlerdank.* Präsidialbeirat der *Kameradschaft der deutschen Künstler* (NS-Führerkorps). † 12. 4. 1945 Weimar. Lit.: Okrassa.

Rabenalt, Arthur Maria. Filmregisseur.
* 25. 6. 1905 Wien. Dialogregisseur am Metropol-Theater Berlin. Nach eigener Darstellung 24 Filme im Dritten Reich, dem »engeren Kreis« um Goebbels zugehörig. Unter anderem September 1940 Staatsauftragsfilm (Spionagewarnung) fürs Kino-Vorprogramm: *Achtung! Feind hört mit!* 1941 NS-Reiterfilm ... *reitet für Deutschland.* Kommentar Rabenalt: »Der Pferdejude war für mich kein rassistischer Begriff ... Die eine oder andere Schiebertype trug fremdrassige Züge ... Es wurde mir gar nicht bewußt, daß sie dem Antisemitismus Vorschub leisten könnten.« 1942 Staatsauftragsfilm *Fronttheater.* Dezember 1944 Regie zum Blut-und-Boden-Melodram *Das Leben ruft.* 1947 Direktor des Metropoltheaters in Ost-Berlin, 1948

DEFA-Film *Chemie und Liebe.* 1949 Wechsel in die BRD. Filme wie *Der Zigeunerbaron* (1954) oder *Hilfe, mich liebt eine Jungfrau* (1970). 1985 Autor: *Goebbels und der »Großdeutsche« Film* mit dem Hinweis, »daß zu keiner Zeit auf die Künstler Druck oder Pressionen ausgeübt wurde, um Parteieintritte herbeizuführen oder aktive Parteiarbeit zu übernehmen«. † 26. 2. 1993 Wildbad Kreuth.

Rabenau, Fritz von. NS-Gebrauchslyriker.
* 30. 8. 1873 Lubetzko, Kreis Lublinitz. 1934 Gedichtband *Weihnachten im 3. Reich.* Weihegedicht *Stille Nacht:* »Stille Nacht, heilige Nacht,/Alles schläft, einsam wacht/Adolf Hitler für Deutschlands Geschick,/Führt uns zur Größe, zum Ruhm und zum Glück,/Gibt uns Deutschen die Macht.« † 28. 5. 1948 Dresden.

Rabes, Max. Berliner Maler.
* 17. 4. 1868 Samter (Posen). Malte für Heydrich Bilder für das Gesellschaftshaus der Internationalen Kriminalpolizeilichen Kommission am Wannsee, porträtierte Goebbels. Ankauf seiner Gemälde für Reichskanzlei und Hitlers Gästehaus der Reichsregierung. 1943 Verleihung der *Goethe-Medaille* für Kunst und Wissenschaft abgelehnt, obgleich von »treudeutscher, echt nationaler Gesinnung«. † 25. 7. 1944 Wien. Q.: Thomae.

Rabsch, Edgar. Musikerzieher.
* 1. 11. 1892 Berlin. Oberschullehrer. 1934 Kanon *Jeder strebe, daß Deutschland lebe.* Ab 1935 Dozent der Hochschule für Lehrerbildung (NS-Indoktrinierung) Dortmund und der als HJ-Formation organisierten (Hesse) Lehrerinnenbildungsanstalt Dortmund. NSDAP 1937. Ab 1947 Professor für Musikerziehung der Pädagogischen Hochschule Kiel. † 4. 9. 1964 Kiel. Q.: Hesse.

Raddatz, Carl. Auf der *Gottbegnadeten-Liste* der Schauspieler, die für die Filmproduktion benötigt werden.
* 13. 3. 1912 Mannheim. In der NS-Zeit 20 Filme, darunter 1940 Titelrolle im Staatsauftragsfilm *Wunschkonzert* zwecks He-

bung der Truppenmoral und Leidensbereitschaft der Heimatfront. März 1941 Titelrolle im Hetzfilm *Über alles in der Welt* zur Vorbereitung der Schlacht um England (Courtade: »Ein einziger wüster, barbarischer Siegesschrei«). Juni 1941 Titelrolle als »Typ des deutschen Fliegers« (Karl Ritter) in der Sturzkampfflieger-Hymne *Stukas*. Oktober 1941 im Hetzfilm *Heimkehr* zur Rechtfertigung des Überfalls auf Polen. Hauptrolle im 1945 zugelassenen, aber nicht mehr aufgeführten Film *Unter den Brücken*. Nach 1945 am Schiller- und Schloßparktheater Berlin, Filme wie *Taxi-Kitty* (1950), *Rosen im Herbst* (1955), Fallada-Verfilmung *Jeder stirbt für sich allein* (1975). 1979 *Filmband in Gold* für langjähriges und hervorragendes Wirken im deutschen Film. Das *Deutsche Bühnen-Jahrbuch* zum 60. Geburtstag: »Einmalige Gestaltungskraft.« † 19. 5. 2004 Berlin.

Radig, Werner. Erziehungswissenschaftler.
* 29. 8. 1903 Wurzen bei Leipzig. Dr. phil. 1933 SA, NS-Lehrerbund, NS-Dozentenbund. 1936 Professor der Hochschule für Lehrerbildung (NS-Indoktrinierung) in Elbing. 1937 NSDAP. 1941 Sektionsleiter Vorgeschichte am Institut für Deutsche Ostarbeit in Krakau, Abteilung der von Rosenberg geplanten und von der NSDAP finanzierten Universität, genannt *Hohe Schule* (Brenner). Ab 1952 Deutsche Akademie der Wissenschaften Ost-Berlin, wissenschaftlicher Arbeitsleiter. 1978 *Vaterländischer Verdienstorden*. † 12. 8. 1985 Ost-Berlin. Q.: Hesse.

Radziwill, Franz. Maler.
* 6. 2. 1895 Strohausen. Zunächst dem Expressionismus, dann der Neuen Sachlichkeit zugewandt. 1933 Professor der Düsseldorfer Kunstakademie, 1935 Entlassung, 1938 Ausstellungsverbot. Beschlagnahmung von 51 seiner Werke als »entartete Kunst«. † 12. 8. 1983 Wilhelmshaven.

Raether, Arnold. Vizepräsident der Reichsfilmkammer.
* 29. 9. 1896 Berlin. *Führerlexikon:* »Aktiv im antisemitischen Flügel der DNVP« (*Deutschnationale Volkspartei*). Freikorpsführer. Zunächst Mitinhaber eines Nutzholzgeschäfts, dann Geschäftsführer der Ufa. 1930 NSDAP. 1932 Amtsleiter der NSDAP-Reichsleitung. Mai 1933 Oberregierungsrat und Stellv. Leiter der Abteilung Film im Propagandaministerium. Leiter des Hauptamts Film der Reichspropagandaleitung der NSDAP. Oberaufsicht bei Riefenstahls Film *Der Sieg des Glaubens*. Oktober 1935 wegen Korruption abgelöst. Danach bei der Cautio-Treuhand GmbH des Reichsbeauftragten für die deutsche Filmwirtschaft Max Winkler. 1970 Riefenstahls Entlastungszeuge im Streit um die Filmrechte des Reichsparteitagsfilms *Triumph des Willens* (Riefenstahl).

Rahl, Mady (Künstlername). Schauspielerin und Tänzerin.
* 3. 1. 1915 Berlin. Weniger: »Kesse Blondine.« Goebbels am 28. 8. 1940 im Tagebuch: »Nachmittags Besuch einiger Künstler, die sich besonders um die Truppenbetreuung verdient gemacht haben … Marika Rökk, Rahl … Wir erzählen viel, machen Spaziergang durch den Wald, dort wird … musiziert.« In der NS-Zeit in 32 Filmen. Unter anderem 1940 im Filmlustspiel *Mein Mann darf es nicht wissen* und im Heesters-Film *Die lustigen Vagabunden*. Nach 1945 Filme wie *Rausch einer Nacht* (1950), *Gefangene der Liebe* (1954), *Ganovenehre* (1960).

Ralph, Louis (Künstlername). Schauspieler und Regisseur.
* 17. 8. 1878 Graz. Letzter Regieerfolg mit dem Stummfilm-Heldenepos *Unsere Emden*, 1932 Tonfilmfassung *Kreuzer Emden*, 1934 NS-Version *Heldentum und Todeskampf unserer Emden*. Danach nur noch Nebenrollen (*Fridericus*, *Kongo-Expreß*) und Miniauftritte in Filmen (*Bismarck*, *Ohm Krüger*, *Münchhausen*). † 16. 9. 1952 Berlin. Lit.: Giesen; Weniger.

Ramin, Günther. Auf der *Gottbegnadeten-Liste* (Führerliste) der zwei wichtigsten Organisten des NS-Staates.

* 15.10. 1898 Karlsruhe als Pfarrerssohn. 1920 Lehrer für Orgelspiel am Leipziger Konservatorium. 1932 Professor der Musikhochschule Berlin. 1933 (bis 1938) zugleich Leiter des Gewandhauschors Leipzig. August 1933 Unterzeichner eines Manifests in der Zeitschrift *Die Musik*: »Wir bekennen uns zur volkhaften Grundlage aller Kirchenmusik.« 1935 (bis 1943) Leiter des Philharmonischen Chors Berlin. Am 10.4. 1935 Organist bei der kirchlichen Trauung von Hermann und Emmy Göring im Berliner Dom. September 1936 Auftritt auf dem »Reichsparteitag der Ehre« auf einer Walcker-Orgel. 1937 Überführung des Leipziger Thomanerchors als Spielschar der Hitlerjugend. 1939 Kantor der Thomas-Schule. Organist bei der Bachfeier der Reichsmusiktage der HJ in der Thomaskirche (Übertragung vom Reichssender Leipzig am 11.2. 1939). 1942 mit Thomanerchor im Reklamefilm der Reichsbahnzentrale für den Deutschen Reiseverkehr: *Bach, Mozart, Beethoven – Deutsche schufen für die Welt.* 1950 Nationalpreis DDR. † 27.2. 1956 Leipzig. Lit.: Moser; Prieberg.

Ramin, Jürgen von. Schriftleiter der Zeitschrift *Ringendes Deutschtum*.
* 23.4. 1884 Külz bei Naugard als Offizierssohn. Rittmeister a.D. *Deutschvölkischer Schutz- und Trutzbund*, Eigenreklame: »Deutsche! Befreit Euch von der Judenherrschaft!« Laut Malinowski Juni 1920 »Speerspitze der rassenantisemitischen Argumentation« auf dem 34. Adelstag der Deutschen Adelsgenossenschaft (DAG), die zur Einführung eines Arierparagraphen der DAG führte. 1924–1928 MdR für *Nationalsozialistische Freiheitspartei.* † 8.10. 1962 Ramholz, Kreis Schlüchtern. Lit.: Lilla.

Randolf, Rolf. Laut Fachblatt *Kinematograph* vom 4.4. 1933 Beitritt zur *NSBO-Zelle deutschstämmiger Filmregisseure* (*NS-Betriebszellen-Organisation*).
* 15.1. 1878 Wien. Schauspieler, 1918 eigene Produktionsfirma. Produzent des Films *Wetterleuchten um Barbara*, Heimatfilm zur »Befreiung« Österreichs durch die Nazis (1941). † 29.6. 1941 Wien.

Randt, Erich. Preußischer Staatsarchivar.
* 17.5. 1887 Neupaleschken in Westpreußen. 1935 Vorstand des Staatsarchivs Breslau. 1939–1944 *Chef des Archivwesens im Generalgouvernement* in Krakau. Eckert: »Archivalienraub und -zerstörung.« Oktober 1944 Direktor des Preußischen Geheimen Staatsarchivs. Juni 1945 Entlassung, Berufsverbot, Bauarbeiter. † 6.5. 1948 Berlin. Lit.: Leesch.

Rappaport, Felix. Kapellenleiter.
* 2.3. 1876 Gleiwitz. Wohnort Berlin. Im *Lexikon der Juden in der Musik* gebrandmarkt. † Deportiert am 19.1. 1942 nach Riga.

Rappaport, Herbert. Filmregisseur.
* 7.7. 1908 Wien. Assistent bei G. W. Pabst (*Dreigroschenoper*). 1936 Übersiedlung nach Moskau. 1938 Anti-NS-Film *Professor Mamlock.* Einer der führenden Filmemacher der UdSSR in der Stalin-Ära (Weniger). † 5.9. 1983 Moskau.

Rasch, Hugo. Komponist, SA-Referent für weltanschauliche Schulung.
* 7.5. 1873 München, Sohn eines Kunstmalers. 1931 NSDAP (Nr. 515512). Fachspartenleiter Privatmusikunterricht in Rosenbergs *Kampfbund für deutsche Kultur* in Berlin. 1933 SA, in dessen der *Allgemeinen Deutschen Musikvereins* (»Selbstauflösung« Juni 1936). 1934 Musikreferent beim NSDAP-Zentralorgan *Völkischer Beobachter.* Mit Richard Strauss befreundet. 1935 Präsidialrat der Reichsmusikkammer, 1941 Referent ebenda. 1943 SA-Sturmführer. Treuhänder der Goebbels-Stiftung *Künstlerdank* (DBJ). † Suizid 6.9. 1947 München.

Rasch, Kurt. Komponist.
* 3.11. 1902 Weimar. Volksschullehrer. Ab 1933 Referent am Deutschlandsender. 1933 SS, auch DAF und 1939 NS-Kraftfahrkorps. Komponist des *U-Boot-Lieds*, Textanfang: »Die Stunde hat geschlagen, Britanniens Macht vergeht«, Vizeadmiral Dönitz gewidmet, 1940 Tonaufnahme mit dem Chor und Musikkorps des Luftnach-

richtenregiments der Luftwaffe. 1945–1947 Professor der Musikhochschule Weimar, danach beim RIAS. † 31. 7. 1986 Berlin.

Rasp, Fritz. Schauspieler.
* 13. 5. 1891 Bayreuth. Dreizehntes Kind eines Bezirksgeometers. 1927 im Stummfilmklassiker *Metropolis*, 1931 in *Emil und die Detektive*. Rollentyp: Schurke vom Dienst. In der NS-Zeit in 18 Filmen, darunter 1933 *Der Judas von Tirol* (Andreas Hofer und die Tiroler Bauern gegen Napoleon) und 1934 der »Kulturfilm« *Altgermanische Bauernkultur*, im Auftrag des Reichsbauernführers mit SA gedreht (erst 1939 die Zensur passiert). Ab 1936 Volksbühne Berlin. 1937 Propagandastreifen *Togger* (Moeller: »Voller NS-Parolen, antisemitischen Anspielungen und SA-Paraden«). 1943 Führerfilm *Paracelsus*. Das *Deutsche Bühnen-Jahrbuch* 1962: »Nach dem 2. Weltkrieg erschien er sofort wieder auf der Berliner Bühne als SA-Arzt in ›Professor Mamlock‹.« Filme wie *Die Mühle im Schwarzwälder Tal* (1953). In den 60er Jahren in Edgar-Wallace-Krimis. *Filmband in Gold* für langjähriges und hervorragendes Wirken im deutschen Film 1963. † 30. 11. 1976 Gräfelfing bei München. Lit.: Drewniak, Film.

Raszat, Horst. Pianist und Komponist.
* 19. 10. 1902 Königsberg. April 1933 NSDAP. Komponist des *Arbeitsdienstlagermarschs* (1933) und des Lieds *Das Hitlermädel* (1934), Textprobe: »Mit Edelweiß am Mieder tritt/so ein Mädel an,/die schönen schlanken Glieder/zieh'n jedes Herz in Bann./Auch meins macht ›ticke-tacke‹,/weiß weder aus noch ein,/denn es liebt in brauner Jacke/ein Hitlermägdelein.« † 28. 10. 1975 am Wohnort Berlin. Lit.: Prieberg.

Rauch, Ernst-Andreas. Auf der *Gottbegnadeten-Liste* (Führerliste) der wichtigsten bildenden Künstler des NS-Staates.
* 11. 1. 1901 Teisendorf an der Salzach. Bildhauer. 1941 Professor an der Münchner Akademie. Auf der Großen Deutschen Kunstausstellung 1941 im Münchner NS-Musentempel *Haus der Deutschen Kunst* mit einem Brunnen (nackte Frau auf Delphin). Nach 1945 freischaffend. † 7. 2. 1990 München.

Raucheisen, Michael. Auf der *Gottbegnadeten-Liste* (Führerliste) der wichtigsten Pianisten des NS-Staates.
* 10. 2. 1889 Rain am Lech. Liedbegleiter. 1933 Ehe mit der Koloratursängerin Maria Ivogün. Am 27. 3. 1936 in *Die Musik-Woche* Aufruf zur Reichstagswahl: »Es wäre gegen das Gebot des Herzens und wider jegliche Vernunft, wenn deutsche Musiker, denen Adolf Hitler nicht nur Schirmherr, sondern auch Freund ist, am 29. März nicht ein freudiges Bekenntnis zu ihrem Führer ablegen wollten.« Goebbels am 6. 4. 1936 im Tagebuch: »Abends Essen des Reichskultursenats ... Raucheisen spielt mit dem Philharmoniker-Quartett.« 1940 Leiter der Abteilung Kammermusik am Deutschlandsender. Goebbels am 28. 8. 1940: »Nachmittags Besuch einiger Künstler, die sich besonders um die Truppenbetreuung verdient gemacht haben. Raucheisen, Schmitt-Walter und Loos ... Wir erzählen viel, machen Spaziergang durch den Wald, dort wird von Raucheisen, Schmitt-Walter und Hilde Seipp musiziert.« Goebbels am 28. 7. 1942 im Tagebuch: »Am Abend wird in der Wohnung eine schöne Musikstunde veranstaltet, Raucheisen spielt mit seinem Trio, Domgraf-Fassbaender und Tiana Lemnitz singen.« Goebbels am 30. 10. 1942 über seinen 45. Geburtstag: »Abends haben wir zu Hause ein paar private Gäste. ... Vokal- und Instrumentalvorträge unter der Leitung von Prof. Raucheisen.« 1942 Leiter der Gruppe Musikalische Solisten beim Großdeutschen Rundfunk. In Weinschenks Buch *Künstler plaudern* (1938) heißt es: »Auf einem der beiden Flügel des Pianisten stehen einige große Bilder. Das eine zeigt den Führer Adolf Hitler, das zweite Photo den Reichsinnenminister Dr. Frick, mit dessen Gattin Raucheisen oft musiziert, und aus einem anderen Bildrahmen ragt der Kopf Mussolinis hervor.

Alle diese Photos tragen herzliche, anerkennende Worte.« Goebbels am 10. 4. 1944 im Tagebuch: »Abends ist Professor Raucheisen bei uns zu Besuch. Er spielt uns Wagner, Liszt und Chopin vor.« NS-Ehrung: Zu *Führer Geburtstag* 1936 von Hitler Titel Professor. Nach 1945 Begleiter des Kammersängers Fischer-Dieskau. † 27. 5. 1984 Beatenberg in der Schweiz.

Rave, Paul Ortwin. Kunsthistoriker.

* 10. 7. 1893 Bonn. Dr. phil. 1922 Wissenschaftlicher Hilfsarbeiter, 1933 Kustos, stellv. Direktor und 1945 Direktor der Berliner Nationalgalerie. Publikationen: *Die Deutsche Landschaft in fünf Jahrhunderten deutscher Malerei* (1938), *Handzeichnungen großer Meister* (1938), *Gärten der Goethezeit* (1941). 1943, zum 50. Geburtstag, kurzer Artikel im *Völkischen Beobachter*. 1948 (bis 1950) Professor der Humboldt-Universität. 1949 Autor: *Kunstdiktatur im Dritten Reich*. 1953 Direktor der Kunstbibliothek der Berliner Museen in West-Berlin. † 16. 5. 1962 Idar-Oberstein.

Raymond, Fred, eigentlich Raymond Friedrich von Vesely. Komponist.

* 20. 4. 1900 Wien. 1925 bekanntester Schlager *Ich hab' mein Herz in Heidelberg verloren.* Operetten in der NS-Zeit: 1935 *Ball der Nationen*, 1937 *Maske in Blau*, 1938 *Saison in Salzburg*, 1941 *Die Perle von Tokay.* 1942 Durchhaltesong *Es geht alles vorüber, es geht alles vorbei*, Text: »Auf Posten in einsamer Nacht,/da steht ein Soldat und hält Wacht … Es geht alles vorüber,/ es geht alles vorbei!/Auf jeden Dezember/ folgt wieder ein Mai!« Gegen Kriegsende vom Volksmund umgetextet: »Zuerst geht der Führer, und dann die Partei.« † 10. 1. 1954 Überlingen.

Rechberg und Rothenlöwen zu Hohenrechberg, Albert Germanus Graf von (Erlaucht).

* 29. 11. 1912 Herringhausen. Laut *Aufstellung derjenigen Parteigenossen, die Angehörige fürstlicher Häuser sind*: 1. 5. 1937 NSDAP, Nr. 5 365380, Gau Württemberg-Hohenzollern. Ab 1950 Chef des Hauses.

Ehrenritter des Malteser-Ritter-Ordens. Wohnort Donzdorf in Württemberg.

Reck-Malleczewen, Friedrich. Schriftsteller.

* 11. 8. 1884 Gut Malleczewen in Ostpreußen, Sohn eines Gutsbesitzers. 1930 Romanbestseller: *Bomben auf Monte Carlo*, 1931 mit Hans Albers und Heinz Rühmann verfilmt. Ab 1933 auf Gut Poing im Chiemgau. 1935 Vorlage zum Freikorps-Machwerk *Henker, Frauen und Soldaten.* Drehbuch zum NS-Reiterfilm … *reitet für Deutschland*. Ende 1944 aufgrund einer Denunziation verhaftet. † 17. 2. 1945 KZ Dachau an Fleckfieber. Posthum: *Tagebuch eines Verzweifelten* (1947).

Redslob, Edwin. Kunsthistoriker.

* 22. 9. 1884 Weimar. 1920 *Reichskunstwart* im Reichsinnenministerium. 1933 Entlassung wegen Förderung »entarteter Kunst«. 1948 (bis 1954) Professor der Freien Universität Berlin, 1949/50 Rektor. † 24. 1. 1973 Berlin.

Reger, Erik, eigentlich Hermann Dannenberger. Schriftsteller.

* 8. 9. 1893 Bendorf bei Koblenz. 1919–1927 im Pressebüro von Krupp. Theaterkritiker und Journalist. 1931 Kleist-Preis für Industrieroman *Union der festen Hand.* 1934 Emigration in die Schweiz, 1936 Rückkehr. Romane: *Der verbotene Sommer, Kinder des Zwielichts* (beide 1941). Autor im NS-Kampfblatt *Krakauer Zeitung*, das »Blatt des Generalgouvernements«. Nach 1945 Chefredakteur *Der Tagesspiegel* in Berlin. † 10. 5. 1954 Wien.

Regnier, Charles. Schauspieler.

* 22. 7. 1915 Fribourg in der Schweiz. 1938 Engagements in Hannover und Greifswald. 1941 Kammerspiele München, Heirat mit Frank Wedekinds Tochter Pamela. Nach 1945 in Filmen wie *Frauen um Richard Wagner* (1955), *Das Testament des Dr. Mabuse* (1962), im Edgar-Wallace-Krimi *Der schwarze Abt* (1963). In zweiter Ehe mit Sonja Ziemann verheiratet. 1989 *Deutscher Filmpreis* für Verdienste um den deutschen Film. † 13. 9. 2001 Bad Wiessee.

Rehbein, Arthur. Pseudonym *Atz vom Rhyn*. Name Oktober 1933 unter dem Treuegelöbnis »88 deutsche Schriftsteller« für Adolf Hitler.

* 26. 10. 1867 Remscheid als Lehrerssohn. Geheimer Hofrat. Bekannter Autor von Wander- und Reisebüchern (1927: *Vom Polarstrande zum Wüstenrande*). 1928 Autor: *Für Deutschland in den Tod. Leben und Sterben Albert Leo Schlageters.* † 29. 2. 1952 Berlin.

Rehberg, Hans. Schriftsteller.

* 25. 12. 1901 Posen. 1930 NSDAP, Gau-Kulturwart Berlin. SA. Von Zuckmayer zur Kategorie »Nazis, Anschmeißer, Nutznießer, Kreaturen« gerechnet: »Unter den Nazis schwang er sich zu einer Art von preußischem Staats-Dramatiker auf. Er verschaffte sich durch Parteimitgliedschaft, durch SA-Gruppenführer usw. sowie durch peinlich hölderlinisierende Hymnen auf den Führer Rückendeckung und Sicherung.« 1938 Drehbuch zum Gründgens-Film *Tanz auf dem Vulkan*. Goebbels am 9. 2. 1940 im Tagebuch: »Da lobe ich mir Rehberg, der auf alle meine Anregungen bereitwilligst eingeht.« April 1944 Uraufführung seines U-Boot-Dramas *Die Wölfe* in Breslau, Regie: Bernhard Minetti. † 20. 6. 1963 Duisburg.

Rehfisch, Hans José. Schriftsteller.

* 10. 4. 1891 Berlin, Sohn eines jüdischen Arztes. Dr. jur. 1924 Durchbruch mit der Komödie *Wer weint um Juckenack?* am Leipziger Schauspiel. Einer der meistgespielten Bühnenautoren. 1933 kurz interniert, Wechsel nach Wien. 1938 in Großbritannien, 1945 in New York. Sein *Stück Wasser für Canitoga* lief im Dritten Reich unter dem Autorennamen *Georg Turner* und kam 1939 mit Hans Albers ins Kino. 1950 Rückkehr, Wohnsitz München, Präsident des Verbands deutscher Bühnenschriftsteller und Bühnenkomponisten. † 9. 6. 1960 Schuls, Kanton Graubünden.

Rehkopf, Paul. Auf der *Gottbegnadeten-Liste* der Schauspieler, die für die Filmproduktion benötigt werden.

* 21. 5. 1872 Braunschweig. Zwischen 1933 und 1945 Nebenrollen in 63 Filmen. 1935 im Freikorps-Machwerk *Henker, Frauen und Soldaten*. 1938 in den Exotikfilmen *Der Tiger von Eschnapur* und *Das indische Grabmal*. 1941 im Hetzfilm *Ohm Krüger*, im HJ-Propagandafilm *Jakko* sowie im NS-Euthanasiefilm *Ich klage an.* † 27. 6. 1949 Berlin.

Rehkemper, Heinrich. Sänger, Bariton.

* 23. 5. 1894 Schwerte. Mitglied der Bayerischen Staatsoper München. Glanzrollen: Amfortas im *Parsifal* und Wolfram im *Tannhäuser*. Spielte mit Sondergenehmigung, da »jüdische« Ehefrau. † 30. 12. 1949 München.

Reich, Albert. Maler, einer der ersten Künstler der NS-Bewegung.

* 14. 11. 1881 Neumarkt in der Oberpfalz. Auf den Großen Deutschen Kunstausstellungen im Münchner NS-Musentempel *Haus der Deutschen Kunst* mit sieben Objekten, darunter 1941 *Aus der illegalen Kampfzeit in Österreich* (Öl). März 1942 Antrag des Amts Rosenberg, ihn zum Professor zu ernennen, Begründung: Seit 1921 als Maler, SA-Mann und politischer Kämpfer für die NS-Bewegung tätig, engster Freund von (NS-Altidol) Dietrich Eckart. † 10. 4. 1942 München, vor der geplanten Ernennung.

Reichert, Willy. Vortragskünstler schwäbischer Mundart.

* 30. 8. 1896 Stuttgart. Ursprünglich Zuckertechniker. Ab 1932 Direktor des Friedrichsbau-Theaters in Stuttgart (Lustspiele und Operetten, 650 Plätze). Im Krieg beim Soldatensender Ursula (Kühn). Das *Deutsche Bühnen-Jahrbuch* zum 75. Geburtstag: »Im eigentlichen ist er ein Volksschauspieler.« † 8. 12. 1973 Alterssitz Grassau im Chiemgau.

Reichmeister, Carl Dieter (Dietrich) von. Reichsfilmdramaturg (1939–1943).

* 22. 10. 1910 Dessau. NSDAP-Nr. 92860, SS-Nr. 103829. Schriftleiter der *Deutschen Allgemeinen Zeitung*, Referent im Reichspropagandaministerium, Referent beim Pressechef der Reichsregierung. 1939 SS-Hauptsturmführer. Sommer 1943 Wechsel zur Waffen-SS, Kriegsberichter-Einheit SS-Standarte *Kurt Eggers*. 1945–1948 in amerikanischer und britischer Internierung. Danach Gastwirt.

Reichwein, Leopold. Dirigent. * 16.5. 1878 Breslau. Professor. Konzertdirektor der Gesellschaft der Musikfreunde Wien. 1932 NSDAP (Nr. 1 009765), Fachgruppenleiter Musik in Rosenbergs *Kampfbund für deutsche Kultur* (KfdK), Landesleitung Österreich. Gründer eines KfdK-Orchesters in Wien, infolge des NSDAP-Verbots in Österreich nur ein Konzert im Juni 1933. Laut Wiener Zeitung *Das Echo* vom 3. 8. 1934 »der repräsentative musikalische Vertreter der hakenkreuzgeschmückten Terroristenbande«. Zur Volksabstimmung zum »Anschluß« Österreichs April 1938: »Da Adolf Hitler uns deutschen Künstlern Österreichs die Freiheit zurückerobert hat, ist es uns allen tiefstes Bedürfnis, den Dank durch Bekenntnis und Tat zu beweisen!« Danach Kapellmeister der Staatsoper, Leiter der Dirigierklasse an der Musikakademie Wien, Titel: Generalmusikdirektor. † Suizid 8. 4. 1945 Wien.

Reicke, Ilse, verheiratete von Hülsen. Name Oktober 1933 unter dem Treuegelöbnis »88 deutsche Schriftsteller« für Adolf Hitler. * 4. 7. 1893 Berlin. Tochter eines Schriftstellers. Dr. phil. Dozentin der Lessing-Hochschule Berlin-Charlottenburg. 1930 Autorin: *Leichtsinn, Lüge, Leidenschaft*. Nach 1945 Wohnort Fürth. Gedichtbände *Klang und Klage der Geschichte* (1968), *Stimmen der Erdengeschlechter* (1969). † 14. 1. 1989 Fürth.

Reifenberg, Benno. Kunstkritiker. * 16. 7. 1892 Oberkassel (Bonn). Ab 1919 bei der *Frankfurter Zeitung*, 1924 Leiter des Feuilletons, 1930–1932 Korrespondent in Paris, danach im politischen Ressort. Februar 1938 ein Tag in Haft wegen eines van-Gogh-Beitrags. 1943, nach Verbot der Zeitung, Gehilfe beim Gehirnforscher Oskar Vogt. Zuckmayers Negativurteil: »Eine gewisse stilistische und geistige Charakterlosigkeit war immer an ihm zu beobachten.« Nach 1945 Mitbegründer der Zeitschrift *Die Gegenwart*. 1959–1966 Mitherausgeber der *Frankfurter Allgemeinen Zeitung*. 1964 Goethe-Preis der Stadt Frankfurt. † 9. 2. 1970 Kronberg am Taunus.

Reimann, Hans. Kabarettist. * 18. 11. 1889 Leipzig. Mitarbeiter der linken Wochenschrift *Die Weltbühne*. Zuckmayer: »Kaum aber kamen die Nazis zur Macht, als er sich winselnd und kriechend um ihre Gunst bewarb, sofort bereit, alles zu verraten, zu beschimpfen und zu bespucken, was ihm gestern für den Beifall seines Publikums gut genug war.« Zuckmayers subjektives Fazit: »Hans Reimann ist von allen Nazi-Kreaturen die übelste Erscheinung.« 1944 in Velhagens & Klasings Monatshefte Beitrag *Jüdischer Witz unter der Lupe*, Textprobe: »Die Neigung zum Übersteigern wuchert dermaßen im jüdischen Hirn, daß es oft schwer fällt, zwischen Ausgeburten morscher Intellektualität und plattfüßiger Blödelei zu unterscheiden.« 1959 »Erinnerungen«: *Mein blaues Wunder. Lebensmosaik eines Humoristen*. † 13. 6. 1969 Schmalenbeck bei Hamburg. Lit.: Kühn; Zuckmayer.

Reimann, Wolfgang. Fachspartenleiter Kirchenmusik in Rosenbergs *Kampfbund für deutsche Kultur* Berlin. * 3. 9. 1887 Neusalz/Oder als Lehrerssohn. Organist und Chorleiter. Oberkirchenrat. 1923 Lehrer an der Akademie für Kirchen- und Schulmusik in Berlin, Berater des Oberkirchenrats Berlin. August 1933 Unterzeichner eines Manifests (Zeitschrift *Die Musik*): »Wir bekennen uns zur volkhaften Grundlage aller Kirchenmusik.« 1943 Leiter der Staats- und Domchors. 1945 Leiter der Abteilung Kirchenmusik an der Staatlichen Musikhochschule. Professor. 1969 Ehrenpräsident der Neuen Bach-Gesellschaft. † 16. 11. 1971 Rottach-Egern.

Reimesch, Fritz Heinz, Pseudonym *Michel Schaffer*. Lektor des Gauverlags Bayreuth.

* 10.2. 1892 Kronstadt in Siebenbürgen. 1925 Autor: *Deutsche Männer in Siebenbürgen*. 1928: *Das Deutschtum in Rumänien*. Mai 1933 NSDAP. 1938 Schauspiel: *Frundsberg findet heim*. 1942 Novellen: *Freikompanie Weißmüller*. 1948 Stadtrat in Bayreuth. 1949 Vorsitzender des Hilfswerks für Siebenbürger Sachsen und Banater Schwaben sowie der Landsmannschaft der Siebenbürger Sachsen. † 10.9. 1958 Bayreuth.

Rein, Walter. Komponist.
* 10.12. 1893 Stotternheim in Thüringen. Lehrer. April 1928 Teilnehmer des Gründungstreffens des NS-Lehrerbunds in Hof (Prieberg). 1935 Professor der Staatlichen Hochschule für Musikerziehung in Berlin, 1938 *Sonnwendkantate* (*Meyers Lexikon* 1942). 1941 NSDAP. 1954 Wiedereinstellung nach 131er-Gesetz und zugleich Versetzung in den Ruhestand. † 18.6. 1955 Berlin (Hesse).

Reinecker, Herbert. Jung-Dramatiker der NS-Zeit.
* 24.12. 1914 Hagen. 1935 Chefredakteur der Jungvolkzeitschrift der Reichsjugendführung *Der Pimpf*. Ab 1940 Kriegsberichter bei der Waffen-SS. Dezember 1942 Veröffentlichung seines antisowjetischen Schauspiels *Das Dorf bei Odessa* im Zentralverlag der NSDAP, gleichzeitige Uraufführung am 18.12. 1942 in Berlin, Breslau, Hannover und Stuttgart. Eines der meistaufgeführten Bühnenstücke der NS-Zeit. Mai 1944 Idee und Drehbuch zum HJ-Film *Junge Adler*, ein Staatsauftragsfilm über den Einsatz der HJ für die Rüstungswirtschaft, laut Kreimeier »ein Loblied auf die Luftwaffe und auf die männliche ›Religion des Fliegens‹«. Von Courtade zu jenen Filmen gezählt, die »einen Großteil Schuld an der selbstmörderischen Begeisterung der Jugendlichen« haben, die nach 1943 eingezogen wurden. Prädikat: *staatspolitisch wertvoll, künstlerisch wertvoll, jugendwert*. ZDF-Autor der Krimiserien *Der Kommissar* und *Derrick*. Am 21.12. 2004 in der *Süddeutschen Zeitung* zur NS-Vergangenheit: »Jeder hat seinen eigenen Weg

gehabt, damit fertig zu werden. ›Fertig zu werden‹ ist das falsche Wort – ›fertig‹ gibt es nicht in der Behandlung dieser Frage.« † 26.1. 2007 Berg am Starnberger See.

Reinhardt, Max, eigentlich Goldmann. Regisseur, Inhaber eines Theaterkonzerns in Berlin und Wien mit zeitweilig zehn Spielstätten.
* 9.9. 1873 Baden in Niederösterreich, Sohn eines jüdischen Kaufmanns. Ab 1905 (mit Unterbrechung 1920–1924) Direktor des Deutschen Theaters Berlin, unter anderem Aufführungen von Gorki, Strindberg, Wedekind. 1911 auf Wunsch von Richard Strauss Inszenierung der Uraufführung des *Rosenkavaliers* in Dresden. 1918 Kauf von Schloß Leopoldskron in Salzburg. 1920 Mitbegründer der Salzburger Festspiele. 1924 Eigentümer des Theaters in der Josefstadt in Wien. 1929 Gründung einer eigenen Ausbildungsstätte (Reinhardt-Seminar) in Wien. 1932 Abgabe der Verwaltung seines Theaterskonzerns in Berlin, letzte Inszenierung: Gerhart Hauptmanns Liebesdrama *Vor Sonnenuntergang*. März 1933 Wechsel nach Wien. 1934 USA, mit Sommeraufenthalten in Österreich. 1935 Scheidung von der Schauspielerin Else Heims nach 16jährigem erbitterten Ehekrieg, Heirat seiner langjährigen Lebensgefährtin Helene Thimig (Rollenfach: Liebhaberin). 1937 letzte Inszenierung am Theater in der Josefstadt: Franz Werfels *In einer Nacht*. In USA glücklos. † 31.10. 1943 New York. Lit.: Gottfried Reinhardt.

Reining, Maria. Auf der *Gottbegnadeten-Liste* (Führerliste) der wichtigsten Künstler des NS-Staates.
* 7.8. 1903 Wien. Sopran. 1933 Staatstheater Darmstadt, 1935 Staatsoper München, 1937 Staatsoper Wien, auch Salzburger Festspiele. Berühmt als Mozart- und Strauss-Interpretin. Mit Auftritt im besetzten Krakau als »Träger des deutschen Kulturwillens im Osten« eingesetzt. DBJ 1944: Gast am Deutschen Theater in den Niederlanden (Den Haag), Rechtsträger: Der Reichskommissar für die besetzten

niederländischen Gebiete. NS-Ehrung: Zu *Führers* [50.] *Geburtstag* 1939 von Hitler Titel Kammersängerin. Protokoll der Sitzung vom 31.1.1945 im Haus des Rundfunks:»Im gestrigen Wagnerkonzert wirkte Marie [!] Reining mit. Diese ist in die Schweiz emigriert.« 1962–1972 Lehrerin am Mozarteum in Salzburg. Ehrenmitglied der Wiener Staatsoper. † 11.3.1991 Deggendorf.

Reinl, Harald. Regisseur.
* 9.7.1908 Bad Ischl. Dr. jur. Skiläufer, 1931 im Bergfilm *Der Weiße Rausch*. Regieassistent bei Riefenstahls Film *Tiefland*, mit »Zigeunern« aus dem Lager Maxglan als Komparsen, 1945 unvollendet. 1949 Regiedebüt mit Heimatfilm *Bergkristall*, 1954: *Rosen-Resli*, 1959: *U 47 – Kapitänleutnant Prien* (Nazi-Kultfigur). In den 60er Jahren Edgar-Wallace-Krimis und Karl-May-Filme. † 9.10.1986 Puerto de la Cruz auf Teneriffa, von seiner dritten Ehefrau erstochen. Lit.: Riefenstahl.

Reinmar, Hans. Auf der *Gottbegnadeten-Liste* (Führerliste) der wichtigsten Künstler des NS-Staates.
* 11.4.1895 Wien. Bariton. Ab 1928 Deutsches Opernhaus Berlin, auch Festspiele in Bayreuth (1939–1941) und in Salzburg (1942/43). 1941 im Zarah-Leander-Film *Der Weg ins Freie* (in den Nebenrollen ein verbrecherischer polnischer Graf und zwei jüdische »Volksschädlinge«). NS-Ehrung: Januar 1937 von Hitler zum Kammersänger ernannt. Ab 1952 Städtische Oper Berlin und Komische Oper Berlin. † 7.2.1961 Berlin. Nachruf *Deutsches Bühnen-Jahrbuch*: »Lyrisch-heldischer Bariton von elementarer Kraft.«

Reisch, Walter. Drehbuchautor.
* 3.5.1903 Wien. Autor für Géza von Bolváry und Willi Forst (*Leise flehen meine Lieder*, 1933). Goebbels am 11.5.1936 im Tagebuch: »Für Paula Wessely ihr Jude Reisch abgelehnt. Muß sich fügen.« 1938 Flucht in die USA, in Hollywood Autor für Ernst Lubitsch und Billy Wilder. 1939 Drehbuch zum Greta-Garbo-Film *Ninotschka*. 1953 Oscar für Drehbuch zum

Film *Untergang der Titanic*. † 28.3.1983 Los Angeles.

Reißenweber, Arno. Schriftsteller in Weidach über Coburg.
* 25.11.1904. 1932 Volksbuch: *Adolf Hitler*. 1933 Herausgeber: *Die Reichsstatthalter*. 1937 Erzählung: *Florian Geyer*. 1938 Erzählung: *Dem Vaterland will gedient sein*. 1954 Herausgeber: *Deutsche Burgensagen*. † 10.7.1988.

Reissinger, Hans. Hitlers Architekt in Bayreuth.
* 10.4.1890 Bayreuth. 1934 in Bayreuth Weihe seines *Denk- und Mahnmals der Bewegung* (wuchtiges liegendes Hakenkreuz, aus dessen Mitte eine eherne Faust ragt) vor 4500 politischen Leitern der NSDAP, mit Reden von Ley und Schemm. Baute das *Haus der Deutschen Erziehung* (NS-Lehrerbund) in Bayreuth und legte 1937 Hitler weitere Mammutprojekte (Gauhaus, Stadttheater, Luxushotel für Festspiele) vor, die ihm der Abriß eines ganzen Stadtviertels bedeutet hätten, deshalb *Abreißinger* genannt. 1951 Gestaltung des Hofgartens in Bayreuth, bei den ersten Bayreuther Nachkriegsfestspielen Bühnenbild zu Wagners *Meistersingern*. † 23.11.1972 Bayreuth. Lit.: Hamann.

Reiter, Josef. Komponist.
* 19.1.1862 Braunau (!). 1930 Uraufführung der Hitler gewidmeten *Goethe-Symphonie* in Wien. Mitglied der in Österreich verbotenen NSDAP, deshalb Umzug nach Bayerisch-Gmain. 1935 Huldigungswerk *Festgesang an den Führer des deutschen Volkes* auf den Text: »Wie pocht sein Herz so warm!/Wie ist sein Sinn so mild!/Doch stark auch hält sein Arm/stets über euch den Schild.« Goebbels am 20.1.1937 im Tagebuch:»Der Komponist Josef Reiter ist zu seinem 75. Geburtstag bei mir, und ich überreiche ihm im Auftrage des Führers die Goethemedaille. Ein gutmütiger Großpapa. Aber wohl kein Musiktitan.« Aufruf zur »Volksabstimmung« am 10.4.1938 zum »Anschluß« Österreichs, Reiter über Hitler: »Sein Name sei gepriesen in alle Ewigkeit!« † 2.6.1939 Bad Reichenhall.

Reithofer, Josef (Künstlername). Auf der *Gottbegnadeten-Liste* der Schauspieler, die für die Filmproduktion benötigt werden. * 15.10.1883 Wien. Nebenrollen im teutonischen Geniefilm *Robert Koch* (1939), im Hetzfilm *Ohm Krüger* (1941) und in Harlans antitschechischem Opus *Die goldene Stadt* (1942). 1950 letzter Film: *Eva im Frack*. † 11.11.1950 Berlin.

Remarque, Erich Maria. Einer jener zwölf Schriftsteller, die vom *Börsenverein der Deutschen Buchhändler* »als schädigend« gebrandmarkt wurden und nicht verbreitet werden durften. * 22.6.1898 Osnabrück. Sein Antikriegsroman *Im Westen nichts Neues* wurde 1929 ein Welterfolg und war für völkische Gruppen ein Haßobjekt. Goebbels am 21.7.1929 im Tagebuch: »Ein gemeines, zersetzendes Buch.« Die Romanverfilmung löste Dezember 1930 von der NSDAP inszenierte Krawalle aus und führte im selben Monat zu einem Aufführungsverbot durch die staatliche Filmprüfstelle. Feuerspruch bei der öffentlichen Bücherverbrennung Mai 1933: »Gegen literarischen Verrat am Soldaten des Weltkrieges, für Erziehung des Volkes im Geist der Wehrhaftigkeit.« 1933 Wechsel in die Schweiz. Ab 1939 USA, 1947 US-Bürger. † 25.9.1970 Locarno.

Remmertz, Willy. 1933 Direktor des *Bühnennachweis* (Arbeitsvermittlung der Reichstheaterkammer). * 1.4.1878 Köln. *Führerlexikon*: »Jugendlicher Heldentenor und Regisseur an verschiedenen größeren Bühnen.« Nach I. Weltkrieg schwerkriegsbeschädigt, Inhaber einer Theateragentur. 1932 NSDAP (Nr. 855396). Referent in Rosenbergs *Kampfbund für deutsche Kultur*, im Vorstand des *Bundes Nationalsozialistischer Bühnenkünstler* und im Verwaltungsrat der Reichstheaterkammer. † 4.8.1959 Niederroden, Kreis Aalen.

Renn, Ludwig, Pseudonym von Arnold Vieth von Golßenau. Schriftsteller. * 22.4.1889 Dresden. Sohn eines Prinzenerziehers am Dresdner Hof. Offizier im I. Weltkrieg. 1928 KPD, Erfolg mit seinem Roman *Krieg* über den einfachen Soldaten Ludwig Renn (Auflage bis 1932: 150000). 1932 erstmals, 1933 zum zweiten Mal verhaftet. 1935 Entlassung aus dem Zuchthaus Bautzen. Flucht in die Schweiz und nach Spanien, Bataillonsführer im Bürgerkrieg. Ab 1939 in Mexiko. 1947 Professor für Anthropologie der TH Dresden. 1955 und 1961 *Nationalpreis*. Mitglied SED, aktiv in der DDR-Kulturpolitik (Braun). † 21.7.1979 Ost-Berlin.

Reschke, Ethel. Schauspielerin. * 24.4.1911 Lauenburg in Pommern. 1940 im Filmschwank *Der ungetreue Eckehart*, 1941 in der Sturzkampfflieger-Hymne *Stukas*. Truppenbetreuung. In Käutners *Romanze in Moll* (1943), in Käutners *Große Freiheit Nr. 7* (1944) sowie der Kriegsurlauber-Schnulze *Ein schöner Tag* (1944). Nach 1945 Kabarett, Tourneetheater. Filme wie *Der keusche Lebemann* (1952) oder *Bleib sauber, Liebling* (1971). † 5.6.1992 Berlin.

Reuschle, Max. Schriftsteller. * 19.1.1890 Stuttgart. Dr. phil. 1925 Gedichte: *Dom der Seele*, 1935 deutsche Gesänge: *Volk, Land und Gott*. 1939 in Bühners Anthologie *Dem Führer. Gedichte für Adolf Hitler* mit dem Opus *Der Führer*: »... auferstanden aus den Schlachten/ steht befreites Volk und jubelt,/kränzt den Führer – kränzt die Helden – /jedes Wort ist Tat und Siegfest [sic].« † 30.11.1947 Stuttgart.

Reuß, Heinrich V. Prinz. * 26.5.1921 Erpen, Kreis Iburg. Laut *Aufstellung derjenigen Parteigenossen, die Angehörige fürstlicher Häuser sind*: 1.9.1939 NSDAP, Nr. 7089148, Gau Berlin. Dr. jur. Rechtsanwalt. Im Vorstand des Hamburg-Bremer Tabakkonzerns Brinkmann AG, 1973 Geschäftsführer der Axel Springer Gesellschaft für Publizistik KG. Laut DBE war er »als Generalbevollmächtigter lange Zeit einer der engsten Mitarbeiter Axel Caesar Springers«. † 28.10.1980 Hamburg.

Reuß, Heinrich XLII. Prinz.
* 22. 9. 1892 Ludwigslust. Laut *Aufstellung derjenigen Parteigenossen, die Angehörige fürstlicher Häuser sind* (fälschlich als XIII numeriert): 1. 5. 1933 NSDAP, Nr. 3 127378. Oberst a. D. † 10. 3. 1949 Partenkirchen.

Reuß, Heinrich XLV. Erbprinz.
* 13. 5. 1895 Ebersdorf in Thüringen. Ehemaliger Duodezfürst (de Mendelssohn). Genealogisches Handbuch: »Graf und Herr von Plauen, Herr zu Greiz, Kranichfeld, Gera, Schleiz und Lobenstein (Hochfürstliche Durchlaucht).« Theaterwissenschaftler. Ab 1923 Leiter des *Reußischen Theaters* Gera. Goebbels am 26. 1. 1931 im Tagebuch: »Unterredung mit Erbprinz Reuß über unsere n.s. [nationalsozialistische] Bühne. Er soll sie im nächsten Spielplan übernehmen.« 1932 Gründer der Wanderbühne *Deutsche Musikbühne* (1933: *Reichswanderoper*). Laut *Aufstellung derjenigen Parteigenossen, die Angehörige fürstlicher Häuser sind* (fälschlich numeriert als XIV): 1. 5. 1933 NSDAP, Nr. 2 199219, Gau Thüringen. 1936 Musikspiel *Die Wunderblume*. 1940 Gedichte: *Das große Jagen*. Schriftleiter der Theaterblätter der Hitlerjugend Gera. † Vermißt seit Herbst 1945, 1953 für tot erklärt. Lit.: *Meyers Lexikon* 1942.

Reuß, Heinrich XLVII. Prinz.
* 13. 12. 1897 Gr.-Krausche. Laut *Aufstellung derjenigen Parteigenossen, die Angehörige fürstlicher Häuser sind* (fälschlich numeriert als XXVII): 1. 5. 1937 NSDAP, Nr. 4 418345, Gau Niederschlesien. † Vermißt seit Januar 1945.

Reuß, Heinrich XXXIII. Prinz.
* 26. 7. 1879 Mauer bei Wien. Dr. phil. Kaiserlicher deutscher Botschaftssekretär, Rittmeister. Laut *Aufstellung derjenigen Parteigenossen, die Angehörige fürstlicher Häuser sind*: 1. 3. 1935 NSDAP, Nr. 3 603963. † 15. 11. 1942 Stonsdorf.

Reuß, Heinrich XXXV. Prinz.
* 1. 8. 1887 Mauer bei Wien. Königlich preußischer Rittmeister a. D. Laut *Aufstellung derjenigen Parteigenossen, die Ange-*hörige fürstlicher Häuser sind: 1. 5. 1933 NSDAP, Nr. 3 018157. † 17. 1. 1936 Dresden-Loschwitz.

Reuß, Heinrich XXXVI. Prinz.
* 10. 8. 1888 Stonsdorf. Dr. phil. Laut *Aufstellung derjenigen Parteigenossen, die Angehörige fürstlicher Häuser sind*: 1. 5. 1932 NSDAP, Nr. 1 190474, Gau Berlin. Oberstleutnant a. D. † 10. 4. 1956 Oberstdorf.

Reuß, Wilhelm. Dirigent. Landesleiter der Reichsmusikkammer, Gau Ostpreußen (1942).
* 17. 3. 1886 Dresden. Kapellmeister der Städtischen Bühnen Königsberg. Mai 1933 NSDAP. 1945 Dirigent eines *Gaukriegsorchesters*. NS-Ehrung: Zu *Führers* [50.] *Geburtstag* 1939 von Hitler Titel Staatskapellmeister. † 15. 5. 1945 Königsberg, in sowj. Internierung. Q.: DBJ; Jahn; Prieberg.

Reuß Graf von Plauen, Heinrich Harry Prinz.
* 28. 3. 1890 Görlitz. Ab 1927 Adoptivsohn des Generalleutnants a. D. Heinrich XXX. Prinz Reuß. Genealogisches Handbuch: hausrechtliche Anerkennung der Namensführung mit dem Prädikat *Durchlaucht* für sich und seine ebenbürtigen Nachkommen. Laut *Aufstellung derjenigen Parteigenossen, die Angehörige fürstlicher Häuser sind*: 1. 2. 1932 NSDAP, Nr. 912977, Gau Niederschlesien. † 29. 7. 1951 Meggen bei Luzern.

Reuß von Plauen, Huberta Prinzessin.
* 4. 4. 1889 Neustadt in Oberschlesien. Tochter eines Königlich preußischen Landrats. 1921 Heirat mit Heinrich Harry. Laut *Aufstellung derjenigen Parteigenossen, die Angehörige fürstlicher Häuser sind*: 1. 2. 1932 NSDAP, Nr. 912978, Gau Niederschlesien. † 19. 6. 1974 Meggen bei Luzern.

Reuß zur Lippe, Marie Adelheid Prinzessin (Titel ab 1936). Schriftstellerin.
* 30. 8. 1895 Drogelwitz, geb. zur Lippe, Tochter eines preußischen Majors a. D. Mai 1920 Ehe mit Prinz Heinrich XXXII., Scheidung Februar 1921 (sic). April 1921 Heirat mit dem jüngeren Bruder Prinz Heinrich XXXV. Mai 1921 Geburt des

Sohnes Heinrich aus zweiter Ehe (sic), Scheidung Juni 1923. 1927 dritte Ehe mit Ministerialrat Hanno Konopath (Scheidung 1936). Mitglied des *Nordischen Rings*, These: Germanen als Elite der Weltkultur. Befreundet mit Siegfried und Winifred Wagner. Laut *Aufstellung derjenigen Parteigenossen, die Angehörige fürstlicher Häuser sind*: 1. 5. 1930 NSDAP, Nr. 237553, Gau Berlin. Referentin im Persönlichen Stab des Reichsbauernführers. 1934 Autorin: *Nordische Frau und nordischer Glaube*. 1940 Herausgeberin: *Zucht und Sitte, Leitsätze und Merksprüche aus den Werken von R. Walther Darré*, ebenso 1940: *Erkenntnisse und Werden. Aufsätze von R. Walter Darré*. † 25. 12. 1993 Tangstedt, Schleswig-Holstein.

Reuter, Fritz. Musikerzieher.
* 9. 9. 1896 Löbtau/Dresden. Dr. phil. Lehrer in Leipzig. Mai 1933 NSDAP. 1934 Studienrat in Dresden, Komponist des Marschlieds *Doch wir marschieren*, dem Reichspropagandaministerium zur Verbreitung eingereicht. 1937 Oberstudienrat, Berater für Schulmusik im Gau Sachsen. 1949 Professor für Musikerziehung der Universität Halle. 1955 Professor der Humboldt-Universität. 1961 *Vaterländischer Verdienstorden*. † 4. 7. 1963 Dresden. Lit.: Prieberg, Handbuch.

Reuter, Otto Sigfrid (sic). Künder »arischer Weltanschauung«.
* 2. 9. 1876 Leer in Ostfriesland. Postrat (ab 1917 Telegraphenamtsdirektor in Bremen). 1910 Aufruf: *Sigfrid oder Christus. Kampfruf an die germanischen Völker zur Jahrtausendwende. Von einem Deutschen.* 1911 Gründer des *Deutschen Ordens* (auch: *Deutschgläubige Gemeinschaft*). 1921 Autor: *Das Rätsel der Edda und der arische Urglaube*. 1936: *Der Himmel über den Germanen*. In der Werbung des J. F. Lehmanns Verlag heißt es: »Das Werk Reuters ist eine völkische Tat.« † 5. 4. 1945 Bremen bei Bombenangriff. Lit.: Puschler.

Reutter, Hermann. Komponist.
* 17. 6. 1900 Stuttgart. 1932 Kompositionslehrer der Musikhochschule Stuttgart.

Mai 1933 NSDAP. Mitglied des Großen Rats der Reichsmusikkammer (*Führerlexikon*). 1936 Oper *Dr. Johannes Faust*, Titel Professor, Direktor des Hochschen Konservatoriums (1938 Staatliche Musikhochschule) in Frankfurt am Main. 1937 Hölderlinvertonung *Gesang des Deutschen*, dem Frankfurter NS-Oberbürgermeister Krebs gewidmet. Goebbels am 20. 1. 1938 im Tagebuch: »Musik von Reutter. Scheußlich und unerträglich.« Mai 1938 mit seinem Opus *Der neue Hiob* (1930) in der Schandschau *Entartete Musik* während der *Reichsmusiktage* in Düsseldorf vorgeführt. 1942 Uraufführung seiner Oper *Odysseus*. Nach 1945 Musikhochschule Stuttgart, 1956 Direktor. † 1. 1. 1985 Heidenheim/Brenz.

Reuttner von Weyl, Josef Graf.
* 12. 9. 1886 Achstetten. Genealogisches Handbuch: Priester der Diözese Rottenburg, Ehrenritter des Malteser-Ritter-Ordens. Laut *Aufstellung derjenigen Parteigenossen, die Angehörige fürstlicher Häuser sind*: 1. 3. 1929 NSDAP, Nr. 119692, Gau Württemberg-Hohenzollern. † 29. 1. 1966 Oberesslingen am Neckar.

Reuttner von Weyl, Josef Graf.
* 9. 6. 1911 Dellmensingen. Genealogisches Handbuch: Altes St. Galler Stadtgeschlecht. Laut *Aufstellung derjenigen Parteigenossen, die Angehörige fürstlicher Häuser sind*: 1. 4. 1933 NSDAP, Nr. 1 571971, Gau Württemberg-Hohenzollern. Anmerkung: Juli 1937 nach Ettringen umgemeldet, dort jedoch nicht aufgeführt. † 15. 5. 1943 Kriegstod in Rußland.

Reval, Else (Künstlername). Schauspielerin.
* 14. 6. 1893 Berlin. Zwischen 1933 und 1945 in 50 Filmen. NS-Unterhaltungskost, außerdem: *Ein Mann will nach Deutschland* (über Vaterlandsliebe und Opferbereitschaft) sowie antikommunistischer Freikorps-Film *Um das Menschenrecht* (beide 1934). Nach 1945 als »komische Alte« in Filmen wie *Grün ist die Heide* (1951), 1957 letzter Film: *Das haut hin*. Das *Deutsche Bühnen-Jahrbuch* zum 70.

Geburtstag: »Wenn Else Reval auf der Leinwand erschien, stieg sofort das Stimmungsbarometer.« † 25. 1. 1978 Berlin.

Rex, Eugen. Schauspieler und Regisseur.

* 8. 7. 1884 Berlin. November 1933 auf der Reichsobmännerkonferenz der Genossenschaft deutscher Bühnenangehöriger Dank an Hitler, der den Neuaufbau des Theaters gewährleiste. In der NS-Zeit Nebenrollen in 29 Filmen, darunter 1940 der Hetzfilm *Die Rothschilds*. Von Zuckmayer zur Kategorie »Nazis, Anschmeißer, Nutznießer, Kreaturen« gerechnet: »Einer der Ur-Nazis unter den Schauspielern ... nach ›Machtergreifung‹ auch kein besserer Schauspieler, aber mächtiger ›Fachschaftsführer‹.« † 21. 2. 1943 Berlin. Nachruf *Deutsches Bühnen-Jahrbuch*: »Mit Eugen Rex verliert das deutsche Theater einen Dialektschauspieler von hohen Graden.«

Reznicek, Emil Nikolaus Freiherr von. Komponist.

* 4. 5. 1860 Wien, Sohn eines k. u. k. Feldmarschall-Leutnants. 1894 Welterfolg mit seiner Oper *Donna Diana*. 1909 Erster Kapellmeister der Komischen Oper Berlin, 1920 Professor der Staatlichen Musikhochschule Berlin. Zur Machtergreifung 1933 Ouvertüre *Befreites Deutschland*. 1934 im Führerrat des Berufsstandes der deutschen Komponisten. Am 27. Mai 1938 Aufführung seines *Streichquartetts* in der zweiten Kammermusikveranstaltung während der ersten *Reichsmusiktage* in Düsseldorf (mit der Schandschau *Entartete Musik*). NS-Ehrung: 1935 *Goethe-Medaille* für Kunst und Wissenschaft. Zu *Führers Geburtstag* 1936 von Hitler Titel Professor. Ab Mai 1940 von Hitler Ehrensold von monatlich 500 Mark. 1944 zusätzlich Dotation (steuerfreie Schenkung) von 30 000 Mark. † 2. 8. 1945 Berlin. Lit.: Drewniak, Theater; *Führerlexikon*; Prieberg, Handbuch.

Rhein, Fritz. Auf der *Gottbegnadeten-Liste* (Führerliste) der wichtigsten Maler des NS-Staates.

* 20. 3. 1873 Stettin. Auf den Großen Deutschen Kunstausstellungen im Münchner NS-Musentempel *Haus der Deutschen Kunst* mit insgesamt 13 Objekten (1942: *Generalfeldmarschall von Mackensen*). NS-Ehrung: 1943 *Goethe-Medaille* für Kunst und Wissenschaft, Begründung: »Einer der besten Bildnismaler der Zeit«. † 30. 6. 1948 Streckenhorst in Westfalen.

Rheinhardt, Emil Alphons. Schriftsteller.

* 4. 4. 1889 Wien. Thomas Mann, nach Spaziergang mit ihm, am 18. 4. 1920 im Tagebuch: »Angenehmer Mensch.« Autor erfolgreicher Biographien wie *Das Leben der Eleonore Duse* (1928) oder *Josephine* (1932). Bereits vor 1933 Wohnsitz in Frankreich. Mitbegründer der antifaschistischen *Liga für das geistige Österreich*. 1943 Verhaftung, 1944 Deportation ins KZ Dachau. † 25. 2. 1945 ebenda.

Rhoden, Wolrad von.

* 27. 9. 1900 Mainz. Laut *Aufstellung derjenigen Parteigenossen, die Angehörige fürstlicher Häuser sind*: NSDAP-Nr. 1 706849, Gau Sachsen. † 16. 5. 1958 Düsseldorf.

Ribbentrop, Manfred Wolfgang von. Schriftsteller.

* 7. 10. 1901 München. In diesem Fall ist die Abstammung zur Identifizierung wichtig: Sohn des Oberleutnants Konstantin von Ribbentrop und dessen Frau Barbara von Nathusius (Tochter des Königlich preußischen Majors Paul von Nathusius und dessen Gattin Georgine Freiin Roeder von Diersburg). Im Literatur-Kürschner 1934 unter dem Namen *Wolf vom See – von Ribbentrop*, Referent der NS-Volkswohlfahrt in Traunstein, Schulungsleiter beim Chef des Ausbildungswesens der SA. 1933 Laienspiel *Der Weg des Führers* sowie Roman *Um den Führer*. 1934 Herausgeber des Goebbels-Opus *Mein Kampf um Berlin*. 1936 Autor: *Glaube aus deutschem Blut*, 1937: *Sagen aus Hitlers Wahlheimat*, 1938: *Germanenlehre*. Namen im Literatur-Kürschner 1939: *Manfred Wolf vom See von Ribbentrop*. 1943 SS-Führer im Sondereinsatz Böhmen-Mähren. Nach 1945 im Literatur-Kürschner

unter dem Namen *Wolfgang von Welsperg-Raitnau,* geboren am 16.10.1901 (Genealogisches Handbuch: »führt den Namen ›von Welsperg‹«). Im Literatur-Kürschner 1988, nach Verheiratung mit Waltraut Gobrecht, unter dem Namen *Gobrecht von Welsperg:* Präsident des Internationalen Komitees *Tiroler Freiheit.* Adresse: Frankenberg/Eder sowie Traunstein, Postfach. † Todesdatum nicht verzeichnet.

Richartz, Willy. Komponist.
* 25.9.1900 Köln. Kapellmeister in Köln, Gelsenkirchen und München. Mai 1933 NSDAP. 1934–1937 am Reichssender Berlin. 1939 Operette *Heut tanzt Gloria.* Im Krieg Musik zu drei Filmen, darunter 1939: *Wenn Männer verreisen.* 1942 Komponist des Soldatenlieds *Mein Schatz ist schon Gefreiter* und des *Landser-Lieds.* Zum Kriegsende von der Reichsstelle für Musikbearbeitungen (dem Reichspropagandaministerium nachgeordnete Stelle) Kompositionsauftrag für eine Operette. Nach 1945 Vizepräsident des Deutschen Komponisten-Verbands, im Aufsichtsrat der GEMA, *Bundesverdienstkreuz.* † 8.8. 1972 Bad Tölz. Lit.: Gillum; Moser; Prieberg, Handbuch.

Richter, Hans. Name Oktober 1933 unter dem Treuegelöbnis »88 deutsche Schriftsteller« für Adolf Hitler.
* 12.7.1889 Berlin, Sohn eines Versicherungsdirektors. 1931 Vorsitzender des Verbands deutscher Erzähler. Stellv. Führer des Reichsverbands Deutscher Schriftsteller (Juni 1933 als Fachverband in der Reichsschrifttumskammer gegründet und Oktober 1935 ebenda aufgegangen). *Führerlexikon:* »NS Club [sic] von 1929; NSKK.« Romane wie *Die Frau zwischen Noch und Schon* (1933) oder *Ein Reitermarsch* (1937). † 27.8.1941 Dubno bei Lemberg.

Richter, Klaus S. Texter.
* 16.8.1894. 1939 Liedtext *Im Schutze der Wehrmacht* im Film *Drei Unteroffiziere,* Textanfang: »Geschultert sind die Gewehre«. 1940 Vertonung seines Opus *Propeller frei!* Tonaufnahme mit dem Soldatenchor und Musikchor der Fliegerhorst-Kommandantur Königsberg/Neumark, Textanfang: »Frei die Propeller, glückab zum Sieg«. 1941 Vertonung: *Europa marschiert,* aufgenommen mit dem Musikkorps der Flak-Artillerie. Bekanntestes Lied, zusammen mit einem F. Reiter: *In München steht ein Hofbräuhaus* (1936). † 26.3.1953 Hindelang.

Richter, Paul. Auf der *Gottbegnadeten-Liste* der Schauspieler, die für die Filmproduktion benötigt werden.
* 16.4.1887 Wien. Wiener Schauspieler, unter anderem am Theater in der Josefstadt. 1924 Rolle des Siegfried in Fritz Langs Teutonen-Opus *Die Nibelungen.* In der NS-Zeit in 27 Filmen, darunter 1939 der Film *Waldrausch.* Vor und nach 1945 weitgehend Heimatfilme (*Der Herrgottsschnitzer von Ammergau* usw.). † 31.12. 1961 Wien.

Richter, Rotraut. Schauspielerin.
* 15.5.1915 Berlin. Im »ersten wirklichen Nazi-Film« (Courtade) *Hitlerjunge Quex.* Uraufführung September 1933 in Anwesenheit von Hitler und Baldur von Schirach, Dank von Goebbels, sie habe sich »um die künstlerische Gestaltung nationalsozialistischen Ideenguts ein großes Verdienst erworben«. In Filmen wie *Der nackte Spatz* (1938) oder *Krach im Vorderhaus* (1941). Im Krieg Wehrmachtstourneen. † 1.10.1947 Berlin nach Blinddarmoperation.

Richter-Reichwein, Werner. Dirigent.
* 9.4.1906 Breslau als Pfarrerssohn. 1928 Kapellmeister am Opernhaus Königsberg. 1932 NSDAP (Nr. 1353181). 1933 beim Deutschen Kurzwellensender. 1942 Erster Kapellmeister der Oper Königsberg. Nach 1945 Klavierbegleiter für Ludwig Hoelscher. 1955 Chefdirigent, Musikdirektor und Generalmusikdirektor in Hof. † 11.3. 1987 Hof.

Riefenstahl, Leni (Helene). Tänzerin, Schauspielerin und Filmregisseurin.
* 22.8.1902 Berlin. 1929 im Stummfilmklassiker *Die weiße Hölle vom Piz Palü,* daher Spottname *Reichsgletscherspalte.* März

1932 Regiedebüt und Erfolg mit *Das blaue Licht*. 1932, nach einer Rede Hitlers im Berliner Sportpalast: »Mir war, als ob sich die Erdoberfläche vor mir ausbreitete – wie eine Halbkugel, die sich plötzlich in der Mitte spaltet und aus der ein ungeheurer Wasserstrahl herausgeschleudert wurde, so gewaltig, daß er den Himmel berührte und die Erde erschütterte.« Mai 1932 Kontaktaufnahme zu Hitler. Goebbels am 12.12.1933 im Tagebuch: »Sie ist die einzige von all den Stars, die uns versteht.« 1933 Reichsparteitags-Film *Sieg des Glaubens*. 1935 Monumentalwerk *Triumph des Willens*, »hergestellt im Auftrag des Führers«: Verklärung Hitlers »zu einer Art von Gott gesandten Erlöser« (Weniger), Goebbels-Höchstprädikat: *Nationaler Filmpreis*. Dezember 1935 Kurzfilm (28 Minuten) *Tag der Freiheit – Unsere Wehrmacht*. Ihr zweiteiliges Opus über die Olympiade (*Fest der Völker* und *Fest der Schönheit*) wurde an *Führers Geburtstag* am 20.4.1938 in Anwesenheit Hitlers und Goebbels' im Berliner Ufa-Palast uraufgeführt (*Nationaler Filmpreis*) und von Stalin bewundert (Riefenstahl). Riefenstahl über eine Begegnung mit Hitler im Juni 1938: »An diesem Abend habe ich gefühlt, daß Hitler mich als Frau begehrte.« Nach dem Einmarsch der Wehrmacht am 14.6.1940 in Paris Telegramm an Hitler: »Mehr als jede Vorstellungskraft menschlicher Fantasie vollbringen Sie Taten, die ohnegleichen in der Geschichte der Menschheit sind.« Ihr Film *Tiefland* (Oper von d'Albert), mit »Zigeunern« aus dem Lager Maxglan als Komparsen, war 1945 unvollendet (Uraufführung Februar 1954 in Stuttgart). Hans Albers, nach dem Krieg bei einem Zusammentreffen (Riefenstahl): »Wenn diese Person nicht sofort das Atelier verläßt, drehe ich keine Szene mehr.« 1987 mehr als neunhundertseitige Unschuldsballade, Titel *Memoiren*. Über Albert Speer: »Er war der einzige, mit dem mich aus der Zeit des Dritten Reiches je eine Freundschaft verband.« Nach dessen Haftentlassung gemeinsamer Urlaub mit dem Ehepaar Speer in den Dolomiten. † 8.9.2003 Pöcking am Starnberger See. Lit.: Rathkolb, nach BDC-Unterlagen; Riefenstahl.

Rieger, Fritz. Dirigent.
* 28.6.1910 Oberaltstadt in Böhmen. 1936 Kapellmeister am Neuen Deutschen Theater in Prag. 1939 Operndirektor am Stadttheater Aussig (Sudeten), ab 1941 in Bremen. NSDAP 1940 (Nr. 8417679). 1947 National-Theater Mannheim. 1949 Generalmusikdirektor in München, Leiter der Philharmoniker. 1972 Chefdirigent im australischen Melbourne. Ab 1974 Gastdirigent der Bayerischen Staatsoper. † 29.9.1978 Bonn.

Riemann, Johannes. Schauspieler und Regisseur.
* 31.5.1888 Berlin. Von Zuckmayer zur Kategorie »Nazis, Anschmeißer, Nutznießer, Kreaturen« gerechnet und als idealer Nazi »ohne Scham und Vertuschung« bezeichnet. Laut Moeller häufiger Gast bei Hitler-Empfängen, NSDAP. In der NS-Zeit in 23 Filmen und zu acht Filmen Regie. 1939 im Willi-Forst-Film *Bel ami* und im Ilse-Werner-Film *Ihr erstes Erlebnis*. Standortbefehl vom 22.3.1944 des KZ Auschwitz (*Truppenbetreuungsveranstaltung* für das KZ-Personal): »Dienstag, 28. März 1944, 20.00 Uhr ›Großer bunter Abend‹ mit Filmschauspieler Johannes Riemann.« NS-Ehrung: 1939 *Staatsschauspieler*. Filme nach 1945: *Was die Schwalbe sang, Jede Nacht in einem anderen Bett, Der schräge Otto* (1956), 1957 letzter Film: *Zwei Bayern im Harem*. † 30.9.1959 am Wohnort Konstanz. Nachruf *Deutsches Bühnen-Jahrbuch*: »Nach dem Kriege gelang es Johannes Riemann nicht mehr, Fuß zu fassen.«

Riemerschmid, Richard. Architekt.
* 20.6.1868 München. 1909 Anlage der Gartenstadt in Hellerau bei Dresden. 1912–1924 Leiter der Kunstgewerbeschule München, 1926 (bis 1931) der Kölner Werkschulen. 1928/29 Architekt des Hauses des bayerischen Rundfunks in München, Mitbegründer des *Deutschen Werk-*

bundes. NS-Ehrung: Auf Speers Befürwortung am 20. 6. 1943 *Goethe-Medaille* für Kunst und Wissenschaft. 1951 Architekturpreis der Stadt München. † 13. 4. 1957 München.

Rienhardt, Rolf. Hauptabteilungsleiter Presse der NSDAP-Reichsleitung (1934). * 2. 7. 1903 Bucha in Sachsen. Jurist. 1923 NSDAP, *Führerlexikon*: »In den Landtags- und Reichstagswahlen im April und im Mai 1924 als Redner allein und zusammen mit Dr. Frick in Bayern für die NSDAP tätig.« 1928 Rechtsberater des Zentralverlags der NSDAP *Franz Eher Nachf. GmbH.* 1932 MdR. 1934 Stellv. Direktor des Reichsverbands deutscher Zeitungsverleger, Präsidialrat der Reichspressekammer. Mitglied der *Akademie für Deutsches Recht.* Goebbels am 24. 5. 1940 im Tagebuch über die Wochenzeitung *Das Reich*: »Rienhardt zeigt mir 1. Nummer von ›das Reich‹. Sehr gut geworden ... Ein ansprechendes Propagandamittel im Ausland.« Bund Nationalsozialistischer Deutscher Juristen. November 1943 von seinem Chef Amann kaltgestellt, danach *Leibstandarte-SS Adolf Hitler.* Nach 1945 Verlagsgeschäftsführer der *Westfälischen Zeitung* in Bielefeld, danach bei Burda (Hachmeister/Siering). † 16. 3. 1975 Badenweiler. Lit.: Lilla.

Riethmüller, Otto. Kirchenmusiker. * 26. 2. 1889 Bad Cannstatt. Pfarrer. Vorsitzender des Ev. Reichsverbands weiblicher Jugend und Leiter des Burckhardthauses in Berlin. 1933 Komponist und Texter: *Deutschlands Erwachen*, Textprobe: »Kämpfe du mit für das künftige Land,/Arbeit und Freiheit für jeglichen Stand./Kämpferland, Hitlerland,/schirm dich Gottes Hand.« 1936 Herausgeber der »Lieder der kämpfenden Kirche«, Titel: *Wehr und Waffen.* † 19. 11. 1938 Berlin. Im Kirchengesangbuch der Ev. Kirche (EKD) nach 1945 mit vier Liedern vertreten.

Rietz, Johannes. Komponist und Dirigent. * 24. 2. 1905 Breslau als Beamtensohn. Schüler von Paul Graener. Laut Prieberg NSDAP erstmals 1932. 1935 Dirigent des Breslauer Rundfunkorchesters. Am 22.

Mai 1938 Uraufführung seiner *Rhapsodie für Orgel und Orchester* bei den ersten Reichsmusiktagen in Düsseldorf (mit der Schandschau *Entartete Musik*). 1942 Leiter des Stuttgarter Rundfunkorchesters, dann des Bruckner-Chores in Leipzig, ab 1944 in Linz. Nach 1945 freie Mitarbeit beim SDR, Betreuer des ostdeutschen Glockenarchivs und des ostkundlichen Archivs. † 21. 1. 1976 Stuttgart.

Riml, Walter. Österreichischer Kameramann. * 23. 9. 1905 Innsbruck. 1935 Kameradebüt mit Riefenstahls Monumentalwerk *Triumph des Willens*, »hergestellt im Auftrag des Führers«. 1937 Trenkers Matterhorn-Film *Der Berg ruft.* 1943 *Josef Thorak – Werkstatt und Werk*, 1944 *Harte Zeit, starke Kunst – Arno Breker* sowie *Atlantik-Wall.* Nach 1945 Filme wie *Die Wirtin vom Wörthersee* (1952), *Heimatlos* (1958). 1963 letzter Film: *Sturm am wilden Kaiser.* † 21. 6. 1994 Steinach.

Ringelnatz, Joachim, eigentlich Hans Bötticher. Dichter, Kabarettist, Maler. * 7. 8. 1883 Wurzen, Sohn eines Schriftstellers. 1910 erster Band mit dem Titel *Gedichte*: »Ich werde sie niemals meistern/ Und doch nicht ruhn./Soll mich der Wunsch begeistern:/Es besser zu tun.« 1923 Autor: *Kuddel Daddeldu.* 1933 Auftrittsverbot. *Meyers Lexikon* (1942): »Mischung von spielerischem Ulk, scharfer, oft zynischer Satire und Gefühlslyrik.« † 16. 11. 1934 Berlin an Tuberkulose. Beschlagnahmung von 72 seiner Bilder.

Ringler-Kellner, Ilse. NS-Poetin. * 9. 9. 1894 Sarajewo. 1934 Gedichte und Balladen: *Ahnenlandschaft.* 1938 Weiheverse *An die Mutter des Führers* im *Bekenntnisbuch österreichischer Dichter*: »O deutsches Mutterantlitz, das ich male,/ vom Adel der Gesinnung überhellt,/durch Schicksalsgüte hoch hinausgestellt/wie Gottesmütter an der Kathedrale./Den Heiland hast du unserm Volk geboren.« † 25. 8. 1958 Salzburg.

Ringshausen, Friedrich. Leiter des *Deutschen Heimatbundes.*

* 28.6. 1880 Nidda in Oberhessen. Lehrer. 1923/1925 NSDAP (Nr. 8993), Gründer der Ortsgruppe Offenbach. 1927–1931 NSDAP-Gauleiter Hessen-Darmstadt. 1933 Landschaftsführer des Reichsbunds *Volkstum und Heimat*. Gauführer des Sängerbunds Hessen-Darmstadt. Ministerialrat im Hessischen Staatsministerium. 1938 SA-Standartenführer. 1940 Glückwunsch des Heimatbundes zum 60. Geburtstag: »In Ihrer fanatischen Zuversicht als getreuer Gefolgsmann des Führers seit 1923 und seiner weltenwendenden Sendung für das Deutsche Volk haben Sie für Volk und Heimat für immer Großes richtungsweisend gestaltet.« Der *Deutsche Heimatbund* gehörte zum parteiamtlichen (Goebbels unterstellten) *NS-Volkskulturwerk*. † 17.2. 1941 Darmstadt. Lit.: Zeitschrift *Volk und Scholle* 1940 ff.

Rinser, Luise. Schriftstellerin.
* 30.4. 1911 Pitzling in Oberbayern. Volksschullehrerin in Oberbayern. Mai 1939 Ehe mit dem Kapellmeister Horst Günther Schnell (Scheidung 1942, Kriegstod 1943 in Rußland). Laut Bewerbungsunterlagen für Reichsschrifttumskammer 1940: NS-Lehrerbund (bis 1939), 1936 NS-Frauenschaft, »früher B.J.M.-Führerin«. Kleinere Arbeiten in der Zeitschrift *Herdfeuer*. Sarkowicz: »Neben Gedichten und Erzählungen im Blut-und-Boden-Stil erschien dort auch eine Reportage Rinsers über ein von ihr initiiertes BDM-Führerinnen-Lager.« Weiheverse *Junge Generation*: »Wir aber, angerufen von ewig eisernem Wort,/Wir, des großen Führers gezeichnet Verschworene,/Ungeborgen in scharfen Morgenstürmen,/Halten auf Türmen und Gipfeln klirrende Wacht.« Nach einer Denunziation Oktober 1944 wegen Wehrkraftzersetzung in Traunstein inhaftiert, 1946 verarbeitet zu ihrem Opus *Gefängnistagebuch*. 1953–1959 Ehe mit dem Komponisten Karl Orff. In den 60er und 70er Jahren gerichtliche Auseinandersetzungen wegen ihres 1935 in *Herdfeuer* publizierten Führer-Gedichts (siehe oben). Sarkowicz: »Rinser behauptete zunächst, nicht die Autorin des Gedichts gewesen zu sein und bezeichnete es später als eine Satire, die sie zusammen mit anderen NS-Gegnern im Arbeitsdienst geschrieben hätte.« Nach 1945 Autorin der *Neuen Zeitung* (US-Tageszeitung im Dienste der Umerziehung und Demokratisierung). 1981 Erinnerungen: *Den Wolf umarmen*: Selbstdarstellung als alle NS-Gliederungen meidende Antifaschistin. Zahlreiche Ehrungen, unter anderem 1987 Heinrich-Mann-Preis der Akademie der Künste der DDR. † 17.3. 2002 in einem Stift in Unterhaching.

Rippert, Otto. Laut Fachblatt *Kinematograph* vom 4.4. 1933 Beitritt zur *NSBO-Zelle deutschstämmiger Filmregisseure* (*NS-Betriebszellen-Organisation*).
* 22.10. 1869 Offenbach. Stummfilmpionier. Filme wie *Baroneßchen auf Strafurlaub* (1918), *Tingeltangel* (1922), 1924 letzter Film: *So ist das Leben*. Danach Schnittmeister der Ufa. † 18.1. 1940 Berlin.

Rist, Sepp. Filmschauspieler.
* 24.2. 1900 Hindelang. Skifahrer und Polizeifunker in Nürnberg. Laut Riefenstahl von ihr als Darsteller für den Stummfilm *Stürme über dem Mont Blanc* (1930) durchgesetzt. Zwischen 1933 und 1943 in 13 Filmen, darunter der Militärspionagefilm *Verräter* (am 9.9. 1936 auf dem NSDAP-Reichsparteitag uraufgeführt, Positivdarstellung der Gestapo), das Blut-und-Boden-Drama *Die Geierwally* (1940) und der antibritische Untergangsfilm *Titanic* (1943, von Goebbels angesichts der Kriegslage verboten). Nach dem Krieg Filme wie *Der Weibertausch* (1950) oder *Da lacht Tirol* (1967). † 11.12. 1980 Röthenbach in Bayern.

Rittau, Günther. Regisseur.
* 6.8. 1893 Königshütte. Kameramann in Fritz Langs Stummfilmklassikern *Die Nibelungen* (1924) und *Metropolis* (1926), 1930 beim Ufa-Erfolgsfilm *Der blaue Engel*. 1939 Regie zu *Brand im Ozean*. 1941 in Zusammenarbeit mit der Kriegsmarine Staatsauftragsfilm *U-Boote westwärts* über

Kampf und Heldentod deutscher Seeleute (Goebbels: »Heldenschwarte«). 1942 Regie zum Friesen-Film *Der Strom* (Prädikat: *staatspolitisch wertvoll*). 1954: *Das Kreuz am Jägersteig*, 1957 letzter Film: *Die fidelen Detektive*. 1967 *Filmband in Gold*. † 7.8. 1971 München.

Ritter, Gerhard. Historiker.
* 6.4.1888 Bad Sooden-Allendorf als Pfarrerssohn. 1913 Autor: *Die preußischen Konservativen und Bismarcks deutsche Politik*. 1925 Lehrstuhl in Freiburg im Breisgau, Autor: *Luther der Deutsche*. 1929 rechtsliberale *Deutsche Volkspartei*. 1931: *Stein, eine politische Biographie* (zwei Bände). Begrüßte die Erfolge der NS-Außenpolitik, hielt nach dem angeblichen Röhm-Putsch aber Distanz zum Regime. Weiß: »Gleichwohl blieb Ritter dem traditionellen national- und machtstaatlichen Denken verhaftet.« Mittelpunkt des christlich-konservativen *Freiburger Kreises*. Wegen Kontakte zu Goerdeler ab November 1944 in Gestapohaft. 1947 Mitbegründer des Instituts für Zeitgeschichte in München. 1949 Vorsitzender des Verbands der Historiker Deutschlands. 1951 Vorwort zur unkommentierten Buchveröffentlichung *Hitlers Tisch-Gespräche* (in der Art eines Goethe-Breviers nach Themen wie »Architektur – Kunst – Musik« geordnet, von Ritter mit Luthers Tischreden verglichen und dem Hinweis versehen: »es fehlte auch nicht an munteren Scherzen«). 1957 *Großes Bundesverdienstkreuz*, 1963 mit Stern. † 1.7.1967 Freiburg. Lit.: Berg; Weiß.

Ritter, Karl. Direktor und Produktionschef der Universum Film AG (Ufa), »Ideologe der faschistischen Todesmaschinerie« (Kreimeier).
* 7.11.1888 Würzburg. Militärflieger. 1925 erstmals NSDAP (Nr. 23040). 1932 Regiedebüt mit der Karl-Valentin-Posse *Im Photoatelier*. 1933 Produzent von *Hitlerjunge Quex*, dem »ersten wirklichen Nazi-Film« (Courtade), Untertitel: *Ein Film vom Opfergeist der deutschen Jugend*. Uraufführung in Anwesenheit von Hitler

und Baldur von Schirach. Regie zu 16 Filmen, darunter der Militärspionagefilm *Verräter*, am 9.9.1936 auf dem NSDAP-Reichsparteitag uraufgeführt (Giesen: »Ein eindeutiges Plädoyer für die Gestapo«). 1937 Film *Patrioten* (Goebbels: »Ganz klar und nationalsozialistisch«) sowie Kriegsopus *Unternehmen Michael* (Kreimeier: Glorifizierung sinnlosen Sterbens und sadomasochistische Mystik), Kernsatz: »Nicht nach der Größe unseres Sieges wird man uns einmal messen, sondern nach der Tiefe unseres Opfers.« Goebbels am 1.12.1937 im Tagebuch: »Ritter ist einer der wenigen, die politische Filme machen können.« 1938 Luftwaffen-Aufrüstungsfilm *Pour le Mérite*, Aussage: »Ich hasse die Demokratie wie die Pest.« Dazu Glückwunsch von Hitler. Ritters Antwort am 1.12.1938: »Mein Führer! Es gibt für den künstlerisch Schaffenden keinen heißeren Ansporn zu neuen Arbeiten als Ihr Lob.« Juni 1939 Herstellungsleiter der »Dokumentation« *Im Kampf gegen den Weltfeind* (Kommunismus) über »Francos Helden-Regimenter« und Hitlers *Legion Condor*. Danach Propagandastreifen *Legion Condor*, wegen Hitler-Stalin-Pakt abgebrochen. März 1941 Hetzfilm *Über alles in der Welt* zur Vorbereitung der Schlacht um England, laut Courtade »ein einziger wüster, barbarischer Siegesschrei«. Juni 1941 Regie und Drehbuch zur Sturzkampfflieger-Hymne *Stukas*. Dezember 1941 antirussischer Jugendfilm *Kadetten*. 1942 Regie und Drehbuch zum antirussischen Hetzfilm (Staatsauftragsfilm) *GPU*, Courtade: »Selten sind die Gegner der Nazis, einer wie der andere, vertierter … dargestellt worden.« 1943 letzter Film *Besatzung Dora* über die Heldentaten der Luftwaffe, infolge des Kriegsverlaufs nicht in Kino. NS-Ehrung: 1939 Titel Professor. 1940 Hitler-Dotation (steuerfreie Schenkung) von 60000 Mark. 1944 Hitler-Dotation von 100000 Mark. Entnazifiziert als *Mitläufer*, keine Drehlizenz. 1949 Auswanderung nach Argentinien, Gründung einer Produktionsfirma. 1954 vorübergehende

Rückkehr und Gründung einer Filmgesellschaft. Regelmäßige Kontakte zu Winifred Wagner (Hamann). † 7.4. 1977 Buenos Aires.

Rittich, Werner. Kunstbetrachter.
* 29.3. 1906 Berlin. Dr. phil. 1933 SA. 1934 engster Mitarbeiter von Robert Scholz bei der Gründung der Monatsschrift *Die völkische Kunst* (Organ der *NS-Kulturgemeinde*), Titel ab 1936: *Kunst und Volk*. 1937 NSDAP. 1938 Stellv. Hauptschriftleiter (»verantwortlich für den Gesamtinhalt«) von Rosenbergs Periodikum *Die Kunst im Dritten Reich*, Oktober 1939 umbenannt in *Die Kunst im Deutschen Reich*, »nach dem Willen des Führers die würdige Repräsentantin des neuen deutschen Kulturwillens« (Reklame des *Zentralverlags der NSDAP*). November 1939 Aufsatz *Die Maler des Weltkriegs 1914–1918*, Textprobe: »Die Werke, die die Maler des Weltkrieges schufen, sind in ihrer Gesamtheit die Gestaltung des deutschen Helden, des deutschen Soldaten, des heutigen Mythus schlechthin.« 1939 Dezernatsleiter der Hauptstelle Bildende Kunst in Rosenbergs Dienststelle *Beauftragter des Führers für die Überwachung der gesamten geistigen und weltanschaulichen Schulung der NSDAP* (Brenner). Nach 1945 unter anderem Redakteur beim *Hamburger Abendblatt*. † 8.4. 1978 Hamburg. Q.: Mitt. Tarnowski.

Rivel, Charlie (Künstlername). Spanischer Clown.
* 23.4. 1896 Cubellas. Deutschland war sein bevorzugtes Gastspielland, Auftritte an der Berliner Scala. Dezember 1943 Uraufführung von Staudtes Grotesklustspiel *Akrobat schö-ö-ön* um und mit Rivel. Die NS-Reklame erinnerte daran, daß Rivel sich von Anfang an für General Franco entschieden und dafür im Sommer 1939 den »nationalspanischen Paß Nr. 1« erhalten habe. † 26.7. 1983 Barcelona. Lit.: Drewniak, Film.

Roberts, Ralph Arthur (Künstlername). Schauspieler.
* 2.10. 1884 Meerane in Sachsen. Charak-

terkomiker. 1928 Leiter des Berliner Theaters in der Behrenstraße. Goebbels am 25.10. 1928 nach Theaterbesuch: »Roberts, der amüsante, elegante Frechdachs.« In der NS-Zeit in 35 Filmen, darunter 1938 die Kleinstadtposse *Der Maulkorb* sowie der Gründgens-Film *Tanz auf dem Vulkan*. 1939 im Filmschwank *Meine Tante – Deine Tante*. † 12.3. 1940 Berlin, laut Weniger an Austernvergiftung.

Robitschek, Kurt. Kabarettist.
* 23.8. 1890 Prag, Sohn eines Bankbeamten. Mit 16 Jahren beim Zirkus. Schlagertexter, bekanntestes Lied: *Im Prater blüh'n wieder die Bäume*. Mit Max Hansen und Paul Morgan 1924 Gründer des Berliner *Kabaretts der Komiker* am Kurfürstendamm. 1933 Wechsel nach Wien. 1936 Emigration über Paris nach London, ab 1937 USA. Produzent großer Shows. † 28.12. 1950 New York.

Rocholl, Theodor. Schlachtenmaler.
* 11.6. 1854 Sachsenberg (Waldeck). Kriegs- und Historienmaler, unter anderem: *König Wilhelms Ritt vor Sedan*. Bericht des *Kampfbunds für deutsche Kultur*, Ortsgruppe Düsseldorf, über seine erste Veranstaltung am 1.4. 1930: »Ein Riesengemälde des deutschen Schlachtenmalers ... zeigte uns den Eisernen Kanzler als Gründer des Reiches, und die von ihm hierzu berufene deutsche Industrie als den Schmied seines Schwertes.« † 13.9. 1933 Düsseldorf. Q.: Brenner.

Rock, Christa-Maria, geb. Wiesner. Antisemitische »Musiktheoretikerin«.
* 3.1. 1896 Würzburg. 1935 mit Hans Brückner verantwortlich für das Stigmatisierungswerk *Judentum und Musik: mit dem ABC jüdischer und nichtarischer Musikbeflissener*. Rock in der Einleitung über den »arischen« Dirigenten Erich Kleiber: »Er schadet ... dem deutschen Kunstleben in nie wieder gut zu machender Weise, da er die Tonschöpfungen der deutschen Meister durch das Filter seines jüdischen Intellekts leitet.« 1945 Übersiedlung in die USA. † 1970 New York.

Roda Roda, Alexander, eigentlich Rosenfeld. Österreichischer Schriftsteller. * 13.4.1872 Drnowitz. Mitarbeiter des *Simplicissimus.* Erfolgreichstes Stück: *Der Feldherrnhügel* (1911). Bekannt mit Heinrich Mann, Stefan Zweig und Erich Kästner. 1938 Exil in der Schweiz, 1940 Einreise USA (Thomas Mann, der ihn aus München kannte, half dem »begabten und ritterlichen« Roda Roda dabei). Seine Schwester Gisela wurde im Ghettolager Theresienstadt ermordet. † 20.8.1945 New York.

Rode, Wilhelm. 1934 von Göring zum Generalintendanten des Deutschen Opernhauses Berlin bestellt, mit 2200 Plätzen eines der größten Opernhäuser der Welt. Reichskultursenator. * 17.2.1887 Hannover. Kammersänger. April 1933 NSDAP. *Führerlexikon:* »Erster Vertreter des Heldenbariton-Faches … erhält im August 1933 die silberne Hitler-Nadel: ›Mit besonderem Stolz und besonderer Freude erfüllt es mich, daß mein Führer, unser Reichskanzler und Volkskanzler, der wie nie zuvor unsere deutsche Kunst schützt und fördert, mich allein dreiundvierzigmal als Hans Sachs anhörte!‹« Fachspartenleiter Oper in Rosenbergs *Kampfbund für deutsche Kultur* Berlin. Vom 18. bis 25.9.1941 mit der *Fledermaus* in der Großen Pariser Oper, eine Veranstaltung der NS-Gemeinschaft *Kraft durch Freude* im Auftrag des OKW (Programmheft), vom Reichspropagandaministerium mit 200000 Mark finanziert. 1944 im Kuratorium der *Goebbels-Stiftung für Kulturschaffende* sowie Treuhänder der Goebbels-Stiftung *Künstlerdank.* NS-Ehrung: 1933 Präsidialrat der Reichstheaterkammer. Goebbels am 17.2.1937 im Tagebuch: »Rode wird sehr zum 50. Geburtstag gefeiert. Goethemedaille. Von mir Bild und goldenes Zigarettenetui.« 1949 Stadttheater Regensburg. † 2.9.1959 München. Nachruf *Deutsches Bühnen-Jahrbuch:* »Ein großartiger Wagner-Sänger.«

Rodenberg, Hans, eigentlich Rosenberg. Schauspieler und Regisseur. * 2.10.1895 Lübbecke in Westfalen. 1927 KPD. 1932 vom KPD-Zentralkomitee nach Moskau beordert. Produktionsleiter eines Filmstudios, im Krieg in der deutschen Redaktion des Moskauer Rundfunks. 1948 Ost-Berlin, SED. 1952 Leiter der DEFA-Studios für Spielfilme. 1957 Professor für Dramaturgie der Hochschule für Filmkunst. 1960 (bis 1963) stellv. Kulturminister der DDR, (bis 1973) im Staatsrat der DDR, (bis 1978) Abgeordneter der Volkskammer. *Nationalpreis* (1950), *Vaterländischer Verdienstorden* (erstmals 1955), *Karl-Marx-Orden* (1965). † 7.3.1878 Berlin. Q.: Barth; Braun.

Röbbeling, Hermann. Theaterdirektor. * 31.10.1875 Stolberg/Harz. 1914 Direktor des Thalia-Theaters Hamburg, 1928 zusätzlich des Deutschen Schauspielhauses ebenda. Von 1932 bis zur Besetzung Österreichs 1938 Direktor des Wiener Burgtheaters. Zuckmayer: »Sicher zu seinem größten Leidwesen, war er kurz darauf gezwungen … im ›Stürmer‹ eine Annonce zu veröffentlichen, des Inhaltes, daß ›seine Frau entgegen gewissen Verleumdungen keine Jüdin sei …‹«. NS-Beurteilung: »Politisch vollkommen neutral und farblos.« † 4.6.1949 Wien. Lit.: Rathkolb; Zuckmayer.

Röhricht, Curt. Kapellmeister. * 14.2.1880 Breslau. Dirigent einer Breslauer Orchestervereinigung. Mai 1933 NSDAP (Nr. 2032624). 1933 Komponist eines *Adolf-Hitler-Marsches* sowie eines Hitler-Danklieds. Röhricht textete: »Jetzt gilt es, unserm Führer/den deutschen Dank zu sagen,/mit fester Faust und ohne Zagen/hat den Marxismus er erschlagen.« † Verbleib unbekannt. Q.: Prieberg, Handbuch.

Rökk, Marika. Primaballerina des NS-Kinos. * 3.11.1913 Kairo. Ungarische Tänzerin und Sängerin. Ab 1934 in Berlin. Zwischen 1935 und 1944 in 14 Musik- und Revuefilmen. 1939 im Film *Hallo, Janine* Sängerin des bevölkerungspolitisch wertvollen Lieds *Auf dem Dach der Welt*, Text: »Du brauchst auch nicht ängstlich sein,/du wirst so leicht Mama:/Der Storch beißt dich in's linke Bein,/dann ist das Baby da.« Laut Hippler von Goebbels öfters zur Abendgesellschaft eingeladen. Goebbels am 28. 8. 1940 im Tagebuch: »Nachmittags Besuch einiger Künstler, die sich besonders um die Truppenbetreuung verdient gemacht haben … Marika Rökk, Rahl, Seipp, Deinert … Wir erzählen viel, machen Spaziergang durch den Wald, dort wird … musiziert.« November 1940 Doppelrolle im Revuefilm *Kora Terry* mit dem Peter-Kreuder-Song *Für eine Nacht voller Seligkeit*, Heirat mit ihrem Lebensgefährten Hans Jacoby (Trennung 10 Jahre später). Dezember 1940 Auftritt im Staatsauftragsfilm *Wunschkonzert* zwecks Hebung der Truppenmoral und Leidensbereit-'schaft der Heimatfront. Oktober 1941 im ersten großen Ufa-Farbfilm *Frauen sind doch bessere Diplomaten*. Laut Lale Andersen April 1942 mit Goebbels' *Berliner Künstlerfahrt* (Truppenbetreuung) Auftritt in Warschau. August 1944: *Die Frau meiner Träume*, erster großer Ufa-Farbfilm mit dem Durchhalte-Song *Mach' dir nichts daraus*, Text: »Schau nicht hin, schau nicht her,/schau nur gerade aus,/ und was dann auch kommt,/mach' dir nichts daraus!« Drewniak (Theater): »Sie bedankte sich bei dem ›Führer ihrer zweiten Heimat‹ für zwei Bilder [Hitlerfotos mit Autogramm], von denen eins, wie sie im Brief versicherte, fortan ständig auf ihrem Schreibtisch stand, während sie das andere ihren Eltern nach Budapest geschickt habe.« 1981 *Filmband in Gold* für langjähriges und hervorragendes Wirken im deutschen Film. 1988 Erinnerungen: *Herz mit Paprika*. † 16. 5. 2004 am Wohnort Baden bei Wien. Lit.: Koch; Kreimeier.

Roellenbleg, Heinrich. Geschäftsführer und Chefredakteur der Deutschen Wochenschau.
* 13. 5. 1901 Berlin-Schöneberg. April 1933 NSDAP, stellv. Zellenobmann der NS-Betriebszellen-Organisation (die NSBO verstand sich als die »SA der Betriebe«).

Zunächst Produktionsleiter der Tobis, zuständig für die Wochenschau. 1939 Leiter der Ufa-Wochenschau. November 1940 Verstaatlichung der bestehenden vier Wochenschauen, zwangsvereinigt zur Deutschen Wochenschau unter Roellenbleg. Stellte die Kriegswochenschauen zusammen. Goebbels am 10. 5. 1942 im Tagebuch: »Die Nachrichtenpolitik im Krieg ist ein Kriegsmittel. Man benutzt es, um Krieg zu führen, nicht um Informationen auszugeben.« 1947 Produktionsleiter bei Atlantis-Film. Ende 1949 Produktionsleiter der Neuen Deutschen Wochenschau, nach wenigen Monaten aufgrund von Protesten wegen seiner NS-Vergangenheit entlassen. 1953 Produzent des Films *Das war unser Rommel*. † 9. 2. 1963 München.

Rönisch, Erich. Wirtschaftsleiter des *Hauses der Waffen-SS* und des *SS-Führerheims* in Auschwitz.
* 11. 2. 1906 Gottesberg, Kreis Waldenburg. Kaufmann. 1930 NSDAP (Zellenleiter), 1932 SA, 1934 Austritt. Ab Winter 1940 in Auschwitz. Das *Haus der Waffen-SS* war ein Hotel am Bahnhof Auschwitz, wo die Häftlingstransporte ankamen. Das *Führerheim des KL Auschwitz* lag auf dem Weg zwischen dem Bahnhof und dem KZ. Rönisch: »Im Führerheim verkehrten die SS-Führer des gesamten Standortes Auschwitz und ihre Gäste. Es gab häufig Feiern und Kameradschaftsabende im Führerheim. Es gab auch Gesellschaften mit Damen, bei denen auch nach Schallplattenmusik getanzt wurde.« Nach 1945 Handelsvertreter.

Rösner, Willy. Auf der *Gottbegnadeten-Liste* der Schauspieler, die für die Filmproduktion benötigt werden.
* 19. 5. 1893 Rosenheim. Am Münchener Volkstheater, ab 1941 am Wiener Volkstheater der *Deutschen Arbeitsfront*. In Filmen wie *Der Klosterjäger* (1935) oder *Jugendliebe* (1943). Nach dem Krieg: *Jägerblut* (1957), *Schwarzwälder Kirsch* (1958). † 2. 9. 1966 München. Nachruf *Deutsches Bühnen-Jahrbuch*: »Einer der profiliertesten Münchner Schauspieler.«

Roessert, Hans. Dirigent.

* 17.7.1892 Staffelstein in Oberfranken. Ab 1925 Oberkapellmeister in Halle. 1933 Leiter des KfdK-[*Kampfbund für deutsche Kultur*]-Orchesters Halle. NSDAP April 1933. 1940 Städtischer Musikdirektor am Reichsgautheater Posen. 1949 Musikdirektor der Philosophisch-theologischen Hochschule Bamberg. † 31.3.1973 Bamberg.

Rogge, Helmut. Oberarchivrat (1941).

* 5.12.1891 Halle, Sohn eines Oberleutnants. 1921 Archivrat im Reichsarchiv Potsdam. 1933 SS (Reiterstandarte, SS-Nr. 132590). 1935 SS-Schulungsleiter. 1937 NSDAP, ehrenamtlicher Mitarbeiter für Himmlers SD (Spitzeldienst), 1940 SS-Hauptsturmführer. Beurteilung SD-Hauptamt: »Ein unersetzlicher Mitarbeiter, als er innerhalb des gesamten deutschen Archivwesens ... der haltungsmäßig und fachlich wertvollste Sachbearbeiter auf diesem Gebiet ist.« 1952–1956 Leiter des Archivs der Presse- und Informationsabteilung der Bundesregierung. 1960 Arbeitsverbot im Politischen Archiv des Auswärtigen Amtes, da er sich beschwert hatte, »mit Juden und Polen« in einem Raum arbeiten zu müssen. Seine Klage gegen das Verbot (bis zum Bundesverwaltungsgericht) wurde 1964 endgültig abgewiesen. † 13.9.1976. Lit.: Eckert.

Rogge, Johannes Friedrich. Bildhauer.

* 5.4.1898 Berlin, Sohn eines Malers. Dr. phil. Wohnort Dresden. Mit Hinweis auf seine »begehrten« Führerbüsten am 17.10. 1942 Antrag der Ehefrau, ihren Gatten zum Professor zu ernennen. Ablehnung mit Titelsperre begründet, interne Beurteilung der Reichskammer der bildenden Künste: »Gute Durchschnittsbegabung ohne besondere Bedeutung«. Nach 1945 Produzent von DDR-Denkmälern: *Ernst Thälmann* und *Wilhelm Pieck* (Maxim Gorki-Gedenkstätte in Heringsdorf), 1951 Lenin-Denkmal für VEB Werkzeugfabrik Königsee in Thüringen, 1953 Stalin-Statue für die Stadt Riesa sowie Dreiergruppe: *Erhebung der russischen Arbeiterklasse und*

ihr Sieg über die Bourgeoisie, ein Geschenk der Nationalen Volksarmee an die sowjetischen Freunde (Vollmer). † 7.6.1983 Dresden.

Rohan, Alain Fürst.

* 26.7.1893 Sichrow. Fideikommißherr auf Polaun, Ehrenritter des Malteser-Ritter-Ordens. Laut *Aufstellung derjenigen Parteigenossen, die Angehörige fürstlicher Häuser sind:* 1.4.1939 NSDAP, Nr. 7 240414, Gau Sudetenland.

Rohan, Karl Anton Prinz.

* 9.1.1898 Schloß Albrechtsberg. Auf Albrechtsberg an der Pielach in Niederösterreich. Laut *Aufstellung derjenigen Parteigenossen, die Angehörige fürstlicher Häuser sind:* 1.5.1938 NSDAP, Nr. 6 234513, Gau Niederdonau.

Rohan, Maria Prinzessin.

* 29.5.1899 Eberhard. Tochter eines Grafen. Ehefrau von Karl Anton. Laut *Aufstellung derjenigen Parteigenossen, die Angehörige fürstlicher Häuser sind:* 1.5.1938 NSDAP, Nr. 6 172795, Gau Niederdonau.

Rohde, Alfred. Kunsthistoriker, Bernsteinexperte.

* 24.1.1892 Hamburg, Sohn eines Zollbeamten. Dr. phil. Ab 1927 Direktor der Kunstsammlungen der Stadt Königsberg. 1937: *Das Buch vom Bernstein* sowie *Bernstein, ein deutscher Werkstoff*. 1939 Ausstellungskatalog *Künstler sehen Pferde*. 1943 Antrag des Königsberger Oberbürgermeisters, Rohde den Titel Professor zu verleihen, da er aufgezeigt habe, wie unter der Fürsorge von Gauleiter Koch die Bearbeitung des Bernsteins zu neuer Blüte gelangt sei. † Herbst 1945 in Königsberg, nun Kaliningrad genannt.

Rohlfs, Christian. Maler. Einer der bedeutendsten Aquarellisten.

* 22.12.1849 Niendorf in Schleswig-Holstein. Seit 1864 infolge eines Unfalls einbeinig. Ab 1900 Atelier in Hagen. 1924 Ehrenbürger der Stadt Hagen, Aufnahme in die Preußische Akademie der Künste. In Fritschs Hetzwerk *Handbuch der Judenfrage* (1936) als expressionistischer »Künstler‹ aus dem nichtjüdischen Lager« aufgeführt, der es verdiene, »als Mittäter an dieser Kulturschande mit den Juden zusammen genannt zu werden«. Juli 1937 in der Schandschau *Entartete Kunst* in München mit 19 Objekten vorgeführt, Beschlagnahmung von 418 (sic) seiner Werke. Am 24.8.1937 antwortete der 88jährige Rohlfs dem Präsidenten der Preußischen Akademie der Künste auf dessen Ansinnen, freiwillig auszutreten: »Zustimmung oder Ablehnung, Ehrung oder Nichtehrung machen mein Werk weder besser noch schlechter; ich überlasse das Urteil darüber der Zukunft. Gefällt Ihnen mein Werk nicht, so steht es Ihnen frei, mich aus der Mitgliedsliste der Akademie zu streichen; ich werde aber nichts tun, was als Geständnis eigener Unwürdigkeit gedeutet werden könnte.« † Am 7.1.1938 Ausschluß aus der Akademie, gestorben am 8.1.1938 in seinem Atelier. Lit.: Wulf, Künste.

Rohr, Hanns. Dirigent.
* 20.1.1885 München, Sohn eines Kunstmalers. Dr. phil. 1937 NSDAP. Mai 1940 bis zum Tode Chefdirigent der *Philharmonie des Generalgouvernements* in Krakau (komplett mit polnischen Opern- und Konzertmusikern besetzt). Von Generalgouverneur Hans Frank (genannt *Polenschlächter*) als Propagandainstrument benutzt. Am 3.6.1940 Vortrag im Institut für deutsche Ostarbeit in Krakau: *Die Musik im Geistesleben des deutschen Volkes*. Textprobe (1940 veröffentlicht im Krakauer Burgverlag): »Der Wächterruf der Bachkantate ›Wachet auf, ruft uns die Stimme‹ hallt über das Schlachtgetöse unseres äußeren Freiheitskampfes und über unseren Endsieg mahnend, zwingend, beschwörend hinaus in die kriegsbefreite Zukunft einer deutschen Geistesherrschaft.« † 6.1.1942 München.

Rohr, Wilhelm. Preußischer Staatsarchivar.
* 29.10.1898 Oldenburg. Dr. phil. Mai 1933 NSDAP. Ab Oktober 1933 im Preußischen Geheimen Staatsarchiv Berlin. Im Krieg Referent (»Rechte Hand«) des Nazi-Archivars Ernst Zipfel. Nach 1945 zunächst Internierung und Berufsverbot, Maurer in Berlin. Der spätere Direktor des Bundesarchivs Georg Winter im Persilschein: »Ließ sich verbissen, aber schweigend auch noch das Joch des Blockhelfers... aufhalsen.« 1952 Archivrat im Bundesarchiv Koblenz, 1953 Oberarchivrat. † 26.7.1968 Koblenz. Lit.: Eckert.

Rohringer, Norbert. Auf der *Gottbegnadeten-Liste* der Schauspieler, die für die Filmproduktion benötigt werden.
* 9.7.1927 Wien. Kinderdarsteller. In etwa 20 Kinoproduktionen, oft als Hotelpage. Februar 1941 Nebenrolle im antibritischen Film *Mein Leben für Irland*, Oktober 1941 als Titelheld Jakko im HJ-Propagandastreifen (Staatsauftragsfilm) *Jakko*. Nach 1945 in österreichischen Jazzgruppen als Pianist.

Rohs, Martha. Auf der *Gottbegnadeten-Liste* (Führerliste) der wichtigsten Künstler des NS-Staates.
* 2.6.1909 Saarbrücken. Altistin. 1938 Staatsoper Dresden, zugleich (bis 1959) Staatsoper Wien. Häufig in Opern von Richard Strauss. Ab 1938, nach der Besetzung Österreichs, auf den (von Goebbels finanzierten) Salzburger Festspielen. NS-Ehrung: Zu *Führers* [50.] *Geburtstag* 1939 von Hitler Titel Kammersängerin. Verheiratet mit dem Schauspieler Fred Liewehr (ebenfalls »gottbegnadet«). † 27.7.1963 Wien.

Roland, Marc (Künstlername). Komponist.
* 4.1.1894 Bremen. 1918 Kapellmeister am Stadttheater Liegnitz. 1919 freier Komponist in Berlin. Musik zu mehr als hundert Tonfilmen. 1936 »Militärkomödie« *Der Etappenhase* und Film *Fridericus*, Filmvorspann: »Von den ... Großmächten Europas eingekreist, hat das aufsteigende Preußen seit Jahrzehnten um seine Lebensrechte gerungen.« Nach 1945 Filme wie: *Ferien vom Ich* (1952) oder *Liebe und Trompetenblasen* (1954). † 25.2.1975 Tegernsee.

Roller, Alfred. Bühnenbildner.
* 2.10.1864 Brünn. 1903 Leiter des Aus-
stattungswesens der Wiener Staatsoper.
1909 Direktor der Wiener Kunstgewerbeschule. Unter anderem Bühnenbild zu
Uraufführungen von Richard-Strauss-
Opern. Der junge Hitler war beeindruckt
von Rollers Ausstattungen zu *Tristan* und
Walküre. Mit Max Reinhardt und Richard
Strauss 1920 Begründer der Salzburger
Festspiele, Ausstatter des ersten *Jedermann*
1920. 1934 auf Wunsch Hitlers Bühnenbild zur Neuinszenierung von Wagners
Parsifal in Bayreuth. † 24.6.1935 Wien.
Lit.: Hamann.

Roller, Ulrich. Bühnenbildner.
* 27.5.1911 Wien, Sohn von Alfred Roller. 1932 NSDAP. Juli 1934 beteiligt am
NSDAP-Putschversuch in Österreich. Mit
Wieland Wagner befreundet, sollte mit
ihm 1942 beim *Tannhäuser* zusammenar-
beiten. † Kriegstod 28.12.1941 als SS-
Sturmmann an der Ostfront. Winifred
Wagner an Rollers Mutter: »Wie er lebte,
so starb er auch: im Glauben an unseren
Führer und die national-sozialistische
Idee.« Hitler am 24.2.1942 im Tischgespräch: »Der Sohn des alten Roller ist gefallen … Ein solcher Mann ist nicht zu er-
setzen.« Lit.: Hamann; Prieberg.

Roloff, Paul. Maler.
* 26.1.1877 Jerchel in der Altmark. Bereits auf der ersten Großen Deutschen
Kunstausstellung (GDK) 1937 im Münchner NS-Musentempel *Haus der Deutschen
Kunst* mit dem Bildnis *Professor Paul Ludwig Troost* vertreten und in der Besprechung des damaligen Kunstbetrachters
Henri Nannen Oktober 1937 in der Zeitschrift *Die Kunst für Alle* eigens hervorgehoben. 1944 auf der GDK mit dem Opus
Gebirgsjäger der Waffen-SS. † 29.5.1951
Prien am Chiemsee.

Romanowsky, Richard. Auf der *Gottbegnadeten-Liste* der Schauspieler, die für die
Filmproduktion benötigt werden.
* 21.4.1883 Wien. Komiker. In der NS-
Zeit in 26 Filmen, darunter die Filmlustspiele *Liebling der Matrosen* (1938) und

Casanova heiratet (1940). 1943 in der Liebeskomödie *Frauen sind keine Engel* sowie
im Filmschwank *Kohlhiesels Töchter.* Nach
1945 am Wiener Theater in der Josefstadt.
Filme wie *Saison in Salzburg* (1952) oder
Das Dreimäderlhaus (1958). † 22.7.1968
Steyr. Nachruf *Deutsches Bühnen-Jahrbuch:* »Gehörte zu den prominentesten
Vertretern des österreichischen Lustspiel-
films.«

Rosar, Annie. Wiener Schauspielerin.
* 17.5.1888 Wien. Tochter eines Straßenbahnschaffners. Insgesamt 300 Theater-
und 200 Filmrollen. 1929 in der Wiener
Uraufführung von Lehárs Singspiel *Friederike* (über die Liebesbeziehung Goethes
zu Friederike Brion). 1939 am Deutschen
Volkstheater der *Deutschen Arbeitsfront* in
Wien. 1942 im Mozart-Film *Wen die Götter lieben.* 1944 im antitschechischen Harlan-Film *Die goldene Stadt.* Nach 1945 in
Filmen wie *Hoheit lassen bitten* (1954),
Wenn die Alpenrosen blühen (1955) sowie
die Werfel-Verfilmung *Der veruntreute
Himmel* (1958). † 6.8.1963 Mailand.
Nachruf *Deutsches Bühnen-Jahrbuch:* »Sie
war zum Bersten angefüllt mit Spielstoff.«

Rosbaud, Hans. Österreichischer Dirigent.
* 22.7.1895 Graz. 1928 Leiter der Musikabteilung des Südwestfunks, Erster Kapellmeister am Reichssender Frankfurt. 1937
Generalmusikdirektor (GMD) in Stadt-
theater Münster, 1941–1944 GMD am
Theater der Stadt Straßburg (Rechtsträger:
der Chef der Zivilverwaltung im Elsaß).
Sein Amt bedingte auch Auftritte zu NS-
Anlässen, unter anderem 1935/36 mit dem
Orchester des Reichssenders Frankfurt
zum Gedenktag der Gefallenen der Bewe-
gung (NSDAP), November 1938 mit dem
Städtischen Orchester Münster auf der
Kulturwoche der HJ. 1942/1943 bei Radio
Paris im besetzten Frankreich. Vom
Reichspropagandaministerium für den
Rundfunk freigestellt. 1945 GMD der
Münchner Philharmoniker. 1948 Leiter
des SWF-Orchesters Baden-Baden, ab
1950 zugleich Chefdirigent des Tonhalle-

Orchesters Zürich. Einsatz für die *Neue Musik.* † 29.12.1962 Lugano.

Rosé, Alfred. Pianist.

* 11.12.1902 Wien. Bruder von Alma Rosé. Schüler Schönbergs. Mitglied des Rosé-Quartetts seines Vaters Arnold. Unter anderem 1923/24 Musikdirektor des Max-Reinhardt-Theaters. Ab 1932 am Wiener Volkskonservatorium. Im *Lexikon der Juden in der Musik* gebrandmarkt. September 1938 Flucht in die USA. Lehrer für Klavier und Musiktheorie in Cincinatti. Ab 1948 Lehrer an der University of Western Ontario in Kanada. † 7.5.1975 London. Lit.: Newman.

Rosé, Alma. Geigerin, Gustav Mahlers Nichte.

* 3.11.1906 Wien. Mitglied des nach ihrem Vater benannten Rosé-Streichquartetts. 1930 Heirat mit dem »Teufelsgeiger« Vasa Prihoda in Wien, Trauzeuge Franz Werfel. 1933 Gründerin und Leiterin der *Wiener Walzermädel* (Walzer, Polkas, Operettenmusik). 1935 Scheidung. Mai 1939 mit ihrem Vater in London, in der Hoffnung auf eine Solokarriere. November 1939 Wechsel nach Holland. Im *Lexikon der Juden in der Musik* gebrandmarkt. Am 19.12.1942 bei Fluchtversuch (Ziel: die Schweiz) in Frankreich verhaftet. Am 18.7.1943 Deportation vom Lager Drancy nach Auschwitz-Birkenau. August 1943 Leiterin des *Mädchenorchesters* (»Wenn wir nicht gut spielen, werden wir ins Gas gehen«). Die Cellistin Anita Lasker-Wallfisch: »Unser Programm bestand nur aus leichtester Musik, Märschen, Walzern, Volksweisen ... Das Orchester trat jeden Morgen bei dem Ausmarsch der Arbeitskolonnen und abends bei ihrer Rückkehr in das Lager in Tätigkeit. Außerdem hatten wir sonntags vor den Lagerinsassen oder auch vor den SS-Leuten, die die Lagerbewachung bildeten, zu spielen. Als 1944 tausende von ungarischen Juden in das Lager gebracht wurden und aufgereiht standen, um in die Gaskammern geführt zu werden, mußten wir auch diesen Unglücklichen etwas vorspielen.« † 5.4.1944 Auschwitz-Birkenau, Todesursache ungeklärt. Lasker-Wallfisch: »Ohne sie hätte niemand von uns überlebt.« Lit.: Newman.

Rosé, Arnold, früher Rosenblum. Geiger.

* 24.10.1863 Jassy (Rumänien). 1881 (bis 1938) Konzertmeister der Wiener Philharmoniker und der Hofoper. 1882 mit seinem Bruder Eduard Gründer des berühmten Rosé-Quartetts (Aufführungen von Brahms, Reger, Pfitzner, Schönberg). Verheiratet mit Justin Mahler, der älteren Schwester Gustav Mahlers. Vater von Alfred und Alma. Befreundet mit Bruno Walter. Ab Mai 1939 in London. Im *Lexikon der Juden in der Musik* gebrandmarkt. Kokoschka widmete ihm Juni 1942 eine Zeichnung: »Dem Geiger Gottes!« 1946 Einstellung bei den Wiener Philharmonikern abgelehnt, da nach Rosés Darstellung noch 65 ehemalige Nazis im Orchester. † 25.8.1946 London. Lit.: Newman.

Rosé, Eduard, früher Rosenblum. Cellist.

* 29.3.1859 Jassy (Bukowina). Schüler von Bruckner und Hanslick. 1908 Heirat mit Gustav Mahlers jüngster Schwester Emma (1933 in Weimar gestorben). Solocellist des Hoftheaters und der Hofkapelle Weimar, Lehrer am Konservatorium. Im *Lexikon der Juden in der Musik* gebrandmarkt. † 24.1.1943 Ghettolager Theresienstadt. Lit.: Newman.

Rose, Willi. Auf der *Gottbegnadeten-Liste* der Schauspieler, die für die Filmproduktion benötigt werden.

* 4.2.1902 Berlin, Sohn eines Theaterdirektors. Darsteller im Militärspionagefilm *Verräter,* am 9.9.1936 auf dem NSDAP-Reichsparteitag uraufgeführt. 1938 im Luftwaffen-Aufrüstungsfilm *Pour le Mérite* (für Hitler der »bisher beste Film der Zeitgeschichte«), 1939 *Legion Condor* und 1941 *U-Boote westwärts,* der NS-Reiterfilm ... *reitet für Deutschland* sowie der NS-Euthanasiefilm *Ich klage an.* Nach dem Krieg: *Die Buntkarierten* (DDR, 1949), Verklärungsopus *Canaris* (1954) sowie *Heintje – einmal wird die Sonne wieder scheinen* (1969). † 15.6.1978 Berlin.

Roselius, Ludwig. Generaldirektor und Kunstmäzen.

* 2. 6. 1874 Bremen. Großkaufmann. Erfinder und Hersteller von Kaffee Hag, Präsident der Kaffee Hag AG. 1917 Mitbegründer der antisemitischen *Deutschen Vaterlandspartei*. Ließ ab 1924 die Bremer Böttcherstraße neu bauen (1944 von Bomben zerstört): »Die Wiedererrichtung der Böttcherstraße ist ein Versuch, deutsch zu denken.« Gast im Hause Wahnfried, Förderer des Malers Hoetger und des Pseudogelehrten Herman (sic) Wirth, Autor: *Vom Ursprung und Sinn des Hakenkreuzes*. Roselius 1933 in seinem Buch *Briefe und Schriften zu Deutschlands Erneuerung* über Hitler: »Der hehre Schwung seiner Seele, die Reinheit seines Gefühls für die deutsche Sache wird zur Erhabenheit.« Mitglied der *Akademie für Deutsches Recht, Förderndes Mitglied SS.* Hitler am 9. 9. 1936 auf dem NSDAP-Reichsparteitag: »Der Nationalsozialismus lehnt diese Art von Böttcherstraßen-Kultur schärfstens ab.« Dennoch 1937 auf der ersten Großen Deutschen Kunstausstellung im Münchner NS-Musentempel *Haus der Deutschen Kunst* als Ehrengast eingeladen. † 15. 5. 1943 Berlin. Lit.: Strohmeyer.

Rosen, Willy, eigentlich Rosenbaum. Kabarettist.

* 18. 7. 1894 Magdeburg. Schlagerkomponist und -Texter. Bekanntestes Lied: *Wenn du einmal dein Herz verschenkst.* Auftritte im Berliner *Kabarett der Komiker.* Ab 1933 Gastspiele im Ausland, 1936 in Holland, Leiter des (Emigranten-) *Theaters der Prominenten* in Amsterdam. Nach Einmarsch der Wehrmacht 1940 Verhaftung, Internierung im Lager Westerbork, Auftritte im Lagerkabarett *Bühne des Lagers Westerbork*, Titel des letzten Programms: *Total verrückt.* 1944 Deportation ins Ghettolager Theresienstadt. † 28. 10. 1944 Auschwitz.

Rosenberg, Alfred. Parteidogmatiker.

* 12. 1. 1893 Reval in Estland. 1918 Abschluß Architekturstudium. 1919 Emigrant in München, Mitglied *Deutsche Arbeiterpartei* (Vorläuferin NSDAP). 1921 Redakteur, ab 1923 Hauptschriftleiter beim *Völkischen Beobachter* (VB). November 1923 Teilnehmer *Hitlerputsch.* 1928 Vorsitzender der *Nationalsozialistischen Gesellschaft für Deutsche Kultur.* 1929 Gründer und Reichsleiter des *Kampfbunds für deutsche Kultur.* 1930 MdR, in Anlehnung an Gobineau und Chamberlain Autor des Buches: *Der Mythus des 20. Jahrhunderts. Eine Wertung der seelisch-geistigen Gestaltenkämpfe unserer Zeit.* Rosenberg: »Seele aber bedeutet Rasse von innen gesehen. Und umgekehrt ist Rasse die Außenseite der Seele.« April 1933 Leiter des Außenpolitischen Amts der NSDAP und Reichsleiter (Hitler direkt unterstellt). Ab 24. 1. 1934 *Beauftragter des Führers für die Überwachung der gesamten geistigen und weltanschaulichen Schulung der NSDAP,* Dienststelle Rosenberg (Parteiamt). Goebbels am 13. 4. 1937 im Tagebuch: »Wenn er zu sagen hätte, gäbe es kein deutsches Theater mehr, sondern nur noch Kult, Thing, Mythos und ähnlichen Schwindel.« Am 29. 1. 1940 Gründungsauftrag zu einer von der NSDAP finanzierten Universität, *Hohe Schule* genannt. 17. 7. 1940 Gründung der Organisation *Einsatzstab Reichsleiter Rosenberg* zum Raub »herrenlosen Kulturguts von Juden«. 1941 Gründung der *Außenstelle der Hohen Schule Frankfurt/Main – Institut zur Erforschung der Judenfrage.* Mit Hitler-Erlaß vom 17. 7. 1941 Chef der Zivilverwaltung des *Reichskommissariats Ostland,* Titel: *Reichsminister für die besetzten Ostgebiete.* 1943 Hitler-Dotation (steuerfreie Schenkung) von 250 000 Reichsmark. Am 19. 5. 1945 Verhaftung in der Marinekriegsschule Flensburg-Mürwik. Todesurteil am 1. 10. 1946 im Nürnberger Prozeß gegen die Hauptkriegsverbrecher (Internationales Militär-Tribunal).   † Hinrichtung 16. 10. 1946 Nürnberg.

Rosenberg, Marianne von.

* 3. 11. 1862. Laut *Aufstellung derjenigen Parteigenossen, die Angehörige fürstlicher*

Häuser sind: NSDAP-Nr. 739936, Gau Sachsen.

Rosenfeld, Oskar. Schriftsteller.
* 13. 5. 1885 Korycany in Mähren. Dr. phil. Prominenter Wiener Kulturkritiker. 1909 Mitbegründer der *Jüdischen Bühne*, des ersten jüdischen Theaters in Wien. 1910 Autor: *Die vierte Galerie. Ein Wiener Roman*. 1914 Novelle *Mendel Ruhig. Eine Erzählung aus dem mährischen Gettoleben.* 1920 Novellensammlung *Tage und Nächte*. Nach der Besetzung Österreichs 1938 Flucht nach Prag. 1941 Deportation ins Ghettolager Litzmannstadt/Lodz. 1942 Mitarbeiter des Archivs des Judenältesten, Mitautor der *Getto-Chronik*, einem 2000seitigen kollektiven Tagebuch über das Schicksal der Juden in diesem »Krepierwinkel Europas« (Rosenfeld), ebenso Mitarbeit an der *Getto-Enzyklopädie*, einem Lexikon zur Ghetto-Existenz. † 1944 Auschwitz. Lit.: Getto-Enzyklopädie; Feuchter.

Rosenstock, Joseph. Dirigent.
* 27. 1. 1895 Krakau. 1929/30 Metropolitan Opera New York, danach Generalmusikdirektor (GMD) in Mannheim. 1933 Entlassung, Direktor der Oper des Jüdischen Kulturbundes in Berlin. 1936 Exil in Japan. Im *Lexikon der Juden in der Musik* gebrandmarkt. 1948 New York City Opera, 1958 GMD in Köln. † 17. 10. 1985 New York.

Rosner, Paul. Maler.
* 26. 1. 1875 Eibenstock im Erzgebirge. Bildnis- und Figurenmaler (Vollmer). Vorsitzender der Münchner Künstlergenossenschaft. 1943/44 auf den Großen Deutschen Kunstausstellungen im Münchner NS-Musentempel *Haus der Deutschen Kunst*. NS-Ehrung: Am 30. 1. 1938 (*Tag der Machtergreifung*) von Hitler Titel Professor. 1955 Sonderausstellung anläßlich seines 80. Geburtstags.

Roß, Colin. Reiseschriftsteller.
* 4. 6. 1885 Wien. Dr. phil. Weltreisender. Auflagenstarke Bücher bei Ullstein und F. A. Brockhaus. Goebbels am 5. 9. 1940 im Tagebuch: »Ich studiere eine Denkschrift von Colin Roß über Möglichkeiten unserer Propaganda nach USA.« Befreundet mit Henriette und Baldur von Schirach. Generalgouverneur Frank, Krakau, am 18. 5. 1942 im Diensttagebuch: »Besuch eines Vortrags von Colin Roß im Ostinstitut.« † Suizid mit Ehefrau am 29. 4. 1945 in Schirachs Haus in Urfeld am Walchensee.

Roßbach, Gerhard. Freikorpsführer.
* 28. 2. 1893 Kehrberg in Pommern. Berufsoffizier. 1918 Gründung eines *Freikorps* zum Kampf in Westpreußen und im Baltikum (Angehöriger des *Freikorps Roßbach* war der spätere Kommandant von Auschwitz Rudolf Höß). 1920 Teilnehmer *Kapp-Putsch*, 1921 als *Freiwilligenabteilung Schlesien* Einsatz in Oberschlesien. Lied des *Freikorps Roßbach*: »Schlagt alle Juden tot,/Haut alle Juden tot,/Schlagt alle tot,/Ebert und Scheidemann/Kommen auch noch dran,/Schlagt alle Juden tot,/ Schlagt alle tot.« 1923 Teilnehmer *Hitlerputsch*, Flucht nach Österreich, 1924 Gründer des *Schill-Jugend* (zur Wehrertüchtigung), 1926 überführt in den *Bund Ekkehard*. Goebbels am 24. 12. 1930 im Tagebuch: »Roßbach gefällt mir sehr gut. Landsknecht und Künstler. Nur von der Politik versteht er nicht allzuviel.« 1933 Inspekteur des Ausbildungswesens im Reichsluftschutzbund. Bei Röhm-Affäre 1934 kurzzeitig inhaftiert. Danach Privatleben als Versicherungskaufmann. 1949 Initiator der *Gesellschaft der Freunde von Bayreuth* mit Unternehmern wie Hans Bahlsen, Berthold Beitz und Otto Springorum. 1950 Erinnerungen: *Mein Weg durch die Zeit*. † 30. 8. 1967 Hamburg. Lit.: Hamann.

Roswaenge, Helge (Künstlername). Auf der *Gottbegnadeten-Liste* (Führerliste) der wichtigsten Künstler des NS-Staates.
* 29. 8. 1897 Kopenhagen. Dänischer Tenor. 1929 Berliner Staatsoper, ab 1930 auch Wiener Staatsoper, Bayreuther Festspiele. 1933 NSDAP in Graz, obwohl Ausländer. 1935 Gast bei Görings Hochzeit. 1938 bei den ersten (von Goebbels finan-

zierten) Salzburger Festspielen nach der Besetzung Österreichs. Am 1.12.1940 Auftritt im 50. *Wunschkonzert für die Wehrmacht*, Goebbels' Radiosendung zwecks Hebung der Truppenmoral und Leidensbereitschaft der Heimatfront. Laut Lale Andersen April 1942 mit Goebbels' *Berliner Künstlerfahrt* (Truppenbetreuung) Auftritt in Warschau, Darbietung mit der Berliner Philharmonie bei *Führergeburtstagsfeier*. Ab 1948 Wiener Staatsoper. 1953 Erinnerungen: *Lache Bajazzo.* † 16.6. 1972 München. Nachruf *Deutsches Bühnen-Jahrbuch*: »Zählte zu den bedeutendsten Kräften der deutschen Opernbühne.«

Roters, Ernst. Komponist.
* 6.7.1892 Oldenburg. 1920–1925 Kapellmeister der Hamburger Kammerspiele, danach Musikkritiker. 1940 Dozent der Deutschen Filmakademie in Babelsberg. Januar 1940 Musik zum Liebesfilm *Der Weg zu Isabel*. Musik zum ersten DEFA-Film *Die Mörder sind unter uns*, Uraufführung am 14.10.1946 in Ostberlin. † 25.8.1961 Berlin.

Roth, Alfred. Schriftsteller.
* 27.4.1897 Stuttgart. Hauptmann a.D. 1919–1922 Hauptgeschäftsführer des *Deutschvölkischen Schutz- und Trutzbundes* (der größte, tätigste und einflußreichste antisemitische Verband Deutschlands), Eigenreklame: »Deutsche! Befreit Euch von der Judenherrschaft!« Herausgeber der Wochenschrift *Die Reichs-Sturmfahne*. Autor politischer Kampfschriften. † 9.10. 1948 Hamburg. Lit.: Hering.

Roth, Eugen. Schriftsteller.
* 24.1.1895 München. *Meyers Lexikon* 1942: »Bekannt als Erzähler und Lyriker durch die humorvollen und geistvollen Versbände ›Ein Mensch‹ 1935, ›Der Wunderdoktor‹ 1940.« Mit weit über 50 Texten im NS-Kampfblatt *Krakauer Zeitung*, das »Blatt des Generalgouvernements«. Am 11.10.1943 als Gast der *Abteilung Propaganda im Amt des Gouverneurs* Hans Frank (genannt *Polenschlächter*) Dichterlesung im Institut für Deutsche Ostarbeit im besetzten Krakau. Unter der Anzeige in der *Krakauer Zeitung* vom 9.10.1943 das Inserat: »Besucht die Ausstellung DIE JÜDISCHE WELTPEST.« 1952 Ehrenmitglied des Stadttheaters Braunau (DBJ 1953). † 28.4.1976 München.

Roth, Joseph. Schriftsteller.
* 2.9.1894 Brody in Galizien. Autor des *Vorwärts*, des *Prager Tagblatt* und der *Frankfurter Zeitung*. 1932 Roman *Radetzkymarsch* über das sterbende Österreich-Ungarn. Verließ Deutschland am 31.1. 1933. Wohnort hauptsächlich Paris. Nach den Bücherverbrennungen: »In einer Zeit, da seine Heiligkeit, der unfehlbare Papst der Christenheit, einen Friedensvertrag, ›Konkordat‹ genannt, mit den Feinden Christi schließt, da die Protestanten eine ›Deutsche Kirche‹ gründen und die Bibel zensieren, bleiben wir Nachkommen der alten Juden, der Ahnen der europäischen Kultur, die einzigen legitimen deutschen Repräsentanten dieser Kultur.« Klaus Mann: »Roth beging langsam Selbstmord, trank sich mählich zu Tod«. Letzte Novelle: *Legende vom heiligen Trinker*. † 27.5. 1939 in einem Pariser Armenhospital. Lit.: Sauder.

Roth, Werry. Auf der *Gottbegnadeten-Liste* (Führerliste) der wichtigsten Architekten des NS-Staates.
* 17.5.1885 Berlin. Spezialisiert auf Theaterbauten, Architekt des Dessauer Theaters (1938). 1944 Landesleiter der Reichskammer der bildenden Künste Berlin (Thomae). † 3.1.1958 Berlin.

Rothauser, Therese. Sängerin.
* 10.6.1865 Budapest. Altistin. Von 1889–1914 Hofoper Berlin. Glanzrollen: die Donna Elvira in Mozarts *Don Giovanni* und die Carmen, 1890 von Kaiser Wilhelm II. nach Carmenaufführung Saphirbrosche überreicht. Deportiert am 21.8.1942 ins Ghettolager Theresienstadt. † 20.4. 1943 ebenda. Q.: Jahn; Weniger, Bühne.

Rothe, Carl. Schriftsteller.
* 28.1.1900 Aachen. Dr. phil. 1924 Bildungsreferent des antisemitischen *Deutschnationalen Handlungsgehilfen-Verbandes*. 1930 *Konservative Volkspartei*.

1933 (bis 1938) im *Volksbund für das Deutschtum im Ausland.* Oktober 1940 auf Goebbels' *Weimarer Dichtertreffen* (Motto: *Die Dichtung im Kampf des Reiches*), Vortrag: *Die Überwindung westlerischen Geistes durch die deutsche Dichtung.* 1941 Referent im Reichspropagandaministerium, Aufgabe: Betreuung und Lenkung der ausländischen Autoren. Generalsekretär der Oktober 1941 gegründeten *Europäischen Schriftstellervereinigung* (nur 30 ausländische Autoren), infolge des Kriegsverlaufs ohne Bedeutung. Nach 1945 am Institut für kulturpolitische Forschung in Freiburg im Breisgau. † 12.5.1970 ebenda. Lit.: Barbian.

Rother, Artur. Dirigent.
* 12.10.1885 Stettin. 1927 Dirigent in Dessau. NSDAP, HJ, *Kampfbund für deutsche Kultur.* 1934 am Deutschen Opernhaus Berlin. 1942 Orchesterauftritt im Reklamefilm der Reichsbahnzentrale für den Deutschen Reiseverkehr: *Bach, Mozart, Beethoven – Deutsche schufen für die Welt.* NS-Ehrung: 1937, zum Jahrestag der Machtergreifung, von Hitler Titel Generalmusikdirektor. 1946–1949 Chefdirigent des Ost-Berliner Rundfunks, danach Gastdirigent beim RIAS und der Städtischen Oper. 1954 *Bundesverdienstkreuz.* † 22.9.1972 Aschau im Chiemgau. Nachruf *Deutsches Bühnen-Jahrbuch*: »Der zuverlässige, unermüdliche Repertoiredirigent.« Lit.: Drewniak, Theater; Prieberg, Handbuch.

Rothstein, James Jakob. Dirigent und Komponist.
* 23.11.1871 Königsberg. Wohnort Berlin. Schüler von Max Bruch. Im *Lexikon der Juden in der Musik* gebrandmarkt. Deportiert am 1.11.1941 ins Ghettolager Litzmannstadt/Lodz. † 29.12.1941 ebenda.

Rotmil, Jacques. Filmarchitekt.
* 24.11.1888 St. Petersburg. Bühnenbilder zu Unterhaltungsfilmen wie *Die keusche Susanne* (1926), *Dolly macht Karriere* (1933) oder *Lügen auf Rügen* (1932). Nach der NS-Machtergreifung 1933 (als Jude) Flucht nach Warschau. Nach dem Einmarsch der Wehrmacht untergetaucht. † 26.7.1944 von deutschen Einheiten in Warschau erschossen. Q.: Weniger, Bühne.

Rotmund, Ernst. Auf der *Gottbegnadeten-Liste* der Schauspieler, die für die Filmproduktion benötigt werden.
* 26.11.1886 Thorn in Westpreußen. Am 31.8.1928 in der Berliner Uraufführung der *Dreigroschenoper* Rolle des Trauerweidenwalter. Zwischen 1933 und 1945 in 67 Filmen, darunter der »erste wirkliche Nazi-Film« (Courtade) *Hitlerjunge Quex* sowie 1940 der Hetzfilm *Die Rothschilds* (laut Courtade ein Film »von einem bösartigen, aggressiven Antisemitismus … ein Aufruf zu Haß und Mord«). 1943/44 am Berliner *Kabarett der Komiker.* † 2.3.1955 München.

Rubardt, Paul. Musikwissenschaftler.
* 3.6.1892 Geestemünde (heute Wilhelmshaven). Dr. phil. Cellist, Lehrer für Violoncello und Musikgeschichte. Mai 1933 NSDAP. Unter anderem NSDAP-Fachberater Kreis Leipzig, *Nationalsozialistische Kulturgemeinde.* Nach 1945 Kustos des Instrumenten-Museums, Lehrauftrag der Karl-Marx-Universität. Orgelexperte der ev. Landeskirche Sachsen. † 17.12.1971 Leipzig. Q.: Jahn; Prieberg.

Rudolph, Wilhelm. Maler.
* 22.2.1889 Chemnitz, Sohn eines Webers. 1932 Professor der Dresdner Akademie. Beschlagnahmung von 43 seiner Werke als »entartete Kunst«. Ab 1946 Hochschule für Bildende Künste in Dresden. † 30.9.1982 Dresden. Lit.: Barth.

Rücker, Curt. Fachschaftsleiter Musikerziehung der Landesleitung Thüringen der Reichsmusikkammer.
* 12.6.1904 Schwerin. Mai 1933 NSDAP. Musiklehrer in Weimar. Gausachbearbeiter des NS-Lehrerbunds Gau Thüringen, 1951 Leiter des Konservatoriums Rostock, 1953 Professor am Konservatorium Schwerin. † 21.3.1955 Ostseebad Kühlungsborn (DDR). Q.: Prieberg, Handbuch.

Rüdiger, Karlheinz. Reichsamtsleiter (1942).

* 29.9.1908 Breslau. 1931 im Presseamt der Reichsjugendführung, 1932 NSDAP (Nr. 1 224093). HJ-Oberbannführer. 1940 Chef der Hauptstelle Presse in Rosenbergs Dienststelle *Beauftragter des Führers für die Überwachung der gesamten geistigen und weltanschaulichen Schulung der NSDAP*, Autor: *Geistige Kriegsbereitschaft*. † Kriegstod 31.1.1943 bei Leningrad.

Rüdiger, Wilhelm. Kunsthistoriker.
* 29.2.1908 Mülsen-St. Jacob, Kreis Zwickau. 1930 NSDAP. 1932 Promotion (*Leipziger Plastiker der Spätgotik*) bei Wilhelm Pinder in München. 1933 Leiter der Städtischen Kunstsammlung in Chemnitz. Ab 1935 in München, Kunstkritiker des *Völkischen Beobachters*. 1979: *Die gotische Kathedrale, Architektur und Bedeutung*. Laut Zuschlag konzipierte er *Kindlers Lexikon der Malerei* und die 20bändige *Propyläen-Kunstgeschichte*, Mitarbeit an der 12bändigen Enzyklopädie *Die Großen der Weltgeschichte* sowie an *Knaur's Kulturführer in Farbe*.

Rüdinger, Gottfried. Musikerzieher.
* 23.8.1886 Lindau. Schüler von Max Reger. Studienrat und Komponist in München. Ab 1920 Lehrer an der Akademie für Tonkunst. April 1933 NSDAP. 1933 Bekenntnislied für Männerchor mit dem Titel *Glaube*, Textprobe: »Heil dir, Hitler! Gottes Segen/leite dich auf allen Wegen! Führe uns mit starker Hand:/Glaube an dein Vaterland.« 1938 Professor. † 17.1.1946 München.

Rüffer, Alwin. Schauspieler und Spielleiter.
* 31.12.1916 Gießen. 1938 Herausgeber: *Ullrich von Hutten* (in der Reihe *Feierstunden deutscher Meister*). 1941 Herausgeber: *Frei vor dem Tod (Zeugnisse vom heldischen Leben und stolzer Trauer)*. 1942 Autor: *Das getreue Herz, Unserer Kinder Lachen – unseres Sieges Angesicht*. NSDAP 1935 (Nr. 2 436539), Gaureferent der *Deutschen Arbeitsfront* (Prieberg). Nach 1945 Bühnenschauspieler in Pforzheim, Darmstadt und Frankfurt am Main. † 23.5.1986 Dreieich bei Frankfurt.

Rühling, Wilhelm. Hobbykomponist.
* 5.11.1886 Fretterode bei Bamberg. Buchhalter in Glebitzsch, Landkreis Bitterfeld. Unter anderem 1939 Opus 36 für Männerchor: *Heut wehn Großdeutschlands Fahnen*, eigener Text: »Heute heben wir zum Gruß die Hand./Sieg Heil! Ihr deutschen Brüder./Stimmt mit uns in Stadt und Land:/Gott segne unsern großen Führer!« 1934 *Förderndes Mitglied SS*, NSDAP 1940 (Nr. 7 906493). † 10.6.1958 Glebitzsch DDR.

Rühlmann, Franz. Musikforscher.
* 7.12.1896 Chemnitz. Ab 1933 Professor der Musikhochschule Berlin. NSDAP Mai 1933, Vertreter Braunschweigs der Rosenberg unterstehenden Arbeitsgemeinschaft deutscher Musikkritiker. 1941 Autor: *Richard Wagners deutsche Sendung*. † 15.6.1945 im Internierungslager Landsberg an der Warthe.

Rühmann, Heinz. Auf der *Gottbegnadeten-Liste* der Schauspieler, die für die Filmproduktion benötigt werden. »Systemerhaltender Komödiant« (Kreimeier).
* 7.3.1902 Essen. Bekannt durch den Film *Die Drei von der Tankstelle* (1930). Laut Speer sah sich Hitler alle seine Filme an. In der NS-Zeit Darsteller in 37 und Regisseur von vier Filmen. 1936 Ehe- und Provinzkomödie *Wenn wir alle Engel wären*, Kommentar der *Licht-Bild-Bühne*: »Im neuen Deutschland kann man wieder lachen!« Goebbels am 21.10.1936 im Tagebuch: »Auch Führer ist begeistert.« Goebbels am 6.11.1936: »Rühmann klagt uns sein Eheleid mit einer Jüdin.« 1938 Scheidung von seiner Frau Maria, geb. Bernheim (überlebte in Stockholm). 1939 Heirat mit Hertha Feiler, Film *Paradies der Junggesellen*, ebenda mit Brausewetter und Sieber Interpret des Songs *Das kann doch einen Seemann nicht erschüttern*: »Und wenn die ganze Erde bebt/und die Welt sich aus den Angeln hebt:/Das kann doch einen Seemann nicht erschüttern«. Goebbels am 31.10.1939 im Tagebuch: »Filmprüfung: ›[Hurra!] Ich bin Papa‹. Kein besonders guter Rühmannfilm. Aber für den

Krieg schon zu gebrauchen.« Goebbels am 30. 10. 1940: »Gestern: 43 Jahre alt … Die Kinder gratulieren als erste … Wir schauen gemeinsam den Film an, den Heinz Rühmann mit den Kindern gedreht hat, zum Lachen und zum Weinen, so schön.« Dezember 1940 Auftritt im Staatsauftragsfilm *Wunschkonzert* zwecks Hebung der Truppenmoral und Leidensbereitschaft der Heimatfront. Glanzvolle Karriere mit Filmen wie *Quax, der Bruchpilot* (1941, darin der Erfolgsschlager *Heimat, deine Sterne*) oder *Die Feuerzangenbowle* (1944). Laut Rabenalt dem »engeren Kreis« um Goebbels zugehörig. 1943 Regie zum Unterhaltungsfilm *Sophienlund* mit dem Schlager *Mit Musik geht alles besser*. Am 19. 12. 1944 Uraufführung seines Films *Der Engel mit dem Saitenspiel*. Dazu eine Aktennotiz von Dr. Müller-Goerne (Reichsfilmkammer) an Gruppenführer Hinkel: »Herr Rühmann rief an und brachte folgendes vor: Sein Film ›Engel mit dem Saitenspiel‹ sei beim Publikum ein großer Erfolg gewesen. Außerdem habe er dem Minister [Goebbels] gut gefallen … Die Presse habe den Film zum Teil außerordentlich schlecht, zum Teil sogar gehässig kritisiert. Insbesondere Herr Fiedler bringe über den Zeichentrickfilm ›Der Schneemann‹ in der D.A.Z. [*Deutsche Allgemeine Zeitung*] eine lange positive Besprechung, während er den Rühmann-Film mit allgemeinen Bemerkungen abtue. Herr Rühmann bat, solche Betrachtungen zu unterbinden.« NS-Ehrung: 1940 *Staatsschauspieler*, auf Vorschlag von Goebbels Hitler-Dotation (steuerfreie Schenkung) von 40 000 Mark. 1947 Persilschein für Fritz Hippler (Haßfilm *Der ewige Jude*). Nach 1945 unter anderem in *Charleys Tante* (1955), *Der Hauptmann von Köpenick* (1956) und *Der brave Soldat Schwejk* (1961). 1966 *Großes Verdienstkreuz des Verdienstordens der BRD*. 1972 *Filmband in Gold* für langjähriges und hervorragendes Wirken im deutschen Film. † 3. 10. 1994 Berg am Starnberger See. Q.: Drewniak, Film.

Rünger, Gertrude. Auf der *Gottbegnadeten-Liste* (Führerliste) der wichtigsten Künstler des NS-Staates in der Sparte Theater.

* 1899 Posen. Altistin, Sopranistin. Kammersängerin. 1930 Staatsoper Wien, 1934 Staatsoper Berlin. Interpretin von Richard Strauss und Wagner. † 11. 6. 1965 Berlin.

Ruff, Ludwig. Architekt.

* 29. 5. 1878 Dollnstein in Mittelfranken. Ab 1910 Professor für Architektur und Innenausbau in Nürnberg. Laut Speer entwarf er für Hitler die Kongreßhalle auf dem Reichsparteitagsgelände in Nürnberg. † 15. 8. 1934 ebenda.

Rummel, Walter. Auf der *Gottbegnadeten-Liste* (Führerliste) der wichtigsten Pianisten des NS-Staates.

* 19. 7. 1887 Berlin, Sohn eines britischen Pianisten. Berühmter Beethoven-, Chopin- und Liszt-Interpret, zahlreiche Gastspielreisen. August 1944 (!) deutsche Staatsbürgerschaft. † 2. 5. 1953 in einem Armenhospital in Bordeaux (DBE).

Rupli, Kurt. Regisseur.

* 16. 8. 1899 Mannheim, Sohn eines Opernsängers. Zunächst Schauspieler. 1935 Ufa-Kulturabteilung, Film *Nürnberg, Stadt der Reichsparteitage*. 1942 für Prag-Film: *Posen, Stadt im Aufbau*. 1950 Leiter des Apollo-Theaters in Düsseldorf. † März 1960 Berlin. Lit.: Zimmermann/Hoffmann.

Rusch, Wilhelm. Komponist der Polizei-Operette *Der Nachtwächter*.

* 17. 3. 1883 Wesel. Militärmusiker. 1920 Polizeikommissar in Lüneburg. Mai 1933 erstmals NSDAP, SA. Im Krieg Musikzugführer verschiedener SA-Standarten. Produzent von Werken wie *Blut und Boden* (1934) oder *Freies Deutschland* (1937). 1934 (erfolglose) Einreichung seiner Polizeioperette beim Reichspropagandaministerium. † 11. 5. 1956 Bevensen. Q.: Prieberg.

Rust, Carla. Schauspielerin.

* 15. 9. 1908 Burgdamm. In der NS-Zeit in 21 Filmen, darunter 1939 *Robert und Bertram* (Leiser: die Karikatur des jüdischen

Untermenschen, eingebettet in eine Lustspielhandlung). Mai 1943 Hauptmann-Verfilmung *Die Jungfern vom Bischofsberg*. November 1944 im Filmlustspiel *Ein fröhliches Haus*. Verheiratet mit Sepp Rist. 1956 letzter Film: *Der Adler vom Velsatal*. † 27.12.1977 Hindelang.

Ruttmann, Walther. Dokumentarfilmer.
* 28.12.1887 Frankfurt am Main. Studium Architektur und Malerei, befreundet mit Lyonel Feininger und Paul Klee. Experimentalfilme, Bühneninszenierungen für Piscator. 1927 Montagefilm *Berlin, Sinfonie einer Großstadt*, laut Kreimeier eine »virtuose Ästhetisierung sozialer Themen«. 1934 Propagandastreifen *Blut und Boden*. 1935 Mitarbeit bei Riefenstahls *Triumph des Willens*, Regisseur der Ufa-Werbeabteilung. 1940 Propagandastreifen *In deutschen Waffenschmieden* sowie *Deutsche Panzer*. † 15.6.1941 Berlin. Lit.: Zimmermann/Hoffmann.

Ruwoldt, Hans, eigentlich Hans Martin Meier. Bildhauer.
* 15.2.1891 Hamburg. Kind eines Gelegenheitsarbeiters, wuchs bei seiner kinderlosen Schwester Ruwoldt auf. 1928 Mitglied der Hamburger Sezession. Bis 1936 Fachschaftsleiter Bildhauer der Reichskammer der bildenden Künste. Zum Teil NS-Gebrauchskunst. 1938 Ersatzrelief für Barlachs Gefallenendenkmal. 1955 Leiter der Bildhauerklasse der Hochschule für bildende Künste Hamburg. † 16.10.1969 Hamburg. Lit.: Bruhns.

S

Sabata, Victor de. Dirigent.
* 10.4.1892 Triest. Ab 1927 an der Mailänder Scala. Goebbels am 23.6.1937 im Tagebuch: »Abends Deutsches Opernhaus Scala-Gastspiel. ›Aida‹. Führer auch da. Große Gesellschaft ... Sabata ist ein ganz rassiger, präziser Dirigent.« 1938 (bis 1957) Chefdirigent der Scala. 1939, nach dem Einmarsch der Wehrmacht in die Tschechoslowakei, Stardirigent der Bay-

reuther Festspiele zwecks Demonstration der deutsch-italienischen Achse. Die *Bayerische Ostmark* am 27.7.1939: »Ohne daß es de Sabata besonders unterstreicht, fühlen wir in diesem Bekenntnis die seelische und damit rassische Verwandtschaft zwischen zwei großen Völkern und ihren Menschen.« † 11.12.1967 Santa Margherita Ligure. Lit.: Hamann.

Sabo, Oscar. Auf der *Gottbegnadeten-Liste* der Schauspieler, die für die Filmproduktion benötigt werden.
* 29.8.1881 Wien. Berliner Schauspieler, in zahlreichen Lustspielen und Operetten. In der NS-Zeit Nebenrollen in 66 Filmen, darunter 1937 das Filmlustspiel *Die göttliche Jette*, 1941 der Zarah-Leander-Film *Der Weg ins Freie* sowie *Über alles in der Welt* (zur Vorbereitung der Schlacht um England). Nach 1945 in Filmen wie *Wenn Männer schwindeln* (1950). 1958 letzter Film: *Solang noch untern Linden*. Das *Deutsche Bühnen-Jahrbuch* zum 80. Geburtstag: »Etwa 300 Rollen in Stumm- und Tonfilmen ... wobei er allein annähernd fünfzigmal einen Portier darstellte.« † 2.5.1969 Berlin.

Sacher-Masoch, Artur Wolfgang Ritter von, Pseudonym *Michael Zorn*. Schriftsteller.
* 17.12.1875 Graz. Oberstleutnant a.D. 1934 Roman *Kameraden herzlich und rauh*. 1938 Roman *Zwischen Strom und Steppe*, 1939 verfilmt, Filmkritik: »Endlich ist einmal das Zigeunertum ... in seiner tatsächlichen, oft maßlosen oder gar verbrecherischen Triebhaftigkeit gezeigt«. 1941: *Schicksal um den Immenhof* (sic). † 12.3.1953 Wien.

Sachs, Nelly. Dichterin des Judentums.
* 10.12.1891 Berlin. Tochter eines Fabrikanten. 1921 Erstlingswerk *Legenden und Erzählungen* nach ihrem Vorbild Selma Lagerlöf. 1940 dank Lagerlöf Ausreisegenehmigung nach Schweden, auch für ihre Mutter. Danach im Gedicht: »Welt, frage nicht die Todentrissenen/wohin sie gehen,/sie gehen immer ihrem Grabe zu.« Ihr Werk, bestimmt von den Erfahrungen

der Judenverfolgung, fand spät Anerkennung: 1965 Friedenspreis des Deutschen Buchhandels, 1966 Nobelpreis. † 12.5. 1970 Stockholm. Q.: Schlösser.

Sachsen-Altenburg, Ernst II. Herzog von. * 31.8. 1871 Altenburg. General der Infanterie. 1918 Thronverzicht. Ritter des Ordens Pour le mérite. Laut *Aufstellung derjenigen Parteigenossen, die Angehörige fürstlicher Häuser sind*: 1.5. 1937 NSDAP, Nr. 4 868932, Gau Thüringen. † 22.3. 1955 Schloß Fröhliche Wiederkunft bei Neustadt an der Orla in Thüringen.

Sachsen-Coburg und Gotha, Ernst Prinz von. * 25.2. 1907 Gerasdorf. Laut *Aufstellung derjenigen Parteigenossen, die Angehörige fürstlicher Häuser sind*: 15.5. 1930 NSDAP, Nr. 196633, Gau Steiermark. Gutsbesitzer. † 9.6. 1978 Gröbming, Steiermark.

Sachsen-Coburg und Gotha, Feodora Erbprinzessin von. * 7.7. 1905 Wolka, Kreis Rastenburg. Erste Ehefrau von Johann Leopold. Laut *Aufstellung derjenigen Parteigenossen, die Angehörige fürstlicher Häuser sind*: 1.4. 1932 NSDAP, Nr. 1 037967. Wohnort Schrobenhausen in Oberbayern. † 23.10. 1991 ebenda.

Sachsen-Coburg und Gotha, Hubertus Prinz von. * 24.8. 1909 Schloß Reinhardsbrunn. Laut *Aufstellung derjenigen Parteigenossen, die Angehörige fürstlicher Häuser sind*: 1.10. 1939 NSDAP, Nr. 7 213588. Leutnant der Reserve der Luftwaffe. † Kriegstod 26.11. 1943 bei Mosty in Rußland.

Sachsen-Coburg und Gotha, Irmgard Prinzessin von. * 27.1. 1912. Laut *Aufstellung derjenigen Parteigenossen, die Angehörige fürstlicher Häuser sind*: 1.3. 1933 NSDAP, Nr. 1 560711, Gau Niederdonau. Anmerkung: bürgerliche Herkunft.

Sachsen-Coburg und Gotha, Johann Leopold Erbprinz von. * 2.8. 1906 Callenberg bei Coburg. Herzog zu Sachsen. 1932 Verzicht auf Zugehörigkeit zum Herzoglichen Hause. Laut

Aufstellung derjenigen Parteigenossen, die Angehörige fürstlicher Häuser sind: 1.4. 1932 NSDAP, Nr. 1 037966. † 4.5. 1972 Grein in Österreich.

Sachsen-Coburg und Gotha, Karl Eduard Herzog von. * 19.7. 1884 Claremont. Königlich preußischer General der Infanterie. Laut *Aufstellung derjenigen Parteigenossen, die Angehörige fürstlicher Häuser sind*: 1.5. 1933 NSDAP, Nr. 2 560843. † 6.3. 1954 Coburg.

Sachsen-Coburg und Gotha, Leopoldine Prinzessin von. * 13.5. 1905 Gerasdorf. Laut *Aufstellung derjenigen Parteigenossen, die Angehörige fürstlicher Häuser sind*: 7.3. 1933 NSDAP, Nr. 1 453322.

Sachsen-Coburg und Gotha, Reiner Prinz von. * 4.5. 1900. Laut *Aufstellung derjenigen Parteigenossen, die Angehörige fürstlicher Häuser sind*: 20.9. 1930 NSDAP, Nr. 300354. Anmerkung: gestrichen wegen Aufenthalt im Ausland (1937).

Sachsen-Meiningen, Margot Prinzessin von. * 22.1. 1911 Breslau. Tochter eines Fabrikdirektors. 1931 Heirat mit Prinz Bernhard (Scheidung 1947). Laut *Aufstellung derjenigen Parteigenossen, die Angehörige fürstlicher Häuser sind*: 1.3. 1932 NSDAP, Nr. 898841, Gau Niederschlesien. Wohnort nach 1945: Thimoshof, Kreis Waldshut.

Sachsen-Meiningen, Bernhard Prinz von. * 30.6. 1901 Köln. *Stahlhelm* (Sammelbecken militanter Rechtsnationaler). Diplomlandwirt. Wohnsitz Schloß Pitzelstetten in Kärnten. Am 7.9. 1931 mit Ehefrau Margot an NSDAP (zit. n. Malinowski): »Wir sind gewonnen durch das Buch Ihres Chefs: ›Mein Kampf‹ und durch die mustergültige Disziplin, welche von Ihrem Führer, Herrn Adolf Hitler, ausstrahlt ... Im Herzen gehörten wir Ihnen schon lange, jetzt wollen wir Ihnen auch ganz gehören.« Laut *Aufstellung derjenigen Parteigenossen, die Angehörige fürstlicher Häuser sind*: 1.3. 1932 NSDAP, Nr. 898842, Gau

Niederschlesien. Nach 1945 Wohnort Müllheim in Baden. Ab 1953 Chef des Herzoglichen Hauses.

Sachsen-Meiningen, Georg Prinz von.
* 11. 10. 1892 Kassel. Herzog zu Sachsen. Ab 1941 Chef des Herzoglichen Hauses. Laut *Aufstellung derjenigen Parteigenossen, die Angehörige fürstlicher Häuser sind*: 1. 5. 1933 NSDAP, Nr. 2 594794, Gau Thüringen. Anmerkung: z. Zt. als Major bei der Wehrmacht. † 6. 1. 1946 Tscherepowetz, Sibirien, in Kriegsgefangenschaft.

Sachsen-Meiningen, Klara Prinzessin von.
* 31. 5. 1895 Darmstadt. Tochter des Grafen Alfred v. Korff, gen. Schmising-Kerssenbrock. 1919 Heirat mit Prinz Georg. Laut *Aufstellung derjenigen Parteigenossen, die Angehörige fürstlicher Häuser sind*: 1. 5. 1931 NSDAP, Nr. 525333, Gau Thüringen. Nach 1945 Wohnort Högerhof in Österreich.

Sachße, Hans. Schriftführer des Hans-Pfitzner-Vereins für deutsche Tonkunst (1933).
* 3. 8. 1891 Bautzen. Dr. Ing. Dirigent und Musikerzieher. 1932 NSDAP (Nr. 873882). 1935 Theorielehrer an der Akademie für Tonkunst in München, 1939 Professor. Für die Reichsmusikkammer Gauobmann der Fachschaft Komponisten in den Gauen Baden, Bayerische Ostmark, Franken, Mainfranken, München-Oberbayern, Saarpfalz, Schwaben und Württemberg-Hohenzollern. Laut Prieberg vertonte er Texte wie: »Dein Wort ist Herzschlag unsrer Tat/Dein Glaube baut uns Dome./ Und holt der Tod die letzte Mahd,/nie fällt des Reiches Krone.« Nach 1945 weiterhin Akademie für Tonkunst. † 1. 7. 1960 München.

Sack, Erna. Koloratur-Sopran, genannt *Deutsche Nachtigall.*
* 6. 2. 1903 Berlin. Im I. Weltkrieg Stenotypistin beim Waffen- und Munitionsbeschaffungsamt. Sack: »Das Waffen- und Munitionsbeschaffungsamt bekam für mich eine entscheidende Bedeutung. Ein junger Offizier war dort beschäftigt ... er

ist heute mein Ehemann.« Ab 1934 Staatsoper Dresden. Ihr Ehemann berichtete am 17. 10. 1935 dem Reichspropagandaministerium über einen Auftritt in Graz: »Ein übervoller Saal empfing die Künstlerin mit ›Heil deutsche Nachtigall‹ und versteckten Deutschland-Grüßen.« Erna Sack: »Im Jahre 1935 bat mich die Organisation ›Der Heimat Söhne im Weltkrieg‹ in Komotau, der kleinen böhmischen Stadt, ein Konzert zugunsten notleidender sudetendeutscher Waisenkinder zu geben. Ich sagte zu ... und immer wieder erscholl der Ruf: Heil deutsche Nachtigall!« Gast im *Wunschkonzert für die Wehrmacht,* Goebbels' Radiosendung zwecks Hebung der Truppenmoral und Leidensbereitschaft der Heimatfront. Zwecks Kulturpropaganda Liederabend im besetzten Krakau (Diensttagebuch Generalgouverneur Frank, 21. 10. 1943). Vom Reichspropagandaministerium für den Rundfunk freigestellt. Nach 1945 in Kanada und Brasilien, 1956 Rückkehr BRD (DBJ). † 2. 3. 1972 Mainz. Lit.: Weinschenk; Drewniak, Theater.

Sadila-Mantau, Hans Heinz. Beauftragter für Rundfunkfragen in der Reichsschrifttumskammer.
* 24. 12. 1896 Klosterneuburg bei Wien. Hauptmann der Reserve. 1933 Jugendbücher *Adolf Hitler* sowie *Albert Leo Schlageter.* 1936 Autor: *Unsere Reichsregierung.* 1939 als Leutnant der Reserve bei der Wehrmacht, 1944 Major (WASt). Nach 1945 Journalist in München. Lit.: Barbian.

Sagebiel, Ernst. Architekt der Luftwaffe.
* 2. 10. 1892 Braunschweig. 1933–1935 für Göring Umbau des Abgeordnetenhauses des Preußischen Landtags zum *Haus der Flieger.* 1935 Honorarprofessor der TH Berlin. Ministerialrat. 1935/36 Architekt des Luftfahrtministeriums und 1935–1939 des Flughafens Tempelhof. Goebbels am 4. 12. 1936 im Tagebuch: »Prof. Sagebiel, Erbauer des Luftfahrtministeriums, entwickelt mir seine Baupläne. Ganz grandios.« 1938 auf der 1. Deutschen Architektur-Ausstellung im Münchner NS-Musentempel *Haus der Deutschen Kunst*

mehrfach vertreten, darunter der Entwurf Flughafen München-Riem. NS-Ehrung: 1938 Titel Professor, Aufnahme in die Akademie der Künste. Nach 1945 Architekturbüro in Höxter. † 5.3.1970 Starnberg.

Sais, Tatjana. Kabarettistin.

* 28.1.1910 Frankfurt am Main. Ab 1931 in Berlin, an den Kleinkunstbühnen *Die Katakombe*, *Kabarett der Komiker* und *Tatzelwurm*. 1937 Filmdebüt mit *Weiße Sklaven* (gegen marxistische Volksmörder). 1939 als jüdische Bankierstochter im Film *Robert und Bertram*, Leiser: die Karikatur des jüdischen Untermenschen, eingebettet in eine Lustspielhandlung. Sais im *Tobis-Presseheft*: »Wissen Sie, es ist ein etwas heikles Gefühl, als Judenmädchen ins Bewußtsein des Publikums einzugehen ... Wir sahen wirklich aus wie waschechte Mischpoke.« 1948–1967 beim Kabarett *Die Insulaner* (Westpropaganda im Kalten Krieg) des *Rundfunks im amerikanischen Sektor* (RIAS). Verheiratet mit Günther Neumann, Chef der *Insulaner*. 1967 letzter Film: *Herrliche Zeiten im Spessart*. † 26.2.1981 Berlin.

Salburg-Falkenstein, Edith Gräfin, verheiratete Freifrau von Krieg-Hochfelden. Schriftstellerin.

* 14.10.1868 Schloß Leonstein in der Steiermark. Aus verarmtem Landadel. Autorin zahlreicher Bücher, beginnend mit *Das blaue Blut* (1886/87) bis *Der Tag des Ariers* (1934) und *Niemand's Kinder* (1940). Vorkämpferin für Nationalismus und Antisemitismus. † 3.12.1942 Dresden.

Salfner, Heinz. Auf der *Gottbegnadeten-Liste* der Schauspieler, die für die Filmproduktion benötigt werden.

* 31.12.1877 München. 1933 im Staatsauftragsfilm *Hans Westmar* zwecks Verherrlichung des NS-Märtyrers Horst Wessel. 1937 im Propagandafilm *Togger* (Moeller: »Voller NS-Parolen, antisemitischen Anspielungen und SA-Paraden«). 1944 letzter Film: *Die Fledermaus.* † 13.10.1945 Berlin.

Salloker, Angela, eigentlich Habersbrunner. Steirische Theaterdarstellerin.

* 5.3.1913 Moschganzen. Ab 1934 am Deutschen Theater in Berlin. Goebbels am 15.4.1935 im Tagebuch: »Nachmittags viel Besuch. Salloker, Jugo, Ucicky ... Die Salloker ist sehr nett.« Zwischen 1934 und 1939 sechs Filme. Bekannteste Kinorolle: die Jeanne d'Arc in Ucickys antibritischen Monumentalfilm *Das Mädchen Johanna*. Nach 1945 unter anderem am Wiener Theater in der Josefstadt.

Salm-Horstmar, Philipp Franz 4. Fürst und Rheingraf zu.

* 31.3.1909 Varlar. Genealogisches Handbuch: »Wildgraf zu Dhaun und Kyrburg, Rheingraf zum Stein, Herr von Vinstingen, Diemeringen und Püttlingen, Erbmarschall der Pfalz (Durchlaucht)«. Laut *Aufstellung derjenigen Parteigenossen, die Angehörige fürstlicher Häuser sind*: 1.1.1932 NSDAP, Nr. 809056, Gau Westfalen-Nord. Diplomforstwirt, Oberleutnant. † 8.11.1996 Bochum.

Salomon, Ernst von. Auf der Liste der von Goebbels zugelassenen Filmautoren (1944).

* 25.9.1902 Kiel, Sohn eines preußischen Offiziers. *Meyers Lexikon* (1942): »Nahm an den Kämpfen der Freikorps im Baltikum und am *Kapp-Putsch* teil, war an der Beseitigung [Ermordung] Rathenaus beteiligt (längere Zuchthausstrafe), bekannt durch seine extrem nationalistische Einstellung.« 1930 autobiographischer Roman *Die Geächteten*. Zuckmayer: »Was er später schrieb ist unter Mittelmaß geblieben.« 1937 Drehbuch zum Freikorpsdrama *Menschen ohne Vaterland*, 1938 Film *Kautschuk* (Botschaft: Deutschland braucht Rohstoffe), 1939 Abenteuerfilm *Kongo-Expreß*, 1941 antibritischer Kolonialfilm über den deutschen Sklaventreiber *Carl Peters*. 1951 Erfolgsroman *Der Fragebogen* über seine Entnazifizierung, ein 670seitiges Dokument deutscher Arroganz. 1956 Drehbuch zu *Weil du arm bist, mußt du früher sterben* sowie *Liane, das Mädchen aus dem Urwald*, 1957 *Liane,* *die weiße Sklavin,* 1960 letztes Drehbuch: *Soldatensender Calais.* † 9.8. 1972 Stoeckte bei Winsen.

Salomon, Hede. Pianistin.

* 17.5. 1900 Frankfurt am Main. Lehrerin an Dr. Hochs Konservatorium in Frankfurt, 1933 entlassen. Im *Lexikon der Juden in der Musik* gebrandmarkt. Flucht nach Frankreich. 1940 von Franzosen als »feindliche Ausländerin« im Lager Gurs in den Pyrenäen interniert und der deutschen Besatzungsmacht übergeben. † 20.8. 1942 Auschwitz.

Salten, Felix, eigentlich Siegmund Salzmann. Theaterkritiker.

* 8.9. 1869 Budapest. Ab 1914 Kritiker des wichtigsten Wiener Blattes, der *Neuen Freien Presse.* 1923 Weltruhm mit seiner Tiergeschichte *Bambi* (1942 verfilmt von Walt Disney). Nach der Besetzung Österreichs 1938 Flucht nach Zürich. † 8.10. 1945 ebenda.

Salten, Lina. Schauspielerin.

* 1.2. 1890 Köln. Auf der Bühne eingesetzt als Sentimentale, Liebhaberin und Salondame. Stummfilme wie *Dein ist mein Herz* (1920) oder *Die kleine Midinette* (1921). † Deportiert am 12.1. 1943 von Berlin nach Auschwitz.

Salwe. Sänger des Häftlingsorchesters im Vernichtungslager Treblinka. * Nicht bekannt. Polnischer Tenor. Das Orchester trug eine frackähnliche Einheitskleidung aus weißer und blauer Seide, hergestellt von den Arbeitssklaven der Lagerschneiderei. In den ersten Wochen mußte das Orchester flotte Operettenmelodien vor den Gaskammern intonieren, um die Schreie der Opfer zu übertönen. Später wurden beim Abendappell Märsche sowie polnische und jiddische Volkslieder gespielt. Die Häftlingstruppe mußte bei größeren Veranstaltungen zur Belustigung des SS-Personals antreten. Im Treblinka-Urteil (LG Düsseldorf, 8 I Ks 2/64) heißt es: »Das waren makabre Szenen; denn während dieser Veranstaltungen loderten die Flammen der Leichenverbrennungsroste hoch über das Lager zum Himmel.«

Der überlebende Häftling Glazar (dort Salve geschrieben): »Er stand am Anfang seiner Karriere als Operntenor, ehe sie ihn in das Warschauer Ghetto steckten. Von dort brachten sie ihn zum Transport nach Treblinka.«

Samberger, Leo. Auf der *Gottbegnadeten-Liste* (Führerliste) der wichtigsten Maler des NS-Staates.

* 14.8. 1861 Ingolstadt, Sohn eines Musikprofessors. Laut *Meyers Lexikon* (1940) »beeinflußt durch Lenbach, zahlreiche Porträts (u.a. Staatsminister Adolf Wagner).« Auf den Großen Deutschen Kunstausstellungen im Münchner NS-Musentempel *Haus der Deutschen Kunst* mit insgesamt 20 Objekten, darunter 1940 *Reichsstatthalter General Ritter von Epp* (Öl). NS-Ehrung: 1941 *Goethe-Medaille* für Kunst und Wissenschaft. † 8.4. 1949 Geitau bei Bayrisch Zell.

Sandberg, Herbert. Karikaturist.

* 14.4. 1908 Posen. Zeichnete für *Berliner Tageblatt, Welt am Morgen, Eulenspiegel, Rote Post.* 1929 Mitglied der *Assoziation revolutionärer bildender Künstler* in Berlin. 1931 KPD. Ab 1934 im Zuchthaus Brandenburg, 1938–1945 im KZ Buchenwald. Nach dem Krieg Mitbegründer der Zeitschrift *Ulenspiegel.* Bühnenbilder für Deutsches Theater, Volksbühne, Komische Oper (Ost-Berlin). 1954–1957 Chefredakteur der Zeitschrift *Bildende Kunst.* 1972 Titel Professor. Mitglied der Akademie der Künste der DDR. † 18.3. 1991 Berlin. Lit.: Barth; Braun.

Sander, Berthold. Kapellmeister.

* 18.4. 1890 Emmerich. Theaterkapellmeister in Trier, Mainz, Darmstadt, Braunschweig, 1933 entlassen. Zuletzt in Berlin. Im *Lexikon der Juden in der Musik* gebrandmarkt. † November 1943 Ghettolager Theresienstadt.

Sanderling, Kurt. Dirigent.

* 19.9. 1912 Arys in Ostpreußen. 1931 an der Städtischen Oper Berlin. Im *Lexikon der Juden in der Musik* gebrandmarkt. 1935 Flucht in die Schweiz, 1936 nach Moskau. Unter anderem 1941 (bis 1960)

Dirigent der Leningrader Philharmonie. 1960 Dirigent des Berliner Sinfonieorchesters (Ost-Berlin). 1963 Leiter der Dresdner Staatskapelle, 1968–1977 Generalmusikdirektor, Chefdirigent der Berliner Sinfoniker. Mitglied der Deutschen Akademie der Künste (Braun). 1974 *Nationalpreis*, 1982 *Karl-Marx-Orden*.

Sandrock, Adele. Burgschauspielerin.
* 19. 8. 1864 Rotterdam. *Meyers Lexikon* (1942): »Große komische Charakterdarstellerin mit pathetischem Sprachstil und unnachahmlicher Mimik.« In der NS-Zeit in 42 Filmen, darunter der U-Boot-Streifen *Morgenrot*, am 2. 2. 1933 in Gegenwart Hitlers uraufgeführt. Ansonsten in Filmen wie *Der Himmel auf Erden* oder *Alle Tage ist kein Sonntag* (1935). 1936 letzter Film: *Skandal um die Fledermaus*. † 30. 8. 1937 Berlin. Goebbels am 1. 9. 1937 im Tagebuch: »Ich lasse ihr eine würdige Trauerfeier veranstalten.«

Saßmann, Hanns. Schriftsteller.
* 17. 12. 1882 Wien. Ab 1915 Kulturkritiker des *Neuen Wiener Journals*. Zuckmayer: »Schon vor dem ›Anschluß‹ liebäugelte er mit den Nazis … und mag wohl auch sonst den Nazis allerlei Judasdienste geleistet haben.« *Meyers Lexikon* 1942: »Deutsche Bühnenbearbeitung von Mussolinis Napoleondrama ›Hundert Tage‹ [Verhöhnung der Demokratie], seit 1937 Mitautor von Luis-Trenker-Filmen.« 1941 Drehbuch zu *Wetterleuchten um Barbara*, Heimatfilm zur »Befreiung« Österreichs durch die Nazis. † 8. 5. 1944 Langkampfen in Tirol.

Sattler, Ernst (Künstlername). Auf der *Gottbegnadeten-Liste* der Schauspieler, die für die Filmproduktion benötigt werden.
* 14. 10. 1887 München. Obmann der Reichstheaterkammer an der Goebbels unterstellten Berliner Volksbühne (DBJ 1940). 1941 im Hetzfilm *Über alles in der Welt* zur Vorbereitung der Schlacht um England sowie im NS-Euthanasiefilm *Ich klage an*. Nach 1945 an Berliner Bühnen. 1952 im Film *Onkel aus Amerika* sowie 1954 *Glückliche Reise*. † 3. 1. 1974 Berlin.

Nachruf *Deutsches Bühnen-Jahrbuch*: »Altbundespräsident Prof. Dr. Theodor Heuss verlieh Ernst Sattler [1958] das Bundesverdienstkreuz.«

Sattler, Joachim. Auf der *Gottbegnadeten-Liste* (Führerliste) der wichtigsten Künstler des NS-Staates in der Sparte Theater.
* 21. 8. 1899 Affolterbach im Odenwald. Heldentenor, von Siegfried Wagner entdeckt. Kammersänger. Staatsoper Hamburg, Dresden, Wien, Bayreuther Festspiele, Zoppoter Waldoper (Reichswichtige Festspielstätte bei Danzig). † 15. 7. 1984 Affolterbach.

Sauer, Franz. Domorganist.
* 11. 3. 1894 Bielitz in Oberschlesien. Kirchenmusiker in Salzburg. 1925 Professor, Lehrer am Mozarteum. 1938, nach der Besetzung Österreichs, kommissarisch Leiter. NSDAP Mai 1938. 1939 Landesleiter der Reichsmusikkammer, Gau Salzburg. Nach 1945 weiterhin am Mozarteum. † 28. 10. 1962 Salzburg.

Sauer, Fred. Laut Fachblatt *Kinematograph* vom 4. 4. 1933 Beitritt zur *NSBO-Zelle deutschstämmiger Filmregisseure* (*NS-Betriebszellen-Organisation*).
* 14. 12. 1886 Graz. Derbe Schwänke, Filme wie *Der Stolz der 3. Kompanie* (1931), *Alles weg'n dem Hund* (1935), 1937 letzter Film: *Der Lachdoktor*. † 17. 9. 1952 Berlin. Nachruf *Deutsches Bühnen-Jahrbuch*: »Nach 1945 fand Sauer kaum Arbeitsmöglichkeiten.«

Sauter, Wilhelm. Auf der *Gottbegnadeten-Liste* (Führerliste) der wichtigsten Maler des NS-Staates.
* 1. 4. 1896 Bruchsal. Studienrat ebenda. Auf der Großen Deutschen [NS] Kunstausstellung 1939 im Haus der Deutschen Kunst zu München mit Bild *Die badischen Leibgrenadiere bei Cambrai 1917*. 1941 Meisterlehrer der Hochschule für bildende Künste in Karlsruhe (Vollmer). Kein Hinweis zur weiteren Tätigkeit.

Sayn-Wittgenstein, August Stanislaus 5. Fürst zu.
* 23. 9. 1872 Düsseldorf. Chef des fürstlichen Hauses Sayn-Wittgenstein in Lud-

wigsburg und Carlsburg. Rittmeister a. D. Großkreuz des Malteser-Ritter-Ordens, Bailli (Verwaltungsleiter einer Provinz des Ritterordens) und Großkreuz des Konstantin-Ordens von St. Georg. Ehrenbürger von Holzhausen am See. Laut *Aufstellung derjenigen Parteigenossen, die Angehörige fürstlicher Häuser sind*: 1.5. 1937 NSDAP, Nr. 5 023553. † 27. 3. 1958 Würzburg.

Sayn-Wittgenstein, Friedrich Theodor Prinz und Fürst zu.

* 17.5. 1909. Laut *Aufstellung derjenigen Parteigenossen, die Angehörige fürstlicher Häuser sind*: 1.5. 1933 NSDAP, Nr. 2 657640. Anmerkung: NSDAP-Landesgruppe Rumänien.

Sayn-Wittgenstein, Helene Fürstin zu (Donna Elena Ruffo).

* 3. 4. 1883 Rom. Ehefrau von Fürst Stanislaus. Laut *Aufstellung derjenigen Parteigenossen, die Angehörige fürstlicher Häuser sind*: 1.5. 1937 NSDAP, Nr. 5 023552. † 10. 6. 1968 Rom.

Sayn-Wittgenstein, Lucy Prinzessin zu.

* 3.7. 1898 Frankfurt am Main. Zweite Ehefrau von Prinz Wolfgang. Laut *Aufstellung derjenigen Parteigenossen, die Angehörige fürstlicher Häuser sind*: 1.5. 1930 NSDAP, Nr. 233688. † 20. 6. 1952 Göttingen.

Sayn-Wittgenstein, Otto-Konstantin Prinz zu.

* 11. 6. 1878 München. Rittmeister a. D. Laut *Aufstellung derjenigen Parteigenossen, die Angehörige fürstlicher Häuser sind*: 1.4. 1932 NSDAP, Nr. 933028. Schwager des NSDAP-Förderers Guidotto Fürst von Henkel-Donnersmarck (Malinowski). † 16. 11. 1955 Bad Ischl.

Sayn-Wittgenstein, Walburga Prinzessin zu.

* 31.7. 1885 Dresden. Tochter eines Wirklichen Geheimrats. Laut *Aufstellung derjenigen Parteigenossen, die Angehörige fürstlicher Häuser sind*: 1.5. 1935 NSDAP, Nr. 3 657537. Anmerkung: NSDAP-Landesgruppe Schweiz. Wohnort Glion über Montreux. † 10. 5. 1969 Sayn.

Sayn-Wittgenstein, Wolfgang Prinz zu.

* 13. 3. 1887 Berleburg. Oberst a. D. Rechtsritter des Johanniterordens. Laut *Aufstellung derjenigen Parteigenossen, die Angehörige fürstlicher Häuser sind*: 1.5. 1930 NSDAP, Nr. 233687. † 9. 1. 1966 Göttingen.

Sayn-Wittgenstein-Berleburg, Gustav Albrecht 5. Prinz zu.

* 28.2. 1907 Berleburg. Graf zu Sayn, Herr zu Homburg, Neumagen, Vallendar und Neuhemsbach. Rittmeister der Reserve. Laut *Aufstellung derjenigen Parteigenossen, die Angehörige fürstlicher Häuser sind*: 1. 10. 1941 NSDAP, Nr. 8 811942, Gau Westfalen-Süd. † Kriegstod in Rußland, vermißt seit Sommer 1944.

Scalorbi, Arturo. Opernsänger.

* 23.6. 1907 Hamburg. Kind eines Italieners und einer Deutschen. Zunächst Automechaniker. 1935 Debüt in Kassel. 1938 in Beuthen. Verheiratet mit der Sopranistin Greetje Burbach. Rundschreiben des KZ Auschwitz vom 23. 3. 1943: »Am Tag der Wehrmacht, 28. März 1943, findet zusammen mit Angehörigen der deutschen Einwohnerschaft von Auschwitz ein Gemeinschaftsessen mit anschließendem ›Großen bunten Nachmittag‹ statt ... Als Gäste haben nur diejenigen Personen Zutritt, die von der Kommandantur eine schriftliche Einladung erhalten haben ... Es wirken mit: Arturo Scalorbi, vom Oberschlesischen Landestheater Beuthen, Tenor. Greetja Burchbach [!], vom Oberschlesischen Landestheater Beuthen, Sopran.« Nach 1945 Staatstheater Oldenburg. † 19. 2. 1974 ebenda. Nachruf *Deutsches Bühnen-Jahrbuch*: »Er begann als Mozartsänger, seine künstlerische Breite reichte vom leichten italienischen Fach bis zum italienischen Heldentenor. Mit großer Freude sang er auch Lieder, Messen und die 9. Sinfonie von Beethoven.«

Schaal, Rudolf. Erziehungswissenschaftler.

* 1. 5. 1898 Stuttgart. 1932 Dr. phil. Mai 1933 NSDAP. 1935 Professor der Hochschule für Lehrerbildung (zur NS-Indoktrinierung) in Weilburg an der Lahn. NS-Dozentenbund. Ende 1939 Bernhard-Rust-Hochschule für Lehrerbildung Braunschweig, 1940 an der als HJ-Formation organisierten Lehrerbildungsanstalt Lerbeck (Porta Westfalica). 1942/43 Lehrstuhlvertretung Psychologie/Pädagogik an der Universität Tübingen. 1947–1965 Professor für Pädagogische Psychologie in Stuttgart und Ludwigsburg, ab 1962 Rektor der PH Ludwigsburg. † 8.11. 1996 Stuttgart.

Schachinger, Hans. Maler.
* 20.5.1888 Wien. 1929 Gründer einer Malschule in Wien, später Wechsel nach Schalchen bei Braunau. Mitglied der Innviertler Künstlergilde. Auf den Großen Deutschen Kunstausstellungen im Münchner NS-Musentempel *Haus der Deutschen Kunst* mit insgesamt 19 Objekten, darunter das Ölgemälde *Reichsminister Rust* und das von Hitler gekaufte Bild *Kärntner Bäuerin*, 1942 *Führerbildnis* (Öl). † 13.11. 1952 Nassau/Lahn. Q.: Thomae.

Schacht, Horand Horsa. Erziehungswissenschaftler, Pseudonym *Niß Volker*.
* 28.2.1908 Altona. Lehrerssohn. Dr. phil. 1929 in Rosenbergs *Kampfbund für deutsche Kultur*, Vorsitzender der Ortsgruppe Halle. 1930 NSDAP. 1934 Dozent für Geschichtliche und nationalpolitische Erziehung der Hochschule für Lehrerbildung (HfL) Dortmund, 1938 HfL Saarbrücken. 1940 im Hauptschulungsamt der NSDAP, Herausgeber *Der Schulungsbrief* sowie der *Grundschulungsbriefe* für NS-Führungsoffiziere. Autor: *Du mußt volksdeutsch sein!* (1935), *Gegen den bolschewistischen Todfeind* (1937) sowie *Das Judentum, der Feind des deutschen Wesens* (1939). Nach 1945 Oberstudienrat, stellv. Schulleiter in St. Peter-Ording und in Erlangen. † 16.2. 1972 ebenda. Lit.: Hesse.

Schaefer, Oda. Lyrikerin.
* 21.12. 1900 Berlin. 1933 Heirat mit dem Schriftsteller Horst Lange, Trauzeuge: Günter Eich. Mystische Naturlyrik. 1937 Gedichtband *Die Windharfe*. Autorin der *Berliner Funkstunde* (Reichssender Berlin), der *Frankfurter Zeitung* und der Zeitschrift *Das Innere Reich*. Texte im NS-Kampfblatt *Krakauer Zeitung*, das »Blatt des Generalgouvernements« (Orlowski). Nach 1945 im Redaktionsteam der *Neuen Zeitung*, US-Tageszeitung im Dienste der Umerziehung und Demokratisierung. 1959 Gedichtband *Grasmelodie*. 1970: *Auch wenn Du träumst, gehen die Uhren – Lebenserinnerungen*: »Als Lyriker waren wir darauf aus, gedruckt zu werden ... Und da man nicht emigriert war, mußte man manches hinnehmen«. † 5.9. 1988 München. Lit.: Sarkowicz.

Schäfer, Walter. Hobbykomponist.
* 16.3. 1903 Essen. Ev. Pfarrer. Lic. theol. 1931 Landesjugendpfarrer in Kurhessen. 1933 Herausgeber der Liedsammlung *Volk will leben*, Komponist und Texter des HJ-Kampflieds *Hitler regiert*, Textprobe: »Dem Führer wir folgen/in Jugendlust und Kraft,/der uns mit seinen Händen/ ein neues Reich erschafft.« 1939 Pfarrer von St. Katharinen in Osnabrück. 1955 Lehrauftrag Liturgik an der Pädagogischen Hochschule. 1960 Superintendent und Domprediger in Verden. † 18.7. 1979 Bozen. Lit.: Prieberg, Handbuch.

Schäfer, Walter Erich. Dramaturg.
* 16.3. 1901 Hemmingen bei Leonberg, Sohn eines Gutsbesitzers. Dr. phil. Laut Emigrantenzeitschrift *Die Sammlung* (1934) ein »Nationaldramatiker«, dessen chauvinistisches Tendenzstück *Der 18. Oktober 1932* auf sämtlichen deutschen Bühnen gespielt wurde. 1933 Dramaturg in Mannheim, 1938 in Kassel. NSDAP Mai 1937. Reichsdramaturg Schlösser hielt ihn (1937) für »einen wichtigen Aktivposten für die von mir vertretene nationalsozialistische Theaterpolitik«. 1949 (bis 1972) Generalintendant des Württembergischen Staatstheaters Stuttgart. 1959 *Großes Bundesverdienstkreuz* sowie Titel Professor von Ministerpräsent Kiesinger. Das *Deutsche Bühnen-Jahrbuch* zum 70. Geburtstag: »Ein Mann von breiter Bildung.« † 28.12. 1981 Stuttgart. Lit.: Schültke.

Schäfer, Wilhelm. Auf der *Gottbegnade-ten-Liste* (Führerliste) der wichtigsten Schriftsteller des NS-Staates.
* 20. 1. 1868 Ottrau in Hessen, Sohn eines Schuhmachers. Volksschullehrer. Laut *Meyers Lexikon* (1942) spricht Schäfers »nationale Gesinnung … am schönsten aus den ›13 Büchern der deutschen Seele‹ 1922«. Zu Hitlers Geburtstag 1933 geladener Gast der Uraufführung von Johsts Staatsschauspiel *Schlageter* im Staatlichen Schauspielhaus Berlin. Mai 1933 Berufung in die Deutsche Akademie der Dichtung der »gesäuberten« Preußischen Akademie der Künste. Von seinem Kollegen Oskar Loerke am 9. 6. 1933 im Tagebuch als »Radaubruder« bezeichnet. Oktober 1942 auf Goebbels' *Weimarer Dichtertreffen* (Motto: *Dichter und Krieger*), Vortrag *Krieg und Dichtung*. Goebbels am 12. 10. 1942 im Tagebuch: »Es ist ergreifend zu sehen, wie ein so greiser Dichter noch an seinem Lebensabend die Rückkehr zur neuen Zeit antritt.« Mit mehr als 50 Texten im NS-Kampfblatt *Krakauer Zeitung*, das »Blatt des Generalgouvernements«. NS-Ehrung: 1937 Rheinischer Literaturpreis, 1941 Goethe-Preis der Stadt Frankfurt, 1942 Kulturpreis der Stadt Düsseldorf. 1948 Ehrenbürger der Düsseldorfer Kunstakademie. † 19. 1. 1952 Überlingen am Bodensee.

Schaeffer, Guido. Amateurzauberer.
* 11. 5. 1896 Stuttgart-Cannstatt. Rundschreiben des KZ Auschwitz vom 18. 8. 1943 an das KZ-Personal: »Am Dienstag, den 24. August 1943, 20.30 Uhr, findet auf der Bühne des Kameradschaftsheims eine Truppenbetreuungsveranstaltung   statt. Zur Vorführung gelangt das Programm ›Lustiges Varieté‹. Organisation: Abt. VI in der Verbindung mit der KdF-Gaudienststelle Kattowitz. Es wirken mit: Der Zauberer Guido Schaeffer.«   † 16. 8. 1971 Stuttgart.

Schaeffers, Willi. Kleinkünstler.
* 2. 9. 1884 Landsberg/Warthe. Schauspieler an Wanderbühnen in Ostpreußen und Schlesien. Kabarettist in Berlin. Auf gutem

Fuß mit Reichsbühnenbildner von Arent. Zwischen 1934 und 1938 in 26 Filmen, darunter *Im weißen Rößl* (1935) und im Freikorpsdrama *Menschen ohne Vaterland* (1937). Goebbels am 10. 2. 1938 im Tagebuch: »Abschiedsessen für [Staatssekretär] Funk im Ministerium und darauffolgenden Empfang … Ein entzückendes Programm leichter Kunst. Schaeffers sagt an.« 1938 von Goebbels als Leiter des *Kabaretts der Komiker* eingesetzt. Im Krieg Gastspiele im besetzten Holland und in Prag (Schaeffers). 1958 Leiter des Kabaretts *Tingeltangel* in Berlin. 1959 Lebenserinnerungen *TingelTangel. Ein Leben für die Kleinkunst*. Hier heißt es über den NS-Staat, der viele Kollegen Schaeffers ermordete oder ins Exil trieb: »Man … mußte anerkennen, daß der Staat, wie noch nie vorher ein Staat, sich für die Künstler interessierte, uns förderte, uns für gesellschaftsfähig hielt und ein offenes Ohr für alle unsere Klagen und Wünsche hatte.« Das *Deutsche Bühnen-Jahrbuch* zum 70. Geburtstag: »Genialer Kabarettist.« † 10. 8. 1962 München an Gehirnschlag. Lit.: Kühn.

Schaffer-Bernstein, Jenny. Bühnenschauspielerin.
* 27. 7. 1888 Wien. 1919–1933 am Schauspielhaus Dresden. 1941 Zwangsarbeiterin in Berlin bei Osram. Deportiert Frühjahr 1943 mit ihrem Mann und Schauspiel-Kollegen Otto Bernstein. † 1943 Auschwitz. Q.: Weniger, Bühne.

Schaffner, Jakob. Schweizer Schriftsteller.
* 14. 11. 1875 Basel, Sohn einer deutschen Magd und eines Schweizer Gärtners. Kindheit in einer Armenanstalt. Ab 1911 Wohnsitz in Deutschland. Zu Hitlers Geburtstag am 20. 4. 1933 geladener Gast der Uraufführung von Johsts Staatsschauspiel *Schlageter* im Staatlichen Schauspielhaus Berlin. In der »gesäuberten« Deutschen Akademie der Dichtung der Preußischen Akademie der Künste. Von Zuckmayer zur Kategorie »Nazis, Anschmeißer, Nutznießer, Kreaturen« gerechnet: »Dem Verfasser ist kein anderer Schweizer bekannt, der

sich in dieser Weise zum Nazi-Apostel und zum Verräter an den Idealen und der Tradition seines Landes gemacht hat.« 1936 Autor: *Volk zu Schiff. Zwei Seefahrten mit der KdF* [*Kraft durch Freude*]*-Hochseeflotte. Meyers Lexikon* 1940: »Bekennt sich als Mann und Dichter zum neuen Deutschland.« † 25. 9. 1944 Straßburg.

Schafheitlin, Franz. Auf der *Gottbegnadeten-Liste* der Schauspieler, die für die Filmproduktion benötigt werden.
* 9. 8. 1895 Berlin. 1930 am Wiener Volkstheater, ab 1937 Berliner Volksbühne. In der NS-Zeit in 69 Filmen, darunter 1940 der *staatspolitisch besonders wertvolle* Film *Bismarck.* 1941 antibritischer Film *Mein Leben für Irland*, der Hetzfilm *Ohm Krüger* und der NS-Euthanasiefilm *Ich klage an.* Januar 1945 in Harlans Durchhalte-Schnulze *Kolberg.* Hauptrolle in Harlans Nachkriegsdebüt *Unsterbliche Geliebte* und im Harlan-Film *Hanna Amon* (beide 1951). Filme wie *Sanatorium total verrückt* (1953) oder *Die Auto-Nummer – Sex auf Rädern* (1971). *Filmband in Gold* für langjähriges und hervorragendes Wirken im deutschen Film (1970). Das *Deutsche Bühnen-Jahrbuch* zum 70. Geburtstag: »Ein ewig junger Charmeur, ein Herr und Reiter dazu.« † 6. 2. 1980 Pullach.

Schanzer, Rudolf. Schriftsteller.
* 12. 1. 1875 Wien. Librettist von Leo Fall und Oscar Straus. Im *Lexikon der Juden in der Musik* gebrandmarkt. Nach der Besetzung Österreichs 1938 Flucht nach Abbazia in Italien. † 1944 Suizid nach Verhaftung durch Gestapo.

Schardt, Alois. Kunsthistoriker.
* 28. 12. 1889 Frickhofen bei Limburg, Sohn eines Landwirts. 1926 Direktor des Moritzburg-Museums in Halle. 1930 Honorarprofessor. Ortsgruppenleiter des *Kampfbunds für deutsche Kultur.* Am 5. 3. 1933 Unterzeichner eines Aufrufs: »Wir erwarten zuversichtlich von der derzeitigen Reichsregierung unter Adolf Hitler die Gesundung unseres gesamten öffentlichen Lebens«. Mai 1933 NSDAP. Juli bis November 1933 kommissarisch Leiter der Nationalgalerie in Berlin. Nach erfolglosem Einsatz für expressionistische Maler 1934 Rückkehr nach Halle. November 1939 mit Familie in Los Angeles, um eine deutsche Propagandaaustellung aufzubauen. Keine Rückkehr, Einkommen als Sprachlehrer. 1946 Direktor des Art Department der Olive Hill Foundation. † 24. 12. 1955 Los Alamos/USA. Lit.: Eberle.

Scharff, Edwin. Bildhauer.
* 21. 3. 1887 Neu-Ulm. Vom Kubismus (Hitler in *Mein Kampf:* »Krankhafte Auswüchse irrsinniger und verkommener Menschen«) beeinflußt. 1923 Professor der Hochschule für bildende Künste Berlin. Nach Machtergreifung Versetzung an die Düsseldorfer Akademie. 1937 Arbeitsverbot. Juli 1937 in der Schandschau *Entartete Kunst* in München mit drei Objekten vorgeführt, Beschlagnahmung von 48 seiner Werke. † 18. 5. 1955 Hamburg.

Scharoun, Hans. Architekt.
* 20. 9. 1893 Bremen. 1925 Lehrer an der Akademie für Kunst und Kunstgewerbe in Breslau. 1929/30 beteiligt an der Großsiedlung Berlin-Siemensstadt. In der NS-Zeit Privathäuser und Siedlungsbauten. 1945 Stadtbaurat des Magistrats von Groß-Berlin. Speer am 30. 12. 1946 im Tagebuch: »Meine Frau hat mir eine neue Nummer der *Bauwelt* geschickt. In ihr ist der von Scharoun entwickelte Plan für den Neuaufbau Berlins veröffentlicht … Kleinmut löst die Megalomanie ab.« 1946–1958 Lehrstuhl für Städtebau der Technischen Universität. Bau der Berliner Philharmonie und der Staatsbibliothek. † 25. 11. 1972 Berlin. Lit.: Kieling.

Scharping, Karl. Regierungsrat.
* 13. 7. 1908 Kallies in Pommern. Dr. phil. Ab Dezember 1939 in der Presseabteilung, ab Dezember 1942 in der Rundfunkabteilung des Reichspropagandaministeriums. Laut brit. Geheimdienst nach 1945 politischer Freund des Ex-Gauleiters Scheel (BA N 1080/272), Mitglied des Herrenclubs des Ex-Gauleiters. Am 15. 1. 1953 kurzzeitig Verhaftung durch britische Sicherheits-

offiziere. Verleger in Hamburg (Literatur-Kürschner).

Schaufuß, Hans Hermann. Auf der *Gottbegnadeten-Liste* der Schauspieler, die für die Filmproduktion benötigt werden. * 13. 7. 1893 Leipzig, aus einer alten Komödiantenfamilie (DBJ). Ab 1922 Charakterkomiker in Berlin. In der NS-Zeit Nebenrollen in 60 Filmen, darunter 1933 der Propagandaschmarren *Flüchtlinge* über Wolgadeutsche, die »heim ins Reich« wollen, 1940 der Staatsauftragsfilm *Wunschkonzert*, die Hetzfilme *Die Rothschilds* (1940, laut Courtade »ein Aufruf zu Haß und Mord«) und *Ohm Krüger* (1941, für Goebbels »ein Film zum Rasendwerden«) sowie Januar 1945 Harlans Durchhalte-Schnulze *Kolberg*. Nach 1945 Filme wie *Die fidele Tankstelle* (1950) sowie die Harlan-Filme *Hanna Amon* (1951) und *Die blaue Stunde* (1953). 1950–1958 am Münchner Residenztheater. 1962 bayerischer *Staatsschauspieler*. † 30. 1. 1982 München.

Schaumann, Ruth. Lyrikerin und Bildhauerin. * 24. 8. 1899 Hamburg. *Meyers Lexikon* 1942: »Zum Teil betont katholisch konfessionell, schrieb formvollendete, gefühlsbetonte zarte Gedichte.« Werke wie *Der Petersiliengarten* (Novelle 1937) oder *Die Silberdistel* (Roman 1941). Mit mehr als 50 Texten im NS-Kampfblatt *Krakauer Zeitung*, das »Blatt des Generalgouvernements«. † 13. 3. 1975 Hamburg.

Schaumburg, Eva-Sophie Freiin von. * 20. 5. 1923. Laut *Aufstellung derjenigen Parteigenossen, die Angehörige fürstlicher Häuser sind*: NSDAP-Nr. 8 717300, Gau Sachsen.

Schaumburg, Friedrich von. * 26. 10. 1877. Laut *Aufstellung derjenigen Parteigenossen, die Angehörige fürstlicher Häuser sind*: NSDAP-Nr. 1 078106, Gau Sachsen. Anmerkung: nach Ballenstädt/Anhalt umgemeldet, dort aber nicht aufgeführt.

Schaumburg-Lippe, Albrecht Prinz zu. * 17. 10. 1900 Ludwigsburg. Laut *Aufstel-*

lung derjenigen Parteigenossen, die Angehörige fürstlicher Häuser sind: 1. 5. 1938 NSDAP, Nr. 6 308702, Gau Oberdonau. Diplomlandwirt. Korvettenkapitän. † 20. 5. 1984 Eugendorf bei Salzburg.

Schaumburg-Lippe, Alexandra Prinzessin zu. * 29. 6. 1904 Stein bei Nürnberg. Tochter eines Königlich preußischen Majors. Laut *Aufstellung derjenigen Parteigenossen, die Angehörige fürstlicher Häuser sind*: 16. 8. 1929 NSDAP, Nr. 144005, Gau Berlin. Ehefrau von Friedrich Christian. † 9. 9. 1961 Linz.

Schaumburg-Lippe, Franz Josef zu. * 1. 9. 1899 Wels in Oberösterreich. Laut *Aufstellung derjenigen Parteigenossen, die Angehörige fürstlicher Häuser sind*: 1. 5. 1938 NSDAP, Nr. 6 189085. Landwirt. † 7. 7. 1963 Kassel.

Schaumburg-Lippe, Friedrich Christian Prinz zu. * 5. 1. 1906 Bückeburg. Laut *Aufstellung derjenigen Parteigenossen, die Angehörige fürstlicher Häuser sind*: 1. 8. 1928 NSDAP, Nr. 95146, Gau Berlin. Ministerialrat a. D. † 20. 9. 1983 Wasserburg am Inn.

Schaumburg-Lippe, Mathildis Prinzessin zu. * 11. 11. 1903. Laut *Aufstellung derjenigen Parteigenossen, die Angehörige fürstlicher Häuser sind*: 1. 8. 1935 NSDAP, Nr. 3 681097, Gau Westfalen-Nord.

Schaumburg-Lippe, Max Prinz zu. * 28. 3. 1898 Wels in Oberösterreich. Laut *Aufstellung derjenigen Parteigenossen, die Angehörige fürstlicher Häuser sind*: 1. 5. 1933 NSDAP, Nr. 3 018293, Gau Berlin. Major. † 4. 2. 1974 Salzburg.

Schaumburg-Lippe, Walburgis zu. * 26. 3. 1906 Nürnberg. Tochter eines Königlich bayerischen Generalleutnants. Laut *Aufstellung derjenigen Parteigenossen, die Angehörige fürstlicher Häuser sind*: 1. 5. 1938 NSDAP, Nr. 7 965863, Gau Oberdonau. Seit 1930 Gattin von Prinz Albrecht. † 10. 4. 1986 Eugendorf bei Salzburg.

Schaumburg-Lippe, Wolrad Prinz zu. * 19. 4. 1887 Stadthagen. Laut *Aufstellung*

derjenigen *Parteigenossen, die Angehörige
fürstlicher Häuser sind*: 1. 8. 1935 NSDAP,
Nr. 3 681098, Gau Westfalen-Nord. 1936
Chef des Hauses. Major a. D. † 15. 6. 1962
Hannover.

Schauwecker, Franz. Name Oktober 1933
unter dem Treuegelöbnis »88 deutsche
Schriftsteller« für Adolf Hitler.
* 26. 3. 1890 Hamburg, Sohn eines Ober-
zollinspektors. Leutnant im I. Weltkrieg.
Autor aggressiv nationaler Werke. Goebbels am 10. 11. 1929 im Tagebuch: »Schauwecker: ›Aufbruch der Nation‹. Ein hin-
reißendes Buch. Mir kamen die Tränen.«
1931 Roman *Deutsche allein*. Von der
Dienststelle Rosenberg empfohlene Lektüre: *So war der Krieg* (1927). *Meyers Lexikon* 1942 rühmt seine »das Heroische
und Schicksalhafte betonende Kriegsromane«. Bronnen: »Ein kleiner, bebrillter,
nervöser Mann masochistischen Typs, bei
dem Landsknechtstum und heroische
Kriegsbegeisterung Überkompensation
des ängstlichen Spießers waren.« † 31. 5.
1964 Günzburg. Lit.: Sarkowicz; Scholdt.

Schauwecker, Heinz. Schriftsteller.
* 11. 10. 1894 Regensburg. Dr. med. 1921:
Deutsche Gedichte. 1922: *Deutsche Vision,
ein Spiel am Rhein*. Autor von Heimatspie-
len (*Meyers Lexikon* 1942). Ab 1938 Arzt in
Berching in der Oberpfalz. Nach 1945 Prä-
sident des Bundesverbands Deutscher
Schriftstellerärzte. 1959 *Verdienstkreuz I.
Klasse*, Ehrenmitglied im einschlägigen
*Deutschen Kulturwerk Europäischen Gei-
stes* (Literatur-Kürschner). † 4. 6. 1977
Berching.

Scheck, Gustav. Flötist.
* 22. 10. 1901 München. 1929 Soloflötist
der Hamburger Staatsoper. 1934 an der
Berliner Musikhochschule, 1942 Professor, Oktober 1942 Gastauftritt beim Sym-
phoniekonzert des Stabmusikkorps des SS-
Führungshauptamts (Prieberg). 1946–
1966 Direktor der Staatlichen Musikhochschule in Freiburg im Breisgau. 1975 Autor: *Die Flöte und ihre Musik*. † 19. 4. 1984
Freiburg.

Scheffels, Franz Joseph. Ministerialdirigent und stellv. Geschäftsführer der
Reichstheaterkammer.
* 10. 1. 1886 Braunschweig. 1919 (bis
1930) Theaterdezernent des Staatsministeriums Braunschweig. 1930 (bis 1945)
Direktor der Generalintendanz der Preußischen Theater Berlin. Stellv. geschäftsführender Direktor des *Deutschen Büh-
nen-Vereins*, ein Fachverband der Reichstheaterkammer. 1951 Hauptreferent beim
Senator für Volksbildung Berlin. 1952–
1956 Direktor des Deutschen Bühnenvereins in Köln. 1956 *Verdienstkreuz I. Klasse
des Verdienstordens der BRD*. Feier des 80.
Geburtstags in Bad Pyrmont (DBJ).

Scheffler, Karl. Maler. Herausgeber der
von Bruno Cassirer gegründeten Zeitschrift *Kunst und Künstler* (1906–1933).
* 27. 2. 1869 Hamburg. Förderer der Impressionisten und früher Entdecker Barlachs: »Hier ist eine Kunst, die tanzen
möchte und noch nicht gehen kann.« 1935
Autor: *Deutsche Baumeister*. 1939: *Form
als Schicksal*. 1940: *Meister des schönen
Handwerks aus 4 Jahrhunderten europäischer Malerei*. 1946: *Die fetten und die ma-
geren Jahre. Ein Arbeits- und Lebensbericht*.
† 25. 10. 1951 Überlingen. Lit.: *Meyers Lexikon* 1942; Tarnowski.

Scheffler, Siegfried. Referent für Unterhaltungsmusik im Reichspropagandaministerium (1940–1942).
* 15. 5. 1892 Ilmenau in Thüringen. Schüler Regers und Humperdincks. 1933 Autor: *Bayreuth im Dritten Reich*. April 1941
in Rosenbergs Zeitschrift *Die Musik* Beitrag *Deutsche Unterhaltungsmusik*: »Sie
hat … als das Gift für eine moralische und
völkische Zersetzung eine Schuld auf sich
geladen, für die sie sich noch heute zu
rechtfertigen hat.« Nach 1945 Gastdirigent
und Musikschriftsteller, Wohnort Hamburg. † 5. 6. 1969 ebenda. Lit.: Wulf, Musik.

Scheibe, Richard. Auf der *Gottbegnadeten-
Liste* (Führerliste) der wichtigsten bildenden Künstler des NS-Staates.
* 19. 4. 1879 Chemnitz. Bildhauer. Laut

Speer (Tagebuch) zunächst in Ungnade, da Schöpfer einer Friedrich-Ebert-Plastik in der Frankfurter Paulskirche. 1936 Lehrer an der Preußischen Akademie der Künste. *Meyers Lexikon* (1942): »Begann mit kleinen Tierfiguren in Bronze und Terrakotta, schuf dann bedeutende Denkmäler, ferner männliche und weibliche Akte voll Kraft, Ruhe und Schönheit.« Hitler kaufte 1938 sein Werk *Denker* für 10 000 Mark. Auf den Großen Deutschen Kunstausstellungen im Münchner NS-Musentempel *Haus der Deutschen Kunst*, darunter 1939 die Bronzeplastik *Jüngling* (nackt). NS-Ehrung: 1937 Titel Professor, 1944 *Goethe-Medaille* für Kunst und Wissenschaft. 1949 Professor der Hochschule für bildende Kunst Berlin. 1953 *Ehrenmal für die Opfer des 20. Juli 1944* in West-Berlin. † 6.10. 1964 ebenda.

Scheidt, Robert vom (sic). Bariton, dann Heldentenor.
* 16.4. 1879 Elberfeld. 1903 an der Hamburger Oper, 1904 in der Uraufführung von Siegfried Wagners Oper *Der Kobold*. 1912 (bis 1940) beliebter Wagner-Sänger am Opernhaus Frankfurt am Main. April 1914 in der Uraufführung von Schrekers *Die Gezeichneten*. Am 30.1. 1933, dem *Tag der Machtergreifung*, standen zufällig Wagners *Meistersinger* auf dem Programm. Als er »Verachtet mir die Meister nicht« zu singen hatte, trat er an die Rampe und erhob die Hand zum Hitlergruß. Das Publikum grüßte mit dem Hitlergruß zurück. † 5.4. 1964 Frankfurt am Main.

Schelcher, Raimund. Schauspieler.
* 27.3. 1910   Daressalam   (damals Deutsch-Ostafrika).   Bühnenstationen: Frankfurt am Main (1933), Hamburg (1934), Leipzig (1935). September 1939 Hauptrolle im teutonischen Geniefilm (absoluter Glaube an die eigene Sendung) *Robert Koch*, Prädikat: *staatspolitisch und künstlerisch besonders wertvoll.* Ab 1939 Kriegsdienst, Kriegsgefangenschaft. 1949 am Theater in Bremen, danach Ost-Berlin. Rollentyp: Politkommissare und Paradeproletarier der Staatsfirma DEFA. Filme:

Der Untertan (1951), *Ernst Thälmann – Sohn seiner Klasse* (1953), *Ernst Thälmann – Führer seiner Klasse* (1955). 1971 letzter Film: *Trotz alledem!* † 27.3. 1972 Ost-Berlin.

Scheller, Thilo (Theodor). Generalarbeitsführer.
* 3.12. 1897 Wittingen in der Lüneburger Heide. 1934 Turnlehrer der Reichshochschule des Reichsarbeitsdienstes (RAD). 1936 Herausgeber des RAD-Liederbuchs *Singend wollen wir marschieren* (Prieberg). 1937 NSDAP. Weiheverse *Die Hand des Führers* in Bühners Anthologie *Dem Führer*: »Wir wissen um die Stirn, die für uns denkt,/wir wissen um den Puls, der für uns schlägt – /doch seine Hand, die er uns frei entgegenträgt,/und die uns spruchlos [sic] in Gefolgschaft zwängt,/ist Hirn und Herz in eins.« Nach 1945 Mittelschullehrer in Westercelle. † 22.6. 1979 Celle.

Schenck zu Schweinsberg, Ruth.
* 19.3. 1919 Naunhof bei Leipzig. Tochter eines Reichsbahnoberrats. Laut *Aufstellung derjenigen Parteigenossen, die Angehörige fürstlicher Häuser sind*: NSDAP-Nr. 8 050030, Gau Sachsen. † 20.12. 1978 Marburg.

Schenckendorf, Leopold von. Texter und Komponist.
* 4.9. 1909 Breslau. 1930 NSDAP (Nr. 278573), auch NS-Kraftfahrkorps. 1933 Komponist und Texter von *Gott sei mit unserm Führer*, andere Titel: *Gott segne unsern Führer* sowie *Hitler-Hymne*. 1934 Komponist des SA-Marschs *Treue zum Führer* sowie Komponist und Texter des *Weihnachtslieds der SA*: »Deutsche Weihnacht, hilf dem Führer!/Schick ihm Engel in der Not!/Wir woll'n uns an Händen fassen/und nicht von einander lassen,/Treu um Treue bis zum Tod.« 1936 am Reichssender Frankfurt, wegen einer privaten Affäre Ende 1937 ausgeschieden. Kriegsdienst. Nach 1945 Pianist, Handelsvertreter, Arrangeur in Hamburg, Frankfurt, München. † 1.10. 1988 Garmisch-Partenkirchen. Lit.: Gillum; Prieberg, Handbuch; Wulf, Literatur.

Schendel, Alice von.
* 2. 7. 1882. Laut *Aufstellung derjenigen Parteigenossen, die Angehörige fürstlicher Häuser sind*: NSDAP-Nr. 2 025765, Gau Sachsen. Anmerkung: nach Berlin umgemeldet, dort aber nicht aufgeführt.

Schenk, Erich. Musikforscher.
* 5. 5. 1902 Salzburg. 1929 Privatdozent, 1936 ao. Professor in Rostock. 1940 Lehrstuhl in Wien. Mitarbeiter der *Hauptstelle Musik* des Amts Rosenberg, Potter: »So lieferte er ihm detaillierte Informationen über die jüdische Abstammung von Personen, die in Wien promoviert hatten.« Mitarbeit beim Rosenberg-Organ *Musik im Kriege*, laut Schriftleitung »zur Stärkung der inneren Front und zur Erringung des Endsieges«. 1946 Leiter der Kommission für Musikforschung der Österreichischen Akademie der Wissenschaften. Ab 1947 Herausgeber: *Denkmäler der Tonkunst in Österreich*. 1957/58 Rektor. 1971 Emeritierung. 1972 Präsident der Österreichischen Gesellschaft für Musikwissenschaft. † 11. 10. 1974 Wien. Lit.: de Vries.

Schenzinger, Karl Aloys. Schriftsteller.
* 28. 5. 1886 Neu-Ulm. Zunächst Arzttätigkeit, ab 1928 Schriftsteller. 1932 Autor: *Hitlerjunge Quex* (vom *Beauftragten des Führers für die Überwachung der gesamten geistigen und weltanschaulichen Schulung der NSDAP*, Amt Rosenberg, empfohlene Lektüre). 1933 Drehbuch zum gleichnamigen »ersten wirklichen Nazi-Film« (Courtade), Untertitel: *Ein Film vom Opfergeist der deutschen Jugend*. Uraufführung September 1933 in Anwesenheit von Hitler und Baldur von Schirach. 1937 Autor des Romans der deutschen Farben-Industrie: *Anilin*. Über das erste Reichstreffen der deutschen Chemiker heißt es da: »Die Referenten sprachen wie die Heerführer vor der Entscheidungsschlacht.« Ehrenmitglied der HJ. † 4. 7. 1962 Prien am Chiemsee.

Scherchen, Hermann. Komponist, Förderer der *Musica Nova*.
* 21. 6. 1891 Berlin. Bratscher. 1919 Gründung der Neuen Musikgesellschaft in Ber-

lin, Leiter der Zeitschrift *Melos*. 1923 (bis 1950) Gastdirigent des Musikkollegiums Winterthur. 1928 Generalmusikdirektor und musikalischer Leiter des Rundfunks in Königsberg. 1933 Entlassung, Flucht in die Schweiz. 1935 Herausgeber der Zeitschrift *Musica viva* (nur drei Ausgaben) in Brüssel, auf der Liste der *Musik-Bolschewisten* der NS-Kulturgemeinde. 1936 Dirigent in Winterthur. Mai 1938 in der Schandschau *Entartete Musik* während der ersten *Reichsmusiktage* in Düsseldorf vorgeführt. Laut Prieberg sondierte er nach Kriegsbeginn eine Rückkehr ins Reich. 1944 bis 1950 Radio Beromünster (Schweiz). März 1951 Dirigent der Uraufführung von Paul Dessaus Oper *Das Verhör des Lukullus* an der Berliner Staatsoper (Ost-Berlin). Wohnort Gravesano im Kanton Tessin. † 12. 6. 1966 Florenz. Nachruf *Deutsches Bühnen-Jahrbuch*: »Fünfundfünfzig Jahre waren ihm immer hin vergönnt, für die Neue Musik zu wirken.«

Schering, Arnold. Präsident der *Deutschen Gesellschaft für Musikwissenschaft* (bis 1936).
* 2. 4. 1877 Breslau. Professor für Musikgeschichte der Universität Berlin. Am 26. 11. 1933 an Goebbels: »Dem Herrn Reichsminister für Volksaufklärung und Propaganda senden die in Leipzig zur Neuorganisation der ›Deutschen Gesellschaft für Musikwissenschaft‹ versammelten Vertreter der Musikwissenschaft von 18 deutschen Universitäten und Hochschulen Treuegelöbnis und ehrerbietigen Gruß.« 1936 in *Beethoven und die Dichtung*: »Wenn eine brutal-sinnliche, rassefremde Musik uns eine Zeitlang des unlösbaren Zusammenhangs von hoher Musik und hoher Dichtung zu entfremden gedroht, so möge es jetzt Beethoven sein, der diesen ideellen Bund aufs neue stiftet.« † 7. 3. 1941 Berlin. Lit.: *Führerlexikon*; Potter.

Schestak, Bruno. Landesleiter Gau Sachsen der Reichsmusikkammer (1935).
* 5. 8. 1903 Weiskirchlitz in Böhmen. 1925

NSDAP (Nr. 9143), Musikdirektor in Teplitz-Schönau (Sudeten). Komponist und Texter von *Deutschland, erwache aus deinem bösen Traum*, anderer Titel: *Wir sind die Kämpfer der NSDAP*, allererster Titel: *Sachsenmarsch der NSDAP*, Hitler gewidmet. Textprobe: »Wir wollen kämpfen für dein Auferstehn;/arisches Blut darf nicht untergehn!« 1933 Konzertmeister der Dresdener Philharmonie. 1939 wieder Musikdirektor in Teplitz. † 1950. Lit.: Gillum; Prieberg.

Scheu, Just. Auf der *Gottbegnadeten-Liste* der Schauspieler, die für die Filmproduktion benötigt werden.
* 22.2. 1903 Mainz. Am Staatstheater Berlin, auch Drehbuch- und Bühnenautor. 1937 Nebenrolle im Propagandastreifen *Togger*. 1940 Autor: *Die Stunde X – Mit Panzern in Polen und Flandern*. 1941 Nebenrolle im NS-Euthanasiefilm *Ich klage an*. 1943 im antibritischen Untergangsfilm *Titanic*, von Goebbels angesichts der Kriegslage verboten. Nach dem Krieg in Filmen wie *Königin einer Nacht* (1951) oder *Die Privatsekretärin* (1953). † 8.8. 1956 Bad Mergentheim.

Scheuermann, Fritz. Erster Präsident der Reichsfilmkammer (1933).
* 8.6. 1887 Straßburg, Sohn eines Geheimen Regierungsrats. Dr. jur. 1924 Regierungsrat im Reichsverkehrsministerium. 1925 Rechtsanwalt. Aufsichtsratsvorsitzender der Juni 1933 gegründeten Filmkreditbank (staatliche Kredite für Filmwirtschaft). November 1933 von Goebbels zum Präsidialrat der Reichskulturkammer ernannt. 1935 Aufnahme ins *Führerlexikon*. Oktober 1935 Rücktritt aufgrund von Gerüchten, er sei jüdischer Abstammung. † Verbleib unbekannt. Lit.: Moeller.

Scheuernstuhl, Hermann. Auf der *Gottbegnadeten-Liste* (Führerliste) der wichtigsten Bildenden Künstler des NS-Staates.
* 15.12. 1894 Pforzheim. Bildhauer. Professor und Leiter der Abteilung Plastik an der Werkkunstschule in Hannover (Vollmer). U.a. Kriegerehrenmal (Jünglings-

akt) in Nordhorn. Kein Hinweis zur Tätigkeit nach 1945.

Scheurich, Paul. Bildhauer.
* 24.10. 1883 New York. 1924 Professor des Meisterateliers der Staatlichen Porzellan-Manufakturen Meißen. Auf der Großen Deutschen Kunstausstellung 1939 im Münchner NS-Musentempel *Haus der Deutschen Kunst* mit dem Objekt *Hirt und Nymphe*. Hauptwerke laut *Meyers Lexikon* (1942): 1935 Bühnenvorhang im Deutschen Opernhaus Berlin (*Triumph der Oper*) sowie großer Gobelin im Propagandaministerium (*Apollo und die neun Musen*). † 18.11. 1945 Brandenburg/Havel.

Schickele, René. Schriftsteller.
* 4.8. 1883 Oberehnheim im Elsaß, Sohn eines deutschen Vaters und einer französischen Mutter. 1916 (bis 1921) in Zürich Herausgeber der pazifistischen Monatsschrift *Die weißen Blätter*. Sein Drama *Hans im Schnakenloch* (spielt im I. Weltkrieg) 1917 in Berlin und in anderen Städten aufgeführt, 1918 von der Obersten Heeresleitung durch Ludendorff verboten. Mai 1933 Ausschluß aus der Preußischen Akademie der Künste, Emigration nach Frankreich. Die Emigrantenzeitschrift *Die Sammlung* 1934: »Diesem Europäer werden nicht einmal die Nationalsozialisten sein Deutschtum abzusprechen wagen: welches seiner Bücher sie auch öffnen, sie werden immer ein Stück deutscher Landschaft in ihm lebendig finden.« *Meyers Lexikon* 1942: »Vor dem Weltkrieg und während des Weltkriegs für Verständigung des deutschen und französischen Volks, hatte später immer weniger Verständnis für Deutschland, lehnte endlich das neue Deutschland völlig ab. Arbeitete nach 1933 mit den Juden Franz Werfel und Stefan Zweig und mit dem Emigranten Thomas Mann zusammen.« † 31.1. 1940 Vence in Frankreich.

Schicketanz, Ernst. Operettenkapellmeister.
* 30.12. 1890 Reichenberg in Böhmen. Unter anderem 1932/33 als Gast am Stadttheater Annaberg im Erzgebirge, 1939 in

Aussig (Sudeten) und Marienbad. 1943 am Stadttheater Mährisch-Ostrau. NSDAP 1940. Rundschreiben des KZ-Kommandanten Höß, Auschwitz, vom 7.5. 1943 an das KZ-Personal (betrifft *Truppenbetreuungsveranstaltung*): »Am Dienstag, den 11. Mai 1943, 19 Uhr, findet im großen Saal des Kameradschaftheimes der Waffen-SS ein Gastspiel des Stadttheaters Mährisch-Ostrau statt. Zur Aufführung gelangt ›Bezauberndes Fräulein‹, Operette in 4 Akten von Ralph Benatzky ... Musikalische Leitung: Ernst Schicketanz.« Nach 1945 Schauspieler in Plauen, Stralsund, Parchim (Mecklenburg). † 9.12. 1966 Parchim. Nachruf *Deutsches Bühnen-Jahrbuch*: »Ein Leben für die Kunst ging zu Ende.«

Schiedermair, Ludwig. Präsident der *Deutschen Gesellschaft für Musikwissenschaft* (1937–1939).
* 7.12. 1876 Regensburg. 1920 Lehrstuhl in Bonn. 1927 Direktor des Beethovenhauses und des von ihm gegründeten Beethoven-Archivs. 1934 Autor: *Die Gestaltung weltanschaulicher Ideen in der Volksmusik Beethovens*. Am 27. Mai 1938 Eröffnungsrede der Musikwissenschaftlichen Tagung der ersten *Reichsmusiktage* in Düsseldorf (mit der Schandschau *Entartete Musik*). Laut de Vries Zusammenarbeit mit dem *Einsatzstab Reichsleiter Rosenberg* (Kunstraub). NS-Ehrung: 1936 Kulturpreis der Stadt Bonn und Beethovenmedaille. 1941 Goldene Mozartmedaille des Mozarteums in Salzburg (Reichsmusikhochschule). 1945 Ruhestand. 1952 Ehrenmitglied der Gesellschaft für Musikforschung. † 30.4. 1957 Bonn. Lit.: Potter.

Schierhorn, Wilhelm. Musikinspizient der deutschen Polizei (1940).
* 18.7. 1886 Grünenplan bei Delligsen, Sohn eines Obermusikmeisters. Militärmusiker. 1926 Leiter des Musikkorps der Ordnungspolizei Hamburg. März 1933 NSDAP, Polizeimusikdirektor (Rang eines Hauptmanns). Komponist der Marschlieder *Uns hat die Zeit in Marsch gesetzt* sowie *Wir Polizeisoldaten* (beide 1940). Nach 1945 Musikdirektor i.R. in Ochtmissen, Kreis Lüneburg. † 25.9. 1968 ebenda. Lit.: Prieber.

Schieske, Alfred. Auf der *Gottbegnadeten-Liste* der Schauspieler, die für die Filmproduktion benötigt werden, Zusatz: »Wegen des Mangels an jüngeren Schauspielern in der Filmproduktion«.
* 6.9. 1908 Stuttgart. Ab 1940 am Berliner Staatstheater. 1941 Filmdebüt mit *Friedemann Bach*, 1943 in *Meine vier Jungens*. Nach 1945 Theater am Schiffbauerdamm, in den DEFA-Filmen *Affäre Blum* (1948) und *Der Biberpelz* (1949). 1955 Düsseldorfer Schauspielhaus. † 15.7. 1970 Berlin. Nachruf *Deutsches Bühnen-Jahrbuch*: »Schieske gestaltete die Figur immer aus dem Gefühl, aus dem Instinkt heraus.«

Schilling, Otto-Erich. Komponist.
* 6.4. 1910 Stuttgart. 1930 NSDAP (Nr. 384721). 1934 Komponist und Texter des *Schwur-Lieds*, Textprobe: »Noch herrschen die Juden/da draußen im Ausland/ und hetzen verschlagen/die Völker zum Krieg.« 1936 unvollendete Oper *Jud Süß* (eigener Text), am 4.5. 1937 an Hitler Bitte um Aufführung: »Mein Führer! Ich biete Ihnen das Werk, die Oper ›Jud Süß‹ für den Reichsparteitag 1937 in Nürnberg (woselbst es bereits schon im Rundfunk für dieses Jahr zur Sendung vorgesehen ist) zur Uraufführung an.« 1946 (bis 1967) Referent (zeitweise für zeitgenössische Musik!) beim SDR Stuttgart. Ab 1960 Herausgeber der Zeitschrift *Opernwelt*. † 11.7. 1967 Stuttgart. Lit.: Jahn; Prieberg, Handbuch.

Schillings, Max von. Präsident der Preußischen Akademie der Künste (1932).
* 19.4. 1868 Düren. Komponist und Dirigent, Titel Professor. 1915 Hauptwerk, die Oper *Mona Lisa*. Laut Moser »einer der ansehnlichsten Nachwagnerianer«. *Meyers Lexikon* (1942): »1919–25 Intendant der preußischen Staatsoper Berlin, von wo er der jüdisch-demokratischen Hetze ... weichen mußte.« Zu Hitlers Geburtstag am 20.4. 1933 geladener Gast der Urauffüh-

rung von Johsts Staatsschauspiel *Schlageter* im Staatlichen Schauspielhaus Berlin. Rathkolb: »Exekutierte die politische und rassistische Gleichschaltung der Akademie mit erschreckender Effizienz und Härte.« Am 25.4. 1933 Mai Ausschluß des Dichters Franz Werfel und des Komponisten Arnold Schönberg, am selben Tag *Goethe-Medaille* für Kunst und Wissenschaft (Klietmann). † 24.7. 1933 Berlin. Ehrenwachen von SS und SA bei Trauerfeier.

Schirach, Carl von. Theaterintendant. * 10.11. 1873 Kiel. Preußischer Offizier. Vater von Baldur von Schirach. 1908–1918 Intendant des Weimarer Nationaltheaters. 1926 in einem Brief: »Erste Bedingung für alle deutschen Theater ist jetzt: Auskehrung des fremdrassigen Elements mit eisernem Besen. Man sollte die Hälfte bis zwei Drittel des ganzen Personals, soweit es nicht vom ›Jiddischen Theater‹ in New York aufgenommen werden kann, ruhig nach Jerusalem abschieben. Ich für mein Teil will jedenfalls mit solchem Gesindel und dieser Art von ›daitscher‹ Kunst absolut nichts zu tun haben.« Am 19.12. 1928 Unterzeichner des Gründungsmanifests des *Kampfbunds für deutsche Kultur*. 1933–1943 Generalintendant des Deutschen Theaters in Wiesbaden. NSDAP (Baldur von Schirach). Goebbels am 21.11. 1939 im Tagebuch: »Die Theater gehen unverhältnismäßig gut. Mit Ausname von Wiesbaden, bei dem der alte Schirach immer aufs Neue seine Unfähigkeit beweist.« † 11.7. 1948 Weimar. Lit.: Okrassa.

Schirach, Henriette von. Gattin von Baldur von Schirach, Reichsjugendführer (1933) und Reichsstatthalter von Wien (1940), nach 1945 Autorin. * 2.2. 1913. Tochter von Heinrich Hoffmann, Hitlers Leibfotograf. Als Jugendliche enger Kontakt zu Hitler. NS-Studentenbund. März 1932 Ehe mit dem Führer des NS-Studentenbunds Baldur von Schirach, Trauzeuge Hitler sowie »unser Freund Ernst Röhm«. NSDAP 1932. Goebbels am 10.8. 1943 im Tagebuch: »Frau von Schirach pflegt augenblicklich einen etwas kindlich-albernen, geiststreichelnden Stil, der den Führer geradezu in Wut versetzt.« 1949 liiert mit dem Filmkaufmann Alfred Jakob, Dokumentarfilm über Richard Strauss (durch dessen Tod beendet). 1950 Scheidung von ihrem inhaftierten Ehemann. 1956 Verniedlichungsopus *Der Preis der Herrlichkeit*. Laut ihren Erinnerungen hat sie Anfang 1943 bei Hitler gegen den Abtransport von Jüdinnen in Holland protestiert, und zwar in Absprache mit ihrem Mann (dieser hatte sich am 14.9. 1942 in einer Rede gebrüstet, mit den Wiener Judendeportationen seinen »aktiven Beitrag zur europäischen Kultur« geleistet zu haben). 1982 Indizierung ihres im Türmer Verlag (Verleger Gert Sudholt) erschienenen Buches *Anekdoten um Hitler*, das Hitler als »den gemütlichen Österreicher« zeigen sollte, »der sich und andere ein bißchen glücklich machen wollte« (Sarkowicz, Rechtsextremismus). † 18.1. 1992.

Schirach, Rosalind von. Sopranistin. * 21.4. 1898 Berlin. Schwester von Baldur von Schirach. 1930 (bis 1935) Städtische Oper Berlin, danach Staatsoper Berlin. NSDAP April 1933. Gastspiele, auch Bayreuther Festspiele (1931). Zwecks Kulturpropaganda 1940 Auftritte mit dem Berliner Philharmonischen Orchester in besetzten Ländern (Holland, Belgien, Frankreich). Keine Karriere nach 1945. † 13.12. 1981 München.

Schirmeister, Moritz August von, genannt *Wautzel*. Persönlicher Pressereferent von Goebbels. * 12.8. 1901 Mülhausen im Elsaß. 1931 NSDAP (Nr. 672910). SS-Nr. 267235, Hauptsturmführer (1940). 1933 Regierungsrat im Reichspropagandaministerium. 1939/40 Wehrmacht, Propagandakompanie. 1940 Oberregierungsrat. 1943 Herausgeber der Kriegsreden und Aufsätze von Goebbels. Juli 1944 erneut Wehrmacht (WASt). Am 28./29.6. 1946 Zeuge im Nürnberger Prozeß gegen die Hauptkriegsverbrecher: »Ein Aufpeitschen zu

Haß oder gar Mord hätte dem deutschen Volk weder gelegen, noch konnte Dr. Goebbels das brauchen.«

Schirmer, August. Reichshauptstellenleiter im Amt Rosenberg (ab 1935), Kunstraub.

* 16. 6. 1905 Celle. Dipl. Ing. 1930 NSDAP (Nr. 192692). 1933 Gauschulungsleiter und Gaukulturwart Gau Süd-Hannover-Braunschweig. 1934 MdR. Laut *Vorschläge zur Verleihung des Kriegsverdienstkreuzes für Mitarbeiter des Einsatzstabes Rosenberg* (Kunstraub): »Beim Einsatzstab tätig seit dem 17. 7. 40, zunächst in Paris, dann in Brüssel und schließlich als selbständiger und verantwortlicher Leiter der Arbeitsgruppe Niederlande«. 1941 Leiter des Amts Juden- und Freimaurerfragen (de Vries). 1942 Wehrmacht. † 30. 10. 1948 Celle. Lit.: Kühn-Ludewig; Lilla.

Schlaf, Johannes. Name Oktober 1933 unter dem Treuegelöbnis »88 deutsche Schriftsteller« für Adolf Hitler.

* 21. 6. 1862 Querfurt. Wohnort Weimar. 1900 Autor: *Das dritte Reich*. Meyers Lexikon 1942: »Begründer des Naturalismus in Deutschland ... Wandte sich gegen die kopernikanische Lehre: ›Die Erde – nicht die Sonne‹ 1920.« Mai 1933 Berufung in die Deutsche Akademie der Dichtung der »gesäuberten« Preußischen Akademie der Künste. † 2. 2. 1941 Querfurt.

Schleif, Wolfgang. Veit Harlans Assistent.

* 14. 5. 1912 Leipzig. Unter anderem Regieassistent beim Hetzfilm *Jud Süß*, Werner-Krauß-Biograph Goetz zu den Dreharbeiten: »Prager Juden wurden zusammengetrieben und mußten als Statisten auftreten«. Goebbels: »Ein antisemitischer Film, wie wir ihn uns nur wünschen können.« Nach 1945 zunächst bei der ostzonalen DEFA, 1947 sozialistisches Belehrungsstück (Weniger) *Grube Morgenrot*. Nach Niederschlagung des Juni-Aufstands 1953 Wechsel in die BRD. 1955 Kassenfüller *Die Mädels vom Immenhof*. Regisseur der TV-Serie *Der Forellenhof* und mehrerer Freddy-Quinn-Filme (1959: *Freddy, die Gitarre und das Meer*). 1973/74 letzte Fil-

me: *Die Zwillinge vom Immenhof* und *Frühling auf Immenhof*. † 21. 8. 1984 Berlin.

Schlemmer, Oskar. Maler.

* 4. 9. 1888 Stuttgart. Lehrer am Weimarer Bauhaus (Göring: »Brutstätte des Kulturbolschewismus«), 1933 entlassen. Laut Haftmann gestaltete er die »Erfahrung des Raumes als des dialektischen Partners des Menschen«. Juli 1937 in der Schandschau *Entartete Kunst* in München mit neun Objekten vorgeführt, Beschlagnahmung von 51 seiner Werke. † 13. 4. 1943 Baden-Baden.

Schlenck, Hans. Generalintendant und SS-Hauptsturmführer (1942).

* 14. 3. 1901 Bischofsheim/Rhön. Generalintendant des Landestheaters Oldenburg. In der NS-Zeit in elf Filmen, darunter 1934 der antikommunistische Freikorps-Film *Um das Menschenrecht*. 1941 Generalintendant der Städtischen Bühnen Breslau. Rundschreiben der Lagerkommandantur Auschwitz an das KZ-Personal (betrifft *Truppenbetreuungsveranstaltung*): »Am Montag, den 15. März 1943, 20 Uhr, findet das 2. Gastspiel des Schauspielhauses Breslau statt. Zur Aufführung gelangt das Lustspiel ›Die drei Eisbären‹ (Die drei Blindgänger) von Maximilian Vitus ... Organisation: Abt. VI zusammen mit Generalintendant Hans Schlenck, Breslau.« Im Persönlichen Stab Reichsführer SS. 1944 Kriegsdienst. † Kriegstod 13. 11. 1944 in Ungarn.

Schleswig-Holstein-Sonderburg-Glücksburg, Friedrich Herzog von.

* 23. 8. 1891 Grünholz. Kapitänleutnant a. D. Laut *Aufstellung derjenigen Parteigenossen, die Angehörige fürstlicher Häuser sind*: 1. 5. 1937 NSDAP, Nr. 4 420347, Gau Schleswig-Holstein. † 10. 2. 1965 Grünholz.

Schleswig-Holstein-Sonderburg-Glücksburg, Marie Melita Herzogin von.

* 18. 1. 1899 Langenburg. Tochter eines Legationsrats. 1916 Heirat mit Friedrich. Laut *Aufstellung derjenigen Parteigenossen, die Angehörige fürstlicher Häuser sind*: 1. 5.

1937 NSDAP, Nr. 4082979, Gau Schleswig-Holstein. Anmerkung: »Kreisabteilungsleiterin Grenz und Ausland [sic] in der Frauenschaft.« † 8.11. 1967 München.

Schlettow, Hans Adalbert. Auf der *Gottbegnadeten-Liste* der Schauspieler, die für die Filmproduktion benötigt werden.
* 11.6. 1888 Frankfurt am Main. 1924 Rolle des Hagen in Fritz Langs Teutonen-Opus *Die Nibelungen*. Laut Rabenalt vor der Machtergreifung in der NS-Betriebszellen-Organisation (die NSBO verstand sich als die »SA der Betriebe«) und im *Kampfbund für deutsche Kultur*. In der NS-Zeit 59 Filme, darunter 1933 der Propagandaschmarren *Flüchtlinge* über Wolgadeutsche, die »heim ins Reich« wollen, 1940 Blut-und-Boden-Drama *Geierwally*, Staatsauftragsfilm *Wunschkonzert* sowie der Haßfilm *Die Rothschilds*. 1941 als Burenkommandant im Hetzfilm *Ohm Krüger*. Weniger: »Als eifriger Denunziant von Schauspieler-Kollegen gefürchtet.« † Kriegstod 30.4. 1945 Berlin.

Schliepe, Ernst. Referent der Reichsmusikkammer (1939).
* 25.5. 1893 Darkehmen in Ostpreußen. 1927 Kapellmeister der Wagner-Festspiele der Zoppoter Waldoper (Reichswichtige Festspielstätte bei Danzig). 1932 NSDAP (Nr. 1323966). 1934 Kapellmeister der *Deutschen Musikbühne*, einer Opern- und Operetten-Wanderbühne der *Nationalsozialistischen Kulturgemeinde*. 1941 Oper *Marienburg*. 1944 Musikdirektor in Hohensalza (Wartheland). 1946 Kapellmeister in Schwerin, 1947 in Köthen, 1948 in Berlin. † 10.4. 1961 Berlin.

Schließler, Otto. Auf der *Gottbegnadeten-Liste* (Führerliste) der wichtigsten Bildenden Künstler des NS-Staates.
* 18.10. 1885 Forbach im Murgtal (Baden). Bildhauer und Graphiker. 1933 Professor an der Karlsruher Akademie (Meisteratelier). Unter anderem Relief *Falkenjagd* für den Staatsbau des Flughafens in Berlin-Tempelhof (Vollmer). 1956 Sonderausstellung in Heidelberg.

Schlömann, Eduard. Marinemaler.
* 25.6. 1888 Düsseldorf. Wohnort Eutin. Hitler kaufte 1938 sein Opus *Geschwaderübung*. Auf der Großen Deutschen Kunstausstellung im Münchner NS-Musentempel *Haus der Deutschen Kunst* 1940 mit dem Objekt *Heimkehrende Sieger* (Öl), 1941: *Die Fahrt nach Narvik* (am 9.4. 1940 Besetzung der nordnorwegischen Hafenstadt) sowie *Schnellboote nebeln sich vor der Themse ein* (Öl). Marine-Kriegsberichter. † 9.11. 1940 im Mittelmeer auf dem italienischen Torpedobootszerstörer Fulmine (WASt).

Schlösser, Rainer. Reichsdramaturg (1934). Reichskultursenator.
* 28.7. 1899 Jena, Sohn eines Archivdirektors. *Führerlexikon:* »Seit 1924 kulturpolitischer Mitarbeiter in der völkischen Presse.« 1924 Gedichte *Das Lied vom Stahlhelm*. 1931 Theaterkritiker beim NSDAP-Zentralorgan *Völkischer Beobachter*, NSDAP (Nr. 772091). Präsidialrat der Reichstheaterkammer. Vizepräsident der am 8.1. 1934 gegründeten *Union Nationaler Schriftsteller*. Ministerialrat, 1935 Leiter der Abteilung Theater im Reichspropagandaministerium. Motto: »Ob Darsteller, ob Dichter – das gilt jetzt gleich: Jeder ist jetzt nur ein schlichter Bekenner zu Führer und Reich.« Juni 1938, anläßlich der Reichstheaterwoche in Wien, Telegramm an Hitler: »Wir fühlen uns als Sprecher aller deutschen Bühnenschaffenden, wenn wir Ihnen, mein Führer, in dieser stolzen, unvergeßlichen Stunde die bedingungslose Einsatzbereitschaft für die von ihnen gesetzten künstlerischen Hochziele verbürgen.« 1939 als HJ-Obergebietsführer Leiter des Kulturamts der Reichsjugendführung. Goebbels am 4.8. 1942 im Tagebuch: »Die Theaterführung wird von Schlösser in meinem Auftrag vorzüglich verwaltet.« 1943 Gedichte: *Rausch und Reife*. † Vermißt seit April 1945.

Schlottmann, Carl. Heldenbariton.
* 26.11. 1901 Berlin. Dr. jur. Wagner-Sänger. 1933 Debüt am Stadttheater Cott-

bus. 1935 National-Theater Mannheim, ab 1936 Bayreuther Festspiele (laut Wistrich »einer der jährlichen Höhepunkte des NS-Kalenders und der Höhepunkt der jeweiligen Opernsaison«). 1937 Städtische Bühnen Erfurt, NSDAP (Nr. 5 662615). Am 29.7.1937 beim Künstlerempfang Hitlers in Bayreuth, Schlottman: »Er spricht nicht, sondern es spricht aus ihm.« Ab 1939 Stadttheater Brünn, Landesleiter Gau Böhmen-Mähren der Reichstheaterkammer. Nach 1945 in Meiningen und am Nationaltheater Weimar, ab 1956 Stadttheater Freiburg. † 18.6.1967 Freiburg. Lit.: Hamann.

Schlüter, Erna. Auf der *Gottbegnadeten-Liste* (Führerliste) der wichtigsten Künstler des NS-Staates.
* 5.2.1904 Oldenburg. Hochdramatischer Sopran, Wagner-Sängerin. Von 1940 bis 1956 Staatsoper Hamburg. † 1.12. 1969 Hamburg. Nachruf *Deutsches Bühnen-Jahrbuch*: »Sieghafte Stimme.«

Schlüter, Gisela. Schauspielerin, genannt *Lady Schnatterley*.
* 6.6.1914 Berlin. An der Komödie in Berlin. 1938 in den Exotikstreifen *Der Tiger von Eschnapur* und *Das indische Grabmal* sowie im Marika-Rökk-Film *Eine Nacht im Mai*. Nach 1945 populäre Fernsehdarstellerin. 1968 Autorin: *Schnattern gehört zum Handwerk*. 1973 letzter Film: *Unsere Tante ist das Letzte*. † 28.10.1995 Mittenwald.

Schlüter, Otto. Siedlungsgeograph.
* 12.11.1872 Witten/Ruhr, Sohn eines Notars. 1911 Ordinarius in Halle, 1912 im Reichskolonialbund, 1915 im *Alldeutschen Verband*, später: *Deutschvölkischer Schutz- und Trutzbund*, Eigenreklame: »Deutsche! Befreit Euch von der Judenherrschaft!« 1918 *Deutschnationale Volkspartei*. 1935 NSV, NS-Altherrenbund. 1938 Emeritierung, weiterhin Lehrstuhlvertretung. 1942–1952 Vizepräsident der Deutschen Akademie der Naturforscher Leopoldina in Halle/Saale. 1952/53 Präsident. 1956 Ehrensenator der Universität. † 12.10. 1959 Halle. Lit.: Eberle.

Schlusnus, Heinrich. Auf der *Gottbegnadeten-Liste* (Führerliste) der wichtigsten Künstler des NS-Staates. Reichskultursenator.
* 6.8.1888 Braubach am Rhein. Bariton. Zunächst Postbeamter. 1917 (bis 1945) an der Berliner Staatsoper. April 1935 Auftritt bei Görings Hochzeit. Goebbels am 6.4.1936 im Tagebuch: »Abends Essen des Reichskultursenats ... Schlusnus und die Nettesheim singen.« Goebbels am 13.8. 1936 über eine Gesellschaft beim Führer: »Schlusnus, Ludwig, Nettesheim, Bockelmann und Manowarda singen. Ein einziger Zauber von schönen Stimmen.« Auftritte in Bayreuth (laut Wistrich »einer der jährlichen Höhepunkte des NS-Kalenders und der Höhepunkt der jeweiligen Opernsaison«). Schlusnus in Weinschenks Buch *Künstler plaudern* (1938): »Auch wenn ich im Auslande reise, gebe ich zumeist deutsche Liederabende, und wenn ich deutsche Lieder wähle, so singe ich sie immer in deutscher Sprache. Das ist mein unverrückbarer Grundsatz.« Am 4.2.1940 an Hitler: »Mein hochverehrter Führer! Für die gestern erhaltene Kaffeespende ... danke ich auch zugleich im Namen meiner Frau herzlichst. Mit deutschem Gruß Ihr Heinrich Schlusnus.« Ehrenbürger seines Heimatorts Braubach auf Lebenszeit. NS-Ehrung: 1943 *Goethe-Medaille* für Kunst und Wissenschaft durch Hitler, von Göring persönlich überreicht (DBJ). Nach 1945 Opernhaus in Frankfurt am Main. † 18.6.1952 ebenda. Nachruf *Deutsches Bühnen-Jahrbuch*: »Mit ihm verliert Deutschland seinen bedeutendsten Opern- und Konzertbariton der letzten 30 Jahre.«

Schmalstich, Clemens. Komponist.
* 8.10.1880 Posen. 1913 Märchenspiel *Peterchens Mondfahrt*. 1927 musikalischer Leiter der Elektrola-Gesellschaft. 1932 NSDAP (Nr. 1 106153), Kreiskulturwalter, Fachspartenleiter Unterhaltungsmusik und Operette in Rosenbergs *Kampfbund für deutsche Kultur*, Organisation Groß-Berlin. Präsidialbeirat der *Kameradschaft der deutschen Künstler* (NS-Führerkorps).

1935 Professor der Staatlichen Hochschule für Musik in Berlin. 1936 Filmmusik zu *Die unmögliche Frau.* 1937 Oper *Wenn die Zarin lächelt* und Filmmusik zu *Ein Volksfeind* (Thema: die Wissenden haben die Unwissenden zu führen). 1940 Oper *Die Hochzeitsfackel.* Ab 1945 Dirigent des Siemens-Orchesters in Berlin. † 15.7. 1960 Berlin. Nachruf *Deutsches Bühnen-Jahrbuch:* »Humperdinck-Schüler. Von seinem Lehrer hat er wohl die Liebe zu kindhafter Musik eingepflanzt bekommen.«

Schmalzbach, Leon. Komponist und Chordirektor.
* 13.10. 1882 Jaroslaw in Polen. Wohnort Haigerloch. Im *Lexikon der Juden in der Musik* gebrandmarkt. † Deportiert am 1.12. 1941 von Stuttgart nach Riga.

Schmid, Rosl. Auf der *Gottbegnadeten-Liste* (Führerliste) der wichtigsten Pianisten des NS-Staates.
* 25.4. 1911 München. Wohnsitz ebenda. 1939 Goebbels' erste Preisträgerin des *Nationalen Musikpreises.* 1948 Professorin der Musikhochschule in München. † 20.11. 1978 ebenda.

Schmid-Ehmen, Kurt. Bildhauer in München, Spezialist für Hoheitszeichen. Reichskultursenator.
* 23.10. 1901 Torgau. Hitler kaufte 1938 seine *Speerträgerin* für 18 000 Mark. Gestaltete den Reichsadler oberhalb des Eingangsportals der 1939 von Speer erbauten Neuen Reichskanzlei. April 1939 in der Zeitschrift *Das Innere Reich:* »Ich habe das große Glück, die Zeichen gestalten zu dürfen, die Eingangstore der Parteibauten bewachen, die Tribünen der Weihestätten flankieren oder die Arbeitsräume des Führers schmücken.« Auf der Großen Deutschen Kunstausstellung 1939 im Münchner NS-Musentempel *Haus der Deutschen Kunst* mit der Bronzeplastik *Weibliche Figur* (stämmige Nackte mit Zweig). NS-Ehrung: 1936 Präsidialrat der Reichskammer der bildenden Künste. Am 30.1. 1937 (zum *Tag der Machtergreifung*) Titel Professor. † 14.7. 1968 Starnberg.

Schmid-Wildy, Ludwig. Volksschauspieler.
* 3.5. 1896 Aachen, Sohn eines Bildhauers. In der NS-Zeit in 27 Filmen, Regie zu drei Filmen. 1934 jeweils Regisseur und Darsteller im antikommunistischen Freikorps-Film *Um das Menschenrecht* sowie im Kriegsfilm *Stoßtrupp 1917* (laut *Völkischer Beobachter* über »unsterbliches Soldatentum«), Uraufführung am 20.2. 1934 in Anwesenheit Hitlers. 1940 im antipolnischen Film *Feinde.* 1941 Werkspionagefilm *Alarmstufe V.* Nach 1945 Leiter der Volkssängerbühne Platzl, Darsteller am Münchner Volks- und Residenztheater. Filme wie *Das sündige Dorf* (1954) oder *Zwei Matrosen auf der Alm* (1957). † 30.1. 1982 Rosenheim.

Schmidseder, Ludwig. Komponist.
* 28.4. 1904 Passau. Zunächst Barpianist. Mai 1933 NSDAP. 1936 Filmmusik zum Verwechslungsspiel *Hilde Petersen postlagernd.* Im Krieg Musik zu zehn Filmen, darunter 1940 der Filmschwank *Der ungetreue Eckehart* sowie *Beates Flitterwochen* und *Herzensfreud – Herzensleid,* 1943 zu *Der kleine Grenzverkehr* (nach 1945 verboten). Komposition des Kriegslieds *Wir kommen wieder,* Textprobe: » ... die wir jeden Feind geschlagen,/wir marschieren heut/strahlend, jung und frei/an jenem Mann vorbei,/der mit uns Geschichte macht/und über Deutschland wacht«. Operetten: *Viola* (1937), *Die oder keine* (1939), *Linzer Torte* (1944). Etwa 500 Schlager, die bekanntesten: *Habanera* sowie *Gitarren spielt auf.* † 21.7. 1971 München. Lit.: Drewniak, *Film.*

Schmidt, Eberhardt. Komponist.
* 23.3. 1907 Slawentzitz in Oberschlesien, Pfarrerssohn. 1930 bei einer Agitpropgruppe in Berlin. 1932 KPD. 1933 Flucht ins Saarland, 1935 in Paris. 1941 KZ Sachsenhausen. 1949 Leiter der Nationalen Kulturgruppe der Freien Deutschen Jugend. 1951 Gründungsmitglied des Verbands Deutscher Komponisten und Musikwissenschaftler. 1964–1968 Direktor des Schweriner Konservatoriums. Kom-

ponist des *Thälmannlieds*, Refrain: »Thälmann und Thälmann vor allen!/Deutschlands unsterblicher Sohn –/ Thälmann ist niemals gefallen,/Stimme und Faust der Nation.« 1953 Nationalpreis. † 22.1.1996 Berlin.

Schmidt, Franz. Musikreferent im SS-Führungshauptamt (1941).
* 6.12.1915 Rodenkirchen in Oldenburg. 1941 Leiter des Stabsmusikkorps des SS-Führungshauptamts (Waffen-SS). SS-Nr. 391923. Veranstaltete eigene Symphoniekonzerte mit Werken von Bach, Bruckner oder Schubert. Prieberg (Musik): »Als das Stabsmusikchor der Waffen-SS [1943] in der Berliner Philharmonie die Fünfte von Bruckner aufführte, Leitung Franz Schmidt, SS-Hauptsturmführer, war der große Karajan aufmerksamer Zuhörer und zollte hinterher der Aufführung und Wiedergabe ›ausdrücklichen Beifall‹.« Nach 1945 in Hamburg. † 10.9.1971 Hamburg.

Schmidt, Franz. Direktor der Akademie für Musik und darstellende Kunst in Wien.
* 22.12.1874 Preßburg. *Meyers Lexikon* (1942): »Der bedeutendste Sinfoniker der Ostmark seit Bruckner, wurde aber vor 1938 wegen seines Bekenntnisses zum Nationalsozialismus stark vernachlässigt.« Zur Volksabstimmung zum »Anschluß« Österreichs April 1938: »Ich bitte den Allmächtigen, er möge mir die rechte Kraft geben, den Dank, den Jubel und den Glücksrausch eines ganzen Volkes in einem großen Tonwerk gestalten zu vermögen!« † 11.2.1939 Perchtoldsdorf bei Wien. Im Nachlaß sein Werk *Deutsche Auferstehung* (1939).

Schmidt, Fritz. *Landeskulturwalter* Gau Westfalen-Nord.
* 19.11.1903 Eisbergen. Fotograf. 1929 NSDAP/SA. 1934 NSDAP-Gaupropagandaleiter und Leiter der Landesstelle Westfalen-Nord des Reichspropagandaministeriums. 1936 MdR. 1940 Leiter der NSDAP-Landesgruppe Niederlande. Ab Oktober 1941 Generalkommissar z.b.V.

Niederlande (Propaganda und Volksaufklärung). 1941 SA-Brigadeführer. † 28.6. 1943 bei Chartres durch Sturz aus dem Zug (Mitteilung de Mildt). Goebbels am 29.6.1943: »Der Generalkommissar Schmidt ... hat sich in Wirklichkeit erschossen.« Lit.: Lilla.

Schmidt, Hermann. Heeresmusikinspizient (1929–1945).
* 9.3.1885 Gera. 1929 Lehrer der Musikhochschule Berlin, 1933 Titel Professor. 1938 Beitrag *Hohe Schule der Musik*: »Solange diese [Militär-]Musik im deutschen Heer bestehen wird, wird sie sich auf das ganze deutsche Volk und sein Kulturleben segensreich auswirken.« 1939 Tonaufnahme *Stürmende Jugend* mit dem Militär-Hochschulorchester Berlin. 1939 Produzent des Marschs *Weichsel und Warthe*, anderer Titel: *Marsch der Deutschen in Polen*. † 5.10.1950 Berlin. Lit.: Gillum; Wulf, Musik.

Schmidt, Joseph. Tenor.
* 4.3.1904 Dawideny/Bukowina. Kleinwüchsiger Konzertsänger, berühmt als Interpret der Gesangsstücke *Ein Lied geht um die Welt* (1933) und *Ein Stern fällt vom Himmel* (1935). Im *Lexikon der Juden in der Musik* gebrandmarkt. Entzog sich der Verfolgung durch Konzertreisen im Ausland. Die *Allgemeine Sänger-Zeitung* höhnte Juni 1940: »Sang- und klanglos sind sie aus Deutschland verschwunden und treiben sich nun in jenen Ländern herum, in denen das Wissen in der Judenfrage im Volke noch wenig um sich gegriffen hat. Auch der Judentenor Josef Schmidt reist heute von Land zu Land, von Stadt zu Stadt.« 1942 in der Schweiz, von der Fremdenpolizei ins Internierungslager Gyrenbad verbracht. † 16.11. 1942 ebenda. Lit.: Prieberg.

Schmidt, Paul Ferdinand. Kunsthistoriker.
* 7.4.1878 Goldap in Ostpreußen. Dr. phil. 1919 Direktor der Städtischen Kunstsammlung Dresden. Entlassung wegen Förderung »entarteter Kunst«. † 16.10. 1955 Siegsdorf in Oberbayern.

Schmidt-Boelcke, Werner. Dirigent.
* 28. 7. 1903 Warnemünde. 1928 Chefdirigent aller Emelka-Lichtspiel-Theater (Begleitorchester zu Stummfilmen). 1934 (bis 1944) Chefdirigent des Metropoltheaters und des Admiralpalasts in Berlin. Filmmusik zu *Ich liebe alle Frauen* (1935), *Peter Voß, der Millionendieb* sowie *Der Erbförster* (1944). 1950–1967 Chefdirigent des Rundfunkorchesters des BR. 1980 *Filmband in Gold* für langjähriges und hervorragendes Wirken im deutschen Film. † 6. 11. 1985 München.

Schmidt-Garre, Helmut. Musikschriftsteller.
* 23. 6. 1907 Düsseldorf. Dr. phil. Schüler Alban Bergs. 1934 Autor: *Der rassische Stil der nordischen Musik.* Zeitweise Musik-Chef der Ufa. Ab 1947 Musikkritiker des *Münchner Merkur.* † 1. 4. 1989 München.

Schmidt-Gentner, Willy. Hauskomponist der Wien-Film (1938–1945).
* 6. 4. 1894 Neustadt in Thüringen. Schüler Max Regers. 1928 Filmbeauftragter der Ufa (Volker). NSDAP Mai 1933 (laut Prieberg 1934 gestrichen). Filmmusiken: 1937 Zarah Leanders Revuefilm *Premiere,* 1939 Mutterkreuz-Opus *Mutterliebe* sowie *Aufruhr in Damaskus* (ein Film vom »heroischen Kampf gegen die Macht englischen Blutgeldes an der arabisch-syrischen Front 1918«). 1940 Willi-Forst-Film *Operette,* 1941 Hetzfilm *Heimkehr* zur Rechtfertigung des Überfalls auf Polen und 1942 *Wien 1910* (der antisemitische Wiener Bürgermeister Karl Lueger als Hitler-Vorläufer). Nach 1945 Filme wie *Erzherzog Johanns große Liebe* (1950), 1955 letzter Film: *Kronprinz Rudolfs letzte Liebe.* † 12. 2. 1964 Wien.

Schmidt-Isserstedt, Hans. Auf der *Gottbegnadeten-Liste* (Führerliste) der wichtigsten Dirigenten des NS-Staates.
* 5. 5. 1900 Berlin. Schüler Schrekers. 1934 Kapellmeister der *Deutschen Musikbühne,* eine Opern- und Operetten-Wanderbühne des *Kampfbunds für deutsche Kultur.* 1935 auf der Liste der *Musik-Bolschewisten* der *NS-Kulturgemeinde,* Scheidung von seiner »jüdischen« Ehefrau Gerta Herz (zwei Kinder), Erster Kapellmeister der Staatsoper Hamburg. Oktober 1940 Gastspiel im besetzten Oslo in Anwesenheit von Reichskommissar Terboven und des norwegischen Nazi-Führers Quisling. 1943 Operndirektor des Deutschen Opernhauses Berlin, mit mehr als 2000 Plätzen eines der größten Opernhäuser der Welt. Mai 1944 Generalmusikdirektor. NS-Ehrung: Zu *Führers Geburtstag* 1938 von Hitler Titel Staatskapellmeister. 1945–1971 Chefdirigent des Norddeutschen Rundfunks in Hamburg sowie Leiter einer Dirigentenklasse an der Musikhochschule. † 28. 5. 1973 Holm, Kreis Pinneberg. Lit.: Prieberg; Rathkolb.

Schmidt-Leonhardt, Hans. *Reichskulturwalter.*
* 6. 8. 1886 Leipzig, Sohn eines Fabrikbesitzers (*Führerlexikon*). Dr. jur. Verwaltungsjurist. März 1933 Ministerialrat, später Ministerialdirigent im Reichspropagandaministerium. Geschäftsführer der Reichskulturkammer, Leiter der Rechtsabteilung im Reichspropagandaministerium. NSDAP Mai 1937. März 1938 Goebbels' Generalreferent für die Wiedervereinigung Österreichs, Honorarprofessor. Mit Peter Gast 1933 Autor des Kommentars *Das Schriftleitergesetz* (zweite Auflage 1938): »Jeder Beruf ist für den Nationalsozialismus eine öffentliche Aufgabe«. † 1945. Lit.: Rave.

Schmidt-Pauli, Edgar. Schriftführer der am 8. 1. 1934 gegründeten *Union Nationaler Schriftsteller.*
* 3. 3. 1881 Hamburg. Rittmeister a. D. 1932 Autor: *Die Männer um Hitler* sowie *Hitlers Kampf um die Macht.* Wahlaufruf für Hitler am 10./11. 1932 im *Völkischen Beobachter* (»Der Kandidat der deutschen Geisteswelt«). 1933: *Adolf Hitler – ein Weg aus eigener Kraft.* Schriftführer des am 23. 4. 1933 gleichgeschalteten und am 15. 1. 1935 liquidierten deutschen PEN-Clubs. DBE: »Pressechef beim Staatskommissar für öffentliche Ordnung in Berlin und gehörte nach dem Zweiten Weltkrieg

zu den Gründungsmitgliedern der CDU in Schleswig-Holstein.« † 16.9.1955 Tutzing. Lit.: Scholdt; Wulf, Literatur.

Schmidt-Rottluff, Karl. Maler.

* 1.12.1884 Rottluff bei Chemnitz. In Fritschs Hetzwerk *Handbuch der Judenfrage* (1936) als expressionistischer »›Künstler‹ aus dem nichtjüdischen Lager« aufgeführt, der es verdiene, »als Mittäter an dieser Kulturschande mit den Juden zusammen genannt zu werden«. Mit 51 Gemälden, Aquarellen und graphischen Blättern Juli 1937 in der Schandschau *Entartete Kunst* in München vorgeführt, mit 608 beschlagnahmten Objekten eines der Hauptopfer der NS-Kulturdiktatur. Ein Teil seiner Werke wurde bei der Gemäldeverbrennung (insgesamt 1004 Bildwerke, 3825 Aquarelle und Graphiken) am 20.3.1939 im Hof der Berliner Feuerwache vernichtet (Brenner). *Meyers Lexikon* 1942: »Gehörte eine Zeitlang der expressionistischen Künstlervereinigung ›Die Brücke‹ an, vertrat den Expressionismus in einer nach Form und Farbe von jeder deutschen Überlieferung abweichenden, das Naturvorbild bis zum äußersten vergewaltigenden Weise.« † 10.8.1976 Rottluff. Lit.: Rave.

Schmidtbonn, Wilhelm. Schriftsteller.

* 6.2.1876 Bonn. Zum I. Weltkrieg »grauenhaft patriotisches« Theaterstück (Goetz) mit dem Titel *1914*, Textprobe: »Auf deiner Insel, neidisches England,/Du bist der Urfeind,/Wir lassen Dich nicht.« Zahlreiche Dramen und Romane. Mitglied und am 18.3.1933 Unterzeichner einer Loyalitätserklärung der Deutschen Akademie der Dichtung der Preußischen Akademie der Künste pro NS-Regierung. *Meyers Lexikon* 1942: »Verbindet starke Bühnenwirkung mit zarter Seelenmalerei.« † 3.7.1952 Bad Godesberg.

Schmidtmann, Paul. Oberspielleiter des Opernhauses Kattowitz.

* 1.9.1904 Turin (sic). Buffotenor. 1931 am Opernhaus Brünn, 1940 am Opernhaus Breslau, ab 1941 in Kattowitz. Rundschreiben des KZ-Kommandanten Höß, Auschwitz, vom 11.6.1943 an das KZ-Personal: »Am Donnerstag, den 17. Juni 1943, 20.15 Uhr, findet auf der Bühne des Kameradschaftsheimes die nächste Truppenbetreuungsveranstaltung statt. Es gastiert das Opernhaus Kattowitz mit einem ›Großen bunten Abend‹ Gesang – Tanz – Heitere Vorträge … Es wirken mit: … Paul Schmidtmann, Tenor.« Nach 1945 an der Staatsoper Ost-Berlin, 1949 am Berliner Hebbel-Theater Regie zu Brechts Schuloper *Der Jasager*. 1951 Sänger in der Uraufführung von Paul Dessaus Oper *Das Verhör des Lukullus*. Professor an der Hochschule für Musik in West-Berlin. † 3.8.1967 Berlin.

Schmiede, Leo von der.

Personendaten nicht ermittelt (Pseudonym?). Regie und Drehbuch zum Montagefilm *Juden ohne Maske*, Ende 1937 stündlich aufgeführt im Rahmen der Ausstellung *Der ewige Jude* im Deutschen Museum in München, Verleih nur über die Gaufilmstellen der NSDAP (Hampicke/Loewy). Filmkommentar: »Der Jude ist die Verkörperung des Bösen … Wohin sein Pesthauch trifft, wirkt er vernichtend. Wer mit den Juden kämpft, kämpft mit dem Teufel.«

Schmitt, Saladin. Präsident der Deutschen Shakespeare-Gesellschaft (1943).

* 18.9.1883 Bingen. Im I. Weltkrieg Leiter des Soldatentheaters in Belgien. 1918 (bis 1949) Theaterleiter in Bochum. 1921 (bis 1935) zugleich Intendant der Duisburger Oper. Ab 1937 Gastgeber der Reichstheatertage der HJ in Bochum. 1941/42 zwecks Kulturpropaganda vier Reisen ins besetzte Holland. NS-Ehrung: 1938 Titel Professor. † 14.3.1951 Bochum. Nachruf *Deutsches Bühnen-Jahrbuch*: »Stil einer gobelinhaften Feierlichkeit.« Lit.: Drewniak, Theater.

Schmitt-Walter, Karl. Auf der *Gottbegnadeten-Liste* (Führerliste) der wichtigsten Künstler des NS-Staates.

* 23.12.1900 Germersheim am Rhein. Bariton. 1929 Staatstheater Wiesbaden, ab 1935 Deutsches Opernhaus Berlin, Glanzrolle: der Danilo in Lehárs *Die lustige Witwe* (Hitlers Lieblingsstück). Goebbels am

28.8.1940 im Tagebuch: »Nachmittags Besuch einiger Künstler, die sich besonders um die Truppenbetreuung verdient gemacht haben. Raucheisen, Schmitt-Walter ... Wir erzählen viel, machen Spaziergang durch den Wald, dort wird von Raucheisen, Schmitt-Walter und Hilde Seipp musiziert.« Mai 1941 Gesangspartie im Zarah-Leander-Film *Der Weg ins Freie* (in den Nebenrollen ein verbrecherischer polnischer Graf und zwei jüdische »Volksschädlinge«). Vom 18. bis 25.9.1941 mit der *Fledermaus* des Deutschen Opernhauses in der Großen Pariser Oper, eine Veranstaltung der NS-Gemeinschaft *Kraft durch Freude* im Auftrag des OKW (Programmheft), vom Reichspropagandaministerium mit 200 000 Mark finanziert. 1942 im Reklamefilm der Reichsbahnzentrale für den Deutschen Reiseverkehr: *Bach, Mozart, Beethoven – Deutsche schufen für die Welt*. Laut Lale Andersen April 1942 mit Goebbels' *Berliner Künstlerfahrt* (Truppenbetreuung) Auftritt in Warschau. NS-Ehrung: Zu *Führers Geburtstag* 1938 Titel Kammersänger. Nach 1945 Bayerische Staatsoper München, 1956–1961 der Beckmesser (*Meistersinger*) der Bayreuther Festspiele. 1965 *Großes Bundesverdienstkreuz*. † 14.1.1985 Bad Kreuth in Oberbayern.

Schmitthenner, Paul. Auf der *Gottbegnadeten-Liste* (Führerliste) der wichtigsten Architekten des NS-Staates.
* 15.12.1884 Lauterburg im Elsaß. 1918 (bis 1945) Professor der TH Stuttgart. Fachgruppenleiter Bildende Kunst in Rosenbergs *Kampfbund für deutsche Kultur*. 1933 NSDAP. Laut *Meyers Lexikon* (1942) hielt er sich »stets an das Bodenständige der deutschen Bauweise«: 1914 Reichsgartenstadt Staaken bei Berlin, 1925 Haus des Deutschtums in Stuttgart, 1934 Wiederaufbau des Alten Schlosses in Stuttgart, Autor: *Die Baukunst im Neuen Reich*. † 11.11.1972 München.

Schmitz, Jupp. Komiker, rheinisches Original.
* 28.1.1884 Köln. SS 1934 (Nr. 298852),

NSDAP 1937 (Nr. 5 773622). 1934 im antikommunistischen Freikorps-Film *Um das Menschenrecht*. 1938 im antikommunistischen Streifen *Urlaub auf Ehrenwort*, Kleinstadtposse *Der Maulkorb* sowie Marika-Rökk-Film *Eine Nacht im Mai*. 1939/40 im Minisketch *Tran und Helle* als *Tran*, Primitivpropaganda zur Wochenschau (über ausländische Sender: »Ob in Worten oder Noten: Ausland hören ist verboten!«). 1943 Filmsperre wegen »unwürdigem Verhalten« (Vorwurf laut Hippler: »Perversitäten«). Ende 1944 Nebenrolle in Harlans Melodram *Opfergang*. † 29.6.1954 Hannover an den Folgen eines Schlaganfalls. Lit.: Hans-Jürgen Singer, »Tran und Helle«, in: Publizistik, 1986, S. 346 ff.

Schmitz, Paul. Auf der *Gottbegnadeten-Liste* (Führerliste) der wichtigsten Dirigenten des NS-Staates.
* 16.4.1898 Hamburg. 1933 (bis 1951) Generalmusikdirektor (GMD) der Städtischen Bühnen Leipzig. 1941 zusätzlich Dirigent des Gewandhaus–Kammerorchesters. Am 6.6.1944 Auftritt mit Gewandhausorchester im besetzten Krakau in Anwesenheit Generalgouverneurs Frank (genannt *Polenschlächter*). NSDAP 1937. 1951 GMD in Kassel. † 6.2.1992 München.

Schmitz, Peter. Kapellmeister.
* 20.1.1895 Köln. 1927 Städtischer Musikdirektor und Musikoberleiter der Oper Trier. 1933 Opernkapellmeister am Preußischen Staatstheater Kassel. NSDAP (Nr. 1 106768), später gestrichen, Referent des *Kampfbunds für deutsche Kultur* Berlin. 1945 Generalmusikdirektor in Meiningen-Eisenach. Ab 1961 in Köln. † 12.7.1964 Köln.

Schmitz, Sybille. Schauspielerin.
* 2.12.1909 Düren. In der NS-Zeit 26 Filme. 1938 im Rühmann-Film *Die Umwege des schönen Karl* sowie im Gründgens-Film *Tanz auf dem Vulkan*. Titelrolle 1939 in *Hotel Sacher* und 1941 in *Wetterleuchten um Barbara*, Heimatfilm zur »Befreiung« Österreichs durch die Nazis. 1943 anti-

britischer Untergangsfilm *Titanic,* von Goebbels angesichts der Kriegslage verboten. 1944 Liebeskomödie *Die Hochstaplerin* sowie Blut-und-Boden-Melodram *Das Leben ruft.* Nach 1945 ohne Rollen. † Suizid 13.4.1955 München.

Schmitz-Wiedenbrück, Hans. Westfälischer Bauernmaler.
* 3.1.1907 Wiedenbrück. August/September 1941 im Rosenberg-Organ *Die Kunst im Deutschen Reich* Abbildung seines Triptichons *Arbeiter, Bauern und Soldaten.* 1942 auf der Großen Deutschen Kunstausstellung im Münchner NS-Musentempel *Haus der Deutschen Kunst* mit dem Durchhalteopus *Kämpfendes Volk* (Öl). Goebbels am 5.7.1942 im Tagebuch: »Der Maler Schmitz-Wiedenbrück, dessen Monumentalgemälde ich gekauft habe, macht einen besonders guten Eindruck.« 1943 von Goebbels (erfolglos) zum Professor vorgeschlagen. † Dezember 1944.

Schmückle, Georg. Direktor des Schiller-Nationalmuseums in Marbach (1933).
* 18.8.1880 Esslingen, Sohn eines Hoteliers. Dr. jur. *Führerlexikon:* »Staatsanwalt; leitende Stellung bei der Industrie ... ununterbrochen im nationalen Kampf; seit 1931 Mitglied der NSDAP.« Gaukulturwart sowie Landesleiter der Reichsschrifttumskammer Gau Württemberg-Hohenzollern, Landesvorsitzender des *Kampfbunds für deutsche Kultur.* 1938 Teilnehmer des *Reichsfrontdichtertreffens* in Guben (*Gubener Zeitung* vom 14.6.1938). Weiheverse *Die Sturmbatterie:* »Nun Herzen fest und hart die Faust,/Zügel gefaßt und losgebraust!/Das rattert auf Steinen, das kracht in ein Loch-/ Zwei Tote hoben die Köpfe hoch.« NS-Ehrung: 1940 *Goethe-Medaille* für Kunst und Wissenschaft. † 8.9.1948 Stötten in Württemberg. Lit.: Schonauer; Wulf, Literatur.

Schnabel, Artur. Pianist und Komponist.
* 17.4.1882 Lipnik (Opole). Ab 1925 Leiter einer Meisterklasse der Musikhochschule Berlin, Professor. 1933 Aufführungsverbot, Begründung: »Kulturbolschewist«, Wechsel nach Italien, 1934 in London, 1938 USA, University of Michigan. Im *Lexikon der Juden in der Musik* gebrandmarkt. † 15.8.1951 Axenstein in der Schweiz.

Schnack, Anton. Name Oktober 1933 unter dem Treuegelöbnis »88 deutsche Schriftsteller« für Adolf Hitler.
* 21.7.1892 Rieneck in Unterfranken. Bruder von Friedrich Schnack. Laut *Meyers Lexikon* (1942) Lyriker und phantasievoller Erzähler. Gedichtbände *Strophen der Gier* (1919) und *Tier rang gewaltig an Tier* (1920), Roman *Zugvögel der Liebe* (1936). Mit mehr als 50 Texten im NS-Kampfblatt *Krakauer Zeitung,* das »Blatt des Generalgouvernements«. † 26.9.1973 am Wohnort Kahl am Main.

Schnack, Friedrich. Name Oktober 1933 unter dem Treuegelöbnis »88 deutsche Schriftsteller« für Adolf Hitler.
* 5.3.1888 Rieneck in Unterfranken. Laut *Meyers Lexikon* (1942) »starke Lebensnähe, Natur- und Heimatverbundenheit«. Gedichte wie *Das kommende Reich* (1920) oder Prosa wie *Das Waldkind* (1939). 1961 Gesammelte Werke. 1962 Gedichte *Heitere Botanik.* 1956 Adalbert-Stifter-Preis der *Schutzgemeinschaft Deutscher Wald.* 1965 Kulturpreis der Stadt Würzburg, Bayerischer Verdienstorden. † 6.3.1977 München.

Schnee, Heinrich. Präsident der *Deutschen Kolonialgesellschaft* (1930–1936).
* 4.2.1871 Neuhaldensleben, Sohn eines Landgerichtsrats. Dr. jur. 1897 Eintritt in die Kolonialabteilung des Auswärtigen Amtes. Unter anderem 1912–1919 Gouverneur in Deutsch-Ostafrika. 1924 (bis 1932) MdR für *Deutsche Volkspartei,* Autor: *Die koloniale Schuldlüge.* 1926 (bis 1933) Präsident des *Bundes der Auslandsdeutschen,* Herausgeber der Zeitschrift *Der Weg zur Freiheit.* 1933 (bis 1945) MdR, Präsident des *Reichskolonialbunds* (bis 1936). 1937 Präsident der *Deutschen Gesellschaft für Völkerrecht und Weltpolitik* (bis 1945). NS-Ehrung: 1941 von Hitler *Adlerschild des Deutschen Reiches* (höchste Auszeichnung für ganz außerordentliche

Verdienste): »Dem deutschen Kolonialpionier.« † 23. 6. 1949 Berlin. Lit.: *Führerlexikon*; Lilla.

Schneeberger, Hans. Kameramann. * 7. 6. 1895 Brandberg. 1929 Stummfilmklassiker *Die weiße Hölle vom Piz Palü*. Lebte vier Jahre mit Leni Riefenstahl zusammen, genannt *Schneefloh*. Wichtigste Filme: 1930 *Der blaue Engel*, 1938 Exotikfilme *Der Tiger von Eschnapur* und *Das indische Grabmal* sowie *Kameraden auf See* (die deutsche Kriegsmarine im spanischen Bürgerkrieg). 1939 *Leinen aus Irland* (Leiser: die Karikatur des jüdischen Untermenschen), 1942 *Wien 1910*: der antisemitische Wiener Bürgermeister Karl Lueger als Hitler-Vorläufer. 1948 (zweite Kamera) *Der dritte Mann*, 1952 *Der fröhliche Weinberg*, 1956 *Jede Nacht in einem anderen Bett*, 1964 letzter Film: *Der Satan mit den roten Haaren*. † 19. 11. 1970 Salzburg.

Schneider, Magda. Schauspielerin. * 7. 5. 1909 Augsburg. Karrierebeginn als zweite Soubrette in Augsburg. Rollentyp: herzige Frauen. Laut Hippler von Goebbels öfters zur Abendgesellschaft eingeladen. In der NS-Zeit 32 Filme, darunter 1935 – neben Gigli – der Liebesfilm *Vergiß mein nicht*, 1939 *Das Recht auf Liebe* und 1943 *Wer küßt Madeleine*. In erster Ehe mit dem Schauspieler Wolf Albach-Retty verheiratet (Hochzeit 1936, 1938 Geburt der Tochter Romy, Scheidung 1945). Mit Tochter Romy 1953 erstmals gemeinsam im Film *Wenn der weiße Flieder wieder blüht*, danach in den Sissi-Streifen. 1961 letzter Film: *Verdammt die jungen Sünder nicht*. 1982 *Filmband in Gold* für langjähriges und hervorragendes Wirken im deutschen Film. † 30. 7. 1996 Schönau am Königssee.

Schneider, Reinhold. Schriftsteller. * 13. 5. 1903 Baden-Baden, Sohn eines Hoteliers. Gilt als Zentrum katholischen Beharrens, aber kurzzeitig von der NS-Aufbruchstimmung erfaßt. Am 23. 4. 1933 im Tagebuch: »Es kommt nicht so sehr darauf an, was in diesen Versammlungen, im historischen Augenblick, gesprochen wurde. Erlebt wurde ein allumfassendes Schicksal: eine Gemeinschaft, die dem triumphierenden Leben so nahe ist wie dem Tod.« Erhoffte anfangs eine »Verschmelzung des Germanischen und Christlichen« (Tagebuch am 7. 8. 1933). 1938 Erzählung *Las Casas vor Carl V.*, ein Protest gegen Rassismus in historischem Gewand. 1940 Essays: *Macht und Gnade*. 1941 Schreibverbot. Illegale Verbreitung seiner Gedichte zum Teil in Abschriften. 1944 Broschüre *Das Gottesreich in der Zeit. Sonette und Aufsätze*. 1956 Friedenspreis des Deutschen Buchhandels. † 6. 4. 1958 Freiburg im Breisgau. Lit.: Sarkowicz; Scholdt.

Schneider, Willy. Bariton. * 5. 9. 1905 Köln, Sohn eines Metzgers. Interpret von Soldatenliedern wie *Soldatenständchen*, *Tapfere kleine Soldatenfrau* oder *Wovon kann der Landser denn schon träumen*. Insgesamt 800 Schallplatten in rund 18 Millionen Exemplaren. Bekannteste Lieder: *Wenn das Wasser im Rhein gold'ner Wein wär'* sowie *Schütt' die Sorgen in ein Gläschen Wein*. † 12. 1. 1989 Köln.

Schneider-Edenkoben, Richard. Name Oktober 1933 unter dem Treuegelöbnis »88 deutsche Schriftsteller« für Adolf Hitler.
* 25. 6. 1899 Edenkoben. Ein Vetter des Krakauer Generalgouverneurs Hans Frank und Schwiegersohn von Knut Hamsun. Filmregie: 1933 Blut-und-Boden-Drama *Du sollst nicht begehren*, 1936 Verwechslungskomödie *Inkognito*, 1938 Berliner Posse *Wie einst im Mai*, 1939 letzter Film: *Silvesternacht am Alexanderplatz*. Drehbuchautor (so 1936 Staatsauftragsfilm *Soldaten – Kameraden*) bis 1943. Im Krieg Heirat mit Hamsuns Lieblingstochter Ellinor, Ehe bald zerbrochen. Posten als Filmexperte für das Gegeneneralgouvernement, Abgabe eines kurzen Memorandums, seitdem verschwunden (Nürnb. Dok. 3815-PS). Lit.: Drewniak, Film; Giesen; Hansen.

Schneiderhan, Wolfgang. Auf der *Gottbegnadeten-Liste* (Führerliste) der wichtigsten Geiger des NS-Staates.

* 28.5.1915 Wien, Sohn eines Schauspielers. 1933 Erster Konzertmeister der Wiener Symphoniker. 1937 (bis 1951) Konzertmeister der Wiener Philharmoniker. Mozart- und Beethoveninterpret. 1937 Gründer des nach ihm benannten Streichquartetts. 1938 Lehrer am (vom Reichserziehungsministerium finanzierten) Mozarteum in Salzburg. 1956 Mitbegründer des Festival Strings Lucerne. 1975 Professor der Musikhochschule in Wien. Verheiratet mit der Sopranistin Irmgard Seefried. † 18.5. 2002 Wien. Lit.: Potter.

Schneidler, Ernst. Auf der *Gottbegnadeten-Liste* (Führerliste) der wichtigsten Gebrauchsgraphiker und Entwerfer des NS-Staates.

* 14.2.1992 Berlin. Graphiker und Schriftkünstler. 1921–1948 Professor der Akademie in Stuttgart, Leiter der Abteilung für graphische Künste und Kunstgewerbe. † 7.1. 1956 Gundelfingen/Donau.

Schnell, Georg Heinrich. Auf der *Gottgnadeten-Liste* der Schauspieler, die für die Filmproduktion benötigt werden.

* 11.4. 1878 Tschiefu in China. Nebendarsteller in zahlreichen Filmen (1937 *Alarm in Peking*, 1944 *Die Feuerzangenbowle*). NS-Hetzfilme: 1940 *Die Rothschilds*, 1941 *Carl Peters* und *Ohm Krüger*. Zuletzt am Metropol-Theater Berlin. † 31.3. 1951 Berlin. Nachruf *Deutsches Bühnen-Jahrbuch*: »Seine Eleganz und sein hoher künstlerischer Geschmack hoben auch ein leichteres Stück in eine besondere Atmosphäre.«

Schnell, Lucian. Musikschriftsteller.

* 6.7. 1903 Harzgerode. Wohnort Berlin. Im *Lexikon der Juden in der Musik* gebrandmarkt. † Deportiert am 4.3. 1943 von Drancy nach Majdanek.

Schnoor, Hans. Musikschriftsteller.

* 4.10. 1893 Neumünster, Sohn eines Studienrats. Dr. phil. 1926 Autor: *Musik der germanischen Völker im 19. und 20. Jahrhundert*. 1926 (bis 1945) Musikredakteur des *Dresdner Anzeigers*, Dozent der Musikhochschule Dresden. 1932 NSDAP (Nr. 1 131053). 1939 im Beitrag *Oratorien und weltliche Chorwerke*: »Das neue geistige Deutschland mit seinen bewegenden Gedanken: Volk und Führer, Heimat, Blut und Boden, Rasse ... trägt in sich die alte metaphysische Sehnsucht nach künstlerischer Idealisierung seiner höchsten Anschauungsgüter.« 1949 Musikkritiker des *Westfalenblatts* in Bielefeld. 1953 Autor: *Geschichte der Musik.* † 15.1. 1976 Bielefeld.

Schnürpel, Herbert. Malereireferent der Reichskammer der bildenden Künste Schlesien (ab 1936).

* 12.9. 1890 Breslau. Wohnort Liegnitz. November 1939 im Rosenberg-Organ *Die Kunst im Deutschen Reich* als »Maler des Weltkrieges 1914–1918« hervorgehoben. Hitler kaufte 1938 sein Opus *Baustelle des Arbeitsdienstes*. Auf den Großen Deutschen Kunstausstellungen im Münchner NS-Musentempel *Haus der Deutschen Kunst*, darunter die Ölgemälde *Infanterie im Straßenkampf* (1941) sowie *Straßenkampf in Stalingrad* (1943). † 23.7. 1943 in Brüssel (Herzschlag) als Angehöriger der 1. Kompanie der Propaganda-Einsatz-Abteilung Potsdam (WASt).

Schöffler, Paul. Auf der *Gottbegnadeten-Liste* (Führerliste) der wichtigsten Künstler des NS-Staates.

* 15.9. 1897 Dresden. Heldenbariton. 1924 Staatsoper Dresden. 1937 (bis 1965) Mitglied der Wiener Staatsoper. Billigte März 1933 eine Entschließung an den Sächsischen Volksbildungsminister, daß der Dirigent Fritz Busch weder künstlerisch noch menschlich qualifiziert sei, an der Staatsoper Dresden zu wirken (*Dresdner Anzeiger* Nr. 78). Bayreuther und Salzburger Festspiele. Mit Auftritt im besetzten Krakau als »Träger des deutschen Kulturwillens im Osten« eingesetzt. † 21.11. 1977 Amersham in Großbritannien. Lit.: Prieberg.

Schön, Margarethe. Schauspielerin.

* 7.4. 1895 Magdeburg. Am Staatstheater Berlin. Filme: 1935 Künstlermelodram *Mazurka*, 1939 Ilse-Werner-Film *Ihr erstes Erlebnis*, 1942 im Bismarck-Film *Die Ent-*

lassung, 1944 in Rühmanns *Die Feuerzan-genbowle*. 1948 in *Affäre Blum* (DDR) und 1954 in *Rittmeister Wronski*. 1955 letzter Film: *Oberwachtmeister Borck*. 1968 *Film-band in Gold* für langjähriges und hervor-ragendes Wirken im deutschen Film. † 26. 12. 1985 Berlin.

Schoenaich-Carolath, Edelgard Prinzes-sin von.
* 16. 7. 1891 Berlin. Tochter eines König-lich preußischen Generalleutnants. Ehe-frau von Prinz Gustav. Laut *Aufstellung derjenigen Parteigenossen, die Angehörige fürstlicher Häuser sind*: 1. 8. 1935 NSDAP, Nr. 2 595872. Anmerkung: »[NSDAP] Landesgruppe Afrika.« † 16. 10. 1981 Ha-seldorf in Holstein.

Schoenaich-Carolath, Emma-Elisabeth Prinzessin von.
* 28. 11. 1906 München. Tochter eines Grafen. Laut *Aufstellung derjenigen Partei-genossen, die Angehörige fürstlicher Häuser sind*: 1. 5. 1933 NSDAP, Nr. 3 133897. Nach 1945 Wohnort Würzburg. † 8. 8. 1977 ebenda.

Schoenaich-Carolath, Gustav Prinz von.
* 9. 11. 1894 Bad Homburg vor der Höhe. Oberleutnant a. D. Laut *Aufstellung derje-nigen Parteigenossen, die Angehörige fürst-licher Häuser sind*: 1. 8. 1935 NSDAP, Nr. 2 595791. Anmerkung: »[NSDAP-]Lan-desgruppe Afrika.« † 25. 10. 1975 Berch-tesgaden.

Schoenaich-Carolath, Hans Georg Prinz von.
* 3. 11. 1907 Berlin. Laut *Aufstellung der-jenigen Parteigenossen, die Angehörige fürstlicher Häuser sind*: 1. 1. 1930 NSDAP, Nr. 179045. Dr. jur. Hauptmann der Re-serve. Ritter des Deutschen Ordens. † Kriegstod 9. 8. 1943 bei Mantschina in Rußland.

Schoenaich-Carolath, Margarete Prinzes-sin von.
* 31. 1. 1877 Saabor. Laut *Aufstellung der-jenigen Parteigenossen, die Angehörige fürstlicher Häuser sind*: 1. 4. 1933 NSDAP, Nr. 1 734918. Oberin in Ruhe. † 17. 7. 1967 Bad Oeynhausen.

Schönberg, Angela Freiin von.
* 15. 8. 1906. Laut *Aufstellung derjenigen Parteigenossen, die Angehörige fürstlicher Häuser sind*: NSDAP-Nr. 2 994628, Gau Sachsen. Anmerkung: nach Tressow Bo-bitz/Mecklenburg umgemeldet, dort aber nicht aufgeführt.

Schönberg, Arnold. Komponist.
* 13. 9. 1874 Wien. Schüler von Zemlins-ky. 1926 Kompositionslehrer an der Preu-ßischen Akademie der Künste. 1932 Oper *Moses und Aron*. Schönberg bereits am 19. 4. 1923 an Kandinsky: »Was ich im letz-ten Jahre zu lernen gezwungen wurde, habe ich nun endlich kapiert und werde es nicht mehr vergessen. Daß ich nämlich kein Deutscher, kein Europäer, ja viel-leicht kein Mensch bin (wenigstens ziehen die Europäer die schlechteste ihrer Rasse mir vor) sondern, daß ich Jude bin.« 1933 Flucht in die USA, Rekonvertierung zum jüdischen Glauben. Ab 1936 an der Uni-versity of California. Der NS-Musik-schriftsteller Gerigk 1934 in der Zeitschrift *Die Musik*: »Fanatiker des Nihilismus.« Reichskultursenator Hans Severus Ziegler 1938 in seinem Werk *Entartete Musik*: »Da die Atonalität zudem ihre Grundlage in der Harmonielehre des Juden Arnold Schönberg hat, so erkläre ich sie für das Produkt jüdischen Geistes. Wer von ihm ißt, stirbt daran.« *Meyers Lexikon* 1942: »Haupt der zersetzenden sog. ›atonalen‹ Musikrichtung der Systemzeit, Jude, ge-fördert von seinem Rassegenossen Mah-ler.« † 13. 7. 1951 Los Angeles, Kaliforni-en. Lit.: Hilmes.

Schönberg, Bernhard von.
* 26. 5. 1882 Dresden. Dr. jur. Rechtsan-walt, Sächsischer Regierungsrat. Laut *Auf-stellung derjenigen Parteigenossen, die An-gehörige fürstlicher Häuser sind*: NSDAP-Nr. 739973, Gau Sachsen. † 14. 3. 1963 Karlsruhe.

Schönberg, Friedrich von.
* 23. 10. 1903. Laut *Aufstellung derjenigen Parteigenossen, die Angehörige fürstlicher Häuser sind*: NSDAP-Nr. 4 295690, Gau Sachsen.

Schönberg, Georg von.
* 11.7.1886 Heynitz. Major a.D. Laut *Aufstellung derjenigen Parteigenossen, die Angehörige fürstlicher Häuser sind*: NSDAP-Nr. 1 378781, Gau Sachsen. Major. † 5.7. 1957 Wilhelmshaven.

Schönberg, Hanns von.
* 8.11.1893 Leipzig. Laut *Aufstellung derjenigen Parteigenossen, die Angehörige fürstlicher Häuser sind*: NSDAP-Nr. 2 446485, Gau Sachsen. Oberstleutnant. † 3.1.1973 Bonn.

Schönberg, Hans Joachim Diener von.
* 1.4.1900 Pfaffroda. Dr. jur. Ehrenritter des Johanniterordens. Laut *Aufstellung derjenigen Parteigenossen, die Angehörige fürstlicher Häuser sind*: NSDAP-Nr. 295694, Gau Sachsen. † 15.1.1948 München.

Schönberg, Hendrick Camp von.
* 18.7.1887. Laut *Aufstellung derjenigen Parteigenossen, die Angehörige fürstlicher Häuser sind*: NSDAP-Nr. 261606, Gau Sachsen.

Schönberg, Karl Heinrich von.
* 1.6.1903 Dresden. Herr auf Naunhof bei Moritzburg. Dr. jur. Ehrenritter des Johanniterordens. Laut *Aufstellung derjenigen Parteigenossen, die Angehörige fürstlicher Häuser sind*: NSDAP-Nr. 295586, Gau Sachsen.

Schönberg, Margitta von.
* 17.11.1906 Altenburg. Tochter eines Fabrikbesitzers. 1929 Heirat mit Hans Joachim. Laut *Aufstellung derjenigen Parteigenossen, die Angehörige fürstlicher Häuser sind*: NSDAP-Nr. 295693, Gau Sachsen. † 26.5.1989 München.

Schönberg, Martha Camp von.
* 25.7.1896. Laut *Aufstellung derjenigen Parteigenossen, die Angehörige fürstlicher Häuser sind*: NSDAP-Nr. 1 134739, Gau Sachsen.

Schönberg, Witold von.
* 22.7.1923. Laut *Aufstellung derjenigen Parteigenossen, die Angehörige fürstlicher Häuser sind*: NSDAP-Nr. 8 690208, Gau Sachsen.

Schönberg-Pötting, Hedwig von.
* 11.12.1894 Hartau, Kreis Glatz. Tochter eines Hoteliers. Laut *Aufstellung derjenigen Parteigenossen, die Angehörige fürstlicher Häuser sind*: NSDAP-Nr. 4 525276, Gau Sachsen. † 5.1.1970 Lippstadt.

Schönberg-Pötting, Horst von.
* 5.2.1915 Stralkowo, Posen. Laut *Aufstellung derjenigen Parteigenossen, die Angehörige fürstlicher Häuser sind*: NSDAP-Nr. 2 991554, Gau Sachsen. Leutnant. Versandleiter. Schatzmeister des Familienverbands. Wohnort Lippstadt.

Schönberg-Roth, Elisabeth von.
* 1.2.1884 Rom. Tochter eines Königlich bayerischen Gesandten. 1907 Heirat mit Joseph Schönberg-Roth. Laut *Aufstellung derjenigen Parteigenossen, die Angehörige fürstlicher Häuser sind*: NSDAP-Nr. 5 805833, Gau Sachsen. † 25.3.1944 Dresden.

Schönberg-Roth, Joseph von.
* 1.9.1873 Lukawitz in Böhmen. Königlich sächsischer Kammerherr, Major. Laut *Aufstellung derjenigen Parteigenossen, die Angehörige fürstlicher Häuser sind*: NSDAP-Nr. 3 724553. † 24.4.1957 Starnberg.

Schönböck, Karl. Auf der *Gottbegnadeten-Liste* der Schauspieler, die für die Filmproduktion benötigt werden.
* 4.2.1909 Wien. Rollentyp: Salonlöwe, laut Ilse Werner »einer der attraktivsten Männer des deutschen Films«. Zwischen 1936 und 1945 in 31 Filmen, darunter Marika Rökks *Eine Nacht im Mai* (1938) und der *staatspolitisch besonders wertvolle* Film *Bismarck* (1940). 1943 im antibritischen Untergangsfilm *Titanic*, von Goebbels angesichts der Kriegslage verboten. Nach 1945 Kinoprodukte wie *Blond muß man sein auf Capri* (1961) oder *Nicht fummeln, Liebling* (1969). 1985 *Filmband in Gold* für langjähriges und hervorragendes Wirken im deutschen Film. † 24.3.2001 München.

Schoenborn, Lilli. Schauspielerin.
* 31.3.1898 Berlin. 1932 im Klassiker des proletarischen Films *Kuhle Wampe*. Zahlreiche Nebenrollen in NS-Propaganda-

streifen: *Pour le mérite, Legion Condor, Der Fuchs von Glenarvon, Jungens* (HJ-Film), *Stukas* sowie der Staatsauftragsfilm *GPU*. Nach 1945 in den DEFA-Filmen *Irgendwo in Berlin* (1946), *Affäre Blum* (1948), *Unser täglich Brot* (1949). 1978 letzter Film: die Altenheim-Komödie *Der Pfingstausflug*. † 4. 5. 1987 Berlin.

Schönborn-Wiesentheid, Erwein Graf von.
* 6. 10. 1877 Wiesentheid in Unterfranken. Dr. jur. et med. Ehrenritter des Malteser-Ritter-Ordens. Laut *Aufstellung derjenigen Parteigenossen, die Angehörige fürstlicher Häuser sind*: 1. 5. 1937 NSDAP, Nr. 5 120815, Gau Mainfranken. Ehrenmitglied der Universität München. † 12. 11. 1942 München.

Schönborn-Wiesentheid, Karl Graf von.
* 14. 10. 1916 Würzburg. Dr. med. Diplom-Volkswirt. Wohnsitz Wiesentheid in Unterfranken. Päpstlicher Kammerherr, Ehrenritter des Malteser-Ritter-Ordens. Laut *Aufstellung derjenigen Parteigenossen, die Angehörige fürstlicher Häuser sind*: 1. 3. 1935 NSDAP, Nr. 2 359389, Gau Mainfranken. † 15. 9. 1998 Wiesentheid.

Schönburg, Adolf Prinz von.
* 8. 12. 1923 Wien. Laut *Aufstellung derjenigen Parteigenossen, die Angehörige fürstlicher Häuser sind*: 1. 9. 1941 NSDAP, Nr. 8 642244, Gau Sachsen. Unteroffizier. † Kriegstod 2. 5. 1943 bei Schlüsselburg in Rußland.

Schönburg, Carl Graf und Herr von.
* 26. 7. 1899 Wechselburg. Graf und Herr zu Glauchau und Waldenburg. Ehrenritter des Malteser-Ritter-Ordens, Ritter des bayerischen St. Georgsordens. Laut *Aufstellung derjenigen Parteigenossen, die Angehörige fürstlicher Häuser sind*: NSDAP-Nr. 2 424643, Gau Sachsen. Leutnant. † Kriegstod 12. 4. 1945 Breslau.

Schönburg-Hartenstein, Agathe Fürstin von.
* 6. 4. 1888 Goldegg bei St. Pölten. Ehefrau von Fürst Alexander. Laut *Aufstellung derjenigen Parteigenossen, die Angehörige fürstlicher Häuser sind*: 1. 6. 1940 NSDAP,

Nr. 7 673861, Gau Sachsen. † 13. 10. 1973 Wien.

Schönburg-Hartenstein, Alexander 5. Fürst von.
* 28. 7. 1888 Wolfsthal. Dr. jur. Laut *Aufstellung derjenigen Parteigenossen, die Angehörige fürstlicher Häuser sind*: 1. 3. 1934 NSDAP, Nr. 3 355000, Gau Sachsen. † 20. 1. 1956 Wien.

Schönburg-Waldenburg, Georg Prinz von.
* 18. 11. 1908 Guteborn. Rechtsritter des Johanniterordens. Laut *Aufstellung derjenigen Parteigenossen, die Angehörige fürstlicher Häuser sind*: 1. 5. 1937 NSDAP, Nr. 5 279173. † 4. 8. 1982 Ueberackern in Oberösterreich.

Schönerer, Georg Ritter von. Österreichischer Antisemit.
* 17. 7. 1842 Wien. † 14. 8. 1921 Rosenau bei Zwettel. Urheber der Alldeutschen Bewegung in Österreich, Kopf der *Heim ins Reich*-Bewegung, ein Vordenker Hitlers, der ihm in *Mein Kampf* ausdrücklich dankt. Initiator des Wiener Akademischen Wagner-Vereins, Vereinsziel: Befreiung der deutschen Kunst »aus Verfälschung und Verjudung«. 1883 in Trauerrede auf Richard Wagner: »Wir Deutschnationalen betrachten den Antisemitismus als einen Grundpfeiler des nationalen Gedankens, somit als die größte nationale Errungenschaft des Jahrhunderts.« Laut *Meyers Lexikon* (1942) »trat er für die völlige Ausschaltung des Judentums aus Staat, Kultur und Wirtschaft ein und wies dabei auf die Bedeutung des rassischen Unterschieds hin«. Lit.: Hamann.

Schönfeld, Fritz.
* 5. 8. 1895 Berkin. Ab 1928 in Berlin (Lustspielhaus, Deutsches Volkstheater). Im DBJ 1933 als Bühnenvorstand und Spielleiter des Schauspielhauses Potsdam geführt. Am 31. 1. 1933 vom *Völkischen Beobachter* für die Regie zum »harmlosheiren Intrigenspiel ›Die Schlange‹« gelobt. Danach als »Jude« entlassen. † Oktober 1944 Auschwitz. Q.: Weniger, Bühne.

Schönfeld, Walter. Kapellenleiter.
* 3.5.1902 Straßburg. Wohnort Berlin.
Im *Lexikon der Juden in der Musik* gebrandmarkt. Deportiert am 26.9.1942 (nicht am 3.10.1942!) nach Raasiku bei Reval. † 3.10.1942 ebenda.

Schoenhals, Albrecht. Schauspieler.
* 7.3.1888 Mannheim, Sohn eines Stabsarztes. Zunächst selbst Militärarzt. Zwischen 1934 und 1942 in 30 Filmen, darunter 1935 das Künstlermelodram *Mazurka*, 1940 *Traummusik*, 1941 Napola-Propaganda *Kopf hoch, Johannes!* Letzter Film Juli 1942: *Vom Schicksal verweht.* Mit einer »Volljüdin« verheiratet (Rathkolb). Nach 1945 Filme wie *Export in Blond* (1950) oder *Scotland Yard jagt Dr. Mabuse* (1963). 1965 *Filmband in Gold.* Das *Deutsche Bühnen-Jahrbuch* zum 80. Geburtstag: »Ein Artist der Sprachvermittlung.« † 5.12.1978 Baden-Baden.

Schönherr, Karl. Schriftsteller.
* 24.2.1867 Axams in Tirol, Sohn eines Dorfschullehrers. Dr. med. Mitglied der »gesäuberten« Deutschen Akademie der Dichtung der Preußischen Akademie der Künste. Reichsdramaturg Schlössers Lob am 9.5.1933 im *Völkischen Beobachter*: »Blutechtes, bodenständiges Schaffen«. *Meyers Lexikon* (1942): »Vorzüglicher Gestalter ... primitiver Leidenschaften in Schwarzweiß- und Holzschnittstil.« Werke wie *Judas von Tirol* (1927) und *Die Fahne weht* (1938). Zur Volksabstimmung zum »Anschluß« Österreichs textete er April 1938: »Jetzt sind wir wieder ein gewaltiges Land,/so wie in alter Zeit,/das keine Welt auseinanderreißt.« Goebbels am 9.8.1938 im Tagebuch: »Schönherr hat eine Jüdin zur Frau. Die soll der Führer nun für arisch erklären. Nettes Ansinnen. Wird abgewiesen. Aber Schönherr kann ungehindert dichten.« † 15.3.1943 Wien.

Schönhuber, Franz. Mit 19 Jahren als Freiwilliger zur Waffen-SS (laut *SS-Leitheft* 2/1942 ist die Waffen-SS »die letzte Vollendung des nationalsozialistischen soldatischen Gedankens«).

* 10.1.1923 Trostberg im Chiemgau. Sohn eines Metzgers (NSDAP 1931). 1947 entnazifiziert als *Mitläufer.* Danach bei der Traunsteiner Gastspielbühne. Debüt mit Lessings *Nathan der Weise*, hatte den Satz zu sagen (Schönhuber): »Der Jude wird verbrannt.« Unter anderem 1975 Hauptabteilungsleiter beim Bayerischen Rundfunk (BR). 1981 Rechtfertigungsopus *Ich war dabei.* 1982 Entlassung BR. 1983 Mitbegründer und Bundesvorsitzender der Rechtspartei *Die Republikaner* (eine ihrer Parolen: »Deutschland zuerst!«). † 27.11.2005.

Schoening, Sascha Oskar. Auf *Gottbegnadeten-Liste* der Schauspieler, die für die Filmproduktion benötigt werden.
* 25.9.1888 Berlin. Unter anderem in den Filmen *Das Mädchen Johanna* und *Petermann ist dagegen* (1937), *Der Tiger von Eschnapur* (1938) sowie *Das Herz der Königin.* Nach 1945 Direktor der Dreiländereck-Bühne in Lörrach. † 5.5.1949 Hamburg.

Schöningh, Josef. Schriftleiter.
* 25.7.1902 Paderborn. Dr. occ. publ. 1929 Assistent am Seminar für Wirtschaftsgeschichte der Universität München. 1935 bis zum Verbot 1941 stellv. Chefredakteur der Zeitschrift *Hochland.* 1942–1944 Stellv. Kreishauptmann in Tarnopol im Generalgouvernement. Nach 1945 Lizenz für *Süddeutsche Zeitung*, in der Redaktionsleitung für Kulturpolitik zuständig. † 8.12.1960 München. Lit.: Musial.

Schönwälder, Josef. Landesobmann der *Nationalsozialistischen Kulturgemeinde* Schlesien.
* 13.7.1897 Endersdorf in Österreich. 1920 *Deutschvölkischer Schutz- und Trutzbund*, Eigenreklame: »Deutsche! Befreit Euch von der Judenherrschaft!« 1922 erstmals NSDAP (Nr. 18691). 1930 (bis 1945) MdR. 1931 Gründer der Deutschen Bühne Breslau, NSDAP-Reichsredner. 1932 Zweiter Bürgermeister von Breslau. 1934 SS (Nr. 234111), Gauobmann der NS-Gemeinschaft *Kraft durch Freude* Schlesien.

Ab 1940 Oberbürgermeister der Stadt Sosnowitz. 1942 SS-Obersturmbannführer. Nach 1945 Wohnort Wesel. Lit.: Lilla.

Scholz, Hugo. Hauptschriftleiter der NS-Zeitung *Deutscher Bote*.
* 27.7.1896 Ottendorf, Kreis Braunau im Sudetengau. Wohnort ebenda. 1927 Grenzlandroman: *Noch steht ein Mann*. 1937: *Landsturm, Geschichte einer Kriegskameradschaft*. 1940 Roman: *Tochter der Erde*. Nach 1945 Schriftsteller in Seeg bei Füssen. Im *Verband der heimatvertriebenen Kulturschaffenden*. 1963 Sudetendeutscher Anerkennungspreis für Dichtkunst. † 15.9.1987 Marktoberdorf in Bayern.

Scholz, Robert. Rosenbergs Kunstexperte.
* 9.2.1902 Olmütz. 1930 Kunstkritiker des NS-Hetzblatts *Der Angriff*, 1933 des NSDAP-Zentralorgans *Völkischer Beobachter*. 1933 in *Deutsche Kultur-Wacht*, Organ des *Kampfbunds für deutsche Kultur*: »Und daß man Paul Klee einmal als großen Künstler ansehen konnte, wird für künftige Generationen eines der deutlichsten Exempel des völligen geistigen Verfalls der individualistischen Kulturepoche sein.« Hauptschriftleiter der Zeitschrift *Die Völkische Kunst* der *Nationalsozialistischen Kulturgemeinde*. Januar 1935 NSDAP, Leiter der Hauptstelle Bildende Kunst in Rosenbergs Dienststelle *Beauftragter des Führers für die Überwachung der gesamten geistigen und weltanschaulichen Schulung der NSDAP*. 1937 Hauptschriftleiter der von Hitler geförderten Zeitschrift *Die Kunst im Dritten Reich* (1939 Umbenennung in *Die Kunst im Deutschen Reich*). 1937 in seinem Opus *Lebensfragen der bildenden Kunst*: »Kunst ist ... eine blutgebundene Selbstdarstellung der Rasse und ihres schöpferischen Ingeniums [Geistesanlage].« 1939 von Goebbels und Rosenberg zur Ernennung zum Professor vorgeschlagen, von Hitler abgelehnt, da nur für Wissenschaft und Kunst vorgesehen. 1941 Leiter des Sonderstabs *Bildende Kunst* im Einsatzstab Rosenberg (Kunstraub). In seinem Bericht vom 16.4.1943 heißt es, daß »der wesent-

lichste Teil des in Judenhänden gewesenen Kunstbesitzes in Frankreich ... vom Einsatzstab sichergestellt wurde.« 1945 beteiligt an der Bergung der im Salzbergwerk Altaussee (Salzkammergut) eingelagerten »Kunstsammlung« Hitlers. 1977 Autor: *Meisterwerke der Form und Farbe*. † 15.1.1981 Fürstenfeldbruck.

Scholz, Werner. Maler.
* 23.10.1898 Berlin. Im I. Weltkrieg Amputation des linken Armes. In Fritschs Hetzwerk *Handbuch der Judenfrage* (1936) als expressionistischer »›Künstler‹ aus dem nichtjüdischen Lager« aufgeführt, er verdiene, »als Mittäter an dieser Kulturschande mit den Juden zusammen genannt zu werden«. Juli 1937 in der Schandschau *Entartete Kunst* in München vorgeführt, Beschlagnahmung von 23 seiner Werke (Rave). 1940 Wechsel von Berlin nach Schwaz in Tirol. † 5.9.1982 ebenda.

Scholz, Wilhelm von. Auf der *Gottbegnadeten-Liste* (Führerliste) der wichtigsten Schriftsteller des NS-Staates.
* 15.7.1874 Berlin, Sohn des preußischen Finanzministers Adolf von Scholz. Dr. phil. Mitglied und am 16.3.1933 Unterzeichner einer Loyalitätserklärung der Deutschen Akademie der Dichtung der Preußischen Akademie der Künste pro NS-Regierung. Name Oktober 1933 unter dem Treuegelöbnis »88 deutsche Schriftsteller« für Adolf Hitler. 1939 Bedauern früherer philosemitischer Äußerungen: »Auch ich vermochte mir lange keine irgendwie wahrscheinliche reinliche Lösung der Judenfrage vorzustellen.« Mit mehr als 50 Texten im NS-Kampfblatt *Krakauer Zeitung*, das »Blatt des Generalgouvernements«. Führer-Verse *Eherne Tafel*, 1944 in der Anthologie *Lyrik der Lebenden* des SA-Oberführers Gerhard Schumann: »In ihm ist das Volk auf die Tat vereidet./Um ihn wird das Volk/von allen Völkern der Erde beneidet./Grabt in Erz das Wort/und erbt es fort:/Ist solch ein Führer zum Volk gekommen,/dann wird statt des Jahrwerks/das Jahrtausendwerk wieder aufgenom-

men.« NS-Ehrung: Am 26.6.1944 auf Vorschlag von Goebbels Hitler-Dotation (steuerfreie Schenkung) von 30 000 Mark. 1949 Präsident des Verbands deutscher Bühnenschriftsteller und Komponisten, 1951 Ehrenpräsident. † 29.5.1969 Gut Seeheim bei Konstanz. Lit.: Sarkowicz.

Schorer, Hans. Erziehungswissenschaftler.

* 25.3.1904 Recklinghausen, Sohn eines Buchdruckers. SA-Schulungsleiter, HJ-Führer, Kulturstellenleiter im Führungsstab des HJ-Banns 160 Bonn. Leiter von Schüler- und HJ-Spielscharen. Puppenspieler. 1935 Dozent der Hochschule für Lehrerbildung (zur NS-Indoktrinierung) in Bonn. Leiter des Laienspielkreises der HfL. Im Krieg zuletzt Oberleutnant der Luftwaffe. Nach 1945 Professor, Prorektor und Rektor der Pädagogischen Hochschule Bonn. 1963–1965 Vorsitzender der Rektorenkonferenz Nordrhein-Westfalen. † 17.12.1984 Krefeld. Lit.: Hesse.

Schorr, Friedrich. Bariton.

* 2.9.1888 Nagyvárad in Ungarn. 1924 Metropolitan Opera New York. Gastspiele an der Berliner und Wiener Staatsoper sowie in Bayreuth, Glanzrolle: *Wotan*. Hitler am 28.2.1942 im Tischgespräch: »Daß dieser Jude Schorr den Wotan gesungen hat, das hat mich so geärgert! Für mich war das Rassenschande.« 1933 Auftrittsverbot. † 14.8.1953 Farmington in Connecticut.

Schott, Georg. Privatgelehrter, »gläubiger Anhänger des Führers« (Verlagsanzeige zum Volksbuch).

* 2.3.1882 Landshut. Dr. phil. 1924 Autor: *Das Volksbuch vom Hitler* (sic), das Hitler als »lebendige Verkörperung der Sehnsucht der Nation« bejubelt. 1933 Herausgeber: *Houston Stewart Chamberlain, der Seher des Dritten Reiches. Eine Auswahl aus seinen Werken.* 1941: *Das Vermächtnis H. St. Chamberlains.* † 5.9.1962 München.

Schott, Werner. Auf der *Gottbegnadeten-Liste* der Schauspieler, die für die Filmproduktion benötigt werden.

* 20.11.1891 Berlin. Am Deutschen Theater in Berlin. Im Krieg vorwiegend Filme: *Ein Mann will nach Deutschland* (1934), *Wunschkonzert* (1940), *Der große König* über Friedrich den Großen (1942). Goebbels dazu am 4.3.1942 im Tagebuch: »Der Film wird zum politischen Erziehungsmittel erster Klasse.« Danach Schloßpark- und Schillertheater, Filme wie *Es geht nicht ohne Gisela* (1951) oder *Hotel Adlon* (1955). † 6.9.1965 Berlin.

Schott-Schöbinger, Hans. Schauspieler.

* 18.12.1901 Graz. Am Wiener Renaissance-Theater und am Theater in der Josefstadt. Von Zuckmayer zur Kategorie »Nazis, Anschmeißer, Nutznießer, Kreaturen« gerechnet. Verheiratet mit Friedl Czepa. Zuckmayer: »Hans Schöbinger und Friedl Czepa ... excellierten bei und nach dem ›Anschluß‹ in wiener Nazitum, Antisemitismus, Hetzerei und Denunziationen, und erhielten auch entsprechend Verwaltungs- und ›Führer‹Pöstchen.« Ab 1939 Leiter der Wiener Kammerspiele. Juni 1943 Hauptrolle in der Ehekomödie *... und die Musik spielt dazu.* Nach 1945 Regisseur in Graz, Filme wie *Holiday am Wörthersee* (1956) oder *Nackt, wie Gott sie schuf* (1958). † 28.7.1984 Schwoich.

Schottmüller, Oda. Malerin und Tänzerin.

* 9.2.1905 Posen. Tochter eines Archivrats. Jugendfreundin von Klaus Mann an der Odenwaldschule. 1927 Studium an der Kunsthochschule Berlin. 1931 Tänzerin der Volksbühne. Ab 1940 Wehrmachtsbetreuung. Gehörte zum Kreis der Widerstandsgruppe *Rote Kapelle.* † 5.8.1943 Hinrichtung in Berlin-Plötzensee.

Schrade, Hans Erich. Geschäftsführer der Reichstheaterkammer (1944).

* 2.4.1907 Bernbach in Württemberg. Dr. phil. 1923 (mit 16 Jahren!) SA (zuletzt Sturmführer). 1929 NS-Studentenbund. 1930 NSDAP (Nr. 284477). 1939 Gebirgsjäger-Regiment 98. 1941/42 Angehöriger der Propagandatruppen. 1943 Leiter der Fachschaft Bühne der Reichstheaterkammer. 1944 NSKK-Oberführer. Im Kurato-

rium der *Goebbels-Stiftung für Kulturschaffende*. 1944 im Vorwort des *Deutschen
Bühnen-Jahrbuchs*: »Auch die Grundrech-
te des Schauspielers haben sich nach den
Anforderungen des totalen Krieges auszurichten.« 1949 im Dorf Budberg; Kreis
Moers (Schrader).

Schrade, Hubert. Kunstgelehrter.
* 30. 3. 1900 Allenstein. 1935 Professor in
Heidelberg. 1937 Autor: *Bauten des Dritten Reiches*. 1940 Lehrstuhl in Hamburg,
ab 1941 NS-*Kampfuniversität* Straßburg.
Schrader über den »Sinnwillen der Zeit«,
1934 in den *Nationalsozialistischen Monatsheften*: »Es gibt Stunden, in denen er
aus seinem Geheimnis unmittelbar her-
austreten und allen sichtbar werden zu
wollen scheint. Wir haben solche Stunden
schon erfahren dürfen. Eine dieser Stunden ist die morgendliche des vorjährigen
Reichsparteitages gewesen, in der die Ge-
fallenenehrung stattfand.« Laut *Meyers Lexikon* (1942) »Künder der künstlerischen
Kräfte und Taten des neuen Deutschlands«. 1954 Lehrstuhl in Tübingen. 1958
Autor: *Malerei des Mittelalters*. † 25. 11.
1967 Freiburg im Breisgau. Lit.: Wulf,
Künste.

Schramm, Albert. Schriftsteller.
* 20. 10. 1898 Tübingen. Dr. med. 1937
Gedichtband *Sterne im Strom*. Hitler-
Verse *Du sahst die Zeiten* in Bühners Anthologie *Dem Führer*: »Da rissest du das
Reich aus seinen Tiefen,/und unsrer Zukunft Ströme rauschten weit,/du wecktest
die Gewalten, die noch schliefen,/und deine Hand schuf eine neue Zeit.« NS-Ehrung: 1936 Preis der Reichskulturkammer.
Im Bundes-Verband der deutschen
Schriftsteller-Ärzte. † 15. 12. 1974 Bebenhausen in Württemberg.

Schramm, Hermann. Tenor-Buffo.
* 17. 2. 1871 Kossabude in Westpreußen.
Wagner-Sänger. Ab 1899 an der Oper in
Frankfurt am Main (auch Bayreuther
Festspiele und Covent Garden Opera Lon-
don). 1920 in der Uraufführung von
Schrekers Oper *Der Schatzgräber*. Glanz-
rolle: der David in den *Meistersingern*.

Lebte als Jude in »privilegierter Mischehe«. März 1943 von Gestapo verhaftet,
Schutzhaftbefehl, Begründung: Er habe
auf der Straße eine Zigarette geraucht und
dadurch »das deutsche Volk brüskiert«
(sic). Haftentlassung Juni 1943. † 11. 12.
1951 Frankfurt. Nachruf *Deutsches Bühnen-Jahrbuch*, ohne Erwähnung der Verfolgung: »Verstummt ist sein froher Sän-
germund.« Lit.: Schültek; Urteil LG Frankfurt vom 5. 4. 1950 gegen den Gestapobe-
amten Baab.

Schramm, Wilhelm Ritter von. Schriftsteller.
* 20. 4. 1898 Hersbruck in Mittelfranken.
Dr. phil. 1930 mit Ernst Jünger Autor:
Krieg und Krieger. 1934 über Thingspiele:
»Nur freie Männer mit angeborenem Adel
dürfen im inneren Ring des Things erscheinen.« 1937 Hauptschriftleiter der
Zeitschrift *Deutsche Infanterie*. Ab 1939
Kriegsberichter, Hauptmann im Oberkommando des Heeres. Laut Emigrantenzeitschrift *Die Sammlung* (1934) ein Barde, »wie geschaffen, jeden fälligen Umbruch der deutschen Seele auf seiner Harfe
zu begleiten«. Nach 1945 Dozent der
Hochschule für politische Wissenschaft
München, Autor der Zeitschrift *Wehrkun-
de*, Veröffentlichungen über den Deutschen Widerstand: *Rommel* (1949), *Der
20. Juli in Paris* (1953), *Aufstand der Generale* (1964). † 27. 12. 1983 Prien am
Chiemsee. Lit.: Brenner; Wulf, Theater.

Schramm-Zittau, Rudolf. Auf der *Gottbegnadeten-Liste* (Führerliste) der wichtigsten Maler des NS-Staates.
* 1. 3. 1874 Zittau. Tier- und Bauernbil-
der. 1935 Lehrer an der Akademie der bildenden Künste Dresden. Auf den Großen
Deutschen Kunstausstellungen im
Münchner NS-Musentempel *Haus der
Deutschen Kunst* mit insgesamt 12 Objekten (1939: *Hühnerfütterung*). NS-Ehrung:
Zum 70. Geburtstag 10 000 Mark von
Goebbels. Nach 1945 in Ehrwald in Tirol.
† 4. 6. 1950 ebenda.

Schreiber, Helmut. Schauspieler und Dramaturg.

* 23.11.1903 Stuttgart. Produktionschef der Bavaria, später der Tobis. Laut Hippler von Goebbels öfters zur Abendgesellschaft eingeladen. 1939 NSDAP. Laut Rabenalt »ein Amateurzauberer mit professionellem Können, Vorsitzender des ›Magischen Zirkels‹, der damals seine große Bedeutung als Entertainer der NS-Gesellschaft gewann«. Mit Speer Weihnachten 1943 zu Weihnachtsfeiern für Soldaten und OT-Arbeiter in Nordlappland. Nach 1945 Karriere als Illusionist *Kalanag*. † 24.12.1963 Gaildorf bei Schwäbisch Hall.

Schreiber, Otto Andreas. Einer der Wortführer der NS-Kunstopposition gegen Rosenberg.

* 30.11.1907 Deutsch-Cekzin in Westpreußen. Maler, beeinflußt von Munch und Nolde. Schriftleiter der Zeitschrift *Kunst der Nation*. Mai 1934 Amtsenthebung. Danach Leiter der Abteilung Bildende Kunst im Kulturamt der NS-Organisation *Kraft durch Freude*. Nach 1945 Wohnort Dormagen. 1959 Sonderausstellung in Münster, 1960 in Wuppertal. † 27.2.1978 Dormagen. Lit.: Piper.

Schreiber, Richard. Auf der *Gottbegnadeten-Liste* (Führerliste) der wichtigsten Maler des NS-Staates.

* 16.9.1904 Hindenburg in Oberschlesien. Auf den Großen Kunstausstellungen im Münchner NS-Musentempel *Haus der Deutschen Kunst* vorwiegend mit U-Boot-Bildern, 1942: *Gen Engeland* (Öl), 1943: *Nach der Geleitzugschlacht* (Öl). Beurteilung des OKW vom 13.11.1942: »Besonders gute und propagandistische Arbeiten.« † 1963. Lit.: Schmidt, Maler; Thomae.

Schreiner, Liselotte (Künstlername). Auf der *Gottbegnadeten-Liste* (Führerliste) der wichtigsten Künstler des NS-Staates.

* 18.6.1904 Prag. Volksbühne Berlin (oberste Leitung: Goebbels) und Burgtheater Wien. DBE: »Erwarb sich den Ruf der letzten großen ›Heroine‹ des Burgtheaters.« November 1944 im antitschechischen Harlan-Film *Die goldene Stadt* (ein Slawe treibt eine blonde Deutsche in den Tod). 1963 Österreichisches Ehrenkreuz für Wissenschaft und Kunst. † 15.2.1991 Wien.

Schreker, Franz. Komponist.

* 23.3.1878 Monaco. 1912 Lehrstuhl für Komposition an der Wiener Akademie. 1918 bekannteste Oper: *Die Gezeichneten*. 1920 Berliner Musikhochschule, 1932 Direktor, 1933 amtsenthoben, danach Schlaganfall. † 21.3.1934 Berlin. Die Hetze gegen Schreker setzte sich nach seinem Tode fort. Reichskultursenator Hans Severus Ziegler im Mai 1938 in der Schandschau *Entartete Musik* während der ersten *Reichsmusiktage* in Düsseldorf: »Es gab keine sexual-pathologische Verirrung, die er nicht unter Musik gesetzt hätte.« *Meyers Lexikon* 1942: »Führender Komponist der Systemzeit, jüdischer Mischling ... von der jüdischen Literatenclique als Messias der deutschen Oper gepriesen.« Lit.: Okrassa.

Schreyer, Lothar. Name Oktober 1933 unter dem Treuegelöbnis »88 deutsche Schriftsteller« für Adolf Hitler.

* 19.8.1886 Blasewitz bei Dresden. Dr. jur. Hochschullehrer a.D. 1933 Autor: *Die Mystik der Deutschen*. 1941: *Der gefangene Glanz. Aus den Werken des Theophrastus Paracelsus*. 1947: *Die dreifache Gottgeburt*. 1959: *Christliche Kunst des XX. Jahrhunderts*. † 18.6.1966 Hamburg.

Schreyvogel, Friedrich. Auf der Liste der von Goebbels zugelassenen Filmautoren (1944).

* 17.7.1899 Mauer bei Wien. Dr. rer. pol. Mitherausgeber der Monatsschrift *Der Gral*. Mai 1934 Mitglied der in Österreich verbotenen NSDAP. Professor der Staatsakademie für Musik und darstellende Kunst Wien. Autor im NS-Kampfblatt *Krakauer Zeitung*, das »Blatt des Generalgouvernements«. Von Zuckmayer zur Kategorie »Nazis, Anschmeißer, Nutznießer, Kreaturen« gerechnet: »Wurde sofort begeisterter Naziapostel und Propagandaschreiber.« Nach 1945 Selbstdarstellung als Widerstandskämpfer. 1952 Chefdramaturg des Theaters in der Josefstadt,

1955 Vizedirektor des Burgtheaters. † 11.1.1976 Wien.

Schröder, Arthur. *Auf der Gottbegnadeten-Liste* der Schauspieler, die für die Filmproduktion benötigt werden.
* 20.11.1892 Groß-Borstel bei Hamburg. 1922 (bis 1945) Metropol-Theater Berlin. Nebenrollen in der Horst-Wessel-Saga *Hans Westmar* (1933), im antisemitischen Film *Robert und Bertram* (1939) und 1942 im Ufa-Film *Diesel* über die stets siegreiche deutsche Technik. Nach 1945 Filme wie *Der Untertan* (DEFA, 1951), Verklärungsopus *Canaris* (1954), *Freddy, die Gitarre und das Meer* (1959). *Bundesverdienstkreuz* 1958. Das *Deutsche Bühnen-Jahrbuch* zum 65. Geburtstag: »Schröder ist der Gentleman des Berliner Theaters.« † 4.2.1986 Berlin.

Schröder, Ernst. Schauspieler.
* 27.1.1915 Wanne-Eickel. 1938 *Schiller-Theater der Reichshauptstadt*. 1941 Hauptrolle im Hetzfilm *Ohm Krüger*, laut Goebbels »ein Film zum Rasendwerden«. Höchstprädikat: *Film der Nation* und *Staatspolitisch und künstlerisch besonders wertvoll, kulturell wertvoll, volkstümlich wertvoll, volksbildend, jugendwert.* 1944 Durchhalte-Opus *Die Degenhardts*. Nach 1945 vorwiegend an Berliner Bühnen, Filme: *Sündige Grenze* (1951), *Der längste Tag* (1961), *Die Todesstrahlen des Dr. Mabuse* (1964). 1986 *Filmband in Gold* für langjähriges und hervorragendes Wirken im deutschen Film. † 26.7.1994 Berlin.

Schröder, Friedrich. Schweizer Unterhaltungskomponist.
* 6.8.1910 Näfels im Kanton Glarus. Ab 1934 Kapellmeister am Metropol-Theater Berlin. 1937 Musik zum Propagandastreifen *Weiße Sklaven* (gegen marxistische Volksmörder) und zum Film *Sieben Ohrfeigen* mit dem Schlager *Ich tanze mit Dir in den Himmel hinein* (durfte ab 1943 nach schweren Luftangriffen nicht mehr im Rundfunk gesendet werden), Text: »Ich tanze mit dir in den Himmel hinein,/in den siebten Himmel der Liebe.« 1938 Marika-Rökk-Film *Eine Nacht im Mai* und

Heesters-Film *Gasparone* (Erfolgsschlager »Ich werde jede Nacht von Ihnen träumen«). Im Krieg Musik zu 13 Filmen, darunter 1939 der Reichsautobahn-Film *Mann für Mann*. 1942 Operette *Hochzeitsnacht im Paradies* mit dem Evergreen *Ein Glück, daß man sich so verlieben kann.* Nach 1945 Musik zu Filmen wie *Briefträger Müller* (1953) oder *Das Bad auf der Tenne* (1955). † 25.9.1972 Berlin. Lit.: Drewniak, Film.

Schroeder, Rudolf (Rolf). Kapellmeister.
* 13.11.1898 Stralsund. Leiter der Bühnenmusik des Sächsischen Staatstheaters Dresden. Rundschreiben (betrifft *Truppenbetreuungsveranstaltung*) der Lagerkommandantur Auschwitz vom 9.2.1943 an das KZ-Personal: »Am Montag, den 15. Februar 1943, 20 Uhr, findet im kleinen Saal des Kameradschaftsheimes der Waffen-SS ein Abend statt unter dem Motto ›Goethe – ernst und heiter‹ ... am Seiler-Konzertflügel Kapellmeister Rolf Schroeder.« Ausdrücklicher Hinweis, diese Veranstaltung biete Gelegenheit, »gerade die Volksdeutschen mit den höheren Gütern deutscher Kultur vertraut zu machen«. Ab 1955 Oberspielleiter und Stellv. Intendant Theater der jungen Generation Dresden.

Schröder, Rudolf Alexander. Schriftsteller.
* 26.1.1878 Bremen als fünftes von zehn Kindern eines Präses der Norddeutschen Missionsgesellschaft. 1902 Mitbegründer des Insel-Verlags. 1914 Verse *Deutsche Oden* sowie *Heilig Vaterland*. Gast der *Lippoldsberger Dichtertage* Hans Grimms. 1936 Spitta-Vertonung des Schröder-Textes *Der Führer hat gerufen*, im Krieg NS-Kampflied: »Die Zeit ist reif und reif die Saat./Ihr deutschen Schnitter, auf zur Mahd:/Der Führer hat gerufen!« Spitta-Vertonung von Schröders *Heilig Vaterland*, Juli 1938 im Rahmen der Nächtlichen Feierstunde des Deutschtums im Ausland auf dem Schloßplatz in Breslau aufgeführt, Tonaufnahme 1942 mit der Rundfunkspielschar der HJ Berlin, 1943 *Kernlied der NSDAP*, Text: »Sieh uns all

entbrannt,/Sohn bei Söhnen stehn,/Du sollst bleiben, Land/Wir vergehn.« August 1938 Trauerrede bei Bindings Feuerbestattung. 1946–1950 Direktor der Kunsthalle in Bremen. 1950 Bitte von Bundespräsident Heuss um neuen Text für Nationalhymne, Schröders Text (»Land des Glaubens, deutsches Land«) wurde jedoch nicht umgesetzt. † 22.8.1962 Bad Wiessee. Lit.: Koenen; Prieberg.

Schröder-Schrom, Franz-Wilhelm. Auf *Gottbegnadeten-Liste* der Schauspieler, die für die Filmproduktion benötigt werden.
* 31.5.1879 Frankfurt am Main. Nebenrollen in NS-Propagandafilmen wie *Togger, Robert und Bertram, Bismarck, Spähtrupp Hallgarten*. 1955 letzter Film: *Der gestiefelte Kater*. Am Berliner Theater *Die Tribüne* (DBJ). † 10.5.1956 Berlin. Nachruf *Deutsches Bühnen-Jahrbuch*: »Darsteller liebenswürdiger Schwerenöter.«

Schröer, Gustav. Name Oktober 1933 unter dem Treuegelöbnis »88 deutsche Schriftsteller« für Adolf Hitler.
* 14.1.1876 Wüstegiersdorf in Schlesien, Sohn eines Maschinenschlossers. Lehrer. Ab 1928 Herausgeber der Zeitschrift *Die Pflugschar. Meyers Lexikon* 1942: »Wegbereiter des neuen Bauernromans.« Werke: *Land Not* (1928), *Um Mannesehre* (1932), *Volk im Schmiedefeuer* (1934). † 17.10.1949 Weimar.

Schroth, Carl-Heinz. Schauspieler.
* 29.6.1902 Innsbruck. Ab 1927 Hamburger Kammerspiele. Unterhaltungsfilme wie *Gauner im Frack* (1937) oder *Krach im Vorderhaus* (1941). 1945 im unvollendeten antikommunistischen Kriminalfilm *Shiva und die Galgenblume*. Nach 1945 Boulevardtheater, Filme wie *Export in Blond* (1950). 1960 letzter Film: *Das hab ich in Paris gelernt*. 1987 *Filmband in Gold* für langjähriges und hervorragendes Wirken im deutschen Film. † 19.7.1989 München.

Schroth, Hannelore. Schauspielerin.
* 10.1.1922 Berlin. Tochter des Schauspielers Heinrich Schroth und der Schauspielerin Käthe Haack. Laut Hippler von

Goebbels öfters zur Abendgesellschaft eingeladen. Zwischen 1938 und 1945 in 19 Filmen, darunter *Friedrich Schiller* (1940) und *Menschen im Sturm*, NS-Tendenzfilm zum Überfall auf Jugoslawien (»Serben, das sind ja keine Menschen«). Hauptrolle im 1945 zugelassenen, aber nicht mehr aufgeführten Käutner-Film *Unter den Brücken*. Nach 1945 Filme wie *Taxi-Kitty* (1950), *Vor Sonnenuntergang* oder *Der Hauptmann von Köpenick* (beide 1960). 1980 *Filmband in Gold* für langjähriges und hervorragendes Wirken im deutschen Film. In erster Ehe mit Carl Raddatz, in zweiter Ehe mit dem Tiefseeforscher Hans Hass verheiratet. † 7.7.1987 München.

Schroth, Heinrich. Auf der *Gottbegnadeten-Liste* der Schauspieler, die für die Filmproduktion benötigt werden.
* 21.3.1871 Pirmasens. Vater von Carl-Heinz Schroth. Von Zuckmayer zur Kategorie »Nazis, Anschmeißer, Nutznießer, Kreaturen« gerechnet: »Er wurde einer der Hauptädelsführer der neuen NS-Theater-Fachschaften, in denen gegen die vertriebenen Meister wie [Max] Reinhardt in Art der Sklavenrebellion nachträglich gewütet wurde.« Darsteller im Militärspionagefilm *Verräter*, auf dem NSDAP-Reichsparteitag am 9.9.1936 uraufgeführt. 1937 in Harlans Hitlerhuldigung *Der Herrscher*, 1940/41 in den Hetzfilmen *Jud Süß* und *Ohm Krüger*. † 13.1.1945 Berlin.

Schrott, Ludwig. Gauobmann der *Nationalsozialistischen Kulturgemeinde* (NSKG).
* 7.4.1908 Rosenheim. Musikschriftsteller. 1931 NSDAP (Nr. 645029). 1934 Referent im Reichspropagandaamt München. Laut Prieberg (Musik) gliederte Schrott, Präsident der Hans-Pfitzner-Gesellschaft, den Verein korporativ der NSKG ein. 1937 Autor: *Die Persönlichkeit Hans Pfitzners*. 1959: *Die Persönlichkeit Hans Pfitzners* (sic). 1966 Autor: *Die Herrscher Bayerns*. † 1.11.1973 München.

Schubert, Heinz. Dirigent.
* 8.4.1908 Dessau. 1933 Kapellmeister am Grenzlandtheater Flensburg. NSDAP

Mai 1933. 1936 Oratorium *Das ewige Reich* für Bariton, Männerchor und Orgel. 1938 Musikdirektor der Seestadt Rostock, 1942 in Münster. Zuletzt Wehrmacht. † Zum 31. 12. 1945 für tot erklärt.

Schubert, Kurt. Fachschaftsleiter Musik der Reichsmusikkammer, Landesleitung Berlin.

* 19. 10. 1891 Berlin. 1922 Professor an der Akademie für Kirchen- und Schulmusik in Berlin. Mai 1933 NSDAP. NS-Feiermusiken, Vertonung von Texten wie »Fühlst du den Schritt nicht der Ewigkeit?/ Zögre nicht, zaudre nicht, reihe dich ein, bald wirst du selbst gewesen sein« (*Den Tapferen*, 1939). † Kriegstod 2. 5. 1945 Berlin. Lit.: Jahn; Prieberg, Handbuch.

Schüddekopf, Jürgen. Journalist.

* 10. 12. 1909 Weimar. Ressortchef Feuilleton und Kriegsberichter bei Goebbels' Renommierblatt *Das Reich* (von Hitler im Tischgespräch am 22. 2. 1942 gelobt: »Prachtvoll ist die Zeitung ›Das Reich‹«). Görtemaker: »Wer für das Reich arbeitete, stellte sich zwangsläufig in den Dienst der nationalsozialistischen Propaganda.« Ab 1942 verschiedene Einheiten der Propagandatruppen (WASt). 1946 Feuilleton *Die Welt*. 1947 Leitung des Nachtprogramms beim NWDR Hamburg (DBJ). † März 1962 Hamburg.

Schüler, Johannes. Auf der *Gottbegnadeten-Liste* (Führerliste) der wichtigsten Dirigenten des NS-Staates.

* 21. 6. 1894 Vietz (Neumark), Sohn eines Kantors. 1933 Musikdirektor in Essen. 1935 Generalmusikdirektor der Staatsoper Berlin. 1937 NSDAP (Nr. 5 377245). Am 24. 9. 1940 Dirigent von Liszts *Les Préludes* zur Uraufführung des Hetzfilms *Jud Süß* im Ufa-Palast am Berliner Zoo. Mai 1941 zwecks Kulturpropaganda mit der Staatsoper im besetzten Paris. Am 3. 10. 1943 mit den Berliner Philharmonikern im besetzten Krakau. NS-Ehrung: Zu *Führers Geburtstag* 1938 von Hitler Titel Staatskapellmeister. Zu *Führers* [50.] *Geburtstag* 1939 von Hitler Titel Generalintendant. Nach 1945 Operndirektor in Hannover.

† 3. 10. 1966 Berlin. Nachruf *Deutsches Bühnen-Jahrbuch*: »Das Hitler-Regime lehnte ihn ab.«

Schündler, Rudolf. Schauspieler und Kabarettist.

* 17. 4. 1906 Leipzig. 1939 Nebenrollen in den Filmen *Der Stammbaum des Dr. Pistorius* (mit Aufmärschen der Hitlerjugend) sowie *Robert und Bertram* (Leiser: die Karikatur des jüdischen Untermenschen, eingebettet in eine Lustspielhandlung). 1941 NS-Reiterfilm ... *reitet für Deutschland*, 1942 Staatsauftragsfilm *Fronttheater*. Nach dem Krieg Leiter des Kabaretts *Die Schaubude* in München. Filme wie *Küssen ist keine Sünd* (1950) oder *Heintje – ein Herz geht auf Reisen* (1969). † 12. 12. 1988 München.

Schünemann, Georg. Mitherausgeber der Zeitschrift *Archiv für Musikforschung* (1936).

* 13. 3. 1884 Berlin, Sohn eines Rektors. 1920 Professor der Berliner Musikhochschule (MHS), 1932/33 Direktor. 1935 Direktor der Musikabteilung der Preußischen Staatsbibliothek. Laut de Vries beteiligt »am Aufspüren und Sortieren wertvollen Bibliotheks- und Archivmaterials« der *Hauptstelle Musik* der Dienststelle Rosenberg, zeitweise Angehöriger des Sonderstabs Musik (Kunstraub). † 2. 1. 1945 Berlin.

Schünzel, Reinhold. Schauspieler und Regisseur.

* 7. 11. 1888 Hamburg. 1930 mit Max Schmeling Boxerfilm *Liebe im Ring*. Komödien- und Operettenfilme: 1933 Transvestiten-Ulk *Viktor und Viktoria*, 1934 *Amphitryon*, 1936 *Das Mädchen Irene* (eine Frau mittleren Alters kämpft um sexuelle Verwirklichung, Goebbels-Kommentar: »ekelhafte Sache«). 1937 letzter Film: *Das Land der Liebe*. 1938 als »Halbjude« Flucht nach Hollywood. Ab 1942 vorwiegend in Nazi-Rollen. 1949 Rückkehr, Kammerspiele München. 1954 Deutscher Filmpreis. † 11. 9. 1954 München. Nachruf *Deutsches Bühnen-Jahrbuch*: »1938 ging Schünzel nach Amerika.«

Schürenberg, Siegfried. Schauspieler.
* 12. 1. 1900 Detmold. Unter anderem 1934 im Film über Vaterlandsliebe und Opferbereitschaft: *Ein Mann will nach Deutschland.* Militärspionagefilm *Verräter*, am 9. 9. 1936 auf dem NSDAP-Reichsparteitag in Nürnberg uraufgeführt. 1937 Freikorpsdrama *Menschen ohne Vaterland* sowie *Der Mann, der Sherlock Holmes war.* 1957 in Harlans »Schwulenfilm« *Anders als du und ich.* In Edgar-Wallace-Krimis als Scotland-Yard-Chef Sir John. † 31. 8. 1993 Berlin.

Schürmann-Horster, Wilhelm. Schauspieler.
* 21. 6. 1900 Köln. 1923 KPD. 1941 Regisseur und Dramaturg am Grenzlandtheater Konstanz. Gehörte zum Umkreis der Widerstandsgruppe *Rote Kapelle.* † 9. 9. 1943 Hinrichtung in Berlin-Plötzensee.

Schütte, Ernst. Bühnenbildner.
* 5. 4. 1890 Hannover. 1925 Ausstattungschef am Deutschen Theater in Berlin bei Max Reinhardt. Zuckmayer: »Viele der besten Reinhardtaufführungen waren von ihm ausgestattet.« Da mit einer »Volljüdin« verheiratet und Vater einer »halbarischen« Tochter, 1933 Flucht nach Paris. Dort bald verarmt, von Hilpert ans Deutsche Theater zurückgeholt. Nach 1945 Professor der Hochschule für bildende Kunst. † 28. 12. 1951 Berlin. Das *Deutsche Bühnen-Jahrbuch:* »Er war ein Künstler von ausgeprägtem Stilgefühl.«

Schütz, Franz. Organist.
* 15. 4. 1892 Wien. 1920 Professor der Wiener Musikakademie. 1925 Dozent der Fachhochschule Wien. Laut Prieberg NSDAP erstmals 1932 (Nr. 1 087608). Nach der Besetzung Österreichs 1938 kommissarisch Leiter der Gesellschaft der Musikfreunde sowie Direktor der Wiener Reichshochschule für Musik. Nach 1945 Privatier. † 19. 5. 1962 Wien.

Schütz, Roland. Erziehungswissenschaftler, nach 1945 Mitbegründer, Vorsitzender und Ehrenvorsitzender des Deutschen Hilfsvereins für das Albert-Schweitzer-Spital in Lambarene.

* 12. 10. 1883 Kassel, Sohn eines Königlichen Amtsanwalts. 1917 Lic. theol. Seit 1922 mit Albert Schweitzer befreundet. 1924 ao. Professor für Neutestamentliche Wissenschaft der Universität Kiel. Mai 1933 NSDAP. 1936 Studienrat an der Nationalpolitischen Erziehungsanstalt (Napola) Naumburg an der Saale. 1939 Studienrat an der Adolf-Hitler-Schule in Halle. Mit Kriegsbeginn an die Hohe Schule der NSDAP beurlaubt. Bis Kriegsende an der Zentralbibliothek der Hohen Schule in St. Andrä bei Villach (Kärnten): geraubte Buchbestände des Einsatzstabes Reichsleiter Rosenberg. Herbst 1945 Mitbegründer der Volkshochschule Ludwigsburg. Als Akademieprofessor i. R. ebenda. Im Bund für Freies Christentum. † 26. 6. 1979 Dettingen, Kreis Reutlingen. Lit.: Hesse.

Schüz (sic), Friedrich. Maler.
* 17. 7. 1874 Düsseldorf, Sohn eines Malers. Auf den Großen Deutschen Kunstausstellungen im Münchner NS-Musentempel *Haus der Deutschen Kunst* mit insgesamt 21 Objekten (darunter 1942 das Ölgemälde *Alt-Braunau*). Hitler kaufte 1938 sein Bild *Salzburg.* † 1954 Tübingen.

Schuh, Oscar Fritz. Regisseur.
* 15. 1. 1904 München. 1932 Staatsoper Hamburg. 1935 auf der Liste der *Musik-Bolschewisten* der *NS-Kulturgemeinde.* 1940 Staatsoper Wien, Oberspielleiter. Beurteilung Dienststelle Rosenberg: »Judophiler Opern-Regisseur.« Regie zur 1945 unvollendeten Filmkomödie *Ein toller Tag.* Nach 1945 unter anderem Direktor des Berliner Theaters am Kurfürstendamm und Intendant des Deutschen Schauspielhauses Hamburg. † 22. 10. 1984 Großgmain bei Salzburg.

Schulenburg, Werner von der. Schriftsteller.
* 9. 12. 1881 Pinneberg, Sohn eines Preußischen Hauptmanns. Dr. jur. et phil. Wohnort Rom. Autor von *Diana im Bade* (1936) und *Wenn die Götter lachen* (1938). Herausgeber der »philofaschistischen« (Malinowski) Zeitschrift *Italien.* Meyers *Lexikon* 1942: »Bearbeitete in Verbindung

mit seiner Tätigkeit für den deutsch-italienischen Kulturaustausch u. a. Mussolini-Forzanos [Theaterstück] ›Cavour‹ für die deutsche Bühne.« † 29. 3. 1958 Neggio im Tessin.

Schulhoff, Erwin. Pianist und Komponist. * 8. 6. 1894 Prag. Schüler Max Regers. 1913 Mendelssohn Bartholdy-Preis als Pianist, 1918 als Komponist. 1920 Lehrer am Konservatorium in Dresden. 1928 Oper *Don Juans Bestimmung.* 1929 am Konservatorium in Prag. Thomas Mann nach Konzert am 13. 3. 1921 im Tagebuch: »Begabt und sympathisch.« Im *Lexikon der Juden in der Musik* gebrandmarkt. 1941 Verhaftung. † 18. 8. 1942 Ilag XIII in der Festung Wülzburg, nahe Weißenburg in Bayern (im Internierungslager XIII waren zivile Angehörige von Feindstaaten interniert).

Schulte-Frohlinde, Julius. Auf der *Gottbegnadeten-Liste* (Führerliste) der wichtigsten Architekten des NS-Staates. * 26. 5. 1894 Bremen. 1929 Baurat in Nürnberg, beteiligt an der Planung des Reichsparteitagsgeländes. 1934 Leiter der Bauabteilung der *Deutschen Arbeitsfront.* 1937 NSDAP. 1938 auf der 1. Deutschen Architektur-Ausstellung im Münchner NS-Musentempel *Haus der Deutschen Kunst* unter anderem mit dem Entwurf *Adolf-Hitler-Schule Hesselberg* (Franken). 1939 in *Bauten der Bewegung:* »Die großen Bauten der Bewegung ... sollen neben der Zweckerfüllung dem deutschen Menschen die Geschlossenheit, Einheit, Kraft und Größe unseres Staates vor Augen führen«. 1939 (bis 1943) Kriegsdienst, zuletzt Major der Luftwaffe. Leitete im Auftrag von Speer und Ley die Schulung des gesamten Architektennachwuchses. 1943 Lehrstuhl für Baukunst der TH München. 1944 Gaudozentenbundführer München-Oberbayern. NS-Ehrung: trotz Titelsperre 1941 von Hitler Titel Professor. 1945 Entlassung. 1952–1959 Leiter des Hochbauamts in Düsseldorf. † 20. 11. 1968 ebenda. Lit.: Grüttner; Wulf, Künste.

Schulte-Kemminghausen, Karl. Stellv. Vorsitzender und Geschäftsführer der Anette-von-Droste-Gesellschaft. * 23. 2. 1892 Somborn, Kreis Bochum. 1933 NS-Lehrerbund, SA (Oberscharführer). 1934 Professor in Münster, 1937 NSDAP. Gaufachberater der NSDAP Westfalen-Nord. 1945–1950 amtsenthoben. Bis zum Tode erneut Lehrstuhl. † 29. 11. 1964 Münster. Lit.: König.

Schultz, Helmut. Musikforscher. * 2. 11. 1904 Frankfurt am Main. 1933 ao. Professor der Universität Leipzig, Autor: *Das Orchester als Ausleseprinzip.* Mai 1938 im Rahmen der ersten *Reichsmusiktage* in Düsseldorf Vortrag *Volkhafte Eigenschaften des Instrumentenklanges.* † Kriegstod 19. 4. 1945 Waldburg.

Schultz, Wolfgang. Philosoph, genannt *Mondschultz.* Privatgelehrter. * 28. 6. 1881 Wien, Sohn eines akademischen Malers. 1912 Autor: *Die Anschauung vom Monde und seinen Gestalten in Mythos und Kunst der Völker.* 1914–1920 Herausgeber: *Mitra. Monatsschrift für vergleichende Mythenforschung.* 1932 NSDAP. Auf Betreiben von Eva Chamberlain und J. F. Lehmann ohne Habilitation 1934 auf den Lehrstuhl für Philosophie der Universität München gehievt, Dauerthema: Germanische Weltanschauungskunde. † 24. 9. 1936 München. Lit.: Leube.

Schultze, Norbert, genannt *Bomben-Schultze.* Starkomponist des NS-Kinos. * 26. 1. 1911 Braunschweig als Arztsohn. Kapellmeister in Heidelberg und Darmstadt, 1934 in München, 1935/36 Telefunken-Schallplattengesellschaft Berlin. 1938 Komponist des Kultlieds *Lili Marleen.* NSDAP 1940. Im Krieg Musik zu 15 Filmen, darunter 1940 der Propagandastreifen *Feuertaufe* (mit Schlußwort Görings: »Und was die Luftwaffe in Polen versprochen hat, wird diese Luftwaffe in England und Frankreich halten«). Hermann Wanderscheck dazu am 16. 4. 1940 im *Film-Kurier:* »Schultze hat in einer – wie er sagt: fanatischen vierwöchigen Tag- und Nachtarbeit die Partitur geschrieben.« Ergebnis:

»Die Musik entlädt sich zu stärkster Wirkung, wenn im Weichselbogen die Bomben fallen und der Angriff auf Warschau einsetzt … Getragene e-moll-Klänge begleiten nach dem Bombardement von Warschau den Flug über die in Häuserskeletten starrende ehemalige polnische Hauptstadt.« In *Feuertaufe* Schultzes Propagandalied *Bomben auf Engeland*, zweite Strophe: »Wir stellen den britischen Löwen/zum letzten entscheidenden Schlag./ Wir halten Gericht. Ein Weltreich zerbricht./Das ist unser stolzester Tag.« Refrain (Auszug): »Ran an den Feind, ran an den Feind!/Bomben auf Engeland.« Musik zum Film *Bismarck*, am 6. 12. 1940 in Anwesenheit von Goebbels, Lammers und Gürtner uraufgeführt. Musik zum antipolnischen Propagandafilm *Kampfgeschwader Lützow* (Uraufführung am 28. 2. 1941, anwesend Goebbels und Himmler). Ebenfalls 1941 NS-Euthanasiefilm *Ich klage an* (der von den Krankenmördern der Berliner T4-Zentrale teilfinanzierte Staatsauftragsfilm sollte den Widerstand der Bevölkerung gegen den Behindertenmord brechen). Weiterhin 1941 von Goebbels Auftragskomposition zum Überfall auf Rußland: *Das Lied vom Feldzug im Osten* (auch unter den Titeln *Vorwärts nach Osten* oder *Führer befiehl, wir folgen dir!*). Weitere Propagandawerke: 1942 *Deutsche Panzer in Afrika, Unser Rommel, Das Lied der Panzergrenadiere*, das *Lied der Panzergruppe Kleist* sowie (hier auch Texter) *Das Lied vom deutschen U-Boot-Mann*, Textanfang: »Wer hat auf dieser Erde wohl den größten Mund? Der Premier seiner brit'schen Majestät«. Darin Primitivreime wie: »Der deutsche U-Boot-Mann, der greift an,/Junge, Junge, der geht ran!« 1945 Musik zu Harlans Durchhalte-Schnulze *Kolberg*. Nach 1945 Musik zu den Filmen *Die Mädels vom Immenhof* (1955), *Wie einst Lili Marleen* (1956) oder *Das Mädchen Rosemarie* (1958). 1963 im Aufsichtsrat der GEMA. 1995 Erinnerungen: *Mit dir, Lili Marleen*. 1996 Ehrenring der GEMA. Eigene Verteidigung (laut Koch):

»Andere haben geschossen, ich habe komponiert.« † 14. 10. 2002 an seinem Wohnort Bad Tölz. GEMA-Nachruf: »Norbert Schultze sah sich selbst als absolut unpolitischen Menschen. Er hatte jedoch das Pech, in einer extrem politisierten Zeit gelebt zu haben.« Lit.: Drewniak, Film; Gillum; Prieberg.

Schultze-Naumburg, Paul. Auf der Sonderliste der zwölf wichtigsten bildenden Künstler der *Gottbegnadeten-Liste* (Führerliste).

* 10. 6. 1869 Naumburg. Architekt. Laut *NS-Landpost* »Vorkämpfer einer Kultur aus Blut und Boden«. Architekt von Schloß Cecilienhof in Potsdam (benannt nach der Kronprinzessin). 1928 Autor des Buches *Kunst und Rasse*: Gegenüberstellung mißgebildeter und psychisch kranker Menschen mit Werken von Picasso, Modigliani usw. als Beispiel »entarteter Kunst«. In Schultzes Haus oberhalb der thüringischen Burgruine Saaleck verkehrte Hitler. Am 19. 12. 1928 Unterzeichner des Gründungsmanifests des *Kampfbunds für deutsche Kultur*, KfdK. 1930–1940 Direktor der Staatlichen Hochschule für Baukunst in Weimar, Entfernung und zum Teil Zerstörung angeblich entarteter Werke, genannt *Weimarer Bildersturm* (1931/32 vorübergehend Amtsenthebung). Goebbels am 11. 1. 1931 im Tagebuch: »Er ist etwas senil, aber guten Willens.« Ab 1932 für NSDAP im Reichstag. Im Vorstand von Rosenbergs KfdK, im *Sachverständigenbeirat für Bevölkerungs- und Rassenpolitik* des Reichsinnenministeriums. Am 19. 8. 1934 Unterzeichner des *Aufrufs der Kulturschaffenden* zur Vereinigung des Reichskanzler- und Reichspräsidentenamts in der Person Hitlers: »Wir glauben an diesen Führer, der unsern heißen Wunsch nach Eintracht erfüllt hat.« NS-Ehrung: 1939 *Goethe-Medaille* für Kunst und Wissenschaft und Goethe-Preis der Stadt Frankfurt am Main. 1944 von Hitler *Adlerschild des Deutschen Reiches* (höchste Auszeichnung für ganz außerordentliche Verdienste), Inschrift:

»Dem deutschen Baumeister.« Ehrenbürger der Stadt Weimar. † 19.5.1949 Jena. Lit.: Brenner; Düsterberg; Thomae.

Schulz-Dornburg, Hanns. Bühnenregisseur.

* 4.3.1890 Würzburg. Bruder von Rudolf. 1928 Intendant am Landestheater Coburg, 1930 am Landestheater Dessau. 1935 Generalintendant in Kiel. Laut Zuckmayer setzte er sich »hauptsächlich für solche Werke ein, die von den Nazis dann verboten wurden, und für solche Kunst, die sie als entartet bezeichneten. Er machte dann aber unter Naziherrschaft eine recht gute Karriere (vielleicht mit Hilfe seines Bruders).« Nach 1945 zunächst an der Berliner Freilichtbühne am Waldsee, 1948 Intendant des Badischen Staatstheaters Karlsruhe, 1950 am Landestheater Salzburg. † 4.10.1950 Salzburg an Herzschlag.

Schulz-Dornburg, Rudolf. Generalmusikdirektor (GMD) und Fliegerhauptmann.

* 31.3.1891 Würzburg. 1927 Gründungsleiter der Essener Folkwangschule. 1934/35 Leiter des *Nationalsozialistischen Fliegerorchesters* (Bücken), 1936 Chefdirigent des Deutschlandsenders. Zuckmayer (dort fälschlich Vorname Friedrich): »Er war im letzten Krieg Kampfflieger, zeitweise unter Görings Kommando, gewesen, und sofort nach Machtergreifung durch die Nazis tauchte er als Dirigent des ersten, von Göring subventionierten ›Luftfahrtorchester‹ im Reiche auf, die Russenbluse mit militärischen Orden geschmückt, und in sehr kurzer Frist verwandelte sich die Arbeiterjoppe in eine schöne schwarze SS Uniform mit allerlei Führerabzeichen und hübschen Hakenkreuzchen.« 1936 in Stuttgart Dirigent des Festkonzerts des SS-Abschnitts X zum *Tag der Machtergreifung* (Prieberg). Ab 1942 Leiter der Gruppe *Ernste, aber allgemein verständliche Musik* beim Großdeutschen Rundfunk. Nach 1945 GMD in Lübeck. † 16.8.1949 Gmund am Tegernsee.

Schulze, Reinhold. Mai 1933 Redner bei der Bücherverbrennung in Hamburg.

* 28.10.1905 Bremen als Ingenieurssohn. 1928 NS-Studentenbund. 1929 NSDAP. 1930 Dipl. Ing. 1930 Kreisführer Nord des NS-Studentenbunds. 1932/33 MdR. 1933 SA, Leiter des Hauptamts Grenz- und Außenpolitik der Deutschen Studentenschaft, im Reichs-SA-Hochschulamt. 1934 SA-Obersturmbannführer. 1935 Leiter des Grenz- und Auslandsamts der Reichsjugendführung. 1939 HJ-Obergebietsführer. 1940 Referent der Deutschen Botschaft in Japan. Nach 1945 Ingenieur in Hamburg. 1956 Referent für Außenpolitik der Bundesgeschäftsstelle der FDP. Ab 1959 Friedrich-Naumann-Stiftung (FDP), stellv. Leiter. † 30.12.1993 Bonn. Lit.: Grüttner.

Schumann, Georg Alfred. Komponist. Reichskultursenator.

* 25.10.1866 Königstein in Sachsen, Sohn eines Musikdirektors. 1900 Dirigent der Berliner Singakademie. 1933 Vizepräsident (1934 Präsident) der Preußischen Akademie der Künste. Am 3.11.1933 Unterzeichner einer Ergebenheitsadresse der Akademie an Hitler: »Als Träger der Aufgaben der bildenden Künste und der schöpferischen Tonkunst sind wir uns der hohen Verantwortlichkeit … bewußt und besonders tief empfinden wir sie in Erwartung des Tages, an dem alle Deutschen einmütig sich ihrem Führer zur Seite stellen sollen.« 1934 im Führerrat des Berufsstandes der deutschen Komponisten. † 23.5.1952 Berlin. Lit.: Wulf, Künste.

Schumann, Gerhard. SA-Reimproduzent. Reichskultursenator.

* 14.2.1911 Esslingen als Lehrerssohn. 1930 Studium Theologie und Germanistik in Tübingen, Hochschulgruppenführer des NS-Studentenbunds ebenda, NSDAP. 1932 SA (1942 Oberführer). April 1933 Kommissar für die württembergische Studentenschaft, im Führerrat der Universität, Führer des SA-Hochschulamts. 1933 Verse *Ein Weg führt ins Ganze*, Textprobe: »Doch als er aufstund [sic] fuhr der Feuerschein/Des Auserwählten um sein Haupt. Und niedersteigend/Trug er die Fackel in die Nacht hinein./Die Millionen beugten sich ihm schweigend./Erlöst. Der Himmel flammte morgenbleich./Die Sonne wuchs. Und mit ihr wuchs das Reich.« Im Präsidialrat der Reichsschrifttumskammer (1938 Leiter der Gruppe Schriftsteller). Nach Kriegsdienst 1942 Chefdramaturg des Württembergischen Staatstheaters in Stuttgart. 1943 Präsident der Hölderlin-Gesellschaft. Weiheverse *Führer*, 1944 in der von ihm herausgegebenen Anthologie *Lyrik der Lebenden*: »Vom Leid, das hohe Stirnen herb versteint,/er weiß davon./Der Sohn, den eine Mutter still beweint,/ist auch sein Sohn.« Schumanns Kommentar: »Ein Volk, das auch in seiner harten Gegenwart über so vielfältige Kräfte der Seele und des Geistes … verfügt, ist von keiner Macht dieser Erde zu bezwingen, ist unsterblich!« NS-Ehrung: 1. Mai 1936 *Nationaler Buchpreis* (Staatspreis). Nach Kriegsgefangenschaft 1949 Mitbegründer und Geschäftsführer des Europäischen Buchklubs. Beim einschlägigen *Deutschen Kulturwerk Europäischen Geistes*. 1962 Gründer und Eigentümer des Hohenstaufen Verlags. † 29.7.1995 Bodman. Lit.: Grüttner; Sarkowicz; Scholdt; Wulf, Literatur.

Schumann, Otto. Musikschriftsteller.
* 7.6.1897 Hannover. Wohnort Traubing über Starnberg. 1935: *Meyers Opernbuch*, 1936: *Meyers Konzertführer I* (Orchestermusik), 1938: *Meyers Konzertführer II* (Chormusik). 1940: *Geschichte der deutschen Musik*, ebenda über Schönberg: »Schönberg ist nicht unsres Blutes.« Über Mendelssohn Bartholdy: »Hätte Mendelssohn eine Musik geschrieben, die seiner rassenseelischen Beschaffenheit entsprach, dann könnte sich vielleicht das Judentum eines großen Komponisten rühmen. Da er aber einen solchen echten Stil nicht aufzubringen vermochte, erschöpfte er sich in Nachbildung deutscher Eigentümlichkeit. Diese wiederum konnte er aus rassischen Ursachen nicht von innen erfassen und

war daher triebhaft bestrebt, die äußeren Erscheinungsformen um so sorgfältiger nachzuzeichnen.« 1956 Herausgeber *Casanova: Memoiren*. Sein *Handbuch der Oper* erschien 1972 in 10. Auflage. † 15.6.1981 Bayreuth. Lit.: Wulf, Musik.

Schur, Willi. Schauspieler.
* 22.8.1888 Breslau. 1932 Theater am Schiffbauerdamm. Zwischen 1933 und 1940 Nebenrollen in rund 60 Unterhaltungsfilmen. NS-Filme: 1934 *Ein Mann will nach Deutschland*, 1937 *Weiße Sklaven*, 1939 *Robert und Bertram*. 1940 letzter Film: *Herz ohne Heimat*. † 2.11.1940 Berlin.

Schuricht, Carl. Auf der *Gottbegnadeten-Liste* (Führerliste) der wichtigsten Dirigenten des NS-Staates.
* 3.7.1880 Danzig. 1912 Musikdirektor, 1922 (bis 1944) Generalmusikdirektor der Stadt Wiesbaden. Mit der »Nichtarierin« Friedel Heinemann verheiratet. Das Reichspropagandaministerium am 25.9.1933 an die Deutsche Gesandtschaft in Den Haag (BA R 55/1181): »Schuricht hat in der Angelegenheit hier vorgesprochen und erklärt, daß er mit einer Nichtarierin verheiratet sei. Nach der nationalen Revolution in Deutschland sei ihm von befreundeter nationalsozialistischer Seite … privatim gesagt worden, es könnten ihm später wegen dieser Ehe Schwierigkeiten erwachsen; er hätte diese Unterhaltung seiner Frau mitgeteilt, die darauf in übergroßer Opferbereitschaft verlangt hatte, daß er sich von ihr trennte. Tatsächlich habe seine Frau ihn darauf verlassen und sei zu ihrer Mutter gezogen, worauf er die Scheidungsklage eingereicht hatte [sic].« Die Ehe wurde geschieden, laut Prieberg ist der Verbleib der Frau unbekannt. Konzerte für NS-Gemeinschaft *Kraft durch Freude*, zwecks Kulturpropaganda Auftritte im besetzten Paris und in Belgien. Nach Kriegsende Übersiedlung in die Schweiz. 1953 Ehrenbürger Wiesbadens. *Großes Bundesverdienstkreuz*. † 7.1.1967 Corseaux-sur-Vevey. Nachruf *Deutsches Bühnen-Jahrbuch*: »Geisteshelle – sie war das

Signum seiner Kunst.« Lit.: Drewniak, Theater; Prieberg.

Schuricke, Rudi. Tenor. * 16.3.1913 Brandenburg. 1939 Propagandalied *Das muß den ersten Seelord* [Churchill] *doch erschüttern* zur Versenkung des britischen Schlachtschiffs *Royal Oak* (883 Tote). Text: »Die Nordsee ward ein deutsches Meer/nu kiekste hinterher!« 1940 Interpret von Schnulzen wie *Antje, mein blondes Kind*; *Heidemarie, wenn wir am Rhein marschieren*; *Ich soll dich grüßen, mein junger Kanonier.* 1941: *Lili Marleen.* 1943 Interpret des Schlagers *Mit Musik geht alles besser*: »Mit Musik geht alles besser,/mit Musik fällt alles leicht,/ob man Trompete schmettert/oder Baß und Fiedel streicht.« † 28.12.1973 München.

Schussen, Wilhelm, eigentlich W. Frick. Name Oktober 1933 unter dem Treuegelöbnis »88 deutsche Schriftsteller« für Adolf Hitler. * 11.8.1874 Schussenried. Lehrer in Schwäbisch Gmünd. Laut *Meyers Lexikon* (1942) »humorvoller Darsteller schwäbischen Kleinstadtlebens«. Ab 1937 in Tübingen. Verse *Auf dem Pferdemarkt,* 1944 in der Anthologie *Lyrik der Lebenden* des SA-Oberführers Gerhard Schumann: »Klepper tragen Galazöpfe,/doch sie hängen ihre Köpfe,/grübeln traurig nach am Stand,/ob denn niemand Mitleid spüre,/ob denn niemand sie entführe/endlich aus Zigeuners Hand.« Kommentar des Herausgebers: »Ein Volk, das auch in seiner harten Gegenwart über so vielfältige Kräfte der Seele und des Geistes … verfügt, ist von keiner Macht dieser Erde zu bezwingen, ist unsterblich!« † 5.4.1956 Tübingen.

Schuster, Wilhelm. Ab 1934 Vorsitzender des *Vereins Deutscher Volksbibliothekare* (VDV). * 10.6.1888 Stettin. Dr. phil. 1922 Leiter des Verbands deutscher Büchereien in Polen, Schlesien und Galizien in Kattowitz. 1926 Stadtbibliothek Berlin. 1929 Direktor der Hamburger Öffentlichen Bücherhallen. 1933 Vortrag *Bücherei und Nati-*

onalsozialismus auf der VDV-Jahresversammlung: »Wir müssen die deutsche Volksbücherei mobilisieren für den Kampf um die Seele und die Zukunft des deutschen Volkes … Dieses Bewußtsein, *Führer sein zu sollen,* wenn auch an kleiner, so doch wichtiger Stelle, ist unser stärkster Halt und treibt uns unerbittlich voran.« 1934 Direktor der Stadtbibliothek Berlin. 1950 Referent der Wissenschaftlichen Zentralbibliothek Berlin. † 15.3.1971 Berlin. Lit.: Andrae; Habermann.

Schuster-Woldan, Raffael. Auf der *Gottbegnadeten-Liste* (Führerliste) der wichtigsten Maler des NS-Staates. * 7.1.1870 Striegau in Schlesien. 1911–1920 Professor an der Berliner Kunstakademie. Auf den Großen Deutschen Kunstausstellungen im Münchner NS-Musentempel *Haus der Deutschen Kunst* mit insgesamt 52 Objekten. 1941 ebenda Sonderausstellung mit 28 Werken, darunter: *Hindenburg und Ludendorff* (Öl). Hitler kaufte 1938 seine Bilder zu Höchstpreisen: 18 000 Mark für *Dido* (Maler und Modell) und 15 000 Mark für *Frascati* (Weiblicher Akt im Park). Laut Reichspropagandaministerium (1944) der »berufenste Schilderer vornehmer, edler Weiblichkeit«. † 11.12.1951 Garmisch.

Schwartz, Eduard. 1928 öffentlicher Förderer des *Kampfbunds Gesellschaft für deutsche Kultur* (Brenner). * 22.8.1858 Kiel. Altertumsforscher, Klassischer Philologe. 1914 Lehrstuhl in Straßburg, 1919 (bis 1929) in München. † 13.2.1940 München.

Schwarz, Gerhard. Kirchenmusiker. * 22.8.1902 Reußendorf in Schlesien. 1932 NSDAP (Nr. 1 467044). Leiter der ev. Schule für Volksmusik und der Kirchenmusikschule im Johannisstift Berlin-Spandau. Zeitweise Musikreferent beim Oberbann Süd der HJ Kurmark. Produzent von NS-Feier- und Gebrauchsmusiken. 1933 Bearbeitung des Fahnenlieds *Unter der Fahne schreiten wir, unter der Fahne streiten wir,* Text der 3. Strophe: »Unter der Fahne werben wir,/unter der

Fahne sterben wir,/unter der Fahne sausendem Schein/jagen wir stolz zur Unsterblichkeit ein!« 1934 Sachbearbeiter beim Reichsjugendpfarrer. 1940 Organist in Düsseldorf. 1947 Landesingwart der Kirchenprovinz Berlin-Brandenburg. 1949 Leiter der Landeskirchenmusikschule der Ev. Kirche im Rheinland. 1960 Titel Professor. 1978 Johann-Wenzel-Stamitz-Preis. † 13.10.1994 Bebra. Lit.: Jahn; Prieberg, Handbuch.

Schwarz, Hans. Schriftsteller.
* 17.3.1890 Berlin. Goebbels am 22.1.1926 im Tagebuch: »Ich lese; Hans Schwarz: Europa im Aufbruch.« 1930 Autor: *Die Wiedergeburt des heroischen Menschen.* Ab 1930 Herausgeber der Werke Moeller van den Brucks. Gedichtbände *Du und Deutschland* (1933) und *Geliebte Erde* (1939). Urheber des Verses: »Dichter muß in Reih' und Glied/wie Soldaten wandern.« 1953 Essayband *Mysterium des Weines.* 1958 Herausgeber des Schiller-Breviers *Freiheit und Würde.* Festschrift zum 70. Geburtstag. † 25.6.1967 Schoeppenstedt. Lit.: Wulf, Literatur.

Schwarz van Berk, Hans. NS-Starjournalist und SS-Obersturmführer (1944).
* 7.8.1902 Wermelskirchen bei Düsseldorf. 1930 NSDAP (Nr. 312753). 1932 Autor: *Preußentum und Nationalsozialismus.* 1933: *Die sozialistische Auslese.* 1935 Hauptschriftleiter des NS-Hetzblatts *Der Angriff.* Goebbels am 26.6.1941 im Tagebuch: »Schwarz von Berk hat zu meinem neuen Buch ein glänzendes Vorwort geschrieben.« Schriftleiter im Eher-Verlag. NS-Ehrung: Präsidialrat der Reichspressekammer. Laut Frei/Schmitz nach 1945 zunächst Vertreter, dann in der Werbung. † 1973.

Schwarzkopf, Elisabeth.
* 9.12.1915 Jarocin. Sopranistin. 1938 Debüt am Deutschen Opernhaus Berlin (1942 auch Staatsoper Wien). Am 26.1.1940 Aufnahmeantrag NSDAP, am 1.3.1940 NSDAP-Mitglied (Nr. 7548960). Vom 18. bis 25.9.1941 mit der *Fledermaus* des Deutschen Opernhauses Berlin in der Großen Pariser Oper, eine Veranstaltung der NS-Gemeinschaft *Kraft durch Freude* im Auftrag des OKW (Programmheft), vom Reichspropagandaministerium mit 200000 Mark finanziert. Am 6.9.1942 Veranstaltung an der Reichsuniversität Posen mit Liedern von Pfitzner und einer Rede von Gauleiter Greiser (Prieberg). Filmrollen: 1939 im Ufa-Film *Das Mädchen von Saint Cœur* sowie im Lobfield auf die Kameradschaft bei der Infanterie *Drei Unteroffiziere.* 1943 Opernfilm *Nacht ohne Abschied.* 1944 im Kriminalfilm *Der Verteidiger hat das Wort.* Vom Reichspropagandaministerium für den Rundfunk freigestellt. Sie selbst verteidigte sich, zur Parteimitgliedschaft genötigt worden zu sein und nur der Kunst gedient zu haben. 1951 in den *Meistersingern* der ersten Bayreuther Nachkriegsfestspiele. Weltweit Gastspiele. 1976 *Großes Verdienstkreuz der BRD.* † 3.8.2006 an ihrem Wohnort Schruns in Österreich. Lit.: Drewniak, Theater; Prieberg, Handbuch; Rathkolb.

Schwegerle, Hans. Bildhauer.
* 2.5.1882 Lübeck. Büsten von Thomas Mann. Mann am 4.11.1918 im Tagebuch: »War von meiner Büste ... doch sehr ergriffen.« Mann am 12.2.1919: »Eine in Ton angelegte Büste George's fesselte mich.« Auf den Großen Deutschen Kunstausstellungen im Münchner NS-Musentempel *Haus der Deutschen Kunst* 1941 und 1943 mit jeweils einer *Führerbüste.* † 4.9.1950 München.

Schweikart, Hans. Produktionschef der Bavaria-Filmgesellschaft (1938 bis 1942).
* 1.10.1895 Berlin. Schauspieler und Regisseur, ab 1918 an Max Reinhardts Deutschen Theater, ab 1923 Münchner Kammerspiele, 1929 Regie zu Brecht/Weills *Dreigroschenoper.* 1934 Oberspielleiter am Münchner Staatstheater. *Meyers Lexikon* (1942): »Wurde bekannt mit seinen Inszenierungen bei den Reichsfestspielen Heidelberg« (Schirmherr: Goebbels). Zwischen 1938 und 1945 Regie zu 12 Filmen, darunter 1941 *Das Mädchen von Fanö* sowie der antifranzösische Film *Kameraden*

(Goebbels am 22.7.1941: »ausgezeichnet gelungen«). Laut Hippler vom »Reichsfilmminister« öfters zur Abendgesellschaft eingeladen. Goebbels am 30.5.1942 im Tagebuch: »Der Führer ist durchaus damit einverstanden, daß Schweikart, den er als Dichter und Regisseur außerordentlich hochschätzt, als Produktionschef bei der Bavaria durch Schreiber abgelöst worden ist.« NS-Ehrung: 1940 auf Vorschlag von Goebbels Hitler-Dotation (steuerfreie Schenkung) von 40 000 Mark. Zeitweilig *Förderndes Mitglied SS*, eine – so aus dem Kreis der Familie zu hören – rein taktische Maßnahme, »die (erfolgreich) dazu diente, sich der NSDAP-Mitgliedschaft zu entziehen [sic!]«. 1947 DEFA-Film *Ehe im Schatten* über den Schauspieler Gottschalk, von Goebbels wegen seiner jüdischen Ehefrau in den Suizid getrieben. 1947 (bis 1963) Generalintendant der Münchner Kammerspiele. Filme wie *Geliebter Lügner* (1949) oder *Muß man sich gleich scheiden lassen* (1953). 1955 *Großes Bundesverdienstkreuz*. Das *Deutsche Bühnen-Jahrbuch* zum 75. Geburtstag: »Schweikart ist kein Töner, sondern ein Macher«. † 1.12.1975 München. Lit.: Drewniak, Film.

Schweitzer, Hans. *Reichsbeauftragter für künstlerische Formgebung* im Reichspropagandaministerium (1935). NS-Starkarikaturist. Reichskultursenator. * 25.7.1901 Berlin. SS-Nr. 251792 (1942 Oberführer). NSDAP-Nr. 27148 (1926). Goebbels-Freund aus der »Kampfzeit« in Berlin. 1927 Mitbegründer des NS-Hetzblatts *Der Angriff*. Karikaturist ebenda, im *Völkischen Beobachter* und im NS-»Witzblatt« *Die Brennessel*. Signierte mit *Mjölnir* (»Zermalmer«), in der germanischen Mythologie der Hammer des Gottes Thor. 1936 Präsidialrat der Reichskammer der bildenden Künste. 1937 künstlerischer Leiter des *Hilfswerks für deutsche bildende Kunst*, eine von Goebbels errichtete und wenig erfolgreiche Verkaufsagentur für weniger bekannte Künstler (Thomae). Ebenfalls 1937 Mitglied der Reinigungs-

und Beschlagnahmekommission *Entartete Kunst*. Am 5.7.1937 beteiligt an der Beschlagnahmungsaktion (Kirchner, Kokoschka, Nolde) in der Hamburger Kunsthalle für die Schandschau *Entartete Kunst* in München. Treuhänder der Goebbels-Stiftung *Künstlerdank*. Am 28.1.1942 Eröffnung einer Kunstausstellung des *Hilfswerks für deutsche bildende Kunst* im besetzten Krakau (Diensttagebuch Frank). Ab 1943 Zeichner einer Propaganda-Kompanie. Goebbels am 18.4.1944 im Tagebuch: »Übrigens hat jetzt Schweitzer beim Führer einen Stein im Brett.« NS-Ehrung: Am 30.1.1937 (zum *Tag der Machtergreifung*) Titel Professor. Laut Zuschlag nach 1945 für Bundespresseamt der Bundesregierung als Plakatentwerfer tätig, Zeichner für rechtsextreme Zeitungen. † 15.9.1980 Landstuhl. Lit.: Zuschlag.

Schweizer, Arnim. Auf der *Gottbegnadeten-Liste* der Schauspieler, die für die Filmproduktion benötigt werden. * 28.4.1892 Zürich. Schweizer Schauspieler, Rollentyp: Luftikus, später Komischer Alter. 1915 Karrierebeginn bei Max Reinhardt. Nebenrollen in mehreren Propagandastreifen, darunter 1941 NS-Reiterfilm ... *reitet für Deutschland*, der Hetzfilm *Ohm Krüger* und das HJ-Opus *Jakko*. Ab 1944 am Zürcher Schauspielhaus. 1958 einer seiner letzten Filme: *Wildwest im Emmenthal*. † 8.10.1968 Zürich.

Schwenn, Günther (Künstlername). Schlagertexter. * 18.3.1903 Berlin. Zunächst am Kabarett *Küka*. 1937 Co-Autor des Librettos von Raymonds Operette *Maske in Blau*. 1938 Couplet *Das gibt es nicht in Afrika*, Textprobe: »Oel, Bananen, Kautschuk und vor allem sehr viel Land, –/ Kolonien, die als gesund in aller Welt bekannt«, Refrain: »Darum woll'n wir nach Afrika, nach Afrika, nach Afrika«. Am 4.11.1942 beim Treffen von Unterhaltungskomponisten in der *Kameradschaft der deutschen Künstler*, Hippler: angesichts der Kriegslage braucht Goebbels »optimistische Schlager«. Komponist der Schlager *Ich hab'* *mein Herz in Heidelberg verloren* und *In einer kleinen Conditorei.* † 4. 1. 1991 Montreux. Lit.: Kühn.

Schwenzen, Per. Auf der Liste der von Goebbels zugelassenen Filmautoren (1944).
* 3. 11. 1899 Moss in Norwegen. Norweger. Deutsche Bühnenbearbeitungen der Werke Knut Hamsuns. 1941 Drehbuch zum Film *Die Schwedische Nachtigall* über den Dichter Hans Christian Andersen und die schwedische Sängerin Jenny Lund. Drehbücher nach 1945: *Solang es hübsche Mädchen gibt*, *Ich denke oft an Piroschka* (1955), *Ruf der Wildgänse* (1961). † 4. 11. 1984 München.

Schwind, Wolfgang von. Auf der *Gottbegnadeten-Liste* der Schauspieler, die für die Filmproduktion benötigt werden.
* 4. 7. 1879 Ellbogen (Österreich-Ungarn), Sohn des Malers Moritz von Schwind. Ab 1920 Sänger und Schauspieler in Wien. Filme wie *Musik im Blut* (1934), *Bal paré* (1940) sowie der Staatsauftragsfilm *U-Boote westwärts* (1941). † 19. 4. 1949 Wien.

Schwitters, Kurt. Maler und Schriftsteller.
* 20. 6. 1887 Hannover. Dadaist (Hitler in *Mein Kampf*: »Krankhafte Auswüchse irrsinniger und verkommener Menschen«). *Meyers Lexikon* 1942: »Gab sich auf beiden Betätigungsgebieten als frecher Verfechter eines extremen Dadaismus, ohne sich selbst ernst zu nehmen.« 1919 Gedichtsammlung: *Anna Blume* (»und du, du Herrlichste von allen, du bist von hinten wie von vorne: a – n – n – a«). 1923–1927 Herausgeber der Zeitschrift *Merz*. 1937 Wechsel nach Norwegen, 1940 Flucht nach England (ein Bauer in Westmoreland stellte ihm unentgeltlich eine Scheune als Studio zur Verfügung). In der Schandschau *Entartete Kunst* in München 1937 mit vier Objekten vorgeführt, 13 seiner Werke beschlagnahmt. † 8. 1. 1948 Ambleside. Lit.: Schifferli.

Schwitzke, Heinz. Schriftsteller.
* 13. 2. 1908 Helbra bei Mansfeld als Pfarrerssohn. Dr. phil. 1932 NSDAP, Leiter der literarischen Abteilung am Deutschlandsender (bis 1938). 1937 HJ-Bannführer. 1938 Reichssendung *Die deutsche Revolution. Weg des Nationalsozialismus nach den Büchern des Führers, Dr. Goebbels, Albert Rosenbergs und Dr. Dietrichs.* In seinem Weihegedicht *Heil'ge Fahne* heißt es: »Aller Hände Werk und Tat/sind durch dich geborn./Du gibst ihnen Ziel und Rat,/ sonst sind sie verlorn./Und wer keine Fahne kennt,/ist ein Narr, den niemand nennt./Heilge Fahne, heilges Licht,/ Leuchte uns voran!« Kriegsdienst. 1948 Leiter der Kirchlichen Rundfunkzentrale in Bethel, Begründer des Informationsdienstes *Kirche und Rundfunk*. 1951 Leiter des Hörspiels beim NWDR (NDR) Hamburg. † 25. 10. 1991 Braunlage. Q.: Ketelsen.

Schworm, Karl. Volksschriftsteller.
* 14. 4. 1889 Odernheim in der Pfalz. *Meyers Lexikon* (1942): »Lebt in München, trat seit 1921 für die nationalsozialistische Erneuerungsbewegung ein ... seine Bücher sind erfüllt vom Glauben an Deutschland und von großer Liebe zu seiner pfälzische Heimat«. 1939 mit Hermann Gerstner: *Deutsche Dichter unserer Zeit*. Dort heißt es über die Gedichte des Reichsjugendführers Baldur von Schirach: »Sie sind die künstlerisch geformten Ehrenhallen, die in eine neue Epoche unseres Schrifttums geleiten.« NS-Ehrung: 1940 Westmarkpreis. † 6. 5. 1956 München. Lit.: Wulf, Literatur.

Scurla, Herbert. Oberregierungsrat im Reichserziehungsministerium (REM).
* 21. 4. 1905 Großräschen in der Niederlausitz. Dr. rer. pol. Januar 1933 NSDAP. 1935 Regierungsrat im REM, Hauptsachbearbeiter Kulturelle Gestaltung in der Reichsrundfunkkammer, Aufgabe: Überwachung der gesamten Sende-Programme auf ihre weltanschauliche Haltung. 1939 Oberregierungsrat, Sonderreferent für Ostfragen. 1940 Autor: *Die Dritte Front*. 1943 Honorarprofessor der Universität Berlin. Nach 1945 Schriftsteller in Cottbus, Mitglied der *Nationaldemokratischen*

Partei Deutschlands (NDPD), in der Bezirksleitung des Kulturbunds der DDR, stellv. Vorsitzender des Deutschen Schriftstellerverbands im Bezirk Cottbus, unter Pseudonym *Karl Leutner* Mitarbeiter mehrerer DDR-Zeitungen. Autor im Verlag der Nation. Bekannt durch Biographien über Alexander und Wilhelm von Humboldt sowie Rahel Varnhagen. 1971 Johannes-R.-Becher-Medaille, 1974 *Vaterländischer Verdienstorden*. † 7.4.1981 Kolkwitz/Niederlausitz. Lit.: Grüttner; Walther.

Sebottendorf, Rudolf Freiherr von (Adoptivname, eigentlich Glauner). Präsident der *Thule-Gesellschaft*.
* 9.11.1875 Hoyerswerda, Sohn eines Eisenbahners. 1918 Führer der Bayerischen Provinz des 1912 gegründeten *Germanenordens*, ein antisemitischer Geheimbund. Eine Tarnorganisation des *Germanenordens* war die *Thule-Gesellschaft*. Ihr Symbol: das germanische Sonnenzeichen, das Hakenkreuz. Die *Thule-Gesellschaft* (Gruß: *Sieg Heil!*) diente als Treffpunkt der rechtsradikalen Szene in München und beteiligte sich an der Gründung des *Freikorps Oberland*. Sebottendorfs Credo: »Begünstigt vom Christentum verbreitete man die Lehre von der Gleichheit der Menschen. Zigeuner, Hottentotten, Botokuden, Germanen seien völlig gleichwertig ... Wertet man den Rassenmischmasch, die Tschandalen den Ariern, den Edelmenschen gleich, so begeht man ein Verbrechen an der Menschheit. Diese braucht Führer, auch führende Völker zu ihrer Höherentwicklung. Unter den Rassen der Erde ist die germanische Rasse zu dieser Führerstelle berufen.« Juli 1918 Kauf des *Münchner Beobachters* (später: *Völkischer Beobachter*). Juni 1919 zwangsweise Ausreise, Wohnsitz Türkei. Rückkehr nach der Machtergreifung 1933. 1934 Autor: *Bevor Hitler kam*. Nach Verbot des Buchs erneut Ausreise. Im Krieg Agent der deutschen Abwehr in Istanbul, Deckname: *Hakawaki* (Märchenerzähler), verdächtigt, insgeheim für die Briten zu arbeiten. † 9.5.

1945 Suizid oder Ermordung in der Türkei.

Sedlmaier, Richard. Kunsthistoriker.
* 10.8.1890 Würzburg. 1927 Lehrstuhl in Rostock. 1939 (bis 1958) Ordinarius der Universität Kiel. Nebenamtlich Direktor der Kieler Kunsthalle. Spartenleiter Kriegseinsatz der Geisteswissenschaften. † 1.6.1963 Tegernsee.

Seeber van der Floe, Hans. Dirigent.
* 21.5.1884 Neckargemünd. 1930 Dirigent des Philharmonischen Orchesters Karlsruhe. 1931 NSDAP. 1934 Gaumusikreferent der NS-Gemeinschaft *Kraft durch Freude*. 1936 Landesleiter der Reichsmusikkammer Gau Baden. † 14.10.1949 Karlsruhe.

Seeck, Adelheid. Schauspielerin.
* 3.11.1912 Berlin. Ab 1940 bei Gründgens am Staatlichen Schauspielhaus Berlin, Rollentyp: Salondame. Rabenalt: »Selbst nicht rein arisch und mit Sondergenehmigung arbeitend ... ernsthaft mit einem SS-Offizier in einem echten und tragischen Liebesverhältnis ... Sie heiratete ihre Liebe, die [sic] zu einem großen Manager der Wiederaufbauzeit wurde.« Ab 1948 bei Gründgens in Düsseldorf und später in Hamburg. Filme: *Dalmatinische Hochzeit* (1953), *Mein Mann, das Wirtschaftswunder* (1960). *Bundesfilmpreis* für beste weibliche Nebenrolle in *Teufel aus Seide* (1956). † 17.2.1973 Stuttgart.

Seeger, Ernst. Präsidialrat der Reichsfilmkammer.
* 20.12.1884 Mannheim, Sohn eines Geheimen Hofrats. Dr. jur. 1919 Leiter der Reichsfilmstelle. 1921 Regierungsrat im Reichsinnenministerium, ab 1924 Leiter der Film-Oberprüfstelle (zuständig für Filmverbote, zum Beispiel 1930 für den Antikriegsfilm *Im Westen nichts Neues*). 1929 Ministerialrat. April 1933 bis zum Tode Leiter der Abteilung *Film* (Aufgabe: Lenkung, Überwachung und Ausrichtung des deutschen Filmschaffens) im Reichspropagandaministerium. † 17.8.1937 Berlin. Lit.: *Führerlexikon*; Moeller.

Seeler, Moriz. Theaterdirektor.
* 1. 3. 1896 Greifenberg in Pommern.
1922–1930 Leiter der *Jungen Bühne* in Berlin, Uraufführungen von Brecht, Bronnen und Zuckmayer. Nach 1933 notgedrungen im Jüdischen Kulturbund Rhein-Ruhr in Köln. Am 15. 8. 1942 vom letzten Wohnort Berlin deportiert nach Riga. † 18. 8. 1942 ermordet ebenda.

Seger, Ernst. Bildhauer.
* 19. 9. 1868 Neurode in Schlesien. 1895 Kaiser-Wilhelm-Denkmal in Glatz. Im Dritten Reich Adolf-Hitler-Kopf in Majolikaausführung (Töpferware mit Zinnglasur) für Staatliche Majolika-Manufaktur Karlsruhe. 1938 auf der Großen Deutschen Kunstausstellung im Münchner NS-Musentempel *Haus der Deutschen Kunst* mit drei Bronzeplastiken (darunter: *Ringwerferin*). Hitler kaufte 1938 seine Gipsplastik *Lebenskraft* für 15 000 Mark. † August 1939 Berlin.

Seger, Julius. Bühnenschauspieler.
* 28. 9. 1876 Krinetz. Ab 1912 am Münchner Schauspielhaus, 1925–1936 an den Kammerspielen ebenda. Als Jude am 17. 7. 1942 ins Ghettolager Theresienstadt verschleppt. † Deportiert am 18. 12. 1943 nach Auschwitz. Q.: Weniger, Bühne.

Seghers, Anna, eigentlich Netty Radványi. Schriftstellerin.
* 19. 11. 1900 Mainz. Tochter eines jüdischen Kunsthändlers. 1924 Dr. phil. 1928 KPD, im Bund Proletarisch-Revolutionärer Schriftsteller. November 1928 Kleist-Preis, Förderpreis für junge Dichter, für ihre Erstlingserzählung *Aufstand der Fischer von St. Barbara*. Mai 1933 Opfer der Bücherverbrennung, Gestapohaft, Flucht nach Frankreich, ab 1941 in Mexiko. Bekanntester Roman: *Das siebte Kreuz* (1942 englisch, 1946 deutsch). 1947 in Ost-Berlin. Am 24. 3. 1950 per Staatsakt Gründungsmitglied der Ostberliner *Deutschen Akademie der Künste*. 1952–1978 Präsidentin des Schriftstellerverbandes der DDR, danach Ehrenpräsidentin. *Nationalpreis* (1959), *Karl-Marx-Orden* (1965), *Stern der Völkerfreundschaft* (1970). 1981

Ehrenbürgerin von Mainz. † 1. 6. 1983 Ost-Berlin.

Seibold, Karl. Referent für Feiergestaltung der Reichswaltung des NS-Lehrerbunds (ab 1936).
* 10. 9. 1897 München. Lehrer. Schriftleiter der Zeitschriften *Die deutsche Schulfeier* sowie *Fest- und Freizeitgestaltung* im NS-Lehrerbund. Gedichtbände: *Deutschland, heilig Vaterland* (1933), *Wir grüßen die Helden* (1934), *Das Volk tritt an* (1935). Verse *Daheim*, 1944 in der Anthologie *Lyrik der Lebenden* des SA-Oberführers Gerhard Schumann: »Ein Stern brennt flackernd, gelb und rot/wie einer Kerze warme Glut,/wir brechen von der Liebe Brot/ und sind daheim und sind uns gut.« Kommentar des Herausgebers: »Ein Volk, das auch in seiner harten Gegenwart über so vielfältige Kräfte der Seele und des Geistes … verfügt, ist von keiner Macht dieser Erde zu bezwingen, ist unsterblich!« † 29. 11. 1952 München.

Seidel, Heinrich Wolfgang. Pfarrer und Schriftsteller.
* 28. 8. 1876 Berlin, Sohn des Schriftstellers Heinrich Seidel (1842–1906). Vetter und ab 1907 Ehemann von Ina Seidel. 1914 Pfarrer im märkischen Eberswalde, 1923 an der Neuen Kirche am Gendarmenmarkt in Berlin. 1934 Rücktritt aus Gesundheitsgründen, Übersiedlung nach Starnberg. *Meyers Lexikon* (1942): »Reizvolle Novellen und Romane aus der Gegenwart.« Laut Bergengruen erlag er »uneingeschränkt den Lockungen der nationalsozialistischen Herrlichkeit«. † 22. 9. 1945 Starnberg.

Seidel, Ina. Auf der Sonderliste der sechs wichtigsten Schriftsteller der *Gottbegnadeten-Liste* (Führerliste), wegen Hitlerhuldigung genannt *Glückwunschkind* (Bergengruen).
* 15. 9. 1885 Halle, Tochter eines Chirurgen. Geboren als »Trostkind«, da zwei Brüder ein Jahr zuvor an Diphtherie gestorben waren. 1895 Suizid des Vaters. 1930 Erfolgsroman *Das Wunschkind* (Inhalt: Ein Mann muß in den Krieg. Seine Frau weiß,

daß er sterben wird. Sie ist »leer von allen Wünschen ... bis auf den einen Willen zur Fruchtbarkeit«. Der Mann erfüllt seine Pflicht als Samenspender, nun kann er im Kriege fallen »nicht anders als Früchte fallen«). Laut *Meyers Lexikon* (1942) zeigt sie »in allen Schicksalen das Bluterbe als Lebensgesetz«. Mitglied der »gesäuberten« Deutschen Akademie der Dichtung der Preußischen Akademie der Künste. Name Oktober 1933 unter dem Treuegelöbnis »88 deutsche Schriftsteller« für Adolf Hitler. Zum 20. 4. 1939, zu Hitlers 50. Geburtstag: »Wir Mit-Geborenen der Generation, die im letzten Drittel des vergangenen Jahrhunderts aus deutschem Blute gezeugt war, waren längst Eltern der gegenwärtigen Jugend Deutschlands geworden, ehe wir ahnen durften, daß unter uns Tausenden der eine war, über dessen Haupte die kosmischen Ströme deutschen Schicksals sich sammelten, um sich geheimnisvoll zu stauen und den Kreislauf in unaufhaltsam mächtiger Ordnung neu zu beginnen.« NS-Ehrung: Grillparzer-Preis der Stadt Wien 1941. Ihr Schwiegersohn, der NSDAP-Reichsamtsleiter Ernst Schulte-Strathaus (geb. am 9. 7. 1881 und damit älter als die Schwiegermutter), war Sachbearbeiter für Kulturfragen im Stab *Stellvertreter des Führers* und wurde nach dem Englandflug seines Chefs Rudolf Heß interniert. Nach 1945 zahlreiche Preise, Orden, Ehrenmitgliedschaften. † 2. 10. 1974 Ebenhausen bei München. Lit.: Bergengruen; Wulf, Literatur.

Seidel, Willy. Name Oktober 1933 unter dem Treuegelöbnis »88 deutsche Schriftsteller« für Adolf Hitler.
* 15. 1. 1887 Braunschweig. Ina Seidels Bruder. *Meyers Lexikon* (1942): »Behandelte in farbenreichen Romanen und Novellen vorwiegend fremdländische und phantastische Stoffe.« † 29. 12. 1934 München.

Seidl, Florian. Schriftsteller.
* 30. 4. 1893 Regensburg als Lehrerssohn. NSDAP, NS-Lehrerbund. Autor des *Völkischen Beobachters*. 1940 Verfasser des Sterilisierungsromans *Das harte Ja*. Verse *Meiner Ahnen Land*, 1944 in der Anthologie *Lyrik der Lebenden* des SA-Oberführers Gerhard Schumann: »Wo es auch sei,/ auch über mich/geht einmal der Pflug,/ auch aus mir/sprossen einmal die Ähren,/ und über die Schollen/streicht leise der Wind.« Kommentar des Herausgebers: »Ein Volk, das auch in seiner harten Gegenwart über so vielfältige Kräfte der Seele und des Geistes ... verfügt, ist von keiner Macht dieser Erde zu bezwingen, ist unsterblich!« Ehrenmitglied des einschlägigen *Deutschen Kulturwerks Europäischen Geistes.* † 6. 12. 1972 Rosenheim.

Seifert, Adolf. Musikerzieher.
* 28. 6. 1902 Asch in Böhmen. Dr. phil. 1933 NSDAP (Nr. 3 584239), Leiter des Stuttgarter Konservatoriums, 1936 umbenannt in Stuttgarter Musikschule (ein Institut der NS-Gemeinschaft *Kraft durch Freude*). 1935 Komposition *Flaggenspruch*, Textprobe: »Grüßet die Fahnen, grüßet die Zeichen,/grüßet den Führer, der sie schuf./ Grüßet alle, die für sie starben,/folget getreulich ihrem Ruf!« 1938: *Fröhliche Lieder aus allen sudetendeutschen Gauen.* 1940 Autor: *Volkslied und Rasse. Ein Beitrag zur Rassenkunde.* Studienrat in Komotau im Sudetengau. † 3. 12. 1945 Arzberg in Oberfranken.

Seifert, Alwin. Auf der *Gottbegnadeten-Liste* (Führerliste) der wichtigsten Architekten des NS-Staates.
* 31. 5. 1890 München. Ab 1936 Lehrauftrag für Gartengestaltung der TH München. 1939 Artikel in der von Hitler geförderten Zeitschrift *Die Kunst im Dritten Reich: Eingliederung der Reichsautobahnen in die Landschaft.* 1940 Titel *Reichslandschaftsanwalt des Generalinspekteurs für das deutsche Straßenwesen.* NS-Ehrung: Am 20. 4. 1938 (zu *Führers Geburtstag*) Titel Professor. Nach 1945 Lehrstuhl TH München. † 27. 2. 1972 Dießen am Ammersee. Q.: Thomae.

Seifert, Kurt. Auf der *Gottbegnadeten-Liste* der Schauspieler, die für die Filmproduktion benötigt werden.

* 4.7.1903 Essen. Am Metropol-Theater Berlin. 1939 im antisemitischen Film *Robert und Bertram*, 1940 Filmkomödie *Herz modern möbliert*. NS-Ehrung: Am 26.6.1944 auf Vorschlag von Goebbels Hitler-Dotation (steuerfreie Schenkung) von 20 000 Mark. Nach 1945 Renaissance-Theater. † 3.12.1950 Berlin. Nachruf *Deutsches Bühnen-Jahrbuch*: »Als ›Juxbaron‹ tobte er, wer weiß wie oft, unwiderstehlich über die Bühne.«

Seiffert, Max. Direktor des *Staatlichen Instituts für Deutsche Musikforschung* (1934).
* 9.2.1868 Beeskow. Dr. phil. Generalsekretär des *Fürstlichen Instituts für musikalische Forschung* (Fürst Adolf von Schaumburg-Lippe) zu Bückeburg, Ende 1934 Reichserziehungsminister Rust unterstellt und als Staatliches Institut nach Berlin überführt. Senator der Akademie der Künste. NSDAP 1935. NS-Ehrung: 1938 von Hitler *Goethe-Medaille* für Kunst und Wissenschaft. † 13.4.1948 Schleswig. Lit.: Potter.

Seipp, Hilde. Sängerin.
* 28.10.1909 Berlin. Februar 1937 als Sängerin im Propagandastreifen *Togger* (Moeller: »Voller NS-Parolen, antisemitischen Anspielungen und SA-Paraden«). Mai 1937 Heirat mit dem Regisseur Jürgen von Alten. Goebbels am 28.8.1940 im Tagebuch: »Nachmittags Besuch einiger Künstler, die sich besonders um die Truppenbetreuung verdient gemacht haben ... Wir erzählen viel, machen Spaziergang durch den Wald, dort wird von Raucheisen, Schmitt-Walter und Hilde Seipp musiziert.« 1943 in Theo Lingens Kammerdienerfilm *Johann*, 1944 Liebeskomödie *Es lebe die Liebe*. 1950 Film *Die Sterne lügen nicht*. † 4.11.1999 Lilienthal.

Seitz, Franz. Regisseur.
* 14.4.1888 München. Laut Kreimeier ein »bewährter Verfertiger zweitklassiger Gebrauchsware«. In der NS-Zeit Regie zu 21 Filmen. Juni 1933 Regisseur und Produktionsleiter des Propagandastreifens *SA-Mann Brand*. 1951 letzter Film: *Der letzte Schuß*. † 7.3.1952 Schliersee.

Selchow, Bogislaw Freiherr von. Fregattenkapitän a.D. und Schriftsteller.
* 4.7.1877 Köslin in Pommern. Dr. phil. 1920 Führer des Marburger Studentenkorps. Laut *Führerlexikon* Orgesch-Führer Westdeutschland (die *Organisation Escherich* zur Bekämpfung des Bolschewismus hatte Waffenverstecke angelegt und beging Fememorde an »Verrätern«). Gedichtbände *Deutsche Gedanken* (1920) und *Von Trotz und Treue* (1921). Autor von Werken wie *Der deutsche Mensch* (1933), *Der bürgerliche und der heldische Mensch* (1934), *Frauen großer Soldaten* (1939). *Meyers Lexikon* (1942): »Getragen von nationalistischer Gesinnung.« † 6.2.1943 Berlin.

Seligmann, Ivan Sally. Zeichner und Gebrauchsgraphiker.
* 11.11.1891 Hamburg. Wohnort Hamburg. Deportiert mit seiner Frau Frieda am 16.7.1942 ins Ghettolager Theresienstadt (Tod der Ehefrau am 2.1.1944). † Weiterdeportiert am 15.5.1944 nach Auschwitz. Lit.: Bruhns.

Sellschopp, Hans. Leiter des Amts Konzertwesen in Goebbels' Reichsmusikkammer.
* 16.4.1891 Schwerin. Inhaber der Firma Engelhard und Söhne in Lübeck. 1931 NSDAP (Nr. 853378). Leiter des *Kampfbunds für deutsche Kultur* in Lübeck (Prieberg). SS-Nr. 340763, 1941 Sturmbannführer. Ehrenbürger der Stadt Ottobeuren. † 5.8.1978 Bottighofen in der Schweiz. Lit.: Wulf, Musik.

Selpin, Herbert, eigentlich Herbert Pinsel. Regisseur.
* 29.5.1902 Berlin. NSDAP ab 1934 (Rabenalt). Regisseur von Hans-Albers-Filmen wie *Ein Mann auf Abwegen* (1940) oder *Carl Peters* (1941), Goebbels dazu am 8.11.1940 im Tagebuch: »Selpin macht da gute Arbeit.« Während der Dreharbeiten zum antibritischen Untergangsfilm *Titanic* (Herbst 1941) Konflikte mit seinem Drehbuchautor und Duz-Freund Zerlett-Olfenius. Von diesem im Sommer 1942 wegen »defätistischer« Äußerungen im Reichspropagandaministerium angezeigt.

Am 30.7.1942 Verhör durch Goebbels, anschließend ins Polizeipräsidium überstellt. † 1.8. 1942 Suizid im Berliner Polizeipräsidium, nachdem ihm sein Ausschluß als Kulturschaffender brieflich mitgeteilt worden war (Selpin wurde also nicht, wie kolportiert, von der Gestapo ermordet). Q.: Protokoll einer Unterredung mit dem Selpin-Freund und Filmarchitekten Fritz Maurischat vom 17.6.1946 in der Personalakte Zerlett-Olfenius (BA).

Selzner, Nikolaus (Claus). Leiter des Organisationsamts der NS-Gemeinschaft *Kraft durch Freude* (1933–1944).
* 20.2.1899 Groß-Mövern. Schlosser. 1925 SA, NSDAP (Nr. 24137), Ortsgruppenleiter Ludwigshafen. 1931 Gauobmann der NS-Betriebszellen-Organisation (die NSBO verstand sich als die »SA der Betriebe«) Gau Rheinpfalz. Ab 1932 MdR. 1933 Stellv. Reichsobmann der NSBO. 1936 SS (Nr. 277988), SS-Oberführer. 1938 Aufbau der *Deutschen Arbeitsfront* im Sudetengau, Reichsamtsleiter im Amt Ordensburgen. 1944 Generalkommissar Dnjepropetrowsk. † Kriegstod 21.6.1944 Dnjepropetrowsk. Lit.: Lilla.

Senger, Alexander von. Architekt.
* 7.5.1880 Genf. Mitglied der Schweizer Gruppe *Neues Bauen für kulturelle Ideale, für rassereinen Stil und Nationalität.* 1931 *Kampfbund der Deutschen Architekten und Ingenieure im Kampfbund für deutsche Kultur,* Erfinder des Kampfbegriffs »Baubolschewismus« gegen Mies van der Rohe und Gropius. 1938 Lehrstuhl TH München. † 30.6.1968 Einsiedeln.

Senn. Karl. Fachschaftsleiter Komponisten der Reichsmusikkammer, Gau Tirol-Vorarlberg.
* 31.1.1878 Innsbruck. Dr. jur. 1928 Professor in Innsbruck, Chorregent der Jesuitenkirche. NSDAP, Nr. 1621031. 1941 Mitarbeit am Liederbuch ostmärkischer (österreichischer) Soldaten: *Im gleichen Schritt und Tritt.* † 26.7.1964 Innsbruck.

Serda, Julia. Schauspielerin.
* 6.4.1875 Wien. Tochter eines österreichischen Rittmeisters. Vorwiegend Bühnendarstellerin in Berlin und Wien. Im Film Nebenrollen als reife Salondame. Verheiratet mit Hans Junkermann. Unter anderem in den Zarah-Leander-Filmen *La Habanera* (1937) und *Der Weg ins Freie* (1941). 1944 letzter Film: *Musik in Salzburg.* † 3.11.1965 Dresden.

Sergel, Albert. Schriftsteller.
* 4.11.1876 Peine. Dr. phil. Wohnort Karlshorst bei Berlin. 1933 Autor: *Hitlerfrühling, Lieder um den Führer.* Sergel im Weihegedicht *Des Volkes Aufbruch:* »Verschwunden ist der Spuk der Nacht –/ Sieg-Heil! Ganz Deutschland ist erwacht./Nun führ uns, Führer, weiter!/Und hinter dir dein treues Heer:/ SA – SS – und um sie her/wir alle deine Streiter.« † 26.6.1946 Berlin. Lit.: Wulf, Literatur.

Serkin, Rudolf. Pianist.
* 28.3.1903 Eger. Kind österreichischer Eltern russischer Herkunft. 1915 (!) Debüt bei den Wiener Symphonikern. 1920 mit seinem späteren Schwiegervater Adolf Busch nach Berlin. Konzertreisen. Ab 1927 in Basel. 1933 am Curtis Institute of Music in Philadelphia (1968–1975 ebenda Direktor). 1935 auf der Liste der *Musik-Bolschewisten* der *NS-Kulturgemeinde.* Im *Lexikon der Juden in der Musik* gebrandmarkt. † 8.5.1991 Guilford in Vermont.

Serrano, Rosita. Sängerin, genannt *Chilenische Nachtigall.*
* 14.6.1914 (eigene Angabe) als Maria Esther Aldunate del Campo in Chile. Dauergast in Goebbels' Großdeutschem Rundfunk. 1938 Interpretin von *Roter Mohn* im Film *Schwarzfahrt ins Glück:* »Roter Mohn, warum welkst du denn schon?/ Wie mein Herz sollst du glüh'n und feurig loh'n.« 1940 Schlagererfolg *Bei dir war es immer so schön.* Am 1.12.1940 Auftritt im 50. *Wunschkonzert für die Wehrmacht,* Goebbels' Radiosendung zwecks Hebung der Truppenmoral und Leidensbereitschaft der Heimatfront. Goebbels am 13.12.1940 im Tagebuch: »Ein Stimmphänomen.« Herbst 1943 Tournee in Schweden, nicht ins Reich zurückgekehrt. † 6.4.1977 Santiago de Chile. Lit.: Koch.

Servaes, Dagny. Schauspielerin.

* 10.3. 1894 Berlin. Am Theater in der Josefstadt und am Volkstheater der *Deutschen Arbeitsfront* in Wien. 1940 im Film *Friedrich Schiller* und in Harlans Anti-Tschechen-Opus *Die goldene Stadt*. 1943 im Film *Lache, Bajazzo*. Ab 1952 Burgtheater Wien. 1959 letzter Film: *Oh, du mein Österreich*. † 10.7. 1961 Wien. Nachruf *Deutsches Bühnen-Jahrbuch*: »Eine echte Persönlichkeit.«

Servaes, Franz. Deutschnationaler Theaterkritiker.

* 17.6. 1862 Köln. Ab 1919 beim Berliner *Lokal-Anzeiger*. Förderte Arnolt Bronnen, bekämpfte Jeßner und Piscator (»Totengräber der modernen Bühne«). Forcierte die Politisierung der Theaterkritik. *Meyers Lexikon* 1942: »Nahm an den Kämpfen um die Kunst seiner Zeit regen Anteil.« † 14.7. 1947 Wien.

Sessak, Hilde, eigentlich Czeszack. Schauspielerin.

* 27.7. 1915 Berlin. 1939 im Hans-Albers-Film *Wasser für Canitoga*, 1940 mit Albers in *Ein Mann auf Abwegen*. Mai 1941 HJ-Film *Jungens* mit Jugendlichen der Adolf-Hitler-Schule Sonthofen. Dezember 1941 im Rühmann-Film *Quax, der Bruchpilot*, 1943 Führerfilm *Paracelsus*, 1944 *Die Feuerzangenbowle*. Nach 1945: *Wenn die Abendglocken läuten* (1951), *Lange Beine – lange Finger* (1966) oder *Seitensprung-Rekord* (1971). † 17.4. 2003 Berlin.

Shall, Theo. Schauspieler.

* 24.2. 1894 Metz. Am Deutschen Theater in Berlin. In den NS-Hetzfilmen *Die Rothschilds*, *Carl Peters*, *GPU*. September 1940 Staatsauftragsfilm (Spionagewarnung) fürs Kino-Vorprogramm: *Achtung! Feind hört mit!* Im Staatsauftragsfilm *U-Boote westwärts* und im antirussischen Jugendfilm *Kadetten*. 1955 DEFA-Film *Ernst Thälmann – Führer seiner Klasse*. † 4.10. 1956 Berlin. Nachruf *Deutsches Bühnen-Jahrbuch*: »Meist Bösewichter und Intrigantenfiguren.«

Siebelist, Arthur. Maler.

* 21.7. 1870 Loschwitz bei Dresden. Bild-

nisse und Landschaften. 1943 beantragte Gauleiter Telschow für ihn den Titel Professor, Begründung: »Ein geschworener Feind jener Mächte, die Deutschland in den Abgrund stürzen wollten«. Ablehnung wegen Titelsperre. † 5.1. 1945 Hittfeld bei Hamburg.

Sieber, Josef. Auf der *Gottbegnadeten-Liste* der Schauspieler, die für die Filmproduktion benötigt werden.

* 28.4. 1900 Witten. Ab 1933 an der Berliner Volksbühne. 1939 im Reichsautobahn-Film *Mann für Mann* sowie im Film *Paradies der Junggesellen*, mit Rühmann und Brausewetter Interpret des Songs *Das kann doch einen Seemann nicht erschüttern* (»Und wenn die ganze Erde bebt/und die Welt sich aus den Angeln hebt:/Das kann doch einen Seemann nicht erschüttern«). In den Staatsauftragsfilmen *Achtung! Feind hört mit!* (Spionagewarnung fürs Kino-Vorprogramm) und *Wunschkonzert* zwecks Hebung der Leidensbereitschaft der Heimatfront. 1941 Staatsauftragsfilm *U-Boote westwärts*. 1944 im HJ-Film *Junge Adler*. Nach 1945 Hamburger Kammerspiele, ab 1954 Wohnsitz München. Filme wie *Sanatorium total verrückt* (1953) oder *Die Mädels vom Immenhof* (1955). † 3.12. 1962 Hamburg.

Sieburg, Friedrich. Schriftsteller.

* 18.5. 1893 Altena (Westfalen). Dr. phil. 1924 Auslandskorrespondent der *Frankfurter Zeitung*. 1929 Buch *Gott in Frankreich?* 1939/40 an der Deutschen Botschaft in Brüssel, 1940–1942 an der Deutschen Botschaft in Paris. 1942 in der Pariser Wochenzeitung *Candide* über den in Frankreich beliebten Heinrich Heine: »Er ist ein Jude, und weil er nicht verwurzelt ist, ist er unübersetzbar.« 1943 erneut in Diensten des Auswärtigen Amtes. Zuckmayer: »Seine Weltläufigkeit, Bildung, Sprachenkenntnis und seine außergewöhnliche stilistische Begabung machten ihn zu einem unschätzbaren Aktivposten für die Nazi-Außenpolitik.« 1956 (bis 1963) Leiter des Literaturblatts der *Frankfurter Allgemeinen Zeitung*. 1953 Titel Professor vom

Land Baden-Württemberg. † 19.7.1964 Göttingen. Lit.: Schonauer.

Siedentopf, Edgar. Leiter der Musikschule der Waffen-SS in Braunschweig (1941–1944).

* 19.1.1891 Echte. 1933 Kapellmeister in Windesheim bei Bad Kreuznach, NSDAP. Musikzugführer einer SA-Standarte in Bad Kreuznach. 1935 SS, zuletzt Sturmbannführer (1942). Produzent von NS-Gebrauchsmusik für SA und SS. † 30.3.1953 Windesheim. Q.: Prieberg; WASt.

Siegel, Ralph Maria, eigentlich Rudolf Maria. Komponist und Texter.

* 8.6.1911 München, Sohn des Generalmusikdirektors Rudolf Siegel. Operettentenor am Berliner Metropol-Theater und am Admiralspalast. Mitglied der Reichsmusik- und Reichsschrifttumskammer, nicht NSDAP. Jahn: »In den dreißiger bis fünfziger Jahren einer der erfolgreichsten deutschen Schlagertexter« (1942 *Capri-Fischer*). 1935 an den Städtischen Bühnen Düsseldorf Uraufführung seiner Operette *Liebesolympiade*, 1936 im Berliner Theater am Nollenbergplatz der Operette *Liebeszauber*. Mitarbeiter Hans Brückners (Verleger des Stigmatisierungswerks *Judentum und Musik*) im NS-Blatt *Das Deutsche Podium*, Untertitel 1941: *Fachblatt für Unterhaltungs-Musik und Musik-Gaststätten. Kampfblatt für deutsche Musik.* Ebenda am 30.8.1940: »Unter der Leitung der NSV, Gau Berlin, veranstaltete das Orchester Bernhard Ette unter Mitwirkung von Ralph Maria Siegel in Berlin ein Konzert, bei dem über 1000 Soldaten und Verwundete anwesend waren … Ralph Maria Siegel sang das Chianti-Lied und einen neuen Siegel-Schlager ›Die Musi‹, der mit stürmischen Beifall aufgenommen wurde. Nach der schmissigen Wiedergabe von ›Bella Napoli‹ schloß die Veranstaltung mit dem Marsch ›Bomben auf Engeland‹.« 1948 in München Gründung der Ralph Maria Siegel Musikverlage. Unter anderem 1956 Filmmusik zu *Die Fischerin vom Bodensee.* 1957 Schlager: *Ich hab' noch einen Koffer in Berlin.* † 2.8.1972 München.

Siegmund-Schultze, Walther. Musikwissenschaftler.

* 6.7.1916 Schweidnitz. 1935 Musikstudium in Breslau. 1937 NSDAP (Nr. 5757495), 1940 Dr. phil. Schul- und Kriegsdienst. 1948 Referent im Ministerium für Volksbildung Sachsen. 1951 Habilitation. 1952 Mitbegründer der Händelfestspiele in Halle. 1954 (bis 1981) Professor in Halle. 1955–1991 Präsident der Händelgesellschaft. † 6.3.1993 Halle.

Sierck, Claus Detlev. Kinderdarsteller.

* 30.3.1925 (!) Berlin-Charlottenburg. Laut Drewniak (Film) ein »mit nationalsozialistischen Ideen betäubter Schauspieler«. Während sein Vater, Detlev Sierck, emigrierte, Kinderrollen 1941 im Napola-Propagandafilm *Kopf hoch, Johannes!* sowie im antirussischen Jugendfilm *Kadetten.* März 1942 im Harlan-Film *Der große König* (»Am Sieg zweifeln, das ist Hochverrat!«). Kriegsdienst beim Füsilier-Regiment *Großdeutschland.* † Kriegstod 6.3.1944 bei Kirowograd in der Ukraine (WASt). Lit.: Drewniak, Theater.

Sierck, Detlev. Schauspieler und Regisseur.

* 26.4.1897 Hamburg als Lehrerssohn. 1929 Intendant des Leipziger Schauspiels. Verheiratet mit Hilde Jary (»Jüdin«, Scheidung abgelehnt). 1936 Spielleiter an der Komödie und an der Volksbühne Berlin. Kreimeier: »Ein Spezialist des Melodrams.« Ab 1935 bis zur Flucht Regie zu sieben Filmen, darunter 1937 die Zarah-Leander-Streifen *Zu neuen Ufern* (Curd Jürgens: »melodramatischer Schinken«) und *La Habanera.* 1937 zunächst Flucht nach Italien, über die Stationen Schweiz und Niederlande ab 1940 USA. Unter dem Namen Douglas Sirk Regisseur in Hollywood. 1978 *Filmband in Gold* für langjähriges und hervorragendes Wirken im deutschen Film. † 14.1.1987 Lugano.

Sievert, Ludwig. Bühnenbildner.

* 17.5.1887 Hannover. Ab 1919 Städtische Bühnen Frankfurt am Main. 1937 Staatsoper München, 1941 zugleich Staatsoper Wien. Goebbels am 22.10.1940

im Tagebuch: »Nachmittags im Admiralspalast die Generalprobe der ›Lustigen Witwe‹ [Hitlers Lieblingsstück] abgenom-
men ... Wunderbare Ausstattung von
Prof. Sievert.« NS-Ehrung: Zu *Führers*
[50.] *Geburtstag* 1939 von Hitler Titel Professor. Von Hitler im Tischgespräch am
24. 2. 1942 zu den drei wichtigsten Bühnenbildnern erklärt. 1952 Professor an der
Akademie für angewandte Kunst in München. † 11. 12. 1966 München. Nachruf
Deutsches Bühnen-Jahrbuch: »Revolutio-
näres künstlerisches Wirken.«

Sikorski, Hans. Musikverleger.
* 30. 9. 1899 Jersitz/Posen. April 1933
Aufnahmegesuch NSDAP, Mitgliedschaft
1935 rückwirkend zum 1. Mai 1933 datiert. Zunächst Treuhänder bei »Arisierun-
gen« im Bereich Musikverlage für Max
Winklers Cautio Treuhand GmbH. Laut
Fetthauer »erwarb« er nach der Reichspogromnacht 1938 unter anderem den renommierten Anton J. Benjamin Musikverlag, nun Dr. Hans C. Sikorski KG. Verleger von Norbert Schultzes Propagandalied *Bomben auf Engeland*. August 1942 in
Berlin wegen Verstoß gegen das Heimtük-
kegesetz zu einem Jahr Haft verurteilt,
nach kurzer Zeit entlassen. Weiterführung
seiner Firmen. 1947 als *Mitläufer*, 1948 als
entlastet entnazifiziert. Inhaber des Musikverlags Hans Sikorski in Hamburg mit
zahlreichen Einzelfirmen. Im Beirat der
GEMA (1957 Ehrenmitglied), im Vorstand
des Deutschen Musikverlegerverbands
und des Verbands deutscher Bühnenver-
leger, im Deutschen Musikrat. 1969 *Großes Verdienstkreuz des Verdienstordens der
BRD*. † 22. 8. 1972 Holz am Tegernsee.
Nachruf *Deutsches Bühnen-Jahrbuch*:
»Eine ungewöhnlich aktive Verlegerper-
sönlichkeit.« Lit.: Fetthauer; Prieberg.

Silbergleit, Arthur. Schriftsteller.
* 26. 5. 1881 Gleiwitz in Oberschlesien.
Freiwilliger im I. Weltkrieg. Bekannt mit
Brod, Werfel, Hofmannsthal, Zweig. Bis
1933 Lektor der *Berliner Funkstunde*. 1934
Gedicht *Hiob*: »Ich bin zu gläubig in die
Welt gegangen,/Zu tief enttäuscht aus ihr

zurückgekehrt./Aus allen Qualen trieb
mich Heimverlangen:/Herr, mach mich
wieder Deiner Nähe wert!« Zuletzt fast
völlig erblindet. † 1943 Deportation nach
Auschwitz. Q.: Schlösser.

Silex, Karl. Journalist.
* 6. 7. 1896 Stettin als Pfarrerssohn. Im I.
Weltkrieg Oberleutnant der Marine. 1922
Redakteur der *Deutschen Allgemeinen Zeitung*, 1933 (bis 1943) Chefredakteur. Im
Führerrat des Reichsverbands der Deutschen Presse. Bergengruen: »Ein gewand-
ter Journalist, aber charakterlos und feige
und nur von dem einen Bestreben geleitet,
bei der nationalsozialistischen Regierung
keinen Anstoß zu erregen.« Ab 1939 Sachbearbeiter beim Oberkommando der Marine. 1943 Kriegsdienst als Korvettenkapitän. 1948 Abteilungsleiter beim Ev.
Hilfswerk. Begründer der Wochenzeitung
Deutsche Kommentare. 1955–1963 Chefredakteur *Der Tagesspiegel*. 1968 Erinnerungen: *Kommentar. Lebensbericht eines
Journalisten*. † 18. 5. 1982 Köln.

Sima, Oskar. Auf der *Gottbegnadeten-Liste*
der Schauspieler, die für die Filmproduktion benötigt werden.
* 31. 7. 1896 Hohenau/March in Niederösterreich. 1927 in Ernst Tollers Revolutionärsdrama *Hoppla, wir leben* auf der Piscator-Bühne. Von Zuckmayer zur Kategorie »Nazis, Anschmeißer, Nutznießer,
Kreaturen« gerechnet. In der NS-Zeit 85
Filme, vornehmlich Possen, Heimat- und
Schlagerfilme. Daneben: 1939 *Leinen aus
Irland*, 1941 Hetzfilm *Über alles in der
Welt* zur Vorbereitung der Schlacht um
England sowie *Wetterleuchten um Barbara*,
ein Heimatfilm zur »Befreiung« Österreichs durch die Nazis. Nach 1945 Filme
wie *Csardas der Herzen* (1950) oder *Lügen
haben hübsche Beine* (1956). 1969 *Filmband in Gold* für langjähriges und hervorragendes Wirken im deutschen Film.
† 24. 6. 1969 Hohenau.

Simon, Hermann. Komponist.
* 16. 1. 1896 Berlin. Schüler Humperdincks. Komponist von NS-Feiermusiken,
1933 Bekenntnislied *Du sollst an Deutsch-*

lands Zukunft glauben (2. Strophe selbst getextet): »Drum handle stets als Deutschlands Streiter!/Und magst du selbst zugrunde gehen,/so wirst du sein ein Wegbereiter/für deines Volkes Auferstehn«. † 14. 11. 1948 Tiengen.

Simons, Anna. Auf der *Gottbegnadeten-Liste* (Führerliste) der wichtigsten Gebrauchsgraphiker und Entwerfer des NS-Staates.
* 8. 6. 1871 Mönchengladbach. Schriftkünstlerin. Ab 1914 Akademie für angewandte Kunst in München. † 2. 4. 1951 Prien/Chiemsee.

Simson, Marianne. Schauspielerin und Tänzerin.
* 29. 7. 1920 Berlin. 1940 Titelrolle in Gründgens' »frohem Film von frohen Menschen« *Zwei Welten* (über Erntehilfe als »Sieg der Jugend von heute über das Gestrige«). 1943 im Ufa-Jubiläumsfilm *Münchhausen.* »Vierteljüdin« (Rathkolb). Laut Hippler von Goebbels öfters zur Abendgesellschaft eingeladen. In Rabenalts Erinnerungen im Kapitel über »Zuträgerinnen« von Goebbels abgehandelt. Drewniak (Film): »Nach 1945 wegen Denunziation zur Rechenschaft gezogen; 1945–1952 im sowjetischen Lager.« Danach am Theater in Esslingen und Karlsruhe. † 15. 7. 1992 Füssen.

Singer, Kurt. Dirigent.
* 11. 10. 1885 Berent in Westpreußen, Sohn eines Rabbiners. Dr. med. Eigentlich Nervenarzt. 1919 Musikkritiker des *Vorwärts* (SPD). 1927 (bis 1931) Intendant der Städtischen Oper Berlin. Im *Lexikon der Juden in der Musik* gebrandmarkt. 1935 Vorstand des *Reichsverbands der Jüdischen Kulturbünde in Deutschland,* auf der Liste der *Musik-Bolschewisten* der *NS-Kulturgemeinde.* 1938, nach USA-Reise, im Exil in den Niederlanden. 1942 Verhaftung und Deportation ins Ghettolager Theresienstadt. † 7. 2. 1944 ebenda.

Singer, Oskar. Schriftsteller.
* 24. 2. 1893 Ustron (Schlesien). Dr. jur. Rechtsanwalt in Wien. Später Redakteur beim *Prager Montag,* zionistischer Akti-

vist. 1935 Anti-NS-Drama *Herren der Welt.* Nach der Besetzung Prags 1939 Chefredakteur des *Jüdischen Nachrichtenblatts,* eine Schöpfung Adolf Eichmanns. 1941 deportiert ins Ghettolager Litzmannstadt/Lodz. Mitarbeiter, ab 1943 Leiter des *Archivs des Judenältesten,* Mitautor der *Getto-Chronik,* einem 2000seitigen kollektiven Tagebuch über das Schicksal der Juden in diesem »Krepierwinkel Europas« (O. Rosenfeld), ebenso der *Getto-Enzyklopädie,* einem Lexikon zur Ghetto-Existenz. † 1944 oder 1945 Auschwitz.

Sinn, Jakob. Auf der *Gottbegnadeten-Liste* der Schauspieler, die für die Filmproduktion benötigt werden.
* 30. 9. 1895 Ütersen in Holstein. Bühnendarsteller. 1931 in der Uraufführung von Zuckmayers *Der Hauptmann von Köpenick.* 1935 im Film *Friesennot:* Eine Friesengemeinde an der Wolga bringt zur Verteidigung der Reinheit der Rasse alle Rotgardisten um. 1937 Freikorpsdrama *Menschen ohne Vaterland,* 1938 im antikommunistischen Opus *Urlaub auf Ehrenwort.* † 18. 12. 1967 an seinem letzten Wohnort Schonach im Schwarzwald. *Deutsches Bühnen-Jahrbuch:* »Sinn war über 40 Jahre ein ausgezeichneter Schauspieler, davon allein 35 Jahre in Berlin!«

Sintenis, Renée. Bildhauerin.
* 20. 3. 1888 Glatz in Schlesien. Tochter eines Justizrats. Klaus Mann: »Reizende Tierstatuetten.« 1931 Mitglied der Preußischen Akademie der Künste. In der NS-Zeit Beschlagnahmung einiger Werke. 1947 Professorin der Hochschule für Bildende Künste Berlin. † 22. 4. 1965 Berlin.

Siodmak, Robert. Filmregisseur.
* 8. 8. 1900 Dresden. 1933, da »Jude«, Wechsel nach Paris. Ein Tag vor Kriegsbeginn Überfahrt in die USA, US-Staatsbürger. In Hollywood Regie zu 30 Filmen, darunter 1945 *Die Wendeltreppe.* 1951 Rückkehr nach Frankreich. 1957 Kriminalfilm *Nachts, wenn der Teufel kam.* 1971 *Filmband in Gold* für langjähriges und hervorragendes Wirken im deutschen Film. † 10. 3. 1973 Locarno.

Sippach, Walter. Hobbykomponist.
* 1.12.1895 Wilkau. Ingenieur in Sandberg in Schlesien. 1932 NSDAP. 1933 Komponist und Texter des Trutzlieds für Gesang mit Klavier: *Gib nicht nach! Bleibe hart.* Textprobe: »Weg mit Juden und Marxisten,/weg mit Lüge und Betrug!/ Die Geduld ist nun zu Ende,/deutscher Aar, steig auf zum Flug!« † Verbleib unbekannt.

Sixt, Paul. Dirigent.
* 22.2.1908 Stuttgart. 1930 NSDAP. 1935 Staatskapellmeister, 1936 Generalmusikdirektor (GMD) in Weimar. Ab 1938 Landesleiter der Reichsmusikkammer Gau Thüringen. 1939 Leiter der Musikhochschule. Beteiligt an der Schandschau *Entartete Musik* anläßlich der ersten *Reichsmusiktage* Mai 1938 in Düsseldorf. Am 27.5.1938 Aufführung seines *Hymnischen Vorspiels* (Gauleiter Sauckel gewidmet) zur Eröffnung der Tagung *Singen und Sprechen* während der *Reichsmusiktage.* Goebbels am 27.10.1941 zur Eröffnung der Deutschen Buchwoche in Weimar: »Sixt reißt seine Staatskapelle zu einer begeisterten Wiedergabe der Lisztschen ›Préludes‹ hin«. 1961 GMD am Landestheater Detmold. † 8.1.1964 Detmold. Nachruf *Deutsches Bühnen-Jahrbuch*: »Für das Dirigentenpult des Detmolder Landestheaters gab es keinen besser geeigneten Mann als ihn.« Lit.: Okrassa; Prieberg; Wulf, Musik.

Skraup, Karl. Auf der *Gottbegnadeten-Liste* der Schauspieler, die für die Filmproduktion benötigt werden.
* 21.7.1898 Atzgersdorf (Wien). In der NS-Zeit Nebenrollen in 31 Filmen, darunter Zarah Leanders Revuefilm *Premiere* (1937), der antisemitische Streifen *Leinen aus Irland* (1939) sowie der Führerfilm *Paracelsus* (1943). Am Deutschen Volkstheater der *Deutschen Arbeitsfront* in Wien. Nach 1945 Filme wie *Geh mach dein Fensterl auf* (1953), 1958 letzter Film: *Der Schäfer vom Trutzberg.* † 2.10.1958 München. Nachruf *Deutsches Bühnen-Jahrbuch*: »Ein wirklicher Volksschauspieler.«

Slesina, Horst. Leiter des Reichspropagandaamts (Reichsbehörde) Westmark.
* 29.7.1911 Bielefeld. Gaupropagandaleiter in Neustadt an der Weinstraße. Im Krieg Leutnant einer Propagandakompanie (WASt). 1942 Autor: *Soldaten gegen Tod und Teufel. Unser Kampf in der Sowjet-Union – Eine soldatische Deutung* (Völkischer Verlag Düsseldorf). Goebbels am 1.4.1945 im Tagebuch: »Ich bin jetzt an der Arbeit, den ›Werwolf‹-Sender zu organisieren. Er soll unter Slesina gestellt werden.« Nach 1945 Wohnort Langen, Kreis Offenbach.

Slezak, Leo. Auf der *Gottbegnadeten-Liste* der Schauspieler, die für die Filmproduktion benötigt werden.
* 18.8.1875 Mährisch-Schönberg als Offizierssohn. Zunächst Gärtner, Maschinenschlosser und Pflaumenmusvertreter (Weinschenk). *Meyers Lexikon* (1942): »1901–1934 Heldentenor der Wiener Staatsoper, seitdem beliebter Filmdarsteller meist komischer, durch die groteskernste Wucht seiner Erscheinung wirkender Rollen.« Kammersänger. Goebbels am 19.11.1936 im Tagebuch: »Der Führer erzählt von den großen Wiener Sängern, besonders Slezak, den er sehr schätzt.« Obgleich mit einer »Volljüdin« verheiratet (Rathkolb), zwischen 1934 und 1943 in 37 Filmen, darunter die Operettenstreifen *Die blonde Carmen* (1935) und *Rosen in Tirol* (1940). 1943 im Ufa-Jubiläumsfilm *Münchhausen*. † 1.6.1946 Rottach-Egern.

Slezak, Margarete. Sopranistin.
* 9.1.1901 Breslau. Tochter von Leo Slezak. Operettensängerin am Deutschen Opernhaus Berlin. Goebbels am 24.10.1936 im Tagebuch über ein Treffen im NS-Führerkorps *Kameradschaft der deutschen Künstler* (KddK): »Im K.d.d.K. lange mit den Künstlern erzählt. Die Grete Slezak ist sehr witzig.« Vom 18. bis 25.9.1941 mit der *Fledermaus* des Deutschen Opernhauses Berlin in der Großen Pariser Oper, eine Veranstaltung der NS-Gemeinschaft *Kraft durch Freude* im Auftrag des OKW (Programmheft), vom Reichspropagandami-

nisterium mit 200 000 Mark finanziert. Vom Reichspropagandaministerium für den Rundfunk freigestellt. 1953 Erinnerungen: *Der Apfel fällt nicht weit vom Stamm.* † 30. 8. 1953 Rottach-Egern.

Slezak, Walter. Schauspieler und Sänger.
* 3. 5. 1902 Wien, Sohn von Leo Slezak. 1929 in der Wiener Uraufführung von Lehárs Singspiel *Friederike* (Operettisierung der Liebesbeziehung Goethes zu Friederike Brion). 1930 Auswanderung in die USA, an New Yorker Bühnen. 1942 Wechsel nach Hollywood. 1943 als Nazi-U-Bootkommandant in Hitchcocks *Lifeboat*. 1957 erfolgreiches Debüt als Opernsänger im *Zigeunerbaron* an der Metropolitan Opera New York. Zuletzt schwer herzkrank. † Suizid 21. 4. 1983 Flower Hill, New York.

Slutzky-Arnheim, Hedwig. Zeichnerin.
* 7. 1. 1894 Hamburg. 1923 Heirat mit dem Bauhauslehrer und Designer Naum Slutzky, Scheidung 1930. 1936 Flucht nach Südfrankreich. Am 20. 9. 1943 als Jüdin verraten und im Lager Drancy interniert. † Deportiert am 7. 10. 1943 nach Auschwitz. Lit.: Bruhns.

Sluytermann von Langeweyde, Georg. Maler.
* 13. 4. 1903 Essen, Sohn eines Bauingenieurs. 1928 NSDAP, entwarf den Kopf der Parteizeitung *Neue Front* (DBE). Auf den Großen Deutschen Kunstausstellungen im Münchner NS-Musentempel *Haus der Deutschen Kunst*, darunter die Linolschnitte *Ordensburg Vogelsang* (1939) und *Deutsche Eiche* (1940). † 5. 1. 1978 Bendestorf in der Nordheide.

Sluytermann von Langeweyde, Wolf. Gauschrifttumsbeauftragter der NSDAP Essen.
* 21. 6. 1895 Essen. 1933 Gedichte: *Mensch ohne Maske*. 1935 Herausgeber: *Neues Deutschland, Gedanken-, Bild- und Spruchkalender*. 1937: *Kultur ist Dienst am Leben*. Berufsangabe nach 1945: Graphiker, Wohnort Essen. Pseudonym *Ernst von Mylau*. 1965 Gedichte: *Zwischen Tier und Übermensch*.

Smelding, Horst Bogislaw von, eigentlich von Schmeling. *Staatsschauspieler* und Rezitator.
* 8. 8. 1905 Berlin. 1933 am Dresdner Komödienhaus, 1936 Sächsisches Staatstheater Dresden. Rundschreiben (betrifft *Truppenbetreuungsveranstaltung*) der Lagerkommandantur Auschwitz vom 9. 2. 1943 an das KZ-Personal: »Am Montag, den 15. Februar 1943, 20 Uhr, findet im kleinen Saal des Kameradschaftsheimes der Waffen-SS ein Abend statt unter dem Motto ›Goethe – ernst und heiter‹ gesungen und gesprochen von Kammersängerin Inger Karen [und] *Staatsschauspieler* Horst Bogislav von Smelding ... Organisation: Abt. VI [Truppenbetreuung des KZ Auschwitz] zusammen mit *Staatsschauspieler* H. B. von Smelding.« Ausdrücklicher Hinweis, diese Veranstaltung biete Gelegenheit, »gerade die Volksdeutschen mit den höheren Gütern deutscher Kultur vertraut zu machen«. † 6. 2. 1967 München.

Smolny, Paul. Schauspieler.
* 23. 6. 1896 Berlin. Schüler von Max Reinhardt. 1927 Intendant in Würzburg, später in Hagen, Wuppertal, Gera, Leipzig. NS-Ehrung: Auf Vorschlag des Reichspropagandaministeriums Ernennung zum Staatsschauspieldirektor. Nach 1945 Theaterdirektor in Oberhausen. † 25. 1. 1950 ebenda.

Soden, Julius Graf von.
* 11. 2. 1897 Weilheim. Laut *Aufstellung derjenigen Parteigenossen, die Angehörige fürstlicher Häuser sind*: 1. 5. 1937 NSDAP, Nr. 5 162633, Gau Mainfranken. Forstreferendar. Oberst der Luftwaffe. † 25. 7. 1947 Neustädtles.

Söderbaum, Kristina. Schwedische Schauspielerin, genannt *Reichswasserleiche*.
* 5. 9. 1912 Stockholm. In der NS-Zeit als Idealbild nordischer Schönheit in elf Filmen. 1938 erste Titelrolle in Harlans Sittendrama *Jugend* (nach Liebesnacht Freitod im See). 1939 Heirat mit Harlan, im Film *Die Reise nach Tilsit* laut Drehbuch fast ertrunken. 1940 Hauptrolle im Hetz-

film *Jud Süß*, Werner-Krauß-Biograph Goetz zu den Dreharbeiten:»Prager Juden wurden zusammengetrieben und mußten als Statisten auftreten«. Goebbels:»Ein antisemitischer Film, wie wir ihn uns nur wünschen können.« Karl Korns Lob am 29.9.1940 in *Das Reich*:»Söderbaum ist die eigentliche Gegenspielerin des Juden.« 1942 in *Der große König* über Friedrich den Großen (»Am Sieg zweifeln, das ist Hochverrat!«). Goebbels am 4.3.1942 im Tagebuch:»Der Film wird zum politischen Erziehungsmittel erster Klasse.« 1944 im antitschechischen Farbfilm *Die goldene Stadt* (ein Slawe treibt eine blonde Deutsche – Söderbaum – in den Freitod im Moor). Laut Hippler von Goebbels öfters zur Abendgesellschaft eingeladen. Januar 1945 in Harlans Durchhalte-Schnulze *Kolberg*. Nach 1945 zunächst an der Hamburger Gastspielbühne *Die Auslese*. In allen Nachkriegsfilmen Harlans. Nach dem Tode ihres Mannes 1964 Fotografin in München. 1974 letzte Rolle in Jürgen Syberbergs Film *Karl May*. 1983 Erinnerungen: *Nichts bleibt immer so. Rückblenden auf ein Leben vor und hinter der Kamera.* † 12.2.2001 Hitzacker.

Söhnker, Hans. Auf der *Gottbegnadeten-Liste* der Schauspieler, die für die Filmproduktion benötigt werden.
* 11.10.1905 Kiel. Laut Hippler von Goebbels öfters zur Abendgesellschaft eingeladen. Zwischen 1933 und 1945 in 43 Filmen, darunter 1941 der Propagandafilm *Blutsbrüderschaft* sowie *Auf Wiedersehen, Franziska!* Courtade:»Er soll die zahllosen deutschen Frauen trösten, die der Krieg einsam gemacht hat.« 1943 im Ausstattungsstreifen *Liebespremiere*, 1944 Hans-Albers-Film *Große Freiheit Nr. 7*. Nach 1945 Darsteller in *Geliebter Lügner* (1950), *Wenn wir alle Engel wären* (1956) sowie *Die Fastnachtsbeichte* (1960). Das *Deutsche Bühnen-Jahrbuch* zum 65. Geburtstag:»Großer und allseits beliebter Staatsschauspieler.« 1974 Erinnerungen: *Und kein Tag zuviel.* 1977 *Filmband in Gold* für langjähriges und hervorragendes

Wirken im deutschen Film. † 20.4.1981 Berlin.

Sohnrey, Heinrich. Name Oktober 1933 unter dem Treuegelöbnis »88 deutsche Schriftsteller« für Adolf Hitler.
* 19.6.1859 Jühnde bei Göttingen. Lehrer. 1909 (bis 1939) Herausgeber des *Archivs für innere Kolonisation*. 1920 Autor: *Fürs Herzbluten.* 1934 Lebenserinnerungen: *Zwischen Dorn und Korn.* Ab 1934 Herausgeber der Zeitschrift *Neues Bauerntum*. NS-Ehrung: 19.6.1934 *Goethe-Medaille* für Kunst und Wissenschaft. 1939 von Hitler *Adlerschild des Deutschen Reiches* (höchste Auszeichnung für ganz außerordentliche Verdienste), Widmung: »Hüter und Pfleger des gesunden Bauerntums«. † 26.1.1948 Neuhaus bei Minden.

Solms-Braunfels, Alexander Prinz zu.
* 5.8.1903 Braunfels. Laut *Aufstellung derjenigen Parteigenossen, die Angehörige fürstlicher Häuser sind*: 1.5.1937 NSDAP, Nr. 4355672. Anmerkung: (NSDAP-) Landesgruppe Rumänien. Botschafter. 1946 Heirat mit Prinzessin Carmen Wrede. Adressen nach 1945: München und Monaco. † 8.10.1989 München.

Solms-Braunfels, Ernst-August Prinz zu.
* 10.3.1892 Darmstadt. Laut *Aufstellung derjenigen Parteigenossen, die Angehörige fürstlicher Häuser sind*: 1.5.1933 NSDAP, Nr. 2760968, Gau Thüringen. Anmerkung: z. Zt. bei der Wehrmacht. Major. Dr. jur. Rechtsanwalt. † 24.7.1968 Karlsruhe.

Solms-Braunfels, Franz Joseph Prinz zu.
* 8.6.1906 Braunfels. Laut *Aufstellung derjenigen Parteigenossen, die Angehörige fürstlicher Häuser sind*: 1.7.1940 NSDAP, Nr. 8155637, Gau Berlin. Dr. jur. Konsul a. D. der Bundesrepublik Deutschland. † 1.11.1989 Salzburg.

Solms-Braunfels, Georg Friedrich 7. Fürst zu.
* 3.12.1890 Frankfurt am Main. Genealogisches Handbuch: Graf zu Greifenstein, Lichtenstein und Hungen, auch Tecklenburg, Crichingen und Lingen, Herr zu Münzenberg, Rheda, Wildenfels, Sonnenwalde, Püttlingen, Dorstweiler und Beau-

court. Erbliches Mitglied des preußischen Herrenhauses. Laut *Aufstellung derjenigen Parteigenossen, die Angehörige fürstlicher Häuser sind:* 1.5.1937 NSDAP, Nr. 5932079, Gau Hessen-Nassau. † 30.11.1970 Braunfels.

Solms-Hohensolms, Gertrud Erbprinzessin zu.
* 29.8.1913 Schwerin. Tochter eines Königlich preußischen Majors. Laut *Aufstellung derjenigen Parteigenossen, die Angehörige fürstlicher Häuser sind:* 1.7.1941 NSDAP, Nr. 8822878, Gau Hessen-Nassau. Wohnort nach 1945: Freiburg im Breisgau. † 27.11.1987 ebenda.

Solms-Laubach, Bernhard Bruno Graf zu. Theaterintendant. Reichskultursenator.
* 4.3.1900 Arnsburg in Oberhessen. 1931 (bis 1933) NSDAP-MdL Hessen. Am 7.4.1933 an Staatskommissar Hinkel: »Da die erste Phase des Kampfes um die deutsche Seele, die ich an der SA-Front mitmachen durfte, nunmehr glücklich beendet ist, habe ich den Wunsch, an der weiteren Entwicklung in meinem ursprünglichen Beruf mitzuarbeiten.« Präsidialrat der Reichstheaterkammer. 1934 Intendant der Berliner Volksbühne am Horst-Wessel-Platz. SA-Standartenführer. Goebbels, nach Besuch der von Solms inszenierten Lehár-Operette *Tatjana*, am 9.5.1936 im Tagebuch: »Schauderhaft! … Alte Parteigenossenschaft in Ehren! Aber der Mann kann nichts und ist zu langweilig.« † Suizid 13.3.1938 Berlin.

Solms-Laubach, Ernstotto Graf zu. Kunsthistoriker.
* 8.11.1890 Straßburg. Dr. phil. 1934 SA. Laut *Aufstellung derjenigen Parteigenossen, die Angehörige fürstlicher Häuser sind:* 1.5.1937 NSDAP, Nr. 5393731, Gau Hessen-Nassau. 1938 Direktor des Museums für Stadtgeschichte in Frankfurt am Main. Im Krieg (1944 Major) Referent für den militärischen »Kunstschutz« der Militärverwaltung im Osten. Herbst 1941 »Sicherstellung« von Kunstwerken aus Petersburger Zarenschlössern, vor allem des Bernsteinzimmers in Carskoe Selo, das der

Preußische König Friedrich Wilhelm II. Zar Peter geschenkt hatte. Am 14.10.1941 mit fünf Eisenbahnwaggons Richtung Königsberg abgeschickt, seither verschollen. Rechtfertigung nach 1945: es habe sich um Rettung aus der Frontlinie gehandelt. † 2.9.1977 Frankfurt am Main. Lit.: Heuss.

Solms-Laubach, Georg Friedrich Graf zu.
* 7.3.1899 Laubach in Oberhessen. Standesherr auf Laubach. Erbliches Mitglied der Ersten Kammer im Großherzogtum Hessen. Laut *Aufstellung derjenigen Parteigenossen, die Angehörige fürstlicher Häuser sind:* 1.4.1933 NSDAP, Nr. 1648153, Gau Hessen-Nassau. Oberleutnant. † 13.5.1969 Laubach.

Solms-Rödelheim, Anna Hedwig Gräfin zu.
* 26.4.1909 Assenheim. Laut *Aufstellung derjenigen Parteigenossen, die Angehörige fürstlicher Häuser sind:* 1.5.1937 NSDAP, Nr. 5863425, Gau Hessen-Nassau. † 2.6.1971 Bad Nauheim.

Solms-Rödelheim, Viktoria Gräfin zu.
* 12.5.1895 Amorbach. 1922 Heirat mit Max Graf zu Solms, Scheidung Oktober 1937. Laut *Aufstellung derjenigen Parteigenossen, die Angehörige fürstlicher Häuser sind:* 1.5.1937 NSDAP, Nr. 5577815, Gau Hessen-Nassau. † 9.2.1973 Assenheim.

Sommer, Hellmut. Chef vom Dienst der Presseabteilung der Reichsregierung (1942).
* 19.5.1904 Löbau in Sachsen. 1925 NSDAP, 1926 SA-Sturmführer in Leipzig. 1934 Pressereferent der Landesstelle Ostpreußen des Reichspropagandaministeriums. 1935 Hauptschriftleiter der *Preußischen Zeitung*, NSDAP-Gauorgan. 1942 Regierungsrat. Zuletzt beim Volkssturm Berlin. † Juli 1945 in sowj. Lager in Frankfurt/Oder (WASt).

Sonnenschein, Hugo, Pseudonym *Sonka.* Lyriker.
* 25.5.1890 Kyjov in der Tschechoslowakei. Anarchist und Jude. 1921 Gedichte *War ein Anarchist.* Mitglied der tschechischen und der österreichischen KP. Ber-

gengruen über eine Begegnung: »Vor allem aber war er naiv wie ein Kind. Kindlich war auch sein Verlangen, bemerkt zu werden.« 1940 von Gestapo in Prag verhaftet. 1943 Deportation nach Auschwitz. Nach der Befreiung in Auschwitz Rückkehr nach Prag. Wegen angeblicher Kollaboration zu 20 Jahren Haft verurteilt. † 20. 7. 1953 Prag.

Sonner, Rudolf. Leiter der Abteilung Musik und Tanz im Reichsamt Feierabend der NS-Gemeinschaft *Kraft durch Freude*.
* 24. 5. 1894 Freiburg im Breisgau. Musikwissenschaftler. Mai 1933 NSDAP. Februar 1936 Beitrag *Unterhaltungsmusiker als Kulturträger* in der Zeitschrift *Die Musik*: »Vertrackte Rhythmen und stereotype Synkopierungen wurden als letzte Offenbarungen amerikanischer Musik verkauft. Die Fabrikanten dieser bastardisierten Kunstware waren geschäftstüchtige Juden, die die deutsche Unterhaltungsmusik vergifteten.« Mitarbeit Zeitschrift *Musik im Kriege*, Organ der Dienststelle Rosenberg, laut Schriftleitung »zur Stärkung der inneren Front und zur Erringung des Endsieges« (de Vries). 1950 Dozent der Städtischen Musikschule Trossingen. † 26. 10. 1955 ebenda. Lit.: Koch.

Sotke, Fritz. HJ-Musiker.
* 2. 1. 1902 Hagen. Diplom-Handelslehrer. 1932 NSDAP, HJ (zuletzt Oberbannführer). Texter des *Lieds der neuen Zeit* (1932), Textprobe: »Geht vor ihnen ein Führer her,/bricht zur Freiheit die Bahn./Brausend ein Rufen überall:/Hitler führt uns an!« Unter vielem anderen 1934 in der Abteilung Rundfunk der HJ, 1939 Leiter der Abteilung Schulfunk im Kulturamt der Reichsjugendführung. 1944 SS, Standartenführer. † 11. 10. 1970 Roth bei Nürnberg. Lit.: Axmann; Buddrus; Ketelsen; Prieberg.

Soyfer, Jura. Texter des *Dachau-Lieds*.
* 8. 12. 1912 Charkow in der Ukraine, Sohn einer russisch-jüdischen Familie, 1921 nach Wien emigriert. November 1933 Verse: »Wir stehn in Dachau beim Prügeln, habt acht./Wir kleben in Tegel Tüte um Tüte ... Bis hierher hat uns Gott gebracht/In seiner großen Güte.« 1934 KPÖ, Autor für Wiener Arbeiterpresse und Kleinkunstbühnen. 1938, nach der Besetzung Österreichs, Fluchtversuch, Festnahme an der Schweizer Grenze. Zunächst im KZ Dachau. August 1938 Texter des *Dachau-Lieds*. Anfang: »Stacheldraht, mit Tod geladen,/ist um unsre Welt gespannt.« Refrain: »Bleib ein Mensch, Kamerad,/Sei ein Mann, Kamerad«. September 1938 KZ Buchenwald, im Leichenkommando. † 16. 2. 1939 ebenda an Typhus. Lit.: Dümling.

Spanier, Arthur. Bibliotheksrat und Leiter der Abteilung Hebraica und Judaica der Preußischen Staatsbibliothek in Berlin.
* 17. 11. 1889 Magdeburg, Sohn eines Rabbiners. 1938 KZ Sachsenhausen. 1939 Exil in den Niederlanden. 1942 erneut Verhaftung, deportiert ins KZ Bergen-Belsen. † 30. 3. 1944 ebenda.

Spanier, Ben. Bühnenschauspieler.
* 4. 10. 1887 München. 1918–1931 Schauspielhaus Frankfurt am Main. Im Deutschen Bühnenjahrbuch 1933 als Aushilfskraft des Schillertheaters aufgeführt. Als Jude ab 18. 5. 1943 im Ghettolager Theresienstadt, aktiv am Kulturleben beteiligt. † Deportiert am 12. 10. 1944 nach Auschwitz. Q.: Weniger, Bühne.

Sparing, Rudolf. Journalist.
* 6. 11. 1904 Dresden. Mitbegründer und 1943 (bis 1945) Chefredakteur von Goebbels' Renommierblatt *Das Reich* (von Hitler im Tischgespräch am 22. 2. 1942 gelobt: »Prachtvoll ist die Zeitung ›Das Reich‹«). 1942/43 *Leibstandarte-SS Adolf Hitler*. Goebbels am 14. 6. 1944 im Tagebuch: »Es gibt eigentlich keine prononciertere Stelle, um wöchentlich einen Leitartikel zu veröffentlichen als das ›Reich‹.« Soll am 10. 5. 1945 in Berlin von der Roten Armee verhaftet worden sein. † 5. 4. 1955 in Potma/Mordowien (WASt).

Speckmann, Dietrich. Name Oktober 1933 unter dem Treuegelöbnis »88 deutsche Schriftsteller« für Adolf Hitler.
* 12. 2. 1874 Hermannsburg bei Celle (Lü-

neburger Heide) als Pfarrerssohn. Pfarrer in Grasberg bei Bremen, Amtsniederlegung 1908. Autor von Büchern wie *Die Heideklause, Jan Murken, Das Anerbe* (sic), *Heidehof Lohe.* † 28.5. 1938 Fischerhude bei Bremen. Lit.: Dohnke.

Speelmanns, Hermann. Auf der *Gottbegnadeten-Liste* der Schauspieler, die für die Filmproduktion benötigt werden.
* 14.8. 1902 Krefeld-Uerdingen. Ursprünglich Schiffsheizer, Bergmann, Preisringer. Komödienrollen auf Berliner Bühnen. In der NS-Zeit 34 Filme, darunter 1933 der erste wirkliche Nazi-Film *Hitlerjunge Quex.* 1939 im Reichsautobahn-Film *Mann für Mann.* Goebbels am 20.3. 1940 im Tagebuch: »Er trinkt zuviel, aber ich will ihm noch eine Chance geben.« 1941 im Käutner-Film *Auf Wiedersehen, Franziska!* 1943 Ufa-Jubiläumsfilm *Münchhausen.* Am 16. und 17.2. 1943 mit dem Schauspiel *Taumel* am Staatstheater des Generalgouvernements in Krakau (*Krakauer Zeitung*). 1948 im Film *Vor uns liegt das Leben*, 1955 Harlan-Film *Verrat an Deutschland.* † 9.2. 1960 Berlin. Kollege Meyerinck: »Er ging am Suff zugrunde, er wurde zuletzt im Rinnstein gefunden, in ein Krankenhaus gebracht, wo er, unerkannt, sein Leben aushauchte.«

Spengler, Oswald. Untergangsphilosoph.
* 29.5. 1880 Blankenburg/Harz, Sohn eines Postsekretärs. Zunächst Mathematiklehrer, dann Privatgelehrter. 1918 erster Band *Der Untergang des Abendlandes* (1922 zweiter Band). 1919 Schrift *Preußentum und Sozialismus.* Als gnadenloser Kritiker der Weimarer Republik förderte er die Machtergreifung der Nationalsozialisten. Laut Malinowski »Kampfdenker« auf Tagungen von Adelsverbänden, politischer Berater süddeutscher Prinzen, finanziert von westfälischen und bayerischen Adligen. Laut Schirach (Frauen um Hitler) Zusammentreffen mit Hitler im Salon des NS-Verlegers Bruckmann in München: »[Sie] unterhielten sich zwei Stunden, fanden aber einander nicht sympathisch.« Harry Graf Kessler am 15.10.

1927 über Spenglers Vortrag bei einer Nietzsche-Tagung in Weimar: »Nicht *ein* eigener Gedanke. Nicht einmal *falsche* Diamanten.« † Suizid 8.5. 1936 München.

Spiegel, Ferdinand. Auf der *Gottbegnadeten-Liste* (Führerliste) der wichtigsten Maler des NS-Staates.
* 4.7. 1879 Würzburg. Landschaftsmaler. November 1934 Ausstellung seiner Werke (darunter *Durnholzer Almhirt*) durch Rosenberg. 1939 Leiter eines Meisterateliers der Berliner Akademie. Auf den Großen Deutschen Kunstausstellungen im Münchner NS-Musentempel *Haus der Deutschen Kunst* mit insgesamt 35 Objekten: 1941 mit elf Fliegerbildern und 1943 mit elf Werken über Männer der *Organisation Todt* (jeweils Kasein-Tempera). Das Rosenberg-Organ *Die Kunst im Deutschen Reich* Oktober 1941: »Prachtvolle Brustbilder von Soldaten.« † 4.2. 1950 Würzburg.

Spiegel, Magda. Altistin, Wagner-Sängerin.
* 3.11. 1887 Prag. Ab 1917 am Opernhaus Frankfurt am Main. Am 26.5. 1922 in der Uraufführung von Hindemiths Oper *Sancta Susanna.* Auch Konzert- und Liedsängerin. 1933 von Adorno als »eine der größten Sängerinnen des deutschsprachigen Raumes« bezeichnet. Schwierigkeiten am Theater, da »Jüdin«. Am 26.6. 1935 Bühnenabschied als Ortrud in Wagners *Lohengrin.* Letzter Eintrag in Personalakte: »Spiegel ist am 28.9. 1942 nach Theresienstadt verbracht worden. Die Ruhegeldzahlung ist am 1.9. 1942 eingestellt worden.« † Deportiert am 19.10. 1944 nach Auschwitz. Lit.: C. Becker; Schültke.

Spilcker, Max. Bariton.
* 6.8. 1892 Hamburg. 1926 am Leipziger Opernhaus, 1935 am Stadttheater Königsberg. 1938 Theaterleiter in Kaiserslautern. 1939 Intendant in Königsberg, 1943 Staatstheater Wiesbaden. Goebbels am 23.11. 1943 im Tagebuch: »Spilcker in Wiesbaden [macht] sich sehr gut.« Paradepartien: der Ottokar im *Freischütz* und der Korthner in den *Meistersingern.*

Schwiegervater von Robert Ley. † 26.1. 1954 Bonn.

Spira, Camilla.

* 1.3. 1906 Hamburg. Tochter des Schauspielerehepaares Spira. An Rudolf Nelsons Revue. 1930 in der Uraufführung der Operette *Im weißen Rößl*. Im U-Boot-Streifen *Morgenrot* (Kernsatz: »Zu leben verstehen wir Deutschen vielleicht schlecht, aber sterben können wir fabelhaft«), am 2.2. 1933 in Gegenwart Hitlers uraufgeführt. November 1933 im Film *Der Judas von Tirol* (Andreas Hofer und die Tiroler Bauern gegen Napoleon). Danach notgedrungen (»Halbjüdin«) am Theater des jüdischen Kulturbunds Berlin. 1938 Flucht nach Holland. Das *Deutsche Bühnen-Jahrbuch* zum 65. Geburtstag: »1933 [!] mußte sie emigrieren und kehrte 1947 nach Berlin zurück.« Theater am Schiffbauerdamm und Schloßpark-Theater Berlin. 1952 im Film *Der fröhliche Weinberg* und 1955 in *Des Teufels General*. † 25.8. 1997 Berlin.

Spira, Fritz. Schauspieler und Sänger.

* 1.8. 1881 Wien. Ab 1910 an Berliner Bühnen. 1933 am Berliner Metropol-Theater, in den Filmen *Kaiserwalzer* und *Der Choral von Leuthen*. Weihnachten 1933 Darsteller in der Uraufführung von Künnekes Operette *Die lockende Flamme* am Theater des Westens. 1934 Oberspielleiter am Stadttheater in Bielitz (Polen). Ab 1935 in Wien. Im Krieg Visum für Shanghai, bei Flucht in Jugoslawien verhaftet. † 1943 Lager Ruma in Jugoslawien (Weniger).

Spira, Lotte. Schauspielerin.

* 24.4. 1881 Berlin. 1905 Heirat mit Fritz Spira, Scheidung 1934. Auftritte im Admiralspalast und am Rose-Theater. Filme wie *Die fromme Lüge* (1938), *Kongo-Expreß* (1939), *Kora Terry* (1940), 1943 letzter Film: *Zirkus Renz*. † 17.12. 1943 Berlin, nachdem sie vom Tod ihres geschiedenen Mannes erfahren hatte.

Spira, Steffi. Schauspielerin.

* 2.6. 1908 Wien. Tochter des Schauspielerehepaares Spira. »Halbjüdin«. In Gustav Wangenheims *Truppe 1931*, einer kommunistischen Agitations- und Propagandagruppe. 1933 Flucht in die Schweiz, danach in Frankreich, 1942 in Mexiko. Ab 1947 unter anderem an der Ost-Berliner Volksbühne. In Filmen wie *Der Untertan* (1951) oder *Cosimas Lexikon* (1991). † 10.5. 1995 Berlin.

Spiro, Eugen. Maler.

* 18.4. 1874 Breslau, Sohn eines Oberkantors. Impressionist. In erster Ehe (1903) mit der Schauspielerin Tilla Durieux verheiratet. 1906 Professor der Académie Moderne in Paris. 1917 Professor der Staatlichen Kunstschule Berlin. Porträts von Lovis Corinth, Thomas Mann, Gerhart Hauptmann und Leni Riefenstahl (Riefenstahl). 1935 Flucht nach Paris, 1940 USA. † 26.9. 1972 New York. Lit.: Heuss.

Spitta, Heinrich. »Komponist der HJ« (Bücken).

* 19.3. 1902 Straßburg. Dr. phil. Ab 1932 Lehrer an der Akademie für Kirchen- und Schulmusik Berlin. 1933 NS-Lehrerbund, Komponist und Texter: *Erde schafft das Neue*, dritte Strophe: »Wille schafft das Neue,/Wille zwingt das Alte,/deutscher heil'ger Wille,/immer jung uns halte;/himmlische Gnade/uns den Führer gab,/wir geloben Hitler/Treue bis ins Grab.« 1934 HJ. 1936 Komponist des Kampflieds *Der Führer hat gerufen*. Am 28. Mai 1938 Aufführung seiner Kantate *Von der Arbeit* beim Offenen Singen im Festsaal der Provinzial-Feuer-Versicherungsanstalt der Rheinprovinz während der ersten *Reichsmusiktage* in Düsseldorf (mit der Schandschau *Entartete Musik*). Am 29. Mai 1938 Aufführung seiner Kantate *Land, mein Land* und Dirigent des *Nationalsozialistischen Reichs-Sinfonieorchesters* (*Orchester des Führers*) bei der *Festlichen Morgenmusik der Hitlerjugend* zum Abschluß der *Reichsmusiktage*. 1938 Komposition *Heilig Vaterland*, Juli 1938 im Rahmen der Nächtlichen Feierstunde des Deutschtums im Ausland auf dem Schloßplatz in Breslau aufgeführt. Galt nach den Nürnberger Rassegesetzen als »Vierteljude«. NS-Ehrung: 1939 Titel Professor. Ab 1950 Pädagogische Hochschule Lüneburg. † 23. 6. 1972 Lüneburg. Lit.: Gillum; Prieberg.

Spitzenpfeil, Lorenz Reinhard. Auf der *Gottbegnadeten-Liste* (Führerliste) der wichtigsten Gebrauchsgraphiker und Entwerfer des NS-Staates.
* 3. 7. 1874 Michelau in Oberfranken. Schriftkünstler. NS-Ehrung: *Goethe-Medaille* für Kunst und Wissenschaft. † 1945 Kulmbach.

Spletter, Carla. Auf der *Gottbegnadeten-Liste* (Führerliste) der wichtigsten Künstler des NS-Staates, Zusatz: »Wunsch des Reichsmarschalls« (Göring).
* 9. 11. 1911 Flensburg. Sopranistin, Mozartsängerin. 1932 am Deutschen Opernhaus Berlin. Ab 1935 an der Berliner Staatsoper. 1935 Auftritt in der Uraufführung von Künnekes Operette *Die große Sünderin*. 1936 im Film *Martha* (»Letzte Rose«) nach der Oper von Friedrich von Flotow. 1938 in der Uraufführung von Egks Oper *Peer Gynt*. † 19. 10. 1953 Hamburg. Nachruf *Deutsches Bühnen-Jahrbuch*: »Schillernde Mischung von Naivität und Raffinement.«

Spoerl, Heinrich. Auf der Liste der von Goebbels zugelassenen Filmautoren (1944).
* 8. 2. 1887 Düsseldorf. Dr. jur. Wohnort Tegernsee. 1933 Roman *Die Feuerzangenbowle* (1944 als Film). 1936 Roman und Drehbuch zur Ehe- und Provinzkomödie *Wenn wir alle Engel wären*, Prädikat: *staatspolitisch besonders wertvoll*, Kommentar der *Licht-Bild-Bühne*: »Im neuen Deutschland kann man wieder lachen!« 1938 Komödie *Der Maulkorb* (1938 verfilmt), 1940 Roman *Der Gasmann* (1941 als Film). † 25. 8. 1955 Rottach-Egern.

Spreckelsen, Otto. Musikerzieher.
* 9. 8. 1898 Himmelpforten, Kreis Stade, Sohn eines Dirigenten. Mai 1933 NSDAP, auch SA. Ab Juni 1933 Studienrat der Nationalpolitischen Erziehungsanstalt *Ernst Röhm* auf Schloß Plön in Holstein. 1933 im Auftrag der Napola Schloß Plön Herausgeber: *Marschierende Jugend. Plöner*

Liederbuch (Neufassung 1938, laut Vorspruch Spreckelsens sind die Lieder »heute zum eisernen Liedbestand des Jungen geworden in der marschierenden Kolonne wie in der Feier«). Mai 1934 Dozent der Hochschule für Lehrerbildung (zur NS-Indoktrinierung) Lauenburg in Pommern, 1935 Professor. Mai 1939 Gaukulturpreis für Musik von Gauleiter Schwede-Coburg. Im Krieg Hauptmann der Reserve. Ab 1948 Studienrat für Musik in Elmshorn. 1962 Stellv. Bundesvorsitzender des Arbeitskreises Schulmusik. *Verdienstkreuz I. Klasse des Verdienstordens der BRD* (1961), Georg-Friedrich-Händel-Ring des Verbands Deutscher Oratorien- und Kammerchöre (1963). † 28. 12. 1980 Itzehoe. Lit.: Hesse; Prieberg.

Spring, Alexander. Regisseur.
* 10. 2. 1891 Stuttgart. Oberleutnant im I. Weltkrieg. Drewniak (Theater): »Seit 1923 mit der NS-Bewegung verbunden.« 1927 Oberspielleiter am Nationaltheater Weimar, laut Bücken »engster Mitarbeiter und Freund Siegfried Wagners« bei den Bayreuther Festspielen. 1939 Generalintendant der Städtischen Bühnen Köln, Ratsherr. NS-Ehrung: Trotz Titelsperre 1941 von Hitler Titel Professor. † 3. 11. 1956 Baden-Baden. Nachruf *Deutsches Bühnen-Jahrbuch*: »Er war ein allseits beliebter und ein äußerst gerechter und vornehmer Chef.«

Springenschmid, Karl. Organisator und Redner der Bücherverbrennung am 30. 4. 1938 in Salzburg.
* 19. 3. 1897 Innsbruck. NSDAP-Gauamtsleiter und Regierungsdirektor in Salzburg. 1935 Erzählung: *Helden in Tirol*. 1937 mit Luis Trenker: *Leuchtendes Land*. 1938 unter dem Pseudonym *Christian Kreuzhakler: Österreichische Geschichten. Aus der Zeit des illegalen Kampfes*. 1940: *Eine wahre Geschichte aus dem Leben unseres Führers*. 1945 bis 1951 im Untergrund (DBE), danach Lehrer in Salzburg. Beim einschlägigen *Deutschen Kulturwerk Europäischen Geistes*. † 5. 3. 1981 Salzburg.

Staal, Viktor. Auf der *Gottbegnadeten-Liste* der Schauspieler, die für die Filmproduktion benötigt werden.
* 17.2. 1909 Frankenstadt in Mähren. Rollentyp: Liebhaber. Laut Hippler von Goebbels öfters zur Abendgesellschaft eingeladen. Verheiratet mit Hansi Knoteck. Zwischen 1936 und 1945 in 26 Filmen, darunter 1937 das antibritische Zarah-Leander-Opus *Zu neuen Ufern* (Curd Jürgens: »melodramatischer Schinken«), 1940 als Ex-Wilderer im braunen Heimatfilm *Zwielicht*. 1941 *Wetterleuchten um Barbara*, Heimatfilm zur »Befreiung« Österreichs durch die Nazis. 1942 als Fliegeroffizier und Zarah Leanders Liebespartner in *Die große Liebe*. Nach 1945: *Wenn abends die Heide träumt* (1952), *Der Schmied von St. Bartholomä* (1955), *Hilfe – ich liebe Zwillinge* (1969). † 4.6. 1982 München.

Stackelberg, Karl-Georg Baron von. Kriegsberichter. Verfasser mehrerer Kriegsbücher, Gruppenleiter im Reichsministerium für die besetzten Ostgebiete.
* 1.8. 1913 Arensburg auf Oesel im Baltikum. 1939 Erlebnisbericht aus dem Spanienkrieg: *Legion Condor, Freiwillige in Spanien*. 1940: *Jagdfliegergruppe G, Tatsachenbericht aus dem Polen-Feldzug* sowie *Ich war dabei, ich sah, ich schrieb. Erlebnis-Buch aus dem Frankreich-Feldzug*. Nach 1945 Gründer des EMNID-Instituts für Markt- und Meinungsforschung, Berater von Bundeskanzler Ludwig Erhard. Unternehmensberater für afrikanische und asiatische Regierungsstellen. † 28.8. 1980 Rosenheim.

Stadelmann, Li. Auf der *Gottbegnadeten-Liste* (Führerliste) der wichtigsten Pianisten des NS-Staates.
* 2.2. 1900 Würzburg. Tochter eines Nervenarztes. Ab 1922 Lehrerin für Cembalo und Klavier an der Münchner Akademie der Tonkunst. Nach 1945 Leiterin der Klasse Alte Musik der Münchner Musikakademie. Konzertpianistin, Spezialistin für Cembalo und Barockmusik. † 17.1. 1993 am Wohnort Gauting.

Stadler, Toni. Bildhauer.
* 5.9. 1888 München. 1925–1927 bei Aristide Maillol in Paris. Freier Künstler in München. 1940 Leiter der Bildhauerklasse der Städelschule in Frankfurt am Main. NS-Ehrung: Am 16.7. 1939, zur Eröffnung der Großen Deutschen Kunstausstellung im Münchner NS-Musentempel *Haus der Deutschen Kunst*, Titel Professor. 1946–1958 Akademie der bildenden Künste München. † 5.4. 1982 München.

Staeger, Ferdinand. Sudetendeutscher Graphiker und Maler, »treuer Parteigenosse« (Antrag Goethe-Medaille).
* 3.3. 1880 Trebitsch. Auf den Großen Deutschen Kunstausstellungen im Münchner *Haus der Deutschen Kunst* mit insgesamt 27 Objekten, darunter 1941: *Panzer am Versuchsplatz*, 1943: *Abwehr ostischer Einfälle* (Öl). NS-Ehrung: Zu Führers Geburtstag 1938 Titel Professor. 1940 *Goethe-Medaille* für Kunst und Wissenschaft, gelobhudelt als *Malerdichter aus Böhmen*. † 14.9. 1976 Waldkraiburg.

Stahl, Franz. Bauernmaler.
* 11.2. 1901 Erding. Ab 1927 in Dachau. 1941 (bis 1944) Leiter der Tiermalklasse der Münchner Akademie. Auf den Großen Deutschen Kunstausstellungen im *Haus der Deutschen Kunst* unter anderem mit den Ölgemälden *Hühner* (1939), *Krautacker* (1940), *Stute mit Fohlen* (1942). Juli 1943, trotz Titelsperre, von Goebbels zur Ernennung zum Professor vorgeschlagen. Nach 1945 freischaffender Tiermaler in Erding. † 16.11. 1977 ebenda.

Stahl, Friedrich. Von Hitler bevorzugter Maler.
* 27.12. 1863 München. Ab 1914 in München, später in Rom. Motive: Allegorien und Märchen. Juni 1940 Sonderschau seiner Werke auf der Großen Deutschen Kunstausstellung (NS-Leistungsschau). Unter den Werken das Ölgemälde *Eros Triumph*, Leihgeber: Reichsministerium für Volksaufklärung und Propaganda (Ausstellungskatalog). NS-Ehrung: April 1940 *Goethe-Medaille* für Kunst und Wissenschaft. † 12.7. 1940 Rom.

Stahl, Hermann. Schriftsteller.
* 14. 4. 1908 Dillenburg. 1936 Roman *Traum der Erde*. 1941 Gedichte *Gras und Mohn*. Autor im NS-Kampfblatt *Krakauer Zeitung*, das »Blatt des Generalgouvernements«. Weiheverse *Der Führer* in Bühners Anthologie *Dem Führer*: »Da wir Verlorene schienen, dem Abgrund verraten,/ Wachten die Götter. Wer aber könnte ermessen,/was sie dem Einen von uns, den sie erwählten und dessen/brennende Seele sie riefen zu Kämpfen, zu Taten,/auferlegten an Glauben, von einsamer Gnade durchbebt.« Berufsangabe nach 1945: Akademischer Maler. 1982 *Bundesverdienstkreuz*. † 14. 4. 1998 am Wohnort Dießen am Ammersee.

Stahl-Nachbaur, Ernst, eigentlich Guggenheimer. Auf der *Gottbegnadeten-Liste* der Schauspieler, die für die Filmproduktion benötigt werden.
* 6. 3. 1886 München. Drewniak (Theater): »1933 aus rassischen Gründen [»Halbjude«] vom Königsberger Schauspielhaus entlassen, später begrenzte Tätigkeit (u. a. Schiller-Theater).« In zehn Filmen, darunter 1940 im antibritischen Spielfilm *Das Herz der Königin* und 1944 in Harlans Melodram *Opfergang*. 1946 im DEFA-Film *Die Mörder sind unter uns*, 1954: Verklärungsopus *Canaris*, 1958: *Nackt – wie Gott sie schuf. Bundesverdienstkreuz* 1955. † 13. 5. 1960 Berlin. Lit.: Schrader.

Stalling, Heinrich. Gründer des Stalling Verlags in Oldenburg (1919).
* 5. 7. 1865 Oldenburg. Eine Auswahl der Publikationen: April 1933 Ankündigung eines Werks des Goebbels-Mitarbeiters Hadamovsky: *Propaganda und nationale Macht*. Mai 1933: Richard Euringers *Deutsche Passion*. Oktober 1933: das von Goebbels edierte Opus *Revolution der Deutschen*. Juni 1940: Ankündigung des Soldatenbuches *Wir marschieren für das Reich*. NS-Ehrung: 1935 *Goethe-Medaille* für Kunst und Wissenschaft. † 9. 12. 1941 Garmisch-Partenkirchen. Nachruf in der Zeitschrift *Ostfriesland*: »Das verdienstvol-

le Wirken für nationalpolitisches und militärisches Schrifttum in der Nachkriegszeit hat dem Verlag viele Freunde erworben.« Lit.: Jäger.

Stammler, Georg, Pseudonym von Ernst Krauß. Blut-und-Boden-Poet.
* 28. 2. 1872 Mühlhausen in Thüringen. Buchhändler und Lehrer. 1914 Autor des Kultbuchs der völkischen Jugendbewegung (Puscher) *Worte an eine Schar*. 1930 Gedichte: *Kampf und Andacht*. 1936: *Kampf, Arbeit, Feier. Losungen und Werksprüche fürs junge Deutschland*. Weiheverse *Dein Blut ist nicht dein allein*, 1944 in der Anthologie *Lyrik der Lebenden* des SA-Oberführers Gerhard Schumann: »Dein Blut ist nicht dein allein!/Blut ist niemandes,/als Gottes und des Volks./Rein, wie es dir ward,/schenk es zurück dem Geber.« Kommentar des Herausgebers: »Ein Volk, das auch in seiner harten Gegenwart über so vielfältige Kräfte der Seele und des Geistes ... verfügt, ist von keiner Macht dieser Erde zu bezwingen, ist unsterblich!« † 16. 5. 1948 Hohensolms bei Gießen.

Stampe, Friedrich Franz. Generalintendant.
* 10. 4. 1897 Magdeburg. Schauspieler an Provinzbühnen. Mai 1933 NSDAP. Im besetzten Krakau Direktor des Staatstheaters des Generalgouvernements (GG), Rechtsträger: Die Regierung des GG. Ernennungsurkunde von Hitler selbst unterzeichnet. Eröffnung am 1. 9. 1940, dem Jahrestag des Überfalls auf Polen, in Anwesenheit von Goebbels. Unter anderem geschlossene Vorstellungen für Polizei, SS und andere NS-Organisationen. Februar 1944 unter Umgehung des Reichspropagandaministeriums zum Generalintendanten ernannt. Nach 1945 Schauspieler in Marburg und Hamburg. 1951 im Knef-Film *Die Sünderin*. 1952: *Ferien vom Ich*. † 22. 4. 1959 Köln-Nippes. Nachruf *Deutsches Bühnen-Jahrbuch*: »Heldenspieler.«

Stampfuß, Rudolf. Leiter des Sonderstabs Vorgeschichte im *Einsatzstab Reichsleiter Rosenberg* in der Ukraine.
* 3. 11. 1904. Prähistoriker. In der Fach-

gruppe für deutsche Vorgeschichte des *Kampfbunds für deutsche Kultur*. Mai 1933 NSDAP. 1935 Professor der Hochschule für Lehrerbildung (zur NS-Indoktrinierung) in Dortmund. Aufgabe seines Sonderstabs war der geplante Nachweis, daß die Ukraine seit der Jungsteinzeit unter nordisch-germanischer Herrschaft gestanden habe (also eigentlich deutsch sei). 1955 Leiter des *Hauses der Heimat* in Dinslaken. † 18. 12. 1978 ebenda. Lit.: Hesse; Heuss; Schöbel.

Stang, Walter. Leiter des Amts *Kunstpflege* in Rosenbergs Dienststelle *Beauftragter des Führers für die Überwachung der gesamten geistigen und weltanschaulichen Schulung der NSDAP*.
* 14. 4. 1895 Waldsassen. *Freikorps Epp.* 1923 Teilnehmer *Hitlerputsch*. 1930 NSDAP (Nr. 281779). Referent für Theaterfragen sowie Leiter des *Dramaturgischen Büros* (Bezeichnung ab 1933: Abteilung Theater) in Rosenbergs *Kampfbund für deutsche Kultur*. Juni 1934 Zusammenschluß des Kampfbunds und des Reichsverbands *Deutsche Bühne* zur *Nationalsozialistischen Kulturgemeinde*, ab 1935 unter Stangs Führung (1937 Eingliederung in die Organisation *Kraft durch Freude*). Laut Petropoulos rücksichtsloser Vollstrecker der wirren Ideen seines Chefs. 1936 MdR, Titel Reichshauptamtsleiter der NSDAP. Stang 1934 in *Bausteine zum deutschen Nationaltheater:* »Die richtig verstandene Kunstkritik ... hat den Boden vorzuackern, das Unkraut auszujäten und die Richtmaße zu setzen, nach denen später die schöpferischen Geister ihr Schaffen einstellen [!] und steigern.« † Frühjahr 1945 auf der Flucht. Lit.: Lilla; Piper; Wulf, Künste.

Stange, Hermann. Dirigent. Reichskultursenator.
* 14. 10. 1884 Kiel. 1930–1932 Dirigent der Bulgarischen Nationaloper Sofia. 1932 in Rosenbergs *Kampfbund für deutsche Kultur*. Mai 1933 NSDAP. 1935 als Nachfolger Furtwänglers einige Monate Vizepräsident der Reichsmusikkammer und Geschäftsführer des Berliner Philharmonischen Orchesters, laut Furtwängler von »einer etwas pathologischen Betonung des Selbstbewußtseins«. Ende 1935 Leiter der Abteilung Orchester und Chor am Deutschlandsender. NS-Ehrung: Zu *Führers* [50.] *Geburtstag* 1939 von Hitler Titel Generalmusikdirektor. † 4. 5. 1953 Lüchow/Hannover.

Stanietz, Walter. Schriftsteller.
* 31. 8. 1907 Kattowitz. Blut-und-Boden-Stücke wie *Der Weg der Marie Tschentscher*. NS-Ehrung: 1941 vom Kattowitzer Gauleiter Oberschlesischer Kulturpreis. 1950 Teilpreis des Adalbert Stifter-Preises der *Schutzgemeinschaft Deutscher Wald*. † 13. 5. 1965 Kritzenast.

Stapel, Wilhelm. Schriftleiter der Monatsschrift *Deutsches Volkstum* (1918 bis zur Einstellung 1938).
* 27. 10. 1882 Calbe. Dr. phil. 1934 Autor: *Die literarische Vorherrschaft der Juden in Deutschland von 1918/1933*. Leiter der Fichte-Gesellschaft (»zur Nationalerziehung«). In der *Forschungsabteilung Judenfrage* des *Reichsinstituts für Geschichte des neuen Deutschland*. Dennoch wegen seiner konservativen Grundhaltung in Konflikten mit NS-Stellen. † 1. 6. 1954 Hamburg. Lit.: Wulf, Literatur.

Stapenhorst, Günther. Filmproduzent.
* 25. 6. 1883 Gebweiler im Elsaß. Im I. Weltkrieg Korvettenkapitän. 1928 Produktionsleiter der Ufa. 1932 Kästner-Verfilmung *Emil und die Detektive*. Ufa-Unterhaltungsfilme wie *Walzerkrieg* (1933) oder *Turandot* (1934), auch U-Boot-Film *Morgenrot* (Kernsatz: »Zu leben verstehen wir Deutschen vielleicht schlecht, aber sterben können wir fabelhaft«), am 2. 2. 1933 in Gegenwart Hitlers in Berlin uraufgeführt. Dezember 1933 Propagandaschmarren *Flüchtlinge* über Wolgadeutsche, die »heim ins Reich« wollen (Staatspreis der Reichsregierung). 1935 Wechsel nach England. 1940 Begründer der Gloriafilm AG in der Schweiz. Bewarb sich von hier aus auf den Posten ei-

nes Ufa-Direktors. 1949 Leiter der Carlton-Film GmbH in München. Kästner-Verfilmungen *Das doppelte Lottchen* (1950) und *Das fliegende Klassenzimmer* (1954). *Bundesfilmpreis* 1951. † 2.2.1976 (sic) München.

Starhemberg, Georg Graf von.
* 10.4.1904 Eferding. Laut *Aufstellung derjenigen Parteigenossen, die Angehörige fürstlicher Häuser sind*: 1.12.1938, Nr. 6 899883, Gau Oberschlesien. Diplom-Forstwirt. † 12.2.1978 Moosburg in Kärnten.

Staritz, Ekkehart. Erziehungswissenschaftler.
* 28.2.1895 Berlin. 1921 Dr. phil. 1932 NSDAP. 1933 Professor für Deutsche Geschichte der Grenzlandhochschule für Lehrerbildung (zur NS-Indoktrinierung) in Lauenburg. NS-Lehrerbund, NS-Dozentenbund, Leiter von Schulungskursen der SA. 1935 Gründer und Leiter der Abteilung Geschichte der Arbeit im Arbeitswissenschaftlichen Institut der Deutschen Arbeitsfront in Berlin. Februar 1943 bis Mai 1944 im Reichspropagandaministerium Leiter des Hauptreferats Volkstum. Danach in Riga und Triest. Ab 1951 Mitarbeiter des Dominikanerpaters Eberhard Welty, Professor für Sozialethik, einer der Gründungsväter der CDU und Gründer des Instituts für Gesellschaftswissenschaften im Dominikanerkloster Walberberg bei Brühl am Rhein. † 3.9.1957 Walberberg. Lit.: Hesse.

Stark, Günther. Regisseur und Theaterleiter.
* 15.1.1889 Berlin. Dr. phil. Oberspielleiter in Wuppertal, am Hamburger Staatstheater sowie beim Filmkonzern Terra Filmkunst. 1943/44 Intendant des Reichsgautheaters Posen. 1948 Schauspieldirektor in Halle. 1953 Intendant des Stadttheaters Saarbrücken, Titel Professor. † 1.9.1970 Rentrisch/Saar. Nachruf *Deutsches Bühnen-Jahrbuch*: »Stark hatte die Gabe ... neue Ideen und Strömungen aufzunehmen.«

Starke, Gerhard. Politischer Redakteur und Chef vom Dienst der *Deutschen Allgemeinen Zeitung* (1939–1945).
* 16.8.1916 Berbersdorf in Sachsen. Dr. phil. 1939 Dissertation *Die Einheit der Publizistik und ihre geistigen Grundlagen*, Textprobe:»Publizistik ist ... Wille, Kraft, Energie und bedarf als solche der Steuerung, der Führung. Sie bedarf einer Macht, die sich ihrer zweckvoll bedient, um politisch zu wirken. Auch Ideen sind gebunden. Sie steigen auf aus rassischem Urgrund und realisieren sich im Volke.« 1949 Leiter der Abteilung Politisches Wort des NWDR, 1956 Chefredakteur der Hauptabteilung Politik beim NDR. 1961 Intendant des Deutschlandfunks in Köln, 1966 Chefredakteur *Die Welt*, 1970 Bonner Vertretung des Verlagshauses Axel Springer & Sohn (Munzinger). † 24.5.1996 Berlin.

Starke, Ottomar. Chef der Nachwuchsabteilung der Bavaria (1943).
* 21.6.1886 Darmstadt, Sohn eines Kapellmeisters. Bühnenbildner in Mannheim, Frankfurt am Main und Düsseldorf. Ab 1921 Mitherausgeber der Zeitschrift *Der Querschnitt*. Komödienschreiber (1938: *So ein Lümmel*). Im Krieg am Institut für Grenz- und Auslandsstudien in Berlin-Steglitz. 1956 (belanglose) Erinnerungen: *Was mein Leben anlagt*. Starke will 1933 vor der Wahl gestanden haben, »entweder zu emigrieren oder in der Partei unterzutauchen [sic].« † 8.8.1962 Baden-Baden. Nachruf *Deutsches Bühnen-Jahrbuch*: »Er wurde 1956 mit dem Bundesverdienstkreuz ausgezeichnet.«

Stassen, Franz. Auf der *Gottbegnadeten-Liste* (Führerliste) der wichtigsten Maler des NS-Staates.
* 12.2.1869 Hanau. NSDAP-Nummer unter 100 000 (Hamann). Illustrator, Jugendstilmaler. Enger Freund von Siegfried Wagner. Malte »aus nordischer Seelenschau« Wagnersche Sagengestalten und mythologische Helden. Laut Reichelt wählte »der Führer Adolf Hitler aus 36 Aquarellen dieses völkischen Malers vier

Bildmotive aus der ›Edda‹ für den Kongreßsaal der alten Reichskanzlei«. NS-Ehrung: 1939 zu *Führers* [50.] *Geburtstag* Titel Professor. † 18.4.1949 Berlin.

Stauch, Richard. Komponist.
* 15.11.1901 Berlin. Urheber des *Kampffliegerlieds*, Textprobe: »Los! Dem Feind entgegen!/Flug durch Sturm und Regen./ Feste drauf los/zum Vernichtungsstoß!« 1940 Tonaufnahme des Werks mit Großem Blasorchester und den Chören der Staatsoper und des Deutschen Opernhauses Berlin (Gillum). † 14.12.1968 Berlin.

Staudte, Wolfgang. Schauspieler und Regisseur.
* 9.10.1906 Saarbrücken. Nebenrollen in NS-Filmen: 1938 Luftwaffen-Aufrüstungsfilm *Pour le Mérite*, 1939 *Legion Condor* (Abbruch wegen Hitler-Stalin-Pakt), 1940 Hetzfilm *Jud Süß*, 1941 NS-Reiterfilm *... reitet für Deutschland* sowie HJ-Film *Jungens* (Staatsauftragsfilm). 1946 Autor und Regisseur des ersten deutschen Nachkriegsfilms (DEFA) in Ost-Berlin: *Die Mörder sind unter uns*. Aufstieg zur DDR-Filmelite. 1951 *Nationalpreis*. 1952 Regie zur Heinrich-Mann-Verfilmung *Der Untertan*. 1955 Streit mit Brecht und Helene Weigel wegen Verfilmung von *Mutter Courage*, Wechsel in die BRD. 1959 Regie zu *Rosen für den Staatsanwalt*. 1975 *Filmband in Gold* für langjähriges und hervorragendes Wirken im deutschen Film. 1979 *Großes Verdienstkreuz der BRD*. † 19.1.1984 Zigarski in Slowenien.

Stebich, Max. Geschäftsführer der Reichsschrifttumskammer Wien (1938).
* 10.5.1897 Wien. Deutsch- und Geschichtslehrer an Wiener Schulen. 1936 Geschäftsführer der NS-Tarnorganisation *Bund der deutschen Schriftsteller Österreichs*. NS-Ehrung: 1940 Adalbert-Stifter-Preis der Stadt Prag. 1947 Leiter des Gallus-Verlags, 1952 Titel Professor, 1964 Österreichischer Staatspreis für Jugendliteratur, 1967 Österreichisches Ehrenzeichen für Wissenschaft und Kunst. Präsident der Josef-Weinheber-Gesellschaft. † 17.5.1972 Wien.

Stech, Willi. Pianist und Dirigent.
* 29.11.1905 Krefeld. Ab 1933 am Deutschlandsender (laut *Der Deutsche Rundfunk* vom 10.3.1936 der »repräsentativste Sender des nationalsozialistischen Deutschlands«). NSDAP März 1933. 1935 im Prüfungsausschuß Tanzmusik der Reichssendeleitung. Ab 1939 Dirigent des *Deutschen Tanz- und Unterhaltungsorchesters* (Reichsorchester für Unterhaltungsmusik) in Berlin, von Goebbels und Hinkel als Repräsentationsorchester gegründet (Prieberg). Mitwirkung beim *Wunschkonzert für die Wehrmacht*, Goebbels' Radiosendung zwecks Hebung der Truppenmoral und Leidensbereitschaft der Heimatfront. 1951 Dirigent des Kleinen Unterhaltungsorchesters des Südwestfunks, 1970 Chef des *Großen Orchesters Willi Stech*. † 28.4.1979 Ehrenstetten in Baden.

Steckel, Leonhard. Schauspieler.
* 8.1.1901 Kuihinin in Ungarn. 1927 in Ernst Tollers Revolutionärsdrama *Hoppla, wir leben* auf der Piscator-Bühne. 1930 Volksbühne Berlin. »Nicht-Arier« (Rabenalt). Ab 1933 Exil in Zürich, Regisseur von Brecht-Stücken. 1934 Darsteller in Friedrich Wolfs Drama *Professor Mamlock* (zur Judenverfolgung) am Schauspielhaus Zürich unten dem Titel *Dr. Mannheim*. 1949 Mitbegründer von Brechts *Berliner Ensemble*. 1957 im Vorstand der Freien Volksbühne Berlin. Filme wie *Ewiger Walzer* (1954) oder *Zwei Whisky und ein Sofa* (1963). † 9.2.1971 Aitrang in Oberbayern bei Eisenbahnunglück. Nachruf *Deutsches Bühnen-Jahrbuch*: »Er flog ungern und hat das Fliegen möglichst vermieden. Nun hat ein Zugunglück sein Leben ... beendet.«

Stege, Fritz. Musikschriftsteller.
* 11.4.1896 Witterschlick bei Bonn. 1930 NSDAP (Nr. 410480). 1932 Fachspartenleiter Schrifttum in Rosenbergs *Kampfbund für deutsche Kultur* Groß-Berlin. 1933 Führer der Arbeitsgemeinschaft Deutsche Musikkritiker (Rosenberg). Am 9.4.1933 an Staatskommissar Hinkel: »Im Auftrage von Prof. Gustav Hagemann

habe ich die Reinigung des Musikkritiker-standes übernommen.« Schriftleiter der *Zeitschrift für Musik. Monatsschrift für eine geistige Erneuerung der deutschen Musik.* Stege ebenda 1933: »Der Einbruch vorder-asiatischer Rassenmerkmale in den Geist unserer Tonkunst hat zu einer Auflösung des abendländischen Harmoniegefühls beigetragen. Die ›Atonalität‹ hat nichts mit nordischem Wesen zu tun. Es wäre falsch, die Vertreter dieses Stils darum zu verurteilen. Denn sie können eben nichts anderes, als den Aufgaben ihrer Rasse fol-gen.« Musikkritiker beim NSDAP-Zen-tralorgan *Völkischer Beobachter.* Nach 1945 Gründer einer Musikschule in Wies-baden und Kritiker beim *Wiesbadener Ku-rier.* † 31. 3. 1967 Wiesbaden. Lit.: Prie-berg, Handbuch; Wulf, Musik.

Stegemann, Heinrich. Maler und Gra-phiker.
* 15. 9. 1888 Stellingen bei Hamburg. Wohnort Hamburg. Erste Einzelausstel-lung 1921 in Hamburg, die letzte 1942 in Berlin. Beschlagnahmung von 43 seiner Werke als »entartete Kunst«. 1943 Ver-nichtung des gesamtes Lebenswerks durch Bombentreffer. † 2. 9. 1945 Hamburg.

Steglich, Rudolf. Musikwissenschaftler.
* 18. 2. 1886 Rathsdamnitz in Pommern. 1928 (bis 1933) Herausgeber des Händel-Jahrbuchs. 1934 ao. Professor in Erlangen. 1935 Beitrag *Zum Propagandawesen der Deutschen Gesellschaft für Musikwissen-schaft,* wichtigste Themen: Rassenfor-schung und Musikpolitik. 1936 (bis 1940) Mitherausgeber der Zeitschrift *Archiv für Musikforschung.* † 8. 7. 1976 Scheinfeld in Mittelfranken. Lit.: Potter; Prieberg.

Steguweit, Heinz. Name Oktober 1933 unter dem Treuegelöbnis »88 deutsche Schriftsteller« für Adolf Hitler.
* 19. 3. 1897 Köln. Mai 1933 NSDAP. Kul-turredakteur des *Westdeutschen Beobach-ters.* 1935 Landesleiter der Reichsschrift-tumskammer Gau Köln-Aachen. Vom *Be-auftragten des Führers für die Überwachung der gesamten geistigen und weltanschauli-chen Schulung der NSDAP,* Amt Rosenberg,

empfohlene Lektüre: *Der Jüngling im Feu-erofen* (1932). Weiheverse *Einem toten Ka-meraden,* 1944 in der Anthologie *Lyrik der Lebenden* des SA-Oberführers Gerhard Schumann: »Liebtest du nicht auch das Leben?/Und den Wein, der Jugend Fülle?/ Hast dich dennoch hingegeben,/ja, ein gu-ter Held gibt stille.« Kommentar des Her-ausgebers: »Ein Volk, das auch in seiner harten Gegenwart über so vielfältige Kräf-te der Seele und des Geistes ... verfügt, ist von keiner Macht dieser Erde zu bezwin-gen, ist unsterblich!« Ehrungen nach 1945 von der Bundeszentrale für Heimatdienst und vom Westdeutschen Autorenverband. † 25. 5. 1964 Halver-Hellersen in Westfa-len. Lit.: Sarkowicz.

Stehr, Hermann. Schriftsteller. Reichskul-tursenator.
* 16. 2. 1864 Habelschwerdt in Schlesien, Sohn eines Sattlers. Dorfschullehrer. 1918 bekanntester Roman: *Der Heiligenhof,* Wahlredner der *Deutschen Demokrati-schen Partei* seines Freundes und Gönners Walther Rathenau. 1926 Gründungsmit-glied der Sektion Dichtung der Preußi-schen Akademie der Künste, zunehmend Blut-und-Boden-Literatur. 1933 Senator der »gesäuberten« Deutschen Akademie der Dichtung der Preußischen Akademie der Künste. Am 19. 8. 1934 Unterzeichner des *Aufrufs der Kulturschaffenden* zur Ver-einigung des Reichskanzler- und Reichs-präsidentenamts in der Person Hitlers: »Wir glauben an diesen Führer, der unsern heißen Wunsch nach Eintracht erfüllt hat.« Am selben Tag Rechtfertigung der Morde anläßlich des angeblichen Röhm-Putsches in der *Deutschen Allgemeinen Zeitung:* »Der alte Kämpfer Hitler ist mit den Landesverrätern in einer Nacht fertig geworden, der Staatsmann Hitler hat mit der Übernahme der Reichspräsidentschaft auch diese letzte Hoffnung auf die Gefähr-dung des neuen Reiches zunichte ge-macht.« NS-Ehrung: Am 17. 10. 1933 er-ster Preisträger des Goethe-Preises der Stadt Frankfurt in der NS-Zeit. 1934 *Ad-lerschild des Deutschen Reiches* (höchste

Auszeichnung für ganz außerordentliche Verdienste), Staatsakt in der Preußischen Akademie der Künste. In Festrede von Griese zum Wegbereiter des Nationalsozialismus ausgerufen. † 11.9.1940 Oberschreiberhau. Lit.: Barbian; *Führerlexikon*; Sarkowicz: Scholdt.

Stein, Franz. Auf der *Gottbegnadetenliste*: Liste der Schauspieler, die für die Filmproduktion benötigt werden.
* 29.7.1880 Köln. November 1935 Darsteller im antirussischen Film *Friesennot*, im offiziellen Filmprogramm der NSDAP und bei der Hitlerjugend verwendet: Eine Friesengemeinde an der Wolga bringt zur Verteidigung der Reinheit der Rasse alle Rotgardisten um. 1944 Rose-Theater Berlin. Nach 1945 Schiller- und Schloßpark-Theater Berlin. † 12.2.1958 Berlin.

Stein, Fritz. Führer des Reichsverbands für Chorwesen und Volksmusik in der Reichsmusikkammer. Reichskultursenator.
* 17.12.1897 Gerlachsheim in Baden. 1910 Dr. phil. 1919 Extraordinarius für Musikwissenschaft in Kiel, 1928 Ordinarius. Ab 1932 in Rosenbergs *Kampfbund für deutsche Kultur* (KfdK). 1933 Direktor der Staatlichen Musikhochschule Berlin und Reichsleiter der Fachgruppe Musik im KdfK. Am 30.7.1933 Bitte um beschleunigte Aufnahme in die Partei: »Ich kann ehrenwörtlich versichern, daß ich mit dem Herzen seit vielen Jahren der herrlichen Bewegung Adolf Hitlers zugetan war.« Als Leiter der Abteilung III (Chorwesen und Volksmusik) der Reichsmusikkammer unterstanden ihm der *Deutsche Sängerbund*, der *Reichsverband der gemischten Chöre Deutschlands*, die *Fachschaft Volksmusik* und die *Fachschaft evangelischer Kirchen- und Posaunenchöre*. Am 29.3.1936 Aufruf in der Zeitschrift *Die Musik-Woche*: »Unserem Führer danken wir die Erfüllung des tausendjährigen deutschen Wunschtraumes: das einige deutsche Reich, die wahre Volksgemeinschaft ... die aus den Wurzelkräften deutschen Blutes, deutschen Fühlens und

Glaubens wieder eine arteigene deutsche Kunst zur Blüte bringen wird.« Oktober 1939 Schließung der Abteilung Chorwesen in der Reichsmusikkammer. Die *Zeitschrift für Musik*, Dezember 1939: »Wer wie Stein in der Lage ist, einen Männerchor wie den Chor der Leibstandarte Adolf Hitler zu leiten, der zeigt, daß er vom Wesen der Organisation und der Musikpolitik zutiefst berührt ist.« 1940 NSDAP (Nr. 7547647). NS-Ehrung: 1933 Präsidialrat der Reichsmusikkammer, 1939 von Hitler *Goethe-Medaille* für Kunst und Wissenschaft. Nach 1945 Präsident des Verbands für ev. Kirchenmusik. † 14.11.1961 Berlin. Lit.: *Führerlexikon*; Moser (1935); Prieberg; Wulf, Musik.

Steinbeck, Walter. Schauspieler.
* 26.9.1878 Niederlößlitz bei Dresden. Zwischen 1933 und 1942 Nebenrollen in 84 Filmen, unter anderem: *Heideschulmeister Uwe Karsten* (1933), *Mordsache Holm* (1938), *In letzter Minute* (1939), *Der Gasmann* (1941). † 27.8.1942 Berlin.

Steinboeck, Rudolf. Auf der *Gottbegnadeten-Liste* der Schauspieler, die für die Filmproduktion benötigt werden.
* 7.8.1908 Baden bei Wien. 1934–1938 an Wiener Kleinkunstbühnen, danach Theater in der Josefstadt: Spielleiter und Dramaturg, im Arbeitsausschuß der Reichstheaterkammer am Ort (DBJ 1944). 1945 (bis 1953) ebenda Direktor. 1946 Angliederung eines Filmstudios. Ab 1957 Regie am Burgtheater. Das *Deutsche Bühnen-Jahrbuch* zum 65. Geburtstag: »Regisseur der leisen Töne und differenzierter Halbschatten.« † 19.8.1996 Wien.

Steiner, Adolf. Auf der *Gottbegnadeten-Liste* (Führerliste) der wichtigsten Cellisten des NS-Staates.
* 12.4.1897 Schwäbisch-Hall. 1926 Solist am Deutschen Opernhaus Berlin-Charlottenburg. Laut Prieberg 1930 NSDAP (Nr. 359757). 1939 Professor der Berliner Musikhochschule. 1950–1962 Lehrer der Musikhochschule Köln. † 24.3.1974 Karlsruhe.

Steiner, Heinrich. Komponist.

* 27. 11. 1903 Öhringen. 1930 NSDAP (Nr. 359750), Leiter des NSDAP-Orchesters Berlin,   NS-Betriebszellen-Organisation (die NSBO verstand sich als die »SA der Betriebe«). 1932 Kapellmeister in Lübeck. 1934 Kapellmeister am Reichsrundfunk Berlin. 1935 Komposition *Flieg, deutsche Fahne, flieg!* Refrain: »Die Fahne hoch, marschiert!/Voran! Der Führer führt./Mit unsern Fahnen ist der Sieg,/flieg, deutsche Fahne, flieg!« Goebbels am 17. 8. 1935 im Tagebuch: Funkausstellung eröffnet … Herrliches neues Lied ›Flieg, deutsche Fahne, flieg!‹ Ein Wurf.« 1939 Operndirektor am Landestheater Oldenburg. 1947 Generalmusikdirektor (GMD) der Nordwestdeutschen Philharmoniker in Bad Pyrmont. 1951 GMD und Intendant der Städtischen Bühnen Flensburg. † 13. 10. 1982 ebenda. Q.: Gillum; Musiker-Kürschner; Prieberg, Handbuch.

Steinhoff, Hans. Der »linientreueste Regisseur des NS-Films« (Wistrich).

* 10. 3. 1882 Pfaffenhofen bei München. Hauptreferent der Reichsjugendführung für das Filmwesen. In der NS-Zeit Regie zu 20 Filmen, darunter 1933 der erste wirkliche Nazi-Film (Courtade) *Hitlerjunge Quex*, Untertitel: *Ein Film vom Opfergeist der deutschen Jugend.* Uraufführung September 1933 in Anwesenheit von Hitler und Baldur von Schirach. Protegiert von Schirach, der für den Film eigens das HJ-Lied *Unsere Fahne flattert uns voran* schrieb. 1935 Unterwerfungs-Lehrstück *Der alte und der junge König*, Erwin Leiser: »Wenn der Preußenkönig den Leutnant Katte enthaupten läßt … handelt er wie Hitler als ›oberster Gerichtsherr‹ nach der angeblichen Meuterei Röhms.« 1939 teutonischer Geniefilm *Robert Koch*, Leiser: »Koch ist ein Führer, der den absoluten Glauben an seine Sendung fordert.« 1940 Blut-und-Boden-Drama *Die Geierwally*, Goebbels' Renommierblatt *Das Reich* am 29. 9. 1940: »Ein Abgleiten ins Opernhafte«. Am 4. 4. 1941 Uraufführung seines antibritischen Hetzfilms *Ohm Krüger* mit der

NS-Lüge, die KZs seien eine britische Erfindung. Angesiedelt in Südafrika, Gegensatz fromme Buren – böse Engländer. Courtade: »Frauen und Kinder der Buren werden in Konzentrationslager verschleppt. Der Lagerkommandant, ein feiger, hochnäsiger Schweinekerl, weigert sich, die Verpflegung im Lazarett zu verbessern, füttert aber seinen Hund mit Schinkenstückchen.« Laut Goebbels »ein Film zum Rasendwerden«. Höchstprädikat: *Film der Nation* und *Staatspolitisch und künstlerisch besonders wertvoll, kulturell wertvoll, volkstümlich wertvoll, volksbildend, jugendwert.* † 20. 4. 1945 Flugzeugabsturz bei Luckenwalde, als er nach Spanien fliehen wollte.

Steinkopf, Hans. Kapellmeister und Musikbearbeiter.

* 17. 1. 1901 Darmstadt. In Rosenbergs *Kampfbund für deutsche Kultur.* 1931 NSDAP (Nr. 813500). Arrangierte Norbert Schultzes Propagandalied *Bomben auf Engeland* und Parduns Kampflied *Volk ans Gewehr!* Vierte Strophe: »Jugend und Alter, Mann für Mann,/umklammern das Hakenkreuzbanner./Ob Bürger, ob Bauer, ob Arbeitsmann:/sie schwingen das Schwert und den Hammer/für Hitler, für Freiheit, für Arbeit und Brot;/Deutschland erwache! Juda den Tod!« Steinkopfs Lied *Das Meer ist unsere Liebe* erklang laut *Film-Kurier* (vom 3. 7. 1942) in der Kriegswochenschau immer dann, »wenn unsere Kriegsmarine am Feind ist«. † 8. 3. 1972 Las Palmas, Kanarische Inseln.

Stellrecht, Helmut. Stabsleiter beim *Beauftragten des Führers für die Überwachung der gesamten geistigen und weltanschaulichen Schulung der NSDAP*, Amt Rosenberg (1941).

* 21. 12. 1898 Wangen. Maschinenbau-Ingenieur. 1931 NSDAP (Nr. 469220). *Führerlexikon*: »Seit 1921 in der völkischen Bewegung; Begründer des Hochschulrings deutscher Art in Stuttgart; seit dem Kriege 7mal Freikorps (Ruhrfeldzug); seit 1923 bayerischer Wehrverband Reichsflagge.« 1933 HJ-Obergebietsführer im Stab der

Reichsjugendführung, MdR. 1939 SS, Brigadeführer (1943). Autor von Werken wie *Glauben und Handeln* (1938) oder *Neue Erziehung* (1942). 1945 bei der Regierung Dönitz. 1952 Mitbegründer der Arbeitsgemeinschaft nationaler Gruppen, Versuch, die nationale Rechte zu sammeln. Ab 1960 Textilkaufmann in Bad Boll. † 23. 6. 1987 ebenda. Lit.: Buddrus; Lilla.

Stelzer, Hannes. Schauspieler.
* 20. 6. 1910 Graz. Zwischen 1936 und 1943 in 19 Filmen, darunter 1937 Harlans Hitlerhuldigung *Der Herrscher* sowie *Unternehmen Michael*, eine Glorifizierung sinnlosen Sterbens (Kreimeier). 1941 Titelrolle im Hetzfilm *Über alles in der Welt*, in der Sturzkampfflieger-Hymne *Stukas* Rolle eines depressiven Staffelkapitäns, der zur Genesung zu den Bayreuther Festspielen geschickt wird und sich danach auf seinen Stuka-Einsatz gegen England freut. 1943 in *Besatzung Dora* über Heldentaten der Luftwaffe (infolge des Kriegsverlaufs nicht im Kino). Seit 1940 verheiratet mit Maria Bard. † Kriegstod 27. 12. 1944 bei der Luftwaffe.

Stemmle, Robert Adolf. Regisseur und Drehbuchautor.
* 10. 6. 1903 Magdeburg. 1930 Chefdramaturg der Tobis-Filmgesellschaft. Laut Ebermayer Mitarbeiter des Reichspropagandaministeriums. Zwischen 1934 und 1945 Regie zu 20 Filmen, darunter 1936 der NS-Erziehungsfilm *Traumulus* (Goebbels-Höchstprädikat: *Nationaler Filmpreis*), 1938 *Am seidenen Faden*, eine filmische Denunziation des angeblich »jüdischen Schieberkapitals« (Kreimeier), 1939 Reichsautobahn-Film *Mann für Mann*. 1941 Drehbuch zu *Quax, der Bruchpilot*, Regie und Drehbuch zum HJ-Film *Jungens* (Staatsauftragsfilm). 1948/49 Drehbücher zu den DEFA-Filmen *Affäre Blum* und *Der Biberpelz*. Filme wie *Sündige Grenze* (1951) oder *Toxi* (1952). 1958 Roman *Ich war ein kleiner PG* [Parteigenosse]. In den 60er Jahren Drehbücher zu Edgar-Wallace- und Karl-May-Filmen. 1973 *Filmband in Gold* für langjähriges und hervorragendes Wirken im deutschen Film. † 24. 2. 1974 Baden-Baden.

Stengel, Karl Theophil. Musikwissenschaftler. Bearbeiter des NS-Hetzwerks *Lexikon der Juden in der Musik*.
* 12. 7. 1905 Bodersweier, Kreis Offenburg, Sohn eines Pfarrers. 1931 NSDAP (Nr. 738803). Ab 1935 in der Reichsmusikkammer, zunächst in der Rechtsabteilung, später Referent des Abstammungsnachweises (Berufsverbote). Mitherausgeber des *Lexikons der Juden in der Musik* im Verlag Bernhard Hahnefeld. Bibliographische Angabe: *Veröffentlichungen des Instituts der NSDAP zur Erforschung der Judenfrage* Frankfurt a. M. *Band 2*. Laut Gerigk leistete er die Hauptarbeit zum Lexikon. Das Stigmatisierungswerk »zur Ausmerzung alles Fremdländischen« erreichte bis 1943 vier aktualisierte Auflagen. Vorwort: »Die Reinigung unseres Kultur- und damit auch unseres Musiklebens von allen jüdischen Elementen ist erfolgt.« 1941 (bis 1944) Wehrmacht, Angehöriger verschiedener Einheiten der Sicherungstruppen. 1941/1942 im Stab Feldgendarmerie-Ersatzabteilung, vom 1. November 1942 bis Mai 1943 in Litzmannstadt/Lodz. Danach in Griechenland, Mai 1944 Unteroffizier der Feldgendarmerie (WASt). Stengel August 1942 im Beitrag *Die Juden in der Musik* in der Zeitschrift *Die Volksmusik*: »Obwohl wir nunmehr bereits im 10. Jahre der nationalsozialistischen Machtübernahme stehen und seitens der zuständigen Stellen immer und immer wieder auf die allgemeine zersetzende Gefahr des Judentums hingewiesen wird und zudem feststeht, daß der Krieg, den das nationalsozialistische Deutschland jetzt um seinen Bestand führt, von dem Weltjudentum heraufbeschworen worden ist, kann man zuweilen die Beobachtung machen, daß eine restlose Ausmerzung der jüdischen Musik immer noch nicht erfolgt ist.« 1946 kurz in US-Internierung. Musiklehrer, Wohnort Heiligkreuzsteinach bei Heidelberg. † 9. 10. 1995 Brühl. Lit.: Weissweiler.

Stephan, Werner. Ministerialrat im Reichspropagandaministerium.

* 15. 8. 1895 Altona. 1922 Reichsgeschäftsführer der *Deutschen Demokratischen Partei*. Im Dritten Reich Chef des Referats Inlandspresse I im Reichspropagandaministerium. 1938 NSDAP, zusätzlich Referent von Reichspressechef Otto Dietrich. Im Krieg zusätzlich beim OKW *Fachprüfer Presse* in der Propaganda-Ersatzabteilung, zuständig für die Propaganda-Kompanien. Dienst im Goebbels-Ministerium in der Uniform eines Oberleutnants der Infanterie. Nach 1945 Bundesgeschäftsführer der FDP und Geschäftsführer der Friedrich-Naumann-Stiftung. Im Entnazifizierungsverfahren setzte sich unter anderem Theodor Heuss für ihn ein. 1949 Autor: *Joseph Goebbels. Dämon einer Diktatur*. 1983: *Acht Jahrzehnte erlebtes Deutschland. Ein Liberaler in vier Epochen* (Düsseldorf 1983), S. 323 Bekenntnis, »daß ich alle furchtbaren Dinge wußte und dennoch blieb … weil ich mich als Deutscher fühlte und das Land nicht verlassen wollte«. † 1984. Lit.: Goebbels-Tagebücher; Härtel.

Stephani, Hermann. Musikwissenschaftler.

* 23. 6. 1877 Grimma in Sachsen. 1927 ao. Professor der Universität Marburg. 1933 *Förderndes Mitglied SS*, NS-Lehrerbund (Nagel). 1937 NSDAP. NS-Gebrauchsmusik, Opus 60: *Gebet für den Führer*, Opus 64: *Dem Führer*, Opus 66: *Sieg Heil*. »Entjudete« 1940 das Libretto von Händels *Judas Maccabäus*, neuer Titel: *Der Feldherr*. † 3. 12. 1960 Marburg. Lit.: Fetthauer; Jahn; Prieberg.

Stephani, Martin. Dirigent des Musikkorps des SS-Führungshauptamt (FHA).

* 2. 11. 1915 Eisleben, Sohn von Hermann Stephani. Dirigent des Kammerorchesters der Musikhochschule Berlin. 1934 HJ, NS-Kraftfahrkorps, SS (Nr. 434516), 1943 Obersturmführer im FHA. Unter anderem 1951 Generalmusikdirektor in Wuppertal, 1959 Direktor der Musikakademie in Detmold, 1970 Leiter des Landesjugendorchesters Nordrhein-Westfalen. † 9. 6. 1983 Detmold.

Steppes, Edmund. Auf der *Gottbegnadeten-Liste* (Führerliste) der wichtigsten Maler des NS-Staates.

* 11. 7. 1873 Burghausen bei Deggendorf. Bevorzugter Malort: der oberbayerische Staffelsee. Hitler kaufte 1938 sein Bild *Jurabach im Frühlingsschmuck* für 10 000 Mark. Auf den Großen Deutschen Kunstausstellungen im Münchner NS-Musentempel *Haus der Deutschen Kunst* mit insgesamt 24 Objekten (1939: *Herbstmorgen am Staffelsee*). NS-Ehrung: 1943 *Goethe-Medaille* für Kunst und Wissenschaft. † 9. 12. 1968 Deggendorf.

Sterk, Wilhelm. Bühnenautor.

* 28. 6. 1880 Budapest. Autor von Operettenlibretti und für Kleinkunstbühnen. † Am 5. 1. 1943 Deportation nach Theresienstadt, am 9. 10. 1944 nach Auschwitz.

Stern, Hans G. Violoncellist.

* 4. 12. 1918 Frankfurt am Main. Laut Prieberg interniert im KZ Buchenwald. Im Verzeichnis der März 1942 vom KZ in die Vergasungsanstalt Bernburg überstellten Häftlinge als Günther Stern mit Häftlings-Nr. 5015 aufgeführt. Es handelt sich um einen jener Häftlinge, die in Buchenwald von T4-Ärzten »ausgemustert« (NS-Terminologie) und in der Gaskammer der T4-Anstalt Bernburg nach der Ankunft ermordet wurden.

Sternberger, Dolf (Adolf). Publizist.

* 28. 7. 1907 Wiesbaden. Dr. phil. 1934 bis zum Verbot August 1943 Redakteur der *Frankfurter Zeitung*. Mit einer »Jüdin« verheiratet. 1945 (bis 1949) Mitherausgeber der Zeitschrift *Die Wandlung*. Thomas Mann am 19. 3. 1946 an Sternberger: »Es ist das Beste, Eindeutigste, moralisch Mutigste, was mir aus dem neuen Deutschland … bisher vor Augen gekommen ist.« 1950 (bis 1958) Mitherausgeber der Zeitschrift *Die Gegenwart*. 1962–1974 Ordinarius für politische Wissenschaft in Heidelberg. Ständiger Mitarbeiter der FAZ. 1964–1970 Präsident des PEN-Zentrums. † 27. 7. 1989 Frankfurt am Main.

Sterneder, Hans. Völkischer Schriftsteller.
* 7. 2. 1889 Eggendorf in Niederösterreich. Lehrer. 1921 Erstlingswerk *Der
Bauernstudent*. 1925 Epos: *Der Sang des
Ewigen*. 1938 Roman *Der Edelen Not*,
Goebbels nach der Lektüre am 17. 4. 1938
im Tagebuch:»Der Mann kann was.« 1964
Roman *Heimkehr in die Heimat*. † 24. 3.
1981 Bregenz.

Sternheim, Carl. Schriftsteller.
* 1. 4. 1878 Leipzig, Sohn eines jüdischen
Bankiers. Bekannte Komödien: *Die Hose*
(1911) sowie *Bürger Schippel* (1913). Laut
Zuckmayers Erinnerungen liebte er es, »in
der Attitüde und im Tonfall eines preußischen Junkers zu agitieren«. Wohnort
München, ab 1912 vorwiegend in Belgien.
1933 Verbot seiner Bücher. Seine Erinnerungen *Vorkriegseuropa im Gleichnis meines Lebens* erschien 1936 in Amsterdam.
† Suizid 3. 11. 1942 Brüssel. Sein Sohn
Klaus (geb. 1908) beging 1946 in Mexico-
City Suizid, seine Tochter Dorothea (geb.
1905) starb 1954 in Paris an den Folgen
von Haft und Folterungen im KZ Ravensbrück.

Stiassny, Rudolf. Bühnenschauspieler und
Filmregisseur.
* 30. 6. 1883 Weidlingau. Unter anderem
am Berliner Residenz-Theater. April 1939
als Jude Flucht von Wien nach Frankreich.
† Am 2. 3. 1943 Deportation von Drancy
nach Auschwitz. Q.: Weniger, Bühne.

Stieber, Hans. Komponist.
* 1. 3. 1886 Naumburg. Chorleiter in
Hannover und Leipzig. 1936 Kantate *Der
deutschen Arbeit Feiertag*, Vertonung des
Textes: »Dem Führer Heil! Ihm gilt der
Dank/der Arbeitsmillionen!/Sein Wille
hat das Volk geeint,/so weit nur Deutsche
wohnen.« 1948–1955 Professor für Komposition der Musikhochschule Halle.
† 18. 10. 1969 Halle. Lit.: Jahn; Moser;
Prieberg.

Stiebner, Hans. Auf der *Gottbegnadeten-
Liste* der Schauspieler, die für die Filmproduktion benötigt werden.
* 19. 11. 1898 Vetschau. Ab 1932 an Berliner Bühnen. 1934 im »Kulturfilm« *Alt-

germanische Bauernkultur*, im Auftrag des
Reichsbauernführers mit SA gedreht (erst
1939 die Zensur passiert). 1937 in Harlans
Hitlerhuldigung *Der Herrscher*, 1939 im
antisemitischen Film *Robert und Bertram*
und in den Hetzfilmen *Die Rothschilds*,
Ohm Krüger (1940) sowie Staatsauftragsfilm *GPU* (1942). 1943 im Käutner-Melodram *Romanze in Moll*. Nach 1945 Filme
wie *Liebe im Finanzamt* (1952). 1957 letzter Film: *Lilli – ein Mädchen aus der Großstadt*. † 27. 3. 1958 Baden-Baden. Nachruf
Deutsches Bühnen-Jahrbuch: »Immer gab
der knapp mittelgroße, aber schwerge-
wichtige Mann ... eine runde Charakter-
skizze.«

Stier, Friedrich. Leiter des Verwaltungs-
ausschusses der Schiller-Nationalausgabe
(1941–1959).
* 12. 9. 1886 Buttstädt bei Weimar, Sohn
eines Schulrats. Jurist. 1931 (bis 1945) Leiter der Abteilung Wissenschaft im Thüringischen Volksbildungsministerium und
Lehrbeauftrager für Bauern- und Boden-
recht an der Universität Jena. 1933
NSDAP, Ministerialrat. 1945 Pensionierung als Beamter. Ab 1949 Geschäftsführer der Deutschen Schillergesellschaft der
DDR. 1958 Übersiedlung in BRD. † 14. 4.
1966 Köln. Lit.: Grüttner.

Stilz, Philipp. Obermusiklehrer.
* 5. 6. 1877 Conz bei Trier. Komponist
und Chorleiter in Saarbrücken. NS-Gebrauchsmusik, so 1934 das Bekenntnislied
Ich bin ein Hitlerjunge, Textprobe: »Ich will
wie unser Führer/schlicht und bescheiden
sein/und meine ganze Liebe/dem Vaterlande weihn.« † 22. 11. 1961 Saarbrücken.

Stobrawa, Renée. Schauspielerin und Regisseurin.
* 13. 10. 1897 Dresden. 1928 (bis 1933) in
der linken *Gruppe junger Schauspieler*. Dezember 1928 Sensationserfolg mit *Revolte
im Erziehungshaus* am Berliner Thalia-
Theater. Von Zuckmayer zur Kategorie
»Nazis, Anschmeißer, Nutznießer, Kreaturen« gerechnet. 1934 im Kolonialfilm
Die Reiter von Deutsch-Ostafrika. Goebbels
am 11. 1. 1936 im Tagebuch: »Frl. Stobra-

wa will ich eine Rolle verschaffen.« Am 29.1.1936: »Frl. Stobrawa trägt mir Märchenfilm-Stoffe vor.« Verheiratet mit Fritz Genschow. 1938 in der Kleinstadtposse *Der Maulkorb*, 1939 im NS-Film *Der Stammbaum des Dr. Pistorius* (mit Aufmärschen der Hitlerjugend), 1941 Napola-Propaganda *Kopf hoch, Johannes!* Juli 1944 Durchhaltefilm *Die Degenhardts*. Nach 1945 mit ihrem Mann Gründerin des ersten Kindertheaters (Kinder- und Märchenbühne Genschow-Stobrawa-Theater). † 16.8.1971 Tegernsee.

Stock, Werner. Auf der *Gottbegnadeten-Liste* der Schauspieler, die für die Filmproduktion benötigt werden.
* 20.10.1903 Sangerhausen. Nebenrollen in den NS-Filmen *Menschen ohne Vaterland* (1937), *Pour le mérite* (1939) und *Ohm Krüger* (1941). Nach 1945 zeitweilig Intendant in Schwerin. Filme: 1952 *Wenn abends die Heide träumt*, 1958 Harlan-Film *Es war die erste Liebe*, 1959 Freddy-Quinn-Film *Freddy, die Gitarre und das Meer*. † 30.4.1972. Nachruf *Deutsches Bühnen-Jahrbuch*: »Prägnante Schauspielkunst.«

Stöckel, Joe (Joseph). Auf der *Gottbegnadeten-Liste* der Schauspieler, die für die Filmproduktion benötigt werden.
* 27.9.1894 München. Bayerischer Volksschauspieler, ursprünglich Operettenkomiker. In der NS-Zeit 31 Filme. 1933 Drehbuch und Darsteller im Propagandastreifen *SA-Mann Brand*. 1940 Regie und Hauptdarsteller im Filmlustspiel *Das sündige Dorf*. 1942 Filmschwank *Der verkaufte Großvater*. Goebbels-Kommentar, laut seinem Persönlichen Pressereferenten von Oven: »Stöckel kann seine säuischen Filme am laufenden Band herstellen, weil er ein Freund und Saufkumpan von Schaub [SS-Obergruppenführer Julius Schaub, Persönlicher Adjutant Hitlers] ist, der diese Art von Filmen ›so lustig‹ findet und ihnen beim Führer Generalpardon erwirkt hat.« Insgesamt in etwa 170 Filmen, darunter *Zwei Bayern in St. Pauli* (1956), *Zwei Bayern im Urwald* sowie *Zwei*

Bayern im Harem (1957). † 14.6.1959 München. Nachruf *Deutsches Bühnen-Jahrbuch*: »Deftig und urwüchsig.«

Stöckel, Otto. Auf der *Gottbegnadeten-Liste* der Schauspieler, die für die Filmproduktion benötigt werden.
* 6.8.1873 in einem kleinen Ort in Thüringen (DBJ). Mit einer »Halbjüdin« verheiratet (Rathkolb). 1933 bis zum Tode Charakterschauspieler an Berliner Bühnen. † 17.11.1958 Berlin. Nachruf *Deutsches Bühnen-Jahrbuch*: »Immer spielfreudiger und probeneifriger Künstler.«

Stoecker, Adolf. Antisemitischer Vordenker.
* 11.12.1835 Halberstadt. † 7.2.1909 Gries bei Bozen. Hof- und Domprediger in Berlin. 1881 erstmals MdR, Führer des äußersten rechten Flügels der *Deutschkonservativen Partei*. Stoecker: »Die Erneuerung des Geistes der Christenheit, in der ein verdorbenes Judentum seine finanziell und geistig verderbliche, religionsfeindlich und unsittlich wirkende Macht offenbart, ist unmöglich ohne den Kampf gegen das Judentum, – selbstverständlich ein Kampf des Geistes, der Gesetzgebung, der Verwaltung, der christlich-nationalen Agitation, der inneren Besinnung, kein Kampf der Gewalttat oder der Lästerung.« Lit.: Eckart.

Stöger, Alfred. Regisseur.
* 21.7.1900 Möllersdorf in Niederösterreich. 1926 Oberspielleiter in Kiel. Ab 1936 Filmregisseur. 1942 Unterhaltungsfilm *So ein Früchtchen*, produzierte im selben Jahr die antisemitischen »Kulturfilme« *Genosse Edelstein* und *Das Waldarbeitslager*. Nach 1945 Produzent in Wien, Dokumentationen und Inszenierungen des Burgtheaters. † 12.7.1962 Wien.

Stölting, Wilhelm. Leiter des Zeitschriftenreferats im Hauptamt Schrifttum beim *Beauftragten des Führers für die Überwachung der gesamten geistigen und weltanschaulichen Schulung und Erziehung der NSDAP* (Amt Rosenberg).
* 25.3.1903 Kiel. Dr. phil. April 1930 NSDAP (Nr. 216794). 1942 im volkskund-

lichen Mitteilungsblatt *Die Kunde* über *Das Christentum als totalitäre Weltanschauung*: »Das Christentum als totalitäre Weltanschauung versuchte mit allen Mitteln der Gewalt und Überzeugung, zuletzt mit der Waffe der ›Gleichschaltung‹, die überkommene germanische Glaubenshaltung zu brechen … In neuerer Zeit erst haben wir erkannt, daß die gleichbleibende rassische Substanz unseres Volkes es zu Neuschöpfungen befähigte, die in Sinn und Form unverkennbar dem Altgut zuzuordnen sind.« Nach 1945 Leiter des Stadtarchivs in Bremerhaven. 1955 Gedichte: *Opfergang und Auferstehen*. Ehrenmitglied der Deutschen Pestalozzi-Gesellschaft. † 28. 6. 1979 Bremerhaven. Q.: Poliakov, Denker.

Stöppler, Wilhelm. Regisseur.
* 9. 5. 1888 Köln, Sohn eines Telegraphen-Sekretärs. Schriftleiter, Heimatschriftsteller, Drehbuchautor für die Terra-Film AG (Lebenslauf). April 1933 NSDAP, Nr. 1 773508. 1934 Regieassistent beim National- und Führerdrama *Wilhelm Tell* sowie Dramaturg beim Kolonialfilm *Die Reiter von Deutsch-Ostafrika*. 1939 Regie zum Tobis-Film *Sieg über Versailles*. April 1940 Drehbuch zu Görings Auftragsfilm *Feuertaufe* zur Rechtfertigung des Überfalls auf Polen, mit Görings Schlußwort: »Und was die Luftwaffe in Polen versprochen hat, wird diese Luftwaffe in England und Frankreich halten.« Im Film das von Stöppler getextete Lied *Bomben auf Engeland*, 2. Strophe: »Wir stellen den britischen Löwen/zum letzten entscheidenden Schlag./Wir halten Gericht. Ein Weltreich zerbricht./Das ist unser stolzester Tag.« Refrain: »Kamerad! Kamerad! Alle Mädels müssen warten!/Kamerad! Kamerad! Der Befehl ist da, wir starten!/Kamerad! Kamerad! Die Losung ist bekannt:/Ran an den Feind, ran an den Feind!/Bomben auf Engeland.« 1940 (bis 1942) Produzent und Regisseur des im Auftrag des OKW gedrehten Luftwaffen-Films *Front am Himmel*. 1941 Herstellungsleiter beim Werbefilm für Görings Kriegsfliegerei, Ti-

tel *Himmelsstürmer*. 1942 Produzent des OKW-Fallschirmjäger-Opus *Sprung in den Feind*. Stöppler arbeitete für die Tobis-Filmkunst ab Sommer 1940 am Euthanasiefilm *G.K.* (Geisteskranke) der Berliner Krankenmordzentrale T4. Laut Aussage der Nervenärztin Fauser im Grafeneck-Prozeß wurden in der Vergasungsanstalt Grafeneck »eine Anzahl besonders markanter Fälle von Idioten« von der Ermordung zurückgestellt, damit sie von der Tobis gefilmt werden konnten. Stöppler erstellte Anfang 1941 einen Dispositionsplan (»dessen Aufnahmepensum als erledigt anzusehen ist«), wonach er den Krankenmordfilm parallel zu einem Film *Luftwaffe Westen* (sic) produzierte. Der Euthanasiefilm zeigte die Ermordung von Kranken in der Vergasungsanstalt Sonnenstein. 1953 Produzent eines Dokumentarfilms über die Himalaja-Expedition *Nanga Parbat*. Q.: BDC. Lit.: Drewniak, Film; Giesen; Gillum; Klee, Euthanasie; Krieg und Militär im Film.

Stoffregen, Götz Otto. Rundfunkintendant, SA-Sturmbannführer, Reichskultursenator.
* 11. 2. 1896 Wunstorf. Offizier im I. Weltkrieg, *Freikorps*. 1924 Redakteur der *Ostpreußischen Zeitung*. Goebbels am 15. 8. 1929 im Tagebuch: »Er ist mir zu affektiert.« 1932 NSDAP. 1933 SA, Intendant des Deutschlandsenders. April 1933 auf Vorschlag des *Kampfbunds für deutsche Kultur* Aufnahme in den gleichgeschalteten (und Januar 1935 liquidierten) deutschen PEN-Club. Reichsführer des Reichsverbands Deutscher Schriftsteller (Juni 1933 als Fachverband in der Reichsschrifttumskammer gegründet und Oktober 1935 ebenda aufgegangen). Vorstandsmitglied der *Deutschen Bühne*, der einzigen staatlich anerkannten Theaterbesucher-Organisation. 1935 Präsidialrat der Reichsrundfunkkammer (nach Kriegsbeginn aufgelöst, Aufgaben von der Reichsrundfunkgesellschaft übernommen). Landesleiter der Reichsschrifttumskammer Gau Groß-Berlin, Vorsitzender des *Berufs-*

standes Deutscher Textdichter. 1936 Drehbuch zum Staatsauftragsfilm *Soldaten – Kameraden.* 1937 Intendant des Berliner Reichssenders, Mitglied des Kulturkreises der SA. Verantwortlich für die *Wunschkonzerte für die Wehrmacht,* Goebbels' Radiosendung zwecks Hebung der Truppenmoral und Leidensbereitschaft der Heimatfront. Nach 1945 Wohnort Potsdam. † 11. 11. 1953 Gronau. Lit.: Barbian.

Stolberg, Wolff-Heinrich 3. Fürst und Graf zu.
* 28. 4. 1903 Rottleberode. Genealogisches Handbuch: Fürst und Graf zu Königstein, Rochefort, Wernigerode und Hohenstein, Herr zu Eppstein, Münzenberg, Breuberg, Agimont, Lohra und Clettenberg. Laut *Aufstellung derjenigen Parteigenossen, die Angehörige fürstlicher Häuser sind*: 1. 5. 1933 NSDAP, Nr. 1 888358, Gau Halle-Merseburg. † 2. 1. 1972 Neuwied.

Stolberg-Rossla, Christoph Martin 3. Fürst zu.
* 1. 4. 1888 Roßla. Besitzer der Standesherrschaften Roßla, Kreis Sangershausen, und Ortenberg in Oberhessen. Königlich preußischer Rittmeister. Rechtsritter des Johanniterordens. Laut *Aufstellung derjenigen Parteigenossen, die Angehörige fürstlicher Häuser sind*: 1. 5. 1937 NSDAP, Nr. 4 338904, Gau Halle-Merseburg. † 27. 2. 1949 Ortenberg.

Stolberg-Rossla, Heinrich-Botho Erbprinz zu.
* 13. 12. 1914 Potsdam. Mitherr auf Ortenberg in Oberhessen. Laut *Aufstellung derjenigen Parteigenossen, die Angehörige fürstlicher Häuser sind*: 1. 5. 1937 NSDAP, Nr. 4 342482, Gau Halle-Merseburg. † 7. 3. 1974 Bad Homburg.

Stolberg-Wernigerode, Magdalene Gräfin zu.
* 5. 5. 1875 Rohrlach. Laut *Aufstellung derjenigen Parteigenossen, die Angehörige fürstlicher Häuser sind*: 1. 5. 1937 NSDAP, Nr. 5 519716, Gau Magdeburg-Anhalt. Äbtissin des Klosters Drübeck (Genealogisches Handbuch). † 14. 10. 1955 Wernigerode.

Stoll, Erich. Chefkameramann der Deutschen Wochenschau GmbH.
* 10. 5. 1896 Argenau. 1934/35 Kameraassistent bei Riefenstahls *Triumph des Willens,* »hergestellt im Auftrag des Führers«. Mit Kriegsbeginn 1939 bei diversen Propaganda-Kompanien, 1940 Sonderführer. Mitarbeit am Haßfilm *Der ewige Jude,* mit Aufnahmen aus dem Ghetto Lodz und einem Kommentar, der Juden Ratten gleichsetzt (1940). Kamera bei den Verhandlungen vor dem Volksgerichtshof gegen die Attentäter des 20. Juli 1944. Nach 1945 erneut für deutsche Wochenschauen tätig. 1966 *Ehrenmedaille der Filmwirtschaft.* † 21. 9. 1977 Hamburg.

Stolz, Hilde von, eigentlich Helen Steels. Schauspielerin.
* 8. 7. 1903 Klausenburg (Siebenbürgen). An den Kammerspielen Wien. Zwischen 1933 und 1945 in 39 Filmen, darunter 1937 der antibritische Zarah-Leander-Film *Zu neuen Ufern.* In NS-Filmen wie *Jud Süß, Der große König, Fronttheater.* 1947 im DEFA-Film *Ehe im Schatten* über den Schauspieler Gottschalk, von Goebbels wegen seiner jüdischen Ehefrau in den Suizid getrieben. Filme wie *Und ewig bleibt die Liebe* (1954) oder *Die Trapp-Familie* (1956). 1958 im Harlan-Film *Es war die erste Liebe.* † 16. 12. 1973 Berlin.

Stolz, Robert. Komponist.
* 25. 8. 1880 Graz. Etwa 100 Filmmusiken, 27 Operetten und 2000 Lieder, die bekanntesten: *Die ganze Welt ist himmelblau* sowie *Im Prater blühn wieder die Bäume.* Als Filmkomponist 1930 größter Erfolg mit *Zwei Herzen im Dreivierteltakt,* weiterhin: *Was Frauen träumen* (1933), *Mein Herz ruft nach Dir* (1934), *Ich liebe alle Frauen* (1935), *Ungeküßt soll man nicht schlafen geh'n* (1936), *Zauber der Bohème* (1937). Januar 1938 Filmmusik zu *Musik für Dich.* Des öfteren fälschlich als »Jude« bezeichnet und wegen seiner jüdischen Librettisten angegriffen. März 1938, nach der Besetzung Österreichs, Wechsel nach Frankreich, ab 1940 USA. Zwei Oscar-Nominierungen (Weniger) für Holly-

woodfilme. 1946 Rückkehr nach Wien. 1947 Titel Professor. 1969 *Filmband in Gold* für langjähriges und hervorragendes Wirken im deutschen Film. † 27.6.1975 Berlin.

Storch, Karl, der Ältere. Auf der *Gottbegnadeten-Liste* (Führerliste) der wichtigsten Maler des NS-Staates. * 28.1.1864 Bad Segeberg. Wohnort Königsberg. Auf den Großen Deutschen Kunstausstellungen 1939 und 1941 im Münchner NS-Musentempel *Haus der Deutschen Kunst*. NS-Ehrung: Januar 1944 auf Betreiben von Gauleiter Koch *Goethe-Medaille* für Kunst und Wissenschaft. Käufer seiner Bilder: Ley und Hitler. 1954 *Bundesverdienstkreuz*. † 11.2.1954 Bad Segeberg.

Strachwitz, Alfred Graf von. * 8.8.1898 Schimischow. Genealogisches Handbuch: auf Rosmierka-Kadlub, Oberschlesien. Großkreuz des Malteser-Ritter-Ordens. Laut *Aufstellung derjenigen Parteigenossen, die Angehörige fürstlicher Häuser sind*: 1.12.1931 NSDAP, Nr. 875539, Gau Oberschlesien. Oberstleutnant der Reserve. † 1.10.1979 Bruchsal.

Strachwitz, Ernestine (Erna) Gräfin von. * 12.7.1876 Puschine als Grafentochter. Laut *Aufstellung derjenigen Parteigenossen, die Angehörige fürstlicher Häuser sind*: 1.4.1933 NSDAP, Nr. 1 684727, Gau Oberschlesien. † 18.3.1957 Corvey.

Strachwitz, Gabriele Gräfin von. * 3.5.1902 Frohnau, Kreis Brieg. 1920 Heirat mit Graf Alfred. Laut *Aufstellung derjenigen Parteigenossen, die Angehörige fürstlicher Häuser sind*: 1.5.1932 NSDAP, Nr. 1 076347, Gau Oberschlesien. Nach 1945 Wohnort München.

Strachwitz, Hyacinth Graf von. SS-Standartenführer (1943). * 30.7.1893 Groß-Stein in Oberschlesien. Genealogisches Handbuch: Schlesischer Uradel, Ehrenritter des Malteser-Ritter-Ordens. Laut *Aufstellung derjenigen Parteigenossen, die Angehörige fürstlicher Häuser sind*: 1.12.1932 NSDAP, Nr. 1 405652, Gau Oberschlesien. SS-Nr. 82857. Im Persönlichen Stab Reichsführer-SS. Im II. Weltkrieg Höherer Panzerführer, Generalleutnant der Reserve (1945). Nach 1945 zunächst Berater in Syrien, 1951 BRD. † 25.4.1968 Trostberg in Oberbayern.

Strassni. Fritz. Burgschauspieler. * 14.12.1868 Wien. Ab 1909 am Wiener Burgtheater, Kammerschauspieler. Nach der Besetzung Österreichs sofort entlassen. † 14.9.1942 Ghettolager Theresienstadt.

Straub, Agnes. Schauspielerin. * 2.4.1890 München. An Berliner Bühnen. Unter anderem 1936 im Film *Fridericus* und 1937 im Propagandastreifen *Weiße Sklaven* (gegen marxistische Volksmörder). Beurteilung Dienststelle Rosenberg: früher Interpretin der Rosa Luxemburg, »Gattin des Juden Reuss« (der Schauspieler Leo Reuss emigrierte in die USA und starb 1946 in Manila). Ab 1938 durch Autounfall beeinträchtigt. † 8.7.1941 Berlin.

Straube, Karl. Thomaskantor. * 6.1.1873 Berlin. 1902 (bis 1939) Thomaskantor in Leipzig. 1908 Professor am Leipziger Konservatorium. 1919 (bis 1941) Leiter des kirchenmusikalischen Instituts am Konservatorium. Laut Prieberg NSDAP erstmals 1926 (Nr. 27070), erneut Mai 1933. August 1933 in der Zeitschrift *Die Musik*: »Wir bekennen uns zur volkhaften Grundlage aller Kirchenmusik.« Oktober 1933 Ehrenvorstand des *Reichsamts für Kirchenmusik der Evangelischen Kirche* des NS-Reichsbischofs Ludwig Müller. 1937 im Rahmen der Reichsmusiktage der HJ in Stuttgart Überführung des Thomanerchors in die HJ (*Thomanerchor der Hitlerjugend*), Auftritte in HJ-Uniform. Die *Völkische Musikerziehung* dazu: »Obergebietsführer Cerff – der Leiter des Kulturamts der HJ – sagte in seiner Ansprache, die Übernahme sei nicht gleichzusetzen mit einer nachträglichen Gleichschaltung, denn die Thomanerschule sei schon lange vor der Machtübernahme von nationalsozialistischem Geist erfüllt gewesen und ihre Lehrer und Schüler hätten sich bemüht, schon in jener Zeit der neuen Weltanschauung gerecht zu werden.« † 27.4. 1950 Leipzig. Lit.: Prieberg, Handbuch; Wulf, Musik.

Straus, Oscar (Nathan), eigentlich Strauss. Komponist.
* 6.3. 1870 Wien. Schüler Max Bruchs. 1907 Operette *Ein Walzertraum*. 1934 Verfilmung seiner Operette *Der letzte Walzer*. Danach Aufführungsverbot seiner Werke aufgrund der NS-Rassengesetze. Nach der Besetzung Österreichs 1938 in Paris, 1940 Flucht in die USA. 1948 Rückkehr nach Österreich. † 11.1. 1954 Bad Ischl.

Strauß, Daisy. Sängerin.
* 11.12. 1888 Frankfurt am Main. Wohnort Berlin. Im *Lexikon der Juden in der Musik* gebrandmarkt. † Deportiert am 13.1. 1942 nach Riga.

Strauß, Emil. Auf der *Gottbegnadeten-Liste* (Führerliste) der wichtigsten Schriftsteller des NS-Staates. Reichskultursenator.
* 31.1. 1866 Pforzheim, Sohn eines Goldwarenfabrikanten. Schwager von Gerhart Hauptmann. 1899 Erzählband *Menschenwege* (»der Gedanke an die Lust mit der Negerin schüttelte mich stets mit demselben Ekel wie die Lust nach einer Äffin«). 1928 auf der Förderer-Liste der *Nationalsozialistischen Gesellschaft für Deutsche Kultur*. 1930 NSDAP (Nr. 308767), *Kampfbund für deutsche Kultur*. Mai 1933 Berufung an die Deutsche Akademie der Dichtung der »gesäuberten« Preußischen Akademie der Künste. Zu Hitlers Geburtstag am 20.4. 1933 geladener Gast der Uraufführung von Johsts Staatsschauspiel *Schlageter*. NS-Ehrung: 1936 *Goethe-Medaille* für Kunst und Wissenschaft, Ehrenbürger der Stadt Freiburg, 1941 Johann-Peter-Hebel-Preis, 1942 Grillparzer-Preis der Stadt Wien sowie *Adlerschild des Deutschen Reiches* (höchste Auszeichnung für ganz außerordentliche Verdienste). 1956 Titel Professor, Ehrenbürger der Stadt Pforzheim. † 10.8. 1960 Freiburg im Breisgau.

Strauss, Richard. Auf der Sonderliste der drei wichtigsten Musiker der *Gottbegnadeten-Liste* (Führerliste).
* 11.6. 1864 München, Sohn eines Hornisten. Harry Graf Kessler am 14.6. 1928 im Tagebuch: »Bei Hofmannsthals in Rodaun gefrühstückt mit Richard Strauss ... Strauss äußerte unter andrem seine drolligen politischen Ansichten, Notwendigkeit einer Diktatur usw.« April 1933 Unterzeichner des Protests von Honoratioren der *Richard-Wagner-Stadt München* gegen Thomas Manns Opus *Leiden und Größe Richard Wagners*: »Wir lassen uns solche Herabsetzung unseres großen deutschen Musikgenies von keinem Menschen gefallen.« Von den Nazis als Aushängeschild gebraucht, wegen seiner jüdischen Librettisten jedoch auch angefeindet. Am 15.11. 1933 mit Furtwängler Dirigent beim Festakt zur Eröffnung der Reichskulturkammer, anwesend: Hitler, Goebbels, die Reichsregierung, Ernennung zum Präsidenten der Goebbels unterstellten Reichsmusikkammer (RMK). Obgleich die RMK die Berufsverbote gegen Kollegen verfügte, äußerte Strauss am 13.2. 1934 zur Eröffnung der ersten Arbeitstagung der RMK in Berlin: »Ich fühle mich verpflichtet, an dieser Stelle Herrn Reichskanzler Adolf Hitler und Herrn Reichsminister Dr. Goebbels für die Schaffung des Kulturkammergesetzes den herzlichsten Dank der gesamten deutschen Musikerschaft auszusprechen.« Am 10.4. 1934 zur Hochzeit Görings mit der Schauspielerin Sonnemann als Geschenk die Handschrift seiner Oper *Arabella*. Am 19.8. 1934 Unterzeichner des *Aufrufs der Kulturschaffenden* zur Vereinigung des Reichskanzler- und Reichspräsidentenamts in der Person Hitlers: »Wir glauben an diesen Führer, der unsern heißen Wunsch nach Eintracht erfüllt hat.« Verteidigte zunächst seinen jüdischen Librettisten Stefan Zweig. Strauss am 17.6. 1935 an Zweig: »Wer hat Ihnen denn gesagt, daß ich politisch so weit vorgetreten bin? Weil ich für den schmierigen Lauselumpen Bruno Walter ein Concert

dirigiert habe? Das habe ich [sic] dem Orchester zu Liebe – weil ich für den anderen ›Nichtarier‹ Toscanini eingesprungen bin – das habe ich Bayreuth zu Liebe getan. Das hat mit Politik nichts zu tun. Wie es mir die Schmierantenpresse auslegt, geht mich nichts an und Sie sollten sich auch nicht darum kümmern. Daß ich den Präsidenten der Reichskulturkammer mime? Um Gutes zu tun und größeres Unglück zu verhüten. Einfach aus künstlerischem Pflichtbewußtsein! Unter jeder Regierung hätte ich dieses ärgerreiche Ehrenamt angenommen. Aber weder Kaiser Wilhelm noch Herr Rathenau hat es mir angeboten.« Nach Abfangen des Briefes durch Gestapo, Juli 1935 Amtsenthebung, vertuscht als »Rücktritt«. Goebbels am 20.6.1936 im Tagebuch zur Probe der Olympia-Hymne von Strauss: »Komponieren kann der Junge.« Am 27. Mai 1938 Dirigent seiner Oper *Arabella* während der ersten *Reichsmusiktage* in Düsseldorf (mit der Schandschau *Entartete Musik*). Widmete am 3.11.1943 Generalgouverneur Hans Frank (genannt *Polenschlächter*) das selbst getextete Danklied *Wer tritt herein so fesch und schlank?* Textprobe (zit. n. Prieberg): »Es ist der Freund Minister Frank./Wie Lohengrin von Gott gesandt,/hat Unheil er von uns abgewandt./Drum ruf ich Lob und tausend Dank/dem lieben Freund Minister Frank.« Sein Sohn Franz (der 1933 in Wien Unmut erregt hatte, weil er in SA-Uniform auftrat) war mit der »Volljüdin« Alice von Grab–Hermannswört verheiratet und lebte in »privilegierter Mischehe« (sie fühlte sich trotz aller Privilegien verfolgt, Mai 1945 zu Klaus Mann: »Durfte ich etwa jagen gehen?«). NS-Ehrung: Am 11.6.1934 *Adlerschild des Deutschen Reiches*. Strauss Mai 1945 zu Klaus Mann: »Von ein paar dummen Zwischenfällen abgesehen, hatte ich nicht zu klagen.« † 8.9.1949 Garmisch-Partenkirchen.

Strauß und Torney, Lulu von. Auf der *Gottbegnadeten-Liste* (Führerliste) der wichtigsten Schriftsteller des NS-Staates. * 20.9.1883 Bückeburg. Tochter eines Generalmajors. 1898 erster Gedichtband, Titel: *Gedichte*. 1916 Heirat mit dem Verleger Eugen Diederichs. Name Oktober 1933 unter dem Treuegelöbnis »88 deutsche Schriftsteller« für Adolf Hitler. Ihr 1911 publizierter Roman *Judas* wurde 1937 unter dem Titel *Der Judashof* neu verlegt und gilt als literarische Gestaltung des NS-Erbhofgedankens. Weiheverse *Mutter Erde*, 1944 in der Anthologie *Lyrik der Lebenden* des SA-Oberführers Gerhard Schumann: »Heil'ge Mutter Erde, die die Müden hegt!/Über meiner Qual und Wonne Streiten/magst du morgen deine Schollen breiten.« NS-Ehrung: 1937 *Goethe-Medaille* für Kunst und Wissenschaft. † 19.6.1956 Jena. Lit.: Sarkowicz.

Strecker, Heinrich. Tanz- und Unterhaltungsmusiker. * 24.2.1893 Wien. Bekannt als Komponist Wiener Lieder (*Drunt in der Lobau* oder *Ja, ja, der Wein ist gut*). Laut Prieberg 1934 Landeskulturleiter der verbotenen *Nationalsozialistischen Kulturgemeinde* Österreichs. 1938 Uraufführung seiner Operette *Küsse im Mai* am Städtischen Theater Chemnitz. 1940 Musik zum Hans-Moser-Film *Meine Tochter lebt in Wien*. † 28.6.1981 Baden bei Wien.

Streit, Robert. Sudetendeutscher Maler. * 9.12.1883 Gränzendorf. Mitglied des Wiener Künstlerhauses. Auf den Großen Deutschen Kunstausstellungen im Münchner NS-Musentempel *Haus der Deutschen Kunst* mit Ölgemälden wie *Reichsstatthalter und Gauleiter Niederdonau Dr. Jury* (1941) oder *Salzburger Bauer mit Tochter* (1943). † 26.2.1957 Wien.

Striegler, Kurt. Fachschaftsleiter Gau Sachsen der Reichsmusikkammer. Dirigent. * 7.1.1886 Dresden. Ab 1905 Kapellmeister der Sächsischen Staatsoper in Dresden. 1933 Oper *Die Schmiede*. Prieberg über den Abgang des Dresdner Generalmusikdirektors Fritz Busch, der am 7.3.1933 von SA-Pöbel niedergeschrien wurde, bis er flüchtete: »Der Erste Kapellmeister Kurt Striegler, dessen Rolle bei dieser

Affäre undurchsichtig war, aber angesichts seiner Ergebenheit für das neue Regime keine grundsätzlichen Zweifel zuläßt, hielt sich – ganz zufällig und seit langem zum erstenmal – im Theater auf. Er übernahm nun den Taktstock.« NSDAP Mai 1933, in Rosenbergs *Kampfbund für deutsche Kultur*. Ab 1950 freischaffend in München. † 4. 8. 1958 in einem Sanatorium in Wildthurn bei Landau/Isar. Nachruf *Deutsches Bühnen-Jahrbuch*: »Zu seinem 50jährigen Dirigentenjubiläum verlieh ihm die Dresdner Staatsoper die Ehrenmitgliedschaft.«

Strienz, Wilhelm. Auf der *Gottbegnadeten-Liste* (Führerliste) der neun wichtigsten Konzertsänger des NS-Staates.
* 2. 9. 1899 Stuttgart. Bariton. 1933 SA (Prieberg). Ab 1933 Staatsoper Berlin. 1935 Interpret des Lieds *Flieg, deutsche Fahne, flieg!* 1936 Sänger im Montagefilm: *Ewiger Wald*, gedreht im Auftrag der *Nationalsozialistischen Kulturgemeinde*. Laut Ilse Werner der »damals wohl beliebteste Sänger«. Auftritte im *Wunschkonzert für die Wehrmacht*, Goebbels' Radiosendung zwecks Hebung der Truppenmoral und Leidensbereitschaft der Heimatfront. Dezember 1940 im Staatsauftragsfilm *Wunschkonzert* Auftritt mit der Weltkriegsschnulze (Weniger) *Gute Nacht, Mutter* für die Mutter eines gefallenen Musikers. Interpret von *Tapfere kleine Soldatenfrau*, ebenso von *Heimat, deine Sterne*. 1942 im Staatsauftragsfilm *Fronttheater*. Ab 1945 in Frankfurt am Main. † 10. 5. 1987 ebenda.

Strobel, Heinrich, Pseudonym *Karl Frahm*. Musikschriftsteller.
* 31. 5. 1898 Regensburg. Dr. phil. Da mit einer »Volljüdin« verheiratet, mit einer Sondergenehmigung von Goebbels tätig. 1933 Schriftleiter der Zeitschrift *Melos*. 1935 auf der Liste der *Musik-Bolschewisten* der *NS-Kulturgemeinde*. April 1939 Korrespondent der *Deutschen Allgemeinen Zeitung* in Paris. Laut Frei/Schmitz unter seinem Pseudonym Feuilletonist in Goebbels' Renommierblatt *Das Reich*. Görte-

maker: »Wer für das Reich arbeitete, stellte sich zwangsläufig in den Dienst der nationalsozialistischen Propaganda.« 1946 Leiter der Musikabteilung des SWF in Baden-Baden, Schriftleiter der Zeitschrift *Melos*. 1956 Präsident der Internationalen Gesellschaft für Neue Musik. † 10. 8. 1970 Baden-Baden.

Strobel, Otto. Wagner-Forscher.
* 20. 8. 1895 München. 1931 NSDAP (Nr. 771464). Archivar des Hauses *Wahnfried*. Stadtbibliothekar in Bayreuth. Leiter der Ortsgruppe Bayreuth des *Kampfbunds für deutsche Kultur*. Leiter der *Richard-Wagner-Forschungsstätte*, am 22. 5. 1938 (125. Geburtstag Wagners) per Führer-Erlaß gegründet und der Reichskanzlei unterstellt. 1940 im Beirat der *Forschungsabteilung Judenfrage* des *Reichsinstituts für Geschichte des neuen Deutschland*. † 23. 2. 1953 Bayreuth. Lit.: Hamann.

Strobl, Karl Hans. Landesleiter der Reichsschrifttumskammer Wien (1938).
* 18. 1. 1877 Iglau. Dr. jur. Laut Sarkowicz Autor von Grenzlandromanen, in denen er »für den ›Anschluß‹ des Sudetenlands an das Deutsche Reich agitierte«. 1933 NSDAP-Österreich. 1938 Weiheverse *Des Führers Geburtshaus in Braunau*: »Wir durften es nicht betreten,/Man hielt uns Österreicher fern,/Wir standen davor mit Beten/Und segneten Deutschlands Stern.« Im Kuratorium der *Goebbels-Stiftung für Kulturschaffende*. NS-Ehrung: 1937 *Goethe-Medaille* für Kunst und Wissenschaft. † 10. 3. 1946 Perchtoldsdorf bei Wien.

Strohm, Heinrich. Theaterintendant.
* 4. 2. 1895 Wuppertal. 1933 Intendant des Hamburger Stadttheaters, Generalintendant der Staatsoper und des Philharmonischen Orchesters. Juni 1936 Veranstalter der von Goebbels gesteuerten Reichs-Theaterfestwoche als »Symbol des Kulturwillens der deutschen Nation und ihres Führers«. 1937 NSDAP-Aufnahmeantrag. Am 20. 4. 1938 (zu *Führers Geburtstag*) im Zeichen *der Amicizia italo-germanica* Gastregisseur der Strauss-Oper *Die Frau ohne Schatten* in Rom. Goebbels am 1. 2.

1939 im Tagebuch: »Strohm aus Hamburg bietet seine Mitwirkung in Salzburg und Wien an.« 1940/41 Direktor der Wiener Staatsoper, schwere Erkrankung. Nach 1945 im Vorstand des Deutschen Bühnenvereins Köln. † 9.6. 1959 Köln. Nachruf *Deutsches Bühnen-Jahrbuch*: »Hervorragender Theater-Organisator.«

Stross, Wilhelm. Auf der *Gottbegnadeten-Liste* (Führerliste) der wichtigsten Geiger des NS-Staates.

* 5.11. 1907 Eitdorf/Sieg. 1931 (bis 1933) im Elly-Ney-Trio. 1934 Professor an der Akademie der Tonkunst in München. Primarius des Stross-Quartetts. Am 18. und 19.11. 1944 als Gast der *Kulturvereinigung des Generalgouvernements* Auftritt im Staatstheater Krakau (*Krakauer Zeitung*). 1951 Professor der Musikhochschule Köln. † 18.1. 1966 Rottach-Egern.

Stroux, Karl-Heinz. Auf der *Gottbegnadeten-Liste* (Führerliste) der wichtigsten Künstler des NS-Staates.

* 25.2. 1908 Hamborn (Duisburg) als Arztsohn. Juni 1939 Regie zum Kriminalfilm *Morgen werde ich verhaftet*. Im Krieg unter anderem Regisseur am Staatlichen Schauspielhaus Berlin unter Gründgens sowie am Wiener Burgtheater. 1955–1972 Generalintendant des Schauspielhauses in Düsseldorf. † 2.8. 1985 ebenda.

Strub, Max. Auf der *Gottbegnadeten-Liste* (Führerliste) der wichtigsten Geiger des NS-Staates.

* 28.9. 1900 Mainz. 1925 Professor der Musikhochschule Weimar. 1928 Erster Konzertmeister der Staatskapelle Berlin. 1932 (bis 1945) Lehrer an der Musikhochschule Berlin. 1934 (bis 1940) im Elly-Ney-Trio. 1936 Primarius des Strub-Quartetts. 1938 Auftritt auf dem kulturpolitischen Arbeitslager der Reichsjugendführung in Weimar und beim Beethoven-Fest der HJ in Bad Wildbad im Schwarzwald. Am 24. Mai 1938 im Zweiten Sinfoniekonzert während der ersten *Reichsmusiktage* in Düsseldorf (mit der Schandschau *Entartete Musik*). Sommer 1943 zwecks Kulturpropaganda Konzertreise ins besetzte

Frankreich. 1947 Nordwestdeutsche Musikakademie Detmold, 1957 ebenda Professor. † 23.3. 1966 Detmold.

Strube, Adolf. Schriftleiter der Zeitschrift *Völkische Musikerziehung* (ab 1936).

* 31.7. 1894 Halberstadt. 1927 Kantor und Organist, Leiter der Musikabteilung des Ev. Preßverbandes (sic) in Berlin. April 1933 NSDAP. 1934 Geschäftsführer der Fachschaft Kirchenmusik der Reichsmusikkammer. 1936 Professor der Berliner Musikhochschule. 1941 mit Ferdinand Lorenz: *Handbuch für den Singleiter der Wehrmacht* (Verlag Merseburger). Nach 1945 Geschäftsführer des Verbands Ev. Kirchenmusiker Deutschlands. 1955 Inhaber des Verlags Merseburger. † 6.4. 1973 Berlin. Lit.: Moser; Prieberg.

Struckmann, Ubbo-Emmius. Literaturkritiker.

* 10.12. 1909 Esens in Ostfriesland. Im antidemokratischen *Jungdeutschen Orden*. Ende 1939 Leiter des Literaturteils der NS-Kampfblatts *Krakauer Zeitung*, das »Blatt des Generalgouvernements«. Februar 1943 Wehrmacht. † Kriegstod 29.7. 1944 Putki in Estland (WASt).

Strzygowski, Josef. Kunsthistoriker.

* 7.3. 1862 Biala in Galizien. 1902 Ordinarius in Wien. 1904 Ernennung zum Hofrat. 1936 Autor: *Aufgang des Nordens*, 1941: *Das indogermanische Ahnenerbe des deutschen Volkes und die Kunstgeschichte der Zukunft*. † 2.1. 1941 Wien. Q.: Wulf, Künste.

Stucken, Eduard. Name Oktober 1933 unter dem Treuegelöbnis »88 deutsche Schriftsteller« für Adolf Hitler.

* 18.3. 1865 Moskau. Erfolgreiche Dramen aus der keltischen Mythenwelt wie *Lanzelot* (1909). Mitglied und am 15.3. 1933 Unterzeichner einer Loyalitätserklärung der Deutschen Akademie der Dichtung der Preußischen Akademie der Künste pro NS-Regierung. † 9.3. 1936 Berlin.

Stuckenschmidt, Hans Heinz. Musikkritiker.

* 1.11. 1901 Straßburg. Scheidung von jüdischer Ehefrau vor NS-Machtübernahme. Kritiker der *Berliner Zeitung am Mittag* (BZ). Anwalt der *Neuen Musik* (Schönberg, Strawinsky). 1935 auf der Liste der *Musik-Bolschewisten* der *NS-Kulturgemeinde*. 1937 Wechsel nach Prag, Kritiken für *Prager Tagblatt* und das Nachfolgeblatt unter deutscher Besatzung *Der Neue Tag*. Ebenda am 9.1.1942 Beitrag *Houston Stewart Chamberlain* (Wagnerverehrer und Rassist): »Das große Leitmotiv seiner Gedankenwelt war die Kulturmission des germanischen Menschen, des arischen Typus.« Juni 1942 Wehrmacht. 1948 Dozent, 1949 ao. Professor, 1953 Lehrstuhl Musikgeschichte TH Berlin. † 15.8. 1988 Berlin.

Studentkowski, Werner. Reichsamtsleiter in der NSDAP-Reichspropagandaleitung (1941–1945).
* 20.9.1903 Kiew. 1925 NSDAP (Nr. 3815). 1927 Gauorganisations- und Propagandaleiter Berlin-Brandenburg. NSDAP-Gau- und Reichsredner. 1933 MdR, Gauschulungsleiter Sachsen. 1934 Oberregierungsrat und Regierungsdirektor im Sächsischen Volksbildungsministerium, Leiter der Hochschulabteilung und des Amts für Erwachsenenbildung. 1942 SA-Oberführer. 1944 Waffen-SS in Lothringen. In der Literatur wird mitunter 1945 als Todesjahr angegeben, Studentkowski war zu dieser Zeit jedoch unter dem Namen *Walter Strohschneider* in sowjetischer Haft. Entlassung wegen Krankheit, Heilkräutersammler im Lipper Land (Grüttner). † 26.1.1951 unter dem Namen *Walter Strohschneider* in Rinteln/Weser. Lit.: Lilla.

Studnitz, Hans Georg von. Journalist.
* 31.8.1907 Potsdam, Sohn eines Gardehauptmanns. März 1933 NSDAP. Auslandskorrespondent des Scherl-Verlags (Hugenberg-Presse). 1939 in der Informationsabteilung des Auswärtigen Amts unter Ribbentrop. 1941 im *Berliner Lokal-Anzeiger* Artikel *Der Jude Roosevelt*: »Die Männer, mit denen Roosevelt Strategie erörtert, sind die gleichen, deren Vorfahren einst trockenen Fußes das Rote Meer zu kreuzen wußten … Sie kennen die Preise

aller Welt und außer diesen nur ein Gefühl: die jüdische Angst.« Nach 1945 Mitarbeit *Die Zeit, Christ und Welt, Welt am Sonntag*. Für *Die Zeit* Berichterstatter über die elf Nürnberger Nachfolgeprozesse (Krupp, IG Farben usw.). 1955–1961 Pressechef der Lufthansa. Kleistpreis des Bundes der Vertriebenen. 1967 Autor: *Rettet die Bundeswehr*. 1975 Erinnerungen: *Seitensprünge*. † 16.7.1993 Rimsting.

Stüwe, Hans. Schauspieler.
* 14.5.1901 Halle. Rollentyp: kernige Männer (Weniger). 1938 Exotikfilme *Der Tiger von Eschnapur* und *Das indische Grabmal*. 1939 Titelrolle des Komponisten Peter Tschaikowski in *Es war eine rauschende Ballnacht*. 1941 Zarah Leanders Partner in *Der Weg ins Freie* (in den Nebenrollen ein verbrecherischer polnischer Graf und zwei jüdische »Volksschädlinge«). 1951: *Grün ist die Heide*, 1953: *Ave Maria*. † 13.5.1976 Berlin.

Stumme, Wolfgang. Leiter des Seminars für Musikerzieher der HJ an der Staatlichen Musikhochschule Berlin (1942).
* 18.7.1910 Züllichau, Sohn eines Kirchenmusikers. 1933 HJ (1944 Hauptbannführer). 1934 beim Berliner Deutschlandsender. 1935 Leiter der Hauptabteilung Musik im Kulturamt der Reichsjugendführung, Stellv. Leiter der Abteilung Jugend- und Volksmusik in der Reichsmusikkammer, Leiter der Arbeitsgemeinschaft Musik der Adolf-Hitler-Schulen. 1936 Lehrer an der Hochschule für Musikerziehung. 1937 NSDAP. Herausgeber: *Liederblätter der Hitlerjugend* sowie *Junge Gefolgschaft. Neue Lieder der Hitlerjugend.* 1939 Kriegsdienst. 1941 Amtsleiter Musik im Hauptkulturamt der Reichspropagandaleitung der NSDAP, Autor: *Was der Führer der Einheit vom Singen wissen muß. Eine erste musikalische Hilfe für Jugendführer und Laiensingwarte.* 1944 Aufsatz *Musikpolitik als Führungsaufgabe.* Bis 1949 sowjetische Kriegsgefangenschaft. Leiter der Jugendmusikschule Espelkamp-Mittwald. 1964 Dozent der Folkwang Hochschule Essen. † 12.10.1994 Essen.

Stuppäck, Hermann, Pseudonym *Heinrich Sicking*. Baldur von Schirachs Generalkulturreferent (1943).
* 28. 9. 1903 Wien. Landeskulturleiter der illegalen NSDAP-Landesleitung Österreich. 1938 NSDAP-Pressechef in Wien. 1943 Leiter der Staatlichen Kunstverwaltung und des Generalreferats für die Wiener Staatstheater (DBJ). Weiheverse *Tag der Gefallenen*, 1944 in der Anthologie *Lyrik der Lebenden* des SA-Oberführers Gerhard Schumann: »Ihr aber, die ihr den Tod gelassen ans Herz nahmt,/darzubieten das Leben dem Volk und der wigen Heimat,/ihr aber, tausend Tode mit einem allein überwindend,/ihr aber seid unsterblich.« 1948 Geschäftsführer des Pilgram-Verlags in Linz, Begründer und Cheflektor des Europäischen Buchclubs, Präsident der Sommerakademie für Bildende Kunst in Salzburg. 1961–1976 Präsident des Salzburger Kunstvereins. † 15. 12. 1988 Salzburg.

Sucker, Wolfgang. Dozent für ev. Religionslehre der Hochschule für Lehrerbildung (zur NS-Indoktrinierung) Lauenburg in Pommern (1935).
* 21. 8. 1905 Liegnitz in Niederschlesien. NS-Lehrerbund, NSDAP (1937), SA-Rottenführer (1943). 1941 Dozent der als HJ-Formation organisierten Lehrerinnenbildungsanstalt Lauenburg. 1949 (bis 1957) Direktor (1963: Präsident) des Evangelischen Bundes und Leiter des Konfessionskundlichen Instituts in Bensheim an der Bergstraße. 1950 in der Kirchenleitung von Hessen-Nassau. 1957 Stellvertreter des Kirchenpräsidenten. 1965 (als Nachfolger Martin Niemöllers) Kirchenpräsident. † 30. 12. 1968 Darmstadt. Q.: Hesse.

Sündermann, Helmut. Stellv. Pressechef der Reichsregierung (1942–1945).
* 19. 2. 1911 München. Journalist. 1930 NSDAP (Nr. 257492). 1930 Kreisredner in Starnberg. 1931 SS (Nr. 16296), Stellv. Kreisleiter Starnberg, Gauredner München-Oberbayern, Stabsleiter der NSDAP-Reichspressestelle in München. 1933 Hauptschriftleiter der *Nationalsozialistischen Parteikorrespondenz*. Ab 1937 Stabsleiter des Reichspressechefs der NSDAP. 1938 NSDAP-Reichsamtsleiter. 1939 Autor im Zentralverlag der NSDAP: *Auf den Straßen des Sieges – Mit dem Führer in Polen.* 1941 SS-Obersturmbannführer. 1942 MdR. Am 21. 6. 1943 Tagungspräsident des 2. Internationalen Journalistenkongresses der *Union nationaler Journalistenverbände,* Forderung: »Die Befreiung der Völker von der Geißel der jüdischen Weltvergiftung.« Am 4. 9. 1944 im NS-Hetzblatt *Der Angriff:* »Eine Nation, die das Wort ›lieber tot als Sklav‹ in sich aufgenommen und fanatisch zum Leitgedanken des ganzen kämpferischen Einsatzes gemacht hat –, eine solche Nation wird niemals knechtisch werden und sie wird ewig leben!.« Goebbels am 31. 3. 1945 im Tagebuch: »Ich bekomme von Reichsleiter Bormann die Nachricht, daß der Führer eine dreiminütige Unterredung mit Dr. Dietrich gehabt habe, bei der Dr. Dietrich selbst und Sündermann kurzfristig beurlaubt wurden.« Goebbels am 1. 4. 1945 über Sündermann: »Ich lege auf seine Mitarbeit keinen Wert. Ich muß jetzt Männer von Format und von Charakter besitzen.« 1945 US-Internierung, September 1948 Entlassung aus Dachau. 1951 Mitbegründer der Zeitschrift *Nation Europa,* 1952 Gründer und Inhaber des Druffel-Verlags, Berg am Starnberger See. Am 25. 9. 1960 Mitbegründer der Gesinnungsgemeinschaft *Gesellschaft für freie Publizistik.* † 25. 8. 1972 Leoni am Starnberger See. Posthum: *Hier stehe ich ... Deutsche Erinnerungen 1914/45.* Aus dem Nachlaß herausgegeben von Gert Sudholt, Leonie 1975. Lit.: Lilla. Zitate: Overesch 2/II.

Süskind, Wilhelm Emanuel. Journalist.
* 10. 6. 1901 Weilheim in Oberbayern. Jugendfreund von Erika und Klaus Mann. Juli 1933 Herausgeber der Zeitschrift *Die Literatur.* Mitglied der zweiwöchig stattfindenden Tafelrunde Rudolf Georg Bindings. Frühjahr 1943 bis zum Verbot im August 1943 Leiter des Literaturteils der *Frankfurter Zeitung.* Wohnsitz Ambach

am Starnberger See. Von hier aus leitete er ab November 1943 (letzte Ausgabe am 14.1.1945) das vierzehntäglich erscheinende Literaturblatt des NS-Kampfblatts *Krakauer Zeitung*, das »Blatt des Generalgouvernements«. Theaterberichterstatter in Goebbels' Renommierblatt *Das Reich* (von Hitler im Tischgespräch 1942 gelobt: »Prachtvoll ist die Zeitung ›Das Reich‹«). Nach 1945 in der Redaktion der *Neuen Zeitung*, US-Tageszeitung im Dienste der Umerziehung und Demokratisierung. Thomas Mann am 14.1. 1946 an Preetorius: »Ein Charakterchen, der 1933 sofort die gleichgeschaltete ›Literatur‹ übernahm und vor allem einmal seinem Freund Klaus, meinem Sohn, mit einem hämischen Artikel in den Rücken fiel.« Berichterstatter der *Süddeutschen Zeitung* von den Nürnberger Prozessen, Einsatz für Wiederverwendung des NS-Propagandisten Hans Fritzsche. Leitender politischer Redakteur. 1957 Co-Autor: *Aus dem Wörterbuch des Unmenschen.* † 17.4.1970 Tutzing. Lit.: Orlowski; Wiedow.

Süßenguth, Walter. Schauspieler.
* 7.2. 1903 Schleiz in Thüringen. Vorwiegend an Berliner Bühnen. April 1941 im Hetzfilm *Ohm Krüger*, für Goebbels »ein Film zum Rasendwerden«. Mai 1941 als »jüdischer Volksschädling« im Zarah-Leander-Film *Der Weg ins Freie*. Dezember 1941 in *Menschen im Sturm*, NS-Tendenzfilm zum Überfall auf Jugoslawien im April 1941 (»Serben, das sind ja keine Menschen«). Am 30.3. 1945 letzte Uraufführung im Dritten Reich: Liebesfilm *Das alte Lied*. 1947 am Berliner Hebbel-Theater. Gastspielreisen. † 28.4. 1964 Berlin.

Sulkowski, Edgar. Fürst.
* 1.12. 1905 Szabadhegy. Gutsbesitzer. Laut *Aufstellung derjenigen Parteigenossen, die Angehörige fürstlicher Häuser sind*: 1.5. 1938 NSDAP, Nr. 6 290786, Gau Oberdonau. Anmerkung: »Alter polnischer Adel. Im Jahre 1939, knapp vor Beginn des Polenfeldzuges, Deutsche Staatsbürgerschaft erworben und damit auf den Titel verzichtet.« Nach 1945 in Kanada.

Sulkowski (Sulkowska), Ilse, geb. Prinzessin von Lichtenstein.
* 8.7. 1910 Enns. Tochter eines Oberst. 1931 Heirat. Laut *Aufstellung derjenigen Parteigenossen, die Angehörige fürstlicher Häuser sind*: 1.5. 1938 NSDAP, Nr. 6 375671, Gau Oberdonau. Anmerkung: »Gattin des ehemaligen Fürsten Edgar Sulkowski.« Nach 1945 in Kanada.

Sunkel, Reinhard. Ministerialdirektor, Leiter des Ministeramts im Reichserziehungsministerium (1934).
* 9.2. 1900 Mainz als Offizierssohn. Jurist. 1922 NSDAP. 1923 Teilnehmer *Hitlerputsch*. 1925 erneut NSDAP. 1930 Organisationsleiter des NS-Studentenbunds, Anführer einer Revolte im NS-Studentenbund gegen Baldur von Schirach. 1931 Ausschluß ebenda, jedoch NSDAP-Ortsgruppenleiter Kiel. 1932 MdL Preußen. 1933 (bis 1936) Adjutant von Reichsminister Bernhard Rust. 1936 SA-Oberführer. 1937 Versetzung in Wartestand wegen jüdischer Urgroßmutter und aufgrund Hitlers Veto. 1939 Kriegsfreiwilliger, Oberleutnant. † Suizid 8.5. 1945 Libau in Lettland. Q.: Grüttner.

Supper, Auguste. Schriftstellerin.
* 22.1. 1867 Pforzheim. 1939 in Bühners Anthologie *Dem Führer* mit dem Weihegedicht *Der Retter*: »Nun schauen wir, geblendet, doch bereit,/ins Morgenrot von Deutschlands größter Zeit./Der Retter, der ihr Bahn brach, sei gesegnet!/In seinem Kommen ist uns Gott begegnet.« † 14.4. 1951 Ludwigsburg.

Supper, Walter. Drehbuchautor.
* 8.4. 1887 Hamm. Drehbücher zu Filmen wie *Krach um Jolanthe* (1934) oder *Ritt in die Freiheit* (1936). 1939 Ausschluß Reichsschrifttumskammer (jüdische Ehefrau). † 3.3. 1943 Berlin, Suizid mit seiner Frau. Q.: Weniger, Bühne.

Susa, Charlotte. Sängerin und Schauspielerin.
* 1.3. 1898 auf einem Gut bei Memel. Unter anderem 1935 im Freikorps-Machwerk *Henker, Frauen und Soldaten*, 1939 im Hans-Albers-Film *Wasser für Canitoga* so-

wie 1941 *Der Gasmann.* Verheiratet mit Andrews Engelmann. Ab 1953 Wohnsitz Basel. † 28.7.1976 Basel.

Sussin, Mathilde. Schauspielerin.
* 21.9.1876 Wien. 1913–1933 am Staatstheater Berlin. Zahlreiche Stummfilme (1928: *Ich hatte ein schönes Vaterland*), 1932 Tonfilm *Das Blaue vom Himmel.* 1933 Auftrittsverbot. Deportiert am 9.9.1942 ins Ghettolager Theresienstadt. † 2.8.1943 ebenda. Lit.: Liebe.

Suthaus, Ludwig. Auf der *Gottbegnadeten-Liste* (Führerliste) der wichtigsten Künstler des NS-Staates.
* 12.12.1906 Köln. Heldentenor, Wagner-Sänger. Ab 1931 in Stuttgart, 1941–1948 Berliner Staatsoper. Danach Städtische Oper Berlin. † 7.9.1971 Berlin. Nachruf *Deutsches Bühnen-Jahrbuch:* »Besaß eine dunkel getönte und zugleich strahlkräftige Stimme.«

Swarowsky, Hans. Dirigent.
* 16.9.1899 Budapest. Schüler von Richard Strauss, Arnold Schönberg und Anton Webern. Unter anderem 1932 Kapellmeister in Hamburg, 1934 Berliner Staatsoper. 1937 (bis 1940) am Opernhaus Zürich. 1940 Dramaturg der (von Goebbels finanzierten) Salzburger Festspiele. 1941 zusätzlich Gutachter der Reichsstelle für Musikbearbeitungen, dem Reichspropagandaministerium nachgeordnet. 1944 Chefdirigent der *Philharmonie des Generalgouvernements* (polnische Musiker), von Generalgouverneur Hans Frank (genannt *Polenschlächter*) als Propagandainstrument benutzt. Am 2.12.1944 mit der *Philharmonie des Generalgouvernements* Uraufführung von Hans Pfitzners Komposition *Krakauer Begrüßung,* Hans Frank gewidmet. Letztes Konzert am 9.1.1945 mit Schuberts *Die Unvollendete* (*Krakauer Zeitung*). Nach 1945 Operndirektor in Graz, Chefdirigent der Wiener Symphoniker, Dirigent der Wiener Staatsoper. 1946 (bis 1969) Professor der Wiener Musikakademie. Lehrer von Claudio Abbado und Zubin Mehta. † 10.9.1975 Salzburg. Lit.: Okrassa.

Sym, Igo. Schauspieler.
* 3.7.1896 Innsbruck. Ab 1926 in Wien, als Charmeur in Filmen wie *Pratermizzi* (1926) oder *Wenn ein Weib den Weg verliert* (1927). 1932 Wechsel nach Polen, ebenda Revue- und Operettenstar. 1939, nach dem Überfall auf Polen, Leiter des Theaters der Stadt Warschau. 1940 Rekrutierung polnischer Statisten für Ucickys antipolnischen Hetzfilm *Heimkehr.* Todesurteil eines Untergrundgerichts des polnischen Widerstands wegen Kollaboration. † Exekution 7.3.1941 Warschau.

Szell, George, eigentlich György. Dirigent.
* 7.6.1897 Budapest, Sohn tschechischer Einwanderer in Budapest. 1924 an der Staatsoper Berlin, 1929 Generalmusikdirektor am Deutschen Theater Prag. 1935 auf der Liste der *Musik-Bolschewisten* der *NS-Kulturgemeinde.* 1937 Wechsel nach Großbritannien, 1940 USA, Metropolitan Opera New York. 1946 bis zum Tode Leiter des Cleveland Orchestra in Ohio. † 27.8.1971 Buenos Aires. Nachruf *Deutsches Bühnen-Jahrbuch:* »Souveräner Orchesterführer.«

Szenkar, Eugen. Dirigent.
* 9.4.1891 Budapest. Ab 1924 Generalmusikdirektor (GMD) der Kölner Oper. Von der *NS-Kulturgemeinde* als *Musik-Bolschewist* angefeindet. 1934 Leiter der Staatlichen Philharmonie in Moskau. 1939 in Brasilien. 1950 GMD am National-Theater Mannheim, 1952 Operndirektor in Köln. † 25.3.1977 Düsseldorf.

T

Tachauer, Fritz. Schauspieler.
* 20.4.1889 Berlin. Schauspielstationen Altona, Dortmund, Ratibor, Königsberg. Ab 1930 in Berlin, Kleinkunstszene. † Deportiert am 26.10.1942 in den Osten. Q.: Weniger, Bühne.

Tamms, Friedrich. Auf der *Gottbegnadeten-Liste* (Führerliste) der wichtigsten Architekten des NS-Staates.
* 4.11.1904 Neustadt. Lehrstuhl für

Hochbauten der TH Berlin-Charlottenburg. 1934 mit Speer Umbau der Reichskanzlei. Ab 1935 beim Autobahn-Vertrau-
ensarchitekten Bonatz. 1938/39 auf der 2.
Deutschen Architektur-Ausstellung im
Münchner NS-Musentempel *Haus der
Deutschen Kunst* (Objekte: Tankstelle
Breslau, Donaubrücke bei Linz). Am 6.2.
1941 zum *Beauftragten Architekten des Generalbauinspekteurs* [Speer] *für die Reichshauptstadt* ernannt. 1948 in Düsseldorf,
1958 Kulturdezernent, 1960 Baudezer-
nent. 1964 Präsident der Deutschen Akademie für Städtebau und Landesplanung.
1970 *Großes Verdienstkreuz des Verdienstordens der BRD.* † 16.2. 1963 Hamburg.
Lit.: Bartetzko; Kieling; Thomae.

Tappert, Georg. Maler.
* 20.10. 1880 Berlin. 1906 Mitbegründer
der Künstlerkolonie Worpswede. 1913
Professor der Kunsthochschule Berlin.
1933 Entlassung. In Fritschs Hetzwerk
Handbuch der Judenfrage (1936) als expressionistischer »›Künstler‹ aus dem
nichtjüdischen Lager« aufgeführt, der es
verdiene, »als Mittäter an dieser Kulturschande mit den Juden zusammen genannt zu werden«. Nach 1945 Hochschule
für Bildende Künste in Berlin. † 17.11.
1957 Berlin.

Tarrach, Walter. Bühnenschauspieler.
* 15.9. 1908 Königsberg. 1934–1946 Cha-
rakterspieler am Staatstheater Berlin. 1940
Nebenrolle im Hetzfilm *Jud Süß*. 1954 im
Verklärungsfilm *Canaris*. † 1.2. 1965 Ber-
lin. Nachruf *Deutsches Bühnen-Jahrbuch*:
»Ein Edelstein im Barlog Ensemble, ein
Souverän in der zweiten Reihe.«

Taschner, Gerhard. Auf der *Gottbegnadeten-Liste* (Führerliste) der wichtigsten Geiger des NS-Staates.
* 25.5. 1922 Jägerndorf in Böhmen. 1940
Konzertmeister des Philharmonischen
Orchesters Berlin. 1942 von Hitler vom
Kriegsdienst freigestellt, Begründung des
Propagandaministeriums: »Unser bester
Geiger« (Prieberg). Goebbels am 26.4.
1942 über ein Gespräch mit Hitler: »Der
neue Konzertmeister der Philharmoniker,

Taschner, interessiert ihn sehr.« Am 17.2.
1943 Violin-Abend im Gotischen Saal des
Instituts für Deutsche Ostarbeit im besetzten Krakau. Die *Kulturvereinigung des Generalgouvernements* kündigte am 9.1. 1945
zwei weitere Veranstaltungen Taschners
(11./12.) in Krakau an (*Krakauer Zeitung*).
1950 Professor der Berliner Musikhochschule, ab 1954 Musikhochschule Köln.
† 21.7. 1976 Berlin.

Tasnády, Maria von. Schauspielerin.
* 16.11. 1911 Petrilla. Germanistikstudi-
um in Budapest, mit 20 Jahren Schön-
heitskönigin, Preis: Reise nach Berlin.
1932 Filmdebüt *Durchlaucht amüsiert sich*.
1937 Titelrolle im Freikorpsdrama *Menschen ohne Vaterland*. 1939 *Die Frau ohne
Vergangenheit*. Während des Krieges in
Ungarn und Italien. Ab 1954 Wohnsitz
München. Sprecherin beim US-Sender
Radio Free Europe. 1957 im Film *Die Prinzessin von St. Wolfgang*. † 16.3. 2001 München.

Tau, Max. Lektor.
* 19.1. 1897 Beuthen. Dr. phil. Ab 1928
Cheflektor des Verlags von Bruno Cassirer. März 1935 wegen jüdischer Herkunft
Ausschluß aus der Reichsschrifttumskammer. 1938 Flucht nach Norwegen. 1942
norwegischer Staatsbürger, Wechsel nach
Schweden. Nach 1945 Lektor in Oslo.
1950 erster Preisträger des Friedenspreises
des Deutschen Buchhandels. † 13.3. 1976
Oslo.

Taube, Otto Freiherr von. Schriftsteller.
* 21.6. 1879 Reval. Dr. jur. et phil. Aufge-
wachsen in einem »wirklich herrenmäßi-
gen Gutshaus«, 70 Werst (Kilometer) von
Reval (Taube). Vetter von Hermann Graf
Keyserling. Lehre bei Elisabeth Förster-
Nietzsche. Befreundet mit dem NSDAP-
Funktionär Gregor Strasser. Verehrer von
Houston Stewart Chamberlain, später von
Stefan George, schließlich von Rudolf
Alexander Schröder. Autor im NS-
Kampfblatt *Krakauer Zeitung*, das »Blatt
des Generalgouvernements«. Taubes
Hauptthema: der Untergang des balti-
schen Adels. Wohnort Gauting bei Mün-

chen. 1959 *Großes Verdienstkreuz der Bundesrepublik.* † 30. 6. 1973 Gauting.

Tauber, Richard (Künstlername). Lyrischer Tenor, genannt *Deutscher Caruso.*
* 16. 5. 1891 Linz, Sohn eines Theaterintendanten. 1919 Staatsoper Berlin, ab 1925 an der Wiener Staatsoper. 1928 als der junge Goethe in der Uraufführung von Lehárs Singspiel *Friederike* (Liebesbeziehung Goethes zu Friederike Brion). Franz Lehár schrieb für ihn Rollen in seinen Operetten *Zarewitsch, Schön ist die Welt* und *Land des Lächelns.* Januar 1934 in der Uraufführung von Lehárs Operette *Giuditta* Lied *Freunde, das Leben ist lebenswert.* Im *Lexikon der Juden in der Musik* als »Halbjude« gebrandmarkt. 1938, während der Besetzung Österreichs, im Ausland. Flucht nach London, Covent Garden Opera. 1940 britischer Staatsbürger (sein Vater wird in Buchenwald ermordet). † 8. 1. 1948 London. Lit.: Schwarberg.

Taubert, Eberhard. Oberregierungsrat im Reichspropagandaministerium.
* 11. 5. 1907 Kassel. 1941 Leiter des Referats Propaganda/2 in Goebbels' Propagandaministerium. Autor des Manuskripts zum Film *Der ewige Jude. Ein Dokumentarfilm über das Weltjudentum* mit Aufnahmen aus dem Ghetto Lodz und einem Kommentar, der Juden Ratten gleichsetzt. Uraufführung am 20. 1. 1941 in Lodz/Litzmannstadt. Vom brit. Geheimdienst 1953 dem Netzwerk des Ex-Staatssekretärs Werner Naumann zugerechnet (BA N 1080/272). Generalsekretär des vom Gesamtdeutschen Ministerium geförderten *Volksbunds für Frieden und Freiheit.* † 2. 11. 1976 (BAL).

Taubmann, Horst. Auf der *Gottbegnadeten-Liste* (Führerliste) der wichtigsten Künstler des NS-Staates, Zusatz: »Wunsch von Reichsleiter Bormann«.
* 14. 2. 1912 Pirna. Tenor. Laut Prieberg NSDAP Mai 1932 (Nr. 1 131689). 1933 am Stadttheater Chemnitz. Ab 1940 Staatsoper München. 1942 in der Uraufführung der Strauss-Oper *Capricio.* DBJ 1944: Gast am Deutschen Theater in den Niederlan-

den in Den Haag, Rechtsträger: Der Reichskommissar für die besetzten niederländischen Gebiete. Ab 1955 leitende Funktion bei der Deutschen Grammophon-Gesellschaft. † 28. 11. 1991 München.

Taufstein, Louis. Drehbuchautor.
* 3. 2. 1870 Wien. Unter anderem Libretti zu Operetten wie *Brüderlein und Schwesterlein* oder *Die fidele Geige.* † 20. 9. 1942 Ghettolager Theresienstadt. Q.: Weniger, Bühne.

Tautenhayn, Ernst. Operettentenor.
* 3. 4. 1873 Wien. Raymundtheater und Theater an der Wien. Lehár-Sänger. Zur Volksabstimmung zum »Anschluß« Österreichs April 1938: »Für mich ist dieses ›Ja‹ das schönste ›Ja‹ meines Lebens!« 1941 Professor an der neugegründeten Operettenschule der Stadt Wien. † 30. 8. 1944 Wien.

Teich, Otto. Komponist.
* 7. 12. 1866 Kieritzsch, Bezirk Leipzig. Komponierte über 700 Titel (Operetten, Chöre, Lieder), bekanntestes Werk: *Im Grunewald ist Holzauktion.* Opus 675: *Reich mir die Hand als Kamerad,* Vertonung der Verse: »Reich mir die Hand, Kamerad!/Schlag ein, schlag ein!/Schließ dich uns an,/das Hakenkreuz soll deine Führung sein.« † 15. 4. 1935 Leipzig.

Teichmann, Hans. Obermusikmeister der Wehrmacht.
* 12. 6. 1888 Chemnitz. Kompositionen wie *Bombenfliegermarsch der Legion Condor* oder *Parademarsch der Legion Condor* (Refrainanfang: »Wir jagten sie wie eine Herde«). 1940 als Komponist und Dirigent Tonaufnahme mit dem Soldatenchor des Wachbataillons der Luftwaffe Berlin: *Wir ziehen nach Engeland* (Textanfang: »Nun führt uns ein Führer zum Sieg übers Meer«). 1941 mit dem Stabsmusikkorps des Wachbataillons Tonaufnahme des Stammlieds der Propagandakompanien: *Lebe wohl, du kleine Monika* mit den Textzeilen »Der schönste Tod von allen/ist der Soldatentod!« † 5. 2. 1961 Langenhagen. Lit.: Gillum; Koch.

Teichs, Alf (Adolf). Chefdramaturg der Terra-Film AG (1935), 1940 Produktionschef.

* 18.12.1904 Dresden. 1928 Dramaturg am Weimarer Nationaltheater, 1932 des Berliner Theaters am Schiffbauerdamm. 1940 Produktionsüberwachung beim Hetzfilm *Jud Süß*. Werner-Krauß-Biograph Goetz zu den Dreharbeiten: »Prager Juden wurden zusammengetrieben und mußten als Statisten auftreten.« Laut Hippler von Goebbels öfters zur Abendgesellschaft eingeladen. Goebbels am 30.1.1941 im Tagebuch: »Neues Terra-Programm von Teichs durchstudiert. Sehr gute Ansätze. Weiter so!« Harlan: »Teichs hatte eine jüdische Frau, von der er sich, wenn ich recht unterrichtet wurde, nur ›pro forma‹ [!] scheiden ließ.« Nach 1945 bei verschiedenen Filmgesellschaften, Wohnort Hamburg. † 14.1.1992 ebenda.

Teschemacher, Margarete. Auf der *Gottbegnadeten-Liste* (Führerliste) der wichtigsten Künstler des NS-Staates.

* 3.3.1903 Köln. Sopranistin. 1930 Staatsoper Stuttgart. 1935 Staatsoper Dresden, am 15.10.1938 Titelpartie in der Uraufführung der Strauss-Oper *Daphne*. Auftritte in Konzerten der Leipziger NS-Gemeinschaft *Kraft durch Freude* am 6.2.1939 und am 5.2.1940. 1947–1952 Opernhaus Düsseldorf. † 19.5.1959 Bad Wiessee in Oberbayern. Nachruf *Deutsches Bühnen-Jahrbuch*: »Eine der führenden deutschen Sopranistinnen des jugendlich-dramatischen Fachs.«

Tessenow, Heinrich. Auf der *Gottbegnadeten-Liste* (Führerliste) der wichtigsten Architekten des NS-Staates.

* 7.4.1876 Rostock. 1910 bekanntestes Bauwerk: das Festspielhaus in Hellerau bei Dresden. 1920 Leiter der Architekturschule der Kunstakademie Dresden, 1926 (bis 1941) Professor der TH Berlin-Charlottenburg, Leiter einer Meisterklasse an den Vereinigten Staatsschulen für freie und angewandte Kunst. 1931 Umbau von Schinkels Berliner *Neuer Wache* zum Reichsehrenmal für die Gefallenen des I.

Weltkriegs. Lehrer von Albert Speer, Speer: »Tessenow ... hielt sich beharrlich von der Versuchung fern, Großbauten zu errichten.« † 1.11.1950 Berlin.

Tettau, Anni von.

* 1.12.1877 Wohlau. Laut *Aufstellung derjenigen Parteigenossen, die Angehörige fürstlicher Häuser sind*: NSDAP-Nr. 4391762, Gau Sachsen. † 7.2.1954 Dresden.

Tettau, Ilse von.

* 4.9.1892 Werden. Laut *Aufstellung derjenigen Parteigenossen, die Angehörige fürstlicher Häuser sind*: NSDAP-Nr. 4524908, Gau Sachsen. † 14.10.1979 Kamp-Bornhofen.

Thaller, Willi. Schauspieler, Operettenkomiker.

* 17.8.1854 Graz. Bariton. Ab 1924 am Wiener Burgtheater. Titel Hofrat. Ehrenmitglied des Burgtheaters. Zur Volksabstimmung zum »Anschluß« Österreichs April 1938: »Ich bin Steirer und die Steirer, die von allem Anfange seine besten und härtesten Kämpfer waren, gehen mit dem Führer bis zum vollen Sieg!« † 7.4.1941 Wien.

Theiss, Siegfried. Auf der *Gottbegnadeten-Liste* (Führerliste) der wichtigsten Architekten des NS-Staates.

* 17.11.1892 Bratislava. 1919 (bis 1931) Präsident der Zentralvereinigung Österreichischer Architekten, 1919 (bis 1952) Professor der TH Wien. 1933 Hochhaus in der Wiener Herrengasse. † 24.1.1963 Wien.

Thellmann, Erika von. Filmschauspielerin.

* 31.8.1902 Leutschau in Böhmen als Offizierstochter. Goebbels am 13.11.1935 über die Geburtstagsfeier seiner Frau Magda in Anwesenheit von Hitler: »Wir machen Kabarett. Hussels, Lommel, von Thellmann, einige Tänzerinnen. Es wird sehr nett. Der Führer ist ganz aufgeräumt. Und alle bleiben bis 6 Uhr morgens.« Mehr als 75 Filme, darunter *Sommer, Sonne, Erika* (1939), *Die Nacht in Venedig* (1942) und der antibritische Kolonialfilm

Carl Peters (1941). Nach 1945 Filme wie *Die leibhaftige Unschuld* (1951), *Skandal im Mädchenpensionat* (1952) oder *So liebt man in Tirol* (1961). † 27. 10. 1988 Calw.

Then-Berg, Erik. Pianist.

* 3. 5. 1916 Barsighausen bei Hannover. Solistische Gastspiele unter den Dirigenten Böhm, Karajan, Furtwängler. Am 12. 10. 1944 Entscheidung von Goebbels, ihn vom Kriegsdienst freizustellen (BA R 55/20616). NS-Ehrung: 1940 von Goebbels *Nationaler Musikpreis* für den besten Nachwuchspianisten. 1952 Professor der Staatlichen Musikhochschule in München. † 19. 4. 1982 Baldham bei München.

Thiele, Hertha. Schauspielerin.

* 8. 5. 1908 Leipzig. 1931 Filmdebüt mit *Mädchen in Uniform* (Jugenddrama im Mädchenpensionat). 1932 im Klassiker des proletarischen Films *Kuhle Wampe*. August 1933 in der Fallada-Verfilmung *Kleiner Mann – was nun?* 1934 Hochgebirgsfilm *Die weiße Majestät*. Ab 1937 in der Schweiz. 1942 am Berner Stadttheater. 1949 in Ost-Berlin, ohne Fuß zu fassen. 1952–1955 an Berner Privattheater, danach Hilfsschwester in der Psychiatrie. 1966 Übersiedlung DDR. An den Bühnen in Magdeburg und Leipzig. † 5. 8. 1984 Ost-Berlin.

Thiele, Wilhelm (Künstlername). Regisseur.

* 10. 5. 1890 Wien. 1930 Erfolge mit *Die drei von der Tankstelle* und Operettenfilm *Liebeswalzer*. 1933 wegen NS-Rassenhetze Flucht nach England. Ab 1934 in Hollywood. Zwei Tarzanfilme mit Johnny Weissmüller (1942: *Tarzan und die Nazis!*). 1960 in der BRD noch zwei Filme: *Der letzte Fußgänger* sowie *Sabine und die 100 Männer*. 1974 *Filmband in Gold* für langjähriges und hervorragendes Wirken im deutschen Film. † 7. 9. 1975 Woodlawn Hills, Kalifornien.

Thierfelder, Helmut. Dirigent.

* 18. 8. 1897 Deutschenbora bei Dresden. Dr. phil. 1928 Badekapellmeister in Friedrichsroda (Thüringen). 1932 zweiter Dirigent des Berliner Symphonieorchesters.

Mai 1933 NSDAP, auch *Kampfbund für deutsche Kultur* und NS-Betriebszellen-Organisation (die NSBO verstand sich als die »SA der Betriebe«). 1934 (bis 1936) Kurkapellmeister in Wiesbaden, danach am Reichssender Hamburg. 1938 beim Niedersachsen-Orchester in Hannover. Nach 1945 Chefdirigent des Niedersächsischen Symphonieorchesters. † 12. 11. 1966 Hannover.

Thies, Hans Arthur. Schriftsteller.

* 27. 11. 1893 Hannover. Dr. phil. 1934 Schauspiel: *Der Zauberbaum*. 1936 Co-Autor: *Der deutsche Soldat in der Anekdote*. 1940 Roman *Der eiserne Seehund*, Vorlage für den historischen U-Boot-Film *Geheimakte WB 1* (1942), Prädikat: *staatspolitisch wertvoll*. † 6. 12. 1954.

Thieß, Frank. Auf der Liste der von Goebbels zugelassenen Filmautoren (1944).

* 13. 3. 1890 Eluisenstein in Livland. Dr. phil. Mehrere Romane, darunter 1934 *Der Weg zu Isabelle*, 1937 *Stürmischer Frühling*, 1943 Caruso-Roman *Neapolitanische Legende*. Film-Drehbücher: 1939 *Es war eine rauschende Ballnacht*, 1940 *Der Weg zu Isabelle*, 1942 Ufa-Film *Diesel* (über die stets siegreiche deutsche Technik, Prädikat: *staatspolitisch wertvoll*). Nach 1945 selbsternannter Sprecher der Autoren der angeblichen *Inneren Emigration*, Angriffe auf Thomas Mann. Mann am 15. 10. 1945 an den Journalisten Gerard W. Speyer: »Es ist schwer erträglich, daß diese Leute, die, weil sie nie den Mund gegen den heraufkommenden Schrecken aufgetan hatten, in der angenehmen Lage waren, zu Hause bleiben zu können, sich nun als die eigentlichen Helden und Märtyrer präsentieren.« 1968 Konrad-Adenauer-Preis der Deutschland-Stiftung. 1972 Erinnerungen: *Jahre des Unheils. Fragmente erlebter Geschichte*. Vizepräsident der Darmstädter Akademie für Sprache und Dichtung und der Mainzer Akademie der Wissenschaften und Literatur. † 22. 12. 1977 Darmstadt.

Thilmann, Johannes. Musikerzieher.

* 11. 1. 1906 Dresden, Sohn eines Schulleiters. Lehrer. 1938 Musik zum Festspiel *Ein Volk stand auf.* Am 8. 10. 1940 in den *Dresdner Nachrichten:* »Ich wurde ein Glaubender an die Unvergänglichkeit des deutschen Lebensstromes, in dem ich zwar nur ein Tropfen bin, aber mit vorwärts rolle in die Ewigkeit.« Kriegsdienst. 1953 Dozent, 1956 Professor der Musikhochschule Dresden. 1960 *Nationalpreis,* 1966 *Vaterländischer Verdienstorden.* † 29. 1. 1973 Dresden.

Thimig, Hans. Schauspieler.
* 22. 7. 1900 Wien, Sohn von Hugo Thimig. Am Wiener Burgtheater und am Theater in der Josefstadt, ebenda nach der Besetzung Österreichs 1938 bis 1942 Direktor. Regisseur der Wien-Film, Regie zu *So gefällst Du mir* (1941), *Brüderlein fein* (1942), *Die kluge Marianne* (1943) sowie *Die goldene Fessel* (1944). 1978 Titel Professor. Das *Deutsche Bühnen-Jahrbuch* zum 65. Geburtstag: »Er ist einer der vielseitigsten Angehörigen der großen Schauspieler-Familie.« † 17. 2. 1991 Wien.

Thimig, Helene. Schauspielerin.
* 5. 6. 1889 Wien. Tochter des Schauspielers Hugo Thimig, Schwester der Schauspieler Hans und Hermann Thimig. 1915 Ehe mit dem Kollegen Paul Kalbeck (Lebenserinnerungen: »Ich wollte endlich das Kapitel Sex hinter mich bringen«), 1917 Scheidung aus Liebe zu Max Reinhardt. Ab 1917 am Deutschen Theater in Berlin unter Reinhardt. 1920 in der Aufführung des *Jedermann* der ersten Salzburger Festspiele (Rolle: Gute Werke). Ab 1933 am Theater in der Josefstadt Wien unter Reinhardt. 1935 Heirat, nach Reinhardts 16jährigem Ehekrieg mit seiner ersten Frau Else Heims (G. Reinhardt). 1947 (bis 1968) am Burgtheater, liiert mit dem Schauspieler Anton Edthofer. Einsatz für die Rehabilitierung von Werner Krauss (*Jud Süß*). 1948 (bis 1959) Leiterin des Reinhardt-Seminars, Professorin an der Akademie für Musik und darstellende Kunst. 1973 Erinnerungen: *Wie Max Reinhardt lebte.* † 7. 11. 1974 Wien.

Thimig, Hermann. Auf der *Gottbegnadeten-Liste* (Führerliste) der wichtigsten Künstler des NS-Staates.
* 3. 10. 1890 Wien, Sohn von Hugo Thimig. 1933 im Transvestiten-Ulk *Viktor und Viktoria.* 1934 (bis 1968) am Wiener Burgtheater, auch Theater in der Josefstadt. 1935 Erfolg mit der Rolle des Kellners im Operettenfilm *Im weißen Rößl.* Mai 1939 Titelrolle im Film *Marguerite* (Thema: begehrenswerte Frau und ihre Bewerber). NS-Ehrung: 1938 *Staatsschauspieler.* Nach 1945 Filme wie *Praterbuben* (1946), *Der Fünf-Minuten-Vater* (1951), *Ewiger Walzer* (1954). Das *Deutsche Bühnen-Jahrbuch* zum 80. Geburtstag: »Sein Element ist das Lustige, bis ins Hanswursthafte hinein.« † 7. 7. 1982 Wien.

Thimig, Hugo. Auf der *Gottbegnadeten-Liste* der Schauspieler, die für die Filmproduktion benötigt werden.
* 13. 6. 1854 Dresden, Sohn eines Handschuhmachers. Komiker. Spielte vorwiegend am Wiener Burgtheater und am Theater in der Josefstadt. Hofrat. 1912–1917 Burgtheaterdirektor. NS-Ehrung: 1942 *Goethe-Medaille* für Kunst und Wissenschaft »durch den Führer« (DBJ). † 24. 9. 1944 Wien.

Thode, Daniela. Cosima Wagners älteste Tochter aus der Ehe mit Hans von Bülow.
* 12. 10. 1860 Berlin. 1886 Heirat mit dem Kunsthistoriker Henry Thode, Scheidung 1914. Am 19. 12. 1928 Unterzeichnerin des Gründungsmanifests des *Kampfbunds für deutsche Kultur.* Erbitterte Rivalin von Winifred Wagner. Goebbels am 23. 11. 1937 im Tagebuch: »Frau Thode bittet um eine staatliche Pension. Sie hat sie wohl verdient.« † 28. 7. 1940 Bayreuth. Nachruf Gauleiter Wächtler: »In der Nacht zum 28. Juli starb im 80. Lebensjahr Parteigenossin Frau Daniela Thode, geborene von Bülow, Trägerin des Goldenen Ehrenzeichens der NSDAP.«

Thöny, Eduard. Auf der *Gottbegnadeten-Liste* (Führerliste) der wichtigsten Maler des NS-Staates.
* 9. 2. 1866 Brixen, Sohn eines Holz-

schnitzers. Historienmaler und Zeichner in Holzhausen am Ammersee. 1897 (bis 1944) Mitarbeiter der Satire-Zeitschrift *Simplicissimus*. Auf den Großen Deutschen Kunstausstellungen im Münchner NS-Musentempel *Haus der Deutschen Kunst* mit insgesamt 38 Objekten, darunter 1940 *Westwallarbeiter* (Öl) sowie 1943 *Waffen-SS im Einsatz* (Öl). NS-Ehrung: Ehrensold durch Reichspropagandaministerium. Am 20.4.1938 (zu *Führers Geburtstag*) Titel Professor. 1941 *Goethe-Medaille* für Kunst und Wissenschaft. Das Rosenberg-Organ *Die Kunst im Deutschen Reich* März zum 75. Geburtstag: »Es gibt wohl wenige Zeichner der neuen Zeit, die so meisterhaft wie er einen Soldaten, zumal einen Kavalleristen, bis auf den letzten Sattelknopf getreu wiederzugeben imstande ist.« † 26.7.1950 Holzhausen.

Thoma, Hans. Maler des deutschen Naturalismus.
* 2.10.1839 Bernau im Schwarzwald. † 7.11.1924 Karlsruhe, Sohn eines Holzarbeiters. Berühmt seine Schwarzwald- und Taunuslandschaften. 1899–1919 Direktor der Kunsthalle und Professor der Kunstakademie Karlsruhe, ein Zentrum der Deutschtümelei. Malte 1884 *Langbehn der Rembrandtdeutsche* als Ikone (Puschner). Thoma wurde vom Kunsthistoriker Thode zur Verkörperung nationaler Identität stilisiert. Einer der Lieblingsmaler Hitlers. Lit.: Brenner.

Thomalla, Curt. »Lehrfilme« für Ufa (*Fluch der Vererbung*), Referent für Volksgesundheit im Reichspropagandaministerium (ab 1933).
* 12.7.1890 Friedland in Oberschlesien. *Führerlexikon*: »Aus alten schlesischen Bauern- und Erbscholtiseibesitzer-Familien.« Psychiater der Städtischen Nervenklinik Breslau. Oberregierungsrat. 1936 populäres Hausbuch: *Gesund Sein – Gesund Bleiben*. † Suizid 3.3.1939, da er eine interne Goebbels-Rede über Kriegsabsichten Hitlers an NS-Stellen verbreitet hatte (Graff; Hinkel).

Thomalla, Georg. Auf der *Gottbegnadeten-Liste* der Schauspieler, die für die Filmproduktion benötigt werden, Zusatz: Rundfunk.
* 14.2.1915 Kattowitz. 1939 im Ilse-Werner-Film *Ihr erstes Erlebnis*. 1941 in *Über alles in der Welt* zur Vorbereitung der Schlacht um England (Courtade: »Ein einziger wüster, barbarischer Siegesschrei«), in der Sturzkampfflieger-Hymne *Stukas* sowie im HJ-Film *Jungens*. 1942: *Wir machen Musik*, 1943: *Besatzung Dora* über Heldentaten der Luftwaffe (infolge des Kriegsverlaufs nicht im Kino), 1944: Filmlustspiel *Ein fröhliches Haus* sowie Werkspionagefilm *Der große Preis*. Weniger: »Nach 1945 entwickelte sich Thomalla bald zum Parade-Spaßvogel der bundesdeutschen Filmklamotte.« 1988 Erinnerungen: *In aller Herzlichkeit*. † 25.8.1999 Starnberg.

Thomas, Kurt. Komponist und Chorpädagoge.
* 25.5.1904 Tönning/Eider, Sohn eines Regierungsrats. 1934 Professor der Musikhochschule Berlin, NS-Gebrauchsmusik. Am 6.11.1935 Beschwerde an Reichsmusikkammer, daß er, obwohl »Vollarier«, aufgrund eines Eintrags in Brückners *Musikalischen Juden ABC* mit einem Juden gleichen Namens verwechselt werde. Im obigen Werk seien auch sonst Arier als Juden angegeben: »Andrerseits fehlen aber wieder 100prozentige Vertreter jüdischer Unkultur, wie z.B. Kurt Weill«. 1939 Leiter des Musischen Gymnasiums der Stadt Frankfurt am Main, genannt *Napola der Musik* (Mitt. Cobeth). 1940 NSDAP (Nr. 7463935). NS-Ehrung: 1936 von Goebbels Silbermedaille für seine *Olympische Kantate* beim Musikbewerb der Reichsmusikkammer zur Olympiade, Vertonung des Textes: »Heilig der gesunde Leib,/Heil dem Willen, der ihn stählt!/der in Jüngling, Mann und Weib/sich den Sieg zum Ziel erwählt.« 1947 Professor der Nordwestdeutschen Musikakademie Detmold. 1956 Thomaskantor in Leipzig. 1966 Musikakademie Lübeck. 1969 *Bundesverdienst-*

kreuz. † 31.3. 1973 Bad Oeynhausen. Lit.: Jahn; Prieberg.

Thomas, Walter. Generalkulturreferent beim Reichsstatthalter in Wien (1938). * 17.7. 1908 Siegen. 1935 Chefdramaturg in Bochum. 1938 Autor *Vom Drama unserer Zeit*, Textprobe:»Die Tragödie muß hart und unerbittlich sein. Ihre oberste Forderung an den Dichter heißt nicht Grausamkeit, aber inneres Unbeteiligtsein am tragischen Geschick. Mitleid ist in diesem Falle Schwäche, Sentimentalität, Talentlosigkeit.« 1942 Leiter der Kulturabteilung im Reichspropagandaamt Wien. 1943 Wehrmacht. 1946 Generalsekretär der Deutschen Shakespeare-Gesellschaft. Chefdramaturg in Bochum, Detmold, Bremen, Oldenburg. 1964 Herausgeber: *100 Jahre Deutsche Shakespeare-Gesellschaft.* † 2.6. 1970 Bochum. Nachruf *Deutsches Bühnen-Jahrbuch*: »Liberale Haltung in Fragen der Kunst.«

Thoms, Toni. Filmkomponist. * 14.1. 1881 München. NSDAP Mai 1933, zeitweise ausgeschlossen (Prieberg). 1933 Musik zum Propagandastreifen *SA-Mann Brand.* 1934 Kapellmeister am Münchener Volkstheater, Nebenrolle im antikommunistischen Freikorps-Film *Um das Menschenrecht.* Oberspielleiter unter anderem in Erfurt und Augsburg. Musik zu 60 Filmen, darunter *Grenzfeuer* (1934) und *Das sündige Dorf* (1940). † 11.11. 1941 München.

Thorak, Josef. Auf der Sonderliste der zwölf wichtigsten bildenden Künstler der *Gottbegnadeten-Liste* (Führerliste). Staatsbildhauer des Dritten Reiches. * 7.2. 1889 Salzburg. Nach der Machtergreifung Scheidung von seiner jüdischen Frau Hilda (Riefenstahl: »Eine Schönheit«). Am 19.8. 1934 Unterzeichner des *Aufrufs der Kulturschaffenden* zur Vereinigung des Reichskanzler- und Reichspräsidentenamts in der Person Hitlers: »Wir glauben an diesen Führer, der unsern heißen Wunsch nach Eintracht erfüllt hat.« 1937 Professor der Kunstakademie München. Goebbels am 11.2. 1937 im Ta-

gebuch: »Mit Führer bei Prof. Thorak Entwürfe für Pariser Weltausstellung angeschaut. Ganz groß und monumental. Thorak ist unsere stärkste plastische Begabung.« Goebbels am 29.3. 1937: »Nachmittags kleine Teegesellschaft. Zerletts, Anny Ondra, Bildhauer Thorak, Breker und von Kalckreuth.« Wohnsitz Künstlerkolonie Saarow-Pieskow am Scharmützelsee, Nachbar von Max Schmeling, der ihm zu einer Büste und zur Skulptur *Faustkämpfer* Modell stand. Bronzeplastiken (Pferde) und Reliefs in der von Speer 1939 erbauten Neuen Reichskanzlei, von Speer mit horrenden Summen gefördert. Im engsten Freundeskreis von Speer, März 1939 Sizilienfahrt mit Gattinnen. Auf den Großen Deutschen Kunstausstellungen im Münchner NS-Musentempel *Haus der Deutschen Kunst* mit 42 Objekten, darunter 1943 mit einem *Danziger Freiheitsdenkmal* (nackter Krieger mit Schwert). Goebbels am 26.6. 1943 im Tagebuch: »Thorak spuckt augenblicklich ein Meisterwerk nach dem anderen aus.« † 26.2. 1952 Hartmannsberg bei Rosenheim.

Thorwald, Jürgen, Name vor 1945: Heinz Bongartz. Schriftsteller. * 28.10. 1915 Solingen. Schriftleiter für Wehrpolitik in Berlin. Autor der Bücher *Luftkrieg im Westen* (1940), *Luftmacht Deutschland, Deutschlands Luftwaffe im Kampf um die Wende der Welt, Seemacht Deutschland. Deutschlands Flotte im Kampf um die Wende der Welt* (jeweils 1941). 1948–1951 Redakteur bei *Christ und Welt*, danach bei der Illustrierten *Quick*, Januar 1952 ebenda: »Auch die Deutschen sind Opfer des grauenhaften Kriegs.« Thorwald mittels eines angeblichen Zitats von Eugen Gerstenmaier: »Die Deutschen leiden heute selbst mehr, als je ein Volk gelitten hat.« Autor der Vertriebenenschmöker (Rutz) *Es begann an der Weichsel* (1949) und *Das Ende an der Elbe* (1950). 1978: *Die Saga der Juden in Amerika.* 1983 Verdienstkreuz I. Klasse des Verdienstordens der BRD. † 4.4. 2006 Lugano. Lit.: Rutz.

Thun-Hohenstein, Eugenie Gräfin von.
* 22.10.1895 Budischau als Geheimrats-tochter. 1918 Heirat mit Graf Hans. Mit-herrin auf Kirchwidern. Laut *Aufstellung derjenigen Parteigenossen, die Angehörige fürstlicher Häuser sind*: 1.4.1939 NSDAP, Nr. 7072881, Gau Niederdonau. † 1972 (Genealogisches Handbuch).

Thun-Hohenstein, Hans (Johannes) Graf von.
* 9.4.1884 Prag. Mitherr auf Kirchwi-dern, Mähren. Hauptmann a.D. Laut *Auf-stellung derjenigen Parteigenossen, die An-gehörige fürstlicher Häuser sind*: 1.4.1939 NSDAP, Nr. 7072882, Gau Niederdonau. † 1.5.1964 Blumenthal.

Thun und Hohenstein, Franz Anton 3. Fürst von.
* 17.12.1890 Prag. Fideikommißherr auf Tetschen, auf Perutz mit Slavetin, Ritter des (österreichischen) Ordens vom Gol-denen Vlies, Großkreuz des Malteser-Rit-ter-Ordens. Laut *Aufstellung derjenigen Parteigenossen, die Angehörige fürstlicher Häuser sind*: 1.12.1938 NSDAP, Nr. 6535631, Gau Sudetenland. † 20.4.1973 Ulm.

Thun und Hohenstein, Franziska Fürstin von.
* 2.4.1893 Prag als Geheimratstochter. Ab 1916 Ehefrau von Franz Anton. Laut *Aufstellung derjenigen Parteigenossen, die Angehörige fürstlicher Häuser sind*: 1.12.1938 NSDAP, Nr. 6465380, Gau Sudeten-land. † 17.2.1964 Bozen.

Thun und Hohenstein, Roderich Graf von.
* 30.1.1908. Geschäftsführer der *Arbeits-gemeinschaft katholischer Deutscher*. Janu-ar 1934 Aufruf, die »rückhaltlose Mitar-beit am Nationalsozialismus zu vertiefen«. Juli 1934 kurzzeitig verhaftet. 1937 NSDAP (Malinowski). 1981 Wohnsitz in Inns-bruck und San José in Costa Rica.

Thurn und Taxis, Eleonore Prinzessin von.
* 25.1.1877 Brüssel. Ab 1907 Ehefrau von Prinz Friedrich. Laut *Aufstellung derjeni-gen Parteigenossen, die Angehörige fürstli-cher Häuser sind*: 1.11.1940 NSDAP, Nr. 8094564, Gau Sudetenland. † 13.8.1959 Hohenberg.

Thurn und Taxis, Friedrich Prinz von.
* 23.12.1871 Raab. Laut *Aufstellung der-jenigen Parteigenossen, die Angehörige fürstlicher Häuser sind*: 1.12.1938 NSDAP, Nr. 6557197, Gau Sudetenland. Oberst-leutnant a.D. † 10.5.1945 Biskupitz (er-mordet).

Thurn und Taxis, Georg Prinz von.
* 26.4.1910 Schloß Biskupitz. Laut *Auf-stellung derjenigen Parteigenossen, die An-gehörige fürstlicher Häuser sind*: 1.11.1938 NSDAP, Nr. 6433313, Gau Berlin. 1943 »in nicht hausgesetzmäßiger Ehe« Heirat mit Editha Scheer. † 4.10.1986 München.

Thurn und Taxis, Hans Prinz von.
* 28.6.1908 Schloß Mzell. Laut *Aufstel-lung derjenigen Parteigenossen, die Ange-hörige fürstlicher Häuser sind*: 1.11.1940, Nr. 8105171, Gau Sudetenland. Diplom-landwirt. Ehrenritter des Malteser-Ritter-Ordens. † 3.4.1959 Freiburg im Breisgau.

Thurn und Taxis, Hugo Prinz von.
* 21.9.1916 Schloß Biskupitz. Laut *Auf-stellung derjenigen Parteigenossen, die An-gehörige fürstlicher Häuser sind*: 1.11.1938 NSDAP, Nr. 6807114, Gau Sudetenland. Diplom-Kaufmann. Dreimal »in nicht hausgesetzmäßiger Ehe« verheiratet. † 6.5.1975 München.

Tiebert, Hermann. Auf der *Gottbegnade-ten-Liste* (Führerliste) der wichtigsten Ma-ler des NS-Staates.
* 31.1.1895 Koblenz. Ab 1928 Wohnsitz Isny im Allgäu. Vollmer: »Szenen aus dem Leben des schwäbischen Landvolks.« Auf der Großen Deutschen Kunstausstellung 1939 im *Haus der Deutschen Kunst* mit dem Bild *Bregenzerwälderin* (sic). Kein Hinweis zur weiteren Tätigkeit.

Tiedtke, Jacob. Auf der *Gottbegnadeten-Liste* der Schauspieler, die für die Film-produktion benötigt werden.
* 23.6.1875 Berlin. Berliner Weißbiertyp. Lebensmotto laut DBJ (1967): »Halte Dei-ne Flamme rein!« Mit Harlan befreundet und Taufpate von Harlans Tochter Maria.

Präsidialbeirat im NS-Führerkorps *Kameradschaft der deutschen Künstler*. In der NS-Zeit in 71 Filmen, darunter 1940 Hauptrolle im Hetzfilm *Jud Süß*, 1941 im Zarah-Leander-Film *Der Weg ins Freie* (in den Nebenrollen ein verbrecherischer polnischer Graf und zwei jüdische »Volksschädlinge«), Januar 1945 in Harlans Durchhalte-Schnulze *Kolberg*. NS-Ehrung: 1937 von Hitler Titel *Staatsschauspieler*. In Harlans Nachkriegsdebüt *Unsterbliche Geliebte* (1951) und in den Harlan-Filmen *Hanna Amon* (1951) sowie *Die blaue Stunde* (1953). 1951 Erinnerungen: *Aufrichtigkeiten eines ermüdeten Lügners*, 1955 *Bundesverdienstkreuz*. † 30. 6. 1960 Berlin.

Tiemann, Walter. Auf der *Gottbegnadeten-Liste* (Führerliste) der wichtigsten Gebrauchsgraphiker und Entwurfzeichner des NS-Staates.
* 29. 1. 1876 Delitzsch. 1909 Professor der Königlichen Akademie für graphische Künste und Buchgewerbe in Leipzig. 1920–1940 Direktor. † 12. 9. 1951 Leipzig.

Tiessen, Heinz. Gutachter der Reichsmusikprüfstelle (Zensurstelle) im Reichspropagandaministerium.
* 10. 4. 1887 Königsberg. 1930 (bis 1945) Professor der Staatlichen Musikhochschule Berlin. 1935 auf der Liste der *Musik-Bolschewisten* der *NS-Kulturgemeinde*. 1946 Direktor des Berliner Konservatoriums. 1955 Leiter der Musikabteilung der Deutschen Akademie der Künste (der DDR). Das *Deutsche Bühnen-Jahrbuch* zum 70. Geburtstag: »Auf dem Gebiete der Bühnenmusik hat Heinz Tiessen Wertvolles geschaffen.« † 29. 11. 1971 Berlin.

Tietjen, Heinz. Generalintendant der Preußischen Staatstheater (1927–1944). Reichskultursenator.
* 24. 6. 1881 Tanger in Marokko, Sohn eines deutschen Diplomaten und einer Britin, befreundet mit Cosima Wagner. Tietjen unterstanden die Staatsoper Unter den Linden, die Kroll-Oper, das Schauspielhaus am Gendarmenmarkt, das Schiller-Theater und die Theater in Kassel und

Wiesbaden. Ab 1933 künstlerischer Leiter der Bayreuther Festspiele (laut Wistrich »einer der jährlichen Höhepunkte des NS-Kalenders«). Enge Beziehung zu Winifred Wagner, von ihrem ältesten Sohn Wieland bekämpft. Am 19. 8. 1934 Unterzeichner des *Aufrufs der Kulturschaffenden* zur Vereinigung des Reichskanzler- und Reichspräsidentenamts in der Person Hitlers: »Wir glauben an diesen Führer, der unsern heißen Wunsch nach Eintracht erfüllt hat.« Goebbels am 3. 11. 1937 im Tagebuch: »Tietjen ist ein hinterlistiger Intrigant. Und dirigiert jetzt den ganzen ›Ring‹.« Beurteilung Rosenbergs: »Dieser Fall bildet eins der verhängnisvollsten Kapitel in der Kunstpolitik des neuen Deutschland, weil Tietjen es verstanden hat, auf Grund seiner Beziehungen, namentlich zum Hause Wahnfried, seine Widersacher in skrupelloser Weise unschädlich zu machen.« Kurator des *Emmy-Göring-Stifts* für alte – arische – Schauspieler in Weimar. NS-Ehrung: 1936 von Göring zum Preußischen Staatsrat ernannt. 1941 *Goethe-Medaille* für Kunst und Wissenschaft. 1948 Intendant der Städtischen Oper Berlin. 1953 *Großes Bundesverdienstkreuz*. 1956 Intendant der Hamburger Staatsoper. † 30. 11. 1967 Baden-Baden. Nachruf *Deutsches Bühnen-Jahrbuch*: »Die Liebe zu Wagner war Tietjens Schicksal.«

Tintner, Hans. Schauspieler, Filmkaufmann.
* 28. 11. 1894 Wien. Regie, Drehbuch und Produktionsleitung zu seinem wichtigsten Film *Cyankali* (Thema Schwangerschaftsabbruch, 1930). Letzter Film: *Kaiserliebchen* (1930). † 19. 7. 1942 Deportation von Drancy nach Auschwitz. Q.: Weniger, Bühne.

Tollen, Otz. Auf der *Gottbegnadeten-Liste* der Schauspieler, die für die Filmproduktion benötigt werden.
* 9. 4. 1887 Berlin. Nebenrollen in den NS-Filmen *Pour le mérite, Die Rothschilds, Jud Süß, Spähtrupp Hallgarten, Stukas, Der große König, Besatzung Dora* sowie *Kol-*

berg. Nach 1945 Filme wie *Postlagernd Turteltaube* (1952) oder *Oberwachtmeister Borck* (1955). 1958 im Harlan-Film *Liebe kann wie Gift sein.* † 19. 7. 1965 Berlin.

Toller, Ernst. »Der deutsche Dramatiker des Sozialismus« (Kesten).

* 1. 12. 1893 Samotschin bei Bromberg. Im I. Weltkrieg 13 Monate vor Verdun, Nervenzusammenbruch, 1917 Entlassung aus dem Heer. Danach Pazifist. Mitglied der *Unabhängigen Sozialdemokratischen Partei Deutschlands* (USPD). April 1919 Vorsitzender des Provisorischen Zentralrats der 1. Räterepublik in Bayern, deshalb zu 5 Jahren Festungshaft verurteilt. Ende 1919 Uraufführung seines Revolutionsstücks *Die Wandlung*, von der Kritik (Ihering, Kerr) begeistert aufgenommen. 1922 Uraufführung seines Dramas *Die Maschinenstürmer*, Graf Kessler am 6. 7. 1922 im Tagebuch: »Talentloser Kitsch, der die Tendenz, die er vertritt, nur kompromittieren kann, ebenso wie die talentlose, kitschige Münchener Räterepublik den republikanischen Gedanken in Bayern kompromittiert hat.« 1924 Haftentlassung. 1927 Revolutionärsdrama *Hoppla, wir leben* auf der Piscator-Bühne. 1933 auf Vortragsreise in der Schweiz (danach in England und USA). Am 11. 1. 1934 im Brief an seinen Kollegen Hiller: »Die Emigration von 1933 ist ein wüster Haufe aus zufällig Verstoßenen, darunter vielen jüdischen verhinderten Nazis, aus Schwächlingen mit vagen Ideen, aus Tugendbolden, die *Hitler* verhindert, Schweine zu sein, und nur wenigen Männern mit Überzeugungen.« † Suizid 22. 5. 1939 New York.

Topitz, Anton Maria. Kammersänger.

* 26. 2. 1889 St. Nikola/Donau in Oberösterreich. Tenor, 1919 Debüt als Lohengrin am Deutschen Theater Brünn. Ab 1930 regelmäßig in Berlin. NSDAP 1931 (Nr. 855648). Laut *Deutsche Kulturwacht* 1932 Fachspartenleiter der Untergruppe Vokal in Rosenbergs *Kampfbund für deutsche Kultur* Groß-Berlin. Musikreferent der Zeitschrift *Die Musik* in Berlin. † 7. 4. 1949 Berlin.

Tourjansky, Viktor. Filmregisseur ukrainischer Herkunft.

* 4. 3. 1891 Kiew. In der NS-Zeit Regie zu 14 Filmen, auch Drehbuchautor. Unter anderem 1938 Zarah-Leander-Film *Der Blaufuchs.* November 1940, nach dem Überfall auf Polen, Regie zum antipolnischen Hetzfilm *Feinde*, Einführungstext: »Im Jahre 1939 entfachte das englische Garantieversprechen die polnische Mordfurie«. Dezember 1940 Filmlustspiel *Die keusche Geliebte.* Nach 1945 Filme wie *Der Mann, der zweimal leben wollte* (1950) oder *Herz ohne Gnade* (1958). † 13. 8. 1976 München.

Träder, Willi. Leiter des Luftwaffenmusikkorps Berlin-Gatow (1942).

* 24. 3. 1920 Berlin. Leiter der Berliner HJ-Spielschar, vorwiegend am Deutschlandsender eingesetzt (Axmann). Aufführung von Feiermusiken der HJ. Laut Prieberg 1938 NSDAP. 1942 Dirigent der Tonaufnahme *Ein junges Volk steht auf*, Text: »Und welcher Feind auch kommt mit Macht und List,/seid nur ewig treu, ihr Kameraden!/Der Herrgott, der im Himmel ist,/liebt die Treue und die jungen Soldaten.« 1953 Leiter der Jugendmusikschule Hannover. 1958 Dozent, 1964 Professor der Hochschule für Musik und Theater in Hannover. 1979 Co-Autor: *Handbuch des Musikschulunterrichts.* † 12. 11. 1981 Hannover.

Translateur, Siegfried. Unterhaltungsmusiker.

* 19. 6. 1875 Carlsruhe in Schlesien. Dirigent einer eigenen Kapelle in Berlin. Bekanntestes Werk: *Sportpalast-Walzer* (im Sportpalast häufig aufgeführt, von Goebbels 1937 verboten). Im *Lexikon der Juden in der Musik* als »Halbjude« gebrandmarkt, samt Auflistung seiner Walzer, Salon- und Charakterstücke, zur Verhinderung ihrer Aufführung. † 2. 3. 1944 Ghettolager Theresienstadt. Lit.: Fetthauer.

Trapp, Max. Auf der *Gottbegnadeten-Liste* (Führerliste) der wichtigsten Komponisten des NS-Staates.

* 1.11. 1887 Berlin. 1924 Leiter einer Meisterklasse am Konservatorium Dortmund. Laut *Deutsche Kulturwacht* 1932 Obmann der Gruppe Musik im *Kampfbund für deutsche Kultur* Groß-Berlin, NSDAP 1932 (Nr. 1 332058). 1933 im Vorstand des gleichgeschalteten *Allgemeinen Deutschen Musikvereins* (»Selbstauflösung« Juni 1936). 1934 Ehrenvorsitz im Arbeitskreis nationalsozialistischer Komponisten, Aufnahme in die Preußische Akademie der Künste. Am 29. Mai 1938 Aufführung seines *Konzerts für Cello und Orchester* beim Abschlußkonzert der ersten *Reichsmusiktage* in Düsseldorf (mit der Schandschau *Entartete Musik*). Im Kuratorium der *Goebbels-Stiftung für Kulturschaffende*. NS-Ehrung: Goebbels am 6. 7. 1940 im Tagebuch: »Träger des diesjährigen Nationalpreises für Musik empfangen. Meistens junge Künstler und Prof. Trapp, der den großen Kompositionspreis erhält.« 1951 Städtisches Konservatorium Berlin. † 31. 5. 1971 Berlin. Nachruf *Deutsches Bühnen-Jahrbuch*: »Nachhut der ... deutschen Spätromantik.«

Traut, Walter. Herstellungsleiter.
* 19.9. 1907 Innsbruck. Betreute Riefenstahls *Das blaue Licht* (1932), ihre Olympiafilme und ihren Film *Tiefland* (1940–1944). Kurzfilme über die Nazi-Bildhauer Arno Breker und Josef Thorak. 1955 Herstellungsleitung beim Harlan-Film *Verrat an Deutschland*. In Riefenstahls *Memoiren* als Freund (»Waldi«) nach 1945 hervorgehoben, Zeuge Riefenstahls im Streit um die Urheberrechte an ihren Olympia-Filmen. † 6.9. 1979 München.

Treitschke, Heinrich von. Historiker.
* 15.9. 1834 Dresden. † 28.4. 1896 Berlin. Treitschkes Antisemitismus prägte Generationen. Wohlgefällig zitiert Fritschs *Handbuch der Judenfrage* (1936) ein Pamphlet Treitschkes von November 1879: »Bis in die Kreise der höchsten Bildung hinauf ... ertönt es heute wie aus einem Munde: die Juden sind unser Unglück!« Treitschkes »alldeutscher« Schüler Heinrich Claß: »Da ich meine Seele ihm ganz anvertraute, nahm sie auch mit voller Überzeugung das Neue auf, das er ihr bot: die entschiedenste Ablehnung des Judentums ... Sein Wort ›die Juden sind unser Unglück‹ ging mir mit meinen zwanzig Jahren in Fleisch und Blut über; es hat einen wesentlichen Teil meiner späteren politischen Arbeit bestimmt.« Lit.: Hering.

Tremel-Eggert, Kuni, Pseudonym für Kunigunde Eggert, genannt *Dichterin des Frankenlandes*.
* 24.1. 1889 Burgkunstadt als Schusterstochter. 1917 Heirat mit dem Alt-Nazi Dietrich Eckart. Vom *Beauftragten des Führers für die Überwachung der gesamten geistigen und weltanschaulichen Schulung der NSDAP*, Amt Rosenberg, empfohlene Lektüre: *Barb, Roman einer deutschen Frau* (1933), eines der auflagenstärksten Werke der NS-Zeit. † 14.4. 1957 München.

Trenker, Luis. Schauspieler und Blut-und-Boden-Regisseur.
* 4.10. 1892 St. Ulrich in Südtirol. Offizier im I. Weltkrieg. 1932 Filme *Berge in Flammen* sowie *Der Rebell* (Andreas Hofers nationale Erhebung, von Hitler mehrfach besucht). Laut Fachblatt *Kinematograph* vom 4.4. 1933 Beitritt zur *NSBO-Zelle deutschstämmiger Filmregisseure* (die NS-Betriebszellen-Organisation verstand sich als die »SA der Betriebe«). In der NS-Zeit Regie zu sieben und Schauspieler in zehn Filmen. 1934 Drehbuch, Regie und Hauptdarsteller in *Der verlorene Sohn*, ein Film über den Stumpfsinn der Weltstadt New York und die heile Welt der Berge. 1935/36 gern gesehener Gast auf Goebbels-Empfängen. September 1936 auf der Biennale in Venedig Mussolini-Pokal für den Trenker-Western *Der Kaiser von Kalifornien*. 1937: Matterhorn-Film *Der Berg ruft*. 1938 Roman *Sperrfort Rocca Alta. Der Heldenkampf eines Panzerwerks*, Geleitwort Trenkers: »In den Kämpfen um jenes Sperrfort lernte ich erkennen, was Kameradschaft, Treue und Disziplin bedeuten, welch verheerende Folgen die Mutlosigkeit einzelner haben kann!« 1940 Goebbels und Hitlers Zornobjekt, da er sich als Süd-

tiroler angeblich für die italienische Staatsbürgerschaft entschieden hatte. Moeller: »Tatsache ist, daß er schließlich am 28. März 1940 für Deutschland optierte und die reichsdeutsche Staatsbürgerschaft erhielt.« Dennoch nur noch eine Filmrolle: 1943 im antibritischen Kolonial-Epos *Germanin*, Courtade: »Alle Engländer [sind] feige, hinterhältig ... die Deutschen heldenhaft«. 1982 Erinnerungen: *Mutig und heiter durchs Leben*, Filmband in Gold für langjähriges und hervorragendes Wirken im deutschen Film. † 12.4. 1990 Bozen.

Treptow, Günther. Heldentenor, Wagner-Sänger.
* 22.10. 1907 Berlin. NSDAP 1926 (Nr. 38579) zugleich SA, Standarte 3 in Berlin, 1931 NSDAP-Amtswalter. Am 7.1. 1935 Erklärung des Führers der SA-Standarte: »Nach Erlaß des Gesetzes btr. ›Die Wiederherstellung des Berufsbeamtentums‹ wurde ihm klar, daß er, von einem reinarischen Vater abstammend, der Frontkämpfer ist, wegen seiner Abstammung mütterlicherseits als Nichtarier zu gelten hat. Er trat deshalb freiwillig aus der Partei aus.« Wegen seiner NSDAP-Verdienste mit einer Sondergenehmigung von Goebbels 1936 Debüt am Deutschen Opernhaus Berlin. 1940 Staatsoper München. 1947 Staatsoper Wien. Das *Deutsche Bühnen-Jahrbuch* zum 65. Geburtstag: »Er gehörte zu den ersten Sängern, die Wieland Wagner zur Wiedereröffnung der Festspiele nach Bayreuth engagierte.« 1955 Staatsoper Berlin (DDR), 1961 Deutsche Oper West-Berlin. † 28.3. 1981 Berlin.

Treßler, Otto. Auf der *Gottbegnadeten-Liste* der Schauspieler, die für die Filmproduktion benötigt werden.
* 13.4. 1871 Stuttgart. 1896 (bis 1961) Wiener Burgschauspieler. Titel Oberregisseur, *Staatsschauspieler*, Hofrat (DBJ 1944). Verheiratet mit der Burgschauspielerin Hilde Wagener. 1939 im Film *Leinen aus Irland* (Leiser: die Karikatur des jüdischen Untermenschen, eingebettet in eine Lustspielhandlung). 1942 im NS-Tendenzfilm *Wien 1910*: der antisemitische

Wiener Bürgermeister Karl Lueger als Hitler-Vorläufer. 1944 in Harlans Melodram *Opfergang*. NS-Ehrung: 1941 *Goethe-Medaille* für Kunst und Wissenschaft. 1952 Erinnerungen: *Vor und hinter den Kulissen*. Ehrenbürger der Stadt Wien. † 27.4. 1965 Wien. Nachruf *Deutsches Bühnen-Jahrbuch*: »Zum Wiener Opernball gehörte er wie die Walzerseligkeit des Johann Strauß.«

Treumann, Louis, eigentlich Politzer. Tenor.
* 1.3. 1872 Wien. 1905 am Theater an der Wien, im selben Jahr Rolle des Danilo in der Uraufführung von Lehárs *Lustiger Witwe* (Hitlers Lieblingsoperette). Der junge Hitler soll Treumann in Wien gesehen haben. Deportiert am 28.7. 1942 ins Ghettolager Theresienstadt. † 5.3. 1943 ebenda. Lit.: Kühn.

Trevor, Jack. Britischer Schauspieler.
* 14.12. 1893 London. Rollenfach: Nobel-Brite. Ab 1924 in Berlin, mittelgroße Stummfilmrollen. 1935 im Freikorps-Machwerk *Henker, Frauen und Soldaten*. In den antibritischen Filmen *Carl Peters*, *Mein Leben für Irland* und *Ohm Krüger*, für Goebbels »ein Film zum Rasendwerden«. Höchstprädikat: *Film der Nation* und *Staatspolitisch und künstlerisch besonders wertvoll, kulturell wertvoll, volkstümlich wertvoll, volksbildend, jugendwert*. Letzter Film 1943: *Immensee*. Wer es glauben mag: Angeblich durch Mißhandlungen der Gestapo zur Filmtätigkeit erpreßt. † 19.12. 1976 Deal.

Triebsch, Franz. Auf der *Gottbegnadeten-Liste* (Führerliste) der wichtigsten Maler des NS-Staates.
* 14.3. 1870 Berlin. Wohnort ebenda. Auf den Großen Deutschen Kunstausstellungen 1939 und 1941 im Münchner NS-Musentempel *Haus der Deutschen Kunst* unter anderem mit dem *Bildnis des Führers* (Öl). NS-Ehrung: Am 30.1. 1938 (zum *Tag der Machtergreifung*) Titel Professor, 1940 *Goethe-Medaille* für Kunst und Wissenschaft. † 16.12. 1956 Berlin.

Trienes, Walter. NS-Musikkritiker aus der »Kampfzeit«.
* 23. 9. 1901 Krefeld. 1930 NSDAP (Nr. 399919), NSDAP-Stadtverordneter in Köln. 1933 (bis 1940) Musikschriftleiter beim *Westdeutschen Beobachter*. 1933/34 Vorlesungsreihe *Musikgeschichte im Lichte der Rassenforschung* (sein Dauerthema) an der Musikhochschule Köln. 1937 (bis 1944) Hauptschriftleiter der *Rheinischen Blätter*. Nach 1945 Musikschulleiter in Moers. † 6. 12. 1990 Lübeck.

Trojan, Alexander, eigentlich Tacacs. Auf der *Gottbegnadeten-Liste* der Schauspieler, die für die Filmproduktion benötigt werden.
* 30. 3. 1914 Wien. Bühnendarsteller. Ab 1938 am Wiener Burgtheater. 1940 im Blut-und-Boden-Film *Der ewige Quell*. August 1942 in Nestroys Theaterstück *Einen Jux will er sich machen* bei den (von Goebbels finanzierten) Salzburger Festspielen. Nach 1945 Bühnendarsteller Burgtheater und Salzburger Festspiele. † 19. 9. 1992 Wien.

Troost, Gerdy (Gerhardine), geb. Andersen. Architektin und Vertraute Hitlers.
* 3. 3. 1904 Stuttgart. 1925 Heirat mit dem Architekten Troost. 1930 Bekanntschaft mit Hitler. 1932 NSDAP. Tarnowski: »Diese persönliche Nähe zum ›Führer‹ brachte Gerdy Troost neben dem Professorentitel [1937] eine Reihe von Ämtern und Funktionen ein, die sie ganz im Sinne der Lehre von der ›neuen deutschen Kunst‹ ausübte – das heißt hetzerisch und militant.« Gestaltete das »Arbeitszimmer des Führers« im Führerbau in München. 1938 im Beirat der Bavaria-Filmkunst GmbH. Nach 1945 Briefpartnerin, Gesinnungsgenossin und Gast von Winifred Wagner (Hamann). Wohnsitz in Schützing am Chiemsee. † 8. 2. 2003 Bad Reichenhall.

Troost, Paul Ludwig, genannt *Der Architekt des Führers*.
* 17. 8. 1878 Wuppertal. Innenarchitekt des Norddeutschen Lloyd, Ausstattung des Überseedampfers *Europa*. Bekanntschaft mit Hitler durch Verlegerfamilie Bruckmann (Speer). 1930 Entwurf des *Braunen Hauses* in München. 1933 Umbau der Reichskanzlei in Berlin, Parteibauten in München, Umgestaltung des Königlichen Platzes, Bau des *Hauses der Deutschen Kunst* (NS-Kunsttempel für arteigenen Kitsch). Entwarf die Tische für Reichsaußenminister Ribbentrop (Hitlers Tischgespräche). † 21. 1. 1934 München. 1937 posthum *Deutscher Nationalpreis für Kunst und Wissenschaft*, NS-Anti-Nobelpreis.

Trotha, Thilo von. Rosenbergs Literaturwächter (Brenner).
* 12. 4. 1909 Wilhelmshaven. Schriftsteller. NSDAP 1930 (Nr. 237699). Adjutant Rosenbergs. 1933 Leiter der Abteilung Norden des Außenpolitischen Amtes (APA) der NSDAP. Hauptschriftleiter der *NS-Monatshefte*. 1934 Autor *Die völkische Kunst*, Textprobe: »Die heldische Sachlichkeit, verknüpft mit einem nordischen Schönheitsideal, wird der Untergrund eines neuen Zeitalters der bildenden Künste sein«. † 24. 2. 1938 Unfall bei Friesack.

Troxbömker, Heinrich. Auf der *Gottbegnadetenliste*: Liste der Schauspieler, die für die Filmproduktion benötigt werden.
* 28. 9. 1900 Essen. Am Deutschen Theater in Berlin. 1942 Ufa-Film *Diesel*, Goebbels-Prädikat: *staatspolitisch und künstlerisch wertvoll*. Nach 1945 Oberspielleiter in Konstanz, Göttingen, Frankfurt und Darmstadt. † 23. 1. 1969 Düsseldorf.

Trumpf, Werner. Stabsführer der Reichsstudentenführung (1939/40).
* 7. 5. 1910 Rostock. 1932 NSDAP/SA, Hochschulführer des NS-Studentenbunds Rostock. Unter anderem 1933 im Reichs-SA-Hochschulamt. 1937 SA-Standartenführer, Bereichsführer Berlin des Reichsstudentenführers. Im Krieg Leutnant einer Panzerdivision. Laut brit. Geheimdienst zum inneren Kern des sog. Gauleiter-Kreises um Ex-Gauleiter Kaufmann gehörend und »im BHE aktiv« (BA N 1080/272). Leiter des Verkaufsbüros der Thyssen-Industrie GmbH in Nordrhein-Westfalen. 1961 (bis 1971) für FDP im

Düsseldorfer Stadtrat. 1969 im Kuratorium der Universität Düsseldorf. † 28. 4. 1971 Düsseldorf. Lit.: Grüttner.

Trunk, Richard. Komponist.

* 10. 2. 1879 Tauberbischofsheim. 1931 NSDAP (Nr. 659692). 1933 Direktor der Rheinischen Musikschule Köln. Zwei Sätze seiner kleinen Serenade wurden am 10. 5. 1933 zur Bücherverbrennung in München gespielt. 1934 Ehrenvorsitzender im Arbeitskreis nationalsozialistischer Komponisten, Präsident der Akademie der Tonkunst in München (bis 1945). Am 25. Mai 1938 Aufführung seines Opus *In der Schenke* im Konzert des Kölner Männergesangvereins während der ersten *Reichsmusiktage* in Düsseldorf. NS-Ehrung: 1939 *Goethe-Medaille* für Kunst und Wissenschaft (BA R 55/1336). 1942 Kulturpreis Musik der Stadt München, der *Hauptstadt der Bewegung*. † 2. 6. 1968 Herrsching.

Truppe, Karl. Maler.

* 9. 2. 1887 Radsberg in Kärnten. Kriegsmaler im I. Weltkrieg. 1937 Vorsitz der Künstlergenossenschaft *Mährische Scholle* in Brünn, im selben Jahr Wechsel nach Stuttgart. Auf den Großen Deutschen Kunstausstellungen im Münchner NS-Musentempel *Haus der Deutschen Kunst* mit insgesamt 19 Objekten, darunter 1941 *Sinnenfreude* (nackte Liegende). Ab 1944 in Viktring/Klagenfurt. † 22. 2. 1959 ebenda.

Trurnit, Hans-Georg, Pseudonym *Harro Berkenhoff*. Abteilungsleiter im *Institut zum Studium der Judenfrage* (Leitung Goebbels).

* 27. 6. 1912 Döbeln in Sachsen. Herausgeber des Mitteilungsblatts *Die Judenfrage* (bis 1939). 1939 Hauptschriftleiter des *Zeitschriften-Dienstes* mit Anweisungen des Reichspropagandaministeriums für die Presse (Härtel) sowie Herausgeber des Sammelwerks: *Weltentscheidung in der Judenfrage*. Leiter des deutschen Pressedienstes der Tobis-Filmkunst. Juni 1941 bis Februar 1943 Kriegsdienst. Nach 1945 in Deisenhofen bei München.

Trutz, Wolf. Auf der *Gottbegnadeten-Liste* der Schauspieler, die für die Filmproduktion benötigt werden.

* 12. 1. 1887 Chemnitz. Am Staatlichen Schauspielhaus und am Deutschen Theater in Berlin. Bühnendarsteller. April 1941 im Hetzfilm *Ohm Krüger*, laut Goebbels »ein Film zum Rasendwerden«. Nach 1945 Theater am Kurfürstendamm. † 4. 1. 1951 Berlin nach der Abendvorstellung von *Fuhrmann Henschel*. Nachruf *Deutsches Bühnen-Jahrbuch*: »Ein Menschengestalter von nicht wiederholter Eigenart.«

Tschechowa, Olga, geb. von Knipper. Filmschauspielerin.

* 26. 4. 1897 Alexandropol im Kaukasus. Russische Emigrantin. Kollege Meyerinck: »Eine der schönsten Frauen der deutschen Filmindustrie.« 1930 Nebenrollen in *Liebling der Götter* und *Die Drei von der Tankstelle*. Laut Speer sah sich Hitler alle ihre Filme an. Von Hitler geschätzte Tischdame bei Empfängen in der Reichskanzlei. Laut Hippler von Goebbels öfters zur Abendgesellschaft eingeladen. In der NS-Zeit in 46 Filmen, darunter 1939 der Willi-Forst-Film *Bel ami*, 1940 der antibritische Film *Der Fuchs von Glenarvon* (Goebbels: »Sehr gut für unsere Propaganda zu gebrauchen«) und Dezember 1941 in *Menschen im Sturm*, NS-Tendenzfilm zum Überfall auf Jugoslawien (»Serben, das sind ja keine Menschen«). NS-Ehrung: 1938 *Staatsschauspielerin*. Nach 1945 Filme wie *Kein Engel ist so rein* (1950) oder *Frühling auf Immenhof* (1974). 1962 *Filmband in Gold* für langjähriges und hervorragendes Wirken im deutschen Film. Erinnerungen: *Ich verschweige nichts* (1952) sowie *Meine Uhren gehen anders* (1972). † 9. 3. 1980 München.

Tucholsky, Kurt. Einer jener zwölf Schriftsteller, die vom *Börsenverein der Deutschen Buchhändler* »als schädigend« gebrandmarkt wurden und nicht verbreitet werden durften.

* 9. 1. 1890 Berlin. Aus einer jüdischen Familie. Pseudonyme *Peter Panter, Theobald Tiger, Ignaz Wrobel, Kaspar Hauser*. 1912:

Rheinsberg. Ein Bilderbuch für Verliebte. Ab 1913 in der Redaktion der Theaterzeitschrift *Schaubühne.* 1914 Dr. jur. 1915–1918 Kriegsdienst. Arbeiten für die linke Wochenschrift *Die Weltbühne.* 1924 Wechsel nach Paris, Korrespondent der *Weltbühne* und der *Vossischen Zeitung.* Dezember 1926 (für zehn Monate) Herausgeber der *Weltbühne.* Ab 1929 in Hildas bei Göteborg in Schweden, seitdem öffentlich verstummt. Feuerspruch bei der Bücherverbrennung Mai 1933: »Gegen Frechheit und Anmaßung, für Achtung und Ehrfurcht vor dem unsterblichen deutschen Volksgeist.« August 1933 öffentliche Ausbürgerung. Infolge einer Verengung der Atemwege (Verwachsungen) lange Krankenhausaufenthalte und zahlreiche Operationen. Im Exil zunehmend verzweifelt, schrieb am 15.12.1935 seinem jüdischen Kollegen Arnold Zweig: »Das Judentum ist besiegt, so besiegt, wie es das verdient … Der Jude ist feige. Er ist selig, wenn ein Fußtritt nicht kommt – ihn so als primär annehmend als das, was ihm zukommt. Er duckt sich.« † 19.12.1935 Suizidversuch mit Gift, gestorben am 21.12.1935. Tucholskys Mutter stirbt Mai 1943 im Ghettolager Theresienstadt.

Tümmler, Hans. Erziehungswissenschaftler.
* 12.3.1906 Wernshausen an der Werra. 1929 Dr. phil. Ab 1931 an einem privaten ev. Oberlyzeum in Essen. Mai 1933 NSDAP, SA, Gaufachschaftsleiter der Fachschaft Privatschulen sowie Mitarbeiter der Gaustelle für Jugendschrifttum des NS-Lehrerbunds Essen. 1936 Dozent der Hochschule für Lehrerbildung (zur NS-Indoktrinierung) in Frankfurt/Oder. 1938 Studiendirektor in Erfurt. 1939 Kreisfachschaftsleiter der NSLB-Fachschaft Lehrer an Höheren Schulen. 1940 Schriftleiter der NSLB-Zeitschrift *Vergangenheit und Gegenwart.* 1953 Leiter des Staatlichen Bezirksseminars zur Ausbildung von Studienreferendaren in Essen. 1962 Honorarprofessor der Universität Köln. 1964 im Gesamtvorstand, 1971–1975 Vizepräsi-

dent der Goethe-Gesellschaft in Weimar. 1976 *Verdienstkreuz I. Klasse des Verdienstordens der BRD.* † 13.1.1997 Essen. Lit.: Hesse.

Türcke, Karl. Bühnenbildner.
* 28.7.1903 Dresden. 1936 am Grenzlandtheater Annaberg, 1940 Gaubühne Würzburg, 1941 Stadttheater Posen. 1943 Bühnenvorstand (!) am Stadttheater Mährisch-Ostrau. Rundschreiben des KZ-Kommandanten Höß, Auschwitz, vom 7.5.1943 an das KZ-Personal (betrifft *Truppenbetreuungsveranstaltung*): »Am Dienstag, den 11. Mai 1943, 19 Uhr, findet im großen Saal des Kameradschaftheimes der Waffen-SS ein Gastspiel des Stadttheaters Mährisch-Ostrau statt. Zur Aufführung gelangt ›Bezauberndes Fräulein‹, Operette in 4 Akten von Ralph Benatzky … Bühnenbildner: Karl Türcke.« Nach 1945 Werkstätten für Bühnentechnik und -ausstattung in Bad Godesberg und Düsseldorf. In der Gesellschaft für Theatergeschichte (Theater-Kürschner). † 20.3.1968 Krefeld-Uerdingen.

Türke, Georg. Bildhauer.
* 27.11.1884 Meißen. Wohnort ebenda. Auf den Großen Deutschen Kunstausstellungen im *Haus der Deutschen Kunst*, darunter 1940 (in Gips) »*Führer befiehl, wir folgen!*« Ab 1947 vertreten auf den Jahresausstellungen in Meißen, 1953 auf der 3. Großen Deutschen Kunstausstellung in Dresden (Vollmer).

Tumler, Franz. Schriftsteller.
* 16.1.1912 Gries bei Bozen. Wohnort Linz. NS-Tarnorganisation *Bund der deutschen Schriftsteller Österreichs*, NSDAP, SA. Propagandaschriften zum »Anschluß« (Besetzung) Österreichs und zum Einmarsch in das Sudetenland 1938. Autor im NS-Kampfblatt *Krakauer Zeitung*, das »Blatt des Generalgouvernements«. 1941 Kriegsdienst. Verse *Am Brunnen*, 1944 in der Anthologie *Lyrik der Lebenden* des SA-Oberführers Gerhard Schumann: »Mädchen kommt und ruft mich ihren Knaben,/Mutter grüßt mich mit dem eignen Blut./Laßt mich nur die Schächte tiefer

graben,/weil im tiefern Grund die Quelle ruht.« Kommentar des Herausgebers: »Ein Volk, das auch in seiner harten Gegenwart über so vielfältige Kräfte der Seele und des Geistes ... verfügt, ist von keiner Macht dieser Erde zu bezwingen, ist unsterblich!« † 20. 10. 1998 Berlin. Lit.: Sarkowicz.

Tutein, Karl. Generalmusikdirektor (GMD).

* 26. 8. 1887 Mannheim. 1928 Operndirektor in Graz. 1932 Staatskapellmeister der Staatsoper München. Mai 1933 NSDAP. 1940 (bis 1945) Staatskapellmeister am Staatstheater Danzig. Am 3. 10. 1940 Dirigent von Beethovens *Cariolan-Ouvertüre* zur Premiere des Hetzfilms *Jud Süß* im Danziger Ufa-Palast (anwesend: Gauleiter Forster). 1950 Chefdirigent des Kurorchesters in Bad Kissingen, 1951 Staatsoper München. 1966 *Bundesverdienstkreuz I. Klasse* (DBJ). † 19. 12. 1984 München.

Tutenberg, Fritz. Regisseur.

* 14. 7. 1902 Mainz. Dr. phil. Oberregisseur am Hamburger Stadttheater. NSDAP 1931 (Nr. 726337), in Rosenbergs *Kampfbund für deutsche Kultur*. Prieberg zitiert einen Brief Tutenbergs aus dem Jahre 1926: »Es ist mein Traum, einst einen kulturellen Zusammenschluß, bei Wahrung aller nationalen Eigenarten, aller germanischer Rassen zu erleben. Das wird in der Musik vielleicht der Fall sein, wenn die atonal jüdische Musikmacherei im Sterben liegt.« 1934 Oberspielleiter der Oper am Städtischen Theater Chemnitz. 1943 Kriegsdienst. 1954 Professor am Mozarteum in Salzburg. † 1967 Oberursel.

Tyrolf, Walter. Richter im Harlan-Prozeß.

* 12. 1. 1901. 1926 Dr. jur. 1934 Landgerichtsrat. 1937 NSDAP. Richter am Sondergericht (zur Ausschaltung politischer Gegner) Hamburg. Henne: »An zahlreichen Todesurteilen beteiligt, u.a. wegen ›Rassenschande‹ ... auch wegen leichten Diebstahls plädierte er mehrfach für die Todesstrafe, die auch vollstreckt wurde.« Nach 1945 Landgerichtsdirektor am LG Hamburg. März 1949 Vorsitzender Richter im Prozeß gegen Veit Harlan wegen »Verbrechen gegen die Menschlichkeit und Beleidigung« (Film *Jud Süß*, laut Goebbels ein »antisemitischer Film«, wie wir ihn uns nur wünschen können«). Der Prozeß endete mit einem Freispruch Harlans. † 24. 11. 1971. Lit.: Henne.

U

Ucicky, Gustav. Filmregisseur.

* 6. 7. 1899 Wien. In der NS-Zeit Regie zu 16 Filmen. Darunter der U-Boot-Streifen *Morgenrot* (Kernsatz: »Zu leben verstehen wir Deutschen vielleicht schlecht, aber sterben können wir fabelhaft«), am 2. 2. 1933 in Gegenwart Hitlers uraufgeführt. Dezember 1933 Propagandaschmarren *Flüchtlinge* über Wolgadeutsche, die »heim ins Reich« wollen (Staatspreis der Reichsregierung). 1939 *Aufruhr in Damaskus*, ein Film über den »heroischen Kampf um die Macht englischen Blutgeldes an der arabisch-syrischen Front 1918«. Ebenfalls 1939 Mutterkreuz-Opus *Mutterliebe*, Goebbels am 27. 12. 1939 im Tagebuch: »Ganz großer Wurf von Ucicky«. Goebbels am 22. 9. 1940: »Abends kommen einige Leute vom Film zu Besuch. Jannings, Ritter, Ucicky.« Oktober 1941 Hetzfilm *Heimkehr* zur Rechtfertigung des Überfalls auf Polen, Kreimeier: »Auf ausdrücklichen Befehl des Propagandaministers von der Wien-Film-GmbH produziert, wurde dieser Film, der in blutrünstigen Szenen die Polen zu ›Untermenschen‹ stempelte, als ›Film der Nation‹ mit dem Höchstprädikat ausgezeichnet.« Laut Moeller (Filmstars) übertrifft er »in seiner Abscheulichkeit und rassistischen Raserei« sogar *Jud Süß*. 1943 Drehbeginn zu *Ein Rudel Wölfe*, laut *Deutsche Film-Kunst* gedacht »als Mahnmal bedingungsloser Pflichterfüllung ... unserer U-Boot-Männer«, infolge des Kriegsverlaufs (80 % der U-Boot-Mannschaften starben) nicht ins Kino gekommen. NS-Ehrung: 1940 auf Vorschlag von Goebbels Hitler-Dotation (steuerfreie

Schenkung) von 60 000 Mark. 1947 »Sängerknaben-Edelschnulze« (Weniger) *Singende Engel*, Heimatfilme wie *Der Jäger vom Fall* (1956) oder *Das Erbe von Björndal* (1960). † 27.4. 1961 Hamburg.

Uhl, Hans. Auf der *Gottbegnadeten-Liste* (Führerliste) der wichtigsten Maler des NS-Staates.
* 21.4. 1897 Frankfurt am Main. Spezialist für Glasmalerei, Glasfenster für Reichshauptbank (Vollmer). Wohnsitz Berchtesgaden.

Uhlen, Gisela (Künstlername). Schauspielerin.
* 16.5. 1919 Leipzig. Ensemblemitglied des Berliner Schiller-Theaters. Zwischen 1936 und 1945 in 17 Filmen, darunter 1939 der Reichsautobahn-Film *Mann für Mann*, 1940/41 in den Hetzfilmen *Die Rothschilds* (laut Courtade »ein Aufruf zu Haß und Mord«) und *Ohm Krüger*, für Goebbels »ein Film zum Rasendwerden«. Höchstprädikat: *Film der Nation* und *Staatspolitisch und künstlerisch besonders wertvoll, kulturell wertvoll, volkstümlich wertvoll, volksbildend, jugendwert.* Laut Hippler von Goebbels öfters zur Abendgesellschaft eingeladen. Nach 1945 an Berliner Bühnen. Filme wie *Türme des Schweigens* (1952) oder *Robert Mayer – der Arzt aus Heilbronn* (1955). † 16.1. 2007 Köln.

Uhlendahl, Heinrich. Direktor der Deutschen Bücherei in Leipzig (1924–1954).
* 4.3. 1886 Essen-Borbeck. Dr. phil. In Rosenbergs *Kampfbund für deutsche Kultur*. Mitglied des *Stahlhelm* (Sammelbecken militanter Rechtsnationaler). 1934 SA, NSV. *Führerlexikon*: »Ständiger Beisitzer der Oberprüfstelle für Schund- und Schmutzschriften.« Motto seiner Eröffnungsrede zur Ausstellung *Das Schrifttum der nationalen Bewegung* Mai 1935: »Deutschland, nichts als Deutschland!« 1938 Generaldirektor der Goebbels unterstellten Deutschen Bücherei. Nach 1945 im Wissenschaftlichen Beirat für die Fachrichtung Bibliothekswissenschaft sowie Leiter der Bibliothekskommission für Bibliographie und Dokumentation jeweils beim Staatssekretär für Hochschulwesen der DDR. † 28.12. 1954 Leipzig. Lit.: Barbian; Happel.

Uhlig, Anneliese. Schauspielerin.
* 27.8. 1918 Essen. Kurze, intensive Filmkarriere im Dritten Reich. 1941 Hauptrolle im Propagandastreifen *Blutsbrüderschaft* über zwei Kriegshelden des I. Weltkriegs, die 1939 erneut für Deutschland marschieren. Ab 1943 auch als Dolmetscherin für die Familie Mussolinis eingesetzt. Nach 1945 Heirat mit einem US-Hauptmann. In den 70er Jahren wieder Schauspielerin in der BRD. Lit.; Weniger.

Uhse, Bodo. Schriftsteller.
* 12.3. 1904 Rastatt als Offizierssohn. 1920 Teilnehmer *Kapp-Putsch*, 1921 *Bund Oberland* (rechtsradikales Freikorps). 1927 NSDAP. 1928 Chefredakteur der nationalsozialistischen *Schleswig-Holsteinischen Zeitung*. Goebbels am 18.6. 1929 im Tagebuch: »Ein junger, sehr klarer Kopf.« 1930 Ausschluß NSDAP. 1931 KPD. 1933 Flucht nach Frankreich, im Spanischen Bürgerkrieg. 1939 in Mexiko, Mitarbeiter der Zeitschrift *Freies Deutschland*. 1949 (bis 1959) Chefredakteur der vom Kulturbund der DDR herausgegebenen Zeitschrift *Aufbau*, wo er, so Heym, »über so manchen Autors Aufstieg oder Fall entschied«. SED. 1950–1952 Vorsitzender des Schriftstellerverbands der DDR, Abgeordneter der Volkskammer. 1954 *Nationalpreis*. 1956 Sekretär der Sektion Dichtung der Deutschen Akademie der Künste (der DDR). 1963 Chefredakteur der Zeitschrift *Sinn und Form*. † 2.7. 1963 Ost-Berlin.

Ulbrich, Franz. Staatstheaterintendant.
* 22.1. 1885 Baerenstein im Erzgebirge. Dr. phil. 1924 Generalintendant des Nationaltheaters Weimar. Am 30.1. 1932, auf den Tag ein Jahr vor Hitlers Machtergreifung, Inszenierung von Mussolinis Stück *Hundert Tage* (Mussolini in der Gestalt Napoleons, eine Verhöhnung der Demokratie): anwesend Hitler, von Heilrufen begrüßt. März 1933 Intendant des Staatlichen Schauspielhauses in Berlin. Am

20.4.1933, Hitlers Geburtstag, Regie zur Uraufführung von Johsts Staatsschauspiel *Schlageter* (Hitler gewidmet). 1933 Überschwemmung des Schauspiels mit Blut-und-Boden-Stücken. 1934 Generalintendant des Göring unterstellten Preußischen Staatstheaters Kassel. Kurator des *Emmy-Göring-Stifts* für alte – arische – Schauspieler in Weimar. Ab 1945 Leiter des Kasseler Kammerstudios. † 6.12.1950 Kassel. Das *Deutsche Bühnen-Jahrbuch*: »Mit ihm verlor das deutsche Theater einen seiner besten und aktivsten Fachmänner.«

Ullmann, Robert. Auf der *Gottbegnadeten-Liste* (Führerliste) der wichtigsten bildenden Künstler des NS-Staates.
* 18.7.1903 Mönchengladbach. Bildhauer. 1931 am Staatsatelier Wien. Ab 1936 Mitglied des Künstlerhauses Wien. Grabdenkmäler für Franz Schubert und Anton Bruckner. Von Hitler am 30.5.1942 im Tischgespräch als Entdeckung gepriesen: Er habe in Wien völlig unbekannt dahingelebt und sei »erst von Speer herausgestellt worden«. 1943 auf der Großen Deutschen Kunstausstellung im Münchner NS-Musentempel *Haus der Deutschen Kunst* mit der Brunnengruppe *Die Morgenröte* (drei nackte Frauen). † 19.3.1966 Wien.

Ullmann, Viktor. Komponist.
* 1.1.1898 Teschen in Schlesien. 1920 Kapellmeister am Deutschen Theater in Prag bei Zemlinsky. 1942 deportiert nach Theresienstadt. Komponierte hier die Oper *Der Kaiser von Atlantis oder der Tod dankt ab* (1943), im Ghettolager infolge des Abtransports von Musikern nach Auschwitz nicht uraufgeführt. † 17.10.1944 Auschwitz. Lit.: Fackler.

Ullrich, Luise. Schauspielerin.
* 31.10.1911 Wien als Majorstochter. 1932 in Trenkers Film *Der Rebell* (Andreas Hofer). Goebbels am 24.9.1934 im Tagebuch: »Freitag: abends zum Führer ... Spät Luise Ullrich. Langes Palaver.« Des öfteren Gast im Hause Goebbels, laut Moeller (Filmstars) Zuträgerin von »Geschichten aus der Branche«. Goebbels am 13.11.1935 über die Geburtstagsfeier seiner Frau

Magda in Anwesenheit von Hitler: »Und alle bleiben bis 6 Uhr morgens. Hörbiger und die Ullrich singen zum Schifferklavier.« In der NS-Zeit in 20 Filmen, darunter 1941 Titelrolle in der Heldenmutter-Saga *Annelie*. Gast im *Wunschkonzert für die Wehrmacht*, Goebbels' Radiosendung zwecks Hebung der Truppenmoral und Leidensbereitschaft der Heimatfront. Zeitweise mit Viktor de Kowa liiert. NS-Ehrung: Staatsschauspielerin (1942). Nach 1945 Filme wie *Um Thron und Liebe* (1955) oder *Ist Mama nicht fabelhaft?* (1958). 1973 Autorin: *Komm auf die Schaukel, Luise. Balance eines Lebens.* 1979 *Filmband in Gold* für langjähriges und hervorragendes Wirken im deutschen Film. † 21.1.1985 München.

Unger, Heinz. Dirigent.
* 14.12.1895 Berlin. Ab 1923 Dirigent der Gesellschaft der Musikfreunde Berlin. Gastdirigent. Auf der Liste der *Musik-Bolschewisten* der *NS-Kulturgemeinde* (1935). 1934 Generalmusikdirektor des Leningrader Rundfunks, 1942 Dirigent des Northern Philharmonic Orchestra in Leeds. 1952 Dirigent des Toronto Symphonic Orchestra. † 25.2.1965 Willowdale bei Toronto.

Unger, Hermann. Für die Reichsmusikkammer Gauobmann der Fachschaft Komponisten in den Gauen Düsseldorf, Essen, Koblenz-Trier, Köln-Aachen, Kurhessen, Westfalen-Nord sowie Hessen-Nassau.
* 26.10.1886 Kamenz in Sachsen. Dr. phil. 1927 Professor der Staatlichen Musikhochschule Köln. 1928 *Deutsche Volkspartei.* 1932 NSDAP (Nr. 827904). Leiter der Fachgruppe Musik in Rosenbergs *Kampfbund für deutsche Kultur* Köln. August 1933 Tonaufnahme *Deutsche Werkhymne* mit dem SS-Musiksturm 15/III Gruppe Ost. 1934 Ehrenvorsitz im Arbeitskreis nationalsozialistischer Komponisten. Am 25. Mai 1938 Aufführung seiner Werke *Erntelied* sowie *Nächte im Schützengraben* im Konzert des Kölner Männergesangvereins während der ersten

Reichsmusiktage in Düsseldorf. Kurz vor dem Tode *Bundesverdienstkreuz I. Klasse.* † 31.12.1958 Köln. Lit.: *Führerlexikon;* Wulf, Musik.

Unruh, Fritz von. Dramatiker und Pathetiker (Thomas Mann).
* 10.5. 1885 Koblenz, Sohn eines Generals. Offizier im I. Weltkrieg, vor Verdun zum Pazifisten geworden. 1918 in Frankfurt am Main Uraufführung seines Erfolgsstücks *Ein Geschlecht.* Rühle:»Unruh galt damals vielen als der neue Kleist.« Goebbels am 7.7. 1924 im Tagebuch:»Der adelige Frondeur, der den neuen Menschen sucht auch gegen sein Geschlecht und gegen die Tradition seines Standes.« 1927 als erster mit dem neugestifteten Schillerpreis des Preußischen Staatsministeriums ausgezeichnet. 1928 Aufnahme in die Sektion Dichtung der Preußischen Akademie der Künste. 1932 Gründer der *Eisernen Front* zur Abwehr von NSDAP und Rechtsparteien. Am 19.3. 1933 Unterzeichner einer Loyalitätserklärung der Preußischen Akademie der Künste pro NS-Regierung, am 5.5. 1933 dennoch Ausschluß. Exil in Frankreich, 1940 USA. 1948 Goethe-Preis der Stadt Frankfurt. † 28.11. 1970 Diez an der Lahn.

Uphoff, Carl Emil. Maler und Schriftsteller in Worpswede.
* 17.3. 1885 Witten/Ruhr. 1919 Autor einer Monographie über Paula Modersohn. 1934 Ortswart der NS-Gemeinschaft *Kraft durch Freude.* NSDAP 1937. Weiheverse *Der Führer spricht* (1935):»Der Führer spricht! Die Rede wird zum Werke,/dem Wort, das gestern noch Ohnmachtsgeschwätz –/ aus Schöpfertum erwächst ihm höchste Stärke./Der Führer spricht:/Da wird das Wort Gesetz.« † 21.8. 1971 Worpswede. Lit.: Strohmeyer.

Urach, Albrecht Fürst von.
* 18.10. 1903 Hanau. Laut *Aufstellung derjenigen Parteigenossen, die Angehörige fürstlicher Häuser sind*: 1.10. 1934 NSDAP, Nr. 2738311, Gau Berlin. Zweimal »in nicht hausgesetzmäßiger Ehe« verheiratet. † 11.12. 1969 Stuttgart.

Urban, Gotthard. Geschäftsführer der Reichsleitung des *Kampfbunds für deutsche Kultur* (1930–1934).
* 1.3. 1905 Oberweimar in Thüringen. Schulkamerad von Martin Bormann und Baldur von Schirach. *Führerlexikon:* »31. August 1923 (›Deutscher Tag in Nürnberg‹) Eintritt in die NSDAP. 1925 Wiedereintritt.« Am 21.3. 1933 Mitbegründer der einzigen staatlich anerkannten Theaterbesucher-Organisation *Reichsverband Deutsche Bühne.* Oberbannführer im Stab des Reichsjugendführers, MdR. Einer der ältesten Mitarbeiter Rosenbergs (Tagebuch Rosenberg). Stabsleiter der April 1934 gegründeten Rosenberg-Dienststelle *Beauftragter des Führers für die Überwachung der gesamten geistigen und weltanschaulichen Schulung und Erziehung der NSDAP,* Amt Rosenberg, Stabsleiter der *Nationalsozialistischen Kulturgemeinde.* † Kriegstod 27.7. 1941 Grjada/UdSSR. Lit.: Lilla; Piper.

Ursuleac, Viorica (sic). Auf der *Gottbegnadeten-Liste* (Führerliste) der wichtigsten Künstler des NS-Staates.
* 26.3. 1894 Czernowitz. Sopranistin. 1922 Debüt an der Kroatischen Nationaloper Zagreb. 1931 Wiener Staatsoper, ab 1933 auch Berliner Staatsoper. Ehefrau von Clemens Krauss. April 1935 Auftritt bei Görings Hochzeit. 1937 Staatsoper München. Am 20.4. 1938 (zu *Führers Geburtstag*) im Zeichen *der Amicizia italo-germanica* Titelpartie bei Aufführung der Strauss-Oper *Die Frau ohne Schatten* in Rom. Am 2.2. 1943 im Diensttagebuch des Generalgouverneurs Hans Frank (genannt *Polenschlächter*), Krakau: »Besuch des Liederabends der Kammersängerin Ursuleac, am Flügel Generalintendant Prof. Krauss.« Am 24.6. 1944 in der Aufführung von *Ariadne auf Naxos* in Krakau, Diensttagebuch Frank: »Besuch der Oper ... anschließend Empfang für die Künstler.« NS-Ehrung: 1934 von Göring zur Kammersängerin ernannt. † 22.10. 1985 Garmisch-Partenkirchen.

Ury, Else. Jugendschriftstellerin.
* 1.11.1877 Berlin. Unter anderem ab 1918 zehnbändige *Nesthäkchen*-Serie. 1933 letzte Erzählung *Jugend voraus*. Berufsverbot, da Jüdin. † 12.1.1943 Deportation nach Auschwitz. Gesamtauflage ihrer Bücher (auch nach ihrem Tode): rund sieben Millionen Exemplare.

Utermann, Wilhelm. Schriftsteller.
* 3.10.1912 Annen in Westfalen. 1939 Roman: *Verkannte Bekannte* (1940 unter dem Titel *Der Kleinstadtpoet* verfilmt). 1939 Heirat mit Clementine Gräfin zu Castell-Rüdenhausen. Am 24.10.1941 Besprechung des Hetzfilms *Heimkehr* im NSDAP-Zentralorgan *Völkischer Beobachter*: »Was in diesen Tagen und Wochen in den Stimmen der Regierenden über den Kanal und den Atlantik zu uns tönt, das nahm in den Dezennien vor dem 1. September 1939 in der Not der Volksdeutschen seinen Anfang: der brutale Wille der plutokratischen Demokratien, Deutschland und die Deutschen zu vernichten, zu ermorden, auszurotten.« 1942 Kellner-Komödie: *Kollege kommt gleich*, eines der erfolgreichsten Stücke der Kriegszeit. Beim Großdeutschen Rundfunk Leiter der Hauptgruppe Politik der politisch-propagandistischen Sendungen (DBJ). Nach 1945 Filmproduzent in Berg am Starnberger See. † 11.8.1991 Roggersdorf.

Utikal, Gerhard. Reichshauptstellenleiter, Koordinierung des Kunstraubs Rosenbergs.
* 15.4.1912 Friedrichsgrätz, Kreis Oppeln. 1931 NSDAP (Nr. 873117). 1932 SA. 1936 beim *Beauftragten des Führers für die Überwachung der gesamten geistigen und weltanschaulichen Schulung der NSDAP* (Rosenberg). 1937 Abteilungsleiter in Rosenbergs *Reichsstelle zur Förderung des deutschen Schrifttums* (Kesten, 1934 in der Emigrantenzeitschrift *Die Sammlung*: »Organisation zur Abschlachtung allen Denkens«). August 1940 (bis April 1941) Leiter des *Einsatzstabs Rosenberg* (ERR) in Frankreich (ausgestattet mit Führerbefehl). Laut Rosenberg (*Vorschläge zur Ver-*leihung des Kriegsverdienstkreuzes für Mitarbeiter des Einsatzstabes Rosenberg in den besetzten Gebieten)»Beauftragt mit der Leitung aller Einsatzstäbe seit dem 1.4.41«. August 1941 Leiter der *Zentralstelle zur Erfassung und Bergung von Kulturgütern* des ERR in den besetzten Ostgebieten. Interniert in Dachau, Nürnberg, Dachau, Dezember 1947 nach Paris überstellt, Entlassung August 1951. Wohnort 1954 zunächst Ebenhausen bei München, dann Heiligenhaus bei Düsseldorf. † 5.11. 1982 am Wohnort Remscheid. Lit.: Brenner; Hartung; Heuss.

Uxkull-Gyllenband, Alexandrine Gräfin von.
* 30.6.1873 Waldgarten. Laut *Aufstellung derjenigen Parteigenossen, die Angehörige fürstlicher Häuser sind* [jeweils Uexküll geschrieben]: 1.5.1933 NSDAP, Nr. 2 645 280, Gau Württemberg-Hohenzollern. DRK-Oberin. † 24.5.1963 Lautlingen bei Balingen.

Uxkull-Gyllenband, Friedrich (Alexander) Graf von.
* 27.7.1885 Cannstatt. Laut *Aufstellung derjenigen Parteigenossen, die Angehörige fürstlicher Häuser sind*: 1.2.1932 NSDAP, Nr. 877593, Gau Württemberg-Hohenzollern. Major a.D. † 7.1.1947 Dürrenhardt, Kreis Horb.

Uxkull-Gyllenband, Friedrich Graf von.
* 17.8.1914 Cannstatt. Laut *Aufstellung derjenigen Parteigenossen, die Angehörige fürstlicher Häuser sind*: 1.5.1933 NSDAP, Nr. 3 432 899, Gau Württemberg-Hohenzollern. Anmerkung: zur Zeit Wehrmacht. Oberleutnant. Wohnsitz: Rittergut Dürrenhardt bei Nagold.

Uxkull-Gyllenband, Inga Gräfin von.
* 16.2.1918 Cannstatt. Tochter von Graf Friedrich (Alexander). Laut *Aufstellung derjenigen Parteigenossen, die Angehörige fürstlicher Häuser sind*: 1.9.1937 NSDAP, Nr. 5 514 443, Gau Württemberg-Hohenzollern. Wohnsitz: Rittergut Dürrenhardt bei Nagold.

V

Valberg, Robert. Auf der *Gottbegnadeten-Liste* der Schauspieler, die für die Filmproduktion benötigt werden. * 28. 4. 1884 Wien. NSDAP 1932. März 1938 vorübergehend selbsternannter Direktor des Theaters in der Josefstadt, Entlassung aller jüdischen und politisch unerwünschten Schauspieler (Schrader). Zur Volksabstimmung zum »Anschluß« Österreichs April 1938: »Dank und Heil dem Führer!« Landesleiter der Reichstheaterkammer. Spielleiter am Deutschen Volkstheater in Wien, Eigentümer: *Deutsche Arbeitsfront*. Nach 1945 Theater in der Josefstadt. Filme: *Maria Theresia* (1951), 1953 letzter Film: *Hab' ich nur deine Liebe.* † 15. 10. 1955 Wien. Nachruf Deutsches Bühnen-Jahrbuch: »Geschätzt und beliebt.«

Valentin, Erich. Musikwissenschaftler. * 27. 11. 1906 Straßburg. Dr. phil. 1935 Beitrag *Musikgeschichte als Bildungsfaktor*, Textprobe: »Das Bildungsideal des neuen Staates ist wie sein politisches Ziel die Totalität.« 1939 (bis 1945) Hochschullehrer am Mozarteum (ab 1941 Reichsmusikhochschule), zugleich Direktor des Zentralinstituts für Mozartforschung in Salzburg. 1939 Autor: *Hans Pfitzner, ein Deutscher*. 1949 Dozent der Nordwestdeutschen Musikakademie Detmold. 1955 Professor der Musikhochschule München, 1964–1972 Direktor. 1987 *Bundesverdienstkreuz I. Klasse.* † 16. 3. 1993 Bad Aibling. Lit.: Potter.

Valentin, Karl. Münchner Volkssänger (Valentin). * 4. 6. 1882 München, Sohn eines Fuhrunternehmers. Ursprünglich Sargschreiner mit Namen Valentin Ludwig Frey. Mit seiner Partnerin Liesl Karlstadt erfolgreichster Komiker der Weimarer Zeit. Goebbels am 6. 4. 1931: »Er ist ein toller Groteskkomiker.« Sein verschroben-anarchistischer Witz korrespondierte jedoch nicht mit Goebbels' Kulturverständnis. Sarkowicz: »Valentin biederte sich den Mächtigen an, verfaßte Bittschriften, führte immer wieder Hitler als Kronzeugen für seine Wünsche an und beschuldigte Kollegen, seine Sketche zu kopieren.« Schrieb am 25. 7. 1937 einem Produktionsleiter der Tobis-Filmkunst, daß Heinz Rühmanns (erste) Frau »nicht arischer Abstammung« sei: »Soll ich mich auch noch scheiden lassen und eine andersrassige Dame heiraten?« 1938 Textbuch *Brilliantfeuerwerk*, 1941 *Valentiniaden*. † 9. 2. 1948 Planegg bei München. Lit.: Sarkowicz.

Valetti, Rosa (Künstlername). Schauspielerin. * 17. 3. 1878 Berlin. 1920 Gründerin des Kabaretts *Größenwahn*, 1922 des Kabaretts *Die Rampe*. Am 31. 8. 1928 in der Uraufführung der *Dreigroschenoper* im Berliner Theater am Schiffbauerdamm, Rolle der Frau Peachum. 1930 im Film *Der blaue Engel*. 1933 Flucht nach Wien, am Theater in der Josefstadt, 1935 am Neuen Theater in Prag, 1936 mit hebräischen Liederabenden in Palästina. † 10. 12. 1937 Wien.

Valjavec, Friedrich. Professor für die Geschichte Südosteuropas (1943), Sonderkommando (SK) 10b. * 26. 5. 1909 Wien. Mai 1933 NSDAP, Blockwart. 1938 Lehrbefugnis für neuere Geschichte in München. 1940 Wahrnehmung eines Lehrstuhls in Berlin. 1941/42 SS-Unterstumführer und Berater des SK 10b (Mordkommando), auch SD. Dolmetscher des SK-Führers Alois Persterer. Nach Zeugenaussage am 8. 7. 1941 beteiligt an einer Massenexekution in Czernowitz (Genickschüsse), von ihm bestritten. 1951 für Bundesvertriebenenministerium befaßt mit dem Projekt *Dokumentation der Vertreibung* (Berichte über Vertreibungsverbrechen, laut Haar zum Teil grobe Übertreibungen oder gar Fälschungen). 1954 Honorarprofessor Neuere und südosteuropäische Geschichte in München, 1955 Leiter des Südost-Instituts in München. 1958 o. Professor, † 10. 2. 1960 Prien am Chiemsee. Lit.: Angrick; Ingo Haar, *Süddeutsche Zeitung* Nr. 12/2005: *Morden für die Karriere.*

Veidt, Conrad. Schauspieler.
* 22.1.1893 Berlin. Schüler von Max Reinhardt. Seit dem Stummfilmklassiker *Das Cabinet des Dr. Caligari* (1919) Darsteller dämonischer Figuren. 1931 Tonfilm *Der Kongreß tanzt*. Letzte Rolle: der Gessler im Führerdrama *Wilhelm Tell*, Filmuraufführung Januar 1934. Schwierigkeiten, mit jüdischer Ehefrau ausreisen zu können. 1938 britischer Staatsbürger. 1940 in Hollywood, Erfolg mit *Der Dieb von Bagdad*. 1942 als Major Strasser im Kultfilm *Casablanca*. † 3.4.1943 Los Angeles. Lit.: Bruns; Giesen.

Veil, Theodor. Auf der *Gottbegnadeten-Liste* (Führerliste) der wichtigsten Architekten des NS-Staates.
* 24.6.1879 Mercara in Indien. 1919 Lehrstuhl Bürgerliche Baukunst und Städtebau der TH Aachen. 1937 NSDAP. Bau von HJ-Heimen in der Eifel. 1944 Gaubeauftragter für die Gestaltung deutscher Kriegerfriedhöfe. Nach 1945 baukünstlerischer Beirat der Stadt Ulm. † 23.10.1965 Ulm. Lit.: Kalkmann.

Venatier, Hans. Erziehungswissenschaftler.
* 15.2.1903 Breslau als Lehrerssohn. 1932 NSDAP, Parteiredner. 1933 Kreiswalter Breslau-Stadt des NS-Lehrerbunds. 1935 Dozent Deutsche Geschichte der Hochschule für Lehrerbildung (zur NS-Indoktrinierung) Hirschberg im Riesengebirge, Eigenwerbung: »als die erste Hochschule Deutschlands vom Direktor bis zum Hausmeister« in die SA eingetreten. 1941 Dozent der als HJ-Formation organisierten Lehrerinnenbildungsanstalt Hirschberg. Im Gauschulungsamt Niederschlesien, laut Moser ein Mitarbeiter Rosenbergs. März 1944 Uraufführung von 17 Schumann-Liedern mit Texten von Venatier statt Heinrich Heine. Die »Entjudung« der Schumann-Lieder war der Reichsstelle für Musikbearbeitungen, einer dem Reichspropagandaministerium nachgeordneten Stelle, peinlich und beschäftigte sogar Goebbels. NS-Ehrung: 1940 für seinen Roman *Vogt Bartold. Der große Zug*

nach dem Osten Volkspreis für deutsche Dichtung (Wilhelm-Raabe-Preis) der deutschen Gemeinden und Gemeindeverbände. Ab 1951 Studienrat in Betzdorf an der Sieg. Beim einschlägigen *Deutschen Kulturwerk Europäischen Geistes*. † Suizid 19.1.1959 Düsseldorf. Begründung im Brief an Schulrektor, sein Freitod sei eine Mahnung, »den guten Kräften unter den Nationalsozialisten den Weg in den Staat« zu ermöglichen. Lit.: Hesse; Koenen.

Verhoeven, Paul. Schauspieler und Regisseur.
* 23.6.1901 Unna in Westfalen. Am 25.2.1934 an den Städtischen Bühnen Frankfurt am Main in Bethges Kriegsstück *Reims* (»Jeder Schuß ein Russ!«), Premiere zur NSDAP-Amtswaltervereidigung des Gaus Hessen-Nassau. Die *Offenbacher Zeitung*: »Das braun wogende Meer der Amtswalteruniformen füllte das Schauspielhaus.« Ab 1934 Deutsches Theater Berlin und Münchner Kammerspiele. Zwischen 1937 und 1945 in 14 Filmen. Unter anderem 1941 im HJ-Film *Jakko* (Prädikat: *staatspolitisch wertvoll*), 1942 Regie zum Liebesfilm *Die Nacht in Venedig*. 1943 Intendant des Berliner Theaters am Schiffbauerdamm. Nach 1945 Intendant des Staatsschauspiels in München und Direktor der Münchner Kammerspiele. Regie zu Filmen wie *Ewiger Walzer* (1954) oder *Jede Nacht in einem anderen Bett* (1956). † 22.3.1975 München. Lit.: Schültke.

Vermehren, Isa. Kabarettistin.
* 21.4.1918 Lübeck. Tochter eines Juristen und einer Journalistin. November 1933 – 15jährig – als *Mädchen mit der Knautschkommode* Debüt in Werner Fincks Kabarett *Die Katakombe*. Ihre Vorzeigenummer *Eine Seefahrt, die ist lustig, eine Seefahrt, die ist schön*, erregte Ärgernis, da die NSDAP eine Textzeile als Verspottung von Goebbels beargwöhnte: »Unser Erster auf der Brücke ist ein Kerl Dreikäsehoch, aber eine Schnauze hat der wie'ne Ankerklüse groß.« Nach der Schließung der Katakombe 1935 im Kabarett

Tatzelwurm. Im Krieg Truppenbetreuung. Filme: *Musik im Blut, Grüß mir die Lore noch einmal* (1934), *Knock out* (1935), *Eine Seefahrt, die ist lustig, Das Mädchen von Fanö* (1941). Februar 1944 setzte sich ihr Bruder Erich, im diplomatischen Dienst und ein Agent der deutschen Abwehr unter Canaris, von der Türkei aus zu den Briten ab. Danach als Sippenhäftling in den Konzentrationslagern Ravensbrück, Buchenwald und Dachau. 1951 als Ordensfrau im Kloster Pützchen bei Köln. 1961 Schulleiterin in Pützchen und 1961 in Hamburg. Als erste Frau im *Wort zum Sonntag* der ARD. Q.: Kühn.

Vesper, Will. Name Oktober 1933 unter dem Treuegelöbnis »88 deutsche Schriftsteller« für Adolf Hitler.
* 11. 10. 1882 Barmen. 1931 NSDAP, Schriftleiter der Zeitschrift *Die Neue Literatur* (Diffamierung von Autoren und Verlagen). Bekanntestes Werk: *Das harte Geschlecht* (1931) über die Christianisierung Islands, von Reichsdramaturg Schlösser am 9. 5. 1933 im *Völkischen Beobachter* als »blutsatt durchtränkter Nordlandroman« gelobt. Zu Hitlers Geburtstag am 20. 4. 1933 geladener Gast der Uraufführung von Johsts Staatsschauspiel *Schlageter* im Staatlichen Schauspielhaus Berlin. Mai 1933 Berufung in die Deutsche Akademie der Dichtung der »gesäuberten« Preußischen Akademie der Künste. Im Vorstand des Reichsverbands Deutscher Schriftsteller (Juni 1933 als Fachverband in der Reichsschrifttumskammer gegründet und Oktober 1935 ebenda aufgegangen). Autor von Hymnen auf Hitler, 1933 in *Des Volkes Aufbruch*: »So gelte denn wieder/Urväter Sitte:/Es steigt der Führer/ aus Volkes Mitte.« November 1935 in *Die Neue Literatur*: »»Mein Kampf‹ aber ist das heilige Buch des Nationalsozialismus und des neuen Deutschland, das jeder Deutsche besitzen muß.« Februar 1937 in *Die Neue Literatur*: »Wenn ein deutsches Mädchen ein Verhältnis mit einem Juden hat, so werden beide wegen Rassenschande mit Recht verurteilt. Wenn ein deutscher

Schriftsteller und ein deutscher Buchhändler ein Verhältnis mit jüdischen Verlegern eingeht – ist das nicht eine weit schlimmere und gefährlichere Rassenschande?« Nach 1945 Schriftstellertreffen auf seinem Moorgut bei Hannover, Sarkowicz: »Auf Gut Triangel traf sich bis zu seinem Tod ein verschworener Zirkel Rechtsradikaler, die die NS-Ideologie für die Zukunft retten wollten.« Ließ Katzen in seinem Park erschießen, Begründung: Katzen seien »die Juden unter den Tieren«. † 14. 3. 1962 Gut Triangel.

Vespermann, Curt. Berliner Schauspieler. * 1. 5. 1887 Kulmsee in Westpreußen. Zwischen 1933 und 1941 in 41 Filmen, darunter *Die kalte Mamsell* (1933), *Engel mit kleinen Fehlern* (1936), *Beates Flitterwochen* (1940). Mit einer »Vierteljüdin« verheiratet (Rathkolb). Nach 1945 weiterhin in Berlin. Zahlreiche Filme, so 1951 *Unschuld in tausend Nöten*, 1957 in Harlans »Schwulenfilm« *Anders als du und ich*. † 13. 7. 1957 Berlin. Nachruf *Deutsches Bühnen-Jahrbuch*: »Wenn je einer, dann war er ein Meister der Nuance.«

Vetter, Walther. Musikwissenschaftler. * 10. 5. 1891 Berlin, Sohn eines Dirigenten. Dr. phil. 1933 Lehrbeauftragter der Universität Hamburg. 1933 (zit. n. Prieberg): »Eine lebenskräftige neue Musik wird zugleich eine politische Kunst sein, im Sinne des schöpferischen Gedankens des Nationalsozialismus.« 1934 ao. Professor in Breslau, 1936 in Greifswald. 1941– 1945 Direktor des Musikwissenschaftlichen Instituts der Universität Posen. Laut Potter bekennender Nationalsozialist, ohne Parteimitglied zu werden. 1946 (bis 1958) Lehrstuhl an der Humboldt-Universität in Ost-Berlin. 1948 (bis 1958) Vizepräsident der Gesellschaft für Musikforschung. Ab 1950 Leitung der Leipziger Bachtage und ab 1957 Herausgeber des *Deutschen Jahrbuchs der Musikwissenschaften.* † 1. 4. 1967 Berlin.

Vierasegerer, Josef, Pseudonym *Josef Viera*. Kolonialpolitischer Referent der NSDAP.

* 22.7.1890 München. Autor von Schriften wie *Utz kämpft für Hitler*, *SA-Mann Schott* oder *Horst Wessel* (alle 1933). *1939: Karl Peters' Kampf um ein ostafrikanisches Kolonialreich*. Herausgeber der Zeitschrift *Die Kolonien rufen!* Nach 1945 vorwiegend Jugendbücher wie *Afrika ruft – ein Herz für wilde Tiere* (1960). † 5.6.1970 München.

Viertel, Berthold. Regisseur und Schriftsteller.
* 28.6.1885 Wien. Aus einer galizischen Kaufmannsfamilie. 1922 am Deutschen Theater in Berlin Skandal mit der Inszenierung von Bronnens *Vatermord*. 1923 Mitbegründer des Theaterensembles *Die Truppe*. 1928–1932 in Hollywood, danach in Großbritannien und Frankreich. 1939 (bis 1947) in Hollywood und New York. 1945 ebenda Inszenierung von Brechts *Furcht und Elend des Dritten Reiches*. Thomas Mann am 2.4.1945 an Viertel: »Ich bin kein Jude ... Aber ich bin Ihr Bruder ganz in dem Haß [auf das Schlechte, Verworfene, Dreckhafte], der Liebe ist.« 1949 Gastregisseur in Wien. Zeitweise in Brechts *Berliner Ensemble*. † 24.9.1953 Wien. Nachruf *Deutsches Bühnen-Jahrbuch*: »In den dreißiger Jahren ging er nach Amerika.«

Vietig-Michaelis, Lily. Musikwissenschaftlerin. Mitarbeit am NS-Hetzwerk *Lexikon der Juden in der Musik*.
* 24.4.1912 Metz. Politische Schulungsleiterin im NS-Studentenbund. 1937 NSDAP. Ab 1939 wissenschaftliche Mitarbeiterin der *Hauptstelle Musik* des *Beauftragten des Führers für die Überwachung der gesamten geistigen und weltanschaulichen Schulung und Erziehung der NSDAP* Alfred Rosenberg. Im *Einsatzstab Reichsleiter Rosenberg*. Nach 1945 Bad Schwartau. Lit.: de Vries.

Vietinghoff-Scheel, Leopold. Hauptgeschäftsführer des radikal antisemitischen *Alldeutschen Verbands* (1913–1939).
* 5.4.1884 Weissensee, Kreis Riga. Juni 1920 »Speerspitze der rassenantisemitischen Argumentation« auf dem 34. Adelstag der Deutschen Adelsgenossenschaft (DAG), der zur Einführung eines Arierparagraphen der DAG führte. 1921 im *Deutschen Adelsblatt*: »Die Einstellung des Adels auf den [sic] Auslesegedanken und die Rassenzüchtung ist daher für den Adel gar kein neues, sondern eigentlich ein selbstverständliches Ziel.« 1924 Autor: *Grundzüge des völkischen Staatsgedankens*. † Mai 1947 Wiesbaden. Q.: Malinowski.

Vietz, Udo. Conférencier.
* 19.9.1906 Stettin. Bekannt durch Kabarettauftritte und als Ansager von Unterhaltungssendungen im reichsdeutschen Rundfunk. Während des Krieges Einsatz als plaudernder »Truppenbetreuer«. 1944 Leiter und Stimmungskanone im Berliner Wehrmachts-Nachtkabarett *Atlantis*, eine Einrichtung des Amts Truppenbetreuung des Reichspropagandaministeriums für durchreisende Soldaten am Potsdamer Platz. Sein Erkennungslied: *Lachen ist gesund*, nach seinem Motto »Lautes Lachen hält munter, muntere Soldaten sind besser als müde.« Nach 1945 weiterhin Funk- und Bühnenplauderer, so als muntermachender Ansager beim *Frankfurter Wecker* des Hessischen Rundfunks. † 22.9.1965 Berlin. Q.: Gastbeitrag Volker Kühn.

Vietze, Josef. Maler.
* 26.9.1902 Obergrund. 1940 Professor der Deutschen Akademie der Bildenden Künste in Prag. Auf den Großen Deutschen Kunstausstellungen im Münchner NS-Musentempel *Haus der Deutschen Kunst*, darunter die Ölgemälde *SS-Gruppenführer Heydrich* sowie *Wintersachensammlung für die Ostfront in Prag* (1942). Nach 1945 Wohnsitz bei Berchtesgaden. † 24.10.1988 Bischofswiesen.

Vilsmeier, Franz Xaver. Erziehungswissenschaftler.
* 10.6.1900 Burgweinting über Regensburg, Sohn eines Mühlenbesitzers. 1933 SA. 1934 Dr. phil. 1937 NSDAP, HJ-Führer, Dozent der Hochschule für Lehrerbildung (zur NS-Indoktrinierung) in Beuthen, Pressereferent des NS-Lehrerbunds. 1942 SS-Untersturmführer beim Reichssicherheitshauptamt. Leiter des Gaurefe-

rats Lehrerbildung im NS-Lehrerbund Oberschlesien. 1957 (bis 1965) Akademiedirektor der Pädagogischen Akademie Landau in der Pfalz, 1961 umbenannt in Pädagogische Hochschule. Ab 1959 zugleich Honorarprofessor Pädagogik der Universität München. 1963–1965 Stellv. Vorsitzender des Arbeitskreises Pädagogische Hochschulen. 1958–1968 Mitherausgeber der *Zeitschrift für Pädagogik.* † Garmisch-Partenkirchen. Lit.: Hesse.

Völker, Franz. Auf der *Gottbegnadeten-Liste* (Führerliste) der wichtigsten Künstler des NS-Staates.
* 31.3. 1899 Neu-Isenburg bei Frankfurt am Main. Tenor. Zuerst Bankbeamter. 1926 Debüt am Opernhaus Frankfurt als Florestan im *Fidelio.* 1931 Wiener Staatsoper. November 1934 Auftritt beim ersten Propagandakonzert der SS, Oberabschnitt Süd, in der Tonhalle München (Rezension des SS-Konzerts Dezember 1934 in der Zeitschrift *Die Musik*). Ab 1935 Staatsoper Berlin. Kammersänger. Gast der Salzburger (1931–1939) und der Bayreuther Festspiele (1934–1944), laut Wistrich »einer der jährlichen Höhepunkte des NS-Kalenders und der Höhepunkt der jeweiligen Opernsaison«. April 1941 mit den Berliner Philharmonikern und Stücken Richard Wagners zwecks Kulturpropaganda in Budapest. 1942 Auftritt mit den Berliner Philharmonikern bei *Führergeburtstagsfeier.* Nach 1945 Bayerische Staatsoper München. † 4.12. 1965 Darmstadt. Lit.: Drewniak, Theater; Wulf, Musik.

Vogel, Rudolf. Komiker.
* 10.11. 1900 Planegg. Ab 1929 am Staatstheater München. 1941 im Film *Venus vor Gericht* über einen NSDAP-Bildhauer, den »jüdischen Kunsthandel« und »entartete Kunst«. 1942 im Hans-Moser-Film *Einmal der liebe Herrgott sein.* Ab 1948 Münchner Kammerspiele. Nebenrollen in den Harlan-Filmen *Sterne über Colombo* und *Die Gefangene des Maharadscha* (1953), 1954 in *Ich denke oft an Piroschka,* 1965 letzter Film: *Heidi.* † 9.8. 1967 München. Nachruf *Deutsches Bühnen-Jahrbuch*: »München hat mit Rudolf Vogel ein Original verloren.«

Vogeler, Heinrich. Maler, Innenarchitekt.
* 12.12. 1872 Bremen. Ab 1894 in Worpswede, Haus Barkenhoff. 1905 Einrichtung der Güldenkammer im alten Bremer Rathaus. 1923 KPD. Aufenthalte in der UdSSR 1923/24, 1926/27, endgültig 1931. Bauzeichner in Moskau. 1941, nach Einmarsch der Wehrmacht, nach Kasachstan deportiert. † 14.6. 1942 ebenda. Lit.: Strohmeyer.

Vogt, Carl de. Schauspieler und Sänger.
* 14.9. 1885 Köln. Zahlreiche Filme, 1916 erste Rolle in *Herd und Schwert,* 1927: *Der Fluch der Vererbung,* 1929: *Andreas Hofer.* April 1933 NSDAP, NSBO, SA. Filme in der NS-Zeit (Auswahl): *Wilhelm Tell* (1934), *Wenn wir alle Engel wären* (1936), *Rheinische Brautfahrt* (1939). Sänger deutscher Volkslieder, sich selbst auf der Laute begleitend. Im Mai 1935 sang er auf der Dachterasse des Berliner Funkhauses für den Deutschen Fernsehfunk *Wir marschieren* (eigener Text und Musik, vierte Strophe): »Die braunen Kolonnen der SA/ Die schwarzen der SS, ja die SS/Der Führer ruft, gleich sind wir da/Von Nord, von Süd, von Ost und West/Ob alt, ob jung, ob jung und alt/Treu wir zum Führer stehn, ja Führer stehn/Und über den ganzen Erdball schallt:/Deutschland kann nie vergehn.« Nach 1945 zunächst Berufsverbot, dann Filme wie *Das tanzende Herz* (1953), *Die Ratten* (1955), *Der Würger von Schloß Blackmore* (1963). Danach im Altersheim, gelegentlich als Sänger auftretend. † 16.2. 1970 Berlin. Q.: Mitt. Kühn.

Vogt, Hans. Komponist.
* 14.5. 1911 Danzig. 1935 Theaterkapellmeister in Bielefeld, Opernchef in Detmold. 1937 NSDAP, HJ-Oberscharführer. Ab 1938 Städtischer Musikdirektor in Stralsund. 1951 Dozent der Musikhochschule Mannheim. 1971 Titel Professor. † 19.5. 1992 Neckargemünd.

Voigt-Diederichs, Helene. Auf der *Gottbegnadeten-Liste* (Führerliste) der wichtigsten Schriftsteller des NS-Staates.

* 26.5.1875 Gut Marienhoff [sic] bei Eckernförde. Tochter eines Gutsbesitzers. 1898 Heirat mit dem Verleger Eugen Diederichs, Scheidung 1911. 1925 Erinnerungen: *Auf Marienhoff*. Werke wie *Schleswig-Holsteiner Blut* (1928), *Aber der Wald lebt* (1935), *Vom alten Schlag* (1937). † 3.12. 1961 Jena.

Volkmann, Artur. Bildhauer.
* 28.8.1851 Leipzig. Beeinflußt von Hans von Marées. Neben figürlicher Plastik (*Germane auf der Jagd*) auch Malerei. Titel Professor. NS-Ehrung: Ehrensold von Goebbels. † 13.11.1941 Geislingen an der Steige.

Volkmann, Otto. Musikreferent der NS-Gemeinschaft *Kraft durch Freude*.
* 12.10.1888 Düsseldorf. 1924 Musikdirektor in Osnabrück. 1933 Generalmusikdirektor (GMD) in Duisburg. NSDAP Mai 1933, 1949 GMD in Bonn. † 25.9.1968 Bonn. Lit.: Moser; Prieberg, Handbuch.

Voll, Christoph. Bildhauer.
* 25.4.1897 München. Ab 1928 Professor der Badischen Landeskunstschule Karlsruhe. Juli 1937 in der Schandschau *Entartete Kunst* in München vorgeführt, Beschlagnahmung von 43 seiner Werke. † 16.6.1939 Karlsruhe.

Vollbehr, Ernst. »Maler deutschen Soldatentums« (*Völkischer Beobachter*).
* 25.3.1876 Kiel. Zunächst Bühnenbildner. Malte im Auftrag Hitlers die »großen Friedensschlachten des Führers«, die Reichsparteitagsbauten und die Reichsautobahnen (Thomae). Gemälde: *Das brennende Warschau vom Flugzeug aus gesehen*. Plante 1943 eine Ausstellung mit 1200 eigenen Werken in der Berliner Nationalgalerie: *An allen Fronten des Lebens. Lebenswerk des Tropen- und Kriegsmalers Prof. Ernst Vollbehr*. Präsidialbeirat der *Kameradschaft der deutschen Künstler* (NS-Führerkorps). NS-Ehrung: 1941 *Goethe-Medaille* für Kunst und Wissenschaft. Seine Gemäldesammlung wurde 1955 vom Deutschen Institut für Länderkunde in Leipzig erworben (DBE). † 20.5.1960 Krumpendorf in Kärnten.

Vollbrecht, Karl. Filmarchitekt.
* 16.1.1886 Rügenwalde. Ausstatter der Stummfilmklassiker *Die Nibelungen* (1924) und *Metropolis* (1926). Im Dritten Reich Hetzfilm *Jud Süß* (1940), NS-Reiterfilm ... *reitet für Deutschland* (1941) sowie Bismarck-Film *Die Entlassung* (1942, Hitler in der Maske des berühmten Vorgängers). Nach 1945 Entwürfe für Kinderfilme von Fritz Genschow. † 10.1.1973 Schladen.

Vollerthun, Georg. Komponist.
* 29.9.1876 Fürstenau, Kreis Elbing. Komponist der Opern *Weeda* (1916), *Island-Saga* (1925) und *Der Freikorporal* (1931) sowie dreier Liederkreise nach Gedichten von Agnes Miegel. *Führerlexikon*: »Am 1. September 1931 Eintritt in die NSDAP; Amtsleiter, Musikreferent des Kreises Oberbarnim.« 1932 Fachspartenleiter Oper des *Kampfbunds für deutsche Kultur* Berlin. 1933 Professor für Liedkunst der Berliner Musikhochschule. † 15.9.1945 Strausberg bei Berlin.

Vollmer, Hans. Kunsthistoriker.
* 16.11.1878 Berlin als Architektensohn. Dr. phil. Ab 1907 in der Redaktion, ab 1923 Redaktionsleiter des *Allgemeinen Lexikons der bildenden Künstler von der Antike bis zur Gegenwart* (nach den Herausgebern *Thieme/Becker* genannt). Ab 1953 Herausgeber des sechsbändigen *Allgemeinen Lexikons der Bildenden Künstler des XX. Jahrhunderts*, wobei NS-Funktionen in aller Regel verschwiegen werden. 1952 Titel Professor. † 15.2.1969 Leipzig.

Voß, Manfred. Bühnenschauspieler.
* 1.9.1900 Oldenburg. 1930 Nebenrolle im Film *Dolly macht Karriere*. DBJ 1933: Intimes Theater Nürnberg, im Sommer in Kolberg. 1934–1936 in Cottbus, 1937 Wanderbühne in Luckenwalde. Am 23.7. 1942 wegen Homosexualität Einlieferung ins KZ Buchenwald. † 20.8.1942 ebenda. Q.: Weniger, Bühne.

Voß, Peter. Berliner Schauspieler.
* 29.6.1891 Fiefhusen. 1933 im Marinefilm *Volldampf voraus*, 1934 im Kolonialfilm *Die Reiter von Deutsch-Ostafrika*, Sep-

tember 1940 Staatsauftragsfilm (Spiona-gewarnung) fürs Kino-Vorprogramm: *Achtung! Feind hört mit!* 1941 antipolnischer Film *Kampfgeschwader Lützow*, Uraufführung am 28.2.1941, anwesend Goebbels und Himmler. 1955: *Wenn die Alpenrosen blüh'n*, 1959 letzter Film: *Nacht fiel über Gotenhafen.* † Januar 1979 Kiel.

Vowinckel, Kurt. Stellv. Gauobmann der Landesleitung Gau Baden der Reichsschrifttumskammer.
* 6.10.1895 Köln. Verleger. Juli bis September 1934 Vorsteher des Börsenvereins des Deutschen Buchhandels. NSDAP Mai 1937. Verlegte *Spaten und Ähre. Das Handbuch der deutschen Jugend im Reichsarbeitsdienst* sowie *Volk und Lebensraum* von SS-Oberführer Konrad Meyer. Vom brit. Geheimdienst 1953 dem Netzwerk des ehemaligen NS-Staatssekretärs Naumann zugerechnet (BA N 1080/272). Vorsitzender der 1960 gegründeten Gesinnungsgemeinschaft *Gesellschaft für freie Publizistik*. Eigener Verlag in Neckargemünd. † 25.11.1977 ebenda. Lit.: Barbian.

Vring, Georg von der. Schriftsteller.
* 30.12.1889 Brake. 1934 Roman: *Schwarzer Jäger Johanna* (im selben Jahr verfilmt). 1939 Gedichtband *Dumpfe Trommel, schlag an!* Mit mehr als 50 Texten im NS-Kampfblatt *Krakauer Zeitung*, das »Blatt des Generalgouvernements«. Weiheverse *Aufgehender Mond*, 1944 in der Anthologie *Lyrik der Lebenden* des SA-Oberführers Gerhard Schumann: »Viel andre Zeiten unterm Mond/verschwanden schon, die hier gewohnt;/die Menschen blühn und welken ab –/ wie einsam ist ein Grab!« Kommentar des Herausgebers: »Ein Volk, das auch in seiner harten Gegenwart über so vielfältige Kräfte der Seele und des Geistes ... verfügt, ist von keiner Macht dieser Erde zu bezwingen, ist unsterblich!« Nach 1945 PEN-Mitglied. 1954 Literaturpreis des Landes Niedersachsen, Dichterpreis der Stadt München. † 28.2.1968 München.

W

Wachler, Ernst. Begründer der germanisch-neuheidnischen *Wodangesellschaft* (1911).
* 18.2.1871 Breslau. Dr. phil. 1908 Herausgeber: *Deutsche Wiedergeburt. Schriften zur nationalen Kultur.* Begründer von Landschaftstheatern für völkische Weihespiele: 1903 *Harzer Bergtheater* bei Thale, 1913 Detmolder *Hünenring-Spiele*, 1913 *Harzer Bergtheater.* 1927–1932 Schriftleiter der Zeitschrift *Schönheit* in Weimar. 1943 beim Prager Verlag Noebe & Co. † September 1945 Lager Theresienstadt an Hungerruhr (Angabe der Familie). Lit.: Puschner.

Wachsmann, Franz (in USA: Waxmann). Komponist.
* 24.12.1906 Königshütte in Oberschlesien. 1929 Pianist am Berliner *Kabarett der Komiker.* 1930 Musikarrangement zum Film *Der blaue Engel.* 1933 am Kabarett *Tingel-Tangel.* 1934 Flucht nach Paris und weiter in die USA. Im *Lexikon der Juden in der Musik* gebrandmarkt. Filmkomponist in Hollywood, 1939 Daphne-du-Maurier-Verfilmung *Rebecca.* 1947 Gründer des Los Angeles Music Festival. 1950 Oscar für Filmmusik zu *Boulevard der Dämmerung* und 1951 für *Ein Platz an der Sonne.* 1965 Komposition *Tue Song of Terezin* über die Kinder im Ghettolager Theresienstadt. † 24.2.1967 Los Angeles.

Wachsmann, Max. Komponist.
* 11.10.1881 Rosdzin, Kreis Kattowitz. Wohnort Berlin. Im *Lexikon der Juden in der Musik* gebrandmarkt. † Deportiert am 2.3.1943 nach Auschwitz.

Wackerle, Josef. Auf der *Gottbegnadeten-Liste* (Führerliste) der wichtigsten bildenden Künstler des NS-Staates. Reichskultursenator.
* 15.5.1880 Partenkirchen. Bildhauer. 1924 (bis 1950) Professor der Münchner Akademie. 1937 von Goebbels für NS-Anti-Nobelpreis *Deutscher Nationalpreis für Kunst und Wissenschaft* vorgeschlagen (Tagebuch 10.6.1937). Seine Objekte zier-

ten Hitlers Teehaus auf dem Obersalzberg, Hitlers Speisezimmer in der Reichskanzlei (zwei Akte) sowie das Zeiss-Hochhaus in Jena (Männlicher Akt mit Fackel und kniender weiblicher Akt). NS-Ehrung: 1940 *Goethe-Medaille* für Kunst und Wissenschaft. Goebbels am 11.5. 1943 im Tagebuch: »Unter den Plastikern schätzt der Führer ... vor allem auch Wackerle.« † 2.3. 1959 Garmisch-Partenkirchen.

Wächter, Werner. *Landeskulturwalter* Gau Berlin.
* 9.5. 1902 Erfurt. 1922 SA, NSDAP, Mitbegründer der Ortsgruppe Potsdam. 1932 erstmals MdR. 1933 Gaupropagandaleiter und Landesstellenleiter Berlin (1937 umbenannt in Reichspropagandaamt) des Reichspropagandaministeriums. 1942 SA-Gruppenführer, Chef des Propagandastabs der NSDAP-Reichspropagandaleitung. † Zum 31.12. 1950 für tot erklärt. Lit.: Lilla.

Waehler, Martin. Volkskundler.
* 5.5. 1889 Orlamünde in Thüringen. Studienrat. 1934 in der *Zeitschrift für Deutschkunde*: »Der größere Teil der Lieder bei den Nationalsozialisten gibt Wege zur Durchführung des Programms, zur Gewinnung der Herrschaft. Revolutionär wie das Ziel ist der Weg. Aus der Zeit des Kampfes stammt das nationalsozialistische Lied ›Wir sind Hitlers braunes Heer, heia, hoho! – Wir machen Bonzensessel leer ...‹, später erweitert zu: ›So stehn die Sturmkolonnen – zum Rassenkampf bereit, – erst wenn die Juden bluten, – erst dann sind wir befreit‹.« 1935 Professor der Hochschule für Lehrerbildung (zur NS-Indoktrinierung) in Hannover. 1937 NSDAP und NS-Dozentenbund. 1942 Lehrstuhl der Universität Frankfurt am Main. 1952 Freie Universität Berlin. † 3.6. 1953 Berlin. Lit.: Hesse.

Wäscher, Aribert. Auf der *Gottbegnadeten-Liste* der Schauspieler, die für die Filmproduktion benötigt werden.
* 1.12. 1895 Flensburg. 1926 (bis 1944) Charakterdarsteller am Staatlichen Schauspielhaus Berlin. In der NS-Zeit in 66 Filmen, meist der Böse vom Dienst. Unter anderem 1935 im Freikorps-Machwerk *Henker, Frauen und Soldaten*, 1937 im Harlan-Film *Mein Sohn, der Herr Minister* (für Goebbels »eine geistvolle Verhöhnung des Parlamentarismus«). 1941 im HJ-Propagandastreifen *Jakko* sowie im ersten großen Ufa-Farbfilm *Frauen sind doch bessere Diplomaten*. Mai 1944 im HJ-Film *Junge Adler*. In Riefenstahls 1945 unvollendetem Film *Tiefland*. NS-Ehrung: *Staatsschauspieler*. Nach 1945 am Deutschen Theater in Ost-Berlin. Filme wie *Eva im Frack* (1950) oder *Große Starparade* (1954). † 14.12. 1961 Berlin. Nachruf *Deutsches Bühnen-Jahrbuch*: »Gerade im Film wurde seine Neigung zur Analyse zum Ereignis.«

Wagener, Hilde (Brunhilde). Kammerschauspielerin (1933).
* 26.9. 1904 Hannover. Ab 1924 am Wiener Burgtheater. Verheiratet mit dem Burgschauspieler Otto Treßler (»gottbegnadet«). 1935 im Film *Die ganz großen Torheiten*. Zur Volksabstimmung zum »Anschluß« (Besetzung) Österreichs April 1938: »Ich bin mir bewußt, daß wir dieses Wunder unserem Führer Adolf Hitler verdanken!« Widerstandslegende in DBE: »1938 erhielt sie von den Nationalsozialisten Berufsverbot.« Ein Blick in die Jahrgänge des *Deutschen Bühnen-Jahrbuchs*, in die Besetzungslisten des Burgtheaters und in den Theater-Kürschner: Burgschauspielerin den Krieg hindurch. 1955 in den Filmen *Mädchenjahre einer Königin* und *Drei Männer im Schnee*. Gründerin der Stiftung *Künstler helfen Künstlern*. Ehrenmitglied des Burgtheaters. † 26.12. 1992 Baden bei Wien.

Waggerl, Karl Heinrich. Schriftsteller.
* 10.12. 1897 Bad Gastein, Sohn eines Zimmermanns. Ab 1920 Wohnort Wagrain (Salzburg). 1934 Österreichischer Staatspreis für Literatur. In der NS-Tarnorganisation *Bund der deutschen Schriftsteller Österreichs*. 1938 NSDAP. Von Zuckmayer zur Kategorie »Nazis, Anschmeißer, Nutznießer, Kreaturen« gerechnet:

»Waggerl – der ›falsche Hamsun‹ des salzburger Landes – eine Zeitlang Entdeckung und Leuchte des Inselverlags als bodenständiger Dichter – hatte immer einen falschen Erdgeruch an sich und warf sich der Blu-Bo [Blut-und-Boden-Dichtung] willfährig in die Arme. Ansprache beim Fakkelzug nach dem ›Anschluß‹ usw. – Heimkehr ins Reich – und in die ›Reichsschrifttumskammer‹. Begrabt ihn dort.« Mit mehr als 50 Texten im NS-Kampfblatt *Krakauer Zeitung*, das »Blatt des Generalgouvernements«. Nach 1945 Autor von Weihnachtsgeschichten und Legenden. † 4.11.1973 Schwarzach im Pongau.

Wagner, Cosima, genannt *Die Herrin von Bayreuth.*

* 25.12.1837 Como. † 1.4.1930 Bayreuth. Tochter von Franz Liszt. In erster Ehe mit dem Dirigenten Hans von Bülow verheiratet. 1865 Wechsel zu Richard Wagner, Geburt der Tochter Isolde von Bülow, ein Kind Richard Wagners. 1867 Geburt der Tochter Eva. 1869 Geburt des Sohnes Siegfried. 1870 Heirat mit Wagner in Luzern. Nach seinem Tod 1883 Leiterin der Bayreuther Festspiele. Hans Mayer: »Cosimas Leben nach Wagners Tod gehört ganz und gar dem Ritual der ewigen Wiederholung ... Sie liest immer wieder, was sie mit Wagner gelesen und besprochen hatte.« Litt die letzten Jahre an Krampfanfällen, Bewußtlosigkeit und quälender imaginärer Musik, vor allem lauter Militärmusik (Hamann). Am 19.12.1928 Unterzeichnerin des Gründungsmanifests des *Kampfbunds für deutsche Kultur.*

Wagner, Elsa. Schauspielerin estländischer Herkunft.

* 24.1.1881 Reval. 1921 (bis 1944) am Staatstheater Berlin. Kollege von Meyerinck: »Ich habe selten eine Frau erlebt, die mit so kleinen Rollen so große Erfolge hatte.« NS-Filme: U-Boot-Streifen *Morgenrot* (Kernsatz: »Zu leben verstehen wir Deutschen vielleicht schlecht, aber sterben können wir fabelhaft«), am 2.2.1933 in Gegenwart Hitlers uraufgeführt. Außerdem *Unternehmen Michael, Pour le mérite,*

Heimkehr (antipolnischer Hetzfilm), *Fronttheater.* Nach 1945 weiterhin an Berliner Bühnen. Filme wie *Sag' die Wahrheit* (1946) oder *Vor Gott und den Menschen* (1955). *Verdienstkreuz des Verdienstordens der BRD* 1954. † 17.8.1975 Berlin.

Wagner(-Chamberlain), Eva. Tochter Richard Wagners aus der Verbindung mit Cosima.

* 17.2.1867 Triebschen bei Luzern. 1908 Heirat mit dem Rassisten Houston Steward Chamberlain. 1928 Unterzeichnerin des Gründungsmanifests des *Kampfbunds für deutsche Kultur.* 1929 Besuch des NSDAP-Reichsparteitags in Nürnberg, NSDAP (Hamann). Erbitterte Rivalin von Winifred Wagner. † 26.5.1942 Bayreuth.

Wagner, Paul. Schauspieler.

* 24.8.1899 Köln. 1931 in der Uraufführung von Zuckmayers *Der Hauptmann von Köpenick.* 1933 am Deutschen Volkstheater Wien, 1935 Volksbühne Berlin. Unter anderem 1935 im Film *Der alte und der junge König*, Leiser: »Wenn der Preußenkönig den Leutnant Katte enthaupten läßt ... handelt er wie Hitler als ›oberster Gerichtsherr‹ nach der angeblichen Meuterei Röhms.« 1937 in Harlans Hitlerhuldigung *Der Herrscher.* 1938 Bayerisches Staatstheater München, Titelrolle im Film *Kameraden auf See* über die deutsche Kriegsmarine im spanischen Bürgerkrieg. NS-Ehrung: 1939 Staatsschauspieler. Nach 1945 an Berliner Bühnen. Filme wie *Großstadtgeheimnis* (1952) oder *Ein Mann vergißt die Liebe* (1955). † 11.1.1970 Berlin. Nachruf *Deutsches Bühnen-Jahrbuch:* »Wagner zählte zu den großen Zuverlässigen der Bühne.«

Wagner, Richard. Komponist.

* 22.5.1813 Leipzig. † 13.2.1883 Venedig. 1850 Autor des knapp 20 Buchseiten umfassenden Beitrags *Das Judentum in der Musik*, in antisemitischen Kampfschriften wie die Bibel zitiert. Textprobe: »Der gebildete Jude hat sich die undenklichste Mühe gegeben, alle auffälligen Merkmale seiner niederen Glaubensgenossen von sich abzustreifen: in vielen Fällen hat er es

selbst für zweckmäßig gehalten, durch die christliche Taufe auf die Verwischung aller Spuren seiner Abkunft hinzuwirken. Dieser Eifer hat den gebildeten Juden aber nie die erhofften Früchte gewinnen lassen wollen: er hat nur dazu geführt, ihn vollends zu vereinsamen und ihn zum herzlosesten aller Menschen in einem Grade zu machen, daß wir selbst die frühere Sympathie für das tragische Geschick seines Stammes verlieren mußten.« Wagner sprach Juden generell die Fähigkeit zur Dicht- und Tonkunst ab. Über Felix Mendelssohn Bartholdy urteilt er, dieser habe es nie geschafft, »auch nur ein einziges Mal die tiefe, Herz und Seele ergreifende Wirkung auf uns hervorzubringen, welche wir von Kunst erwarten«. April 1874 Bezug der Wagner-Villa in Bayreuth, genannt Haus *Wahnfried*: »Hier wo mein Wähnen Frieden fand – /Wahnfried /sei dieses Haus von mir benannt.« Winifred Wagner gab Hitler 1935 Einblick in den Briefwechsel Wagners mit dem bayerischen König Ludwig II. Darunter ein Brief vom 22. 11. 1881, in dem Wagner schreibt (zit. n. Hamann), er halte »die jüdische Rasse für den geborenen Feind der Menschheit und alles Edlen in ihr: daß namentlich wir Deutschen an ihnen zugrunde gehen werden, ist gewiß, und vielleicht bin ich der letzte Deutsche, der sich gegen den bereits alles beherrschenden Judaismus als künstlerischer Mensch aufrechtzuerhalten wußte«. **Wagner**, Siegfried, Sohn von Cosima und Richard Wagner.
* 6.6.1869 Triebschen bei Luzern. Am 18.7.1930 Herzinfarkt während der Probe zur *Götterdämmerung*. † 4.8.1930 Bayreuth. Nach dem Tode des Vaters im Schatten seiner Mutter Cosima. Schüler des Komponisten Engelbert Humperdinck. Ab 1886 Dirigent der Bayreuther Festspiele. Komponist von Märchenopern wie *Der Bärenhäuter* (1899), vom späteren Präsidenten der Reichsmusikkammer Raabe in der *Allgemeinen Musikzeitung* (Nr. 26/1899) als »stammelnde Kompositionsversuche« beurteilt. Wagner führte

seine Mißerfolge auf »jüdische Machenschaften« zurück (»Dafür sorgt Judas Haß«). Ab 1908 Leiter der Bayreuther Festspiele. Nach öffentlichen und innerfamiliären Anspielungen auf Homosexualität, September 1915 Heirat mit der 28 Jahre jüngeren Winifred Williams. Vier Kinder in kurzer Folge: Wieland, Wolfgang, Friedelind und Verena. Am 1.10. 1923 Hitler zu Gast im Hause Wahnfried. Wagner nach dem Besuch: »Hitler ist ein prachtvoller Mensch, die echte deutsche Volksseele.« Leser des *Völkischen Beobachters*. März 1924 Empfang bei Mussolini, danach: »Alles Wille, Kraft, fast Brutalität. Fanatisches Auge, aber keine Liebeskraft [sic] darin wie bei Hitler und Ludendorff.« Juni 1924 im Brief an den Bayreuther Rabbiner Falk Salomon, mit der Bitte um Verbreitung in seinen Kreisen: »Was ich für ein Unglück für das Deutsche Volk halte, ist die Mischung der jüdischen mit der germanischen Rasse.« Wollte zur geplanten Machtergreifung Hitlers am 9.11.1923 (*Hitlerputsch*) ein Festkonzert im Münchner Odeon geben, mit Uraufführung seiner symphonischen Hitlerhuldigung *Glück*. Einer der wenigen Duzfreunde Hitlers. Lit.: Hamann; Hans Mayer; Okrassa.
Wagner, Verena. Tochter von Siegfried und Winifred Wagner.
* 2.12.1920 Bayreuth. Im Krieg Krankenschwester. 1943 Heirat mit dem *Kraft-durch-Freude*-Funktionär und SS-Obersturmführer Bodo Lafferentz (siehe ebenda). Fünf Kinder. Ehrenmitglied mehrerer Wagner-Gesellschaften. Lit.: Hamann.
Wagner, Wieland, Sohn von Winifred und Siegfried Wagner.
* 5.1.1917 Bayreuth. Winifred Wagner am 29.3.1933: »Ja, die Zeiten, die wir miterleben, sind urgewaltig ... Die Kinder betätigen sich begeistert bei allen Volkskundgebungen am Radio oder am Marktplatz. Neulich, am 21. [Tag von Potsdam] abends, marschierte Wieland an der Spitze der Hitlerjugend mit dem Fähnchen in der Hand. Der echte Wagnerenkel.« 1935, nach Erwerb des Führerscheins, ein Mer-

cedes-Caprio als Hitler-Geschenk. 1937 Bühnenbild zum Bühnenweihspiel *Parsifal*. Goebbels am 24. Juli im Tagebuch: »Stark dilettantenhaft.« 1938 NSDAP (Nr. 6 078301), von Hitler persönlich von jeglichem Kriegsdienst befreit. Seinen Zugang zum »Führer« nutzte er im Bayreuther Machtkampf (gegen seine Mutter, gegen den künstlerischen Leiter Tietjen und den Bühnenbildner Preetorius). Bühnendekoration zu den *Meistersingern* der Kriegsfestspiele 1943/44, der einzigen damals noch aufgeführten Wagner-Oper, Programmzettel: »Auf der Festwiese wirken außer dem Festspielchor Hitlerjugend, BDM und Männer der SS-Standarte Wiking mit.« September 1944 bis April 1945 am *Institut für physikalische Forschung* (Steuerungssysteme für Raketen), KZ-Außenlager Bayreuth mit Häftlingen aus dem KZ Flossenbürg. Ab 1951 mit Bruder Wolfgang Leiter der wiedereröffneten Festspiele. Regie-Start mit *Parsifal* und einer völlig entrümpelten Wagner-Bühne. Ab 1960 mit der damals 20jährigen Wagner-Sängerin Anja Silja liiert. † 17. 10. 1966 München. Lit.: Hamann.

Wagner, Winifred, geb. Williams.
* 23. 6. 1897 Hastings in England als Kind eines früh verstorbenen Theaterkritikers und einer ebenfalls früh verstorbenen Schauspielerin. Adoptivtochter des Lisztschülers Karl Klindworth. September 1915 Heirat mit dem 28 Jahre älteren Richard-Wagner-Sohn Siegfried. Hans Mayer: »Als Kindchen war sie geheiratet worden: nicht allein von Siegfried Wagner, sondern von Bayreuth. Sie hatte die Dynastie fortzusetzen.« Ab 1923 glühende Verehrerin Hitlers, nach dessen gescheitertem Putschversuch in München: »Für mich hat der 9. November ein vollständig neues Tätigkeitsfeld eröffnet, nämlich das leidenschaftliche Eintreten für Hitler und seine Ideen.« Schickte Briefe, Lebensmittelpakete und Schreibpapier für *Mein Kampf* in die Haftanstalt Landsberg. Zu Neujahr 1924: »Entweder wird er unser Erretter, oder man läßt ihn, den körperlich Zarten

– im Kerker elend untergehen! Dann aber, wehe Deutschland!!!« 1925 Duzfreundin Hitlers, auf dem NSDAP-Reichsparteitag in Weimar (R. v. Schirach). Januar 1926 NSDAP (Nr. 29349). Goebbels am 8. 5. 1926 im Tagebuch: »Ein rassiges Weib. So sollten sie alle sein. Und fanatisch auf unserer Seite ... Sie klagt mir ihr Leid. Siegfried ist so schlapp. Pfui! Soll sich vor dem Meister schämen.« Am 19. 12. 1928 Unterzeichnerin des Gründungsmanifests des *Kampfbunds für deutsche Kultur*. 1930, nach dem Tod ihres Mannes, testamentarisch zur Leiterin der Bayreuther Festspiele bestimmt (entfällt bei Wiederverheiratung). Hitler ab 1933 Dauergast der Festspiele. Am 23. 7. 1940 Hitlers letzter Besuch in Bayreuth (Aufführung der *Götterdämmerung*). Am 16. 10. 1944 öffentliches Treuebekenntnis zu Hitler: » ... er ist ins Heldische emporgewachsen, ist unser Führer durch Nacht zum Licht«. 1945 zwangsweise Abgabe der Festspielleitung, im Interview mit Klaus Mann: »Hitler war charmant ... Gemütvoll und gemütlich. Und sein Humor war einfach wundervoll.« Fest verankert im Netzwerk »ehemaliger« Nazis wie Gerdy Troost, Karl Kaufmann, Will Vesper (Koenen), Hans Severus Ziegler, Ilse Heß, Faschistenführer Mosley. 1975 in einem Film von Hans Jürgen Syberberg: »Wenn der Hitler zum Beispiel heute hier die Tür hereinkäme, ich wäre genauso fröhlich und glücklich, ihn hier zu sehen und zu haben wie immer ...« Nach Bekanntwerden der Äußerungen Presseangriffe und Verbot ihres Sohnes Wolfgang, künftig das Festspielhaus zu betreten. Ihre Reaktion am 21. 7. 1975 an Gerdy Troost: »Dann denke ich an USA [Wortgebrauch von Altnazis für *Unser seliger Adolf*] und daß man schließlich nun bewußt für ihn leidet.« † 5. 3. 1980 im Krankenhaus von Überlingen. Lit.: Hamann.

Wagner, Wolfgang. Drittes Kind von Siegfried und Winifred Wagner.
* 30. 8. 1919 Bayreuth. September 1939 beim Überfall auf Polen schwer verwun-

det, von Sauerbruch höchstpersönlich operiert, von Hitler im Krankenhaus besucht. Ab 1951 mit Bruder Wieland Leiter der wiedereröffneten Bayreuther Festspiele. Am 21.7. 2006 im *Magazin* der *Süddeutschen Zeitung*: »Hitler lernte Wagner nicht erst im Dritten Reich schätzen, um sich den Massen als Kunstkenner zu präsentieren; das war er schon zuvor. Besonders das Theater hat unter Hitler einen Ausnahmezustand erreicht. Er ließ die ganze Zeit durchspielen, auch während des Krieges ... Hitler ließ sogar 250 Kulturschaffende gegen den Willen der Wehrmacht [vom Kriegsdienst] freistellen.« Lit.: Hamann.

Wagner-Régeny, Rudolf. Komponist.
* 28.8. 1903 Szász-Régen in Siebenbürgen. Schüler Schrekers, »halbjüdische« Ehefrau. Schrieb im Auftrag der *Nationalsozialistischen Kulturgemeinde* 1935 eine sozusagen »entjudete« Ersatzmusik zu Shakespeares *Ein Sommernachtstraum*, da Mendelssohns Musik nicht mehr aufgeführt werden durfte. Protegiert von Baldur von Schirach. Januar 1939 Oper *Die Bürger von Calais* an der Staatsoper Berlin, dirigiert von Karajan. April 1941 Oper *Johanna Balk*. Am 8.11. 1941 im (rumänischen) Hermannstadt Uraufführung seines Ostkolonisationswerks *Das Opfer*, nach einem Text des NS-Poeten E. W. Möller. Inhalt, laut *Deutsche Theaterzeitung*: »Agnetha, die Frauengestalt, die edelste Charakter- und Blutswerte verkörpert, versinnbildlicht tausendjähriges deutsches Opfer. Sie stirbt, um nicht der Rassenschande zu verfallen, um nicht ›die Mutter eines Bastards‹ zu werden.« 1947 Rektor der Musikhochschule in Rostock, 1950 Professor für Komposition an der Deutschen Hochschule für Musik in Ost-Berlin. 1955 *Nationalpreis DDR*. † 18.9. 1969 Ost-Berlin.

Wagula, Hans. Auf der *Gottbegnadeten-Liste* (Führerliste) der wichtigsten Gebrauchsgraphiker und Entwurfzeichner des NS-Staates.
* 13.7. 1894 Graz. Gesuchter Graphiker in Graz und gefeierter Gestalter von Filmplakaten. NS-Ehrung: 1938 Verleihung des Titels Professor. † 25.2. 1964 Graz.

Wahl, Hans. Goethe-Forscher.
* 28.7. 1885 Burkersdorf in Thüringen, Pfarrerssohn. Ab 1918 Direktor des Goethe-Nationalmuseums in Weimar, 1925 Titel Professor. 1928 zusätzlich Direktor des Weimarer Goethe- und Schillerarchivs, Gründungsmitglied des *Kampfbunds für deutsche Kultur*. Gaufachberater der *Nationalsozialistischen Kulturgemeinde*. 1937 NSDAP. Ratsherr der Stadt Weimar. Vorsitzender der Deutschen Herder-Stiftung. Nach 1945 weiter in seinen Ämtern, zusätzlich im Vorstand der Gesellschaft zum Studium der Kultur der Sowjetunion, Ortsgruppe Weimar. † 18.2. 1949 Weimar, Staatsbegräbnis der thüringischen Landesregierung. Lit.: König.

Walcker, Oscar. Alleininhaber des Orgelbetriebs E. F. Walcker & Cie in Ludwigsburg.
* 1.1. 1869 Ludwigsburg. August 1933 Unterzeichner eines Manifests in der Zeitschrift *Die Musik*: »Wir bekennen uns zur volkhaften Grundlage aller Kirchenmusik.« Förderer des *Nationalsozialistischen Reichs-Sinfonieorchesters*, Ehrentitel: *Orchester des Führers*. Baute eine Orgel mit 220 Registern und mehr als 16 000 Pfeifen für die Kongreßhalle auf dem Gelände der Nürnberger Reichsparteitage, erstmals gespielt von Günther Ramin auf dem NSDAP-Reichsparteitag 1936. Nach 1945 im Gemeinderat. † 4.9. 1948 Ludwigsburg. Lit.: Potter; Prieberg, Handbuch.

Waldapfel, Willy. Maler.
* 15.9. 1883 Dresden. 1934 (bis 1945) Professor der Dresdner Akademie (März 1945 Rektor). Hitler kaufte 1938 sein Bild *Die Straße frei* (marschierende SA). Auf den Großen Deutschen Kunstausstellungen im Münchner NS-Musentempel *Haus der Deutschen Kunst* unter anderem 1940 mit dem NS-Kriegsbild *Aufbruch* (Öl). NS-Ehrung: 1939 Kunstpreis der Stadt Dresden. Nach 1945 Wohnort Wetter bei Marburg. Q.: Thomae; Zuschlag.

Waldau, Gustav, eigentlich Freiherr von Rummel. Auf der *Gottbegnadeten-Liste* (Führerliste) der wichtigsten Künstler des NS-Staates.
* 27. 2. 1871 Piflas bei Landshut. Offizier beim Königlich Bayerischen Leibregiment. Am Hof- und Staatstheater München. Erika Mann: »Münchens beliebtester Schauspieler.« In der NS-Zeit in 63 Filmen, darunter 1940 das Hans-Albers-Opus *Ein Mann auf Abwegen*, 1941 *Spähtrupp Hallgarten* über die Besetzung Norwegens, 1942 *Kleine Residenz*, für Goebbels eine Musterleistung des Unterhaltungsfilms »für den Krieg«. 1943 als alternder Casanova im Ufa-Jubiläumsfilm *Münchhausen*. NS-Ehrung: *Staatsschauspieler*, 1941 *Goethe-Medaille* für Kunst und Wissenschaft. Nach 1945 in Filmen wie *Das doppelte Lottchen* (1950), *Tante Jutta aus Kalkutta* (1953), *Schloß Hubertus* (1954). † 25. 5. 1958 München. Nachruf *Deutsches Bühnen-Jahrbuch*: »Ein Nobelmann und ein Philosoph als ein großer Komödiant.«

Waldburg-Wolfegg, Franziska Gräfin von.
* 18. 6. 1913 Milleschau als Grafentochter. Laut *Aufstellung derjenigen Parteigenossen, die Angehörige fürstlicher Häuser sind*: 1. 12. 1938 NSDAP, Nr. 6 597984, Gau Württemberg-Hohenzollern. Wohnsitz nach 1945: Kißlegg im Allgäu.

Waldeck, Heinrich Suso. Pseudonym des Wiener Kaplans Augustin Popp. Priesterdichter.
* 3. 10. 1873 Wacherau/Pilsen. Zur Volksabstimmung zum »Anschluß« Österreichs April 1938: »Das große, altheilige Vaterhaus/Tat auf sein südöstliches Tor;/Da brach die Urstimme des Blutes aus,/ein Millionenchor.« † 4. 9. 1943 St. Veith/Oberösterreich.

Waldeck und Pyrmont, Altburg Erbprinzessin zu.
* 19. 5. 1903 Oldenburg. Tochter eines Königlich preußischen Generals der Kavallerie. Herzogin von Oldenburg. Laut *Aufstellung derjenigen Parteigenossen, die Angehörige fürstlicher Häuser sind*: 1. 11.

1929 NSDAP, Nr. 161001, Gau Kurhessen. Ab 1922 Gattin von Josias Erbprinz zu Waldeck und Pyrmont (Höherer SS- und Polizeiführer Fulda-Werra mit Sitz in Kassel). Wohnsitz Schloß Arolsen, Waldeck.

Waldeck und Pyrmont, Margarethe Prinzessin zu.
* 22. 5. 1923 München. Tochter von Josias Erbprinz zu Waldeck und Pyrmont (Höherer SS- und Polizeiführer) und seiner Frau Altburg. Laut *Aufstellung derjenigen Parteigenossen, die Angehörige fürstlicher Häuser sind*: 1. 9. 1941 NSDAP, Nr. 8 362493, Gau Kurhessen. Anmerkung: »BDM-Führerin.« Nach 1945 Wohnsitz Erbach im Odenwald.

Waldemar, Richard. Auf der *Gottbegnadeten-Liste* der Schauspieler, die für die Filmproduktion benötigt werden.
* 3. 5. 1869 Wien. Komiker an Wiener Bühnen. Ehrenbürger der Stadt Wien. † 27. 12. 1946 Wien.

Waldmann, Guido. Musikfunktionär.
* 17. 11. 1901 St. Petersburg. Ab 1926 am Seminar des Reichsverbands Deutscher Tonkünstler, Musiklehrer in Berlin. 1935 HJ. 1936 Leiter der *Zentralstelle für das Volkslied der Auslandsdeutschen*. 1937 NSDAP, Musikhochschule Berlin, Hauptschriftleiter von *Musik in Jugend und Volk. Amtliche Musikzeitschrift der Reichsjugendführung, der Werkscharen* [Reichsarbeitsdienst] *und der NS-Gemeinschaft Kraft durch Freude*. 1939 Leiter der *Arbeitsstelle für deutsche Musik im Ausland* des Goebbels unterstehenden Deutschen Auslands-Instituts (Ausstellung: *Deutsches Lied im Osten*). 1939 Herausgeber der Aufsatzsammlung: *Rasse und Musik*. 1943 Referent der Reichsjugendführung. Nach 1945 Direktor des Hochschulinstituts für Musik (errichtet mit Hilfe der Firma Matthias Hohner) in Trossingen, Vorsitzender der Bundesakademie für musikalische Jugendbildung. † 25. 2. 1990 Trossingen.

Waldmüller, Lizzy. Operettensängerin und Schauspielerin.
* 25. 5. 1904 Knittelfeld in Tirol. 1933 in der Berliner Uraufführung der Benatzky-

Operette *Bezauberndes Fräulein*. Am *Kabarett der Komiker*. 1939 von Willi Forst für den Film entdeckt, Interpretin von Hitlers Lieblingslied *Bel ami* im dem gleichnamigen Film (»Du hast Glück bei den Frau'n, bel ami ... bist nicht klug, doch sehr galant«). In schneller Folge Hauptrollen in Musikfilmen wie *Casanova heiratet, Traummusik* (beide 1940), *Frau Luna* (1941). Laut Hippler von Goebbels öfters zur Abendgesellschaft eingeladen. † 29.4.1945 bei Bombenangriff auf Wien.

Waldoff, Claire (Künstlername). Berliner Chansonette.

* 21.10.1884 Gelsenkirchen. Schlager, Couplets, Chansons. Erfolgssongs: *Wer schmeißt denn da mit Lehm?* sowie *Hermann heeßt er*. Das bereits 1913 von ihr gesungene Lied wurde vom Volksmund auf Hermann Göring umgetextet: »Rechts Lametta, links Lametta,/Und der Bauch wird imma fetta,/Und in Preußen ist er Meester:/Hermann heeßt er.« Im Dritten Reich Rückzug nach Bayrisch-Gmain. 1953 Erinnerungen: *Weeste noch ... ?* † 22.1.1957 Bad Reichenhall.

Waldow, Ernst (Künstlername). Auf der *Gottbegnadeten-Liste* der Schauspieler, die für die Filmproduktion benötigt werden.

* 22.8.1893 Berlin. Karrierebeginn neben Hans Albers am Kurtheater auf Helgoland (DBJ). Zwischen 1935 und 1945 in 66 Filmen, darunter 1936 die Ehe- und Provinzkomödie *Wenn wir alle Engel wären*. 1937 Propagandastreifen *Togger* (Moeller: »Voller NS-Parolen, antisemitischen Anspielungen und SA-Paraden«). 1938 Titelrolle im *Kraft-durch-Freude*-Film *Petermann ist dagegen*. September 1940 Staatsauftragsfilm (Spionagewarnung) fürs Kino-Vorprogramm: *Achtung! Feind hört mit!* Nach 1945 Filme wie *Schwarzwaldmädel* (1950) oder *Der Himmel ist nie ausverkauft* (1955). † 5.6.1964 Hamburg.

Waldschmidt, Arnold. Auf der *Gottbegnadeten-Liste* (Führerliste) der wichtigsten bildenden Künstler des NS-Staates, SS-Oberführer (1943).

* 2.6.1873 Weimar, Sohn eines preußischen Hauptmanns. Maler und Bildhauer. 1917 Professor der Württembergischen Kunstakademie in Stuttgart, 1927 Direktor. *Führerlexikon*: »Gehört seit Juli 1920 der NSDAP an; seit 15. Dezember 1933 Landesleiter der Reichskammer der bildenden Künste Württembergs.« Am 20.4.1933 in *KddK-Blätter* der *Kameradschaft der deutschen Künstler*: »Die Bahn ist frei, und wer Größe und Geist in sich trägt, der hat Gelegenheit, es heute zu beweisen.« Akademie der Künste Berlin. Monumentale Arbeiten für Bauten der Luftwaffe. NS-Ehrung: 1943 *Goethe-Medaille* für Kunst und Wissenschaft, Begründung: »Im Hinblick auf seine Gestaltung soldatischen Wesens«. 1945–1954 in sowjetischer Gefangenschaft (Vollmer). † 1.8.1958 Stuttgart. Q.: Thomae; Wulf, Künste.

Wallburg, Otto, eigentlich Maximilian Wasserzieher. Schauspieler.

* 21.2.1889 Berlin. Dicker Charakterkomiker (über zwei Zentner). 1926 am Berliner Lessing-Theater, später am Deutschen Theater. Ab 1927 auch *Kabarett der Komiker*. 1933 Hauptrollen in den Filmen *Die Tochter des Regiments, Was Frauen träumen, Sag mir, wer du bist, Wege zur guten Ehe*. Mai 1933 letzter Theaterauftritt in *Da stimmt was nicht*. Goebbels am 16.5.1933 im Tagebuch: »Abends Komödienhaus ... Der Jude Wallburg ist zum Weinen.« Februar 1934 im Operettenfilm *Der Zarewitsch*, danach Spielverbot. Nach Gestapo-Verhaftung seines Sohnes Reinhard 1934 Flucht nach Wien, 1938 nach Paris, danach in Holland. Im (Emigranten-)*Kabarett der Prominenten* in Amsterdam. Schwere Zuckererkrankung. † Deportiert am 31.7.1944 nach Theresienstadt, am 28.10.1944 nach Auschwitz. Lit.: Kreimeier; Liebe.

Walleck, Oskar. Generalintendant, Reichskultursenator und SS-Standartenführer (1943).

* 27.11.1890 Brünn. 1932 SS (Nr. 74436) und NSDAP (Nr. 1638831). Rittmeister der Reserve a.D. 1934 Generalintendant des Bayerischen Staatstheaters München, zugleich Leiter der Obersten Theaterbehörde Bayerns. Stellte am 25.9.1935 in einem Brief an den Stellv. Präsidenten der Reichstheaterkammer fest, daß die »Weiterbeschäftigung von Künstlern, die mit nichtarischen Frauen verheiratet sind, nur vom Rasse- und weltanschaulichen Standpunkt, nicht aber vom künstlerischen Gesichtspunkt aus diktiert [!] werden kann«. Auch von Parteigenossen »als Despot« bezeichnet. 1938 Generalintendant des Deutschen Theaters in Prag (Rechtsträger: Das Deutsche Reich). September 1939 Leiter aller Bühnen im Protektorat Böhmen und Mähren. NS-Ehrung: Präsidialrat der Reichstheaterkammer. Nach Internierung 1953 Generalintendant am Landestheater Linz. Das *Deutsche Bühnen-Jahrbuch* zum 80. Geburtstag: »Erfolggekrönte Laufbahn.« † 1.7.1976 Coburg.

Wallis, Hugo von.
* 12.4.1910 Köln. Laut *Aufstellung derjenigen Parteigenossen, die Angehörige fürstlicher Häuser sind*: NSDAP-Nr. 2104321, Gau Sachsen. 1933 Dr. jur. 1939 Regierungsrat. 1951 Oberregierungsrat. 1957 Bundesrichter am Bundesfinanzhof. 1952 Dozent für Steuer- und Finanzrecht der Universität Köln. 1958 Honorarprofessor der TH Aachen. 1970–1977 Präsident des Bundesfinanzhofs. † 4.5.1993. Q.: Kürschner.

Wallnöfer, Adam. Heldentenor.
* 24.4.1854 Wien, Sohn eines Konzertsängers. 1878 Debüt am Stadttheater Olmütz, zahlreiche Bühnenstationen. Wagner-Sänger. März 1933 NSDAP. Über 400 eigene Kompositionen, darunter April 1944 das Chorwerk *Der Sieg*. NS-Ehrung: 1944 von Hitler *Goethe-Medaille* für Kunst und Wissenschaft sowie Ehrengabe von 10000 Mark von Goebbels. † 9.6.1946 München.

Wallrabenstein, Heinrich. Erziehungswissenschaftler.
* 7.10.1904 Hilter im Teutoburger Wald. Turnlehrer. 1931 NSDAP, SA-Obersturmführer. 1934 Dozent der Hochschule für Lehrerbildung (zur NS-Indoktrinierung) in Frankfurt/Oder, 1938 Professor. Leiter der Dozentenschaft, Führer des NS-Dozentenbunds der HfL. Unter anderem 1939 Gauführer des NS-Dozentenbunds, Leiter des Gauamts für Erzieher in der NSDAP-Gauleitung Gau Mark Brandenburg. 1944 Regierungsdirektor, Leiter der Berliner Schulverwaltung. 1952 Volksschuldirektor in Osnabrück, 1959 Rektor der Gemeinschaftsschule in Hilter. † 14.11.1974 Hilter. Lit.: Hesse.

Walter, Bruno, eigentlich Walter Bruno Schlesinger. Dirigent.
* 15.9.1876 Berlin. 1902 Erster Kapellmeister an der Hofoper in Wien bei Gustav Mahler. Dirigent der Uraufführungen von Mahlers *Das Lied von der Erde* (1911) und der 9. Symphonie (1912). 1913 Generalmusikdirektor des Nationaltheaters (Staatsoper) München. 1925 Städtische Oper Berlin. 1929 Gewandhauskapellmeister in Leipzig. 1935 auf der Liste der *Musik-Bolschewisten* der *NS-Kulturgemeinde*. 1936 Direktor der Wiener Staatsoper. Im *Lexikon der Juden in der Musik* gebrandmarkt. 1938 Flucht in die USA, US-Bürger. Hitler meinte am 30.4.1942 im Tischgespräch, Bruno Walter habe »lediglich Biermusik zu machen verstanden«. Nachbar von Thomas Mann in München und in Kalifornien. † 17.2.1962 Beverly Hills in Kalifornien. Das *Deutsche Bühnen-Jahrbuch* zum 80. Geburtstag: »1938 verlegte er seine Tätigkeit ins Ausland«.

Walter, Fried. Auf der *Gottbegnadeten-Liste* (Führerliste) der wichtigsten Komponisten des NS-Staates.
* 19.12.1907 Ottendorf-Okrilla bei Dresden. Schüler Schönbergs. 1937: *Schlageter*, eine Heroische Ouvertüre für Militärmusik. 1943 von der Reichsstelle für Musikbearbeitung Staatsauftrag (15000 Mark) für die Komposition der heiteren Oper *In Teufels Küche*. 1947 Gründer des RIAS-Unterhaltungsorchesters (DBJ). † 8.4.1996 Berlin.

Walter-van der Bleek, Kurt. Direktor des *Richard Wagner-Gobineau-Chamberlain-Archivs*.

* 16. 9. 1877 Berlin. 1915 Autor: *Das Schwarzbuch der Schandtaten unserer Feinde.* 1916: *Die volkserzieherische Bedeutung der germanischen Weltkultur und der Anteil Flanderns.* 1934: *Die Treue ist das Mark der Ehre. Von München bis Tannenberg (Hitler und Hindenburg).* † 1. 1. 1946 Berlin.

Walther, Karl August. Schriftsteller.
* 30. 4. 1902 Bielefeld. 1926 (bis 1930) Herausgeber der Deutschen Monatshefte *Der Türmer.* 1928 Co-Autor: *Das Erbe der Väter, Wegweiser zum Geistesvermächtnis Deutschen Führertums.* 1930 (bis 1935) Herausgeber der Zeitschrift *Der Hochwart.* 1933 Schatzmeister des Reichsverbands Deutscher Schriftsteller (Juni 1933 als Fachverband in der Reichsschrifttumskammer gegründet und Oktober 1935 ebenda aufgegangen), als Reichsorganisationsleiter zur Überführung der bestehenden Theaterbesuchervereine in Rosenbergs Theaterbesucherorganisation *Die Deutsche Bühne* eingesetzt. 1937 Bauernlesebuch *Neues Volk auf alter Erde* sowie *Deutsches Volk in Arbeit und Wehr.* Nach 1945 als Autor in Zürich und Luzern. Lit.: Wulf, Literatur.

Wamper, Adolf. Auf der *Gottbegnadeten-Liste* (Führerliste) der wichtigsten bildenden Künstler des NS-Staates.
* 23. 1. 1901 Würselen. Bildhauer in Berlin. Beteiligt an der Ausgestaltung des Reichssportfelds. Auf der Großen Deutschen Kunstausstellung 1941 im Münchner NS-Musentempel *Haus der Deutschen Kunst* mit vier Objekten, darunter die Plastik *Sommer* (stämmige Nackte). 1948 Leiter der Bildhauerklasse an der Folkwangschule für Gestaltung in Essen. 1970 zur Verabschiedung Titel Professor. † 22. 5. 1977 Essen.

Wanderscheck, Hermann, Pseudonym *Hermann W. Anders.* Referent in der Presseabteilung der Reichsregierung.
* 16. 5. 1907 Berlin. Dr. phil. Hauptschriftleiter der Zeitschriften *Film-Kurier* sowie *Der Autor* (Organ des *Verbands der Bühnenschriftsteller und Bühnenkomponisten*). 1935: »Der Nationalsozialismus als Wille zur Hochwertigkeit entspricht geradezu der Tragödie … Denn nicht um Schuld oder Nichtschuld, Glück oder Unglück, Furcht oder Mitleid geht es in der Tragödie, sondern um die Gestaltung der absolut notwendigen Sittlichkeit des tragischen Helden, der ursprünglich und schöpferisch, ohne ein Bedingtsein seines Handels, für Tat und Wille einsteht.« September 1939 Referent der Abteilung Deutsche Presse im Reichspropagandaministerium. 1939 Autor: *Die Kunst der Propaganda und die Propaganda für die Kunst.* Nach 1945 Theaterkritiker, Chefredakteur und Dramaturg in Berlin. † 24. 4. 1971 Unfall auf der Autobahn bei Recklinghausen. Lit.: Wulf, Theater.

Wandschneider, Wilhelm. Bildhauer.
* 6. 6. 1866 Plau am See in Mecklenburg, Sohn eines Malers. Freischaffender Künstler, Titel Professor. Unter anderem 1898 Denkmal Kaiser Wilhelm I. in Neustettin, zahlreiche Kriegerdenkmäler. Hitler kaufte 1940 seine Plastik *Aphrodite.* 1942 (erfolgloser) Antrag zur Verleihung der *Goethe-Medaille* für Kunst und Wissenschaft, Begründung: »In der Hauptsache monumental.« † 23. 9. 1942 Plau am See. Q.: Thomae.

Wangel, Hedwig. Schauspielerin.
* 23. 9. 1875 Berlin. Tochter eines Musikverlegers. 1906 Charakterdarstellerin am Deutschen Theater in Berlin, 1909 Bühnenrückzug. Ab 1935 Münchner Kammerspiele und Hebbel-Theater Berlin. November 1940 im antipolnischen Film *Feinde.* 1941 als Queen Victoria im Hetzfilm *Ohm Krüger,* Hauptrolle im Zarah-Leander-Film *Der Weg ins Freie* (in den Nebenrollen ein verbrecherischer polnischer Graf und zwei jüdische »Volksschädlinge«). 1951 in den Harlan-Filmen *Unsterbliche Geliebte* und *Hanna Amon.* Filme wie *Frauenarzt Dr. Prätorius* (1949) oder *Rosen im Herbst* (1955). † 9. 3. 1961 Lohe bei Rendsburg.

Wangenheim, Gustav Freiherr von. Schauspieler.
* 18. 2. 1895 Wiesbaden, Sohn des Schau-

spielers Eduard von Winterstein. Schüler der Schauspielschule Max Reinhardts. 1922 KPD. 1929 im Stummfilm *Die Frau im Mond* (über die Verschlagenheit der Mestizen). 1931 Gründer des Schauspielerkollektivs *Truppe 1931*, eine Agitations- und Propagandagruppe. Ab 1933 im sowjetischen Exil, beim Rundfunksender des *Nationalkomitees Freies Deutschland*. 1945 Intendant des Deutschen Theaters in Ost-Berlin. 1946 KPD/SED. 1952 DEFA-Regisseur. Regie zu Filmen wie *Heimliche Ehen* oder *Gefährliche Fracht* (1955). Ehrungen: *Nationalpreis* (1950), *Vaterländischer Verdienstorden* (1965). † 5.8. 1975 Ost-Berlin.

Wanka, Rolf. Schauspieler.
* 17.2. 1901 Wien. Rollentyp: eleganter Liebhaber. In der NS-Zeit in 17 Filmen. 1935 Karrierestart mit *Die ganze Welt dreht sich um Liebe*. 1939 im Film *Leinen aus Irland* (Leiser: die Karikatur des jüdischen Untermenschen, eingebettet in eine Lustspielhandlung). 1942 Unterhaltungsfilm *Anuschka*. 1940–1944 künstlerische Leitung des Wiener Stadttheaters (Privatbühne unter Friedl Czepa, 1942 Heirat). Nach 1945 vorwiegend in München, 1953 in den Harlan-Filmen *Sterne über Colombo* und *Die Gefangene des Maharadscha.* † 30.11. 1982 München.

Wartan, Aruth. Auf der *Gottbegnadeten-Liste* der Schauspieler, die für die Filmproduktion benötigt werden.
* 25.5. 1880 Naitschewan. Iranischer Bergbauingenieur, ab 1915 beim Film. Nebenrollen in *Carl Peters* und in den Hans-Albers-Filmen *Münchhausen* und *Große Freiheit Nr. 7.* † 14.4. 1945.

Wartisch, Otto. Dirigent und SA-Oberführer.
* 18.11. 1893 Magdeburg. Dr. phil. 1928 am Stadttheater Kaiserslautern. 1930 NSDAP (Nr. 400618). 1933 Generalmusikdirektor (GMD) und Intendant des Landestheaters Gotha. 1935 Komposition *Deutsche Rhapsodie*, dem »Frankenführer Julius Streicher gewidmet«. 1939 Leiter des Sudetendeutschen Philharmonischen Orchesters in Prag (am 3.11. 1939 Gast-

spiel in Posen zur Amtseinweisung des Gauleiters Greiser). 1940 GMD des Philharmonischen Orchesters der Stadt Kattowitz und Intendant der Städtischen Bühnen Kattowitz-Königshütte. September 1941 Eröffnung des Opernhauses Kattowitz mit Wagners *Lohengrin*. 1943 Aufführung von Wagners *Ring des Nibelungen*. Organisierte mit der Abteilung VI des KZ Auschwitz Auftritte der Städtischen Bühnen zu *Truppenbetreuungsveranstaltungen* für das KZ-Personal: Am 5.4. 1943 mit dem Schwank *Gitta hat einen Vogel* sowie am 2.10. 1943 mit dem Schwank *Gestörte Hochzeitsnacht*. Musikveranstaltungen mit dem Städtischen Symphonieorchester Kattowitz in Auschwitz (»Leitung: Generalmusikdirektor Dr. Wartisch«): Am 29.11. 1943 zum Musikabend *Beschwingte Musik* sowie am 21.2. 1944 mit *Musikalische Köstlichkeiten aus Oper und Operette*. 1952 Konzertdirigent in München. † 29.4. 1969 Wolfratshausen in Bayern.

Waschneck, Erich. Laut Fachblatt *Kinematograph* vom 4.4. 1933 Beitritt zur *NSBO-Zelle deutschstämmiger Filmregisseure* (*NS-Betriebszellen-Organisation*).
* 29.4. 1887 Grimma. Unterhaltungsroutinier. Zwischen 1933 und 1945 Regie zu 23 Filmen, darunter 1934 *Mein Leben für* [die Fahne der Reiterstandarte!] *Maria Isabell*. März 1937 Filmlustspiel *Die göttliche Jette*. Von Goebbels geschätzt, der Filmminister am 18.11. 1937 im Tagebuch: »Gewitterflug zu Claudia … Von Waschneck sehr flott und spannend gemacht. Sehr erfreulich!« 1940 Regie zum Hetzfilm *Die Rothschilds*, Courtade: »Von einem bösartigen, aggressiven Antisemitismus bestimmt, der keine Nuancen kennt, ein Aufruf zu Haß und Mord.« 1952 letzter Film: *Hab' Sonne im Herzen.* † 22.9. 1970 Berlin.

Wassermann, Jakob. Schriftsteller.
* 10.3. 1873 Fürth, Sohn eines jüdischen Spielwarenfabrikanten. 1896 in der Redaktion des Satireblatts *Simplicissimus* in München. 1897 Roman *Die Juden von Zirndorf*. Befreundet mit Thomas Mann

und Rainer Maria Rilke. Ab 1919 Wohnort Altaussee in der Steiermark. 1921: *Mein Weg als Deutscher und Jude.* 1928: *Der Fall Maurizius.* Für Erika Mann zeitgenössischer deutscher Autor von Weltruf. Mai 1933 Ausschluß aus der Preußischen Akademie der Künste, Verbot aller Bücher. † 1.1. 1934 Altaussee. Thomas Mann: »Ein tief melancholischer Untergang nach sehr glänzendem Aufstieg aus Dunkel und Not.«

Wassermann, Walter. Auf der Liste der von Goebbels zugelassenen Filmautoren (1944).
* 19.9. 1883 Berlin. Gefragter Autor. Unter anderem 1937 Drehbuch zum Freikorpsdrama *Menschen ohne Vaterland,* Drehbuchautor der teutonischen Geniefilme *Robert Koch* (1939) und *Friedrich Schiller* (1940). † 4.10. 1944 Salzburg.

Watzke, Rudolf. Auf der *Gottbegnadeten-Liste* (Führerliste) der neun wichtigsten Konzertsänger des NS-Staates.
* 5.4. 1892 Niemes in Böhmen. Baßbariton. Auftritte zu NS-Feierlichkeiten (Prieberg). Am 28. Mai 1938 im Festkonzert des Berliner Philharmonischen Orchesters (Beethovens *Neunte*) und am 29. Mai 1938 im Abschlußkonzert der ersten *Reichsmusiktage* in Düsseldorf. 1956–1971 Gesangpädagoge am Konservatorium in Dortmund. † 18.12. 1972 Wuppertal.

Watzlik, Hans. Schriftsteller.
* 16.12. 1879 Unterhaid in Südböhmen, Sohn eines Postmeisters. Zunächst Dorfschullehrer im Böhmerwald. Autor im NSDAP-Zentralorgan *Völkischer Beobachter.* Herausgeber der völkischen Zeitschrift *Der Ackermann aus Böhmen.* Amtsleiter der Sudetendeutschen Partei. 1939 Gedichte: *... ackert tiefer ins umstrittene Land.* 1940: *Sudetendeutsche Reden und Aufrufe.* Weiheverse *Sudetenland an den Führer* in Bühners Anthologie *Dem Führer.* »Soll es zu Tod, zu Leben sein:/O nimm uns, Führer! Wir sind dein.« NS-Ehrung: 1939 *Goethe-Medaille* für Kunst und Wissenschaft. † 24.11. 1948 Tremmelhausen bei Regensburg. Lit.: Scholdt.

Wawra, Hermann. Burgschauspieler (ab 1913).
* 24.11. 1884 Wien. Verheiratet mit der Sängerin Ilse Benda, »Volljüdin«. Deshalb ab 1939 nur Spielgenehmigung für eine Spielzeit, ab 1941 bis zum Ende des Krieges (Schrader). 1946 zum Kammerschauspieler ernannt.

Weber, A(ndreas). Paul. Graphiker.
* 1.11. 1893 Arnstadt in Thüringen. Kriegszeichner im I. Weltkrieg. Gilt vielfach durch die Illustration von Arthur Niekischs Schrift *Hitler – ein deutsches Verhängnis* (1932) als Antifaschist. 1918 Werbeplakat für Artur Dinters »bösartig judenfeindliches« Buch *Die Sünde wider das Blut.* 1927 Illustrator von *Ernstes und Heiteres aus dem Putschleben* des Rechtsterroristen Manfred von Killinger (1933 fünfte Auflage im Zentralverlag der NSDAP). Juli bis Dezember 1937 (im Rahmen einer Aktion gegen den Niekisch-Kreis) in Untersuchungshaft. 1941 im Nibelungen Verlag Berlin: *Britische Bilder,* am 26.11. 1943 im *Deutschen Wochendienst* (Goebbels amtliche Sprachregelungen für die gelenkte Presse) Loblied auf eben dieses Buch: »Grauenhafteste Illustrationen des britisch-jüdischen Vernichtungswillens«. Das Rosenberg-Organ *Die Kunst im Deutschen Reich* im März 1941: »Überzeugende Anklagen in unserem Kampf gegen das plutokratische England.« † 9.11. 1980 Groß-Schretstaken.

Weber, Franz. Auf der *Gottbegnadeten-Liste* der Schauspieler, die für die Filmproduktion benötigt werden.
* 24.3. 1888 Haspe. Ab 1926 am Staatstheater Berlin. Zwischen 1933 und 1945 Nebenrollen in 81 Filmen. 1940 im antibritischen Film *Der Fuchs von Glenarvon* (Goebbels: »Sehr gut für unsere Propaganda zu gebrauchen«). 1941 im NS-Euthanasiefilm *Ich klage an* sowie Napola-Streifen *Kopf hoch, Johannes!* Nach 1945 an Berliner Bühnen. DEFA-Filme wie *Die Buntkarierten* (1949) oder *Der Biberpelz* (1949). † 10.8. 1962 Berlin.

Weber, Gerhild. Schauspielerin.
* 3. 5. 1918. Stadttheater Greifswald, 1941 am Deutschen Theater in Berlin. April 1941 im NS-Reiterfilm ... *reitet für Deutschland*. Oktober 1941 im Hetzfilm *Heimkehr*, zur Rechtfertigung des Überfalls auf Polen. 1944 Blut-und-Boden-Melodram *Das Leben ruft*. Nach 1945 freie Mitarbeiterin des NWDR, Funkhaus Köln, später am Stadttheater Cuxhaven. † 7. 11. 1998 Cuxhaven.

Weber, Ilse. Autorin von Gedichten, die aus dem Ghettolager Theresienstadt geschmuggelt wurden.
* 11. 1. 1901 Vitkovice (Ostrau). Kindergärtnerin in Prag. Februar 1942 mit ihrem Mann und ihrem Kind deportiert ins Ghettolager. Gedicht *Die Hungernden*: »Und was den Menschen adelt und ehrt,/ Der Hunger, der Hunger, der Hunger zerstört./Man bricht die Treu, verletzt das Gebot/Und verkauft sein Gewissen für trockenes Brot.« † Schlösser: »1944 folgte sie ihrem Mann nach Auschwitz, wo sie am 6. Oktober vergast wurde.«

Weber, Ludwig. Auf der *Gottbegnadeten-Liste* (Führerliste) der wichtigsten Künstler des NS-Staates.
* 29. 7. 1900 Wien. Bariton. 1933–1945 Bayerische Staatsoper München. Sänger der Bayreuther und der Salzburger Festspiele. 1946 Wiener Staatsoper (später Ehrenmitglied). NS-Ehrung: 1937 von Hitler zum Kammersänger ernannt. 1961 Professor am Salzburger Mozarteum. † 9. 12. 1974 Wien.

Webern, Anton von. Atonaler Komponist.
* 3. 12. 1883 Wien, Sohn eines Bergbauingenieurs. Schüler Schönbergs. Ab 1908 Theaterkapellmeister in Bad Ischl, Teplitz, Danzig, Stettin, Prag. 1918 Dirigent in Wien. 1935 auf der Liste der *Musik-Bolschewisten* der *NS-Kulturgemeinde*. Im Krieg Beantragung von Unterstützungsleistungen aus der Goebbels-Stiftung *Künstlerdank* (eine Art Altersbeihilfe für systemkonforme Künstler). Beurteilung Gaupersonalamtsleiter vom 14. 2. 1941: »Dr. Anton von Webern war vor dem Umbruch sozialistisch-demokratisch eingestellt, bekennt sich aber jetzt zum NS-Staat und ist Leser der NS-Presse. Ein Sohn ist politischer Leiter ... eine Tochter ist Mitglied des BdM.« † 15. 9. 1945 Mittersil (Salzburg), von einem US-Soldaten irrtümlich erschossen. Allgemeine Anerkennung blieb ihm zu Lebzeiten versagt.

Weczerzick, Alfred. Tiermaler.
* 10. 4. 1864 Herischdorf in Schlesien. Sohn eines Gutsbesitzers. Im Verein Berliner Künstler. Hunde- und Affenbilder (Thieme/Becker). 1940 Antrag des Berliner Zoodirektors Lutz Heck auf Verleihung der *Goethe-Medaille* für Kunst und Wissenschaft, abgelehnt: »Leistungen ragen nicht über den qualitativen Durchschnitt hinaus«. † 1952 Berlin.

Wedel, Clemens Graf von.
* 15. 10. 1866 Oldenburg. Genealogisches Handbuch: auf Groß-Zschocher, Windorf und Lausen. Preußischer Landrat a. D. Rechtsritter des Johanniterordens. Laut *Aufstellung derjenigen Parteigenossen, die Angehörige fürstlicher Häuser sind*: NSDAP-Nr. 8 180740, Gau Sachsen. † 26. 5. 1945 Groß-Neuhausen.

Wedel, (Karl) Erhard Graf von.
* 7. 11. 1898 Evenburg. Ehrenritter des Johanniterordens. Laut *Aufstellung derjenigen Parteigenossen, die Angehörige fürstlicher Häuser sind*: 1. 5. 1933 NSDAP, Nr. 3 159078, Gau Weser-Ems. Dr. phil. Diplomlandwirt. † 10. 5. 1981 Holtland in Ostfriesland.

Wedel, Haro Burchard Graf von.
* 26. 7. 1891 Philippsburg. Genealogisches Handbuch: Auf Gödens mit Wedelfeld und Evenburg. Laut *Aufstellung derjenigen Parteigenossen, die Angehörige fürstlicher Häuser sind*: 10. 2. 1932 NSDAP, Nr. 982599, Gau Weser-Ems. Diplomlandwirt, Landschaftsrat. † 5. 11. 1966 Wilhelmshafen.

Wedel, Hasso von. April 1939 Chef der neugebildeten *Abteilung für Wehrmachtspropaganda im OKW*, später zur *Amtsgruppe für Wehrmachtspropaganda im OKW* erweitert.

* 20. 11 1898 Stargard in Pommern. Berufsoffizier. 1937 Major im Generalstab. 1938 Leiter der Pressegruppe der Abteilung Inland im Oberkommando der Wehrmacht (OKW), zuständig für Presse und Propaganda. April 1942 zugleich Chef der Propagandatruppen (WASt). Generalmajor (1943). Autor: *Der Feldherr Adolf Hitler und seine Marschälle* (1941). † 3. 1. 1961 Gehrden.

Wedel, Lupold (sic) von.
* 2. 1. 1890 Osnabrück. Laut *Aufstellung derjenigen Parteigenossen, die Angehörige fürstlicher Häuser sind*: NSDAP-Nr. 1 911321, Gau Sachsen. Anmerkung: nach Magdeburg umgemeldet, dort aber nicht aufgeführt. Oberst der Luftwaffe. Nach 1945 Wohnort Celle. † 16. 11. 1984 Celle.

Wedel, Pauline Gräfin von.
* 7. 5. 1881 Weimar. Tochter eines Großherzoglich sächsischen Wirklichen Geheimrats und Oberschloßhauptmanns. Gattin von Graf Clemens. Laut *Aufstellung derjenigen Parteigenossen, die Angehörige fürstlicher Häuser sind*: NSDAP-Nr. 8 180804, Gau Sachsen. † 15. 1. 1964 Lüdinghausen.

Wegener, Paul. Auf der *Gottbegnadeten-Liste* (Führerliste) der wichtigsten Künstler des NS-Staates.
* 11. 12. 1874 Rittergut Bischdorf in Ostpreußen. Schauspieler am Deutschen Theater in Berlin, ab 1938 *Schiller-Theater der Reichshauptstadt*. In der NS-Zeit in 21 Filmen sowie Regie zu sieben Filmen. 1933 im Staatsauftragsfilm *Hans Westmar* zwecks Verherrlichung des NS-Märtyrers Horst Wessel. 1934 Regie zum Film über Vaterlandsliebe und Opferbereitschaft: *Ein Mann will nach Deutschland*. 1941 im antibritischen Film *Mein Leben für Irland*, 1942 im Harlan-Film *Der große König* über Friedrich den Großen (Goebbels dazu am 4. 3. 1942 im Tagebuch: »Der Film wird zum politischen Erziehungsmittel erster Klasse«), Januar 1945 in Harlans Durchhalte-Schnulze *Kolberg*. † 13. 9. 1948 Berlin.

Wegner, Armin Theophil. Schriftsteller.
* 16. 10. 1886 Wuppertal. Dr. jur. Im I. Weltkrieg Sanitätsrat in Polen und der Türkei, Zeuge des Massakers an Armeniern. Mitbegründer des *Bundes der Kriegsdienstgegner*. Am 11. 4. 1933, nach dem sog. *Judenboykott*, Brief an Hitler: »Herr Reichskanzler, es geht nicht um das Schicksal unserer jüdischen Brüder allein, es geht um das Schicksal Deutschlands! Im Namen des Volkes, für das zu sprechen ich nicht weniger das Recht habe als die Pflicht, wie jeder, der aus seinem Blut hervorging, als ein Deutscher, dem die Gabe der Rede nicht geschenkt wurde, um sich durch Schweigen zum Mitschuldigen zu machen ... wende ich mich an Sie: Gebieten Sie diesem Treiben Einhalt!« Danach vier Monate Internierung in den Lagern Oranienburg, Börgermoor und Lichtenburg. 1934 Flucht nach England. 1936 mit seiner jüdischen Frau vorübergehend in Palästina. Ab 1937 in Italien. 1941 Dozent für deutsche Sprache an der Universität Padua. † 17. 5. 1978 Rom. Lit.: Scholdt.

Wegner, Max. Schriftsteller.
* 26. 2. 1915 Holzwickede. Herausgeber: *Wir glauben! Junge Dichtung der Gegenwart* (1937) sowie *Muttererde – Vaterland! Die deutsche Heimat in Erzählungen, Gedichten und Bildern* (1941). Juli 1940 Weiheverse *Gelöbnis* in den *Nationalsozialistischen Monatsheften*: »Du, Führer, bist für uns Befehl!/Wir stehn in deinem Namen./Das Reich ist unser Kampfes Ziel,/ist Anbeginn und Amen.« † 22. 10. 1944 Berghofen bei Frankenberg/Eder. Lit.: Wulf, Literatur.

Wehner, Magnus. Name Oktober 1933 unter dem Treuegelöbnis »88 deutsche Schriftsteller« für Adolf Hitler.
* 14. 11. 1891 Bermbach/Rhön. 1928 auf der Förderer-Liste der *Nationalsozialistischen Gesellschaft für Deutsche Kultur*. Zu Hitlers Geburtstag am 20. 4. 1933 geladener Gast der Uraufführung von Johsts Staatsschauspiel *Schlageter* im Staatlichen Schauspielhaus Berlin. Mai 1933 Berufung in die Deutsche Akademie der Dichtung

der »gesäuberten« Preußischen Akademie der Künste. 1933: *Das unsterbliche Reich, Reden und Aufsätze.* 1934 Schlageter-Biographie. Theaterkritiker der *Münchner Zeitung* sowie der *Münchner Neuesten Nachrichten.* † 14. 12. 1973 München. Lit.: Brenner.

Weichert, Richard. Regisseur.
* 22. 5. 1880 Berlin. 1920 Intendant des Schauspiels Frankfurt am Main, Förderer expressionistischer Stücke. 1932 Spielleiter am Bayerischen Staatstheater München. Danach Regisseur der Volksbühne Berlin. Laut Zuckmayer leitete er eine Zeitlang das Theater des Volkes, »in dem er Shakespeare und andere Klassiker für die ›Kraft durch Freude‹ Organisationen gab«. Goebbels am 18. 7. 1938 im Tagebuch: »Mit den Schauspielern gesessen. George, Krauß, Hinz, Knuth, Benkhoff, Weichert etc. … Welch eine amüsante Gesellschaft.« † 14. 11. 1961 Frankfurt am Main. Nachruf *Deutsches Bühnen-Jahrbuch*: »Einer der Großen des deutschen Theaters.«

Weidemann, Hans. Leiter der Filmwochenschauen (1935–1938).
* 22. 5. 1904 Essen. Maler ebenda. 1926 NSDAP (Nr. 97362), 1930 Gaupropagandaleiter Essen-Ruhr, 1932 Stellv. Gauleiter. März 1933 Referent im Reichspropagandaministerium, Abteilung Propaganda (nicht: Bildende Künste). Juli 1933 Einsatz für die Maler Barlach, Macke, Nolde, Rohlfs und Pechstein. November 1933 Präsidialrat der Reichskulturkammer und der Reichskammer der bildenden Künste, ebenda Vizepräsident. 1934 kurzzeitig Leiter des Kulturamts der NS-Gemeinschaft *Kraft durch Freude*, wegen seines Einsatzes für »entartete Kunst« auf Weisung Hitlers enthoben. Juni 1935 Leiter des Referats Redaktion der Wochenschauen im Propagandaministerium. August 1935 Leiter der Fachschaft Film der Reichsfilmkammer (Lenkung, Überwachung). Oktober 1935 Vizepräsident der Reichsfilmkammer. Oberleitung beim Militärspionagefilm *Verräter*, am 9. 9. 1936 auf dem NSDAP-Reichsparteitag uraufgeführt

(Giesen: »Ein eindeutiges Plädoyer für die Gestapo«). April 1938 SS (Nr. 293074), Sturmbannführer. Ab August 1941 Kriegsberichter-Abteilung der Waffen-SS. Goebbels am 28. 12. 1941 zu seinem antibritischen Propagandastreifen *Anschlag auf Baku*: »sehr unerfreulich geworden.« Juli 1943 *Denkschrift Vorschläge zur Einleitung einer Propagandaschlacht an allen Fronten.* 1944 Kampfpropaganda in Italien (Zusammenarbeit mit Henri Nannen). Nach 1945 zunächst unter dem Namen Hans Wallraff in Friesland. Hippler: »Im Krieg war Weidemann in einer Propagandakompanie, danach auf ›Tauchstation‹, bis er seine Begabungen reaktivierte. Er erfand und leitete zuerst die ›Miss-Wahlen‹, dann die Aktion ›Jugend forscht‹.« Bundeswettbewerbsleiter der Aktion *Jugend trainiert für Olympia.* 1964–1970 beim Magazin *Stern.* † November 1975. Lit.: Bartels; Moeller; Wulf, Theater.

Weidenmann, Alfred. Leiter der Hauptabteilung Film der Reichsjugendführung (1939).
* 10. 5. 1916 Stuttgart. 1934 NSDAP (Nr. 3 456764), HJ, Presse- und Propagandareferent, dann Abteilungsleiter Film in der Propagandaabteilung der HJ-Gebietsführung Württemberg. 1936 Wehrmacht. 1939 verantwortlich für die *Kriegsbücherei der deutschen Jugend*, Roman *Jakko* im Milieu der Marine-HJ, 1941 als HJ-Opus verfilmt. Oktober 1942 Regiedebüt mit HJ-Film (im Filmverleih der NSDAP-Reichspropagandaleitung) *Hände hoch!* Mai 1944 Regie zum HJ-Film *Junge Adler*, ein Staatsauftragsfilm über den Einsatz der Hitlerjugend für die Rüstungswirtschaft. Prädikat: *staatspolitisch wertvoll, künstlerisch wertvoll, jugendwert.* Für Kreimeier ist *Junge Adler* »ein Loblied auf die Luftwaffe und auf die männliche ›Religion des Fliegens‹«, für Giesen eine »Hommage an Görings Fliegerjugend«, von Courtade zu jenen Filmen gezählt, die »einen Großteil Schuld an der selbstmörderischen Begeisterung der Jugendlichen« haben, die nach 1943 eingezogen wurden. Nach dem Krieg

Jugendbücher wie *Winnetou fliegt nach Berlin* (1951) oder *Ganz Pollau steht kopf* (1961). Filmregie: 1954 Verklärungsopus *Canaris*, 1956 *Der Stern von Afrika* (Idealisierung des Jagdfliegers Hans-Joachim Marseille), 1959 *Buddenbrooks*, 1966 *Maigret und sein größter Fall*. Ab 1972 Krimi-Reihen für das ZDF (*Derrick, Der Alte*). Sein Kollege aus gemeinsamer NS-Zeit, Herbert Reinecker, lieferte die Drehbücher. *Bundesfilmpreis* 1952 und 1955. † 9.6. 2000 Zürich. Lit.: Buddrus; Zimmermann/Hoffmann.

Weigel, Helene. Schauspielerin.
* 12.5. 1900 Wien. 1919 Debüt als *Marie* in Georg Büchners *Woyzeck* am Frankfurter Neuen Theater. Ab 1922 Charakterdarstellerin am Staatstheater Berlin. 1924 Sohn mit Brecht, 1929 Heirat. 1930 KPD. Alfred Kerr verriß am 18.1. 1932 im *Berliner Tageblatt* Brechts Inszenierung *Die Mutter* (Maxim Gorki), schrieb aber über die Weigel: »Sie ist einfach herrlich.« Ab 1933 mit Brecht im Exil. Am 11.1. 1949 Premiere von *Mutter Courage und ihre Kinder* am Deutschen Theater in Ost-Berlin. Mit Brecht Gründung einer eigenen Schauspielertruppe, dem *Berliner Ensemble*, Intendantin. Am 12.11. 1949 Eröffnung mit *Herr Puntila und sein Knecht Matti*. 1950 österreichische Staatsbürgerschaft. Am 24.3. 1950 per Staatsakt Gründungsmitglied der Ostberliner *Deutschen Akademie der Künste*. 1960 Titel Professor, *Nationalpreis*, 1965 *Vaterländischer Verdienstorden*, 1970 *Stern der Völkerfreundschaft*. Das *Deutsche Bühnen-Jahrbuch* zum 70. Geburtstag: »Sie hat die Mühe und die Peinlichkeit, ein großes Erbe zu verwalten, noch vergleichsweise souverän gemeistert.« † 6.5. 1971 Berlin.

Weigert, Hans. Kunsthistoriker.
* 10.7. 1896 Leipzig. 1934 Autor: *Die Kunst von heute als Spiegel der Zeit*, Textprobe: »Die Deutschen wollen sich erneuern aus den tiefsten mütterlichen Gründen von Blut und Boden«. 1935 ao. Professor in Bonn, 1936 in Breslau, 1940 apl. Professor. Spezialist für mittelalterliche Pla-

stik und Architektur. Nach 1945 Prof. z. Wv. in Stuttgart. 1955–1957 Herausgeber: *Kleine Kunstgeschichte der Welt*. † 9.9. 1967 Düsseldorf. Q.: Wulf, Künste.

Weihmayr, Franz. Kameramann.
* 31.12. 1903 München. 1933 Staatsauftragsfilm *Hans Westmar* zwecks Verherrlichung des NS-Märtyrers Horst Wessel. 1933 Riefenstahl-Film *Sieg des Glaubens* und 1935 *Triumph des Willens* (»hergestellt im Auftrag des Führers«, Goebbels-Höchstprädikat *Nationaler Filmpreis*). Danach Stammkameramann Zarah Leanders. 1940 Staatsauftragsfilm *Wunschkonzert*. Verheiratet mit der Schauspielerin Ada Tschechowa. 1953 Kästner-Verfilmung *Pünktchen und Anton*, 1958: *Nackt wie Gott sie schuf*, 1962: *Trompeten der Liebe*. † 26.5. 1969 München.

Weill, Kurt. Komponist.
* 2.3. 1900 Dessau, Sohn eines jüdischen Kantors. 1919 Kapellmeister in Dessau. 1928 berühmtestes Werk: *Dreigroschenoper*. Adorno dazu in der Zeitschrift *Musik*: »Gebrauchsmusik, die sich auch wirklich gebrauchen läßt ... Seit Bergs ›Wozzeck‹ scheint mir die ›Dreigroschenoper‹ das wichtigste Ereignis des musikalischen Theaters.« 1933 Aufführungsverbot (»Kulturbolschewist«). Das *Lexikon der Juden in der Musik* (1940): »Der Name dieses Komponisten ist untrennbar mit der schlimmsten Zersetzung unserer Kunst verbunden. In Weills Bühnenwerken zeigt sich ganz unverblümt und hemmungslos die jüdisch-anarchistische Tendenz.« März 1933 Flucht nach Paris, 1935 USA. 1943 US-Staatsbürger. Verheiratet mit Lotte Lenya, Interpretin seiner Lieder. † 3.4. 1950 New York.

Weinbrenner, Hans Joachim. Vorsitzender der Reichsvereinigung deutscher Rundfunkkritiker (1933).
* 28.5. 1910 Deutsch-Wilmersdorf (heute Berlin). 1931 Berliner Vertreter der Hauptabteilung Rundfunk der NSDAP-Reichspropagandaleitung. 1933 Ministerialreferent der Rundfunkabteilung im Reichspropagandaministerium. 1935 Re-

gierungsrat. 1949 Geschäftsführer und Dozent der Akademie für Bühne, Film und Rundfunk in Wiesbaden. 1952 Referent am Lautarchiv des deutschen Rundfunks (ab 1963 Deutsches Rundfunkarchiv). 1961 ebenda zweiter (gleichberechtigter) Vorstand, 1966 (bis 1971) alleiniger Vorstand. Geschäftsführer der Historischen Kommission der ARD, stellv. Vorsitzender des Studienkreises Rundfunk und Geschichte. Regierungsrat z. Wv. † 10. 1. 1995 Friedberg in Oberhessen.

Weinert, Erich. Schriftsteller, Stalin-Gedichte.
* 4. 8. 1890 Magdeburg. Texte für Agitprop-Gruppen (kommunistische Agitation und Propaganda), das Leipziger Kabarett *Retorte* und das Berliner Künstlercafé *Kü-Ka*. Populärer Liedermacher der KPD. 1933 Flucht in die Schweiz. 1935 in Moskau. 1936–1939 im Spanischen Bürgerkrieg. 1943 Präsident des *Nationalkomitees Freies Deutschland* in Moskau. Herausgeber einer Anthologie mit Stalin-Gedichten, Textprobe:»Mag Hitler auch die ganze Welt beschwören,/Sie ist es satt, sein Kauderwelsch zu hören./Doch hat sie aufgehorcht, wenn *Stalin* sprach.« Oder:»Was hat Hitler euch versprochen?/Brot, Freiheit, Frieden und so fort./Der Hitler hat sein Wort gebrochen./Der Kommunismus hält sein Wort!« 1946 Vizepräsident der Zentralverwaltung für Volksbildung in Ost-Berlin. 1949 und 1952 *Nationalpreis*. † 20. 4. 1953 Berlin. Lit.: Scholdt. Lit.: Barth.

Weinheber, Josef. Auf der *Gottbegnadeten-Liste* (Führerliste) der wichtigsten Schriftsteller des NS-Staates.
* 9. 3. 1892 Wien-Ottakring als Kind einer Weißnäherin und eines Metzgers. 1901 im Waisenhaus, kein Schulabschluß. Ab 1911 im Postdienst. 1931 erstmals NSDAP. 1933 Fachschaftsleiter Schrifttum im österreichischen *Kampfbund für deutsche Kultur*. 1934 Lyrikband *Adel und Untergang*. 1936 Prof. h. c. Zur Volksabstimmung zum »Anschluß« Österreichs April 1938:»Führer, heilig und stark,/Führer, wir grüßen

Dich!« Oktober 1938 auf Goebbels' *Weimarer Dichtertreffen* Bekenntnisvortrag als *Dichter der Ostmark* (Barbian). Ebenda über Remarques *Im Westen nichts Neues*: »Die böse, hinterhältige, weithin tragende, auf Vernichtung des deutschen Wesens abzielende Wirkung des Buches ist ja wettgemacht. Sie ist wettgemacht durch dasjenige Buch, das uns Deutschen, allen Deutschen in der Welt, das Bewußtsein unseres Wesens … zurückgegeben hat: Adolf Hitlers ›Mein Kampf‹.« 1944 erneut NSDAP. Weiheverse *Den Gefallenen*, 1944 in der Anthologie *Lyrik der Lebenden* des SA-Oberführers Gerhard Schumann: »Denn eines Volkes Gräber sind nicht seine Trauer allein,/eines Volkes Gefallene/ sind eines Volkes Stolz,/und eines Volkes Stolz, dieser höchste, gebiert/wieder die Welt!« NS-Ehrung: 1941 Grillparzer-Preis der Stadt Wien, 1942 Ehrendoktor der Universität Wien. † Suizid 8. 4. 1945 Kirchstetten in Niederösterreich.

Weisbach, Hans. Dirigent.
* 19. 7. 1885 Glogau in Schlesien. 1933 Chefdirigent des Reichssenders Leipzig. Gastdirigent des *Nationalsozialistischen Symphonieorchesters*, Ehrentitel: *Orchester des Führers*. 1937 NSDAP. 1938 Dirigent des Stadtorchesters Wien. NS-Ehrung: Zu *Führers* [50.] *Geburtstag* 1939 von Hitler Titel Generalmusikdirektor (GMD). Nach 1945 GMD in Wuppertal. † 23. 4. 1961 ebenda. Lit.: Moser; Prieberg.

Weise, Alfred, Pseudonym *Gerhard Sachs*. Reichshauptstellenleiter in der Reichspropagandaleitung der NSDAP, Amt Ausstellungen.
* 4. 4. 1882 Leipzig. Sohn eines Oberleutnants (Degener). Dr. phil. Nach eigener Angabe »Kulturwissenschaftler«. 1936 Autor: *Söldner und Soldaten. Der Weg zum Volksheer*. 1940 unter Pseudonym: *Der Blutmarsch von Oran. Französischer Sadismus gegen Kolonial-Deutsche im Weltkrieg* sowie *Deutsche als Freiwild. Britischer Terror gegen Kolonial-Deutsche im Weltkrieg*. † 27. 9. 1957 Berlin.

Weisenborn, Günther. Schriftsteller.
* 10.7. 1902 Velbert. Dr. phil. 1928 Debüt als Dramatiker mit dem Antikriegsstück *U-Boot S4* in Berlin. 1934 Roman *Das Mädchen von Fanö* (1941 verfilmt). 1935 unter dem Pseudonym *Christian Munk* Co-Autor des Dramas *Die Neuberin* (vom *Völkischen Beobachter* hochgelobt). 1937 Roman *Die Furie* (von NS-Presse positiv aufgenommen) sowie Erzählband *Die einsame Herde* (vom Propagandaministerium als eines der besten 100 Bücher ausgezeichnet). September 1940 Schriftleiter beim Reichsrundfunk. Am 26.9. 1942 Verhaftung wegen Kontakten zur Widerstandsgruppe *Rote Kapelle*. Am 5./6.2. 1943 Prozeß vor dem Reichskriegsgericht. Statt der beantragten Todesstrafe Verurteilung zu drei Jahren Zuchthaus »wegen Nichtanzeige eines Verbrechens«. 1944 Ausschluß Reichsschrifttumskammer. 1946 Uraufführung *Die Illegalen*. Drama *aus der deutschen Widerstandsbewegung*, eines der meistgespielten Stücke der Nachkriegszeit. 1951 Chefdramaturg der Hamburger Kammerspiele. 1956 *Bundesfilmpreis* für Filmdrehbuch *Der 20. Juli* (1944). † 26.3. 1969 West-Berlin. Lit.: Sarkowicz; Erfasst?

Weiser, Grethe, eigentlich Nowka. »Komikerin vom Dienst« (Ilse Werner).
* 27.2. 1903 Hannover. In der NS-Zeit in 60 Filmen. Unter anderem in den Filmlustspielen *Die göttliche Jette* (1937), *Ehe in Dosen* (1939), *Mein Mann darf es nicht wissen* (1940). 1937 Hauptrolle im Freikorpsdrama *Menschen ohne Vaterland*. Laut Hippler von Goebbels öfters zur Abendgesellschaft eingeladen. Gast im *Wunschkonzert für die Wehrmacht*, Goebbels' Radiosendung zwecks Hebung der Truppenmoral und Leidensbereitschaft der Heimatfront. Laut Lale Andersen April 1942 mit Goebbels' *Berliner Künstlerfahrt* (Truppenbetreuung) Auftritt in Warschau. Nach 1945 Filme wie *Nichts als Zufälle* (1949), *Tante Wanda aus Uganda* (1957), *Freddy und der Millionär* (1961). † 2.10. 1970 bei Autounfall nahe Bad

Tölz. Nachruf *Deutsches Bühnen-Jahrbuch*: »Sie gehörte zu den Großen, die ›aus Stroh Gold zaubern können‹.«

Weisgerber, Antje. Bühnenschauspielerin.
* 17.5. 1921 Königsberg. Januar 1940 in Gründgens' »frohem Film von frohen Menschen« *Zwei Welten* (über Erntehilfe als »Sieg der Jugend von heute über das Gestrige«). 1944 Heirat mit Horst Caspar. Nach 1945 mit Gründgens in Düsseldorf und Hamburg. Filme: *Heidemelodie* (1956), *Der Ölprinz* (1965), *Schmetterlinge weinen nicht* (1970). † 28.9. 2004 Dortmund.

Weismann, Julius. Komponist.
* 26.12. 1879 Freiburg im Breisgau, Sohn des Vererbungsforschers August Weismann. *Führerlexikon*: »Arischer Abstammung; der Stammbaum der Familie geht bis zum 16. Jahrhundert zurück.« 1930 Mitbegründer des Musikseminars der Stadt Freiburg. 1934 Ehrenvorsitz im Arbeitskreis nationalsozialistischer Komponisten. 1935 im Auftrag der *Nationalsozialistischen Kulturgemeinde* Komponist einer Ersatzmusik zu Shakespeares *Ein Sommernachtstraum*, da Mendelssohns Musik *Sommernachtstraum* nicht mehr aufgeführt werden durfte. Seine Oper *Die pfiffige Magd* (1939) wurde an 30 Bühnen gespielt. NS-Ehrung: Zu *Führers Geburtstag* April 1936 von Hitler zum Professor ernannt. † 22.12. 1950 Singen am Hohentwiel.

Weismantel, Leo. Name Oktober 1933 unter dem Treuegelöbnis »88 deutsche Schriftsteller« für Adolf Hitler.
* 10.6. 1888 Obersinn im Spessart. Lehrer. Dr. phil. In der NS-Zeit unter anderem: *Die Sonnenwendfeier des jungen Deutschland* (1933), *Heilig das Reich – die letzte Schlacht* (1936) sowie *Venus und der Antiquar* (1940). 1945 Schulrat in Gemünden am Main. 1947–1951 Leiter des Pädagogischen Instituts in Fulda. † 16.9. 1964 Rodalben bei Pirmasens. Lit.: Scholdt.

Weiss, Ernst. Schriftsteller.
* 28.8. 1882 Brünn. Dr. med. Freund von Franz Kafka. 1919 Erstlingsroman *Die Ga-*

leere. 1925 Balzac-Roman *Männer in der Nacht.* 1933 Flucht nach Paris. Roman *Der Gefängnisarzt oder die Vaterlosen* über den Aufstieg Hitlers. † Suizid 15.6. 1940 Paris, beim Einmarsch der Wehrmacht.

Weiß, Ferdl, eigentlich Ferdinand Weißheitinger. Bayerischer Volkskomiker.
* 28.6. 1883 Altötting. Ab 1907 Auftritte im Münchner Lokal *Platzl.* Am 12.12. 1921 gemeinsamer Auftritt mit Hitler. 1923 Inhaber der Münchner Volkskunstbühne *Platzl,* allabendlicher Vortragstext zu Hitlers Hochverratsprozeß nach dem Putschversuch: »Sagt, was haben sie verbrochen?/Soll es sein gar eine Schand,/ wenn aus Schmach und Not will retten/ man sein deutsches Vaterland?« 1933 Hitler-Empfang auf dem Obersalzberg. Der Komiker im Frühjahr 1934: »Schon im grauen Altertum freuten sich die Leute, wenn ein Spaßvogel über die Großkopfeten etwas sagte ... Zur Zeit hat halt ein Komiker bei diesem Thema ›Konzentrationshemmungen‹.« Goebbels am 11.1. 1938 im Tagebuch: »Weiß Ferdl wollte eine Ausnahme von meinem Verbot politischer Witze ... Aber auch der Führer lehnt das strikt ab. Keine bayerische Extrawurst!« Gast im *Wunschkonzert für die Wehrmacht,* Goebbels' Radiosendung zwecks Hebung der Truppenmoral und Leidensbereitschaft der Heimatfront. NSDAP 1937. † 19.6. 1949 München. Lit.: Kühn; Piper; Zuckmayer.

Weiss, Helmut. Schauspieler und Regisseur.
* 25.1. 1907 Göttingen. 1927–1932 am Staatstheater Berlin, danach diverse Bühnen. 1940 im Rühmann-Film *Lauter Liebe.* Am 28.1. 1944 Regiedebüt mit Rühmanns *Die Feuerzangenbowle* sowie Regie zum Rühmann-Film *Quax auf Abwegen* (nicht mehr im Kino aufgeführt und nach 1945 verboten). 1953 Regie zum Film *Liebe und Trompetenblasen,* 1954 *Schloß Hubertus,* 1968 letzter Film: *Donnerwetter! Donnerwetter! Bonifatius Kiesewetter.* † 12.1. 1969 Berlin.

Weiss, Max. Maler und Gebrauchsgraphiker.
* 2.2. 1884 Hamburg-Altona. 1938 Berufsverbot. Durch »privilegierte Mischehe« zunächst geschützt. Deportiert am 14.2. 1945 (!) ins Ghettolager Theresienstadt. Malte Lagerszenen auf Packpapierfetzen, Einwickelpapier und Formularrückseiten. † 22.5. 1954 Hamburg. Lit.: Bruhns.

Weiß, Sigmund. Komponist.
* 31.1. 1876 Neustadtl in Mähren. Dr. med. Wohnort Wien. Im *Lexikon der Juden in der Musik* gebrandmarkt. † Deportiert am 27.5. 1942 nach Maly Trostinez bei Minsk (Exekutionsstätte), ermordet sofort nach Ankunft.

Weiß, Wilhelm. Hauptschriftleiter des *Völkischen Beobachter* (VB).
* 31.3. 1892 Stadtsteinach in Bayern. Hauptmann a.D. *Freikorps,* 1922 NSDAP, 1923 Teilnehmer *Hitlerputsch.* 1924 Herausgeber des *Völkischen Kuriers* (Ersatz für den zeitweise verbotenen VB). 1927 Chef vom Dienst beim VB (Spottname *Verblödungsblatt*). 1930 Leiter des Presseamts der SA. 1932 Zentralschriftleitung des Zentralverlags der NSDAP. 1933 MdR, Leiter des Berliner Bezirksverbands des *Reichsverbands der deutschen Presse.* 1934 SA-Gruppenführer in der obersten SA-Führung, Mitglied des Volksgerichtshofs, Präsidialrat der Reichspressekammer. 1936 Hauptamtsleiter in der NSDAP-Reichsleitung. 1937 SA-Obergruppenführer. † 24.2. 1950 Wasserburg am Inn.

Weißbach, Herbert. Komiker und Charakterdarsteller.
* 12.11. 1901 Bernburg. Zahlreiche Bühnenstationen, ab 1934 in Berlin. Nebenrollen in den NS-Filmen *Pour le mérite* und *Germanin* sowie im Hetzfilm *Die Rothschilds* (Courtade: »Aufruf zu Haß und Mord«). 1949 DEFA-Film *Unser täglich Brot,* 1956 in *Schwarzwaldmelodie* und 1979 in *Warum die Ufos unseren Salat klauen* (sic). 1986 *Filmband in Gold* für langjähriges und hervorragendes Wirken im deutschen Film. † 14.10. 1995 Berlin.

Weissenborn, Günther. Pianist und Dirigent.
* 2. 6. 1911 Coburg. 1937 Theaterkapellmeister in Halle. Dezember 1942 bis Mai 1944 Stellv. musikalischer Oberleiter und Erster Kapellmeister am *Deutschen Theater* Lille im besetzten Frankreich (Rechtsträger: Reichspropagandaministerium), Gastspiele für deutsche Soldaten am Atlantikwall. Fristlose Entlassung wegen Nichtanzeige einer Hoch- und Landesverratssache. Nach 1945 Dirigent des Symphonieorchesters Göttingen. 1947 Professur in Detmold. 1960 Leiter der Göttinger Händel-Gesellschaft. † 25. 2. 2001 Detmold.

Weißner, Hilde (Künstlername). Schauspielerin.
* 3. 7. 1909 Stettin. Tochter eines Rechnungsrats. Ab 1933 am Staatlichen Schauspielhaus Berlin. Zwischen 1934 und 1944 in 26 Filmen, darunter 1936 der NS-Erziehungsfilm *Traumulus*, 1937 die Albers-Rühmann-Krimikomödie *Der Mann, der Sherlock Holmes war*, 1938 Kleinstadtposse *Der Maulkorb*, 1940 Hetzfilm *Die Rothschilds* (Courtade: »Aufruf zu Haß und Mord«). 1942 Ufa-Film *Diesel*. Nach 1945 Modesalon in Hamburg. Gastrollen bei den Bad Hersfelder Festspielen. 1955 Film *Geliebte Feindin*. 1962–1971 Professorin und Leiterin des Schauspielseminars am Mozarteum in Salzburg. 1986 *Filmband in Gold* für langjähriges und hervorragendes Wirken im deutschen Film. † 30. 5. 1987 Braunau (sic).

Weisz, Geza L. Kabarettist und Komiker.
* 16. 2. 1904 Berlin. Auftritte im Kabarett *Die Katakombe*, Kleinrollen beim Film (1931: *Der Tanzhusar* sowie *Sein Scheidungsgrund*). 1933, da Jude, Flucht in die Niederlande. Nach Einmarsch der Wehrmacht im Lager Westerbork. † 6. 9. 1944 Auschwitz.

Welk, Ehm. Schriftsteller.
* 29. 8. 1884 Biesenbrow in der Uckermark. 1926 Drama *Gewitter über Gottland*. 1928 Chefredakteur der Wochenzeitung *Die Grüne Post* (Verlag Ullstein). Am 29. 4.

1934 kritischer Artikel an Goebbels: *Herr Reichsminister – ein Wort bitte*. Welk zur Behandlung der »Nichtparteipresse«: »Wir sind alle ohne Unterschied für Sie die ›alte Presse‹.« Danach für acht Tage im KZ Oranienburg. Der Artikel lieferte den Anlaß, das Erfolgsblatt zu verbieten und den jüdischen Verlag Ullstein zum Verkauf des Verlagshauses zu erpressen. Welk konnte nach kurzem Berufsverbot weiter publizieren. 1937 Erfolgsroman *Die Heiden von Kummerow*. 1938: *Die Lebensuhr des Gottlieb Grambauer*. 1942: *Die Gerechten von Kummerow*. 1945/46 KPD, dann SED. Direktor der Volkshochschule Schwerin. Ab 1950 freier Autor in Bad Doberan. 1954 *Nationalpreis*, 1964 Titel Professor. † 19. 12. 1966 Bad Doberan. Lit.: Barth; de Mendelssohn, Zeitungsstadt.

Wellmann, Arthur. Urheber eines antisemitischen Denkmals: Erschlagung einer Judengestalt.
* 7. 7. 1885 Magdeburg. Bildhauer in Berlin. Erstellte 1935 im Auftrag des Zehlendorfer Bezirksbürgermeisters Helfenstein eine Bronzeplastik zur Ehrung des Antisemiten Theodor Fritsch, Herausgeber des Hetzblattes *Hammer* und des *Handbuchs der Judenfrage*. Am 7. 9. 1935 in Anwesenheit von SA-Obergruppenführer Prinz August Wilhelm Denkmalsweihe in Zehlendorf mit einer Kapelle der *Leibstandarte-SS Adolf Hitler* und einem Musikzug der NSDAP. Im Sockel eingelassen der Text: »Keine Gesundung der Völker vor der Ausscheidung des Judentums.« Das Denkmal (1943 eingeschmolzen) zeigt eine siegfriedhafte Heldengestalt, die mit einem Hammer ein Geschöpf mit dem Gesicht »des ewigen Juden« erschlägt. November 1936 Weihe eines SA-Ehrenmals am Berliner Horst-Wessel-Platz. Danach Plastiken für NS-Wohnungsbau. 1949 Umzug nach Backnang bei Stuttgart, 1951 Wechsel in die USA. † 18. 5. 1960 Washington. Lit.: Verein Aktives Museum Berlin, Mitgliederrundbrief Nr. 52/2004. Mitt. Wolfgang Strich.

Welter, Friedrich. Komponist und Musikschriftsteller.

* 2.5.1900 Eydtkuhnen in Ostpreußen. Unter anderem 1930 Kantate *Deutschland über alles* im Auftrag des Kyffhäuserbunds (Kriegerverband). NSDAP. 1939 in seinem Werk *Musikgeschichte im Umriß*: »Der schöpferische Beitrag der Juden in der Musik ist verschwindend gering. Mithin bedeutet die Ausmerzung des Judentums in der Musik durch den nationalsozialistischen Staat 1933 keine Beseitigung ›alter Kulturwerte‹, wie vielleicht mancher Nichtorientierte glauben machen möchte.« Nach 1945 in Hannover, Hamburg, Lüneburg. † 9.1.1984 ebenda. Lit.: *Führerlexikon*; Prieberg, Handbuch; Wulf, Musik.

Welzel, Heinz. Schauspieler.

* 30.5.1911 Berlin-Siemensstadt. Laut Hippler von Goebbels öfters zur Abendgesellschaft eingeladen. NS-Filme: Militärspionagefilm *Verräter*, am 9.9.1936 auf dem NSDAP-Reichsparteitag uraufgeführt (Giesen: »Ein eindeutiges Plädoyer für die Gestapo«). 1938 Luftwaffen-Aufrüstungsfilm *Pour le Mérite*, 1939 Reichsautobahn-Film *Mann für Mann*, *Legion Condor* sowie Jagdfliegerfilm *D III 88* über »die fiebernde Vaterlandsliebe der Waffe« (Tobis-Pressetext). Im antipolnischen Propagandastreifen *Kampfgeschwader Lützow*, Uraufführung am 28.2.1941, anwesend Goebbels und Himmler. Nach 1945 an Berliner Bühnen, Filme wie *Das ideale Brautpaar* (1953) oder *Ein Mann vergißt die Liebe* (1955). † 26.3.2002 Berlin.

Wenck, Eduard. Auf der *Gottbegnadeten-Liste* der Schauspieler, die für die Filmproduktion benötigt werden.

* 1.1.1894 Karlsruhe. 1938 in *Menschen, Tiere, Sensationen*. 1940 im Hetzfilm *Jud Süß*, 1941 in den HJ-Propagandastreifen *Jungens* und *Jakko*. Nach 1945 in den Filmen *Irgendwo in Berlin* (1946) und *Liebeserwachen* (1953). † Suizid 16.5.1954 Berlin. Nachruf *Deutsches Bühnen-Jahrbuch*: »Darsteller von Charakterrollen und skurrilen Typen.«

Wenck, Ewald. Auf der *Gottbegnadeten-Liste* der Schauspieler, die für die Filmproduktion benötigt werden.

* 28.12.1891 Berlin. Am Berliner Metropol-Theater und am Admiralspalast. Im Militärspionagefilm *Verräter*, am 9.9.1936 auf dem NSDAP-Reichsparteitag uraufgeführt (Giesen: »Ein eindeutiges Plädoyer für die Gestapo«). 1940 im Hetzfilm *Die Rothschilds* (Courtade: »Aufruf zu Haß und Mord«). 1941 NS-Reiterfilm ... *reitet für Deutschland* sowie HJ-Propagandastreifen *Jakko*. 1944 in *Die Feuerzangenbowle*. Nach 1945 Filme wie *Knall und Fall als Detektive* (1953) oder *Bobby Todd greift ein* (1959). Mitwirkung beim Kabarett *Die Insulaner* (Westpropaganda im Kalten Krieg) des *Rundfunks im amerikanischen Sektor* (RIAS). † 30.4.1981 Berlin.

Wendhausen, Fritz (Künstlername). Laut Fachblatt *Kinematograph* vom 4.4.1933 Beitritt zur *NSBO-Zelle deutschstämmiger Filmregisseure* (*NS-Betriebszellen-Organisation*).

* 7.8.1890 Wendhausen. Regisseur bei Max Reinhardt. Laut Kreimeier 1933 Mitteilung an Ufa, der Kollege Erich Engel habe sich »gegen die Beschäftigung von Christen« geäußert. Bekanntester Film: 1934 Ibsen-Verfilmung *Peer Gynt*. 1938 Wechsel nach Großbritannien, beim deutschsprachigen Dienst der BBC, Filmnebenrollen als Klischee-Nazi. Nach 1945 Rückkehr, vorwiegend Gastregisseur. 1959 *Bundesverdienstkreuz*. † 5.1.1962 Königstein am Taunus.

Wendland, Winfried. Architekt.

* 17.3.1903 Gröben, Kreis Teltow, als Pfarrerssohn. 1933 NSDAP, *Kampfbund der Deutschen Architekten und Ingenieure* im *Kampfbund für deutsche Kultur*, Kunstreferent im Reichskulturausschuß der *Deutschen Christen*. 1934 Kustos der Hochschule für Bildende Künste Berlin, Buchautor: *Kunst und Nation*. 1933 in *Deutsche Kultur-Wacht*, Organ des *Kampfbunds für deutsche Kultur*, über NS-Kulturpolitik: »Wir sehen hier den Menschen gebunden in der Familie, der Sippe, dem

Stamm und dem Volk. Es ist das der organische Ausdruck rassemäßiger Gebundenheit eines Volkes. Wenn der Nationalsozialismus diese Gebundenheit … als Wurzel betrachtet, so ist darin auch schon seine besondere Einstellung gegenüber der Frage der Kultur gegeben.« 1941 Kriegsdienst. 1949 im Bauamt des ev. Konsistoriums Berlin-Brandenburg. 1953 Kirchenbaurat. Kleinere Aufträge für Kirchenbauten, darunter Bau der Notkirche in der Turmhalle der zerstörten Potsdamer Garnisonskirche (1968 von DDR-Stellen gesprengt). 1957 Autor: *Kirchenbau in dieser Zeit.* † 17.10.1998 Potsdam. Lit.: Ulrich Pantle, Leitbild Reduktion, Beiträge zum Kirchenbau in Deutschland von 1933 bis 1945, Dissertation Stuttgart 2003.

Wenneis, Fritz. Komponist.
* 30.9.1889 Mannheim. Kapellmeister in Berlin. NSDAP Mai 1933. Musik zu sämtlichen Harry-Piel-Filmen, weiterhin: Seekriegsfilm *Heldentum und Todeskampf unserer Emden* (1934), *Vierhundert bauen eine Brücke* (Reichsautobahnfilmstelle, 1937), *Ein Lied vom Stahl* (1940). Nach 1945 Filmmusik zu *Die Sterne lügen nicht, Tiger Akbar* (1950) sowie *Eine Frau von heute* (1954). † 4.7.1969 Garmisch-Partenkirchen. Lit.: Zimmermann/Hoffmann.

Wenter, Josef. Schriftsteller.
* 11.8.1880 Meran. Dr. phil. 1933 Hitler-Roman: *Spiel um den Staat.* 1936: *Im heiligen Land Tirol.* Zur Volksabstimmung zum »Anschluß« Österreichs April 1938: »Der Himmel wölbt sich von der Nordsee bis zu den Karawanken über heiligen [sic] Reich der Deutschen! Wahrheit ist eingekehrt in unser Volk! Mein Führer, habe Dank.« † 5.7.1947 Rattenberg/Inn.

Werber, Mia, eigentlich Maria Tachauer. Sängerin.
* 10.11.1876 Wien. Unter anderem am Opernhaus Leipzig, an der Hofoper Berlin, am Deutschen Theater Prag und am Hoftheater Mannheim. 1920 Bühnenabschied. Musikpädagogin in Berlin. † 1943 Ghettolager Theresienstadt.

Werfel, Franz. Schriftsteller.
* 10.9.1890 Prag. 1911 Erstlingswerk, die Gedichtsammlung *Der Weltfreund.* Im Kreis um Brod, Haas, Kafka. Kriegsgegner im I. Weltkrieg, nach Kriegsende Mitglied der *Roten Garde* in Wien. Ab 1917 liiert mit Alma Mahler (1929 Heirat). 1924: *Verdi. Roman der Oper.* Mitglied und am 16.3.1933 Unterzeichner einer Loyalitätserklärung der Deutschen Akademie der Dichtung der Preußischen Akademie der Künste pro Reichsregierung, Mai 1933 dennoch Ausschluß. 1934 Freundschaft mit dem Austro-Faschisten Schuschnigg. 1938, nach der Besetzung Österreichs, Flucht nach Frankreich. 1939 Roman: *Der veruntreute Himmel.* Oktober 1940 mit Golo und Heinrich Mann Flucht über Spanien und Portugal, Exil in den USA. 1941 Legendenroman: *Das Lied von Bernadette.* 1944 Komödie: *Jacobowsky und der Oberst.* † 26.8.1945 Beverly Hills in Kalifornien. Lit.: Hilmes.

Werlé, Heinrich. Musikwissenschaftler.
* 2.5.1887 Bensheim an der Bergstraße. 1928 Dozent der Universität Leipzig. Mai 1933 NSDAP. Leiter des Kammerchors der NS-Rundfunkgruppe Gau Sachsen. 1946 Professor der Universität Halle. † 26.5.1955 Leipzig. Q.: Moser; Prieberg, Handbuch.

Werner, Bruno Erich. Name Oktober 1933 unter dem Treuegelöbnis »88 deutsche Schriftsteller« für Adolf Hitler.
* 5.9.1896 Leipzig. Dr. phil. 1929 (bis 1943) Schriftleiter der Kulturzeitschrift *die neue linie.* Am 20.7.1937 Artikel über die Ausstellung *Entartete Kunst* in der *Deutschen Allgemeinen Zeitung:* »Adolf Hitler selbst hat sich als Künstler geäußert. Er hat die Masse des Volkes zum Richter über die Kunst aufgerufen und selbst als Sprecher und Ratgeber im Für und Wider scharf Stellung genommen. Der von ihm angekündigte Säuberungskrieg gegen die Elemente der Kulturzersetzung fand ihren Niederschlag in der Ausstellung ›Entartete Kunst‹.« Dennoch Ausschluß aus der Reichspressekammer (Berufsverbot).

1945/46 Kulturchef des NWDR Hamburg, 1947–1952 der *Neuen Zeitung* (US-Tageszeitung im Dienste der Umerziehung und Demokratisierung). Ab 1952 Kulturattaché in Washington. 1962 Präsident des bundesdeutschen PEN-Zentrums. † 21.1. 1964 Davos. Lit.: Wulf, Künste.

Werner, Ilse, eigentlich Charlotte Still. Jungstar holländischer Nationalität. * 11.7. 1921 Batavia (Djakarta) auf Java. Tochter eines Exportkaufmanns. Ab 1932 in Deutschland, bedauerte, als Nichtdeutsche aus dem BDM wieder austreten zu müssen (deutsche Staatsbürgerschaft 1954 durch ihre zweite Ehe mit dem Komponisten Josef Nissen). Filmschauspielerin und Sängerin, ihre Spezialität: zu pfeifen statt zu singen. Zwischen 1938 und 1945 in 17 Filmen, darunter *Die unruhigen Mädchen* (1938), *Bel ami, Drei Väter um Anna* sowie *Ihr erstes Erlebnis* (1939). 1940 Hauptrolle im Jungmädchen-Film *Bal paré*. Gast (»oft und gern«) im *Wunschkonzert für die Wehrmacht*, Goebbels' Radiosendung zwecks Hebung der Truppenmoral und Leidensbereitschaft der Heimatfront, Dezember 1940 Hauptrolle im Staatsauftragsfilm *Wunschkonzert* (26,5 Millionen Besucher, Prädikat: *staatspolitisch wertvoll*). 1941 Staatsauftragsfilm *U-Boote westwärts*, 1943 Ufa-Jubiläumsfilm *Münchhausen*, 1944 Hauptrolle in *Große Freiheit Nr. 7*. Laut Hippler von Goebbels »über alles« geschätzt. 1945 Berufsverbot. 1950 (mit Curd Jürgens): *Die gestörte Hochzeitsnacht*. 1955: *Die Herrin vom Söldnerhof*. 1981 Erinnerungen: *So wird's nie wieder sein ... Ein Leben mit Pfiff*. Dort heißt es: »Ich war bei den deutschen Landsern ... überall dort, wo die Deutschen fremde Gebiete besetzt hatten, das Spindmädchen vom Dienst.« 1986 *Filmband in Gold* für langjähriges und hervorragendes Wirken im deutschen Film. † 8.8. 2005 in einem Pflegeheim in Lübeck.

Werner, Walter. Auf der *Gottbegnadeten-Liste* der Schauspieler, die für die Filmproduktion benötigt werden.

* 11.4. 1883 Görlitz. Ab 1919 Staatstheater Berlin. 1937 im Propagandastreifen *Togger* (Moeller: »Voller NS-Parolen«) und in Harlans Hitlerhuldigung *Der Herrscher*. In den Hetzfilmen *Jud Süß* (1940) und *Ohm Krüger* (1941). 1941 weiterhin im antibritischen Film *Mein Leben für Irland*, im NS-Reiterfilm *... reitet für Deutschland* und im HJ-Propagandastreifen *Jakko*. Nach 1945 Schiller-Theater, Filme wie *Ehe im Schatten* (1947) oder *Meine Schwester und ich* (1954). † 8.1. 1956 Berlin. Laut *Deutsches Bühnen-Jahrbuch* (Nachruf) gab er meist »von Güte und Herzlichkeit gekennzeichnete Gestalten«.

Werner-Kahle, Hugo. Auf der *Gottbegnadeten-Liste*: Liste der Schauspieler, die für die Filmproduktion benötigt werden.

* 5.8. 1882. Komische Oper Berlin, Schiller-Theater Berlin. Vielbeschäftigter Edelcharge (Weniger). Ab 1936 Leiter der Schauspielschule am Deutschen Theater. Nach 1945 ausschließlich Bühnendarsteller in Berlin (Theater am Kurfürstendamm). † 1.5. 1961 Berlin.

Wernicke, Otto. Auf der *Gottbegnadeten-Liste* der Schauspieler, die für die Filmproduktion benötigt werden.

* 30.9. 1893 Osterode/Harz, Sohn eines Brauereidirektors. 1921 (bis 1937) am Staatstheater München, 1934 (bis 1941) zugleich am Deutschen Theater in Berlin, ab 1941 Staatliches Schauspielhaus Berlin. Darsteller in den Filmklassikern *M – Eine Stadt sucht einen Mörder* (1931) sowie *Das Testament des Dr. Mabuse* (1932). Zwischen 1933 und 1945 in 57 Filmen (wegen jüdischer Ehefrau zunächst mit einer Sondergenehmigung von Goebbels, ab 1939 volle Mitgliedschaft in der Reichstheaterkammer). Unter anderem 1933 in SA-Mann Brand, 1937 *Unternehmen Michael*, 1939 Jagdfliegerfilm *D III 88* über »die fiebernde Vaterlandsliebe der Waffe« (Tobis-Pressetext). April 1941 in *Ohm Krüger* als britischer KZ-Kommandant, laut Courtade ein hochnäsiger Schweinekerl, der sich weigert, die Verpflegung im Lazarett zu verbessern, aber seinen Hund mit Schin-

ken füttert. Oktober 1941 im Hetzfilm *Heimkehr* zur Rechtfertigung des Überfalls auf Polen. 1942 im Harlan-Film *Der große König* und Januar 1945 in Harlans Durchhalte-Schnulze *Kolberg*. Nach 1954 Filme wie *Zwischen Gestern und Morgen* (1947), *Die fidele Tankstelle* (1950), 1959 letzter Film: *Immer die Mädchen.* † 7.11.1965 München.

Wery, Carl, eigentlich Wery de Lemans. Auf der *Gottbegnadeten-Liste* der Schauspieler, die für die Filmproduktion benötigt werden.
* 7.8.1897 Trostberg im Chiemgau. 1932 Schiller-Theater Berlin. 1934 (bis 1950) Münchner Kammerspiele. Unter anderem 1940 im antipolnischen Hetzfilm *Feinde* (Polen als Mordgesindel), 1941 in *Venus vor Gericht* über einen NSDAP-Bildhauer, den »jüdischen Kunsthandel« und »entartete Kunst«. 1942 *Kleine Residenz*, für Goebbels eine Musterleistung des Unterhaltungsfilms »für den Krieg«. Nach 1945 Filme wie *In München steht ein Hofbräuhaus* (1951) oder *Und der Himmel lacht dazu* (1955). † 14.3.1975 München. Das *Deutsche Bühnen-Jahrbuch* zum 65. Geburtstag: »Besonders gern spielt er skurrile, derbe Volkstypen.«

Wessely, Paula. Auf der *Gottbegnadeten-Liste* (Führerliste) der wichtigsten Künstler des NS-Staates.
* 20.1.1907 Wien. Ab 1929 am Wiener Theater in der Josefstadt, ab 1932 zugleich am Deutschen Theater in Berlin. August 1934 Filmdebüt in *Maskerade*. Goebbels am 24.9.1934 im Tagebuch: »Freitag: abends zum Führer. Sehr nett. Paula Wessely da. Eine große Frau.« 1935 Heirat mit Attila Hörbiger. Goebbels am 11.5.1936: »Für Paula Wessely ihr Jude [Drehbuchautor Walter] Reisch abgelehnt. Muß sich fügen.« Zur Volksabstimmung zum »Anschluß« Österreichs April 1938: »Ich freue mich, am 10. April 1938 das Bekenntnis zum großen volksdeutschen Reich mit Ja ablegen zu können und so die von mir immer betonte Kulturverbundenheit der österreichischen Heimat mit den andern deutschen Gauen zu bekräftigen.« Oktober 1941 Titelrolle im Hetzfilm *Heimkehr* zur Rechtfertigung des Überfalls auf Polen (laut Moeller übertrifft er »in seiner Abscheulichkeit und rassistischen Raserei« sogar *Jud Süß*). NS-Ehrung: *Staatsschauspielerin* (1939). 1945 kurzzeitig Berufsverbot. 1949 *Max-Reinhardt-Ring* des Theaters in der Josefstadt. 1953 (bis 1984) am Wiener Burgtheater. 1957 Hauptrolle in Harlans »Schwulenfilm« *Anders als du und ich*. 1984 *Filmband in Gold* für langjähriges und hervorragendes Wirken im deutschen Film. † 11.5.2000 Wien.

Westermann, Gerhart von. Musikwissenschaftler.
* 19.9.1894 Riga. Dr. phil. 1924 Leiter der Musikabteilung, 1933 Stellv. Intendant des Senders München. NSDAP März 1933 (Nr. 1726871). 1935 beim Kurzwellensender Berlin, Leiter der Abteilung Weltanschauung. Am 24. Mai 1938 Aufführung seiner *Sonate für Violine und Klavier* auf dem Kammermusikabend der ersten *Reichsmusiktage* in Düsseldorf (mit der Schandschau *Entartete Musik*). 1939 Intendant der Berliner Philharmoniker. 1942 Leiter der Gruppe *Schwere, weil unbekannte klassische Musik* beim Großdeutschen Rundfunk (DBJ). Mai 1942 zwecks Kulturpropaganda Gastspiel der Philharmoniker in Marseille und Lyon. 1952 Geschäftsführer der Berliner Philharmoniker, Leiter der Berliner Festwochen, Herausgeber von *Knaurs Opernführer* und *Knaurs Konzertführer*. † 14.2.1963 Berlin. Lit.: Moser; Prieberg, Handbuch.

Westermeier, Paul. Auf der *Gottbegnadeten-Liste* der Schauspieler, die für die Filmproduktion benötigt werden.
* 9.7.1892 Berlin. Beginn als Romeo in Bautzen, später Operettenkomiker (DBJ). Zwischen 1933 und 1945 Nebenrollen in 81 Filmen, darunter der U-Boot-Streifen *Morgenrot* (Kernsatz: »Zu leben verstehen wir Deutschen vielleicht schlecht, aber sterben können wir fabelhaft«), am 2.2.1933 in Gegenwart Hitlers uraufgeführt). Weitere NS-Filme: *Togger* (1937), *Die*

Rothschilds (1940, Courtade: »Aufruf zu Haß und Mord«), *Jakko* (1941). Von Zuckmayer zur Kategorie »Nazis, Anschmeißer, Nutznießer, Kreaturen« gerechnet. Nach 1945 in Filmen wie *Mein Herz darfst du nicht fragen* (1952), *Des Teufels General* (1955) sowie *Mein Schatz ist aus Tirol* (1958). 1967 *Filmband in Gold* für langjähriges und hervorragendes Wirken im deutschen Film. Das *Deutsche Bühnen-Jahrbuch* zum 65. Geburtstag: »Ulkige Type.« † 17. 10. 1972 Berlin.

Wette, Hermann. Dirigent.
* 9. 2. 1900 Köln. 1933 Kompositionslehrer der Musikhochschule Mannheim. 1940 NSDAP, HJ-Musikreferent, Landesmusikberater der Reichsmusikkammer. 1941 Direktor der Landesmusikschule Westmark in Saarbrücken. Nach 1945 Professor an den Musikhochschulen Mannheim, Darmstadt, Saarbrücken. † 16. 12. 1982 Sinsheim.

Wetzel, Otto. Am 19. 5. 1933 Redner bei der Bücherverbrennung in Mannheim.
* 5. 4. 1905 Karlsruhe. Ingenieur und Architekt. 1922 NSDAP, 1927 Führer der HJ Württemberg, 1930 Gründer und Herausgeber der Heidelberger NS-Tageszeitung *Die Volksgemeinschaft*, 1931 Herausgeber der Mannheimer Tageszeitung *Hakenkreuzbanner*. 1932/33 erstmals MdR. 1933/34 Stadtkommissar, bzw. Bürgermeister von Heidelberg. Das *Mannheimer Tageblatt* vom 20./21. 5. 1933 über seine Brandrede bei der Bücherverbrennung: »Wenn er ein Buch, das Buch des Juden Marx, als nationalsozialistischer Führer vor den Augen der Mannheimer Studentenschaft dem Feuer übergebe, dann wolle er damit zum Ausdruck bringen, daß der Kampf … in sein Endstadium eingetreten sei.« 1934 (bis 1945) Propagandatätigkeit für die *Deutsche Arbeitsfront*. 1937 stellv. Amtsleiter der NSDAP-Reichsleitung. Ex-Reichsfilmintendant Fritz Hippler: »Nach langer Lagerzeit wieder Architekt, arbeitete als Wohnungsbaufachmann für den Bundestagsausschuß der FDP.« † 29. 3. 1982 Bonn. Lit.: Lilla; Sauder.

Wetzelsberger, Bertil. Generalmusikdirektor (GMD).
* 5. 7. 1892 Ried in Österreich. 1925 GMD in Nürnberg. 1933 Opernchef in Frankfurt am Main. 1938 (bis 1946) Staatskapellmeister der Staatsoper München. März 1942 musikalische Leitung von Pfitzners *Palestrina* in der Großen Oper im besetzten Paris. Ab 1946 Intendant des Württembergischen Staatstheaters Stuttgart. Das *Deutsche Bühnen-Jahrbuch* beschenkte den GMD zum 75. Geburtstag mit der Legende: »Als Wetzelsberger Opernchef in Frankfurt (Main) war (1933–1938), fiel er bei den braunen Machthabern in Ungnade, weil er unerschrocken Carl Orffs ›Carmina Burana‹ und Egks ›Zaubergeige‹ uraufführte.« † 28. 11. 1967 Stuttgart.

Weweler, August. Musikerzieher und Komponist.
* 20. 10. 1868 Recke in Westfalen. Komponist und Texter des *Lieds der lippischen SA* (1929), Gründer der Ortsgruppe Lippe des *Kampfbunds für deutsche Kultur*. 1932 NSDAP (Nr. 940275). 1934 Oratorium *Die Sintflut*. 1935 Kompositionslehrer an den Essener Folkwangschulen. Nach 1945 Ruhestand in Detmold. † 8. 12. 1952 ebenda. Q.: Moser; Prieberg.

Weyrauch, Wolfgang. Schriftsteller.
* 15. 10. 1904 Königsberg, Sohn eines Landmessers. Ab 1933 Redakteur beim *Berliner Tageblatt* sowie Lektor beim Deutschen Verlag. Autor in Goebbels' Renommierblatt *Das Reich* (von Hitler im Tischgespräch 1942 gelobt: »Prachtvoll ist die Zeitung ›Das Reich‹«). 1939 Novellen *Ein Band für die Nacht*. Herausgeber der Anthologien *Junge deutsche Prosa* (1940) und *Das Berlin-Buch* (1941). Texte im NS-Kampfblatt *Krakauer Zeitung*, das »Blatt des Generalgouvernements«. Sarkowicz: »Weyrauch hat seinen Irrtum nach dem Ende des Zweiten Weltkriegs eingesehen. Er wurde zum kämpferischen Pazifisten.« † 7. 11. 1980 Darmstadt.

Wichert, Fritz. Kunsthistoriker.
* 22. 8. 1878 Mainz-Kastel. 1909 Gründungsdirektor der Mannheimer Kunsthal-

le. 1923 in Frankfurt am Main Direktor der Kunstschule mit den Lehrern Max Beckmann und Willi Baumeister. 1933 Entlassung wegen Förderung »entarteter Kunst«. Rückzug auf die Insel Sylt. 1945 Bürgermeister der Gemeinde Kampen. † 25.1.1951 Kampen auf Sylt.

Wiechert, Ernst. Einer der meistgelesenen Schriftsteller der NS-Zeit.
* 18.5.1887 Forsthaus Kleinort, inmitten ostpreußischer Wälder. 1911 Oberschullehrer in Königsberg, 1930 Studienrat in Berlin. Ab 1933 als Schriftsteller in Bayern. Am 16.4.1935 Rede *Der Dichter und die Zeit* an der Münchner Universität mit Kritik an Mitläufern und Verfälschern der braunen Revolution. Am 6.5.1938 Verhaftung, von Goebbels zur Einschüchterung für sechs Wochen im KZ Buchenwald interniert (Juli/August). Goebbels am 30.8.1938 im Tagebuch: »Ich lasse mir den Schriftsteller Wiechert aus dem KZ vorführen ... Der Delinquent ist am Ende ganz klein und erklärt, seine Haft habe ihn zum Nachdenken und zur Erkenntnis gebracht.« Kein Berufsverbot, 1939 Hauptwerk *Das einfache Leben*. 1946 Buch *Totenwald* über die Zeit in Buchenwald: Selbststilisierung zur Heiligenfigur. Bergengruen: »Ich erinnere mich seiner mit dem größten Unbehagen als eines kalten, humorlosen Menschen, der schon früh der Gefahr luziferischer Selbstvergottung erlegen war, voller Meister- und Prophetenallüren.« Thomas Mann am 22.6.1946 im Tagebuch: »Die ›Innere Emigration‹/ mit Wiechert an der Spitze –/unerträglich!« Ab 1948 auf dem Rütihof bei Uerikon am Zürichsee. † 24.8.1950 ebenda.

Wieck, Dorothea. Schauspielerin.
* 3.1.1908 Davos. Am Wiener Theater in der Josefstadt sowie an den Münchner Kammerspielen. Zwischen 1933 und 1945 in 14 Filmen. 1941 im Napola-Streifen *Kopf hoch, Johannes!* 1942 im Film *Andreas Schlüter*, genannt der *Michelangelo Preußens*, Kernsatz: »Das Leben vergeht, das Werk ist unvergänglich«. Nach 1945 Filme wie *Hinter Klostermauern* (1951) oder *Un-*

ternehmen *Schlafsack* (1955). 1961–1967 eigene Schauspielschule in Berlin. 1973 *Filmband in Gold* für langjähriges und hervorragendes Wirken im deutschen Film. † 19.2.1986 Berlin.

Wied, Benigna Viktoria Prinzessin zu.
* 23.7.1918 Kristiania. Tochter eines Rittmeisters. Laut *Aufstellung derjenigen Parteigenossen, die Angehörige fürstlicher Häuser sind*: 1.7.1940 NSDAP, Nr. 7685745. Anmerkung: verehelichte Freifrau von Schlotheim, Juli 1940 zum Gau Berlin umgemeldet, dort aber nicht aufgeführt. † 16.1.1972 Kaufbeuren.

Wied, Gisela Prinzessin zu.
* 30.12.1891 Wildenfels. Ab 1912 Gattin von Prinz Viktor. Goebbels am 8.2.1930 (nach der bis dahin größten Berliner NSDAP-Kundgebung) im Tagebuch: »Zu Nacht noch bei Prinzessin Wied. Viele Gäste. U. a. August Wilhelm [Vierter Sohn Kaiser Wilhelm II.]. Wir bleiben bis 3 Uhr nachts ... Je länger ich sie kenne, desto mehr liebe und verehre ich Prinzessin Wied.« Goebbels am 11.3.1930: »Gestern mittag bei Prinzessin Wied. Sie zeichnet mich.« Laut *Aufstellung derjenigen Parteigenossen, die Angehörige fürstlicher Häuser sind*: 1.1.1932 NSDAP, Nr. 855946. Anmerkung: (NSDAP-) Landesgruppe Schweden. † 20.8.1976 Oberammergau.

Wied, Marie Elisabeth Prinzessin zu.
* 14.3.1913 Kristiania. Tochter von Viktor und Gisela. Laut *Aufstellung derjenigen Parteigenossen, die Angehörige fürstlicher Häuser sind*: 1.5.1934, Nr. 3453146. † 30.3.1985 Augsburg.

Wied, Pauline Fürstin zu.
* 19.12.1877 Stuttgart. Tochter des letzten Königs von Württemberg. Laut *Aufstellung derjenigen Parteigenossen, die Angehörige fürstlicher Häuser sind*: 1.4.1933 NSDAP, Nr. 1732487, Gau Moselland. Anmerkung: »DRK-Generalführerin.« Beherbergte nach 1945 die *Reichsfrauenführerin* Scholtz-Klink mit Ehemann unter dem Namen *Stuckelbrock* im Schloß Bebenhausen, nahe Tübingen. † 7.5.1965 Ludwigsburg.

Wied, Viktor Prinz zu.
* 7.12.1877 Neuwied. Rittmeister a.D.
Laut Ilsemann ein Freund Görings, Goebbels am 9.3.1930 im Tagebuch: »Abends
mit Görings zu Wieds ... Wir haben bis
tief in die Nacht geplaudert und der Prinz
hat eigene, z.T. gute Gedichte vorgelesen.«
Goebbels am 3.4.1930: »Zu Wieds abendessen. Große Gesellschaft. Auch Hitler,
Epp und [Rechtsanwalt] v.d. Goltz da.«
Laut *Aufstellung derjenigen Parteigenossen,
die Angehörige fürstlicher Häuser sind*: 1.1.
1932 NSDAP, Nr. 856879. Anmerkung:
Ortsgruppe Braunes Haus. 1933–1942 mit
Gattin Gisela Gesandter in Stockholm.
Aufnahme ins *Führerlexikon*. † 1.3.1946
Moosburg.

Wieman, Matthias. Auf der *Gottbegnadeten-Liste* der Schauspieler, die für die
Filmproduktion benötigt werden.
* 23.6.1902 Osnabrück. 1932 Hauptrolle
in Riefenstahls Debütfilm *Das blaue Licht*,
laut Riefenstahl ein »herber, romantischer
Typ«. Wieman 1937 auf dem Kongreß der
Reichsfilmkammer: »[Wir fühlen] den
Wunsch, jenen soldatischen Vorbildern
unserer frühen Jahre nachzufolgen, wie
Soldaten der Kunst, dienend der höchsten
Idee, auf die uns der Satz des Führers vereidigt hat, welcher lautet: ›Die Kunst ist
eine erhabene und zum Fanatismus verpflichtende Mission ...‹« Laut Moeller
häufiger Gast bei Hitler-Empfängen, von
»absoluter Parteitreue«. Laut Hippler von
Goebbels öfters zur Abendgesellschaft eingeladen. März 1937 im Aufsichtsrat der
gerade verstaatlichten Ufa. Zwischen 1933
und 1945 in 23 Filmen, darunter 1937 der
Propagandastreifen *Togger* (Moeller: »Voller NS-Parolen, antisemitischen Anspielungen und SA-Paraden«). August 1941
Titelrolle in NS-Euthanasiefilm *Ich klage
an* (der von den Krankenmördern der
Berliner T4-Zentrale teilfinanzierte Staatsauftragsfilm sollte den Widerstand der Bevölkerung gegen den Behindertenmord
brechen). Dezember 1941 antirussischer
Jugendfilm *Kadetten*. Künstlerischer Mitarbeiter Riefenstahls beim 1945 unvollen

deten Film *Tiefland*. NS-Ehrung: 1937 von
Hitler Titel *Staatsschauspieler*. Nach 1945
Filme wie *Königliche Hoheit* (1953) oder
Wetterleuchten um Maria (1957), Rezitator
klassischer Dichtung. Das *Deutsche Bühnen-Jahrbuch* zum 50. Geburtstag: »Ein
freier Künstler, der nur das macht, was er
glaubt.« † 3.12.1969 Zürich.

Wiener, Karl. Kapellmeister.
* 27.3.1891 Wien. Komponist in Berlin,
Berater der *Berliner Funkstunde*. Im *Lexikon der Juden in der Musik* gebrandmarkt.
† 22.7.1940 KZ Sachsenhausen.

Wieser, Max. Stadtbibliotheksrat.
* 14.5.1890 Berlin. Dr. phil. Leiter der
Volksbücherei Berlin-Spandau. In Rosenbergs *Kampfbund für deutsche Kultur*.
1933 Autor: *Rasse und Seele* sowie *Völkischer Glaube. Blut und Geist als Wahrzeichen des nordischen Menschen in Vergangenheit und Gegenwart*. Einer der Akteure
zur »Säuberung« der Berliner Büchereien.
1936: *Das Schrifttum zum Deutschen Glauben*. † 15.12.1946 Göttingen. Lit.: Barbian; Sauder.

Wigman, Mary (Marie). Tanzpädagogin.
* 13.11.1886 Hannover. Ab 1920 eigene
Schule für Ausdruckstanz in Dresden.
1935 in *Deutsche Tanzkunst*: »Daß manches Lebens- und Liebenswerte im ersten
Ansturm des gewaltigen Geschehens zu
Boden gedrückt, vielleicht zermalmt wurde, ist hart für den Einzelnen. Im Zusammenhang mit dem ganz großen Geschehen aber tritt das Einzelschicksal zurück ... Der Anruf des Blutes, der an uns
alle ergangen ist, greift tief und trifft das
Wesenhafte.« Nach 1945 Tanzstudio in
Berlin. 1953 *Verdienstkreuz des Verdienstordens der BRD*. Das *Deutsche Bühnen-
Jahrbuch* zum 85. Geburtstag: »Ein neuer
Stil entstand durch eine neue Form der
Aussage, die im Menschen und seinem
Schicksal wurzelte.« † 19.9.1973 Berlin.

Wikarski, Romuald. Pianist.
* 11.1.1892 Stettin. 1927 Lehrer an der
Musikhochschule Berlin. 1932 NSDAP
(Nr. 1332095), laut *Deutsche Kulturwacht*
1932 Fachspartenleiter der Untergruppe

Instrumental in Rosenbergs *Kampfbund für deutsche Kultur* Groß-Berlin. 1941 Titel Professor. † Kriegstod 29. 4. 1945 Klein-Machnow.

Wilcke, Wilhelm. Landschaftsmaler in Berlin-Friedenau.

* 1. 9. 1885 Templin in der Uckermark. Auf den Großen Deutschen Kunstausstellungen im Münchner NS-Musentempel *Haus der Deutschen Kunst* mit Ölgemälden wie *Uckermärkischer Fluß* oder *Havelbuch*t (1943). 1943 Antrag auf Verleihung des Titels Professors, Begründung: Er verewige die Uckermark, seine Bilder hingen in vielen Reichs- und Parteistellen, auch Goebbels besitze ein Bild. Wegen Titelsperre abgelehnt. 1950 in der Ausstellung Berliner Künstler (Vollmer). † 2. 8. 1979 Templin. Q.: Thomae.

Wilder, Billy, eigentlich Samuel. Regisseur.

* 22. 6. 1906 Sucha Beskidizka in Galizien. Zunächst Drehbuchautor in Berlin, 1931 Regie zum Kästner-Film *Emil und die Detektive*. 1933 Flucht über Frankreich nach Hollywood. 1939 Drehbuch zu Lubitschs Ost-West-Komödie *Ninotschka*. Regie zu weltberühmten Filmen wie *Zeugin der Anklage* (1957), *Manche mögens heiß* (1958) oder *Das Mädchen Irma La Douce* (1963). 1973 *Filmband in Gold* für langjähriges und hervorragendes Wirken im deutschen Film. † 28. 3. 2002 Beverly Hills.

Wilhelm II. Deutscher Kaiser und König von Preußen (1888–1918).

* 27. 1. 1859 Berlin, Sohn des preußischen Kronprinzen Friedrich Wilhelm (Friedrich III.) und der englischen Princess Royal Viktoria. Geboren mit verkrüppeltem linken Arm. Jahrelange therapeutische Torturen und calvinistischer Drill sollten die Behinderung mittels Härte überwinden, erzeugten jedoch Unsicherheit, die er mit seiner oft beschriebenen Besserwisserei zu kaschieren suchte. Repräsentant des deutschen Imperialismus, Förderer nationaler Überheblichkeit nach außen, von Kriechertum und Untertanengeist im Inneren. Berüchtigt seine Ansprache (*Hun-

nenrede*) am 27. 7. 1900 an die von Bremerhaven nach China in See stechenden Truppen: »Pardon wird nicht gegeben, Gefangene werden nicht gemacht, führt eure Waffen so, daß auf tausend Jahre hinaus kein Chinese mehr es wagt, einen Deutschen scheel anzusehen. Wahrt Manneszucht, der Segen Gottes sei mit euch, die Gebete eines ganzen Volkes, Meine Wünsche begleiten euch, jeden einzelnen. Öffnet der Kultur den Weg ein für allemal!« Am 10. 11. 1918 Flucht nach Holland, zunächst in Schloß Amerongen, ab 1920 in Doorn bei Utrecht. Offiziell abgedankt, träumte er dennoch davon, wieder Kaiser zu werden und erneut Krieg zu führen. Am 10. 1. 1924 notierte sein Leibarzt Alfred Haehner einen seiner antisemitischen Aussprüche: »Die ganzen Juden müßten aus der Presse heraus, keiner mehr dürfe sein Gift wirken lassen, ich sollte einmal sehen, wenn er zurückkomme, was dann für ein Pogrom veranstaltet werde, aber anders und wirksamer wie alle die in Galizien.« Januar 1931 und Mai 1932 Gastgeber Görings, in der Annahme, die Nationalsozialisten würden ihn auf den Thron zurückbringen. Am 17. 6. 1940 Glückwunschtelegramm an Hitler zum Einmarsch in Paris (»dem von Gott geschenkten gewaltigen Sieg«). † 4. 6. 1941 Doorn. Lit.: Ilsemann.

Wilhelm, Theodor. Erziehungswissenschaftler.

* 16. 5. 1906 Neckartenzlingen als Pfarrerssohn. 1928 Dr. phil. 1933 Dr. jur. 1934 SA, (bis 1944) Schriftleiter der von Alfred Baeumler herausgegebenen *Internationalen Zeitschrift für Erziehung*. 1937 NSDAP, Dozent Erziehungswissenschaft der Hochschule für Lehrerbildung (zur NS-Indoktrinierung) in Oldenburg. Referent für Wissenschaftliche Gesellschaften im NS-Dozentenbund Gau Weser-Ems. 1951 Lehrstuhl Pädagogik der Pädagogischen Hochschule Flensburg, 1959–1971 Ordinarius der Universität Kiel. † 11. 11. 2005 Kiel. Lit.: Hesse.

Wilhelmsmeyer, Johannes. Erziehungswissenschaftler.

* 5.6. 1900 Lenzinghausen (Westfalen). Mittelschullehrer. Mai 1933 NSDAP, NSDAP-Gauschulungsredner und Leiter der Hauptstelle für Presse und Kultur im NS-Dozentbund jeweils im Gau Westfalen-Süd. 1936 Dr. phil. und Dozent für Deutsche Sprache der Hochschule für Lehrerbildung (zur NS-Indoktrinierung) in Dortmund. Nach 1945 Ministerialrat im Kultusministerium Nordrhein-Westfalen. 1960 Gründungsrektor der ev. Pädagogischen Akademie II in Münster, † 9.3. 1971 Münster. Lit.: Hesse.

Wiligut, Karl Maria, Pseudonym *Weisthor*. Himmlers Berater in Weltanschauungsfragen.

* 10.12. 1866 Wien. Oberst der österreichisch-ungarischen Armee. 1925 entmündigt, 1931 beschränkt entmündigt. SS-Brigadeführer. Selbsternannter Urgeschichts- und Gotenforscher. Mitarbeit SS-*Ahnenerbe*, laut Hauschild ein »extremer Vertreter skurriler Forschungen«. 1939 Abschied SS wegen geistiger Umnachtung. † 3.1. 1946 Arolsen.

Wilk, Herbert. Schauspieler.

* 10.5. 1905 Gnoien in Mecklenburg. 1939 neben Zarah Leander im Film *Das Lied der Wüste*. 1940 Hetzfilm *Die Rothschilds* (Courtade: »Aufruf zu Haß und Mord«). Mai 1941 *U-Boote westwärts* über Kampf und Heldentod deutscher Seeleute. Juni 1941 in der Sturzkampfflieger-Hymne *Stukas*. Nach 1945 Filme wie *Mein Herz darfst du nicht fragen* (1952), *Canaris* (1954), *Unser Wunderland bei Nacht* (1959). † 2.1. 1977 Berlin.

Willrich, Wolfgang. Organisator der Schandschau *Entartete Kunst* in München (1937).

* 31.3. 1897 Göttingen. Maler. Ab 1934 Mitarbeiter und zunächst Günstling des Reichsbauernführers Darré. Mitglied der Reinigungs- und Beschlagnahmekommission *Entartete Kunst*. Am 5.7. 1937 beteiligt an der Beschlagnahmung »entarteter Kunst« (Kirchner, Kokoschka, Nolde usw.) in der Hamburger Kunsthalle. 1937 Autor »eines der ekelhaftesten und folgenschwersten Hetzschriften der NS-Kulturszene« (Tarnowski): *Säuberung des Kunsttempels – Eine kunstpolitische Kampfschrift zur Gesundung deutscher Kunst im Geiste nordischer Art*, Textprobe: »Der Rassegedanke erstrebt die Reinheit des deutschen Blutes. Um der Blutreinheit willen schließt er Mischlinge mit jüdischem, negerischem und sonstigem außereuropäischem oder farbigem Blutanteil aus von der Kreuzung mit deutschem Blut.« Willrich denunzierte am 27.8. 1937 in einem Brief an Darré Gottfried Benn als »Gefahr für die SS und auch den Reichsbauernrat«. Himmler am 18.9. 1937 an Willrich: »Ich schätze Ihren Kampf gegen die entartete Kunst gewiß sehr hoch ein … Ich glaube aber, daß dieser Kampf nicht so, wie ich bei Ihnen den Eindruck habe, Lebensinhalt und Amoklaufen werden darf.« Auf den Großen Deutschen Kunstausstellungen im Münchner NS-Musentempel *Haus der Deutschen Kunst* mit insgesamt 28 Werken, darunter 1939 die farbige Zeichnung *Illegale BDM-Führerin aus Kärnten* sowie 1940 die farbige Kreidezeichnung *Führerin der deutschen Frauen in Rumänien*. 1941 Porträts von *Großadmiral Dr. h. c. Raeder* und *General Rommel*. Ab August 1940 bei Propaganda-Kompanien, August 1942 Propaganda-Ersatz-Abteilung *Staffel der bildenden Künstler* (siehe Luitpold Adam). 1945/46 US-Gefangenschaft in Göttingen. † 1948 Göttingen. Lit.: Bruhns; Thomae.

Wimmer, Maria. Schauspielerin.

* 27.1. 1911 Dresden. Tochter eines Baurats. 1932 Stadttheater Stettin. 1934 Städtische Bühnen Frankfurt am Main. Ab 1937 am Hamburger Schauspielhaus. Juli 1938 neben Werner Krauß (Mephisto) Rolle des Gretchen in Goethes *Faust* bei den Heidelberger Reichsfestspielen (Schirmherr Goebbels). 1949–1957 an den Münchner Kammerspielen. Filme wie *Der fallende Stern* (1950), *Der große Zapfenstreich* (1952), *Der Engel mit dem Flammenschwert* (1954). Das *Deutsche Bühnen-*

Jahrbuch zum 60. Geburtstag: »Wo sie auftritt, ist ein Gipfel.« † 4. 1. 1996 Bühlerhöhe.

Winde, Arthur. Auf der *Gottbegnadeten-Liste* (Führerliste) der wichtigsten Bildenden Künstler des NS-Staates.
* 7. 6. 1886 Dresden. Holzschnitzer und Kunstgewerbler. 1918–1933 Professor an der Akademie für Kunstgewerbe in Dresden. Leiter einer Fachklasse für Holzbearbeitung. Vollmer: »Hauptsächlich tätig für den inneren Ausbau von öffentlichen Gebäuden (Türen, Schränke, Supraporten usw.). Ferner Verzierung von Faßböden, Truhen, Jagdschränken usw.« 1950 Sonderausstellung in Hagen. Wohnsitz in Münster.

Windeck, Agnes, eigentlich Windel. Schauspielerin.
* 27. 3. 1888 Hamburg. 1915 Heirat und Aufgabe des Berufs. 1938 Lehrerin an der Schauspielschule des Deutschen Theaters in Berlin. 1941 Hauptrolle im Zarah-Leander-Film *Der Weg ins Freie* (in den Nebenrollen ein verbrecherischer polnischer Graf und zwei jüdische »Volksschädlinge«), Nebenrolle im Staatsauftragsfilm *U-Boote westwärts* (über Kampf und Heldentod deutscher Seeleute) sowie in der Heldenmutter-Saga *Annelie*. Nach 1945 beim Kabarett *Die Insulaner* (Westpropaganda im Kalten Krieg) des *Rundfunks im amerikanischen Sektor* (RIAS). Filme wie *Komplott auf Erlenhof* (1950), Kriminalfilme wie *Der Zinker* (1963). 1963 *Bundesverdienstkreuz*. Das *Deutsche Bühnen-Jahrbuch* zum 85. Geburtstag: »Allseits beliebte Schauspielerin.« † 29. 9. 1975 Berlin.

Windisch-Grätz, Friedrich Fürst zu.
* 7. 7. 1917 Heiligenberg, Baden. Laut *Aufstellung derjenigen Parteigenossen, die Angehörige fürstlicher Häuser sind*: 1. 5. 1938 NSDAP, Nr. 6 261799, Gau Kärnten. Anmerkung: Derzeit Leutnant bei der Wehrmacht. Später Oberleutnant. Kaufmann. Ritter des Malteser-Ritter-Ordens. Adresse nach 1945: Cá Lupo, Alserio, Provinz Como. † 28. 5. 2002 Gersau in der Schweiz.

Winds, Erich. Schauspieler und Regisseur.
* 15. 11. 1900 Dresden. Kind eines Schauspielerehepaars. Mai 1933 NSDAP (Stockhorst). 1941 Städtische Bühnen Wuppertal. 1953 Schauspieldirektor der Städtischen Bühnen Leipzig. 1955 Chefregisseur der Deutschen Staatsoper Berlin (Ost). 1961 Titel Professor. † 12. 9. 1972 Berlin.

Windt, Herbert. Komponist.
* 15. 9. 1894 Senftenberg in der Niederlausitz. Schüler Schrekers. Kriegsfreiwilliger im I. Weltkrieg, kriegsbeschädigt. 1931 NSDAP (Nr. 698452). 1932 Uraufführung seiner Oper *Andromache* an der Berliner Staatsoper, Urteil *Vossische Zeitung*: »Leistung eines edlen Epigonen«, das NS-Hetzblatt *Der Angriff*: »Sieg des Heroischen«. Im Dritten Reich Musik zu insgesamt 46 Filmen, darunter der U-Boot-Streifen *Morgenrot*, Uraufführung am 2. 2. 1933 in Gegenwart Hitlers. Dezember 1933 Propagandaschmarren *Flüchtlinge* über Wolgadeutsche, die »heim ins Reich« wollen. Riefenstahls Komponist zu den Parteitagsfilmen *Sieg des Glaubens* (1933) und *Triumph des Willens* (1935). An *Führers Geburtstag* am 20. 4. 1938 Dirigent zur Uraufführung von Riefenstahls Olympia-Filmen (Filmmusik: Windt und Gronostay) im Berliner Ufa-Palast, anwesend Hitler und Goebbels. Dezember 1938 Luftwaffen-Aufrüstungsfilm *Pour le Mérite*. 1939 Politopus *Im Kampf gegen den Weltfeind* (Kommunismus) über »Francos Helden-Regimenter« und Hitlers *Legion Condor*. 1940 Hipplers Propagandafilm *Der Feldzug in Polen* sowie der teutonische Geniefilm *Friedrich Schiller*. Januar 1941 Propagandafilm des Oberkommandos des Heeres *Sieg im Westen*. März 1941 Hetzfilm *Über alles in der Welt* zur Vorbereitung der Schlacht um England sowie NS-Reiterfilm ... *reitet für Deutschland*, Juni 1941 Sturzkampfflieger-Hymne *Stukas*, Dezember 1941 antirussischer Jugendfilm *Kadetten*. 1942 antirussischer Hetzfilm (Staatsauftragsfilm) *GPU*. Der *Film-Kurier* vom 3. 7. 1942: »Wenn [in der Kriegswochenschau] Luftkämpfe gezeigt werden,

wenn deutsche Infanterie zum Sturm antritt und vorwärtsgeht, dann hören wir Herbert Windts ›Auf den Straßen des Sieges‹.« Am 4.11. 1942 beim Treffen von Unterhaltungskomponisten in der *Kameradschaft der deutschen Künstler*, Hippler: angesichts der Kriegslage braucht Goebbels »optimistische Schlager«. 1957 Musik zu Wolfgang Staudtes Film *Rose Bernd*. 1959 Stalingrad-Film *Hunde, wollt ihr ewig leben?* † 21.11. 1965 Deisenhofen bei München. Lit.: *Führerlexikon*; Giesen; Volker; Zimmermann/Hoffmann.

Winkelnkemper, Peter. Redner der Bücherverbrennung am 17.5. 1933 in Köln. * 16.1. 1902 Wiedenbrück in Westfalen. Journalist. 1930 NSDAP. Mitarbeit beim NSDAP-Zentralorgan *Völkischer Beobachter*. 1931 Hauptschriftleiter des *Westdeutschen Beobachters*. 1933 Staatskommissar der Universität Köln. 1941 Oberbürgermeister der Stadt Köln. † 20.6. 1944 Köln, Herzschlag.

Winkelnkemper, Toni. *Landeskulturwalter.* * 18.10. 1905 Wiedenbrück in Westfalen. Dr. jur. 1930 NSDAP, 1931 NSDAP-Gaupropagandaleiter Gau Köln-Aachen. 1933 MdR, Landesstellenleiter Rheinland des Reichspropagandaministeriums. 1935 Aufnahme ins *Führerlexikon*. 1937 Intendant des Reichssenders Köln. 1938 SS, 1939 Standartenführer, Kriegsdienst. 1940 Referent beim Reichskommissar für die besetzten norwegischen Gebiete. April 1941 (bis 1945) Auslandsdirektor des Großdeutschen Rundfunks. Laut Lilla soll er nach 1945 vom US-Geheimdienst angeworben worden sein.

Winkler, Eugen Gottlob. Schriftsteller. * 1.5. 1912 Zürich. Kritiken, Essays, Erzählungen, gedruckt im *Inneren Reich*, in der *Neuen Rundschau*, in der *Frankfurter Zeitung*. 1933 zehn Tage Haft wegen Beschuldigung, ein NSDAP-Wahlplakat beschädigt zu haben. † Suizid 26.10. 1936 Stuttgart aus Angst vor erneuter Verhaftung. Posthum 1937: *Gesammelte Schriften.*

Winkler, Gerhard. Unterhaltungsmusiker. * 12.9. 1906 Berlin, Sohn eines Kunstschlossers. Arrangeur für Tanzkapellen. Ab 1941 Truppenbetreuung (Luftwaffe). Unter anderem 1941 Hymne für Gesang mit Klavier: *Heiliges Vaterland*, nach einem Text von Bruno Balz: »Führer, wir folgen, wohin Du auch willst,/was Du befiehlst soll gescheh'n,/weil Du den Traum aller Deutschen nun erfüllst,/ja Deutschland soll ewig besteh'n.« Bekannteste Kompositionen: *O mia bella Napoli* (1936), *Caprifischer* (1943), *Schütt die Sorgen in ein Gläschen Wein* (1952) *Glaube mir* (1954). † 25.9. 1977 Kempten.

Winkler, Max. *Reichsbeauftragter für die deutsche Filmwirtschaft* (1937). * 7.9. 1875 Karresch in Westpreußen als Lehrerssohn. 1913 Postsekretär in Graudenz, 1918 ebenda Bürgermeister. 1920–1933 Reichstreuhänder für die abgetrennten deutschen Gebiete. 1929 alleiniger Gesellschafter der Cautio Treuhand GmbH. Nach eigenen Angaben diente er in der Weimarer Republik 18 Reichskanzlern diskret und loyal bei Finanzaktionen (verdeckter Aufkauf von Zeitungen, Finanzierung von Wahlkämpfen) und ebenso diskret den Nazis. Peter de Mendelssohn (Zeitungsstadt): »Am Tag der Machtergreifung, dem 30. Januar 1933, besaßen die nationalsozialistische Partei und ihr Parteiverlag Franz Eher Nachf. in München knapp 2,5 Prozent aller deutschen Zeitungen. Zehn Jahre später besaßen sie 82,5 Prozent. Dieser in der Weltgeschichte des Zeitungswesens einzigartige Vorgang war weitgehend das Werk Max Winklers.« Winkler kaufte Juni 1934 zu einem Spottpreis den jüdischen Ullstein Verlag, der in den Eher Verlag überführt wurde (in der Öffentlichkeit nicht bekannt). Goebbels am 9.3. 1937 im Tagebuch: »Winkler ist ein richtiges Geschäftsgenie.« Am 18.3. 1937 Überführung von Hugenbergs Ufa in Staatsbesitz (danach Einverleibung der Tobis-Filmkunst GmbH, der Terra-Film AG und der Bavaria AG). 1937 NSDAP,

1939 *Goldenes Parteiabzeichen,* zugleich Leiter der *Haupttreuhandstelle Ost* der Vierjahresplanbehörde (Göring): Verwaltung geraubten Industrie- und Grundbesitzes im Osten. 1945 Internierung. In den 50er Jahren von Bundesregierung mit der Entflechtung des von ihm errichteten Filmkonzerns beauftragt (Fetthauer). Zeuge Riefenstahls im Streit um die Urheberrechte an ihren Olympia-Filmen (Riefenstahl). † 12.10.1961 Düsseldorf.

Winter, Bernhard. Auf der *Gottbegnadeten-Liste* (Führerliste) der wichtigsten Maler des NS-Staates.
* 14.3.1871 Neuenbrok in Oldenburg. Werke wie *Bauernhochzeit aus alter Zeit, Bauernhochzeit, Bauerntanz, Bereitung des Flachses.* NS-Ehrung: 1941 *Goethe-Medaille* für Kunst und Wissenschaft. 1956 Sonderausstellung im Kunstverein Oldenburg i. O. Lit.: Thieme/Becker.

Winter, Fritz. Maler.
* 22.9.1905 Altenbögge, Sohn eines Bergmanns. Ab 1935 in Dießen am Ammersee. Galt als »entarteter« Künstler, 1937 Malverbot. Kriegsdienst. Bis 1949 in sowjetischer Kriegsgefangenschaft. Haftmann: »Er kommt unmittelbar aus der ›Bauhaus‹-Lehre Klees und Kandinskys und hat über sie die Verbindung zu den naturmythischen Ideen im ›Blauen Reiter‹ gefunden.« 1955–1963 Professor der Kunsthochschule Kassel. † 1.10.1976 Herrsching am Ammersee.

Winter, Georg. Preußischer Staatsarchivar.
* 28.4.1895 Neuruppin. 1927 Staatsarchivrat im Geheimen Staatsarchiv Berlin. 1938 Staatsarchivdirektor. Juli 1940 Oberkriegsverwaltungsrat der Gruppe »Archivschutz« beim Militärbefehlshaber Frankreich (Paris). Dezember 1942 Leiter der Landesverwaltung Archive, Bibliotheken und Museen beim Reichskommissar Ukraine in Kiew. Eine Verfügung Utikals vom 2.10.1942 besagt: Im Rahmen des Einsatzstabs Rosenberg (Kunstraub) wird ein Sonderstab Archive gebildet. Leiter des Sonderstabes Archive ist Dr. Zipfel. Einer

seiner (beiden) Stellvertreter und Verbindungsmann zur Stabsführung ist Staatsarchivdirektor Dr. Winter für das rückwärtige Heeresgebiet Süd. Utikal: »Außerdem ist dem Sonderstab Archive die Aufgabe gestellt, nach Maßgabe des Führererlasses vom 1.3.1942, die Archive der ehemaligen Sowjetunion unter dem Gesichtspunkt der Erforschung der weltanschaulichen Gegner des Nationalsozialismus auszuwerten.« 1945 Entlassung Geheimes Staatsarchiv, Berufsverbot. 1946 am Stadtarchiv Lüneburg. Da nicht Parteigenosse, gefragter Persilscheinschreiber. Eckert: »Er ›weißelte‹ mindestens neun Kollegen, darunter schwerbelastete Personen wie … Ernst Zipfel und dessen Referenten Wilhelm Rohr.« Rohr bescheinigte er zum Beispiel: »Ließ sich verbissen, aber schweigend auch noch das Joch des Blockhelfers … aufhalsen.« 1952 Gründungsdirektor des Bundesarchivs in Koblenz. Versuchte den ehemaligen SS-Hauptsturmführer und SD-Spitzel Helmuth Rogge im Bundesarchiv zu installieren. 1960 Ruhestand. † 4.6.1961 Koblenz. Lit.: Eckert.

Wintermeier, Erich. Komponist.
* 7.5.1907 Bochum. 1931 Leiter der SA-Singschar *Rote Erde* in Langendreer. 1932 NSDAP (Nr. 1 142766). Musikkritiker bei NS-Blättern wie *Westdeutscher Beobachter* oder *Mitteldeutsche Nationalzeitung.* 1933 Kampflied *Die braune Kompanie,* aufgenommen mit der SA-Singschar *Rote Erde,* Textprobe: »Ich schwöre und erneue [!]/ den Schwur, den Wessel schrie:/Ich diene dir in Treue,/du braune Kompanie!« 1936 Vertonung des Anacker-Gedichts *Der Führer ruft.* Nach 1945 *Fränkische Landeszeitung.* † 22.12.1982 Dortmund. Lit.: Gillum; Prieberg.

Winterstein, Eduard von, eigentlich von Wangenheim. Auf der *Gottbegnadeten-Liste* der Schauspieler, die für die Filmproduktion benötigt werden.
* 1.8.1871 Wien. 1900 Heirat mit der Schauspielerin Hedwig Pauly (»Volljüdin«). Ab 1905 am Deutschen Theater in Berlin. 1931 in der Uraufführung von

Zuckmayers *Der Hauptmann von Köpenick*. 1933 Flucht seines Sohnes Gustav von Wangenheim (Kommunist) nach Paris, dann in die Sowjetunion. Ab 1938 am *Schiller-Theater der Reichshauptstadt*. Zwischen 1933 und 1945 in 65 Filmen, darunter der U-Boot-Streifen *Morgenrot* (Kernsatz: »Zu leben verstehen wir Deutschen vielleicht schlecht, aber sterben können wir fabelhaft«), am 2.2. 1933 in Gegenwart Hitlers uraufgeführt. 1935 *Hundert Tage*, nach einer Vorlage von Benito Mussolini (eine Verhöhnung der Demokratie). 1939 teutonischer Geniefilm *Robert Koch*, 1941 Hetzfilm *Ohm Krüger*, für Goebbels »ein Film zum Rasendwerden«. Höchstprädikat: *Film der Nation* und *Staatspolitisch und künstlerisch besonders wertvoll, kulturell wertvoll, volkstümlich wertvoll, volksbildend, jugendwert*. Ebenso 1941 Sturzkampfflieger-Hymne *Stukas* sowie Napola-Werbung *Kopf hoch, Johannes!* 1943 Ufa-Jubiläumsfilm *Münchhausen*. Nach 1945 am Deutschen Theater in Ost-Berlin, gefeierter Schauspieler der DDR. *Vaterländischer Verdienstorden* (1951), *Nationalpreis* (1953). DEFA-Filme wie *Der Auftrag Höglers* (1949) oder *Der Untertan* (1951). 1967 Erinnerungen: *Mein Leben und meine Zeit*. † 22.7. 1961 Ost-Berlin. Lit.: Barth; Courtade; Drewniak, Film.

Wiora, Walter. Musikwissenschaftler.
* 30.12. 1906 Kattowitz. Dr. phil. Ab 1936 am Deutschen Volksliedarchiv Freiburg. 1937 NSDAP. 1940 in Rosenbergs Zeitschrift *Die Musik* Beitrag *Die Molltonart im Volkslied der Deutschen in Polen und im polnischen Volkslied*. 1941 Habilitation. 1942 Dozent der Reichsuniversität Posen. 1946 erneut Volksliedarchiv. 1958 Lehrstuhl in Kiel, 1964 Universität des Saarlands in Saarbrücken. † 8.2. 1997 Feldafing. Q.: Jahn; Prieberg.

Wirbitzky, Wilhelm. Schriftsteller und Lehrer.
* 8.4. 1885 Myslowitz in Ostoberschlesien. 1930/32 Trilogie *Oberschlesien: Heimattreu, Gequältes Volk, Die blutende Grenze*. NSDAP 1932. 1934 Texter des

Adolf Hitler Marsches: »Hitler wird erlösen/uns von Schmach und Not./Hitler trotzt dem Bösen,/fürchtet nicht den Tod.« Nach 1945 in Marburg. † 27.1. 1964 ebenda. Lit.: Wulf, Literatur.

Wirsing, Giselher. Journalist und SS-Sturmbannführer (1940).
* 15.4. 1907 Schweinfurt. 1933 SS, 1934 Chef des Ressorts Innenpolitik der im Auftrag Himmlers aufgekauften *Münchner Neuesten Nachrichten*. 1940 NSDAP. Mitarbeit in Himmlers Sicherheitsdienst (SD). Am 27.3. 1941 Redner bei der Eröffnung von Rosenbergs *Institut zur Erforschung der Judenfrage* in Frankfurt am Main: *Die Judenfrage im Vorderen Orient*. 1943 Chefredakteur der NS–Auslandsillustrierten *Signal*, ein Organ der Wehrmachtspropaganda, dessen Kriegswichtigkeit von Hitler besonders nachdrücklich betont wurde. 1954–1970 Redaktionsleiter der (bis 1963 auflagenstärksten) Wochenzeitung *Christ und Welt*. Ein Zeitungsbericht Wirsings 1959 über den im Sudan untergetauchten Vergasungsarzt Horst Schumann enttarnte ungewollt dessen Aufenthaltsort. † 23.9. 1975 Stuttgart. Lit.: Rutz.

Wisbar, Frank. Regisseur.
* 9.12. 1899 Tilsit. Berufsoffizier. Zwischen 1933 und 1937 Regie zu sieben Filmen, zuletzt Januar 1938 die *Kraft-durch-Freude*-Komödie *Petermann ist dagegen*. Nach der Reichspogromnacht November 1938 mit jüdischer Ehefrau Flucht in die USA. 1956 Rückkehr, Filme wie 1957 *Haie und kleine Fische* sowie 1959 der Stalingrad-Film *Hunde, wollt ihr ewig leben?* † 17.3. 1967 Mainz.

Wismann, Heinrich. Vizepräsident der Reichsschrifttumskammer (1935).
* 16.9. 1897 Münster. Dr. phil. 1932 NSDAP. 1933 Präsidialrat der Reichskulturkammer. Leiter der Juni 1934 gegründeten Reichsschrifttumsstelle und 1937 Leiter der Abteilung Schrifttum jeweils im Reichspropagandaministerium, Ministerialrat. Oktober 1937 Entlassung, Begründung: Finanzielle Unregelmäßigkeiten,

auch habe er verschwiegen, bis 1934 mit einer »Halbjüdin« verheiratet gewesen zu sein (BA R 56 V/194). Im Krieg im Stab des Landesschützen-Ersatzbataillons 3 (Strausberg). † 29. 5. 1947 bei Kujbyschew in Kasachstan in Kriegsgefangenschaft (WASt). Lit.: Barbian.

Wissel, Adolf. Auf der *Gottbegnadeten-Liste* (Führerliste) der wichtigsten Maler des NS-Staates.
* 19. 4. 1894 Velber bei Hannover. Auf den Großen Deutschen Kunstausstellungen im *Haus der Deutschen Kunst* zu München mit insgesamt 21 Objekten, darunter 1940 mit den Bildern *Alter Bauer, Landschaft mit Kühen* sowie *Feldarbeit.* Weitere NS-Ehrung: Am 30. 1. 1938 (zum *Tag der Machtergreifung*) Titel Professor. Nach 1945 weiterhin in Velber.

Wisten, Fritz, eigentlich Moritz Weinstein. Schauspieler.
* 25. 3. 1890 Wien. Ab 1920 am Württembergischen Landestheater in Stuttgart, 1925 in Barlachs *Die Sündflut.* 1933 Entlassung, bis zum Verbot September 1941 Oberspielleiter am Theater des jüdischen Kulturbunds in Berlin, 1939 zugleich Leiter des jüdischen Kulturbunds. Überlebte als Zwangsarbeiter. 1946 Leiter des Berliner Theaters am Schiffbauerdamm und des angegliederten Märchentheaters. 1950 Intendant der Volksbühne. † 12. 12. 1962 Ost-Berlin. Lit.: Barth.

Witt, Hella, eigentlich Helene Vit. Soubrette.
* 28. 12. 1914 Wien. 1940 am Raimundtheater Wien, Rechtsträger: NS-Gemeinschaft *Kraft durch Freude.* 1942 am Stadttheater Mährisch-Ostrau. Die *Prager Illustrierte Wochenschau* am 4. 7. 1942 über ein Gastspiel mit der Operette *Frühlingsluft* in Prag: »Den Hauptanteil am Erfolg hatte Hella Witt.« Rundschreiben vom 7. 5. 1943 »Betrifft: Truppenbetreuungsveranstaltung« des KZ Auschwitz an das KZ-Personal: »Am Dienstag, den 11. Mai 1943, 19 Uhr, findet im großen Saal des Kameradschaftheimes der Waffen-SS ein Gastspiel des Stadttheaters Mährisch-

Ostrau statt. Zur Aufführung gelangt ›Bezauberndes Fräulein‹, Operette in 4 Akten von Ralph Benatzky ... Die Hauptrolle spielt Hella Witt vom Raimund-Theater, Wien.« Danach Opern-Theater Prag, Oktober 1943 von einem Oberapotheker Zimmermann wegen defätistischer Äußerungen bei einem Gastspiel in Siebenbürgen (erfolglos) angezeigt. 1944 am Zentral-Theater in Magdeburg, Rechtsträger: *Deutsche Arbeitsfront* (DBJ). Q.: Personalakte.

Witt, Karl. Erziehungswissenschaftler.
* 19. 6. 1900 Taarstedt, Kreis Schleswig. 1932 Dr. phil. 1933 Volksschullehrer. Mai 1933 NSDAP. 1934 Volksschulrektor, Dozent der Hochschule für Lehrerbildung (zur NS-Indoktrinierung) in Kiel, 1937 Professor, Leiter der Fachschaft Lehrer an Volksschulen des NS-Lehrerbunds Kreiswaltung Kiel. 1942 Gaureferent Lehrerbildung im NS-Lehrerbund Osthannover. 1943 Oberschulrat, Aufsicht über die Lehrerbildungsanstalten der Provinz Hannover. 1944 Hilfsreferent im Reichserziehungsministerium. 1947 Studienleiter der Forschungsstelle der Ev. Akademie Hermannsburg, Kreis Celle. 1950 Leiter des Katechetischen Amtes in Loccum. 1965 Rektor des Religionspädagogischen Instituts in Loccum. In der Synode der Ev.-Luth. Landeskirche Hannover. † 13. 2. 1991 Celle. Lit.: Hesse.

Witt, Wastl. Auf der *Gottbegnadeten-Liste* der Schauspieler, die für die Filmproduktion benötigt werden.
* 20. 7. 1882. Zunächst Bayerisches Bauerntheater Bad Reichenhall, dann Münchener Volkstheater und Bayerisches Staatsschauspiel. NS-Ehrung: 1935 *Staatsschauspieler.* † 21. 12. 1955 München. Nachruf *Deutsches Bühnen-Jahrbuch:* »Einzigartiger Gestalter bäuerlicher und kleinbürgerlicher Menschen bajuwarischer Prägung.«

Wittek, Erhard. »Frontdichter« (Eigenbezeichnung).
* 3. 12. 1898 Wongrowitz/Posen. Vom *Beauftragten des Führers für die Überwachung*

der gesamten geistigen und weltanschaulichen Schulung der NSDAP (Rosenberg) empfohlene Lektüre: *Durchbruch anno achtzehn. Ein Fronterlebnis* (1933). 1938 beim *Reichsfrontdichtertreffen* in Guben (*Gubener Zeitung* vom 14.6.1938). 1941 Autor im Zentralverlag der NSDAP: *Der Marsch nach Lowitsch.* NS-Ehrung: 1937 Berliner Literaturpreis, 1938 Preis der Reichshauptstadt, 1939 Hans-Schemm-Preis des NS-Lehrerbunds, 1941 Clausewitz-Preis. Nach 1945 unter dem Pseudonym *Fritz Steuben* Kinderbuchautor mit hohen Auflagen. † 4.6.1981 Pinneberg in Holstein.

Wittgenstein, Gustav-Albrecht Fürst von. * 28.2.1907. Laut *Aufstellung derjenigen Parteigenossen, die Angehörige fürstlicher Häuser sind*: 1.10.1941 NSDAP, Nr. 8 811942.

Wittgenstein, Sidon-Maria von. * 11.5.1877. Laut *Aufstellung derjenigen Parteigenossen, die Angehörige fürstlicher Häuser sind*: 1.8.1932 NSDAP, Nr. 1 232998.

Wittig, Hans. Erziehungswissenschaftler. * 26.10.1910 Bremen, Sohn eines Handwerksmeisters. 1937 NSDAP. 1938 Dr. phil. 1939 Dozent der als HJ-Formation organisierten Hochschule für Lehrerinnenbildung Koblenz, Pressereferent des NS-Dozentenbunds. 1941 Leiter der Deutschen Schule in Stockholm, Januar und März 1945 vor der »reichsdeutschen« Kolonie von der NSDAP annoncierte Vorlesungen *Zur Geschichte des deutschen Geistes seit Kant.* 1948 Professor für Psychologie, 1953–1974 Professor für Pädagogik der Pädagogischen Hochschule Hannover. † 6.10.1987 Bad Pyrmont. Lit.: Hesse.

Wittrisch, Marcel. Auf der *Gottbegnadeten-Liste* (Führerliste) der wichtigsten Künstler des NS-Staates. * 1.10.1903 Antwerpen. Tenor. Ab 1929 an der Staatsoper Berlin. 1933 erstmals Bayreuther Festspiele (laut Wistrich »einer der jährlichen Höhepunkte des NS-Kalenders«). Oktober 1933 Interpret der Hitler-Hymne *Gott sei mit unserm Führer.* 1934 Kammersänger. Am 16.6.1942 im Diensttagebuch des Generalgouverneurs Hans Frank (genannt *Polenschlächter*), Krakau: »Frank empfängt den Kammersänger der Berliner Staatsoper Wittrisch ... Besuch des Liederabends des Kammersängers Wittrisch.« Am 6.11.1943: »Tee zu Ehren des Kammersängers Marcel Wittrisch.« Nach 1945 Konzertsänger. † 3.6.1955 Stuttgart. Nachruf *Deutsches Bühnen-Jahrbuch*: »Eine der schönsten deutschen Tenorstimmen.«

Woedtke, Alexander von. SS-Oberführer, SD (1943). * 2.9.1889 Berlin. Geflügelzüchter auf seinem hochverschuldeten Gut in Pommern, 1929 zwangsversteigert (Malinowski). SS-Nr. 11629. Hauptmann der Reserve a.D. Laut *Aufstellung derjenigen Parteigenossen, die Angehörige fürstlicher Häuser sind*: 1.9.1930 NSDAP, Nr. 294710, Gau Oberschlesien. Polizeipräsident. Reichssicherheitshauptamt (Dienstaltersliste). Nach 1945 Wohnort Göttingen.

Woester, Heinz. Auf der *Gottbegnadeten-Liste* der Schauspieler, die für die Filmproduktion benötigt werden, Zusatz: Ausländer. * 7.6.1901 Zürich. Schweizer Schauspieler. Ab 1925 am Staatlichen Schauspielhaus Dresden. 1935–1944 am Wiener Burgtheater. Nach 1945 Schauspielhaus Zürich. † 7.10.1970 Ehrwald in Tirol.

Wohlauer, Adolf. Kapellmeister und Komponist. * 2.11.1893 Berlin. Dr. rer. pol. Kapellmeister am Mellini-Theater Hannover und am Theater des Westens in Berlin. Wohnort ebenda. Im *Lexikon der Juden in der Musik* gebrandmarkt. † Deportiert am 29.1.1943 nach Auschwitz.

Wohlbrück, Adolf. Schauspieler. * 19.11.1900 Wien, Sohn eines Zirkusclowns. Unterhaltungsfilmstar, in den Filmen *Walzerkrieg* (1933), *Maskerade* (1934), *Zigeunerbaron* (1935), *Allotria* (1936). 1937 Exil in England (Name: Anton Walbrook). 1947 britischer Staatsbürger. 1951 Bühnengastspiel bei Gründgens in Düsseldorf. 1955 in Ophüls' Film *Lola Montez*. 1967 *Filmband in Gold* für langjähriges und hervorragendes Wirken im deutschen Film. † 9.8. 1967 Garatshausen in Bayern, Beisetzung in England.

Wohlgemuth, Otto. Arbeiterdichter.
* 30.3. 1884 Hattingen. Bergmann. 1922 Erzählungen *Schlagende Wetter*. 1923 Stadtbibliothekar der Stadt Buer. 1933 als SPD-Mitglied zwangspensioniert. DBE: »Zwischen 1935 und 1945 führte Wohlgemuth im gesamten Reichsgebiet unablässig Dichterlesungen durch.« In der NS-Zeit Werke wie: *Volk, ich breche deine Kohle* (1936), *Aus der Tiefe* (1937), *Hacke und Meterstock* (1938). 1957: *Gedichte eines Ruhrbergmannes.* † 15.8. 1965 Hattingen.

Woikowsky-Biedau, Viktor von. Komponist.
* 2.9. 1866 Nieder-Arnsdorf in Schlesien. Dr. phil. Regierungsrat in Berlin (bis 1923). Königlich preußischer Professor. 1904 Hauptwerk die Oper *Helga*, über den an der Nordsee wohnenden kühnen Stamm der Friesen. Laut Prieberg (Musik) hatte er sich schon 1914 mit einem Haßgesang (Männerchor) gegen England »profiliert«. Mai 1933 NSDAP. † 1.1. 1935 Berlin.

Wolf, Friedrich. Schriftsteller.
* 23.12. 1888 Neuwied, aus einer jüdischen Familie. Verweigerte im I. Weltkrieg den Kriegsdienst, Einweisung in die sächsische Irrenanstalt Arnsdorf. 1918 im Arbeiter- und Soldatenrat Sachsen. 1927 Arzt in Stuttgart. 1928 KPD. 1929 Drama *Cyankali* über die sozialen Folgen des § 218, aufgeführt in Berlin, Moskau, Amsterdam, Zürich, Stockholm, Kopenhagen, Paris, Madrid, Warschau, New York, Tokio und Schanghai. 1933 Flucht nach Frankreich. Drama *Professor Mamlock* (zur Judenverfolgung im NS-Staat) im Pariser Exil, 1934 auf Jiddisch in Warschau und auf Deutsch (Titel: *Dr. Mannheim*) in Zürich aufgeführt. Vorwiegend in der UdSSR, 1943 ebenda Mitbegründer des *Nationalkomitees Freies Deutschland*. 1945 Rückkehr nach Berlin. 1946 SED, Mitbegründer der DEFA. 1949–1951 Botschafter in Polen. † 5.10. 1953 Lehnitz bei Berlin. Sein Sohn Konrad Wolf (1925–1982) wurde Regisseur der DEFA und Präsident der Deutschen Akademie der Künste, sein Sohn Markus Wolf (1923–2006) Geheimdienstchef der DDR-Staatssicherheit. Lit.: Barth; Rühle.

Wolf, Winfried. Auf der *Gottbegnadeten-Liste* (Führerliste) der wichtigsten Pianisten des NS-Staates.
* 19.6. 1900 Wien. Laut Prieberg 1932 NSDAP (Nr. 1 102869), laut Zeitschrift *Die Musik* (Organ der *NS-Kulturgemeinde*) November 1934 »Ein nordisch-aktiver Spieler«. 1934 Professor der Musikhochschule Berlin. 1961 Professor am Mozarteum in Salzburg. † 14.10. 1982 ebenda.

Wolf-Ferrari, Ermano. Komponist.
* 12.1. 1876 Venedig, Sohn eines deutschen Kunstmalers und einer italienischen Mutter. 1906 bekanntestes Werk, die Opera buffa *Die vier Grobiane*. Freischaffender Komponist. Mitglied der Preußischen Akademie der Künste. 1939 Professor für Komposition des vom Reichserziehungsministerium finanzierten Mozarteum in Salzburg, ab 1941 Reichsmusikhochschule. Laut *Zeitschrift für Musik* (6.6. 1939) bei Maifestspielen in Florenz Forderung einer »faschistischen Tonkunst«, die »die Stimme des eigenen Blutes wieder erklingen lasse«. † 21.1. 1948 Venedig. Lit.: Potter; Prieberg.

Wolfenstein, Alfred. Schriftsteller.
* 28.12. 1883 Halle. Erzählungen und Dramen, Übersetzer Rimbauds. Als Pazifist und Jude 1933 Flucht nach Prag, 1939 nach Paris. 1940 von Gestapo verhaftet. Noch einmal Flucht nach Südfrankreich. Bei der Befreiung von Paris schwer herzkrank in Hotelzimmer gefunden. † Suizid am 22.1. 1945 nach Überführung in ein Pariser Hospital.

Wolff, Carl-Heinz. Laut Fachblatt *Kinematograph* vom 4.4. 1933 Beitritt zur *NSBO-Zelle deutschstämmiger Filmregisseure* (*NS-Betriebszellen-Organisation*).
* 11.2. 1884 Werdau. Filmregisseur, dar-

unter *Grüß' mir die Lore noch einmal* (1934) und *Verlieb' dich nicht am Bodensee* (1935). 1939 letzter Film: *Tip auf Amalia.* † 9.12.1942 Berlin.

Wolff, Heinz. NSDAP-Gaupropagandaleiter Salzburg (1942).
* 30.3.1910 Wuppertal. 1931 NSDAP, NS-Studentenbund. 1932 Vorsitzender der Göttinger Studentenschaft. Am 10.5.1933 Redner bei der Bücherverbrennung. 1936 Dr. phil., Hauptschriftleiter der Zeitschrift *Der deutsche Student.* 1939 Leiter des Amts Presse und Propaganda der Reichsstudentenführung und (bis 1944) Hauptschriftleiter des Zentralorgans der NS-Studentenschaft *Die Bewegung.* 1942 Leiter der (von Goebbels finanzierten) Salzburger Festspiele. 1950 Redakteur, 1961 (bis 1975) stellv. Chefredakteur beim *General-Anzeiger der Stadt Wuppertal* (ab 1970: *Westdeutsche Zeitung*). 1966 (bis 1972) stellv. Bundesvorsitzender des Deutschen Journalistenverbands. 1967 Präsident des Rotary Clubs Wuppertal. 1969 (bis 1976) im Deutschen Presserat. 1981 Herausgeber der Zeitschrift der Rotary Clubs *Der Rotarier.* † 5.12.1987 Wuppertal.

Wolff, Henny. Auf der *Gottbegnadeten-Liste* (Führerliste) der neun wichtigsten Konzertsänger des NS-Staates.
* 3.2.1890 Köln. Tochter eines Musikkritikers und einer Konzertsängerin. Sopranistin. Bach- und Händelinterpretin. Ab 1922 in Berlin. 1950 Professorin der Musikhochschule Hamburg. † 29.1.1965 Hamburg.

Wolff, Theodor. Publizist.
* 2.8.1868 Berlin. Chefredakteur des *Berliner Tageblatts* (NS-Jargon: »linksliberales Judenblatt«). Warner vor der NSDAP. Feuerspruch bei der öffentlichen Bücherverbrennung Mai 1933: »Gegen volksfremden Journalismus demokratisch-jüdischer Prägung, für verantwortungsbewußte Mitarbeit am Werk des nationalen Aufbaus!« 1933 Flucht nach Zürich und Nizza. Am 23.5.1943 in Nizza verhaftet und der Gestapo ausgeliefert. KZ Dachau und Oranienburg. † 23.9.1943 im Jüdischen Krankenhaus Berlin an den Folgen der Haft.

Wolff, Walther. Bildhauer.
* 30.4.1887 Wuppertal-Elberfeld. Wohnort bis 1939 in Berlin, danach in Ossiach in Kärnten. 1939 auf der Großen Deutschen Kunstausstellung im Münchner NS-Musentempel *Haus der Deutschen Kunst* mit den Objekten *Professor Max Planck* (Bronze) und *Reichsorganisationsleiter Dr. Ley* (Gips). Außerdem Kolossalfigur *Trauernder Krieger* (Bronze) auf dem Friedhof in Stolberg bei Aachen (Vollmer) sowie Göring-Büsten (Thomae). † 22.1.1966 Ossiach.

Wolfrum, Heinrich. Erziehungswissenschaftler.
* 27.8.1902 Hof als Lehrerssohn. NSDAP. 1933 Lehrer Vorgeschichte und Weltanschauung der NSDAP-Gauführerschule Thüringen in Lobeda bei Jena. 1935 Dozent der Hochschule für Lehrerbildung (zur NS-Indoktrinierung) Elbing, 1938 Ernennung zum Professor. 1936 (!) Dr. phil. Ab 1942 Leiter der Zweigstelle Warschau des Instituts für Deutsche Ostarbeit in Krakau unter Generalgouverneur Frank. Nach 1945 Studien- und Oberstudienrat in Göttingen. Kulturreferent der Landsmannschaft Westpreußen, Landesverband Niedersachsen. † 27.11.1983 während eines Vortrags in Hedemünden an der Weser. Lit.: Hesse.

Wolfskehl, Karl. Schriftsteller.
* 17.9.1869 Darmstadt, Sohn eines Bankiers. Dr. phil. Erster Jünger Stefan Georges, Autor von George beeinflußter Gedichte. Im Chor der Kriegsbegeisterten zum I. Weltkrieg. 1933 aufgrund seiner jüdischen Herkunft Exil in der Schweiz und in Italien, ab 1938 in Neuseeland. † 30.6.1948 Bayswater-Auckland in Neuseeland.

Wolfskehl von Reichenberg, Luitpold.
* 20.1.1879 München. Laut *Aufstellung derjenigen Parteigenossen, die Angehörige fürstlicher Häuser sind:* 1.5.1933 NSDAP, Nr. 3440525, Gau Mainfranken. Oberstleutnant. Rechtsritter des Johanniterordens. † 2.4.1964 Uettingen.

Wolfskehl von Reichenberg, Sophie.
* 28. 2. 1892 Bamberg. Tochter eines Frei-
herrn. Laut *Aufstellung derjenigen Parteigenossen, die Angehörige fürstlicher Häuser
sind*: 1. 5. 1933 NSDAP, Nr. 3 439099, Gau
Mainfranken. † 22. 7. 1947 Würzburg.
Wolfurt, Kurt von, eigentlich Baron
Wolff. Komponist.
* 8. 9. 1880 Lettin in Livland, Sohn eines
Rittergutsbesitzers. Dr. phil. Kapellmeister
in Straßburg und Cottbus. 1923–1945
zweiter Sekretär der Musikabteilung der
Preußischen Akademie der Künste. Ab
1936 zugleich am Konservatorium der
Reichshauptstadt. 1940 komische Oper:
Dame Kobold. 1949–1952 Professor der
südafrikanischen Universität Pretoria. Danach freischaffend in München. † 25. 2.
1957 München. Lit.: Moser.
Wolle, Gertrud. Schauspielerin.
* 11. 3. 1891 Urbis im Elsaß. Zwischen
1933 und 1945 Nebenrollen in 47 Filmen,
darunter im U-Boot-Streifen *Morgenrot*,
am 2. 2. 1933 in Gegenwart Hitlers uraufgeführt. 1939 im teutonischen Geniefilm
Robert Koch und 1941 im Hetzfilm *Ohm
Krüger*. 1952 letzter Film: *Die schöne Tölzerin*. † 6. 7. 1952 Hamburg. Nachruf
Deutsches Bühnen-Jahrbuch: »Gute Schauspielerin, der keine Rolle zu klein war.«
Wolpert, Franz Alfons. Komponist.
* 11. 10. 1917 Wiesentheid am Main. 1937
am Stadttheater Regensburg (1935 von
Goebbels zum *Theater der bayerischen Ostmark* ernannt). 1939 NS-Studentenbund.
1941 SA-Rottenführer, Lehrer am vom
Reichserziehungsministerium finanzierten Mozarteum in Salzburg, Studenten-
führer. Schrieb als Staatsauftrag des Generalgouverneurs Frank 1942/43 eine sozusagen »entjudete« Ersatzmusik zu Shakespeares *Ein Sommernachtstraum*, da
Mendelssohn-Bartholdys *Sommernachtstraum* nicht mehr aufgeführt werden durfte. Am 16. 1. 1943 mit eigenen Kompositionen in Krakau. Nach 1945 Musiklehrer
an der Heimschule Salem am Bodensee.
† 7. 8. 1878 München. Lit.: Prieberg,
Handbuch.

Wolters, Gottfried. »Komponist der HJ«
(Bücken).
* 8. 4. 1910 Emmerich. Gaumusikreferent
der *Deutschen Arbeitsfront* Köln-Aachen.
Unter anderem 1934 HJ-Lied *Was kümmern uns die anderen*, Vertonung des Textes: »Wir haben ihn gefunden,/den Führer
aus der Not!/Wir tragen unsre Wunden/
als letztes Aufgebot.« Im Krieg bei der
Kriegsmarine, Singeleiterlehrgänge. 1950
Gründer und Leiter des Norddeutschen
Singkreises in Hamburg. † 25. 6. 1989
ebenda. Q.: Prieberg.
Wolzogen, Ernst Freiherr von. Schriftsteller.
* 23. 4. 1855 Breslau. Halbbruder von
Hans. Hauptmann a. D. 1901 Gründer der
Berliner Kleinkunstbühne *Das Überbrettl*.
Autor von Romanen wie *Ecce Ego* (1895)
oder *Da werden Weiber zu Hyänen* (1909).
Laut Kühn 1921 Kabarett-Verse gegen die
verhaßte Weimarer Republik. 1923: *Wie
ich mich ums Leben brachte. Erinnerungen
und Erfahrungen*. Wahlaufruf für Hitler
am 10./11. 1932 im *Völkischen Beobachter*
(»Der Kandidat der deutschen Geisteswelt«). † 30. 7. 1934 Puppling in Bayern.
Lit.: Scholdt.
Wolzogen, Hans Freiherr von. Schriftsteller.
* 13. 11. 1848 Potsdam. Enkel des Bau-
meisters Karl Friedrich Schinkel. Freund
und Bewunderer Richard Wagners. Ab
1877 in Bayreuth, Redakteur der Vierteljahresschrift *Bayreuther Blätter* (»Eine
Zeitschrift im Geiste Richard Wagners«).
Leiter des Allgemeinen Richard Wagner-
Vereins. Laut Hans Mayer einer der
Hauptintriganten im Bayreuther Ränke-
spiel. Am 19. 12. 1928 Unterzeichner des
Gründungsmanifests des *Kampfbunds für
deutsche Kultur*. März 1936 in der *Zeitschrift für Musik* Beitrag *Das politische Bayreuth*: »Unser Führer, der mehr ist als eine
politische Persönlichkeit, der eine Verkörperung des völkischen Geistes, deutscher
Mensch ist, war von jeher seelisch verbunden mit der Kunst des deutschen Meisters ... Erhalte und stärke der Deutsche in

straffer Zucht und gesunder Übung naturverbunden seinen Körper, die Seele sucht und findet er, wie sein Führer, in der festlichen Kunst des Meisters von Bayreuth.« † 2.6. 1938 Bayreuth. Q.: Wulf, Musik.

Woweries, Franz. Leiter des Amts Schulungsbriefe der NSDAP und der DAF (1935–1943).
* 22.6. 1908 Hannover. 1925 Parteiredner, HJ. 1926 HJ-Gauführer Thüringen und Halle-Merseburg. 1926 SA. 1927 NSDAP (Nr. 68090). 1930 jüngster Reichsredner der NSDAP. 1931 Gaupresseleiter Hessen-Nassau-Süd. 1935 SS (Nr. 245547), Hauptschriftleiter der *Reichsschulungsbriefe*. 1935 im *Frankfurter Theater Almanach*: »Wo *Geistliche* versagen, können *Seher* und *Dichter* uns zu den Sternen führen, wenn die Bühnen ihrer heiligen Mission gerecht werden.« 1943 Verwaltung des Landratsamts Oberlahnkreis in Weilburg. † 14.12. 1948 ebenda.

Woyrsch, Felix. Komponist.
* 8.10. 1860 Troppau. 1894 Dirigent des Altonaer Kirchenchores. 1901 Titel Professor. Mitglied der Preußischen Akademie der Künste. Oratorien mit Titeln wie *Der Pfarrer von Meudow* oder *Der Weiberkrieg*. NS-Ehrung: Zu *Führers Geburtstag* April 1936 von Hitler *Goethe-Medaille* für Kunst und Wissenschaft. † 20.3. 1944 Altona.

Wrede, Carmen Prinzessin.
* 28.3. 1904 Berlin. Laut *Aufstellung derjenigen Parteigenossen, die Angehörige fürstlicher Häuser sind*: 1.5. 1933 NSDAP, Nr. 3 208 974, Gau Berlin. 1946 Heirat mit Alexander Prinz zu Solms-Braunfels, Botschafter a.D. Adressen nach 1945: München und Monte Carlo. † 25.3. 1994 München.

Wrede, Edda Prinzessin.
* 28.3. 1904 Berlin. Laut *Aufstellung derjenigen Parteigenossen, die Angehörige fürstlicher Häuser sind*: 1.5. 1933 NSDAP, Nr. 3 208 975, Gau Berlin. Nach 1945 Wohnsitz in München. 1946 Heirat mit Oberstleutnant a.D. Walter Burckhardt, Scheidung 1961. † 28.7. 1985 München.

Wührer, Friedrich. Auf der *Gottbegnadeten-Liste* (Führerliste) der wichtigsten Pianisten des NS-Staates.
* 29.6. 1900 Wien. Ab 1921 an der Staatsakademie für Musik in Wien, 1926 Titel Professor. 1934 Musikhochschule in Mannheim, 1936 Nordmark-Schule der Stadt Kiel, 1938 Reichsmusikhochschule in Wien. Am 21.8. 1938 Auftritt bei den ersten (von Goebbels finanzierten) Salzburger Festspielen nach der Besetzung Österreichs. 1949 am Mozarteum in Salzburg, 1955 Professor der Musikhochschule München. Mitbegründer der Max-Reger-Gesellschaft. † 27.12. 1975 Mannheim.

Wülfing, Martin. Leiter der Fachschaft Verlage der Reichsschrifttumskammer. Reichskultursenator.
* 1.12. 1899 Berlin. Verlagsbuchhändler. 1926 NSDAP. 1933 (bis 1945) MdR. Stellvertreter des Vorstands des *Börsenvereins der Deutschen Buchhändler* und des *Bundes reichsdeutscher Buchhändler*, Landesleiter Berlin der Reichsschrifttumskammer. Erklärte den deutschen Buchhändler zum »Beauftragten des Nationalsozialismus«. † Verbleib unbekannt. Lit.: Barbian; Lilla.

Würpel, Richard. Kunsterzieher.
* 10.2. 1903 Barby (Provinz Sachsen). 1935 Dozent der Hochschule für Lehrerbildung (zur NS-Indoktrinierung) Elbing. SA, NS-Lehrerbund, NSDAP (1937). 1941 Dozent der als HJ-Formation organisierten Lehrerinnenbildungsanstalt Elbing. Wehrmachts-Betreuungsoffizier. 1946 Oberschullehrer in Barby. Nach Übersiedlung aus der DDR 1962 Professor für Bildnerische Erziehung an der Pädagogischen Akademie (ab 1960: Hochschule) Kaiserslautern. † 2.5. 1987 Andernach am Rhein. Lit.: Hesse.

Wüst, Ida. Schauspielerin.
* 10.10. 1884 Frankfurt am Main. Insgesamt in 230 Filmen, zwischen 1933 und 1945 in 53. Darunter 1933 der Propagandaschmarren *Flüchtlinge* über Wolgadeutsche, die »heim ins Reich« wollen (Staatspreis der Reichsregierung). 1935 im Ope

rettenfilm *Die blonde Carmen.* Januar 1940 in Gründgens' »frohem Film von frohen Menschen« *Zwei Welten* (über Erntehilfe als »Sieg der Jugend von heute über das Gestrige«), Dezember 1940 im Staatsauftragsfilm *Wunschkonzert* (26,5 Millionen Besucher) zwecks Hebung der Truppenmoral und Leidensbereitschaft der Heimatfront. Im August 1942 mit ihrer Spieltruppe mit dem Lustspiel *Vier Herzen in einer Hand* auf Tournee im Generalgouvernement. Nach 1945 Filme wie *Wenn Männer schwindeln* (1950) oder *Tante Jutta aus Kalkutta* (1953). † 4.11.1958 Berlin.

Wüst, Philipp. Dirigent.
* 3.5.1894 Oppau, Rheinpfalz. 1931 Landesmusikdirektor in Oldenburg. 1932 NSDAP (Nr. 1 366037). 1933 Generalmusikdirektor (GMD) in Mannheim, 1936 Operndirektor in Breslau, Dirigent der Schlesischen Philharmonie. Am 30.1. 1940 Auftritt mit den Schlesischen Philharmonikern zum *Tag der Machtergreifung* in Krakau, Umrahmung einer Rede Generalgouverneurs Frank, genannt *Polenschlächter.* 1943 GMD in Stuttgart. 1946 GMD in Saarbrücken. † 12.10.1975 Saarbrücken.

Wüstenhagen, Karl. Generalintendant (1944).
* 16.8.1893 Köln. *Führerlexikon:* »Sämtliche Vorfahren bis 1700 festgestellt.« NSDAP, in Rosenbergs *Kampfbund für deutsche Kultur.* Ab 1932 Direktor des Staatlichen Schauspielhauses Hamburg, Hamburger Staatsrat. Januar 1941 Auftritt im besetzten Norwegen. † 12.7.1950 Hamburg.

Wulf, Joseph.
* 22.12.1912 Chemnitz. Kind einer wohlhabenden jüdischen Kaufmannsfamilie. Ab 1917 in Krakau. Am 13.4.1943 deportiert von Krakau ins KZ Auschwitz, Tätowierungsnummer 114866. Am 18.1.1945 vom Auschwitz-Evakuierungs-Transport entflohen. Seine Frau und sein Sohn überlebten, Eltern, Bruder, Schwägerin und eine Nichte wurden ermordet. Nach dem Krieg in Paris, ab 1955 in Berlin: »Ich bin das einzige Mitglied der Jüdischen Kampforganisation in Polen (Krakau), der es gewagt hat, auf deutschem Boden zu leben und zu wirken.« Wulf publizierte, zum Teil mit Léon Poliakov, wichtige Dokumentationen zum Judenmord und zum NS-Kulturbetrieb. Diese wurden jedoch hämisch abgetan und von deutschen Fachhistorikern nicht beachtet und nicht zitiert. Der Auschwitz-Überlebende hatte zu einer Zeit, da NS-Täter noch öffentliche Posten bekleideten und mit Bundesverdienstkreuzen staatlich geehrt wurden, keine Chance auf Würdigung seiner Lebensleistung. Exemplarisch sein Konflikt Anfang der sechziger Jahre mit dem Münchner Institut für Zeitgeschichte (IfZ) und speziell mit Martin Broszat (geboren 1926, 1955 Mitarbeiter des IfZ, 1960 Herausgeber der *Vierteljahrshefte für Zeitgeschichte*, 1972 Direktor des Instituts). Anlaß war die Bewertung des Warschauer Amtsarztes Wilhelm Hagen, von Wulf dem Vernichtungsapparat, von Broszat dem Widerstand zugeordnet. Broszat beanspruchte für sich die Sauberkeit zeitgeschichtlicher Dokumentation, objektive Forschung. Wulf wurde dagegen vorgehalten, er personalisiere, sehe als Betroffener die Dinge emotional (erst nach Broszats Tod 1989 wurde bekannt, daß dieser selbst betroffen war: seit April 1944, damals 17 Jahre alt, wurde er als NSDAP-Mitglied Nr. 9 994096 geführt). † Wulf beging Suizid am 10.10.1974 in Berlin. Lit.: Nicolas Berg, Die Lebenslüge vom Pathos der Nüchternheit, *Süddeutsche Zeitung,* Nr. 163/2002 sowie Berg, Holocaust.

Wulle, Reinhold. »Bekennender Antisemit« (Leube).
* 1.8.1882 Falkenberg in Pommern als Pfarrerssohn. Chefredakteur der *Deutschen Zeitung,* Organ der Deutschnationalen. 1920 MdR für *Deutschnationale Volkspartei.* 1922 Gründer der *Deutschvölkischen Freiheitsbewegung.* Laut Benz/Graml engagierte er sich für eine »völkische Diktatur«, von Goebbels (siehe Ta-

gebücher) erbittert bekämpft. In der NS-Zeit Kopf der monarchistischen *Gesellschaft Deutscher Freiheit*. 1938 verhaftet, interniert bis 1940, zeitweise im KZ Sachsenhausen. Nach Kriegsende Gründung der *Deutschen Aufbaupartei*, März 1946 von den Alliierten verboten. † 16.7. 1950 Gronau. Lit.: Lilla.

Wunder, Gerhard. NSDAP-Gauschrifttumsbeauftragter in Düsseldorf.
* 26.12. 1908 Landsberg/Lech. 1932 Dr. phil. Laut Rosenberg (*Vorschläge zur Verleihung des Kriegsverdienstkreuzes für Mitarbeiter des Einsatzstabes Rosenberg* [Kunstraub] *in den besetzten Gebieten*) 1940/41 verantwortlicher Leiter des Arbeitsgebietes Paris sowie Leiter der Hauptarbeitsgruppe Frankreich. Oberstabseinsatzführer, Chef der Abteilung Erfassung und Sichtung. 1944 auch Chef der Abteilung Judentum und Freimaurerei in Rosenbergs Hauptamt Überstaatliche Mächte. 1945 Internierung. Danach Studienrat, Titel: Studienprofessor. 1954 Mitglied der Kommission für geschichtliche Landeskunde in Baden-Württemberg. † 30.5. 1988. Lit.: Barbian.

Y

York, Eugen. Filmregisseur.
* 26.11. 1912 Rybinsk in Rußland. Kulturfilmregisseur der Ufa, darunter auch Propagandawerke wie *Tbc!* (1943). Laut Weniger produzierte er im Kriegsjahr 1943 eine Serie über »eine dümmlich-naive, äußerst schwatzhafte ›Volksgenossin‹ in den Kurzfilmen der Reihe ›Liese und Miese‹, die Teil der Kriegswochenschau waren … als Negativ-Beispiel einer deutschen Frau konzipiert, die auf die vermeintlichen Fehlinformationen des Feindsenders London oder wehrzersetzende Gerüchte hereinfällt«. 1948 Regie zum KZ-Flüchtlingsdrama *Morituri*, danach Filme wie *Export in Blond* (1949), *Das Herz von St. Pauli*, *Der Greifer* (beide 1957). Ab 1958 Fernsehregie. † 18.11. 1991 Berlin.

Z

Zaeper, Max, genannt *Maler des deutschen Waldes*.
* 1.8. 1872 Fürstenwerder in der Uckermark. Malte vor allem Landschaften mit Eichen. 1919, nach Begegnung mit Hitler, Beitritt NSDAP. 1934 Professor an den Vereinigten Staatsschulen für freie und angewandte Kunst Berlin. Bereits auf der ersten Großen Deutschen Kunstausstellung 1937 im Münchner NS-Musentempel *Haus der Deutschen Kunst* umfangreich vertreten, hervorgehoben in der Besprechung des damaligen Kunstbetrachters Henri Nannen Oktober 1937 in der Zeitschrift *Die Kunst für Alle*: » … man meint in seinen Bildern das Rauschen der Blätter und die kühle Feuchte der Waldseen fast körperlich zu spüren.« Hitler kaufte 1938 Zaepers Bilder *Waldesstille* und *Siebengebirge* für 16 000 und 15 000 Mark. August 1942 Lob vom *Völkischen Beobachter*, er sei »als Maler des deutschen Waldes zu einem landschaftlichen Monumentalstil vorgedrungen«. Vollmer: Zuletzt ansässig in Berlin. Lit.: Tarnowski; Thomae.

Zalden, Manfred. Unterhaltungskünstler.
* 16.7. 1902 Czernowitz. Pianist in Berlin, auch Reichssender Breslau. Chanson: *Du stehst nicht im Adreßbuch*. Marschlied: *Deutsch-Österreich marschiert*. Rundschreiben des KZ-Kommandanten Höß vom 19.4. 1943 (betrifft *Truppenbetreuungsveranstaltung*) an das KZ-Personal: »An alle Abteilungen der Kommandantur/ den SS-T[otenkopf]-Sturmbann und/die angeschlossenen Dienststellen/ KL Auschwitz/Am Dienstag, den 27. April 1943, 20.30 Uhr, findet im großen Saale des Kameradschaftsheimes eine Varieté-Veranstaltung statt unter dem Motto ›Humorvoller Angriff‹ … Es wirken mit: … Manfred Zalden, Schlagerkomponist und Wiener Vortragskünstler.« † 27.1. 1984 Wien.

Zastrau, Alfred. Hauptabteilungsleiter der *Nationalsozialistischen Kulturgemeinde* Ostpreußen (1935).

* 28. 6. 1906 Golzow im Oderbruch. 1933 SA, Landesleiter des *Bundes Deutscher Osten* (*Meyers Lexikon* 1937: »Vertritt die Grundsätze der nationalsozialistischen Volkstumspolitik«) in Königsberg. 1935 Gauvolkstumswart Ostpreußen, 1936 Mitarbeit Gaupropagandaleitung (Hauptstelle Kultur) Ostpreußen. 1937 NSDAP. 1943 Habilitation in Halle, Dozent. 1956 apl. Professor der Technischen Universität Berlin, 1960 ao. Professor. 1961/62 Lehrstuhl in Ankara. † 28. 7. 1981 Berlin. Lit.: Eberle; Jäger; König.

Zaun, Fritz. Dirigent.

* 19. 6. 1893 Köln. 1929 Kapellmeister der Kölner Oper. NSDAP April 1933. Laut Prieberg zum *Jahrestag der Machtergreifung* am 30. Januar 1934 zusammen mit der *SA-Standarte 236* Festkonzert vor Massenpublikum in Köln. 1939 Chefdirigent des Städtischen Orchesters Berlin (vormals Landesorchester Gau Berlin). Gastdirigent des *Nationalsozialistischen Symphonieorchesters*, Ehrentitel: *Orchester des Führers*. NS-Ehrung: Zu *Führers Geburtstag* April 1942 von Hitler Titel Generalmusikdirektor. 1951 Chefdirigent in Graz, 1955 Kapellmeister der Deutschen Oper am Rhein Düsseldorf-Duisburg. † 17. 1. 1966 Duisburg. Nachruf *Deutsches Bühnen-Jahrbuch*: »Überragende Bedeutung als Wagner-Dirigent.«

Zeckendorf, Fritz, Drehbuchautor.

* 7. 1. 1886 Budapest. Lustspielhafte Stoffe, Drehbücher zu Filmen wie *Die verliebte Firma* und *Wenn die Liebe Mode macht* (beide 1932). † Deportiert am 17. 5. 1943 nach Auschwitz. Q.: Weniger; Bühne.

Zehrer, Hans. Journalist.

* 22. 6. 1899 Berlin. Hachmeister/Siering: »Oktober 1929 bis August 1933 Herausgeber der streng nationalistischen, antiliberalen und reaktionären Tat gewesen, die als publizistischer Wegbereiter des Nationalsozialismus galt.« 1942 Verlagsleiter des Stalling-Verlags. 1946 Aufbau der Zeitung *Die Welt*. 1947 Pressebeauftragter des Landesbischofs von Hannover Hanns Lilje. 1948 Chefredakteur der von Lilje herausgegebenen Wochenzeitung *Deutsches Allgemeines Sonntagsblatt*. 1953–1966 Chefredakteur *Die Welt*. Danach Glossenschreiber der *Bild-Zeitung* (*Hans im Bild*). † 23. 8. 1966 Berlin.

Zeiß, Hans. Schriftleiter der Zeitschrift *Volk und Rasse*.

* 21. 2. 1895 Straubing. In der Leitung des *Bunds Oberland* (rechtsradikales Freikorps). 1931 Privatdozent in Frankfurt am Main. 1935 Ordinarius für Germanische Altertumskunde in München. † 30. 9. 1944 Kriegstod in Rumänien.

Zelkowicz, Jòzef. Schriftsteller.

* 25. 5. 1898 Konstantynów in der Nähe von Lodz. Mit 18 Jahren Rabbi. Studium in Berlin. Mitglied der Künstlervereinigung *Jung Jiddisch* in Lodz. Autor jüdischer Zeitungen in Polen und USA, Stücke für die jiddischen Theater *Ararat* und *Azazal* in Lodz. Im Ghettolager Litzmannstadt/Lodz Arbeit für *die Yidishe Kultur Gezelshaft – Litzmannstadt Getto*. Mitautor der *Getto-Chronik*, einem 2000seitigen kollektiven Tagebuch über das Schicksal der Juden in diesem »Krepierwinkel Europas« (O. Rosenfeld), ebenso der *Getto-Enzyklopädie*, einem Lexikon zur Ghetto-Existenz. † August 1944 Auschwitz. Lit.: Kempa; Löw; Unger.

Zeller, Wolfgang. Filmkomponist.

* 12. 9. 1893 Biesenrode/Harz als Pfarrerssohn. 1921–1929 Hauskomponist und Dirigent der Schauspielmusik der Berliner Volksbühne. Laut Weniger Entwicklung vom avantgardistischen Tonschöpfer zum Fließbandproduzenten des braunen Unterhaltungskinos: 1935 Musik zum Unterwerfungs-Lehrstück *Der alte und der junge König*, 1936 Montagefilm *Ewiger Wald*, produziert von der *Nationalsozialistischen Kulturgemeinde*, 1937 Harlans Hitlerhuldigung *Der Herrscher*. Im Krieg Musik zu 18 Filmen, darunter 1939 der teutonische Geniefilm *Robert Koch* und 1940 der Hetzfilm *Jud Süß*. Hermann Wanderscheck am 5. 8. 1940 im *Film-Kurier*: »Für die Charakterisierung des Judentums hat Zeller manche entscheidende musikalische Vorbereitung, in Übereinstimmung mit Harlan, getroffen … Beim Judeneinzug in Stuttgart hat Zeller dann mit eigenartigen orientalischen Klangfarben die typisch jüdische Musik getroffen.« 1947 DEFA-Film *Ehe im Schatten* (über den mit einer »Jüdin« verheirateten Schauspieler Gottschalk, der mit Frau und Sohn Suizid beging) sowie zum sozialistischen Belehrungsstück *Grube Morgenrot*. 1951 Filmmusik zu Harlans Nachkriegsdebüt *Unsterbliche Geliebte*. Filme wie *Rote Rosen, rote Lippen, roter Wein* (1953), letzte Filmmusik 1959: *Serengeti darf nicht sterben.* † 11. 1. 1967 Berlin. Lit.: Christine Raber, Der Filmkomponist Wolfgang Zeller, Laaber (sic) 2005.

Zemlinsky, Alexander von. Österreichischer Komponist polnischer Abstammung.
* 4. 10. 1872 Wien. Lehrer und später Schwager Schönbergs. Laut Alma Mahler-Werfel »eine vertrackte Rassenmischung von christlichem Vater und türkisch-jüdischer Mutter«. 1911 Opernleiter in Prag, 1920 Rektor der Musikakademie. 1927 Kapellmeister der Berliner Krolloper. 1934 in Rostock deutsche Uraufführung seiner Oper *Der Kreidekreis* (Text von Klabund), laut Amt Rosenberg eine »Sünde wider den Geist des Nationalsozialismus«. 1934 Wechsel nach Wien, 1938 Flucht in die USA. † 15. 3. 1942 Larchmont (New York).

Zenck, Hermann. Musikwissenschaftler.
* 19. 3. 1898 Karlsruhe. 1932 Privatdozent in Göttingen. 1933 (»wie alle jüngeren Dozenten Göttingens«) SA, auch NSDAP. 1937 Ordinarius. 1942 Wechsel nach Freiburg im Breisgau. Entnazifiziert als *minderbelastet*, eigenes Entlastungsargument: 1943 studentische Aufführung der Matthäuspassion »gegen den Einspruch des Gauleiters«. † 2. 12. 1950 Freiburg. Q.: Potter.

Zentner, Wilhelm. Kunstschriftleiter.
* 21. 1. 1893 Pforzheim. Nachdem Goebbels 1936 den Begriff *Kunstkritik* als Ausdruck »jüdischer Kunstüberfremdung«

verboten und durch den Begriff *Kunstbetrachtung* ersetzt hatte, publizierte Zentner im März 1937 in der *Zeitschrift für Musik* (*Monatsschrift für eine geistige Erneuerung der deutschen Musik*) den Beitrag *Musikbetrachtung statt Musikkritik*: »Wir danken deshalb aufrichtigen Herzens Dr. Goebbels, daß er aus einem Berufe, der einst bei manchen seiner Träger nur die Freude am Niederreißen beförderte, ein Amt des Aufbaus gemacht hat, das sein Scherflein beitragen darf an der Volkwerdung des neuen Deutschland!« Nach 1945 Professor der Staatlichen Musikhochschule in München. 1970 Bayerischer Verdienstorden für kulturelle Verdienste. † 7. 3. 1982 München.

Zeppelin-Aschhausen, Elisabeth Gräfin.
* 10. 9. 1904 Debreczen. Tochter eines Feldmarschall-Leutnants. Laut *Aufstellung derjenigen Parteigenossen, die Angehörige fürstlicher Häuser sind*: 1. 6. 1940 NSDAP, Nr. 7 669883, Gau Württemberg-Hohenzollern. Nach 1945 Wohnsitz Schöntal-Aschhausen in Württemberg.

Zeppelin-Aschhausen, Friedrich-Hermann Graf.
* 4. 11. 1900 Straßburg. Laut *Aufstellung derjenigen Parteigenossen, die Angehörige fürstlicher Häuser sind*: 1. 4. 1936 NSDAP, Nr. 3 727267, Gau Württemberg-Hohenzollern. Dr. rer. pol. Rechtsritter des Johanniterordens. † 7. 4. 1973 Aschhausen in Württemberg.

Zerkaulen, Heinrich. Name Oktober 1933 unter dem Treuegelöbnis »88 deutsche Schriftsteller« für Adolf Hitler.
* 2. 3. 1892 Bonn, Sohn eines Schuhmachers. Sarkowicz: »Zerkaulens fast ins Religiöse gesteigerter Nationalismus konnte sich ab 1933 voll entfalten, zunächst in dem Drama *Jugend von Langemarck* (Leipzig 1933), das die in blindem Gehorsam gefallenen Freiwilligen des Ersten Weltkriegs heroisierte und damit eines der meistgespielten Stücke der NS-Zeit wurde«. 1938 Teilnehmer des *Reichsfrontdichtertreffens* in Guben (*Gubener Zeitung* vom 14. 6. 1938). Am 22. 9. 1939 im Bremer

Schauspielhaus Uraufführung seines Tendenzstückes *Brommy* zur Begründung, warum gegen England Krieg geführt werden muß. † 13.2. 1954 Hofgeismar.

Zerlett, Hans Heinz. Drehbuchautor und Regisseur.

* 17.8. 1892 Wiesbaden. Zehn Jahre lang Hausautor des Nelson-Theaters (Revuen). Zwischen 1934 und 1945 Regie zu 25 Filmen. NSDAP. Duzfreund Hinkels und Max Schmelings. Produzierte 1936 den Tobis-Film *Max Schmelings Sieg – ein deutscher Sieg* (Kampf gegen Joe Louis). Goebbels am 29.3. 1937 im Tagebuch: »Nachmittags kleine Teegesellschaft. Zerletts, Anny Ondra, Bildhauer Thorak, Breker und von Kalckreuth.« Juli 1937 für ein Jahr Produktionschef der Tobis-Filmkunst. 1938 Regie und Drehbuch zum Revueklassiker *Es leuchten die Sterne*. 1939, nach der Reichspogromnacht, »Komödie« *Robert und Bertram* (Leiser: die Karikatur des jüdischen Untermenschen, eingebettet in eine Lustspielhandlung). 1941 *Venus vor Gericht* über einen NSDAP-Bildhauer, den »jüdischen Kunsthandel« und »entartete Kunst«. 1942 *Kleine Residenz*, für Goebbels eine Musterleistung des Unterhaltungsfilms »für den Krieg«. NS-Ehrung: 1940 auf Vorschlag von Goebbels Hitler-Dotation (steuerfreie Schenkung) von 30 000 Mark. In den letzten drei Kriegsjahren mit acht Filmen meistbeschäftigter Regisseur. Am 23.1. 1946 vom sowjetischen Geheimdienst in Bad Saarow verhaftet. † 6.7. 1949 Lager Buchenwald an Tbc.

Zerlett-Olfenius, Walter. Auf der Liste der von Goebbels zugelassenen Filmautoren (1944).

* 7.4. 1897 Wiesbaden, Sohn eines Musikdirektors. Bruder von Hans Heinz Zerlett. *Freikorps*. Drehbuchautor für den Regisseur und Duz-Freund Herbert Selpin. 1941 Co-Autor zum antibritischen Kolonialfilm *Carl Peters*. Sommer 1942 denunzierte er seinen Förderer Selpin wegen »defätistischer« Äußerungen, der daraufhin im Berliner Polizeipräsidium Suizid beging (Selpin wurde nicht, wie kolportiert, von der Gestapo ermordet). 1947 von Spruchkammer München-Land zunächst zu vier Jahren Arbeitslager verurteilt, 1949 Freispruch. † 18.4. 1975 Füssen. Q.: Protokoll einer Unterredung mit dem Selpin-Freund und Filmarchitekten Fritz Maurischat vom 17.6. 1946 in der Personalakte.

Zernick, Helmuth. Auf der *Gottbegnadeten-Liste* (Führerliste) der wichtigsten Geiger des NS-Staates.

* 15.1. 1913 Potsdam. 1938 Konzertmeister der Berliner Staatsoper. Saison 1941/42 Auftritt bei Konzerten der HJ. Laut *Litzmannstädter Zeitung* März 1943 Gastspiel beim Städtischen Sinfonie-Orchester der Ghettostadt Litzmannstadt/Lodz. Goebbels am 12.1. 1944 im Tagebuch: »Ich bin entschlossen aus diesem jungen Mann einen hervorragenden Geiger zu entwickeln.« NS-Ehrung: 1936 Musikpreis der Reichshauptstadt Berlin. 1940 von Goebbels *Nationaler Musikpreis*. 1945 Staatsoper (Ost-Berlin). 1949 Symphonieorchester NWDR (WDR) Köln. † 14.9. 1970 Mutlangen.

Zesch-Ballot, Hans (Künstlername). Auf der *Gottbegnadeten-Liste* der Schauspieler, die für die Filmproduktion benötigt werden.

* 20.5. 1896 Dresden. In Unterhaltungsfilmen wie *Der Tiger von Eschnapur*. NS-Filme: 1934 *Ein Mann will nach Deutschland*. Als Gestapomann im Militärspionagefilm *Verräter*, am 9.9. 1936 auf dem NSDAP-Reichsparteitag uraufgeführt. 1941 Napola-Propaganda *Kopf hoch, Johannes!* sowie NS-Reiterfilm *... reitet für Deutschland*. Nach 1945 Kinoprodukte wie *Hochzeit mit Erika* (1950). 1969 letzter Film: *Hugo, der Weiberschreck*. Nachruf *Deutsches Bühnen-Jahrbuch*: »In fast 100 Filmen hat Zesch-Ballot sich einen Namen als zuverlässiger Partner gemacht.« † 1.9. 1972 München.

Zeska, Philipp Georg von. Auf der *Gottbegnadeten-Liste* der Schauspieler, die für die Filmproduktion benötigt werden.

* 27.4. 1896 Wien. Ab 1920 Jugendlicher

Liebhaber, Charakterdarsteller und Komiker am Wiener Burgtheater. Auch auf der Liste von Goebbels zugelassener Filmautoren (1944). 1957–1959 Direktor des Stadttheaters Klagenfurt. † 5.8.1977 Wien.

Zickner, Karl. Bühnen- und Stummfilmdarsteller.

* 20.10.1863 Gransee. Unter anderem bei Max Reinhardt am Deutschen Theater in Berlin. Verheiratet mit der Schauspielerin Tilde Barrou, 1935 als »Volljüdin« aus der Reichsfilmkammer ausgeschlossen. 1935 mit Sondergenehmigung als Komparse beim Film, da völlig verarmt. † 14.5.1939. Nachruf *Deutsches Bühnenjahrbuch* 1940, kompletter Text: Karl Ziekner [!], Schauspieler, im Alter von 76 Jahren, geb. 20. Oktober 1863 Gransee.« Die Reichskulturkammer strich Zickner nach seinem Tod von der »Judenliste (›jüdisch Versippte‹)«. Die schutzlos gewordene Witwe starb am 29.5.1944, 60 Jahre alt, womöglich durch Suizid. Lit.: Schrader.

Ziegel, Erich. Auf der *Gottbegnadeten-Liste* der Schauspieler, die für die Filmproduktion benötigt werden.

* 26.8.1876 Schwerin. 1926 Direktor des Deutschen Schauspielhauses in Hamburg. 1934 wegen jüdischer Ehefrau (die Schauspielerin Mirjam Horwitz) Wechsel nach Wien. Ab 1936 bei Gründgens am Berliner Staatstheater. 1937 im antibritischen Film *Zu neuen Ufern.* 1940 im *staatspolitisch besonders wertvollen* Opus *Bismarck.* 1941 im Käutner-Film *Auf Wiedersehen, Franziska!* 1944 Durchhaltestreifen *Die Degenhardts.* † 30.11.1950 München auf Gastspielreise (DBJ).

Ziegler, Adolf. Präsident der Reichskammer der bildenden Künste (1936–1943). Reichskultursenator.

* 16.10.1892 Bremen. 1925 NSDAP. Lieblingsmaler Hitlers, pseudoklassische Akte, genannt *Meister des deutschen Schamhaares.* Sachbearbeiter bildende Kunst in der NSDAP-Reichsleitung. 1933 Professor der Münchner Kunstakademie. 1937 Triptychon *Die vier Elemente* (vier nackte Frauen) in der Wohnhalle im Münchner Führerbau, gezeigt auf der ersten Großen Deutschen Kunstausstellung (1937) im Münchner NS-Musentempel *Haus der Deutschen Kunst.* Ziegler war zuständig für die Säuberung der Museen von »entarteter Kunst« (Marc, Beckmann, Kandinsky usw.). Juli 1937 Leiter der Beschlagnahmeaktion (Kirchner, Kokoschka, Nolde usw.) in der Hamburger Kunsthalle und Eröffnungsredner der Schandschau *Entartete Kunst* in München: »Sie sehen um uns herum diese Ausgeburten des Wahnsinns, der Frechheit, des Nichtkönnens und der Entartung.« Ende August 1937 erneut beteiligt an einer Beschlagnahmewelle in Hamburg (allein in der Hamburger Kunsthalle 770 Objekte). Am 21.8.1943 Goebbels-Verbot, über ihn zu berichten. Karriereende und einige Wochen im KZ, da er angesichts der Kriegslage die Anbahnung von Friedensverhandlungen mit Großbritannien erörtert hatte. Goebbels am 15.8.1943 im Tagebuch: »Er gehört zu den Dümmsten der Dummen.« 1946 in Baden-Baden bei seiner Schwester. Entnazifiziert als *Mitläufer.* † 18.9.1959 Varnhalt bei Baden-Baden. Lit.: Brenner; Bruhns; Petsch.

Ziegler, Benno. Bariton.

* 8.1.1887 München. 1910 am Hoftheater Karlsruhe in der Uraufführung von Siegfried Wagners Oper *Schwarzschwanenreich.* Nach Stationen in Dortmund, Stuttgart, Berlin ab 1925 am Opernhaus Frankfurt, unter anderem als Beckmesser in Wagners *Meistersingern.* 1930 in der Uraufführung von Schönbergs *Von heute auf morgen.* Verheiratet mit der Sängerin Else Gentner-Fischer. 1933 Entlassung. Im *Lexikon der Juden in der Musik* gebrandmarkt. 1939 Flucht nach England, Arbeit als Hutmacher und Schlosser. 1947 Rückkehr. † 18.4.1963 München.

Ziegler, Hans Severus. Reichskultursenator.

* 13.10.1883 Eisenach als Bankierssohn. 1925 (bis 1931) stellv. NSDAP-Gauleiter Thüringen. 1926 HJ-Führer Weimar. 1928

Leiter der Ortsgruppe Weimar des *Kampfbunds für deutsche Kultur.* 1930/31 Ministerialreferent für Theater und Kunst im
Thüringer Volksbildungsministerium. Am
9. 1. 1932 im *Völkischen Beobachter:* »Im
gesamten deutschen Leben der Gegenwart
[gibt es] keinen Menschen von so fanati-
schem Willen zur Kunst und speziell zur
Theaterkunst wie Adolf Hitler.« April
1933 Staatskommissar für die Landestheater und Generalintendant des Nationaltheaters Weimar. Oktober 1933 Mitglied
der Staatsregierung und Staatsrat. 1935
vorübergehend beurlaubt, Einstellung eines Ermittlungsverfahrens wegen § 175.
Mai 1938 Organisator der Schandschau
Entartete Musik während der ersten
Reichsmusiktage in Düsseldorf, Autor: *Entartete Musik. Eine Abrechnung* im Völkischen Verlag Düsseldorf, Textprobe: »Da
die Atonalität ihre Grundlage in der Harmonielehre des Juden Arnold Schönberg
hat, erkläre ich sie für das Produkt jüdischen Geistes. Wer von ihm ißt, stirbt daran.« Präsident der Deutschen Schillerstiftung. 1954 Leiter eines privaten Kammer-
spiels in Essen, danach an einem Internat
auf Wangerooge. Beim einschlägigen
*Deutschen Kulturwerk Europäischen Gei-
stes.* 1964 Autor: *Adolf Hitler aus dem Erleben dargestellt.* Lebensabend in Bayreuth,
bemuttert von Winifred Wagner, Hamann: »Jährlich veranstaltete sie für ihn
ein Geburtstagsfest mit Geldsammlung ...
In diesem Zusammenhang bezeichnete
Wolfgang [Wagner] die Mutter als ›Gluck-
henne aller Schwulen‹, denn Ziegler war
kein Einzelfall.« † 1. 5. 1978 Bayreuth. Lit.:
Barbian; DBJ; *Führerlexikon*; Wulf, Musik.

Ziesel, Kurt. Journalist.
* 25. 2. 1911 Innsbruck. 1930 NS-Studentenbund, 1931 NSDAP. Volontär beim
Völkischen Beobachter, Redakteur der
Westfälischen Landeszeitung. 1938 Buchautor: *Stimmen der Ostmark.* 1941 Kriegsberichter. Nach 1945 Autor im J. F. Lehmanns Verlag, der Zeitung *Nation Europa*
und der *National-Zeitung.* Mitglied der
1960 gegründeten Gesinnungsgemein-

schaft *Gesellschaft für freie Publizistik.* Sarkowicz: »Ziesel war Generalsekretär der
1966 gegründeten und am rechten Rand
des politischen Spektrums stehenden
Deutschland-Stiftung, die das Deutsch-
land-Magazin herausgibt und den um-
strittenen Konrad-Adenauer-Preis ver-
leiht.« † 10. 5. 2001 Breitbrunn am
Chiemsee. Lit.: Sarkowicz; Stöckel.

Zilcher, Hermann. Auf der *Gottbegnadeten-Liste* (Führerliste) der wichtigsten
Komponisten des NS-Staates.
* 16. 8. 1881 Frankfurt am Main. 1920 (bis
1944) Direktor des Staatskonservatoriums
Würzburg. In Rosenbergs *Kampfbund für
deutsche Kultur.* NSDAP Mai 1933. Goebbels am 28. 11. 1936 über die gemeinsame
Jahrestagung der Reichskulturkammer
und der Organisation *Kraft durch Freude:*
»›Gebet der Jugend‹ von Zilcher, hinreißend. Der Führer ist auch davon tief ergriffen.« 1940 Ersatzmusik zu Shakespeares *Ein Sommernachtstraum* (da Mendelssohns Musik nicht mehr aufgeführt
werden durfte). 1937 Bearbeitungsauftrā-
ge von der Reichsstelle für Musikbearbeitungen (dem Reichspropagandaministerium nachgeordnet). Am 1. 12. 1942 Kammermusikabend im *Theater der SS und Polizei* in Krakau (*Krakauer Zeitung*). NS-
Ehrung: Mainfränkischer Kunstpreis vom
Würzburger Gauleiter Otto Helmuth,
1941 von Hitler *Goethe-Medaille* für Kunst
und Wissenschaft. † 1. 1. 1948 Würzburg.
Lit.: *Führerlexikon*; Prieberg.

Zill, Rudolf Gerhard. Maler.
* 16. 8. 1913 Leipzig, Sohn eines Blumen-
malers. Mit neun Bildern auf den Großen
Deutschen Kunstausstellungen im
Münchner NS-Musentempel *Haus der
Deutschen Kunst*, darunter 1942 *Bildnis des
Führers* (Öl) und 1943 *Reichsminister Dr.
Goebbels* (Öl). Nach 1945 Wohnort Lim-
burgerhof in der Pfalz.

Zillich, Heinrich. Auf der *Gottbegnadeten-
Liste* (Führerliste) der wichtigsten Schriftsteller des NS-Staates.
* 23. 5. 1898 Kronstadt in Siebenbürgen,
Sohn eines Zuckerfabrikanten. Ab 1936

Wohnsitz am Starnberger See, Hauptwerk *Zwischen Grenzen und Zeiten.* Oktober 1938 auf Goebbels' *Weimarer Dichtertreffen* Bekenntnisvortrag als *Dichter des Sudetengaus.* Hitler-Verse *Den Deutschen von Gott gesandt,* 1939 in Bühners Anthologie *Dem Führer:* »Den Deutschen von Gott gesandt, lange verkannter einsamer Mann,/du Großer, an dem sie gefehlt, weil sie erst spät auf den Schild,/aber dann doppelt freudig dich hoben, Herzog der Deutschen,/Retter des Reichs und des Volks bis in die letzte Mark.« Mit mehr als 50 Texten im NS-Kampfblatt *Krakauer Zeitung,* das »Blatt des Generalgouvernements«. Kollege Bergengruen: »Ein kaltschnäuziger Streber.« NS-Ehrung: 1937 Literaturpreis der Reichshauptstadt, Volksdeutscher Schrifttumspreis der Stadt Stuttgart. 1952 Vorsitzender der Landsmannschaft der Siebenbürger Sachsen (1963 Ehrenvorsitzender). 1953 Südostdeutscher Literaturpreis. Ab 1959 Herausgeber der *Südostdeutschen Vierteljahresblätter.* 1968 Kulturpreis der Siebenbürger Sachsen. † 22. 5. 1988 Starnberg.

Zillig, Winfried. Komponist.
* 1. 1. 1905 Würzburg als Lehrerssohn. Schüler Schönbergs. 1932 Opernkapellmeister in Düsseldorf. 1934 Musik zum Blut-und-Boden-Film *Der Schimmelreiter* und zum preußischen Kriegs- und Abenteuerfilm *Schwarzer Jäger Johanna* (sic). 1936 Kompositionsauftrag zur Reichstagung der *Nationalsozialistischen Kulturgemeinde,* ebenda Uraufführung seiner *Romantischen Sinfonie* durch das *Nationalsozialistische Reichs-Sinfonieorchester* (*Orchester des Führers*). 1937 Opernkapellmeister in Essen. 1939 »entjudete« Ersatzmusik zu Shakespeares *Ein Sommernachtstraum* (da Mendelssohns Musik nicht mehr aufgeführt werden durfte). 1940 (bis 1943) Kapellmeister am Reichsgautheater Posen, Leitung der Fachschaft Komponisten Reichsgau Wartheland der Reichsmusikkammer. 1941 Oper *Die Windsbraut* nach Texten des Blut-und-Boden-Dichters Billinger. 1943 Musik zu den Propaganda-

streifen *Posen, Stadt im Aufbau* sowie *Kopernikus* (dafür Sonderpreis des Reichspropagandaministeriums). Weitere NS-Ehrung: Musikpreis des Reichsgaues Wartheland (Gauleiter Greiser). 1946 Kapellmeister in Düsseldorf. 1951 Erster Dirigent beim HR, Aufführung von Werken, die im Dritten Reich verboten waren (Schönberg, Hindemith). 1959 Leiter der Musikabteilung beim NDR. † 18. 12. 1963 Hamburg. Lit.: Drewniak, Theater; Giesen; Prieberg.

Zimbal, Hans. Maler.
* 24. 4. 1889 Pleß in Oberschlesien. März 1933 NSDAP. 1934 Lehrer der Staatlichen Kunstschule Berlin, 1936 Titel Professor, 1938 (bis 1945) Direktor. Auf den Großen Deutschen Kunstausstellungen 1939 und 1940 (Ölgemälde *Am Wannsee*) im Münchner NS-Musentempel *Haus der Deutschen Kunst* mit neun Objekten. † 1961 Berlin.

Zimmermann, Adolf. Musikerzieher.
* 28. 9. 1871 Iserlohn. Direktor eines eigenen Konservatoriums in Wuppertal. 1933 Lied für Singstimme mit Klavier, »Herrn Reichsminister Dr. Göbbels [sic] zur Erinnerung an die »Wiedererwachung der deutschen Nation« gewidmet, Textprobe: »Wir sind dir treu ergeben,/getreu bis in den Tod!/Held Hitler, du sollst leben,/führst uns aus aller Not!« † 26. 8. 1953 Wuppertal. Lit.: Prieberg.

Zimmermann, Erich. Auf der *Gottbegnadeten-Liste* (Führerliste) der wichtigsten Künstler des NS-Staates.
* 29. 11. 1892 Meißen. Tenor. Zunächst Porzellanmaler in Meißen. 1925 Münchner Staatsoper, 1934 Staatsoper Hamburg, ab 1935 Staatsoper Berlin. Glanzrolle: der David in den *Meistersingern.* Von 1925 bis 1944 bei den Bayreuther Festspielen (laut Wistrich »einer der jährlichen Höhepunkte des NS-Kalenders und der Höhepunkt der jeweiligen Opernsaison«). NSDAP 1933 (Nr. 1 623285). NS-Ehrung: Zu *Führers* [50.] *Geburtstag* 1939 von Hitler Titel Kammersänger. Nach 1945 Städtische Oper Berlin. † 24. 2. 1968 Berlin. Nachruf

Deutsches Bühnen-Jahrbuch: »Ein Sänger-darsteller, der in großen wie in kleinen Partien stets den seelischen Kern der jeweiligen Figur erkennen ließ.«

Zimmermann, Friedrich. Schriftsteller, Pseudonym *Ferdinand Fried*.
* 14. 8. 1898 Freienwalde/Oder. Mitarbeiter des »völkischen Intelligenzblatts« *Die Tat*. 1933 Hauptschriftleiter der *Täglichen Rundschau*, dann der *Münchner Neuesten Nachrichten*. März 1934 Stabsleiter beim Reichsbauernführer, September 1934 Aufnahme in die SS als Obersturmführer (SS-Nr. 250086), Versetzung zum SS-Rasse- und Siedlungshauptamt. 1936 Sturmbannführer, Autor im *Blut und Boden Verlag* Goslar: *Der Aufstieg der Juden*. Honorarprofessor der Rechts- und Staatswissenschaftlichen Fakultät der Prager Universität. NSDAP-Nr. 7 791382. Nach 1945 *Deutsches Allgemeines Sonntagsblatt* und *Die Welt*. † 9. 7. 1967. Lit.: Wulf, Literatur.

Zimmermann, Hans. Leiter des Kulturamts der Hauptstadt Prag.
* 12. 12. 1892 Brüx in Böhmen. Kameradschaftsführer der *Kameradschaft der deutschen Künstler in Prag* (NS-Führerkorps). Ab 1936 Herausgeber der *Völkische Stimmen*, ab 1938: *Volk und Familie*. † 1945 Prag.

Zipfel, Erich. Generaldirektor der Preußischen Staatsarchive und Reichsarchivdirektor.
* 23. 3. 1891 Dresden. 1932 NSDAP. Am 22. 7. 1942 *Kommissar für den Archivschutz*, das heißt Raub von Archivgut in eroberten Ländern. Sonderkommando zum Raub von Kulturgütern in der UdSSR. Nach 1945 in Bad Pyrmont, keine neue Stelle. † 17. 4. 1966 Bad Pyrmont.

Zipper, Herbert. Komponist des *Dachau-Lieds*.
* 27. 4. 1904 Wien. 1929 Leiter des Wiener Madrigalchors. 1931 Dirigent in Düsseldorf. Nach Drohungen 1933 Rückzug nach Wien, Gastdirigent, unter dem Pseudonym *Walter Drix* Komponist für Wiener Kleinkunstbühnen. Am 27. Mai 1938 Verhaftung durch Gestapo, am 30. Mai Deportation ins KZ Dachau. August 1938 Komponist des *Dachau-Lieds*, Refrain: »Bleib ein Mensch, Kamerad,/Sei ein Mann, Kamerad«. September 1938 Transport nach Buchenwald. Februar 1939 Entlassung, da Visum für Uruguay. Emigrierte über Frankreich auf die Philippinen. Musikdirektor des Manila Symphony Orchestra. 1947 Wechsel in die USA. Setzte Musik als Mittel der Volkserziehung ein: Konzerte in Problembezirken wie Harlem oder der Bronx. 1957 Präsident der National Guild of Community Schools of Arts. Musikpädagogische Projekte auf den Philippinen, in Südkorea, Taiwan und Thailand. † 21. 4. 1997 Santa Monica in Kalifornien. Zipper hat die Fahrt ins KZ Juni 1939 in einem Brief beschrieben: »Einige starben auf der Fahrt oder wurden erschlagen ... Einigen wurde ein Auge, vielen wurden die Zähne ausgeschlagen. Die Zugfahrt nach Dachau dauerte dreizehn qualvolle Stunden. Wenn ein Charge vorbeikam, mußten alle strammstehen und einer der Gefangenen brüllte auftragsgemäß: ›Melde gehorsamst, zehn Judenschweine im Abteil.‹« Lit.: Dümling.

Zobeltitz, Hans-Caspar von. Name Oktober 1933 unter dem Treuegelöbnis »88 deutsche Schriftsteller« für Adolf Hitler.
* 7. 8. 1883 Berlin, Sohn eines Hauptmanns a. D. Altmeißener Uradel. Generalstabsoffizier im I. Weltkrieg. Deutschnational. 1926 Autor: *Hindenburg, ein Leben der Pflicht*. Schriftleiter von Velhagens & Klasings Monatsheften. 1940 Drehbuch zum Marika-Rökk-Film *Kora Terry*. † 10. 8. 1940 Berlin.

Zöberlein, Hans. Schriftsteller und SA-Brigadeführer (1943).
* 1. 9. 1895 Nürnberg. Freikorps Epp, 1921 NSDAP/SA, 1923 Teilnehmer *Hitlerputsch*. Autor rassistischer Propagandaliteratur. 1931 Roman *Der Glaube an Deutschland. Ein Kriegserleben von Verdun bis zum Untergang*, 1943 im 711.–740. Tausend im Zentralverlag der NSDAP, mit Geleitwort Hitlers: »Hier ist das Vermächtnis der Front niedergelegt.« Verfilmung unter Zö-

berleins Regie unter dem Titel *Stoßtrupp 1917*, Uraufführung am 20. 2. 1934 in Anwesenheit Hitlers. Autor und Regisseur des antikommunistischen Freikorps-Film *Um das Menschenrecht* (1934). NS-Ehrung: 1937 Ehrenring deutscher Frontdichtung, gestiftet von Reichskriegsopferführer Lindober, 1938 Kulturpreis der SA. Ließ Ende April 1945 im bayerischen Penzberg 15 Bürger erschießen, die kapituliert hatten, um der Stadt Kampfhandlungen zu ersparen. Deshalb Todesurteil am 7. 8. 1948 in München, 1949 zu lebenslang Haft umgewandelt, Entlassung 1958. † 13. 2. 1964 München.

Zoch, Georg. Drehbuchautor.
* 2. 9. 1902 Berlin. 1940 Filmlustspiel *Weltrekord im Seitensprung* (auch Regie), 1941 Staatsauftragsfilm *U-Boote westwärts* über Kampf und Heldentod deutscher Seeleute sowie NS-Tendenzfilm zum Überfall auf Jugoslawien *Menschen im Sturm* (»Serben, das sind ja keine Menschen«). 1943 Filmschwank *Kohlhiesels Töchter*, 1944 Durchhaltefilm *Die Degenhardts*. † 31. 3. 1944 Berlin.

Zschintzsch, Werner. Staatssekretär im Reichserziehungsministerium (1936–1945).
* 26. 1. 1898 Roßla am Harz, laut *Führerlexikon* »väterlicherseits seit Generationen Forstbeamte«. Oberleutnant der Reserve a. D. Jurist. 1926 (bis 1933) Ministerialrat im preußischen Innenministerium. Mai 1933 NSDAP. 1933 Regierungspräsident in Wiesbaden. 1936 SS (1937 Oberführer). Im Persönlichen Stab Reichsführer-SS. † 1. 7. 1953 Göttingen. Lit.: Grüttner.

Zschorsch, Walter. Bildhauer.
* 9. 11. 1888 Erfurt. Wohnort Leipzig. Auf den Großen Deutschen Kunstausstellungen im Münchner NS-Musentempel *Haus der Deutschen Kunst* 1940 mit den Werken *Reichsorganisationsleiter Dr. Ley* sowie *Reichsminister Rudolf Heß* (beide Hartguß), 1941 *Reichsminister Dr. Hans Frank* (Bronze). Nach 1945 weiterhin in Leipzig (Vollmer).

Zuckmayer, Carl. Schriftsteller.
* 27. 12. 1896 Nackenheim in Rheinhessen, Sohn eines Fabrikanten von Weinflaschenkapseln. 1919 im Revolutionären Studentenrat der Universität Frankfurt am Main. 1925 Kleist-Preis (Förderpreis für junge Dichter) für die Komödie *Der fröhliche Weinberg*. Danach die Volksstücke *Schinderhannes* (1927) und *Katharina Knie* (1929), 1930 Drehbuch zum Film *Der blaue Engel*. 1931 Komödie *Der Hauptmann von Köpenick*, Mitglied der Eisernen Front (Reichsbann, SPD, Freie Gewerkschaften und Arbeitersportorganisationen) zur Abwehr von NSDAP und Rechtsparteien. In Fritschs Hetzwerk *Handbuch der Judenfrage* (1936) als »Halbjude aus Nackenheim« diffamiert: Jüdische Mutter, Zuckmayer: »Das schlimmste Verbrechen, das damals ein Deutscher begehen konnte«. Ab März 1933 Wohnsitz in Henndorf bei Salzburg, später auch Wohnung in Wien. März 1938 Flucht in die Schweiz (Zuckmayer beschreibt in seinen Erinnerungen *Als wär's ein Stück von mir* die Orgie der Gewalt bei der Besetzung Wiens). 1939 USA. 1941 Farmer in Vermont. 1946 erfolgreichstes Nachkriegsstück *Des Teufels General* (über Ernst Udet). † 18. 1. 1977 Visp im Oberwallis. Sein 1943/44 für den US-Geheimdienst *Office of Strategic Services* verfaßter Bericht über im NS-Staat verbliebene deutsche Künstler wurde 2002 unter dem Titel *Geheimreport* publiziert.

Zügel, Heinrich von. »Der beste Tiermaler Deutschlands« (Reichskammer der bildenden Künste).
* 22. 10. 1850 Murrhardt in Württemberg, Sohn eines Schäfereibesitzers. 1889 Titel Professor. 1895–1922 Professor der Münchner Akademie. Spezialisiert auf Schafe und Kühe (Thieme/Becker). Auf der Großen Deutschen Kunstausstellung 1939 im Münchner NS-Musentempel *Haus der Deutschen Kunst* mit den Bildern *Weißer und schwarzer Bock* sowie *Bergziegen*. Der damalige Kunstbetrachter Henri Nannen Juli 1939 in Heinrich Hoffmanns

Monatsschrift *Kunst dem Volk*: »Ein Kabinettstück der Tiermalerei.« NS-Ehrung: 1940 *Goethe-Medaille* für Kunst und Wissenschaft. † 30. 11. 1941 München.

Zügel, Willy. Tierbildhauer.

* 22. 6. 1876 München, Sohn Heinrich Zügels. Bronzeplastiken für Reichsluftfahrtministerium (zum Beispiel *Bussard mit Schlange*) und Kulturamt München (*Schwerer Hengst*). Auf den Großen Deutschen Kunstausstellungen im Münchner NS-Musentempel *Haus der Deutschen Kunst* 1939 mit *Elephantenbulle*, 1941 mit *Schlafendes Huhn* sowie *Schreitender Jungbär*. † 4. 5. 1950 auf dem Wolkenkopf bei Murrhardt.

Zumbusch, Leo Ritter von. Redner bei der Bücherverbrennung am 10. 5. 1933 in München.

* 28. 6. 1874 Wien. Dermatologe. 1913 Lehrstuhl in München. 1919 *Freikorps Epp*. Im Stahlhelm (Sammelbecken militanter Rechtsnationaler), *Deutschnationale Volkspartei*. 1932 bis Oktober 1933 Rektor der Universität. Mitherausgeber der *Münchner Medizinischen Wochenschrift* des braunen J. F. Lehmanns Verlags. 1935, nach Denunziationskampagne, Versetzung in Ruhestand. † 30. 3. 1940. Lit.: Grüttner.

Zweig, Arnold. Einer jener zwölf Schriftsteller, die vom *Börsenverein der Deutschen Buchhändler* »als schädigend« gebrandmarkt wurden und nicht verbreitet werden durften.

* 10. 11. 1887 Glogau. 1915 Kleist-Preis (Förderpreis für junge Dichter) für seine Tragödie *Ritualmord in Ungarn*. 1928 Weltruhm mit seinem Anti-Kriegs-Roman *Der Streit um den Sergeanten Grischa*. Vertrat einen zionistischen Sozialismus. März 1933 Flucht nach Prag. Über Österreich und Frankreich nach Palästina. 1948 in Ost-Berlin. Am 24. 3. 1950 per Staatsakt Gründungsmitglied und bis 1953 Präsident der Ostberliner *Deutschen Akademie der Künste* (zum Rücktritt genötigt). 1951 Absetzung des Films *Das Beil von Wandsbek* (nach seinem gleichnamigen Roman). Abgeordneter der Volkskammer. *Nationalpreis*, Titel Professor. † 26. 11. 1968 Ost-Berlin.

Zweig, Fritz. Dirigent.

* 8. 9. 1893 Olmütz. 1927 Berliner Staatsoper, 1933 Entlassung wegen jüdischer Herkunft. 1934–1938 am Deutschen Theater in Prag. Danach Grand Opéra Paris und Covent Garden Opera London. Ab 1940 USA, 1952 Lehrer an der Music Academy of the West in Santa Barbara in Kalifornien. † 28. 2. 1984 Hollywood.

Zweig, Stefan. Schriftsteller.

* 28. 11. 1881 Wien, Sohn eines Textilfabrikanten. Einer der erfolgreichsten Autoren seiner Zeit. 1926 Novellen: *Verwirrung der Gefühle*. 1928: *Sternstunden der Menschheit. Historische Miniaturen*. Radikaler Pazifist. Opfer der Bücherverbrennung Mai 1933. Frühjahr 1934 Flucht nach England. Librettist der Juni 1935 in Dresden uraufgeführten Strauss-Oper *Die schweigsame Frau*. 1936 Verbot seiner Bücher. 1941 Wechsel in die USA, dann nach Brasilien, letztes Werk: *Schachnovelle*. Kesten: »Seine schöne, selbstlose Bewunderung für fremde, geistige Größe machte ihn zu einer singulären Figur der geistigen Welt.« † Suizid 23. 2. 1942 mit seiner Frau Lotte in Petropolis in Brasilien.

Literatur und Quellen

Acta Historica Leopoldina. Hg. von Christoph J. Scriba im Auftrag des Präsidiums der Deutschen Akademie der Naturforscher Leopoldina. Nr. 22, Halle 1995.

Andrae, Friedrich (Bearbeiter): Volksbücherei und Nationalsozialismus. Materialien zur Theorie und Politik des öffentlichen Büchereiwesens in Deutschland 1933–1945. Wiesbaden 1970.

Angrick, Andrej: Besatzungspolitik und Massenmord. Die Einsatzgruppe D in der südlichen Sowjetunion 1941–1943. Hamburg 2003.

Aufstellung der Parteigenossen, die Angehörige fürstlicher Häuser sind. BA Berlin, R 187/400 (Sammlung Schumacher).

Axmann, Artur: »Das kann doch nicht das Ende sein«. Hitlers letzter Reichsjugendführer erinnert sich. Koblenz 1995.

Barbian, Jan-Pieter: Literaturpolitik im »Dritten Reich«. Institutionen, Kompetenzen, Betätigungsfelder. München 1995.

Barlog, Boleslaw: Theater lebenslänglich. München 1981.

Bartels, Ulrike: Die Wochenschau im Dritten Reich. Frankfurt a. M. 2004.

Bartetzko, Dieter: Die Architekten des »Dritten Reiches«, in: Hitlers Künstler.

Barth, Bernd-Rainer, Christoph Links, Helmut Müller-Enbergs und Jan Wielgohs: Wer war Wer in der DDR. Ein biographisches Handbuch. Frankfurt a. M. 1995.

Becker, Claudia: Magda Spiegel. Ausgrenzung und Verfolgung einer Opernsängerin im nationalsozialistischen Frankfurt, in: Archiv für Frankfurts Geschichte und Kunst, Band 65. Frankfurt a. M. 1999.

Becker, Heinrich u. a. (Hg.): Die Universität Göttingen unter dem Nationalsozialismus. Zweite Auflage München 1998.

Becker, Peter Emil: Zur Geschichte der Rassenhygiene. Wege ins Dritte Reich. Stuttgart 1988.

Becker, Peter Emil: Sozialdarwinismus, Rassismus, Antisemitismus und völkischer Gedanke. Wege ins Dritte Reich Teil II. Stuttgart 1990.

Ben-Menahem, Arieh: Mendel Grossman – The Photographer of the Lodz Ghetto, in: Mendel Grossman: With a Camera in the Ghetto, ed. by Zvi Szner and Alexander Sened, New York 1977, S. 99–107.

Benz, Wolfgang u. a. (Hg.): Enzyklopädie des Nationalsozialismus. München 2001.

Benz, Wolfgang: Zur Rolle der Propaganda im nationalsozialistischen Staat, in: Hitlers Künstler.

Benz, Wolfgang und Hermann Graml (Hg.): Biographisches Lexikon zur Weimarer Republik. München 1988.

Berg, Nicolas: Der Holocaust und die westdeutschen Historiker. Erforschung und Erinnerung. Göttingen 2004.

Bergengruen, Werner: Schriftstellerexistenz in der Diktatur. Aufzeichnungen und Reflexionen zu Politik, Geschichte und Kultur 1940 bis 1963. Hg. von Frank-Lothar Kroll, N. Luise Hackelsberger und Sylvia Taschka. München 2005.

Boehncke, Heiner: Design im Nationalsozialismus, in: Hitlers Künstler.

Bollmus, Reinhard: Das Amt Rosenberg und seine Gegner. Zweite Auflage München 2006.

Brather, Hans-Stephan (ehemals Deutsches Zentralarchiv Potsdam): Private Kartei mit Daten von Funktionären des Reichspropagandaministeriums, des Reichserziehungsministeriums usw.

Braun, Matthias: Kulturinsel und Machtinstrument. Die Akademie der Künste, die Partei und die Staatssicherheit. Göttingen 2007.

Brenner, Hildegard: Die Kunstpolitik des Nationalsozialismus. Reinbek 1963.

Brod, Max: Streitbares Leben. Autobiographie. München 1960.

Bronnen, Arnolt: arnolt bronnen gibt zu protokoll. Hamburg 1954.

Bruhns, Maike: Kunst in der Krise. Band 1: Hamburger Kunst im »Dritten Reich«. Band 2: Künstlerlexikon Hamburg. Hamburg 2001.

Brunner, Bernhard: Der Frankreich-Komplex. Die nationalsozialistischen Verbrechen in Frankreich und die Justiz der Bundesrepublik Deutschland. Göttingen 2004.

Bruns, Karin: Nation und Rasse im frühen deutschen Film, in: Puschner.

Das Buch Hitler. Geheimdossier des NKWD für Josef W. Stalin, zusammengestellt aufgrund der Verhörprotokolle des Persönlichen Adjutanten Hitlers, Otto Günsche, und des Kammerdieners Heinz Linge, Moskau 1948/49. Hg. von Henrik Eberle und Matthias Uhl. Bergisch Gladbach 2005.

Buchheim, Hans: SS und Polizei im NS-Staat. Duisdorf 1964.

Buddrus, Michael: Totale Erziehung für den Krieg: Hitlerjugend und nationalsozialistische Jugendpolitik. München 2003.

Bücken, Ernst: Wörterbuch der Musik. Leipzig 1941.

Bühner, Karl Hans (Hg.): Dem Führer. Gedichte für Adolf Hitler. Stuttgart 1939.

Bundesarchiv Koblenz: Bestand N 1080, Nachlaß Franz Blücher. Band 272: Geheim. Der »Gauleiter-Kreis« (1953 verfaßt vom brit. Geheimdienst). Band 273: Ziele und Methoden des »Naumann-Kreises« (Die Unterwanderungsversuche in der FDP) vom 22.5.1953, streng vertraulich, keine Autorenschaft.

Bussmann, Georg (Redaktion): Kunst im 3. Reich. Dokumente der Unterwerfung. Frankfurter Kunstverein und Arbeitsgruppe des Kunstgeschichtlichen Instituts der Universität Frankfurt im Auftrage der Stadt Frankfurt. Frankfurt a.M. 1980.

Cazas, Helga: Auf Wiedersehen in Paris. Als jüdische Immigrantin in Frankreich 1938–1945. Frankfurt a.M. 2005. FTB 16882.

Die Chronik des Gettos Lodz/Litzmannstadt. Hg. von Sascha Feuchert, Erwin Leibfried und Jörg Riecke. Göttingen 2007.

Courtade, Francis und Pierre Cadars: Geschichte des Films im Dritten Reich. München 1975.

Dahm, Volker: Künstler als Funktionäre, in: Hitlers Künstler.

Darstellungen und Quellen zur Geschichte von Auschwitz. Hg. vom Institut für Zeitgeschichte. München 2000: Band 1: Standort- und Kommandanturbefehle des Konzentrationslagers Auschwitz 1940–1945. Hg. von Norbert Frei u.a.

Degener, Herrmann A. L.: Wer ist's? Leipzig 1928.

Denscher, Barbara und Helmut Peschina: Kein Land des Lächelns. Fritz-Löhner-Beda. 1883–1942. Salzburg 2002.

Deuerlein, Ernst (Hg.): Der Aufstieg der NSDAP in Augenzeugenberichten. München 1982.

Deutsche Architektur- und Kunsthandwerk-Ausstellung im Haus der Deutschen Kunst zu München (offizielle Ausstellungskataloge). München.

Deutsche Biographische Enzyklopädie (DBE). Hg. von Walter Killy und Rudolf Vierhaus. München 2001.

Deutsches Bühnen-Jahrbuch. Theatergeschichtliches Jahr- und Adressenbuch. Hg.: Der Präsident der Reichstheaterkammer. Berlin. Herausgeber nach 1945: Genossenschaft Deutscher Bühnen-Angehörigen.

Dienstaltersliste der Schutzstaffel der NSDAP. Stand vom 9. November 1944. Hg. vom SS-Personalhauptamt.

Der Dienstkalender Heinrich Himmlers 1941/42. Im Auftrag der Forschungsstelle für Zeitgeschichte in Hamburg bearbeitet, kommentiert und eingeleitet von Peter Witte u. a. Hamburg 1999.

Das Diensttagebuch des deutschen Generalgouverneurs in Polen 1939–1945. Hg. von Werner Präg und Wolfgang Jacobmeyer (Veröffentlichung des Instituts für Zeitgeschichte München). Stuttgart 1975.

DÖW (Dokumentationsarchiv des österreichischen Widerstandes): Aus dem Propaganda-Feldzug des [Ex-]Gauleiters Frauenfeld (Der »Wiener Goebbels«) zur Volksabstimmung am 10. April 1938. Flugblätter, Werbezüge. Aussprüche prominenter Persönlichkeiten zur Volksabstimmung. Durchschriften vom Original. Die Akte enthält einen Bericht des damaligen Referenten Eduard Frauenfeld, Reichspropagandaamt, Abt. II, vom 5. 5. 1938 über die Entstehungsgeschichte. Danach wurden verläßliche Parteigenossen über die in Frage kommenden Personen herangezogen. Bis auf einige Ausnahmen antworteten die Angefragten. Frauenfeld: »Leider waren nur ungefähr dreiviertel derselben verwertbar, da die übrigen trotz großer Ausführlichkeit und bejahender Einstellung nichts enthielten, was propagandistisch wertvoll gewesen wäre.«

Döscher, Hans-Jürgen: Seilschaften. Die verdrängte Vergangenheit des Auswärtigen Amts. Berlin 2005.

Dohnke, Kay: Völkische Literatur und Heimatliteratur, in: Puschner.

Drewniak, Boguslaw: Der deutsche Film 1938–1945. Düsseldorf 1987.

Drewniak, Boguslaw: Das Theater im NS-Staat. Düsseldorf 1983.

Dudek, Peter und Hans-Gerd Jaschke: Entstehung und Entwicklung des Rechtsextremismus in der Bundesrepublik. Band I: Zur Tradition einer besonderen politischen Kultur. Band II: Dokumente und Materialien. Opladen 1984.

Dümling, Albrecht: »Bleib ein Mensch, Kamerad, sei ein Mann, Kamerad«, Herbert Zipper (1904–1997), Komponist des »Dachau-Liedes«, in: Dachauer Hefte, Heft 18 (Terror und Kunst). 2002.

Düsterberg, Rolf: Hanns Johst: »Der Barde der SS«. Karrieren eines deutschen Dichters. Paderborn 2004.

Eberle, Henrik: Die Martin-Luther-Universität [Halle] in der Zeit des Nationalsozialismus 1933–1945. Halle 2002.

Eberle, Henrik: Umbrüche, Personalpolitik an der Universität Halle 1933–1958. Manuskript 2003.

Ebermayer, Erich: Eh' ich's vergesse. Hg. von Dirk Heißerer. München 2005.

Eckart, Rolf: Das Zeitalter des Imperialismus. Kaiserreich und Erster Weltkrieg 1871–1918. München o. J.

Eckert, Astrid M.: Kampf um die Akten. Die Westalliierten und die Rückgabe von deutschem Archivgut nach dem Zweiten Weltkrieg. Stuttgart 2004.

Eglau, Hans Otto: Fritz Thyssen. Hitlers Gönner und Geisel. Berlin 2003.

Entartete Musik. Zur Düsseldorfer Ausstellung 1938. Eine kommentierte Rekonstruktion, hg. von Albrecht Dümling und Peter Girth im Auftrag der Landeshauptstadt Düsseldorf und den Düsseldorfer Symphonikern. Düsseldorf 1988.

Erfasst? Das Gestapo-Album zur Roten Kapelle. Eine Foto-Dokumentation. Hg. von Regina Griebel, Marlies Coburger, Heinrich Scheel in Verbindung mit der Gedenkstätte Deutscher Widerstand. Berlin 1992.

Die Ermordung der europäischen Juden. Eine umfassende Dokumentation des Holocaust 1941–1945. Hg. von Peter Longerich. München/Zürich 1989.

Essner, Cornelia: Die »Nürnberger Gesetze« oder Die Verwaltung des Rassenwahns 1933–1945. Paderborn 2002.

Fackler, Guido: »Des Lagers Stimme« – Musik im KZ. Alltag und Häftlingskultur in den Konzentrationslagern 1933–1936. Mit einer Darstellung der weiteren Entwicklung bis 1945. Bremen 2000.

Fahlbusch, Michael: Wissenschaft im Dienst der nationalsozialistischen Politik? Die »Volksdeutschen Forschungsgemeinschaften« von 1931–1945. Baden-Baden 1999.

Farías, Victor: Heidegger und der Nationalsozialismus. Frankfurt a.M. 1989.

Fest, Joachim C.: Hitler. Eine Biographie. Frankfurt a.M. 1973.

Fetthauer, Sophie: Musikverlage im »Dritten Reich« und im Exil. Hamburg 2004.

Feuchert, Sascha: Oskar Rosenfeld und Oskar Singer – zwei Autoren des Lodzer Gettos. Studien zur Holocaustliteratur. Frankfurt a.M. 2004.

Finkenberger, Martin und Horst Junginger (Hg.): Im Dienste der Lügen. Herbert Grabert (1901–1978) und seine Verlage. Aschaffenburg 2004.

Flickenschildt, Elisabeth: Kind mit roten Haaren. Ein Leben wie ein Traum. Hamburg 1971.

Frank, Hans: Im Angesicht des Galgens. Deutung Hitlers und seiner Zeit auf Grund eigener Erlebnisse und Erkenntnisse. Geschrieben im Nürnberger Justizgefängnis. Eigenverlag Brigitte Frank, Neuhaus bei Schliersee. 2. Auflage 1955.

Frauen um Hitler. Nach Materialien von Henriette von Schirach. München 1985.

Frei, Norbert und Johannes Schmitz: Journalismus im Dritten Reich. München 1999.

Friedrich, Jörg: Die kalte Amnestie. NS-Täter in der Bundesrepublik. Frankfurt a.M. 1984.

Fritz Bauer Institut: »Beseitigung des jüdischen Einflusses ...« Antisemitische Forschung, Eliten und Karrieren im Nationalsozialismus. Frankfurt a.M. 1999.

Fröhlich, Elke: [Kommentiertes] Interimsregister zu: Die Tagebücher von Joseph Goebbels. München 1987.

Fröhlich, Gustav: Waren das Zeiten. Mein Film-Heldenleben. München 1983.

Das Deutsche Führerlexikon 1934/35. Verlagsanstalt Otto Stollberg GmbH. Berlin. O. J.

Gauch, Sigfrid: Vaterspuren. Eine Erzählung. Frankfurt a.M. 1982.

Gedenkbücher:

Buch der Erinnerung: die ins Baltikum deportierten deutschen, österreichischen und tschechoslowakischen Juden. Hg. vom Volksbund Deutsche Kriegsgräberfürsorge, bearbeitet von Wolfgang Scheffler und Diana Schulle. München 2003.

DÖW (Dokumentationsarchiv des österreichischen Widerstandes): Die österreichischen Opfer des Holocaust. Wien 2001. CD-ROM.

Gedenkbuch Berlins der jüdischen Opfer des Nationalismus. Hg. vom Zentralinstitut für Sozialwissenschaftliche Forschung. Berlin 1995.

Gedenkbuch: Opfer der Verfolgung der Juden unter der nationalsozialistischen Gewaltherrschaft in Deutschland 1933–1945. Zweite wesentlich erweiterte Auflage. Bearbeitet und herausgegeben vom Bundesarchiv. Koblenz 2006.

Gottwaldt, Alfred und Diana Schulle: Die »Judendeportationen« aus dem Deutschen Reich 1941–1945. Eine kommentierte Chronologie. Wiesbaden 2005.

Hamburger jüdische Opfer des Nationalsozialismus. Hg. vom Staatsarchiv Hamburg. Hamburg 1995.

Die jüdischen Opfer des Nationalsozialismus. Redaktion: NS-Dokumentationszentrum der Stadt Köln. Köln 1995.

Gedenkstätten für die Opfer des Nationalsozialismus. Eine Dokumentation der Bundeszentrale für politische Bildung. Bonn 1999.

Genealogisches Handbuch des Adels. Glücksburg 1951–1958, ab 1959: Limburg an der Lahn.

Gerlach, Christian: Kalkulierte Morde. Die deutsche Wirtschafts- und Vernichtungspolitik in Weißrußland 1941 bis 1944. Hamburg 1999.

Geschichtsmythen. Legenden über den Nationalsozialismus. Hg. von Wolfgang Benz und Peter Reif-Spirek. Berlin 2003.

Getto-Enzyklopädie. Staatsarchiv Lodz, Signatur 278/1103.

Giesen, Rolf und Manfred Hobsch: Hitlerjunge Quex, Jud Süss und Kolberg. Die Propagandafilme des Dritten Reiches. Dokumente und Materialien und zum NS-Film. Berlin 2005.

Gillum, Marion und Jörg Wyrschowy (Bearbeiter): Politische Musik in der Zeit des Nationalsozialismus. Ein Verzeichnis der Tondokumente (1933–1945). Veröffentlichungen des Deutschen Rundfunkarchivs, Band 30. Potsdam 2000.

Glazar, Richard: Die Falle mit dem grünen Zaun. Überleben in Treblinka. Frankfurt a. M. 1992. FTB 10764.

Glenzdorfs Internationales Film-Lexikon. Biographisches Handbuch für das gesamte Filmwesen. Bad Münder (Deister) 1961.

Glettler, Monika und Alena Miskova (Hg.): Prager Professoren 1938–1948. Essen 2001.

Goebbels, Joseph: Die Tagebücher. Hg. von Elke Fröhlich im Auftrag des Instituts für Zeitgeschichte in Verbindung mit dem Bundesarchiv. Band 1–4 (1924–1941). München 1987.

Görtemaker, Heike B.: Ein deutsches Leben. Die Geschichte der Margret Boveri. München 2005.

Goetz, Wolfgang: Werner Krauß. Hamburg 1954.

Golz, Ronnie (Hg.): Ich war glücklich bis zur letzten Stunde. Marianne Golz-Goldlust 1895–1943. Berlin 2004.

Gottbegnadeten-Listen: Bundesarchiv BA R 55/20252/1 (laut Rathkolb datieren sie aus dem Jahre 1944, Aufstellungen wichtiger Künstler kursierten allerdings schon vorher).

Graff, Sigmund: Von S. M. [Seine Majestät, der Kaiser] zu N.S. Erinnerungen eines Bühnenautors (1900 bis 1945). München-Wels 1963.

Große Deutsche Kunstausstellung im Haus der Deutschen Kunst zu München. Offizielle Ausstellungskataloge. München.

Gründgens, Gustaf: Briefe, Aufsätze, Reden. Hg. von Rolf Badenhausen und Peter Gründgens-Gorski. München 1970.

Grünzinger, Gertraud und Carsten Nicolaisen: Dokumente zur Kirchenpolitik des Dritten Reiches. Band IV 1937–1939. Gütersloh 2000.

Grüttner, Michael: Biographisches Lexikon zur nationalsozialistischen Wissenschaftspolitik. Heidelberg 2004.

Gutmann, Israel (Hauptherausgeber): Enzyklopädie des Holocaust. Die Verfolgung und Ermordung der europäischen Juden. München, Zürich, o. J.

Haar, Ingo: Historiker im Nationalsozialismus. Deutsche Geschichtswissenschaft und der »Volkstumskampf« im Osten. Göttingen 2000.

Habe, Hans: Im Jahre Null. München 1977.

Habermann, Alexandra u. a.: Lexikon deutscher wissenschaftlicher Bibliothekare 1925–1980. Frankfurt a. M. 1985.

Hachmeister, Lutz: Der Gegnerforscher. Die Karriere des SS-Führers Franz Alfred Six. München 1998.

Hachmeister, Lutz und Friedemann Siering: Die Herren Journalisten. Die Elite der deutschen Presse nach 1945. München 2002.

Härtel, Christian: Stromlinien. Wilfrid Bade – Eine Karriere im Dritten Reich. Berlin-Brandenburg 2004.

Haftmann, Werner: Malerei im 20. Jahrhundert. München 1962.

Hamann, Brigitte: Winifred Wagner oder Hitlers Bayreuth. München 2003.

Hampicke, Evelyn und Hanno Loewy: Juden ohne Maske. Vorläufige Bemerkungen zur Geschichte eines Kompilationsfilms, in: Jahrbuch des Fritz-Bauer-Instituts 1998/99. Frankfurt a. M. 1999.

Handbuch des Deutschen Bundestages 1954.

Happel, Hans-Gerd: Das wissenschaftliche Bibliothekswesen im Nationalsozialismus. München 1989.

Hartung, Ulrike: Raubzüge in der Sowjetunion. Das Sonderkommando Künsberg 1941–1943. Bremen 1997.

Hartung, Ulrike: Verschleppt und verschollen, eine Dokumentation deutscher, sowjetischer und amerikanischer Akten zum NS-Kunstraub in der Sowjetunion (1941–1948). Dokumentationen zur Kultur und Gesellschaft im östlichen Europa, hg. von Wolfgang Eichwede, Band 9, Forschungsstelle Osteuropa an der Universität Bremen. Bremen 2000.

Hauschild, Thomas von (Hg.): Lebenslust und Fremdenfurcht. Ethologie im Dritten Reich. Frankfurt a. M. 1995.

Hausmann, Frank-Rutger: Anglistik und Amerikanistik im »Dritten Reich«. Frankfurt a. M. 2003.

Hausmann, Frank-Rutger: »Deutsche Geisteswissenschaft« im Zweiten Weltkrieg. Die »Aktion Ritterbusch« (1940–1945). Dresden 1998.

Hausmann, Frank-Rutger: »Auch im Krieg schweigen die Musen nicht«. Die Deutschen Wissenschaftlichen Institute im Zweiten Weltkrieg. Göttingen 2001.

Headquarters Command, Office of Military Government for Germany (US), 6889th Berlin Documents Center, APO 742, Lists of SS Officers, 15. 5. 1946.

Heesters, Johannes: Es kommt auf die Sekunde an. Erinnerungen an ein Leben im Frack. München 1978.

Heiber, Helmut: Walter Frank und sein Reichsinstitut für Geschichte des neuen Deutschlands. Stuttgart 1966.

Heiber, Helmut: Universität unterm Hakenkreuz. Teil 1. Der Professor im Dritten Reich: Bilder aus der Provinz. München 1991.

Heiber, Helmut: Universität unterm Hakenkreuz. Teil 2. Die Kapitulation der Hohen Schulen: das Jahr 1933 und seine Themen. Band 1 und 2 München 1992.

Heinemann, Isabel: »Rasse, Siedlung, deutsches Blut«. Das Rasse- & Siedlungshauptamt der SS und die rassenpolitische Neuordnung Europas. Göttingen 2003.

Heinzlmeier, Adolf und Berndt Schulz: Das Lexikon der deutschen Filmstars. Berlin 2003.

Heister, Hanns-Werner: Zur Rolle von Musik und Musikern im Nazismus, in: Hitlers Künstler.

Henckels, Paul: Ich war kein Musterknabe. Eines Lebenskünstlers lachende Weisheit. Berlin 1966.

Henne, Thomas und Arne Riedlinger (Hg.): Das Lüth-Urteil aus (rechts-)historischer Sicht. Die Konflikte um Veit Harlan und die Grundrechtsjudikatur des Bundesverfassungsgerichts. Berlin 2006.

Hering, Rainer: Konstruierte Nation. Der alldeutsche Verband 1890 bis 1939. Hamburg 2003.

Hesse, Alexander: Die Professoren und Dozenten der preußischen Pädagogischen Akademien (1926–1933) und Hochschulen für Lehrerbildung (1933–1941). Weinheim 1995.

Heuss, Anja: Kunst- und Kulturgutraub. Eine vergleichende Studie zur Besatzungspolitik der Nationalsozialisten in Frankreich und der Sowjetunion. Heidelberg 2000.

Heym, Stefan: Nachruf. Frankfurt a. M. 2003. FTB 9549.

Hilberg, Raul: Die Vernichtung der europäischen Juden. Band 1–3. Frankfurt a. M. 1990. FTB 10611–10613.

Hilmes, Oliver: Witwe im Wahn. Das Leben der Alma Mahler-Werfel. München 2004.

Hindemith, Paul: Briefe, hg. von Dieter Rexroth. Frankfurt a. M. 1982.

Hinkel, Hans (Hg.): Handbuch der Reichskulturkammer. Berlin 1937.

Hippler, Fritz: Die Verstrickung. Düsseldorf o. J. (1981).

Hitlers Künstler. Die Kultur im Dienst des Nationalsozialismus. Hg. von Hans Sarkowicz. Frankfurt a. M. 2004.

Höhne, Heinz: Der Orden unter dem Totenkopf. Die Geschichte der SS. München o. J. (1967).

Höpfner, Hans-Paul: Die Universität Bonn im Dritten Reich. Bonn 1999.

Hollstein, Dorothea: »Jud Süß« und die Deutschen. Antisemitische Vorurteile im nationalsozialistischen Spielfilm. Frankfurt a. M. 1983.

Holtz, Corinne: Ruth Berghaus. Ein Porträt. Hamburg 2005.

The Holdings of the Berlin Document Center. Hg. vom The Berlin Document Center. Berlin 1994.

Hornshøj-Møller, Stig: »Der ewige Jude«. Quellenkritische Analyse eines antisemitischen Propagandafilms. Hg. vom Institut für den Wissenschaftlichen Film. Göttingen 1995.

Ilsemann, Sigurd von: Der Kaiser in Holland. Aufzeichnungen aus den Jahren 1918–1941. München 1971.

Jäger, Ludwig: Seitenwechsel. Der Fall Schneider/Schwerte und die Diskretion der Germanistik. München 1998.

Jahn, Bruno (Bearbeiter): Deutsche Biographische Enzyklopädie der Musik. München 2003.

Jansen, Christian: Professoren und Politik. Politisches Denken und Handeln der Heidelberger Hochschullehrer 1914–1935. Göttingen 1992.

Jürgens, Curd: ... Und kein bißchen weise. Autobiographischer Roman. München 1979.

Kalkmann, Ulrich: Die Technische Hochschule Aachen im Dritten Reich (1933–1945). Aachen 2003.

Kater, Michael H.: Das »Ahnenerbe« der SS 1935–1945. Ein Beitrag zur Kulturpolitik des Dritten Reiches. München 1997.

Keilig, Wolf: Die Generale des Heeres. Dorheim 1983.

Kempa, Andrzej und Marek Szukalak: Zydzi dawnej Lodzi. Slownik biograficzny, Bd. 4. Lodz 2004.

Kerr, Alfred: Die Diktatur des Hausknechts und Melodien. Nachdruck Hamburg 1981.

Kessler, Henry Graf: Tagebücher 1918–1937. Hg. von Wolfgang Pfeiffer-Belli. Berlin 1967.

Kesten, Hermann: Meine Freunde die Poeten. München 1964.

Ketelsen, Uwe K.: Literatur und Drittes Reich. Vierow bei Greifswald 1994.

Kieling, Uwe: Berlin. Bauten und Baumeister. Berlin 2003.

Der Kinematograph. Das älteste Film-Fachblatt. Berlin, Nr. 66 vom 4.4. 1933: Zusammenschluß deutschstämmiger Filmregisseure.

Klee, Ernst: »Euthanasie« im NS-Staat. Die »Vernichtung lebensunwerten Lebens«. Frankfurt a. M. 11. Aufl. 2004. FTB 4326.

Klee, Ernst: Was sie taten – Was sie wurden. Ärzte, Juristen und andere Beteiligte am Kranken- oder Judenmord. Frankfurt a. M. 12. Aufl. 2004. FTB 4364.

Klee, Ernst: Persilscheine und falsche Pässe. Wie die Kirchen den Nazis halfen. Frankfurt a. M. 4. Auflage 2002. FTB 10956.

Klee, Ernst: Auschwitz, die NS-Medizin und ihre Opfer. Frankfurt a. M. 2001. FTB 14906.

Klee, Ernst: Deutsche Medizin im Dritten Reich. Frankfurt a. M. 2001.

Klee, Ernst: Das Personenlexikon zum Dritten Reich. Wer war was vor und nach 1945. Aktualisierte Ausgabe Frankfurt a. M. 2005. FTB 16048.

Klee, Ernst und Dreßen, Willi (Hg.): »Gott mit uns«. Der deutsche Vernichtungskrieg im Osten 1939–1945. Frankfurt a. M. 1989.

Klepper, Jochen: Unter dem Schatten deiner Flügel. Aus den Tagebüchern der Jahre 1932–1942. Stuttgart 1956.

Klietmann, Kurt-G.: Staatlich-Zivile Auszeichnungen. Weimarer Republik und Drittes Reich. Stuttgart 1990.

Klingler, Walter: Fernsehen im Dritten Reich, in: Mitteilungen Studienkreis Rundfunk und Geschichte. Nr. 3/1985.

Knef, Hildegard: Der geschenkte Gaul. Bericht aus einem Leben. Berlin 2003.

Koch, Hans-Jörg: Das Wunschkonzert im NS-Rundfunk. Köln 2003.

Koenen, Gerd: Vesper, Ensslin, Baader. Frankfurt a. M. 2005. FTB 15691.

Die nationalsozialistischen Konzentrationslager. Band I und II. Hg. von Ulrich Herbert, Karin Orth und Christoph Diekmann. Frankfurt a. M. 2002. FTB 15516.

Koppel, Wolfgang: Justiz im Zwielicht. Karlsruhe o. J. Etwa 1963.

Kortner, Fritz: Letzten Endes. Fragmente. Hg. von Johanna Kortner. München 1971.

Krause, Eckart u.a. (Hg.): Hochschulalltag im »Dritten Reich«. Die Hamburger Universität 1933–1945. 3 Bände. Berlin 1991.

Kreimeier, Klaus: Die Ufa-Story. Geschichte eines Filmkonzerns. München 1992.

Krieg und Militär im Film des 20. Jahrhunderts. Im Auftrag des Militärgeschichtlichen Forschungsamtes hg. von Bernhard Chiari, Matthias Rogg und Wolfgang Schmidt. München 2003.

Kreuder, Peter: Nur Puppen haben keine Tränen. Percha 1971.

Kühn, Volker: Unterhaltung und Kabarett im »Dritten Reich«, in: Hitlers Künstler.

Kühn-Ludewig, Maria: Johannes Pohl (1904–1960). Judaist und Bibliothekar im Dienste Rosenbergs. Hannover 2000.

Kürschners Biographisches Theater-Handbuch. Hg. von Herbert A. Frenzel und Hans Joachim Moser. Berlin 1956.

Kürschners Deutscher Gelehrten-Kalender (die einzelnen Ausgaben werden nicht gesondert aufgeführt).

Kürschners Deutscher Literatur-Kalender (die einzelnen Ausgaben werden nicht gesondert aufgeführt).

Kürschners Deutscher Musiker-Kalender 1954. Hg. von Hedwig und E. H. Mueller von Asow. Berlin 1954.

Kurzgefaßtes Tonkünstler-Lexikon, begründet von Paul Frank (Pseudonym von Carl Wilhelm Merseburger):

14. Auflage: Neu bearbeitet von Wilhelm Altmann. Regensburg 1936.

15. Auflage: Fortgeführt von Burchard Bulling. Wilhelmshaven. Bd. 1 (1974) und Bd. 2 (1978).

Leiser, Erwin: »Deutschland, erwache!« Propaganda im Film des Dritten Reiches. Reinbek 1978.

Leesch, Wolfgang: Die deutschen Archivare 1500–1945. München 1992.

Leube, Achim (Hg.): Prähistorie und Nationalsozialismus. Die mittel- und osteuropäische Ur- und Frühgeschichtsforschung in den Jahren 1933–1945. Heidelberg 2002.

Lexikon der Juden in der Musik. Mit einem Titelverzeichnis jüdischer Werke. Zusammengestellt im Auftrag der Reichsleitung der NSDAP, bearbeitet von Dr. Theo Stengel in Verbindung mit Dr. habil. Herbert Gerigk. Veröffentlichungen des Instituts der NSDAP zur Erforschung der Judenfrage Frankfurt a. M. Band 2. Bernhard Hahnefeld Verlag, Berlin 1940.

Lexikon des deutschen Widerstandes. Hg. von Wolfgang Benz und Walter H. Pehle. Frankfurt a. M. 1994.

Liebe, Ulrich: Verehrt, verfolgt, vergessen. Schauspieler als Naziopfer. Weinheim 2005.

Lilla, Joachim (Bearbeiter): Statisten in Uniform. Die Mitglieder des Reichstags 1933–1945. Düsseldorf 2004.

Liste der Goebbels genehmen Filmautoren (1944), abgedruckt bei Drewniak, Film.

Liste der Begnadeten (unersetzliche Künstler), vom Reichspropagandaministerium für den Rundfunk erstellt, abgedruckt bei Drewniak, Theater.

Löw, Andrea: Das Getto Litzmannstadt. Lebensbedingungen, Selbstbewahrung, Verhalten. Göttingen 2006.

Machtan, Lothar: Der Kaisersohn bei Hitler. Hamburg 2006.

Mahler-Werfel, Alma: Mein Leben. Frankfurt a. M. 1963. FTB 545.

Malinowski, Stephan: Vom König zum Führer. Sozialer Niedergang und politische Radikalisierung im deutschen Adel zwischen Kaiserreich und NS-Staat. Berlin 2003.

Mann, Golo: Deutsche Geschichte 1919–1945. Frankfurt a. M. 1965.

Mann, Heinrich: Zur Zeit von Winston Churchill [Kriegstagebuch]. Frankfurt a. M. 2004.

Mann, Klaus: Der Wendepunkt. Ein Lebensbericht. Reinbek 2005.

Mann, Thomas: Briefe 1889–1955, hg. von Erika Mann. Frankfurt a. M. 1965.

Mann, Thomas: Fragile Republik. Thomas Mann und Nachkriegsdeutschland, hg. von Stephan Stachorski. Frankfurt a. M. 2005. FTB 16844.

Mann, Thomas: Tagebücher. 1918–1921, 1933–1943 (hg. von Peter de Mendelssohn), 1944–1950 (hg. von Inge Jens). Frankfurt a. M. 2003. FTB 16060–16067.

Mayer, Hans: Richard Wagner in Bayreuth 1876 bis 1976, Frankfurt a. M. 1976.

Meinel, Christoph und Peter Voswinckel (Hg.): Medizin, Naturwissenschaft, Technik und Nationalsozialismus. Stuttgart 1994.

Mendelssohn, Peter de: Zeitungsstadt Berlin. Frankfurt a. M. 1982.

Mendelssohn, Peter de: S. Fischer und sein Verlag. Frankfurt a. M. 1970.

Messerschmidt, Manfred: Die Wehrmacht im NS-Staat. Zeit der Indoktrination. Hamburg 1969.

Meyer, Ahlrich (Herausgeber und Bearbeiter): Der Blick des Besatzers. Propagandaphotographie der Wehrmacht aus Marseille 1942–1944. Bremen 1999.

Meyerinck, Hubert von: Meine berühmten Freundinnen. Erinnerungen. Düsseldorf 1967.

Meyers Lexikon. Achte Auflage. 9 Bände. Leipzig 1936–1942.

Michalka, Michael und Gottfried Niedhart (Hg.): Deutsche Geschichte 1918–1933. Dokumente zur Innen- und Außenpolitik. Frankfurt a. M. 2002 (FTB 15578).

Michalka, Michael (Hg.): Deutsche Geschichte 1933–1945. Dokumente zur Innen- und Außenpolitik. Frankfurt a. M. 2002 (FTB 15579).

Moeller, Felix: Der Filmminister. Goebbels und der Film im Dritten Reich. Berlin 1998.

Moeller, Felix: Filmstars im Propagandaeinsatz, in: Hitlers Künstler.

Moser, Hans Joachim: Musiklexikon. Erste Auflage Berlin 1935. Vierte Auflage Hamburg 1955.

Musial, Bogdan: Deutsche Zivilverwaltung und Judenverfolgung im Generalgouvernement. Wiesbaden 1999.

Musial, Torsten: Staatsarchive im Dritten Reich. Zur Geschichte des staatlichen Archivwesens in Deutschland 1933–1945. Potsdam 1996.

Nagel, Anne Christine (Hg.): Die Philipps-Universität Marburg im Nationalsozialismus. Dokumente zu ihrer Geschichte. Stuttgart 2000.

Neugebauer, Wolfgang und Peter Schwarz: Der Wille zum aufrechten Gang. Offenlegung des BSA [Bund sozialistischer Akademiker der SPÖ] bei der gesellschaftlichen Reintegration ehemaliger Nationalsozialisten. Wien 2005.

Newman, Richard: Alma Rosé. Wien 1906/Auschwitz 1944. Berlin 2005.

Noack, Frank: Veit Harlan. »Des Teufels Regisseur«. München 2000.

Oettermann, Stephan und Sibylle Spiegel: Bio-Bibliographisches Lexikon der Zauberkünstler. Offenbach 2004.

Okrassa, Nina: Peter Raabe. Dirigent, Musikschriftsteller und Präsident der Reichsmusikkammer (1872–1945). Köln 2004.

Orlowski, Hubert: Literatur und Herrschaft – Herrschaft und Literatur. Zur österreichischen und deutschen Literatur des 20. Jahrhunderts. Frankfurt a. M. 2000. Hier die Beiträge »Krakauer Zeitung« 1939–1945 sowie: Ubbo-Emmius Struckmann und das Feuilleton der »Krakauer Zeitung«.

Oven, Wilfred von: Mit Goebbels bis zum Ende (2 Bände). Buenos Aires 1950.

Overesch, Manfred und Friedrich Wilhelm Saal: Chronik deutscher Zeitgeschichte. Band 1: Die Weimarer Republik. Düsseldorf 1982.

Overesch, Manfred und Friedrich Wilhelm Saal: Chronik deutscher Zeitgeschichte. Band 2/I: Das Dritte Reich 1933–1939. Düsseldorf 1982.

Overesch, Manfred: Chronik deutscher Zeitgeschichte. Band 2/II. Das Dritte Reich 1939–1945: Düsseldorf 1983.

Der deutsche PEN-Club im Exil 1933–1948. Eine Ausstellung der Deutschen Bibliothek Frankfurt a. M. 1980 (Katalog).

Petropoulos, Jonathan: Kunstraub und Sammelwahn. Kunst und Politik im Dritten Reich. Berlin 1999.

Petsch, Joachim: Malerei und Plastik im »Dritten Reich«, in: Hitlers Künstler.

Picker, Henry: Hitlers Tischgespräche im Führerhauptquartier 1941–1942. Bonn 1951.

Piper, Ernst: Alfred Rosenberg. Hitlers Chefideologe. München 2005.

Pohl, Dieter: Nationalsozialistische Judenverfolgung in Ostgalizien 1941–1944. Organisation und Durchführung eines staatlichen Massenverbrechens. München 1997.

Poliakov, Léon und Joseph Wulf: Das Dritte Reich und seine Diener. Auswärtiges Amt, Justiz und Wehrmacht. Wiesbaden 1989.

Poliakov, Léon und Joseph Wulf: Das Dritte Reich und die Juden. Wiesbaden 1989.

Poliakov, Léon und Joseph Wulf: Das Dritte Reich und seine Denker. Wiesbaden 1989.

Potter, Pamela M.: Die deutscheste der Künste. Musikwissenschaft und Gesellschaft von der Weimarer Republik bis zum Ende des Dritten Reiches. Stuttgart 2000.

Prahl, Hans-Werner (Hg.): Uni-Formierung des Geistes. Universität Kiel im Nationalsozialismus. Kiel 1995.

Prieberg, Fred K.: Musik im NS-Staat. Frankfurt a. M. 1989. FTB 6901.

Prieberg, Fred K.: Handbuch Deutsche Musiker 1933–1945. CD-ROM 2004.

Puschner, Uwe u. a. (Hg.): Handbuch zur »völkischen Bewegung« 1871–1918. München 1999.

Rabenalt. Arthur Maria: Joseph Goebbels und der »Großdeutsche« Film. München 1985.

Rathkolb, Oliver: Führertreu und gottbegnadet. Künstlereliten im Dritten Reich. Wien 1991.

Rave, Paul Ortwin: Kunstdiktatur im Dritten Reich. Hamburg 1949.

Reichelt, Johannes: Erlebte Kostbarkeiten. Begegnungen mit Künstlern in Bekenntnisstunden. Dresden 1941.

Rechtsextremismus in der Bundesrepublik. Hg. von Wolfgang Benz. Frankfurt a. M. 1989. FTB 4446.

Rechtsradikalismus: Randerscheinung oder Renaissance? Hg. von Wolfgang Benz. Frankfurt a. M. 1980. FTB 4218.

Reichsministerium für Volksaufklärung und Propaganda: Geschäftsverteilungspläne 1936 und 1942.

Reinhardt, Gottfried: Der Liebhaber. Erinnerungen seines Sohnes Gottfried Reinhardt. München 1973.

Riefenstahl, Leni: Memoiren. München 1987.

Rischbieter, Henning: Theater in der Nazizeit, in: Hitlers Künstler.

Rökk, Marika: Herz mit Paprika. München 1976.

Rosenberg, Alfred: Das politische Tagebuch Alfred Rosenbergs, hg. von Hans-Günther Seraphim. München 1964.

Rühle, Günther: Theater für die Republik 1917–1933 im Spiegel der Kritik. Frankfurt a. M. 1967.

Rüter, C. E. und D. W. de Mildt: Die westdeutschen Strafverfahren wegen nationalsozialistischer Tötungsverbrechen 1945–1977. Amsterdam/München 1998.

Rusinek, Bernd-A.: »Wald und Baum in der arisch-germanischen Geistes- und Kulturgeschichte« – Ein Forschungsprojekt des »Ahnenerbe« der SS 1937–1945, in: Albrecht Lehmann/Klaus Schriewer (Hg.): Der Wald – Ein deutscher Mythos? Berlin 2000.

Rutz, Rainer: Signal. Eine deutsche Auslandsillustrierte als Propagandainstrument im Zweiten Weltkrieg. Essen 2007.

Sachsenhausen-Liederbuch, hg. von Günter Morsch. Originalwiedergabe eines illegalen Häftlingsliederbuches aus dem Konzentrationslager Sachsenhausen. Berlin 1995.

Die Sammlung. Literarische Monatsschrift unter dem Patronat von André Gide, Aldous Huxley, Heinrich Mann, hg. von Klaus Mann. 1. Jahrgang 1934 sowie 2. Jahrgang 1935. Querido Verlag Amsterdam. Reprint München 1986.

Sauder, Gerhard (Hg.): Die Bücherverbrennung 10. Mai 1933. Frankfurt a. M. 1985.

Sarkowicz, Hans: Schriftsteller im Dienst der NS-Diktatur, in: Hitlers Künstler.

Sarkowicz, Hans und Alf Mentzer: Literatur in Nazi-Deutschland. Ein biografisches Lexikon. Hamburg/Wien 2000.

Schabow, Dietrich: Zur Geschichte der Juden in Bendorf. Bendorf 1979.

Schenk, Dieter: Hitlers Mann in Danzig. Gauleiter Forster und die NS-Verbrechen in Danzig-Westpreußen. Bonn 2000.

Schifferli, Peter: Das war Dada. Dichtungen und Dokumente. München 1963.

Schirach, Baldur von: Ich glaubte an Hitler. Hamburg 1967.

Schirach, Henriette von: Der Preis der Herrlichkeit. Erfahrene Zeitgeschichte. München 1975.

Schirach, Richard von [jüngster Sohn]: Der Schatten meines Vaters. München 2005.

Schlesisches Musiklexikon. Hg. von Lothar Hoffmann-Erbrecht im Auftrag des Instituts für Deutsche Musik im Osten. Augsburg 2001.

Schlösser, Manfred (Hg.): An den Wind geschrieben. Lyrik der Freiheit 1933–1945. München 1962.

Schmalhausen, Bernd: »Ich bin doch nur ein Maler«. Max und Martha Liebermann im »Dritten Reich«. Hildesheim 1994.

Schmeling, Max: Erinnerungen. Frankfurt a. M. 1977.

Schmidt, Wolfgang: »Maler an der Front«. Zur Rolle der Kriegsmaler und Pressezeichner der Wehrmacht im Zweiten Weltkrieg, in: Die Wehrmacht. Mythos und Realität. Hg. von Rolf-Dieter Müller und Hans-Erich Volkmann. München 1999.

Schmitz, Walter und Uwe Schneider: Völkische Semantik bei den Münchner ›Kosmikern‹ und im George-Kreis, in: Puschner.

Schöbel, Gunter: Hans Reinert. Forscher – NS-Funktionär – Museumsleiter, in: Prähistorie und Nationalsozialismus. Heidelberg 2002.

Schöbel, Gunter, Direktor des Pfahlbaumuseums Unteruhldingen. Er hat mir drei Listen zur Verfügung gestellt: Lehrstühle in der Vor- und Frühgeschichte bzw. Ur- und Frühgeschichte vor und nach 1945, Lehrstühle nach 1945 sowie Vorgeschichtsforscher in der SS.

Schoeller, Wilfried F. (Hg.): Diese merkwürdige Zeit. Leben nach der Stunde Null. Ein Textbuch aus der »Neuen Zeitung«.

Scholdt, Günter: Autoren über Hitler. Deutschsprachige Schriftsteller 1919–1945 und ihr Bild vom »Führer«. Bonn 1993.

Scholem, Gershom: Walter Benjamin – die Geschichte einer Freundschaft. Frankfurt a. M. 1975.

Schonauer, Franz: Deutsche Literatur im Dritten Reich. Freiburg i. Br. 1961.

Schrader, Bärbel: »Jederzeit widerruflich«. Die Reichskulturkammer und die Sondergenehmigungen in Theater und Film des NS-Staates. Berlin 2008.

Schültke, Bettina: Theater oder Propaganda? Die Städtischen Bühnen Frankfurt am Main 1933–1945. Studien zur Frankfurter Geschichte, Band 40. Frankfurt a. M. 1997.

Schumann, Gerhard (Hg.): Lyrik der Lebenden. München 1944.

Schwarberg, Günther: Dein ist mein ganzes Herz. Die Geschichte von Fritz Löhner-Beda. Göttingen 2000 (ohne Quellennachweis und Literaturangaben).

Seeger, Horst: Musiklexikon, VEB Deutscher Verlag für Musik. Leipzig 1966. Neuausgabe Leipzig 1981.

Sereny, Gitta: Das Ringen mit der Wahrheit. Albert Speer und das deutsche Trauma. München 1995.

Sigmund, Anna Maria: Die Frauen der Nazis. München 2005.

Speer, Alfred: Erinnerungen. Frankfurt a. M. 1969.

Speer, Alfred: Spandauer Tagebücher. Frankfurt a. M. 1975.

Staatsanwaltschaft Frankfurt am Main: Verfahren 4 Js 444/59 (Auschwitz).

Stadtverband Saarbrücken: Zehn statt tausend Jahre. Die Zeit des Nationalsozialismus an der Saar (1935–1945). Katalog zur Ausstellung des Regionalgeschichtlichen Museums 1988.

Stockhorst, Erich: Fünftausend Köpfe. Wer war was im Dritten Reich. Velbert 1967.

Stöckel, Sigrid: Die »rechte Nation« und ihr Verleger. Politik und Popularisierung im J. F. Lehmanns Verlag 1890–1979. Berlin 2002.

Strohmeyer, Arn, Kai Artiger, Ferdinand Krogmann: Landschaft, Licht und niederdeutscher Mythos. Die Worpsweder Kunst und der Nationalsozialismus. Weimar 2000.

Studien Jena, Abkürzung für: »Kämpferische Wissenschaft«. Studien zur Universität Jena im Nationalsozialismus. Hg. von Uwe Hoßfeld, Jürgen John, Oliver Lemuth, Rüdiger Stutz. Köln 2003.

Tarnowski, Wolfgang: Ernst Barlach und der Nationalsozialismus. Hamburg 1889.

Tarnowski, Wolfgang (Hg.): Ernst Barlach – Reinhard Piper. Briefwechsel 1900–1938. München 1997.

Taschenbrockhaus zum Zeitgeschehen. Leipzig 1942.

Thieme, Ulrich und Felix Becker (Begründer): Allgemeines Lexikon der bildenden Künstler von der Antike bis zur Gegenwart. Leipzig 1999.

Thimig-Reinhardt, Helene: Wie Max Reinhardt lebte. Frankfurt a. M. 1975. FTB 1661.

Thomae, Otto: Die Propaganda-Maschinerie. Bildende Kunst und Öffentlichkeitsarbeit im Dritten Reich. Berlin 1978.

Unger, Michal: About the Autor, in: Josef Zelkowicz: In Those Terrible Days. Notes from the Lodz Ghetto. Jerusalem 2002.

Volker, Reimar: »Von oben sehr erwünscht«. Die Filmmusik Herbert Windts im NS-Propagandafilm. Trier 2003.

Vollmer, Hans (Hg.): Allgemeines Lexikon der bildenden Künstler des 20. Jahrhunderts. Leipzig 1999.

Walther, Peter, Herausgeber: Die Dritte Front. Literatur in Brandenburg 1930–1950. Berlin 2004.

Weidermann, Volker: Lichtjahre. Eine kurze Geschichte der deutschen Literatur von 1945 bis heute. Köln 2006.

Weinbrenner, Hans-Joachim (Hg.): Handbuch des Deutschen Rundfunks 1939/40.

Weinschenk, H(arry). E.: Künstler plaudern. Berlin o. J. (1938).

Weiß, Hermann (Hg.): Biographisches Lexikon zum Dritten Reich. Frankfurt a. M. 1998.

Weissweiler, Eva: Ausgemerzt! Das Lexikon der Juden in der Musik und seine mörderischen Folgen. Köln 1999.

Weniger, Kay: Das große Personenlexikon des Films. Berlin 2001 (acht Bände).

Weniger, Kay: Zwischen Bühne und Baracke. Lexikon der verfolgten Theater-, Film- und Musikkünstler. Berlin 2008.

Weniger hat ein profundes Personenlexikon des Films vorgelegt. Sein Lexikon der verfolgten Künstler kolportiert dagegen nahezu alle, häufig von den »Verfolgten« selbst getexteten, Widerstandsmärchen. So wird sogar der schleimige Erich Ebermayer in den Verfolgtenstatus erhoben. Mehr noch: Goebbels' Geliebte Lida Baarova und Bormanns Geliebte Manja Behrens fanden Aufnahme unter dem Thema »Im Räderwerk des Regimes«.

Wiedow, Hartwig: Wilhelm E. Süskind. Studien. Hagen 2004.

Wildt, Michael: Generation des Unbedingten. Das Führungskorps des Reichssicherheitshauptamtes. Hamburg 2002.

Wilhelm, Friedrich: Die Polizei im NS-Staat. Paderborn 1999.

Winkler, Heinrich August: Der Weg in die Katastrophe. Arbeiter und Arbeiterbewegung in der Weimarer Republik 1930–1933. Bonn 1990.

Wistrich, Robert: Wer war wer im Dritten Reich? Ein biographisches Lexikon. Frankfurt a. M. 1887. FTB 4373.

Wolff, Horst-Peter und Arnold Kalinich: Zur Geschichte der Krankenanstalten in Berlin-Buch. Berlin 1996.

Wulf, Joseph: Presse und Funk im Dritten Reich. Frankfurt a. M. 1989.

Wulf, Joseph: Literatur und Dichtung im Dritten Reich. Frankfurt a. M. 1989.

Wulf, Joseph: Musik im Dritten Reich. Frankfurt a. M. 1989.

Wulf, Joseph: Die bildenden Künste im Dritten Reich. Frankfurt a. M. 1989.

Wulf, Joseph: Theater und Film im Dritten Reich. Frankfurt a. M. 1989.

Zentner, Christian und Friedemann Bedürftig (Hg.): Das große Lexikon des Dritten Reiches. München 1985.

Zentner, Christian und Friedemann Bedürftig (Hg.): Das große Lexikon des Zweiten Weltkriegs. München 1988.

Zerstörung der deutschen Politik. Dokumente 1871–1933. Hg. von Harry Pross. Frankfurt a. M. 1959. FTB 264.

Zimmermann, Peter und Kay Hoffmann (Hg.): Geschichte des dokumentarischen Films in Deutschland. Band 3: »Drittes Reich« (1933–1945). Hg. im Auftrag des Hauses des Dokumentarfilms. Stuttgart 2005.

Zimmermann, Susanne: Die Medizinische Fakultät der Universität Jena während der Zeit des Nationalsozialismus. Berlin 2000.

Zuckmayer, Carl: Als wär's ein Stück von mir. Erinnerungen. Frankfurt a. M. 1966.

Zuckmayer, Carl: Geheimreport. Hg. von Gunther Nickel und Johanna Schöne. Göttingen 2002 [ein 1943/44 für den US-Geheimdienst verfaßter Bericht über deutsche Schauspieler, Schriftsteller und Musiker].

Zuschlag, Christoph: »Entartete Kunst«. Ausstellungsstrategien im Nazi-Deutschland. Heidelberger kunstgeschichtliche Abhandlungen 1995.

SS-Ränge

Sturmmann	Gefreiter
Rottenführer	Obergefreiter
Unterscharführer (Uscha.)	Unteroffizier
Scharführer	Unterfeldwebel
Oberscharführer (Oscha.)	Feldwebel
Untersturmführer (Ustuf.)	Leutnant
Obersturmführer (OStuf.)	Oberleutnant
Hauptsturmführer (Hstuf.)	Hauptmann
Sturmbannführer (Stubaf.)	Major
Obersturmbannführer (OStubaf.)	Oberstleutnant
Standartenführer (Staf.)	Oberst
Oberführer (Oberf.)	Oberst
Brigadeführer (Brif.)	Generalmajor
Gruppenführer (Gruf.)	Generalleutnant
Obergruppenführer (OGruf.)	General
Oberstgruppenführer	Generaloberst

Abkürzungen

AG	Aktiengesellschaft
ao.	außerordentlicher
apl.	außerplanmäßiger
BA	Bundesarchiv
BAL	Bundesarchiv, Außenstelle Ludwigsburg
BDC	Berlin Document Center, heute Bestand des BA Berlin
BGH	Bundesgerichtshof
BR	Bayerischer Rundfunk
DAF	Deutsche Arbeitsfront
DBE	Deutsche Biographische Enzyklopädie
DBJ	Deutsches Bühnen-Jahrbuch
DEFA	Deutsche Film Aktiengesellschaft (DDR)
DNVP	Deutschnationale Volkspartei
DÖW	Dokumentationsarchiv des Österreichischen Widerstandes
DRK	Deutsches Rotes Kreuz
Ffm.	Frankfurt am Main
GEMA	Gesellschaft für musikalische Aufführungs- und mechanische Vervielfältigungsrechte
GStA	Generalstaatsanwalt(schaft)
Hdb.	Handbuch
HR	Hessischer Rundfunk
IfZ	Institut für Zeitgeschichte, München
IG	Interessengemeinschaft
k.u.k.	kaiserlich und königlich (Österreich-Ungarn)
LG	Landgericht
Lit.	(weiterführende) Literatur
MdB	Mitglied des Bundestags
MdL	Mitglied des Landtags
MdR	Mitglied des Reichstags
MMW	Münchner Medizinische Wochenschrift
Nbg. Dok.	Nürnberger Dokument
NDR	Norddeutscher Rundfunk
NSV	Nationalsozialistische Volkswohlfahrt der NSDAP
o.	ordentlicher
OLG	Oberlandesgericht
OKW	Oberkommando der Wehrmacht
PEN	Englische Abkürzung für Internationalen Schriftstellerverband
Pg.	(NSDAP)-Parteigenosse
Q.	Quelle

RIAS	Rundfunk im amerikanischen Sektor
SDR	Süddeutscher Rundfunk
SED	Sozialistische Einheitspartei (der DDR)
SFB	Sender Freies Berlin
StA	Staatsanwalt(schaft)
TH	Technische Hochschule
Ufa	Universum Film Aktiengesellschaft
VG	Verwertungsgesellschaft
WASt	Wehrmachtsauskunftstelle Berlin (Deutsche Dienststelle)
WDR	Westdeutscher Rundfunk
z.b.V.	zur besonderen Verwendung
z. Wv.	zur Wiederverwendung, Rechtsstatus, daß Pensionsansprüche bestehen
ZSt	Zentrale Stelle der Landesjustizverwaltungen Ludwigsburg

Begriffslexikon

Ahnenerbe der SS. Die *Studiengesellschaft für Geistesurgeschichte* wurde am 1.7.1935 von Himmler, Darré und dem Deutsch-Holländer Wirth gegründet. Ziel: Verbreitung des Germanenkults. Um die Jahreswende 1938/39 wurde Himmler Präsident der Forschungs- und Lehrgemeinschaft. 1942 dem Persönlichen Stab Reichsführer-SS eingegliedert. Ansammlung spinnerter Runenforscher, aber auch verbrecherische Menschenversuche.

Akademie für Deutsches Recht. Am 26.6.1933 von Reichsjustizkommissar Hans Frank gegründet. Per Gesetz vom 11.7.1934 eine Einrichtung des Reiches, Ziel: Schaffung eines neuen germanischen Herrenrechts »auf dem gesamten Gebiete des Rechts und der Wirtschaft« (Satzung). Laut Frank basierend auf den Werten Rasse, Staat, Führer, Blut, Autorität, Glauben, Boden, Wehr, Idealismus.

Aktion Reinhard. Tarnwort für den Massenmord an Juden in den Vernichtungslagern Belzec, Sobibor und Treblinka. Nachträgliche Bezeichnung zu Ehren des Cheforganisators der »Endlösung«, Reinhard Heydrich. Die Aktion Reinhard erstreckte sich Ende 1943 auf das besetzte Italien.

Alter Kämpfer. Bezeichnung für Mitglieder von NSDAP, SA oder SS, die vor dem 31.1.1933 eingetreten sind oder eine Mitgliedsnummer unter 300 000 haben.

Amt Rosenberg. Im Februar 1934 gegründete Dienststelle *Beauftragter des Führers für die Überwachung der gesamten geistigen und weltanschaulichen Schulung und Erziehung der NSDAP*. Ziel: Gewährleistung der »Einheit der nationalsozialistischen Weltanschauung«. Zehn Dienststellen: 1. Kunstpflege, 2. Schulung, 3. Schrifttumspflege, 4. Weltanschauliche Informationen, 5. Vorgeschichte, 6. Presse, 7. Wissenschaft, 8. Neuere Geschichte, 9. Nordische Fragen, 10. Philosophie und Geistesgeschichte. Adresse: München, Margaretenstr. 17. Q.: *Der Schulungsbrief*, Juli 1936.

Auswärtiges Amt. Das Außenministerium übte Druck auf verbündete oder abhängige Länder aus, Juden der SS (zur Ermordung) zu überstellen.

Befehlshaber der Sicherheitspolizei und des Sicherheitsdienstes (BdS). Siehe Einsatzgruppen.

Blutordensträger. Der Blutorden, 1933 gestiftet, wurde verliehen an Teilnehmer des versuchten Hitlerputsches am 9.11.1923 in München.

Braunes Haus. Bezeichnung für das ehemalige Barlow-Palais in der Brienner Str. 45 in München, 1930 von der NSDAP erworben, ab 1931 Sitz der Reichsleitung der NSDAP.

Bund Deutscher Osten (BDO). 1933 der Reichsleitung der NSDAP, Alfred Roseberg, unterstellt, um »das deutsche Volk mit den geistes- und raumgeschichtlichen Fragen des Ostens vertraut« zu machen (Haar, Historiker, S. 131). Zeitschrift: *Ostland*.

Bund Nationalsozialistischer Deutscher Juristen (BNSDJ). Fachorganisation der NSDAP, 1928 von Hans Frank gegründet, 1936 in NS-Rechtswahrerbund (NSRB) umbenannt.

Bund Oberland. 1919 gegründet als Freikorps, 1921 völkischer Wehrverband, 1923 beteiligt am Hitlerputsch, in NSDAP aufgegangen.

Chargendarsteller. Einseitig gezeichnete Nebenrollen, übertrieben gespielt (chargieren).

DEFA. Deutsche Film Aktiengesellschaft, staatliche Filmproduktionsgesellschaft der DDR, gegründet am 17. 5. 1946 (aufgelöst am 19. 5. 1992). Studioanlagen in Berlin-Babelsberg.

Deutsche Akademie. 1925 eröffnete völkische *Akademie zur Wissenschaftlichen Erforschung und Pflege des Deutschtums – Deutsche Akademie.* Betreiber von Sprachschulen im In- und Ausland, Propagandainstrument für NS-Großmachtpolitik. 1945 von US-Militärregierung aufgelöst.

Deutsche Arbeitsfront (DAF). Ersatzorganisation für die zerschlagenen Gewerkschaften. Mit 25 Millionen Mitgliedern größte Massenorganisation, angeschlossen war die Organisation *Kraft durch Freude.*

Deutsche Dozentenschaft. Im Wintersemester 1933/34 als Zusammenschluß der Dozentenschaften aller Hochschulen gegründet. Zwangsmitgliedschaft zunächst nur der Assistenten und nichtbeamteten Dozenten (später auch Aufnahme von Professoren). Die Führer der örtlichen Dozentenschaft wurden ab 1935 vom REM ernannt. Sie hatten Mitspracherecht bei der Auswahl der Dozenten und Assistenten und erstatteten (geheime) Gutachten bei Berufungen.

Deutsche Hochschule für Politik. 1920 in Berlin auf Initiative von Wirtschafts- und Finanzkreisen vom Preußischen Kultusminister gegründet. Ab 1934 dem Reichspropagandaministerium als Indoktrinierungs-Instrument unterstellt.

Deutschvölkischer Schutz- und Trutzbund. 1920 Vereinigung des 1918 in Eisenach gegründeten Deutsch-Völkischen Bundes mit dem ebenfalls 1918 gegründeten Deutschen Schutz- und Trutzbund. Gegen Judentum und Bolschewismus, völkische Agitation, Wegbereiter des Nationalsozialismus. Q.: *Meyers Lexikon* 1937.

Einsatzgruppe. Mobile Mordeinheiten des Sicherheitsdienstes (SD) und der Sicherheitspolizei (Sipo). Jede Einsatzgruppe hatte mehrere Einsatz- oder Sonderkommandos, die jeweils einem Armeekorps zugeordnet waren. Die Einsatzgruppen wurden nach der Stabilisierung deutscher Besatzung in Dienststellen *Befehlshaber der Sicherheitspolizei* umgewandelt, dem Höheren SS- und Polizeiführer unterstellt.

Einsatzkommando. Mordeinheiten von 120 bis 150 Mann SS, SD oder Sipo, ergänzt durch Polizeieinheiten und/oder ukrainische, lettische usw. Hilfskräfte als Erschießungskommandos.

Entnazifizierung. Vereinbarung der alliierten Siegermächte, aktive Nazis aus öffentlichen Ämtern und wichtigen Privatunternehmen zu entfernen und zu bestrafen. Dazu dienten sog. *Spruchkammern.* Die angestrebte Befreiung von Nationalsozialismus und Militarismus scheiterte unter vielem anderen daran, daß im Bereich Verwaltung, Justiz und Wissenschaft kaum unbelastete Alternativen vorhanden waren.

Freikorps. Nach Auflösung des Kaiserlichen Heeres 1918 gegründete militärische Freiwilligenverbände (mehr als 200) unter meist nationalistischen Offizieren. Vom Staat gegen Arbeiterbewegung und die politische Linke, auch als Grenzschutz im Osten eingesetzt. Vereint, so *Meyers Lexikon* 1938, im Haß gegen den Bolschewismus. Die Auflösungsverfügung 1920 trug zum Kapp-Putsch bei. Danach Überführung in die Reichswehr oder Wechsel zur SA.

Geheime Feldpolizei. Die »Gestapo der Wehrmacht« (Dieter Schenk). Beteiligt an Judenmassakern.

Generalgouvernement. Am 6. 10. 1939 errichtete Verwaltungseinheit für die besetzten und nicht dem Deutschen Reich einverleibten polnischen Gebiete. Vier Distrikte: Krakau, Warschau, Radom und Lublin, nach dem Überfall auf Rußland ab 1.9.1941 zusätzlich der Distrikt Ostgalizien.

Generalkommissar. Entspricht der Funktion eines Regierungspräsidenten.

Gestapo. Geheimes Staatspolizeiamt. Am 26.4.1933 aus der preußischen Politischen Polizei hervorgegangen, Dienstsitz Prinz-Albrecht-Straße 8. Ab 1.10.1936 Bezeichnung *Geheime Staatspolizei*, zunächst *Gestapa* abgekürzt, später *Gestapo* genannt. Die Dienststellen wurden *Stapostellen*, bzw. *Stapo-Leitstellen* genannt. Aufgabe: Ausforschung und Bekämpfung aller »staatsgefährlichen Bestrebungen«. 1939 als Teil der *Sipo* mit dem *SD* zum *Reichssicherheitshauptamt* zusammengeschlossen.

Hauptschulungsamt der NSDAP, unterstellt dem Reichsorganisations- und Reichsschulungsleiter Ley, Zweck: »Aufgabe der Schulung soll es sein, weltanschaulich Auslese zu betreiben«. Adresse: München, Barerstr. 15. Quelle: *Der Schulungsbrief*, Juli 1936.

Hitlerjugend (HJ). Gründung 1926. Die HJ erfaßte Kinder ab 10 Jahren (*Jungvolk* und *Jungmädel*). 14- bis 18jährige waren in der *Hitlerjugend* oder dem *Bund Deutscher Mädel* (BDM). Die HJ (Oberbegriff) wurde am 17.6.1933 mit der Ernennung des *Jugendführers des Deutsches Reiches* (Schirach) eine staatliche Organisation. Die Reichsjugendführung wurde am 1.12.1936 (Gesetz über die HJ) Oberste Reichsbehörde, Hitler direkt unterstellt. Kein Beitrittszwang.

Hitlerputsch. Umsturzversuch Ludendorffs und Hitlers. Am 8.11.1923 erklärte Hitler im Münchner Bürgerbräukeller die Bayerische Landes- wie die Reichsregierung für abgesetzt und rief zum Marsch auf Berlin auf. Ein von Ludendorff am 9.11. angeführter Zug zur Feldherrnhalle wurde von der bayerischen Polizei blutig beendet (drei tote Polizisten, 16 tote Putschisten, die später als »Blutzeugen der Bewegung« kultisch verklärt werden). Im Prozeß wegen Hochverrats wurde Ludendorff am 1.4.1924 vom sympathisierenden Münchener Volksgericht freigesprochen und Hitler zur Mindeststrafe von 5 Jahren *Festungshaft* in Landsberg verurteilt, am 20.12.1924 entlassen. Hitler diktierte in Landsberg den ersten Teil von *Mein Kampf* und konnte sich in der Stadt frei bewegen.

Höherer SS- und Polizeiführer (HSSPF). Eine Himmler direkt unterstellte Dienststelle, per Erlaß vom 13.11.1937 gegründet. Ab Kriegsbeginn Schaltstellen der Vernichtungs- und Unterdrückungspolitik. Der HSSPF befehligte die zum Massenmord eingesetzten Einsatzgruppen, ihm unterstanden die Vertreter der Sicherheits- und Ordnungspolizei, der Waffen-SS, des Wirtschafts- und Verwaltungshauptamts. Der HSSPF im Osten war zugleich Beauftragter des Reichskommissars für die Festigung des Deutschen Volkstums (RKF).

Inspekteur der Sicherheitspolizei (IdS). Ab 1.10.1936 geschaffene Dienststelle zur Kontrolle und Koordination der Tätigkeit der Sipo.

Kameradschaft der deutschen Künstler (KddK). 1931 von Benno von Arent als *Bund nationalsozialistischer Bühnen- und Filmkünstler* gegründet, offizieller Name ab 1933. Laut Arent ein NS-*Führerkorps* des deutschen Kunstlebens, *Heil Hitler!* als Pflichtgruß. In Biographien gerne als Künstlerclub verniedlicht oder nur in der Abkürzung KddK erwähnt.

Kampfbund für deutsche Kultur. 1928 unter dem Namen *Nationalsozialistische Gesellschaft für deutsche Kultur* von Alfred Rosenberg gegründet, Ende 1928 umbenannt. Mai 1933 als Kulturorganisation der NSDAP anerkannt. Im Juni 1934 mit dem Reichsverband *Deutsche Bühne* zur *Nationalsozialistischen Kulturgemeinde* vereinigt.

Kanzlei des Führers der NSDAP (KdF). Ein 1934 errichtetes und aus Parteigeldern bezahltes Amt, vorwiegend zur Bearbeitung von Eingaben an Hitler. 1938 zu einem Verwaltungsapparat, bestehend aus 5 Hauptämtern, angewachsen. Die KdF organisierte den Massenmord an Kranken und Behinderten (Euthanasie).

Kapp-Putsch, benannt nach dem Putschisten Wolfgang Kapp, 1917 Gründer der antisemitischen *Deutschen Vaterlandspartei*. Als 1920 gemäß des Versailler Vertrags die Reichswehr reduziert wurde, beschloß Reichswehrminister Noske am 11. März die Auflösung der *Freikorps-Brigaden Löwenfeld* und *Ehrhardt* durch General Lüttwitz, Chef des Reichswehrgruppenkommandos I Berlin. Daraufhin besetzte am 13. 3. 1920 die *Marinebrigade Ehrhardt* das Regierungsviertel in Berlin und rief Kapp als Reichskanzler aus. Nach dem Scheitern des Staatsstreichs floh Kapp vorübergehend nach Schweden, er starb 1922 in Leipzig in U-Haft.

Kraft durch Freude. Am 27. 2. 1933 gegründete *Nationalsozialistische Gemeinschaft* zwecks Freizeitlenkung.

Kreishauptmann. Landrat, Leiter der zivilen Verwaltung, zuständig für administrative Lenkung des Judenmords. Lit.: Pohl, Ostgalizien, S. 282 f.

Kriegseinsatz der Geisteswissenschaften, auch *Aktion Ritterbusch* genannt. Im Frühjahr 1940 (vor Westoffensive) von Paul Ritterbusch im Auftrag des Reichsministeriums für Erziehung, Wissenschaft und Volksbildung initiiertes *Gemeinschaftswerk* deutscher Geisteswissenschaftler. Der Kriegseinsatz sollte die Überlegenheit der deutschen Geisteswissenschaften im Nationalsozialismus dokumentieren und einen kriegswichtigen Beitrag im weltanschaulichen Kampf gegen die Westmächte leisten.

Kunstbetrachtung. Verbot jeder subjektiv wertenden Kritik. Alle Kritiken durften nur noch den Inhalt der NS-Zensur gemäß referieren. Goebbels am 27. 11. 1936 im Tagebuch: »Führer hat mein Verbot der Kritik fast unverändert angenommen.« *Meyers Lexikon* (1939) datiert die Verbotsverordnung auf den 24. 2. 1937.

Die Kunst im Deutschen Reich. Siehe *Die Kunst im Dritten Reich.*

Die Kunst im Dritten Reich. Zeitschrift. Erstmals erschienen Januar 1937 (auf Wunsch Hitlers September 1939 umbenannt in *Die Kunst im Deutschen Reich*). Herausgeber war unter anderen zunächst Speer. 1938 legte Rosenberg seine Zeitschrift *Kunst und Volk* mit der von Hitler geförderten und aufwendig gemachten *Die Kunst im Dritten Reich* zusammen und übernahm die Herausgeberschaft (Speer nun künstlerischer Beirat). Der Bezug wurde von den Mitgliedern der Reichskammer der bildenden Künste erwartet, da die Zeitschrift »nach dem Willen des Führers die würdige Repräsentantin des neuen deutschen Kulturwillens« sei. Auflage 1939: 50 000 Exemplare.

Landeshauptmann. Führungsspitze der Provinzialbürokratie.

Leibstandarte-SS Adolf-Hitler. Am 17. 3. 1933 gegründete und auf Hitler persönlich vereidigte Einheit zum persönlichen Schutz Hitlers. Hervorgegangen aus Hitlers Münchner Leibwache, zunächst SS-Stabswache Berlin, dann Wachbataillon Berlin genannt. Im Krieg zu einer Elitetruppe der Waffen-SS aufgestockt.

Lexikon der Juden in der Musik. Siehe Gerigk, Herbert.

Minister-Prozeß. US-Military Tribunal No. XI vom 4. 11. 1947 bis zum 4. 4. 1949 gegen 21 Angeklagte des Auswärtigen Amtes und anderer Ministerien, nach deren Dienstsitz auch Wilhelmstraßen-Prozeß genannt.

Mischlinge. Als *Mischlinge ersten Grades* oder *Halbjuden* galten Menschen mit zwei jüdischen Großeltern. Als *Mischlinge zweiten Grades* oder *Vierteljuden* galten Menschen mit einem jüdischen Großelternteil.

Nationalsozialistische Frauenschaft. 1931 gegründet, seit 29. 3. 1935 Gliederung der NSDAP. 1936 über 2 Millionen Mitglieder.

Nationalsozialistische Kulturgemeinde. Organisation der NSDAP. 1934 gebildet aus dem *Reichsverband Deutsche Bühne* und dem 1929 gegründeten *Kampfverband für deutsche Kultur*. 1937 mit der *Nationalsozialistischen Gemeinschaft Kraft durch Freude* vereinigt.

Nationalsozialistischer Bund Deutsche Technik (NSBDT). Der NSDAP angeschlossener Verband unter Führung des Hauptamts für Technik der NSDAP.

Nationalsozialistischer Deutscher Studentenbund (NSDStB). Eine Gliederung der NSDAP. *Meyers Lexikon* 1940: »Stoßtrupp der nat.-soz. Studierenden aller Hochschulen. Zugehörigkeit zur NSDAP ist nicht notwendig, wohl aber zu einer ihrer Gliederungen.«

Nationalsozialistisches Flieger-Korps (NSFK). Am 17. 4. 1937 von Hitler gebildete vormilitärische Kampforganisation »auf allen fliegerischen Gebieten wie auch in weltanschaulicher und wehrsportlicher Hinsicht« (*Meyers Lexikon* 1940).

Nationalsozialistisches Kraftfahr-Korps (NSKK). Gleich SA und SS eine selbständige, Hitler unmittelbar unterstellte, Kampfgliederung der NSDAP. Von Hitler zum Träger der gesamten vor- und nachmilitärischen Wehrerziehung des deutschen Mannes bestimmt (*Meyers Lexikon* 1940).

NS-Dozentenbund. Der Nationalsozialistische Deutsche Dozentenbund (NSDDB), hervorgegangen aus der Reichsfachschaft Hochschullehrer im NS-Lehrerbund, war ab 24. 7. 1935 eine Gliederung der NSDAP. Laut *Meyers Lexikon* (1940) hatte er die Aufgabe, »die nat.soz. Weltanschauung an den Hochschulen durchzusetzen«. Mitglied wurde automatisch jeder Altparteigenosse. Bis 1935 nur NSDAP-Mitglieder zugelassen, ab 1936 auch für Nicht-Parteigenossen offen. Zur Aufnahme wurde die Bürgschaft zweier bewährter Nationalsozialisten benötigt. Der NSDDB hatte Sitz und Stimme im Senat der Universität und besaß bei Berufungs- und Habilitationsverfahren ein Vetorecht.

NS-Lehrerbund. 1929 gegründeter, der NSDAP angeschlossener Verband. Sitz Bayreuth, Haus der Erziehung.

NS-Rechtswahrerbund (NSRB). Ab April 1936 Name des bisherigen Bundes Nationalsozialistischer Deutscher Juristen (BNSDJ). Fachorganisation der NSDAP, 1928 von Hans Frank gegründet. Die Mitglieder galten als »Träger des nat.soz. Rechtsgedankens« (*Meyers Lexikon* 1940).

NSV. Nationalsozialistische Volkswohlfahrt. 1932 gegründet. Durch Verfügung Hitlers am 3. 5. 1933 als Organisation innerhalb der NSDAP anerkannt. Hilfe für ausschließlich im NS-Sinne wertvolle Volksgenossen.

Ordnungspolizei (Orpo). Die 1936 von Himmler neu formierte uniformierte Polizei in den Städten (Schutzpolizei) und auf dem Lande (Landespolizei und Gendarmerie), einschließlich der nicht uniformierten Gesundheitspolizei. 1938 Angliederung der Feuerwehren als *Feuerschutzpolizei*. Himmler, 1937: »Die Polizei hat den Willen der Staatsführung zu vollziehen.« Im Krieg zur »Partisanenbekämpfung« und Judenvernichtung eingesetzt.

Ostmark. NS-Bezeichnung für Österreich.

Parteiamtliche Prüfungskommission zum Schutz des nationalsozialistischen Schrifttums (PPK). Gegründet am 15. 3. 1934 als Zensurstelle für Literatur, die sich mit dem Nationalsozialismus befaßte, geleitet von Philipp Bouhler, zu dieser Zeit Reichsgeschäftsführer der NSDAP. Ein Hauptamt der NSDAP-Reichsleitung.

Partisanenbekämpfung. Bei der *Bandenbekämpfung* (offizielle Bezeichnung ab August 1942) wurde systematisch geplündert, gebrandschatzt, gefoltert. Der Chef des Oberkommandos der Wehrmacht, Keitel, in einem Geheim-Befehl vom 16. 12. 1942: »Die

Truppe ist daher berechtigt und verpflichtet, in diesem Kampf ohne Einschränkung auch gegen Frauen und Kinder jedes Mittel anzuwenden, wenn es nur zum Erfolg führt.«

Persilschein. Nach einem Waschmittel benannte Bescheinigung zur Reinwaschung von NS-Tätern, Mitläufern usw.

Präsidialrat. Den Präsidenten der einzelnen (Reichskultur-)Kammern beigeordnete Berater.

Rasse- und Siedlungshauptamt (RuSHA). 1931 gegründet, ab 30. 1. 1935 ein SS-Hauptamt. Aufgabe: Sippenpflege und die Schaffung von »Rüstzeug für artgemäße Lebensführung« der SS, Bearbeitung von Heiratsgesuchen, Abstammungsgutachten, rassenbiologische Untersuchungen. Während des Krieges von Himmler (als RKF) zur rassischen Überprüfung von »Eindeutschungsfähigen« eingesetzt, mit Außenstellen in Prag und Litzmannstadt (Lodz).

Rassenamt der SS. Im Zusammenhang mit dem von Himmler am 31. 12. 1931 verfügten SS-Heiratsbefehl am 1. 1. 1932 gegründet, zunächst zur praktischen Umsetzung von Heiratsgenehmigungen (Ariernachweis). Ab dem 1. 7. 1932 eine eigene Abteilung innerhalb des Rasse- und Siedlungshauptamts (RuSHA).

Das Reich. Wochenzeitung, Goebbels' Renommierblatt, am 26. 5. 1940 erstmals erschienen. Auflage fast 800 000 Exemplare. Chefredakteur Eugen Mündler Mai 1940: »Nun wird im geistigen Kampf des deutschen Volkes die Wochenzeitung ›Das Reich‹ als neue Waffe eingesetzt.« Das Reich wurde von Hitler im Tischgespräch am 22. 2. 1942 gelobt: »Prachtvoll ist die Zeitung ›Das Reich‹«. Görtemaker: »Wer für das Reich arbeitete, stellte sich zwangsläufig in den Dienst der nationalsozialistischen Propaganda.«

Reichsfilmdramaturg. Hauptreferat innerhalb der Filmabteilung des Reichspropagandaministeriums. Hauptaufgabe: Vorzensur von Spielfilmvorschlägen.

Reichsfilmintendant. Am 28. 2. 1942 wurden per Erlaß Bavaria, Berlin-Film, Prag-Film, Terra-Filmkunst, Tobis Filmkunst, Ufa-Filmkunst, Wien-Film gleichgeschaltet unter der Dachgesellschaf Ufa-Film GmbH, genannt Ufi. Am selben Tag ernannte Goebbels Fritz Hippler zum Reichsfilmintendanten der Dachgesellschaft (Produktionsplanung, Ausrichtung der Filme, Überwachung des Personaleinsatzes, Zensur), zugleich behielt Hippler seine Stelle als Ministerialrat im Reichspropagandaministerium. Dienstsitz war die Ufi (Hippler).

Reichsinstitut für Geschichte des neuen Deutschland. Am 1. 7. 1935 von Reichsminister Bernhard Rust in Berlin gegründet und am 19. 10. 1935 eröffnet (*Meyers Lexikon* 1942), 1936 erweitert um das *Institut zur Erforschung der Judenfrage* in München. Präsident der Propagandaeinrichtung war der NS-Historiker Walter Frank, Publikationsorgan: *Forschungen zur Judenfrage.*

Reichskommissar. Chef der Zivilverwaltung.

Reichskommissar für die Festigung Deutschen Volkstums (RKF). Die Institution wurde per Führererlaß vom 7. 10. 1939 für Himmler geschaffen. Aufgabe: Rückführung Reichs- und Volksdeutscher aus dem Ausland, »Ausschaltung des schädigenden Einflusses von solchen volksfremden Bevölkerungsteilen, die eine Gefahr für das Reich ... bedeuten« (Erlaß), Gestaltung neuer Siedlungsgebiete.

Reichskommissariat Ostland. Mit Erlaß Hitlers vom 17. 7. 1941 gebildetes Verwaltungsgebiet, bestehend aus Lettland, Litauen, Estland und Weißruthenien (Teile von Belorußland). Reichskommissar für das Ostland war Heinrich Lohse mit Sitz in Riga.

Reichskriminalpolizeiamt (RKPA). Zu den Aufgaben der Kripo und des RKPA gehörte nach den Richtlinien des RKPA vom 4.4.1938 die »vorbeugende« KZ-Einweisung von Personen, »welche die Gemeinschaft durch ihr Verhalten ständig gefährden« (auffällige Jugendliche, Homosexuelle, »Arbeitsscheue«, »Zigeuner« etc.). Dazu gab es im RKPA ein Vorbeuge-Referat (V A 2).

Reichskulturkammer (RKK). Am 22.9.1933 per Gesetz als Goebbels' zentrales Machtinstrument installiert. Die Einzelkammern: Reichsschrifttumskammer (RSK), Reichstheaterkammer (RTK), Reichsfilmkammer (RFK), Reichsmusikkammer (RMK), Reichskammer der bildenden Künste (RdbK), Reichspressekammer (RPK) und Reichsrundfunkkammer (am 28.10.1939 aufgelöst, Aufgaben von Reichsrundfunkgesellschaft übernommen). Die Mitgliedschaft in einer der Kammern war Pflicht, wer als Mitglied nicht zugelassen wurde, hatte Berufsverbot.

Reichskulturrat. Beirat der Präsidenten der einzelnen Kulturkammern.

Reichskultursenat. November 1935 von Goebbels gegründetes Forum, bestehend aus den Präsidenten, Vizepräsidenten, Geschäftsführern und Präsidialräten der einzelnen Reichskulturkammern sowie bekannten Einzelrepräsentanten des NS-Kunstwesens.

Reichssicherheitshauptamt (RSHA). Am 27.9.1939 vom Reichsführer-SS und Chef der Deutschen Polizei Himmler errichtet und ihm unterstellt. Zusammenschluß von SD, Sipo, Gestapo und Kripo. Das RSHA war das Terrorinstrument des Nationalsozialismus, Mitte 1941 mit der Judenvernichtung beauftragt. Ab September 1942 konnte das RSHA Gerichtsurteile »durch Sonderbehandlung korrigieren«. Amt I: Personal. Amt II: Recht und Verwaltung. Amt III: der SD, nun Inlandsnachrichtendienst genannt. Amt IV: Gestapo. Amt V: Reichskriminalpolizeiamt. Amt VI: Auslandsnachrichtendienst. Amt VII (ab 1940): weltanschauliche Gegner.

Reichssippenamt. Die dem Reichsinnenministerium unterstellte Behörde erstattete Gutachten zur arischen Abstammung, die tödliche Folgen haben konnten. Amtsbezeichnung 1933–1935: *Der Sachverständige für Rassenforschung*, von 1935–1940: *Reichsstelle für Sippenforschung*. Der Amtschef war zusätzlich Leiter des *Amts für Sippenforschung der NSDAP*.

Reichsstatthalter. Träger der Reichsgewalt in den Ländern unter Dienstaufsicht des Reichsinnenministers. Da aber alle zugleich Gauleiter waren, unterstanden sie Hitler direkt (Zentner I).

Reichsstelle zur Förderung des deutschen Schrifttums: Am 1.7.1933 gemeinsam vom Kampfbund für deutsche Kultur und vom Reichspropagandaministerium gegründet, unterstellt dem Amt für Schrifttumspflege in der Dienststelle des Reichsleiters Rosenberg (*Meyers Lexikon* 1942).

Reichsverband Deutsche Bühne. Am 21.3.1933 gegründete und einzige staatlich anerkannte Theaterbesucher-Organisation.

SA (Sturmabteilung). 1921 gegründete Schlägertruppe, Paramilitärische Organisation der NSDAP zur Eroberung und Festigung der Macht, nach ihrer Uniform auch die »Braunhemden« genannt.

Der Schulungsbrief. Organ des Hauptschulungsamts der NSDAP und der DAF.

Das Schwarze Korps, Untertitel: *Zeitung der Schutzstaffeln der NSDP* und *Organ der Reichsführung der SS.*

SD (Sicherheitsdienst). Der Sicherheitsdienst des Reichsführers-SS war mit Verordnung vom 9.6.1934 der einzige Abwehr- und Nachrichtendienst der NSDAP unter Leitung von Reinhard Heydrich. Aufgabe: Beobachtung der Gegner des Nationalsozialismus, Berichte über die Stimmung in der Bevölkerung. Unklare Abgrenzungen der Aufgaben und personelle Verflechtungen mit der Sicherheitspolizei (Sipo) führten am

27.9.1939 zur Zusammenfassung beider Institutionen im Reichssicherheitshauptamt unter Heydrich.

Selbstschutz. Im September 1939 aufgestellte milizähnliche Formationen (45 000 Mann) von Volksdeutschen in Polen, von Himmler mit SS-Stäben bestückt. Die Mordbanden (Juden- und Polenmassaker) wurden Ende 1939 von Himmler wieder aufgelöst, die Mitglieder in SA und NS-Kraftfahrkorps überführt.

Sicherheitspolizei (Sipo). Die Sipo umfaßte die Abteilungen Geheime Staatspolizei (Gestapo) und Kriminalpolizei (Kripo). Am 27.9.1939 Zusammenschluß von SD und Sipo im Reichssicherheitshauptamt (RSHA) unter Heydrich.

Sonderführer. Spezialisten für besondere Arbeitsgebiete im Offiziersrang ohne Offiziersdienstgrad. Sonderführer (Z) entspricht dem Rang eines Leutnants, Sonderführer (K) dem eines Hauptmanns, Sonderführer (B) dem eines Majors. Q.: Taschenbrockhaus.

Sondergericht. Eine Art Standgericht ohne Voruntersuchung und Eröffnungsbeschluß, sofortige Rechtskraft ohne Rechtsmittel. Lediglich Antrag auf Wiederaufnahme möglich. Die Sondergerichte dienten der Ausschaltung politischer Gegner.

SS (Schutzstaffel). Hitlers 1921 gegründete persönliche *Stabswache*, 1923 erweitert zum *Stoßtrupp Hitler*, 1925 als Hitlers Leibgarde Bestandteil der paramilitärischen SA. Als Himmler 1927 stellvertretender Reichsführer-SS wurde, umfaßte die SS nur einige hundert Mann. Am 20.7.1934 von Hitler zur selbständigen Organisation erklärt. Später Elitegarde des Regimes, Organ des Terrors und des Massenmords.

SS- und Polizeiführer (SSPF). Dem Höheren SS- und Polizeiführer unterstellte Dienststelle, die die Sicherheits- und Ordnungspolizei befehligte.

Staatspolizeileitstelle. Unterabteilung der Gestapo.

Stahlhelm (Bund der Frontsoldaten). Ende 1918 von Seldte gegründeter Wehrverband gegen kommunistische und sozialistische Erhebungen. Antidemokratisch und antisemitisch (Ausschluß von Juden). Steigbügelhalter der Nationalsozialisten. Die jüngeren Stahlhelmer wurden ab April 1933 in die SA eingegliedert und der März 1934 umbenannte *Nationalsozialistische Deutsche Frontkämpferverband* im November 1935 aufgelöst.

Tobis (Ton-Bild-Syndikat). 1927 von deutschen und holländischen Industriellen gegründet zur Herstellung von Tonfilmen. Zweitgrößter Filmkonzern. 1936 durch verdeckte Aufkäufe in mehrheitlich staatlichem Besitz (Moeller).

T4. Tarnungskürzel für die Zentraldienststelle der *Kanzlei des Führers* der NSDAP in der Berliner Tiergartenstraße 4, die den Massenmord an Kranken und Behinderten (Euthanasie) organisierte.

Totenkopfverbände (TV). SS-Wachverbände zur Bewachung der Konzentrationslager, ab 29.3.1936 als TV bezeichnet. Totenkopfsymbol am rechten Uniformkragen. Im Krieg auch als kämpfende Kampftruppe eingesetzt. Die Inspektion der TV wurde am 1.9.1940 aufgelöst und die Geschäfte von der Waffen-SS übernommen. Die Totenkopf-Standarten wurden am 25.2.1941 auf Befehl Himmlers in SS-Standarten umbenannt, als Traditionsbezeichnung aber beibehalten (Buchheim).

Ufa (Universum-Film-Aktiengesellschaft). Am 18.12.1917 auf Befehl von General Ludendorff gegründetes Film-Kartell zur Kontrolle der Filmindustrie, finanziell unterstützt vom Rüstungsproduzenten Krupp. Die Mehrheit der Ufa-Aktien erwarb 1927 der Scherl-Verlag des Deutschnationalen Alfred Hugenberg. Im März 1937 von Goebbels für das NS-Regime aufgekauft. Januar 1942 vereinnahmte Goebbels sämtliche Pruduktionsfirmen unter dem Namen Ufa-Film-GmbH (Ufi).

Volksdeutsche. Deutsche deutschen oder artverwandten Blutes im Ausland, die nicht Reichsbürger sind (Taschenbrockhaus).

Volksgerichtshof (VGH). Am 24. 4. 1934 installiertes Terrorinstrument der NS-Justiz, das zwischen 1942 und 1944 fast 9000 Todesurteile fällte.

Volkskulturwerk, Goebbels unterstellt. Mitglieder: Deutscher Heimatbund, Deutscher Sängerbund, Reichsverband für Volksmusik, Reichsverband der gemischten Chöre Deutschlands, Bayreuther Bund, Reichsverband für Volksbühnenspiele, Reichsverband der Deutschen Freilicht- und Volksschauspiele, Sächsisches Heimatwerk, Reichswerk Buch und Volk.

Waffen-SS. Eine seit Sommer 1940 verwendete Bezeichnung für die »bewaffnete SS«. Laut SS-*Leitheft* 2/1942 war die Waffen-SS »die letzte Vollendung des nationalsozialistischen soldatischen Gedankens«).

Wannseekonferenz. Eichmann hat am 24. 7. 1961 im Prozeß in Jerusalem ausgesagt, daß bei der Konferenz offen über die Vernichtung der Juden gesprochen wurde und die Ordonnanzen den Teilnehmern Cognac und andere Alkoholika gereicht hätten. Heydrich habe schließlich bestimmt, was in das offizielle Protokoll aufgenommen wurde.

Warthegau, auch Reichsgau Wartheland. Ab Oktober 1939 das annektierte Gebiet südlich der Weichsel mit Posen als Zentrum. Regierungsbezirke: Posen, Hohensalza und Lodz.

Danksagung

Für Hilfe bei der Recherche habe ich zu danken:

Fietja Ausländer, Dokumentations- und Informationszentrum Emslandlager. Andrzej Bodek, Kulturdezernat der Stadt Frankfurt am Main. Kurt Buck, Dokumentations- und Informationszentrum Emslandlager. Christoph Cobet, Frankfurt am Main. Albrecht Werner-Cordt, Lagergemeinschaft Auschwitz. Barbara Distel, Gedenkstätte Dachau. Udo Ehrentreich, Sammlung zum deutschen Tonfilm. Benedikt Erenz, Hamburg. Sascha Feuchert, Arbeitsstelle für Holocaustforschung der Universität Gießen (Ghetto Litzmannstadt/Lodz). Thomas Henne, Fachbereich Rechtswissenschaft, Universität Frankfurt am Main. Kay Hoffmann, Haus des Dokumentarfilms Stuttgart. Jakob Knab, Kaufbeuren. Helmut Kramer, Wolfenbüttel. Volker Kühn, Berlin. Roland Kutzki, Bremen (Architektur). Andrea Löw, Arbeitsstelle für Holocaustforschung der Universität Gießen (Ghetto Litzmannstadt/Lodz). Stephan Malinowski, Berlin (Adel). Dick de Mildt, Institut für Strafrecht der Universität Amsterdam. Ludwig Norz, Fantom e. V. Berlin, Verein zur Förderung von Kunst und Kultur und zur Schaffung eines historischen Bewusstseins. Gregor Pickro, Bundesarchiv Koblenz. Werner Renz, Fritz Bauer Institut Frankfurt am Main. Dieter Schenk (Generalgouvernement). Gunter Schöbel, Pfahlbaumuseum Unteruhldingen (Prähistoriker). Peter Schwarz, Dokumentationsarchiv des Österreichischen Widerstandes (DÖW) Wien. Kazimierz Smolen (Auschwitz). Hermann Staub, Archiv des Börsenvereins in der Deutschen Bibliothek. Wolfgang Tarnowski, Hamburg. Jens-Jürgen Ventzki (Litzmannstadt/Lodz). Hans Peter Wollny, Deutsche Dienststelle (WASt).

Hans-Stephan Brather, ehemals Deutsches Zentralarchiv Potsdam, danke ich unter anderem die Schenkung seiner privaten Kartei mit Daten von Funktionären des Reichspropagandaministeriums, des Reichserziehungsministeriums usw.

Alexander Hesse schenkte mir ein Exemplar seines leider vergriffenen Werkes *Die Professoren und Dozenten der preußischen Pädagogischen Akademien (1926–1933) und Hochschulen für Lehrerbildung (1933–1941)* und half mit seinem Rat. Hesse hat sein vorzügliches Buch 1995 vorgelegt. Es wurde jedoch – da es den selbstgestrickten Legenden widersprach – nicht zur Kenntnis genommen.

Hildegard Brenner, Autorin des Buchklassikers *Die Kunstpolitik des Nationalsozialismus*, schenkte mir ihre Unterlagen. Sie meinte, ich sei der einzige, dem sie diese anvertrauen würde.

Ernst Klee
Das Personenlexikon zum Dritten Reich
Wer war was vor und nach 1945

Band 16048

Das konkurrenzlose Lexikon informiert mit seinen 4300 Artikeln ausführlich über die wichtigsten Personen aus Justiz, Kirchen, Wohlfahrtseinrichtungen, Kultur, Wirtschaft, Publizistik, Wissenschaft, Medizin, Polizei, Wehrmacht sowie über tragende Personen aus NSDAP, SA und SS. Das Personenlexikon informiert außerdem auch – und das ist charakteristisch für Klees Arbeitsweise – über deren Karrieren nach 1945, soweit diese ausfindig zu machen waren.

»Mehr als ein ›Who's who‹ des ›Dritten Reiches‹ –
Ernst Klee ist ein Standardwerk gelungen.«
Die Zeit

»Stichprobenvergleiche mit
anderen Lexika und einschlägigen Monographien
bestätigen nicht nur die Zuverlässigkeit von Klees Werk,
sondern vor allem auch seine unübertroffene
Vollständigkeit.«
Frankfurter Rundschau

Fischer Taschenbuch Verlag

Raul Hilberg
im S. Fischer und Fischer Taschenbuch Verlag

»Raul Hilberg, Emigrant aus Wien, war einer der ersten, der sich systematisch mit der Geschichte des Holocaust befasste. 1948 wählte er dieses Thema für seine Dissertation aus, nicht ahnend, dass es sein künftiges Leben bestimmen sollte. Auf Grund der von den USA beschlagnahmten deutschen Akten legte er 1961 seine umfassende Darstellung der Genozidpolitik Hitlers und seiner Mittäter vor, mit der er zunächst allein da stand: ›Die Vernichtung der europäischen Juden‹. Sein großes Werk, in dem er den bürokratischen Charakter des Vernichtungsprozesses und die überwiegend passive Rolle der jüdischen Opfer betont, ist bis heute ein unentbehrliches Standardwerk geblieben. Seine folgenden Publikationen haben immer wieder die Forschung fruchtbar beeinflusst.« *Hans Mommsen*

Die Vernichtung der europäische Juden
Aus dem Amerikanischen
von Christian Seeger,
Harry Maor, Walle Bengs
und Wilfried Szepan
Band 24417

Täter, Opfer, Zuschauer
Die Vernichtung der Juden
Aus dem Amerikanischen
von Hans Günter Holl
Band 13216

Die Quellen des Holocaust
Entschlüsseln und Interpretieren
Aus dem Amerikanischen
von Udo Rennert
256 Seiten. Gebunden
S. Fischer

Unerbetene Erinnerung
Der Weg eines
Holocaust-Forschers
Aus dem Amerikanischen
von Hans Günter Holl
175 Seiten. Gebunden
S. Fischer

S. Fischer

fi 666 020 / 1

Tadeusz Sobolewicz
Aus der Hölle zurück
Von der Willkür des Überlebens
im Konzentrationslager
Band 14179

Der Autor war 1941 als polnisch-katholischer Widerstandskämpfer von der Gestapo verhaftet worden. Er berichtet über seine Odyssee durch sechs Konzentrations-
bzw. »Außenlager« und schließlich über seine Flucht auf
einem der berüchtigten Todesmärsche durch Bayern.
Ebenso sachlich wie bewegend schildert er den »Alltag«
in den Lagern und die ständige Gratwanderung zwischen
Leben und Tod.

Mit seinem Lebensbericht gibt uns Tadeusz Sobolewicz
ein überaus wertvolles historisches Zeugnis eines politisch
Verfolgten.

Fischer Taschenbuch Verlag

fi 14179 / 1

Harald Welzer
Sabine Moller
Karoline Tschuggnall
»Opa war kein Nazi«
Nationalsozialismus und Holocaust
im Familiengedächtnis
Band 15515

»Wie aus Vergangenheit Geschichte wird, zählt zu den zentralen Fragen der Geschichtswissenschaft. Weitgehend unbeachtet ist dabei bislang geblieben, in welcher Weise Geschichte vom sogenannten Laienpublikum in Schule, Beruf und Familie rezipiert, angeeignet und umgedeutet wird. Der Sozialpsychologe Harald Welzer hat in den letzten Jahren mit seinem Forschungsprojekt ›Tradierung von Geschichtsbewußtsein‹ die intergenerationelle Weitergabe der NS-Vergangenheit innerhalb von Familien untersucht. Seine desillusionierenden Ergebnisse haben öffentliches Erstaunen, Erschrecken und Skepsis ausgelöst.«
WerkstattGeschichte 30/2001

Fischer Taschenbuch Verlag

Stephan Malinowski
Vom König zum Führer
Deutscher Adel und Nationalsozialismus
Band 16365

Die erste umfassende Analyse des Niedergangs einer jahrhun-
dertealten Herrschaftselite, welche die Bastion ihrer sozialen
und kulturellen Macht selbst innerhalb der industriellen Moderne hartnäckig und nicht ohne Erfolg verteidigt hat. Den
Mittelpunkt des Buches bildet die Selbstzerstörung adliger
Traditionen und Werte, die im späten Kaiserreich mit der
Annäherung an rechtsradikale Bewegungen beginnt und mit
der widersprüchlichen Annäherung an die NS-Bewegung endet.

»Dieses Buch hat seit
seinem Erscheinen vor einem Jahr
Furore gemacht. Denn der Autor räumt
konsequenter als irgendein Historiker vor ihm
mit einer Legende auf. [...] Nun liegt das Werk, das 2004
mit dem erstmals vergebenen Hans-Rosenberg-Preis
ausgezeichnet wurde, in einer erschwinglichen
Taschenbuch-Ausgabe vor.«
Volker Ullrich, Die Zeit

Fischer Taschenbuch Verlag

Walter H. Pehle (Hg.)

Der Judenpogrom 1938

Von der »Reichskristallnacht« zum Völkermord

Mit Beiträgen von
Uwe Dietrich Adam, Avraham Barkai, Wolfgang Benz, Hermann Graml,
Konrad Kwiet, Trude Maurer, Hans Mommsen, Jonny Moser,
Abraham J. Peck und Wolf Zuelzer

Band 4386

In der Nacht zum 10. November 1938 brannten fast alle noch verblie-
benen 400 Synagogen kontrolliert ab – kontrolliert von der Feuerwehr,
die darauf zu achten hatte, daß das Eigentum »arischer« Nachbarn keinen Schaden nahm, in Brand gesteckt von bierseligen Parteigenossen
auf höheren Befehl. In derselben Nacht wurden an die 100 Menschen
ermordet, nur weil sie Juden waren. Rund 30000 wohlhabende Juden
wurden aus ihren Häusern geprügelt und in Konzentrationslager verschleppt; viele von ihnen kamen nicht mehr zurück. Und in derselben
Nacht wurden an die 7500 Geschäfte jüdischer Mitbürger demoliert
und vielfach geplündert.
Diese Ereignisse, für die das Attentat des 17jährigen H. Grynszpan in
der deutschen Botschaft in Paris den Vorwand lieferte, mit dem zyni-
schen Begriff »Reichskristallnacht« zu belegen, heißt, Mord, Totschlag,
Brandstiftung, Raub, Plünderung und Sachbeschädigung zu einer fun-
kelnden, glänzenden Veranstaltung umzuinterpretieren und einer bösartig verharmlosenden Erinnerung Vorschub zu leisten.
Dieser Band betrachtet den Judenpogrom 1938 nicht isoliert als Einzel-
phänomen, sondern im Gesamtzusammenhang der Geschichte der nationalsozialistischen Zeit als eine Etappe auf dem Weg zur »Endlösung der
Judenfrage«.

Fischer Taschenbuch Verlag

fi 577 / 5

Cioma Schönhaus
Der Passfälscher
Die unglaubliche Geschichte eines jungen Grafikers,
der im Untergrund gegen die Nazis kämpfte
Band 16446

»›Frechheit siegt nicht immer‹ ist ein Kapitel
des Buches überschrieben, aber sie hilft weiter,
wie dieses Buch aufs Schönste zeigt.«
DIE ZEIT

»Schönhaus erzählt seine Geschichte, sechzig Jahre
nach den Ereignissen, auf eine sehr direkte, anschauliche
Art, ohne Pathos, ohne leidenschaftlich anklägerischen
Gestus. Der Leser wird einfach mitgenommen
auf eine sehr persönliche Erinnerungsreise.«
Tages-Anzeiger, Zürich

»In jeder Passage seines Buches schildert Schönhaus
einen an Spannung kaum zu überbietenden
Überlebenskampf und damit zugleich die sadistischen
Mechanismen eines auf totale Vernichtung ausgerichteten
Regimes. […] Auch heikelste Situationen beschreibt er
selbstironisch, distanziert und aus der Sicht eines
lebenslustigen 20-jährigen, wobei die Leidensgeschichte
seines Volkes zu keiner Zeit vergessen wird.«
Das Parlament, Berlin

Fischer Taschenbuch Verlag

fi 16446 / 1